Eine Arbeitsgemeinschaft der Verlage

Wilhelm Fink Verlag München
Gustav Fischer Verlag Jena und Stuttgart
Francke Verlag Tübingen und Basel
Paul Haupt Verlag Bern · Stuttgart · Wien
Hüthig Verlagsgemeinschaft
Decker & Müller GmbH Heidelberg
Leske Verlag + Budrich GmbH Opladen
J. C. B. Mohr (Paul Siebeck) Tübingen
Quelle & Meyer Heidelberg · Wiesbaden
Ernst Reinhardt Verlag München und Basel
Schäffer-Poeschel Verlag · Stuttgart
Ferdinand Schöningh Verlag Paderborn · München · Wien · Zürich
Eugen Ulmer Verlag Stuttgart
Vandenhoeck & Ruprecht in Göttingen und Zürich

Handbuch Fremdsprachenunterricht

herausgegeben von
Karl-Richard Bausch, Herbert Christ und Hans-Jürgen Krumm

Dritte, überarbeitete und erweiterte Auflage

Francke Verlag Tübingen und Basel

Karl-Richard Bausch, ordentlicher Professor für Sprachlehrforschung an der Ruhr-Universität Bochum / Professeur Associé an der Université de Montréal.

Herbert Christ, ordentlicher Professor für Didaktik der französischen Sprache und Literatur an der Justus-Liebig-Universität Gießen.

Hans-Jürgen Krumm, ordentlicher Professor für Deutsch als Fremdsprache an der Universität Wien.

Die Deutsche Bibliothek – CIP-Einheitsaufnahme

Handbuch Fremdsprachenunterricht / hrsg. von Karl-Richard Bausch ... –
3., überarb. und erw. Aufl. – Tübingen ; Basel : Francke, 1995
  (UTB für Wissenschaft : Grosse Reihe)
  ISBN 3-8252-8043-8 (UTB) kart.
  ISBN 3-7720-1788-6 (Francke) kart.
  ISBN 3-8252-8042-X (UTB) Gb.
  ISBN 3-7720-1709-6 (Francke) Gb.
NE: Bausch, Karl-Richard [Hrsg.]

3., überarbeitete und erweiterte Auflage 1995
2., unveränderte Auflage 1991
1. Auflage 1989

© 1995 · A. Francke Verlag Tübingen und Basel
Dischingerweg 5 · D-72070 Tübingen
ISBN 3-7720-1709-6 (geb.)
ISBN 3-7720-1788-6 (kt.)

Das Werk einschließlich aller seiner Teile ist urheberrechtlich geschützt. Jede Verwertung außerhalb der engen Grenzen des Urheberrechtsgesetzes ist ohne Zustimmung des Verlages unzulässig und strafbar. Das gilt insbesondere für Vervielfältigungen, Übersetzungen, Mikroverfilmungen und die Einspeicherung und Verarbeitung in elektronischen Systemen.
Gedruckt auf chlorfrei gebleichtem und säurefreiem Werkdruckpapier.

Einbandgestaltung: Alfred Krugmann, Stuttgart
Druck und Verarbeitung: Präzis-Druck, Karlsruhe
Printed in Germany

UTB-ISBN 3-8252-8042-X (gebundene Ausgabe)
UTB-ISBN 3-8252-8043-8 (kartonierte Ausgabe)

Inhalt

Vorwort zur dritten, überarbeiteten und erweiterten Auflage IX
Einleitung XI

A   Der Zugriff auf Fremdsprachenunterricht durch verschiedene Disziplinen

A1   Disziplinen, die den Fremdsprachenunterricht als ganzen bedenken

   1. Fremdsprachendidaktik (Herbert Christ / Werner Hüllen) 1
   2. Sprachlehrforschung (Karl-Richard Bausch / Hans-Jürgen Krumm)................ 7
   3. Das Lehren und Lernen von fremden Sprachen:
      Wissenschaftskonzepte im internationalen Vergleich
      (Karl-Richard Bausch / Herbert Christ / Hans-Jürgen Krumm) 13

A2   Disziplinen, die Areale des Fremdsprachenunterrichts bedenken

   4. Angewandte Linguistik (Bernd Spillner) 24
   5. Psycholinguistik und Sprachpsychologie (Gudula List) 31
   6. Soziolinguistik (Norbert Dittmar) 38
   7. Erziehungswissenschaft (Meinert A. Meyer) 45
   8. Lerntheorie und Lernpsychologie (Ute Schönpflug) 52
   9. Literaturwissenschaft (Lothar Bredella) 58
  10. Kultur- und Landeswissenschaften (Robert Picht) 66

B   Problembereiche des Fremdsprachenunterrichts

B1   Die Stellung und Funktion von Sprachen im schulischen und nicht-schulischen Fremdsprachenerwerb

  11. Sprachenpolitische Perspektiven (Herbert Christ) 75
  12. Zwei- und Mehrsprachigkeit (Karl-Richard Bausch) 81
  13. Muttersprachen- und Fremdsprachenunterricht (Hans Glinz) 87
  14. Altsprachlicher Unterricht und Fremdsprachenunterricht (Franz Josef Hausmann) 91
  15. Zweitsprachenunterricht Deutsch (Ursula Neumann) 95
  16. Herkunftssprachen der ausländischen Wohnbevölkerung (Eike Thürmann) 99
  17. Fremdsprachen im Vorschul- und Primarbereich (Ingrid Gogolin) 104
  18. Fremdsprachen im Sekundarbereich I (Werner Arnold) 109
  19. Fremdsprachen im Sekundarbereich II (Konrad Schröder) 112
  20. Fremdsprachen an Hochschulen (Klaus Vogel) 118
  21. Fremdsprachen in der Erwachsenenbildung (Albert Raasch) 124
  22. Fremdsprachen durch Massenmedien (Udo O. H. Jung) 129

B2   Übergreifende Problembereiche

  23. Das sprachliche Curriculum (Günther Zimmermann) 135
  24. Landeskunde-Didaktik und landeskundliches Curriculum (Dieter Buttjes) 142
  25. Literaturdidaktik und literarisches Curriculum (Albert-Reiner Glaap) 149

26. Interkulturelles Lernen und interkulturelle Kommunikation (Hans-Jürgen Krumm) 156
27. Lehr- und Lernziele (Peter Doyé) 161
28. Der Fremdsprachenlerner (Henning Düwell) 166
29. Der Fremdsprachenlehrer (Helmut Sauer) 171
30. Interaktion zwischen Fremdsprachenlehrer und -lerner (Willis J. Edmondson) 175
31. Methodik und Methoden: Überblick (Gerhard Neuner) 180
    32. Unterrichtsmethodische Problembereiche (Wolfgang Butzkamm) 188
    33. Alternative Methoden (Ingrid Dietrich) 194
34. Sozialformen: Überblick (Hans-Eberhard Piepho) 201
    35. Frontalunterricht (Gertrud Walter) 204
    36. Gruppenunterricht und Partnerarbeit (Inge Christine Schwerdtfeger) 206
    37. Einzelunterricht und Kleingruppenunterricht
        (Leopold Reif / Hans-Jürgen Friedemann) 209
    38. Differenzierung und Individualisierung (Heike Rautenhaus) 211
    39. Intensivunterricht (Udo Bonnekamp) 213
    40. Sozialformen in alternativ geführtem Fremdsprachenunterricht (Werner Bleyhl) 216
    41. Sprach- und Sprachlernspiele (Karin Kleppin) 220
42. Arbeits- und Übungsformen: Überblick (Inge Christine Schwerdtfeger) 223
    43. Ausspracheübungen (Wolfgang Börner) 226
    44. Wortschatzübungen (Peter Scherfer) 229
    45. Grammatikübungen (Elke Wißner-Kurzawa) 232
    46. Kommunikative Übungen (Wolfgang Pauels) 236
    47. Kreative Übungen (Angela Weirath) 238
    48. Lernerstrategien (Wolfgang Tönshoff) 240
    49. Übungen zum Hörverstehen (Adelheid Schumann) 244
    50. Übungen zum Leseverstehen (Helmut Stiefenhöfer) 246
    51. Übungen zum Schreiben (Ulrich Bliesener) 249
    52. Konversationsübungen (Stephen Speight) 252
    53. Übungen und Arbeitsformen im Projektunterricht (Ingrid Dietrich) 255
    54. Hausaufgaben (Wolfgang Pauels) 258
55. Lerntechniken (Ute Rampillon) 261
56. Funktionen und Formen der Lernersprachenanalyse (Gabriele Kasper) 263
57. Fehlerkorrektur (Frank G. Königs) 268
58. Leistungsmessung: Überblick (Helmut J. Vollmer) 273
    59. Funktionen und Formen der Leistungsmessung (Peter Doyé) 277
    60. Leistungsmessung und Curriculum (Konrad Macht) 282
    61. Praxis der Leistungsmessung (Rudolf Nissen) 285
62. Funktion von Unterrichtsmitteln und Medien: Überblick (Reinhold Freudenstein) 288
    63. Lehrwerke (Gerhard Neuner) 292
    64. Wörterbücher (Diethard Lübke) 295
    65. Grammatiken (Hartmut Kleineidam † / Manfred Raupach) 298
    66. Lesebücher, Lektüren, Anthologien, Textsammlungen (Franz-Rudolf Weller) 301
    67. Materialien zum Selbstlernen (Elke Wißner-Kurzawa) 308
    68. Visuelle Medien (Hanno Schilder) 312
    69. Auditive Medien (Werner Beile) 314
    70. Audiovisuelle Medien (Helmut Müller / Horst Raabe) 318
    71. Elektronische Medien (Bernd Rüschoff) 320
    72. Mediengestützter und mediengeleiteter Unterricht (Brigitte Abel) 323
73. Übersetzen und Dolmetschen (Hans P. Krings) 325
74. Fachsprachen und Fachsprachendidaktik (Klaus-Dieter Baumann) 332
75. Bilingualer Bildungsgang (Nando Mäsch) 338

B3 Die an den Schulen unterrichteten Sprachen

76. Arabisch (Hans Hinrich Biesterfeldt) 343
77. Chinesisch (Friedhelm Denninghaus) 347
78. Dänisch (Eckhard Bodenstein) 351
79. Deutsch als Fremdsprache (Lutz Götze / Gabriele Pommerin) 355
80. Deutsch als Zweitsprache (Hans Barkowski) 360
81. Englisch (Karlfried Knapp) 365
82. Französisch (Horst Raabe) 369
83. Italienisch (Hans P. Krings) 374
84. Japanisch (Götz Wienold) 379
85. (Neu-)Griechisch (Elmar Winters-Ohle) 384
86. Niederländisch (Jürgen Sudhölter) 388
87. Polnisch (Franciszek Grucza / Waldemar Martyniuk) 392
88. Portugiesisch (Michael Scotti-Rosin) 395
89. Russisch (Volkmar Lehmann / Hans Schlegel) 399
90. Schwedisch (Udo Bonnekamp) 404
91. Serbisch und Kroatisch (Wilfried Stölting-Richert) 408
92. Sorbisch (Helmut Faßke) 412
93. Spanisch (Alberto Barrera-Vidal) 417
94. Türkisch (Johannes Meyer-Ingwersen) 421

B4 Typen des Fremdsprachenerwerbs

95. Die Dichotomie Lernen / Erwerben (Frank G. Königs) 428
96. Frühkindlicher Bilingualismus (Bernd Kielhöfer) 432
97. Erwerb von Fremdsprachen im Vorschul- und Primarschulalter
    (Gundi Gompf / Ursula Karbe) 436
98. Erwerb einer ersten Fremdsprache im Sekundarschulalter (Annelie Knapp-Potthoff) .. 442
99. Erwerb weiterer Fremdsprachen im Sekundarschulalter (Karl-Richard Bausch) 446
100. Erwerb von Fremdsprachen im Erwachsenenalter (Jürgen Quetz) 451

C Erforschung einzelner Problembereiche des Fremdsprachenunterrichts: Forschungsmethoden und Forschungsertrag

101. Empirische Forschungsmethoden: Überblick (Rüdiger Grotjahn) 457
102. Lehr- und Lernziele, Curriculumforschung (Frank Achtenhagen) 461
103. Der Fremdsprachenlerner (Gabriele Kasper) 466
104. Zwei- und Mehrsprachigkeit (Manfred Raupach) 470
105. Der Fremdsprachenlehrer (Hans-Jürgen Krumm) 475
106. Interaktion (Juliane House) 480
107. Unterrichtsmethoden (Helmut Heuer) 484
108. Sozialformen (Nadja Kerschhofer) 489
109. Arbeits- und Übungsformen (Gisela Schmid-Schönbein) 495
110. Leistungsmessung (Christine Klein-Braley) 499
111. Unterrichtsmittel und Medien (Hanno Schilder) 503
112. Sprachliches Curriculum (Werner Hüllen) 508
113. Landeskundliches Curriculum (Jean Firges / Hartmut Melenk) 513
114. Literarisches Curriculum (Heribert Rück) 517

D Fremdsprachenunterricht als Institution

115. Fremdsprachenunterricht an Schulen (Ingeborg Christ) 523
116. Fremdsprachenunterricht an Hochschulen (Heiner Pürschel) 528
117. Fremdsprachenunterricht in der Erwachsenenbildung (Heinz Reiske) 532
118. Mittlerorganisationen für den Deutschunterricht im Ausland (Hans-W. Blaasch) 538
119. Übersetzer- und Dolmetscher-Institute (Wolfram Wilss) 543
120. Fremdsprachenlehrer-Ausbildung an Hochschulen (Karlhans Wernher von Bhück) ... 548
121. Fort- und Weiterbildung von Fremdsprachenlehrern (Albert Raasch) 552
122. Fachverbände für Fremdsprachenlehrer (Franz Josef Zapp) 556

E Geschichte des Fremdsprachenunterrichts

123. Geschichte des Fremdsprachenunterrichts bis 1945 (Reiner Lehberger) 561
124. Geschichte des Fremdsprachenunterrichts seit 1945
     (Herbert Christ / Werner Hüllen) 565

Adressen der Autoren 573

Register 581

Vorwort zur dritten, überarbeiteten und erweiterten Auflage

Das *Handbuch Fremdsprachenunterricht* ist in seiner ersten Auflage 1989 erschienen. Ziel bei der Konzipierung dieses Werkes war damals, eine differenzierte und möglichst vollständige Bestandsaufnahme des Fremdsprachenunterrichts in allen seinen Ausprägungen vorzulegen und dabei gleichzeitig und konsequent Praxis und Forschung miteinander zu verbinden. Die Akzeptanz, auf die diese erste Auflage gestoßen ist, hat dazu geführt, daß 1991 eine zweite, inhaltlich jedoch unveränderte erscheinen konnte.

Die Situation des Fremdsprachenunterrichts hat sich seit 1989 entscheidend verändert: die deutsche Vereinigung, die Öffnung der Grenzen in Mittel- und Osteuropa und die modifizierten gesellschaftlichen Bedingungen und Haltungen haben für Praxis und Forschung neue Fragestellungen ins Blickfeld gerückt.

Vor dem Hintergrund dieser Entwicklungen stellte sich die durchaus reizvolle Frage, ob es unter den gegebenen Umständen nicht angezeigt wäre, ein völlig neues Handbuch zu planen. Die Entscheidung fiel dann jedoch wohlbegründet für eine sorgfältige Überarbeitung und Erweiterung, also für eine Veränderung von mittlerer Reichweite: Aktualisierung und Ergänzung dort, wo sich dies aufgrund neuerer Erkenntnisse und Einsichten als geboten erweist, und Beibehaltung der bewährten Zugriffe da, wo diese weiterhin Gültigkeit haben. Dies bedeutet z.B. für die Situation des Fremdsprachenunterrichts in den neuen Bundesländern, daß sie grundsätzlich Berücksichtigung findet, jedoch nicht in allen Bereichen erschöpfend dargestellt werden kann: Aufklärung der Vergangenheit und zukunftsweisende Konsolidierung des Fremdsprachenunterrichts und seiner Erforschung können heute noch immer nicht als abgeschlossen gelten.

Die dritte, überarbeitete und erweiterte Auflage enthält unter Beibehaltung der bewährten Gliederungsstruktur elf neu aufgenommene Beiträge; sie behandeln die folgenden Themenbereiche:

Artikel 3	Das Lehren und Lernen von fremden Sprachen: Wissenschaftskonzepte im internationalen Vergleich (Bausch/Christ/Krumm)
Artikel 12	Zwei- und Mehrsprachigkeit (Bausch)
Artikel 26	Interkulturelles Lernen und interkulturelle Kommunikation (Krumm)
Artikel 47	Kreative Übungen (Weirath)
Artikel 48	Lernerstrategien (Tönshoff)
Artikel 54	Hausaufgaben (Pauels)
Artikel 57	Fehlerkorrektur (Königs)
Artikel 74	Fachsprachen und Fachsprachendidaktik (Baumann)
Artikel 90	Schwedisch (Bonnekamp)
Artikel 92	Sorbisch (Faßke)
Artikel 118	Mittlerorganisationen für den Deutschunterricht im Ausland (Blaasch)

Ferner sind der Überblicksartikel "Fremdsprachen im Primar- und Sekundarbereich" und der historische Überblick "Geschichte des Fremdsprachenunterrichts" aufgeteilt worden, so daß sich diese Bereiche jetzt wie folgt darstellen:

Artikel 17	Fremdsprachen im Vorschul- und Primarbereich (Gogolin)
Artikel 18	Fremdsprachen im Sekundarbereich I (Arnold)
Artikel 19	Fremdsprachen im Sekundarbereich II (Schröder)
Artikel 123	Geschichte des Fremdsprachenunterrichts bis 1945 (Lehberger)
Artikel 124	Geschichte des Fremdsprachenunterrichts seit 1945 (Christ/Hüllen)

Die "alten" Beiträge wurden von den jeweiligen Autoren unter Mitwirkung von Herausgebern und Verlag gründlich überprüft und durchgehend auf den neuesten Stand gebracht; dies gilt natürlich in besonderer Weise für die Literaturangaben.

Schließlich wurde das Register der ersten und zweiten Auflage, das sich nicht als besonders benutzerfreundlich erwiesen hat, neu konzipiert: die globalen Verweise auf die jeweils einschlägigen Beiträge wurden durch konkrete Verweise auf Seitenzahlen ersetzt, so daß nunmehr eine schnellere und leichtere Auffindbarkeit der Begriffe gewährleistet sein dürfte.

Werner Hüllen, Mitherausgeber der ersten und zweiten Auflage des Handbuchs, ist auf eigenen Wunsch aus dem Herausgeberkreis ausgeschieden. Er ist jedoch nach wie vor als Autor bzw. Mitautor mehrerer Beiträge beteiligt.

Den drei Herausgebern obliegt es, auch dieses Mal wieder mannigfach Dank zu sagen: Sie danken zunächst den "alten" und den neu hinzugekommenen Beiträgern für die gute und zügige Zusammenarbeit. Desgleichen danken sie für die vielseitigen konstruktiv-kritischen Hinweise und Ratschläge, die sie im Laufe der vergangenen fünf Jahre von Rezensenten, Kollegen und Studierenden erhalten haben. Sie danken des weiteren der Leitung des Francke-Verlags, insbesondere Frau Brigitte Narr, die das gemeinsame Unternehmen nach Kräften gestützt und gefördert hat. Sie danken schließlich ihren "guten Geistern" vor Ort für die tatkräftige Mithilfe im Alltag des Überarbeitungsprozesses: Frau Beate Helbig in Bochum, Herrn Mark Bechtel in Gießen und Frau Nadja Kerschhofer in Wien.

Im Sommer 1994   *Karl-Richard Bausch*
                           Herbert Christ
                           Hans-Jürgen Krumm

Einleitung

1. Inhalt und Struktur eines Handbuchs in der hier vorgelegten Form reflektieren eine mehrere Jahrzehnte umfassende wissenschaftliche Entwicklung. Das Lehren und Lernen fremder Sprachen hat sich seit dem Zweiten Weltkrieg nicht nur in der Bundesrepublik Deutschland in geradezu revolutionärer Weise verändert. Die Höheren Schulen haben ihren Monopolanspruch auf Vertretung des fremdsprachlichen Unterrichts endgültig aufgeben müssen; ihnen ist als Partner, aber auch als Konkurrent, die Erwachsenenbildung in ihren vielfältigen Erscheinungsformen gegenübergetreten. Auch die Zahl der an unseren Bildungseinrichtungen gelehrten und gelernten Fremdsprachen hat sich in den letzten Jahrzehnten vervielfacht. Ferner beschäftigen sich heute Forscher in sehr viel stärkerem und differenzierterem Maße mit dem Problem des Lehrens und Lernens fremder Sprachen als in früheren Jahrzehnten, und sie tun dies in ganz unterschiedlichen Disziplinen mit jeweils spezifischen Erkenntnisinteressen.

Das Bedürfnis nach Information über den Fremdsprachenunterricht ist unter diesen Umständen ohne Zweifel angestiegen, zumal umfassende Darstellungen über den Gesamtgegenstand in seiner gewachsenen Komplexität fehlen. Die Herausgeber dieses Handbuchs haben sich auf Grund dieser Sachlage von folgenden Überlegungen leiten lassen:
- die Realität des Lehrens und Lernens fremder Sprachen ist komplex, das Bild diffus;
- nicht nur Lehren und Lernen von fremden Sprachen sind in viele verschiedene Institutionen eingebunden, sondern die Erforschung dieses Gegenstandsbereichs erfolgt auch von unterschiedlichen Disziplinen aus;
- die institutionellen Unterschiede und Gegensätze haben allerdings, sowohl in der Praxis als auch in der Forschung, die Gemeinsamkeit des Aufgabenfeldes nicht aus dem Blick geraten lassen. Beweis dafür sind z.B. Kongresse, Tagungen und Publikationsorgane, in denen Fremdsprachendidaktiker und Sprachlehrforscher sowie Vertreter anderer Disziplinen, Fremdsprachenlehrer, Curriculum-Planer, Lehr- und Lernmaterialautoren sowie Lehrmittelproduzenten gleichermaßen zu Wort kommen;
- was bislang jedoch fehlt, ist ein Überblick, in dem möglichst alle Aspekte des Lehrens und Lernens fremder Sprachen im Lichte unterschiedlicher wissenschaftlicher Ansätze dargestellt werden.

Das *Handbuch Fremdsprachenunterricht* versucht deshalb, den genannten Gegenstandsbereich – in seiner praktischen Dimension sowie als Forschungsobjekt – möglichst vollständig zu erfassen und differenziert darzustellen.

Ausgangspunkt ist dabei das derzeitige Erscheinungsbild in der Bundesrepublik Deutschland. Diese Blickrichtung schließt allerdings nicht aus, daß Tendenzen und Entwicklungen im Ausland und namentlich auch der Beitrag ausländischer Forschungsansätze gebührend berücksichtigt werden.

Fremdsprachenunterricht ist nach Auffassung der Herausgeber gegenüber allen anderen Erscheinungsformen des Lernens, Erwerbens und Umgehens mit Sprache(n) so deutlich von spezifischen Eigenschaften bestimmt, daß er als Wirklichkeitsbereich eigener Art verstanden wird. Er ist nur dann angemessen zu erfassen, wenn man von seinen jeweils gegebenen Besonderheiten ausgeht. Nicht zuletzt dieser wissenschaftsmethodische Standpunkt, der von den Herausgebern vertreten wird, hat die Struktur des Handbuchs geprägt.

2. Das Handbuch gliedert sich in vier große Kapitel: Das *erste Kapitel* (A) geht von den vorhandenen Disziplinen aus. An erster Stelle stehen Fremdsprachendidaktik und Sprachlehrforschung, die den Fremdsprachenunterricht als ganzen bedenken. An zweiter Stelle kommen Disziplinen zu Wort, die Areale des Fremdsprachenunterrichts abdecken, und zwar Angewandte Linguistik, Psycholinguistik und Sprachpsychologie, Soziolinguistik, die Erziehungswissenschaft, Lerntheorie und Lernpsychologie, die Literaturwissenschaft und schließlich die Kultur- und Landeswissenschaften.

Im *zweiten Kapitel* (B) werden Problembereiche des Fremdsprachenunterrichts behandelt, die gegenüber dem eher globalen Zugriff der vorhergehenden Erörterungen einen sehr viel spezifischeren Zugriff verlangen. Als Ordnungsgesichtspunkte gelten somit nicht mehr Wissenschaftsdisziplinen, sondern bedenkenswerte Phänomene der fremdsprachenunterrichtlichen Wirklichkeit. Sie gehören vier Problembereichen an.

Im *ersten Problembereich* (B1) werden Stellung und Funktion von Sprachen im schulischen und nicht-schulischen Fremdsprachenerwerb behandelt; hierzu zählen das Verhältnis von Muttersprachen- und Fremdsprachenunterricht, von altsprachlichem Unterricht und (neusprachlichem) Fremdsprachenunterricht, die Probleme des Zweitsprachenunterrichts Deutsch, die Stellung der Herkunftssprachen ausländischer Wohnbevölkerungen und schließlich die Funktion der Fremdsprachen im deutschen Primar- und Sekundarschulsystem, in den Hochschulen und in der nicht-universitären Erwachsenenbildung; weiterhin gehören hierher die Fremdsprachenvermittlung durch Massenmedien sowie sprachenpolitische Perspektiven.

Der *zweite Problembereich* (B2) thematisiert übergreifende Aspekte, die sich – unabhängig von einer bestimmten Fremdsprache – einerseits aus den nicht-sprachlichen Unterrichtsbedingungen und andererseits aus jenen Eigenheiten ableiten, die allen Sprachen gemeinsam sind; hierzu gehören das sprachliche, das landeskundliche sowie das literarische Curriculum, sodann die Lehr- und Lernziele, der Fremdsprachenlerner sowie der Fremdsprachenlehrer und schließlich die Interaktion zwischen Lehrer und Lerner; es folgen allgemeine Beiträge, die im Überblick das Verhältnis von Methodik und Methoden, einschließlich der sogenannten Alternativen Methoden, behandeln, sowie auf konkrete unterrichtsmethodische Verfahrensweisen, wie etwa auf Sozialformen, Arbeits- und Übungsformen, Lerntechniken, Leistungsmessung und Medien konzentrierte Darstellungen. Am Ende dieses zweiten Problembereichs steht die Behandlung des Übersetzens und Dolmetschens sowie des sogenannten bilingualen Sachunterrichts.

Anschließend werden die derzeit an den Schulen der Bundesrepublik gelehrten modernen Fremdsprachen, vom Arabischen bis zum Türkischen, einschließlich des Deutschen als Zweitsprache und des Deutschen als Fremdsprache, charakterisiert. Es werden folglich in diesem *dritten Problembereich* (B3) jene Aspekte angesprochen, die gerade nicht auf alle, sondern jeweils nur auf eine bestimmte Fremdsprache zutreffen.

Schließlich werden im *vierten Problembereich* (B4) Typen des Fremdsprachenerwerbs ausdifferenziert, die durch Erwerbsweise und Alter der Lerner begründet sind. Hierher gehört zunächst die übergreifende Differenzierung in Lernen und Erwerben, sodann geht es um den frühkindlichen Bilingualismus, den Fremdsprachenerwerb im Vorschul- und Primarschulalter sowie im Sekundarschulalter, wobei prinzipiell zwischen der ersten und allen weiteren Fremdsprachen unterschieden wird, und schließlich um den Fremdsprachenerwerb im Erwachsenenalter.

Das *dritte Kapitel* (C) behandelt Forschungsmethoden und -erträge, bezogen auf ausgewählte Problembereiche des Fremdsprachenunterrichts. Deshalb kommen das sprachliche, das landeskundliche und das literarische Curriculum, die Lehr- und Lernzieldiskussion, die Analyse des Fremdsprachenlerners und -lehrers sowie ihrer Interaktion, die Relation von Zwei- und Mehrsprachigkeit, Unterrichtsmethoden, Sozialformen, Arbeits- und Übungsformen, Leistungsmessung und schließlich Unterrichtsmittel und -medien erneut zur Sprache.

Die Artikel aus dem zweiten Problembereich des zweiten Kapitels (B2) und aus dem Kapitel (C) ergänzen sich in dem Sinne, daß in der erstgenannten Artikelfolge der Stand des gesicherten Wissens beschrieben und in der zweitgenannten die jeweiligen forschungsorientierten und -methodischen Problematisierungen aufgezeigt werden.

Das *vierte Kapitel* (D) hat schließlich die institutionelle Seite des Fremdsprachenunterrichts zum Gegenstand. Es geht um Schulformen, Schulfremdsprachen, Stundentafeln, Abschlüsse, um den Fremdsprachenunterricht an Hochschulen, die Fremdsprachenlehrerausbildung, den Fremdsprachenunterricht an Institutionen der nicht-universitären Erwachsenenbildung, an Übersetzer- und Dolmetscherinstituten, ferner um die Fort- und

Weiterbildung von Fremdsprachenlehrern und um deren Fachverbände.

Im *fünften Kapitel* (E) wird die Geschichte des Fremdsprachenunterrichts umrißartig dargestellt. Sie wird in den vorhergehenden Kapiteln jedoch keineswegs ausgeblendet; die meisten Autoren haben vielmehr die historische Perspektive ihres jeweiligen Gegenstandes berücksichtigt. So kann im letzten Artikel der Stand der historischen Forschung als solcher im Bereich Fremdsprachenunterricht thematisiert werden.

3. Die Gliederung des Handbuchs soll das Bemühen spiegeln, den Wirklichkeitsbereich "Fremdsprachenunterricht" einschließlich seiner bisherigen wissenschaftlichen Betrachtung so detailliert und zugleich so vollständig wie möglich zu erfassen. Dahinter steht die Annahme, daß eine umfassende Darstellung dieser Art, wie sie hier wohl erstmals vorgelegt wird, nicht aus *einer* Feder allein stammen kann.

Die Gliederung des Handbuchs ist nicht im strengen Sinne eine Systematik; sie zeigt im Gegenteil, daß es eine solche Systematik nicht gibt und wohl auch nicht geben kann. Mit dem Fremdsprachenunterricht tritt komplexes menschliches Handeln ins Blickfeld, das zwar nach hervorstechenden Eigenschaften zu beschreiben, aber niemals zur Gänze in einer Handlungstypologie zu fassen ist. Es erschien deshalb sinnvoll, die Fülle der Probleme in zwei gegenläufigen Verfahren aufzusuchen, nämlich einerseits orientiert an den Traditionen und Begriffen bestehender Disziplinen, die sich innerhalb ihrer eigenen Voraussetzungen und Zielvorstellungen bewegen, und andererseits phänomenologisch an der Wirklichkeit des Unterrichts, der in seiner Praxis stets neue Fragen aufwirft. Bei der analytischen Verarbeitung aller unterrichtlichen Erfahrung wie bei den daraus gewonnenen Einsichten für neu zu planenden Unterricht – seien sie nun theorie- oder problemorientiert – entstehen Wissensbestände, die umgehend wieder dem Test der Praxis unterworfen werden müssen und dabei selbstverständlich neue Probleme entstehen lassen. Dies legt nahe, dem (sogenannten) gesicherten Wissen über den Fremdsprachenunterricht immer wieder Problematisierungen an die Seite zu stellen, die auf die Offenheit dieses Wissens im Hinblick auf die Praxisprobe aufmerksam machen. Schließlich ist der praktizierte Fremdsprachenunterricht hinsichtlich aller seiner Formen in Institutionen eingebunden, die ihrerseits häufig eine lange Tradition, in fast allen Fällen auch eine recht rigide Binnenstruktur haben, welche dem Unterrichtenden ihre Bedingungen auferlegt.

Die Gliederung des Handbuchs in fünf Kapitel ist wesentlich von den Spezifika des Gegenstands bestimmt. Sowohl die Gliederung wie auch die Aufteilung auf über hundert Autoren führt unvermeidlich zu Überschneidungen und Wiederholungen. Zudem entsteht eine Vielfalt an wissenschaftlichen Positionen, die innerhalb bestimmter Themenbereiche unweigerlich zu Widersprüchen und Gegensätzen führt. Die Herausgeber haben solche Widersprüche bewußt nicht ausgeräumt. Sie betrachten vielmehr den Pluralismus der Standpunkte als ein Charakteristikum der Wissenschaft vom Lehren und Lernen fremder Sprachen.

4. Die Erklärung des Aufbaus des Gesamtwerkes dürfte hinreichend deutlich gemacht haben, warum die Herausgeber die Form eines Handbuchs gewählt haben. Sie sind der Überzeugung, daß der Gegenstandsbereich in monographischer Form heute nicht mehr (oder noch nicht wieder) abzuhandeln ist. Andererseits erschien ihnen eine lexikalische Darstellungsform unangemessen. Das Alphabet ist zwar ein brauchbares Ordnungsmittel, wenn es um das Auffinden von Begriffen geht; doch läßt es den Leser immer dann im Stich, wenn er zusammenhängende Darstellungen sucht. Der begriffliche, alphabetisch zusammengestellte Zugang wird dem Benutzer allerdings über das Register angeboten.

Die Herausgeber sind sich bewußt, daß der gesamte Gegenstandsbereich in einer raschen Fortentwicklung begriffen ist. Veränderungen werden sich wahrscheinlich in der Zukunft noch schneller vollziehen, als es in den letzten Jahrzehnten der Fall gewesen ist; das Jahr 1992, das Jahr, in dem die Niederlassungsfreiheit innerhalb der Europäischen Gemeinschaft realisiert wird, bedeutet nicht nur für Westeuropa und für das Lehren und Lernen fremder Sprachen in dieser Weltregion eine gewaltige Herausforderung. So soll das Handbuch für das letzte Jahrzehnt unseres Jahrhunderts markieren, wie der Entwicklungsstand gegen Ende der 80er Jahre gewesen ist; es will von daher begründen helfen, warum und in welchem Rahmen die Verhältnisse in Praxis und Forschung konsolidiert bzw. verändert werden sollten.

5. Herausgeber und Verlag haben den Autoren der einzelnen Artikel einige formale Vorgaben gemacht.

Die Beiträger mußten sich an eine einheitliche Gliederung der Artikel halten; auf Textzitate sollte gänzlich verzichtet werden; die Zahl der Literaturangaben wurde begrenzt. Die Autoren waren ferner gehalten, für ein breiteres, am Fremdsprachenunterricht und seiner Erforschung interessiertes Publikum zu schreiben. Angesichts der notwendigen Kürze der Beiträge sollte auf Doppelung von Bezeichnungen, z.B. auf die maskuline und feminine Benennung von Personen wie z.B. Schüler/Schülerin, Lehrer/Lehrerin, verzichtet werden. Die maskuline Form wird immer generisch verwandt.

6. Den Herausgebern bleibt es schließlich, Dank zu sagen. Sie danken zunächst allen Autoren für die gute, zügige und verständnisvolle Zusammenarbeit. Sie danken ferner den Leitern des Francke-Verlags und ihren Mitarbeitern für wirksame Förderung des Unternehmens und für die sorgfältige Betreuung der Herstellung.

Ein besonderer Dank gilt Herrn Heinz Diste, der den Herausgebern als Redaktionsassistent zur Seite gestanden hat. Ihm ist vor allem für die formale Anpassung der Beiträge sowie die Mitwirkung bei der Erstellung des Schlagwortregisters zu danken; bei der zuletzt genannten Arbeit wurde er von Frau Ruth Eßer und Frau Anette Hammerschmidt unterstützt.

Schließlich danken die Herausgeber besonders herzlich der Cornelsen-Stiftung und ihrem Vorsitzenden, Herrn Prof. Dr. h.c. Franz Cornelsen, für eine namhafte finanzielle Unterstützung, durch die die Arbeit an der Herausgabe des Handbuchs ganz wesentlich gefördert worden ist.

Im Winter 1988
Karl-Richard Bausch
Herbert Christ
Werner Hüllen
Hans-Jürgen Krumm

A Der Zugriff auf Fremdsprachenunterricht durch verschiedene Disziplinen

A1 Disziplinen, die den Fremdsprachenunterricht als ganzen bedenken

1. Fremdsprachendidaktik

1. Definition und Gegenstandsbereich

Fremdsprachendidaktik ist die Wissenschaft vom Lehren und Lernen fremder Sprachen in jeglichem institutionellen Zusammenhang: in Vorschulen, Schulen, Hochschulen und Fachhochschulen, in freien Sprachenschulen und in der Weiterbildung, z.B. der Volkshochschule, der betrieblichen, gewerkschaftlichen oder kirchlichen Erwachsenenbildung. Strenggenommen gehört das Selbststudium von Fremdsprachen, buchgestützt oder gestützt auf audio-visuelle Medien und Computer, nicht mehr zum Gegenstandsbereich der Fremdsprachendidaktik, weil hier die institutionelle Einbindung fehlt. Dennoch darf es als Periphergebiet mit dazugezählt werden.

Die Formulierung "Lehren und Lernen fremder Sprachen in einem institutionellen Zusammenhang" läßt fünf Interessenzentren der Fremdsprachendidaktik erkennen. Fremdsprachendidaktik untersucht den Fremdsprachenlehrer und den Vorgang des Lehrens fremder Sprachen (vgl. Art. 105). Sie betrachtet den Lerner (Schüler, Kursteilnehmer) und den Prozeß des Lernens (vgl. Art. 103). Mit dem Begriff "fremd" kommt die psychologisch bedeutsame Nichtübereinstimmung mit der erworbenen ersten Sprache und weiterhin die interkulturelle Dimension des Fremdsprachenunterrichts in den Blick (vgl. Art. 24, 26 und 113). Sprache für den Unterricht zu untersuchen, bedeutet sowohl die Sprache als Medium des Unterrichts wie auch die Sprache als Inhalt des Unterrichts (z.B. Auswahl, Präsentation) zu thematisieren (vgl. Art. 23 und 112). Bei der Untersuchung sprachlicher Inhalte verdient der Literaturunterricht eine besondere Betrachtung (vgl. Art. 25 und 114). Der institutionelle Zusammenhang gibt schließlich dem Lehren und Lernen spezifische, teils fördernde, teils hemmende Eigenschaften, deren Analyse ein wichtiges Interessenzentrum der Fremdsprachendidaktik darstellt.

Alle diese Interessenzentren sind nicht unabhängig voneinander. Tatsächlich wird jedoch das eine oder andere je nach Fragestellung und Untersuchungsgegenstand in den Vordergrund der Aufmerksamkeit des Fremdsprachendidaktikers rücken. Gesamtdarstellungen (wie Digeser 1983) sind deshalb selten und in vielen Einzelheiten auch umstritten.

Wenn Fremdsprachendidaktik ihr Forschungsinteresse dem Lehren und Lernen von fremden Sprachen in einem institutionellen Kontext widmet, dann geschieht das in dem Bewußtsein, daß dieses Lernen sich immer auch in einem größeren, nichtinstitutionellen Rahmen eingebettet abspielt. Die Lernenden sind immer spezifischen Spracherfahrungen (der eigenen, der fremden oder anderer für sie fremder Sprachen) ausgesetzt und erwerben deshalb eine fremde Sprache, parallel zum förmlichen Unterricht, auch in anderen Formen. Daher ist Spracherwerb außerhalb der institutionellen Zusammenhänge ebenfalls ein Untersuchungsgegenstand der Fremdsprachendidaktik, allerdings nicht ihr Ausgangspunkt und nicht der zentrale Gesichtspunkt ihres Forschungsinteresses.

2. Zur jüngeren Geschichte der Fremdsprachendidaktik

Die Wissenschaft vom Lehren und Lernen fremder Sprachen hat eine parallel zum Fremdsprachenunterricht verlaufende sehr lange Geschichte (Kelly 1969; vgl. auch Art. 123 und 124). Fremde Sprachen wurden in allen Hochkulturen vermittelt, da ihre Verbreitung immer als gesellschaftliche Notwendigkeit verstanden worden ist. Allerdings war der Fremdsprachenunterricht bis in die jüngste Vergangenheit nie eine Massenerscheinung; und ebenfalls bis in die jüngste Vergangenheit hinein war die Fremdsprachendidaktik nicht als selbständige Wissenschaftsdisziplin anerkannt. Sie ist bis auf wenige Ausnahmen in der Bundesrepublik Deutschland erst etwa seit 1960 an den Hochschulen mit Lehrstühlen vertreten, zunächst an Pädagogischen Hochschulen, später an Universitäten.

Es erscheint sinnvoll, die geschichtliche Entwicklung der Fremdsprachendidaktik (bei unterschiedlichen Bezeichnungen) mit der Begründung neuphilologischer Seminare als Stätten der institutionalisierten Fremdsprachenlehrerausbildung beginnen zu lassen (siehe hierzu die Sammelbände von Christ 1985; Flechsig 1965/1970; Hüllen 1979). Fremdsprachendidaktische Forschungen des 19. und der ersten Hälfte des 20. Jahrhunderts bezogen sich vorwiegend auf den Fremdsprachenunterricht an Gymnasien und Realschulen. Das hing damit zusammen, daß in diesem Zeitraum der Fremdsprachenunterricht vor allem dort institutionalisiert war.

Nach dem 2. Weltkrieg wurde – parallel zu entsprechenden bildungspolitischen Bemühungen – auch der Fremdsprachenunterricht an Grundschulen, Hauptschulen, Gesamtschulen sowie an Berufsschulen zum Gegenstand der Fremdsprachendidaktik. Ein neues Aufgabenfeld fand sie weiterhin durch die Beschäftigung mit der seither stark expandierenden Erwachsenenbildung.

Aus diesen wenigen Feststellungen zur Geschichte der Fremdsprachendidaktik wird deutlich, daß man ihre Entwicklung auch und gerade unter Berücksichtigung ihrer institutionellen Einbindung sehen muß. Der Fremdsprachendidaktiker der sogenannten neusprachlichen Reformbewegung der Jahre 1880 ff. oder der 20er Jahre unseres Jahrhunderts war entweder ein Vertreter der Neuphilologie (z.B. Wilhelm Viëtor) oder ein Lehrer an höheren Schulen (z.B. Max Walter). Die einen bildeten Lehrer für höhere Schulen aus; die anderen führten Lehramtskandidaten in die Praxis des Unterrichts ein und untersuchten und entwickelten "gymnasialen" Fremdsprachenunterricht, namentlich in Französisch und Englisch.

Die wesentlich veränderte institutionelle Einbindung der Fremdsprachendidaktik nach dem 2. Weltkrieg entspricht spiegelbildlich der Ausdehnung des Fremdsprachenunterrichts seit 1945. Die Einführung des Fremdsprachenunterrichts für alle hatte zur Folge, daß die damit speziell Beschäftigten (Fremdsprachendidaktiker an Pädagogischen Hochschulen, Fachleiter an Seminaren für das Lehramt an Grund- und Hauptschulen) zuerst die Bedingungen und Möglichkeiten des Fremdsprachenunterrichts an Grund- und Hauptschulen untersuchten. Die zunächst in bescheidenem Umfang sich etablierende universitäre Fremdsprachendidaktik und die Fachleiter an Seminaren für das Lehramt an Gymnasien, Realschulen und beruflichen Schulen befaßten sich vorwiegend mit dem Fremdsprachenunterricht an diesen Schulformen (Hüllen 1987). Die Erwachsenenbildung richtete ihre eigenen Forschungsstellen für das Lehren und Lernen fremder Sprachen unter den Bedingungen der Erwachsenenbildung ein (z.B. die Pädagogische Arbeitsstelle des Deutschen Volkshochschulverbandes, die Didaktische Arbeitsstelle des Goethe-Instituts, das Sprachenreferat des Deutsch-Französischen Jugendwerks, der vom Informationszentrum für Fremdsprachenforschung der Universität Marburg betreute Erfahrungsaustauschring Fremdsprachen in der Wirtschaft), bevor sich einzelne Universitäten ebenfalls den Problemen des Fremdsprachenunterrichts in der Erwachsenenbildung zuwandten (siehe hierzu Quetz/Raasch 1982).

Diese unterschiedliche institutionelle Einbindung der Fremdsprachendidaktiker ist der Grund dafür, daß der im ersten Abschnitt dargestellte Gegenstandsbereich der Fremdsprachendidaktik mit seinen fünf Interessenzentren von einzelnen Fremdsprachendidaktikern jeweils nur ausschnittweise bearbeitet worden ist.

Einen Überblick über die Breite der Forschungsansätze geben die Dokumentationen der Fremdsprachendidaktikerkongresse sowie die periodisch erscheinende *Bibliographie Moderner Fremdsprachenunterricht* (Informationszentrum für Fremdsprachenforschung seit 1970).

In ihrer jüngeren Geschichte wurde die Fremdsprachendidaktik auch mit konkurrierenden Disziplinen konfrontiert und mußte sich folglich mit ihnen auseinandersetzen; dies sind die Angewandte Linguistik (vgl. Art. 4), die Sprachlehrforschung (vgl. Art. 2) und innerhalb der Psycholinguistik (vgl. Art. 5) die Zweitsprachenerwerbsforschung.

Die Angewandte Linguistik ist allerdings nur insoweit eine konkurrierende Disziplin, als sie sich auf den Fremdsprachenunterricht bezogen versteht. Daneben versammeln sich aber unter der Bezeichnung "Angewandte Linguistik" sehr viele andere Forschungsrichtungen und Forschungsinteressen, die zum Lehren und Lernen fremder Sprachen keinen Bezug haben.

Die Sprachlehrforschung konstituierte sich Anfang der 70er Jahre im Zuge einer beginnenden Universitätsreform, und zwar zunächst mit Bezug auf den Fremdsprachenunterricht in Hochschulen während des Studiums künftiger Fremdsprachenlehrer. Sie bemühte sich um eine präzisere Beschreibung des Gegenstandsbereichs "Lehren und Lernen fremder Sprachen" und um die Entwicklung geeigneter Methoden in einem prinzipiell interdisziplinären Zugriff. Schon sehr bald ergaben sich Arbeitskontakte und gemeinsame Projekte von Fremdsprachendidaktikern und Sprachlehrforschern, die 1980 zur Begründung der Frühjahrskonferenz zur Erforschung des Fremdsprachenunterrichts führten (siehe hierzu die *Arbeitspapiere der Frühjahrskonferenzen* Bausch et al. 1981 ff.).

Die Zweitsprachenerwerbsforschung hat einen anderen Gegenstandsbereich als die Fremdsprachendidaktik. Sie untersucht den sogenannten natürlichen Zweitsprachenerwerb. Prinzipiell ist sie am institutionalisierten Fremdsprachenunterricht nicht interessiert. Berührungspunkte ergeben sich aber dann, wenn von der Zweitsprachenerwerbsforschung in ihrem Bereich gewonnene Erkenntnisse auf den Fremdsprachenunterricht übertragen werden (Felix 1982). Dies gilt z.B. für die These von universellen Erwerbssequenzen, denen Lernabläufe entsprechen sollen. Sie wird von der Fremdsprachendidaktik kritisch hinterfragt, weil deren Interesse gerade den spezifischen Lehr- und Lernbedingungen bei unterschiedlichen Lerngruppen in unterschiedlichen institutionellen Kontexten gilt und dabei ganz unterschiedliche Lernabläufe konstatiert werden, die wiederum unterschiedliche Lehrbemühungen nötig machen (Hüllen 1987, 267-279). Solche Lernabläufe sind in jüngster Zeit in Fallstudien dokumentiert worden (Martin 1985; Kordes/Budde 1985).

3. Systematische Tradition

Die Fremdsprachendidaktik verstand sich im 19. Jahrhundert vornehmlich als Methodik des Fremdsprachenunterrichts (Schmitz 1859; auch noch Viëtor 1882). Sie entfaltete sich mit Beginn des 20. Jahrhunderts als Didaktik und Methodik mit den Zielsetzungen, einerseits die Inhalte des Fremdsprachenunterrichts und andererseits die Wege ihrer Vermittlung zu erforschen. (Die Begriffsumfänge der Bezeichnungen "Didaktik" und "Methodik" sind allerdings nicht immer säuberlich getrennt.) Als drittes Element trat die psychologische Fragestellung hinzu (Otto 1921). In der ehemaligen DDR wurde der Begriff "Didaktik" – auf schulfachliche Studien bezogen – nicht benutzt; statt dessen wurde hier der Begriff "Methodik" gebraucht (vgl. Art. 3).

Die Fremdsprachendidaktik gliederte sich in jüngerer Zeit in doppelter Richtung auf: von der übergreifenden neusprachlichen Fremdsprachendidaktik zu einzelnen Fachdidaktiken (also den Fachdidaktiken des Deutschen als Fremdsprache, des Englischen, des Französischen, des Russischen, des Spanischen usw.) und von der allgemeinen Fremdsprachendidaktik zu Teilgebietsdidaktiken (also z.B. der Didaktik der Landeskunde, der "fremdsprachlichen" Literatur, des Sprachlabors, des Seniorenunterrichts).

Der Begriff "Fremdsprachendidaktik" ist eine späte Wortschöpfung; noch in den 50er Jahren sprach man vorzugsweise von "Didaktik der neueren Sprachen" oder "Neusprachendidaktik". In diesem älteren Sprachgebrauch drückte sich die Herkunft der Fremdsprachendidaktik von der Didaktik der Alten Sprachen aus, die sich auch in vielen älteren Fragestellungen der Fremdsprachendidaktik (z.B. zur Konzeption des Grammatikunterrichts, zur Bedeutung klassischer literarischer Texte, zur literarischen Tradition) zeigt. Unausgesprochen verstand man unter "Didaktik der neueren Sprachen" die Didaktik des Englischen und des Französischen, weil andere moderne Fremdsprachen in den Schulen kaum unterrichtet wurden.

Der Begriff "Fremdsprachendidaktik" betont demgegenüber nicht nur die Eigenständigkeit der Disziplin, sondern setzt auch neue inhaltliche Akzente, wie man aus der Erweiterung des institutionellen Rahmens von Fremdsprachenunterricht und des Sprachangebots ersehen kann.

Um ihre Aufgabe zu erfüllen, ist die Fremdsprachendidaktik auf interdisziplinäre Zusammenarbeit mit anderen Wissenschaften angewiesen. Dazu gehören die allgemeine Linguistik und die einzelsprachlichen Linguistiken, die allgemeine Literaturwissenschaft und die einzelsprachlichen Literaturwissenschaften, die Erziehungswissenschaft(en) und darin insbesondere die Allgemeine Didaktik, die Lernpsychologie, die Sprachpsychologie und die Psycholinguistik, die Geschichtswissenschaft, die Politikwissenschaft, die Soziologie und andere Sozialwissenschaften (in Erwartung einer bislang hypothetischen Landeswissenschaft; vgl. Art. 10 und 24).

Das Verhältnis der Fremdsprachendidaktik zu diesen Disziplinen ist in den vergangenen Jahrzehnten durch ein Schwanken zwischen Autonomie und Dependenz charakterisiert. In der Tat kann man zwei extreme Standpunkte feststellen (die als Endpunkte eines Kontinuums zu sehen sind): autonome Ansätze begründen mit Verweis auf die psychologische, bildungstheoretische und politische Besonderheit des Fremdsprachenunterrichts eine wissenschaftstheoretische und -methodische Selbständigkeit der Fremdsprachendidaktik als Disziplin (so schon Otto 1921; in der Gegenwart exemplarisch Müller 1972 und 1979); heteronome Ansätze sehen die Fremdsprachendidaktik eher als Anwendungsfeld von Erkenntnissen und Methoden der Philologien (Linguistik, Literaturwissenschaft – so z.B. Schröder 1971) und damit als Vermittlungswissenschaft der Ergebnisse anderer Wissenschaften oder als Teil der Erziehungswissenschaften (so z.B. Kahl 1985).

4. Methodische Traditionen

Die Fremdsprachendidaktiker haben zunächst wenig über ihre wissenschaftlichen Methoden und ihr Methodenverständnis reflektiert. Gleichwohl hatten sie bestimmte methodische Ansätze, die sich zwischen den Polen "deskriptiv" und "normativ" bewegten. Seit den 20er Jahren kann man feststellen, daß empirisch-beobachtende Methoden angewandt werden, wobei – häufig wahrscheinlich unerkannt – hermeneutische Deutungen eine große Rolle spielten. Seit dem 2. Weltkrieg wird – parallel zu methodischen Verfahren in Psychologie und Soziologie – in größerem Umfang empirisch-datenerhebend gearbeitet. Dies gilt z.B. für die Unterrichtsbeobachtung, die Fehleranalyse, die Feststellung der sprachlichen Minimalbestände in der ersten Lernphase und die Bedarfsermittlung (Bausch et al. 1984; vgl. Art. 101).

In den letzten Jahren haben hermeneutische Verfahren eine neue Bedeutung erlangt und einen verbesserten methodischen Standard erreicht. Sie dienen z.B. der Untersuchung und Erklärung von Verstehensprozessen, der qualitativen Analyse von Unterricht, der Lehrbuchforschung, der Rekonstruktion geschichtlicher Etappen des Fremdsprachenunterrichts (Bredella 1980). Tendenziell scheint sich heute ein Ende des Methodenstreits zwischen Empirikern und Hermeneutikern anzukündigen, und es scheint sich das Bewußtsein durchzusetzen, daß die Fremdsprachendidaktik auf mehrere Methoden zurückgreifen muß.

5. Aktueller Erkenntnisstand

Die Fremdsprachendidaktik und die einzelsprachenbezogenen Fachdidaktiken haben derzeit ein relativ gesichertes Wissen hinsichtlich des Fremdsprachencurriculums, des Aufbaus und der Stufung fremdsprachlicher Lehr- und Lernprozesse, der Verwendung von Medien und Unterrichtsmitteln und der Leistungsmessung.

Die Beschäftigung mit dem fremdsprachlichen Curriculum ist eine Folge der Einführung des Französischen, Englischen oder Italienischen als fremde Sprachen in die Gelehrtenschulen, Bürgerschulen und beruflichen Schulen (z.B. Handelsschulen) des 19. Jahrhunderts. Sie stand lange Zeit im Bann der traditionellen Sprachwissenschaft und Literaturwissenschaft und der Kulturwissenschaften, deren Inhalte man nach schulischen Rücksichten auszuwählen und zu vereinfachen suchte (siehe Christ/Rang 1985).

Erst in jüngerer Zeit ist der spezifische Zusammenhang zwischen Unterrichtszielen, Unterrichtsmethoden, Organisationsformen und Lehr- und Lernbedingungen erfaßt worden. Die Theorie des fremdsprachlichen Curriculums hat sich dabei weitgehend von der Systematik der Nachbardisziplinen, die diese Gegenstände in ihrem jeweiligen Kontext behandeln, entfernt.

Eine Theorie des Aufbaus und der Stufung des fremdsprachlichen Lehr- und Lernprozesses liegt praktisch allen didaktischen Kompendien der Vergangenheit zugrunde. Dabei bildet der allgemeinpädagogisch definierte Fortschritt vom Elementaren über das Einfache zum Komplexen unausgesprochen das entscheidende Kriterium (so z.B. Leisinger 1966). Die Stufung als solche (verbunden mit einer Reflexion z.B. der Probleme des Behaltens/Vergessens, der retroaktiven und proaktiven Lernhemmungen, der Lernerleichterung, Frequenz und Disponibilität des zu Lernenden) ist erst in den letzten Jahrzehnten als Problem erkannt worden. Dabei haben sich unterschiedliche Stufungsmöglichkeiten je nach Schultyp, Lehrziel, Lernereigenschaften usw. herausgestellt.

Im Rahmen der Analyse und Interpretation von Unterrichtsmedien haben neuere Entwicklungen (wie z.B. Tageslichtschreiber, Sprachlabor, Video und neuerdings Computer) die größte Aufmerksamkeit gefunden. Dabei spielt neben dem Reiz des Neuen wohl auch das Bestreben eine Rolle, sich dem technisch Hochentwickelten, aber didaktisch weniger komplex organisierten Medium (z.B. dem Computer) eher zuzuwenden als technisch recht einfachen, aber didaktisch außerordentlich komplex organisierten Medien (wie z.B. Lehrbüchern). Lehrbücher (neben anderen gedruckten Lehrmaterialien) wurden anhand von häufig standardisierten Fragestellungen daraufhin überprüft, ob sie die fremde Sprache authentisch präsentieren und ob die Art dieser Präsentation Lehr- und Lernvorgänge erleichtert. Daneben wird die Verläßlichkeit kulturspezifischer Informationen in Lehrbüchern untersucht. Die Auswahl, Präsentation und Aufbereitung selbständiger (literarischer, landeskundlicher) Texte (Lektüren) wird in der Regel als Problemstellung innerhalb der Didaktik der Landeskunde und der fremdsprachlichen Literatur verstanden.

Weit verbreitete, aber einfache Unterrrichtsmedien (wie z.B. Wandtafeln, Bilder, Karten) finden unverhältnismäßig geringe Aufmerksamkeit.

Die Theorie der Leistungsmessung (und in geringem Umfang auch der schulform- und schulstufenbezogenen Leistungsbewertung) im Fremdsprachenunterricht hat sich vor allem den Konstruktionsformen und Auswertungen von Tests zugewandt. Dabei wird eine gewisse Verselbständigung dieses Teils der Fremdsprachendidaktik sichtbar. Ihr steht eine relative Vernachlässigung traditioneller und vor allem auch mündlicher Formen der Leistungsmessung und Leistungsbewertung gegenüber.

Die Fremdsprachendidaktik und die einzelsprachenbezogenen Fachdidaktiken haben derzeit kaum ein gesichertes Wissen, aber doch begründete Vermutungen über den Zusammenhang zwischen dem Lernen fremder Sprachen und dem Lehrverhalten, der das Kernstück einer zu erarbeitenden Theorie des fremdsprachlichen Unterrichts ausmacht.

Im Rahmen der Betrachtung des Lernens fremder Sprachen ist die Aufmerksamkeit vor allem dem Verhältnis von Lernen durch Nachahmen und/ oder Lernen durch Einsicht, der Konstitution von Zwischensprachen und der Funktion des Fehlers zugewandt. Weitgehend ungeklärt ist jedoch eine differenzierte Beschreibung der Adressaten von Fremdsprachenunterricht, also der Lerner und ihrer Bedürfnisse. Unter der abstrakten Bezeichnung "Lerner" befindet sich vielmehr eine Vielzahl von Individuen und Gruppen mit ganz unterschiedlichen Lernbedürfnissen.

Im Rahmen der Betrachtung des Lehrens fremder Sprachen ist die Aufmerksamkeit vor allem einzelnen Unterrichtstechniken (wie z.B. der Regelformulierung, der Semantisierung von Vokabeln, der Dialogführung) zugewandt. Diese Techniken verbinden sich jedoch kaum zu einer in sich konsistenten Methode. Überhaupt ist festzustellen, daß die Fremdsprachendidaktik sich zwar als wissenschaftliche Begründung methodischen Handelns im Unterrricht begreift, daß sie aber selten (so bei Heuer/Klippel 1987 oder Martin 1985) bis zur Beschreibung dieser Methode (z.B. als Handlungsanweisungen für die Lehrerausbildung) durchstößt. Weitgehend ungeklärt ist vor allem eine differenzierte Beschreibung des Fremdsprachenlehrers. Unter diesem abstrakten Begriff wird eine Vielzahl von Individuen und Gruppen mit unterschiedlichen Motivationen, Ausbildungsständen und Berufsauffassungen zusammengefaßt.

Der Zusammenhang von Lehren und Lernen (d.h. ihre Entsprechungen bzw. gegenseitigen Übergänge) erweist sich als besonders resistentes Problem. Wohl liegt allen fremdsprachendidaktischen Überlegungen die Vorstellung zugrunde, daß Lernen durch Lehren ausgelöst wird, doch sind die näheren Zusammenhänge hier durchaus unklar. Vor allem ist nicht erforscht, in welchem Maße die kognitive Eigenständigkeit des Lerners Abweichungen von den Vorgaben des Lehrers (aber auch der Lehrmittel) bewirkt.

Bei der großen Zahl der Teiltheorien und der außerordentlichen Komplexion ihrer Gegenstände kann eine umfassende Theorie des Fremdsprachenunterrichts nur als jeweils verbesserungsbedürftiger Theorieentwurf geleistet werden. Das gilt vor allem auch für den Beitrag der nichtinstitutionellen Bedingungen zu einer zusammenhängenden Theorie des Lernens fremder Sprachen in institutionellem Kontext.

6. Perspektiven

Durch die Ausdehnung des Interesses der Fremdsprachendidaktik von den schulischen Formen des Fremdsprachenunterrichts auf den Fremdsprachenunterricht in der Erwachsenenbildung und auf das selbständige Lernen fremder Sprachen haben sich die Forschungsaufgaben der Disziplin vervielfältigt. Der Forscher muß seine Erkenntnisinteressen spezifischer beschreiben, als er es früher getan hat. Denn die Übertragbarkeit der Erkenntnisse von einer spezifischen Lernsituation auf eine andere ist niemals selbstverständlich. Dies gilt insbesondere für die Erkenntnisse hinsichtlich des Lernens einer bestimmten Sprache auf eine andere. Der Forscher ist demnach kaum noch in der Lage, allgemeine Äußerungen über den Fremdsprachenunterricht zu machen.

Dies bedeutet aber nicht nur, daß die Fremdsprachendidaktik in Zukunft ihr Hauptaugenmerk auf eine stärkere Differenzierung der Forschungsaktivitäten richten muß; sie muß auch in der Dokumentation und Publikation ihrer Ergebnisse neue Wege gehen, damit bei der erforderlichen Differenzierung nicht der Gegenstandsbereich "Lehren und Lernen fremder Sprachen" insgesamt aus dem Auge gelassen wird und dadurch das gemeinsame Erkenntnisinteresse der den Gegenstandsbereich Erforschenden verloren geht.

Eine Verselbständigung einzelner Bereiche, wie sie sich tendenziell z.B. in dem nur noch geringen Kontakt zwischen fremdsprachenbezogener Literaturdidaktik und der Sprachdidaktik im engeren Sinn oder auch in bestimmten Bereichen der Testdidaktik, der Fehlerkunde und der Landeskundedidaktik zeigt, ist sicher nicht wünschenswert, weil jeder dieser Teilgegenstandsbereiche vor allem Fremdsprachenunterricht betrifft. In diesem Sinne sprechen wir von der Einheit der Disziplin.

Bisher ist diese Einheit einerseits durch die Existenz gemeinsamer Publikationsorgane und die Einrichtung von die Gesamtdisziplin betreffenden Kongressen (z.B. den Fremdsprachendidaktiker-Kongressen) gewahrt worden. Außerdem bringt das starke Gewicht der Didaktik des Englischen eine faktische Einheitlichkeit in bezug auf Fragestellungen, Begriffe, Vergleichspunkte und zitierte Literatur mit sich, wodurch – wie oben bereits ausgeführt – freilich die Gefahr vorschneller Generalisierung und mangelnder Differenzierung entsteht.

Die Aufrechterhaltung der Einheit der Disziplin liegt im Interesse der Ausbildung, Fortbildung und Weiterbildung von Fremdsprachenlehrern, der Konsolidierung bzw. Verbesserung und Weiterentwicklung des institutionalisierten Fremdsprachenunterrichts, seiner Propagierung und Ausbreitung. Diese Anliegen sind insbesondere angesichts der politischen Tendenzen, das vielsprachige Europa zu einigen, bedeutsam. Die Erhaltung und Stärke der Einheit der Fremdsprachendidaktik ist daher eine Aufgabe aller an der Erforschung des Fremdsprachenunterrichts Beteiligten.

Folgende Problembereiche sehen die Verfasser als für die zukünftige Arbeit besonders wichtig an:
– Fremdsprachenlehren und -lernen im Sprachkontrast (das Lernen einer ersten Fremdsprache kontrastiv zur Muttersprache; das sukzessive Lernen mehrerer fremder Sprachen und die sich daraus ergebenden neuen kontrastiven Sprachstände und Lernprozesse. Vgl. Larsen-Freemann/Long 1991).
– Fremdsprachenlehren und -lernen in unterschiedlichen sozialen und institutionellen Zusammenhängen (Institutionen; freie Lerngruppen; individuell; in unterschiedlichen Lebensaltern; in beruflichem, privatem Interesse usw. Vgl. u.a. Singleton 1989).
– Fremdsprachenlehren und -lernen in interkultureller Sicht (die Erfahrung anderer Kulturen, Gesellschaften und Nationen und deren Angehöriger; interkulturelle sowie internationale Beziehungen. Vgl. u.a. Baumgratz-Gangl 1990 und Byram et al. 1991).
– Fremdsprachenlehren und -lernen in innergesellschaftlicher Sicht (Fremdsprachenunterricht und Bildungspolitik; institutionalisierter Unterricht und Sprachenpolitik. Vgl. Christ 1991).
– Fremdsprachenlehren und -lernen mit unterschiedlicher Zielsetzung (vom "Schwellen-Niveau" bis zur Fachsprache; Untersuchungen zum Gebrauch fremder Sprachen).
– Fremdsprachenlehren und -lernen und spezifische Lernaufgaben (Sprachenlernen und analytisches Sprachbewußtsein, Verstehen von Textformen und Textinhalten, nichtsprachliche Zeichen und Sprachgebrauch; Sprachenlernen als eigene Diskursform. Vgl. u.a. Meyer 1986).

Literatur

Baumgratz-Gangl, Gisela (1990), *Persönlichkeitsentwicklung und Fremdsprachenerwerb. Transnationale und transkulturelle Kommunikationsfähigkeit im Französischunterricht*, Paderborn.
Bausch, Karl-Richard/Christ, Herbert/Hüllen, Werner/Krumm, Hans-Jürgen, Hrsg. (1981), *Arbeitspapiere der 1. Frühjahrskonferenz zur Erforschung des Fremdsprachenunterrichts*, Bochum.
Bausch, Karl-Richard/Christ, Herbert/Hüllen, Werner/Krumm, Hans-Jürgen, Hrsg. (1984), *Empirie und Fremdsprachenunterricht. Arbeitspapiere der 4. Frühjahrskonferenz zur Erforschung des Fremdsprachenunterrichts*, Tübingen.

Bredella, Lothar (1980), *Das Verstehen literarischer Texte,* Stuttgart.
Byram, Michael/Esarte-Sarries, Monica/Taylor, Susan (1991), *Cultural Studies and Language Learning,* Clevedon/Philadelphia.
Christ, Herbert, Hrsg. (1985), *Didaktik des Französischunterrichts,* Darmstadt.
Christ, Herbert (1991), *Fremdsprachenunterricht für das Jahr 2000. Sprachenpolitische Betrachtungen zum Lehren und Lernen fremder Sprachen,* Tübingen.
Christ, Herbert/Rang, Hans-Joachim, Hrsg. (1985), *Fremdsprachenunterricht unter staatlicher Verwaltung,* 7 Bde, Tübingen.
Digeser, Andreas (1983), *Fremdsprachendidaktik und ihre Bezugswissenschaften,* Stuttgart.
Felix, Sascha (1982), *Psycholinguistische Aspekte des Zweitsprachenerwerbs,* Tübingen.
Flechsig, Karl-Heinz, Hrsg. (1965/1970), *Neusprachlicher Unterricht,* 2 Bde, Weinheim.
Heuer, Helmut/Klippel, Friederike (1987), *Englischmethodik,* Berlin.
Hüllen, Werner, Hrsg. (1979), *Didaktik des Englischunterrichts,* Darmstadt.
Hüllen, Werner (1987), *Englisch als Fremdsprache,* Tübingen.
Informationszentrum für Fremdsprachenforschung, Hrsg. (1970 ff.), *Bibliographie Moderner Fremdsprachenunterricht,* München.
Kahl, Peter W. (1985), "Kann man den Fremdsprachenunterricht von der Psycholinguistik her begründen?", in: *Englisch,* Jg. 20, H. 2, 67-71.
Kelly, Lewis G. (1969), *25 Centuries of Language Teaching,* Rowley, Mass.
Kordes, Hagen/Budde, Klaus (1985), *Aus Fehlern lernen. Methodische Anleitung für eine alternative Lernersprachenpädagogik – am Beispiel des Französischen deutscher Schüler,* o.O.
Larsen-Freeman, Diane/Long, Michael H. (1991), *An Introduction to Second Language Acquisition Research,* London/New York.
Leisinger, Fritz (1966), *Elemente des neusprachlichen Unterrichts,* Stuttgart.
Martin, Jean-Pol (1985), *Zum Aufbau didaktischer Teilkompetenzen beim Schüler,* Tübingen.
Meyer, Meinert A. (1986), *Shakespeare oder Fremdsprachen-Korrespondenz?,* Wetzlar.
Müller, Richard-Matthias (1972), "Dreizehn Thesen zur Fremdsprachendidaktik (Englisch) als Wissenschaft und ein Studienplan für Fremdsprachenlehrer", in: *Die Neueren Sprachen,* Jg. 71, H. 4, 207-211.
Müller, Richard-Matthias (1979), "Das Wissenschaftsverständnis der Fremdsprachendidaktik", in: Helmut Heuer/Hartmut Kleineidam/Edzard Obendiek/Helmut Sauer (Hrsg.), *Dortmunder Diskussionen zur Fremdsprachendidaktik,* Dortmund, 132-148.
Otto, Ernst (1921), *Methodik und Didaktik des neusprachlichen Unterrichts. Versuch einer wissenschaftlichen Unterrichtslehre,* Bielefeld.
Quetz, Jürgen/Raasch, Albert, Hrsg. (1982), *Fremdsprachenlehrer für die Erwachsenenbildung,* Braunschweig.
Schmitz, Bernhard (1859), *Encyclopädie des philologischen Studiums der neueren Sprachen,* Greifswald.
Schröder, Konrad (1971), "Fachwissenschaft – Fachdidaktik – Fachbereich. Arbeitsthesen zur Fachdidaktik Englisch", in: Thomas Finkenstaedt/Konrad Schröder (Hrsg.), *Quo vadis? Englisch als Zielsprache,* Hamburg, 64-84.
Singleton, David (1989), *Language Acquisition: The Age Factor,* Philadelphia.
Viëtor, Wilhelm (1882), *Unter dem Pseudonym Quousque tandem. Der Sprachunterricht muß umkehren,* Heilbronn. (wieder abgedruckt in: Werner Hüllen, (Hrsg.) (1979), *Didaktik des Englischunterrichts,* Darmstadt, 9-31).

Herbert Christ / Werner Hüllen

2. Sprachlehrforschung

1. Problemaufriß

Sprachlehrforschung untersucht die Bedingungen und Möglichkeiten des Erwerbs und der Vermittlung von Sprache und Sprachfähigkeit (Koordinierungsgremium 1983), sie ist also im eigentlichen Sinne Sprachlehr- und Sprachlernforschung. Trotz dieses Faktums hat sich der verkürzte Terminus durchgesetzt.

Sprachlehrforschung befaßt sich prinzipiell mit allen Formen und Typen des Spracherwerbs und der Sprachvermittlung (Bausch 1974), in Wirklichkeit hat sie sich jedoch als wissenschaftliche Disziplin im Forschungsfeld des durch Unterricht gesteuerten Lehrens und Lernens von Fremdsprachen, und zwar grundsätzlich in allen seinen institutionellen Formen, etabliert (siehe beispielsweise für den schulischen in Relation zum außerschulischen Bereich Kasper 1981; für den schulischen Kleppin/Königs 1991; für den curricularen Sektor z.B. Kultusminister des Landes Nordrhein-Westfalen 1993; für den universitären Fremdsprachenunterricht Börsch/Krumm 1984; Krings 1986; für den Bereich der Industrie bzw. Erwachsenenbildung Wildner-Bassett 1984; siehe zusätzlich die in Koordinierungsgremium 1983 aufgelisteten Forschungsprojekte; vgl. auch Art. 17-22).

Sprachlehrforschung geht davon aus, daß eine Erziehung zur Mehrsprachigkeit (und nicht nur zur Zweisprachigkeit) möglich und sinnvoll ist (vgl. Art. 12 und 99); sie verfolgt vor diesem Hintergrund das Ziel, die begründete Konsolidierung bzw. Veränderung von konkreten Formen des Lehrens und Lernens fremder Sprachen zu bewirken. Erkenntnisse und Methoden, die in nichtinstitutionellen Erwerbskontexten erarbeitet worden sind, können hierbei heuristische Funktion übernehmen (Bausch/Königs 1983; vgl. Art. 12 und 95).

Die konzeptuelle Begründung der Sprachlehrforschung reicht in die Anfänge der 70er Jahre zurück, d.h. also in eine Periode, die durch breite Expansionsbestrebungen im Hochschulbereich und dort vor allem in den Lehramtsstudiengängen gekennzeichnet war. Ihre Entwicklung ist folglich eng mit einer Reihe von bildungs- und hochschulpolitischen sowie daraus resultierenden wissenschaftsmethodischen Überlegungen verbunden; exemplarisch seien stichwortartig die folgenden Aspekte genannt (siehe hierzu Bausch/Königs/Kogelheide 1986):

– Die Ermittlung eines steigenden Bedarfs unserer Gesellschaft an fremdsprachlichen Fähigkeiten und Fertigkeiten, dem der schulische sowie universitäre bzw. tertiäre Fremdsprachenunterricht weder quantitativ noch qualitativ genügen konnte. Diese Feststellung führte zu einer Intensivierung der Ausbildung von Fremdsprachenlehrern für Schule und Erwachsenenbildung sowie zu der damit eng verbundenen Forderung, die inhaltliche Struktur der Studiengänge – im Sinne einer Professionalisierung – sehr viel konsequenter an den realen Tätigkeitsfeldern und -merkmalen von Fremdsprachenlehrern zu orientieren (Wissenschaftsrat 1970; Voss 1986; F. Grucza/Krumm/B. Grucza 1993; vgl. Art. 120). Die konkrete Folge war zum einen die Entwicklung methodisch-didaktischer Studieneinheiten einschließlich der Aufnahme schulpraktischer Elemente und zum andern eine umfassende Neuorientierung der sprachpraktischen Ausbildungsinhalte und -anteile (Krumm 1973; Zentrales Fremdsprachinstitut der Ruhr-Universität Bochum 1975).

– Die Tatsache, daß eine intensive Diskussion über unterrichts- bzw. fremdsprachenvermittlungsmethodische Aspekte und Verfahren einsetzte; überkommene Konzepte wie z.B. die Grammatik-Übersetzungsmethode, bestimmte Formen der audiolingualen und der audiovisuellen Methode wurden hierdurch zurückgedrängt, neue Ansätze wie z.B. die Suggestopädie einer theoretischen und empirischen Überprüfung und Relativierung unterzogen (Bausch/Königs/Kogelheide 1986; Krumm 1991; Bausch 1993).

– Die Erkenntnis, daß weder die Neuphilologien im klassischen Sinne des Begriffs noch die jüngeren Konzepte von Literaturwissenschaft bzw. Linguistik angemessen als Basisdisziplinen für den eigenständigen Wirklichkeitsbereich "Lehren und Lernen von Fremdsprachen" fungieren können; Gleiches gilt auch für die Erziehungswissenschaft und andere mögliche "Basiswissenschaften" (Koordinierungsgremium 1983). Dies führte zu einer intensiven, überwiegend wissenschaftsmethodisch orientierten Auseinandersetzung mit damals bereits institutionell und konzeptuell etablierten Disziplinen wie Linguistik, Angewandte Linguistik, Erziehungswissenschaft und Fremdsprachendidaktik einerseits und der jungen, sich erst konturierenden Sprachlehrforschung andererseits; dabei wurde – verkürzt formuliert – der grundlegende Dissens an dem Faktum festgemacht, daß die zuerst genannten Disziplinen dazu tendieren, jeweils einzelne Teilbereiche aus dem komplexen Interaktionsfeld "Lehren und Lernen von Fremdsprachen" in den Blick zu nehmen bzw. dem Fremdsprachenunterricht Erkenntnisse, Verfahren und Methoden überzustülpen, die sie im Kontext andersgearteter Objektbereiche gewonnen haben (Krumm 1979; Bausch 1993):

– So hat z.B. der Fremdsprachenunterricht für bestimmte (angewandt-)linguistische sowie linguistisierende fremdsprachendidaktische Ansätze lediglich den Stellenwert eines dem sprachwissenschaftlichen Beschreibungsergebnis nachgeordneten Applikationsfeldes, wodurch die Komplexität von fremdsprachlichen Lehr- und Lernprozessen in unzulässiger Weise auf den Faktor "(Fremd-)Sprache" reduziert wird (siehe exemplarisch die Diskussion um die Erarbeitung von Didaktischen Grammatiken in Bausch 1979; vgl. auch Art. 4 und Edmondson/House 1993).

– So rückt z.B. die Erziehungswissenschaft die Faktoren "Lehren und Lernen" derart in den Vordergrund, daß jene Komponenten, die realiter für den Fremdsprachenunterricht spezifisch sind, erst gar nicht in den Blick genommen werden können (vgl. Art. 7).

– So wird z.B. von bestimmten Positionen der Fremdsprachendidaktik eine Fokussierung ausschließlich auf den schulischen Fremdsprachenunterricht (vgl. beispielsweise Digeser 1983) sowie eine Verengung auf Lehrgegenstände und -methoden im Sinne einer Planungstheorie (vgl.

hierzu die ausführliche Kritik z.B. bei Bausch 1988) vorgenommen (vgl. für einen Neuansatz, der sich dem Wissenschaftskonzept der Sprachlehrforschung annähert, Art. 1).

Vor diesem Hintergrund war es konsequent, daß einerseits mit der Entwicklung der Sprachlehrforschung in der Bundesrepublik Deutschland eine Reihe von eigenständigen Institutionen an mehreren Hochschulen – zunächst meist als Sprachenzentren bzw. als Zentrale Fremdspracheninstitute, aber auch in Form von Lehrstühlen innerhalb von neuphilologischen Fakultäten – gegründet und daß andererseits ein enger Zusammenschluß dieser neuartigen Einrichtungen eingeleitet wurde (verwiesen sei auf die Gründung des *Arbeitskreises der Sprachenzentren, Sprachlehrinstitute und Fremdspracheninstitute* (*AKS*) 1970 sowie auf die vom *AKS* herausgegebene Zeitschrift *Fremdsprachen und Hochschule* 1981 ff.; vgl. Art. 20 und 116). Hinzugefügt sei, daß sich im europäischen Ausland und in den USA vergleichbare Entwicklungen – allerdings unter anderen Bezeichnungen – finden (vgl. Art. 3).

Zusammenfassend läßt sich auf der Grundlage der skizzierten Diskussionen und Entwicklungen festhalten, daß die Begründung der Sprachlehrforschung im Kern eine wissenschaftsgeschichtlich konsequente Antwort auf jene Disziplinen darstellte, die – im wesentlichen bedingt durch ihre jeweils eigenen Methoden und Erkenntnisinteressen – lediglich reduktionistische Konzepte vom Lehren und Lernen von Fremdsprachen vertreten konnten (ein solches reduktionistisches Konzept findet sich allerdings jetzt erneut in Hartenstein 1993).

2. Konturen der Disziplin und Forschungsschwerpunkte

Bereits in den ersten konzeptuell angelegten Arbeiten wurde die Notwendigkeit herausgestellt, den bis dahin praktizierten Partikularismus bzw. Praktizismus aufzugeben und eine systematische, wissenschaftsmethodisch reflektierte Erforschung des Wirklichkeitsbereichs "Fremdsprachenunterricht" einzuleiten. Gleichzeitig richtete die *Deutsche Forschungsgemeinschaft* 1973 ein Förderungsprogramm – den Schwerpunkt "Sprachlehrforschung" – ein, dessen Aufgabe darin bestand, mit Bezug auf den Fremdsprachenunterricht Grundlagenarbeit zur Deckung von neu erkannten, aktuellen Forschungslücken in Gang zu setzen (Koordinierungsgremium 1983). Über die damit verbundene Förderung von Forschungsprojekten hinaus, die konzeptuell und methodologisch an der ganzheitlichen Erfassung fremdsprachenunterrichtlicher Wirklichkeit orientiert waren, bemühten sich die Mitglieder dieses Schwerpunkts um die Herausarbeitung schärferer Konturen der Sprachlehrforschung als Disziplin. Diese Konturen (vgl. auch Königs 1991) zeichnen sich insbesondere ab durch

1. die Betonung der Notwendigkeit, die Spezifik des unterrichtlichen Fremdsprachenlernens stärker in den Mittelpunkt der Forschung zu rücken, als dies in den bisherigen, vor allem fremdsprachendidaktischen bzw. angewandtlinguistischen Arbeiten der Fall war. In diesem Kontext wurde der Begriff "Lernerzentrierung" geprägt, um zunächst begrifflich die Aufmerksamkeit auf die Komplexität der sogenannten Lernperspektive zu lenken und um dann in der Folgezeit deutlich machen zu können, daß es um eine "Lernerorientierung" (siehe Koordinierungsgremium 1983) gehe, die gleichwohl die Lehrperspektive nicht aus dem Blick verlieren dürfe;

2. den Hinweis auf den schon vorhandenen, oftmals multilingual geprägten, kognitiv verankerten Sprach- und Kommunikationsbesitz des Lerners, dessen Einfluß sich nicht in bloßen interlingualen Interferenzen, sondern sehr viel stärker in den mentalen Verarbeitungsprozeduren beim unterrichtlichen Lernen einer Fremdsprache bzw. in entsprechenden Sprachhandlungen, aber auch z.B. in je spezifischen Einstellungen und Erwartungshaltungen bemerkbar machen könne (Koordinierungsgremium 1983; vgl. beispielhaft Bausch/Heid 1992);

3. die Grundauffassung, daß das unterrichtliche Lernen von Fremdsprachen das Ergebnis des Zusammenwirkens zahlreicher Faktoren ist, die sich sowohl auf die Lehr- und Lernbedingungen im Klassenzimmer als auch auf psychologische und soziale Komponenten außerhalb des Klassenzimmers beziehen und die selbstverständlich in engem Bezug zum Lerngegenstand zu sehen sind (Königs 1983);

4. das damit zusammenhängende Bemühen um einen interdisziplinär-integrativen, empirisch systematischen Forschungsansatz mit dem übergeordneten Ziel, eine begründete Theorie des Fremdsprachenunterrichts möglich zu machen (hierzu bereits Koordinierungsgremium 1983);

5. den Versuch, die Forschungsmethodik so anzulegen, daß sie Probleme aus der Praxis aufgreift,

der systematischen und integrativen Erforschung zuführt und wieder in die Praxis einbringt, sei es in Form von Bestätigungen für gewohntes Unterrichtsverhalten, sei es als Empfehlung bzw. Handlungsalternative für eine begründete Veränderung (siehe hierzu beispielsweise die Diskussionen in Bausch/Christ/Hüllen/Krumm 1984; vgl. auch Allwright/Bailey 1991 und Bahr/Bausch/Kleppin/Königs/Tönshoff 1995, erscheint).

Die skizzierten Konturen, vor allem jedoch das Ziel, unterrichtliche Wirklichkeit so aufzuhellen, daß nicht nur Wissenschaftler diese Prozesse präziser beschreiben können, sondern daß auch für Praktiker ein aufgeklärteres Handeln möglich gemacht wird, haben die Entwicklung eines für die Sprachlehrforschung spezifischen Forschungsparadigmas notwendig werden lassen. Definiert man das Lehren und Lernen von Fremdsprachen als eigenständigen Gegenstandsbereich, so wird zunächst einmal ein empirisch-systematischer Zugriff auf sich real vollziehenden Fremdsprachenunterricht und damit implizit der Verzicht auf ein (wie immer geartetes) Konstruieren von Unterrichtsabläufen erforderlich. Zusätzlich bedeutet diese Orientierung aber auch die Abkehr von rein deskriptiv gehaltenen Forschungskonzepten; die Wissenschaftler sind vielmehr aufgefordert, unterrichtliche Wirklichkeit im Dialog mit den Betroffenen, Lehrern wie Schülern, zu erschließen und zu verändern. Forschungsmethodische Fragen, insbesondere die nach der Gewinnung introspektiver Daten, erhalten folglich für die Sprachlehrforschung – wie die heutige Forschungslage ausweist – zunehmend Bedeutung (vgl. vor allem die Beiträge in Börsch 1987 und in Færch/Kasper 1987 sowie Grotjahn 1991).

Mit der skizzierten forschungsmethodischen Ausrichtung ist zugleich ein konzeptueller Unterschied zu einem Forschungstyp angedeutet, der die wissenschaftstheoretische Diskussion in der jüngsten Vergangenheit intensiv beschäftigt hat; gemeint ist eine bestimmte Form der Zweitsprachenerwerbsforschung, die im internationalen Rahmen z.B. durch Krashen (1982), in der deutschsprachigen Fachliteratur vor allem durch Felix (1982) vertreten wird:

Die Zweitsprachenerwerbsforschung geht, verkürzt gesprochen, von einem nativistischen Modell menschlicher Sprachverarbeitung aus, dem zufolge Sprache mit Hilfe eines relativ stark festgelegten inneren Programms (oder Spracherwerbsmechanismus) gelernt bzw. erworben wird. Mit anderen Worten: "Spracherwerb" wird hier als ein Entwicklungsprozeß interpretiert, der sich als Prozeß zunehmender Komplexierung versteht. Im Mittelpunkt der entsprechenden empirischen Untersuchungen steht daher die Suche nach möglichst universalen Erwerbssequenzen, an denen sich der Unterricht dann gleichfalls orientieren soll. Umstritten ist dabei vor allem die Frage, wieweit dies auch für den Fremdsprachenunterricht gilt, ob der Lehrer diesen als "natürlich" angenommenen Prozeß nur stützen oder auch ganz andere Wege gehen, z.B. diese Erwerbssequenzen in der unterrichtlichen Reihenfolge umkehren kann (vgl. die diesbezügliche Kritik bei Krumm 1978; Bausch/Königs 1983; 1986). Die Rede vom "natürlichen" Spracherwerb, die insbesondere von Krashen betonte Unterscheidung von Erwerben und Lernen bergen die Gefahr, die "spracherwerblichen Eigenvoraussetzungen" des Kindes als angeboren zu interpretieren und somit mißzuverstehen, und damit die unfruchtbare Diskussion um Reifung bzw. Begabung versus Lernen neu zu beleben. Vorliegende empirische Untersuchungen bestätigen zumindest tendenziell, daß Steuerungseinflüsse (also auch das Lehren) gegenüber sogenannten Eigenvoraussetzungen dominieren und gelerntes und erworbenes Sprachwissen und -können auf komplexe Art und Weise interagieren (vgl. Bausch/Königs 1986; Tönshoff 1990).

Die Sprachlehrforschung versucht daher, nicht lediglich aus dem Kontext isolierte Leneräußerungen zu interpretieren, sondern – ihrem oben skizzierten Forschungskonzept folgend – die Datenerhebung stets in den unterrichtlichen Kontext einzubinden (vgl. Art. 101 und exemplarisch Kleppin/Königs 1991; Bahr/Bausch/Kleppin/Königs/Tönshoff 1995, erscheint). Mit dieser Position befindet sie sich durchaus im Trend einer internationalen Diskussion, die von ganz unterschiedlichen, am Fremdsprachenunterricht interessierten Forschern vertreten wird und deren Bedeutung u.a. auch für den Bereich "Deutsch als Zweitsprache" zunehmend gesehen wird (vgl. Art. 15 und 80).

Es läßt sich also festhalten, daß die Wissenschaftsdisziplin Sprachlehrforschung einerseits – wenn ihre Komponenten gewichtet werden sollen – in besonderer Weise durch die Faktoren "Lerner- sowie Handlungsorientierung" und andererseits durch eine nach wie vor intensive Diskussion um disziplin-spezifische Forschungs- und Untersuchungskonzepte gekennzeichnet ist. Dabei ist nicht zu übersehen, daß das umrissene Konzept für die Geschichte der Erforschung des Fremdsprachenunterrichts zumindest im deutschsprachigen Raum den ersten Versuch verkörpert, eine empirisch begründete, die Praxis des Fremdsprachenunterrichts systematisch integrierende Forschungsmethodik aufzubauen, was zur Folge hatte, daß nicht nur das allgemeine wissenschaftsmethodische Bewußtsein geschärft (vgl. Art. 101), sondern vor allem auch die Diskussion mit benachbarten Disziplinen intensiviert wurde. Dies gilt in besonderer Weise für neuere Ansätze der Fremdsprachendidaktik (vgl. Art. 1). Allerdings hat dies in jüngster Vergangenheit auch dazu geführt, die Spezifität und Begründetheit des hier umrissenen Wissenschaftskonzepts unter dem neuen, wissenschaftsgeschichtlich sowie -methodisch unscharfen Begriff "Fremdsprachenforschung" erneut darzustellen (vgl. Timm/Vollmer 1993), wobei allerdings völlig ungeklärt bleibt, wie dieses Theoriekonstrukt in konkrete handlungsorientierte Forschungs- bzw. Untersuchungsdesigns umgesetzt werden könnte.

Hinzu kommt, daß bereits zahlreiche sowohl konzeptbildende Studien als auch empirisch begründete Analysen vorliegen, die den hier umrissenen Rahmen ausfüllen; sie reichen von Untersuchungen zu den im Fremdsprachenlerner ablaufenden mentalen Prozessen über Analysen zu den Wechselbeziehungen zwischen Lehrenden, Lernenden und weiteren Unterrichtsfaktoren bis hin zu Untersuchungen zum Komplex der Fehlerkorrektur, zu den lernerspezifischen Erwartungen und Interaktionsstrukturen, zur Rolle von Lehrmaterialien, von Sozial-, Übungs- und Arbeitsformen des Fremdsprachenunterrichts sowie zu den Spezifika z.B. des schulischen Tertiärsprachenunterrichts, um nur einige wenige einschlägige Bereiche zu nennen (siehe hierzu im Detail die Literaturangaben in Koordinierungsgremium 1983; Bausch/Königs 1983; 1986; Königs 1991 und Bahr/Bausch/Kleppin/Königs/Tönshoff 1995, erscheint).

3. Aus- und Fortbildung

Mit der Institutionalisierung der Sprachlehrforschung an den wissenschaftlichen Hochschulen sind auch Möglichkeiten geschaffen worden, wissenschaftlichen Nachwuchs aus- und fortzubilden. So bieten z.B. die Universitäten Bochum und Hamburg Grund- und Aufbaustudiengänge für Sprachlehrforschung mit den Abschlüssen M.A. bzw. Dr. phil. an (zu den entsprechenden Studiengängen siehe Bausch/Königs und Krumm in Quetz/Raasch 1982 sowie Bausch/Christ/Krumm 1990), die die Komponenten Sprachpraxis, Theorie und Empirie, Methodik sowie Sprachlehrpraxis (einschließlich praktischer Ausbildungsphasen) umfassen. In der Lehrerfortbildung gehören Fragestellungen der Sprachlehrforschung zum festen Bestandteil der Angebote.

Die Sprachlehrforschung hat darüber hinaus Verfahren der Aus- und Fortbildung von Fremdsprachenlehrern selbst zum Forschungsgegenstand gemacht, systematisches Lehrertraining untersucht (Krumm 1973; Nehm 1976) und sich an der Entwicklung und Erprobung von Aus- und Fortbildungsmodellen beteiligt (vgl. Art. 121 und Bosenius 1992).

4. Perspektiven

Es ist unverkennbar, daß – bedingt durch die weltweit steigende und sich gleichzeitig differenzierende internationale Verflechtung in Politik, Technik und Wirtschaft, durch die Niederlassungsfreiheit in Europa, die Öffnung der Grenzen in Osteuropa sowie durch die Arbeitsmigration – der Bedarf an Fremdsprachen weiter zunehmen wird. Hierdurch eröffnen sich für jene Konzepte der Sprachlehrforschung, die sich einerseits auf die Erziehung zur Mehrsprachigkeit und andererseits auf die Ausbildung der Fähigkeit zur interkulturellen Kommunikation konzentrieren, neue, wenngleich äußerst komplexe Aufgabenstellungen; dabei gilt es, u.a. die Spezifika konkreter, auf die Ausbildung von Mehrsprachigkeiten ausgelegter Lehr- und Lernkontexte zu erhellen, um auf diesem Wege zur Entwicklung einer differenzierten, praxisrelevanten Theorie des Fremdsprachenunterrichts beizutragen.

Gleichzeitig wird – in Abkehr von dem Gedanken, universale Spracherwerbsmechanismen finden zu wollen – die Untersuchung individueller sowie kulturspezifischer Lehr- und Lernvorgänge noch stärker als bisher das Forschungsinteresse wecken; so wird u.a. nach diesbezüglichen Ausprägungen von Lernstrategien, Lehrmethoden und des interkulturellen Umgangs mit Sprache gefragt werden müssen (vgl. de Bot/Ginsberg/Kramsch 1991); in diesem Kontext ist absehbar, daß die Rolle, die der Faktor "Alter" beim Fremdsprachenlernen spielt, besonders eingehend analysiert werden muß (Singleton 1989).

Durch die Erweiterung des Sprachenspektrums an den Schulen – z.B. durch die Einbeziehung des Chinesischen und des Japanischen – und durch die wachsende Zahl multilingualer Klassenverbände ebenso wie durch den Bedarf von Wissenschaft und Technik an fach- und berufsbezogenem Fremdsprachenunterricht sowie durch die Entwicklung neuerer, nicht zuletzt auch alternativer Methoden und Medien zeichnen sich Objektbereiche ab, die der begründeten Absicherung durch die Sprachlehrforschung – u.a. auch bezüglich der Aus- und Fortbildungsstrukturen für Fremdsprachenlehrer – bedürfen; gleichzeitig wird vor dem Hintergrund dieser Tendenzen die systematische Weiterentwicklung der wissenschafts- sowie untersuchungsmethodischen Konzepte notwendig, und zwar insbesondere mit Blick auf Kategorien wie "Lernerorientierung" und "praktische Verwertbarkeit" (vgl. bereits Bausch/Christ/Hüllen/Krumm 1984).

Schließlich weisen die hier lediglich skizzenhaft umrissenen Perspektiven erneut auf, daß die Aufgaben der Zukunft ohne interdisziplinäre Absicherung kaum angemessen bewältigt werden können; dabei ist sicherzustellen, daß vor allem bezüglich des heute erreichten forschungsmethodischen Erkenntnisstandes Rückfälle in partikularisierende Verfahren vermieden werden.

Vor diesem Hintergrund ist mit der Einrichtung der *Frühjahrskonferenz zur Erforschung des Fremdsprachenunterrichts* (hierzu Bausch/Christ/ Hüllen/Krumm (Hrsg.) 1981-1989; Bausch/ Christ/Krumm (Hrsg.) 1990 ff.) ein Forum für Grundsatzfragen geschaffen worden, in dem sowohl Vertreter aus Disziplinen, die den Fremdsprachenunterricht als ganzen bedenken (Fremdsprachendidaktik und Sprachlehrforschung), als auch Vertreter aus Disziplinen, die sich realiter nur mit Arealen des Fremdsprachenunterrichts befassen (vgl. Art. 4-10), auf interdisziplinärer Basis zusammenarbeiten. Dabei orientieren sich die gemeinsamen Interessen dieses Forums an der übergeordneten Perspektive, kontinuierlich zur Entwicklung einer integrierten Theorie des Fremdsprachenunterrichts und zur begründeten Konsolidierung bzw. Veränderung der Unterrichtspraxis beizutragen.

Literatur

Allwright, Dick/Bailey, Kathleen M. (1991), *Focus on the Language Classroom. An introduction to classroom research for language teachers*, Cambridge.
Bahr, Andreas/Bausch, K.-Richard/Kleppin, Karin/Königs, Frank G./Tönshoff, Wolfgang (1995), *Forschungsgegenstand Tertiärsprachenunterricht. Ergebnisse und Perspektiven eines empirischen Projekts*, Bochum (erscheint).
Bausch, K.-Richard (1974), "Vorwort", in: *Sprachlehrforschung. Zeitschrift für Literaturwissenschaft und Linguistik*, Jg. 4, H. 13, 7-12.
Bausch, K.-Richard, Hrsg. (1979), *Beiträge zur Didaktischen Grammatik. Probleme, Konzepte, Beispiele*, Königstein/Ts.
Bausch, K.-Richard (1988), "Fremdsprachendidaktik", in: Ulrich Ammon/Norbert Dittmar/Klaus J. Mattheier (eds.), *Sociolinguistics. An International Handbook of the Science of Language and Society*, Vol. 2, Berlin, 1727-1734.
Bausch, K.-Richard (1993), "Das Lernen und Lehren von Deutsch als Fremdsprache", in: *IDV-Rundbrief. Jubiläumsnummer*, 24-42.
Bausch, K.-Richard/Heid, Manfred, Hrsg. (1992), *Das Lehren und Lernen von Deutsch als zweiter oder weiterer Fremdsprache: Spezifika, Probleme, Perspektiven*, 2. Aufl., Bochum.
Bausch, K.-Richard/Königs, Frank G. (1983), "'Lernt' oder 'erwirbt' man Fremdsprachen im Unterricht? Zum Verhältnis von Sprachlehrforschung und Zweitsprachenerwerbsforschung", in: *Die Neueren Sprachen*, Jg. 82, H. 4, 308-336.
Bausch, K.-Richard/Königs, Frank G., Hrsg. (1986), *Sprachlehrforschung in der Diskussion. Methodologische Überlegungen zur Erforschung des Fremdsprachenunterrichts*, Tübingen.
Bausch, K.-Richard/Königs, Frank G./Kogelheide, Rainer (1986), "Sprachlehrforschung – Entwicklung einer Institution und konzeptuelle Skizze der Disziplin", in: Seminar für Sprachlehrforschung der Ruhr-Universität Bochum (Hrsg.), *Probleme und Perspektiven der Sprachlehrforschung. Bochumer Beiträge zum Fremdsprachenunterricht in Forschung und Lehre*, Frankfurt a.M., 1-22.
Bausch, K.-Richard/Christ, Herbert/Hüllen, Werner/ Krumm, Hans-Jürgen, Hrsg. (1984), *Empirie und Fremdsprachenunterricht. Arbeitspapiere der 4. Frühjahrskonferenz zur Erforschung des Fremdsprachenunterrichts*, Tübingen.
Bausch, K.-Richard/Christ, Herbert/Hüllen, Werner/ Krumm, Hans-Jürgen, Hrsg. (1986), *Lehrperspektive, Methodik und Methoden*, Tübingen.
Bausch, K.-Richard/Christ, Herbert/Krumm, Hans-Jürgen, Hrsg. (1990), *Die Ausbildung von Fremdsprachenlehrern: Gegenstand der Forschung. Arbeitspapiere der 10. Frühjahrskonferenz zur Erforschung des Fremdsprachenunterrichts*, Bochum.
Börsch, Sabine, Hrsg. (1987), *Die Rolle der Psychologie in der Sprachlehrforschung*, Tübingen.
Börsch, Sabine/Krumm, Hans-Jürgen (1984), *Fremdsprachenunterricht an der Hochschule*, Darmstadt.
Bosenius, Petra (1992), *Fremdsprachenstudium und Fremdsprachenberuf*, Münster/New York.
de Bot, Kees/Ginsberg, Ralph B./Kramsch, Claire, eds. (1991), *Foreign Language Research in Cross-Cultural Perspective*, Amsterdam/Philadelphia.
Digeser, Andreas (1983), *Fremdsprachendidaktik und ihre Bezugswissenschaften. Einführung, Darstellung, Kritik, Unterrichtsmodelle*, Stuttgart.

Edmondson, Willis/House, Juliane (1993), *Einführung in die Sprachlehrforschung*, Tübingen/Basel.
Færch, Claus/Kasper, Gabriele, eds. (1987), *Introspection in Second Language Research*, Clevedon.
Felix, Sascha (1982), *Psycholinguistische Aspekte des Zweitsprachenerwerbs*, Tübingen.
Grotjahn, Rüdiger (1991), "The Research Program Subjective Theories: A New Approach in Second Language Research", in: *Studies in Second Language Acquisition*, Vol. 13, 187-214.
Grucza, Franciszek/Krumm, Hans-Jürgen/Grucza, Barbara (1993), *Beiträge zur wissenschaftlichen Fundierung der Ausbildung von Fremdsprachenlehrern*, Warschau.
Hartenstein, Klaus (1993), "Angewandte Linguistik und Sprachlehrforschung: Plädoyer für ein konstruktives Wechselverhältnis zwischen zwei Disziplinen", in: *Fremdsprachen lehren und lernen*, Jg. 22, 201-214.
Kasper, Gabriele (1981), *Pragmatische Aspekte in der Interimsprache. Eine Untersuchung des Englischen fortgeschrittener deutscher Lerner*, Tübingen.
Kleppin, Karin/Königs, Frank G. (1991), *Der Korrektur auf der Spur. Untersuchungen zum mündlichen Korrekturverhalten von Fremdsprachenlehrern*, Bochum.
Königs, Frank G. (1983), *Normenaspekte im Fremdsprachenunterricht. Ein konzeptorientierter Beitrag zur Erforschung des Fremdsprachenunterrichts*, Tübingen.
Königs, Frank G. (1991), "Sprachlehrforschung: Konturen und Perspektiven", in: *Neusprachliche Mitteilungen*, Jg. 44, H. 2, 75-83.
Koordinierungsgremium im DFG-Schwerpunkt 'Sprachlehrforschung', Hrsg. (1983), *Sprachlehr- und Sprachlernforschung. Begründung einer Disziplin*, Tübingen.
Krashen, Stephen D. (1982), *Principles and Practice in Second Language Acquisition*, Oxford.
Krings, Hans-Peter (1986), *Was in den Köpfen von Übersetzern vorgeht. Eine empirische Untersuchung zur Struktur des Übersetzungsprozesses an fortgeschrittenen Französischlernern*, Tübingen.
Krumm, Hans-Jürgen (1973), *Analyse und Training fremdsprachlichen Lehrverhaltens*, Weinheim.
Krumm, Hans-Jürgen (1978), "Lehrerverhalten im Hinblick auf Lernverhalten: Entwicklungsgemäßer Fremdsprachenunterricht?", in: Wolfgang Kühlwein/Albert Raasch (Hrsg.), *Kongreßberichte der 8. Jahrestagung der Gesellschaft für Angewandte Linguistik*, Bd. 1, Stuttgart, 29-42.
Krumm, Hans-Jürgen (1979), "Sprachunterricht und Sprachlehrforschung", in: *Unterrichtswissenschaft*, Jg. 7, H. 4, 305-312.
Krumm, Hans-Jürgen, Hrsg. (1991), "Suggestopädie – eine neue Form des Fremdsprachenunterrichts?", in: *Unterrichtswissenschaft*, Jg. 19, H. 1, 2-5.
Kultusminister des Landes Nordrhein-Westfalen (1993), *Richtlinien und Lehrpläne für das Gymnasium – Sekundarstufe I – in Nordrhein-Westfalen: Französisch*, Frechen.
Nehm, Ulrich (1976), *Microteaching als Ausbildungs- und Forschungsverfahren der Fremdsprachendidaktik*, Kronberg/Ts.
Quetz, Jürgen/Raasch, Albert, Hrsg. (1982), *Fremdsprachenlehrer für die Erwachsenenbildung*, Braunschweig.
Singleton, David (1989), *Language Acquisition: The Age Factor*, Philadelphia.
Timm, Johannes-Peter/Vollmer, Helmut J. (1993), "Fremdsprachenforschung: Zur Konzeption und Perspektive eines Wissenschaftsbereichs", in: *Zeitschrift für Fremdsprachenforschung*, Bd. 4, H. 1, 1-47.
Tönshoff, Wolfgang (1990), *Bewußtmachung – Zeitverschwendung oder Lernhilfe? Ausgewählte Aspekte sprachbezogener Kognitivierung im Fremdsprachenunterricht*, Bochum.
Voss, Bernd, Hrsg. (1986), *Unterrichtssprache im Fremdsprachenunterricht (= Fremdsprachen in Lehre und Forschung* Bd. 2), Bochum.
Wildner-Bassett, Mary E. (1984), *Improving Pragmatic Aspects of Learners' Interlanguage. A Comparison of Methodological Approaches for Teaching Gambits to Advanced Adult Learners of English in Industry*, Tübingen.
Wissenschaftsrat, Hrsg. (1970), *Empfehlungen zur Struktur und zum Ausbau des Bildungswesens im Hochschulbereich nach 1970*, 3 Bde., Bonn.
Zentrales Fremdspracheninstitut der Ruhr-Universität Bochum, Hrsg. (1975), *Beiträge und Materialien zur Ausbildung von Fremdsprachenlehrern*, Bochum.

Karl-Richard Bausch / Hans-Jürgen Krumm

3. Das Lehren und Lernen von fremden Sprachen: Wissenschaftskonzepte im internationalen Vergleich

1. Problemaufriß

In den Artikeln 1 und 2 werden die Wissenschaftsdisziplinen 'Fremdsprachendidaktik' und 'Sprachlehrforschung' dargestellt, die sich heute im deutschsprachigen Raum unmittelbar mit dem genuinen Wirklichkeitsbereich des Lehrens und Lernens von fremden Sprachen in allen seinen realen Ausformungen befassen. In den Artikeln 4 bis 10 werden zusätzlich affine Wissenschaften behandelt, die – bedingt durch ihre immanenten und somit disziplinspezifischen Erkenntnisinteressen – lediglich unterschiedliche Teilbereiche des genannten Wirklichkeitsbereiches bedenken können. Diese Disziplinen werden aus ihrer jeweiligen Systematik heraus vorgestellt, und zwar grundsätzlich so, daß ihre Bedeutung für die einzelnen, von ihnen bearbeiteten Areale des Fremdsprachenunterrichts sichtbar wird.

Nimmt man – ausgehend von dieser, für den deutschen Sprachraum heute spezifischen Lage – die Situation in anderen Ländern systematisch in den Blick und betrachtet man außerdem die Entwicklung in der DDR bis 1989, so ergibt sich eine relativ vielseitige Palette an vergleichbaren Wissenschaftskonzepten, die freilich in entstehungsgeschichtlicher Hinsicht, häufig aber auch in bezug auf ihre jeweiligen wissenschaftsmethodischen Reichweiten zum Teil erhebliche Unterschiede, zum Teil bemerkenswerte Annäherungen an die in den Artikeln 1 und 2 dargelegten Wissenschaftskonzepte der Fremdsprachendidaktik und Sprachlehrforschung aufweisen.

Vergleicht man solche Konzepte bzw. Ansätze, dann wird man neben ihrem Entstehungszusammenhang auch und gerade ihren nationalen, wissenschaftshistorischen sowie ihren sprachraumbezogenen Wirkungszusammenhang in Betracht ziehen müssen. Die zu beschreibenden Wissenschaftskonzepte werden nämlich von je eigenen Wissenschaftsinstitutionen sowie von je eigenen Bildungs- und Ausbildungssystemen hervorgebracht und konturiert, und zwar noch bevor sie außerhalb ihres Entstehungszusammenhangs wahrgenommen und diskutiert werden können. Würde man dieses Faktum beim Vergleich übersehen, liefe man Gefahr, Unterschiede zu negieren, die sich aus nationalen, gesellschaftlichen und sprachspezifischen Traditionen erklären lassen und die auch für die Gegenwart sowie für die weitere Entwicklung von unbestreitbarer Bedeutung sind.

Schließlich ist für einen internationalen Vergleich zu berücksichtigen, daß in einer Reihe von Ländern, in denen keine institutionalisierte Fremdsprachendidaktik bzw. Sprachlehrforschung existiert, dennoch einzelne Wissenschaftler versucht haben, Anstöße für entsprechende Konzeptualisierungen und untersuchungsmethodische Neuorientierungen zu geben. Solche Ansätze können hier nur exemplarisch genannt werden; dabei sei insbesondere auf zwei Bereiche verwiesen, die eine durchaus stützende Funktion für die Entwicklung jener Wissenschaftsdisziplinen ausgeübt haben, die den Fremdsprachenunterricht als ganzen bedenken; insbesondere gilt dies:

1° für die Konstituierungsdiskussion im Umfeld der 60er und 70er Jahre. In diesem Kontext sei lediglich verwiesen
 – zum einen auf die Serien und Großprojekte zur Angewandt-Kontrastiven Linguistik und zur Fehlerlinguistik; wiederum exemplarisch seien die *Contrastive Structure Series* (Ferguson 1962 ff.), *The Polish-English Contrastive Project* (Fisiak 1973 ff.), *The Romanian-English Contrastive Analysis Project* (Slama-Cazacu et al. 1971 ff.), *The Yugoslav Serbo-Croatian-Englisch Contrastive Project* (Filipović 1969 ff.) genannt;
 – zum anderen auf empirisch ausgelegte Forschungsvorhaben zur systematischen Analyse von bestimmten Formen des Fremdsprachenunterrichts; wiederum exemplarisch sei auf die umfänglichen Untersuchungen zu den kanadischen Immersionsprogrammen des *Ontario Institute for Studies in Education* an der Universität Toronto verwiesen (vgl. Stern 1983) sowie auf das an der Universität Göteborg durchgeführte Unterrichtsexperiment (*GUME*), bei dem explizite und implizite Grammatikvermittlung im Englischunterricht für Erwachsene verglichen wurden (vgl. Elek/Oskarsson 1973);
2° für die Entwicklung und Diskussion von unabdingbar notwendig gewordenen, begründet ausgelegten unterrichtsanalytischen Verfahren und Designs, und zwar vor allem gerichtet auf die Analyse von qualitativen bzw. introspektiven Datenmaterialien (exemplarisch sollen hierfür lediglich die Arbeiten von Færch/Kasper 1987; Chaudron 1988 erwähnt werden).

Vor diesem Gesamthintergrund wird nachfolgend versucht, eine Fokussierung auf ausgewählte Wissenschafts*konzepte* und *-ansätze* vorzunehmen, die sich in der einen oder anderen Weise explizit auf die Erfassung des Wirklichkeitsbereichs 'Lehren und Lernen von Fremdsprachen' ausgerichtet haben; diese sollen in ihren wichtigsten Merkmalen charakterisiert und – alphabetisch nach Ländern bzw. Ländergruppen geordnet – begriffshistorisch und konzeptvergleichend dargestellt werden.

2. Darstellung ausgewählter Konzepte

a) Die angloamerikanischen Konzepte der 'Applied Linguistics'

Die Entwicklung von Wissenschaftskonzepten der *Applied Linguistics* wurde in Nordamerika während des 2. Weltkriegs durch Linguisten wie z.B. Bloomfield, Fries und Lado vorbereitet, die – ausgehend von deskriptiven Erkenntnisinteressen, insbesondere aber von persönlichen Unterrichtserfahrungen im Bereich 'Englisch als Fremdsprache' –

erste Applikationsversuche für den Bereich *Foreign and Second Language Teaching* unternommen haben. Engels (1968) bringt die Geburtsstunde des Begriffs *Applied Linguistics* in den Kontext der Gründung des *English Language Institute* an der University of Michigan in Ann Abor durch Fries und Lado und setzt sie auf das Jahr 1946 fest (vgl. hierzu auch die von diesem Institut ab 1948 herausgegebene Zeitschrift *Language Learning*, die von Anfang an als erstes Fachorgan den Untertitel *Journal of Applied Linguistics* führte).

In Großbritannien hingegen wurde eine vergleichbare Entwicklung erst Ende der 50er Jahre initiiert; sie war von Anfang an mit dem Namen Corder und mit der von ihm 1964 übernommenen *School* (später: *Department*) *of Applied Linguistics* der University of Edinburgh verbunden. Den Anstoß zur Einführung des Begriffs *Applied Linguistics* gaben – wie in Nordamerika – persönliche Unterrichtserfahrungen im Bereich *Teaching English as a Foreign and as a Second Language*.

Die angloamerikanischen Initiativen haben nicht unwesentlich die Gründung der *Association Internationale de Linguistique Appliquée (AILA)* im Jahre 1964 in Nancy beeinflußt (vgl. unten c)), die eine systematische konzeptbildende Diskussion auslöste, und zwar von Anfang an mit der erklärten Intention, *Applied Linguistics* in der einen oder anderen Form als selbständigen Wissenschaftsbereich zu etablieren.

Diese Diskussion hat dazu geführt, daß zum einen *Applied Linguistics* weltweite Verbreitung gefunden haben, daß zum anderen die Auseinandersetzung um ihre wissenschaftliche Verortung bis heute, und zwar noch immer kontrovers, geführt wird, daß schließlich im angloamerikanischen Raum ihr wichtigstes Applikationsfeld stets im Bereich *Foreign and Second Language Teaching* gesehen wurde. Allerdings wurden – legitimiert durch den nicht spezifisch gerichteten Begriff *applied* – zahlreiche andere Praxisfelder, z.T. mit länderspezifischen Unterschieden, mit einbezogen (vgl. für einen generellen Überblick auch Art. 4; vgl. auch die *open-ended list* der *American Association of Applied Linguistics (AAAL)* 1983).

Vor dem Hintergrund der skizzierten Entstehungsgeschichte lassen sich für die angloamerikanischen Konzepte der *Applied Linguistics* die folgenden Hauptmerkmale aufführen:

Im Mittelpunkt der gesamten wissenschaftsmethodischen Diskussion hat seit Mitte der 60er Jahre im Prinzip die Frage gestanden, ob in forschungsmethodischer Hinsicht der Weg von der Theorie, das heißt hier von linguistischen Beschreibungsergebnissen bzw. -verfahren, hin zur nachgeordneten Praxis des Lehrens und Lernens von fremden Sprachen beschritten und somit dem Modell *Linguistics Applied* gefolgt werden oder ob man vielmehr von dem genannten Praxisfeld zur Theorie, das heißt zur Linguistik, aufsteigen und folglich dem Modell *Applied Linguistics* den Vorrang einräumen solle.

Das Modell *Linguistics Applied* hat sich weitestgehend in Nordamerika durchgesetzt, hingegen ist das sog. 'Bottom-up-Modell' eher für Großbritannien charakteristisch. Das Dilemma des nordamerikanischen Konzepts ist offensichtlich; es liegt in der Tatsache, daß in jedem Einzelfall (wie immer geartete) linguistische Erkenntnisinteressen in einen Wirklichkeitsbereich hineinwirken, der qualitativ außerhalb des Gegenstandsbereichs der Linguistik liegt und der sich mit eigenen Komponenten konstituiert sowie legitimiert. Somit ist u.a. die handlungsorientierte Reichweite solcher deduktiv ausgelegten Ansätze entsprechend begrenzt (exemplarisch sei auf die schon erwähnte, in den 60er Jahren am neu gegründeten *Center of Applied Linguistics* in Washington D.C. erarbeitete *Contrastive Structure Series* verwiesen, in der das Englische mit nahezu allen europäischen Sprachen auf der Grundlage von damals aktuellen Linguistik-Modellen kontrastiert wurde, wobei z.B. interlinguale Sprachdivergenzen beschrieben und dann als lernschwierige Strukturen zusammengefaßt wurden).

Offen bleibt in diesem Kontext zusätzlich, wie ein solcher, mit linguistischen Beschreibungsverfahren erarbeiteter "Wissenstransfer" wissenschaftsmethodisch begründet bzw. zumindest plausibel gemacht werden kann. Dieses grundsätzliche Problem löst sich im übrigen auch dann nicht, wenn man die Bedeutung der Linguistik für den Wirklichkeitsbereich des Lehrens und Lernens fremder Sprachen zurückdrängt und durch andere sog. Basisdisziplinen zu ersetzen versucht (vgl. exemplarisch hierzu van Els et al. 1984).

Das angelsächsische Modell hingegen ähnelt in seinem Ansatz dem Wissenschaftskonzept, das in den Artikeln 1 und 2 für die Disziplinen der Fremdsprachendidaktik und der Sprachlehrforschung ebenfalls zugrunde gelegt wird. Gleichwohl besteht keine Einigkeit darüber, welche wissenschaftsmethodisch begründeten Kriterien und Schritte bei dem Weg "von der Praxis zur Theorie" beachtet werden müßten. Diese "Offenheit" hat dann häufig dazu geführt, daß sich in konkreten Projekten ein vielschichtiges Oszillieren und Vermischen der beiden Modelle einstellte (vgl. exemplarisch den vierbändigen *Edinburgh Course in Applied Linguistics* (Allen/Corder 1973 ff.), der u.a. eine Einführung in die (reine) Linguistik enthält und in sich wenig kohärent im Sinne des '*Applied Linguistics*-Modells' strukturiert ist). In diesem Sinne spricht z.B. Campell (1980) von *Applied Linguistics* als einem "mediator" zwischen Theorie und Praxis und Galisson/Coste (1976) sprechen von einem "trait d'union". Der wesentliche Grund für diese Situation dürfte darin zu suchen sein, daß einerseits der Weg eines *Bottom-up-Approach* keinesfalls ohne unterrichtsanalytische Komponenten in wissenschaftsmethodisch begründeter Weise beschritten werden kann, daß andererseits jedoch gerade Corder im Kontext des von ihm entscheidend mitgetragenen '*Applied Linguistics*-Konzepts' jegliches empirisch ausgelegtes Arbeiten entschieden abgelehnt hat (vgl. exemplarisch Corder 1973, jetzt u.a. bestätigt durch Davies 1991; vgl. hingegen Crystal 1981, der allerdings die Frage nach konkreten Empirie-Konzepten wiederum offen läßt).

Der sich über mehr als 30 Jahre hinziehende Streit über Gegenstandsbereiche, wissenschaftsspezifische Erkenntnisziele und Forschungsmethoden, der im Grunde stets durch die Unschärfe des Begriffs *Applied Linguistics* ausgelöst wurde, hat bereits Ende der 60er bzw. Anfang der 70er Jahre zur Suche nach alternativen Wissenschaftsbezeichnungen geführt, mit deren Hilfe die Spezifität des jeweiligen Wirklichkeitsbereichs treffender herausgestellt werden sollte. Was den angloamerikanischen Raum angeht, so wurden für das Lehren und Lernen fremder Sprachen insbesondere die folgenden Begriffe vorgetragen: *Scientific Study of Foreign Language Teaching* (Wilkins 1972), *Science of Language Didactics* bzw. *Language Didactics* (Mackey 1973a), *Educational Linguistics* (Spolsky 1978). Ungeachtet der Unvollständigkeit dieser Begriffsliste läßt sich generell feststellen, daß gerade auch im angloamerikanischen Raum ungefähr seit den 80er Jahren wissenschaftliche Publikationen, die sich gezielt mit für den Fremd- bzw. Zweitsprachenunterricht relevanten Fragestellungen befassen, sich selbst nicht mehr den *Applied Linguistics* zuordnen; dies gilt in besonderer Weise für einschlägige, empirisch ausgelegte Analysen, die in je spezifischer Form ihren Untersuchungsgegenstand, also z.B. *Research in Foreign Language Learning, Classroom Research, Foreign Language Teaching and Learning*, explizieren.

b) Das Konzept der Fremdsprachenmethodik in der DDR bis 1989

In der DDR waren die Erforschung des Lehrens und Lernens fremder Sprachen sowie die Ausbildung von Fremdsprachenlehrern bis 1989 dem Wissenschaftsbereich 'Fremdsprachenmethodik' überantwortet. Der Begriff 'Didaktik' war hingegen für eine fächerübergreifend ausgelegte Teildisziplin der allgemeinen Pädagogik reserviert. Das Konzept der Sprachlehrforschung wurde nur vereinzelt aufgegriffen.

Die Fremdsprachenmethodik – häufig konkret als Russischmethodik, Englischmethodik und Französischmethodik konzipiert – orientierte sich grundsätzlich an sowjetischen Vorbildern (vgl. unten f)), gleichwohl hat sie ein eigenständiges Profil entwickelt:

– zum einen war man sich der deutschen fremdsprachendidaktischen Traditionen bewußt; stellvertretend sei in diesem Kontext lediglich auf eine viel beachtete historische Untersuchung zur kulturkundlichen Bewegung im neusprachlichen Unterricht verwiesen (Apelt 1967);

– zum anderen verlangte die Tatsache, daß die Fremdsprachenmethodiker in der DDR entgegen der nationalen Tradition den Schwerpunkt von den westlichen Sprachen (namentlich Englisch und Französisch) auf die östlichen Sprachen (hier vor allem, aber nicht ausschließlich auf das Russische) verlegen mußten, eine erhebliche Kraftanstrengung; exemplarisch sei insbesondere auf Hermenau verwiesen, der als Fremdsprachendidaktiker der Vorkriegszeit für die Sprachen Englisch und Französisch zum Nestor der späteren Russischmethodik wurde (vgl. Hermenau 1955; 1963; vgl. auch Art. 124).

Vor diesem Hintergrund charakterisierte sich die in der DDR bis 1989 vorherrschende Disziplin der Fremdsprachenmethodik im wesentlichen durch die drei folgenden Ebenen (vgl. im Rückblick Apelt 1991):

– die Ebene der *Grundorientierungen*, d.h. der "generellen Strategien" des Lehrens und Lernens fremder Sprachen, die das Spektrum von Erwerbstheorien bis hin zu Theorien des Schulfaches abdecken;

– die Ebene der *Methoden*, d.h. z.B. der *Anschauungsmethode* oder der *aktiv-kommunikativen Methode*, und zwar im Sinne von *Methoden* als *geschlossenen Konzepten*;

– schließlich die Ebene der *einzelnen methodischen*

Verfahren, also z.B. Verfahren der Lexikerarbeitung oder des Chorsprechens.

Mit Blick auf diese Ebenen ist allerdings deutlich herauszustellen, daß sowohl der institutionelle Rahmen als auch die generellen Zielsetzungen und zusätzlich noch die Auswahl der Lehrgegenstände politisch-gesellschaftlich vorgegeben und folglich dem Wissenschaftsdiskurs entzogen waren. Deshalb reduzierte sich die Arbeit der Fremdsprachenmethodik auf den Bereich der episodischen Beobachtung, der Beschreibung und vor allem der objektiven Verbesserung der Praxis des Fremdsprachenunterrichts. Das Stichwort "Könnensentwicklung" übernahm in diesem Kontext zu Recht eine zentrale Funktion.

Vor diesem Hintergrund rekurrierte die Fremdsprachenmethodik für ihr Wissenschaftsverständnis – und vor allem für ihre auf praktisches Handeln ausgerichteten Intentionen – auf drei Bezugswissenschaften: die Sprachwissenschaft, die Psychologie und die Pädagogik; dabei gilt, daß sie bis zu Beginn der 60er Jahre insbesondere von Komponenten der Pädagogik, jedoch in der Folgezeit bis 1989 sehr viel intensiver durch neuere Erkenntnisse der modernen Systemlinguistik und der Psycholinguistik geprägt wurde.

In den zuletzt genannten Kontext fällt vor allem die Entwicklung der *kommunikativ-funktionalen Sprachbetrachtung*, die – basierend auf der Sprechtätigkeitstheorie sowjetischen Ursprungs – als eine Darstellung der Sprache unter Einbeziehung sämtlicher Bedingungen und Faktoren des Verständigungsvorgangs sowie unter besonderer Berücksichtigung des Funktionierens der Sprachmittel in einer dialektischen Wechselwirkung mit den Faktoren und Bedingungen des Kommunikationsvorganges verstanden wurde (vgl. z.B. Boeck 1978).

Ausgehend von diesem Sprachbetrachtungsansatz wurde – nahezu zeitgleich mit der sog. kommunikativen Wende in der westlichen Hemisphäre – insbesondere von Fremdsprachenmethodikern der Universität Halle und der Pädagogischen Hochschule Potsdam das Konzept eines kommunikativfunktional orientierten Fremdsprachenunterrichts entworfen; dabei ist allerdings festzuhalten, daß dieser für die DDR-Methodik bis 1989 charakteristische Ansatz – trotz seiner zeitlichen und terminologischen Koinzidenzen – aufgrund seiner dialektisch-materialistischen Grundorientierung nicht mit Konzepten der kommunikativen Didaktik westlicher Prägung gleichgesetzt werden kann.

Das kommunikativ-funktionale Konzept wurde u.a. auch auf den Wirklichkeitsbereich 'Lehren und Lernen von Deutsch als Fremdsprache' angewandt; dies gilt insbesondere für eine Reihe der vom *Herder-Institut* der Universität Leipzig bis 1989 publizierten unterrichtsmethodischen Arbeiten sowie für entsprechend konzipierte Lehrmaterialien. Hinzu tritt für diesen, vor allem am *Herder-Institut* zentrierten Sprachbereich noch ein ausgeprägter, valenztheoretisch basierter Schwerpunkt zur Beschreibung der Grammatik der deutschen Gegenwartssprache (vgl. z.B. Helbig/Buscha 1993), der jedoch aus wissenschaftsmethodischen Gründen mit den fremdsprachenmethodischen, kommunikativ-funktionalen Leitkomponenten nicht kompatibel gemacht werden konnte.

c) Die Konzepte der 'méthodologie des langues vivantes', der 'linguistique appliquée' und der 'didactique/didactologie des langues' in Frankreich

In Frankreich werden die Diskussionen über die Begründung eigenständiger Wissenschaftsdisziplinen für den Wirklichkeitsbereich 'Lehren und Lernen fremder Sprachen' schon seit längerem geführt (vgl. exemplarisch Girard 1968; Galisson 1972; 1985; 1986); dabei liegen die Schwerpunkte vor allem auf Problembereichen wie z.B. Fremdsprachendidaktik versus Zweitsprachendidaktik (unter expliziter Einbeziehung des Bereichs 'Französisch als Fremdsprache'), Autonomie versus Abhängigkeit der in den Blick genommenen Disziplinen und die Funktion von Bezugs- oder Basiswissenschaften. Allerdings ist festzuhalten, daß eine Hinwendung zu empirisch ausgelegten unterrichtsanalytischen Ansätzen noch immer fehlt.

Vor diesem Hintergrund sei darauf verwiesen, daß das älteste Konzept bereits zu Beginn des 20. Jahrhunderts entwickelt wurde (vgl. z.B. Schweitzer/Simonnot 1921). Es handelt sich dabei um die *méthodologie des langues vivantes* (vgl. zu ihrer historischen Darstellung Puren 1988) als einen aus der allgemeinen Pädagogik heraus entworfenen Ansatz. Diese *méthodologie des langues vivantes* stellt in ihrem Kern ein deduktiv angelegtes Sprachlehrkonzept dar, das den Sprachlehrprozeß als in das öffentliche Erziehungswesen eingebunden versteht, um von dieser Basis aus eine Methodik des Lehrens fremder Sprachen in *collèges* und *lycées* zu entwickeln.

In Abgrenzung zu dieser traditionellen *méthodologie* haben in den 60er und 70er Jahren die

Theoretiker der struktural-globalen audiovisuellen Methode bzw. der ihr zugrunde gelegten Methodologie (vgl. exemplarisch Gubérina 1974) ein interdisziplinäres Konzept vorgelegt, in dem der fremdsprachliche Lehr- und Lernprozeß – ausgehend von einer struktural-globalen Sprachbeschreibung – mediengesteuert initiiert und durchgeführt werden soll; dabei wurden in diesem Ansatz Erkenntnisse sowohl aus der Zagreber strukturalistischen Schule (systemlinguistische Beschreibungsergebnisse mit Schwerpunkt auf der Phonologie) als auch aus der Psycholinguistik (Theorie der Sprachaufnahme und -produktion) sowie aus der Medienpädagogik (Medienarrangements) integrativ eingearbeitet. Die wichtigste Institution, die sich mit der Entwicklung dieser *méthodologie* befaßte, war das *Centre de Recherches et d'Etudes pour la Diffusion du français (CREDIF)* an der *Ecole Normale Supérieure* von Saint-Cloud.

Im Unterschied zur *méthodologie des langues vivantes*, die prozeßorientiert ausgerichtet war, wurde das zweite Konzept, die *linguistique appliquée*, von den strukturalistischen Schulen aus, die sich in Frankreich seit Mitte der 50er Jahre gebildet hatten, entwickelt; gleichzeitig orientierte sich dieser Ansatz an vergleichbaren Entwicklungen aus dem angloamerikanischen Raum (vgl. auch oben a)).

Vor diesem Hintergrund entspricht der Ansatz der *linguistique appliquée* in wissenschaftsmethodischer Hinsicht dem des *Linguistics Applied-Approach* (vgl. oben a)), d.h., man versucht – ausgehend von *rein* linguistisch erarbeiteten Erkenntnissen, und zwar in Form von deduktiven Vorgehensweisen –, auf das Lehren und Lernen von fremden Sprachen einzuwirken (Moirand 1988); dabei ist evident, daß die Reichweite eines solchen Konzepts für den außerhalb von struktural-linguistischen Erkenntnisinteressen liegenden Wirklichkeitsbereich 'Fremdsprachenunterricht' begrenzt bleiben muß (vgl. auch Valdman 1962; vgl. als exemplarischen Projektbereich die in diesem Kontext erstellten sog. Frequenzcorpora wie z.B. insbesondere das *français fondamental*; vgl. Gougenheim et al. 1964 oder die Entwicklung einer didaktischen Grammatik für *Un niveau-seuil*, Courtillon 1976).

An dieser Stelle sei schließlich darauf verwiesen, daß die Vertreter des Konzepts der *linguistique appliquée* die Zeitschrift *Etudes de Linguistique Appliquée* (1962 ff.) begründet und im Jahre 1964 den ersten Kongreß der *Association Internationale de Linguistique Appliquée* in Nancy durchgeführt haben.

Die Erkenntnis über die begrenzte Reichweite der *linguistique appliquée* hat im Umfeld des neu eingerichteten Vermittlungsfeldes *Français Langue Etrangère (FLE)* einerseits und durch das Aufkommen neuer, nicht mehr linguistisch begründbarer Diskussionsgegenstände (z.B. über den autonomen Fremdsprachenlerner, über die Fremdsprachenlernbedürfnisse, das Vorwissen der Fremdsprachenlerner) andererseits dazu geführt, daß – in Anlehnung an das von Mackey (1973b) vorgelegte Konzept – der Begriff einer *didactique des langues* eingeführt wurde; als Prototyp für diesen Entwicklungsstrang sei auf den von Galisson/Coste vorgelegten *Dictionnaire de didactique des langues* (1976) verwiesen, der allerdings noch überwiegend linguistisch ausgelegt ist und nur wenige, nicht kohärent strukturierte didaktische Einträge enthält.

Seit den 80er Jahren ist die Abkehr von linguistisierenden Ansätzen deutlich vollzogen, so daß sich auf der Konzeptebene nunmehr die Diskussion auf die Strukturierung der *didactique des langues étrangères* bzw. *vivantes* konzentriert. Gleichzeitig bilden sich eigenständige Fachverbände; dabei ist für diese Entwicklung u.a. auch symptomatisch, daß die bereits erwähnte Zeitschrift *Etudes de Linguistique Appliquée* wegen ihres eingeschränkten Titels kritisiert und bezeichnenderweise durch den Zusatz *et de Didactique des Langues* erweitert wurde. Zusätzlich entstanden an den Universitäten Institute und Unterrichtseinheiten für Didaktik der fremden Sprachen.

Trotz dieser begrifflichen Neuorientierung und Konsolidierung ist allerdings festzuhalten, daß eine wissenschaftsmethodische Begründung der *didactique des langues étrangères* noch immer aussteht (vgl. auch unten d)); bisher hat lediglich Galisson (1985) einen ersten Versuch in dieser Hinsicht unternommen, freilich vor dem Hintergrund eines hinlänglich bekannten Klassifikationsmusters (vgl. auch unten e)); so führt er zusätzlich den Begriff *didactologie* im Sinne einer Metatheorie bzw. einer Grundlagenwissenschaft für die Erforschung des Lehrens und Lernens von fremden Sprachen ein und legt fest, daß sich diese Disziplin – prinzipiell interdisziplinär ausgelegt – auf die drei folgenden Ebenen fokussieren soll:
– die ethische Ebene (Schwerpunkt: Diskussion politischer und moralischer Grundlagen des Lehrens und Lernens von fremden Sprachen);
– die programmatische Ebene (Schwerpunkt: Aus-

wahl und Diskussion von kulturellen und sprachlichen Vermittlungsgegenständen, insbesondere mit Blick auf spezifische Adressatengruppen);
– die Ebene der *méthodologie* (siehe oben).

Gleichzeitig reserviert er den bereits etablierten Begriff *didactique des langues étrangères* für die hierauf aufbauende anwendungsorientierte Disziplin; dabei bleibt allerdings unbeantwortet, mit welchen Mitteln die Erforschung von konkreten Formen des Fremdsprachenunterrichts angegangen und wie die Brücke von der Metatheorie zur Applikationsebene geschlagen werden soll.

d) Das Konzept der 'glottodidattica' in Italien

Die Situation der *glottodidattica* in Italien im Sinne eines disziplinkonzeptuellen Ansatzes ist vielseitig, zugleich jedoch wenig strukturiert. Die Hauptursache für diesen Zustand ist darin zu sehen, daß bisher noch an keiner Stelle eine systematische wissenschaftsmethodisch begründete Diskussion geführt worden ist; dies hängt wiederum essentiell mit der in Italien vorherrschenden Wissenschaftstradition, insbesondere philologischer Prägung, zusammen (der Verweis auf Namen wie Gentile und Croce möge hier als exemplarischer Beleg genügen). So konnte – im Gegensatz z.B. zu Polen (vgl. unten e)) – etwa die Frage nach der Begründung einer autonomen *glottodidattica* erst gar nicht aufkommen.

Der Begriff der 'Glottodidaktik' begann sich Anfang der 60er Jahre zu etablieren; dies wurde im wesentlichen durch bereits länger andauernde Auseinandersetzungen um die universitären Forschungs- und Ausbildungsfelder der *pedagogia del linguaggio* und der *filosofia del linguaggio applicata all'insegnamento linguistico* vorbereitet (Balboni 1992), wobei allerdings festgehalten werden muß, daß diese damalige Diskussion nahezu ausschließlich die Bereiche 'Italienisch als Muttersprache' und 'klassische Sprachen' (Stichwort: "latino-sì – latino-no") in den Blick nahm.

Vor diesem allgemeinen Entwicklungshintergrund lassen sich die wichtigsten Merkmale der heutigen glottodidaktischen Situation Italiens wie folgt charakterisieren (vgl. Balboni 1988; 1992; Porcelli et al. 1991):
– In den 60er und insbesondere in den 70er Jahren war die italienische Glottodidaktik relativ stark durch den Wissenschaftsimport von überwiegend englischen, grundsätzlich angewandt-linguistisch ausgelegten Ansätzen (den sog. *Linguistics Applied-Approaches*) strukturalistischer Herkunft geprägt (so z.B. durch die Ansätze von Sweet, Palmer, Jespersen und Firth), die additiv durch sozio- und psycholinguistische Komponenten angereichert wurden; dies führte in wissenschaftskonzeptueller Hinsicht zu einer Identifizierung der Glottodidaktik mit bestimmten Formen der *Applied Linguistics*, die sich dann u.a. auch in institutioneller Hinsicht manifestierte (vgl. z.B. die Gründung des *Centro di linguistica applicata e di didattica delle lingue* durch den Glottodidaktiker Freddi).
– Da bisher – wie bereits ausgeführt – an keiner Stelle eine zusammenhängende wissenschaftsmethodische Diskussion über eine glottodidaktische Konzeptbegründung geführt worden ist, werden die vorhandenen Ansätze in der Regel mit nicht hinterfragter Selbstverständlichkeit aus bestimmten Basiswissenschaften heraus vertreten. Hierzu zählen vorrangig die Linguistik, dann die allgemeine Pädagogik und vereinzelt die Psychologie, wobei der Wirklichkeitsbereich 'Lehren und Lernen fremder Sprachen' – ausgehend von den spezifischen Erkenntnisinteressen der jeweiligen Basisdisziplin – auf einzelne, aus dem gesamten Vermittlungskontext herausisolierte Komponenten reduziert wird. Die handlungsorientierte Reichweite solcher deduktiv ausgelegter Ansätze ist deshalb entsprechend begrenzt.
– Die oben bereits angesprochene "unstrukturierte Vielseitigkeit" der glottodidaktischen Situation in Italien spiegelt sich zusätzlich noch darin wider, daß auf nationaler Ebene zwar stets von *glottodidattica* die Rede ist, in konkreten Bereichen sich jedoch unterschiedliche, im strengen Sinne nicht miteinander kompatible und meist vor Ort zufällig entstandene Begrifflichkeiten seit längerem etabliert haben (so z.B. in Florenz: *Didattica dell'insegnamento delle lingue moderne*; in Bari, Pisa und Verona: *Didattica delle lingue moderne*; in Venedig: *Metodologia didattica delle lingue straniere*). Eine Tendenz zur Systematisierung dieser Vielfalt ist nicht in Sicht. Die italienischen glottodidaktischen Ansätze sind als basisdisziplingebunden zu charakterisieren. Das Erfassen des eigenständigen Wirklichkeitsbereichs 'Lehren und Lernen fremder Sprachen' bleibt reduktionistisch auf Einzelkomponenten begrenzt. Hinzu tritt, daß bisher keine gegenstandsabgeleiteten Empiriekonzepte entwickelt worden sind.

e) Das Konzept der 'Glottodydaktyka' in Polen

Der Begriff 'Glottodidaktik' kann in konzeptueller Hinsicht in Polen auf eine ausgeprägte und zielstrebig betriebene Entwicklungsgeschichte verweisen, die bis in die 50er Jahre zurückreicht. Damals war es insbesondere Zabrocki, der aus der neuphilologischen Linguistik heraus erste Anwendungsperspektiven zu entwerfen versuchte und damit eine wissenschaftsmethodische Diskussion eröffnete, die Anfang der 60er Jahre zur Konstituierung des Begriffs der *Glottodydaktyka* führte (vgl. exemplarisch die Gründung der Zeitschrift *Glottodidactica. An International Journal of Applied Linguistics* im Jahre 1964, die bis heute als zentrale Plattform für glottodidaktische Fragestellungen fungiert).

Vor dem Hintergrund dieser Entstehungsgeschichte lassen sich für die polnische Variante der Glottodidaktik folgende Hauptentwicklungsphasen und Konzeptvarianten skizzieren (vgl. insbesondere Jäger 1991):

– Im Mittelpunkt der 1. Phase standen nahezu ausschließlich Fragen nach den Didaktisierungsmöglichkeiten von modern-linguistischen Beschreibungsansätzen (z.B. strukturalistischer, transformativer Prägung, insbesondere jedoch des von Zabrocki entworfenen konfrontativen und angewandt-kontrastiven Konzepts); diese Periode war somit im Einklang mit einer sich seinerzeit vor allem im angloamerikanischen Raum abzeichnenden Diskussion über die Applikation bzw. Nutzbarmachung von rein linguistisch erarbeiteten Beschreibungsergebnissen auf Praxisfelder wie z.B. den Fremdsprachenunterricht (vgl. hierzu auch oben a)).

– Das Spezifikum der Glottodidaktik-Entwicklung in Polen lag von Anfang an in einer allgemeinen, weit ausholenden wissenschaftsmethodischen Prinzipiendiskussion, die allerdings phasenweise kaum mehr Bezüge zu konkreten Praxisfeldern erkennen ließ, sich hingegen mit theoretischen Fragen allgemein-kommunikationswissenschaftlicher sowie kybernetischer Prägung auseinandersetzte. Dennoch ist aus der Retrospektive heraus festzuhalten, daß – bedingt durch die polnischen Wissenschaftstraditionen – diese einerseits zwar unspezifische, andererseits jedoch wissenschaftsmethodisch basierte Diskussion einen nicht unwesentlichen Einfluß auf die Begründung der Glottodidaktik als autonome Disziplin ausüben konnte.

– Die Konturierung der Glottodidaktik als eigenständige Wissenschaft setzte Mitte der 70er Jahre ein; dabei wurde (vgl. vor allem Grucza 1976) zunächst zwischen der Glottodidaktik im Sinne des praktischen Lehrens von fremden Sprachen einerseits und der Glottodidaktik im Sinne einer autonomen, sich auf die Erfassung des Gegenstandsbereichs 'Lehren und Lernen von fremden Sprachen' konzentrierenden Wissenschaft andererseits unterschieden. Gleichzeitig wurde eine Abgrenzung zu angewandt-linguistischen Ansätzen durchgeführt, denen zu Recht nur eine begrenzte praxisrelevante Reichweite zugesprochen werden konnte.

Ausgehend von dieser Grundlage legten in der Folgezeit insbesondere Grucza (vgl. z.B. 1979; 1982) sowie Banczerowski (vgl. 1980) und Pfeiffer (vgl. z.B. 1977) Theoriekonzepte vor, die im wesentlichen eine disziplinimmanente, relativ abstrakt gehaltene Strukturierung darstellen (so unterscheidet z.B. Grucza die angewandte von der reinen Glottodidaktik und verbindet beide Bereiche interagierend mit dem glottodidaktischen Gefüge; andererseits gliedert Pfeiffer unter Einbeziehung des Ansatzes von Banczerowski sein Modell in eine reine metatheoretische und eine angewandt-metatheoretische Ebene und grenzt diese gegenüber der reinen Theorie- und der reinen Applikationsebene ab).

Die Konstituierung der Glottodidaktik als einer Wissenschaftsdisziplin, die autonom den Wirklichkeitsbereich 'Lehren und Lernen von fremden Sprachen' im ganzen bedenkt, ist konsequent an den Universitäten Warschau und Posen durchgeführt worden. Der theoretische Anspruch, der mit dieser Entwicklung verbunden ist, wirkte stimulierend auf vergleichbare Konzeptbildungen in anderen Ländern, nicht zuletzt in der Bundesrepublik Deutschland. Gleichwohl hat bisher die Fokussierung auf die oben skizzierte wissenschaftsimmanente Strukturierung der Glottodidaktik den Blick für eine Integration von zentralen Dimensionen wie z.B. die der begründet-praxisrelevanten Handlungsorientierung einerseits und der Entwicklung von konkreten, konsequent gegenstandsabgeleiteten Untersuchungsdesigns andererseits verhindert.

f) Konzepte für das Lehren und Lernen fremder Sprachen in der ehemaligen Sowjetunion

Die Konzeptansätze für das Lehren und Lernen fremder Sprachen in der ehemaligen Sowjetunion – von Baur zusammenfassend "Sowjetische Sprachlehrforschung" genannt (Baur et al. 1980; Baur 1984) – beziehen sich in der Mehrzahl – bedingt durch ihre jeweilige Entstehungsgeschichte – nicht unmittelbar auf den Wirklichkeitsbereich des Lehrens und Lernens fremder Sprachen (vgl. hingegen oben exemplarisch a) und e)), sie weisen vielmehr eine Reihe sprachübergreifender Züge auf. Hinzu tritt, daß – wie z.B. in der ehemaligen DDR – von einer ideologischen Positionierung im Sinne des dialektischen Materialismus ausgegangen werden muß. Desgleichen ist mitzuberücksichtigen, daß diese Konzeptansätze im Umfeld eines Vielvölkerstaates mit einer einzigen Leitsprache entwickelt wurden, dessen Bürger nur in begrenztem Maße Kontakte zu Bürgern anderer Länder aufnehmen konnten.

Vor dem Hintergrund dieser gesellschaftspolitischen Bedingungen zeichnen sich die entsprechenden Ansätze grundsätzlich durch die folgenden allgemeinen Merkmale aus:
– Sie verstehen sich im Kern als allgemein-pädagogischer Ansatz, d.h., daß der Fremdsprachenunterricht stets in die Diskussion vor allem über allgemeine Erziehungsziele eingebunden wird.
– Gleichzeitig stehen jedoch übergreifende fremdsprachendidaktische Prinzipien und Grundlagenfragen (so z.B. die Rolle des Bewußtseins, die Frage nach der Anschaulichkeit, den Aktivitäten der Lerner, der Stufung der Lerngegenstände sowie nach den Formen eines fertigkeitsorientierten, Mündlich- und Schriftlichkeit umfassenden Unterrichts) im Zentrum des Interesses.
– Schließlich geht es kontinuierlich um die Erarbeitung von spezifischen unterrichtsmethodischen Prinzipien und Verfahren sowie von konkreten unterrichtsmethodischen Handlungsvorschlägen (Dem'janenko et al. 1976; Passov 1977; Komkov 1979).

Die bisher umrissenen Konzeptansätze wurden wesentlich von der "bewußt-vergleichenden Methode" des Linguisten Ščerba beeinflußt, der bereits in vorrevolutionärer Zeit empirische Daten zum Fremdsprachenunterricht ermittelte; diese Methode basierte auf den folgenden Annahmen:
– Die Linguistik beschreibt Erscheinungsformen und Funktionsweisen von Sprache.
– Die Fremdsprachenmethodik konzipiert auf dieser Grundlage Unterrichtsmethoden, um sowohl das Verstehen von Sprache als auch den Gebrauch von Sprache zu vermitteln.
– Die konkrete Vermittlung erfolgt auf der Grundlage eines permanenten Vergleichs – zentriert auf die grammatischen Strukturen – zwischen Fremdsprache und Muttersprache, was gleichzeitig die Bedeutung des Fremdsprachenunterrichts für den muttersprachlichen Unterricht nachhaltig herausstellte.

Die Betonung des permanent bewußten Vergleichens zwischen Muttersprache und Fremdsprache sowie die Konzentration auf das Grammatiklernen haben dazu geführt, daß die sprachpraktischen Kenntnisse im Rahmen des hier angesprochenen Konzepts nur wenig entwickelt wurden. Erst Belja'ev (1965) versuchte, diesen konzeptuellen Mangel durch die Einführung einer "bewußt-praktischen Methode" zu beheben; er versuchte dabei – ähnlich wie die Vertreter des in Nordamerika entwickelten Audiolingualismusmodells –, seinen Methodenansatz mit einem verhaltenstheoretischen Lernkonzept zusammenzuführen, legte jedoch – im Unterschied zu den Audiolingualisten, die bekanntlich mit ihrer Methode lediglich Habitualisierungen anstrebten – den Akzent auf die Schulung des "Denkens in der Fremdsprache" (vgl. Belja'ev 1965), um über diesen Weg zu erreichen, daß Sprachhandlungen bewußt und vor allem auch kreativ durchgeführt werden können.

Vor diesem Hintergrund übernimmt Belja'ev eine vermittelnde Position zwischen einer Methode in der Tradition von Ščerba, die in ihrem Kern linguistisch begründet ist, und einer psycholinguistisch basierten Fremdsprachenlehrmethodik, wie sie vor allem von A.A. Leont'ev (1971) vorgelegt wurde. Dabei greift Leont'ev bei der Entwicklung seiner Sprechtätigkeitstheorie (bei Baur et al. 1980 auch "Sprachtätigkeitstheorie") auf die Arbeiten des Psychologen Vygotsky (1964) und von dessen Schüler A.N. Leont'ev (1973) zurück und stellt im wesentlichen heraus, daß der kommunikative Akt das Zentrum der Sprechtätigkeit darstellt, die sich ihrerseits in verbalen und nichtverbalen Sprechhandlungen konkretisiert. Auf dieser Grundlage – so lautet die Perspektive – sollen kommunikative Akte zum wichtigsten Gegenstand u.a. des Fremdsprachenunterrichts gemacht werden.

Der von A.A. Leont'ev entwickelte Konzeptansatz nimmt Sprachlehre und Sprachenlernen im übergreifenden Sinne in den Blick und bezieht gleichermaßen Bereiche der Erst- bzw. Muttersprache sowie der Fremd- und Zweitsprachen mit ein; dies kommt besonders markant bei der von Leont'ev/Koroleva (1977) vorgelegten Methodik zum Tragen.

Was die Sprechtätigkeitstheorie als solche angeht, so werden zunächst die Ebenen der Tätigkeit einerseits und andererseits die des Handelns voneinander unterschieden; dabei wird "Tätigkeit" als "kommunikativer Akt" definiert, der sich in den einzelnen verbalen sowie nichtverbalen Sprachhandlungen konkretisiert. Hieraus folgt, daß – konsequent gesteuert durch kommunikativ ausgelegte Aufgaben – beim Lehren und Lernen u.a. von fremden Sprachen eben dieser kommunikative Akt zentral und kontinuierlich im Mittelpunkt zu stehen hat.

Überlegungen der soeben nur grob skizzierten Art koinzidierten nahezu zeitgleich mit der Entwicklung von Konzepten für kommunikative Didaktiken, wie sie Ende der 60er und Anfang der 70er Jahre vor allem in der Bundesrepublik Deutschland, aber auch in anderen westlichen Ländern einsetzte. Es verwundert deshalb nur wenig, daß vor diesem Hintergrund die Sprechtätigkeitstheorie von einzelnen westlichen Vertretern aufgegriffen und in ihrem Sinne verarbeitet wurde (vgl. exemplarisch Baumgratz-Gangl 1990; Piepho 1979).

Die sowjetischen Konzeptansätze haben in doppelter Weise Wirkung gezeigt: einerseits wurde das Modell einer Fremdsprachenmethodik pädagogischer Ausrichtung im gesamten mittel- und osteuropäischen Raum rezipiert, andererseits ist die Sprechtätigkeitstheorie vor allem – wie dargelegt – in Westeuropa intensiv aufgegriffen und verarbeitet worden. Als relativ isoliert erscheint der angewandtlinguistische Ansatz Ščerbas. In der kritischen Weiterentwicklung von der bewußt-vergleichenden zur bewußt-praktischen Methode durch Belja'ev wird allerdings auch erkennbar, daß in der Sowjetunion der 60er und 70er Jahre westeuropäische und nordamerikanische Theorieansätze Fuß fassen konnten.

3. Zusammenfassende Bemerkungen

Die begriffshistorisch und vergleichend orientierte Darstellung ausgewählter konzept- bzw. disziplinbildender Ansätze sollte – in einem abschließend generalisierenden Sinne gesprochen – insbesondere die folgenden Aspekte deutlich werden lassen:
– die vorgestellten Zugriffspositionen sind z.T. höchst unterschiedlich strukturiert, und zwar vor allem, was ihre jeweilige wissenschaftsmethodische Fundierung und ihre immanente Geschlossenheit angeht;
– die einzelnen Konzepte können nur dann angemessen beurteilt und miteinander verglichen werden, wenn ihr genuiner, jeweils spezifisch gewachsener wissenschaftshistorischer Entstehungszusammenhang mit bedacht wird;
– die vorgestellten Ansätze nehmen zwar alle in der einen oder anderen Form den Wirklichkeitsbereich 'Lehren und Lernen fremder Sprachen' in den Blick, sie differieren jedoch z.T. nicht unerheblich hinsichtlich ihrer jeweils im einzelnen angestrebten praxisrelevanten Reichweite;
– der zuletzt angeführte Aspekt erklärt sich im wesentlichen aus der Tatsache heraus, daß die dargestellten Ansätze den Wirklichkeitsbereich 'Lehren und Lernen fremder Sprachen' bezüglich seiner Faktorenkomplexion sowie seiner genuinen Eigenständigkeit nicht immer mit der notwendigen wissenschaftsmethodischen Stringenz und auch nicht mit den erforderlichen, strikt handlungsorientierten Erkenntnisinteressen zu erfassen versuchen.

Literatur

Allen, J.P.B./Corder, S. Pit, eds. (1973 ff.), *Edinburgh Course in Applied Linguistics*, Vol. 1-4, Oxford.
Apelt, Walter (1967), *Die kulturkundliche Bewegung im Unterricht der neueren Sprachen in Deutschland in den Jahren 1886 bis 1945*, Berlin.
Apelt, Walter (1991), *Lehren und Lernen fremder Sprachen. Grundorientierungen und Methoden in historischer Sicht*, Berlin.
Balboni, Paolo E. (1988), *Gli insegnamenti linguistici nella scuola italiana*, Padua.
Balboni, Paolo E. (1992), "La glottodidattica nell'Università Italiana", in: *Scuola e lingue moderne*, Vol. 30, 107-109.
Banczerowski, Jerzy (1980), "A Proposal for a Metalanguage of Glottodidactics", in: *Glottodidactica*, Vol. 13, 5-20.
Baumgratz-Gangl, Gisela (1990), *Persönlichkeitsentwicklung und Fremdsprachenerwerb. Transnationale und transkulturelle Kommunikationsfähigkeit im Französischunterricht*, Paderborn.
Baur, Rupprecht S. (1984), "Sowjetische Sprachlehrforschung", in: Helmut Jachnow (Hrsg.), *Handbuch des Russisten*, Wiesbaden, 820-857.
Baur, Rupprecht S. et al. (1980), *Resümierende Auswahlbibliographie zur neueren sowjetischen Sprachlehrforschung (Gesteuerter Fremdsprachenerwerb)*, Amsterdam.
Belja'ev, B.V. (1965), *Očerki po psichologii obučenija inostrannym jazykam*, 2. Aufl., Moskau.
Boeck, Wolfgang (1978), "Kommunikativ-funktionale Sprachbetrachtung und funktional-semantische Kategorien – was ist das?", in: *Fremdsprachenunterricht*, Jg. 22, 535-542.
Campell, Rusell N. (1980), "Towards a Redefinition of Applied Linguistics", in: Robert B. Kaplan et al. (eds.), *Annual Review of Applied Linguistics*, Rowley.
Chaudron, Craig (1988), *Second Language Classrooms. Research on Teaching and Learning*, Cambridge.
Corder, S. Pit (1973), *Introducing Applied Linguistics*, New York.

Courtillon, Janine (1976), "Grammaire", in: Daniel Coste et al. (éds.), *Un Niveau-seuil*, Straßburg, 225-305.

Crystal, David (1981), *Directions in Applied Linguistics*, New York.

Cuq, Jean-Pierre (1991), *Le français langue seconde. Origine d'une notion et implications didactiques*, Paris.

Davies, Alan (1991), "British Applied Linguistics: The Contribution of S. Pit Corder", in: Robert Phillipson et al. (eds.), *Foreign/Second Language Pedagogy Research. A Commemorative Volume for Claus Færch*, Clevedon, 53-60.

Dem'janenko, M.A./Lazarenko, K.A./Kislaja, S.V. (1976), *Osnovy obščej metodiki obučenija inostrannym jazykam*, Kiew.

Elek, Tibor/Oskarsson, Mats (1973), *Teaching Foreign Language Grammar to Adults*, Stockholm.

Engels, L. (1968), "Applied Linguistics", in: *ITL-Review of Applied Linguistics*, Vol. 1, 5-11.

Færch, Claus/Kasper, Gabriele, eds. (1987), *Introspection in Second Language Research*, Clevedon.

Ferguson, C.A., ed. (1962 ff.), *Contrastive Structure Series*, Chicago.

Filipovič, Rudolf, ed. (1969 ff.), *The Yugoslav-Serbo-Croatian-English Contrastive Project*, Zagreb.

Fisiak, J., ed. (1973 ff.), *The Polish-English Contrastive Project. Papers and Studies*, Posen.

Galisson, Robert (1972), "Que devient la linguistique appliquée? Qu'est-ce que la méthodologie de l'enseignement des langues?", in: *Etudes de linguistique appliquée*, Vol. 2, No. 7, 5-12.

Galisson, Robert (1985), "Didactologies et idéologies", in: *Etudes de linguistique appliquée*, Vol. 14, No. 60, 5-16.

Galisson, Robert (1986), "Eloge de la didactologie/didactique des langues et des cultures (maternelles et étrangères)", in: *Etudes de linguistique appliquée*, Vol. 15, No. 64, 39-54.

Galisson, Robert/Coste, Daniel (1976), *Dictionnaire de didactique des langues*, Paris.

Germain, Claude (1993), *Evolution de l'enseignement des langues: 5000 ans d'histoire*, Paris.

Girard, Denis (1968), "Vers une conception scientifique de l'enseignement des langues", in: *Le Français dans le Monde*, Vol. 7, No. 55, 33-37.

Gougenheim, Georges et al. (1964), *L'élaboration du français fondamental*, Paris.

Grucza, Franciszek (1976), "Lingwistyczne warunkowania glottodydaktyki", in: *Materiały z II. Sympozjum zorgaizowanego przez Instytut Lingwistyki Stosowanoy*, Warschau, 7-24.

Grucza, Franciszek (1978), "Glottodydaktyka, jej zakres i problemy", in: *Prozeglad Glottodydaktyczny*, Vol. 1, 29-43.

Grucza, Franciszek, ed. (1979), *Polska mysl glottodydaktyczna 1945-1975*, Warschau.

Grucza, Franciszek (1982), *Zagadnienia metalingwistki. Lingwistykaj przedmiot, Lingwistyka stosowana*, Warschau.

Guberina, Petar (1974), "La parole dans la méthode structuro-globale audio-visuelle", in: *Le Français dans le Monde*, Vol. 13, No. 103, 49-54.

Helbig, Gerhard/Buscha, Joachim (1993), *Deutsche Grammatik. Ein Handbuch für den Ausländerunterricht*, 15. Aufl., Berlin et al.

Hermenau, Otto (1955), *Methodik des Russischunterrichts in der deutschen demokratischen Schule. Erster Teil. Die Grundlagen der Methoden des Russischunterrichts in der Grundschule*, Berlin.

Hermenau, Otto (1963), *Die Entwicklung der Sprachbeherrschung im Russischunterricht*, Berlin.

Jäger, Iris (1991), "Glottodidaktik – Glottodydaktyka – Sprachlehrforschung. Über die Grundzüge einer Wissenschaft, die in Polen Glottodydaktyka heißt", in: *Fremdsprachen und Hochschule*, H. 31, 48-74.

Komkov, I.F. (1979), *Metodika prepodavanija inostrannych jazykov*, Minsk.

Leont'ev, A.A. (1971), *Sprache, Sprechen, Sprechtätigkeit*, Stuttgart.

Leont'ev, A.A. (1975), *Psycholinguistische Einheiten und die Erzeugung sprachlicher Äußerungen*, Berlin/München.

Leont'ev, A.A./Koroleva, T.A. (1977), *Metodika*, 2. Aufl., Moskau.

Leont'ev, A.N. (1973), *Probleme der Entwicklung des Psychischen*, Berlin.

Leont'ev, A.N. (1977), *Tätigkeit, Bewußtsein, Persönlichkeit*, Stuttgart.

Mackey, William F. (1973a), *Applied Linguistics: its Meaning and Use*, New York.

Mackey, William F. (1973b), "La lexicométrie au service de la didactique", in: *Etudes de linguistique appliquée*, Vol. 3, No. 10, 10-24.

Moirand, Sophie (1988), *Une histoire des discours. Une analyse des discours de la revue 'Le Français dans le Monde' 1961-1981*, Paris.

Passov, E.I. (1977), *Osnovy metodiki obucenija inostrannym jazykam*, Moskau.

Pfeiffer, Waldemar (1977), "Towards a Theory of Glottodidactics: Some Methodological Remarks", in: *Kwartalnik Neofilologiczny*, Vol. 24, 361-369.

Piepho, Hans Eberhard (1979), *Kommunikative Didaktik des Englischunterrichts*, Limburg.

Porcelli, Gianfranco et al. (1991), *Glottodidattica e Università. La formazione del insegnante di lingue*, Padua.

Puren, Christian (1988), *Histoire de méthodologie de l'enseignement des langues*, Paris.

Schweitzer, Charles/Simonnot, Emile (1921), *Méthodologie des Langues Vivantes*, 2. Aufl., Paris.

Slama-Cazacu, Tatiana/Eretescu, S.G./Chiţoran, D., eds. (1971 ff.), *The Romanian-English Contrastive Analyses Project*, Bukarest.

Spolsky, B. (1978), *Educational Linguistics. An Introduction*, Cambridge, Mass.

Stern, Hans H. (1983), *Fundamental Concepts of Language Teaching*, Oxford.

Valdman, Albert (1962), "Vers l'application de la linguistique à l'enseignement du français parlé", in: *Le Français dans le Monde*, Vol. 1, No. 7, 10-15.

van Els, Theo et al. (1984), *Applied Linguistics and the Learning and Teaching of Foreign Languages*, Baltimore.

Vygotskij, L.S. (1964), *Denken und Sprechen*, Berlin.

Wilkins, D.A. (1972), *Linguistics in Language Teaching*, London.

Karl-Richard Bausch / Herbert Christ / Hans-Jürgen Krumm

A2 Disziplinen, die Areale des Fremdsprachenunterrichts bedenken

4. Angewandte Linguistik

1. Problematik und Definition des Gegenstandsbereiches

Eine Darstellung zur Angewandten Linguistik kommt nicht umhin, vorab auf die Problematik des Terminus und die Schwierigkeiten bei der Abgrenzung des Gegenstandsbereiches einzugehen. Die Bezeichnung "Angewandte Linguistik" ist in der Tat mißverständlich und oft tatsächlich mißverstanden worden.

Die Angewandte Linguistik hat sich gleich in zwei Richtungen gegen eine unannehmbare Begriffsbestimmung abzugrenzen: gegen die Annahme nämlich, es handele sich um eine reine Anwendung oder Instrumentalisierung linguistischer Theorien und Modelle, und gegen die Annahme, es handele sich schlicht um Anwendung, Durchführung, Einübung in sprachlichen Praxisfeldern. Mit anderen Worten: Angewandte Linguistik ist weder sprachwissenschaftliche Theoriebildung oder Deskription (selbst dann nicht, wenn sich diese möglicherweise "anwenden" läßt) noch sprachpraktische Tätigkeit im Anwendungsbereich – eine Fremdsprache unterrichten, einen Text übersetzen, eine Sprachstörung therapieren etc., selbst dann nicht, wenn diese Tätigkeit Ergebnisse der Angewandten Linguistik berücksichtigt. Nachdem bereits Firth (1957) als Zweck für eine allgemeine Sprachtheorie die "application in the description of particular languages" konzipiert hatte, wurde vor allem im französischen Sprachraum häufig Angewandte Linguistik mit deskriptiver Linguistik gleichgesetzt. So sehen Bylinski et al. (1972) in der Deskription natürlicher Sprachen und ihrer Vergleichung eine Anwendung der theoretischen Linguistik. Offensichtlich liegt solchen Versuchen eine unzureichende Reflexion über den mehrdeutigen Anwendungsbegriff zugrunde, ferner eine unklare Festlegung der Beziehungen zwischen *langage*-orientierter Allgemeiner Sprachwissenschaft und *langue*-orientierter einzelsprachlicher deskriptiver Linguistik. Angewandte Linguistik und deskriptive Linguistik lassen sich aufgrund ihrer unterschiedlichen Forschungsziele und Forschungsmethoden nicht gleichsetzen. Es kann daher nur verwirren, wenn in Handbüchern zur Angewandten Linguistik häufig genug Gegenstände abgehandelt werden, die eindeutig in den Objektbereich der Sprachtheorie oder der deskriptiven Linguistik gehören (wobei diese systematische Zuordnung natürlich nicht ausschließt, daß sie für den Bereich der Angewandten Linguistik von Belang sind oder sein können). So tauchen z.B. in einem Wörterbuch der Angewandten Linguistik Stichwörter auf wie "diphthong", "phoneme", "hyponomy" (Richards/Platt/Weber 1985). Solche Artikel gehören in linguistische Wörterbücher. In Handbüchern zur Angewandten Linguistik sind sie allenfalls aus praktischen Gründen gerechtfertigt, sofern beim Benutzer keine linguistischen Grundkenntnisse vorausgesetzt werden. Aber auch in Einführungen zur Angewandten Linguistik, die sich als systematisch ausgeben, werden neben Anwendungsfeldern unvermittelt Teilbereiche der theoretischen Linguistik abgehandelt, z.B. die Sapir-Whorf-Hypothese und das Modell der Phrasenstrukturgrammatik (Corder 1973); Darstellungen zum klassischen Strukturalismus und zur Tagmemik (Barrera-Vidal/Kühlwein 1975); beim Thema Grammatikunterricht Abschnitte zur taxonomischen Grammatik bzw. zur Kasusgrammatik und beim Thema Semantik und Sprachunterricht Darstellungen zur Komponentenanalyse bzw. zur generativen und interpretativen Semantik (Allen/Corder 1973-1977, Bd. 2); zum Thema "Erwerb der Muttersprache" die Abschnitte "Generative Modelle", "TG-Modell", "Schlesinger- und Kasusgrammatik" (Ebneter 1976). Das Mißverständnis, Angewandte Linguistik sei nichts weiter als unmittelbare Anwendung linguistischer Theorien und Modelle in einem Praxisbereich, tauchte sogar in Definitionsversuchen zur Angewandten Linguistik auf (siehe Bouton 1979). Nur vor dem Hintergrund solch kurzschlüssiger Anlehnungen der Angewandten Linguistik an linguistische Theoriebildung und Deskription lassen sich jene Versuche erklären, die Errungenschaften der theoretischen Linguistik unmittelbar und unbesehen in den schulischen Sprachunterricht einführten. Solche "Anwendungen" haben mit Angewandter Linguistik nichts zu tun. Wenn gerade mit einigem Aufwand Angewandte Linguistik von "Anwendung linguistischer Theorien" abgegrenzt wurde, fällt es relativ leicht, die Angewandte Linguistik vom Anwendungsbereich der Praxis abzusetzen. Lediglich im anglophonen Bereich werden aufgrund der Mehrdeutigkeit des Terminus *linguist* Sprachlehrer, Übersetzer, Sprachenkundige gelegentlich dem Bereich der Angewandten Linguistik zugeschlagen. Demgegenüber wird von den meisten anderen Autoren – insbesondere im deutschsprachigen Raum – angenommen, daß die Angewandte Linguistik ein selbständiger Bereich zwischen Theorie und Praxis ist (Hüllen 1973). Es sollte allerdings darauf bestanden werden, daß keine einseitige Abnehmerfunktion von der Sprachtheorie über die Angewandte Linguistik hin z.B. zum Fremdsprachenunterricht besteht, sondern daß die Angewandte Linguistik eine in beide Richtungen nach Fragestellungen, Methoden und den Erkenntnissen vermittelnde Disziplin ist (Spillner 1977). Eine – wenn auch nicht wohlgeschiedene – Arbeitsteilung ergibt sich dadurch, daß die Allgemeine Sprachwissenschaft zunächst und vorwiegend die allgemein-menschliche Sprachfähigkeit zum Objektbereich hat, daß die deskriptive Linguistik vor allem die Beschreibung des Systems natürlicher Einzelsprachen beabsichtigt, während die Angewandte Linguistik letztlich stets auf den Bereich konkreter Sprachverwendung zielt (Problemlösung in kommunikativen Praxisfeldern). Mit den seit de Saussure eingebürgerten Termini läßt sich diese Schwerpunktbildung in den Gegenstandsbereichen wie folgt charakterisieren:

Allgemeine Sprachwissenschaft	Deskriptive Linguistik	Angewandte Linguistik
langage	*langue*	*parole*

Die Zuordnung dieser Termini soll natürlich weder ihre dialektischen Beziehungen untereinander noch das Theorie-Empirie-Verhältnis verwischen, sondern lediglich umreißen, auf welchen Gegenstandsbereich sich jede der drei eigenständigen Disziplinen bezieht. Der Gegenstandsbereich der Angewandten Linguistik kompliziert sich allerdings gegenüber den anderen linguistischen Disziplinen dadurch, daß es um Problemlösung sehr unterschiedlicher Art in Praxisfeldern sehr unterschiedlicher Natur gehen kann. Fragestellungen an die Angewandte Linguistik können etwa sein, wie man für eine Sprache mit rein oraler Tradition ein Schriftsystem entwickelt, wie man eine Fremdsprache möglichst schnell und fehlerfrei erlernt, wie man Sprachstörungen beheben kann, wie man die Bibel oder technische Texte in "exotische Sprachen" übersetzt, wie man eine Rede wirkungsvoll verfaßt. Solche unterschiedlichen – und auf den ersten Blick zusammenhanglos heterogenen – Aufgaben der Angewandten Linguistik haben zu der Auffassung geführt, es handele sich gar nicht um eine einheitliche Disziplin, sondern lediglich um ein Sammelbecken unterschiedlicher "Angewandter Sprachwissenschaften". Es muß auch eingeräumt werden, daß Kongresse zur Angewandten Linguistik nicht selten durch ein Nebeneinander disparat erscheinender Sektionen und Arbeitsgruppen kaum dazu angetan sind, den Eindruck einer homogenen und schlüssig strukturierten Disziplin zu vermitteln. Eine solche scheinbare Uneinheitlichkeit löst sich aber sofort auf, wenn man die Sprache als die zentrale und für den Menschen konstitutive Fähigkeit begreift, die sich allerdings sehr wohl in unterschiedlichen Fertigkeiten und Verwendungen manifestiert und in den einzelnen Anwendungsbereichen unterschiedliche Problemstellungen aufwerfen kann. Angewandte Linguistik ist diejenige umfassende, aber einheitliche wissenschaftliche Disziplin, die alle mit Sprache zusammenhängenden in der praktischen Sprachverwendung auftretenden Probleme zu lösen versucht (Spillner 1977; Kühlwein 1980a). Differenziert wird diese Disziplin dadurch, daß eine Problemlösung nie mit linguistischen Mitteln und Methoden allein möglich ist (Kaplan 1978). Angewandte Linguistik ist notwendigerweise eine integrative, eine interdisziplinäre Wissenschaft (Spillner 1977). Für den Anwendungsbereich des Sprachunterrichts müssen linguistische Erkenntnisse und Methoden mit solchen der Lernpsychologie, der Didaktik, der Medienwissenschaft etc. koordiniert werden; in der Übersetzungspraxis sind sprachliche Kenntnisse und linguistisch-interlinguale Befunde mit Wissen über die betreffenden wissenschaftlichen oder technischen Disziplinen zu verbinden; in der Sprachtherapie muß Wissen über Sprachstrukturen interdisziplinär mit neurologischen und psychologischen Kenntnissen kombiniert werden.

Angewandte Linguistik ist also eine mehrdimensional, einerseits zwischen theoretischer Linguistik und Anwendungsbereich, andererseits zwischen Linguistik und nichtlinguistischen Disziplinen, vermittelnde Disziplin. Gegenstand, Art und Methoden dieser Vermittlung sind in einer Theorie der Angewandten Linguistik zu explizieren, die selbstverständlich nicht mit Sprachtheorie oder theoretischer Linguistik verwechselt werden darf und die in weiten Teilen Postulat geblieben ist (Spillner 1977). Nachdem die Angewandte Linguistik nunmehr als problemlösend, anwendungsorientiert, mehrdimensional vermittelnd und interdisziplinär definiert worden ist, soll abschließend auf einige weitere Merkmale verwiesen werden (siehe hierzu Spillner 1977). Sie geht von der Sprache als konstitutivem Element menschlicher Interaktion aus, hat es vorwiegend mit den kommunikativen Aspekten von Sprache zu tun und befaßt sich mit dem Bereich des Sprachvollzugs in konkreten Situationen. Da die Entwicklung sprachlicher Handlungsanweisungen beabsichtigt ist, gehören zum Gegenstandsbereich der Angewandten Linguistik gegenwärtige und künftige Sprachzustände. Da sprachlich bedingte Problemstellungen des Praxisbereiches nicht ein für alle Mal vorhersehbar sind, muß sich die Angewandte Linguistik als prinzipiell für Weiterungen offene Wissenschaft verstehen.

2. Tradition und Entwicklung der Angewandten Linguistik

Es ist wiederholt behauptet worden, der Terminus und der Gegenstandsbereich "Angewandte Linguistik" seien in den 40er Jahren bzw. um 1950 in den USA entstanden (Mackey 1966). Beides ist falsch. Back (1970) führt für den Terminus eine Reihe von Belegen aus dem 19. und frühen 20. Jahrhundert an; selbst in Italien taucht die Bezeichnung mindestens 1942 schon auf (Migliorini 1942; 1957). Der Gegenstandsbereich ist selbstverständlich sehr viel älter. Ohne einen geschichtlichen Abriß der wissenschaftlichen Bemühungen im Bereich der Angewandten Linguistik zu versuchen, mag wenigstens exemplarisch auf die jahrhundertelange Reflexion zu Übersetzungstheorie und Übersetzungspraxis verwiesen werden oder auf die mindestens ebenso lange Geschichte der Entwicklung von Kurzschriftsystemen. Sehr weit reicht die Tradition der Lexikographie zurück; seit mehreren Jahrhunderten gibt es wissenschaftlich begründete Entwürfe für Welthilfssprachen und Pasigraphien; selbst die Patholinguistik und Sprachtherapie besitzen im Bereich der Taubstummenerziehung eine durchgehende Tradition seit dem 18. Jahrhundert.

Errungenschaften des 20. Jahrhunderts sind immerhin die gründliche empirische Erforschung der sprachlichen Realität in den Praxisfeldern, die Systematisierung von Beobachtung, Problemstellungen und Lösungsansätzen sowie das Postulat, die Anwendungsbereiche und Methoden in einer kohärenten Angewandten Linguistik aufeinander zu beziehen und nach Möglichkeit gegenseitig fruchtbar zu ergänzen. In diesem Bereich hat es in der Tat seit etwa 1960 intensive Aktivitäten gegeben, die zur Gründung von Forschungszentren, Universitätsinstituten, Fachzeitschriften, Dokumentationsschriften zur Angewandten Linguistik und zur Durchführung von z.T. großangelegten Forschungsprojekten führten. Zur Institutionalisierung der Angewandten Linguistik als wissenschaftliche Disziplin trug auch die 1964 erfolgte Gründung des internationalen Fachverbandes *Association Internationale de Linguistique Appliquée* (*AILA*) bei, die gegenwärtig ca. 4500 Wissenschaftler aus 39 nationalen Gesellschaften vereint. Die von der *AILA* durchgeführten Weltkongresse zur Angewandten Linguistik zeigen deutlich thematische Schwerpunktbildungen innerhalb des Gesamtbereiches der Angewandten Linguistik. Während 1964 in Nancy noch die linguistische Datenverarbeitung im Zentrum stand, rückte bei folgenden Kongressen (Cambridge 1967 und Kopenhagen 1972) zunehmend die Fremdsprachenvermittlung in den Mittelpunkt. Daneben richtete sich das Interesse auf technologische Probleme der Alltagskommunikation (Stuttgart 1975), in Montreal 1978 und Brüssel 1984 auch auf Fragen der Sprachpolitik und Sprachplanung, in Sydney 1987 und in Halkidiki 1990 auf Aspekte der Interkulturellen Kommunikation und in Amsterdam 1993 auf Fremdsprachenprobleme in der multikulturellen Gesellschaft. Auch außerhalb dieser Kongresse zeigten sich Tendenzen, Angewandte Linguistik mit Einzelbereichen dieser Disziplin gleichzusetzen. So wird mitunter die Ansicht vertreten, das Praxisfeld Fremdsprachenunterricht sei der einzige bzw. eigentliche Anwendungsbereich der Angewandten Linguistik. Gegen solche Einschränkungen wenden sich neuerdings in der Angewandten Linguistik Versuche, durch theoretische Fundierung von Gegenstandsbereich, Forschungszielen und Methoden die Kohärenz der Disziplin und die integrativen Bezüge der Einzelaktivitäten herauszuarbeiten.

3. Forschungsziele und Methoden

Auf dem Wege zu einer zureichenden Definition von Angewandter Linguistik ist wiederholt versucht worden, den Bereich nicht so sehr von den Forschungsgegenständen als vielmehr von den

Forschungszielen her zu definieren. So wird richtig erkannt, daß das Ziel der Angewandten Linguistik nicht linguistische Erkenntnis um ihrer selbst willen ist, sondern Nutzbarkeit solcher Erkenntnis für die Praxis (siehe bereits Back 1970). Angewandte Linguistik wird als "Disziplin im Dienste von Lebensbedürfnissen" bezeichnet (Kandler 1957, 48); ihr Ziel sind die "pragmatic needs of human beings" (Kaplan 1978, 319) oder – sehr weit gefaßt – "die sprachlichen Probleme und Bedürfnisse in allen anderen Gebieten der Wissenschaft und des Lebens" (Kandler 1955, 3). Zwar lassen sich gegen eine rein teleologische Definition der Angewandten Linguistik allein von ihren Forschungszielen her, gegen das "Kriterium zielbezogener externer Funktionalisierung als unterscheidendes Moment zwischen theoretischer und angewandter Linguistik" (Kühlwein 1980b, 762) wissenschaftstheoretische Einwände erheben; tatsächlich handelt es sich auch – wie oben dargelegt – keineswegs um das einzige und schon gar nicht um das unterscheidende Definitionsmerkmal. Dennoch sind die Forschungsziele Problemlösung und Praxisorientierung wesentliche Kennzeichen der Angewandten Linguistik. Es geht um die Erkenntnis, wie Sprache im konkreten Sprachvollzug, im situativen Kontext funktioniert bzw. nicht oder nicht zufriedenstellend funktioniert. Darüber hinaus aber soll menschliches Handeln, an dem Sprache beteiligt ist, mit Hilfe linguistischer Erkenntnisse und in interdisziplinärer Kooperation mit anderen Wissenschaften erleichtert, verbessert, effizienter gemacht werden. Mit welchen Methoden dies zu geschehen hat, läßt sich für den Gesamtbereich der Angewandten Linguistik nur global skizzieren, da die Auswahl praktikabler Verfahren in den einzelnen Praxisfeldern sehr unterschiedlich sein kann. Obwohl bislang kaum Vorüberlegungen für übergreifende Methoden der Angewandten Linguistik vorliegen, lassen sich aufgrund der Definition des Aufgabenfeldes vier Richtungen ins Auge fassen:

– Ausgleichung der Defizite der deskriptiven Linguistik zur eigenen gegenstandsbezogenen Beschreibung sprachlicher Befunde in einer durch das Praxisfeld determinierten Auswahl;
– Beobachtung, Problemanalyse und Handeln in komplexen kommunikativen Situationen, ohne Vernachlässigung einer Reihe von Parametern, jedoch mit einem geringeren Maß an Abstraktion als die theoretische Linguistik. Desiderat sind Schemata von Handlungsanweisungen zur Veränderung sprachlichen Verhaltens;

im Gegensatz zur deskriptiven Linguistik läßt sich dabei die methodische Reflexion über Normen, Wertungen, gesellschaftliche Rahmenbedingungen nicht ausklammern;
– Koordination und Kooperation mit anderen Disziplinen zur Entwicklung von Methoden interdisziplinärer Zusammenarbeit, die über eine bloße Übernahme von Informationen aus einer "Hilfswissenschaft" hinausgehen;
– Anwendung von Methoden solcher Disziplinen, mit denen die Angewandte Linguistik in Praxisfeldern interdisziplinär kooperiert (z.B. teilnehmende Beobachtung, Verfahren der empirischen Sozialforschung, Statistik und Frequenzanalyse, klinische Anamnese (in der Patholinguistik).

4. Angewandte Linguistik für den Fremdsprachenunterricht

Angewandte Linguistik, verstanden als praxisorientierte, interdisziplinäre, wechselseitig zwischen Praxis und Theorie vermittelnde Wissenschaft zur Lösung von sprachlichen oder sprachinvolvierten Problemen in konkreten Kommunikationsbereichen, hat notwendigerweise einen sehr viel weiteren Gegenstandsbereich als das Anwendungsfeld des Fremdsprachenunterrichts. Zwar gibt es über die wechselseitigen Beziehungen durchaus unterschiedliche Auffassungen, es sind aber gute Gründe dafür vorgebracht worden (Kühlwein 1979), daß Angewandte Linguistik umfassender ist als Fremdsprachendidaktik oder Sprachlehr- und -lernforschung.

Der Fremdsprachenunterricht ist aber ein sehr wichtiges (zudem in den letzten beiden Jahrzehnten zentral behandeltes) Praxisfeld der Angewandten Linguistik. Nach der umfassenden Konzeption einer integrativen Angewandten Linguistik gehört sehr wohl der Gesamtbereich des Fremdsprachenunterrichts zu ihrem Gegenstandsbereich (vgl. jedoch die Art. 1 und 2). Zuzugestehen ist freilich, daß die Bereiche der Literaturdidaktik und der Vermittlung von Landeskunde – zu denen durchaus linguistische Bezüge bestehen – in der Angewandten Linguistik weniger intensiv bearbeitet worden sind als die sprachlich-kommunikativen Aspekte des Fremdsprachenerwerbs, die Dimensionen von Auswahl, Progression und Darbietung phonetischer, grammatischer, lexikalischer und pragmatisch-kommunikativer Sprachelemente. Außer Frage steht dennoch die interdisziplinäre

Zuständigkeit der Angewandten Linguistik für die Gesamtheit des Sprachunterrichts, hat die Angewandte Linguistik doch zur Aufgabe, "(...) d'améliorer cet enseignement en toutes circonstances en organisant l'enseignement compte tenu des découvertes scientifiques sur la nature du langage et sur la façon dont l'individu et la société l'assimilent et l'emploient" (Corder 1970, 25). Die zentrale Bedeutung der Angewandten Linguistik für den Fremdsprachenunterricht leitet sich – wie oben bereits ausführlich begründet – aus der zentralen Funktion der Sprache ab (siehe auch den Standpunkt von Hüllen (1973), der – ähnlich argumentierend – die Angewandte Linguistik als prioritäre Grundwissenschaft bezeichnet).

Angewandte Linguistik für den Fremdsprachenunterricht kann einerseits vom Phänomen der Sprache ausgehen und Ergebnisse linguistischer Analyse nach anwendungsbezogenen Fragestellungen durch Auswahl, Aufbereitung und Strukturierung für den Fremdsprachenunterricht umsetzen. Beispiele für diesen Ansatz sind linguistische Frequenzuntersuchungen, die zu sprachlichen Minima, Grundstrukturen, Grundwortschatzlisten für die Sprachvermittlung führen, und die Kontrastive Linguistik, deren Ermittlung von Unterschieden und Gemeinsamkeiten zwischen Erstsprache und Fremdsprache zur Vorhersage von Lernschwierigkeiten beitragen kann.

Die Angewandte Linguistik kann andererseits vom Sprachunterricht, von der Wirklichkeit sprachlichen Lernens ausgehen und die Frage nach Verbesserung der beobachteten und analysierten sprachlichen Lernprozesse stellen. Beispiele für diesen Ansatz sind die Sprachtestforschung, die sich bemüht, Spracheignung, Sprachstand und Fortschritte in der Sprachbeherrschung zu messen, und die Fehleranalyse, die Fehlerdiagnose durch statistische und linguistische Analyse der Fehlerschwerpunkte und durch psycholinguistische Ermittlung der Fehlerursachen betreibt und daraus Strategien zur Fehlerprophylaxe ableitet. Am Beispiel der *interlanguage*-Forschung arbeitet bereits Corder (1977) typische Merkmale der auf die Fremdsprachenvermittlung bezogenen Angewandten Linguistik heraus, wobei die von Corder angeführten Befunde gleichzeitig die Tätigkeit der Angewandten Linguistik deutlich von jener der theoretischen Sprachwissenschaft abgrenzen:

– Die Forschungsmotivation ist eindeutig anwendungsorientiert: Ziel sind ein besseres Verständnis der beim Zweitsprachenlernen auftretenden Zwischenstufen und die Absicht, die Fremdsprachenvermittlung künftig effizienter zu gestalten.
– In der Sprachtheorie gibt es für die beobachteten Phänomene keine adäquate Beschreibung.
– Die Forschung wird von Wissenschaftlern betrieben, die sich der Angewandten Linguistik zurechnen und die in dieser Disziplin ausgebildet worden waren.
– Die Sammlung und Analyse der Daten wird interdisziplinär mit Methoden aus der Soziolinguistik, der Psycholinguistik und der theoretischen Linguistik durchgeführt.

Ähnliche Merkmale lassen sich für alle auf den Fremdsprachenunterricht bezogenen Aktivitäten anführen, in denen die Angewandte Linguistik forschend bzw. praxisorientiert umsetzend tätig ist. Dabei lassen sich für die letzten Jahrzehnte folgende Phasen unterscheiden – wobei eine zunehmende Abkehr von einer eher systemlinguistischen Orientierung zugunsten einer Hinwendung zum kommunikativen Sprachgebrauch und zur Situation der Fremdsprachenvermittlung festzustellen ist:

– Phase der Applikation sprachtheoretischer Modelle
  (Versuch, Errungenschaften linguistischer Modellbildung und Deskription unmittelbar in die Unterrichtswirklichkeit einzubringen);
– Phase der Sprachlaborinstruktion
  (Versuch, ein neues technisches Medium mit den Ansätzen des Behaviorismus und des taxonomischen Strukturalismus theoretisch zu fundieren und in den Fremdsprachenlernprozeß zu integrieren);
– Phase des Primates gesprochener Sprache
  (Einbringen der gesprochensprachlichen grammatischen und lexikalischen Strukturen in den Unterricht und didaktische Ableitung eines Primates mündlicher Sprachfertigkeiten);
– Phase der Kontrastiven Linguistik
  (Ansatz, durch systematischen Sprachvergleich von Erst- und Fremdsprache auf allen Sprachebenen Gemeinsamkeiten und vor allem Unterschiede zu ermitteln, um daraus Lernschwierigkeiten beim Fremdspracherwerb vorherzusagen und diese durch geeignete Übungsmaterialien möglichst zu vermeiden oder zu überwinden);
– Phase der einsprachigen Fremdsprachenvermittlung
  (Postulat – aufgrund bestreitbarer psycholinguistischer Hypothesen – alle erstsprachlichen Elemente aus dem Fremdsprachenunterricht fernzuhalten);

- Phase der textlinguistischen und pragmatischen Fundierung
(Umsetzung der Forschungsergebnisse aus Textlinguistik, Stilforschung, Sprechakttheorie, Soziolinguistik, Pragmalinguistik und Konversationsanalyse für einen textorientierten, nach Registern differenzierten, situativen und kommunikationsorientierten Fremdsprachenunterricht);
- Phase der fachsprachlichen Orientierung
(Ansatz, die Ergebnisse der textorientierten Fachsprachenforschung für eine spezialsprachige berufsfeldorientierte Fremdsprachenvermittlung fruchtbar zu machen).

Selbstverständlich sind diese Phasen weder als streng chronologisch aufeinander folgend zu verstehen, noch sind sie von gleicher Relevanz für den Fremdsprachenunterricht. Es ist auch anzumerken, daß in den erstgenannten Phasen z.T. sprachtheoretische Konstrukte einem Sprachlehrbereich aufgepfropft wurden, für den sie gar nicht konzipiert worden waren. Für alle Anwendungen linguistischer Erkenntnisse ist zu fordern, daß sie im Sinne der Angewandten Linguistik gekoppelt werden mit diagnostischen Analysen der Sprachlernprozesse und jeweils interdisziplinär abgestimmt werden mit psycholinguistischen, lerntheoretischen, didaktischen Ansätzen.

Ohne Anspruch auf Systematik und Vollständigkeit sollen abschließend stichpunktartig einige – heute in manchen Fällen als selbstverständlich erachtete – Leistungen der Angewandten Linguistik für den Fremdsprachenunterricht aufgeführt werden:
- Die linguistische Normdiskussion hat Fremdsprachenlehrer für sprachliche Alternativen, Entwicklungstendenzen und Bewertungstoleranzen sensibilisiert.
- Durch die phonetische Umschrift wurde ein wichtiges Hilfsmittel für die Ausspracheschulung und – für Lehrer und Schüler – für phonetische Zweifelsfälle geschaffen (auch für das Selbststudium einer Fremdsprache).
- Die instrumentelle Phonetik leistet wertvolle Hilfe bei der Aussprachediagnostik und in der remedialen Schulung.
- Linguistische Frequenzuntersuchungen haben die Grundlage für Listen der grammatischen Grundstrukturen und des Grundwortschatzes geschaffen.
- In der grammatiktheoretischen und grammatikographischen Diskussion wurden die Unterschiede zwischen wissenschaftlicher und pädagogischer Grammatik präzisiert und die Anforderungen (Auswahl, Aufbau, Progression, Benutzerorientierung etc.) an didaktische Grammatiken/Lernergrammatiken herausgearbeitet.
- Die Angewandte Lexikologie/Lexikographie hat durch Wörterbuchanalyse die Anforderungen an Makro- und Mikrostruktur von Wörterbüchern konkretisiert und damit auch zur Verbesserung von Lernwörterbüchern beigetragen.
- Die Umsetzung von *type-token*-Forschung, Informationstheorie, Semiotik und Lernpsychologie in der Angewandten Linguistik trug zu einer Verbesserung der Präsentation und Progression in Sprachlehrbüchern bei.
- Die Sprachtestforschung hat die Voraussetzungen für Leistungsmessung und Evaluation im Fremdsprachenunterricht geschaffen.
- Die Kontrastive Linguistik schuf die Grundlagen dafür, daß im Fremdsprachenunterricht für Erstsprachenlerner Lernmaterialien und Lehrmethodik des Lehrers kontrastiv konzipiert werden.
- Die Fehleranalyse hat nicht nur zur Fehlerprophylaxe beigetragen, sondern Fremdsprachenlehrer für die Fehlerdiagnose sensibilisiert (Ermittlung von Fehlerschwerpunkten und Fehlerursachen, Reflexion über Sprachnormen, Kommunikationserfolg und Leistungsbewertung).
- Die Angewandte Übersetzungswissenschaft setzt die didaktische Diskussion über eine sinnvolle Funktion des Übersetzens im Fremdsprachenunterricht fort und arbeitet an einer Übungstypologie des Übersetzens.
- Die Angewandte Psycholinguistik hat durch empirische Untersuchungen zu Interimssprachen und zum Zweitsprachenerwerb zu einer Typologie von Spracherwerbsprozessen beigetragen.
- Die Angewandte Linguistik initiierte Bemühungen zur Vereinheitlichung der grammatischen Terminologie.
- Die Lese- und Verständlichkeitsforschung leistete ihren Beitrag auch für die Lesedidaktik im Fremdsprachenunterricht.
- Die Angewandte Textlinguistik (insbesondere die Textsortenforschung) schuf die Voraussetzungen für eine Verbesserung der Text- und Lektüreauswahl.
- Die Stilforschung hat an der Objektivierung und methodischen Fundierung der fremdsprachlichen Literaturdidaktik mitgewirkt.

- Konversations- und Dialoganalyse waren linguistische Voraussetzung für die Entwicklung des gesprochenen Diskurses in der Fremdsprachenvermittlung und für die Realisierung kommunikativer Dialogsequenzen.
- Die schriftsprachliche Rhetorik hat zur Entwicklung und Differenzierung reproduktiver und kreativer Übungstypen im Fremdsprachenunterricht beigetragen.
- Fachsprachenforschung und Fachsprachendidaktik sorgten für die Möglichkeit einer berufsfeld- und fertigkeitsorientierten Fremdsprachenausbildung. Ohne den Beitrag der Angewandten Linguistik ist Fremdsprachenunterricht nicht denkbar.

5. Desiderata und Perspektiven

Im Bereich der Angewandten Linguistik mangelt es nicht an solider praxisbezogener Arbeit und an vielfältigen Einzelbeiträgen für den Fremdsprachenunterricht. Defizite bestehen in einer stringenten Theorie, die diese Aktivitäten zur theoretischen Linguistik einerseits und zum Praxisfeld andererseits in Beziehung setzt und Art und Methode der interdisziplinären Zusammenarbeit mit nichtlinguistischen Disziplinen wissenschaftstheoretisch und forschungspraktisch reflektiert. Desiderat ist auch eine systematisierende, kohärente Konzeption, innerhalb derer sich die unterschiedlichen Teilbereiche der Angewandten Linguistik aufeinander beziehen ließen. Wichtig erscheint dabei nicht so sehr eine Diskussion um den mißverständlichen Terminus, sondern eine von den unterschiedlichen Erscheinungsformen von Sprache ausgehende problemorientierte Theorie praktischer Anwendungsmöglichkeiten. Zu den Desideraten gehören ferner Abgrenzung und Klärung von Arbeitsteilungs- und Kooperationsmöglichkeiten der Angewandten Linguistik gegenüber der Fremdsprachendidaktik, der Sprachlehrforschung, der Glottodidaktik etc. Bedarf an Angewandter Linguistik für den Fremdsprachenunterricht besteht allemal. Die Angewandte Linguistik wird den ihr gebührenden Rang für den Fremdsprachenunterricht einnehmen und interdisziplinär ihren Beitrag zur Erleichterung der Sprachlernprozesse leisten, wenn eine Rückbesinnung auf die Grundlagen der Fremdsprachenvermittlung stattgefunden hat. Dies wird dann der Fall sein, wenn wieder erkannt wird, daß das Wesentliche am Sprachunterricht die Sprache ist.

Literatur

Allen, John Patrick Brierly/Corder, Stephen Pit, eds. (1973-1977), *The Edinburgh Course in Applied Linguistics*, 4 Bde., London, Bd. 1: *Readings for Applied Linguistics*, Bd. 2: *Papers in Applied Linguistics*, Bd. 3: *Techniques in Applied Linguistics*, Bd. 4: *Testing and Experimental Methods* (Allen, John Patrick Brierly/Davies, Allen, eds.).

Back, Otto (1970), "Was bedeutet und was bezeichnet der Ausdruck 'angewandte Sprachwissenschaft'?", in: *Die Sprache*, Jg. 16, 21-53.

Barrera-Vidal, Albert/Kühlwein, Wolfgang, Hrsg. (1975), *Angewandte Linguistik für den fremdsprachlichen Unterricht. Eine Einführung*, Dortmund.

Bouton, Charles (1979), *La Linguistique appliquée*, Paris.

Bylinski, Raymond/Coulomb, Claude/Lyotard-May, Andrée/Truchot, Claude, éds. (1972), *Linguistique appliquée à la description et à l'enseignement des langues vivantes (anglais)*, 2 Bde., Paris, Bd. 1: *Problèmes et procédures*, Bd. 2: *Documents*.

Corder, Stephen Pit (1970), "La Linguistique Appliquée: Interprétations et pratiques diverses", in: *Bulletin CILA. Organe de la Commission Interuniversitaire Suisse de Linguistique Appliquée*, H. 16, 6-28.

Corder, Stephen Pit (1973), *Introducing Applied Linguistics*, Harmondsworth.

Corder, Stephen Pit (1977), "Pure and Applied Research in Linguistics: Is the Difference Merely one of Motivation?", in: *Studies in Second Language Acquisition*, Jg. 1, 77-90.

Ebneter, Theodor (1976), *Angewandte Linguistik. Eine Einführung*, 2 Bde., München.

Firth, John Rupert (1957), "Applications of General Linguistics", in: *Transactions of the Philological Society*, 1-14.

Hüllen, Werner (1973), *Linguistik und Englischunterricht. Didaktische Analysen*, 2 Bde., 2. Aufl., Heidelberg.

Kandler, Günther (1955), "Zum Aufbau der Angewandten Sprachwissenschaft und den Aufgaben des Sprachforums", in: *Sprachforum. Zeitschrift für Angewandte Sprachwissenschaft zur überfachlichen Erörterung gemeingewichtiger Sprachfragen aller Lebensgebiete*, Jg. 1, 3-9.

Kandler, Günther (1957), "Angewandte Sprachwissenschaft als Interessengebiet des Neuphilologen", in: *Moderna Språk*, Jg. 51, 46-69.

Kaplan, Robert B. (1978), "Toward a Theory of Applied Linguistics", in: Mohammad Ali Jazayery/Edgar Charles Polomé/Werner Winter (eds.), *Linguistic and Literary Studies. In Honour of Archibald A. Hill*, Bd. 4: *Linguistics and Literature/Sociolinguistics and Applied Linguistics*, Paris/New York, 319-332.

Kühlwein, Wolfgang (1979), "Angewandte Linguistik", in: *anglistik & englischunterricht*, Bd. 7, 155-167.

Kühlwein, Wolfgang (1980a), "Bausteine zur Theoriebildung der Angewandten Linguistik", in: Wolfgang Kühlwein/Albert Raasch (Hrsg.), *Angewandte Linguistik. Positionen – Wege – Perspektiven*, Tübingen, 13-27.

Kühlwein, Wolfgang (1980b), "Angewandte Linguistik", in: Hans Peter Althaus/Helmut Henne/Herbert

Ernst Wiegand (Hrsg.), *Lexikon der Germanistischen Linguistik*, 2. Aufl., Tübingen, 761-768.
Kühlwein, Wolfgang/Raasch, Albert, Hrsg. (1980), *Angewandte Linguistik. Positionen, Wege, Ziele*, Tübingen.
Kühlwein, Wolfgang/Raasch, Albert, Hrsg. (1990), *Angewandte Linguistik heute. Zu einem Jubiläum der Gesellschaft für Angewandte Linguistik*, Frankfurt a.M. et al.
Mackey, William F. (1966), "Applied Linguistics: Its Meaning and Use", in: *English Language Teaching*, Jg. 21, 197-206.
Migliorini, Bruno (1942; 1957), "Primi Lineamenti di una nuova disciplina: La Linguistica applicata o glottotecnica", in: *Saggi Linguistici*, Florenz, 307-317. (Zuerst in: *Scienzia e Tecnica*, 6, fasc. 12, 609-619).
Richards, Jack/Platt, John/Weber, Heidi (1985), *Longman Dictionary of Applied Linguistics*, White Plains.
Spillner, Bernd (1977), "On the Theoretical Foundations of Applied Linguistics", in: *International Review of Applied Linguistics*, Jg. 15, 154-157.

Bernd Spillner

5. Psycholinguistik und Sprachpsychologie

1. Problemaufriß und Charakterisierung der Disziplin

Seltsamerweise gibt es weltweit innerhalb der psychologischen Institute wenig Neigung, das Fremdsprachenlernen, überhaupt die Mehrsprachigkeit, zu Gegenständen der Forschungsarbeit zu machen.

Zwar spielt der Spracherwerb mit den weitreichenden Implikationen, die er für Kognition, soziales Handeln und Lebensgestaltung besitzt, eine überragende und paradigmatische Rolle in der Allgemeinen Psychologie, denn er kennzeichnet schließlich das diskriminierende Merkmal der Gattung. Jedoch wird dieses Merkmal üblicherweise nicht auf den Punkt gebracht, der es doch am deutlichsten hervorheben könnte, daß Menschen sich nämlich zu kreativem Gebrauch mehr als ein Symbolsystem anzueignen imstande sind.

Insgesamt kann aber, trotz der prinzipiell kaum abzuweisenden Zuständigkeit der Psychologie – vermutlich entgegen manchen berechtigten Erwartungen der Disziplinen, die mit dem Fremdsprachenunterricht befaßt sind –, nicht ohne weiteres von einem angesammelten einschlägigen und direkt verfügbaren Wissensbestand aus der Psychologie berichtet werden (vgl. Art. 8).

So läßt sich für diesen Artikel nicht anders verfahren, als daß ausgewählte Bestandteile aus der allgemein-psychologischen und sprachpsychologischen Diskussion eingebracht werden, die für Fremdsprachenunterricht relevant sein können, die aber zumeist einer Thematisierung und Untersuchung am Ort der Probleme noch bedürfen.

2. Aktuelle Diskussionszusammenhänge

a) Kognitionspsychologie der Sprachperzeption und -produktion

Kontroversen um die Einschätzung produktiver und rezeptiver Leistungen und um eine begründete systematische und zeitliche Strukturierung von Lernschritten sind in der Fremdsprachendidaktik nach wie vor lebhaft im Gang, zum Beispiel bei der Frage des Fertigkeiten-Trainings oder bei der Überlegung, wie sinnvoll es ist, das Sprechen von Anfang an in den Unterricht einzubeziehen oder besser dem Training von Verständnisleistungen einen Vorsprung einzuräumen. Was die Kognitionspsychologie an Untersuchungsmöglichkeiten und an Grundkenntnissen über die Zusammenhänge von Sprechen und Verstehen zu bieten hat, müßte für eine entsprechende Anwendungsperspektive also von hohem Interesse sein.

Auf den ersten Blick scheint es auch so, als sei die kognitive Psychologie im wesentlichen mit Sprache und Sprachentschlüsselung befaßt, daher also für solche Fragen die gegebene Ansprechpartnerin: Wörter, kurze allerdings zumeist, Buchstaben und Zahlen sind ganz entschieden die wichtigsten Versuchsmaterialien in diesem Sektor, gehandelt als "verbale Informationen" und als solche den nichtsprachlichen Reizen gegenübergestellt.

Die "Psychologie der Informationsverarbeitung", wie dieser Arbeitsbereich auch genannt wird, ist innerhalb der Fachdisziplin derart prominent geworden, daß sie zuweilen geradezu als gleichbedeutend mit experimenteller Psychologie überhaupt erscheint. Man muß aber wissen, daß die Fülle von Arbeiten, die hier entstehen, sehr wenig mit dem Sprachverstehen in einem einigermaßen komplexen Sinn zu tun haben. So interessant diese Forschung im Detail auch ist, es geht dabei durchweg um die Untersuchung sehr elementarer oder ausschnitthafter Prozesse, und dies unter rigoroser Variablen-Kontrolle. Im visuellen Bereich handelt es sich beispielsweise fast immer um tachistoskopische, also streng gesteuerte kurzfristige Reizeinblendungen und Entscheidungsreaktionen mit minimalen Handlungsteilen, etwa das Drücken einer Taste. Die immer stärkere Hinwendung der Kognitionspsychologie zur Künstlichen-Intelligenz-Forschung, also dazu, menschliche Kognitionsvorgänge als Leistungen nur eines "intelligenten Systems" unter anderen denkbaren und konstruierbaren zu thematisieren, bringt eine problematische Tendenz mit sich. Zwar geht diese Forschung mit immer komplexeren Modellen um, jedoch eher im Sinne der Verzweigtheit der Programme als im Sinne einer Annäherung an das, was die volle Wortbedeutung von "Kognition" ausmacht.

Nun sollte eine sachbereichsbezogene Disziplin wie die Sprachlehr- und -lernforschung die Beachtung oder Nichtbeachtung von Forschungstätigkeit in einer benachbarten Wissenschaft nicht unbedingt davon abhängig machen, wie nah oder entfernt die dort benutzten Untersuchungskonstellationen bei den Problemen liegen, die sie selber aufsucht. Übersetzung wird allemal zu leisten sein. So läßt sich immerhin profitieren von Beobachtungen und Forschungsberichten, die zahlreich vorliegen. Prinz/Sanders (1984), Heuer/Sanders (1985), Keller/Gopnik (1987), Neumann/Prinz (1990) berichten über auditive Verarbeitung, über die hierarchische Natur sensumotorischer Organisationen und über Aufmerksamkeitsphänomene manches, was sich auch auf multilinguale Kontexte übertragen ließe.

Die aktuelle Arbeit richtet sich auf Mikroanalysen: auf genauer ausgeführte Untersuchung von kleinsten Partikeln etwa der hierarchischen Organisation sprachlicher Prozesse und auf präzisere Erfassung von Indikatoren für eine mehrfache Repräsentation sensumotorischer Ereignisse, die auf den Ebenen der Planung und der Ausführung in unterschiedlicher Form kodiert zu sein scheinen. Die verschiedensten experimentellen Effekte *top-down* (also vom konzeptuellen Wissen und Vorverständnis her) auf Verstehensvorgänge und solche, die sich (*bottom-up*) von der Materialbasis der ankommenden Information her aufbauen und die Produktionsprozesse mittangieren, geben in diesem Zusammenhang manchen Hinweis darauf, daß Sprachproduktion und Sprachrezeption gewisse Einheiten oder Strecken gemeinsamer Organisation teilen, einander gegenseitig zur Realisierung verhelfen oder auch einander behindern können.

Eine andere Arbeitsrichtung verfolgt schon länger die Konstruktion von hypothetischen Funktionsmodellen und Flußdiagrammen (z.B. Herrmann 1985), die zwar mit ihren Beispielen eine gewisse Alltagsnähe suggerieren, aber aufs Ganze gesehen oft ein wenig blutleer wirken. Sie versuchen abzubilden, was sie mentale Prozesse in einem "Hörer-Sprecher-System" nennen und zeichnen Wegstrecken hin und her zwischen abstrakten Propositionen am einen Ende und phonetischen Ereignissen am anderen Ende. Hier zwischen werden allerlei Kontrollstationen für lexikalische, syntaktische und phonologische Entscheidungen, Zeitgeber- und Sequenzierungsinstanzen eingebaut. Sogar manches von dem, was Kommunikation unter Menschen so anders macht als die zwischen technischen Nachbildungen – z.B. Beweggründe, die Wirkungen eines Blicks, Launen, Mitgemeintes, Halbgeäußertes, Nebenbeiverstandenes – erhält in den Diagrammen hie und da (als "Nonverbales" bezeichnet) ein eigenes Kästchen und wird mit einem fakultativen Pfeil an geeigneter Stelle an das Verlaufsschema der "Kognitionsdynamik" angeschlossen, von wo aus es dann Abläufe stören oder effektivieren kann.

Die am Fremdsprachenlernen und -lehren Interessierten mag das Experimentieren im kleinen Detail an "alpha-numerischem Material" ähnlich unbefriedigt lassen wie dieses reißbrettartige Schematisieren von Vorgängen, von denen doch jeder weiß, daß sie eigentlich viel komplizierter sind. Es ist daher ganz verständlich, wenn sich die Erwartungen eher an die großräumigen Thematisierungen der Gedächtnisforschung richten, dort wo diese sich mit den Textwissenschaften verbindet. Das inhaltsreiche Buch von Hörmann über *Meinen und Verstehen* (1976) oder das von Neisser über *Kognition und Wirklichkeit* (1979) liest sich entschieden angenehmer als der ingenieurwissenschaftlich getönte Stil der modernen Informationsverarbeitungspsychologie. Nur ist auch hier, wenn es konkret an die Modellkonstruktion geht (Norman/Rumelhart 1978; Kintsch/van Dijk 1978), ein Schematismus anzutreffen, mit dem sich (ehrlicherweise wohl) "Weltwissen" rasch auf "Geschichtengrammatik" einengt und "Sinnkonstanz" auf die Steuergröße im homöostatischen System.

Die Kenntnisse über psychische Organisationen von Wissen, Erfahrungen und Wertungen und die Einsichten in komplexe Vollzüge zwischenmenschlichen Austauschs hierüber sind offenkundig trotz fieberhafter Forschungstätigkeit noch sehr gering. Wen könnte es angesichts des stupenden Mißverhältnisses zwischen alltäglich-selbstverständlicher Praxis und den analytischen Einsichten in diese Praxis wundern, daß Fremdsprachenlehrer sich in ihrem Beruf an das klammern, was man einigermaßen durchsichtig machen und trainieren kann: den regelhaften Aufbau von Satzmustern, den Wortschatz, der sich paraphrasieren oder übersetzend erläutern läßt, die morphologischen Gesetzmäßigkeiten und vielleicht gerade noch die Mundstellungen zur Produktion von fremden Lautverbindungen?

Fremdsprachenlernen stellt aber, zumindest wenn damit zielsprachengerechte Kommunikationsfähigkeit angestrebt ist, nicht nur eine exzeptionelle sensumotorische Beanspruchung dar – man wundert sich wirklich, daß die Kognitionspsychologie sie nicht stärker in ihre experimentelle Neugier einbezieht. Solches Lernen ist auch mit einer gewissen kulturellen Usurpation verbunden und erfordert eine Aneignung von sozialen Vorverständnissen, die weit über "landeskundliches Wissen" hinausgeht. Es ist damit nämlich ganz wesentlich ein Lernen gerade auch dessen verbunden, was in der alltäglichen Kommunikation nur angedeutet, verschlüsselt oder gar nicht verbalisiert wird. Aber wie sich dies in Lehreinheiten über Prosodie, Idiomatik und landesübliches Benehmen überführen läßt, kann man in Unterrichtsmaterialien bisher nicht nachlesen. Es scheint, als sei im Hinblick auf das, was man wirklich wissen oder lernen möchte, das Üben von Intonationskonturen im Klassenzimmer ein ähnlich abgehobenes Unterfangen wie die Formantendiskrimination in den Laboratorien der Kognitionspsychologie.

b) *Neuropsychologie der zentralen Steuerung von Sprechen und Verstehen*

"Cognitive Science" und "Neuroscience" liegen neuerdings da eng beieinander, wo die Informationstechnologie die Denkmuster bestimmt und Computer und Gehirn in Analogie zueinander gesetzt werden. Aber es gibt innerhalb der Psychologie schon viel länger ein intensives Interesse und eine ausgedehnte Forschung über die zentralnervösen Steuerungen des Handelns, Planens und Erlebens. Solches Interesse ist nicht von vornherein technisch geprägt, sondern wurde eher aus der klinischen Erfahrung angeregt.

Medizin, Anthropologie und die experimentelle Neuropsychologie haben seit der zweiten Hälfte des vorigen Jahrhunderts eine Vielzahl von Beobachtungen angesammelt, die Stück für Stück ein wenig mehr zusammenhängende Erkenntnis über die Grundlagen menschlicher Entwicklung und Handlungsfähigkeit ermöglichen (Gazzaniga 1982; Ellis/Young 1991).

Bis in die siebziger Jahre ist im wesentlichen die Aphasieforschung, und zwar als Erforschung der Leistungen und Funktionsstörungen der sprachdominanten (meist der linken) Hirnhemisphäre, führend in diesem Bereich gewesen. Sie wird auch immer einen besonderen Stellenwert behalten. Jedoch hat nicht zuletzt im Zuge der Erkenntnisse über die Funktionen des Balkens, der die Hemisphären verbindet, und mit Hilfe der ausgeklügelten Methodologie der hiermit befaßten *split-brain*-Forschung in den letzten zwanzig Jahren auch die "andere Seite des Hirns" (Bogen 1969) viel Beachtung erhalten. Damit sind die besonderen Kompetenzen der rechten Hemisphäre für den visuell-räumlichen Bereich und – allgemeiner – für holistische Verarbeitungen aller Art immer genauer erkundet worden. Die lange übliche Gliederung der Hirnleistungen in Felder von Tätigkeiten oder in Klassen von Gegenständen, auf die sie sich richten, ist damit hinter eine andere Untergliederung zurückgetreten, die eher nach Strategien und Formen der Verarbeitungen von Produktionsweisen unterscheidet. Wo global von der Sprache als der Fakultät der dominanten Hemisphäre die Rede war oder von den sprachlichen Teilleistungen einzelner Areale, stehen nun also vor allem die Verfahrensqualitäten im Blickpunkt: der analytische Zugriff auf Informationen und die Produktion von in der Zeit strukturierten sequentiellen Handlungen hier – im Unterschied zu dem kontextgebundenen, gestalthaft und momentan geprägten Stil der rechten Hemisphäre dort.

Solche neuen Gewichtungen haben zu verschiedenen Folgerungen geführt. Einmal zur Aufwertung der rechten Hemisphäre auch in Bereichen, in denen ihr bis dahin keine Zuständigkeit zuerkannt worden war. So ist die Rede von der "Sprache der rechten Hemisphäre" oder zumindest von ihrem rezeptiven Lexikon und von den prosodischen und situationsbezogenen Anteilen, die sie in der zwischenmenschlichen Kommunikation versorgt (Springer/Deutsch 1987).

Darüber hinaus hat die Beschäftigung mit den Hemisphärenunterschieden als verschiedenen Arbeitsformen eine Prozeßorientierung bewirkt, die nicht nur die Ideen in Richtung Elektronik beflügelt, sondern auch die Diskussion über Sprachbegriffe belebt, die von der Neuropsychologie her in Zukunft eingebracht werden könnten. Die Möglichkeiten für solche Konzepte reichen von integrativen Konstruktionen, die vor allem auf die Kooperation innerhalb des kortikalen und subkortikalen Nervensystems abheben, bis hin zu teilweise recht reduktionistischen Zuspitzungen der linkshemisphärischen Spezialität als eines motorischen Prinzips oder als eines bestimmten Mechanismus des Kurzzeitgedächtnisses, der dieses Prinzip ermöglicht (Zaidel 1980).

Auf der einen Seite wird vor allem mit Meßwerten über Hemisphärenasymmetrie gearbeitet (d.h. mit Leistungsvorteilen jeweils einer Hirnhälfte bei der Verrichtung der verschiedensten Anforderungen), und es wird versucht (mit Hilfe unterschiedlicher Aufgabenstellungen und mit unterschiedlichen Voraussetzungen bei den untersuchten Personen), Typen und Muster solcher Asymmetrien herauszuarbeiten.

Auf der anderen Seite des Spektrums konzentriert man sich auf das abstrakte Prinzip der geordneten Sequenz, die dem Muster von Sätzen folgt und hierarchische Planung impliziert. Methodisch und modelltheoretisch bietet sich auf diesem Feld natürlich die Computertechnologie für Simulationen an. Aber vermutlich werden die klinischen Einzelerfahrungen, Fallstudien von Sprachproduktionsstörungen und Apraxien beispielsweise, wohl auf absehbare Zeit die valideren Erkenntnismöglichkeiten bieten.

Fraglos ist dieser ganze Zusammenhang von höchster Wichtigkeit für das Lernen von Sprachen, der ersten wie aller weiteren. Vermutlich ist von der zuletzt angedeuteten Richtung der Forschungsarbeit eines Tages sogar mehr an Grundlagenkenntnis auch für fremdsprachenunterrichtliche Zusammenhänge zu erwarten. Einstweilen jedoch liegt zur Mehrsprachigkeit eher aus der Richtung Asymmetrieforschung bereits Diskussionsmaterial vor. Seit nämlich Albert und Obler ihr Buch über *The Bilingual Brain* (1978) veröffentlicht haben, gibt es ein reges Interesse daran, ob die Sprachtätigkeit von Menschen, die mehrere Sprachen lernen oder beherrschen, womöglich graduell anderen zentralnervösen Steuerungen unterliegen könnte als die von Monolingualen. Die Vermutung der Autoren, die sie auch durch zahlreiche Indizien stützen, geht dahin, daß bei Menschen, die von Sprachbeginn an bilingual aufwachsen, eine weniger deutliche Asymmetrie zu finden ist, daß ihre sprachliche Kommunikationspraxis also weniger ausgeprägt von links als vielmehr beidhemisphärisch angeleitet wird, und daß auch im Falle des Erwerbs anderer Sprachen in späterem Alter (zumindest in den Anfangsphasen, und wenn es sich um einen Erwerb durch Kommunikation handelt) die rechte Hemisphäre stärker beteiligt ist als dies im Vollzug der Primärsprachbenutzung gewöhnlich der Fall zu sein scheint. Solche Gegebenheiten müssen nun allerdings keineswegs spezifisch für das Zweitsprachenlernen sein. Sie entsprechen vielmehr den Beobachtungen, daß die rechte Hemisphäre generell eher dazu disponiert ist, mit noch unvertrautem Material umzugehen, während die linke eher solches Material bearbeitet, das bereits aufgrund von Übung und hohen Gedächtnisinformationen sicher nach kategorialen Mustern behandelt werden kann (vgl. Goldberg/Costa 1981).

Die Bilingualität und das Zweitsprachenlernen sind damit nichtsdestoweniger in eine Diskussion hineingeraten, die für die Händigkeit, für die Geschlechtszugehörigkeit und die Schriftkundigkeit schon länger geführt wird. Das ist prinzipiell kein Nachteil, aber hinderlich ist in all diesen Bereichen, daß seriöse Arbeit leicht überlagert wird vom hohen Sensationswert, den bis weit in populäres Schrifttum hinein gegenwärtig alles besitzt, was mit dem Gehirn, und vor allem mit der rechten Hemisphäre, zusammenhängt. Es ist deshalb aus mancherlei Gründen angezeigt, auch auf dem Feld der Mehrsprachigkeit diese Diskussion mit Vorsicht zu führen, vor allem auch mit Handreichungen für den Fremdsprachenunterricht sehr zurückhaltend zu sein.

Entschieden schlimm wäre, wenn sich zum Beispiel in den Köpfen von Fremdsprachenlehrern Vorstellungen wie die von "linkshemisphärischen" und "rechtshemisphärischen Lernern" festsetzen würden. Das mindeste, was hiergegen vorgebracht werden müßte, ist: es verstößt grob gegen die Grunderkenntnis der Neuropsychologie, daß alle komplexen Leistungen eine höchst interaktive Hervorbringung des gesamten Nervensystems darstellen.

Nichtsdestoweniger tut sich mit diesem Bereich, wenn alle Beteiligten solche Vorsicht walten lassen, ein interessantes Feld auf, auf dem die Verschränkungen von biologischer Ausrüstung und kultureller Lernerfahrung ebenso studiert werden können wie die Zusammenhänge von verbaler Tätigkeit und den in vielerlei Hinsicht kontextuellen Komponenten in der Kommunikation. Vor allem könnten sich von hier aus Anregungen bieten, verstärkt den Erstspracherwerb einzubeziehen und die Hinweise zu beachten, die er auf die Fähigkeit und auf die Modalitäten der weiteren Sprachaneignung geben kann.

c) *Entwicklungspsychologie des Spracherwerbs und der Ausbildung der Identität*

Auch in die Beschäftigung mit dem Spracherwerb des Kindes sind in den letzten 15 Jahren verstärkt die neuropsychologischen Fragestellungen eingedrungen. So finden heftige Kontroversen darüber statt, ob die Spezialisierungen des Nervensystems in den beiden Hemisphären des Cortex als ein Produkt der Entwicklung, also ein Niederschlag der Erfahrung, anzusehen sind oder ob vielmehr die Lateralität für die verschiedenen Funktionen und Strategien bereits von Geburt an festliegt (vgl. Molfese/Segalowitz 1988). Damit einher geht die Frage, die die Lager spaltet, ob in den ersten Lebensjahren die rechte Hemisphäre eine andere Rolle und ein stärkeres Gewicht hat als in der späteren Kindheit und im Erwachsenenalter, ob sich also die "Hemisphärizität" (die jeweilige Vorrangstellung der Hemisphären für unterschiedliche Lebensfunktionen) im Laufe des Lebens verändert oder nicht.

Solche Debatten sind ohne Zweifel einschlägig für eine vergleichende Betrachtung der Zweitsprachenaneignung, unter welchen Bedingungen sie auch immer stattfindet, und des Erwerbs der ersten Sprache.

Man kann in diesem strittigen Gegenstand leicht eine neue Version der Anlage-Umwelt-Kontroverse erkennen, mit all den üblichen Legitimationsbeanspruchungen bis hin zu solchen für methodische Empfehlungen für den Fremdsprachenunterricht. Die Tendenz geht zu vermittelnden Anschauungen. Das Ausmaß der Spezialisierung der Hemisphären, in der Regel eine deutlich arbeitsteilige Organisation, wird zwar als genetisch verankert, die Lernfähigkeit dagegen (ebenso wie im Fall einer Schädigung die Disposition zu Umorganisationen) als eine sich verändernde Größe angesehen. Was sich in der Entwicklung – wohl nach unterschiedlichem Zeitplan rechts und links – umgestaltet, das sind die intrahemisphärischen Ausdifferenzierungen, also die zeitlich gestreckten (und von Individuum zu Individuum auch variierenden) Feinstrukturierungen innerhalb der Hemisphären. Nicht die Spezialisierung selbst wächst dabei an oder verändert sich, vielmehr erhöhen sich ihre Manifestationen als eine Begleiterscheinung der verarbeiteten Erfahrung.

Ins Recht gesetzt werden hiermit die Entwicklungspsychologen, die mehr oder weniger explizit betonen, indem sie mal mehr auf die Auseinandersetzung mit der Objektwelt, mal mehr auf die mit der sozialen Umwelt abheben, daß ein Kind sich seine nervliche Organisation letztlich selber herstellt und daß dies im Vollzug von Handlungen geschieht – konkreten Handlungen und, hierauf aufbauend, immer mehr auch geistigen. Dies ist der gemeinsame Nenner der inzwischen elaborierten entwicklungspsychologischen Positionen, die stets aufs neue mit dem Namen ihrer Begründer, Piaget und Wygotski, verknüpft werden, und auf deren subtilere Differenzen hier natürlich nicht eingegangen werden kann.

Für Zweit- (oder Mehr-) Sprachenerwerb jedenfalls, ob er nun im Kontext einer natürlichen Sprachumgebung geschieht oder in formalem Unterricht, gilt hiernach: alles Lernen von weiteren Sprachen wird von einem durch Erfahrung ausgearbeiteten Nervensystem veranstaltet – das Lernen einer zweiten Sprache ganz wesentlich durch die Erfahrung der ersten Sprachaneignung, die ihrerseits die Lateralität erst zur Wirkung bringt, und das Lernen dritter und weiterer Sprachen zwar in erster Linie gleichermaßen hierdurch, jedoch zusätzlich auch durch die Erfahrungen, die im Kontext mit anderen bezugsfähigen Symbolsystemen gemacht worden sind. Dieser Tatbestand entzieht der Ansicht, ein sekundärer Spracherwerb könne sich ganz gleichförmig nach den Gesetzen des ersten vollziehen, jede Grundlage. Aber er macht darum keineswegs die Frage danach überflüssig, was die verschiedenen Erwerbsprozesse miteinander verbindet oder was die Erkenntnisse, die über den einen gewonnen wurden, für die Überlegungen und pädagogischen Handlungen im Bereich des andern hergeben könnten. Tatsächlich ist zu vermuten, daß die wissenschaftlichen Interaktionen zwischen der Psychologie und der Erforschung des Zweit- und Fremdsprachenlernens auf diesem Feld vergleichsweise einen besonders großen Gewinn versprechen (List 1982).

Gerade die Orientierungen nämlich, die die gegenwärtige Sprachentwicklungspsychologie kennzeichnen – ein verstärktes Interesse an den sprachvorbereitenden Phasen der frühen Kindheit und Konzentration auf die dialogischen Bedingungen des Spracherwerbs –, könnten für die Kontexte auch des weiteren Sprachenlernens Anregungen bieten. Die erste, weil sie darauf aufmerksam macht, welchen Wert für das Verständnis von Prozessen die Kenntnis über deren Genese hat, die andere, weil sie die konsequente Ausrichtung zunächst auf die gesprochene Sprache herausfordert (Bruner 1987).

Der Spracherwerb des kleinen Kindes, verstanden im engeren Sinne des zunehmenden Gebrauchs syntaktisch gegliederter Rede und der vemehrten Partizipation an sprachlichen Bedeutungen, erschließt sich von der funktionellen Seite her am ehesten durch Beobachtungen der Veränderungen, die er an vorausgehender Lebenspraxis hervorbringt. Zunächst ist die kindliche Existenz von momenthaften Erkenntnis- und Mitteilungsformen beherrscht, die in der Logik von Gleichzeitigkeit, Kombination und Affekt begründet sind. Die Sprache ist von Anfang an ein bedeutsamer Bestandteil dieser Existenz, zunächst, und um einiges bis in die Zeit hinein, in der das Kind die Sprache seinerseits mit Intentionen verbindet und benutzt, in Form einer besonders wichtigen "Sache": als Liebkosung und strenger Ton, als sozialer und magischer Klang, der rhythmisches Wohlbehagen und hilfreiche Diskriminierungen im sozialen Feld vermittelt und dank der Erfahrung der eigenen Stimme auch zu elementaren Identitätsbildungen beiträgt. Die Sprache wirkt in den ersten Lebensjahren, wenn auch nicht primär als logisch-sequenzierendes Gliederungsprinzip für Äußerungen und Kognitionen, so doch durchaus organisierend und Alltagswissen produzierend; sie verhilft zur Einschätzung von Situationen, Gefühlen und Handlungsbewertungen, begründet ein System von sozialen Regeln und Vorverständnissen und sichert damit die Möglichkeit einer wachsenden Partizipation an den noch unanalysierten Konventionen einer Kultur- und Sprachgemeinschaft.

Der Spracherwerb im engeren Sinne der Handhabung des linguistischen Systems ergänzt diesen bereits angesammelten Bestand von Wissen, verändert ihn und macht ihn dank neuer Kategorien, nämlich der des "Möglichen" und der der "Explizitheit", potentiell auch durchschaubar. Denn nach Maßgabe des Zugewinns an sprachlichen Mitteln bedient sich die Kognition ab der Vorschulzeit zunehmend auch zergliedernder Mittel und leistet Situationsanalysen und Handlungsplanungen auch mit Hilfe von mentalen Rekonstruktionen des Vergangenen und mit Hilfe der Phantasie über Zukünftiges und Mögliches. Die Feststellung ist jedoch gerade im Hinblick auf Zweitsprachenlernen nicht unwichtig, daß eigensprachliche Praxis lebenslang ein Mischprodukt aus der Beanspruchung unterschiedlicher Regelsysteme bleibt.

Je genauer die Basis bekannt ist, von der aus explizite Sprachhandlungen in der kindlichen Entwicklung ermöglicht werden, desto treffender wird auch die Voraussetzungsebene der sprachfähigen Individuen beschrieben werden können, von der aus Aneignungsprozesse in einer weiteren Sprache ermöglicht werden. Solche Aneignungsprozesse geschehen weitgehend unter der Steuerung des Bewußtseins, anders als beim Muttersprachwerb, der maßgeblich an der Herstellung der Bewußtseinsfähigkeit erst mitwirkt. Wenn das Lernen anderer Sprachen günstigenfalls in die partielle Teilhabe am Alltagswissen und an den sprachlichen und nichtsprachlichen Gewohnheiten einer anderen Kultur einmündet (Grosjean 1987), so wird dies über Automatisierungen erreicht, also über schrittweise Verkürzungen von Handlungen, die einmal ausgefaltet und zumindest ansatzweise bewußt geregelt werden, so sehr sie auch unvermittelt erscheinen und rein imitativen Akten ähnlich sehen mögen.

Man darf sich derartige Verkürzungen weder zu technisch (als eine Frage nur für *overlearning*) vorstellen noch zu einfach als bloßes Überspringen einmal gemachter Lernschritte. Eine Zielsprachenkompetenz, die sich tatsächlich auf dem Weg zu kultureller Partizipation befindet, wird ohne ein Anknüpfen an jene frühen Melodie- und Spracherfahrungen nicht zu leisten sein, in denen ganzheitliche Evidenzen den Rahmen für eine allmähliche Herauslösung der linguistischen Informationen beim Verstehen und Interagieren abgaben. Dergleichen Rückkehr zu den Ursprüngen kann aber schlechterdings vom sprachkompetenten Individuum nicht als nur abgehobene intellektuelle Veranstaltung, auch nicht im Sinne einer Regression, eines schlichten Abstreifens der analytischen Gewohnheiten, geleistet werden – es sei denn, man faßt Regression als einen ambivalenten Vorgang auf, der mit ursprünglichen zugleich höchste Formen des Umgangs mit der Sprache freisetzt, bei denen sich, wie im Traum oder beim Wortwitz, die Übersetzung als nutzlos erweist und die Laute sich spielerisch von konventionellen Bedeutungen trennen, um sich in neuen, spontan erschlossenen Ordnungen wiederzufinden (List 1987).

Daß hiermit eine Art des Einlassens auf etwas Fremdes, eben nicht von Grund auf Erfahrenes geschieht, das Insuffizienzerfahrungen mit sich bringt, Selbstverzicht und neue partielle Identifikationen erfordert, erklärt sowohl die relative Seltenheit der Fälle, in denen volle Zweitsprachenkompetenz tatsächlich erreicht wird, wie auch die psychischen Konflikte, die damit verbunden sein können – nicht nur für diejenigen, die derartige Identifikationen leisten, sondern auch für die, in deren Terrain subtilen Kulturwissens dabei eingedrungen wird (Stengel 1939).

Für den normalen Fremdsprachenunterricht sind solche Probleme vielleicht nicht sehr relevant. Dennoch ist die Sprachlehr- und -lernforschung gut beraten, wenn sie bedenkt, wie nahe es liegt, daß die Aneignung anderer Sprachen auch die Beziehung der Lernenden zu ihrer eigenen Sprache, und gerade auch zu ihren frühen eigenen Spracherfahrungen, mitbetrifft (Börsch 1982). Dies vor allem ist der Grund, weshalb diejenigen, die wissenschaftlich oder in der Unterrichtspraxis mit Zweitsprachenaneignung befaßt sind, sich für die Psychologie des Muttersprachenerwerbs interessieren sollten - freilich liefert dies auch umgekehrt den Grund dafür, daß die Sprachpsychologie sich dem einzigartigen Feld der Beobachtung, das die Mehrsprachigkeit darstellt, nicht entziehen sollte.

3. Perspektiven

In dem skizzenhaften Überblick der vorangegangenen Abschnitte sind diejenigen Sparten der Psychologie benannt worden, die zwar (wie eingangs festgestellt) die Frage der Fremdsprachenaneignung nicht selbst bearbeitet haben, die sich aber doch von ihren genuinen Frageinteressen und ihren angesammelten Erkenntnisständen her am deutlichsten dazu anbieten, bei der Beschäftigung mit Grundlagen für den Erwerb zweiter und weiterer Sprachen herangezogen zu werden. Es sind zugleich diejenigen, die ihrerseits am meisten profitieren könnten von einem disziplinären Austausch an Fragestellungen, Methoden, Teilergebnissen und übergreifenden Zielperspektiven. Man kann nur hoffen, daß ein solcher Austausch sich in Zukunft intensivieren möge.

Ein unzureichend bearbeiteter Aspekt der menschlichen Psyche also, vernachlässigt auch zum Schaden der Psychologie selber. Es gibt in der Tat, kennzeichnenderweise, gar nicht viele allgemein-psychologisch motivierte referierende Beiträge zum Thema Sprache, die neben dem "natürlichen" Erwerb der Eigensprache auch die Aneignung zweiter und fremder Sprachen berücksichtigen (Schönpflug 1977; List 1981; Leontjew 1971; Hatch 1983). Ganz vereinzelt nur finden sich Veröffentlichungen (Börsch 1987), die der Funktion der Psychologie in diesem Sachbereich auch wissenschaftstheoretische Aufmerksamkeit widmen.

Literatur

Albert, Martin H./Obler, Loraine K. (1978), *The Bilingual Brain. Neuropsychological and Neurolinguistic Aspects of Bilingualism,* New York et al.

Börsch, Sabine (1982), *Fremdsprachenstudium – Frauenstudium. Subjektive Bedeutung und Funktion des Fremdsprachenerwerbs und -studiums für Studentinnen und Studenten,* Tübingen.

Börsch, Sabine (1987), *Die Rolle der Psychologie in der Sprachlehrforschung,* Tübingen.

Bogen, Joseph E. (1969), "The other side of the brain I/II", in: *Bulletin of the Los Angeles Neurological Society,* Vol. 34, 73-105, 135-162.

Bruner, Jerome (1987), *Wie das Kind sprechen lernt,* Bern.

Ellis, Andrew W./Young, Andrew W. (1991), *Einführung in die kognitive Neuropsychologie,* Bern.

Gazzaniga, Michael S. (1982), *Neuropsychology. Handbook of Behavioral Neurobiology,* Vol. 2, New York/London.

Goldberg, Elkhonon/Costa, Louis D. (1981), "Hemisphere differences in the acquisition and use of descriptive systems", in: *Brain and Language,* Vol. 14, 144-173.

Grosjean, François (1987), "Vers une psycholinguistique expérimentale du parler bilingue", in: Georges Lüdi (éd.), *Devenir bilingue – parler bilingue. Actes du 2e colloque sur le bilinguisme,* Université de Neuchâtel 1984, Tübingen, 259-268.

Hatch, Evelyn M. (1983), *Psycholinguistics. A Second Language Perspective,* Rowley, Mass.

Herrmann, Theo (1985), *Allgemeine Sprachpsychologie,* München.

Heuer, Helmut/Sanders, Andries F., eds. (1985), *Perception and Action,* Berlin.

Hörmann, Hans (1976), *Meinen und Verstehen. Grundzüge einer psychologischen Semantik,* Frankfurt a.M.

Keller, Eric/Gopnik, Myrna (1987), *Motor and Sensory Processes of Language,* Hillsdale, N.J.

Kintsch, Walter/van Dijk, Teun A. (1978), "Toward a model of text comprehension and production", in: *Psychological Review,* Vol. 85, 363-394.

Leontjew, Aleksej A. (1971), *Sprache – Sprechen – Sprechtätigkeit,* Stuttgart.

List, Gudula (1981), *Sprachpsychologie,* Stuttgart.

List, Gudula (1982), "Plädoyer für mehr Beschäftigung mit kindlicher Sprachaneignung im Fremdsprachenunterricht", in: *Die Neueren Sprachen,* Jg. 81, 563-577.

List, Gudula (1987), "Träumen in fremden Sprachen. Psychologische Reflexionen über ein vernachlässigtes Thema", in: Wolfgang Lörscher/Rainer Schulze (eds.), *Perspectives on Language in Performance.*

Studies in Linguistics, Literary Criticism, and Language Teaching and Learning. To Honour Werner Hüllen on the Occasion of His Sixtieth Birthday, Tübingen, 1143-1157.
Molfese, Denis L./Segalowitz, Sidney J. (1988), Brain Lateralization in Children. Developmental Implications, New York.
Neisser, Ulric (1979), Kognition und Wirklichkeit, Stuttgart.
Neumann, Odmar/Prinz, Wolfgang (1990), Relationships between Perception and Action. Current Approaches, Berlin.
Norman, Donald A./Rumelhart, David E. (1978), Strukturen des Wissens, Stuttgart.
Prinz, Wolfgang/Sanders, Andries F. (1984), Cognition and Motor Processes, Berlin.
Schönpflug, Ute (1977), Psychologie des Erst- und Zweitspracherwerbs, Stuttgart.
Springer, Sally P./Deutsch, Georg (1987), Linkes - rechtes Gehirn. Funktionelle Asymmetrien, Heidelberg.
Stengel, Erwin (1939), "On learning a new language", in: International Journal of Psycho-Analysis, Vol. 20, 471-479.
Zaidel, Eran (1980), "Clues from hemispheric specialization", in: Ursula Bellugi/M. Studdert-Kennedy (eds.), Signed and Spoken Language. Biological Constraints in the Linguistic Form, Weinheim, 291-340.

Gudula List

6. Soziolinguistik

1. Problemfeld

Eine gute Kenntnis des Sprachgebrauchs im sozialen Kontext ist eine wichtige Bedingung für das Gelingen des Fremdsprachenunterrichts. Lerner einer Zweit- oder Fremdsprache haben meist eine dialektale oder soziolektale Varietät einer Einzel- bzw. Ausgangssprache als Muttersprache erworben, und sie erwerben über das "sprachliche Modell" eines Lehrers (mehr oder weniger idiolektale Ausprägung der Standardsprache, eines Dialekts oder Soziolekts) oder in Kontakt mit einer lokalen, funktionalen oder sozialen Varietät, jedenfalls in einem ganz spezifischen sozialen Kontext, die Zielsprache. So gibt es aufgrund der vielfältigen sozialen Funktionen des Sprachgebrauchs eine breite ausgangs- und zielsprachliche Variation. Da die Grammatiken meist ein vom sozialen Kontext des Sprachgebrauchs abstrahierendes Regelwerk darstellen, sind sie – was die Regularitäten der Sprachverwendung in konkreten Situationen angeht – unzuverlässige 'Autoritäten' für den Lerner. In allen jenen Fällen, in denen die Anwendung einer Grammatikregel in der Alltagskommunikation für den Lerner nicht zu dem gewünschten Verständigungserfolg führt, sind sowohl für Lehrer als auch Lerner detaillierte Kenntnisse über die sozialbedingte Variation vonnöten. Die Soziolinguistik trägt also zur Grundlagenforschung für den Fremdsprachenunterricht bei: sie beschreibt die schriftlichen und mündlichen Varietäten in ihren sozialen und funktionalen Verteilungen und Übergängen (vgl. Corder 1973). Für den Soziolinguisten sind daher die meisten in schriftlicher Form vorliegenden Lehrmaterialien zum Fremdsprachenunterricht durch flexible und variable Materialien gesprochener und geschriebener Sprache, wie sie in konkreten sozialen Kontexten benutzt wird, zu ergänzen und ständig zu revidieren (siehe Tarone/Yule 1989).

2. Definition des Gegenstandsbereichs

Der Gegenstand der Soziolinguistik ist die soziale Bedeutung des Sprachsystems und des Sprachgebrauchs. In einem weiten Verständnis von Soziolinguistik sucht die Forschung Antworten auf die Frage: Wer spricht was und wie mit wem in welcher Sprache und unter welchen sozialen Umständen mit welchen Absichten und Konsequenzen? (Fishman 1975). Ein enger gefaßtes Interesse der soziolinguistischen Variationsforschung gilt den sozialen Beschränkungen der Verwendung koexistierender sprachlicher Varianten in Sprachgemeinschaften und ihrer sozialen Bedeutung im Sprachsystem (Labov 1976; 1978). Die erste Orientierung wird häufig sprachsoziologisch und interaktionistisch, die zweite variationslinguistisch genannt. Detaillierte Standortbestimmungen der Soziolinguistik finden sich in Dittmar (1982). Sie erfordern eine komplexe Theorie (Dittmar/Schlobinski 1988), die den Gehalt empirischer Aussagen interpretiert und Voraussagen über Variation und Sprachwandel möglich macht.

3. Paradigmen der Soziolinguistik

Wissenschaftstheoretisch kann die formale Grammatiktheorie als eine theoretische Disziplin a priori im Sinne von Kant aufgefaßt werden: sie repräsentiert ein abstraktes linguistisches Wissen, das von Zeit und Raum unabhängig ist; diese Theorie (bzw. ihre Varianten) muß empirisch validiert werden;

Soziolinguistik und Psycholinguistik liefern die raumzeitlichen Daten, die über den Status und Vorhersagewert von Theorien entscheiden. In diesem Sinne formuliert die Soziolinguistik die Beschränkungen, unter denen Regeln vorkommen und angewendet werden. In allen bisher bekannten Paradigmen der Linguistik erweisen sich Psycho- und Soziolinguistik als empirischer Prüfstein der Theorien der sprachlichen Realität (Dittmar 1982; 1983).

Obwohl die Sprechsprache und ihre tradierten Normen für die kulturelle und gesellschaftliche Reproduktion der Sprache eine grundlegende Rolle spielen, betrachte ich Schriftsprache und Sprechsprache als die sich dialektisch in ihrem Wert bedingenden Spielarten der variablen Münze "Sprache" in ihrem Kurswert auf dem sprachlichen Markt (Bourdieu 1977).

Relativ zu den Untersuchungszielen, den Arten der Feldforschung, den Methoden der linguistischen Beschreibung und den Spielarten der Erklärung können wir folgende soziolinguistische Paradigmen unterscheiden: a) die Variationslinguistik, b) die sprachsoziologische Forschung, c) die Ethnographie der Kommunikation und d) die Soziolinguistik institutionsspezifischen Sprachverhaltens.

a) Variationslinguistik

Die Variationslinguistik wird auch als soziale Dialektologie bezeichnet, die die sprachlichen Ausprägungen von Varietäten als Koordinaten in einem mehrdimensionalen diachronen, diatopischen, diastratischen und diasituativen Raum beschreibt (Dittmar 1973). Ihre Methodik weist die folgenden charakteristischen Merkmale auf: explizite Beschreibungsmodelle der Variation (Variablenregeln, Varietätengrammatik, Implikations-, Skalenanalyse); explizite Festlegung des außersprachlichen Varietätenraumes mit kontrollierten Erhebungstechniken (Stichproben, repräsentative mündliche Befragungen, verschiedene Arten natürlicher Beobachtungen, Erhebungen von Spracheinstellungen), die die Wiederholbarkeit soziolinguistischer Untersuchungen zum Zwecke diachroner Vergleiche garantieren; Fokus auf der Beschreibung sprachlich variierender Strukturen auf der Folie des sozialen Kontextes (Primat der strukturellen, quantitativen Beschreibung von Variation; Bestimmung der Funktion formaler Varianten und ihrer sozialen Bedeutung); Beschreibung der Varietäten auf morphophonemischer, syntaktischer, semantischer und pragmatischer Ebene.

Die Variationslinguistik trägt wesentlich zur Verifizierung und Falsifizierung linguistischer Theorien bei. Ihre synchronen Beschreibungen liefern die Grundlagen für die Analyse von Sprachwandel. Da sich die Variationslinguistik auf die Beschreibung wohldefinierter sprachlicher Teilstrukturen konzentriert, deren Variation als Funktion außersprachlicher Variablen (Geschlecht, Alter, Netzwerk- und Gruppenzugehörigkeit, Formalität der Situation etc.) erfaßt wird, kann sie auch als Mikro-Soziolinguistik bezeichnet werden.

b) Sprachsoziologische Forschung

Die Sprachsoziologie beschreibt die Zwei- und Mehrsprachigkeit von Individuen und Gruppen auf gesellschaftlicher und makrosoziolinguistischer Ebene, d.h., die soziale und sprachpolitische Bedeutung von sprachlichen Kodes und Subkodes in ihrer sozialen Distribution und ihrem Marktwert (Prestige vs. Stigmatisierung) wird holistisch beschrieben in ihren gesellschaftlichen, interaktiven und politischen Funktionen, nicht aber in ihren einzelnen grammatischen Realisierungen. Ein grundlegender Terminus ist die (einseitige, eingebettete, doppelseitige) Diglossie. "Diglossie" bezeichnet eine funktionsbezogene asymmetrische Beziehung zwischen zwei oder mehreren Sprachen/Varietäten in einer Gesellschaft. Die ursprünglich linguistisch fundierte Definition der "Diglossie" als eine in Sprachgemeinschaften wie der Schweiz (Schweizer Dialekt – Hochdeutsch) oder Griechenland (Katharévussa – Demotiki) anzutreffende funktionale Äquivalenz einer "niederen" (*low*) gesprochenen, im häuslichen und Alltagsmilieu verankerten nichtstandardisierten Varietät und einer "gehobenen" (*high*) vornehmlich in öffentlichen Institutionen benutzten schriftsprachlichen Varietät wurde von Fishman (1975) sprachsoziologisch gewendet: seine soziologisch fundierte Definition von "Diglossie" bezieht sich auf Gesellschaften, die verschiedene Dialekte, Register oder funktional differenzierte Sprachvarietäten irgendwelcher Art benutzen, d.h., die verschiedenen Einzelsprachen und die auf sie bezogenen Varietäten werden nicht mehr nach linguistischen Kriterien differenziert, sondern allein nach ihrer (globalen) sozialen Funktion als situationsabhängige kommunikative Kodes beschrieben und bewertet. Seine

Klassifikation von Sprachgemeinschaften mit Hilfe der Begriffe "Diglossie" und "Bilingualismus" hat Fishman nach dem Vierfelderschema 1. Diglossie und Bilingualismus, 2. Bilingualismus ohne Diglossie, 3. Diglossie ohne Bilingualismus und 4. weder Diglossie noch Bilingualismus vorgenommen. Fishman und andere haben mit Hilfe dieses Modells Sprachwechsel und Sprachverlust unter dem Gesichtspunkt der Vitalität von Varietäten (Standardisierung, Funktion in der Öffentlichkeit und in informellen Domänen, Prestige der gesprochenen und geschriebenen Varianten, Gebrauchsweisen in offenen und geschlossenen Interaktionsnetzen, Funktion im öffentlichen Leben und in Medien etc.) in Sprachgemeinschaften beschrieben.

Ein besonderes Verhältnis von *High-* und *Low-*Varietät wird in der schichtspezifischen Kodetheorie von Bernstein (1987) auf der Grundlage der sprachsoziologischen Theorie von Bourdieu (1977) angenommen. Die gesprochene *Low-*Varietät der Unterschicht wird als eingeschränkt und in dem Sinne als kontextabhängig bezeichnet, als sie über ein kleineres Repertoire lexikalischer Einheiten und grammatischer Regeln verfügt als die *High-*Varietät der Mittelschicht, diese aber auch häufiger verwendet. Die Hypothese vom "restringierten Kode" der Unterschicht wurde mit Hilfe verschiedener sozialpsychologischer Tests und Experimente durch zahlreiche empirische Untersuchungen in den letzten zwei Jahrzehnten überprüft. Schichtspezifische Unterschiede konnten im Bereich der anaphorischen Verwendung von Pronomina, der Nebensatzvariation und der syntaktischen Komplexität von Sätzen in einer Reihe von Untersuchungen nachgewiesen werden. Diese Belege sind vor allem auf formale Sprechsituationen bezogen.

c) Ethnographie der Kommunikation

Die soziolinguistische Ethnographie hat ein umgekehrtes Verhältnis zur sozialen Welt wie die Variationslinguistik: mit Hilfe teilnehmender Beobachtung und Tiefeninterviews sucht sie vorrangig die Werte und Normen von Gruppen in einer Sprachgemeinschaft herauszufinden (Grenzen der sozialen Territorien, soziale Identität definierende Stereotypen, soziokulturelle Orientierungen und Traditionen, konventionelle Umgangs- und Verkehrsformen, Sozialisationsmuster etc.), um diese dann an sprachlichen Mustern zu identifizieren, zu denen die soziokulturellen Alltagserfahrungen geronnen sind. Die Ethnographie der Kommunikation beschäftigt sich mit den Gesprächspraktiken von Gesellschaftsmitgliedern, insbesondere mit den Alltagsgewohnheiten und den spezifischen sprachlichen und Verhaltensroutinen in sozialen Situationen in kulturvergleichender Perspektive. Der *soziale* Fokus sind Gruppen ethnischer Verschiedenheit in unterschiedlichen Umgebungen, der *linguistische* ist die soziale Bedeutung im sprachlichen Handeln. Die Ethnographie der Kommunikation ist anthropologisch, d.h. qualitativ orientiert. Als zentrale Begriffskonzepte betrachtet die Ethnographie der Kommunikation Sprechereignisse (Witz, Beratung, Erzählung etc.), Sprechaktivitäten (im Diskurs den entscheidenden Punkt machen, Feedback geben etc.) und Arten des Sprechens (Dimensionen stilistischer Variation des Sprechens und die sie begleitenden nichtverbalen Parallelinformationen). Die soziolinguistische Mikroanalyse soll dann Registermerkmale, Tonhöhenverläufe, semantische Wohlgeformtheitsbedingungen etc. erfassen.

d) Soziolinguistik institutionsspezifischen Sprachverhaltens

Auf der Folie einer interaktionistisch fundierten Soziologie treten bei der Beschreibung von Sprachverhalten in Institutionen drei Gesichtspunkte in den Vordergrund:

1. Welche sozialen und kommunikativen Normen gelten in einem gegebenen institutionellen Rahmen?
2. Welche sprachlichen Handlungsmuster konstituieren den Verlauf der verbalen Interaktion in Institutionen?
3. Wie sind institutionsspezifische Kommunikationsformen auf die Ziele der jeweiligen Institution bezogen?

Alle institutionsgebundenen Interaktionsformen müssen folgende Handlungsschritte beachten: a) Ziel und Zweck der Kommunikation sind zu erläutern; b) geeignete Schritte zum Erreichen des Zieles sind anzukündigen, durchzuführen und abzuschließen; c) das Vollzugsergebnis der Schritte muß gemeinsam gesichert werden; d) Bedingungen der Kohärenz und des Kontextes der Interaktion sind zu beachten; e) die Interaktion muß sorgfältig auf die sozialen Rollen und Funktionen der Interaktanten abgestimmt sein. Die institutionsspezifischen Kommunikationsschemata stellen also komplexe verbale Aufgaben an Sprecher und Hörer dar. Ein Vergleich von Erzählungen quer zu verschiedenen institutionellen Kontexten zeigt z.B., daß Erzählen 1. in der Schule eine Übung in standardgerechter (schriftsprachlicher) Verwendung der Sprache ist, 2. bei Gericht zur Belastung bzw. Entlastung von Angeklagten im juristischen Sinne benutzt wird (die ursprünglichen Erzählfunktionen gehen ganz verloren), 3. bei der ärztlichen Visite meist unterbunden wird (was auch in der Regel für Beratungen zutrifft) und 4. in Therapien die Folie für eine kurative Bearbeitung neurotischer Konflikte abgibt. Diskursive Muster wie Reparaturen, Redebeitragswechsel, Fokussierungen, Mißverständnisse wurden detailliert beschrieben.

4. Varietäten

In bezug auf außersprachliche Dimensionen werden Varietäten nach *genus proximum* und *differentia specifica* voneinander abgegrenzt. Da der Ausdruck "Sprache" mißverständlich ist (gesprochene Sprache, geschriebener Standard, schichtspezifische Sprache?), verwenden Soziolinguisten den Begriff "Varietät". "Varietäten" sind die jeweils sozial, historisch, geographisch und situativ konventionell festgelegten und verbindlichen Sprechweisen bzw. Typen der Sprachverwendung in einer Sprachgemeinschaft. Es handelt sich um tendenziell offene Systeme, die als relationale Begriffe zu einer Einzelsprache durch spezifische Eigenschaften und Übergänge charakterisiert werden können.

In Klein/Dittmar (1979) wird "Varietät" als durch eine Varietätengrammatik in einem Varietätenraum beschreibbar expliziert. Die Varietätengrammatik ist eine Funktion T von P x A x S x D auf G, wobei P eine Menge von Perioden, A eine Menge von geographischen Räumen, S eine Menge von Schichten, D eine Menge von Situationstypen und G eine Menge von Regeln einer Grammatik darstellen. Eine Varietätengrammatik besteht aus probabilistisch bewerteten Regeln, die die Übergänge zwischen den einzelnen Varietäten und ihren Eigenschaften genau abbilden.

Neben Varietät finden wir auch "Lekt" (wie in Dialekt oder Soziolekt) als grundlegenden Terminus der sprachlichen Variation. Der diachronen Dimension lassen sich Varietäten wie das Alt- oder Mittelhochdeutsche, das Italienische der Renaissance etc. zuordnen. Die Varietät eines Individuums zu einem bestimmten Zeitpunkt in seinen systematischen Ausprägungen auf den sprachlichen Ebenen nennt man "Idiolekt" (individuumsspezifische Varietät).

Die diatopische Dimension umfaßt den Dialekt (raumbezogene Varietät), die Umgangssprache und die Standardsprache (Hochsprache). "Dialekt" kann auf ein Dutzend verschiedene Weisen definiert werden. Konsensus besteht darin, daß "Dialekt" eine gesprochene, nicht standardisierte, kleinräumige sprachliche Verkehrsform darstellt, die durch lexikalische, grammatische und semantische Merkmale geprägt ist. Dialekt wird meistens von einer bestimmten sozialen Trägerschicht gesprochen und kann als Varietät nur bestimmte Funktionen im Rahmen gesellschaftlicher Kommunikationssituationen erfüllen. Das begriffliche Komplement zum Dialekt ist der "Standard" (Hochsprache); er wird vor allem geschrieben, besitzt überregionale Reichweite und Gültigkeit, wird vorzugsweise in institutionellen Kontexten und offiziellen Kommunikationssituationen benutzt und erscheint in der Alltagssprache niemals in seiner idealtypisch kodifizierten Norm.

Die "Umgangssprache" ist eine Varietät, die gemäßigt vom Standard abweicht und auch nur in mäßiger Form dialektal ist, im wesentlichen gesprochen wird und regionalen Charakter mit gewissen Anpassungen an die Hochsprache besitzt. Sie stellt gewissermaßen den Durchschnitt der Gemeinsamkeiten verschiedener Varietäten dar.

Die soziale Dimension des Varietätenraumes, die auch diastratisch genannt wird (Nabrings 1981), läßt uns Soziolekte, Gruppensprachen, geschlechtsspezifische und altersspezifische Varietäten unterscheiden. "Soziolekt" steht in enger Beziehung zum Dialekt. Während "Dialekt" sich diatopisch als räumlich horizontal definieren läßt, ist der "Soziolekt" mehr vertikal im sozialen Raum bestimmbar. Seine *differentia specifica* zum Dialekt liegt demnach in einem Bündel von Faktoren wie Mobilität, Schicht, Status etc. Soziolektale Sprechweisen sind sozial markiert: in den Einstellungen ihnen gegenüber werden markierte soziale Urteile ausgesprochen; sie sind auf einem Kontinuum des Prestiges und der Stigmatisierung anzuordnen (dies gilt auch für Dialekte). Typische Soziolekte sind der sogenannte "restringierte" und der "elaborierte" Kode, geschlechtsspezifische Varietäten (Sexolekte) und altersspezifische Varietäten (Gerontolekte). Unter "Gruppensprachen" werden Sondersprachen, Berufssprachen, Argots und Slangs verstanden (Sprache der Studenten, bestimmter Berufsgruppen, bestimmter Stände).

Die diasituative Dimension bezieht sich auf situationsabhängige Sprechweisen und Varietäten. Diasituativ sind die "soziolinguistischen Stile" definiert, die Labov (1976) gemäß der Aufmerksamkeit, die dem Sprechenden in formellen und informellen Situationen gewidmet wird, definiert hat. Man unterscheidet demgemäß informelle, halbformelle und formelle Stile. Lautverschleifungen, morphologische Vereinfachungen, einfache vs. komplexe syntaktische Konstruktionen, Explizitheit und Art der Artikulation im Diskurs sind die unterscheidenden Merkmale, die diese durch den mehr oder weniger realisierten Rückgriff auf die sprachliche Ökonomie auszeichnen. Fachsprachen werden häufig auch als Beispiel diasituativer Sprachverwendung angeführt. Je nach Zweck und Gegenstand der Kommunikation ('Feld'), dem Medium und dem Modus der Kommunikation (Schreiben vs. Sprechen) und dem 'Tenor', der die Beziehung zwischen den Teilnehmern einer Kommunikation kennzeichnet, verwenden Sprecher verschiedene Register. "Register" sind interaktions-, partner- und situationsbezogen.

Weitere Varietäten sind die Kontaktvarietäten (Pidgin, kreolische Sprachen und Lernervarietäten). Sprecher mit einer bestimmten bereits erlernten Ausgangssprache, die eine andere Zielsprache erlernen, entwickeln sukzessive eine Kompetenz der Zweitsprache; die *interlanguages*, die ihnen bei der Erlernung der Zielsprache jeweils zur Verfügung stehen, nennt man "Lernervarietäten". Es handelt sich um Übergangssysteme, die durch spezifische phonologische, morphologische, syntaktische, semantische und pragmatische Regeln ausgezeichnet sind. Präzise Beschreibungen solcher Lernervarietäten finden sich z.B. in Klein/Dittmar (1979) (vgl. hierzu Art. 56).

Als "Kontaktvarietäten" bezeichne ich auch das ausländerspezifische Register (*foreigner talk*) und das sogenannte Babyregister (*motherese*). Sie werden von muttersprachlichen Sprechern in der Kommunikation mit Ausländern bzw. Kleinkindern benutzt, die beträchtliche Teile einer Sprache nicht verstehen, und dienen dem Zwecke der Erleichterung der Verständigung.

Wieweit Gruppen- bzw. Individuengrammatiken zur Beschreibung von Variation verwendet werden, ist eine offene Frage. Erst wenn "soziale Werte" und "Normen" als Einstellungskomplemente zu den Varietäten hinzugenommen werden, gelangt man zu den makro-soziolinguistischen Einheiten der Beschreibung. Die wichtigste ist die Sprachgemeinschaft. "Sprachgemeinschaften" werden definiert durch Einstellungsbegriffe (eine einheitliche Menge sozialer Normen) (Labov 1976), prototypische Perzeptionsweisen der Mitglieder einer Sprachgemeinschaft, Grade der Durchlässigkeit, Interaktionsdichte und Gruppentendenzen und das historische Sprachbewußtsein. Neuere Untersuchungen unterscheiden zwischen Sprachgemeinschaft und Kommunikationsgemeinschaft.

5. Soziolinguistik und Fremdsprachen- bzw. Zweitspracherwerb

Um die kommunikative Kompetenz in einer Zweit- oder Fremdsprache zu erwerben, muß der Lerner vor allem einen geeigneten Weg finden, mit Variation einer Einzelsprache im rechten Maße umzugehen. Die frühzeitige Erfahrung von Variation im Lernprozeß hat mit der zentralen Funktion von Variation in der menschlichen Kommunikation zu tun: die Auswahl aus Varianten ermöglicht uns, zwischen verschiedenen Stilen auszugleichen und je nach Bedürfnissen der Belastung und Entlastung in der Kommunikation "Ausgleichshandlungen" zu formulieren. Das variationsreiche Angebot einer Einzelsprache hat weitere Vorteile: aus einer Fülle von Regeln und Strukturen kann der Lerner das auswählen, was er unmittelbar 'braucht' und was relevant ist. Im Sinne dieser Funktionen sind nach meiner Auffassung folgende Ergebnisse soziolinguistischer Untersuchungen einschlägig für den Fremdsprachenunterricht bzw. Zweitsprachenerwerb:

1. Diskursanalytische und ethnographische Beschreibungen von Alltagskonversationen haben die sequentielle und die auf gemeinsames Wissen aufbauende Struktur der Alltagsgespräche aufgedeckt und damit ein unschätzbares Korpus natürlicher Rede für den Fremdsprachenunterricht bereitgestellt.
2. Gesprächsmuster und Stilebenen institutionellen Sprachverhaltens wurden für die Kommunikation bei Gericht, in Arzt-Patient-Interaktionen, Beratungsgesprächen, therapeutischen Diskursen und Alltagsgesprächen in ihrer pragmatischen und diskursiven Variation erfaßt.
3. Labov (1976) und Dittmar/Schlobinski (1988) haben u.a. gezeigt, daß städtische Sprechstile mit sozialer Schicht, Alter, Geschlecht, Situation und Bezirk variieren.

Von größtem Einfluß auf den Fremdsprachenunterricht aber waren soziolinguistische Untersuchungen zum ungesteuerten Erwerb von Zweitsprachen (vgl. hingegen Art. 1 und 2). Die Querschnittsuntersuchungen zu Stadien des Erwerbs einer Zweitsprache in den siebziger Jahren, die auf Beschreibungsmodelle des (sprachsoziologisch orientierten) Bilingualismus, auf die Theorie der Lernervarietäten oder auf den kontrastiven Ansatz zurückgingen, konnten Erwerbsfolgen und soziale Bedingungen erfolgreichen und erfolglosen Lernens spezifizieren.

Die empirischen Studien zum Zweitspracherwerb in den siebziger Jahren bedienten sich vornehmlich soziolinguistischer Beschreibungsmethoden (Dittmar 1983).

Die schriftlichen und mündlichen Kenntnisse jugoslawischer Schüler und Jugendlicher im Deutschen und Serbokroatischen untersuchten Stölting et al. (1980) mit Hilfe von Tests, Sprachtagebüchern, Fragebogenerhebungen, Interviews, Aufsätzen und Berichten über die Kommunikation in der Familie. Das Sprachvermögen jugoslawischer Kinder und Jugendlicher wird durch die Familiensituation, die Identifikation mit der jugoslawischen oder deutschen Lebensweise, die Bleibeabsicht und die Qualität der freundschaftlichen Beziehungen zu deutschen Schülern bedingt. Entsprechend schriftlicher, mündlicher und domänenspezifischer Sprachbeherrschung lassen sich vier gruppenspezifische Charakteristika von Zweisprachigkeit isolieren: 1. gute Sprachfertigkeiten in beiden Sprachen (Äquilingualismus), 2. unzureichende Sprachfertigkeiten in beiden Sprachen (Semilingualismus), 3. Zweisprachigkeit mit starker Dominanz der Muttersprache, 4. Zweisprachigkeit mit starker Dominanz der Zweitsprache. Stölting et al. (1980) warnen vor allem vor den negativen Auswirkungen des "Semilingualismus", den sie als "doppelseitige Halbsprachigkeit" (= Defizit in beiden Sprachen, wenn man die Sprachfertigkeiten der Bilingualen mit Monolingualen vergleicht) definieren. Aus den Ergebnissen leiten Stölting et al. die Forderung verstärkten muttersprachlichen Unterrichts für ausländische Schüler der zweiten Generation ab.

Auf den Unterschied zwischen "additivem" und "subtraktivem" Bilingualismus hatte bereits Lambert hingewiesen. Im Rahmen der Diskussion um "ausgewogene Zweisprachigkeit" ist – in Folge der Auseinandersetzungen um Defizite im Zusammenhang mit der Sprachbarrierendiskussion – eine erneute Diskussion um verbale Defizite ("Halbsprachigkeit") entbrannt. Zur Vermeidung des subtraktiven Bilingualismus bei Migrantenkindern der zweiten Generation wird eine verstärkte Stützung der ersterworbenen Sprache (= Muttersprache der Kinder?) vorgeschlagen. Dieser Auffassung liegt die "Interdependenzhypothese" zugrunde. Sie besagt, daß die Verbesserung der Kenntnisse in der Zweitsprache von der Festigung und gefestigten Beherrschung der Erstsprache abhängt.

Eine eher psycholinguistische Querschnittstudie (45 erwachsene Migranten) und eine Längsschnittstudie (12 erwachsene Migranten) führten Meisel/Clahsen/Pienemann (1978 ff.) durch. Untersucht wurden der Erwerb der Wortstellung, der Negation, der Konstituentenstruktur und der Flexionsmorphologie. In ihrer Differenzierung von Lernervarietäten unterscheiden Meisel et al. "restriktive" und "elaborative Simplifizierung".

Eine umfassende soziolinguistische Beschreibung von 48 Lernervarietäten spanischer und italienischer Migranten mit Hilfe einer probabilistisch bewerteten Varietätengrammatik hat das Heidelberger Forschungsprojekt zwischen 1974 und 1979 durchgeführt (Heidelberger Forschungsprojekt "Pidgin-Deutsch" 1975; Klein/Dittmar 1979). Die syntaktische Konstituentenstruktur der Lernervarietäten, insbesondere die Pronominalisierung, die Struktur der Verbalgruppe, die Nebensatzbildung und die Wortstellung, wurde durch Übergangsgrammatiken qualitativ und quantitativ beschrieben. Ein besonderes Verdienst des Heidelberger Projektes ist die explizite Beschreibung des Übergangs von elementaren zu ausgebauten Lernervarietäten. Trotz grammatischer Vereinfachungen sichern kommunikative und semantische Strategien das 'Überleben der Lerner' in der Zweitsprache. Die Reihenfolgen, in denen Lerner unter natürlichen Kommunikationsbedingungen eine zweite Sprache lernen, sind erheblich verschieden von den Progressionsfolgen, die intuitiv den Fremdsprachenlehrbüchern zugrunde gelegt werden. Semantisch leere Ausdrücke wie Kopula, stative Verben u.a. werden erst in ausgebauten Varietäten erworben. Die Perfektmarkierung erfolgt zunächst nur durch das Auxiliar *haben*. Die lokalen und temporalen Funktionswörter werden in der Reihenfolge ihres semantischen Gewichts erworben. Anaphorische Referenz fällt in den elementaren Varietäten zugunsten des Kontextes weg.

Die vielfältigen syntaktischen und semantischen Beschränkungen, die in Lernervarietäten übergeneralisiert werden, können mit dem Instrument der Varietätengrammatik genau erfaßt werden. Ihre Ordnung nach (Poly-)Funktionalität, semantischem Gewicht, Komplexität und Vorkommenshäufigkeit gibt nach meiner Auffassung relevante Kriterien der Lernerfolgskontrolle an die Hand. Psycho- und soziolinguistische Kriterien der Lernerfolgskontrolle fehlen auffallend in der Fremdsprachendidaktik (vgl. hingegen Art. 1). Es bietet sich an, daß die linguistischen Instrumente der Beschreibung ungesteuerten Zweitspracherwerbs auch für die Lernerfolgskontrolle im gesteuerten Lernprozeß genutzt werden.

Die Erwerbsprofile der Lernervarietäten wurden mit außersprachlichen Variablen korreliert. Folgende soziale Faktoren determinieren das Zweitspracherwerbsniveau (in der Reihenfolge ihrer Auswirkung auf den Zweitspracherwerb): a) Kontakt mit Deutschen in der Freizeit, b) Alter zu Beginn des Lernprozesses, c) Kontakt mit Deutschen am Arbeitsplatz, d) Beruf bzw. ausgeübte Tätigkeit und e) Aufenthaltsdauer.

Die Tatsache, daß die zweite Sprache in Zyklen erworben wird, gilt im Anschluß an die Untersuchung des Heidelberger Projektes durch weitere detaillierte Längsschnittstudien als gut belegt. In konzeptorientierten Ansätzen (sprachliche Mittel und Formen werden in Abhängigkeit von kommunikativen Funktionen gesehen) haben von Stutterheim (1986) und Kuhberg (1987) für den Erwerb der Temporalität nachgewiesen, daß Lerner temporale Bedeutungen zunächst über lexikalische, semantische und diskurspragmatische Strategien aufbauen, bevor temporale Bedeutungsstrukturen in ausgebauten Lernervarietäten grammatikalisiert werden. Während von Stutterheims Untersuchung zur Temporalität türkischer Erwachsener eine Fülle semantischer und diskurspragmatischer Strategien belegt, die im Alltag unter dem Druck der "sozialen Kommunikationsbedürfnisse" erlernt werden, tritt in der empirischen Longitudinalstudie von zwei elfjährigen Kindern (Ausgangssprachen Polnisch und Türkisch) durch Kuhberg eine klare morphologische Progression in den Vordergrund. Ein Vergleich dieser beiden Untersuchungen zeigt altersspezifische Unterschiede in der Erlernung von Zweitsprachen.

Die zunehmend differenzierte Zweitspracherwerbsforschung stellt mittlerweile eine breite Grundlagenforschung zum Fremdspachenunterricht dar (siehe Klein 1984; siehe hingegen Bausch/Königs 1983). Die von der Deutschen Forschungsgemeinschaft finanzierte Längsschnittstudie zum Zweitspracherwerb von Polen in Berlin (Projekt "Modalität von Lernervarietäten im Längsschnitt" ("P-MoLL"), vgl. Dittmar/Reich 1993) kombiniert sozio- und psycholinguistische Erhebungs- und Beschreibungstechniken. Der Erwerb von Modalität unter diskursiven, semantischen und syntaktischen Gesichtspunkten wird auf der Folie von monatlichen Video- und Tonbandaufnahmen (24 Schnitte) für acht Lerner, die das Deutsche teilweise ungesteuert und teilweise gesteuert erwerben, beschrieben. Auf der Ebene der Beschreibung von Sprechhandlungen, propositionalen Einstellungen, epistemischen und deontischen Ausdrucksmitteln zeichnen sich Entwicklungssequenzen ab, die den Fremdsprachendidaktiker für die psycho- und soziolinguistische Komplexität des Lernprozesses sensibilisieren können.

Neuere soziolinguistische Beschreibungen haben sich auch den für Lerner wichtigen Feldern des *input* im Diskurs zugewandt. Roche (1989) hat eine genaue empirische Beschreibung des "Fremdenregisters" deutscher Muttersprachler in natürlicher Kommunikation mit Zweitsprachlern vorgelegt. Rost (1989) hat die sogenannte "freie Konversation" im Fremdsprachenunterricht diskursanalytisch in Abhängigkeit von dem Unterrichtenden und dem Erwerbsniveau der Lerner (= drei unterschiedliche Beherrschungsniveaus) beschrieben. Die qualitative und quantitative Beschreibung von Sprecherwechseln, Redebeitragsübernahmen, Reparaturen und grammatischen/semantischen Vereinfachungen durch Muttersprachler unterstreicht den Nutzen der sozio- und psycholinguistischen Zweitspracherwerbsforschung für die Anwendung im Fremdsprachenunterricht.

Die Soziolinguistik bildet mit ihren Beschreibungen der Varietäten von Einzelsprachen und Sprachen im Kontakt nach meiner Auffassung eine der tragenden Grundlagen für den Fremdsprachenunterricht. Der 'reale' Sprachgebrauch in konkreten Sprechsituationen stellt ein gutes Korpus für die Bedürfnisse des Unterrichts dar. Die neueren sozio- und psycholinguistischen Untersuchungen zum ungesteuerten Zweitspracherwerb geben dem Fremdsprachenunterricht Kriterien für die Lernerfolgskontrolle an die Hand. Die Angewandte Linguistik (vgl. Art. 4) und die Fremdsprachendidaktik (vgl. Art. 1) haben nämlich in einer zeitlichen Verschiebung von 15 bis 20 Jahren die jeweiligen Tendenzen der Allgemeinen Linguistik reflexionslos kopiert: Prinzipien der kontrastiven Beschreibung unter Rückgriff auf Lado und den amerikanischen Strukturalismus, Listen von Sprechakten im Anschluß an Austins und Searles Sprechakttheorie, Prinzipien der "kommunikativen Kompetenz" nach dem Soziolinguisten Hymes etc. Meiner Ansicht nach ist es ein dringendes Desiderat der Forschung, daß gesteuerter und ungesteuerter Fremd- und Zweitspracherwerb nicht isoliert voneinander untersucht werden.

Literatur

Ammon, Ulrich/Dittmar, Norbert/Mattheier, Klaus J., Hrsg. (1987; 1988), *Soziolinguistik*, 2 Bde., Berlin/New York.

Bausch, Karl-Richard/Königs, Frank G. (1983), "'Lernt' oder 'erwirbt' man Fremdsprachen im Unterricht? Zum Verhältnis von Sprachlehrforschung und Zweitsprachenerwerbsforschung", in: *Die Neueren Sprachen*, Jg. 82, H. 4, 308-336.

Bernstein, Basil (1987), "Social Class, Codes and Communication", in: Ulrich Ammon/Norbert Dittmar/Klaus J. Mattheier (Hrsg.), *Soziolinguistik*, Bd. 1, Berlin/New York, 563-579.

Bourdieu, Pierre (1977), "The Economics of Linguistic Exchanges", in: *Social Science Information*, Jg. 16, H. 6, 645-668.

Corder, S. Pit (1973), *Introducing Applied Linguistics*, Harmondsworth.

Dittmar, Norbert (1973), *Soziolinguistik. Exemplarische und kritische Darstellung ihrer Theorie, Empirie und Anwendung. Mit kommentierter Bibliographie*, Frankfurt a.M.

Dittmar, Norbert (1982), "Soziolinguistik – Teil I. Theorie, Methodik und Empirie ihrer Forschungsrichtungen", in: *Studium Linguistik*, H. 12, 20-52.

Dittmar, Norbert (1983), "Soziolinguistik – Teil II. Soziolinguistik in der Bundesrepublik", in: *Studium Linguistik*, H. 14, 20-57.

Dittmar, Norbert (1988), "Qualitative – quantitative Methoden", in: Ulrich Ammon/Norbert Dittmar/Klaus J. Mattheier (Hrsg.), *Soziolinguistik*, Bd. 2, Berlin/New York, 879-893.

Dittmar, Norbert/Reich, Astrid (1993), *Modality in Language Acquisition/Modalité et Acquisition*, Berlin.

Dittmar, Norbert/Schlieben-Lange, Brigitte (1982), "Stadtsprache. Forschungsrichtungen und -perspektiven einer vernachlässigten soziolinguistischen Disziplin", in: Karl-Heinz Bausch (Hrsg.), *Mehrsprachigkeit in der Stadtregion*, Mannheim, 9-86.

Dittmar, Norbert/Schlobinski, Peter, eds. (1988), *The Sociolinguistics of Urban Vernaculars. Case Studies and their Evaluation*, Berlin/New York.

Ehlich, Konrad (1980), *Erzählen im Alltag*, Frankfurt a.M.

Fishman, Joshua A. (1975), *Soziologie der Sprache*, Tübingen.

Heidelberger Forschungsprojekt "Pidgin-Deutsch" (HPD) (1975), *Sprache und Kommunikation ausländischer Arbeiter. Analysen, Berichte, Materialien*, Kronberg/Ts.

Klann-Delius, Gisela (1987), "Sex and Language", in: Ulrich Ammon/Norbert Dittmar/Klaus J. Mattheier (Hrsg.), *Soziolinguistik*, Bd. 1, Berlin/New York, 767-780.

Klein, Wolfgang (1984), *Zweitsprachenerwerb. Eine Einführung*, Königstein/Ts.

Klein, Wolfgang/Dittmar, Norbert (1979), *Developping Grammars: the Acquisition of German by Foreign Workers*, Heidelberg/New York.

Kuhberg, Heinz (1987), *Der Erwerb der Temporalität des Deutschen durch zwei elfjährige Kinder mit Ausgangssprache Türkisch und Polnisch*, Frankfurt a.M.

Labov, William (1976; 1978), *Sprache im sozialen Kontext. Beschreibung und Erklärung struktureller und sozialer Bedeutung von Sprachvariation*, 2 Bde., Norbert Dittmar/Bert-Olaf Riech (Hrsg.), Kronberg/Ts.

Löffler, Heinrich (1983), "Gegenstandskonstitution in der Dialektologie: Sprache und ihre Differenzierungen", in: Werner Besch/Ulrich Knoop/Wolfgang Putschke/Herbert Ernst Wiegand (Hrsg.), *Dialektologie*, Berlin/New York, 441-463.

Meisel, Jürgen/Clahsen, Harald/Pienemann, Manfred (1978; 1979; 1980), *Wuppertaler Arbeitspapiere zur Sprachwissenschaft*, Bde. 1-3, Wuppertal.

Nabrings, Kerstin (1981), *Sprachliche Varietäten*, Tübingen.

Roche, Jörg (1989), *Xenolekte*, Berlin.

Rost, Martina (1989), *Sprechstrategien in "freien Konversationen". Eine linguistische Untersuchung zu Interaktionen im zweitsprachlichen Unterricht*, Tübingen.

Stölting, Wilfried/Delić, Dragica/Orlović, Maria/Rausch, Karin/Sausner, Edeltraud (1980), *Die Zweisprachigkeit jugoslawischer Schüler in der Bundesrepublik*, Wiesbaden.

Tarone, Elaine/Yule, George (1989), *Focus on the Language Learner*, Oxford.

von Stutterheim, Christiane (1986), *Temporalität in der Zweitsprache: eine Untersuchung zum Erwerb des Deutschen durch türkische Gastarbeiter*, Berlin.

Norbert Dittmar

7. Erziehungswissenschaft

1. Das Selbstverständnis der Erziehungswissenschaft

Seit der Deutschen Klassik und dem Neuhumanismus wird in Deutschland als Ziel der Erziehung die Befreiung der nachwachsenden Generation zu Handlungsfähigkeit und vernünftiger Selbstbestimmung ausgewiesen (Klafki 1986; Benner 1987; Klafki 1994). Die Erziehungswissenschaft ist diesem Erkenntnisinteresse verpflichtet. Wie es in der erziehungswissenschaftlichen Forschung eingelöst werden kann, ist damit aber noch nicht entschieden.

Nach dem Kriege war die Erziehungswissenschaft in der Bundesrepublik Deutschland zunächst geisteswissenschaftlich-hermeneutisch orientiert, was in den sechziger Jahren in einer empirisch-realistischen Wende kritisiert wurde. Sozialwissenschaftliche Forschungsmethoden wurden vor allem aus dem anglo-amerikanischen Bereich übernommen. Die Überprüfung der erziehungswissenschaftlichen Theorie an der erzieherischen Praxis konnte und sollte nicht nur über hermeneutische Verfahren erfolgen. Die realistische Öffnung der Erziehungswissenschaft erhielt dann Ende der sechziger Jahre und verstärkt in den siebziger Jahren eine kritische Perspektive. Die Erziehungswissenschaft wurde sich auf neue Art und Weise der Tatsache bewußt, daß Erziehung und Schule verändernd auf die Gesellschaft einwirken und daß das, was in Schule und Erziehungswissenschaft an Beharrung und Veränderung zum Tragen kommt, in einen gesellschaftlichen Kontext eingebettet ist, der zu methodisch abzusichernder Kritik herausfordert. Vor allem Jürgen Habermas wurde als Repräsentant der Kritischen Theorie für die Erziehungswissenschaft wichtig. Seine gesellschaftstheoretische Position erlaubte es, das Veränderungspotential der Erziehungswissenschaft für Bildungsplanung und Bildungspolitik zu nutzen; Erziehungswissenschaft wurde "kritisch-konstruktiv" (Klafki 1976; zur Habermas-Rezeption vgl. Tenorth 1986).

In den achtziger Jahren ist nun für die Erziehungswissenschaft deutlich geworden, daß die Epoche der Bildungsreformen beendet ist. Die Erziehungswissenschaft kommt dadurch erneut in eine offene Situation. Die Frage, wie mit der Grundparadoxie pädagogischer Interaktionen umzugehen ist – daß durch erzieherische Maßnahmen erreicht werden soll, daß die zu Erziehenden sich selbst bestimmen –, diese Frage wird zunehmend deutlicher formuliert. Wenn die Erziehungswissenschaft und die Erzieher keine normativen Intentionen bezüglich der Selbstbestimmung der nachwachsenden Generation verfolgen dürfen, dann muß eine "nicht-affirmative" Theorie der Erziehung entwickelt werden (Benner 1987). Die Erziehung erhält deshalb eine ausgezeichnete Bedeutung im Rahmen einer allgemeinen, gesellschaftswissenschaftlichen Handlungstheorie. Es ist nicht genug, den anderen Menschen formal zuzubilligen, daß sie sich selbst bestimmen, man muß ihnen vielmehr materialiter dabei helfen, daß sie dieses Ziel auch erreichen. Die freie Anerkennung der anderen impliziert die Solidarität aller Menschen. Realisierte Solidarität ist wahre Bildung. Jede Bildungskonzeption, die nur das Individuum bilden will, deformiert Bildung zur Halbbildung. Wahre Bildung ist "kommunikativ" (Peukert 1986; 1987). Selbstverwirklichung und Solidarität mit den anderen Menschen dieser Welt müssen deshalb gleichzeitig angestrebt werden, obwohl der Anspruch auf Selbstverwirklichung und die Forderung solidarischen Verhaltens einander als Handlungsmaximen widersprechen und obwohl sie als solche oberste Normen historisch-zufällig, kontingent sind (Rorty 1989).

2. Aussagen der Erziehungswissenschaft zum Fremdsprachenunterricht

Die Förderung der Fähigkeit zur Kommunikation in der fremden Sprache ist das erklärte und allgemein akzeptierte Ziel des neusprachlichen Unterrichts. Zugleich wird allgemein akzeptiert, daß die Fähigkeit zur Kommunikation, egal in welcher Sprache und unter welchen kommunikativen Bedingungen, für die allgemeine Bildung einen zentralen Stellenwert hat. Kommunikation über Sprachgrenzen hinweg ist Medium solidarischen Handelns und so auch Medium der Selbstverwirklichung. Es sollte deshalb eigentlich in der allgemeinen erziehungswissenschaftlichen Diskussion naheliegen, dem Fremdsprachenerwerb einen hohen Stellenwert einzuräumen. Und die Allgemeine Didaktik müßte sich paradigmatisch um den Fremdsprachenunterricht bemühen. Man müßte am Fremdsprachenunterricht zeigen können, wie das übergeordnete Lernziel kommunikativer Solidarität angestrebt werden kann. Eine derartige Ausrichtung der erziehungswissenschaftlichen Forschung ist gegenwärtig jedoch nicht festzustellen. Der Bezug der allgemeinen Erziehungswissenschaft auf den Unterricht in den modernen Fremdsprachen ist beschränkt. Etwa in der zwölfbändigen, repräsentativen *Enzyklopädie Erziehungswissenschaft* (Lenzen 1983 ff.) gibt es nur wenige explizite Beiträge zum Fremdsprachenunterricht, und in den anderen erziehungswissenschaftlichen Beiträgen spielt das Lehren und Lernen der fremden Sprachen nur eine marginale Rolle. Ähnliches gilt für die Publikationen in der gleichfalls repräsentativen *Zeitschrift für Pädagogik*. Wenn der Fremdsprachenunterricht erörtert wird, dann geschieht das in der Regel durch Fremdsprachendidaktiker, die für diese Zwecke gewonnen werden. Selbst in der im übrigen sehr interessanten bildungstheoretischen Abhandlung Klaus Michael Wimmers über den Anderen und die Sprache wird auf Fragestellungen, die für die Gestaltung des fremdsprachlichen Unterrichts relevant sein könnten, nicht eingegangen (Wimmer 1988).

Bezüglich der Gründe, die dazu führen, daß eine der wichtigsten Fächergruppen unserer Schulen, die der modernen Fremdsprachen, heute eine so geringe Rolle in der allgemeinen Erziehungswissenschaft spielt, kann man geteilter Meinung sein. Offensichtlich haben die modernen Fremdsprachen für die Erziehungswissenschaft den Status einer notwendigen und nützlichen, aber nicht unbedingt bildenden Fächergruppe. Offensichtlich wird ihre Bedeutung für die umfassende Zielsetzung der Erziehung, die Befreiung der nachwachsenden Generation zur Selbstbestimmung, viel geringer eingeschätzt, als dies etwa für den muttersprachlichen Unterricht der Fall ist. Zugleich besteht eine verständliche Hemmung der Erziehungswissenschaftler, in die komplexe und voraussetzungsvolle Diskussion der Fremdsprachendidaktik und der Sprachlehrforschung einzugreifen. Die Erziehungswissenschaft verliert so gegenüber der fremdsprachlichen Fächergruppe die Qualität, das Allgemeine aller Unterrichtsfächer auf den Begriff zu bringen. Von der Thematik her müßte die Sprachlehrforschung eine Spezialisierungsvarietät der Lehr-Lern-Forschung sein. Wissenschaftliche Kooperation über die Fachgrenzen hinweg gibt es aber nicht, von wenigen Ausnahmen abgesehen, die ihren Ausgang eher in der Sprachlehrforschung als in der Lehr-Lern-Forschung nehmen (zur Sprachlehrforschung vgl. Bausch/Raabe 1978; Art. 2; Bausch/Königs 1986; Ellis 1990; Krashen 1992; zum angelsächsischen Sprachraum Stern 1983; zur erziehungswissenschaftlichen Lehr-Lern-Forschung Terhart 1986; van Buer/Nenniger 1992).

Die Ausblendung des Fremdsprachenunterrichts aus der erziehungswissenschaftlichen Diskussion ist umso erstaunlicher, als die bildungstheoretische Tradition seit der römischen Antike fremdsprachenorientiert war. Die heutige Abschottung der Erziehungswissenschaft von der Fächergruppe der modernen Fremdsprachen bedarf deshalb auch im Lichte verschütteter fremdsprachenbezogener Tradition einer Korrektur. Diese Tradition läßt sich durch das Spannungsverhältnis des Bildungswertes und der Nützlichkeit der fremden Sprachen kennzeichnen.

Ausgangspunkt der erziehungswissenschaftlichen Diskussion ist die platonische Frage, wie man sich im Bildungsprozeß über die alltäglichen Vorgegebenheiten und Selbstverständlichkeiten erheben kann. In der philosophischen Erziehung, vor allem in ihrer höchsten Form, der Dialektik, sollte die athenische Jugend dazu befähigt werden, den falschen Schein der sinnlich wahrnehmbaren Wirklichkeit zu durchschauen und hinter diesem Schein das wahre Sein, die Welt der Ideen, zu erkennen.

Die erste, für die Geschichte des Fremdsprachenunterrichts entscheidende Modifikation dieser Bildungskonzeption ergab sich im alten Rom. Während es den Griechen nie in den Sinn gekommen wäre, eine "barbarische" Sprache zum Zwecke der Bildung zu erlernen, mußte die Jugend der römischen Oberschicht das Griechische erlernen, weil dies den Zugang zur griechischen Rhetorik und Philosophie eröffnete. In der römischen Kaiserzeit wurde Griechisch für weite Teile des Reiches zur *lingua franca*, und im Mittelalter übernahm das Lateinische diese Funktion für das christliche Abendland. Es wurde die selbstverständlich akzeptierte, alternativenlose Sprache der Kirche und der gelehrten Welt. Der Humanismus entdeckte dann das klassische Latein des Cicero als vorbildhaft und der Imitation wert, so wie Cicero zu seiner Zeit das klassische Griechisch für Rom entdeckt hatte.

In der Neuzeit blieb die Funktion des Lateinischen als *lingua franca* zunächst erhalten. Es erhielt jedoch eine erweiterte didaktische Funktion. Johann Amos Comenius (1592-1670) schrieb ein Lehrbuch der lateinischen Sprache, das er *Ianua linguarum reserata* nannte, das "wieder geöffnete Tor der Sprachen" (Comenius 1631). Lateinisch sollte das Tor zum Verständnis vieler Sprachen sein. Die fremde Sprache und die Anschauung der sinnlich wahrnehmbaren Welt sollten gleichzeitig erschlossen werden. Das Lateinische sollte aus dem Dunkel und der Verworrenheit halb oder falsch verstandener Begriffe der Muttersprache zur sprachlich vermittelten Bildung (*eruditio*) und Allweisheit (*pansophia*) führen.

Comenius war der erste große Didaktiker der Neuzeit. Er steht für die zweite große Modifikation des platonischen Bildungsprogramms. Seine Forderung, daß "alle" "alles" "allseitig" erlernen müßten ("omnes omnia omnino"), ist die bis heute nicht eingelöste Forderung einer allgemeinen Bildung: Sie erfolgt ohne Rücksicht auf Stand und Geschlecht, ist für alle gleich und wird gemeinsam vermittelt. Sie bezieht sich auf das Ganze der Wirklichkeit. Sie ermöglicht den Heranwachsenden, jeweils dieses Ganze ihrer Entwicklungsstufe gemäß zu erfassen und zu erlernen.

Die von Comenius erhobene Forderung nach allgemeiner Bildung wurde in der nächsten großen Etappe der historischen Entwicklung, im Neuhumanismus, beibehalten. Anders als bei Comenius konnte nun das Ziel der Erziehung aber nicht mehr durch eine inhaltliche Fixierung dessen, was die Aufgabe der Menschheit sei, bestimmt werden. Wohin die geistige Entwicklung des Menschengeschlechts zielt, blieb im Neuhumanismus prinzipiell offen. Einer Fremdsprache, die nicht die Funktion einer *lingua franca* hatte, konnte deshalb größtes Gewicht gegeben werden: Das Griechische wurde Instrument allgemeiner Bildung, und das Lateinische war dafür selbstverständliche Voraussetzung. Man begeisterte sich für griechische Sprache, Literatur und Kultur und stellte sie als vorbildhaft hin, gerade weil sich die griechische Antike so stark von der damaligen Gegenwart unterschied.

Bedeutendster Repräsentant dieser neuhumanistischen, reflexiven Auseinandersetzung mit der griechisch-römischen Antike war Wilhelm von Humboldt (1767-1835). Seine Theorie der Bildung durch Sprache hat die Geschichte des Gymnasiums und, dadurch vermittelt, auch die Geschichte der anderen deutschen Schulformen bestimmt. Bildung zielt auf das sich entwickelnde Individuum, auf das Subjekt. Dieses kann sich nur dann "harmonisch-proportionierlich" entwickeln, wenn es seine Individualität in Wechselwirkung mit dem Allgemeinen, mit dem Objektiven, mit der Welt und den Mitmenschen, entfaltet. Die wichtigste Aufgabe der Menschen, schreibt Humboldt, bestehe darin, dem Begriff der Menschheit in unserer Person, in uns als Individuen, einen größtmöglichen Inhalt zu verschaffen. Das Medium dieser Vermittlung ist die Sprache, zunächst die eigene Sprache, dann aber gerade die Fremdsprache als fremde Sprache. In der Erkenntnis, daß andere Menschen anders als ich gedacht und gesprochen haben, eröffnet sich für mich die Anerkennung der anderen in ihrer Andersartigkeit. Ich werde fähig zu abwägendem Urteil und begründeter Kritik. Ich erwerbe Menschenkenntnis und Handlungsfähigkeit.

Humboldt hat für den Beleg seiner Deutung von Sprache eine große Zahl von Sprachen aus allen Kontinenten untersucht. Er gilt als Begründer der vergleichenden Sprachwissenschaft. Besonders erhellend war für ihn das Phämomen des Dualis, den es in sehr vielen, nicht nur indo-europäischen Sprachen gibt. Der Dualis erfaßt die Welt sprachlich im Hinblick auf die Zweiheit. Während wir die Zahlen, "1", "2", "3" usw., in der sinnlich wahrnehmbaren Natur nie entdecken könnten – sie sind immer "Zutat" unseres Geistes –, erlauben sie doch ein tieferes Verständnis dieser Welt. Sie überhöhen sozusagen das sinnlich Wahrnehmbare. Wir können mit der Zahl "2" Mengen eingrenzen, wir unterscheiden das männliche und das weibliche Geschlecht, die Teilung des Körpers der Menschen und Tiere in zwei gleiche Hälften, die Erde und den Himmel, den Tag und die Nacht, aber auch den Satz und den Gegensatz, das Sein und das Nichtsein, das Ich und die Welt. Der "lebendige Sinn", schreibt Humboldt, überträgt das, was sich der Anschauung zeigt, in die "Form" der Sprache (Humboldt 1827/1969, 137). Dabei ist das Kategoriengerüst, mit dem wir denken, trotz der einen Welt, in der wir leben, nicht universal, so als ob es gleichgültig wäre, in welcher Sprache wir denken und sprechen. Vielmehr drückt sich in meiner Sprache als Form aus, wie ich die Welt sehe: "In die Bildung und in den Gebrauch der Sprache geht (...) notwendig die ganze Art der subjectiven Wahrnehmung der Gegenstände über. Denn das Wort entsteht eben aus dieser Wahrnehmung; ist nicht ein Abdruck des Gegenstandes an sich, sondern des von diesem in der Seele erzeugten Bildes." Alle objektive Wahrnehmung enthält notwendig Subjektivität. Ich habe als Individuum und als Sprecher meiner individuellen Sprache einen "eigenen Standpunkt der Weltansicht". Ich "spinne" mich in meine Sprache "hinein" (Humboldt 1830-35/1969, 433 f.).

Bewußt wird diese Subjektivität, wenn man fremde Sprachen lernt. Humboldt fährt an der zitierten Stelle so fort: "Die Erlernung einer fremden Sprache sollte (...) die Gewinnung eines neuen Standpunkts in der bisherigen Weltansicht seyn und ist es in der That bis auf einen gewissen Grad, da jede Sprache das ganze Gewebe der Begriffe und die Vorstellungsweise eines Theils der Menschheit enthält. Nur weil man in eine fremde Sprache immer, mehr oder weniger, seine eigne Welt-, ja seine eigne Sprachansicht hinüberträgt, so wird dieser Erfolg nicht rein und vollständig empfunden" (Humboldt 1830-35/1969, 434). Ich kann das Subjektive, das Beliebige und Kontingente meiner Muttersprache nur dadurch überwinden, daß ich mich in eine andere, zunächst fremde, gleichfalls kontingente Subjektivität hineinversetze. Ich erlerne die fremde Sprache aber nicht so, wie meine Muttersprache, entwickle vielmehr im Lernprozeß eine Zwischensprache. Ich nehme beim Erlernen der fremden Sprache meine Muttersprache mit. Die Erkenntnis, daß jede Entwicklung des Ichs sprachabhängig ist, war also in Humboldts Verständnis die Voraussetzung für alle Bildungsprozesse. Und für den schulisch initiierten Bildungsprozeß hatten die alten Sprachen Vorrang vor den modernen. Die antike Literatur und Philosophie erschienen als vorbildhaft. Zugleich waren das Griechische und das Lateinische durch einen Formenreichtum ausgezeichnet, der sie von den flexionsärmeren modernen Fremdsprachen, vor allem vom Englischen, aber auch vom Französischen und Italienischen, abhob. Außerdem gab es die philologische, im engeren Sinne wissenschaftliche Erschließung von Sprache und Literatur für das Französische und Italienische, für das Russische und Englische noch gar nicht, während sich die Altphilologie und die Germanistik schon vor und mit Humboldt etabliert hatten. Altsprachlicher Unterricht war bildend, neusprachlicher nicht. Dies heißt aber nicht, daß Humboldt der Auffassung gewesen wäre, man hätte zu seiner Zeit ohne die lebenden Fremdsprachen zurechtkommen können. Das Französische hatte längst das Lateinische als *lingua franca* in Politik, Wirtschaft und Kultur abgelöst. Es wurde in der Regel schon im Elternhaus erlernt (vgl. Art. 14).

Dies rechtfertigt die Frage, wieweit die Bildungsfunktion, die Humboldt den alten Sprachen und der durch sie erschlossenen Literatur und Kultur zugeschrieben hat, heute auf moderne Fremdsprachen und die in ihnen zu erschließenden fremden Literaturen und Kulturen übertragen werden kann. Neusprachlicher Unterricht kann allgemeinbildend sein, auch wenn er so in der Regel nicht konzipiert wird (Meyer/Plöger 1994). Dabei ist die Ausweitung und Übertragung der Humboldtschen Bildungskonzeption auf die modernen Sprachen umso dringlicher, als wir heute wissen, daß fremde Sprachen nicht deshalb unterrichtet werden, weil sie von Pädagogen und Philologen als bildend erkannt werden, sondern weil sie einen gesamtgesellschaftlichen Bedarf internationaler Kommunikation befriedigen. Dieser Bedarf ist in der Vergangenheit beständig gestiegen. Wie gut der Fremdsprachenunterricht heute seiner gesellschaftlichen Aufgabe nachkommt und wie er ihr zukünftig gerecht werden kann, ist also die aus erziehungswissenschaftlicher Sicht wichtige Frage.

Dabei darf die bildende Funktion des Fremdsprachenunterrichts, die in der Geschichte der Erziehungswissenschaft immer wieder herausgestellt worden ist, nicht pragmatisch-utilitaristisch verkürzt werden. Wenn Peukert (1986; 1987) fordert, daß Bildung in universaler Solidarität bestimmt werden muß und daß sie eine innovatorische Kommunikationsbereitschaft und -fähigkeit abverlangt, dann muß diese Forderung gerade für den neusprachlichen Unterricht und seine Bezugswissenschaften relevant sein. Die Neubestimmung dessen, was diesen Unterricht "allgemeinbildend" macht, ist an der Zeit.

3. Perspektiven für die Erforschung des neusprachlichen Unterrichts und für die Unterrichtspraxis aus der Sicht der Erziehungswissenschaft

Neusprachlicher Unterricht muß Unterricht für alle sein, für alle, die in Deutschland zur Schule gehen. Die Solidarität der Nationen dieser Erde wäre Schall und Rauch, wenn es nicht eine Verständigung gäbe, die trotz Differenzen in Weltanschauung, Kultur und politischem System realisiert werden könnte. Wo sonst, wenn nicht im Fremdsprachenunterricht, kann die nachwachsende Generation lernen, andere Menschen als Mitmenschen anzuerkennen, obwohl sie sich von uns unterscheiden? Wo sonst kann man lernen, Aggressivität gegenüber Fremden und Angst vor dem Fremden abzubauen? Kulturelle Vielfalt, Empathie für das Fremde und Liebe zur fremden wie zur eigenen Sprache und Kultur sind keine Gegensätze. Anerkennung der anderen Menschen in ihrer Andersartigkeit und internationale Solidarität sind deshalb das Ziel des fremdsprachlichen Bildungsprozesses. Das Verständnis der abweichenden Sprachformen anderer Sprachen hat hierfür nur eine dienende Funktion.

Im Rahmen dieser globalen Zielfestlegung des neusprachlichen Unterrichts ist es möglich, konkrete Thesen bezüglich des Bildungsgangs der lernenden Schüler, der Zielsetzungen, der Sprachenwahl, der Unterrichtsinhalte und der Methoden zu formulieren. Diese Thesen stehen, das sei ausdrücklich bemerkt, in konfliktreicher Spannung zueinander. Jede einfache Lösung der Probleme des neusprachlichen Unterrichts verbietet sich aus der Sicht der Erziehungswissenschaft von selbst.

1. Das Interesse der Bezugswissenschaften des Fremdsprachenunterrichts sollte stärker daran orientiert werden, was für einen Bildungsgang die Schüler absolvieren, die den Fremdsprachenunterricht erhalten. Dabei ist die Differenz zwischen dem "offiziellen" Curriculum und den "subjektiven", diesem Curriculum nur teilweise angepaßten Entwicklungsmöglichkeiten der Schüler in ihrem bildenden Gang durch die Schule besonders zu beachten.

Für manche Schüler ist es das Ziel ihrer Lernanstrengungen in den Fremdsprachen, ihre Zwischensprache hoch zu entwickeln, weil sie einen Beruf oder ein Studium anstreben, in dem die Fremdsprachen wichtig sind. Für andere ist die fremde Sprache nur eine notwendige, der primären Lernperspektive untergeordnete Zusatzqualifikation, etwa wenn sie in der Sekundarstufe II kaufmännische oder naturwissenschaftlich-technische Bildungsgänge absolvieren. Auch diese Schüler haben Anspruch auf ein Curriculum, das auf ihre aktuellen Fähigkeiten und Interessen und auf ihre Perspektive für die Zeit nach der Schule eingeht und ihnen nicht nur magere Kürzungen von Leistungskursprogrammen offeriert. Der Unterricht sollte insgesamt viel stärker darauf bezogen sein, was die Schüler nach Abschluß der Schulzeit mit den von ihnen dann tatsächlich erworbenen Fremdsprachenkenntnissen anfangen. Untersuchungen darüber, wie die Schüler nach der Schule mit ihren Zwischensprachen umgehen, fehlen aber fast völlig.

Sicherlich wird dafür auch die Auseinandersetzung über allgemeine Bildung und Nützlichkeit, über "Shakespeare" und die "Fremdsprachenkorrespondenz" (Meyer 1986) fortgeführt werden müssen. Literatur und Arbeitswelt sind in ihrer wechselseitigen Abhängigkeit und dementsprechend in ihrer jeweiligen korrektiven Funktion zu sehen. Die Trennung von Fremdsprachenunterricht für den Beruf und Fremdsprachenunterricht als Medium allgemeiner Bildung, wie sie heute noch weitgehend praktiziert wird, hat langfristig keine Perspektive.

2. Die Fiktion, es sei das Ziel des neusprachlichen Unterrichts, die fremde Sprache zu "beherrschen", muß aufgegeben werden. Nicht ich muß versuchen, die fremde Sprache möglichst perfekt, fast wie ein *native speaker*, zu meistern, sondern wir, die anderen ebenso wie ich, müssen versuchen, unsere internationalen Kommunikationsprobleme zu lösen. Die bildende, solidarisierende Qualität des neusprachlichen Unterrichts hängt nicht davon ab, wie stark sich die Schüler der Zielsprache anzunähern vermögen, auch wenn die jeweils erworbenen Zwischensprachen nicht die historisch gewachsenen Sprachen ersetzen können. Bildend ist der neusprachliche Unterricht vielmehr dann, wenn sich die Schüler in ihm der Subjektivität ihrer Vernunft bewußt werden. Die unter realistischen Bedingungen erreichbare Zwischensprache der Lerner ist deshalb in ihrer didaktischen Qualität als Zielsetzung des Unterrichts anzuerkennen. Dies impliziert, daß die bildende Qualität des fremdsprachlichen Unterrichts nicht auf beliebig niedrigem Niveau realisiert werden kann. Bildungsprozesse können erst dann einsetzen, wenn es tatsächlich zur Verständigung kommt.

Hierfür hat die Sprachlehrforschung eine besondere Funktion. Sie untersucht die reale Entwicklung von Zwischensprachen. Sie erweist die traditionelle Zielsetzung der *near nativeness*, der fast perfekten Sprachbeherrschung, als pseudo-natürliche Zielsetzung des Fremdsprachenunterrichts der Sekundarstufen I und II.

3. Der Partikularismus der Vertreter der verschiedenen modernen Fremdsprachen sollte beendet werden. Im Medium der jeweils unterrichteten Fremdsprache muß eine allgemeine Fähigkeit des Umgangs mit fremden Sprachen entwickelt werden. Viele Schulabsolventen fahren heute, anders als noch vor einer Generation, in die ganze Welt. Sie haben internationale Kontakte in einem Umfang, der früher nicht für möglich gehalten worden ist. Die Mehrzahl der Vertreter der Fachdidaktiken und die Lehrer an den Schulen präsentieren die einzelnen Fremdsprachen aber überwiegend immer noch so, als ob in der jeweils unterrichteten Fremdsprache nur die Fähigkeit zur Kommunikation in dieser einen Sprache vermittelt werden soll.

Sicherlich wird dem Englischen in dieser Situation langfristig die Funktion einer *lingua franca* erhalten bleiben (Hüllen 1987). Gerade deshalb muß aber der Englischunterricht mehr leisten als nur die Befähigung zur Kommunikation in der englischen Sprache. Er muß die Funktion einer "ianua linguarum reserata" übernehmen.

4. Die internationale, solidarische Verständigung als oberste Zielsetzung des neusprachlichen Unterrichts legitimiert die Einführung von Begegnungssprachen in der Grundschule und verlangt zugleich eine Korrektur der traditionellen Hierarchie der Themen des fortgeschrittenen Fremdsprachenunterrichts. Als Beitrag zur Entwicklung solidarischer Vernunft ist die "Landeskunde" auch in der Sekundarstufe II wichtigstes Thema. Das Ziel des landes-

kundlichen Unterrichts ist die Erweiterung der interkulturellen Kompetenz, die im Medium der Fremdsprache eigene und fremde gesellschaftliche Erfahrung vermittelt (vgl. Art. 24; 26 und Knapp/Knapp-Potthoff 1990).

Auch diese Akzentsetzung relativiert das Lernziel der *near nativeness*. Die fast perfekte Beherrschung der fremden Sprache mag unsere Bewunderung hervorrufen, vielleicht auch unseren Neid, aber sie weckt nicht unsere Solidarität. Nur Spione sind auf die perfekte Beherrschung der fremden Sprache angewiesen.

5. Unterrichtsmethoden lassen sich als Formen und Verfahren definieren, in und mit denen sich Lehrer und Schüler die sie umgebende natürliche und gesellschaftliche Wirklichkeit unter institutionellen Rahmenbedingungen aneignen (Meyer 1987).

Es stellt sich also die Frage, wie wir uns die gesellschaftliche Wirklichkeit internationaler Kommunikation aneignen. Die heute praktizierten, hochentwickelten Lehrverfahren im neusprachlichen Unterricht drängen die Lerner aus der Sicht der Erziehungswissenschaft in eine zu starke Rezeptivität. Vor allem in der Sekundarstufe I vollführen die Schüler eine gefährliche Gratwanderung zwischen scheinbar gelingender fremdsprachlicher Kommunikation und Nichtwissen und Nichtkönnen. Der Fremdsprachenunterricht sollte deshalb die Fiktion der "natürlichen", "authentischen" Kommunikation "in" der Fremdsprache aufgeben. Natürlich ist nur die Sprachgrenzen überwindende Kommunikation zwischen Menschen, deren Zwischensprachen unterschiedlich weit entwickelt sind. Hierfür fehlt eine Methodik der Kommunikation mit niedrig entwickelten Lernersprachen.

Der quasi-natürlichen Neigung zur Rezeptivität kann im fortgeschrittenen Fremdsprachenunterricht zugleich ein neuer Sinn gegeben werden. Schüler sollten durch diesen Unterricht dazu motiviert werden, fremde Menschen trotz aller Merkwürdigkeiten, die sie in ihrem Verhalten untereinander und uns gegenüber demonstrieren, doch als Mitmenschen zu akzeptieren. Die interkulturelle Sensibilität der Schüler sollte deshalb gefördert werden, nicht durch moralische Appelle und Traktate, sondern durch narrative Texte, durch Reiseberichte, Fernsehdokumentationen, nicht zuletzt durch fiktionale Literatur aus möglichst vielen fremden Ländern.

4. Ausblick

Fragen über Erziehung, Methoden des Lehrens und Lernens und Thesen über den Zusammenhang von Schule und Gesellschaft sind seit der Antike erörtert worden. Seit dem 18. Jahrhundert hat sich dabei die Pädagogik zu einer eigenständigen Disziplin entwickelt. Sie war bis dahin ein Teil der Philosophie. Ein vergleichbarer Ablösungsprozeß kennzeichnet offensichtlich das heutige Verhältnis der Sprachlehrforschung zur Allgemeinen Didaktik und zur Erziehungswissenschaft. Die Erziehungswissenschaft sollte die weitere Konsolidierung der Sprachlehrforschung und die Erhebung einer "Fremdsprachenwissenschaft" zur selbständigen Disziplin unterstützen und nicht über den vermeintlichen Verlust der Fachdidaktik der neuen Fremdsprachen klagen. Die Fremdsprachenwissenschaft sollte ihre "einheimischen Begriffe" entwickeln – dies war der Ratschlag, den Johann Friedrich Herbart (1776-1841) der Pädagogik erteilte, als sich diese von der Philosophie löste. In dem Umfang, in dem sich die Fremdsprachenwissenschaft als empirisch arbeitende Disziplin verselbständigt, wird sie dann auch wieder für die Erziehungswissenschaft interessant werden. Vielleicht wird dann besser zu klären sein, wie Fremdsprachen und vernünftige Selbstbestimmung zusammenhängen, in einer Welt, die so eng geworden ist, daß man nirgendwo mehr ohne Fremdsprachen leben kann.

Literatur

Bausch, Karl-Richard/Königs, Frank G., Hrsg. (1986), *Sprachlehrforschung in der Diskussion. Methodologische Überlegungen zur Erforschung des Fremdsprachenunterrichts*, Tübingen.

Bausch, Karl-Richard/Raabe, Horst (1978), "Zur Frage der Relevanz von kontrastiver Analyse, Fehleranalyse und Interimsprachenanalyse für den Fremdsprachenunterricht", in: Alois Wierlacher et al. (Hrsg.), *Jahrbuch Deutsch als Fremdsprache*, Bd. 4, Heidelberg, 56-78.

Benner, Dietrich (1987), *Allgemeine Pädagogik. Eine systematisch-problemgeschichtliche Einführung in die Grundstruktur pädagogischen Denkens und Handelns*, München.

Comenius, Johann Amos (1631), *Ianua Linguarum Reserata*, lateinisch-deutsche Ausgabe, Wilhelmus Friessem (Hrsg.), Köln.

Ellis, Rod (1990), *Instructed Second Language Acquisition*, London.

Hüllen, Werner (1987), *Englisch als Fremdsprache*, Tübingen.

Humboldt, Wilhelm von (1827/1969), "Über den Dualis", in: Andreas Flitner/Klaus Giel (Hrsg.), *Werke in fünf Bänden*, Bd. 3, 3. Aufl., Darmstadt, 113-143.

Humboldt, Wilhelm von (1830-35/1969), "Über die Verschiedenheit des menschlichen Sprachbaues und ihren Einfluß auf die geistige Entwicklung des Menschengeschlechts", in: Andreas Flitner/Klaus Giel (Hrsg.), *Werke in fünf Bänden*, Bd. 3, 3. Aufl., Darmstadt, 368-756.

Klafki, Wolfgang (1976), *Aspekte kritisch-konstruktiver Erziehungswissenschaft. Gesammelte Beiträge zur Theorie-Praxis-Diskussion*, Weinheim/Basel.

Klafki, Wolfgang (1986), "Die Bedeutung der klassischen Bildungstheorien für ein zeitgemäßes Konzept allgemeiner Bildung", in: *Zeitschrift für Pädagogik*, Jg. 32, 455-476.

Klafki, Wolfgang (1994), *Neue Studien zur Bildungstheorie und Didaktik. Zeitgemäße Allgemeinbildung und kritisch-konstruktive Didaktik*, 3. Aufl., Weinheim.

Knapp, Karlfried/Knapp-Potthoff, Annelie (1990), "Interkulturelle Kommunikation", in: *Zeitschrift für Fremdsprachenforschung*, Bd. 1, 62-93.

Krashen, Stephen (1992), *Fundamentals of Language Education*, Torrance, California.

Lenzen, Dieter, Hrsg. (1983 ff.), *Enzyklopädie Erziehungswissenschaft. Handbuch und Lexikon der Erziehung in 11 Bänden und einem Registerband*, Stuttgart.

Meyer, Hilbert (1987), *UnterrichtsMethoden*, Bd. 1: *Theorieband*, Bd. 2: *Praxisband*, Frankfurt a.M.

Meyer, Meinert A. (1986), *Shakespeare oder Fremdsprachenkorrespondenz? Zur Reform des Fremdsprachenunterrichts in der Sekundarstufe II*, Wetzlar.

Meyer, Meinert A./Plöger, Wilfried, Hrsg. (1994), *Allgemeine Didaktik, Fachdidaktik und Fachunterricht*, Weinheim.

Peukert, Helmut (1986), *Bildung und Vernunft. Neuzeitliche Vernunftkritik, Kritische Theorie und die Frage nach dem Ansatz einer systematischen Erziehungswissenschaft*, Habil., Münster.

Peukert, Helmut (1987), "Die Frage nach Allgemeinbildung als Frage nach dem Verhältnis von Bildung und Vernunft", in: Jürgen Eckhardt Pleines (Hrsg.), *Das Problem des Allgemeinen in der Bildungstheorie*, Würzburg, 69-88.

Rorty, Richard (1989), *Contingency, Irony, and Solidarity*, Cambridge.

Stern, Hans H. (1983), *Fundamental Concepts of Language Teaching*, Oxford/New York/Toronto.

Tenorth, Heinz-Elmar (1986), "Transformationen der Pädagogik - 25 Jahre Erziehungswissenschaft in der 'Zeitschrift für Pädagogik'", in: *Zeitschrift für Pädagogik*, 20. Beiheft, Gesamtregister: Jahrgang 1-30 (1955-1984), 21-85.

Terhart, Ewald (1986), "Der Stand der Lehr-Lern-Forschung", in: Hilbert Meyer/Hans-Dieter Haller (Hrsg.), *Ziele und Inhalte der Erziehung und des Unterrichts* (= Enzyklopädie Erziehungswissenschaft Bd. 3), Stuttgart, 63-79.

van Buer, Jürgen/Nenninger, Peter (1992), *Lehr-Lern-Forschung: Traditioneller Unterricht*, Weinheim.

Wimmer, Klaus Michael (1988), *Der Andere und die Sprache. Vernunftkritik und Verantwortung*, Berlin.

Meinert A. Meyer

8. Lerntheorie und Lernpsychologie

1. Begriffsabgrenzung

Mit Lernpsychologie bezeichnet man jene Teildisziplin der Psychologie, die sich mit den verschiedenen Formen, Arten, Verläufen und Bedingungen des Erwerbs von Fertigkeiten, Gewohnheiten, Wissen und Einstellungen beschäftigt. "Lernen" als Fachausdruck ist erst spät in die psychologische Literatur eingegangen; in älteren Abhandlungen erscheinen statt dessen die Termini "Gedächtnis", "Assoziation" oder "Übung".

Die Anfänge einer experimentellen Lernpsychologie können in den Behaltens- und Vergessensversuchen von Ebbinghaus (1885) gesehen werden. Im Rahmen behavioristischer Betrachtungsweisen löste die Lernpsychologie die Gedächtnispsychologie ab, indem Lernen lediglich als Erwerb von Verhaltensweisen aufgefaßt wurde. Lernpsychologie wird heute einerseits als Teil der Allgemeinen Psychologie betrieben und liefert durch die Analyse von Lernprozessen Aufschlüsse über Erwerb und Veränderungen von psychischen Vorgängen; andererseits bildet sie als Psychologie der Lern- bzw. Lehrmethoden die Grundlage für die Pädagogische Psychologie. Mit Lerntheorien werden jene ihrem Anspruch nach allgemeinen Verhaltenstheorien bezeichnet, die von der Voraussetzung ausgehen, Umweltbedingungen beeinflußten Verhaltenserwerb und -änderungen.

2. Die klassischen Lerntheorien

Die Assoziationstheorie des Lernens beherrschte die Anfänge der Lernpsychologie. Das Prinzip der Assoziation besagt, daß Lernen auf der Verknüpfung von zeitlich zusammenhängenden Inhalten oder Einheiten beruht. Ebbinghaus unternahm von dieser theoretischen Grundlage aus Lernversuche mit sinnvollen und sinnleeren sprachlichen Einheiten. Die nach seinen Ergebnissen konstruierbare Lernkurve setzt die Behaltensleistung in Beziehung zur Anzahl der Lernversuche. In den ersten Lernversuchen wird relativ viel, dann allmählich immer weniger dazugelernt.

Der vorwiegend mit Katzen experimentierende Psychologe Thorndike (1932) vollzog die Wende von der frühen Gedächtnispsychologie zur allgemeinen Theorie des Lernens von Verhalten. In den Mittelpunkt seiner Verknüpfungstheorie stellte er die Annahme, daß in einer Problemlösesituation lernende Tiere den Anforderungen zunächst durch instinktive bzw. angeborene Verhaltensweisen begegnen. Die Reaktionen der Tiere stellen Versuche dar, die Problemsituation erfolgreich zu beenden. Verhaltensweisen, die diesen Erfolg herbeigeführt haben, werden beibehalten (Versuch- und -Irrtum-Lernen; Gesetz des Effektes).

Zu den klassischen Verknüpfungsansätzen zählt weiterhin die elaborierte Verhaltenstheorie Hulls (1943). Lernen wird nach Hull durch die drei Indikatoren der Verkürzung der Reaktionsverzögerung bzw. der Intensitäts- und der Frequenzsteigerung der Reaktion nachweisbar. In der Ausgangssituation rufen Reize (Stimuli) bestimmte Reaktionen hervor, deren Konsequenzen Bedürfnisse befriedigen. Bedürfnisbefriedigung oder -minderung wirkt als Verstärker für die genannten Reaktionsparameter; so entstehen Gewohnheiten (*habits*).

Die Lerntheorie Skinners (1957) geht von zwei Grundformen des Lernens aus: die erste führt er auf die Verknüpfung von Reiz und Reaktion durch Verstärker zurück. Die verstärkende Wirkung gründet nicht ausschließlich auf der Bedürfnisreduktion (klassisches Konditionieren mit primärem Verstärker), sondern auch auf sekundären Verstärkern, d.h. Reizen, die ihre verstärkende Wirkung erst im Lernvorgang gewonnen haben. Die zweite Form des Lernens besteht in einer Veränderung der Auftretenswahrscheinlichkeit von Reaktionen (*operants*), denen ein verstärkendes Ereignis nachfolgte. Im Unterschied zur ersten Lernform, dem klassischen Konditionieren, nennt er die zweite Form das operante Konditionieren. Skinner veröffentlichte 1957 eine umfassende Analyse des "verbalen Verhaltens", d.h. des Sprachgebrauchs bzw. der Performanz.

Die Theorie der bedingten Reflexe von Pawlow (1953) beinhaltet die raumzeitliche Koppelung eines reaktionsneutralen (konditionierten) Reizes mit einem reflexauslösenden (unkonditionierten) Reiz. Mit der Wiederholung dieser raumzeitlichen Kontiguität wird schließlich der neutrale Reiz zum Reflexauslöser. Die Theorie der bedingten Reflexe wurde bereits von Pawlow selbst auf den Spracherwerb übertragen. Die konditionierten Reize bilden ein Signalsystem erster Ordnung, auf das sich durch weitere Konditionierungsvorgänge das Signalsystem zweiter Ordnung, bestehend aus sprachlichen Signalen, aufbaut.

Lernen von sprachlichem Material (verbalen Zeichen) wird von behavioristisch orientierten Lernpsychologen weitgehend als Vorgang klassischen Konditionierens vorgestellt. Der Erwerb von Zeichenbedeutungen hingegen wird als Mediationsprozeß konzeptualisiert; dieser soll zwischen dem Reiz und der sprachlichen Reaktion vermitteln (Osgood/Suci/Tannenbaum 1953): auf den konditionierten Reiz folgt eine interne Reaktion, die wiederum einen propriozeptiven Reiz und eine – äußerlich beobachtbare – Reaktion nach sich zieht.

3. Kontroversen

Im Rahmen der assoziationstheoretischen Ansätze, die die Lernformen des klassischen und des instrumentellen Konditionierens umfassen, entstand die theoretische Frage, ob die Stärke der Verbindung zwischen Reiz und Reaktion allmählich wächst (inkrementelles Prinzip) oder in einem einzigen Lernversuch vollständig erworben wird (Alles-oder-Nichts-Prinzip) (Estes 1960). Nachfolgende Ergebnisse sprechen dafür, Alles-oder-Nichts-Lernen eher bei bereits vertrauten Lerninhalten anzunehmen.

Eine weitere Kontroverse innerhalb der klassischen Lerntheorie entzündete sich an der Frage, ob grundsätzlich jeder Reiz mit jeder Reaktion assoziierbar ist. Wie Ergebnisse verschiedener Versuche zeigten, werden Reize und Reaktionen selektiv verknüpft.

In einer dritten Kontroverse vertritt Bandura (1971) einen Standpunkt, den er zur Theorie des Beobachtungslernens weiterentwickelte und empirisch belegte. Lernen findet statt, auch wenn der Lernende das zu lernende Verhalten nicht selbst ausführt und die Verstärkung nicht selbst erfährt.

4. Kognitive Lerntheorien

Die Kennzeichnung von Lerntheorien als "kognitiv" entstand im Rahmen neuerer theoretischer Diskussionen (Klein/Mowrer 1989; vgl. Art. 5). Als kognitiv wurden zunächst alle Lerntheorien bezeichnet, die über die Vorstellung einer Reiz-Reaktions-Verknüpfung hinausgehen. Hilgard und Bower (1975) präzisieren jedoch in ihrem Standardwerk über Lerntheorien eine Abgrenzung kognitiver Lerntheorien im engeren Sinne von behavioristischen Vermittlungstheorien, wie sie in der Version von Osgood/Suci/Tannenbaum (1953) vorgestellt wurden.

Zukunftsweisend war die kognitive Lerntheorie Tolmans (1932), die das Prinzip des Assoziationismus aufgab zugunsten eines der Gestalttheorie verpflichteten Ansatzes. Im Zuge der Neuorientierung der Forschung an kognitiven Vorgängen wurde die Bedeutung der kognitiven Repräsentation von Lerninhalten stark betont. Damit ergab sich aus dem Problem des Erwerbs kognitiver Inhalte die Frage nach der Speicherung von Repräsentationen im Gedächtnis. Daraus folgte weiterhin eine Umzentrierung der Aufmerksamkeit auf den Erwerb kognitiver Inhalte durch sprachliches Material.

Der Lerner erscheint in den kognitivistischen Ansätzen als aktiver Auswähler und Verarbeiter von Informationen. Die Informationsverarbeitung erfolgt in einem Prozeß, der mehrere Phasen in mehreren "Instanzen" durchläuft: Die Information wird zunächst dekodiert, dann gespeichert, verfestigt oder sie verblaßt; sodann, je nach Art der Veränderung, ist sie unterschiedlich sicher abrufbar, wird enkodiert und schließlich produziert. Das Prinzip der zeitlichen Kontiguität der klassischen Lerntheorien wird ersetzt durch die Modellvorstellung der funktional getrennten Speicher. Die Instanzen, die Träger dieses Prozesses, heißen: sensorischer Speicher, Kurzzeitspeicher, episodischer bzw. semantischer Langzeitspeicher. Hier handelt es sich lediglich um ein Grundmodell, das in vielerlei Varianten in der psychologischen Literatur zu finden ist. Ein erster Ansatz geht auf Broadbent (1958) zurück, später wurde das Konzept von Atkinson und Shiffrin (1968) weiterentwickelt.

Im sensorischen Speicher wird die durch die Sinnesorgane transformierte Information kurzfristig differenziert nach Sinnesmodalitäten gespeichert. Verbale Zeichen werden dort als visuelle oder auditive Information kodiert. Eine Bedeutungsanalyse findet hier noch nicht statt, aber sie wird durch Interaktion mit im Langzeitspeicher angelegten semantischen Kategorien beeinflußt und trägt so zur Gestalt-(Perzept-)Bildung bei. Die Abgrenzung des sensorischen Registers vom Kurzzeitspeicher im engeren Sinne ist fließend. Im Kurzzeitspeicher wird die Information dem Bewußtsein zugänglich und bearbeitbar (Arbeitsgedächtnis). Nach Miller (1956) ist die Kapazität des Kurzzeitgedächtnisses begrenzt (auf ungefähr sieben Informationseinheiten oder *chunks*). Zusätzliche Arbeitskapazität wird über das Langzeitgedächtnis bereitgestellt. Um etwa Kodierungsprozesse im Kurzzeitgedächtnis voranzutreiben, müssen im Langzeitspeicher aufbewahrte semantische Informationen verfügbar werden. Der semantische Langzeitspeicher bewahrt das Wissen des Lernenden über Zusammenhänge in der Erlebniswelt im allgemeinen und über sprachliches Material im besonderen auf. Die Speicherung im episodischen Gedächtnis (Tulving 1983) erfolgt nur für Ereignisse, für deren Erinnerung Ort und Zeit maßgebende Informationsaspekte darstellen. Solche Episoden können z.B. das Vorhandensein von Worten in einer zu lernenden Liste sein.

Als Alternative zum Mehr-Speicher-Modell Shiffrins wurde der *Levels of processing*-Ansatz von Craik und Lockhart (1972) entwickelt. In der untersten Ebene finden sensorische Verarbeitungsprozesse statt, die über mehrere Stufen in den semantischen Verarbeitungen enden. Craik schließt jedoch nicht aus, daß zuerst semantische und nachfolgend erst sensorische Analysen von Lernmaterial stattfinden können. Die Verarbeitungsebenen werden durch mehrere Faktoren bestimmt: die Aufmerksamkeitsintensität, die Informationsintensität, Zeitdruck, Vertrautheit und Wichtigkeit der Information für den Lernenden. Je mehr Verarbeitungsebenen eine Information durchlaufen hat, umso länger wird sie behalten. Aber auch in den 'unteren' Ebenen kann Information lange behalten werden, wenn sie häufig wiederholt (memoriert) wird.

Ein von Kognitivisten unter den Lerntheoretikern viel beachteter Gegenstand ist das Konzept- und Regellernen. Diese Lernparadigmen sind relevant für das Lernen eines Wortes als Bezeichnung für eine Klasse von Gegenständen, Zuständen oder Ereignissen mit einem oder mehreren gemeinsamen Merkmalen. Im Regellernen wird die Art des Zusammenhanges (z.B. konjunktiv oder disjunktiv) von Merkmalen erkannt (Bourne 1967).

Jede Lerntheorie muß nicht nur dem Phänomen des Lernens, sondern auch dem des "Verlernens" oder "Vergessens" gerecht werden. Im Rahmen kognitiver Lerntheorien nehmen Bedingungen des Vergessens einen ebenso breiten Raum ein wie Bedingungen des Lernens. Vergessen wird jeweils definiert in bezug auf eine Wiedergabe bzw. ein Wiedererkennen von Behaltenem. Die der Lernkurve analoge Vergessenskurve weist den allmählichen Abfall der Behaltensleistung in Abhängigkeit von der Länge der Zeit nach dem Einprägen auf.

Theorien des Vergessens gehen davon aus, daß im Langzeitgedächtnis durch das Lernen eine Spur angelegt wird, die sich mit wachsendem zeitlichem

Abstand vom letzten Lernversuch verändert (verblaßt). Hat sich die Intensität der Spur so weit abgeschwächt, daß kein Abrufen (*retrieval*) aus dem Gedächtnis mehr möglich ist, wird angenommen, daß der Inhalt vergessen ist. Versuche mit Wiedererkennen und Wiedererlernen von 'vergessenen' Inhalten zeigen jedoch, daß unter diesen besonderen Abrufbedingungen scheinbar Vergessenes noch wiedererkannt bzw. schneller als neues Material wiedererlernt wird. Neben einer Abschwächung der Intensität von Spuren sind auch qualitative Veränderungen beobachtbar. Ihnen wurde jedoch in der Gedächtnisforschung vergleichsweise wenig Aufmerksamkeit geschenkt.

Seit wenigen Jahren gewinnt das Konzept des "impliziten" Lernens in der Forschung an Bedeutung: Der Lernende paßt sein Verhalten an strukturelle Eigenschaften der Reizumgebung an, ohne Lernabsicht und ohne erlebte Repräsentation der Lernzusammenhänge (vgl. Reber 1989). Reber nimmt einen modalitätenfreien "Urprozeß" an, der kritische Kovarianzen im Lernkontext intern repräsentiert und zu Verhaltensänderungen führt. Insbesondere kann implizites Lernen als Modell für den Erwerb semantischer Informationen und "Weltwissen" dienen. Implizites Lernen ist demnach unselektiv und wird erst durch Aufmerksamkeitsfokussierung selektiv (Hayes/Broadbent 1988). Die Abgrenzung gegen die in der Lernpsychologie üblichen Termini des beiläufigen und absichtlichen Lernens muß noch geleistet werden. Bezogen auf das Lernen von Sprache(n) fand Reber, daß die Abstraktion formaler Merkmale beim impliziten Wissen nicht sequentiell, sondern durch ganzheitlich parallele Verarbeitung erfolgt.

Das Lernen sprachlichen Materials und dessen Speicherung im Gedächtnis unterliegt allgemeinen Lerngesetzmäßigkeiten. Es basiert auf sprachlichen Einheiten von der Phonemebene bis zur Verarbeitung von Texten. Auf der Verarbeitungsebene des semantischen Langzeitspeichers sorgen sinnstiftende Verarbeitungsprozesse für die Eingliederung der sprachlichen Informationseinheiten in übergeordnete Wissensstrukturen: z.B. werden Wortlisten in übergeordnete Kategorien zu *clusters* zusammengefaßt oder zu sinnvollen Informationseinheiten – wie z.B. Sätzen oder Geschichten – geordnet. Je ähnlicher das zu lernende Material größeren sinnvollen sprachlichen Einheiten (wie z.B. Sätzen) war, umso besser wurde es gelernt und umso größere Sinneinheiten konnten die Lernenden bilden. Die übergeordneten Sinneinheiten (*chunks*) basieren sowohl auf grammatischen Regeln als auch auf dem Prinzip assoziativ-semantischer Strukturen.

5. Lernen von natürlichen Sprachen

Das Lernen natürlicher Sprachen beruht nach einigen einflußreichen theoretischen Ansätzen auf kognitiven Universalien. Zu den Vertretern dieser nativistischen Position sind Chomsky, McNeill und Lenneberg zu rechnen. Chomsky (1965) greift auf das Lernparadigma des Regellernens zurück: Das Kind leitet aus der Umgebungssprache die Regeln der Verbindung von Lauten und deren Bedeutung ab und kann mit diesem Regelwissen eigene neue sprachliche Äußerungen konstruieren. Darüber hinaus postuliert Chomsky einen "Spracherwerbsmechanismus", der erst die Voraussetzungen für den Erwerb des vollständigen Regelsystems einer Sprache schafft. Teil dieses Mechanismus ist die Fähigkeit des Lernenden, Hypothesen über die Regelhaftigkeit sprachlicher Äußerungen zu bilden und diese Hypothesen an wahrgenommenen sprachlichen Äußerungen zu testen. Weiterhin bildet ein Repertoire an sprachlichen Universalien einen Teil des Spracherwerbsmechanismus.

In den Grundannahmen stimmt McNeill (1970) mit Chomsky überein; er betont jedoch, daß bereits erste kindliche Äußerungen insofern grammatisch sind, als sie Grundbezüge zwischen den sprachlichen Elementen aufweisen. Lennebergs (1972) nativistische Position bezieht die biologische Grundausstattung des Lernenden mit ein. Durch Wachstumsvorgänge reifen die organismischen Strukturen heran, die den Spracherwerb ermöglichen. Die Begründung sieht er erstens in dem Umstand, daß vorzeitiges Sprachtraining erfolglos bleibt, und zweitens in der Beobachtung, daß Kinder im allgemeinen zum gleichen Zeitpunkt – etwa nach Vollendung des ersten Lebensjahres – anfangen, konventionelle Sprache zu verwenden. Weiterhin nimmt er an, nach Abschluß der Reifungsphase des Gehirns, also etwa von der Pubertät an, werde Sprachenlernen erschwert.

Hebb, Lambert und Tucker (1971) argumentierten gegen die weitgehend nativistischen Positionen von Chomsky, McNeill und Lenneberg. Ihre empiristische Position gründet auf dem Mechanismus des Wahrnehmungslernens. Zwar erkennen sie die Existenz kognitiver Universalien an, fordern darüber hinaus, daß sie spezifisch menschlich sind, aber leugnen ihre Sprachspezifität: angeboren seien dem Menschen nur die Fähigkeiten, auditive Reize zu analysieren, sprachliche und nichtsprachliche Repräsentationsformen zu verarbeiten, Wahrnehmungsprozesse durch Erfahrung oder Übung zu beeinflussen und schlußfolgernd zu denken, wie z.B. zu verallgemeinern oder zu abstrahieren. Dem Vorgang des Wahrnehmungslernens stellen Hebb, Lambert und Tucker das Stimulus-Stimulus-Konditionieren im Unterschied zum Stimulus-Reaktions-Lernen zur Seite: Den konditionierten Reiz begleitende weitere Reize können ebenfalls auf die Reaktion konditioniert werden. Spracherwerb beruht nach Meinung dieser Autoren sowohl auf Wahrnehmungslernen als auch auf Stimulus-Stimulus-Konditionierung.

Eine dritte theoretische Position stellt der Konstruktivismus Piagets dar. Für Piaget (1923) ist Spracherwerb Teil der allgemeinen kognitiven Entwicklung des Kindes. Seine Mitarbeiterin Sinclair-deZwart (1973) ging näher auf die Besonderheiten der Sprachentwicklung ein: Sprachliche Strukturen entwickeln sich durch die Interaktion des Kindes mit der sozialen und physikalischen Umgebung. Feste Sequenzen bestimmen die Sprachentwicklung des Kindes, in denen symbolische Repräsentationen erworben und durch Sozialisation konventionalisiert werden.

Sowohl Chomsky als auch Bruner setzen sich mit Piagets Position auseinander. Chomsky argumentiert gegen Piagets Konstruktivismus mit dem zentralen Einwand, er habe die sprachspezifischen Voraussetzungen des menschlichen Organismus nicht bedacht. Bruner (1959) hält Piagets Annahme eines Primats der allgemeinen kognitiven Strukturen in der Sprachentwicklung das Argument entgegen, durch Sprache würden kognitive Strukturen erst entwickelt. Die einzelnen Handlungskontexte der Interaktionen des Kindes mit seiner Umwelt lösten erste lautliche Äußerungen aus, denen durch die Sprachbeiträge von Sprechern Bedeutung zugewiesen werde. Die Handlungsmuster bildeten die Grundlage für grammatische Relationen (Bruner 1975).

Browns (1973) vorläufige theoretische Formulierungen des Erstspracherwerbs basieren auf induktivem Regelerwerb immer komplexerer Strukturen. Es ist plausibel anzunehmen, daß der kindliche Organismus über mehrere Jahre auf diese Weise sprachlichen *input* verarbeitet, ähnlich Lennebergs "kritischer" Erwerbsphase. Das erworbene Regelwissen ist nach Brown auf der Dimension der Komplexität hierarchisch organisiert und spiegelt sich in verschiedenen Performanzformen implizit wider. Explizites Regelwissen ist nach Brown die Domäne der Linguisten. Er unterscheidet zwei allgemeine Stufen des Erstspracherwerbs: (1) Erwerb der semantischen Rollen und grammatischen Beziehungen; (2) Erwerb der grammatischen Morpheme und Modulation der Bedeutung.

Neuere theoretische Ansätze beziehen sich auf den pragmatischen Aspekt (vgl. etwa Bates/Mac Whinney 1982), den morphologischen Aspekt (MacWhinney 1978) oder auf verschiedene sprachliche Aspekte. Bates und MacWhinney bieten ein funktionalistisches Modell eigener Prägung an: Der Erstspracherwerb erfolgt in drei Schritten: (1) Aufbau von Grundfunktionen vor Grammatikerwerb in Form von Thema-Kommentar und Agent; (2) Wettbewerb von Oberflächenrepräsentationen; (3) Erwachsenen-System der Koordination aller erworbenen Funktionen auf der Oberflächenebene. MacWhinney postuliert drei Prozeßmechanismen: mechanisches Lernen, Analogie und Kombination.

Die Frage, inwieweit der Erwerb einer zweiten Sprache grundsätzlich gleichartig mit dem Erwerb der Erstsprache verläuft, steht im Mittelpunkt der Zweitspracherwerbsforschung. In der Anwendung ergibt sich weiterhin die Frage nach dem Zeitpunkt für den effektiven Erwerb einer zweiten Sprache (vgl. Art. 104). Im Gegensatz zu den früheren Überlegungen, die den Spracherwerb als Regelerwerb definierten, wird beispielsweise im Rahmen konnektionistischer Modellbildungen versucht, den Erwerb und die Nutzung sprachlichen Wissens ohne eine direkte Repräsentation der entsprechenden Regeln zu konzeptualisieren (vgl. Lachter/Bever 1988).

Es gibt wenige ausreichend kontrollierte Studien, die der ersten Frage nachgegangen sind. Vergleiche zwischen dem Zweitspracherwerb von Erwachsenen und Kindern einerseits und dem Erstspracherwerb von Kindern in den entsprechenden Sprachen andererseits ergaben entscheidende Gemeinsamkeiten. Vertreter der Auffassung, Erst- und Zweitspracherwerb seien unterschiedlich, argumentieren mit Interferenz zwischen den Sprachen. Gegenseitiger Transfer von einer Sprache zur anderen ist eher die Regel in den Anfängen des Spracherwerbs, weniger im fortgeschrittenen Stadium, bzw. wenn die zweite Sprache der ersten nachgeordnet gelernt wird und nicht die Sprache der Umgebung ist (McLaughlin 1984).

Krashen und Terrell (1983) grenzen das Problem des Lernprozesses ein auf die Frage, welche Arten des Zweitspracherwerbs zu erkennen sind. Sie unterscheiden das kognitiv gesteuerte Lernen vom ungesteuerten Zweitspracherwerb. Die kognitive Steuerung (*monitoring*) sorgt für die explizite Anwendung erworbener (gelernter) Regeln, während der ungesteuerte Spracherwerb auf induktivem Regelerwerb und anderen Lernformen basiert. Krashen führt jedoch nicht aus, welche kognitiven Vorgänge das *monitoring* besorgen.

Der grundlegende theoretische Ansatz der gegenwärtigen Zweitspracherwerbsforschung wurzelt in der Annahme, daß die Zweitsprache über eine Interimsprache (*interlanguage*) gelernt wird. Der Annahme liegt die Auffassung einer universellen Grammatik und eines regelhaften Entwicklungsverlaufs im Spracherwerb zugrunde. Beobachtbare Variabilität des Erwerbs wird zurückgeführt auf (a) Merkmale der Kommunikationssituation; (b) Merkmale des Sprachangebots; (c) interindividuelle Persönlichkeitsunterschiede; (d) metakognitive Steuerung des Erwerbsprozesses und (e) Anforderung der angestrebten Performanz (Ellis 1985).

Die These einer sensiblen Phase für Zweitspracherwerb erscheint nach dem Stand der Forschung nicht haltbar, vielmehr scheinen Lerner verschiedenen Alters unterschiedliche Lernstrategien anzuwenden und die verschiedenen Sprachaspekte unterschiedlich erfolgreich zu erwerben (Krashen/Scarcella/Long 1982). Ebensowenig läßt sich nach dem bisherigen Stand der Forschung die Annahme vertreten, das gleichzeitige Erlernen zweier oder mehrerer Sprachen fördere bzw. beeinträchtige die intellektuelle Entwicklung des Lernenden. Die Schwellentheorie der Zweisprachigkeit (Cummins 1987) versucht, hierfür einen Erklärungsansatz zu liefern.

Neue Versuche, den theoretischen Stand und die empirische Basis der Zweitspracherwerbsforschung zusammenzufassen, weisen deutlich auf die zahlreichen noch offenen Fragen dieses Gegenstandsbereiches hin.

Literatur

Atkinson, Richard C./Shiffrin, Richard M. (1968), "Human memory: A proposed system and its control processes", in: Kenneth W. Spence/Janet T. Spence (eds.), *The psychology of learning and motivation*, Bd. 2, New York, 90-195.
Bandura, Albert (1971), *Psychological modeling: Conflicting theories*, Chicago.
Barrett, Martyn D. (1986), "Early semantic representations and early word usage", in: Stan A. Kuczay/Martyn D. Barret (eds.), *The development of word meaning*, Berlin, 39-68.
Bates, Elizabeth/MacWhinney, Brian (1982), "Functionalist approaches to grammar", in: Eric Wanner/Lila R. Gleitman (eds.), *Language acquisition: The state of the art*, Cambridge, Massachusetts, 173-218.
Bourne, Lyle E. (1967), "Learning and utilization of conceptual rules", in: Benjamin Kleinmuntz (ed.), *Concepts and the structure of memory*, New York, 1-67.
Broadbent, Donald E. (1958), *Perception and communication*, London.
Brown, Roger (1973), *A first language. The early stages*, Cambridge, Massachusetts.
Bruner, Jerome S. (1959), "Inhelder and Piaget's 'The growth of logical thinking'. A psychologist's viewpoint", in: *British Journal of Psychology*, Jg. 50, 363-370.
Bruner, Jerome S. (1975), "The ontogenesis of speech acts", in: *Journal of Child Language*, Jg. 2, 1-19.
Chomsky, Noam (1965), *Aspects of the theory of syntax*, Cambridge, Massachusetts.
Craik, Fergus I.M./Lockhart, Robert S. (1972), "Levels of processing: A framework for memory research", in: *Journal of Verbal Learning and Verbal Behavior*, Jg. 11, 671-684.
Cummins, Jim (1987), "Bilingualism, language proficiency, and metalinguistic development", in: Peter Homel/Michael Palij/Doris Aronson (eds.), *Childhood bilingualism*, Hillsdale, New Jersey, 57-73.
Ebbinghaus, Herrmann (1885), *Über das Gedächtnis*, Leipzig.
Ellis, Rod (1985), *Understanding second language acquisition*, Oxford.
Estes, William K. (1960), "Learning theory and the new 'mental chemistry'", in: *Psychological Review*, Jg. 67, 207-223.
Hayes, Neil, A./Broadbent, Donald E. (1988), "Two modes of learning for interactive tasks", in: *Cognition*, Jg. 28, 249-276.
Hebb, Donald O./Lambert, Wallace E./Tucker, G. Richard (1971), "Language, thought and experiences", in: *Modern Language Journal*, Jg. 55, 212-222.
Hilgard, Ernest R./Bower, Gordon H., eds. (1975), *Theories of learning*, 4. Aufl., New York.
Hoffmann, Joachim (1993), "Unbewußtes Lernen, eine besondere Lernform", in: *Psychologische Rundschau*, Jg. 44, 75-89.
Hull, Clark L. (1943), *Principles of behavior*, New York.
Klein, Stephen B./Mowrer, Robert R. (1989), *Contemporary learning theories*, Bd. 1 u. 2, Hillsdale, New Jersey.
Krashen, Stephen D./Scarcella, Robin C./Long, Michael H., eds. (1982), *Child adult differences in second language acquisition*, London.
Krashen, Stephen D./Terrell, Tracy D., eds. (1983), *The natural approach: Language acquisition in the classroom*, Oxford.
Lachter, Joel/Bever, Thomas G. (1988), "The relation between linguistic structure and associative theories of language learning: A constructive critique of some

connectionist learning models", in: *Cognition*, Jg. 28, 195-247.
Lenneberg, Eric H. (1972), *Biologische Grundlagen der Sprache,* Frankfurt a.M.
MacWhinney, Brian (1978), "The acquisition of morphophonology", in: *Monographs of the Society for research in Child Development*, Jg. 43, H. 1.
McLaughlin, Barry (1984), *Second language acquisition in childhood,* Bd. 1, 2. Aufl., Hillsdale, New Jersey.
McNeill, David (1970), *The acquisition of language,* New York.
Miller, George A. (1956), "The magical number seven plus or minus two: Some limits on our capacity for processing information", in: *Psychological Review*, Jg. 63, 81-97.
Osgood, Charles/Suci, George J./Tannenbaum, Percy H., eds. (1953), *The measurement of meaning,* Urbana.
Pawlow, Ivan P. (1953-1955), *Gesammelte Werke,* Berlin.
Piaget, Jean (1923), *Le langage et la pensée chez l'enfant,* Neuchâtel.
Reber, Arthur S. (1989), "Implicit learning and tacit knowledge", in: *Journal of Experimental Psychology: General*, Jg. 118, 242-244.
Sinclair-deZwart, Hermine (1973), "Language acquisition and cognitive development", in: Timothy E. Moore (ed.), *Cognitive development and the acquisition of language,* New York, 9-25.
Skinner, Byrrhus F. (1957), *Verbal Behavior,* New York.
Thorndike, Edward L. (1932), *Fundamentals of learning,* New York.
Tolman, Edward C. (1932), *Purposive behavior in animal and men,* New York.
Tulving, Endel (1983), *Elements of episodic memory,* Oxford.

Ute Schönpflug

9. Literaturwissenschaft

1. Definition des Gegenstandsbereichs

Es gibt sehr unterschiedliche Versuche, den Gegenstandsbereich der Literaturwissenschaft zu bestimmen. Die umfassendste Definition besagt, daß alles Geschriebene legitimer Untersuchungsgegenstand der Literaturwissenschaft ist, angefangen von Kochrezepten, Zaubersprüchen, Gesetzen, Ordnungsregeln, politischen Reden, Briefen, philosophischen und religiösen Traktaten bis zu Gedichten, Dramen und Romanen. Dieser weite Literaturbegriff, bei dem sich die Literaturwissenschaft als Teil einer allgemeinen Kulturwissenschaft versteht, kommt jedoch meistens nur für die Epochen zur Anwendung, aus denen wenige Dokumente überliefert sind. Andererseits ist dieser weite Literaturbegriff für den Fremdsprachenunterricht von Bedeutung. Im Bereich der Landeskunde werden sehr unterschiedliche Texte herangezogen, um Einblick in die fremde Kultur zu gewinnen. Von seiten der Literaturwissenschaft stellt sich jedoch bei dem weiten Literaturbegriff die Frage, wie sie sich von anderen Wissenschaften wie Philosophie, Theologie, Geschichte usw. abgrenzen kann. Darauf hat man geantwortet: Die Literaturwissenschaft lenkt ihre Aufmerksamkeit nicht auf den Inhalt, sondern auf die Form der Texte, ihren Stil und ihren ästhetischen Wert. Aber gegen diese Unterscheidung ist der Einwand erhoben worden, daß man nicht den Stil und Aufbau eines Textes untersuchen kann, ohne auf seinen Inhalt einzugehen.

Gegenwärtig stehen im Mittelpunkt der Literaturwissenschaft die literarischen Texte. Diese Begrenzung hat man in den 60er Jahren kritisiert, doch hat sich an der Vorherrschaft der literarischen Texte wenig geändert. Was aber sind literarische Texte? Man hat versucht, sie von ihrem Stil her zu bestimmen. Bei diesem Versuch stößt man jedoch auf die Schwierigkeit, daß sich einerseits die für literarische Texte charakteristischen Merkmale auch in anderen Texten finden und andererseits diese Merkmale nicht in allen literarischen Texten vorkommen.

Wohl der erfolgreichste Versuch, literarische Texte zu bestimmen, geht von der Annahme aus, daß literarische Texte fiktionale Texte seien. Das Besondere an dieser Definition besteht darin, daß Fiktionalität nicht ein Textmerkmal, sondern eine bestimmte Einstellung des Lesers ist. Auf diese Weise kann man auch erklären, daß ein bestimmter Text, wie beispielsweise die Bibel, je nach Einstellung des Lesers als fiktionaler Text, als Wort Gottes oder als historischer Bericht gelesen werden kann. Was charakterisiert die fiktionale Einstellung? Der Leser erwartet nicht, daß der literarische Text die außertextliche Wirklichkeit getreu abbildet. Man kann sagen, daß der literarische Text keinen Anspruch auf Referenz erhebt, wenigstens nicht auf der ersten Ebene. Bis dahin scheint unter den Literaturwissenschaftlern weitgehend Einigkeit zu bestehen. Sobald es jedoch darum geht, die Fiktionalität des literarischen Textes näher zu bestimmen, kommt es zu sehr unterschiedlichen Auffassungen.

Für eine Gruppe von Literaturwissenschaftlern bedeutet Fiktionalität, daß der literarische Text nicht den Anspruch erhebt, die Wirklichkeit getreu abzubilden. Dies aber ermöglicht es, grundlegende Strukturen menschlicher Erfahrung und die zentralen Wertvorstellungen einer Kultur erhellen zu können. Von dieser Position aus sind Fiktionalität und Wirklichkeit keine Gegensätze. Literatur ist eine Form der Erkenntnis der Wirklichkeit. Eine andere Auffassung besagt, daß der literarische Text eine Gegenwelt beschreibt. Die fiktionale Welt ist eine Phantasiewelt, in der utopische Vorstellungen und unterdrückte Wünsche zur Darstellung kommen. Eine weitere Auffassung hebt hervor, daß literarische Texte weder eine tiefere Wirklichkeit noch eine Wunschwelt darstellen, sondern den Referenzcharakter der Sprache überhaupt aufheben wollen, um dadurch die Aufmerksamkeit auf die Sprache selbst lenken zu können. Nur so könne man dem poetischen Charakter der Literatur gerecht werden.

Ich möchte hier nur erwähnen, daß in neueren Ansätzen der Unterschied zwischen fiktionalen und nichtfiktionalen Texten mit dem Argument kritisiert worden ist, daß alle Texte, auch die sogenannten Sachtexte, fiktional seien, weil sie mit Sprache eine eigene Welt konstruierten und Wirklichkeit außerhalb der Sprache dem Menschen unzugänglich sei. Gerade dieses Argument, das den Unterschied zwischen fiktionalen und nichtfiktionalen Texten einebnet, hat zur Aufwertung fiktionaler Texte geführt: Dem literarischen Text wird eine besondere Bedeutung zugeschrieben, weil er seine Fiktionalität nicht verbirgt, sondern offenlegt (zur Definition des Gegenstandsbereichs der Literaturwissenschaft Wellek/Warren 1956; Grabes 1981).

Wie der Charakter der Fiktionalität bestimmt wird, hat weitgehende Konsequenzen für den Einsatz literarischer Texte im Fremdsprachenunterricht. Oft werden sie mit dem Anspruch eingesetzt, daß sie zum Verständnis der fremden Kultur beitragen, ohne daß deren fiktiver Charakter reflektiert wird. Dieser naiven Verwendung literarischer Texte im Fremdsprachenunterricht steht eine Position gegenüber, die besagt, daß zunächst mit Hilfe der Sozialwissenschaften das richtige Wissen über die fremde Kultur ermittelt werden muß, um anschließend die literarischen Texte auszuwählen, die dieses richtige Wissen nicht verfälschen, sondern bestätigen. Diese Position erscheint mir nicht minder fragwürdig als die erste, weil sie der Literatur selbst jeglichen Erkenntnisanspruch abspricht.

2. Jüngere Geschichte der Literaturwissenschaft und die didaktische Frage nach der Legitimation der Lektüre und Interpretation literarischer Texte

Wenn ich im folgenden versuche, kurz die jüngere Geschichte der Literaturwissenschaft zu skizzieren, dann werde ich besonders die Elemente in den jeweiligen Literaturbegriffen hervorheben, die für die didaktische Frage nach der Legitimation der Lektüre und Interpretation literarischer Texte relevant sind. Jede literaturtheoretische Position enthält implizit oder explizit auch eine Antwort auf diese didaktische Frage. Es ist u.a. die Aufgabe der Literaturdidaktik, diese Implikationen zu entfalten und zu untersuchen, ob und gegebenenfalls inwieweit diese Implikationen mit allgemeinen Erziehungszielen und didaktisch-methodischen Überlegungen übereinstimmen oder ihnen widersprechen.

a) New Criticism

Eine der einflußreichsten Richtungen in der jüngeren Geschichte der Literaturwissenschaft ist der New Criticism, der nach dem Zweiten Weltkrieg in der Bundesrepublik unter dem Namen "immanente Methode" auch die Germanistik bestimmte. Seit den 60er Jahren ist der New Criticism von verschiedenen Seiten heftig kritisiert worden. Aber auch die neueren Ansätze haben Annahmen des New Criticism übernommen. Der New Criticism gehört zur phänomenologischen Bewegung, die sich seit Ende des 19. Jahrhunderts mit dem vorherrschenden Begriff der "wissenschaftlichen Erklärung" auseinandersetzt. Die Phänomenologie kritisiert an diesem Begriff, daß man etwas dadurch erklärt, daß man es auf etwas anderes zurückführt. Dieser in den Naturwissenschaften so erfolgreiche Begriff der Erklärung fand auch in die Geisteswissenschaften Eingang. Wie man aus den Bewegungen der Atome die Farben erklären kann, so wollte man aus den biographischen, psychologischen und sozialen Faktoren die literarischen Texte erklären. Nach der Sicht der Phänomenologen werden auf diese Weise die Phänomene jedoch nicht erklärt, sondern "weg"-erklärt, nach dem Muster "... nichts als...". Die Phänomenologen wollen sich daher den Phänomenen selbst zuwenden (Apel 1973).

In zwei berühmt gewordenen Aufsätzen "The Intentional Fallacy" und "The Affective Fallacy", erschienen in *The Verbal Icon*, stellen Wimsatt/

Beardsley (1954) den literarischen Text in den Mittelpunkt und betonen, daß es ein Trugschluß sei, die Intentionen des Autors und die Reaktionen des Lesers für die Erkenntnis und Bewertung des literarischen Textes heranzuziehen. Der New Criticism löst daher den literarischen Text aus seinen biographischen, sozialen, geschichtlichen und rezeptionsgeschichtlichen Bezügen, um die Aufmerksamkeit auf ihn selbst als Literatur lenken zu können. Auf diese Weise will man auch eine objektive Literaturwissenschaft begründen, die ihre Einsichten am Text belegt, ohne dabei auf die schwer faßbare Intention des Autors oder die unterschiedlichen subjektiven Reaktionen der Leser zurückgreifen zu müssen. Bei diesem Vorgehen wird *close reading* entwickelt, das als Methode die Interpretation literarischer Texte an Universitäten und Schulen bis heute maßgeblich beeinflußt hat.

Für die New Critics ist der literarische Text eine Art Gegenstand, dessen kunstvolle Form es zu erfassen gilt. Metaphern wie "Vase" und "Kristall" werden herangezogen, um den literarischen Text zu beschreiben. So heißt beispielsweise ein einflußreiches Buch von Brooks *The Well Wrought Urn. Studies in the Structure of Poetry* (1947). In diesem Buch interpretiert Brooks Gedichte aus verschiedenen Jahrhunderten, wobei es ihm darauf ankommt, zu zeigen, daß all diese großen Gedichte die gleiche Struktur besitzen. Sie sind gekennzeichnet durch Paradoxie und Ironie. Ironie bedeutet für Brooks, daß alle Elemente eines literarischen Textes sich gegenseitig beeinflussen und modifizieren, so daß der literarische Text eine fiktionale Welt entstehen läßt, die sich von der außerästhetischen Welt absetzt. Das bedeutet, daß die fiktionale Welt des literarischen Textes durch Komplexität und Ironie gekennzeichnet ist – das ist eine Voraussetzung dafür, daß sie sich von der außertextlichen Wirklichkeit distanzieren kann – und daß sie gleichzeitig die widerstrebenden und widersprüchlichen Elemente in einer höheren Einheit aufhebt – das ist die weitere Voraussetzung für die Distanz zur Lebenswelt.

Aus der knappen Beschreibung des New Criticism kann schon deutlich werden, wie er die Frage nach dem Sinn der Lektüre und Interpretation literarischer Texte beantwortet. Der literarische Text wird als Kunstwerk in den Mittelpunkt gerückt und ein detailliertes methodisches Instrumentarium für die Analyse und Interpretation literarischer Texte entwickelt. Historisches Kontextwissen tritt in den Hintergrund, so daß Schüler und Studenten sich mit den bereitgestellten methodischen Vorschlägen den literarischen Texten selbst zuwenden können. Es geht aber dem New Criticism nicht nur um die Ausbildung einer ästhetischen Sensibilität, sondern auch darum, daß die literarischen Texte, gerade wenn man sie als künstlerische ernst nimmt, eine Einsicht in die grundlegenden Strukturen unseres Menschseins und In-der-Welt-Seins ermöglichen. Der formalistische Ansatz verbindet sich im New Criticism mit philosophisch-existentialistischen und ästhetisch-anthropologischen Überlegungen, die besagen, daß die literarischen Texte den Leser von seiner frustrierenden Lebenswelt befreien, aber auch auf einer tieferen Ebene zu ihr hinführen. Auch im Fremdsprachenunterricht wurden vor allem neben den formalen Merkmalen die existentiellen Probleme in den Vordergrund gerückt.

b) Ideologiekritische Literaturwissenschaft

Hatte der New Criticism die Literatur aus ihren geschichtlich-gesellschaftlichen Bezügen herausgelöst, um sie als Literatur würdigen zu können, stellt die ideologiekritische Literaturwissenschaft den literarischen Text wieder in seinen geschichtlich-gesellschaftlichen Kontext. Aber sie will ihn nicht nur in diesem Kontext erklären, sondern auch seine ideologische Funktion entlarven. Nach Marcuse (1965) hat "die bürgerliche Epoche die geistig-seelische Welt als ein selbständiges Wertreich" von der "tatsächlichen Welt des alltäglichen Daseinskampfes" abgetrennt. Diese Trennung sorgt dafür, daß die Ideale der bürgerlichen Kultur auf den Bereich der Kultur beschränkt bleiben, und verhindert, daß sie in der schlechten, ungerechten Wirklichkeit wirksam werden. Dadurch wird die Kultur zur Ideologie, d.h., sie lenkt vom Elend der Menschen ab und dient der Aufrechterhaltung von Herrschaftsverhältnissen und einer ungerechten Ordnung. Ideologiekritik will diese affirmative Funktion der Kultur entlarven und überwinden. Das kann nach Marcuse aber nicht dadurch geschehen, daß man die bürgerliche Kunst abschafft, denn diese hat "neben dem schlechten Trost und der falschen Weihe" auch die Sehnsucht der Menschen nach einer besseren Welt wachgehalten und sie davor bewahrt, sich mit der schlechten Wirklichkeit abzufinden (Marcuse 1965, 67).

Ideologiekritik darf daher nicht, wie Bürger (1975) ausführt, "das geistige Gebilde" zerstören, sondern muß dessen Wahrheit erst zu Tage fördern und für dessen Verwirklichung in der Gesamtgesellschaft sorgen. Mit diesen Hinweisen ist aber nur ein genereller Rahmen angedeutet, der eine ganze Reihe von Fragen aufwirft.

Hatte der New Criticism die didaktische Frage nach der Legitimation der Lektüre und Interpretation literarischer Texte nicht zuletzt durch deren Distanz zur geschichtlich-sozialen Lebenswelt beantwortet, so betont die ideologiekritisch ausgerichtete Literaturwissenschaft und Literaturdidaktik, daß eine solche Rezeption eine ideologische Funktion erfülle und zur Erhaltung des Status quo beitrage. Deshalb müsse es die Aufgabe des Literaturunterrichts sein, den ideologischen Gehalt literarischer Texte zu entlarven, um Schüler gegen sie zu "immunisieren" (Gründwaldt 1970). Warum aber soll der Unterricht Schüler gegen Texte immunisieren, die sie gar nicht lesen? Eine weitere Problematik des ideologiekritischen Ansatzes besteht darin, daß er, ohne auf den jeweiligen Gehalt literarischer Texte einzugehen, ihnen aufgrund ihrer Stellung und Rezeption in der Gesellschaft eine ideologische Funktion zuschreibt und damit in Gefahr steht, reduktionistisch vorzugehen und sich gegen Kritik zu immunisieren. Die Bedeutung des ideologiekritischen Ansatzes in seinen differenzierteren Formen besteht jedoch darin, für die gesellschaftliche Funktion literarischer Texte zu sensibilisieren. Unter der Frage nach der gesellschaftlichen Relevanz tritt auch die Trivialliteratur ins Blickfeld der Literaturwissenschaft und Literaturdidaktik, wobei heftig diskutiert wird, ob die Trivialliteratur, die in der Regel als affirmativ-gesellschaftsstabilisierend eingestuft wird, nicht auch eine kompensatorisch legitime Funktion erfüllt (Dahrendorf 1971).

c) Die strukturalistische Literaturwissenschaft

Während der New Criticism den einzelnen literarischen Text in den Mittelpunkt rückt, wendet sich die strukturalistische Literaturwissenschaft der Literatur als Institution und System zu und betont, daß die Literaturwissenschaft nur dann als Wissenschaft auftreten könne, wenn sie ihre Aufmerksamkeit nicht auf das Besondere, sondern das Allgemeine richte. Bei dieser Zielsetzung bezieht sich der Strukturalismus auf die Sprachwissenschaft von de Saussure, der die Unterscheidung zwischen dem einzelnen Sprechakt (*parole*) und der Sprache als System (*langue*) einführt und seine Aufmerksamkeit auf die Sprache als System richtet. So wie die Linguistik nicht den einzelnen Satz verstehen will, sondern die Regeln, die seiner Bildung zugrunde liegen, so will die strukturalistische Literaturwissenschaft die für die Literatur konstitutiven Regeln und Konventionen ermitteln.

Der Strukturalismus geht von der Annahme aus, daß der Vielzahl der Erscheinungen eine Struktur zugrunde liegt, die man in kleinste konstitutive Einheiten nach binären Oppositionen zerlegen kann, um dann die Gesetze ihrer Kombination zu erforschen. Als Vorbild für dieses Vorgehen erscheint die Phonologie, die die Sprache auf eine begrenzte Anzahl von Phonemen zurückführt, wobei ein Phonem sich nur durch seine Relation zu anderen bestimmt. Der Laut als physikalisches Phänomen oder der Strich auf dem Papier wäre bedeutungslos, wenn er sich nicht durch seine Differenz zu anderen Phonemen oder Graphemen in einem System bestimmen ließe. Das gleiche gilt nach strukturalistischer Sicht auch für die Bedeutung der sprachlichen Zeichen. Sie entsteht nicht durch einen Bezug auf die Dinge, sondern durch ihre Differenz zu anderen Zeichen. Die Sprache ist somit nicht ein Instrument für die Übermittlung vorgegebener Bedeutungen, sondern die Bedeutungen werden selbst erst innerhalb des sprachlichen Systems möglich. Dieses Verfahren, wie es für die strukturalistische Phonologie und Linguistik charakteristisch ist, wird auch auf die Literatur übertragen. Die Sprache ist das System erster Ordnung, während die Literatur, die die Sprache voraussetzt, ein System zweiter Ordnung darstellt, für das eigene Konventionen und Regeln gelten.

Propp (1972) wendet das strukturalistische Verfahren auf russische Volksmärchen an: Er zerlegt die Vielzahl der Volksmärchen in einzelne konstitutive Einheiten und bestimmt deren funktionelle Beziehung untereinander. Das bedeutet, daß die an der Oberfläche so unterschiedlichen Märchen bloße Transformationen ein und derselben Struktur sind, oder anders ausgedrückt: die von Propp bestimmten Funktionen können von sehr unterschiedlichen Inhalten wahrgenommen werden. Es wird an diesem Beispiel deutlich, daß der individuelle Autor oder Geschichtenerzähler in den Hintergrund tritt und gleichsam nur die vorhandene Struktur bzw. den vorhandenen Code aktualisiert. Generell ist für den Strukturalismus auch der Autor komplexer literarischer Texte nicht so sehr ein Schöpfer, sondern eher der Schnittpunkt verschiedener Codes. So wenig wie der Sprecher einer Äußerung die Regeln, die ihr zugrunde liegen, erfindet, so wenig erfindet der Autor die Regeln seines Werkes. Es handelt sich beim Schreiben, wie Barthes (1967, 70) hervorhebt, nicht um "Inspiration oder persönliches Wollen", sondern um "Regeln, die jenseits des Autors gesammelt worden sind". In ähnlicher Weise wird auch das Verstehen konzipiert: Es besteht im Anwenden von Konventionen und Regeln. Diese faßt Culler (1975) unter dem Begriff "literarische Kompetenz" zusammen.

Wer sich beim Verstehen eines Gedichtes nur auf dessen sprachliche Regeln verläßt, wird es nach Culler nur schwerlich verstehen können. Das bedeutet, daß der Sinn des Gedichts nicht ablesbar ist, sondern erst vom Leser in interpretatorischen Akten unter Anwendung von literarischen Regeln und Konventionen bzw. unter Anwendung einer bestimmten literarischen Grammatik erschlossen werden muß, wobei es von dieser Grammatik abhängt, welche Eigenschaften der Leser an dem Text wahrnimmt. Eine andere literarische Grammatik würde andere Eigenschaften erkennen lassen. Es ist nach Culler (1975) daher auch irreführend, wenn der New Criticism von der Einheit und Harmonie des Gedichts spricht. Das Gedicht ist kein für sich bestehendes autonomes Ganzes, sondern besitzt Einheit und Harmonie, weil wir es unter dieser Konvention lesen.

Die strukturalistische Literaturwissenschaft erscheint für die Literaturdidaktik von besonderem Interesse, weil sie den Begriff der "literarischen Kompetenz" einführt. Damit scheint sich für das Verhältnis von Literaturwissenschaft und Literaturdidaktik sowohl eine klare Abgrenzung als auch eine Möglichkeit der Zusammenarbeit anzubieten. Die strukturalistische Literaturwissenschaft ermittelt die allgemeinen interpretativen Regeln und Konventionen, während die Literaturdidaktik erforscht, wie diese Regeln und Konventionen gelernt und angeeignet werden können. Im Gegensatz zum New Criticism, der Verallgemeinerungen und Regeln ablehnend gegenübersteht und das einzelne Werk in den Mittelpunkt rückt, geht es dem Strukturalismus um Regeln und das Allgemeine. Ziel des Literaturunterrichts ist es nicht, das einzelne Werk zu erhellen, sondern bestimmte interpretatorische Strategien zu lernen und zur Anwendung zu bringen. Damit wird auch ein Curriculum möglich, in dem von einfacheren zu komplexeren Strategien fortgeschritten werden kann, um die Schüler zur Teilnahme am literarischen Leben zu befähigen. Aber warum sollen sie überhaupt am literarischen Leben teilnehmen?

Bei der Antwort auf diese Frage gerieten die strukturalistische Literaturwissenschaft und die Literaturdidaktik in Schwierigkeiten. Wie wir gesehen haben, versteht die strukturalistische Literaturwissenschaft die Literatur als geschlossenes System, so daß diese keinen Referenz- und keinen Erkenntnisanspruch erheben kann. Worin liegt dann der Sinn der Lektüre literarischer Texte? Gewährt sie dem Leser ästhetisches Vergnügen oder Einsicht in die Wirkungsweise der Sprache und Literatur? Eine Antwort ist bei der radikalen Kritik des Strukturalismus am Subjekt kaum möglich. Autor wie Leser werden in erster Linie als Bündel von Codes, Regeln und Konventionen konzipiert.

Die Betonung des Allgemeinen gegenüber dem Individuellen ist sicherlich berechtigt als Korrektur von Positionen, die Schreiben und Verstehen nur als individuelle kreative Leistung sehen. Aber andererseits sprechen und schreiben die Menschen nicht nur, um die Regeln anzuwenden – außer vielleicht im schlechten Fremdsprachenunterricht –, sondern sie sprechen und schreiben, um ihre Erfahrungen auszudrücken, sich in der Welt zu orientieren und um vielleicht ihre Einsamkeit zu überwinden. Insofern transzendieren sie die Sprache. Das gleiche gilt auch für die Literatur. Autoren schreiben nicht, um Genres und Konventionen anzuwenden, sondern sie wenden diese an, um individuelle Erfahrungen zu gestalten. Das hat zur Folge, wie ich in den nächsten Kapiteln zeigen werde, daß das Verstehen mehr ist als Regelanwendung.

d) Dekonstruktivistische Literaturwissenschaft

Der Dekonstruktivismus geht aus der Kritik am Strukturalismus hervor. Dieser versucht bei der Erklärung der Phänomene ohne Rückgriff auf eine metaphysische Hinterwelt auszukommen: Er erklärt die Phänomene aus ihrer jeweiligen Stellung in einem System bzw. in einer Struktur. Die Bedeutung der Zeichen verweist nicht auf eine Welt jenseits der Zeichen, sondern ergibt sich aus ihrer Differenz zu anderen Zeichen innerhalb einer Struktur. Der französische Philosoph Derrida (1985) zeigt jedoch auf, daß der Strukturalismus nicht leistet, was er vorgibt zu leisten, und sich selbst widerspricht. Wie er ausführt, können wir uns keine Struktur ohne Zentrum vorstellen, d.h., die Struktur bekommt nur Sinn, wenn wir ein strukturierendes Prinzip annehmen. Was ist jedoch dieses strukturierende Prinzip? Es ist nicht erst durch die Beziehung der einzelnen Teile gegeben, denn es bestimmt ja bereits die Anordnung der einzelnen Teile. Es geht somit der Struktur voraus, und der Strukturalismus weicht in eine metaphysische Hinterwelt aus. Angesichts dieser Situation müssen wir nach Derrida das Unmögliche zu denken versuchen: eine Struktur ohne Zentrum und ohne strukturierendes Prinzip. Das bedeutet, wir müssen die Struktur dekonstruieren, um somit die einzelnen Elemente, die die Struktur an einen festen Platz bindet, zu befreien. Damit verändert sich auch das Ziel der Interpretation, wie wir es bis jetzt kennengelernt haben. Es geht nicht mehr darum, einen einheitlichen Sinn zu konstruieren, sondern diesen Sinn zu dekonstruieren, um die Heterogenität und Widersprüchlichkeit der Texte und das freie Spiel ihrer Elemente erfahrbar zu machen.

Diese Überlegungen von Derrida haben vor allem auf die Literaturwissenschaft in den Vereinigten Staaten großen Einfluß ausgeübt. Die Methoden der jeweiligen von Derrida beeinflußten Literaturwissenschaftler sind jedoch sehr unterschiedlich; gemeinsam ist ihnen nur, daß sie die Vieldeutigkeit und Widersprüchlichkeit literarischer Texte in ihren Interpretationen hervorheben. Miller (1985) zieht u.a. die etymologische Geschichte von Wörtern heran, um zu zeigen, wie sich literarische Texte einer eindeutigen Interpretation entziehen. Das erscheint oft willkürlich. Doch wird generell behauptet (Johnson 1985), daß der Dekonstruktivismus nicht gewaltsam Texte dekonstruiert, sondern an ihnen nur aufzeigt, wie sich der Anspruch auf eine unzweideutige Interpretation selbst dekonstruiert. Für Hartmann (1985) ist es die Aufgabe der Kritik, die Heterogenität des Textes nicht wegzuerklären, sondern aufzuspüren. Er fordert "hermeneutic hesitation".

Vertreter des Dekonstruktivismus betonen, daß für Schüler und Studenten die literarischen Texte interessant werden, wenn sie nicht den einheitlichen Sinn eines literarischen Textes rekonstruieren müssen, sondern die Heterogenität und Widersprüchlichkeit literarischer Texte aufspüren können. Die Legitimation einer dekonstruktivistischen Lektüre literarischer Texte sehen sie vor allem darin begründet, daß sie uns dafür sensibilisiert, das Heterogene und Widersprüchliche nicht wegzuerklären, sondern es für die Dekonstruktion von Sinnsetzungen zu nutzen. Dabei steht jedoch das dekonstruktivistische Verfahren selbst in Gefahr, das Heterogene und Widersprüchliche in seiner Besonderheit nicht ernst zu nehmen, sondern nur als ein notwendiges Moment in einem Prozeß der Dekonstruktion zu begreifen. Ferner muß der Literaturdidaktiker bedenken, daß die Dekonstruktion voraussetzt, daß Sinn zunächst einmal gebildet worden ist.

e) Rezeptionsästhetik und Response Theory

Hatte der New Criticism die Reaktionen des Lesers als "Affective Fallacy" abgetan, so stellen Rezeptionsästhetik und Response Theory die Reaktionen des Lesers in den Mittelpunkt. Der literarische Text ist nicht wie ein Gegenstand gegeben, sondern entsteht durch die Tätigkeiten des Lesers, wenn er aus der Abfolge der Wörter eine fiktive Welt entstehen läßt. Fish (1980) gebraucht den Terminus "response", um die vielfältigen Tätigkeiten zu bezeichnen, die während des Leseprozesses ins Spiel kommen. Es geht somit bei der Rezeptionsästhetik und Response Theory nicht so sehr um die Wirkung der Literatur auf den Leser, sondern vor allem um die Tätigkeiten, die notwendig sind, um aus der Abfolge der Wörter eine fiktive Welt entstehen zu lassen.

Iser (1976) hat untersucht, wie der literarische Text den Leser motiviert, an der Sinnbildung mitzuwirken. Von den Textstrategien, die die Tätigkeiten des Lesers lenken, sei hier nur die der "Leerstelle" erwähnt, weil sie die meiste Aufmerksamkeit gefunden hat und oft auch mißverstanden wurde. Iser greift bei seiner Definition der Leerstelle auf den Begriff der Unbestimmtheitsstelle bei Ingarden (1968; 1972) zurück. Für Ingarden enthalten literarische Texte Unbestimmtheitsstellen, die der Leser in der Regel mit seinen konkreten Vorstellungen füllt. Bei Ingarden steht es dem Leser weitgehend frei, ob er die Unbestimmtheitsstelle füllt oder offen läßt. Das Verstehen des literarischen Textes wird dabei nicht wesentlich berührt. Anders dagegen bei Iser, der von Leerstellen spricht, wenn zwei Segmente des Textes aufeinandertreffen und den Leser motivieren, sie zueinander in Beziehung zu setzen. Solche Leerstellen können entstehen, wenn eine Handlung aus unterschiedlichen Perspektiven dargestellt und bewertet wird oder wenn der Leser zwei widersprüchliche Handlungen eines Charakters zueinander in Beziehung setzt.

Die einzelnen Positionen innerhalb der Rezeptionsästhetik und der Response Theory unterscheiden sich vor allem darin, wie sie die Steuerung des Lesers durch den Text einschätzen. Bei Iser und dem frühen Fish spielt der Text eine entscheidende Rolle. Er lenkt den Leser. Bei Bleich (1978) dagegen tritt der Text in den Hintergrund. Die Interpretation sagt weniger über den Text als über den Leser, der durch die Interpretation seine Interessen, Vorlieben und Werte erkennen kann. In den späteren Veröffentlichungen von Fish tritt der Text ebenfalls zurück. Aber er wendet sich weniger dem individuellen Leser und seinen sinnkonstituierenden Tätigkeiten zu, sondern rückt die Regeln und Konventionen der Interpretationsgemeinschaft, die entscheidet, wie Texte interpretiert werden sollen, in den Mittelpunkt.

Rezeptionsästhetik und Response Theory haben wohl in den letzten Jahren den größten Einfluß auf die Literaturdidaktik ausgeübt. Ihre Nähe zur Literaturdidaktik ergibt sich schon daraus, daß sie nicht den Text, sondern die Text-Leser-Beziehung bzw. die Tätigkeiten des Lesers in den Mittelpunkt rücken und damit die Literaturdidaktik ermutigen, dem Schüler und Studenten viel mehr Aufmerksamkeit bei der Sinnbildung zu schenken. Es ergibt sich von hier aus ein enger Zusammenhang zu pädagogischen Vorstellungen, die einen schülerzentrierten Unterricht fordern. Der Schüler als Leser literarischer Texte nimmt nicht nur auf, was in dem Text gegeben ist, sondern kann sich in seiner Reaktion auf den Text selbst kennenlernen. Eine besondere Aufgabe der Literaturdidaktik ist es in diesem Zusammenhang, Methoden zu entwickeln, die diesen Interaktionsprozeß unterstützen und intensivieren. Dabei kann sie auf vielfältige Methoden zurückgreifen, die unter dem Einfluß einer objektiven Interpretation als unwissenschaftlich abgelehnt worden sind (Bredella/Legutke 1985).

Die Überwindung der objektivistischen Literaturwissenschaft und Literaturdidaktik wirft jedoch auch ein gravierendes Problem auf. Wenn der Sinn des literarischen Textes erst in der Interaktion entsteht, dann stellt sich die Frage, ob jede Deutung eines literarischen Textes als legitim angesehen werden muß. Mit dieser Frage hängen die folgenden eng zusammen: Was ist das Ziel der Interpretation? Geht es bei ihr um das Verständnis des Lesers oder des Textes? Wenn es um das Verständnis des Lesers/Schülers geht, lassen sich dann überhaupt Lernziele aufstellen? Die leserorientierte Literaturwissenschaft und Literaturdidaktik hat auf diese Frage unterschiedliche Antworten gegeben. Nach meiner Auffassung scheint es notwendig, die konstitutive Rolle des Lesers anzuerkennen und gleichzeitig darauf hinzuweisen, daß es das vorrangige Ziel der Interpretation ist, den Text zu verstehen. Der Leser kann den Text nur verstehen, wenn er tätig und kreativ wird. Das bedeutet jedoch nicht, daß er seine Vorstellungen in einen amorphen Text projiziert. Er wird vielmehr durch den Text gelenkt und herausgefordert. Der Text bestimmt, welche Leerstellen er füllen bzw. überbrücken muß, welches Vorwissen und welche Vorerfahrungen er dem Text zur Verfügung stellen und wie er sie modifizieren muß. Nur dadurch, daß der Text die Bedingungen setzt, unter denen der Leser kreativ wird, kann Lesen und Verstehen zu neuen Erkenntnissen und zu einem vertieften Selbstverständnis führen.

3. Erkenntnisprobleme und Methoden der Literaturwissenschaft und Literaturdidaktik

Literaturwissenschaftliche Theorien versuchen zu bestimmen, was Literatur konstituiert. Sie erheben damit den Anspruch, bestimmte Phänomene literarischer Texte zu erklären und der Praxis des Verstehens und Interpretierens Orientierungen zu geben. Wie wir gesehen haben, erhellen Theorien aber nicht nur Phänomene an literarischen Texten, sondern zeigen uns das, was Literatur konstituiert, jeweils in einem anderen Licht. Das gleiche gilt auch, wie wir gesehen haben, für literaturdidaktische Theorien. Gemeinsam ist jedoch beiden, Literaturwissenschaft und Literaturdidaktik, daß sie ein besseres Verstehen der literarischen Texte erreichen wollen. Was ist jedoch dieses "Verstehen", das mehr oder weniger alle literaturwissenschaftlichen und literaturdidaktischen Theorien explizit oder implizit in Anspruch nehmen? Kann Verstehen einen Erkenntnisanspruch erheben?

Göttner (1973, 62) betont, daß "dem 'Verstehen', in welcher Variante auch immer" nicht "der Rang einer wissenschaftlichen Methode" zukommt. Was ist für sie eine wissenschaftliche Methode, und warum lehnt sie das "Verstehen" ab? Eine wissenschaftliche Methode besteht für sie darin, daß eine Hypothese aufgestellt und anschließend an den Fakten geprüft wird, ob diese die Hypothese verifizieren bzw. falsifizieren. Ziel dieses Verfahrens ist es, gesetzmäßige oder statistische Regelmäßigkeitsannahmen, die Vorhersagen ermöglichen, aufstellen zu können. Letztlich ist alles Wissen daran zu messen, ob es Vorhersagen ermöglicht. Diese für eine wissenschaftliche Methode notwendigen Voraussetzungen erfüllt das

Verstehen jedoch nicht. Der hermeneutische Zirkel, der das Verstehen bestimmt, besagt, daß wir, um das Einzelne verstehen zu können, bereits eine Vorstellung vom Ganzen besitzen müssen und daß unsere Vorstellung vom Ganzen durch den Text vermittelt wird. Göttner kritisiert an diesem Verfahren, daß es sich der Falsifizierung entzieht. Wir verändern den Sinn der einzelnen Teile, um sie im jeweiligen Kontext als sinnvoll verstehen zu können, und wir verändern das Ganze, wenn einzelne Teile es nahelegen.

Während Göttner das Verstehen als unwissenschaftlich ablehnt, glaubt Schmidt (1975) es zu retten, indem er den hermeneutischen Zirkel in die Sprache der empirisch-analytischen Wissenschaftsauffassung übersetzt. Für Schmidt ist das Ganze des hermeneutischen Zirkels die Hypothese, während die einzelnen Textstellen die Fakten sind, an denen die Hypothese entweder falsifiziert oder verifiziert wird. Diese Umformulierung übersieht jedoch, daß das Ganze nicht eine neutrale Hypothese darstellt, sondern das Einzelne beeinflußt und daß daher das Einzelne nicht als ein Faktum angesehen werden kann. Man ist beim Verstehen in den hermeneutischen Zirkel verstrickt. Bedeutet dies jedoch, daß Verstehen zu keiner Erkenntnis fähig ist? Der hermeneutische Zirkel ist kein circulus vitiosus, weil das einzelne Wort bereits eine bestimmte Identität besitzt, die nicht nur von seiner Stellung im Ganzen bestimmt wird, auch wenn die einzelnen Worte erst ihre volle Bedeutung im Kontext erhalten.

Um jedoch das Problem des Verstehens angemessen in den Blick zu bekommen, dürfen wir uns nicht auf den hermeneutischen Zirkel zwischen Teil und Ganzem in einem Text beschränken, sondern müssen ihn auf die Beziehung zwischen Text und Leser ausweiten und uns fragen, warum wir uns einem Text zuwenden und was in dieser Zuwendung geschieht. Während Göttner Wissenschaft auf die Frage nach den Methoden reduziert, betont Gadamer (1972) in *Wahrheit und Methode*, daß diese Reduktion aus dem Blick verliert, was jede Wissenschaft an Voraussetzungen in Anspruch nimmt, und die Frage unbeantwortet läßt, warum wir Texte aus der Vergangenheit oder einer anderen Kultur zu verstehen suchen. In der Regel wenden wir uns nicht diesen Texten zu, um die seltsamen Gedanken anderer kennenzulernen, die wir dann psychologisch und historisch zu erklären suchen, sondern um uns über die Sache, die der Text darstellt, zu verständigen. Das hat zur Voraussetzung, daß wir dem Text zutrauen, daß er die Sache besser versteht, als wir sie selbst verstehen, und daß wir von ihm lernen können. Es geht demnach beim Verstehen nicht nur darum, die Auffassung eines Textes in ihrer Verschiedenheit zu unserer eigenen zu ermitteln, sondern uns auch von ihr ansprechen zu lassen, so daß es zwischen dem Text und uns zu einem Dialog kommt, bei dem das erzielte Verstehen sowohl die Auffassung des Textes als auch unsere eigene überschreiten kann. Eine solche Konzeption des Verstehens versucht nicht, die eigenen Voraussetzungen auszuklammern, um mit dem Fremden identisch zu werden, sondern erkennt die Differenz zwischen dem Fremden und dem Eigenen an, weil das Ziel des Verstehens nicht die Erkenntnis der Persönlichkeit des Autors ist, sondern die Verständigung in der Sache. Dieses hermeneutische Verstehen wendet sich nicht gegen die wissenschaftlichen Methoden, aber durchschaut ihren begrenzenden und verfremdenden Charakter und betont, daß es beim Verstehen nicht nur um die Abgrenzungen zwischen Fremdem und Eigenem, sondern auch um Verständigung mit ihm geht.

Verstehen als Dialog in dem hier angedeuteten Sinne besagt, daß wir einerseits nicht in unserer Kultur und Sprache gefangen sind und daß wir andererseits immer nur von einem bestimmten Standpunkt aus verstehen. Jede Perspektive erhellt bestimmte Dinge und verstellt andere, doch können wir verschiedene Perspektiven einnehmen. Dieses Wechselspiel wird auch an den oben erläuterten Literaturbegriffen deutlich. Was wir an der Literatur wahrnehmen, ist nicht unmittelbar gegeben, sondern über den jeweiligen Literaturbegriff vermittelt. Er lenkt gleichsam hinter unserem Rücken unsere Wahrnehmung und unser Verstehen. Das bedeutet aber nicht, daß wir in diesem Vorverständnis gefangen bleiben müssen. Wir können, wie wir gesehen haben, die jeweiligen Literaturbegriffe ins Bewußtsein heben und vergleichen, was sie jeweils an der Literatur erhellen bzw. verstellen. Was ich hier für die Literaturbegriffe angedeutet habe, läßt sich mit exemplarischer Deutlichkeit an literarischen Texten entfalten. Die Beschäftigung mit Literatur hat nicht zuletzt darin ihren Sinn, daß Schüler und Studenten in einer Gruppe erfahren, wie sie ein und denselben Text unter unterschiedlichen Perspektiven deuten können und wie sie an der Sinnkonstitution beteiligt sind, so daß sie angeregt werden, die eigenen Voraussetzungen zu reflektieren.

Diese Reflexion scheint mir für den Fremdsprachenunterricht und das interkulturelle Verstehen von besonderer Bedeutung. Wer eine andere Kultur verstehen will, muß lernen, Phänomene der fremden Kultur mit den Augen der Mitglieder dieser Kultur zu sehen und zu deuten. Eine Literaturdidaktik, die zu unterschiedlichen Deutungen und zu einem reflektierten und selbstkritischen Umgang mit dem eigenen Vorverständnis anregt, wird hier zu einem wichtigen Moment der allgemeinen Erziehung zum Verstehen. Das aber darf nicht bedeuten, daß wir das Verstehen literarischer Texte auf Selbstreflexion verkürzen und dabei vergessen, daß sie uns etwas zu sagen haben und daß wir uns über das Dargestellte verständigen können, so daß wir im Verstehen verändert werden. Darüber hinaus können literarische Texte zum Verstehen der fremden Kultur insofern beitragen, als fiktive Texte zwar nicht die geschichtlich-soziale Oberflächenwirklichkeit getreu abbilden, aber in der Regel zentrale Wertvorstellungen einer Kultur und Konflikte zwischen diesen Wertvorstellungen thematisieren (vgl. Art. 25).

Literatur

Apel, Karl-Otto (1973), "Die beiden Phasen der Phänomenologie in ihrer Auswirkung auf das philosophische Vorverständnis von Sprache und Dichtung in der Gegenwart", in: Karl-Otto Apel, *Transformation der Philosophie*, Bd. 1, Frankfurt a.M., 79-105.
Barthes, Roland (1967), *Kritik und Wahrheit*, Frankfurt a.M.
Bleich, David (1978), *Subjective Criticism*, Baltimore.
Bredella, Lothar/Legutke, Michael (1985), *Schüleraktivierende Methoden im Fremdsprachenunterricht Englisch*, Bochum.
Brooks, Cleanth (1947), *The Well Wrought Urn. Studies in the Structure of Poetry*, New York.
Bürger, Peter (1975), "Ideologiekritik und Literaturwissenschaft", in: Peter Bürger (Hrsg.), *Vom Ästhetizismus zum Nouveau Roman/Versuche kritischer Literaturwissenschaft*, Frankfurt a.M., 1-22.
Culler, Jonathan (1975), *Structuralist Poetics*, London.
Dahrendorf, Malte (1971), "Trivialliteratur als Herausforderung für eine literaturdidaktische Konzeption", in: *Diskussion Deutsch*, Jg. 2, H. 6, 302-313.
Derrida, Jacques (1985), "Die Struktur, das Zeichen und das Spiel im Diskurs der Wissenschaften vom Menschen", in: Jacques Derrida (Hrsg.), *Die Schrift und die Differenz*, Frankfurt a.M., 422-442.
Fish, Stanley (1980), *Is There a Text in This Class?*, London.
Gadamer, Hans Georg (1972), *Wahrheit und Methode. Grundzüge einer philosophischen Hermeneutik*, 3. Aufl., Tübingen.
Göttner, Heide (1973), *Logik der Interpretation*, München.
Grabes, Herbert (1981), *Fiktion – Imitation – Ästhetik. Was ist "Literatur"?*, Tübingen.
Gründwaldt, Hans Joachim (1970), "Didaktik des Deutschunterrichts in der Wandlung", in: Heinz Ide (Hrsg.), *Bestandsaufnahme Deutsch*, Stuttgart, 171-186.
Hartmann, Geoffrey H. (1985), "Understanding Criticism", in: Douglas Atkins/Michael L. Johnson (eds.), *Writing and Reading Differently*, Kansas, 149-168.
Ingarden, Roman (1968), *Vom Erkennen des literarischen Kunstwerks*, Tübingen.
Ingarden, Roman (1972), *Das literarische Kunstwerk*, Tübingen.
Iser, Wolfgang (1976), *Der Akt des Lesens*, München.
Johnson, Barbara (1985), "Teaching Deconstructively", in: Douglas Atkins/Michael L. Johnson (eds.), *Writing and Reading Differently*, Kansas, 140-148.
Marcuse, Herbert (1965), "Über den affirmativen Charakter der Kultur", in: Herbert Marcuse, *Kultur und Gesellschaft*, Frankfurt a.M., 56-101.
Miller, J. Hillis (1985), "The Two Rhetorics: George Elliot's Bestiary", in: Douglas Atkins/Michael L. Johnson (eds.), *Writing and Reading Differently*, Kansas, 101-114.
Propp, Vladimir (1972), *Morphologie des Märchens*, München.
Schmidt, Siegfried J. (1975), *Literaturwissenschaft als argumentierende Wissenschaft*, München.
Wellek, René/Warren, Austin (1956), *Theory of Literature*, New York.
Wimsatt, William K./Beardsley, Monroe C. (1954), *The Verbal Icon*, Lexington, 3-65.

Lothar Bredella

10. Kultur- und Landeswissenschaften

1. Problemaufriß

Fremdsprachenunterricht ist kein Selbstzweck. Auch wenn bei Befragungen als Motivation für die Wahl von Englisch der praktische Nutzen, von Französisch oder Italienisch dagegen "Schönheit der Sprache" angegeben wird, auch wo Literatur im Vordergrund steht, sucht man in meist unklarer Form Begegnung mit der Kultur, die sich in dieser Sprache ausdrückt. Ähnliches steht hinter allen Bestrebungen, einen Unterricht zu entwickeln, der sich in irgendeiner Form als "kommunikativ" versteht. Begegnung zwischen Menschen ist immer auch die mißverständnisträchtige Begegnung zwischen den Kulturen, denen sie entstammen.

Von der Erwartung seiner Auftraggeber wie der Lernenden her sollte der Fremdsprachenlehrer also mehr sein als ein bloßer Sprachingenieur oder Trainer, der bezugslose Fertigkeiten vermittelt. Er ist, ob er dies will oder nicht, ob er dafür ausgebildet wurde oder (meist) nicht, ein Mittler zwischen den Kulturen.

Diese Aufgabe verbindet sich in oft zu wenig durchdachter Form mit Postulaten der sogenannten "Landeskunde", dem berechtigten Wunsch, mehr über die Länder zu wissen, deren Sprachen man lernt und mit denen man jetzt oder später in Berührung tritt. Wieweit ist diese Erwartung im Fremdsprachenunterricht zu erfüllen? Welche Lernziele sind in Hinblick auf künftige Orientierungs- und Lernfähigkeit in diesem Bereich so wichtig, daß sie integrierender Teil der Sprachdidaktik werden müssen, selbst wenn dies auf Kosten der Zeit für rein sprachliche Exerzitien geht?

Die hier notwendigen Entscheidungen, die auch jeder Lehrer ständig neu zu treffen hat, setzen eine realistische Einschätzung dessen voraus, was sinnvoll und möglich ist, also eine kritische Überprüfung sowohl des Fremdsprachenunterrichts als auch der Möglichkeiten zur Erschließung und Vermittlung von Kulturen. Die Diskussion kreist dabei meist um den ominösen Begriff "Landeskunde", der viel Verwirrung stiftet.

2. Verwirrspiele der Landeskundediskussion

Das Thema "Landeskunde" war in den sechziger und siebziger Jahren zum Monster von Loch Ness der Fremdsprachenphilologie geworden. Linguistik, Literaturwissenschaft und ein behavioristisch mechanisierter Fremdsprachenunterricht hatten eine Entwicklung genommen, die alles, was nicht in das jeweilige theoretische Schema oder in das didaktisch bis ins letzte durchgeplante Sprachtrainingsprogramm paßte, entweder ganz ausklammerte oder in eine diffuse Außenwelt bloßen Kontextwissens verbannte (dies vollzieht am systematischsten Schmidt 1980; Kritik an diesem Ansatz in Picht 1980a). Damit hatte sich eine traditionelle Haltung der Philologien, die seit ihrer akademischen Entwicklung zur Sprach- und Textwissenschaft dazu neigten, die nicht in ihre Gegenstandsdefinition passenden Gegebenheiten der fremden Kultur zu bloßen "Realien" herabzuwürdigen, zu szientischer Radikalität verschärft.

Da wichtige Interessen der Beschäftigung mit fremden Sprachen und Kulturen bei dieser linguistischen und textwissenschaftlichen Verengung nicht mehr berücksichtigt werden konnten, bildete sich als Gegenbewegung zur traditionellen Philologie zunächst in der französischen, englischen und amerikanischen Hochschulgermanistik eine Schule aus, die nun nicht mehr Literatur, sondern Politik und Gesellschaft zum Gegenstand der "Civilisation allemande" oder der "German studies" machen wollte (Siegler 1972; Althof 1990).

In der deutschen Romanistik wurde daraus eine vor allem von Nachwuchskräften vertretene, auch hochschulpolitisch gegen die etablierten Traditionsträger angehende Frankreichkundebewegung. Auch diese strebte nach Totalität, konnte sich aber aus politischen und wissenschaftstheoretischen Gründen nicht auf die landeskundliche deutsche Tradition der zwanziger Jahre, auf jene teilweise höchst nationalistische Kulturkunde und "Wesensschau" berufen, die im Bild des Fremden ausdrücklich auch das postulierte "deutsche Wesen" spiegelte.

Die neue deutsche Frankreichkunde der siebziger Jahre strebte dagegen nach mehr Wissenschaftlichkeit, nicht zuletzt um sich gegenüber dem szientistischen Anspruch von Linguistik und Literaturwissenschaft behaupten zu können. Sie bezeichnet sich fortan als "Landeswissenschaft".

In der Anglistik, wo vor allem die "Amerikakunde" ein etabliertes Fach mit eigenen Instituten darstellt, entwickelten sich insbesondere aus der Fachdidaktik neue Ansätze für einen mehr inhaltsbezogenen, auf die Realität internationaler Beziehungen zielenden Fremdsprachenunterricht (Buttjes 1980).

Jenseits dieser durch Gruppeninteressen und oft gewollte Mißverständnisse verfälschten "Landeskundediskussion", die als Konflikt zwischen Tradition und Moderne ähnlich auch in anderen Ländern ausgetragen wurde, gerieten auch Linguistik und Literaturwissenschaft in Bewegung. Pragmalinguistik besann sich darauf, daß Sprechakte ihren Sinn aus konkreten Situationen gesellschaftlicher Kommunikation beziehen, daß neben der Unterschiedlichkeit der Sprachen auch außersprachliche kulturelle Differenzen zu berücksichtigen sind. Semantik wurde wieder intensiver betrieben und verwies auf die realen, das heißt immer auch kulturspezifisch gesellschaftlichen Bezüge der von ihr untersuchten Begriffsfelder. Literaturwissenschaft erforschte die gesellschaftlichen Bedingungen literarischer Produktion und Rezeption und entwickelte damit Elemente einer Literatursoziologie, die sich ebenfalls auf die Spezifika der nationalen Kulturen beziehen.

Auch der Fremdsprachenunterricht konnte sich bei allem sprachlichen Perfektionismus der Tatsache nicht verschließen, daß die geforderte "kommunikative Kompetenz" sich auf die Kommunikation zwischen lebendigen Menschen aus unterschiedlichen Kulturen zu beziehen hat, Verstehen und Sichverständlichmachen also nur möglich werden, wenn diese soziokulturellen Elemente wieder stärker in den Fremdsprachenunterricht einbezogen werden. "Landeskunde" und Versuche zur Überwindung vorurteilsträchtiger Stereotypen wurden also wieder zum Thema der Fremdsprachendidaktik.

Konvergierend stellte sich also von neuem die Frage, wie sich kulturelle Zusammenhänge in Forschung, akademischer Lehre und im Fremdsprachenunterricht erfassen und vermitteln lassen.

3. Aporien der Totalität

Die Landeskundediskussion, die von den Philologien ausgehende Soziolinguistik und Literatursoziologie und der Fremdsprachenunterricht stoßen unweigerlich auf ein gemeinsames Kernproblem: Alle Manifestationen einer Kultur, ob es sich nun um Gesellschaftsstrukturen, Siedlungsformen, Verhaltensweisen, Sprache, geistiges Leben oder Kunst handelt, sind Teile eines Ganzen, deren Gestalt und Bedeutung durch das Zusammenwirken historischer und funktionaler Zusammenhänge zwischen verschiedenen Aspekten dieser Kultur bedingt sind. Das Ganze bestimmt also die Teile, die Wechselbeziehung der Teile das Ganze. Dessen Erfassung wird zusätzlich dadurch erschwert, daß unaufhaltbarer historischer Wandel jedes dieser Teile ständig verändert. Diese, wie auch das Ganze, sind zudem nicht als Nationalkultur isolierbar, sondern stehen in ständigen internationalen Wechselbeziehungen. Schließlich können die eigenen Äußerungen einer Kultur nicht einfach unbefragt zu deren Beschreibung übernommen werden, da sie selbst immer nur Teilaussagen in bezug auf andere Teilaussagen darstellen und dem verwirrenden Wechselspiel von Sein und Bewußtsein unterliegen.

Diese hohe Komplexität kultureller Zusammenhänge hat die Pioniere landeskundlicher Erneuerung nicht davon abgehalten, theoretische Entwürfe zu entwickeln, die zumindest als Postulat auf eine Erfassung des Ganzen fremder Kultur zielen.

Für den Französisch- und Englischunterricht wurden Konzepte entwickelt, die eine Gesamtkonstruktion der Kultur und ihrer Wahrnehmung postulierten. Weltweit verbreitete französische Ansätze beruhen auf einer komplexen Theorie der Wechselwirkung zwischen gesellschaftlichen Strukturen und Manifestationen, in denen auch die Gegenstände und Lernziele des Fremdsprachenunterrichts verortet sind (Reboullet 1971). Ausgehend von der Stereotypenforschung fordert Keller (1983) für das Englische eine analoge Vernetzung aller gesellschaftlichen Lebensbereiche.

Die entsprechenden Totalitätsproklamationen für Germanistik und Deutschunterricht, denen auch die Auswärtige Kulturpolitik der Bundesrepublik Deutschland mit dem "erweiterten Kulturbegriff" Rechnung zu tragen sucht, werden zusätzlich durch die Komplexität des deutschsprachigen Raumes erschwert.

Diese aus den Philologien alleine heraus nicht mehr leistbaren Landeskundeentwürfe erhofften – wollten sie nicht dem Dilettantismus und den Verlockungen vorurteilsträchtiger "Wesensschau" verfallen – Hilfe von jenen Wissenschaften, die ebenfalls in den sechziger und siebziger Jahren mit einem neuen Totalitätsanspruch auftraten: Philologie wollte auf Soziologie bauen können.

Dabei verkannte sie in naivem Glauben an die Nachbarwissenschaften die Komplexität und Vielfalt sozialwissenschaftlicher Ansätze, die ihrerseits weit davon entfernt sind, Kulturen als Ganze so umfassend und griffig beschreiben zu können, wie dies das Landeskundepostulat erhofft. Schon der Kulturbegriff selbst ist umstritten und kann jeweils nur für Teilziele operationalisiert werden (Bausinger 1980; Billington/Strawbridge/Greensides/Fitzsimons 1991).

Die Kulturanthropologie, wie sie für die Beschreibung sogenannter "primitiver" Gesellschaften entwickelt worden war, bietet gewiß verschiedene Modelle zur Analyse funktionaler Zusammenhänge zwischen Gesellschaftsstrukturen und symbolischen Ausdrucksformen. Zur Erfassung komplexer moderner Gesellschaften besitzen diese in der Kulturanthropologie selbst umstritten Ansätze vor allem heuristischen Wert, erlauben also nicht die erhofften definitiven Aussagen.

Ähnliches gilt für den aus der amerikanischen Soziologie hervorgegangenen Struktur-Funktionalismus, der die Erscheinungen und Vorgänge in einer Gesellschaft durch ihren allgemein beschreibbaren Nutzen für das Ganze oder für einzelne Gruppen zu deuten versucht, auch dann, wenn er bis zur Systemtheorie vorangetrieben wird. So nützlich dieser gerade für den internationalen Vergleich auch ist, so erkauft er doch die logische Schlüssigkeit seiner Aussagen durch einen so hohen Verallgemeinerungsgrad der Funktionsbezeichnungen, daß wichtige kulturelle Besonderheiten ausgeklammert bleiben müssen. Auch er bietet deshalb theoretische Hilfestellungen von nur "mittlerer Reichweite" (Merton 1968).

Verlockend schien manchen Philologen auf der Suche nach totalitätserfassenden Erklärungsschemata auch der nach einer langen Pause der Verdrängung in den sechziger Jahren neu entdeckte Marxismus. Bot er nicht einen allgemeingültigen Schlüssel zur Struktur der Gesellschaften und zum gemeinsamen Bewegungsgesetz der Geschichte? Bald aber wurde deutlich, daß eine nach einem einheitlichen Schema durchgeführte Analyse der Klassenverhältnisse zwar einen wichtigen, aber keineswegs ausreichenden Schritt zum Verständnis fremder Gesellschaften darstellte und daß gerade die für die Landeskunde der Philologien wichtigen kulturellen Phänomene noch nicht hinreichend erfaßt sind, wenn man sie nur als Überbau einer sozioökonomischen Basis interpretiert (Gramsci 1983).

Die Sozialwissenschaften erweisen sich bei näherem Zusehen also gerade dann als ebenso partiell und vorläufig wie die Philologien, wenn sie ihren wissenschaftlichen Anspruch ernstnehmen. Sie bieten den Philologen keine Patentrezepte: auch hier wie in allen Wissenschaften bleibt das Verhältnis zwischen den Teilen und dem Ganzen erkenntnistheoretisch und forschungspraktisch problematisch.

Die Reaktion auf die Aporien der Totalität sollte deshalb auch nicht Resignation oder Willkür sein, sondern der sorgsame Umgang mit den durchaus berechtigten Fragestellungen und Anliegen, die hinter den Postulaten der Landeskunde stehen und die einen der wichtigsten Impulse zur Beschäftigung mit fremden Sprachen und Kulturen darstellen. Man sollte sich klarmachen, daß sie durch keinen Rückgriff auf eine schulmäßige Leitwissenschaft zu lösen sind (Picht 1980b), sondern wie alle Wissenschaften nur den Charakter eines immer wieder zu überprüfenden interdisziplinären Projektes haben können.

Erkenntnistheoretisch und informationspraktisch ist in diesem Sinne nicht nur wissenschaftliche Forschung Projekt, sondern jeder Versuch, sich mit fremder Kultur zurechtzufinden.

4. Alltag: aber was ist das?

Angesichts der Begrenzungen des Fremdsprachenunterrichts und unter dem Einfluß der Ansätze einer dem Philologen vertrauteren "sprachbezogenen Landeskunde" und nicht zuletzt auch unter dem Eindruck einer die Lebenswelt der einfachen Leute wie einen unbekannten Kontinent entdeckenden Geschichtswissenschaft und Soziologie wichen weite Kreise der Fremdsprachendidaktiker von den kulturwissenschaftlichen Aporien der Totalität in die scheinbar vertrauteren Gefilde von "Alltagskultur" aus. Bei diesem Bestreben verband sich eine oft fast kulturrevolutionäre Abwendung vom alten gymnasialen Bildungsideal mit der Suche nach auch sprachdidaktisch relevanten kommunikativen Situationen.

Der teils fremde, teils vertraute Alltag im Ausland scheint alltäglich erlebbar. Die Alltagserfahrung und die universalen Lebensbedürfnisse des Menschen wie Essen, Wohnen, Liebe und Streit sollen die Brücke vom Eigenen zum Fremden bilden. Insbesondere aus den amerikanischen Kulturwissenschaften wurden Kategorien derartiger Universalien als Grundlagen des interkulturellen Vergleichs übernommen (Mog/Althaus 1992). Alltag läßt sich auch lernerzentriert und altersspezifisch vermitteln. Die Schüler sollten ausgehend von der eigenen Lebenserfahrung Eingang in die hinter andersartigen Erscheinungsformen sich befindende gar nicht so fremde Lebenswelt der anderen Kultur gewinnen.

Eine derartige auf Alltag bezogene Lernzieldefinition erweist sich bei näherer Betrachtung aber als fast noch anspruchsvoller als die Totalitätsprobleme auf historische und soziologische Makrostrukturen gerichteter Kulturwissenschaften.

Versucht man Alltagssituationen in nachprüfbarer Weise zu beschreiben und zu deuten, offenbart sich in ihnen eine besonders hohe Komplexität des Zusammenwirkens historischer, ökonomischer und kultureller Faktoren (Goffman 1977; Soeffner 1988). Alltag ist auch keineswegs bloße ahistorische Gegenwart. Durch den Sozialisationsprozeß sind die Akteure der Alltagskommunikation, ob sie es wissen und wahrnehmen wollen oder nicht, in den Entwicklungsprozeß ihrer Gesellschaften eingebunden (Krappmann 1982; Heller 1978; Dubar 1991). Bei näherer Betrachtung ist Alltag also keineswegs alltäglich. Gerade weil er spontan und nicht durchdacht verläuft, enthält er die ganze Komplexität weitgehend unbewußter kultureller Beziehungsgeflechte, ist also, je weniger diese sublimiert sind, wesentlich weniger universal als Wissenschaft, Literatur und Kunst.

5. Perspektiven der Fremdheit

Die erkenntnistheoretische Problematik wissenschaftlicher Projektstrategien verweist ebenso wie die interpretatorische Reflexion der Hermeneutik und die Interaktionsformen der Alltagserfahrung auf die Bedeutung des wahrnehmenden Subjekts für den Verstehens- und Mißverstehensprozeß. Wahrnehmung erweist sich als eine fortschreitende Subjekt-Objekt-Dialektik mit all ihren nur teilweise bewußten psychologischen Interessenkonstellationen (Schwerdtfeger 1993).

Im Prozeß der Wahrnehmung anderer Sprachen und Kulturen ist diese Subjekt-Objekt-Beziehung immer auch das Verhältnis zwischen dem Eigenen und dem Fremden. Analogiedenken und schockartige Fremdheitserfahrungen wechseln einander ab und erzeugen Interferenzen, die weiter gehen als bloße semantische Bedeutungsabweichungen (Müller 1986; Elbeshausen/Wagner 1985). Verstehen und Sichverständlichmachen erweisen sich also als ein ständiger Prozeß des Vergleichs, in den die eigene Situation und ihre kulturellen Bedingtheiten ebenso eingehen wie Erfahrungen und Informationen über die fremde Kultur. Fremdsprachen lernen, das Lesen fremdkultureller Texte und die Auslandserfahrungen sind also auch dann ein kontinuierlicher Prozeß interkultureller Kommunikation, wenn dieser gar nicht bewußt wahrgenommen oder gesteuert wird. Dieser Prozeß der Wahrnehmung von Fremdkultur ist gerade, weil hier das Gewohnte und Abgesicherte durchbrochen wird, in besonderem Maße psychologischen Mechanismen und Interessen von Lust und Angst unterworfen. Nicht von ungefähr ist das Bild des Fremden ein bevorzugtes Terrain nur psychoanalytisch erklärbarer Projektionen (Picht 1980a). Kulturelle und psychologische Interferenzen beeinflussen auch in erheblichem Maße die Rezeption fremdkultureller Literatur. Fremdheitserfahrungen lassen sich deshalb an literarischen Beispielen besonders deutlich fassen (Krusche 1985).

Neue Ansätze zu einer kulturelle Differenzen thematisierenden Fremdsprachendidaktik ergeben sich auch aus der Notwendigkeit, ausländischen Arbeitnehmern und ihren Familien sprachlich und sozial die Orientierung zu erleichtern. Die Problematik interkultureller Interferenzen wurde in der Bundesrepublik umso bewußter, je größere kulturelle Differenzen insbesondere mit islamischen Arbeitnehmern aus der Türkei zu überwinden waren (Rehbein 1985; Gogolin et al. 1991).

Ein Paradigmenwandel vollzog sich auch in der Germanistik in dem Maße, wie die Differenzen von Interessen und Perspektiven zwischen der traditionellen deutschen Muttersprachengermanistik und der Beschäftigung mit deutscher Sprache und Literatur aus der Sicht des Auslands deutlich wurden.

Wierlacher gebührt das Verdienst, diese Perspektiven von Germanistik als Studium einer fremden Kultur systematisch als Grundlagen eines eigenen Fachs durchdacht und im *Jahrbuch Deutsch als Fremdsprache* und in der Gesellschaft für Interkulturelle Germanistik zu einer neuen Gemeinsamkeit zusammengeführt zu haben (Wierlacher 1980; 1985; 1987a; 1987b).

6. Lernziel transnationale Kommunikationsfähigkeit

Interkulturelle Germanistik, die kritische Selbstüberprüfung des Englisch- und Französischunterrichts und die sich entwickelnde lernerzentrierte Pädagogik interkultureller Kommunikation haben eine neue Sensibilität für die inhaltlichen und affektiven Dimensionen des Fremdsprachenunterrichts geschaffen. Die Forderung nach Sensibilität alleine gibt aber noch keine Orientierung für die Wahl von Prioritäten und Themen; sie genügt auch nicht, um die bedrohte Stellung von Fächern wie Französisch und Deutsch an Schulen und Hochschulen wieder so zu konsolidieren, daß niemand ihre Notwendigkeit bestreiten kann.

Die heikle Frage nach Sinn, Unsinn und Überleben des Fremdsprachenunterrichts ist deshalb auch eng mit der Frage nach Lernzielen und Inhalten, also mit der Frage nach "Landeskunde" verbunden. Allgemeine Proklamationen und politische Absichtserklärungen reichen offenbar nicht aus, um die schleichende Erosion des Fremdsprachenunterrichts mit Ausnahme des Englischen aufzuhalten. Dies ist darauf zurückzuführen, daß sich de facto zwei Weltsprachen als internationale "Koine" für Naturwissenschaften, Technik, Wirtschaft und Reiseorganisation durchgesetzt haben: "bad english" und Informatik. Das Erlernen anderer Sprachen (auch eines differenzierteren Englisch) hat demgegenüber eine Komplementärfunktion, deren Konsequenzen noch nicht genügend durchdacht sind. Um diese bestimmen zu können, ist eine genauere Analyse der Stellung erforderlich, die die jeweiligen Sprachen und Kulturen in den internationalen Beziehungen für ihre Partnerländer einnehmen. Diese Funktion betrifft nicht nur Politik, Wissenschaft, Technik, Wirtschaft und Umwelt, sondern ebenso die Traditionen und Entwicklungspotentiale des kulturellen Austauschs (Picht 1987; Müller-Jacquier 1991).

Am Beispiel des Französischunterrichts in der Bundesrepublik Deutschland wurde in einem Projekt der Robert Bosch Stiftung erstmals dieser Ansatz erprobt. Der Expertenkreis zur "Rolle der Landeskunde im Französischunterricht" veröffentlichte seine *Stuttgarter Thesen* unter dem Titel *Fremdsprachenunterricht und internationale Beziehungen* (Robert Bosch Stiftung et al. 1982). Sie gehen von der Erfahrung aus, daß selbst zwischen den Nationen Westeuropas weiterhin erhebliche kulturelle Unterschiede bestehen.

Sie prägen Verhalten und Denkweise auch dann, wenn die Partner den Nationalismus längst überwunden zu haben glauben. Mit der reduzierten Kommunikation über "bad english" und Informatik sind diese Unterschiede nicht zu überbrücken. Erfahrungen aus der Wirtschaft und internationalen wissenschaftlichen Projekten bestätigen, daß die Kommunikationshindernisse durch sogenannte "Mentalitätsunterschiede" eines der Haupthindernisse vertiefter europäischer Zusammenarbeit darstellen (Robert Bosch Stiftung/Fondation de France 1988; Robert Bosch Stiftung/Fondation Européenne de la Culture 1988). Das in den *Stuttgarter Thesen* formulierte Lernziel für den Fremdsprachenunterricht lautet deshalb auch nicht mehr bloße kommunikative oder interkulturelle Kompetenz, sondern ausdrücklich "transnationale Kommunikationsfähigkeit" (Robert Bosch Stiftung et al. 1982; Baumgratz-Gangl 1990).

7. Bildung für die internationale Zusammenarbeit

Die Qualifikationen, die für interkulturelles Verstehen und für erfolgreiches internationales Handeln erforderlich sind, gehen – wie die verschiedenen hier vorgestellten Ansätze übereinstimmend zeigen – über eine bloße formale Beherrschung von Fremdsprachen weit hinaus. Sie erfordern intelligente Sensibilität und eine Lernfähigkeit, die sich nicht in den raschen *crash courses* der üblichen Auslandsvorbereitung erwerben lassen. Der zur Orientierung unerläßliche internationale Vergleich ist ohne angemessenes, historisch fundiertes Wissen über die eigene und die fremde Kultur und ohne eine Einübung in die Kategorien und Fehlerquellen der Analyse gesellschaftlicher Strukturen und Funktionen und ihrer Unterschiedlichkeit in verschiedenen Kulturen nicht leistbar.

Die psychologischen Mechanismen, die bei der Wahrnehmung des Fremden wirksam werden, müssen erfahren und diskutiert werden. Dies führt weiter als die übliche Isolierung von Stereotypen in der illusorischen Hoffnung, damit "Vorurteile abzubauen". Der Umgang mit Literatur ist in besonderem Maße geeignet, die Sensibilität für Fremdheitserfahrungen zu schulen.

Internationale Qualifikation erfordert also Einstellungen, Kenntnisse und Fähigkeiten, die nicht ad hoc, sondern nur im Prozeß lebenslangen Lernens zu erwerben sind. Die Grundlagen internationalen Lernens müssen fächerübergreifend in der Schule geschaffen werden. Sie bilden die Elemente eines neuen Humanismus. Auf allen Alters- und Lernstufen hat der Fremdsprachenunterricht hierfür eine zentrale Bedeutung. Das Erlernen der Sprache und des untrennbar mit ihm verbundenen, bisher aber kaum berücksichtigten Kulturvergleichs kann nur exemplarisch erfolgen. Der mit dem Vergleich, also der Reflexion über die eigenen Gewohnheiten und Verhältnisse, verbundene angebliche Zeit"verlust" bedeutet einen Gewinn an auf andere Beispiele übertragbarer Orientierungs- und Lernfähigkeit.

Derartiges entdeckendes und bewußt vergleichendes Lernen sollte mehr als bisher Auslandserfahrung durch Klassenreisen, Schüleraustausch und Tourismus in den eigentlichen Unterrichtsprozeß einbeziehen. Sie erlauben es, Erfahrungen im wahren Sinne des Wortes zu hinterfragen, stereotype Wahrnehmungsmuster bewußtzumachen, zusätzliche Informationen erschließen zu lernen und diese als Teil einer Geschichte zu interpretieren. Ein derartiger auf entdeckendes Lernen abgestellter Fremdsprachenunterricht vermittelt also durchaus Wissen, stellt es aber in reale und perzeptorische Zusammenhänge. Neben die sprachliche Progression könnte eine thematische Progression treten, die zugleich Stufen wachsender Orientierungs- und Lernfähigkeit bezeichnet. Entsprechend sollte die Aus- und Fortbildung in Studium und Beruf stärker als bisher Fremdsprachen und internationales Lernen auch in Studiengänge für Nichtphilologen einbeziehen.

In einer Welt, in der internationale Verflechtung und damit interkulturelle Begegnung und Zusammenarbeit für politische Aufgaben wie die Erhaltung des Friedens, für die wirtschaftliche Entwicklung und den Umweltschutz und auch für den Alltag weiter Kreise der Bevölkerung eine in ihrem Ausmaß noch kaum wahrgenommene Bedeutung angenommen haben, muß sich auch das Bildungswesen für mehr Internationalität öffnen. Alle Bemühungen um Fremdsprachen und Landeskunde sind an diesem Maßstab zu messen (vgl. Art. 24).

Literatur

Althof, Hans-Joachim, Hrsg. (1990), *Dokumentation des Wolfenbüttler DAAD-Symposiums 1988*, München.

Baumgratz-Gangl, Gisela (1990), *Persönlichkeitsentwicklung und Fremdsprachenerwerb. Transnationale und transkulturelle Kommunikationsfähigkeit im Französischunterricht*, Paderborn.

Bausinger, Hermann (1980), "Zur Problematik des Kulturbegriffs", in: Alois Wierlacher (Hrsg.), *Fremdsprache Deutsch. Grundlagen und Verfahren der Germanistik als Fremdsprachenphilologie*, Bd. 1, München, 58-70.

Billington, Rosamund/Strawbridge, Sheelag/Greensides, Lenore/Fitzsimons, Annette (1991), *Culture and society*, Houndmills.

Buttjes, Dieter (1980), *Landeskundliches Lernen im Englischunterricht*, Paderborn.

Dubar, Claude (1991), *La socialisation. Construction des identités sociales et professionnelles*, Paris.

Elbeshausen, Hans/Wagner, Johannes (1985), "Konstruktiver Alltag – Die Rolle von Alltagsbegriffen in der interkulturellen Kommunikation", in: Jochen Rehbein (Hrsg.), *Interkulturelle Kommunikation*, Tübingen, 42-59.

Goffman, Erving (1977), *Rahmen-Analyse. Ein Versuch über die Organisation von Alltagserfahrungen*, Frankfurt a.M.

Gogolin, Ingrid et al., Hrsg. (1991), *Kultur- und Sprachenvielfalt in Europa*, Münster.

Gramsci, Antonio (1983), *Methodische Konzepte zum Kulturbegriff in Marxismus und Literatur. Ideologie, Alltag, Literatur*, Hamburg.

Heller, Agnes (1978), *Das Alltagsleben. Versuch einer Erklärung der individuellen Reproduktion*, Frankfurt a.M.

Keller, Gottfried (1983), "Grundlegung einer neuen Kulturkunde als Orientierungsrahmen für Lehrerausbildung und Unterrichtspraxis", in: *Neusprachliche Mitteilungen*, Jg. 36, 200-209.

Krappmann, Lothar (1982), *Soziologische Dimensionen der Identität. Strukturelle Bedingungen für die Teilnahme an Interaktionsprogrammen*, Stuttgart.

Krusche, Dietrich (1985), *Literatur und Fremde*, München.

Melde, Wilma (1987), *Zur Integration von Landeskunde und Kommunikation im Fremdsprachenunterricht*, Tübingen.

Merton, Robert K. (1968), *Social theory and social structure*, New York.

Mog, Paul/Althaus, Hans-Joachim, Hrsg. (1992), *Die Deutschen in ihrer Welt*, Berlin.

Müller, Bernd-Dietrich (1986), "Interkulturelle Verstehensstrategien. Vergleich und Empathie", in: Gerhard Neuner (Hrsg.), *Kulturkontraste im DaF-Unterricht*, München, 33-84.

Müller-Jacquier, Bernd-Dietrich, Hrsg. (1991), *Interkulturelle Wirtschaftskommunikation*, München.

Picht, Robert (1980a), "Interesse und Vergleich – Zur Sozialpsychologie des Deutschlandbildes", in: *Jahrbuch Deutsch als Fremdsprache*, Bd. 6, 120-132.

Picht, Robert (1980b), "Landeskunde und Textwissenschaft", in: Alois Wierlacher (Hrsg.), *Fremdsprache Deutsch. Grundlagen und Verfahren der Germanistik als Fremdsprachenphilologie*, Bd. 1, München, 271-289.

Picht, Robert (1984), "Deutsch in der Dritten Welt. Thematischer Teil – Einführung", in: *Jahrbuch Deutsch als Fremdsprache*, Bd. 10, 61-74.

Picht, Robert (1987), "Deutsch für die Wirtschaft. Fragen zur Überprüfung einer Strategie", in: *Jahrbuch Deutsch als Fremdsprache*, Bd. 13, 1-12.

Reboullet, André (1971), "Pour un enseignement comparatif en civilisation", in: *Le Français dans le Monde*, Jg. 10, H. 81, 64-70.

Rehbein, Jochen, Hrsg. (1985), *Interkulturelle Kommunikation*, Tübingen.

Robert Bosch Stiftung GmbH et al., Hrsg. (1982), *Fremdsprachenunterricht und internationale Beziehungen. Stuttgarter Thesen zur Rolle der Landeskunde im Französischunterricht*, Gerlingen.

Robert Bosch Stiftung GmbH/Fondation de France (1988), *La formation internationale des cadres supérieurs. International training for executives*, Gerlingen.

Robert Bosch Stiftung GmbH/Fondation Européenne de la Culture (1988), *The role of intercultural mediators in Europe. Le rôle des médiateurs interculturels en Europe*, Gerlingen.

Schmidt, Siegfried J. (1980), "Was ist bei der Selektion landeskundlichen Wissens zu berücksichtigen?", in: Alois Wierlacher (Hrsg.), *Fremdsprache Deutsch. Grundlagen und Verfahren der Germanistik als Fremdsprachenphilologie*, Bd. 1, München, 290-300.

Schwerdtfeger, Inge C. (1993), "Interkulturelle Unterrichtsmaterialien für den Fremdsprachenunterricht – Bausteine für eine radikale Erneuerung", in: Hans-Georg Arzt (Hrsg.), *Qualifikation für die internationale Zusammenarbeit: Konsequenzen für die deutsch-französische Ausbildung an Grandes Ecoles und Universitäten*, Ludwigsburg, 154-167.

Siegler, Wilhelm (1972), *Die Kultur der deutschsprachigen Länder im Unterricht,* München.
Soeffner, Hans-Georg, Hrsg. (1988), *Kultur und Alltag. Soziale Welt*, Sonderband 6, Göttingen.
Wierlacher, Alois, Hrsg. (1980), *Fremdsprache Deutsch. Grundlagen und Verfahren der Germanistik als Fremdsprachenphilologie,* 2 Bde., München.
Wierlacher, Alois (1985), *Das Fremde und das Eigene. Prolegomena zu einer interkulturellen Germanistik,* München.

Wierlacher, Alois (1987a), "Deutsch als Fremdsprache als interkulturelle Germanistik", in: Dietrich Sturm (Hrsg.), *Deutsch als Fremdsprache weltweit. Situation und Tendenzen,* München, 145-156.
Wierlacher, Alois, Hrsg. (1987b), *Perspektiven und Verfahren interkultureller Germanistik*, München.

Robert Picht

B Problembereiche des Fremdsprachenunterrichts

B1 Die Stellung und Funktion von Sprachen im schulischen und nicht-schulischen Fremdsprachenerwerb

11. Sprachenpolitische Perspektiven

1. Sprachenpolitik und Schulsprachenpolitik

Daß Fremdsprachenunterricht und Zweitsprachenunterricht eine sprachenpolitische (und nicht nur eine politische) Dimension haben, ist seit langem bekannt, wird jedoch bei ihrer systematischen Erforschung nicht immer berücksichtigt. Hinsichtlich ihrer sprachenpolitischen Auswirkungen unterscheiden sich Fremdsprachenunterricht und Zweitsprachenunterricht grundsätzlich nicht. Darum werden die beiden Erscheinungsformen – also der Fremdsprachenunterricht als Unterricht in einer Sprache, die im Land der Lerner keinen offiziellen Status hat und Zweitsprachenunterricht als der Unterricht in einer Sprache, die im Sprachgebiet selbst gelehrt und gelernt wird – hier nicht durchgängig unterschieden. Wo im folgenden von Fremdsprachenunterricht die Rede ist, sind beide Erscheinungsformen gemeint.

Fremdsprachenunterricht ist aus drei allgemeinen Gründen in sprachenpolitischer Hinsicht bedeutsam:
- Er vergrößert die Reichweite von Sprachen und damit den Kommunikationsradius ihrer Sprecher.
- Er verändert das Gewicht und den Einfluß von Sprachen.
- Indem bestimmte Sprachen unterrichtet werden (und andere nicht), stellt er immer eine sprachenpolitische Parteinahme dar.

Aus diesen Gründen wird Fremdsprachenunterricht bewußt propagiert und gefördert oder auch behindert und verhindert, angeboten oder auch aufgezwungen, ist er Gegenstand internationaler oder innerstaatlicher Vereinbarungen (zwischenstaatlicher Verträge, insbesondere von Kulturabkommen, verfassungsmäßiger und gesetzlicher innerstaatlicher Festlegungen zum Zweck der Sicherung innergesellschaftlicher Kommunikation oder zur Sicherung von Minderheitensprachen) und wird die Erteilung und Förderung von Fremdsprachenunterricht von anderen Staaten oder Sprachgemeinschaften als freundlicher und seine Behinderung als unfreundlicher Akt angesehen, erscheint schließlich das Erlernen bestimmter Sprachen als politisch erwünscht oder eventuell auch nicht erwünscht.

Als Sprachenpolitik ist jede öffentliche Beeinflussung des Kommunikationsradius von Sprachen (Sprachförderung, Spracherhaltung, Sprachkonflikt, Sprachenkampf, Sprachdurchsetzung, Sprachimperialismus, Sprachkolonialismus) zu verstehen. Die Beeinflussung des inneren Systems einer Sprache (Normierung, Standardisierung, Verschriftung, Sprachreinigung, Sprachpflege) wird als Sprachpolitik bezeichnet.

Eines der Mittel der Sprachenpolitik ist die Schulsprachenpolitik, worunter jegliche Politik zur Verbreitung und Stützung von Sprachen durch Unterricht (ob bei Kindern, Jugendlichen oder Erwachsenen) verstanden wird. Zur Schulsprachenpolitik gehört sowohl die Entscheidung über die Unterrichtssprache(n) wie die durch Unterricht vermittelten Zweit- oder Fremdsprachen.

Insofern fallen darunter Entscheidungen, in welcher Sprache Kinder alphabetisiert werden, ob sie in einer oder mehreren Unterrichtssprachen Unterricht erhalten (dies betrifft z.B. in Europa Kinder von Migranten oder Kinder in zwei- oder mehrsprachigen Gebieten und schließlich Kinder in privilegierten Situationen, die in sogenannten bilingualen Schulen (vgl. Art. 75) Unterricht erhalten), ob und in welcher Reihenfolge und in welcher

Intensität Kinder und Jugendliche Fremdsprachenunterricht erhalten, ob der Unterricht in fremden Sprachen freiwillig oder verpflichtend ist oder ob ein freibleibendes Angebot gemacht wird, ob (und zu welchen Bedingungen) Fremdsprachenunterricht auch Erwachsenen angeboten wird, in welcher äußeren Form Fremdsprachenunterricht erteilt wird (in Großgruppen, Kleingruppen, in intensiven Phasen, als langlaufender Unterricht usw.), ob und in welchem Umfang Fremdsprachen- und Zweitsprachenkenntnisse für weitergehende Studien verlangt werden, ob an Hochschulen verpflichtender oder freiwilliger Fremdsprachenunterricht für alle Studenten angeboten wird. Somit hat zum Beispiel die in der Bundesrepublik Deutschland seit Jahren geführte Debatte, ob das Lernen einer oder mehrerer Fremdsprachen bis zum Erwerb der Allgemeinen Hochschulreife verbindlich sein soll, ebenso eine sprachenpolitische Relevanz wie die Debatte in den Vereinigten Staaten von Amerika, ob beim Eintritt in universitäre Ausbildungsgänge wenigstens elementare Kenntnisse in einer Fremdsprache verlangt werden sollen.

Komplexe wie Richtlinien, Lehrpläne, Stundentafeln, Sprachenfolge, Sprachprüfungen, Sprachenzertifikate, Sprachanforderungen für weitergehende Studien müssen also auch unter sprachenpolitischen und schulsprachenpolitischen Aspekten gesehen werden (vgl. Art. 115).

2. Ziele der Sprachenpolitik

Sprachenpolitik dient – wie alle Politik – dem Wohl des Ganzen. Sie ist ein Instrument des zwischenstaatlichen und zwischengesellschaftlichen Kontakts zur Vermeidung, zum Ausgleich und zur Regelung von Konflikten. Sie soll versuchen, unter Wahrung der eigenen Interessen die Interessen der Partner zu respektieren. Daher ist gute Sprachenpolitik auf Gegenseitigkeit angewiesen. Sie darf nicht der einseitigen Förderung der eigenen Sprache dienen, wie auch die einseitige parteiliche Förderung einer Partnersprache in der Regel den Zielen einer auf Ausgleich bedachten Sprachenpolitik zuwiderläuft.

Perversionen der Sprachenpolitik sind Sprachimperialismus und Sprachkolonialismus; positive Ansätze findet man überall da, wo gleichzeitig versucht wird, die eigenen Interessen zu wahren und den Interessen der Partner soweit wie möglich entgegenzukommen.

Sprachenpolitik ist, als eine auf Ausgleich bedachte Politik, Friedenspolitik im weiteren Sinn. Daher ist sie mit Recht im Korb 3 der Beschlüsse von Helsinki als ein Instrument der Politik der Sicherheit und der Zusammenarbeit in Europa genannt worden.

Nachdem die Geschichte lehrt, daß die Suche nach der einen Sprache für alle utopisch ist (Borst 1957 ff.), kann es nur um funktional sinnvolles Miteinander der Sprachen gehen. Die englische Sprache hat heute in einigen Funktionsbereichen die Rolle einer (fast universal verbreiteten) *lingua franca* übernommen. Sie ist jedoch weit entfernt davon, *lingua franca* für alle Zwecke und in allen Domänen zu sein. In weiten Teilen der Erde haben andere Sprachen unangefochten eine vergleichbare Position.

Kunstsprachen – als Hilfssprachen konzipiert – haben sich in der zwischensprachlichen Kommunikation nicht an die Stelle der verbreiteten natürlichen Sprachen setzen können. Selbst die erfolgreichste unter ihnen – Esperanto – ist nach ihrer mehr als hundertjährigen Geschichte nicht zu einem Kommunikationsmittel geworden, das das Gewicht der größeren Sprachen der Erde im zwischensprachlichen Kontakt (auf Konferenzen, Messen, im Tourismus, in wissenschaftlichen Publikationen usw.) erreicht hätte (zu Esperanto vgl. die kommentierte Bibliographie von Tonkin 1977; ferner Schulz 1979).

Die Gründe für das Festhalten der Menschheit an den je eigenen Sprachen sind leicht einzusehen: in der eigenen Sprache fühlt man sich sicher. Deshalb ist für den bewußten Sprecher einer Sprache auch der Verlust bestimmter Funktionen seiner Sprache nachteilig; er wird sich deshalb dagegen wehren. Sobald eine Sprache in bestimmten Funktionen (z.B. Wissenschaft, Technik, Außenhandel, Medien) nicht mehr oder solange sie in bestimmten Funktionen noch nicht benutzt wird, hat sie im Vergleich zu anderen Sprachen weniger Gewicht; sie erscheint als reduzierte Sprache.

Durch Sprachenpolitik allein sind Funktionsveränderungen von Sprachen zwar nicht aufzuhalten; wohl aber kann die sprachenpolitische Diskussion sie bewußtmachen und Gegenkräfte auf den Plan rufen.

Wie die Sprachenpolitik im allgemeinen, sollte sich auch die Schulsprachenpolitik als Instrument der Friedenspolitik verstehen. Das bedeutet im einzelnen:

- Schulsprachenpolitik fühlt sich auch dem sprachenpolitischen Konsens einer Gesellschaft verpflichtet.
- Schulsprachenpolitik muß sprachenpolitische Entscheidungen in der Praxis ihrer Durchführung transparent machen.
- In der Schulsprachenpolitik ist eine konkrete Ebene der sprachenpolitischen Diskussion für alle Mitglieder der Gesellschaft – namentlich für die mit ihrer Durchführung unmittelbar betrauten Lehrenden und Lernenden – gegeben, von der aus auch sprachenpolitische Entscheidungen erneut diskutiert werden können.

3. Gesellschaftliche Einflüsse auf die Schulsprachenpolitik

Da Schulsprachenpolitik in einem gesamtgesellschaftlichen Kontext stattfindet, ist sie – in demokratischen Gesellschaften – nicht nur direkter Ausfluß von Sprachenpolitik, sondern sie ist auch die Spiegelung einer Bedarfslage und ein Ausdruck der öffentlichen Meinung im weitesten Sinn.

Sprachen werden nur in bestimmten Fällen primär aus sprachenpolitischen Gründen als Fremdsprachen gelehrt oder gelernt. Solche Fälle sind: Unterricht für anderssprachige Minderheiten in der Nationalsprache (z.B. Spanisch in Lateinamerika für Sprecher indianischer Sprachen), Unterricht für Angehörige einer mehrsprachigen Gesellschaft in einer nationalen Kontaktsprache (Englisch, Französisch oder Portugiesisch in vielen afrikanischen Ländern, Russisch für die nichtrussischen Völker in der ehemaligen Sowjetunion), Unterricht in einer Fremdsprache zum Zweck des Erhalts und des Ausbaus von Bündnissen (z.B. Englisch im Natobereich, Russisch im Bereich des ehemaligen Warschauer Pakts). Aber auch in Fällen primärer sprachenpolitischer Motivation wird diese durch andere überlagert oder zusätzlich gestützt.

Zu den anderen Motivationen gehört der objektiv feststellbare Bedarf an Fremdsprachenkenntnissen. Er wird häufig als ein Motiv für schulsprachenpolitische Entscheidungen genannt (Bedarf an Fremdsprachenkenntnissen in Handel, Industrie, Tourismus, Bankwesen, Verkehr, Fernmeldewesen, Verwaltung, Wissenschaft, Kultur, Medien usw.).

Davon sind Bedürfnisse von Lernenden zu unterscheiden. Sie sind individuell und wechseln unter Umständen mit dem Lebensalter und mit der Veränderung der sozialen Situation. Sie sind abhängig vom sozialen Umfeld, in dessen Rahmen und auf das hin jemand Fremdsprachen lernt (z.B. aus familiären oder aus anderen Gründen des Sozialkontakts, im Hinblick auf Freizeit oder Beruf, als Vorbereitung auf weiterführende Studien oder um Zugang zu einer fremden Literatur oder zu Medien in fremder Sprache zu finden).

Fremdsprachen werden aber auch gelernt, weil sie ein bestimmtes Prestige haben: Sie gelten als mehr oder weniger schön und wohllautend, als leicht oder schwer zu lernen, als nützlich oder weniger nützlich. Bei diesen Prestigefragen spielen auch der wirkliche oder vermutete Status einer Sprache wie ihr Verbreitungsgrad über den Globus und die angenommene Sprecherzahl eine Rolle.

Nationalsprachen (als offizielle Sprachen von Staaten) haben eher die Chance, gelernt zu werden, als Sprachen mit nichtoffiziellem Status. Nationalsprachen mit großer Sprecherzahl werden eher gelernt als Nationalsprachen mit begrenzter Sprecherzahl. Eine besonders große Anziehungskraft haben auf den Lernenden sogenannte Weltsprachen (d.h. Sprachen, die auf weiten Teilen des Globus als offizielle oder als Verkehrssprachen dienen). Aber auch Regionalsprachen (d.h. Sprachen, die in einer bestimmten Region – z.B. Mitteleuropa, Ostafrika, Südostasien – als Verkehrssprachen gebraucht werden) werden wegen ihres Verkehrswertes gelernt. Somit erweisen sich auch das Bewußtsein vom Status und das Wissen über den Status von Sprachen als für die Sprachenwahl bedeutsam.

Auch politische Veränderungen wirken sich auf das Interesse am Fremdsprachenlernen aus. So hat z.B. die in der Europäischen Union erreichte Freizügigkeit eine Wanderungsbewegung von Millionen von Arbeitnehmern und ihrer Familien in Gang gebracht, deren sprachenpolitische Relevanz gar nicht zu unterschätzen ist. Gestützt wird diese Wirkung durch die offizielle Sprachenpolitik der Europäischen Union und durch das Sprachenprogramm des Europarats, die beide zum Fremdsprachenlernen ermutigen und dafür auch konkrete Hilfen und Instrumente zur Verfügung stellen.

Trotz der angedeuteten Dynamik sind Lehr- und Lerntraditionen als Deutungsmuster für die Wertung von Sprachen nicht zu unterschätzen. In Deutschland haben sich im 19. Jahrhundert Englisch und Französisch als moderne Fremdsprachen durchgesetzt; in den Gymnasien hat das Lateinische – anders als in den meisten vergleichbaren Ländern – eine sehr starke Position behalten. Diese drei Sprachen haben den Fremdsprachenunterricht in der alten Bundesrepublik Deutschland geprägt. In der DDR ist hingegen das Russische einseitig gefördert worden (vgl. Art. 124).

Neben diesen durch Lehr- und Lerntradition herausgehobenen Schulsprachen ist es schwierig, Unterricht in anderen Sprachen zu etablieren. Für diese weiteren Schulsprachen hat sich in den letzten Jahren der sachlich unsinnige, aber ihre hierarchische Position bestimmende Ausdruck "Tertiärsprachen" durchgesetzt. Sie können nicht auf die werbende Wirkung rechnen, daß schon die ältere Generation sie mit Erfolg gelernt hat.

Schulsprachenpolitik entwickelt sich also im Spannungsfeld von sprachenpolitischen Prämissen, gesellschaftlichem Bedarf und individuellen Bedürfnissen, Einschätzungen, Wertungen und Meinungen der Öffentlichkeit. Ihre Vertreter müssen versuchen, sprachenpolitische Entscheidungen und gesellschaftliche Bewußtseinslage gleichermaßen zu beeinflussen, im Sinn einer auf Ausgleich und Konfliktvermeidung angelegten Politik.

4. Auswirkungen der Schulsprachenpolitik

Der aufgrund schulsprachenpolitischer Entscheidungen veranstaltete Fremdsprachenunterricht bildet Zweitsprachensprecher anderer Sprachen und (soweit es sich um Deutsch als Fremdsprache oder Deutsch als Zweitsprache handelt) des Deutschen heran. Da er nur in wenigen Fällen zu einer Kompetenz führt, die der des Muttersprachlers gleichkommt, vermittelt er alle denkbaren Sorten von individuellen Zwischensprachen (*Interlanguages*, Lernersprachen), d.h. in phonetischer, graphematischer, morphosyntaktischer, lexikalischer und pragmatischer Hinsicht von der Norm abweichende, gleichwohl in sich geschlossene, allerdings im wesentlichen unstabile Systeme.

Für Sprecher häufig gelernter Sprachen – namentlich solcher, bei denen die Zahl der Zweitsprachen- oder Fremdsprachensprecher bedeutender ist als die der Muttersprachler – sind die Konsequenzen sehr tiefgreifend. Aber auch die Sprecher weniger gelernter Sprachen müssen Toleranz gegenüber abweichendem Sprachgebrauch lernen.

Im Fremdsprachenunterricht sollte für Toleranz gegenüber abweichendem Sprachverhalten eingetreten werden. Der Fremdsprachenunterricht ist deshalb der geeignete Ort, weil der Lerner in ihm am eigenen Leib die Schwierigkeiten normgerechten Sprachverhaltens kennenlernt und die Sprachnot erfährt, in die jeder Zweitsprachen- und Fremdsprachensprecher gerät, wenn er nicht ausdrücken kann, was er ausdrücken will.

Im Fremdsprachenunterricht können aber auch Erfahrungen und Strategien vermittelt werden, wie Kommunikation mit Zweitsprachensprechern erfolgversprechend angelegt werden kann, wie man dem Partner sprachlich aushelfen kann, wie man seine Äußerungen verändernd und variierend wieder aufnimmt, um die Kommunikation in Gang zu halten und weiterzuführen und sie insgesamt glücken zu lassen.

Im Fremdsprachenunterricht erlebt der Lerner schließlich aber auch bewußt und exemplarisch die Spannung zwischen sprachlicher Toleranz und dem Korrektheits- und Angemessenheitsanspruch, der um der Erhaltung und der Weiterentwicklung der "Sprachkultur" willen nicht aufgegeben werden darf (Scharnhorst/Ising 1976; 1982). Fremdsprachenunterricht wirkt in diesem Sinn auch auf den Gebrauch der Muttersprache zurück.

5. Aktueller Erkenntnisstand

Einen Überblick über den aktuellen Stand und Verlauf der Sprachenpolitikforschung in der Bundesrepublik Deutschland geben einige Hefte der *Osnabrücker Beiträge zur Sprachtheorie* (*OBST* 4/1977; 5/1977; 12/1979; 14/1980; 18/1981; 25/1984). Den internationalen Diskussionsstand spiegeln der erste Band des Kongreßberichts der *Association Internationale de Linguistique Appliquée* (*AILA*) *Brüssel 1984* (den Haese/Nivette 1984), hier vor allem die Sektionen 1 bis 18 unter den Großtiteln "Problèmes linguistiques dans les pays en voie de développement" und "Langage et société", sowie die bisher erschienenen Bände von *sociolinguistica. Internationales Jahrbuch für Europäische Soziolinguistik*, hier vor allem die Bände 5 (1991) und 6 (1992).

Brennpunkte der sprachenpolitischen Diskussion waren in den letzten Jahrzehnten die Länder Afrikas, Südasiens und Lateinamerikas. Aber auch in bezug auf die Vereinigten Staaten, Kanada und Australien ist das sprachenpolitische Interesse neu erwacht. Sind auf der Seite der afrikanischen und südasiatischen Länder Probleme in der Folge der Entkolonialisierung zu lösen, so werden die lateinamerikanischen Länder mit der Frage der sprachlichen Integration der Indio-Bevölkerungen konfrontiert. In den Vereinigten Staaten von Amerika und Australien richtet sich das Hauptinteresse – abgesehen von dem quantitativ weniger bedeutenden Problem der Urbevölkerung – auf das Wiederaufleben ethnischer Bewegungen unter der eingewanderten Bevölkerung, in den Vereinigten Staaten zusätzlich auf die massive Zuwanderung von Sprechern des Spanischen aus unterschiedlichen Herkunftsländern, während in Kanada vor allem – aber keineswegs ausschließlich – das Zusammenleben der englischsprachigen und der französischsprachigen Bevölkerung Auseinandersetzungen heraufbeschworen hat.

In Westeuropa sind zwei Entwicklungen sprachenpolitisch relevant: zum einen die europäische Einigung, die zur Begründung einer vielsprachig arbeitenden politischen Körperschaft – der Europäischen Union mit ihrem Parlament und ihrem Behördenapparat – geführt hat. Sie wird wegen ihres umfangreichen Sprachendienstes in den Medien zumeist kritisiert, selten jedoch wegen ihrer sprachenpolitischen Leistung gelobt. Zum andern stellen in Westeuropa die gewaltigen Wanderungsbewegungen – und zwar sowohl von Arbeitsmigranten, Flüchtlingen, Asylbewerbern, wie von Urlaubern – ein sprachenpolitisches Phänomen wenn nicht neuer Art, so doch neuen Umfangs dar. Beide Wanderungsbewegungen machen Sprachkontakte möglich und nötig, deren Auswirkungen auf Individuen und Gesellschaft eine unübersehbare Fülle linguistischer und sprachlerntheoretischer Untersuchungen hervorgebracht haben.

Die politischen Veränderungen in Osteuropa haben dort auch zu Wanderungsbewegungen erheblichen Ausmaßes geführt, aber auch zur Bildung neuer Nationalstaaten und zur Herausbildung neuer Gravitationszentren in wirtschaftlicher und kultureller Hinsicht, wodurch auch und gerade das Lehren und Lernen von Fremdsprachen beeinflußt werden.

Zur Schulsprachenpolitik in den europäischen Ländern liegen einige Monographien und Sammelbände vor (Christ 1980 und 1991; Claessen 1980; van Deth 1979; Gnutzmann/Königs/Pfeiffer 1992; Meißner 1993). Eine permanente kritische Diskussion der Schulsprachenpolitik findet in den Publikationsorganen der Fremdsprachenlehrerverbände sowie anderen fremdsprachendidaktischen, linguistischen und soziolinguistischen Zeitschriften statt, so z.B. für die Bundesrepublik Deutschland in den *Neusprachlichen Mitteilungen*. Durch das wachsende öffentliche Interesse gedrängt, haben sich auch die Kultusverwaltungen der meisten Länder entschlossen, über ihre Schulsprachenpolitik zu informieren. Beispielsweise berichtet die Ständige Konferenz der Kultusminister in unregelmäßigen Abständen über den Stand des Unterrichts in einer größeren Zahl von Fremdsprachen in der Bundesrepublik Deutschland. Die Bundesregierung hat, angeregt vom Deutschen Bundestag, mehrfach den Stand des Unterrichts in Deutsch als Fremdsprache in aller Welt dargestellt, so zuletzt 1985 (Der Deutsche Bundestag 1985; siehe hierzu auch Ammon 1991 und Art. 79).

Schwerpunkt der schulsprachenpolitischen Diskussion war in der Bundesrepublik Deutschland in den 70er Jahren das Problem der Diversifizierung des Fremdsprachenunterrichts in den Schulen. Die diesbezüglichen Bemühungen wurden – auch mit Blick auf die Erwachsenenbildung – durch das Projekt für moderne Sprachen des Europarats unterstützt, aus dem unter anderem *Threshold level, Un niveau-seuil, Kontaktschwelle Deutsch als Fremdsprache, Un nivel umbral* und *Livello soglio* hervorgegangen sind. In den 80er Jahren ist verstärkt über das lebenslange Lernen fremder Sprachen diskutiert worden (Weiterführung des schulischen Lernens in der Erwachsenenbildung; Fremdsprachenunterricht für spezifische Lernbedürfnisse; Fremdsprachenunterricht an Hochschulen usw.).

Ein besonders kräftig entwickelter Zweig der Sprachenpolitikforschung ist die Sprachenbedarfsforschung, die in allen Ländern der westlichen Welt seit Ausgang der 60er Jahre mit großer Intensität betrieben worden ist. Ein Literaturüberblick über die einschlägigen Untersuchungen in allen Ländern der westlichen Welt findet sich in einem Sammelband, an dem europäische und nordamerikanische Forscher beteiligt waren (van Els/Oudde-Glas 1983; hier vor allem der Literaturüberblick von Oud-de-Glas).

In der Fremdsprachendidaktik und der Sprachlehrforschung sind sprachenpolitische Perspektiven vor allem auf zwei Ebenen diskutiert worden: in historischen Untersuchungen zum Fremdsprachenunterricht und zur Fremdsprachendidaktik und in Untersuchungen, die den Sprachinhalt zum Gegenstand haben (Untersuchungen zum Landeskundeunterricht und zum Fremdverstehen).

Während in den ersteren der Vorgang der "Institutionalisierung" und "Verstaatlichung" des Fremdsprachenunterrichts, die Festlegung auf bestimmte, von den staatlichen Schulen zu unterrichtende Sprachen, die allmähliche Herausbildung eines Fremdsprachenlehrerstandes und die Entwicklung des politischen bzw. sprachenpolitischen Bewußtseins bei Fremdsprachendidaktikern und Fremdsprachenlehrern behandelt werden, werden in letzteren die Problematik der allmählichen Herausbildung einer interkulturellen und transnationalen Kompetenz, die Wirkung der Begegnung mit dem Fremden, die Bedingungen und Möglichkeiten des Fremdverstehens thematisiert.

6. Perspektiven

Als Desiderat für künftige Forschungen erscheint als erstes eine kohärente sprachenpolitische Theoriebildung. Eine solche müßte die Einbettung der Sprachenpolitik in die Gesamtpolitik, namentlich aber auch in die Friedenspolitik, Kultur- und Bildungspolitik, die Presse- und Wirtschaftspolitik erkennen lassen. Sie müßte in Zusammenarbeit von Sprachlehrforschern, Fremdsprachendidaktikern, Linguisten und Angewandten Linguisten, Soziologen und Soziolinguisten und schließlich Politologen geleistet werden (Bausch/Christ/Krumm 1992).

Ferner ist wichtig eine sprachenpolitische Sachforschung: Wie werden Sprachen entwickelt, gefördert, geschützt, durchgesetzt? Was bedeutet die Sorge um bedrängte/gefährdete Sprachen? Wie erfolgreich ist sie? Was kostet sie?

Eine weitere wichtige zu entwickelnde Fragestellung ist die Forschung über den Sprachstatus (Dialekt, Kulturdialekt, Ausbausprache, Nationalsprache, Schriftsprache/gesprochene Sprache usw.). Wichtig ist in diesem Zusammenhang auch die Beschreibung des offiziellen Status von Sprachen, ihrer rechtlichen Absicherung usw.

Hinsichtlich der Sprachenbedarfsforschung gibt es vor allen Dingen zwei Desiderate: 1. genauere Kenntnisse über den tatsächlichen Gebrauch von Sprachen und 2. Langzeitstudien über die Entwicklung des Gebrauchs, mit Rücksicht auf eine mögliche Prognose des Bedarfs und auf die Feststellung von Entwicklungstendenzen.

Parallel dazu ist ein Bedarfsdeckungskonzept zu entwickeln: Wie kann man bei Bedarf rasch und ökonomisch (zeitökonomisch und kostengünstig) die zur Bedarfsdeckung nötigen Fremdsprachenkenntnisse vermitteln? Sprachenbedarfsforschung und Schulsprachenpolitikforschung münden so in die pragmatische Entwicklung von Bedarfsdeckungskonzepten.

Die Schulsprachenpolitikforschung bedarf der Unterstützung durch historische Studien, durch vergleichende Studien und durch eine Untersuchung des Bewußtseinsstandes, z.B. der Lehrer, aber auch der Lernenden und der breiten Öffentlichkeit. Die bloße Feststellung des Bewußtseinsstandes reicht allerdings nicht aus. Es müssen auch Veränderungen dieses Bewußtseinsstandes – nicht nur der Lehrer und der Lernenden, sondern auch der breiten Öffentlichkeit – diskutiert werden und nach Möglichkeit ins Werk gesetzt werden. Hierbei spielen Konzepte zur Veränderung des bestehenden Zustandes eine wichtige Rolle (vgl. hierzu Christ/Schröder/Weinrich/Zapp 1980; Zapp 1989; Bertrand/Christ 1990).

Was schließlich zu leisten ist, das ist eine Integration von Sprachenpolitik- und -bedarfsforschung in eine allgemeine Schulsprachenpolitikforschung und letztlich die bisher noch nicht geleistete Integration der Schulsprachenpolitikforschung in die Fremdsprachendidaktik und die Sprachlehrforschung insgesamt; denn für diese soll die Schulsprachenpolitikforschung Daten und Informationen liefern und Methoden und Strategien entwickeln.

Literatur

Ammon, Ulrich (1991), *Die internationale Stellung der deutschen Sprache*, Berlin.

Bausch, K.-Richard/Christ, Herbert/Krumm, Hans-Jürgen, Hrsg. (1992), *Fremdsprachenunterricht und Sprachenpolitik als Gegenstand der Forschung*, Tübingen.

Bertrand, Yves/Christ, Herbert (1990), "Vorschläge für einen erweiterten Fremdsprachenunterricht", in: *Neusprachliche Mitteilungen*, Jg. 43, 208-213.

Borst, Arno (1957 ff.), *Der Turmbau von Babel. Geschichte der Meinungen über Ursprung und Vielfalt der Sprachen und Völker*, 4 Bde. in 6 Teilen, Stuttgart.

Christ, Herbert (1980), *Fremdsprachenunterricht und Sprachenpolitik*, Stuttgart.

Christ, Herbert (1991), *Fremdsprachenunterricht für das Jahr 2000. Sprachenpolitische Betrachtungen zum Lehren und Lernen fremder Sprachen*, Tübingen.

Christ, Herbert/Liebe, Elisabeth, Hrsg. (1981), *Fremdsprachenunterricht in amtlichen Verlautbarungen*, Augsburg.

Christ, Herbert/Schröder, Konrad/Weinrich, Harald/Zapp, Franz-Josef (1980), *Fremdsprachenpolitik in Europa. Homburger Empfehlungen für eine sprachenteilige Gesellschaft*, Augsburg.

Claessen, Josef Franciscus Maria (1980), *Moderne vreemde talen uit balans*, s'Gravenhage.

den Haese, Jan/Nivette, Jos, éds. (1984), *Association Internationale de Linguistique Appliquée Brussels 84 Proceedings*, Vol. 1, Brüssel.

Der Deutsche Bundestag (1985), *Bericht der Bundesregierung über die deutsche Sprache in der Welt*. Drucksache 10/3784 vom 4.9.1985, Bonn.

Gnutzmann, Claus/Königs, Frank G./Pfeiffer, Waldemar, Hrsg. (1992), *Fremdsprachenunterricht im internationalen Vergleich: Perspektive 2000*, Frankfurt a.M.

Meißner, Franz-Joseph (1993), *Schulsprachen zwischen Politik und Markt: Sprachenprofile, Meinungen, Tendenzen, Analysen*, Frankfurt a.M.

Osnabrücker Beiträge zur Sprachtheorie (1976 ff.), herausgegeben vom Fachbereich 7: Kommunikation/Ästhetik der Universität Osnabrück, Osnabrück.

Scharnhorst, Jürgen/Ising, Erika, Hrsg. (1976; 1982), *Grundlagen der Sprachkultur. Beiträge der Prager Linguistik zur Sprachtheorie und Sprachpflege*, 2 Bde., Berlin.

Schulz, Richard (1979), *Europäische Hochsprache oder Sprachimperialismus. Die Lösung des Sprachenproblems in den Ländern der Europäischen Gemeinschaften*, Gerlingen.

sociolinguistica. Internationales Jahrbuch für Europäische Soziolinguistik (1987 ff.), Tübingen.

Tonkin, Humphrey (1977), *Esperanto and International Language Problems: A Research Bibliography*, Washington.

van Deth, Jean-Pierre (1979), *L'enseignement scolaire des langues vivantes dans les pays membres de la communauté européenne. Bilan, réflexions et propositions*, Brüssel.

van Els, Theo/Oud-de-Glas, Maria, eds. (1983), *Research into Foreign Language Needs. Proceedings of an International Seminar*, Augsburg.

Zapp, Franz-Josef (1989) "Fremdsprachenlehren und Fremdsprachenlernen für die Welt von morgen. Koblenzer Erklärung des Fachverbandes Moderne Fremdsprachen", in: *Neusprachliche Mitteilungen*, Jg. 42, 140-142.

Herbert Christ

12. Zwei- und Mehrsprachigkeit

1. Problemaufriß

Analysen, die den Wirklichkeitsbereich 'Lehren und Lernen von fremden Sprachen' in den Blick nehmen, gebrauchen noch recht häufig die Begriffe 'Zweisprachigkeit' bzw. 'Mehrsprachigkeit' lediglich in globaler, wenig reflektierter Form (so z.B. Wode 1991; Butzkamm 1993); dabei begegnet man nicht selten sogar einer Begriffsverwendung, die implizit davon ausgeht, daß die "Beherrschung" von zwei oder mehreren Sprachen stets und selbstverständlich mit der "vollen", in einer Erstsprache erworbenen Kompetenz gleichzusetzen wäre. Hinzu kommt schließlich, daß die Begriffe 'Mehrsprachigkeit' und 'Zweisprachigkeit' oftmals noch immer undifferenziert bzw. synonym gebraucht werden, und dies vor dem evidenten Hintergrund, daß in der alltäglichen Praxis sowie in den Curricula und Lehrplänen die Stellung und Funktion von Sprachen sowohl im schulischen als auch im nichtschulischen Kontext längst auf vielfältige Differenzierungen hin ausgelegt sind (vgl. z.B. Art. 11 und 99).

Verantwortlich für diese Situation sind Gründe, die in der Komplexität der hier angesprochenen Sache selbst liegen; zu den wichtigsten zählen u.a. die folgenden:

– Zwei- bzw. Mehrsprachigkeit wird durch die im menschlichen Individuum angelegte Fähigkeit ermöglicht, grundsätzlich "viele Sprachen" (Wandruszka 1979) erwerben, lernen und gebrauchen zu können. Gleichwohl liegt das Faktum auf der Hand, daß sog. *maximal bilinguals* oder gar *maximal multilinguals*, die also tatsächlich über "volle Kompetenzen" in zwei, mehreren oder "vielen" Sprachen (relativ) konstant verfügen, in Wirklichkeit die Ausnahme, keinesfalls jedoch die Regel bilden, d.h., wenn von zwei- oder mehrsprachigen Individuen die Rede ist, dann handelt es sich in überwiegendem Maße – gemessen an der jeweils erworbenen mutter- oder erstsprachlichen Kompetenz – um approximative, unterschiedlich ausgeformte Sprachfähigkeiten (vgl. als exemplarische Belege u.a. auch die Selbstzeugnisse von Schweitzer, Buber, Canetti, Elwert in Wandruszka 1979).

Die Komplexität des hier zur Debatte stehenden Gegenstandsbereichs liegt folglich in der Diskrepanz zwischen der "Veranlagung des Menschen zur Mehrsprachigkeit" einerseits und den in der Regel lediglich "approximativ existierenden Zwei- bzw. Mehrsprachigkeitsformen" andererseits.

– Zwei- bzw. Mehrsprachigkeit tritt häufig als individuelles und gleichzeitig als gruppensoziales bzw. kollektives Phänomen in Erscheinung. Die wechselseitigen Beziehungen zwischen diesen "Realitäten" sind extrem vielschichtig. Sie lassen deshalb gleichermaßen Zugriffe aus unterschiedlichen Wissenschaftsdisziplinen, wie z.B. der Linguistik, der Soziologie, der Psychologie, aber auch der Pädagogik und der Sprachlehrforschung zu; ihre exakte Analyse ist schwierig und jeweils durch disziplingebundene Erkenntnisinteressen gesteuert.

– Die Frage nach konkreten Formen der Zwei-

oder Mehrsprachigkeit hängt prinzipiell davon ab, ob diese Fähigkeiten überwiegend über Prozesse des Erwerbens oder des Lernens aufgebaut worden sind (vgl. zu dieser Dichotomie Art. 95). Gleichzeitig ist eine real gegebene Zwei- oder Mehrsprachigkeit sowohl auf der individuellen als auch auf der kollektiven Ebene stets durch *kontinuierliche Instabilität* gekennzeichnet (so steigert sich in der Regel z.B. der konkret erworbene "Beherrschungsgrad" in einer zweiten Sprache durch die Intensivierung von privaten und beruflichen Kontakten mit entsprechenden Muttersprachlern), des weiteren kann zu einem bestimmten Zeitpunkt ihre jeweilige funktionale Reichweite in unterschiedlichster Hinsicht eingeschränkt sein (so z.B. bei einer sich mehr oder weniger "natürlich" einstellenden Begrenzung des Fertigkeitsbereichs 'Schreiben' in einer Situation, in der beispielsweise eine bestimmte Herkunftssprache in zielsprachlicher Umgebung nur noch mündlich als sog. Familiensprache benutzt wird).

Die Komplexität der hier skizzierten, grundsätzlich prozeßorientierten Interrelationen führt dazu, daß die genaue Beschreibung bzw. die begründete Messung von konkreten bilingualen Sprachständen nur annähernd gelingen kann (vgl. zu den Meßverfahren und -kriterien im einzelnen z.B. Bachman 1990); dies gilt verschärft für multilinguale Fähigkeiten, so daß es wenig verwundert, wenn sich die bisherige Forschungs- und Publikationstätigkeit – sowohl bezogen auf die individuelle als auch auf die kollektive Ebene – in überwiegender Weise auf die Analyse des Bereichs 'Bilingualität' beschränkt hat.

– Die Begriffe 'zweisprachig' bzw. 'bilingual' werden speziell im Kontext des Lehrens und Lernens von fremden Sprachen zwischenzeitlich nicht nur mit Blick auf die hier ausschließlich zur Debatte stehende Beschreibung und Analyse von individuellen bzw. kollektiven Sprachfähigkeitsformen verwendet; sie werden vielmehr parallel und zusätzlich für die Bezeichnung von unterrichtsmethodischen Prinzipien herangezogen und haben seit längerem einen zentralen Platz im Kontext der noch immer kontrovers geführten Diskussion über vermittlungsmethodische Ansätze wie z.B. dogmatische Einsprachigkeit versus funktionale Einsprachigkeit einerseits und zweisprachige Methodenkonzepte bzw. bilinguale Bildungsgänge und Unterrichtsformen andererseits eingenommen (vgl. u.a. Art. 31, 32, 75 sowie Bahr/Bausch/Kleppin/Königs/Tönshoff 1995, erscheint).

Die skizzierte Begriffsdoppelung, die durch den Transfer aus der Fremdsprachenlern- bzw. -erwerbsperspektive ('zweisprachig' als Sprachfähigkeitsform) hinüber in die Fremdsprachenlehrperspektive ('zweisprachig' als unterrichtsmethodisches Prinzip) bedingt ist, hat zahlreiche Begriffsverwechslungen und unscharfe Diskussionsabläufe nach sich gezogen.

2. Typologie der Zwei- und Mehrsprachigkeitsformen

Vor dem Hintergrund der im Problemaufriß zusammengefaßten Situation soll nunmehr der Versuch unternommen werden, unterschiedliche, tatsächlich existierende Formen der Zwei- und Mehrsprachigkeit typisierend darzustellen. Es handelt sich also um die Frage, was es denn jeweils heißen kann, wenn z.B. von einem bestimmten Individuum gesagt wird, es sei zweisprachig oder es "beherrsche" mehrere Sprachen; dabei wird zum einen der Akzent auf die individuelle, für den Fremdsprachenunterricht vorrangig wichtige Ebene gelegt (ohne allerdings die gruppensoziale bzw. kollektive ganz aus dem Blick zu verlieren) und zum anderen wird davon ausgegangen, daß der Begriff 'Mehrsprachigkeit' nur für solche Fälle Verwendung finden kann, bei denen das Erwerben bzw. Lernen einer *zweiten fremden* Sprache bereits eingesetzt hat, d.h. mit anderen Worten, daß von 'Zweisprachigkeit' nur dann gesprochen wird, wenn die Sprachfähigkeit auf die Kompetenz in der Mutter- oder Erstsprache sowie auf die Beherrschung einer *einzigen fremden* Sprache begrenzt ist; der Typus der von Geburt an erworbenen 'doppelten Erstsprachen' ist hierbei mit eingeschlossen (vgl. Art. 96).

Vor dem Hintergrund der heute erreichten, bereits angesprochenen Forschungs- und Publikationslage lassen sich die folgenden Zwei- bzw. Mehrsprachigkeitsformen umreißen (siehe jetzt insbesondere Baker 1993):

1° In einer ersten Gruppierung werden die Typen zusammengefaßt, mit denen sich Zwei- und Mehrsprachigkeitsformen beschreibend analysieren lassen, die heute – bedingt durch unterschiedlich intensive Migrationsströmungen und durch die allgemeine Mobilität vieler Bevölkerungsschichten – bei Sprechern in sämtlichen Weltregionen angetroffen werden können. Sie lassen sich von dem Leitkriterium der sog. *globalen Sprachfertigkeit* (im Sinne eines jeweils konkret erreichten *Sprachstandes*) her ausdifferenzieren; dabei gilt, daß sich diese Typen – wenngleich mit unterschiedlicher Gewichtung – unter den Bedingungen sowohl von Erwerbs- als auch von Lernkontexten entwickeln können.

Die wichtigsten dieser Sprachfähigkeitsformen sind die folgenden:

(a) die *minimalen Zwei- oder Mehrsprachigkeitsformen*, unter denen man seit Diebold (1964) die sog. *incipient bilinguals* zusammenzufassen versucht, d.h. also Individuen, die in einer oder in mehreren Fremdsprachen lediglich rudimentäre, nicht satzübergreifend kontextualisierbare Kenntnisse aufweisen (meist in Form von feststehenden Wendungen, Begrüßungsritualen etc.);

(b) die *maximalen Zwei- und Mehrsprachigkeitsformen*, die sich auf Individuen beziehen, die eine oder mehrere Fremdsprachen *native like* "beherrschen", und deren zugrunde gelegtes Konzept – wie bereits angedeutet – wohl eher als idealisierte Zielgröße denn als alltäglicher Regelfall verstanden werden muß;

(c) die *ausgewogenen oder symmetrischen Zwei- und Mehrsprachigkeitsformen*, mit denen Individuen beschrieben werden, die z.B. für zwei Sprachen – bezogen auf alle möglichen Kommunikationstexte – einen (ungefähr) gleichgewichtigen Sprachstand erlangt haben und die zusätzlich in der Lage sind, diesen *ambilingualen bzw. äquilingualen Sprachfertigkeitsgrad* über einen längeren Zeitraum (in etwa) konstant zu halten;

(d) die Formen der *dominanten oder asymmetrischen Zwei- oder Mehrsprachigkeit*, mit denen Individuen beschrieben werden, die eine oder mehrere Fremdsprachen "beherrschen" und bei denen konstant oder abwechselnd die kommunikative Reichweite einer einzelnen Sprache gegenüber der bzw. den anderen größer wird; dabei kann sich der Dominanzgrad häufig durch sozial oder geographisch bedingte Mobilität verändern;

(e) die *Semilingualismusformen*, mit denen Individuen beschrieben werden, die in allen ihren Sprachen – gemessen an jeweils monolingual kompetenten Personen – über längere Zeiträume hinweg quantitative und qualitative Defizite aufweisen, so daß in der Regel nur rudimentäre, auf den alltäglichen Lebensbedarf abgestellte Kommunikationsabläufe stattfinden können; d.h., daß die jeweiligen Defizite nicht nur alle Sprachebenen (vor allem Lexikon und Morphosyntax), sondern auch die pragmatischen, affektiven und psycholinguistischen Planungs- und Realisierungsprozeduren betreffen (siehe hierzu detailliert z.B. Hansegård 1975; Skutnabb-Kangas 1981).

Es ist evident, daß sich die aufgeführten Typen nur ausgehend von der Annahme eines Kontinuums gegeneinander abgrenzen lassen; dabei ist festzuhalten, daß von den aufgeführten Typen eigentlich nur die *ausgewogene bzw. symmetrische Zweisprachigkeit* intensiver diskutiert worden ist. So bezweifelt z.B. bereits Fishman (1971) nachhaltig die Existenz von tatsächlich ausgewogenen bilingualen Individuen, die ihre beiden Sprachen in einer Vielzahl von Situationen gleichermaßen kompetent einsetzen können; vielmehr hält er – ausgehend von empirisch ermittelten Befunden – einzig und allein für realistisch, daß die bilingualen Sprachfähigkeiten je nach kommunikativer Intention bzw. Funktion unterschiedliche Perfektionsstufen und Merkmale aufweisen und daß gleichzeitig jede der beiden individuellen Sprachkompetenzen für sich genommen durch die oben in Kapitel 1 bereits angesprochene kontinuierliche Instabilität gekennzeichnet ist.

2° In einer zweiten Gruppierung werden beschreibend-analytische Typen zusammengefaßt, die sich – je nach soziokulturellem Kontext – sowohl auf Erwerbssituationen als auch auf fremdsprachenunterrichtliche Lernkontexte beziehen können, freilich auch auf wechselseitig funktionierende Mischkontexte; dabei gilt, daß der Leitbegriff der *globalen Sprachfertigkeit* (vgl. oben Ziffer 1°) nunmehr durch sog. *individualspezifische Orientierungskriterien* (Lern- bzw. Erwerbsumfeld, kommunikative Absichten bzw. Ziele, Kommunikationspartner, gewählte Sprachenfolge etc.) ersetzt wird, so daß sich von hier aus die wichtigsten Typen wie folgt bestimmen lassen:

(a) die *funktionalen Zwei- und Mehrsprachigkeitsformen*, die sich zum einen von den individuellen Kommunikationsintentionen (mit wem, mit welcher Absicht, wann, wo, mit welcher Sprache?) und zum anderen von den einzusetzenden Sprachproduktions- und -rezeptionsverfahren her (welche Fertigkeiten setze ich z.B. in welcher Situation einem bestimmten Adressaten gegenüber ein?) bestimmen lassen.

Konzepte der funktional ausgelegten Zwei- und Mehrsprachigkeit haben in der Vergangenheit das Lehren und Lernen fremder Sprachen im Kontext der sog. *fertigkeitsorientierten Kursentwicklungen* vor allem im nordamerikanischen Raum nicht unerheblich beeinflußt (vgl. exemplarisch Baker/Hinde 1984). Hierbei spielt die nach wie vor kontrovers geführte Auseinandersetzung über Vor- und Nachteile der Ausbildung von funktionalen, kulturellen und vor allem kritischen Lese- und Schreibfertigkeiten, d.h. also von *biliterarycies*, eine besondere Rolle; dies trifft vor allem auf sprachminoritäre Gruppen, aber auch auf den allgemeinen schulischen Fremdsprachenunterricht zu (vgl. exemplarisch den allgemeinen Überblick bei Hornberger 1989 sowie die konkrete unterrichtsanalytische Studie von Torres 1991). Zusätzlich gehört in diesen Kontext die für das Lehren und Lernen von Fremdsprachen generell wichtige und unmittelbar einschlägige Diskussion über *produktive Zwei- bzw. Mehrsprachigkeitsformen* einerseits, bei denen alle vier Fertigkeitsbereiche in ausgewogener Weise ausgebildet sind, und über *rezeptive* Formen andererseits, bei denen die Sprachfähigkeit bewußt und gezielt auf das Hör- und/oder Leseverstehen eingegrenzt wird.

(b) Zwei- und Mehrsprachigkeitsformen, die sich von der Art ihrer *mentalen Repräsentation*, d.h. von der Art ihrer Speicherung im Gehirn des bi- bzw. multilingualen Individuums, her bestimmen lassen. Hierher gehören insbesondere die beiden folgenden klassischen Typen (vgl. z.B. Ervin-Tripp/Osgood 1973), die jedoch lediglich als abstrakte Konstrukte zu betrachten sind:

– der *kombinierte Bi- bzw. Multilingualismustypus*, dessen Hauptmerkmal darin liegt, daß für eine gemeinsame Bedeutungsebene (*compound level*) zwei verschiedene sprachliche Kodierungssysteme mental gespeichert werden; als Standardtyp hierfür wird im allgemeinen das Lernen einer Fremdsprache in schulischen Situationen, und zwar im jeweiligen erst- bzw. muttersprachlichen Umfeld, angesetzt;

– der *koordinierte Bi- bzw. Multilingualismustypus*, dessen Hauptmerkmal darin besteht, daß die jeweiligen Sprachen in ihrer Gesamtheit völlig voneinander getrennt als sog. *coordinate systems* mental gespeichert werden; dabei gilt, daß die Palette der hierfür in Frage kommenden Erwerbs- und Lernkontexte sehr viel breiter ausgelegt ist als beim kombinierten Typus. In jedem Fall wird jedoch davon ausgegangen, daß dieses Bilingualismuskonzept dem sog. *true bilingual* zugrunde liegt, der dann z.B. in der Lage ist, die eine Sprache mit seinen Eltern und die andere z.B. im schulischen oder beruflichen Umfeld zu benutzen (vgl. zu beiden Typen ausführlicher z.B. Weinreich 1976).

(c) Zwei- und Mehrsprachigkeitsformen, die sich ausgehend vom *Faktor 'Alter'* ausdifferenzieren lassen (vgl. allgemein zum Faktor 'Alter' den umfassenden Forschungsbericht von Singleton 1989). Hierher gehören insbesondere die folgenden Typen:

– die *frühkindlichen Bilingualismusformen* (vgl. Art. 96), bei denen in der Regel nach dem ganzheitlich ausgelegten Erziehungsprinzip "une personne – une langue" (Ronjat 1913) ein doppelter Erstsprachenerwerb aufgebaut wird (vgl. hierzu exemplarisch Saunders 1988);

– die *konsekutiven oder sukzessiven Zwei- und Mehrsprachigkeitsformen*, die insbesondere für monokulturelle Erwerbs- und Lernkontexte die Regel darstellen und in denen – bedingt durch ministeriell vorgegebene Sprachenfolgeregelungen für die jeweiligen Schul- und Ausbildungssysteme – Zwei- und Mehrsprachigkeitsprofile systematisch strukturiert und festgeschrieben sind (vgl. hierzu im Detail die Art. 17-19 und 97-99; siehe hierzu jetzt insbesondere auch die Diskussion über Formen des früh einsetzenden Fremdsprachenunterrichts).

Unabhängig von den soeben angesprochenen, schulsprachenpolitischen und -organisatorischen Aspekten, die seit einiger Zeit wieder intensiven Diskussionen ausgesetzt sind (vgl. zum neuesten Stand Bliesener 1994, erscheint), werden im Rahmen der konsekutiven oder sukzessiven Zwei- und Mehrsprachigkeitsformen vor allem die folgenden Problembereiche behandelt:

- einerseits die Frage nach der Bildung von Hypothesen über das "beste" Alter, um eine oder mehrere Fremdsprachen "optimal" und möglichst "perfekt auf Dauer" lernen zu können. Hierzu wurde – ausgehend von der von Lenneberg (1967) ausgelösten, vorwiegend aus neuropsychologischer Sicht geführten Diskussion über die *Critical Period Hypothesis* – eine Reihe von empirisch begründeten, jedoch häufig nicht miteinander kompatiblen Thesen vorgelegt, die von der globalen, auch alltagssprachlich weit verbreiteten Position "je jünger desto besser" über spezialisierende Thesen wie z.B. "je jünger desto besser die Aussprache" bzw. "je älter desto besser, zumindest am Anfang" bis hin zu der sich immer stärker durchsetzenden Position "in jedem Alter mit je spezifischen Lernwegen möglich" hinreichen (vgl. ausführlich und im Detail z.B. Singleton 1989; Larsen-Freeman/ Long 1991; Vogel 1991);
- andererseits – ausgehend von den soeben angesprochenen Hypothesen – die Frage nach einer immer präziseren Differenzierung des Altersfaktors und nach der damit verbundenen Begründung einzelner Altersperioden; dabei konzentriert sich die Diskussion aus der Fremdsprachenlehrperspektive heraus auf die Entwicklung von unterrichtsmethodischen Konzepten, denen zentral jeweils altersspezifische Lernerqualitäten und -entwicklungsstände zugrunde gelegt werden (vgl. z.B. den Versuch in diese Richtung von Bausch et al. 1992).

3. Diskussions- und Forschungsgegenstände: eine Auswahl

Die neuere Zwei- bzw. Mehrsprachigkeitsforschung befaßt sich – generell gesprochen – mit Gegenstandsbereichen, die gleichermaßen in Erwerbs- und in Lernkontexten verankert sein können; dabei gibt es zusätzlich – vor allem im östlichen Kanada – eine lange Tradition, die sich systematisch um die Klärung der Frage nach der Transferierbarkeit von Erwerbskomponenten auf institutionalisierte Lernkontexte bemüht (vgl. exemplarisch die Konzepte für Immersionsprogramme; vgl. hierzu als klassischen Überblick bereits Stern 1983; jetzt z.B. auch Baetens Beardsmore 1993). Zusätzlich zeichnet sich diese Forschungsrichtung überwiegend durch empirische Untersuchungsverfahren aus; dabei ist die Durchführung von quantitativ ausgerichteten Fallstudien mit Sicherheit das am häufigsten eingesetzte klassische Verfahren, wobei diese Vorgehensweise in den letzten Jahren zunehmend – vor allem im Bereich der Bilingualismusforschung – durch introspektive, qualitative Methoden ergänzt wird (vgl. Art. 101). Schließlich wendet man sich immer stärker von dem traditionellen, insbesondere durch die Studien von Dulay/Burt (1978) eingeführten systemlinguistischen Sprachbegriff ab, um Zwei- bzw. Mehrsprachigkeitsformen über Konzepte des interkulturellen Lernens und der interkulturellen Kommunikation, und zwar vor dem Hintergrund multikultureller Gesellschaften und Klassenverbände, in den Blick zu nehmen (vgl. Art. 26).

Ausgehend von diesem allgemeinen Erkenntnisstand konzentriert sich die aktuelle Bi- und Multilingualismusforschung – bedingt durch ihre extrem komplexen Gegenstandsbereiche – auf eine Vielzahl von Diskussions- und Forschungsgegenständen, aus denen nachfolgend diejenigen ausgewählt und in der gebotenen Kürze stichwortartig aufgereiht werden sollen, die für die weitere Fundierung des institutionellen Lehrens und Lernens fremder Sprachen in Zukunft vorrangig relevant sein werden; dabei wird der Blick insbesondere auf jene fremdsprachlichen Unterrichtstypen gerichtet, die nicht nur Zweisprachigkeits-, sondern vielmehr systematisch "echte" Mehrsprachigkeitsprofile (vgl. Art. 99) auszubilden versuchen:

- Weiterentwicklung von Methoden zur quantitativen und qualitativen Messung und Kategorisierung der Sprachstände von bi- bzw. multilingualen Individuen (vgl. exemplarisch Bachman 1990);
- Entwicklung von Konzepten und Verfahren zur gesteuerten Ausbildung von Zwei- und Mehrsprachigkeitsformen für alle Altersstufen (vgl. exemplarisch Singleton 1989);
- Weiterentwicklung der Zweitsprachenerwerbs-, Fremdsprachenlerntheorien und Theorien für institutionell gesteuerte Mehrsprachigkeitsprofile (vgl. exemplarisch Larson-Freeman/Long 1991);
- Analysen zu den Problemen der Interrelation zwischen individuellen Zwei- bzw. Mehrsprachigkeitsformen und dem Faktor 'Intelligenz' (vgl. exemplarisch Baker 1993);

- Analysen zu den Problemen der Interrelation zwischen individuellen Zwei- bzw. Mehrsprachigkeitsformen und dem Faktor 'Kognitivität' bzw. 'Denkstile' (vgl. exemplarisch Bialystok 1991);
- Entwicklung von Perspektiven, die sich aus kognitiv begründeten Theorien über zwei- und mehrsprachige Individuen für die Erstellung von Curricula ableiten lassen (vgl. exemplarisch Cummins/Swain 1986);
- Entwicklung von Konzepten und Verfahren der Sprachplanung und -curriculumentwicklung, um den "language garden of the world" (García 1992) systematisch und begründet pflegen zu können (vgl. exemplarisch die Beiträge in Paulston 1988);
- Analysen zu den Problemen der Interrelationen zwischen individuellen Zwei- bzw. Mehrsprachigkeitsformen und Diglossie-Situationen (vgl. exemplarisch Williams 1992);
- Entwicklung von Konzepten und Verfahren für eine bi- bzw. multilingual ausgelegte Erziehung (vgl. exemplarisch speziell für Europa Baetens Beardsmore 1993).

Unabhängig von der bereits angesprochenen Bedeutung, die diese Diskussions- und Forschungsgegenstände für die weitere Konsolidierung des Fremdsprachenunterrichts aufweisen, sei – vor dem Hintergrund des komplexen Geflechts, in das Zwei- und Mehrsprachigkeitsformen eingewoben sein können – abschließend die alles bestimmende Tatsache, d.h. die bereits evident vorhandene *Multikulturalität* der heutigen Gesellschaften, herausgestellt:

Ausgehend von diesem Faktum gilt es, Konzepte und Formen des interkulturellen Lernens (vgl. Art. 26) zu erarbeiten, die den begründeten Brückenschlag zum institutionellen, in das gesamte Erziehungs- und Ausbildungssystem integrierte Lehren und Lernen fremder Sprachen möglich machen; d.h. also: es geht letztendlich um die Vision eines integrativen Gesamtkonzepts der *interkulturellen und zugleich mehrsprachigen Erziehung*, das – von wechselseitiger Toleranz getragen – in der Lage ist, ein *Lernen für Europa* (vgl. Krüger-Potratz 1993) systematisch-reflektierend aufzubauen. Diskussionen und Forschungsvorhaben zu den oben aufgereihten Gegenständen gehen ins Leere, wenn sie nicht konsequent auf diese Perspektive ausgerichtet werden.

Literatur

Bachman, Lyle F. (1990), *Fundamental Considerations in Language Testing*, Oxford.
Baetens Beardsmore, Hugo, ed. (1993), *European Models of Bilingual Education*, Clevedon.
Bahr, Andreas/Bausch, K.-Richard/Kleppin, Karin/Königs, Frank G./Tönshoff, Wolfgang (1995), *Forschungsgegenstand Tertiärsprachenunterricht. Ergebnisse und Perspektiven eines empirischen Projekts*, Bochum (erscheint).
Baker, Colin (1993), *Foundations of Bilingual Education and Bilingualism*, Clevedon.
Baker, Colin/Hinde, J. (1984), "Language Background Classification", in: *Journal of Multilingual and Multicultural Development*, Vol. 5, 43-56.
Bausch, K.-Richard et al. (1992), "Thesen und Empfehlungen zu den Besonderheiten des Lehrens und Lernens von Deutsch als zweiter Fremdsprache", in: K.-Richard Bausch/Manfred Heid (Hrsg.), *Das Lehren und Lernen von Deutsch als zweiter oder weiterer Fremdsprache: Spezifika, Probleme, Perspektiven*, 2. Aufl., Bochum, 11-18.
Bialystok, Ellen, ed. (1991), *Language Processing in Bilingual Children*, Cambridge.
Bliesener, Ulrich (1994), "Weiterentwicklung des Fremdsprachenunterrichts – eine Notwendigkeit. Aber wie?", in: *Neusprachliche Mitteilungen*, Jg. 47 (erscheint).
Butzkamm, Wolfgang (1993), "Bilingualer Unterricht – Fragen an die Forschung", in: Franz-Rudolf Weller/Dieter Wolff (Hrsg.), *Bilingualer Unterricht (= Die Neueren Sprachen)*, Jg. 92, H. 1/2, 151-161.
Cummins, Jim/Swain, Merill (1986), *Bilingualism in Education*, New York.
Diebold, A.R. (1964), "Incipient Bilingualism", in: Dell Hymes et al. (eds.), *Language in Culture and Society*, New York, 44-76.
Dulay, Heidi/Burt, Marina (1978), "Natural Sequences in Child Second Language Acquisition", in: Evelyn Hatch (ed.), *Second Language Acquisition: A Book of Readings*, Rowley, Mass., 37-53.
Ervin-Tripp, Susan M./Osgood, Charles E. (1973), "Second Language Learning and Bilingualism", in: Susan M. Ervin-Tripp (ed.), *Language Acquisition and Communicative Choice*, Stanford, 15-23.
Fishman, Joshua A. (1971), *Advances in the Sociology of Language*, Den Haag.
García, Ofelia (1992), *Societal Bilingualism and Multilingualism*, New York.
Hansegård, N.E. (1975), *Tvasprakighet eller halvsprakighet?*, Stockholm.
Hornberger, N. (1989), "Continua of Biliteracy", in: *Review of Educational Research*, Vol. 59, 271-296.
Kalb, Peter/Petry, Christian/Sitte, Karin, Hrsg. (1993), *Leben und Lernen in der multikulturellen Gesellschaft*, Weinheim.
Krüger-Potratz, Marianne (1993), "Erziehung in und für Europa, zweimal?", in: *Deutsch lernen*, Jg. 18, 3-12.
Larsen-Freeman, Diane/Long, Michael H. (1991), *An Introduction to Second Language Acquisition Research*, London.
Lenneberg, Eric (1967), *The Biological Foundation of Language*, New York.

Paulston, C.B., ed. (1988), *International Handbook of Bilingualism and Bilingual Education*, New York.
Ronjat, Jules (1913), *Le développement du langage observé chez un enfant bilingue*, Paris.
Saunders, George (1988), *Bilingual Children: From Birth to Teens*, Clevedon.
Singleton, David (1989), *Language Acquisition: The Age Factor*, Clevedon.
Skutnabb-Kangas, Tove (1981), *Bilingualism or not: The Education of Minorities*, Clevedon.
Stern, Hans H. (1983), *Fundamental Concepts of Language Teaching*, Oxford.
Torres, G. (1991), "Active Teaching and Learning in the Bilingual Classrooms: The Child as an Active Subject in Learning to Write", in: Ofelia García (ed.), *Bilingual Education*, Amsterdam, 28-51.
Vogel, Klaus (1991), "Lernen Kinder eine Fremdsprache anders als Erwachsene? Zur Frage des Einflusses des Alters auf den Zweitsprachenerwerb", in: *Die Neueren Sprachen*, Jg. 90, 539-548.
Wandruszka, Mario (1979), *Die Mehrsprachigkeit der Menschen*, München.
Weinreich, Uriel (1976), *Sprachen im Kontakt. Ergebnisse und Probleme der Zweisprachigkeitsforschung*, Tübingen.
Williams, G. (1992), *Sociolinguistics: A Sociological Critique*, London.
Wode, Henning (1991), "Formen und Leistungsfähigkeit mehrsprachigen Unterrichts", in: Albert Raasch et al. (Hrsg.), *Fremdsprachen lehren und lernen: Perspektiven für ein Europa nach 1992*, Saarbrücken, 35-46.

Karl-Richard Bausch

13. Muttersprachen- und Fremdsprachenunterricht

1. Koordination oder Unabhängigkeit?

Es ist eine alte Forderung für alle allgemeinbildenden Schulen, daß der Fremdsprachenunterricht nach Möglichkeit mit dem Unterricht in der Erstsprache der betreffenden Schüler (dem muttersprachlichen Unterricht) zu koordinieren sei. Eine solche Koordination von Fremdsprachenunterricht und Erstsprachunterricht liegt nicht nur im Interesse eines möglichst wirksamen Fremdsprachenunterrichts ("alles ausnutzen, was die Lernenden von ihrer Erstsprache her schon wissen und können"), sondern auch im Interesse eines umfassenden Unterrichts in der Erstsprache. Idealziel ist, daß Erstsprachunterricht und Fremdsprachenunterricht *zusammen* der sprachlichen Gesamtentwicklung aller Schüler dienen. So faßt es, von der Seite der Deutschdidaktik und allgemeinen Didaktik her, Bernhard Weisgerber (1986). Das stimmt auch sehr gut überein mit der Feststellung von List (vgl. Art. 5), daß die durch den Erwerb der Erstsprache geschaffene Konditionierung von Gehirn und Nervensystem insgesamt sich auch bei allem Lernen von weiteren Sprachen auswirkt.

Andererseits strebt man gerade im modernen Unterricht der lebenden Fremdsprachen danach, die Fremdsprache nicht einfach von der Erstsprache her zu sehen und zu lehren, sondern sie *in ihrer eigenen* Gesetzlichkeit und Systemhaftigkeit erfassen zu lassen und deutlich von der Erstsprache abzuheben. Man sucht daher den Unterricht möglichst ganz in der Fremdsprache zu führen und die Erstsprache möglichst wenig zur Hilfe heranzuziehen.

2. Grundsätzliches zum Aufbau des Sprachbesitzes

Um die Frage nach Koordination oder Eigenständigkeit zu beantworten, ist es nützlich, daß man sich ein Gesamtbild vom Aufbau der Sprache und vom Nebeneinander verschiedener Sprachen im Kopf eines Menschen zu machen versucht. Man kann dazu ein "Schichtungsmodell der Sprache" zu Hilfe nehmen, wie es von mir entwickelt worden ist (Glinz 1978, 100-130; Anwendungen bei Glinz 1994, Ziff. A. 57-63, mit "Wichtigkeitsprofilen", Ziff. A. 67). Dabei werden die folgenden sieben Bereiche unterschieden, von "außen" nach "innen" (oder: von "unten" nach "oben") gehend:

7 Das *Schreibungssystem*, Orthographie und Interpunktion. Dieses System ist grundsätzlich sekundär, entwickelt vom Lautungssystem (6) her, zum Teil auch direkt von den Bedeutungen (3) her. Heute, bei der allgemeinen Verbreitung des Lesens und Schreibens, wird aber das Schreibungssystem weitgehend primär und das Lautungssystem demgegenüber sekundär (als "Aussprache der Wörter").

6 Das *Lautungssystem*, nämlich alles, was zur Unterscheidung der Wörter und ihrer grammatischen Formen dient: nicht nur Phonetik und Phonologie/Phonemik, sondern die gesamte "Phono-Morphologie", mit allen Allophonen und Allomorphen. So kann z.B. im Deutschen der einheitliche grammatische Unterschied "Präteritum gegenüber Präsens" signalisiert sein durch *ging* zu *geht*, durch *stand* zu *steht*, durch *wehte* zu *weht*.

5 Die ganzen *Stimmführungsgestalten*, die "Satz-Phonologie" (die *suprasegmental phonemes*), also alles Klangliche oberhalb der Wortlautungen, die klangliche Realisation überhaupt (unter Einschluß der Klangfarbe, des Tempos usw.). In diesen Bereich gehört auch die Einteilung aller nicht ganz kurzen Texte in *Sätze* als inhaltlich-klangliche Einheiten, ferner als Spezialfall der gesamte Versbau, die Metrik.

4 Der *lexisch-morphosyntaktische Bereich*, die Wörter in den verschiedenen Wortarten und mit den verschiedenen grammatischen Formen (z.B. Singular-Plural, grammatische Geschlechter, im Deutschen und Lateinischen die Kasus) sowie alle formalen Kombinationsmöglichkeiten für die Wörter in den verschiedenen Formen. Für diesen Bereich kommt es noch nicht darauf an, wie direkt oder indirekt, wie eindeutig oder mehrdeutig die Wörter, Formen und Kombinationsstrukturen mit den Bedeutungen aller Art verknüpft sind – es kann sich auch um reine grammatische Mechanismen handeln (so oft beim grammatischen Geschlecht oder bei deutsch *mit dir – ohne dich* gegenüber französisch *avec toi – sans toi* bzw. englisch *with you – without you*).

3 Der *semantische Bereich*, die *Bedeutungen und ganzen Bedeutungsstrukturen*, gleichgültig ob durch einzelne Wörter, durch feste Wortkomplexe oder durch mit verschiedenen Wörtern ausfüllbare Strukturen signalisiert. Der ganze semantische Bereich ist sehr eng mit dem lexisch-morphosyntaktischen Bereich verbunden, ja verflochten, aber keineswegs mit ihm identisch. Vor allem darf man nicht den semantischen Bereich vom lexisch-morphosyntaktischen Bereich her sehen und verstehen wollen, als eine Art "Überbau"; man muß den *semantischen Bereich* als das *Zentrale* sehen, zu dessen Signalisierung alle Einheiten und Strukturen des lexisch-morphosyntaktischen Bereichs zu dienen haben.

2 Die *Muster und Strategien* für das Textschaffen und Textverstehen oberhalb der einfachen semantischen Strukturen, also z.B. verschiedene Muster für das Erzählen (chronologisch vorgehen – mit Rückblenden und Vorausblicken arbeiten) oder die Muster für den Aufbau argumentierender Texte. Dabei lassen sich keine scharfen Grenzen ziehen zwischen relativ festen Mustern und flexiblen, weitgehend offenen Strategien; es gibt auch keine scharfen Grenzen zwischen den Strategien für die *Sprach*verwendung und den Strategien für das *gesamte Handeln und Denken*, weit über das rein Sprachliche hinaus.

1 Der *Zentralbereich der Person-Konstitution*, das "*Ich*", das Gesamt der (bewußten und unbewußten) Vorstellungen und inneren Bilder von der eigenen Stellung und Aufgabe in der Welt, von den Bedürfnissen und Möglichkeiten, für sich selbst wie für andere. Von hier aus wird letztlich auch alle Sprachverwendung gesteuert.

3. Anwendung auf das Nebeneinander von Erstsprache und Fremdsprachen und den entsprechenden Unterricht

a) Getrennte Subsysteme für die Bereiche 7, 6, teilweise 5

Alle Beobachtungen sprechen dafür, daß für die Bereiche 7 (Schreibungen), 6 (Lautungen) und teilweise auch für 5 (Satzmelodien) für jede Sprache ein besonderes, eigenes Teilsystem gespeichert wird und daß diese Teilsysteme, obwohl im gleichen Kopf vorhanden, kaum aufeinander bezogen und miteinander verknüpft werden. Beim Übergang von der einen Sprache zur anderen (*code-switching*) schaltet sich das Lautungs- und Schreibungssystem der einen Sprache völlig aus, und das entsprechende System der anderen Sprache schaltet sich ein. Für diese Bereiche ist also die Eigenständigkeit des Unterrichts in jeder Sprache gegeben, es ist keine Koordination zu fordern, sondern im Gegenteil ein völliges, wo nötig auch bewußt vollzogenes Abheben. So wird es heute auch größtenteils in der Praxis gehandhabt – ein Ertrag richtig verstandener (und nicht verabsolutierter) "direkter Methode".

b) Gemeinsamkeit für die Bereiche 1 und 2

Es wird wohl unmittelbar klar, daß nicht nur der Bereich 1 (Person-Konstitution, das "Ich"), sondern auch das meiste von Bereich 2 (Muster und Strategien) für alle Sprachen, die ein Mensch spricht oder mindestens versteht, in gleicher Weise wirksam ist. Wenn auch manche Textmuster historisch im Rahmen einer bestimmten Sprache entstanden sind, so sind sie doch durch Übersetzungen usw. für andere Sprachen übernommen worden. Das gilt jedenfalls für die modernen europäischen Sprachen und weitgehend auch für das Lateinische, das ja auf diese modernen Sprachen immer stark eingewirkt hat. Je weiter man im Fremdsprachenunterricht kommt, je mehr man sich über die elementaren (für die Korrektheit oft sehr wichtigen) Bereiche erheben kann, desto wichtiger wird daher die Koordination mit dem Erstsprachunterricht, jedenfalls in Hinweisen für die Schüler, im Idealfall auch mit Absprachen unter den Lehrern. Hier werden auch das *Übersetzen*, die Erprobung verschiedener Wiedergabemöglichkeiten, der Vergleich vorgelegter Übersetzungen ihre Stelle erhalten – ohne daß man in den "reinen Übersetzungsunterricht" vergangener Zeiten zurückfällt.

c) *Kompliziertes Ineinander von Gemeinsamkeit und von getrennten Systemteilen in den Bereichen 3 und 4*

Ein kompliziertes Ineinander von voller Gemeinsamkeit über begrenzte Parallelität bis zu völlig getrennten Erscheinungen muß man offensichtlich für die Bereiche 3 (Bedeutungen) und 4 (Lexisches/Morphosyntaktisches) anerkennen. Dementsprechend sind dann "Verzweigungspunkte" (beim sprachlichen Produzieren, sprechend oder schreibend) ansetzbar bzw. "Vereinigungspunkte" beim Hören/Lesen und Verstehen, und zwar können solche Verzweigungspunkte bzw. Vereinigungspunkte auf verschiedener Höhe, zwischen verschiedenen Bereichen anzusetzen sein.

So kann man z.B. für deutsch *nicht, nichts* und englisch *not, nothing* nicht nur zwei gemeinsame Einheiten der Bedeutung annehmen, sondern hier praktisch zwei gemeinsame Wörter sehen, so daß dann ein Verzweigungspunkt erst anzusetzen ist, wenn man vom Bereich 4 zum Bereich 6 oder 7 übergeht (also "gemeinsames Wort, aber je nach Sprache verschieden ausgesprochen und verschieden geschrieben"). Dagegen ist bei der französischen Negation *ne ... pas, ne ... rien* (jedenfalls für korrektes *français écrit*, im Gegensatz zu *français familier*) schon eine eigene, mit dem deutschen *nicht, nichts* gar nicht parallelisierte Formalstruktur anzunehmen, so daß dann ein Verzweigungspunkt schon beim Übergang von Bereich 3 zu Bereich 4 anzusetzen ist. Weiteres Beispiel für einen Verzweigungspunkt erst zwischen Bereich 4 und Bereich 6 bzw. 7 (also: "gleiches Wort, nur verschiedene Aussprache und Schreibung"): deutsch *wir, uns*, englisch *we, us*. Dagegen Verzweigungspunkt schon zwischen Bereich 3 (Bedeutungen) und 4 (Formalstrukturen) bei deutsch *ich, mich, mir* gegenüber englisch *I, me*. Noch kompliziertere Verzweigungen von Bereich 3 zu 4 (oder nur zu 6, Lautungen?) bei französisch *tu me donneras ça – donne-moi ça – tu me regardes – regarde-moi – c'est moi* gegenüber deutsch *du gibst mir das – gib mir das – du siehst mich an – sieh mich an – das bin ich*. Eine detailliertere Darstellung findet sich in Glinz (1994, Ziff. A. 59).

Derartige Überlegungen wird man den Schülern nicht vortragen – aber es ist nützlich, wenn man sie als Lehrer gelegentlich anstellt, weil man dann so richtig sieht, welche komplizierten Prozesse der Speicherung in den Köpfen der Schüler ablaufen müssen, damit am Ende ein korrekter fremdsprachlicher Text, gesprochen oder geschrieben, herauskommen kann. Eine direkte Koordination mit dem Erstsprachunterricht ist hier für die Einzelfälle weder nötig noch überhaupt möglich. Fruchtbar ist es aber, wenn im Erstsprachunterricht wie in allen Fremdsprachen-Stunden übereinstimmend der *Unterschied* zwischen *Bedeutungen* und *formalen Erscheinungen* deutlich gemacht wird. Das gilt ja schon für so bekannte Fehlerquellen wie die Gleichsetzung von englisch *actually* mit deutsch *aktuell* oder französisch *actuellement*, also als *aktuell* verstanden statt als *tatsächlich*, und insgesamt für die sogenannten "falschen Freunde" – *les faux amis*.

4. *Grammatische Begriffe und Termini*

Besonders wichtig ist die Koordination (und besonders ärgerlich jedes, wenn auch ungewollte, Gegeneinander-Arbeiten) im Bereich der grammatischen Begriffe und der dafür verwendeten Benennungen (Termini). Das Problem ist gerade in den letzten Jahren wieder diskutiert worden im Zusammenhang mit der (in manchen Punkten sehr fragwürdigen) Terminologie-Liste, die im Auftrag der Kultusminister-Konferenz zusammengestellt wurde (Vorstellung durch Czeczatka in Raasch 1983). Grundsätzliche Diskussionen dazu finden sich im Sammelband *Grammatische Terminologie in Sprachbuch und Unterricht* (Bausch/Grosse 1987), vor allem zur Gefahr eines Herausspinnens einer Definition, also einer Begriffsfassung, aus dem Wortlaut eines Terminus (eines bloßen "Namens für den Begriff").

Im Bereich von Deutsch als Erstsprache werden die meisten Schüler bei Beginn des Unterrichts in der ersten Fremdsprache schon – aus ihrem Unterricht in der Erstsprache – über eine Reihe von grammatischen Begriffen verfügen. Für das Deutsche als Erstsprache sollte das etwa sein:

- daß man verschiedene Wortarten unterscheiden kann, vor allem die Verben, die Nomen, die Adjektive, dazu die Sammelklassen "Pronomen" und "Partikeln";
- daß man bei den Nomen, Adjektiven und Pronomen Singular und Plural unterscheiden kann sowie drei grammatische Geschlechter;
- daß man bei den Verben die Personalformen (drei Personen, im Singular und Plural) unterscheiden kann von den Grundformen, nämlich Infinitiv, Partizip II *(gegangen)* und Partizip I *(gehend* – viel seltener als das Partizip II), und daß man verschiedene grammatische Zeiten unterscheiden kann, die zum Teil nur aus Personalformen bestehen, zum Teil aus den Personalformen von *sein, haben, werden* kombiniert mit Partizip II oder Infinitiv;
- daß geschriebene Texte in Sätze eingeteilt sind, durch Punkt/Ausrufezeichen/Fragezeichen mit nachfolgender Großschreibung, und daß manche Sätze aus zwei oder mehr Teilsätzen bestehen;
- daß die als Sätze oder Teilsätze gesetzten Einheiten ("Propositionen" im grammatischen Sinn, entsprechend französisch *proposition*, englisch *clause*) meistens um ein Verb herum aufgebaut sind, daß sie ein Subjekt zu diesem Verb enthalten und daß man die nichtverbalen Wörter und Wortblöcke, mit Einschluß des Subjekts, oft um die Personalform des Verbs herum verschieben kann (*Das tue ich – Ich tue das* usw.).

Es wäre töricht, wenn der Fremdsprachenlehrer auf diese "Starthilfen" aus dem Erstsprachunterricht verzichten wollte – vor allem wenn (aus Koordinationsgründen und um störende Überinterpretationen zu vermeiden) schon in der Erstsprache nicht von "Tuwörtern, Zeitwörtern, Vorgegenwart, Mittelwort der Vergangenheit" usw. gesprochen wurde, sondern von "Verb, Perfekt, Partizip II" (vgl. Bausch/Grosse 1987).

Es wäre aber ebenso töricht, wenn der Fremdsprachenlehrer vom Lehrer der Erstsprache auch fordern wollte, daß die Schüler mit Wortartunterscheidungen vertraut gemacht werden, die in der Fremdsprache wichtig sind, im Deutschen aber nicht bestehen, z.B. "Adjektivadverb" oder auch "bestimmter Artikel" (der im Deutschen nur eine besondere Gebrauchsweise des Pronomens *der/die/das* ist). Es fällt ja auch niemandem ein, im Deutschen von einer *progressive form* zu reden, obwohl diese für das Englische zentral ist (*he was writing* – **er war eben am Schreiben*).

Alle derartigen Erscheinungen lassen sich am besten direkt in der Fremdsprache bewußtmachen, in auch für den Schüler einsichtigem Absetzen von den Gesetzlichkeiten der Erstsprache. Entsprechend wird man auch die Verschiedenheit der vorhandenen Termini nicht beklagen, sondern ausnützen, indem man z.B. zeigt, daß das englische *perfect* zwar grob dem deutschen Perfekt entspricht, aber eben gar nicht genau – und entsprechend das französische *passé composé*. Ferner wird man es auch ausnützen, daß die deutsche Grammatik heute nicht mehr von "Imperfekt" spricht, sondern die Formen *war, hatte* als "Präteritum" bezeichnet – weil es dann viel leichter ist, die ganz andere Funktion des französischen *imparfait* oder lateinischen *imperfectum* klar zu machen *(il était, avait – erat, habebat* sind keine genauen Gegenstücke zu *war, hatte).*

5. Bewußtmachen von Verstehensprozessen

Eine besondere Chance des Fremdsprachenunterrichts – mit sehr fruchtbarer Rückwirkung auf den Erstsprachunterricht, gerade für die Lektüre von Texten auf oberen Schulstufen – ist das Bewußtmachen von elementaren *Verstehensprozessen*, die in der Erstsprache großteils schon völlig automatisiert ablaufen.

Im Fremdsprachenunterricht – auch in den modernen Fremdsprachen – muß man viel öfter fragen, was ein Wort überhaupt heißt, was es gerade hier bedeutet und mitteilen soll, und man kommt auch nicht selten in die Lage, daß man die Beziehung eines nominalen Ausdrucks zu einem Verb nicht sofort erfaßt, sondern zuerst etwas überlegen muß. Im Lateinischen liegt in diesem genauen Achten auf alle grammatischen Signale und alle Verstehensmöglichkeiten oft der Hauptteil dessen, was man dem Lateinunterricht als "Schulung des Denkens" zuschreibt. Insgesamt ist es daher oft fruchtbar, wenn man bei Verstehensschwierigkeiten oder Falsch-Verstehen eines Schülers nicht einfach tadelt, sondern den Schülern *systematisch* die *Wege* zum Aufbau auch schon dieser Detail-Verständnisse zeigt, oft in geduldiger Wiederholung, und wenn man bei einem inhaltlichen Mißverständnis eines Textes nicht einfach sagt "falsch", sondern nachfragt: "Wie kommst du (kommen Sie) zu gerade diesem Verständnis?". Insgesamt werden ja gerade in der Schulung des Verständnisses für anspruchsvolle Texte der Fremdsprachenunterricht und der Erstsprachunterricht umso mehr konvergieren, je weiter man nach oben kommt und je sicherer die Verfügung über das lexikalische und grammatische Einzelwissen schon ist. Grundsätzliches beim Textverstehen in allen Sprachen – besonders auch bei fiktionalen Texten, die oft besonders viel "Eigenbeitrag/Zusatzleistung des Hörers/Lesers" sowohl erfordern wie gestatten – in knapper Form bei Glinz (1994, Ziff. A. 74-76), im einzelnen ausgeführt in Glinz (1978, 146-197), zur "Wahrheitsfrage" s. Glinz (1977, 106-145).

6. Zentrale Rolle der Lehrer-Kontakte und der Wissenschaft

Man spricht heute oft von "interdisziplinärer Arbeit". Ein schönes (und für die Schüler oft sogleich fruchtbar werdendes) Stück solcher Arbeit läßt sich schon leisten, wenn alle Sprachlehrer einer Klasse gelegentlich über ihren Unterricht, ihre Erfahrungen, auch ihre Schwierigkeiten miteinander reden – ohne die Scheu, sich bloßzustellen wie ohne den Anspruch, dem Kollegen den einzig richtigen Weg dozieren zu wollen. Eine zentrale Rolle werden aber hier die Lehrerausbildung und die Wissenschaft zu spielen haben, indem sie allen Studenten und Lehrern der Sprachen und Literaturen eine haltbare Theorie von Sprache und Sprachverwendung anbieten und indem sie die Gemeinsamkeiten und Verschiedenheiten der jeweils studierten Sprachen so klar wie möglich zeigen, im formalen Aufbau wie in den Bedeutungen und ganzen Bedeutungsstrukturen und deren Signalisierung durch Formalstrukturen. Dabei darf nicht eine bestimmte Sprache als Ideal gesehen werden, von dem aus man alle anderen beurteilt, sondern die Sprachen müssen gleichberechtigt nebeneinander gezeigt werden. Hauptziel muß immer die Entwicklung der Verstehensfähigkeit sein, für Sachtexte ("expositorische Texte") wie für fiktionale Texte (also Bereich 2 im Schichtungsmodell). Dadurch kann den Schülern auch am ehesten der persönliche Umgang mit für sie fruchtbaren Texten und das persönliche Wachstum durch solchen Umgang (Bereich 1 im Schichtungsmodell) erleichtert werden. Zum gesamten, heute immer akuter werdenden Problem "Leben in einer Sprache – Leben in/mit zwei oder mehr Sprachen, Chance und Risiko" s. Glinz (1994, Ziff. A. 68).

Literatur

Bausch, Karl-Heinz/Grosse, Siegfried, Hrsg. (1987), *Grammatische Terminologie in Sprachbuch und Unterricht*, Düsseldorf.
Glinz, Hans (1977), *Textanalyse und Verstehenstheorie I. Methodenbegründung – soziale Dimension – Wahrheitsfrage – acht ausgeführte Beispiele*, Wiesbaden.
Glinz, Hans (1978), *Textanalyse und Verstehenstheorie II. Mit Texten erstrebte Erträge – Aufbau der Gesamtkompetenz – Sprache, Zeitstrukturierung und Ich*, Wiesbaden.
Glinz, Hans (1994), *Grammatiken im Vergleich, Deutsch – Französisch – Englisch – Latein, Formen – Bedeutungen – Verstehen*, Tübingen.
Raasch, Albert, Hrsg. (1983), *Grammatische Terminologie*. (= Forum Angewandte Linguistik Bd. 1), Tübingen.
Weisgerber, Bernhard (1986), *Beziehungen und Integrationsmöglichkeiten von mutter- und fremdsprachlichem Unterricht*, Vortrag an der VIII. Internationalen Deutschlehrertagung in Bern, 1986.

Hans Glinz

14. Altsprachlicher Unterricht und Fremdsprachenunterricht

1. Problemaufriß

Im Rahmen der heutigen Schulsprachenpolitik sind die alten Sprachen für den Fremdsprachenunterricht zum Problem geworden. Fragt man sich, welche Sprachen überhaupt als Schulsprachen in Frage kommen können, so wird man unter Einbeziehung der tatsächlichen Kräfteverhältnisse vier Gruppen ermitteln. Die erste Gruppe besteht nur aus einer Fremdsprache, dem unangefochten dominierenden Englisch. Die zweite Gruppe setzt sich aus allen anderen modernen Fremdsprachen zusammen, für deren Erlernen in deutschen weiterführenden Schulen es gute Gründe gibt: Französisch, Spanisch, Portugiesisch, Italienisch, Russisch, Polnisch, Tschechisch, Dänisch, Schwedisch, Niederländisch, Arabisch, Chinesisch, Japanisch. Die dritte Gruppe wird von den alten Sprachen gebildet, die zum Verständnis unserer Kultur beitragen können: Latein, Griechisch, Hebräisch, Aramäisch. Als eine vierte Gruppe könnte man die früheren Sprachstadien des Deutschen auffassen, deren Beherrschung für unsere heutige Kultur von ähnlicher Relevanz ist wie die Beherrschung der alten Sprachen: Althochdeutsch, Mittelhochdeutsch, Frühneuhochdeutsch, klassisches Deutsch. Rund 20 Sprachen könnten mithin einen Platz in der deutschen Schule beanspruchen. Wie bekannt, wird dieses breite Spektrum in der Praxis weitgehend auf drei Sprachen reduziert: Englisch, Französisch und Latein. Angesichts der unbestrittenen Vormacht des Englischen einerseits und der geringen Lerndauer der dritten Sprache andererseits führt diese Situation derzeit zu einem harten Wettbewerb zwischen Französisch und Latein um den Rang der zweiten Schulsprache.

Den unbefangenen Beobachter muß dieser Wettbewerb erstaunen; zu ungleich scheinen auf den ersten Blick die Kräfte verteilt. Es darf mithin gefragt werden: Was leistet der Lateinunterricht? Und lohnt es sich noch, Latein zu lernen auf Kosten wichtiger moderner Fremdsprachen?

2. Latein – eine tote Sprache

Die Schulsprache Latein kann nur als die Schwundstufe einer Sprache angesehen werden. Von den vier klassischen Fertigkeiten des Fremdsprachenunterrichts (Hörverstehen, Sprechen, Leseverstehen, Schreiben) wird nur eine erlernt, das Leseverstehen, und auch dies erfaßt nur historische Texte. Man liest weder lateinische Briefe eines Briefpartners noch etwa die Zeitung. Es fehlt jede partnerschaftliche Dimension. Mit Recht spricht deshalb Christ (1980) dem Latein den Status einer Fremdsprache ab und weist den Lateinunterricht dem Aufgabenfeld des Deutschunterrichts und des gesellschaftswissenschaftlich-historischen Unterrichts zu.

Das verbleibende Leseverstehen des Lateins richtet sich ganz auf den Wert der Bildungsinhalte. Nun ist aber das antike Wert- und Lebensmodell von einer derartigen Andersartigkeit (Alterität), daß es im Lateinunterricht kaum noch differenziert und mit Relevanz für heutiges Denken und Handeln vermittelt werden kann. Die grundsätzliche Verstehensbarriere, welche zum Beispiel die kryptische Sprache der griechisch-römischen Mythologie darstellt, macht das Lateinverstehen zu einem Dreisprachigkeitsproblem (Simon 1981). Es kommt hinzu, daß den ehrwürdigen Inhalten der Antike auch fragwürdige gegenüberstehen.

Gehört zur hermeneutischen Erschließung dieser schwierigen inhaltlichen Tradition bereits eine geistige Anstrengung besonderen Formats, so wächst der Anspruch an den Lateinunterricht erst recht, wenn man bedenkt, daß die inhaltliche Alterität vermittelt wird durch eine Sprachstruktur, die ebenfalls hohe Alterität, vor allem aber ein besonderes Ausmaß an Unklarheit und Kompliziertheit aufweist. Latein ist unklar durch Polymorphie (viele konkurrierende Formen für den gleichen Inhalt), durch morphologische Polysemie (eine Form vertritt je nach Umgebung viele Bedeutungen) und vollends durch die Regellosigkeit der Wortfolge (Simon 1981). Wie auch immer die Praxis des lateinischen Anfangsunterrichts aussehen mag (eine Praxis, die dem Schulfach Latein mancherorts gar den Ruf eines 'leichten' Faches eingetragen hat): will man zu den wichtigen Inhalten vorstoßen, trifft man unweigerlich auf eine schwer zu verstehende Sprache (Glücklich 1987). Da das so ist, nimmt es nicht wunder, daß die inhaltlich wie sprachlich schwierige Hermeneutik des Lateins derzeit in sich zusammenbricht. Trotz vieler Schulstunden Latein kann es außerhalb der Altphilologie kaum ein Hochschullehrer wagen, einen philosophischen, historischen oder literarischen Text von Rang seinem Seminar in lateinischer Sprache vorzulegen. Ebenso gibt es über die Realität des schulischen Lateinunterrichts Aussagen genug, die zeigen, daß das Erlernen des Lateins für unsere Gesellschaft zu einer Last geworden ist, die zu tragen sie nicht mehr die Kraft hat und die sie zum größeren, relevanten Teil heimlich bereits abgeworfen hat (Gruber 1987; Lohmann 1988; Nickel 1992).

3. Die Argumente für das Lateinlernen

Aus weiter unten darzulegenden Gründen werden von den Altphilologen, aber auch von einem bedeutenden Teil der gebildeten Öffentlichkeit, weithin sogar von Vertretern der Fächer, die vom Latein in ihrer eigenen Existenz unmittelbar bedroht sind, zahlreiche Argumente für die Notwendigkeit des Lateinunterrichts angeführt. Da die meisten dieser Argumente das Verhältnis von altsprachlichem Unterricht und Fremdsprachenunterricht betreffen (weil sie aus dem Positionskampf der Schulsprachen erwachsen sind), sollen sie im folgenden einer kurzen Prüfung unterzogen werden.

a) Das Schlüsselsprachenargument

Historisch gesehen ist Latein so etwas wie die "Muttersprache Europas" (Vossen 1978). Vor allem die romanischen Tochtersprachen, im weiteren aber auch Englisch und Deutsch weisen, namentlich im Bereich des Wortschatzes und hier wiederum besonders die Fachsprachen, einen teilweise hohen Grad von Latinität auf. Befürworter des Lateins erkennen darin euphorisch eine heutige "europäische lateinische Koiné" und glauben, daß wir in einem gewissen Sinne "heute noch auch in Deutschland Lateinisch sprechen". Sie leiten daraus die Notwendigkeit des Lateinunterrichts ab zur Stützung und Erleichterung des Erlernens einer romanischen Sprache (meist Französisch) und des Erwerbs von Leseverstehensfertigkeiten in weiteren romanischen Sprachen (Argument des Lateins als Brückensprache zwischen den romanischen Sprachen). Daneben führen sie das Argument an, Latein sei für das adäquate linguistische Verständnis der modernen Fremdsprachen (einschließlich Englisch), ja sogar für die Sprachrichtigkeit in der deutschen Muttersprache eine wichtige Grundlage.

Was das Französische betrifft, so ist vorausgehender Lateinunterricht gewiß nicht schädlich, jedoch auch nicht in dem behaupteten Umfang nützlich, vor allem nicht auf dem immer wieder angeführten Feld des Wortschatzes. Zwischen dem klassischen Latein und dem heutigen Französisch besteht nur zu einem geringen Grade Wortschatzkontinuität (Stefenelli 1981; 1991). Das gilt für die Wortkörper und erst recht für die Wortinhalte des Grundwortschatzes. Was nun den heutigen Fachwortschatz und seine Latinismen betrifft, so wurde dieser Wortschatz im Lateinunterricht gerade nicht gelernt, weil er in den klassischen literarischen Texten nur spärlich oder mit anderer Semantik vorkommt. Ein dem Französischunterricht vorausgehender Lateinunterricht erscheint deshalb als kostspieliger und unökonomischer Umweg. Für die Erfassung der Fachsprache müßte ihm obendrein ein Griechischunterricht an die Seite gestellt werden.

Auch das Brückensprachenargument ist eine unzulässige Übertragung geschichtlicher Vorstellungen auf die Gegenwart. Die gemeinsame Latinität der romanischen Sprachen macht die Brückenfunktion einer weiteren Sprache, nämlich des Lateinischen, gerade entbehrlich. Jede romanische Sprache trägt die Brücke zu den anderen romanischen Sprachen in sich. Wer Französisch gelernt hat, kann rasch Lesekenntnisse in Italienisch und Spanisch erwerben (oder umgekehrt). Sinnvoller als Lateinunterricht wäre also aus der Sicht der romanischen Sprachen die zusätzliche Funktionalisierung der einen erlernten romanischen Sprache zur Erschließung des Leseverstehens in weiteren romanischen Sprachen.

Das Argument der Lateinkenntnisse als Voraussetzung von Sprachrichtigkeit in der Muttersprache geht auf Luther zurück (Deissler 1984), in dessen sprachgeschichtlichem Kontext (deutsche Schriftsprache ist erst im Entstehen) es bei aller Polemik verständlich erscheint. Heute widerspricht das Argument jeder linguistischen Vorstellung vom Funktionieren einer Sprache. Eingeschränkt auf fachsprachliche Texte, denen unsere Studenten angeblich hilflos gegenüberstehen, ist das Argument wertlos, da diese Studenten ja überwiegend Latein gelernt haben.

Was nun die Notwendigkeit der Lateinkenntnisse für eine adäquate linguistische Erklärung der modernen Sprachen betrifft, so ist sie in Teilgebieten (z.B. französische Wortbildung) unbestritten. Indessen soll zum einen die Fremdsprache in der Schule vor allem gelernt und nicht erklärt werden, und zum anderen kann die für notwendig gehaltene Erklärung fallweise erfolgen. Es bedarf dazu keines eigenen Lateinlernens. Desgleichen kann jedes Studienfach so viel relevante Fakten über das Lateinische vermitteln, wie es für notwendig erachtet wird (vorbildlich Grevisse 1986). Das gemeinsame Latinum ist unökonomisch (Brandes 1984).

Den hohen Grad an Gemeinsamkeit zwischen vielen europäischen Sprachen verdanken wir zum überwiegenden Teil dem Latein (in zweiter Linie dem Englischen). Die europäischen Sprecher benutzen, ohne es oft zu wissen, Elemente des Lateinischen. Das ist aber streng historisch zu verstehen. Selbstverständlich sprechen sie nicht Lateinisch, und in gar keiner Weise ist Latein die gemeinsame Verständigungsbasis Europas. Wenn das so wäre, brauchte es gerade nicht gelernt zu werden.

b) Lateinlernen und logisches Denken

Die Unklarheit und Kompliziertheit des Lateinischen stellt beim Leseverstehen hohe Anforderungen an logisches und kombinatorisches Denken. Sie zwingt zu mikroskopischem Lesen, zu problemlösendem Denken und fordert wichtige Arbeitstugenden wie etwa Gründlichkeit und Ausdauer. Latein ist demnach Stimulans für logisches Denken, keineswegs aber Vorbild. Ein Vorbild logischer Klarheit ist hingegen das Französische (in seiner Schreibnorm) und zwar vor allem durch die relative Starrheit seiner Wortfolge. Lernpsychologisch muß vorerst offenbleiben, ob der Stimulanscharakter des Lateinischen oder der Vorbildcharakter der ablesbaren französischen Klarheit von größerem Gewicht ist.

c) Das Argument der Inhalte

In der Theorie kommt der Lateinunterricht (durch Reduktion auf die Fertigkeit Leseverstehen) in einem früheren Stadium und insgesamt intensiver auf wertvolle historische Inhalte zu sprechen als die modernen Fremdsprachen. Hält man dagegen außerdem noch eine Karikatur von Fremdsprachenunterricht, dessen angeblich ausschließlich direkte Methode die Vermittlung wertvoller Bildungsinhalte verhindert, so wird die Panik weiter Teile der gebildeten Öffentlichkeit verständlich, für die ein eventueller Rückgang des Lateinunterrichts gleichbedeutend ist mit Geschichtsverlust und Entintellektualisierung der Schulbildung überhaupt. In der Praxis schafft aber der Lateinunterricht den gründlichen Zugang zu den Inhalten gar nicht mehr, und andererseits stehen in französischer oder englischer Sprache (um nur diese zu nennen) reichlich literarische, philosophische und historische Texte von Rang und Wert zur Verfügung, geschrieben von nichtlateinischen Vätern des Abendlandes und darüber hinaus um einiges zugänglicher als etwa Vergil.

Aber selbst wenn die Karikatur eines inhaltsfernen Fremdsprachenunterrichts stimmte, dann wäre das kein Argument für Lateinunterricht, sondern für eine Reform des Fremdsprachenunterrichts, dessen grundsätzliche Unverzichtbarkeit an dieser Stelle nicht begründet zu werden braucht.

4. *Das Prestige der alten Sprachen*

Angesichts der Schwäche der Argumente für die Notwendigkeit des Lateinunterrichts an allen unseren Gymnasien, Argumente, die entweder nicht stimmen oder in gleicher Weise für den Fremdsprachenunterricht zutreffen, fragt man sich, wie die starke Stellung eines Lateinunterrichts erklärt werden kann, der bei der Sprachenfeindlichkeit unserer Bildungsplanung das Erlernen der Tochtersprachen in einem Maße verhindert, daß der damalige Vorsitzende des deutschen Romanistenverbandes ohne Übertreibung fragen konnte: Erstickt übergewichtige Mutter Latein ihre romanischen Kinder? (Nies 1986).

Ein erster Faktor ist das bildungsgeschichtliche Prestige (vgl. Art. 7). Newton publizierte auf Latein, und kein Geringerer als Hegel (1809) hielt das Studium der alten Sprachen ("die Literatur der Griechen vornehmlich, und dann die der Römer") für die Grundlage der gelehrten Bildung überhaupt. Seit dem 18. Jahrhundert ist aber Latein als internationale Wissenschaftssprache unter Schmerzen durch die Nationalsprachen abgelöst worden (was seinem klinischen Tod gleichkam, weil von da ab keine nennenswerte Gesellschaftsschicht mehr die aktive Beherrschung des Lateins beruflich benötigte). Und wenn Hegel meinte, in der Grammatik fange der Verstand selbst an, gelernt zu werden, dann mag diese Aussage allgemein richtig sein, ihre Bindung an altsprachliche Grammatik aber ist nur aus der Zeit und der Stellung der alten Sprachen im gerade begründeten humanistischen Bildungssystem heraus zu erklären. Ebensowenig würde man heute, wie noch Hegel, sagen, daß, wer die Werke der Alten nicht gekannt hat, gelebt hat, ohne die Schönheit zu kennen.

Ein zweiter Faktor ist die Rolle der alten Sprachen in der Elitebildung. Die noch verbleibenden humanistischen Gymnasien sind vielleicht die letzten deutschen Eliteschulen überhaupt. Wer Elite will, muß diese Schulen fördern. Theoretisch taugen zwar auch andere Fächer für Elitebildung. Praktisch handelt es sich jedoch bei dem Prestige der alten Sprachen um ein soziologisches Phänomen, das nicht ohne weiteres (etwa auf Französisch) übertragbar ist. Wer also die alten Sprachen auf ein schulpolitisch vernünftiges Maß zurückstufen will (z.B. Latein als dritte Sprache, wahlweise mit anderen; Integration in andere Aufgabenfelder; Eingrenzung auf eigene Schultypen), der muß dafür sorgen, daß die damit verbundenen Bildungsverluste an anderer Stelle wettgemacht werden. Ein eventueller Sieg der Fremdsprachen über Latein erlegt diesen größere Verantwortung auf als die derzeitige Koexistenz.

Andererseits gilt aber auch, daß es sich die moderne Gesellschaft nicht leisten kann, für die toten Sprachen wichtige lebende zu opfern, und daß die Fachvertreter dieser lebenden Fremdsprachen nur um den Preis der Schizophrenie oder des fachlichen Suizids für den allgemeinen altsprachlichen Unterricht werben können.

Literatur

Bahrdt, Hans Paul (1980), "Vom Nutzen alter Sprachen", in: *Merkur*, Jg. 34, 783-790.
Binder, Gerhard, Hrsg. (1984), *Lateinunterricht in Universitätskursen* (= *Der altsprachliche Unterricht*), Jg. 27, Teil I, H. 2; Teil II, H. 3.
Brandes, Jürgen (1984), "Vom Unsinn, Latein zu lernen", in: *Der altsprachliche Unterricht*, Jg. 27, H. 2, 48-56.
Christ, Herbert (1980), *Fremdsprachenunterricht und Sprachenpolitik*, Stuttgart.
Deissler, Alfons (1984), "Latein im Studium der katholischen Theologie", in: *Der altsprachliche Unterricht*, Jg. 27, H. 2, 70.
Glücklich, Hans-Joachim (1981), "Englisch oder Latein als erste Fremdsprache am Gymnasium?", in: *Der altsprachliche Unterricht*, Jg. 24, H. 1, 60-68.
Glücklich, Hans-Joachim (1987), "Zur Einführung", in: *Der altsprachliche Unterricht*, Jg. 30, H. 1, 3-4.
Grevisse, Maurice (1986), *Le bon usage. Grammaire française*, 12e éd., refondue par André Goosse, Paris.
Gruber, Joachim (1987), "Übersetzen und Textverständnis. Zum Lateinunterricht in der Mittelstufe", in: *Anregung*, Jg. 33, 13-21.
Hegel, Georg Wilhelm Friedrich (1809), "Rede zum Jahresabschluß am 29. 9. 1809", in: *Georg Wilhelm Friedrich Hegel. Suhrkamp Werkausgabe*, Bd. 4, Frankfurt a.M., 312-326.
Knittel, Hermann (1981), "Latein, eine Brücke zu den romanischen Sprachen", in: *Der altsprachliche Unterricht*, Jg. 24, H. 1, 15-38.
"Latein am Scheideweg?" (1990), in: *Anregung*, Jg. 36, 200-203; 337-339.
Lohmann, Dieter (1988), "Latein ein Ratespiel?", in: *Der altsprachliche Unterricht*, Jg. 31, H. 6, 29-54.
"Mit dem Latein am Ende?" (1992), in: *Anregung*, Jg. 38, 115-117.
Nickel, Rainer (1992), "Übersetzen können – Übersetzungen gebrauchen können", in: *Der altsprachliche Unterricht*, Jg. 35, H. 1, 48-58.
Nies, Fritz (1986), "Erstickt übergewichtige Mutter Latein ihre romanischen Kinder?", in: *Deutscher Romanistenverband. Mitteilungen* 1986/1, 27-28.
Simon, Hans-Joachim (1981), "Disiecta membra poetae. Lateinlernen als Sonderfall der Mehrsprachigkeit", in: Wolfgang Pöckl (Hrsg.), *Europäische Mehrsprachigkeit. Festschrift zum 70. Geburtstag von Mario Wandruszka*, Tübingen, 501-511.
Stefenelli, Arnulf (1981), *Geschichte des französischen Kernwortschatzes*, Berlin.
Stefenelli, Arnulf (1991), "Latein- und Französischunterricht aus sprachwissenschaftlicher Sicht", in: *französisch heute*, Jg. 22, H. 1, 11-21.
Veit, Georg (1993), "Latein in Not?", in: *Der altsprachliche Unterricht*, Jg. 36, H. 3, 72-77.
Vossen, Carl (1978), *Latein, Muttersprache Europas*, Düsseldorf.
Westphalen, Klaus (1984), *Englisch und Latein. Fundamentalsprachen des Gymnasiums*, Stuttgart.

Franz Josef Hausmann

15. Zweitsprachenunterricht Deutsch

1. Entwicklung der Bevölkerungsstruktur

Die Arbeitsmigration seit Beginn der sechziger Jahre und die Flüchtlingsbewegungen (z.B. aus Vietnam, Afghanistan, der Türkei, dem Iran, Sri Lanka, Polen und einigen afrikanischen Staaten) der letzten fünfzehn Jahre haben in der Bundesrepublik Deutschland zu einem relativ konstanten Anteil ausländischer Wohnbevölkerung von 8%, bezogen auf alle Bundesländer, geführt. Die Aussiedler aus Polen, Rumänien und der ehemaligen Sowjetunion hinzugerechnet, leben in Deutschland mindestens 7 Millionen Menschen in einer sehr unterschiedlich ausgeprägten Zweisprachigkeitssituation, in die eingebettet der "Zweitsprachenunterricht Deutsch" betrachtet werden muß. Sie erwerben die Sprache Deutsch in einer weitgehend deutschsprachigen Umgebung, beeinflußt von früher gelernten und sich weiter entwickelnden Kenntnissen in den Herkunftssprachen, die ihrerseits unter dem Einfluß des Deutschen stehen. 1990 lebte ca. 1 Million Kinder unter 16 Jahren in der Bundesrepublik, 760 000 davon seit ihrer Geburt. Nur wenige davon leben in den Ländern der ehemaligen DDR, da dort (den vorwiegend männlichen Vertragsarbeitern) der Familiennachzug nicht gestattet war.

Die Kinder der Einwanderer und Flüchtlinge wachsen in einer zweisprachigen Lebenswelt auf, in der Deutsch außerhalb der Familie und den Grenzen der ethnischen *community* dominant ist. Es ist von einer Vielzahl von Variablen auszugehen, die die Einstellungen der Eltern zur sprachlichen Erziehung ihrer Kinder beeinflussen: eigene Sprachlernerfahrungen, Arbeits- und Wohnsituation, Familienbindung ins Herkunftsland, subjektive Wahrnehmung der sozialen und rechtlichen Sicherheit, religiöse und ethnische Bindung und politische Einstellung, aber auch Sprachbewußtheit und Ausprägung der eigenen Zweisprachigkeit werden das Verhältnis der Sprachen in der Primärsozialisation der Kinder bestimmen. Beobachtungen sprechen kaum für die These vom einfachen Zusammenhang zwischen Anwesenheitsdauer bzw. Geburt in Deutschland und Deutschkenntnissen bzw. Zurückdrängen der herkunftssprachlichen Kommunikationsanteile. Es sind vielmehr auch bewußte Gegenstrategien (zeitweiliges Leben der Kinder im Herkunftsland, Unterricht in den Sprachen, strikte Einsprachigkeit in der Familie etc.) zu beobachten.

2. Sprachverwendung

Die Lebenssituation erwachsener Immigranten unterscheidet sich von der ihrer Kinder im Hinblick auf die Notwendigkeit, die Zweitsprache Deutsch zu verwenden, erheblich. Die Fähigkeit der Vermittlung zwischen der Sprache der Familie (z.B. Sizilianisch), der Sprache der *community* (z.B. Italienisch) und der Sprache der Mehrheit (Deutsch) ist bei Kindern tendenziell stärker gefordert. Die Repräsentativuntersuchung von 1985 (Der Bundesminister für Arbeit und Sozialordnung 1986) gibt Aufschluß über die subjektive Einschätzung von Migranten über ihre Sprachkenntnisse. Danach geben 14% an, gar keine Deutschkenntnisse zu besitzen, Frauen häufiger als Männer. Die Deutschkenntnisse stehen in engem Zusammenhang mit dem Beruf und der Stellung im Betrieb (21% der Ungelernten, aber nur 5% der Facharbeiter stufen ihre Kenntnisse als "schlecht" ein). Die besten Deutschkenntnisse müssen nach diesen Ergebnissen die Auszubildenden aufweisen (90% "gut" bzw. "sehr gut"), obwohl nachgewiesen werden konnte (Beer/Wagner 1985), daß Deutschkenntnisse keineswegs notwendige Eingangsvoraussetzung für eine erfolgreiche Ausbildung sind, wenn eine entsprechende Förderung erfolgt. Dennoch gilt in der Breite der Bildungssituationen wie von Beginn der Arbeitsmigration an, daß der Bildungserfolg eng an Deutschkenntnisse gebunden ist.

3. Entwicklung einer Didaktik des Zweitsprachenunterrichts Deutsch

Die Didaktik des Zweitsprachenunterrichts Deutsch hat sich in zwei Strängen entwickelt (vgl. Art. 80), die sich immer wieder gegenseitig beeinflußt haben und die durch die Zielgruppen unterschieden sind. Kurse für Arbeitsmigranten, die z.B. angegliedert an Betriebe durch Gewerkschaften, Träger der Erwachsenenbildung und Einrichtungen der Wohlfahrtspflege getragen waren, wurden ab 1974 unter Beteiligung der Sozial- und Arbeitsbehörden im "Sprachverband Deutsch für ausländische Arbeitnehmer e.V." zusammengefaßt, um durch sprachliche Ausbildung "die gewichtigste Bedingung für das Gelingen aller Eingliederungsbemühungen zu erfüllen" (siehe *Deutsch lernen* 1975, 7). Ihre didaktischen Konzepte orientierten sich zunächst an den Erfahrungen mit "Deutsch als Fremdsprache" im Ausland (z.B. an den Goethe-Instituten). Die anderen sozialen und sprachlichen Voraussetzungen der Arbeiter fanden jedoch bald Berücksichtigung (was sich auch in der Entwicklung spezieller Lehrwerke ausdrückte; siehe die Gutachten in Barkowski et al. 1986):

– Inhaltlich: Alltagswirklichkeit der Arbeiter, Verarbeitung des Kulturkonflikts, Thematisierung rechtlicher und sozialer Probleme, Einbeziehung der Umgangssprache, Dialekte.
– Methodisch: Regelableitung und -vermittlung an Lerner ohne Fremdsprachenlernerfahrung, Anpassung an kognitive Lernstile Erwachsener.
– Didaktisch: Berücksichtigung der Erstsprachen z.B. in kontrastiven Ansätzen, Einbeziehung von "Gastarbeiterdeutsch" bzw. Ausbau bereits erworbener grammatischer Strukturen, des Wortschatzes und der Rede- und Erwerbsstrategien.
– Organisatorisch: Berücksichtigung von Arbeits- und Wohnbedingungen, Verknüpfung mit Sozialberatung oder Stadtteilarbeit (z.B. in Initiativgruppen).

Der zweite Strang ist die Didaktik des Unterrichts der Kinder, entwickelt in schulorganisatorischen Sonderformen zur Aufnahme von "Seiteneinsteigern" aus den Schulen der Herkunftsländer oder in Deutschland erstmalig eingeschulter Kinder. Auch sie stand zunächst unter dem Einfluß der Fremdsprachendidaktik des Auslands, im wesentlichen durch den Einsatz in Auslandsschulen verwendeter Lehrwerke. Gegenläufig war der Einfluß der Kompetenzen der Lehrer, die zum großen Teil keine fremdsprachendidaktischen Kenntnisse, wenig Wissen um die linguistischen Eigenschaften ihrer Muttersprache Deutsch und fast keine Kenntnisse über Struktur und Aufbau der Erstsprachen hatten. Auch bei den Kindern wurden die Sprachkenntnisse Deutsch – zunächst unter Unterschätzung der relativen Bedeutung sozialisatorischer Probleme – als Schlüssel zu Schulerfolg und sozialer Integration betrachtet. Die organisatorische Anbindung des Unterrichts der Zweitsprache Deutsch an die "Vorbereitungsklassen" (andere Bezeichnungen: Nationale Übergangsklassen, Multinationale Vorbereitungsklassen, Auffangklassen, Muttersprachliche Klassen, Nationalklassen; sie können jahrgangsübergreifend, nationenübergreifend und schulformunspezifisch sein) verhinderte bzw. erschwerte es jedoch, daß auch an den Deutschunterricht der Regelklassen fremdsprachendidaktische Anforderungen gestellt wurden, so daß für zweisprachige Schüler im Regelsystem immer der Maßstab des einsprachigen deutschen Kindes gilt. Ziel des Zweitsprachenunterrichts in den Vorbereitungsmaßnahmen ist nach den Erlassen stets die Fähigkeit, dem Unterricht der Regelklasse folgen zu können, wobei keine Aussage über eine veränderte didaktische Konzeption dieses Regelunterrichts Deutsch gemacht wird. Kommunikationsfähigkeit in Alltagssituationen, die die Lernmöglichkeiten außerhalb von Unterricht erweitern und positiv auf den Deutscherwerb in der Schule zurückwirken soll, wird wie im Deutschunterricht für Arbeiter als wichtigstes Ziel in bezug auf die politisch gewollte soziale Integration definiert. Die zunächst von seiten der Fremdsprachendidaktik für den Deutschunterricht der Kinder geforderte bilinguale Methode mit dem Ziel "Koordinierte Zweisprachigkeit" wurde vor dem Hintergrund der Organisations- und Kompetenzvoraussetzung der Praxis schnell für unrealisierbar erklärt und in der Breite ein einsprachiger, an der Zielsprache Deutsch in der grammatischen und inhaltlichen Progression ausgerichteter Unterricht erteilt. Die Betonung der Integrations- und Kommunikationsfunktion favorisierte Methoden audio-lingualer Art. Da außer in vereinzelten Versuchen der Muttersprachliche Unterricht mit dem Zweitsprachenunterricht Deutsch nicht koordiniert wurde, wurde entweder der Alphabetisierung in der Muttersprache der Vorrang gegeben und im ersten Schuljahr Deutsch nur mündlich unterrichtet (in nationalen Vorbereitungsklassen), oder es war das schwierige Problem der gleichzeitigen Vermittlung von Sprache und Schrift zu lösen. Die Muttersprache wurde in diesen Fällen vernachlässigt (in multinationalen Vorbereitungsklassen oder deutschen Regelklassen). Neben kommunikationsorientierten Ansätzen wurden der kontrastive Ansatz, der den Einfluß der Erstsprache auf das Erlernen der Zweitsprache didaktisch nutzt und streng kognitiv ausgerichtet ist, und der handlungsorientierte Ansatz, der ebenfalls kommunikative Kompetenz ins Zentrum stellt, jedoch Integrationsziele und gemeinsames Lernen mit deutschen Kindern für wichtiger als fremdsprachendidaktische Aspekte hält, und der situationsgebundener ist, entwickelt.

4. Situation des Zweitsprachenunterrichts Deutsch

Außerschulisch ist eine starke Ausdifferenzierung des Zweitsprachenunterrichts Deutsch zu beobachten. Die verstärkte Einbindung der Kursangebote in andere Bildungsangebote/-ziele (z.B. Sozialberatung, muttersprachliche Alphabetisierung, berufliche Qualifikation, Weiterbildungsmaßnahmen, Gesundheitsberatung, Frauenprojekte) hat zu einer Spezifizierung der Aufgaben geführt, die die Unterrichtsangebote erfüllen sollen. Der Didaktikerstreit um die Konkurrenz zwischen Grammatikvermittlung und Kommunikationsorientierung im Unterricht mit dem Versuch Barkowskis (1982), ein integriertes Konzept zu entwickeln, das sich an Sprachhandlungsabsichten, "Mitteilungsbereichen", orientiert, wurde von einer Ausrichtung auf Inhalte abgelöst. Der Erfolgsdruck in Maßnahmen zur Berufsausbildung (Prüfungen in Konkurrenz mit Deutschen) und das Interesse an Problemlösung und gemeinsamem Tun (z.B. in Gesundheitskursen, Nähkursen, Mutter-Kind-Gruppen) haben das Problem des fachlichen Lernens in der Zweitsprache Deutsch gegenüber dem Lernen der Zweitsprache Deutsch in den Vordergrund gerückt.

In der Schule wird Zweitsprachenunterricht Deutsch in allen Stufen im Rahmen des Aufnahmeunterrichts erteilt. Sondermaßnahmen sind konzentriert auf Grund- und Hauptschulen, weiterführende Schulen setzen in der Regel sehr gute Deutschkenntnisse voraus. In Berufsschulen findet Zweitsprachenunterricht Deutsch in Sondermaßnahmen für die 16-18jährigen statt, dies sind vor allem Kinder von Aussiedlern oder Flüchtlingen, letztere sind jedoch nicht in allen Bundesländern schulpflichtig.

Der Deutschunterricht der Regelklassen, der zumindest für die ausländischen Schüler immer Zweitsprachenunterricht ist, versteht sich nach wie vor als Muttersprachlicher Unterricht. Gezielte zweisprachliche Arbeit ist eher in den Förderunterricht verlagert. Ansätze einer Revision bestehen jedoch für den Anfangsunterricht: Mit der Fibelentwicklung *Alle lernen lesen* ist der Versuch der Verbindung von Lesenlernen mit Deutschlernen gemacht worden; mit der Erprobung einer koordinierten deutsch-türkischen Alphabetisierung in Berlin ist erstmals die Zweisprachigkeit der Kinder als Lernvoraussetzung und Bildungsziel ins Zentrum grundschulischer Arbeit gerückt. Auch der

Literaturunterricht beginnt, Texte aus der Migrantenliteratur, zweisprachige Texte oder interkulturelle Themen aufzunehmen. Sprachvergleichende Methoden und fremdsprachendidaktische Zugänge, zum Beispiel bei grammatischen Problemen, sind im Sprachunterricht immer noch sehr selten. Beobachtungen über plötzliches Leistungsversagen im Sachunterricht der Grundschule und Anregungen aus dem Berufsbildungsbereich haben die Aufmerksamkeit auf die (fach-)sprachlichen Anteile des Fachunterrichts, auch des Mathematikunterrichts, gelenkt. Methoden der Texterschließung und -vereinfachung, zweisprachige Ansätze, Visualisierung und die Auseinandersetzung mit für Fachsprache typischen Strukturelementen (Substantivierungen, Verben mit bedeutungstragenden Vorsilben, Verbklammer, Partizipialkonstruktionen etc.) sind als zweitsprachenvermittelnde Elemente in den Fachunterricht aufgenommen worden.

Auch im schulischen Bereich ist die Situation des Zweitsprachenunterrichts Deutsch nur als äußerst differenziert zu beschreiben. Es hat sich die Erkenntnis durchgesetzt, daß der Sprachunterricht nur als ein enger Ausschnitt des Aufnahmeunterrichts anzusehen ist, als Teilprozeß – und in diesen auch didaktisch und organisatorisch zu integrieren – der Einführung in die Kultur der Aufnahmegesellschaft und der Auseinandersetzung mit ihr unter den negativen Bedingungen sozialer und rechtlicher Diskriminierung und weitgehender politischer Ohnmacht. Er reicht damit über die Organisationsform "Vorbereitungsklasse" hinaus und ist auf die Lebensbereiche Schulleben, öffentliches Leben, Freizeit und Beruf gerichtet (Boos-Nünning/Hohmann/Reich/Wittek 1983).

5. Übersicht über die Entwicklung und den Stand der Unterrichtstheorie

Der Stand der Unterrichtstheorie ist kaum einheitlich entwickelt und darstellbar; folgende Elemente werden diskutiert:
1. Ausrichtung an den sprachlichen Voraussetzungen der Kinder, bezogen auf beide Sprachen bzw. ihre Zweisprachigkeit: Schulung der Sprachwahrnehmungsfähigkeit der Lehrer; lehrgangsmäßiger Unterricht bzw. Material sollte Erst- und Zweitsprache aufeinander beziehen, also auch sprachenspezifisch sein; das pädagogische Personal der Schulen sollte die Sprachen der Kinder repräsentieren, so daß der Muttersprachliche Unterricht mit dem Deutschunterricht koordiniert werden kann.
2. Politische Funktion pädagogischer Maßnahmen: Ablehnung allein kompensatorischen Deutschunterrichts; Neukonzeption des Deutschunterrichts als interkultureller Sprachunterricht für alle Schüler; Ablehnung segregierender Organisationsformen mit benachteiligender Wirkung.
3. Lebensweltbezug und Handlungsorientierung des Unterrichts: Öffnung der Schule und des Unterrichts für Probleme und Bedürfnisse der Familien im Stadtteil/der Gemeinde; intensive Zusammenarbeit mit Eltern, Beteiligung am Unterricht; Präsenz von Vertretern der ethnischen Gruppen und ihrer Sprachen in der Schule; Projekte zum interkulturellen Lernen.
4. Zweisprachigkeit als Erziehungsziel: Unterricht in der Erstsprache, koordiniert mit dem Zweitsprachenunterricht Deutsch; Förderung der Zweisprachigkeit und damit verbundener Fähigkeiten und Techniken (wie Dolmetschen, Übersetzen, Strukturvergleiche); Lernangebote an deutsche Schüler in den Sprachen der Minderheiten; Unterricht in zweisprachigen Teams; Interkultureller Sprachunterricht (vgl. Art. 26).

Die wenigen Versuche, Lehrpläne für den Unterricht der Zweitsprache Deutsch zu entwickeln (Bayern, Berlin, Nordrhein-Westfalen und Hamburg), haben gezeigt, daß sie der Vielfalt der Situationen nur dann gerecht werden können, wenn sie offen sind und Prinzipien formulieren, die ein für den Zweitsprachenunterricht ausgebildetes Lehrerteam ausfüllen kann. Richtlinien können die Lehreraus- und -fortbildung nicht ersetzen.

6. Einzelprobleme im Zweitsprachenunterricht Deutsch

Im Unterschied zum Fremdsprachenunterricht ist der Erwerb von sprachlichen Mitteln in der Zweitsprache nicht allein durch die Lehrer dieses Unterrichts gesteuert. Die Menge der Varietäten, die den Lernenden des Deutschen in ihrer deutschsprachigen Umgebung begegnen, ist so groß und so wenig durchschaubar (Dialekte, Gastarbeiterdeutsch, Ausländerdeutsch, Hochdeutsch, Fachsprachen und Alltagssprache usw.), daß Erwachsene und Kinder in diesem "Sprachbad" Regeln und Bedeutungen erwerben, die der Systematisierung durch Unterricht bedürfen. Die Bedingungen für eine Koordination zwischen "ungesteuertem" und "gesteuertem" Spracherwerb in Deutsch sind bei Kindern besser: Sie erhalten mehr Unterricht, ihre Kommunikationsfelder sind weniger eingegrenzt, der Unterricht ist ihrer Lebenssituation besser angepaßt, ihre deutschen Mitschüler verwenden ihnen gegenüber kein Ausländerdeutsch. Auffällig werden die erworbenen Regionalvarietäten der Kinder bei Rückkehr in den Deutschunterricht ihrer Herkunftsländer, wo sie aufeinander und auf die Sprachnorm des Lehrbuchs und des Lehrers treffen.

In der Beurteilung von Schülerleistungen spielt die Korrektheit bzw. Fehlertoleranz eine wesentliche Rolle. Viele Schüler weisen eklatante Unterschiede in der Beurteilung ihrer mündlichen und schriftlichen Leistungen auf, da sie häufig zwar in der Alltagskommunikation die deutsche Sprache wie ihre einsprachigen Mitschüler beherrschen, die Lernsprache des Unterrichts sich davon aber erheblich unterscheidet und sie Schriftsprache nur in der Schule erwerben.

Als handhabbares Hilfsmittel für Lehrer hat sich die Fehleranalyse (Kuhs 1987) erwiesen, mittels derer Kompetenzen und Strategien ermittelt werden können, an denen im Unterricht angesetzt werden kann.

Literatur

Apeltauer, Ernst, Hrsg. (1987), *Gesteuerter Zweitsprachenerwerb*, München.
Barkowski, Hans (1982), *Kommunikative Grammatik und Deutschlernen mit ausländischen Arbeitern*, Königstein/Ts.
Barkowski, Hans/Fritsche, Michael/Göbel, Richard/von der Handt, Gerhard/Harnisch, Ulrike/Krumm, Hans-Jürgen/Kumm, Sigrid/Menk, Antje-Katrin/Nikitopoulos, Pantelis/Werkmeister, Manfred, Hrsg. (1986), *Deutsch für ausländische Arbeiter. Gutachten zu ausgewählten Lehrwerken*, 3. Aufl., Mainz.
Beer, Dagmar/Wagner, Ursula (1985), "Einreisealter – entscheidend für den Ausbildungserfolg?", in: *arbeiten und lernen. Die Berufsbildung*, H. 2, 10-12.
Bohn, Edgar (1982), *Wir sind auf dem Weg. Ein Schuljahr mit ausländischen Grundschulkindern*, München.
Boos-Nünning, Ursula/Hohmann, Manfred/Reich, Hans H./Wittek, Fritz, Hrsg. (1983), *Aufnahmeunterricht. Muttersprachlicher Unterricht. Interkultureller Unterricht*, München.
Der Bundesminister für Arbeit und Sozialordnung, Hrsg. (1986), *Situation der ausländischen Arbeitnehmer und ihrer Familienangehörigen in der Bundesrepublik Deutschland – Repräsentativuntersuchung '85 –*, Bonn.
Deutsch lernen. Zeitschrift für den Sprachunterricht mit ausländischen Arbeitnehmern, H. 0/1975, Mainz.

Glück, Helmut (1991), "Deutsch als Fremdsprache und als zweite Sprache: eine Bestandsaufnahme", in: *Zeitschrift für Fremdsprachenforschung*, Bd. 2, H. 1, 12-63.
Glumpler, Edith/Sandfuchs, Uwe (1992), *Mit Aussiedlerkindern lernen*, Braunschweig.
Gogolin, Ingrid (1988), *Erziehungsziel Zweisprachigkeit*, Hamburg.
Gogolin, Ingrid/Neumann, Ursula (1991), "Sprachliches Handeln in der Grundschule", in: *Die Grundschulzeitschrift*, Jg. 5, H. 43, 6-13.
Hegele, Irmingard/Pommerin, Gabriele, Hrsg. (1983), *Gemeinsam Deutsch lernen. Interkulturelle Spracharbeit mit ausländischen und deutschen Schülern*, Heidelberg.
Hohmann, Manfred/Reich, Hans H., Hrsg. (1989), *Ein Europa für Mehrheiten und Minderheiten*, Münster.
Kuhs, Katharina (1987), "Fehleranalyse am Schülertext", in: Ernst Apeltauer (Hrsg.), *Gesteuerter Zweitspracherwerb*, München, 173-205.
Nehr, Monika/Birnkott-Rixius, Karin/Kubat, Leyla/Masuch, Sigrid (1988), *In zwei Sprachen lesen lernen – geht denn das?* Weinheim/Basel.
Neumann, Ursula/Reich, Hans H. (1980), *Türkische Kinder – Deutsche Lehrer; Probleme im Unterricht. Erklärungen und Hilfen*, 3. Aufl., Düsseldorf/München.
Skutnabb-Kangas, Tove (1992), "Mehrsprachigkeit und die Erziehung von Minderheitenkindern", in: *Deutsch lernen*, Jg. 17, H. 1, 38-67.
Spier, Anne (1986), *Mit Spielen Deutsch lernen*, 5. Aufl., Königstein/Ts.
Stölting, Wilfrid (1980), *Die Zweisprachigkeit jugoslawischer Schüler in der Bundesrepublik Deutschland*, Berlin.

Ursula Neumann

16. Herkunftssprachen der ausländischen Wohnbevölkerung

1. Problemaufriß

Amtliche Statistiken geben keine Auskunft darüber, welche Sprachen derzeit in der Bundesrepublik Deutschland in welchem Umfang vertreten sind oder gar zu welchem Zweck sie in welchen Situationen von wem verwendet werden. Der Blick in beliebige Schulklassen eines großstädtischen Ballungsgebietes vermittelt jedoch einen ersten Eindruck von der Vielfältigkeit der Sprachen und sprachlichen Biographien, auf die sich gegenwärtig die deutschsprachige Mehrheitsgesellschaft einstellen muß. Gemeinsam mit deutschen Schülern werden dort z.B. Kinder aus Marokko unterrichtet, deren primäre Sozialisation von einem

Berberdialekt bestimmt ist. Es gibt in diesen Klassen türkische Kinder, die in der Familie mit den älteren Geschwistern Deutsch, mit den Eltern Türkisch, vielleicht auch eine Variante des Kurdischen sprechen. Es kommt möglicherweise ein italienisches Kind dazu, das zu Hause vornehmlich in deutscher Sprache aufwächst, oft Verwandte in Italien besucht und einen italienischen Dialekt wenigstens so weit beherrscht, daß es sich damit über Dinge des Alltags gut verständigen kann. Vielleicht ist in dieser Klasse noch ein Kind aus dem ehemaligen Jugoslawien mit Slowenisch als Muttersprache oder ein Kind aus Sri Lanka, über dessen Muttersprache der Lehrer wenig oder gar nichts weiß.

Gegenwärtig (Stand: 31.12.1992) leben mehr als 6,4 Millionen Ausländer in der Bundesrepublik, und mit einem Ausländeranteil von mehr als 8,0% liegt dieses Land noch vor den klassischen Einwanderungsländern Frankreich und Großbritannien. Der überwiegende Teil dieser Menschen (ca. 60%) kommt aus den Ländern, in denen die deutsche Wirtschaft bis Ende der sechziger Jahre Arbeitskräfte angeworben hat. Aus der Türkei stammen mehr als 1,8 Millionen Menschen, aus dem ehemaligen Jugoslawien ca. 1,02 Millionen, aus Italien ca. 560 000, aus Griechenland ca. 340 000, aus Spanien ca. 130 000, aus Portugal ca. 100 000 (Stand: Dez. 1992). Anwerbeverträge waren auch noch mit Marokko und Tunesien sowie mit Korea abgeschlossen worden. Eine 1985 vom Bundesminister für Arbeit und Sozialordnung beauftragte repräsentative Studie stellt fest, daß über 70% der Menschen aus den ehemaligen Anwerbeländern inzwischen länger als 10 Jahre in der Bundesrepublik leben (Bundesanstalt für Arbeit 1986). Obwohl in diesen Familien viel von Rückkehr gesprochen wird, obwohl Heimweh "ein ständig existierendes Gefühl" ist (Tsiakalos 1982) und obwohl sie mit ihrer sozialen, politischen und kulturellen Situation in der Bundesrepublik meist nicht zufrieden sein können, nennt die überwiegende Zahl dieser Menschen keinen konkreten Zeitpunkt, zu dem sie eine Rückkehr fest geplant hätte, denn in der Regel bieten die Herkunftsländer keine Perspektive für eine baldige Rückkehr. Die wirtschaftliche Lage und die Arbeitsmarktsituation sind in diesen Ländern meist problematischer als in der Bundesrepublik. Aus den Wanderarbeitnehmern bzw. Migranten – wie es in der administrativen Sprache der europäischen Gremien heißt – und ihren Familien ist längst eine ausländische Wohnbevölkerung geworden, die berechtigte Ansprüche an die deutsche Mehrheitsgesellschaft stellt.

Diese Aussage gilt im übrigen auch für die 191 190 Ausländer, die auf dem Gebiet der ehemaligen DDR leben (Stand: 31.12.1989). Dabei handelt es sich vornehmlich um Menschen, deren Familien aus Vietnam (= 60 000), Mosambik (= 95 000), der ehemaligen Sowjetunion, Ungarn, Kuba und anderen vormals sozialistischen Ländern stammen.

Seit dem Zeitpunkt, zu dem die europäischen Staaten den Zuzug von Arbeitsmigranten gedrosselt haben, verstärken sich die Wanderungsbewegungen aus der Dritten Welt in die europäischen Industriestaaten. Menschen, die sich in ihrer politischen, kulturellen oder auch wirtschaftlichen Existenz bedroht fühlen, suchen zunehmend auch in der Bundesrepublik Asyl. Die Asylbewerber des Jahres 1991 stammten aus dem ehemaligen Jugoslawien (= 75 000), Rumänien (= 40 500), aus der Türkei (= 23 000), dem Iran (= 8 700), Nigeria (= 8 000), Sri Lanka (= 5 600). In diesem Jahr suchten insgesamt 256 112 Menschen Zuflucht in der Bundesrepublik und zwar in der Hoffnung auf eine dauerhafte Existenz.

Mit der Perspektive, auf Dauer eine Existenz in der Bundesrepublik zu gründen, haben auch deutschstämmige Aussiedler in größerer Zahl die Sowjetunion, Polen, Rumänien und andere vormals staatssozialistische Länder Südosteuropas verlassen. 1990 sind mehr als 300 000 Menschen aus Polen, 175 000 aus Rumänien, fast 200 000 aus der ehemaligen Sowjetunion zugewandert. Insbesondere die jüngere Generation spricht zum Zeitpunkt der Einwanderung kaum Deutsch. Die Kommunikation in vielen dieser Familien wird von der Sprache der Herkunftsländer bestimmt.

Erheblich ist auch die Mobilität zwischen den europäischen Industrie- und Nachbarstaaten. So leben z.B. allein in Nordrhein-Westfalen (Stand: 31.12.1990) mehr als 66 000 Niederländer, 28 500 Personen aus Großbritannien, 13 500 Franzosen, 12 000 Belgier. Selbst wenn es im Zusammenhang mit diesen Personengruppen keine größeren sozialen Probleme gibt und selbst wenn sich diese Menschen nur vorübergehend in der Bundesrepublik aufhalten, so leben in den Familien doch Kinder, die schulisch in ihrer muttersprachlichen Entwicklung gefördert werden sollten. Wenn der europäische Integrationsprozeß andauert und nach dem vorgesehenen politischen Zeitplan abläuft, wird gerade die Mobilität zwischen den europäischen

Industrie- und Nachbarstaaten noch erheblich zunehmen, obwohl die von der Boulevard-Presse prognostizierte "Völkerwanderung" nach Herstellung der vollständigen privaten und beruflichen Freizügigkeit auf dem Gebiet der Europäischen Union ausgeblieben ist.

Schließlich seien noch die ethnischen Gruppen erwähnt, die sich selbst sozial und kulturell durch ihre Mobilität definieren (Sinti und Roma) und die über eigene Sprachen und sprachliche Traditionen verfügen. Sinti-Kinder sprechen zu Hause ihre eigene Sprache, "Romanes", und wachsen in dieser Sprache auf. "Romanes" unterscheidet sich so stark vom Deutschen, daß diese Kinder vergleichbare Schwierigkeiten haben wie Kinder aus Migrantenfamilien oder von Spätaussiedlern (Wimmer 1987). Da Sinti-Kinder und ihre Eltern meist die deutsche Staatsangehörigkeit haben, werden sie in den Schulen wie Deutsche behandelt, wird ihnen kein muttersprachlicher Unterricht angeboten. Angaben über die Zahl der schulpflichtigen Kinder sind kaum möglich, da die Verwaltungsbehörden der Bundesrepublik keine offiziellen Statistiken führen.

Das gesellschaftliche und kulturelle Leben der Bundesrepublik wird nach wie vor – irrespektive der Gegenwart von mehr als 6,4 Millionen Ausländern – von der deutschen Sprache beherrscht. Die sogenannten Ausländersprachen haben im öffentlichen Leben lediglich Nischen gefunden, so in informierenden Kurzsendungen zu unbeliebten Sendezeiten in Radio und Fernsehen (Iskender 1983), so in mehrsprachigen Broschüren deutscher Behörden und Institutionen (z.B. Arbeitsämter, Krankenkassen, Ankündigungen der Bundesbahn), so gelegentlich im Bücherbestand einzelner Bibliotheken. Lebendig sind die Sprachen im privaten Raum der Familien und in den sozialen, politischen und kulturellen Institutionen der jeweiligen nationalen bzw. ethnischen Gruppen. Lediglich die türkische Wohnbevölkerung hat in den Stadtvierteln, in denen sie dem Anpassungsdruck der Mehrheitsgesellschaft eine funktionierende Infrastruktur entgegensetzt, einen türkischsprachigen öffentlichen Raum geschaffen. In diesen "Ghettos", die nicht nur die Folge sozioökonomischer Bedingungen (z.B. Mietpreise), sondern Zeichen eines Bedürfnisses von Zusammenleben sind, gibt es Vereine, Moscheen, Koranschulen, Fußballclubs, Geschäfte und eine differenzierte Medienlandschaft, die von Tageszeitungen wie *Hürriyet, Milliyet, Tercüman, Tükiye* über Buchhandlungen und Verlage und über das Geschäft mit den Video-Kassetten bis hin zu einem eigenen international ausgestrahlten Fernsehprogramm (*TRT*) reicht. Diese Sprachlandschaft, die sich in wesentlich geringerem Umfang auch für andere Sprachgruppen etabliert hat (Italienisch, Serbisch, Kroatisch, Spanisch, Griechisch), wird von der deutschen Mehrheitsgesellschaft kaum wahr- und ernstgenommen, obwohl diese selbst z.B. Hunderte deutschsprachiger Publikationen für das anderssprachige Ausland produziert (Stamm 1992).

Der soziale Friede und die kulturellen Beziehungen zwischen Deutschen und Ausländern werden auf Dauer u.a. auch davon abhängen, wie die traditionell monolinguale deutschsprachige Mehrheitsgesellschaft mit den Sprachen der ausländischen Wohnbevölkerung umgeht und was die deutsche Schule unternimmt, um ausländische Schüler in ihrer "Muttersprache" zu fördern.

2. Aktueller Erkenntnisstand

Spätestens seit Beginn der achtziger Jahre setzt die Sozial- und Innenpolitik und in der Folge auch die Bildungspolitik auf die schulische und gesellschaftliche Integration der jüngsten Ausländergeneration. Entsprechend haben die pädagogischen Sonderformen (Ausländerklassen, bilinguale Klassen etc.) für ausländische Schüler an Bedeutung verloren, die mit zum Teil erheblichen muttersprachlichen Anteilen in erster Linie dem Erhalt der Rückkehrfähigkeit dienten. Dies zeigt in aller Deutlichkeit der *Zweite Bericht der Bundesrepublik Deutschland über die Durchführung der Richtlinie 77/486/EWG des Rates der Europäischen Gemeinschaft* (Sekretariat der Kultusminister-Konferenz 1986). Lediglich in Bayern werden noch nennenswerte Anteile der ausländischen Schüler in besonderen zweisprachigen Klassen nach dem sogenannten bayerischen "Offenen Modell" (Boos-Nünning 1981) unterrichtet, wobei allerdings die Eltern auch dort mit zunehmender Tendenz für gemischte Regelklassen optieren (Mahler 1992). In allen anderen Bundesländern liegt der Anteil der getrennt unterrichteten ausländischen Schüler deutlich unter 10%. Von den mehr als 275 000 ausländischen Schülern an allgemeinbildenden Schulen in Nordrhein-Westfalen wurden im Schuljahr 1992/93 lediglich 8 925 (ca. 3,25%) von deutschen Mitschülern getrennt, jedoch vorwiegend nach Regelcurriculum und in deutscher Sprache unterrichtet. Es hat also den Anschein, daß sich das gemeinsame Lernen von deutschen und ausländischen Schülern in Regelklassen als Grundmodell durchgesetzt hat. Ob sich diese Integrationsbemühungen als von der Mehrheitsgesellschaft verordnete Intervention in einen spontanen Akkulturationsprozeß auswirken und zwar mit der Folge, daß die Schüler zwar deutsche Sprache, Denkweise und Lebensform erwerben, andererseits aber die Bindung zur eigenen Familie und zur eigenen Gruppe im Ausland bzw. zum Herkunftsland verlieren, hängt in wesentlichem Maße davon ab, ob und in welcher Form die Mutter- bzw. Herkunftssprache im schulischen Gesamtcurriculum verankert ist.

Die Artikel 2 und 3 der Richtlinie des Rates der Europäischen Gemeinschaft vom 25.7.1977 über die schulische Betreuung von Wanderarbeitnehmern (abgedruckt u.a. in Swift/Böhm 1982) verpflichten die Mitgliedstaaten u.a. zur Unterweisung in der Muttersprache und der heimatlichen Landeskunde. Diese Rechtsnorm wurde von den Kultusministern 1979 in der Neufassung ihrer Vereinbarung zum Unterricht für Kinder ausländischer Arbeitnehmer und in der Folge von den einzelnen Ländern auf dem Erlaßwege umgesetzt. Allen ausländischen Schülern aus den ehemaligen Anwerbeländern (Griechenland, Italien, dem ehemaligen Jugoslawien, Portugal, Spanien und der Türkei, in einigen Bundesländern auch aus Marokko und Tunesien) wird in der Tat muttersprachlicher Unterricht im wesentlichen zusätzlich zum Unterricht in Regelklassen in Form des Ergänzungsunterrichts, vereinzelt auch anstelle einer sonst üblichen Fremdsprache angeboten; dies jedoch in sehr unterschiedlicher Weise, in unterschiedlichem Umfang und in unterschiedlicher didaktischer Qualität (Rixius/Thürmann 1987). Die Bundesländer Baden-Württemberg, Saarland, Berlin, Bremen, Hamburg und Schleswig-Holstein nehmen ihre Verpflichtung zum Angebot muttersprachlichen Unterrichts in der Weise wahr, daß sie diesen zwar sachlich und finanziell fördern, ihn aber in der inhaltlichen und organisatorischen Verantwortung der ausländischen Behörden (Erziehungsabteilungen der Konsulate und Botschaften) belassen. In diesen Bundesländern richtet sich der muttersprachliche Unterricht nach den curricularen Programmen der "Entsendeländer", was oft zur Folge hat, daß Ziele, Inhalte und Methoden nicht mit denen des Regelunterrichts abgestimmt sind. In den Flächenländern Bayern, Hessen, Niedersachsen, Nordrhein-Westfalen und Rheinland-Pfalz haben die deutschen Behörden die volle finanzielle, inhaltliche und organisatorische Verantwortung übernommen. Hessen hat den muttersprachlichen Unterricht sogar rechtlich mit dem Regelunterricht gleichgestellt, so daß die Teilnahme verpflichtend ist (Abwahl ist allerdings möglich) und die erzielten Leistungsnoten versetzungs- und abschlußwirksam sind. In diesen Bundesländern werden derzeit über Curriculumentwicklung und Lehrerfortbildung Anstrengungen unternommen, den muttersprachlichen Unterricht mit den pädagogischen und didaktischen Prinzipien des Regel-, insbesondere des Sprachunterrichts abzustimmen (Kultusminister des Landes Nordrhein-Westfalen 1984). Allein in Nordrhein-Westfalen nahmen im Schuljahr 1992/93 ca. 115 000 Schüler der Primarstufe und der Sekundarstufe I am zusätzlichen muttersprachlichen Unterricht teil, der von 1 354 ausländischen Kollegen erteilt wurde. In den "neuen" Bundesländern gibt es keine muttersprachlichen Angebote für ausländische Kinder und Jugendliche.

Zunehmend wird in einigen Bundesländern auch muttersprachlicher Unterricht anstelle einer sonst üblichen Fremdsprache angeboten. Über diesen Unterricht sollen in erster Linie die schulischen Chancen der ausländischen Kinder und Jugendlichen an Gymnasien, Realschulen und Gesamtschulen verbessert werden. Viele Eltern und Schüler wählen diesen Unterricht auch aus dem Grund, daß die rechtlichen und organisatorischen Rahmenbedingungen des muttersprachlichen Unterrichts in dieser Organisationsform erheblich günstiger sind als in der Form des Ergänzungsunterrichts (qualifizierte Lehrer, Integration des Faches in den Unterrichtsvormittag, keine langen und zusätzlichen Wege zum muttersprachlichen Unterricht, Versetzungs- und Abschlußrelevanz). In Nordrhein-Westfalen kann dieser Unterricht in der gymnasialen Oberstufe bis zum Abitur fortgeführt werden. Kontrovers wird in den Bundesländern beurteilt, welche schulischen Fremdsprachen ersetzbar sind. In Berlin wird z.B. Türkisch anstelle der ersten Fremdsprache angeboten, in Nordrhein-Westfalen bietet man in der Praxis nur den Ersatz der zweiten Fremdsprache ab Klasse 7 an. In mehreren Bundesländern kann die Leistung in der Muttersprache auch die in einer schulischen Fremdsprache ersetzen, wenn – aus welchen Gründen auch immer – kein muttersprachlicher Unterricht angeboten wird. In diesem Fall werden Leistungen – meist am Ende der Sekundarstufe I – im Rahmen von Sprach- oder Feststellungsprüfungen ermittelt, zeitweise in Nordrhein-Westfalen pro Prüfungstermin in mehr als 100 Sprachen.

3. Perspektiven

Um die Zukunft des muttersprachlichen Unterrichts im Rahmen einer interkulturellen Schule zu gewährleisten, muß noch eine Vielzahl von Problemen gelöst werden.
- Schulisch werden gegenwärtig die "Arbeitsmigranten" und ihre Sprachen bevorzugt. Kindern von Asylsuchenden wird in aller Regel kein muttersprachlicher Unterricht angeboten. Das gilt auch für die Angehörigen der "alten" Minderheiten, z.B. für Sinti und Roma. In Zukunft sollten alle Minderheitengruppen sprachen- und bildungspolitisch gleichgestellt werden.
- Im Interesse der ausländischen Kinder sollte der muttersprachliche Unterricht inhaltlich und organisatorisch mit dem Regelunterricht koordiniert sein. Dies kann jedoch nur realisiert werden, wenn er in der Verantwortung der deutschen Schulbehörden liegt. In Baden-Württemberg, Berlin, Bremen, Hamburg, dem Saarland und Schleswig-Holstein müßten entsprechende rechtliche Rahmenbedingungen erst noch politische Mehrheiten finden.
- Die EG-Richtlinie vom 25.7.1977 gibt dem muttersprachlichen Unterricht die Zielvorgabe, die Rückkehrfähigkeit zu erhalten. Zu dem Zeitpunkt, als die Richtlinie politisch vorbereitet wurde, konnte man möglicherweise mit der "Rotation" der Arbeitskräfte im Ausland rechnen. Inzwischen hat sich die Situation jedoch erheblich verändert, und entsprechend müssen die Zielvorgaben für den muttersprachlichen Unterricht angepaßt werden. Er sollte in erster Linie dazu dienen, den Schülern die Integration in eine multikulturelle und mehrsprachige Gesellschaft zu erleichtern. Er sollte
  - den jungen Menschen helfen, Probleme der Zweisprachigkeit aufzuarbeiten, damit sie diese nicht als Benachteiligung, sondern als Bereicherung erfahren können;
  - Vergleichsmöglichkeiten zwischen den Kulturen des Herkunftslandes, der eigenen Gruppe im Ausland und des Aufnahmelandes stiften und den Zugang zu interkulturellen Lernprozessen eröffnen;
  - die Eltern-Kind-Beziehungen fördern und dazu beitragen, kulturbedingte Generationskonflikte abzubauen;
  - im Anschluß an die muttersprachliche primäre Sozialisation Brüche in der Begriffs- und Lernentwicklung vermeiden oder glätten helfen (vgl. dazu Bundesarbeitsgemeinschaft der Immigrantenverbände in der Bundesrepublik Deutschland und Berlin West 1985);
  - die muttersprachlichen Fähigkeiten so weit fördern, daß die Schüler die Beziehungen zum Herkunftsland und seiner (schriftsprachlichen) Kultur aufrechterhalten können;
  - den ausländischen Kindern und Jugendlichen helfen, ihre Situation als Angehörige einer Minderheitengruppe zu bewältigen (vgl. dazu insbesondere Damanakis 1984).
- Muttersprachlicher Unterricht für ausländische Schüler ist ein Fach eigener Art, für das muttersprach- oder fremdsprachdidaktische Konzepte nicht ungeprüft übernommen werden können. Es fehlt derzeit noch an einer fachdidaktischen Gesamtkonzeption und an den entsprechenden Grundlagenforschungen an den europäischen Hochschulen. Ebenso fehlen spezialisierte Studien- und Ausbildungsgänge. Erst wenn diese geschaffen sind, ist auch damit zu rechnen, daß Lehr- und Lernmittel entwickelt werden können, die nicht für den Unterricht im Herkunftsland bestimmt sind und die in spezifischer Weise an den sprachlichen und soziokulturellen Voraussetzungen der Lernenden anknüpfen.
- Selbst wenn man die curricularen Entwicklungen in den Bundesländern Bayern, Hessen, Niedersachsen, Rheinland-Pfalz und Nordrhein-Westfalen optimistisch beurteilt, bleibt doch die Aufgabe, die organisatorische Randständigkeit des muttersprachlichen Unterrichts und die Isolation der ausländischen Lehrkräfte im Schulleben zu überwinden. Dazu gehört auch, daß die vorgesehenen Stundenkontingente ("bis zu 5 Wochenstunden" heißt es in den meisten Länderregelungen) erfüllt und Lerngruppen auch dann gebildet werden können, wenn nur wenige Schüler einer Sprache in dem schulischen Einzugsbereich wohnen.

Literatur

Boos-Nünning, Ursula (1981), "Muttersprachliche Klassen für ausländische Kinder: Eine kritische Diskussion des bayerischen 'Offenen Modells'", in: *Deutsch lernen*, Jg. 6, H. 2, 40-70.

Bundesanstalt für Arbeit, Hrsg. (1986), "Situation der ausländischen Arbeitnehmer und ihrer Familienangehörigen in der Bundesrepublik Deutschland. Repräsentativuntersuchung '85", in: *Informationen für die Beratungs- und Vermittlungsdienste der Bundesanstalt für Arbeit*, ibv-Doku-Ausgabe 19/86 zu *ibv*, Nr. 40 vom 1.10.1986, 6437-6443.

Bundesarbeitsgemeinschaft der Immigrantenverbände in der Bundesrepublik Deutschland und Berlin West, Hrsg. (1985), *Muttersprachlicher Unterricht in der Bundesrepublik Deutschland. Sprach- und bildungspolitische Argumente für eine zweisprachige Erziehung von Kindern sprachlicher Minderheiten*, Hamburg.

Damanakis, Michael (1984), *Muttersprachlicher Unterricht für ausländische Schüler*, Institut für Migrationsforschung, Ausländerpädagogik und Zweitsprachendidaktik Universität/Gesamthochschule Essen (Hrsg.), Essen.

Fthenakis, Wassilios/Sonner, Adelheid/Thrul, Rosemarie/Walbiner, Waltraud (1985), *Bilingual-bikulturelle Entwicklung des Kindes. Ein Handbuch für Psychologen, Pädagogen und Linguisten*, München.

Iskender, Selcuk (1983), *Medien und Organisationen. Interkulturelle Medien und Organisationen und ihr Beitrag zur Integration der türkischen Minderheit*, Berlin.

Isoplan, Hrsg. (1993), *Ausländer in Deutschland*, Jg. 9, Saarbrücken.

Kultusminister des Landes Nordrhein-Westfalen, Hrsg. (1984), *Empfehlungen für den Unterricht ausländischer Schüler. Muttersprachlicher Ergänzungsunterricht*, Köln.

Kultusministerium des Landes Nordrhein-Westfalen, Hrsg. (Juni 1993), *Amtliche Schuldaten 1992/93. Ausländische Schülerinnen und Schüler, Lehrerinnen und Lehrer*, Düsseldorf.

Mahler, Gerhart (1992), *Interkulturelle Erziehung, Nationaler Beitrag der Bundesrepublik Deutschland*, Typoskript, KMK, Bonn.

Öktem, Ayse/Öktem, Özkam (1985), "Kulturelle Identität, Sozialisation und Sprache bei türkischen Arbeiterkindern in der Bundesrepublik Deutschland", in: Jochen Rehbein (Hrsg.), *Interkulturelle Kommunikation*, Tübingen, 70-102.

Rixius, Norbert/Thürmann, Eike (1987), *Muttersprachlicher Unterricht für ausländische Schüler*, Berlin.

Sekretariat der Kultusminister-Konferenz, Hrsg. (1986), *Zweiter Bericht der Bundesrepublik Deutschland über die Durchführung der Richtlinie 77/486/EWG des Rates der Europäischen Gemeinschaft vom 25. Juli 1977 über die schulische Betreuung der Kinder von Wanderarbeitnehmern im Schuljahr 1984/85*, Bonn.

Stamm 1992, *Leitfaden durch Presse und Werbung*, 45. Aufl., Essen.

Statistisches Bundesamt, Hrsg. (1992), *Statistisches Jahrbuch für die Bundesrepublik Deutschland*, Wiesbaden.

Swift, James/Böhm, Winfried, Hrsg. (1982), *Bilinguale und multikulturelle Erziehung*, Würzburg.

Tsiakalos, Georgios (1982), "Integrationsdruck und psychosomatische Belastungen bei Migranten", in: Wilfried Röhrich (Hrsg.), *Vom Gastarbeiter zum Bürger. Ausländer in der Bundesrepublik Deutschland*, Berlin, 63-70.

Wimmer, Günther (1987), "Sintikinder in unseren Schulen. Diskriminiert und wenig integriert", in: *Lehrerzeitung Baden-Württemberg*, Jg. 41, H. 21, 511.

Eike Thürmann

17. Fremdsprachen im Vorschul- und Primarbereich

1. Schulreform als Reaktion auf politische Veränderungen

In den 60er und den 70er Jahren gab es in allen westeuropäischen Ländern beträchtliche Anstrengungen zur Erprobung und Etablierung von fremdsprachlichem Unterricht im Raum der Grundschule; so auch in der Bundesrepublik Deutschland. In einigen westeuropäischen Nachbarländern, etwa in Schweden und Österreich, kam es seither zum regelhaften Angebot eines frühen Fremdsprachenunterrichts. Dabei handelt es sich in der Praxis sehr oft um Englischunterricht, der ab dem dritten Schulbesuchsjahr erteilt wird, obwohl, wie in Österreich, den rechtlichen Grundlagen nach auch andere Sprachen unterrichtet werden könnten.

In jenen Staaten des ehemaligen Ostblocks, die sich traditionell als Vielvölkerstaaten verstanden, war der frühe Unterricht mehrerer nationaler Sprachen üblich. So wurde zum Beispiel in der UdSSR ab der zweiten Klasse eine zweite nationale Sprache unterrichtet; in einigen Regionen kam es zudem experimentell zum Unterricht anderer Fremdsprachen, etwa des Deutschen, in Kindergartengruppen oder ab der ersten Grundschulklasse (Grant 1981). Im Sinne der Förderung ihrer übernationalen Kooperation gehörte überdies ein früher Fremdsprachenunterricht zur Tradition der Staaten des Rates für gegenseitige Wirtschaftshilfe (RGW). Daher wurde in der DDR in ausgewählten Schulen ab der dritten Klasse Russisch unterrichtet.

Eine Tradition frühen Fremdsprachenunterrichts entwickelte sich auch in einigen mehrsprachig 'verfaßten' westeuropäischen Staaten (Belgien, Luxemburg, Schweiz). In Belgien setzt der Unterricht der zweiten nationalen Sprache im vierten Schuljahr der sechsjährigen Grundschule ein. In der Schweiz gibt es fremdsprachlichen Unterricht neuerdings versuchsweise auch schon in Kindergärten (Allemann-Ghionda 1992). In weltweitem Maßstab betrachtet sind vermutlich die Primarschulen, deren Unterricht strikt auf eine Sprache begrenzt ist, in der Minderzahl. In den meist mehrsprachig organisierten Staaten der sog. Dritten Welt ist früher Unterricht in mehr als einer Sprache üblich; oft reflektiert das Schulsprachenrecht neben den nationalen oder regionalen sprachlichen Verhältnissen noch das koloniale Erbe der Staaten. In Indien beispielsweise haben die Kinder am Ende der Primarstufe in der Regel Unterricht in drei Sprachen erhalten: der Sprache des jeweiligen Bundesstaates oder einer anderen indischen Sprache, Hindi als Verständigungssprache in ganz Indien und Englisch, der Sprache der ehemaligen Kolonialmacht.

In der Bundesrepublik Deutschland sank der Fremdsprachenunterricht in der Primarstufe, d.h. in vorschulischen Institutionen und in der Grundschule, nach dem in den 70er Jahren erfahrenen Aufschwung zunächst in die Bedeutungslosigkeit herab. Von Ausnahmen abgesehen, beispielsweise den Bemühungen zur Verbreitung frühen Englischunterrichts im Land Hessen oder frühen Französischunterrichts in Baden-Württemberg (vgl. Art. 97), wurden Projekte des Fremdsprachenunterrichts im Primarbereich vielerorts ganz eingestellt; andere mündeten in ein randständiges Angebot ohne nennenswerte öffentliche Beachtung.

Seit dem Ende der 80er Jahre aber hat das Interesse an der frühen Vermittlung fremder Sprachen auch hier wieder rapide zugenommen. Zahlreiche Projekte in Schulen wurden initiiert; die meisten Bundesländer verfügten neue Bestimmungen über Fremdsprachenunterricht im Primarbereich; die Aktivitäten im didaktisch-methodischen Feld und der Materialentwicklung mehren sich ebenso wie das begleitende Angebot, etwa in Form einschlägiger Fachtagungen oder von Publikationen.

Allerdings ist diese Belebung des Interesses an der Reform sprachlicher Bildung in der Primarstufe kaum sprach- oder erziehungswissenschaftlich motiviert, sondern vielmehr als Reflex darauf zu verstehen, daß Ansprüche auf Erneuerung aus anderen gesellschaftlichen Sphären an die Institutionen der Bildung herangetragen werden. Beträchtlichen Anteil an der jüngsten Entwicklung hat die zunehmende Internationalisierung der Gesellschaften, wobei dem Zustandekommen der politischen Union Europas besondere Schubkraft beigemessen werden muß. Zwar war das Ziel der wechselseitigen Verbreitung der Sprachen der Mitgliedsstaaten von Anfang an in der Europäischen Gemeinschaft proklamiert worden. Mit dem Vertrag von Maastricht aber hat sie sich zum ersten Mal seit ihrer Gründung auch eine klare Rechtsgrundlage dafür geschaffen, für die Durchsetzung dieses Ziels zu wirken. Der Artikel 126 des Vertrages, der der allgemeinen Bildung gilt, besagt, daß die Europäische Gemeinschaft zur Entwicklung einer qualitativ hochstehenden Bildung in den Mitgliedsstaaten beitrage, indem sie die Zusammenarbeit zwischen ihnen fördere und die Gestaltung "des Bildungssystems sowie der Vielfalt ihrer Kulturen und Sprachen erforderlichenfalls unterstützt und ergänzt" (Abs. 1). Dem soll vor allem die Entwicklung "der europäischen Dimension im Bildungswesen, insbesondere durch Erlernen und Verbreiten der Sprachen der Mitgliedsstaaten", dienen (Abs. 2). Die Aktivitäten zur Reform der sprachlichen Bildung in der Primarstufe, die in jüngster Zeit in der Bundesrepublik Deutschland zu beobachten sind, kamen zum beträchtlichen Teil unter Berufung auf Buchstaben oder Geist dieser politischen Übereinkunft in Gang.

2. Vorzüge frühen Fremdsprachenlernens

Daß Fremdsprachenunterricht in den heutigen deutschen Schulen üblicherweise erst in der Sekundarstufe I einsetzt, hat nicht zuletzt den Grund von Setzungen, die von Pädagogen im frühen 19. Jahrhundert vorgenommen wurden. Im Geiste seiner Zeit umriß Adolph Diesterweg (1836) den Gehalt dieser Setzungen folgendermaßen: Der Sprachunterricht müsse sich einer 'naturgemäßen Methode' bedienen, die den Stufen der kindlichen Sprachentwicklung folge. Ein Unterricht nach dieser Methode knüpfe stets an die 'dem Schüler geläufigen Formen' an und gelte daher zunächst nur der Muttersprache. Erst wenn 'Wesen und Formen' der Muttersprache völlig zum klaren Bewußtsein gelangt wären, sei die Voraussetzung dafür erreicht, daß im Schulunterricht auch fremde Sprachen gelehrt werden könnten. Denn würden diese zu früh an den Schüler herangetragen, so entstünde 'notwendig Unklarheit und Verwirrung'; es könne nämlich auf jeder Stufe der "Geist des Lernenden nur mit Einem" geschäftigt werden (Diesterweg 1836, 165). Hieraus ergebe sich, daß der Fremdsprachenunterricht nicht vor dem Ende des Elementarunterrichts einsetzen dürfe.

Diese Auffassung regiert bis heute die übliche Schulorganisation im Hinblick auf Fremdsprachen; sie ist fest verankert in Berufsauffassungen von Lehrern und ebenso in Alltagsmeinungen über Vorzüge und Gefahren von Mehrsprachigkeit (vgl. Gogolin 1994). Die Substanz dieser Grundauffassung wurde jedoch durch Forschung zum kindlichen Spracherwerb unter den Umständen von Mehrsprachigkeit längst widerlegt. Es kann als erwiesen gelten, daß der frühe Kontakt mit fremden

Sprachen durchaus keine negativen Auswirkungen auf die sprachliche oder die allgemeine kognitive Entwicklung von Kindern hat. Auch das frühe schulische Fremdsprachenlernen zeitigt als solches keine nachteiligen Konsequenzen für die kindliche Sprachentwicklung. Von beträchtlichem Nachteil ist es allerdings, wenn zweisprachig aufwachsende Kinder keine schulische Förderung ihrer Zweisprachigkeit erfahren (vgl. List 1981; Cummins 1984; Gogolin 1988; vgl. auch Art. 15 u. 16).

Es gibt hingegen Evidenz dafür, daß bilinguales Aufwachsen oder frühe Mehrsprachigkeit für die allgemeine sprachliche Entwicklung von Kindern eher Vorteile mit sich bringt. Bilinguale Kinder profitieren vor allem hinsichtlich ihrer Ausbildung *sprachreflexiver Fähigkeiten.* So sind sie unter anderem früher als monolinguale Kinder dazu in der Lage, zwischen der sprachlichen Funktion von Äußerungen und ihrer Inhaltsseite zu differenzieren oder die syntaktische Struktur von Äußerungen zu beurteilen. Der Vorteil früher Zweisprachigkeit liegt demnach vor allem in der Verbesserung allgemeiner sprachlicher Fähigkeiten, nicht zuletzt: in verbesserten Möglichkeiten der schulischen Sprachaneignung, auch der Aneignung weiterer Sprachen (vgl. auch Art. 5).

Dies läßt es ratsam erscheinen, daß vorschulische Institutionen und die Schule sehr früh daran gehen, Kinder mit mehr als einer Sprache und mit Sprachverschiedenheit bekanntzumachen. Jedoch sollten dem fremdsprachlichen Lernen in der Primarstufe spezielle Funktionen der Förderung allgemeiner sprachlich-kognitiver Fähigkeiten zukommen, indem das Schwergewicht des Unterrichts auf die Steigerung von Sprachsensibilität, von Sprachbewußtheit und sprachlicher Flexibilität gelegt wird. Es zeigte sich nämlich in einschlägigen Schulexperimenten oft, daß die Erträge des Unterrichts im Hinblick auf die Aneignung fremdsprachlicher Redemittel im engeren Sinne eher bescheiden ausfallen. So wurde vielfach bei der Evaluation von Lerngruppen in der Sekundarstufe, die aus Kindern mit und ohne Vorkenntnisse aus dem Grundschulunterricht zusammengesetzt worden waren, die Erfahrung gemacht, daß der im Primarbereich erworbene Vorsprung von den Schülern ohne Vorkenntnisse rasch eingeholt wurde. Der wesentliche Gewinn frühen fremdsprachlichen Lernens liegt demnach nicht beim Verfügen über Redemittel aus einer anderen Sprache, sondern darin, daß die Kinder zu einem differenzierteren Verhältnis zu Sprache überhaupt und zu ihrem eigenen Sprachgebrauch gelangen.

3. Zur Situation des Fremdsprachenunterrichts in der Primarstufe

Ein Bericht über die Situation des hiesigen Fremdsprachenunterrichts in der Primarstufe kann Anfang der 90er Jahre nur als ein vorläufiger ausfallen, denn er schildert eine Situation, die sich im Umbruch befindet. In allen deutschen Bundesländern sind neuerdings verstärkte Bemühungen um die Einführung bzw. weitere Verbreitung von fremdsprachlichem Lernen in der Primarstufe zu beobachten. Üblicherweise haben die Länder zunächst Schulversuche mit der Aufgabe der Erprobung schulorganisatorischer und didaktisch-methodischer Ansätze initiiert, wobei jedoch stets die Perspektive einer festen Verankerung im Grundschullehrplan eröffnet wurde.

Bei den offiziellen staatlichen Neuregelungen bleibt der vorschulische Bereich bis dato weitgehend ausgespart. Wenn in vorschulischen Institutionen mehrsprachig gearbeitet wird, wie beispielsweise in deutsch-türkischen Kindergärten im Ruhrgebiet, in Hamburg oder Berlin, so geht dies meist auf ursprünglich private Initiativen von Mitgliedern der mitbetroffenen Sprachgemeinschaften oder von interessierten Elterngruppen zurück. Einige wenige vorschulische Institutionen arbeiten in enger Kooperation mit bilingualen – etwa deutsch-französischen – Schulen, die in einigen Bundesländern als besonderes Schulangebot existieren. Die Frage des günstigsten Zeitpunkts für den Einsatz fremdsprachlicher Unterweisung wird unter den bildungspolitisch Verantwortlichen in den Bundesländern kaum diskutiert. In der Regel wurde bestimmt, daß im dritten Schuljahr mit dem Unterricht begonnen werden soll, ohne die Gründe dafür eigens zu explizieren. Die Möglichkeit, kurze Phasen der 'Sprachbegegnung' von Beginn an in der Grundschule vorzusehen, wird den Schulen in Nordrhein-Westfalen eingeräumt. Die Entscheidung für den Beginn im dritten Schuljahr wird vermutlich pragmatisch motiviert sein; spracherwerbstheoretische Gründe würden eher für einen früheren Einsatz sprechen.

Unterschiedliche Wege gehen die Bundesländer im Hinblick darauf, welche Sprachen angeboten werden sollen. Einige Länder begrenzen das Angebot bisher strikt oder regelhaft auf eine fremde Sprache; andere Länder bieten zwei Sprachen zur

Wahl an. In diesen Ländern reflektiert die Sprachenwahl die prinzipiellen Festlegungen des Hamburger Abkommens (vgl. Art. 18 bzw. 19); es wurde entweder bevorzugt Englisch (z.B. in Hamburg, Hessen, Niedersachsen) oder bevorzugt Französisch in die Primarstufe eingeführt (Baden-Württemberg, Saarland, Rheinland-Pfalz). Diesem Modell haben sich auch ostdeutsche Länder angeschlossen, die auf ein Anknüpfen an ihre Traditionen frühen Russischunterrichts verzichtet haben. In anderen Bundesländern wird die Möglichkeit eröffnet, ein breites Spektrum von Sprachen in die Primarstufe einzubeziehen. So erprobt Bayern in einem Modellversuch den Unterricht der Sprachen Englisch, Französisch und Italienisch. Die offenste Regelung hat sich Nordrhein-Westfalen gegeben. Der Erlaß des Landes zur Einführung eines Unterrichts der 'Begegnung mit Sprachen in der Grundschule' enthält keinerlei Beschränkung der Sprachwahl und überläßt den Schulen die Entscheidung für eine oder mehrere 'Begegnungssprachen' (Kultusministerium 1992; vgl. auch Landesinstitut 1992).

Die bisherige Vorläufigkeit der schulorganisatorischen Regelungen bringt es mit sich, daß die fremdsprachliche Unterweisung in der Primarstufe zumeist zusätzlich zum üblichen Unterricht, oft auf der Basis freiwilliger Teilnahme erfolgt. Nach den aus den Bundesländern vorliegenden Berichten erfahren aber die bisherigen Versuche großen Zuspruch bei der Schüler- und Elternschaft. So meldete beispielsweise Bayern, daß fast 90% der Drittkläßler in den Versuchsschulen das Angebot des zusätzlichen Fremdsprachenunterrichts wahrnehmen. Demnach ist auch auf dieser Seite ein verstärktes Interesse an frühem Umgang mit mehreren Sprachen zu verzeichnen.

4. Kontroverse Positionen: 'Früher Fremdsprachenunterricht' oder 'Interkulturelle sprachliche Bildung'

Den Entscheidungen der Bundesländer über die Sprachwahl, den Beginn der fremdsprachlichen Unterweisung und die didaktisch-methodische Gestaltung des Unterrichts unterliegen unterschiedliche Grundüberzeugungen über das sprachliche Lernen überhaupt und über das fremdsprachliche Lernen in der Primarstufe, deren divergente Argumentationslinien abschließend grob skizziert werden sollen.

Die eine Grundüberzeugung drückt sich in einem Sprachunterrichtsangebot aus, bei dessen Gestaltung eine internationale Perspektive eingenommen wird. Dieses Angebot ist primär an der Frage ausgerichtet, zwischen welchen Nationen es vertieften Kontakt gibt oder geben wird und welche Sprachen bei der übernationalen Verständigung in Zukunft privilegiert werden sollen. Aus dieser Sichtweise gewinnt der instrumentelle Charakter sprachlichen Lernens besonderes Gewicht. Das Interesse des Unterrichts gilt in erster Linie der Vermittlung eines Grundbestands sprachlicher Mittel aus einer jener Fremdsprachen, die traditionell in der Sekundarstufe weitergeführt werden. Fremdsprachliches Lernen in den Raum der Grundschule vorzuziehen besitzt daher, auch wenn dies explizit von Protagonisten dieses Ansatzes oft negiert wird, die Funktion des Propädeutikums für den Fremdsprachenunterricht der Sekundarstufe.

Die wesentlichen Unterschiede zwischen einem grundschulischen Unterricht nach diesen Vorstellungen und dem späteren Fremdsprachenunterricht liegen im Methodischen. Betont wird stets, daß der Unterricht 'kindgemäß', 'altersangemessen' gestaltet werden müsse. Hierunter werden vor allem methodische Arrangements wie die folgenden verstanden: Das Lehren soll kurze, über die Schulwoche großzügig verteilte Zeitsequenzen umfassen; es soll keine explizite sprachliche, sondern eine thematische Progression verfolgt werden, die inhaltliche Interessen der Kinder widerspiegelt; der Unterricht stützt sich hauptsächlich auf spielerische Elemente und soll ein Primat der Mündlichkeit einhalten; eine angstfreie Lernatmosphäre soll geschaffen werden, die unter anderem dadurch zustande komme, daß auf Hausaufgaben, benotete Arbeiten und Zeugniszensuren verzichtet wird. Zu den methodischen Arrangements des Unterrichts nach diesem Grundverständnis gehört auch die Organisation von grenzüberschreitenden Partnerschaften und 'Begegnungen' zwischen Schulklassen, die jeweils die Sprache der anderen lernen (vgl. hierzu z.B. Darstellungen in Landesinstitut 1990; vgl. auch Gompf 1990 und Art. 97). Die Praxis frühen Fremdsprachenunterrichts, wie sie in den Ländern der Bundesrepublik Deutschland erprobt wird oder schon länger üblich ist, besitzt überwiegend Grundzüge, die anzeigen, daß sie auf diesem Grundverständnis basiert.

Eine demgegenüber innovative Vorstellung von fremdsprachlichem Lernen in der Primarstufe beginnt soeben erst, sich zu entwickeln. Hierbei wird eine interkulturelle Perspektive eingenommen, die ihren Ausgang bei der Beobachtung *inner*gesellschaftlicher Kommunikationsprobleme und deren Konsequenzen für die sprachliche Bildung nimmt. Das Kernproblem wird darin gesehen, daß sämtliche europäischen Gesellschaften sich, unter anderem infolge von Migrationen, in einem unumkehrbaren Prozeß der zunehmenden sprachlichen Ausdifferenzierung befinden. Dies verändert grundlegend die Bedingungen der sprachlichen Sozialisation aller Mitglieder der Gesellschaften; es stellt sie vor ungewohnte, anspruchsvolle kommunikative Aufgaben, deren Lösung nicht allein im instrumentellen Beherrschen von mehr als einer Sprache liegt. Das Hauptaugenmerk der Innovationsvorschläge aus interkultureller Perspektive gilt daher dem Problem, durch Unterricht zum besseren Umgang mit sprachlicher Heterogenität und Pluralität zu befähigen, die zu den alltäglichen Spracherfahrungen der Menschen in der mehrsprachigen, multikulturellen Gesellschaft gehören.

Die Orientierung an der innergesellschaftlichen sprachlichen Lage hat die Forderung zur Konsequenz, daß auch die Sprachen der Einwanderer in den Kanon der üblichen Schulsprachen aufgenommen werden. Mindestens diejenigen Kinder, die mit der Primärerfahrung eigener Zweisprachigkeit in die Institutionen der Primarstufe eintreten, sollen von Anfang an eine Förderung beider Sprachen erfahren, da ansonsten mit negativen Folgen für ihre sprachliche Entwicklung und ihr schulisches Fortkommen zu rechnen ist. Jenseits der Nachteile, die eine unterlassene schulische Förderung der Zweisprachigkeit für das einzelne bilingual aufwachsende Kind bedeutet, steht noch die Verschwendung gesellschaftlichen Kapitals, die im Ignorieren der Sprachen und Sprachkompetenzen der Einwandererminoritäten liegt.

Neben dem Frühbeginn mit der Vermittlung mehrerer Sprachen soll nach diesen Vorstellungen ein Unterricht stehen, in dem Sprachenvielfalt und -verschiedenheit thematisiert und zu bildender Funktion gebracht werden; inspiriert ist diese Vorstellung von dem vor allem in England gepflegten Ansatz *awareness of language* (siehe z.B. Hawkins 1987). Hier geht es nicht um Präsentation und Aneignung von Mitteln aus einer fremden Sprache, sondern primär um die Förderung von sprachreflexiven Fähigkeiten, von Sprachsensibilität und Sprachbewußtheit als komplementäre Kompetenzen zum Gebrauch der Sprache als Werkzeug. Das privilegierte Mittel solcher Förderung liegt im Thematisieren von Mehrsprachigkeit und Sprachverschiedenheit. Der Unterricht leitet die Kinder zu einem ihren Erfahrungen und Möglichkeiten gemäßen Vergleichen zwischen Sprachen an; er soll sie lehren, 'das Gespräch zwischen den Sprachen zu führen' (Wandruszka 1979). Dieses fördert allmählich die Fähigkeiten, Distanz zur spontanen sprachlichen Praxis zu gewinnen, dem eigentümlichen Sprachgebrauch nicht universelle Geltung zuzumuten und offen zu sein für die Unterschiedlichkeit der Weltsichten, die in Sprachen repräsentiert sind (vgl. ausführliche Darlegungen in Landesinstitut 1994).

Den demographischen Verhältnissen nach, die die Bundesrepublik Deutschland aufweist, kann ein Unterricht nach diesen Vorstellungen nahezu überall darauf bauen, daß die sprachliche Praxis und die alltäglichen Spracherfahrungen der Kinder selbst den Ausgangspunkt der sprachvergleichenden Aktivitäten in diesem Sinne bieten: Im Bundesdurchschnitt besitzen mehr als 20% der Kinder in der Primarstufe eine andere Muttersprache als Deutsch; dies bedeutet ein reiches Potential an Spracherfahrungen in der Schüler- und Elternschaft, von dem der Unterricht Gebrauch machen kann. Trotz dieser guten Voraussetzungen in der Schülerschaft räumt die bundesdeutsche Bildungspolitik und -verwaltung bislang nur wenige Möglichkeiten der praxisnahen Weiterentwicklung dieses Innovationsansatzes ein. Lediglich das Bundesland Nordrhein-Westfalen hat in seinen Erlaß zur 'Begegnung mit Sprachen' einen Passus aufgenommen, der anregt, Unterricht nach diesen Vorstellungen in dafür geeigneten Schulen zu praktizieren.

Die bisherige Zurückhaltung der Länder gegenüber Realisierungsversuchen einer interkulturellen sprachlichen Bildung erklärt sich nicht zuletzt aus ihrem Interesse, den materiellen Aufwand für die angestrebte Schulsprachenreform möglichst gering zu halten. Die Konzentration auf propädeutischen Unterricht in den üblichen Schulfremdsprachen erfordert aus der staatlichen Sicht weder im Hinblick auf die Lehrerbildung noch bei der Material- und Curriculumentwicklung große Investitionen. Die Praktizierung des bildungs- und sprachtheoretisch anspruchsvollen Konzepts interkultureller sprachlicher Bildung hingegen würde einen beträchtlichen materiellen Einsatz erfordern, da sie auf allen betroffenen Ebenen grundlegende Veränderungen verlangt. Dafür aber besäße eine Realisierung den Vorteil, daß jene komplexer werdenden sprachlichen und kommunikativen Anforderungen aufgegriffen und in ein Bildungskonzept umgemünzt werden, die die Menschen der modernen Gesellschaften jetzt und künftig tatsächlich zu bewältigen haben.

Literatur

Allemann-Ghionda, Cristina (1992), *Bilingual-bikulturelle und multikulturelle Kindergärten im Erziehungsdept. Basel-Stadt. Forschungsbericht*, Basel.
Cummins, Jim (1984), "Zweisprachigkeit und Schulerfolg. Zum Zusammenwirken von linguistischen, soziokulturellen und schulischen Faktoren auf das zweisprachige Kind", in: *Die deutsche Schule*, Jg. 76, H. 3, 187-198.
Diesterweg, Adolph (1836), "Über die Methodik des Sprachunterrichts", in: Eduard Langenberg (Hrsg.), *Adolph Diesterwegs Ausgewählte Schriften*, 2. Aufl. 1890, Bd. 1, Frankfurt a.M., 155-170.
Gogolin, Ingrid (1988), *Erziehungsziel Zweisprachigkeit. Konturen eines sprachpädagogischen Konzepts für die multikulturelle Schule*, Hamburg.
Gogolin, Ingrid (1994), *Der monolinguale Habitus der multilingualen Schule*, Münster.
Goll, Alfred (1992), *Bibliographie 'Begegnung mit Sprachen in der Grundschule'*, Soest.
Gompf, Gundi, Hrsg. (1990), *Jahrbuch '90. Kinder lernen europäische Sprachen*, Stuttgart.
Grant, Nigel (1981), "The Education of Linguistic Minorities in the USSR", in: Jacquetta Megarry/Stanley Nisbet/Eric Hoyle (eds.), *World Yearbook of Education – Education of Minorities*, London/New York, 67-84.
Hawkins, Eric (1987), *Awareness of Language. An Introduction*, Cambridge et al.
Kultusministerium des Landes Nordrhein-Westfalen (1992), *Erlaß Begegnung mit Sprachen in der Grundschule. AZ II A 3.36-25/0 Nr. 2255/91 vom 13. Februar 1992*, Düsseldorf.
Landesinstitut für Schule und Weiterbildung, Hrsg. (1990), *Comprehensive Newsletter für Fremdsprachenlehrer in Nordrhein-Westfalen. Sprachliche Begegnung und fremdsprachliches Lernen in der Grundschule*, Soest.
Landesinstitut für Schule und Weiterbildung, Hrsg. (1992), *Begegnung mit Sprachen in der Grundschule. Leitfaden für Konferenzen*, Soest.
Landesinstitut für Schule und Weiterbildung, Hrsg. (1994), *Begegnung mit Sprachen in der Grundschule*, Soest.
List, Gudula (1981), *Sprachpsychologie*, Stuttgart.
Wandruszka, Mario (1979), *Die Mehrsprachigkeit des Menschen*, München.

Ingrid Gogolin

18. Fremdsprachen im Sekundarbereich I

1. Die Sekundarstufe I als Kernbereich des Fremdsprachenunterrichts

Seit der neuhumanistischen Bildungsreform zu Beginn des 19. Jahrhunderts gilt die auf die Elementarschule aufbauende Schulstufe als Kernbereich des Fremdsprachenunterrichts, zunächst begrenzt auf das Gymnasium mit dem Ziel formaler Allgemeinbildung auf altsprachlicher Grundlage. Die politischen, gesellschaftlichen und wirtschaftlichen Entwicklungen führten dann schrittweise zu einem gefächerten Fremdsprachenangebot mit zunehmendem Anteil der modernen Sprachen und zur Ausweitung des Fremdsprachenunterrichts auf die Sekundarstufe aller Schularten, bis hin zur Einbeziehung der Hauptschule in den sechziger Jahren (vgl. Art. 124). Zusätzlich ist bis in die unmittelbare Gegenwart hinein die Meinung vorherrschend, daß die Kinder in der Grundschule zunächst die elementaren Kulturtechniken erwerben sollen. Mit dem Übertritt in die Sekundarstufe I werden sie als reif erachtet, Fremdsprachen zu erlernen.

Zur Zeit entsteht eine neue Verknüpfung von Primar- und Sekundarbereich durch den in Entwicklung befindlichen Fremdsprachenunterricht in der Grundschule (frühbeginnender Fremdsprachenunterricht, vgl. Art. 17). Die Art der Verknüpfung ist abhängig von der Konzeption des frühbeginnenden Unterrichts, je nachdem ob er als ganzheitlicher, handlungsorientierter, spielerischer Unterricht sein Ziel in sich trägt oder ob er sich als erste Phase eines systematischen Lehrgangs versteht, der auf der Sekundarstufe I weitergeführt wird.

Das Abschlußprofil der Sekundarstufe I soll einen doppelten Charakter haben: Den Schülern, die ihre schulische Laufbahn abschließen oder die betreffende Fremdsprache auf der Sekundarstufe II nicht weiterführen, soll einerseits ein begrenztes, jedoch funktionsfähiges und anwendbares Instrumentarium zur Verfügung stehen; andererseits sollen die Sprachkenntnisse am Ende der Sekundarstufe I einen Sockel für den Unterricht im Kurssystem der Sekundarstufe II darstellen, wobei der Jahrgangsstufe 11 eine wichtige Gelenk- bzw. Brückenfunktion zukommt (vgl. Art. 19).

2. Fremdsprachenangebot und Sprachenfolge

Heute gliedert sich das Fremdsprachenangebot für den Sekundarbereich I in der Regel wie folgt:
- Englisch, Französisch, Latein als die traditionellen Schulfremdsprachen, und zwar unterschiedlich gewichtet je nach Abfolge, Kombination und Lehrgangsdauer;
- Französisch, Latein z.B. als zweite Fremdsprache. Altgriechisch sowie die sogenannten Tertiärsprachen (Italienisch, Russisch, Spanisch etc.) profilbildend für dreisprachige gymnasiale Züge ab der Jahrgangsstufe 9 (vgl. Art. 99);
- weitere Fremdsprachen mit Angebots- und Ergänzungscharakter, z.B. Nachbarsprachen wie Dänisch in Schleswig-Holstein, Tschechisch im Freistaat Sachsen oder aber auch z.B. Chinesisch oder Japanisch ab der Jahrgangsstufe 9.

Die Verteilung auf die Schularten stellt sich folgendermaßen dar:

Die 1. Fremdsprache ist in der Hauptschule und der Realschule in der Regel das Englische. Die wichtigste Ausnahme bildet das Saarland, wo das Französische als Nachbarsprache und aus historisch-politischen Gründen in der Hauptschule durchweg und an zwei Dritteln der Realschulen die 1. Fremdsprache darstellt. In Baden-Württemberg, Rheinland-Pfalz und Hessen wird an einzelnen Realschulen Französisch als 1. Fremdsprache unterrichtet. Die Realschule beziehungsweise der Realschulzweig an integrierten Sekundarstufen I bietet im Rahmen einer Profilierung ab Klasse 7 eine 2. Fremdsprache als Wahlpflichtfach an (alternativ zu technischen, naturwissenschaftlichen und sozialwissenschaftlichen Fächern).

Im allgemeinbildenden Gymnasium ist das Angebot der 1. Fremdsprache durch das *Hamburger Abkommen* zwischen den Ländern der Bundesrepublik Deutschland in der Fassung von 1971 offen gehalten: Die 1. Fremdsprache ist eine moderne Fremdsprache oder Latein. Diese Vorgabe wird bildungspolitisch in den verschiedenen Ländern unterschiedlich umgesetzt. Während Latein im altsprachlichen Gymnasium oder in altsprachlichen Zügen die 1. Fremdsprache bildet, kommt im übrigen dem Englischen die Führungsrolle zu. Französisch als 1. Fremdsprache wurde im Schuljahr 1988/89 von 4,2% der Schüler gewählt (Kultusministerkonferenz 1990). Dieser scheinbar bescheidene Prozentsatz ergibt sich allerdings als statistischer Durchschnitt aus sehr verschiedenen Ländergegebenheiten. So ist im Saarland das Französische die 1. Regelfremdsprache; in Rheinland-Pfalz und Baden-Württemberg wird Französisch an 26-30% der Gymnasien angeboten; in anderen Bundesländern nur ausnahmsweise oder gar nicht. Als 2. Fremdsprache stehen in der Regel Französisch oder Latein zur Wahl, in manchen Bundesländern auch Tertiärsprachen (z.B. Spanisch in Hamburg, Bremen, Berlin, Niedersachsen, Nordrhein-Westfalen, Schleswig-Holstein). In den gymnasialen Zügen mit drei Pflichtfremdsprachen kann die 3. Fremdsprache je nach Typ und Zug Französisch, Latein oder Altgriechisch sein. In diesem Bereich kommen wiederum Tertiärsprachen zum Tragen und nehmen ihren Platz als Regelfremdsprachen ein. In den neuen Bundesländern tritt das Russische seine Vorrangstellung als 1. Fremdsprache in allen Schularten vorwiegend an das Englische ab und nur in geringem Umfang an das Französische. Auch als 2. Fremdsprache ist Russisch rückläufig, in diesem Bereich nahezu ausschließlich zugunsten des Französischen. Dem Angebot anderer Fremdsprachen steht noch immer der Mangel an ausgebildeten Lehrkräften im Wege. Dem Rückgang des Russischen sollte bildungspolitisch entschlossen gegengesteuert werden. Die vorhandene Lehrkompetenz in dieser Sprache sollte unbedingt erhalten und genutzt werden.

Neben den geschilderten Grundstrukturen gibt es ergänzende Angebote in zahlreichen länderspezifischen Varianten.

3. Der Fremdsprachenunterricht des Sekundarbereichs I im Schuljahr 1992/93

Im folgenden soll in exemplarischer Form ein schematischer Überblick über die Fremdsprachenlernsituation der Sekundarstufe I gegeben werden; Grundlage für die angegebenen Schülerzahlen bilden die Erhebungen des Statistischen Bundesamtes (1994):
- Schulartunabhängige Orientierungsstufe: Englisch: 394.429; Französisch: 3.111; Latein: 1.260; Russisch: 1.031; Türkisch: 83.
- Hauptschule: Englisch: 1.007.639; Französisch: 16.189; Russisch: 9.448; Türkisch: 1.612; Griechisch: 768; Italienisch: 66; Spanisch: 53.
- Realschule: Englisch: 1.037.315; Französisch: 301.318; Russisch: 95.859; Spanisch: 1.916; Türkisch: 545; Latein: 355; Italienisch: 224.
- Gymnasium: Englisch: 1.435.611; Französisch: 607.028; Latein: 429.641; Russisch: 204.187;

Spanisch: 12.563; Griechisch: 6.834; Italienisch: 4.798: Türkisch: 874.
- Integrierte Gesamtschule: Englisch: 368.085; Französisch: 66.383; Russisch: 63.191; Latein: 14.234; Türkisch: 5.720; Spanisch: 4.375; Italienisch: 543; Griechisch: 166.
- Nach den *Mitteilungen und Informationen* der Kultusministerkonferenz (1992) betrug die Anzahl der Fremdsprachenlerner an Beruflichen Schulen im Schuljahr 1990/91: Englisch: 440.318 (20,36%); Französisch: 77.624 (3,59%); Spanisch: 33.262 (1,54%).
Alle weiteren Fremdsprachen blieben unter der Einprozentmarke.

4. Initiativen zur Strukturreform

Initiativen für die strukturelle Weiterentwicklung des Angebots an Schulfremdsprachen, der Curricula und der Organisationsformen gingen vor allem vom *Fachverband Moderne Fremdsprachen* aus, der als multilingualer Fachverband die Gesamtheit der Schulfremdsprachen in den Blick nimmt; dabei lautet der Leitbegriff 'Diversifikation'. Er impliziert
– ein besonders um die Tertiärsprachen erweitertes und flexibel gestaltetes Angebot;
– die freie Wahl der Sprachenfolge;
– Sprachlehrgänge mit unterschiedlicher Dauer und wechselnder zeitlicher Intensität (vgl. Art. 11, 12, 19).
Für diese Initiativen dienten die *Homburger Empfehlungen für eine sprachenteilige Gesellschaft* (Christ et al. 1980) als zentrale Grundlage. Die darin enthaltenen Vorschläge standen bis in die jüngste Vergangenheit hinein im Mittelpunkt zahlreicher sprachenpolitischer Beiträge; sie kreisen im wesentlichen um die folgenden Begrifflichkeiten:

Unter dem Begriff 'Begegnungssprachen' werden Fremdsprachen zusammengefaßt, die in sehr frühem Alter handlungs- und begegnungsorientiert, weitgehend spielerisch und mit wenig systematischer Lenkung vermittelt werden. Die in Klasse 5 unter den Bedingungen schulisch gesteuerten Lernens einsetzende Fremdsprache wird 'Fundamentalsprache' genannt. Dieser Begriff impliziert eine von Grund an aufbauende Lernsystematik sowie gleichzeitig das exemplarische Vermitteln des konkreten Sprachsystems und seines Funktionierens in einer Weise, die den Weg für das Erlernen von Folgesprachen vorbereiten soll.

Die Diskussion um die 1. Fremdsprache auf der Sekundarstufe I kreist um die Frage, welche Sprache als 'Fundamentalsprache' den stärksten exemplarischen Charakter aufweist und das größte Transferpotential enthält. Der 2. Fremdsprache weisen die *Homburger Empfehlungen* die Funktion einer 'Verkehrssprache' zu. Gemeint ist damit eine möglichst weltweit verbreitete Sprache, die in der Schule mit klar pragmatischer Zielsetzung und mit Blick auf den Erwerb praktischer kommunikativer Fertigkeiten gelernt werden kann. Sie soll die Funktion einer *lingua franca* übernehmen. Diese 'Verkehrssprache' könnte das Englische sein oder, falls Englisch schon als 'Fundamentalsprache' gelernt wird, Französisch. Schließlich wird vorgeschlagen, daß möglichst viele Personen eine weitere Fremdsprache als 'Erschließungssprache' lernen, um sich z.B. eine fremde Kultur zugänglich machen zu können. Zur Erschließung älterer Kulturräume sollte dies eine alte Sprache sein oder eine Sprache wie Arabisch oder Chinesisch zur Erschließung geographisch weit entlegener Kulturräume (Christ et al. 1980; Weinrich 1981).

Die Grundgedanken der *Homburger Empfehlungen* wurden in der jetzt vorliegenden *Koblenzer Erklärung* systematisch aufgegriffen und aktualisiert (Fachverband Moderne Fremdsprachen 1989). Sie wurde abgefaßt mit Blick auf den näherrückenden Europäischen Binnenmarkt und die sprachliche und kulturelle Vielfalt in Europa sowie als Reaktion auf Empfehlungen der Kultusministerkonferenz, möglichst viele Schüler vor Ende ihrer Schulpflicht mit Kenntnissen in zwei Fremdsprachen auszustatten. Die *Koblenzer Erklärung* widmet sich dabei weniger der Frage, welche Fremdsprachen in welcher Reihenfolge angeboten werden sollen, als vielmehr den Organisationsformen und Methoden schulischen Fremdsprachenlernens; so wird z.B. vorgeschlagen, eine Fremdsprache intensiv zu unterrichten, sei es in Langzeitkursen oder im Wechsel von kurzen, kompakten Phasen mit hoher Stundenzahl mit zeitlich gestreckten Phasen. Des weiteren werden Lektürekurse, Kurse mit begrenzten Zielsetzungen sowie Lernphasen im Zielsprachenland etc. vorgeschlagen. Hinzu treten schließlich Vorschläge für den Einsatz von Lernstrategien, die bewußtgemacht und so vermittelt werden sollen, daß sie in weitgehend selbständigem Lernen auf andere Fremdsprachen übertragen werden können.

Die "Vorschläge für einen erweiterten Fremdsprachenunterricht" (Bertrand/Christ 1990) betreffen Fragen der Zielsetzung und der Neuorganisation des schulischen Fremdsprachenunterrichts. Der europäische Bürger soll hiernach mehrsprachig in dem Sinne sein, daß er über eingeschränkte, aber praktisch verwendbare Kenntnisse in wenigstens zwei Fremdsprachen verfügt. Zu diesem Zweck sollen Auslandsaufenthalte obligatorisch eingeplant werden. Zusätzlich werden verschiedene Formen des bilingualen Unterrichts empfohlen, und schließlich wird die 1. Fremdsprache auf der Sekundarstufe I als Eingangssprache konzipiert und übernimmt im Zusammenspiel der gesamten Sprachpalette die Funktion einer 'Fundamentalsprache'. Der Unterricht der Eingangssprache wie der möglichen Folgesprachen soll durch die Entwicklung transferierbarer Kenntnisse, Fertigkeiten und Einsichten auf den späteren Erwerb weiterer Fremdsprachen vorbereiten.

In den Ländern der Europäischen Union sollen grundsätzlich alle vorhandenen Sprachen als Eingangssprachen angeboten werden können. Was die zeitliche Verteilung des Gesamtvolumens angeht, so plädiert die Studie für den Wechsel von intensiven Phasen mit Plateauphasen. Langzeitkurse sollen auf fünf bis sechs Jahre begrenzt werden, so daß die frei werdenden Zeiträume mit flexiblen Angeboten in weiteren Fremdsprachen ausgefüllt werden können. Ergänzende Angebote von kurz laufenden Kursen mit begrenzter Zielsetzung runden das Bild ab.

Die hier zusammengefaßten Empfehlungen und Vorschläge weisen sich als wegweisend für eine Neugestaltung des gesamten schulischen Fremdsprachenunterrichts aus; daß dabei der Lernbereich der Sekundarstufe I in zentraler Weise betroffen sein wird, ist evident.

Literatur

Bausch, Karl-Richard (1989), "Thesen für den Fremdsprachenunterricht an unseren Schulen nach 1992", in: Eberhard Kleinschmidt (Hrsg.), *Fremdsprachenunterricht zwischen Sprachenpolitik und Praxis. Festschrift für Herbert Christ zum 60. Geburtstag*, Tübingen, 34-40.
Bertrand, Yves/Christ, Herbert (1990), "Vorschläge für einen erweiterten Fremdsprachenunterricht", in: *Neusprachliche Mitteilungen*, Jg. 43, H. 4, 208-213.
Christ, Herbert (1980), *Fremdsprachenunterricht und Sprachenpolitik*, Stuttgart.
Christ, Herbert/Schröder, Konrad/Weinrich, Harald/Zapp, Franz-Josef (1980), *Fremdsprachenunterricht in Europa. Homburger Empfehlungen für eine sprachenteilige Gesellschaft*, Augsburg.
Christ, Ingeborg (1989), "Erziehung zur Mehrsprachigkeit in der Schule für ein mehrsprachiges Europa", in: Eberhard Kleinschmidt (Hrsg.), *Fremdsprachenunterricht zwischen Sprachenpolitik und Praxis. Festschrift für Herbert Christ zum 60. Geburtstag*, Tübingen, 21-33.
Dietrich, Ingrid (1979), *Kommunikation und Mitbestimmung im Fremdsprachenunterricht*, Königstein/Ts.
Edelhoff, Christoph/Liebau, Eckhart (1988), *Über die Grenze. Praktisches Lernen im fremdsprachlichen Unterricht*, Weinheim/Basel.
Fachverband Moderne Fremdsprachen (1989), "Fremdsprachenlehren und Fremdsprachenlernen für die Welt von morgen. Koblenzer Erklärung des Fachverbandes Moderne Fremdsprachen", in: *Neusprachliche Mitteilungen*, Jg. 42, H. 3, 140-142.
Freudenstein, Reinhold (1988), "Fremdsprachenunterricht für das Jahr 2000. Was die Schule jungen deutschen Europäern schuldig bleibt", in: *Praxis des neusprachlichen Unterrichts*, Jg. 35, H. 4, 339-348.
Kultusministerkonferenz (1990), *Zur Situation des Französischunterrichts in der Bundesrepublik Deutschland*, Bonn.
Kultusministerkonferenz, Hrsg. (1992), *Mitteilungen und Informationen*, 3/92, Bonn.
Pelz, Manfred (1991), "Anfangsunterricht im Fach Französisch", in: *Der fremdsprachliche Unterricht. Französisch*, Jg. 25, H. 1, 4-12.
Piepho, Hans-Eberhard (1974), *Kommunikative Kompetenz als übergeordnetes Lernziel im Englischunterricht*, Limburg.
Schulz, Wolfgang (1990), "Offene Formen des Unterrichts", in: *Der fremdsprachliche Unterricht*, Jg. 24, H. 100, 4-9.
Statistisches Bundesamt, Hrsg. (1994), *Allgemeinbildende Schulen 1992. Ergänzende Tabellen zur Fachserie 11 Bildung und Kultur, Reihe 1 – Allgemeinbildende Schulen*, Stuttgart.
Weinrich, Harald (1981), "Fremdsprachen in der Bundesrepublik Deutschland und Deutsch als Fremdsprache", in: *Wort und Sprache. Beiträge zu Problemen der Lexikographie und Sprachpraxis, veröffentlicht zum 125jährigen Bestehen des Langenscheidt-Verlags*, München, 70-85.

Werner Arnold

19. Fremdsprachen im Sekundarbereich II

1. Zur Terminologie

Der Terminus *Sekundarbereich II* ist, wie die gesamte stufenbezogene Terminologie, dem englischen Schulsystem entlehnt. Der englische Terminus *secondary level* ist 1861 (mit Bezug auf die Altersgruppe 11-18 Jahre) erstmals belegt. Im Gefolge der Diskussion eines Stufenbezugs im Schulwesen (anstelle des überkommenen Schulformbezugs) nach 1959 wurde der englische Begriff *level* mit *Stufe* übersetzt. Dies führte zu einer Verengung der Perspektive: Der Sekundarstufe I (allgemeine Schulpflicht) folgt die ausschließlich gymnasial begriffene Sekundarstufe II als Fortentwicklung der gymnasialen Oberstufe. Im Unterschied dazu ist die Sekundarstufe II gemäß den Vorgaben des Deutschen Bildungsrates (1974) als generelle, auch das berufliche Lernen umfassende Organisationseinheit aufzufassen, wobei von multiplen Lernorten (Schule, Betrieb, Lehrwerkstatt, Studio) ausgegangen werden muß. Der neuere Begriff *Sekundarbereich II* versucht, diesem Ansatz gerecht zu werden; seine terminologische Entsprechung findet sich in den Begriffen *Tertiärer Bildungsbereich* (englisch: *further education* für den berufsbildenden Bereich und *higher education* für das eigentliche Hochschulstudium) sowie neuerdings auch *Primarbereich*.

2. Allgemeine Aspekte

Grundlage für die gymnasiale Sekundarstufe II ist die *Vereinbarung zur Neugestaltung der gymnasialen Oberstufe in der Sekundarstufe II* der Ständigen Konferenz der Kultusminister vom 07.07. 1972. Die Vereinbarung der Kultusministerkonferenz (KMK) entwarf einen organisatorischen Rahmen für eine Reform, die in den vergangenen 20 Jahren von den Ländern in unterschiedlichem Maße und auf unterschiedliche Weise vollzogen wurde. Der *Einführende Bericht* zur Vereinbarung nennt ausdrücklich "die curriculare und organisatorische Zusammenarbeit von Gymnasien und berufsbildender Schule", wobei "studienbezogene Bildungsgänge ... mit einem stärkeren Praxisbezug auszustatten und die berufsorientierten Bildungsgänge mehr als bisher theoretisch zu fundieren und auf breitere Qualifikation hin anzulegen" sind (Paragraph 1). Der Strukturplan des Deutschen Bildungsrates von 1970 hatte in diesem Zusammenhang gefordert, alle Bildungsgänge der Sekundarstufe II "an den gleichen bildungspolitischen Zielen, didaktisch-pädagogischen Gesichtspunkten und organisatorischen Grundsätzen" auszurichten, wobei "ohne Wahl- und Individualisierungsmöglichkeiten die Lernziele dieser Stufe nicht erreichbar sind" (Deutscher Bildungsrat 1970, 77 u. 101).

Tatsächlich sind seither die Bildungsangebote im Sekundarbereich II vielfältiger geworden, zum einen durch den weiteren, länderspezifischen Ausbau des berufsbildenden Schulwesens, zum anderen durch die Auflösung der angestammten Typologie (altsprachlicher, neusprachlicher, mathematisch-naturwissenschaftlicher Zweig) im Bereich der gymnasialen Oberstufe. Mehrere Länder haben Schulformen entwickelt, die in besonderem Maße den angestammten Gegensatz zwischen allgemeiner und beruflicher Bildung zu überbrücken suchen. Namengebungen wie *Technisches Gymnasium* (Baden-Württemberg) oder *Wirtschaftsgymnasium* (Bayern) zeigen die Richtung auf. Von besonderem Interesse ist in diesem Zusammenhang der reich dokumentierte *Kollegschulversuch Nordrhein-Westfalen*, der zu einer inzwischen etablierten eigenen Schulform, der *Kollegschule*, geführt hat, deren doppelt qualifizierender Abschluß (berufliche Qualifikation plus Hochschulzugang) neue Perspektiven, auch für den Fremdsprachenunterricht, eröffnet (Meyer 1986). Die Kollegschule Nordrhein-Westfalen folgt einer "Konzeption der Sekundarstufe II als Gesamtoberstufe, d.h. als einer Schule, die alle Aufgaben des Bildungswesens in diesem Bereich wahrnimmt, von der gymnasialen Oberstufe bis zur Jungarbeiterklasse der Teilzeitpflichtberufsschule" (Kultusminister des Landes Nordrhein-Westfalen 1972, 19).

Der Zugang zur gymnasialen Sekundarstufe II erfolgt nicht mehr nur von der traditionellen Sekundarstufe I des Gymnasiums aus, sondern – in länderspezifisch unterschiedlicher Weise – auch von der Gesamtschule, der Realschule (teilweise mit Übergangsklassen) und sogar von der Hauptschule (über mittleren Abschluß, Fachoberschule oder vergleichbare Schulformen und Fachabitur) her. Der breitere Zugang zum Abitur schafft für die fremdsprachlichen Fächer im Bereich der Sekundarstufe II besondere Probleme, da die mit dem Abitur vergebene uneingeschränkte Hochschulreife an die Kenntnis zweier Schulfremdsprachen gebunden ist, während außerhalb des Gymnasiums in aller Regel lediglich eine Fremdsprache vorgeschrieben ist. Die KMK-Vereinbarung von 1972 wurde 1987 dahingehend modifiziert, daß ein Wahlpflichtkanon von Kernfächern (darunter auch eine Fremdsprache) bis in die Klassenstufe 13 weitergeführt werden muß.

Die Reform des Sekundarbereiches II hat sich, gerade was den Fremdsprachenunterricht angeht, als besonders schwierig und als besonders ideologieanfällig erwiesen. Dies hat zunächst systematische Gründe. Systematisch betrachtet muß der Bereich extrem heterogene Bildungsangebote bündeln, von der praxisorientierten, branchenspezialisierten Ausbildung des zukünftigen Facharbeiters und Handwerkers bis hin zur wissenschaftspropädeutischen Ausbildung des zukünftigen Hochschülers unterschiedlicher Fakultäten und Spezialisierungsgrade. Außerdem stellt sich der Sekundarbereich II als ein Zwischenbereich dar: Die pädagogisch und fachdidaktisch begründbaren, relativ klaren Strukturierungen, die die Jahre der allgemeinen Schulpflicht kennzeichnen, sind nicht mehr möglich, da ein gewisses Maß an Spezialisierung und eine erste Berufsorientierung gefordert werden. Andererseits ist ein präziser Bezug auf spezifische Berufsbilder, wie er die Ausbildungsgänge des tertiären Bildungsbereiches charakterisiert (oder – Beispiel Lehrerbildung – charakterisieren sollte) noch nicht sinnvoll, umso weniger in einem System, in dem eine langfristige Berufsprognostik immer weniger möglich ist, da die Berufsbilder selbst ihre angestammte Statik verloren haben. Und Allgemeinbildung als globale Zielsetzung des Gymnasiums wird ohne Rekurs auf potentielle Verwertungszusammenhänge auch nicht mehr hingenommen, weder von den Schülern selbst noch von der breiteren Öffentlichkeit. So ist der Sekundarbereich II voller ungelöster Antinomien: Allgemeinbildung versus Berufsbildung, Theoriebezug versus Praxisbezug, Spezialisierung versus Generalistentum. Hinzu kommt, daß die Schüler der Altersstufe 16-19 Jahre sich auch entwicklungspsychologisch in einem Übergangsstadium befinden (Ausbildung der eigenen Persönlichkeit, Ablösungserscheinungen usw.).

Einige Strukturschwierigkeiten des Sekundarbereichs II, gerade auch auf dem Sektor des Fremdsprachenunterrichts, erklären sich auch historisch: Eine gymnasiale Oberstufe existiert erst seit dem frühen 19. Jahrhundert; das Abitur als der Nachweis uneingeschränkter Studierfähigkeit und vollausgebildeter sittlicher Reife ist eine Fiktion des Jahres 1812. Die traditionelle Oberstufe des Gymnasiums ersetzte ein Stück Universität, nämlich den in der Regel dreijährigen Studiengang der Artistenfakultäten (der Name hat sich im englischen System als *faculty of arts* erhalten), dessen Funktion es war, auf die "höheren" Fakultäten (Theologie, Jurisprudenz und Medizin) vorzubereiten. Philosophische Fakultät und Naturwissenschaftliche Fakultät sind Entwicklungen des 19. Jahrhunderts. Die gymnasiale Oberstufe der Jahre 1812 bis 1968 vermittelt einen der klassisch-romantischen Ära entstammenden Tugendkanon, damit verbunden: allgemeine, nicht unmittelbar beruflich verwertbare Bildungsinhalte, die Fähigkeit zu formalem, abstraktem Denken und ein gewisses Maß an "Herzensbildung". Sie ist idealistisch ausgerichtet; ihre Inspiration ist bewußt anti-utilitaristisch. Der Fremdsprachenunterricht der gymnasialen Sekundarstufe II stand bis 1968 und (mit verändertem Wertekanon) darüber hinaus unter dem Einfluß dieser idealistischen Ideologie. Der vom 19. Jahrhundert postulierte falsche Gegensatz von utilitaristischer, berufsbezogener Ausbildung und allgemeiner, freier Menschenbildung erschwert bis zum heutigen Tage die erforderlichen Brückenschläge. Im übrigen wird die Kritik am Abitur als allumfassendem Hochschulzugang immer deutlicher (Finkenstaedt/Heldmann 1989). Hinzu kommt, daß die Kulturhoheit der Länder zu so divergierenden Entwicklungen geführt hat, daß trotz aller Bemühungen der Kultusministerkonferenz (*Einheitliche Prüfungsanforderungen in der Abiturprüfung* für die einzelnen Fächer) eine länderübergreifende Vergleichbarkeit des Abiturs heute kaum mehr gegeben ist. Die Universitäten schaffen in zunehmendem Maße fachspezifische Eingangstests (Beispiel: Sprachpraxis) mit dem Ziel, über kompensatorische Kurse Defizite auszugleichen, aber auch ungeeignete Studierende zum Studienfachwechsel zu bewegen. Die bildungspolitischen Konsequenzen einer möglichen Verkürzung der gymnasialen Schulzeit auf 12 Jahre sind schwer überschaubar; die später einsetzenden Fremdsprachen sind in besonderem Maße betroffen.

3. Fremdsprachenunterricht im Sekundarbereich II: Quantitativer Aspekt

Von den insgesamt 3,95 Millionen Schülern an den allgemeinbildenden Schulen (Sekundarstufen I und II) der Bundesrepublik (alte Länder) nahmen im Jahr 1990 95% am Englischunterricht teil (Vergleich 1982: 94%). Der Wert für Französisch liegt bei 26% (1982: 25%), der für Latein bei 14% (1982: ebenfalls 14%). Spanisch als nächsthäufige Sprache liegt bei 1% (1982: 0,5%), Russisch bei 0,9% (1982: 0,4%) und Italienisch bei 0,4% (1982: 0,1%). In absoluten Zahlen ausgedrückt bedeutet dies, daß in den alten Bundesländern derzeit lediglich etwa 40.000 Schüler Spanisch, 35.000 Schüler Russisch und 17.000 Schüler Italienisch lernen, während am Englischunterricht 3,75 Millionen und am Französischunterricht 1 Million Schüler teilnehmen und das Fach Latein immerhin noch für

540.000 Schüler Bestandteil der schulischen Ausbildung ist. Die Diskrepanz zwischen den "großen" und den "kleinen" Sprachen ist überdeutlich. Zwar verschieben sich angesichts der vorhandenen Diversifizierung im Fremdsprachenunterricht der Sekundarstufe II (weniger unterrichtete Fremdsprachen beginnen in der Regel in den Klassenstufen 9 oder 11) die Prozentwerte geringfügig zugunsten der "kleinen" Sprachen, doch hält sich diese Verschiebung in engen Grenzen: Denn zum einen behält lediglich ein verschwindend kleiner Prozentsatz der Gymnasiasten zwei (oder mehr) Fremdsprachen bis zum Abitur bei, was in aller Regel zu einer Reduktion auf Englisch oder Französisch in Klassenstufe 13 führt (1987 erhielten in den Klassen 11-13 80% der Schüler Englisch- und 41% Französischunterricht), zum anderen ist der Fremdsprachenunterricht der beruflichen Schulen auch des Sekundarbereiches II so wenig entwickelt, daß von den in diesem Bereich im Jahre 1990 unterrichteten gut 2 Millionen Schülern gerade eben 20% Englischunterricht hatten (1982: 19%), während schon das Fach Französisch auf 4% (1982: 3%) reduziert ist. Das Spanische schlägt im berufsbildenden Bereich 1990 mit 1,5% (1982: 1,1%) zu Buche, alle übrigen modernen Fremdsprachen (auch die der "Gastarbeiter") liegen, sieht man einmal vom Aussiedler-Polnisch ab, bei weniger als 0,1% (s. auch Der Bundesminister für Bildung und Wissenschaft 1988).

Der uneingeschränkte Hochschulzugang ist in Deutschland nach wie vor durch zwei Fremdsprachen definiert. Umstritten ist jedoch der Umfang der in der 2. Fremdsprache zu erwerbenden Kenntnisse. Initiativen der 80er Jahre, unter bestimmten Umständen auf den Nachweis der 2. Fremdsprache zu verzichten, sind zurückgenommen worden. Trotz des formalen Beharrens auf der 2. Fremdsprache hat die Reform der gymnasialen Oberstufe für die fremdsprachlichen Fächer erhebliche Einbußen gebracht (Christ 1977). Während vor der Neuordnung alle Gymnasiasten eine Fremdsprache bis zum Abitur führten und eine zweite Fremdsprache zumindest bis zum Ende der Klassenstufe 12 beibehalten mußten, sank nach Einführung der Reform der Anteil der Schüler mit zwei modernen Fremdsprachen in Klassenstufe 13 auf deutlich unter 5%. Die Teilnahme am Fremdsprachenunterricht konnte in einigen Bundesländern bis in die späten 80er Jahre hinein auf zwei Grundkurse beschränkt bleiben; ein Abitur ohne Fremdsprachenanteil war möglich. Die Vereinbarung der Kultusministerkonferenz von 1987 (siehe oben) macht die Teilnahme am Unterricht in mindestens einer Fremdsprache in Klassenstufe 13 und einen fremdsprachlichen Anteil in der Abiturprüfung bundesweit zur Pflicht.

Das oben gegebene Zahlenmaterial macht deutlich, daß das schulische Fremdsprachenprogramm, trotz jüngster Bemühungen um Vermehrung der Schulsprachen und Liberalisierung von Sprachenwahl und Sprachenfolge, den kultur- und wirtschaftspolitischen Erfordernissen (Export-/Importorientierung Deutschlands, Lage in der Mitte eines vielsprachigen Kontinents) in keiner Weise gerecht wird. Der Fremdsprachenunterricht ist bis in die neueste Zeit hinein eher ein Stiefkind bundesdeutscher Bildungspolitik, trotz der Bedarfslage und trotz eines statistisch nachweisbaren Fremdsprachenlernbedürfnisses der Jugend (Macht/Schröder 1983; Kennedy/Schröder 1992). Das Angebot ist nach wie vor zu stark auf Englisch und Französisch fixiert; der in der breiten Öffentlichkeit immer noch über seinen angeblichen Bildungswert begründete Lateinunterricht ist in einigen Bundesländern quantitativ überdimensioniert, auch wenn dieser Unterricht vielerorts von einer fachpolitisch und fachdidaktisch engagierten Lehrerschaft erteilt wird und qualitativ auf einem ansehnlichen Niveau steht. Die über Jahrzehnte gesicherte Position des Faches Englisch hat an vielen Schulen zu vergleichsweise geringer Effizienz des Unterrichts geführt. Die Demontage des Russischen in der ehemaligen DDR zugunsten einer einseitigen Fixierung auf Englisch bei gleichzeitigem Abbau der Schulzweige mit intensiviertem Fremdsprachenunterricht und besonders auch der Institutionen der außerschulischen Förderung von Fremdsprachenbegabungen (Bezirkskabinette, Clubs usw.) haben das Problem nach der "Wende" eher noch verschärft. Die Nachbarsprachen Niederländisch, Dänisch und Polnisch brachten es 1990 an den allgemeinbildenden Schulen der alten Länder auf Schüleranteile von respektive 0,08, 0,06 und 0,04%. Türkisch als wichtigste Immigrantensprache wurde von 0,22% der Schüler gelernt (zumeist von "Gastarbeiterkindern"; 1982: 0,05%).

Die Defizite des schulischen Sprachenangebots werden teilweise über Abendkurse (z.B. an Volkshochschulen, kommerziellen Sprachenschulen), durch Sprachreisen (Schröder 1989) oder durch autodidaktische Studien kompensiert. Rund 12% der bundesdeutschen Abiturienten haben Sprachlernerfahrungen im Bereich der Volkshochschule (Tendenz steigend). Mit 5,50 Millionen Unterrichtsstunden auf dem sprachlichen Sektor im Jahre 1990 (Steigerungsrate gegenüber 1985: 63,7%) ist die Volkshochschule neben dem schwer durchschaubaren privaten Sprachschulbereich der bedeutendste Anbieter von Sprachunterricht außerhalb des Sekundarschulwesens. Dabei liegt das Fach Englisch mit rund 26% der Unterrichtsstunden (1990) auf Platz 2, knapp hinter Deutsch als Fremdsprache (27%), gefolgt von Französisch (13%). Die "Tertiärsprachen" treten allerdings aus ihrem Schattendasein heraus: 7,4% der Unterrichtsstunden gelten dem Italienischen, 6,5% dem Spanischen und 1,5% dem Russischen (Pädagogische Arbeitsstelle des Deutschen Volkshochschul-Verbandes 1991).

Statistisch gesehen werden außerschulische Formen des Fremdsprachenlernens von Jahr zu Jahr bedeutsamer. Der *Mehrsprachenwettbewerb* des *Bundeswettbewerbs Fremdsprachen* als bedeutendste außerschulische Fördermaßnahme für den Fremdsprachenerwerb im Sekundarbereich II betreut alljährlich rund 2000 Schüler mit mehr als 30 verschiedenen Wettbewerbssprachen. Dennoch sprechen die wenigen zur Verfügung stehenden Statistiken zur Femdsprachenkenntnis deutscher Erwachsener (Studienkreis für Tourismus bzw. Institut der Deutschen Wirtschaft, beide dokumentiert bei Finkenstaedt/Schröder 1992, 19 bzw. 25) eine deutliche Sprache: Mit einem polyglotten Anteil der deutschen Bevölkerung (zwei Fremdsprachen) von lediglich 7% (Vergleichszahlen: Niederländer: 44%, Dänen: 31%, Franzosen: 7%, Engländer: 6%, Spanier: 6%, Italiener: 6%) liegt Deutschland mit einigen Nationen, über deren geringe Sprachkenntnis die Deutschen gerne die Nase rümpfen, am Schluß der EG-Skala. Nach mehr als 20 Jahren Englischunterricht für alle geben 60% der Bundesbürger an, keine Fremdsprache zu "können".

4. Fremdsprachenunterricht im Sekundarbereich II: Qualitativer Aspekt

Generell gilt, daß die Langzeitkurse der 1. Fremdsprachen im Bereich der Sekundarstufe II, sowohl im Bereich der Grundkurse (3 Wochenstunden) als auch im Bereich der Leistungskurse (6 Wochenstunden), durch einen vergleichsweise geringen sprach- und kulturpraktischen Lernzuwachs gekennzeichnet sind. Dies hängt teilweise mit einer zu geringen Stundenzahl in der oberen Mittelstufe zusammen, wobei die zuvor gelegten Fundamente "abbröckeln", aber auch mit dem Unvermögen mancher Lehrer, einer anspruchsvollen Sprachpraxis nach sechs Lernjahren überhaupt zu genügen (Defizienzen in der Lehrerausbildung und Lehrerfortbildung, besonders in den Bereichen Sprachpraxis und Landeskunde). Die Fixierung der 70er Jahre auf einen engen Kanon sozialkundlich inspirierter Themen (Emanzipation, Umwelt-Problematik, Randgruppen-Problematik, Rassen-Problematik, regionale Konflikte) haben den Fremdsprachenunterricht der Klassenstufen 11 bis 13 für Schüler und Lehrer nicht interessanter werden lassen. Die Zerschlagung des literarischen Kanons hat zu einem Verlust der historischen Perspektive geführt; der Glaube an das Exemplarische (Transferierbarkeit erworbener Einsichten auf nahezu beliebige andere Gegebenheiten und Perioden) hat einen weitgehenden Verzicht auf den Erwerb von Überblickswissen zur Folge gehabt. Die Rückkehr zu mehr Literatur im Fremdsprachenunterricht zu Beginn der 90er Jahre birgt die Gefahr einer Rückkehr zu einem pseudo-universitären literarischen Proseminar-Betrieb (zu Lasten einer adäquaten sprachpraktischen Ausbildung). Andererseits hat die gängige Ausflaggung des Leitzieles der kommunikativen Kompetenz als eines alltagssprachlichen Fungibelseins zu Einseitigkeiten in der sprachpraktischen Ausbildung (einseitiger Textsortenbezug) geführt. Kognitivierung des Spracherwerbs wird auch im Bereich der Sekundarstufe II immer noch zu sehr als Rückkehr zu schulgrammatischer Unterweisung alten Stils gesehen, einer Unterweisung, die dann für Schüler der Altersgruppe 16-19 Jahre als nicht (mehr) adäquat angesehen und entsprechend vernachlässigt wird. Die Leistungserhebung und Leistungsbewertung sind einseitig auf den schriftlichen Bereich ausgerichtet (Fehlen eines mündlichen Abiturs, wenn die gewählte Fremdsprache 1. oder 2. Prüfungsfach ist); anspruchsvolle Sprachpraxis wird, bedingt durch die Aufgabenstruktur des Abiturs, mit dem Erwerb der Fertigkeit zur Lösung von Textaufgaben gleichgesetzt. Ein adäquates Training in den Bereichen Hörverstehen und stilistisch ausdifferenzierte mündliche Interaktion findet nicht statt, trotz entsprechender globaler Forderungen in den Lehrplänen. Damit verbunden wird auch ein adäquates phonetisch-prosodisches Training vielerorts vernachlässigt.

5. Perspektiven

Die politische Entwicklung in Europa (Gemeinsamer Markt ab 1993, das "Europäische Haus" als

Perspektive) und die handelspolitische Entwicklung in der Welt müssen zu einer weitreichenden Diversifizierung von Sprachenangebot und Sprachenfolge im Regelschulwesen führen. Dies impliziert eine Abkehr von sieben- bis neunjährigen Kursen in der jeweils 1. Fremdsprache, eine Neustrukturierung des Lateinunterrichts, spätbeginnende Fremdsprachen (in Intensivform und gleichberechtigt im Abitur), eine stärkere didaktische und methodische Verzahnung von Zweit- und Drittsprachenerwerb, eine stärkere Kooperation der schulischen und der außerschulischen Ausbildungsträger und die Ausrichtung des schulischen Fremdsprachenunterrichts insgesamt auf ein lebenslanges Fremdsprachenlernen (behutsame Motivation, Vermeidung von Leistungsanforderungen, die fremdsprachendidaktisch nicht nachvollziehbar sind, Verzicht auf Leistungserhebung als Disziplinierungsmaßnahme). Den Bereichen Hörverstehen und Sprechen werden breiterer Raum im Unterricht und mehr Gewicht im Bereich der Leistungserhebung und Leistungsbewertung einzuräumen sein (Einhören in modifizierte Standards und medienverzerrte Sprache, prosodische und kommunikative Korrektheit im Bereich der mündlichen Produktion, Gefühl für Stilebenen usw.). Die kulturellen Bezüge (Alltagskultur und kulturelle Traditionen) müssen ins Zentrum fremdsprachlicher Unterweisung gerückt werden (Spracherwerb als Mittel der Erschließung von Zielsprachenkulturen, exemplarische Einübung in den Umgang mit Nachbarkulturen, alltagskulturelle Phänomene als Ausgangspunkt für die Erschließung der kulturellen Traditionen). Der bequeme Rückzug auf gängige Bildungsideologie (Motto: Die Beschäftigung mit Sprachform und das Interpretieren von Literatur sind bildend-an-sich) sollte fremdsprachendidaktisch reflektierten Positionen weichen (im literarischen Bereich beispielsweise: Vermittlung von Einsichten in die Funktionen von Literatur und Literaturbetrieb sowie in Möglichkeiten und Grenzen literaturwissenschaftlicher Ansätze). Die Fremdsprachenlehrerschaft insgesamt wird jenen "Brutpflegetrieb" entwickeln müssen, der anderen Fächergruppen in der Schule bereits in höherem Maße eigen ist: Maßnahmen der Begabtenförderung (Breitenförderung und Spitzenförderung) werden gemeinsam mit außerschulischen Trägern zu beraten und durchzuführen sein. Das System der Leistungserhebung und Leistungsbewertung bedarf einer grundlegenden Neuorientierung: Abkehr von der Pseudo-Objektivität informeller Lehrertests zugunsten geeichter, kommunikativer Testverfahren im mündlichen und schriftlichen Bereich, die länderübergreifend einsetzbar sind; Positiv-Bewertung (Grundfrage: Was ist erfreulicherweise bereits vorhanden?) gleichberechtigt neben der gängigen Fehlerzählung (Grundfrage: Was ist falsch, was fehlt?), langfristige Perspektivierung der Aufgabenstellungen (Grundfrage: Was ist auf lange Sicht wichtig?), Abkehr von Formen, die lediglich Kurzzeitgedächtnis testen (kurzfristige Abfragen als Grundlage der mündlichen Zensur). Die mögliche Verkürzung der Gymnasialzeit um ein Jahr impliziert darüber hinaus im Rahmen größerer curricularer Effizienz und entrümpelter Lehrpläne auch eine stärkere Verschränkung von Sach- und Sprachunterricht (Stichwort: bilinguale Erziehung, vgl. Art. 75), auch fächerübergreifend stärker systematisiertes Überblickswissen und auch ein Problembewußtsein jenseits zufälliger oder modischer Spezialisierungen. Sicher ist, daß diese Maßnahmen nicht von heute auf morgen und nicht in Blöcken durchgesetzt werden können.

Will der Fremdsprachenunterricht an unseren Schulen seine politischen Funktionen erfüllen, muß er im hier dargelegten Sinne konzipiert werden. Dazu bedarf es einer professionell ausgebildeten und regelmäßig fortgebildeten Fremdsprachenlehrerschaft (Auslandsaufenthalte als Pflichtbestandteil während des Studiums, vgl. Art. 11; Einführung der Pflicht zur Fortbildung), wobei die Fortbildung nicht der gängigen, billigen Formel "Aus der Praxis für die Praxis" folgen darf; es bedarf einer Lehrerschaft, die nicht im engmaschigen Netz ministerieller Lehrplanung gefangen ist, und es bedarf einer Universität, die Lehrerausbildung und Lehrerfortbildung nicht nur als notwendiges Übel betrachtet.

Literatur

Bliesener, Ulrich/Schröder, Konrad (1976), *Elemente einer Didaktik des Fremdsprachenunterrichts in der Sekundarstufe II*, Frankfurt a.M.
Der Bundesminister für Bildung und Wissenschaft (1988), *Grunddaten 1988/89*, Bonn.
Christ, Herbert (1977), "Das Wahlverhalten der Schüler in der reformierten Oberstufe der Gymnasien", in: Herbert Christ/Konrad Macht/Anton von Walter (Hrsg.), *Daten und Statistiken zum Englischunterricht und zur Sprachenwahl*, Augsburg, 113-125.
Deutscher Bildungsrat (1970), *Empfehlungen der Bildungskommission. Strukturplan für das Bildungswesen*, Stuttgart.

Deutscher Bildungsrat (1974), *Empfehlungen der Bildungskommission. Zur Neuordnung der Sekundarstufe II. Konzept für eine Verbindung von allgemeinem und beruflichem Lernen*, Stuttgart.
Finkenstaedt, Thomas/Heldmann, Werner, Hrsg. (1989), *Studierfähigkeit konkret. Erwartungen und Ansprüche der Universität*, Bad Honnef.
Finkenstaedt, Thomas/Schröder, Konrad (1992), *Sprachen im Europa von morgen*, Berlin/München.
Kennedy, Fionnuala/Schröder, Konrad (1992), "Foreign Language Learning Experience, Foreign Language Learning Motivation and European Multilingualism. An Irish Approach, with Reference to Findings in the Netherlands and the United Kingdom", in: *Die Neueren Sprachen*, Jg. 91, 434-452.
Kultusminister des Landes Nordrhein-Westfalen (1972), *Kollegstufe Nordrhein-Westfalen*, Ratingen.
Kuthe, Manfred/Gawatz, Reinhard/Bargel, Tino (1988), *Kollegschule – Wege zu Studium und Beruf. Untersuchungsbericht über eine Befragung von Schülern und Absolventen vollzeitschulischer Bildungsgänge mit doppeltqualifizierendem Abschluß an Kollegschulen. Teil 1*, Soest.
Lenzen, Dieter, Hrsg. (1975), *Curriculumentwicklung für die Kollegschule. Der obligatorische Lernbereich*, Frankfurt a.M.
Macht, Konrad/Schröder, Konrad (1983), *Wieviele Sprachen für Europa? Fremdsprachenunterricht, Fremdsprachenlernen und europäische Sprachenvielfalt im Urteil von Studierenden des Grundstudiums in Deutschland, Belgien und Finnland*, Augsburg.
Meyer, Meinert A. (1986), *Shakespeare oder Fremdsprachenkorrespondenz? Zur Reform des Fremdsprachenunterrichts in der Sekundarstufe II*, Wetzlar.
Pädagogische Arbeitsstelle des Deutschen Volkshochschul-Verbandes (1991), *Statistische Mitteilungen des Deutschen Volkshochschul-Verbandes. Arbeitsjahr 1990*, Frankfurt a.M.
Schröder, Konrad (1975), *Fremdsprachenunterricht in der Sekundarstufe II*, Stuttgart.
Schröder, Konrad, Hrsg. (1989), *Sprachreisen* (= *Die Neueren Sprachen*), Jg. 88, H. 2.
Ständige Konferenz der Kultusminister der Länder in der Bundesrepublik Deutschland (1992), *Vereinbarung zur Neugestaltung der gymnasialen Oberstufe in der Sekundarstufe II vom 7. Juli 1972*, Neuwied.
Ulshöfer, Robert (1967), *Die Geschichte des Gymnasiums seit 1945. Dokumente und Kommentare*, Heidelberg.

Konrad Schröder

20. Fremdsprachen an Hochschulen

1. Zur Geschichte

Ein Blick auf die Geschichte der neueren Sprachen als universitäre Unterrichtsfächer macht Schwierigkeiten und Entwicklungen deutlich, die das gegenwärtige Erscheinungsbild der Fremdsprachen im Schoße neuerer Universitätsphilologien zu einem erheblichen Teil mit geprägt haben oder es erklären können.

Universitärer neusprachlicher Unterricht läßt sich bis ins 16. Jahrhundert zurückverfolgen. Die neueren Sprachen standen damals in Diplomatie und Wissenschaft sowie bezüglich ihres internationalen Gebrauchs im Schatten des Lateinischen, das auch für die Beurteilung von Sprachreinheit und Sprachschönheit dieser Sprachen sowie des sittlichen Wertes der in ihnen verfaßten Nationalliteraturen den Wertmaßstab abgab (Schröder 1969). Die Geringschätzung, die seitens der Universität den neueren Sprachen im 16., 17. und 18. Jahrhundert entgegengebracht wurde, äußerte sich in den Bezeichnungen *linguae exoticae* oder auch *langues galantes* und wurde vom Lehrgegenstand auf das Lehrpersonal übertragen: In der Regel waren es nicht Professoren, sondern sogenannte "Sprachmeister", die als *native speakers* die sprachpraktische Unterweisung der Studenten übernahmen, vergleichbar den akademischen Tanz-, Fecht- und Stallmeistern. Das Sozialprestige der neueren Sprachen und ihrer akademischen Lehrer war und ist häufigen Schwankungen unterlegen und nicht zuletzt abhängig vom marktwirtschaftlichen Prinzip des Angebots und der Nachfrage. Als das Französische z.B. aufgrund der handels- und kulturpolitischen Vormachtstellung Frankreichs im 17. Jahrhundert zur wichtigsten Verkehrssprache wurde und die Universitäten sich zudem in Konkurrenz zu den Ritterakademien befanden, waren die Dienste der Sprachmeister trotz fehlender klassischer Bildung und deutscher akademischer Prüfungen bei der Unterweisung in den Gebrauch der *langue galante* sehr begehrt. Mit der Aufhebung des Edikts von Nantes (1685) und der Flucht vieler Hugenotten aus Frankreich setzte dann wieder die gegenläufige Bewegung ein, wobei das Überangebot an Sprachmeistern und Lektoren deren Sozialprestige minderte. Dieser Trend fand im ausgehenden 18. und beginnenden 19. Jahrhundert mit dem Einbruch des Neuhumanismus seine Fortsetzung und brachte mit der Hinwendung des Bildungsbürgertums zu den klassischen Sprachen außerdem noch die Infragestellung der Zweckgerichtetheit und praktischen Verwendbarkeit neusprachlicher Kenntnisse sowie Zweifel an deren Wert als formales Bildungsmittel mit sich. Im Zuge dieser Entwicklung geriet die direkte einsprachige Methode ebenfalls in Mißkredit und wurde von der Grammatik-Übersetzungs-Methode, der Betonung älterer Sprachstufen, deren Literatur und einer historisch ausgerichteten Grammatik verdrängt. Als sich die Romanistik und Anglistik als eigenständige Wissenschaftsgebiete in den ersten Jahrzehnten des 19. Jahrhunderts konstituierten, war die neusprachliche Ausbildung durch die Anpassung an die in der klassischen Philologie geltenden methodischen Prinzipien geprägt. Sprachvermittlung wurde "wissenschaftlichen", d.h. in der klassischen Philologie ausgebildeten Lektoren und in zunehmendem Maße auch abgeordneten Gymnasial- und Realschulprofessoren anvertraut und in der Hauptsache in Verbindung mit literar- und sprachhistorischen Übungen betrieben. Aber auch die Ausrichtung der neueren Philologien an den traditionellen, klassisch-philologischen Wissenschaftsidealen konnte ihnen kein besseres Ansehen bei den mächtigen, die Hochschulpolitik bestimmenden altphilologischen Universitätsgelehrten verschaffen.

Die Akzeptanz der neueren Philologien seitens der Universität änderte sich mit dem Ausbau des neusprachlichen Unterrichts an den höheren Schulen und der Zulassung der Absolventen der Realgymnasien (vergleichbar etwa den neusprachlichen Gymnasien) zum Studium der Neuphilologie im Jahre 1870. Das Lehramt war und ist bis heute für die meisten Studierenden neuerer Sprachen das maßgebliche Studienziel, und so ist auch bis zum gegenwärtigen Zeitpunkt die Lehrerausbildung für die neueren Philologien deren wichtigste gesellschaftlich relevante Legitimation.

Mit der neusprachlichen Reformbewegung um die Jahrhundertwende wurde das neuphilologische Studienprogramm teilweise von seiner Überbürdung mit historischen Lehr- und Lerngegenständen befreit (Viëtor 1882). Dennoch blieb es bei dem Zweiklassensystem der universitären neuphilologischen Lehrerschaft und der damit verbundenen Aufteilung der Lehrgebiete: Sprachunterricht als "nichtwissenschaftlicher", für die Forschung untauglicher Aufgabenbereich mit der Unterweisung der Studierenden in Grammatik-, Übersetzungs-, Lektüre-, Interpretations-, Stilistik- und Ausspracheübungen fiel in den Bereich des akademischen Mittelbaus (Lektoren, abgeordnete Gymnasiallehrer), Vorlesungen und Seminare zu Literatur- und Sprachgeschichte als die "wissenschaftlichen", für die Forschung relevanten Gegenstände wurden von Lehrstuhlinhabern, Privatdozenten und Privatgelehrten abgehalten (Schröder 1969).

Seit der Institutionalisierung der neueren Philologien als Wissenschaften ist (soweit es sich um die Schulfach-Philologien der Anglistik, Romanistik und Slavistik handelt) ein beziehungsloses Nebeneinander von wissenschaftlichem und praktischem Unterricht an den philologischen Seminaren deutschsprachiger Universitäten zu beobachten, was schließlich in den 70er Jahren von seiten des Wissenschaftsrates kritisiert und durch Vorschläge zur Neugestaltung der Fremdsprachenausbildung zu beheben versucht wurde.

Als Strukturmängel der im Rahmen der Universitätsphilologien organisierten und angebotenen Fremdsprachenausbildung galten insbesondere:
– fehlende Berufsbezogenheit der Sprachausbildung;
– keine Entwicklung neuer Studiengänge innerhalb und außerhalb der Philologien;
– fehlende systematische Progression der Sprachausbildung;
– fehlende Angebote für eine Konzentration des Sprachunterrichts;
– fehlende Wissenschaftlichkeit der Sprachlehre;
– keine Berücksichtigung der Sprachlehr- und -lernforschung als eigener Studiengegenstand in der Sprachlehrerausbildung;
– keine inhaltliche Integration von sogenannten wissenschaftlichen Seminaren und sprachpraktischen Kursen;
– Beschränkung der Sprachlehre auf die philologisch motivierten Fertigkeiten der Lektüre, der Übersetzung und der Interpretation sowie auf grammatische und stilistische Übungen;
– fehlende kooperative und interdisziplinäre Entwicklung von Sprachlehrprogrammen;
– fehlende pädagogische und sprachdidaktische Ausbildung der universitären Sprachlehrer.

Zur Beseitigung dieser Defizite schlug der Wissenschaftsrat in seinen *Empfehlungen zur Struktur und zum Ausbau des Bildungswesens im Hochschulbereich nach 1970* die Gründung von Sprachenzentren vor, mit deren Hilfe die bislang isolierten Anstrengungen von Linguisten, Sprachdidaktikern und Lehrwerkautoren integriert und die Barrieren zwischen Universität und Schule überwunden werden sollten.

Der Fehlqualifikation von Fremdsprachenlehrerstudenten sollte auf diese Weise entgegengewirkt und gleichzeitig der Tatsache Rechnung getragen werden, daß im Zuge anwachsender internationaler Verflechtungen der Beherrschung von Fremdsprachen für außerschulische Tätigkeitsfelder in allen gesellschaftlichen Bereichen immer mehr Bedeutung beizumessen ist.

Neu zu schaffende Ausbildungsformen sollten den zu erwartenden Tätigkeitsbereichen angemessener sein als die traditionellen philologischen: Die Sprachausbildung sollte durch die Einbeziehung neuer Methoden und technischer Hilfsmittel wirksam verbessert und die Ausbildungsziele sollten an den Tätigkeitsfeldern der vorhandenen Fremdsprachenberufe ausgerichtet werden; denn je nach unterschiedlicher beruflicher Verwendungssituation hat die Fremdsprache auch verschiedene Funktionen:
– Für eine sprachübertragende Tätigkeit tritt sie als Ausgangs- und Zielsprache auf.
– Bei der Fremdsprachenanwendung in nichtsprachlichen Berufen ist sie ein Instrument zur Vermittlung oder Gewinnung fachspezifischer Inhalte und Informationen.
– Für den Fremdsprachenlehrer ist sie Unterrichtsgegenstand.
– Für den Wissenschaftler ist sie Forschungsobjekt.

Mit den *Empfehlungen zur Differenzierung des Studienangebots* meldete sich der Wissenschaftsrat 1978 ein weiteres Mal zu Wort und reagierte auf das sich seit 1970 immer mehr zur Krise gestaltende Problem der Schulfremdsprachen-Philologien, das auf der allgemeinen Expansion der Bildungsnachfrage und der veränderten Situation für angehende Fremdsprachenlehrer auf dem Arbeitsmarkt beruht: Aufgrund einer weitgehenden Identifikation von philologischem Fremdsprachenstudium und Lehrerberuf, gleichzeitigem Rückgang der Schülerzahlen und einer jungen Altersstruktur der Kollegien an den Schulen kommt es zu einem unausgewogenen Verhältnis von Ausbildungs- und Beschäftigungssystem, d.h., es werden bei weitem mehr Lehrer im Bereich der neueren Fremdsprachen ausgebildet, als das Erziehungssystem aufnehmen kann. Für die Lösung der daraus für Universitäten und Gesellschaft entstehenden qualitativen und quantitativen Probleme der Fremdsprachenausbildung hält der Wissenschaftsrat eine inhaltliche Überarbeitung der bestehenden philologischen Studiengänge für ebenso erforderlich wie die Realisierung alternativer Studiengänge im Rahmen seines Konzepts zur Differenzierung der Studienangebote (Wissenschaftsrat 1978).

2. Aktueller Erkenntnisstand

Inwieweit hat sich nun die philologisch bestimmte Fremdsprachenausbildung auf der Grundlage der beiden Empfehlungen des Wissenschaftsrats verändert?

a) Sprachenzentren und Fremdsprachenausbildung

Die Einrichtung zentraler Sprachlehrinstitute sollte dadurch, daß das Lehren und Lernen einer Fremdsprache zum Gegenstand wissenschaftlicher Reflexion gemacht wurde, nicht nur die Verbesserung der universitären Sprachpraxis, sondern auch die des schulischen Fremdsprachenunterrichts ermöglichen. Die vielfältigen Dokumentationen, Resolutionen und Arbeitspapiere des 1970 gegründeten Arbeitskreises der Sprachenzentren (AKS) geben ein beredtes Zeugnis über die Bemühungen der Reformer ab, mit dieser neuen Organisationsform die bestehende mißliche Lage abzubauen und dem Sprachlernbedarf innerhalb und außerhalb der Hochschulen Rechnung zu tragen.

So wurde z.B. die Sprachlehrforschung als neuer, die Bedingungen des Spracherwerbs thematisierender Gegenstandsbereich mit interdisziplinärer und praxisorientierter Ausrichtung konstituiert (Koordinierungsgremium 1983). Im Bereich der Lehre ging es neben der berufsbezogenen Vermittlung von Fremdsprachen um die Erstellung, Anwendung und Evaluierung von Sprachlehrmaterialien auf der Grundlage der in der Sprachlehrforschung gewonnenen Erkenntnisse. Bei der Wahrnehmung ihrer Aufgaben sollten die Sprachenzentren unter dem Aspekt von Lehre und Forschung folgenden Forderungen genügen: (1) Forschung ist praxisbezogen zu betreiben; (2) sie ist interdisziplinär ausgerichtet und geschieht in Form von Projektgruppen; (3) die Einheit von Forschung und Lehre ist dadurch zu wahren, daß das wissenschaftliche Personal sowohl Aufgaben in der Sprachlehre als auch in der Entwicklung neuer Lehrmittel zu übernehmen hat; (4) das Kurs- und Lehrangebot hat sich an den unterschiedlichen Funktionen, die Fremdsprachenkenntnisse für verschiedene Adressatengruppen haben können, zu orientieren.

Unter dem Aspekt des Studiums sollten folgende Forderungen beachtet werden: (1) Studium im Bereich des Erwerbs und der Vermittlung von Fremdsprachen ist wissenschaftliches Studium; (2) Wissens- und Studienkomponenten sind im Sinne integrierter Studiengänge mit der Möglichkeit einer Reflexion über Inhalte und Methoden auch unter beruflichen Verwertungsaspekten so zu vereinigen, daß das beziehungslose Nebeneinander von Sprachpraxis, Sprach- und Literaturwissenschaft, Landeskunde, Didaktik und anderer Fachwissenschaften aufgegeben werden kann; (3) Fremdsprachenlehrstudenten sind an der Erstellung, Anwendung und Evaluierung von Sprachlehrmaterialien zu beteiligen.

Hinsichtlich der Durchsetzung dieses Reformkonzepts läßt sich feststellen, daß die Empfehlungen des Wissenschaftsrates, an jeder Universität ein Sprachenzentrum oder eine vergleichbare Einrichtung mit eigenständiger Lehre und Forschung zu gründen, nirgends vollständig in die Tat umgesetzt worden sind. Nach anfänglichen reformerischen Erfolgen hatte sich schließlich der Widerstand der konservativen Universitätsphilologen organisiert und mit hochschulrechtlichen, hochschulpolitischen und finanziellen Restriktionen die Durchsetzung des Konzepts des Wissenschaftsrates und die Ausweitung der Sprachenzentren verhindert. Von wenigen Ausnahmen (Augsburg, Berlin, Hamburg) abgesehen, konnten Sprachenzentren und Sprachlabors die Festschreibung als Dienstleistungsbetriebe mit begrenzt eigenständigem Aufgabenkanon nicht vermeiden. In bezug auf Forschungsintensität und Forschungsumfang haben sie aufgrund der beschränkten Personal- und Finanzausstattung die optimistischen Prognosen des Wissenschaftsrates nicht erfüllen können, und auch auf dem Gebiet der Reform der Fremdsprachenausbildung waren sie trotz erheblicher Anstrengungen bei der Formulierung innovativer Zielprojektionen in praxi nicht so erfolgreich, wie sie es hätten sein können. Dennoch lassen sich Veränderungen in der sprachpraktischen Ausbildung der Fremdsprachenlehrer feststellen, die nicht zuletzt durch die innovativen Impulse der Sprachenzentren beeinflußt sind. So ergibt sich aus einem Vergleich der Vorlesungsverzeichnisse der Sommersemester 1972 und 1976 für die Lehramtsstudiengänge, daß in diesem Zeitraum nicht nur der Umfang sprachpraktischer Studienanteile erheblich angewachsen ist und damit auch die Zahl der in der Sprachlehre tätigen Lehrkräfte zugenommen hat, sondern, daß das Sprachprogrammangebot auch inhaltlich beträchtlich diversifiziert worden ist: Die Übersetzungs- und Grammatikübungen sind zwar nach wie vor dominierend, doch treten zunehmend an den produktiven und rezeptiven Fertigkeiten orientierte Übungsformen an ihre Seite (Kleinschmidt 1977; Ostberg 1982). Des weiteren hat der Praxisdruck (neben der Entwicklung der Linguistik) die philologischen Seminare veranlaßt, sich auch für Fragen des Fremdsprachenerwerbs im Bereich der Forschung zu öffnen.

Trotz des Anwachsens sprachpraktischer Anteile in den Studiengängen neuphilologischer Fächer ist es jedoch bis heute nicht gelungen, fertigkeitsspezifischen fremdsprachlichen Leistungen Prüfungsrelevanz zu verschaffen bzw. die für einen Fremdsprachenlehrer angemessene Sprachkompetenz – also seine Fähigkeit, die Fremdsprache situationsgerecht verwenden zu können – einer systematischen Überprüfung in den Staatsexamina zugänglich zu machen oder solche Prüfungen bundesweit zu vereinheitlichen. Die nach wie vor weite Verbreitung der Übersetzung als ausschließliche Prüfungsform bewirkt denn auch, daß sich die Studierenden im Hauptstudium nach der Zwischenprüfung weitgehend nur noch dieser speziellen Fertigkeit zuwenden und dadurch die Festigung oder Erweiterung der praktischen Sprachbeherrschung in ihrer Gesamtheit vernachlässigen.

In weitaus stärkerem Maße trifft dieser Sachverhalt aber auf die durch ihre akzentuierte Ausrichtung an den traditionellen literarischen und sprachwissenschaftlichen Gegenstandsbereichen zu kennzeichnenden Magisterstudiengänge zu. Hier spielt die praktische Sprachbeherrschung eine so geringe Rolle, daß für deren Absolventen die beruflichen Möglichkeiten als wenig aussichtsreich angesehen werden müssen.

b) Studienreform und Fremdsprachenausbildung

Mit der Verabschiedung des Hochschulrahmengesetzes im Jahre 1975 eröffneten sich auf der Ebene neu zu erstellender Studien- und Prüfungsordnungen weitere Ansätze für eine berufsqualifizierende Umgestaltung der universitären sprachpraktischen Ausbildung. Mit Hilfe eines überregionalen Studienreform-Instrumentariums sollten die wissenschaftlichen Ausbildungsgänge modernisiert werden und die Hochschulen die Aufgabe übernehmen, Inhalte und Formen des Studiums in bezug auf die Entwicklung in den Wissenschaften, die Bedürfnisse der beruflichen Praxis sowie die Veränderung in der Berufswelt zu überprüfen und weiterzuentwickeln. D.h., die Studienreform im Bereich der Philologien hatte sich nicht nur an der wissenschaftsimmanenten Fachsystematik zu orientieren, sondern auch und vor allem den Praxisbezug und die Berufsorientierung des fremdsprachlichen Studiums zu garantieren. Diesem Anspruch des Hochschulrahmengesetzes stehen sowohl die *Empfehlungen zur Differenzierung des Studienangebots* des Wissenschaftsrates als auch die nachfolgenden *Empfehlungen der Studienreformkommission Sprach- und Literaturwissenschaften* entgegen: In ihnen wird Studienreform vielmehr in ein arbeitsmarktpolitisches Instrument umgedeutet, das dazu dienen sollte, durch Kurzstudiengänge und die Einführung neuer Diplome und alternativer Studienangebote für den außerschulischen Bedarf wie Buchführung, Stenographie und Schreibmaschinenschreiben eine Entkoppelung von Ausbildung und beruflicher Tätigkeit zu erreichen, um damit den "Studentenberg" in den philologischen Lehramtsstudiengängen abzubauen. Indem das traditionelle Philologiestudium mit polyvalenten Bausteinen aus Fächern wie z.B. den Rechts- und Wirtschaftswissenschaften verbunden werden sollte und indem gleichzeitig das Training multifunktionaler Fähigkeiten, die durch ein Studium auf wissenschaftlicher Grundlage vermittelt werden und die in vielen beruflichen Tätigkeitsfeldern verwendbar sind, stärker akzentuiert werden sollte, erhoffte man sich für die Absolventen solcher Ausbildungsgänge größere Flexibilität und Mobilität am Arbeitsmarkt. Abgesehen von den Modellversuchen "Berufsbezogene Fremdsprachenausbildung" an den Universitäten Gießen und Kassel ist das Konzept alternativer Studiengänge und die Einführung entsprechender Diplome von den deutschen Hochschulen nicht angenommen worden. Gründe dafür sind:

1. die nur halbherzig durchgeführte Reform der Studieninhalte; denn die Substanz und das Selbstverständnis der philologischen Fächer sollten ebenso unangetastet bleiben wie die traditionellen wissenschaftlichen Studiengänge;
2. die fehlende Abhebung in Angebot und Profil von den bestehenden Lehramts- und Magisterstudiengängen;
3. das Fehlen einer zuverlässigen Berufsprognose im Bereich der außerschulischen Tätigkeiten (Holtkamp/Teichler 1981);
4. die fehlenden qualifikatorischen Voraussetzungen des einseitig philologisch ausgebildeten Lehrkörpers;
5. die fehlende Wissenschaftlichkeit, da die alternativen Studienangebote nicht forschungsbezogen konzipiert sind und ihre verschiedenen Bausteine keinen wissenschaftssystematischen Zusammenhang aufweisen.

Die vom Wissenschaftsrat initiierte Studienreform mit den Vorschlägen alternativer Studiengänge und flexibler Abschlüsse für Fremdsprachenstudenten mußte den Beweis ihrer Effektivität und arbeitsmarktpolitischen Realitätsbezogenheit schuldig bleiben. Dennoch hat sie durch die in allen Studiengangsvorschlägen bis zu 50% erhöhten sprachpraktischen Anteile verdeutlicht, was den Marktwert der Philologien eigentlich ausmacht: die aktive mündliche und schriftliche Beherrschung der Fremdsprachen! Diese wurden dann auch in der Folge als Neben- oder Wahlpflichtfächer, in Form von Zusatz- oder Aufbaustudien bzw. als fakultative sprachpraktische Begleitstudien mit der Möglichkeit des Erwerbs fremdsprachlicher Zusatzqualifikationen für Studierende nichtphilologischer Fachbereiche verstärkt angeboten; denn fremdsprachlich qualifizierte Juristen oder Wirtschaftswissenschaftler tragen beispielsweise den beruflichen Einstellungspraktiken auf dem Arbeitsmarkt eher Rechnung als Philologen mit nur oberflächlichen juristischen oder wirtschaftswissenschaftlichen Kenntnissen.

Konsequenterweise leistet sich keine der bundesdeutschen Hochschulen den Verzicht auf eine studiengangübergreifende Fremdsprachenvermittlung allgemeinsprachlicher oder fachsprachlicher Art. Eine unterschiedliche Gewichtung nehmen einzelne Hochschulen jedoch sowohl in bezug auf die Sprachenauswahl, den Umfang des Lehrangebots und den Grad der fachsprachlichen Spezialisierung als auch hinsichtlich der intendierten Ziele und Inhalte vor. Die Ziele können dabei durch ihre mehr oder weniger strikte Ausrichtung an den Fachwissenschaften, den Ausbildungsbedürfnissen der Studierenden, den Berufserfordernissen oder den Verzicht auf jeden engen Fachbezug definiert werden; die (sprachlichen) Inhalte determinieren in Abhängigkeit von den Zielen den Verwendungsumfang von Allgemeinsprache und Fachsprache. Dabei ist es ein offenes didaktisches Problem, inwieweit fachspezifische Fremdsprachenkenntnisse einschließlich des Fachwortschatzes und des Fachdiskurses auf einem allgemeinsprachlichen, fachlich unspezifizierten Fundament aufbauen sollen.

Das "Polonicum" der Universität Mainz, das "Anglicum", "Hispanicum" und "Russicum" an der Universität Würzburg einerseits sowie die Diplomstudiengänge für Betriebswirtschaft an der Universität Bayreuth, für Jurisprudenz und Wirtschaftswissenschaften an der Universität Passau andererseits sind gelungene Beispiele dafür, wie Fremdsprachen in ihren allgemeinsprachlichen und fachbezogenen Varianten einschließlich eines Prüfungsnachweises als ergänzende und begleitende Studienelemente (bis zu 32 Semesterwochenstunden!) zu einem anderen Studiengang realisiert werden können.

Doch weitaus häufiger als diese Anbindung fremdsprachlicher Ausbildung an Studiengänge bestimmter Fachwissenschaften ist das Angebot des Fremdsprachenunterrichts im Rahmen sogenannter "Kurse für Hörer aller Fachbereiche" (HaF), die durch eine gewisse Unverbindlichkeit des Lehrangebots gekennzeichnet sind, die sich wiederum aus der Tatsache ableiten läßt, daß für den studienbegleitenden Fremdsprachenunterricht immer noch keine klaren bildungspolitischen Vorstellungen existieren, welche Aufgaben und welcher Status dem Sprachunterricht an deutschen Hochschulen im Rahmen eines wirtschaftlich und politisch zusammenwachsenden Europas zukommen. Das gilt auch für die Sprachkenntnisse der Universitätsabsolventen und deren offizielle überregionale Zertifizierung an den deutschen Universitäten. Es gibt derzeit keine allgemeingültigen Vorstellungen über den zu erreichenden Grad an allgemeinsprachlicher Kompetenz, über ein sinnvolles Maß an fachsprachlicher Spezialisierung und deren Verhältnis zur Allgemeinsprache, über das Mindest- und Höchstniveau, das bei Nicht-Schulsprachen erreicht werden muß bzw. kann. Überregionale Überlegungen fehlen weitestgehend noch, daß sie jedoch prinzipiell möglich und notwendig sind, hat die Westdeutsche Rektorenkonferenz (WRK) mit der Prüfung für den Nachweis deutscher Sprachkenntnisse ausländischer Studienbewerber bewiesen. In diesem Sinne positiv ist auch der Versuch des AKS zu bewerten, das überregional verbindliche Zertifikatssystem UNICERT auf der Grundlage einer Rahmenprüfungsordnung und eines Rahmenstudiengangs für die studienbegleitende Fremdsprachenausbildung der Kurse für "Hörer aller Fachbereiche" zu entwickeln (Voss 1994).

3. Perspektiven

Fremdsprachen sind der Schlüssel zu fremden Ländern und Kulturen, und es ist die Verschiedenartigkeit der in den Sprachen zum Ausdruck kommenden Perspektiven, Begriffsbildungen und kulturellen Traditionen, die nicht nur einen unschätzbaren Reichtum der Menschheit darstellt, sondern die es auch ermöglicht, eigene Sichtweisen vergleichend zu reflektieren und zu relativieren. Daher müssen alle fremdsprachenpolitischen Bemühungen dahin gehen, daß mehr Studierende mehr Fremdsprachen beherrschen. In diesem Sinne sind die Hochschulen gefordert, auch außerhalb der Schulfach-Philologien vermehrt Fremdsprachen zu lehren und das beschränkte Sprachenangebot der Schulen durch die Bereitstellung umfassender Lerngelegenheiten fremder Sprachen – auch außereuropäischer Herkunft – zu ergänzen. Diese Forderung ergibt sich auch aus dem Trend, daß die Studierenden ein zunehmend größeres Interesse an seltener gelehrten Sprachen bekunden und sich von den an den Hochschulen traditionell großen fremdsprachlichen Lehrfächern Englisch und Französisch wegorientieren. Dieses Interesse an einem größeren Angebot unterschiedlichster Sprachstudienfächer ist zwar weniger auf die Schaffung neuer als vielmehr auf den Wegfall alter beruflicher Möglichkeiten zurückzuführen, aber es weist den Hochschulen mit der zu erhaltenden Sprachenvielfalt einen gangbaren Weg in die Zukunft. Es ist angesichts der zunehmenden Internationalisierung der Berufe dringend geboten, Studiengänge zu entwickeln, die durch die inhaltliche Kombination von Fremdsprachen mit Sachfächern (Jura, Wirtschaft etc.) gezielt auf die Ausübung bestimmter Berufe mit transnationalen Tätigkeitsmerkmalen vorbereiten. Auf jeden Fall aber muß die Fremdsprachenlehre an den Hochschulen in Zukunft auf mehr Anerkennung in der Öffentlichkeit drängen und dabei in stärkerem Maße verdeutlichen, daß die wissenschaftliche Auseinandersetzung mit dem Erwerb und der Vermittlung fremder Sprachen den Vergleich mit anderen Wissenschaften nicht zu scheuen braucht (vgl. Art. 116 und 120).

Literatur

Addison, Anthony/Vogel, Klaus, Hrsg. (1984), *Fremdsprachenausbildung an der Universität*, Bochum.
Christ, Herbert (1986), *Romanistik: Arbeitsfelder und berufliche Praxis*, Tübingen.
Christmann, Hans Helmut (1985), *Romanistik und Anglistik an der deutschen Universität im 19. Jahrhun-*

dert: *Ihre Herausbildung als Fächer und ihr Verhältnis zu Germanistik und Klassische Philologie (= Abhandlungen der Geistes- und Sozialwissenschaftlichen Klasse)*, Stuttgart.

Empfehlungen der Studienreformkommission Sprach- und Literaturwissenschaften (Germanistik/Anglistik/Romanistik) (Entwurf) (1982), Bonn.

Finkenstaedt, Thomas (1983), *Kleine Geschichte der Anglistik in Deutschland*, Darmstadt.

Fuckerieder, Josef/Götz, Dieter, Hrsg. (1989), *Universitärer Fremdsprachenunterricht für Studierende nichtphilologischer Fächer*, Augsburg.

Holtkamp, Rolf/Teichler, Ulrich (1981), *Außerschulische Tätigkeitsbereiche für Absolventen sprach- und literaturwissenschaftlicher Studiengänge: Ergebnisse und Folgerungen aus vorliegenden Studien*, Kassel.

Kleinschmidt, Eberhard (1977), "Die sprachpraktische Ausbildung der Fremdsprachenlehrerstudenten an der Universität", in: *Neusprachliche Mitteilungen*, Jg. 30, 220-226.

Koordinierungsgremium im DFG-Schwerpunkt "Sprachlehrforschung", Hrsg. (1983), *Sprachlehr- und Sprachlernforschung: Begründung einer Disziplin*, Tübingen.

Ostberg, Henry (1982), *Gesprächsverhalten in der Fremdsprache (Englisch) und fremdsprachlicher Unterricht*, Augsburg.

Riegel, Claudia/Zahn, Rosemary, Hrsg. (1989), *Der Bedarf an Fremdsprachenkenntnissen in Wissenschaft, Hochschulunterricht und akademischen Berufen*, Bochum.

Schröder, Konrad (1969), *Die Entwicklung des Englischunterrichts an den deutschsprachigen Universitäten bis zum Jahre 1850*, Ratingen.

Viëtor, Wilhelm (1882), *Der Sprachunterricht muß umkehren. Ein Beitrag zur Überbürdungsfrage*, Heilbronn.

Voss, Bernd (1994), "UNICERT – Zur Entwicklung eines sprach- und institutionsübergreifenden Fremdsprachenzertifikats für deutsche Universitäten und Hochschulen", in: *Fremdsprachen und Hochschule*, H. 40, 94-109.

Wissenschaftsrat (1970), *Empfehlungen zur Struktur und zum Aufbau des Bildungswesens im Hochschulbereich nach 1970*, Bd. 2, Bonn.

Wissenschaftsrat (1978), *Empfehlungen zur Differenzierung des Studienangebots*, Bonn.

Klaus Vogel

21. Fremdsprachen in der Erwachsenenbildung

1. Unterschiedliche Lernkontexte

Erwachsene können sich Fremdsprachen in unterschiedlichen Kontexten aneignen, die sich in zwei Gruppen einteilen lassen:

Entweder geschieht das Lernen in einem unterrichtlichen Rahmen, wozu neben Institutionen der Erwachsenenbildung wie Volkshochschulen, kirchlichen und gewerkschaftlichen Einrichtungen, privaten Sprachenschulen, innerbetrieblichen Kursen, ausländischen Kulturinstituten usw. auch Einrichtungen wie Sprachstudienreisen, Ferienkurse, Sprachaufenthalte in Familien usw. zu rechnen sind (vgl. auch Art. 117); oder das Lernen erfolgt im Selbststudium, wobei darunter u.a. zu verstehen sind: Durcharbeitung von Selbststudienmaterialien, Nutzung von Medien wie Rundfunk, Fernsehen und Filmen, Lektüre von Zeitungen, Büchern usw., Auslandsaufenthalte, Kontakte mit Ausländern und ähnliches.

Dieser breite Fächer an Lernkontexten stellt zugleich ein sehr differenziertes Angebot von höchst unterschiedlichen Lernweisen dar, das für den Bereich der Fremdsprachen in der Erwachsenenbildung charakteristisch ist und das nach einer Öffnung des "Lernens in Kursen" verlangt.

Dem interessierten Erwachsenen stellt sich eine wichtige Aufgabe: Er muß die Unterschiedlichkeit der je spezifischen Lernvorgänge kennen, wenn er eine Auswahl treffen will, die seinen persönlichen Rahmenbedingungen entspricht.

Das Problem der Wahl wird dadurch noch schwieriger, daß die obige Gruppierung kein "Entweder – Oder" darstellt, sondern daß im Gegenteil das Lernen in verschiedenen Kontexten kombiniert werden kann und dann anteilig gewichtet werden muß.

Die erwähnten Lernkontexte entsprechen unterschiedlichen Lernmotivationen, stellen u.a. je spezifische Anforderungen an die Eigenverantwortung des Lerners, setzen unterschiedliche Lernstrategien und -techniken voraus, implizieren unterschiedliche Formen und Grade der sozialen Integration in die Lerngruppe, beinhalten verschiedene Lernerfolgskontrollen, sie unterscheiden sich hinsichtlich der angebotenen Orientierungshilfen (z.B. durch Beratung).

Die Unterschiedlichkeit der Lernkontexte, die für den Bereich der Fremdsprachen in der Erwachsenenbildung (gegenüber dem schulischen Lernen) charakteristisch ist, ist der allgemeinen Öffentlichkeit bisher nur unzureichend transparent. Damit stellt sich der Erwachsenenbildung insgesamt die Aufgabe, im Sprachensektor eine umfassende Öffentlichkeitsarbeit zu leisten; den Fremdsprachen in der Erwachsenenbildung fällt damit eine Pilotfunktion innerhalb der Bemühungen um das selbstverantwortliche "Lernen des Lernens" in der Erwachsenenbildung zu.

2. Unterschiedliche Lernmotivationen

Sprachkurse (vor allem Fremdsprachenkurse) ziehen ein Publikum an, das sich viel mehr als das anderer Kurse durch ein Merkmal auszeichnet: Es ist die Unterschiedlichkeit der Motivation, die den Erwachsenen zum Fremdsprachenlernen bewegt. Für die Institutionen der Erwachsenenbildung erwächst daraus die Notwendigkeit, heterogene Lernergruppen bedienen zu müssen bzw. durch entsprechende Planungen einen je homogenen Ausschnitt aus den potentiellen Interessenten direkt anzusprechen, also zielgruppenorientierte Curricula zu entwickeln. Diese Tatsache bedeutet für den Lehrenden, daß er besondere methodische Schwierigkeiten zu überwinden hat, und für die Institution, daß sie ihr Programmangebot nach Zielen, Inhalten, Niveau, Methode, Teilnehmerzahl, Ausstattung usw. sorgfältig planen *(auditing)* und ausschreiben muß. Da eine "äußere Differenzierung" nur in größeren Einrichtungen möglich ist, entstehen regionale bzw. örtliche Unterschiede in den Angeboten. Der Lerner muß seinerseits seine subjektive Lernmotivation kennen und beständig kontrollieren, um den angemessenen Lernkontext auswählen zu können.

Die Motive des Lernens sind dabei nicht nur in den Zielen (z.B. geplanter Auslandsaufenthalt, Hilfen zur Schularbeitbeaufsichtigung der eigenen Kinder, Erwerb beruflicher Zusatzqualifikation, "Nachhilfe" für Schüler, Lektüre von Literatur), sondern auch in der Zweckfindung zu suchen: menschlicher Kontakt mit anderen, sinnvolle Freizeitbeschäftigung, Bestätigung, Erfolg, Effizienz, Realitätsbezug. Gerade diese zweite Gruppe von Lernanlässen ist besonders schwer zu ermitteln, sie spielt aber nach aller Erfahrung eine bedeutende Rolle in Kursen bestimmter Institutionen – wie etwa denen der Volkshochschulen.

Aus dem Gesagten ergibt sich – sowohl im Interesse der Lernenden wie auch im Sinne einer angemessenen Unterrichtsplanung und -gestaltung durch Institution und Lehrende – die Notwendigkeit, Motivationsstrukturen zu ermitteln. Falsche Wahl der Lernkontexte kann zu Frustration, unnötigen Kosten und zum Abbrechen der Kursteilnahme beitragen.

3. Lernangebote in der Erwachsenenbildung

Die Zahl der Einrichtungen, die den Erwachsenen Fremdsprachenvermittlung anbieten, ist fast unüberschaubar geworden; eine hervorragende Bestandsaufnahme findet sich in der Veröffentlichung der Aktion Bildungsinformation e.V. Stuttgart (1991).

Von den Unterrichtskonzeptionen, die durch ihre weit verbreitete Akzeptanz das gegenwärtige Kursangebot bestimmen, können hier nur einige genannt werden.

Es gibt in der Öffentlichkeit ein großes Interesse an beruflichen Verwendungsmöglichkeiten von Sprachkenntnissen. Diese Tatsache hängt zweifellos zusammen mit den Problemen der Arbeitsplätze (Sprachkenntnisse als Zusatzqualifikation), aber auch mit der zunehmenden internationalen Verflechtung des wirtschaftlichen, politischen und kulturellen Lebens.

Diese "instrumentelle" Motivation, die den Erwerb der Sprachen von dem "Wozu" der Verwendung abhängig macht, wirkt sich konkret durch Zunahme der Angebote an fachsprachlichen Kursen sowie durch verschiedene Konzepte von Intensivkursen aus. Insbesondere im Bereich der privaten Sprachenschulen, der innerbetrieblichen Sprachkurse und der Sprachstudienaufenthalte im Ausland ist dieser Trend erkennbar.

Es besteht ferner ein deutliches Interesse an den Zertifikaten der International Certificate Conference bzw. des Deutschen Volkshochschul-Verbandes. Dieses Baukastensystem, dessen Anfänge bis 1967 (für Englisch) bzw. 1968 (für Französisch, dann folgten die anderen Sprachen) zurückgehen, bietet curriculare Lernblöcke für verschiedene Sprachen an: Dänisch, Englisch, Französisch, Italienisch, Japanisch, Niederländisch, Russisch, Spanisch, Deutsch (als Fremdsprache). Das System sieht folgendes vor (in manchen Sprachen bereits realisiert, in anderen geplant): Auf einen Grundbaustein (der einem Lernvolumen von, je nach Lernbedingungen, etwa 2 bis 2 1/2 Jahren entspricht) folgen Lernangebote von ca. weiteren 1 bis 1 1/2 Jahren, die mit dem Ablegen einer Zertifikatsprüfung (in Allgemeinsprache oder in einer beruflich orientierten Varietät der Sprache) abgeschlossen werden können.

Das Interesse an diesem Kurs- und Prüfungsangebot ist sehr vielfältig: Einerseits besteht der Wunsch, überschaubare Lerneinheiten zu durchlaufen (Erfolgserlebnis durch Erreichen von Zwischenetappen, die in sich plausibel sind, aber auch als Zwischenstationen zu weiterem Lernen aufgefaßt werden können); Prüfungen können z.B. der Selbstbestätigung dienen, aber auch als zusätzliche Berufsqualifikation nützlich sein.

In Einrichtungen wie Sprachkursen der deutsch-ausländischen Gesellschaften, ausländischen Kulturinstituten, Vereinen (z.B. Sportvereinen), vor allem Partnerschaftsinstitutionen, besteht ein großes soziales oder auch "integratives" Lerninteresse. Mit anderen zusammen sein, die Gruppe erleben, Gruppenbegegnungen erleben: hierdurch werden starke Impulse zum Spracherwerb geweckt.

Ein gewisses Interesse besteht an Kursen, die "alternativ" konzipiert sind und von denen man sich ein ganzheitliches, auch spielerisches Lernen erhofft (oft verwechselt mit "leichterem" Lernen). Suggestopädie und Superlearning finden sich immer häufiger in den Ankündigungen vor allem privater Anbieter, aber erste Versuche laufen z.B. auch in Volkshochschulen.

Erwachsene interessieren sich deutlich für den Realbezug des Erlernten (daher auch der Wunsch nach "Authentizität" z.B. der Materialien), für angstfreies und mit Freude verknüpftes Unterrichtsgeschehen, für einen erkennbaren Bezug zu den eigenen Lernvoraussetzungen und für den sozialen Kontakt in der Lerngruppe. Dies sind natürlich nur einige Stichwörter zu den Teilnehmererwartungen; im übrigen sind diese Erwartungen je nach Lehrinstitution wiederum unterschiedlich, im innerbetrieblichen Sprachkurs ganz anders als in einer Volkshochschule oder auf einer Sprachstudienreise.

4. Spezifische Rolle der Fremdsprachenvermittlung in der Erwachsenenbildung

Der Bereich "Fremdsprachen" in der Erwachsenenbildung zeichnet sich u.a. durch folgende Besonderheiten aus:
Während sich die Schule auf wenige "Schulsprachen" beschränkt (die schulische Praxis in der Bundesrepublik steht der Notwendigkeit einer vielsprachigen Gesellschaft entgegen; Finkenstaedt/Schröder 1992. Vgl. das relativ breite Fremdsprachenangebot in Frankreich), bietet die Erwachsenenbildung (neben den Hochschulen) einen sehr breiten Fächer von Fremdsprachen an. Das Problem, das sie dabei zu bewältigen hat, besteht darin, daß die "kleineren" Sprachen ("langues modimes" in der EU-Sprache) nur dann eine Chance haben, im Lehrangebot zu erscheinen, wenn die Minimalzahl an Teilnehmern sehr niedrig angesetzt wird: Die "Unwirtschaftlichkeit" muß auf andere Art aufgefangen werden. Diese Besonderheit des Fremdsprachenbereichs in den Erwachsenenbildungseinrichtungen sollte in ihrem Bestand gestützt und, wenn möglich, ausgebaut werden.

Im Unterschied zu privaten Kursanbietern und zu innerbetrieblichen Sprachkursen vermutet man in öffentlichen Einrichtungen wie z.B. Volkshochschulen statt Intensität und Spezialisierung der Kursgestaltung eher, daß hier ein breites Publikum angesprochen wird und daß das Schwergewicht des Angebots im Anfangsunterricht bzw. auf einer mittleren Niveaustufe liegt. Daß dieser Eindruck nicht richtig ist oder nicht richtig sein muß, zeigen die Programme gerade größerer Volkshochschulen eindeutig. Dennoch müssen sich diese Einrichtungen mit der angedeuteten Vorerwartung auseinandersetzen, ebenso auch mit dem hier und da noch vermuteten Schwerpunkt des VHS-Programms im Bereich sogenannter "Konversationskurse" älterer Prägung.

Die Tatsache, daß es mittlerweile eine spezifische Didaktik und Methodik der Erwachsenenbildung (die im Bereich des schulischen Fremdsprachenunterrichts schon einige, allerdings noch unzureichende Wirkungen ausgeübt hat; vgl. die Anwendung der Europarats-Konzepte auf den schulischen Bereich sowie die Ausbildungs- und Weiterbildungsangebote einiger Hochschulen) und eine neue Generation von Lehrwerken für Erwachsene gibt (die auch für den schulischen Bereich Vorreiterfunktion hat), ist noch nicht überallhin durchgedrungen.

Zu den methodischen Besonderheiten des Sprachunterrichts bei Erwachsenen gehören u.a. die folgenden Aspekte: Lerninhalte sind stets miteinander zu vernetzen, da sie dann von Erwachsenen besonders gut rezipiert und behalten werden; Erwachsene verfügen über ein besonders reiches Vorwissen, das aktiviert werden muß, da es eine Lernhilfe sein kann (z.B. sprachliche Internationalismen, kulturelle Informationen); die zumeist stark ausgeprägten Lernweisen des Erwachsenen müssen bei der methodischen Planung berücksichtigt werden, damit Verunsicherungen vermieden werden; Ängste vor sozialem Imageverlust sind ebenso zu bedenken wie beruflicher Status und Lebensgewohnheiten; berufliche, familiäre u.a. Belastungen sind zu berücksichtigen usw.; Erwachsene sind für (angemessen ausgewählte und durchgeführte) Spiele im allgemeinen sehr aufgeschlossen; Erwachsene sind für verschiedene Lernstrategien zugänglich, wenn sie nicht zu ihrer Übernahme gezwungen werden; Erwachsene folgen dem vorgesehenen Lehrweg dann leichter, wenn sie Gelegenheit bekommen, z.B. durch Fragen ihre Lernbedürfnisse zu artikulieren; Erwachsene müssen mit besonderer Behutsamkeit an die Verwendung von Bildmaterial herangeführt werden; Erwachsene lassen sich beim Anhören von Hörtexten von Cassetten schnell verunsichern; Erwachsene sind phonetischen Korrekturen gegenüber sehr empfindlich und verletzbar; Erwachsene benötigen Nachschlagemöglichkeiten, die sie aber ohne Training im allgemeinen nicht nutzen können; Erwachsene müssen die Lernrelevanz des Stoffes und des Unterrichts einsehen (und vorgeführt bekommen).

Ein Spezifikum der Fremdsprachenkurse in der Erwachsenenbildung besteht in der Zusammensetzung des Lehrköpers. Charakteristisch ist der im allgemeinen hohe Anteil muttersprachlicher Lehrkräfte (in manchen privaten Sprachenschulen werden grundsätzlich nur Muttersprachler eingesetzt). Diese Tatsache trägt zweifellos zur Betonung der Authentizität der Sprach- und Inhaltsvermittlung bei und führt auch zu einer gewissen Öffnung nach "draußen", ist aber nicht ohne Nachteil dort, wo die kontrastive Komponente des Unterrichts, d.h. der Vergleich mit der Ausgangssprache und -kultur, gefragt ist. Hinzu kommt für (fast) alle Lehrkräfte, auch die "einheimischen", das Problem, daß sie im allgemeinen keine spezifische Ausbildung für die Vermittlung von Sprachen an Erwachsene durchlaufen haben. Es stellt sich die Frage, ob es nicht endlich an der Zeit ist, solche Ausbildungsmöglichkeiten flächendeckend zu schaffen. Solange dies nicht realisiert ist, bleibt die Notwendigkeit, Fortbildungsmaßnahmen durchzuführen; dabei erscheint es angezeigt, die aktive Teilnahme an der Fortbildung und an Sprachtrainings für alle Kursleiter obligatorisch zu machen.

5. Institutionelle Zusammenarbeit

Fremdsprachen in der Erwachsenenbildung werden von konkurrierenden Institutionen vermittelt. Eine übergreifende Zusammenarbeit gibt es kaum.

Dieses Defizit besteht weithin auch zwischen den Einrichtungen, die der Lernende nacheinander durchläuft, also zwischen dem schulischen Unterricht und den Einrichtungen der Erwachsenenbildung.

Ein erstes Beispiel für eine institutionenübergreifende Kooperation zur Förderung von Fremdsprachen in der Öffentlichkeit ist der 1991 gegründete "Sprachenrat Saar", dem als Mitglieder angehören: Arbeitskammer des Saarlandes, Deutscher Gewerkschaftsbund, Grand-Duché de Luxembourg, Handwerkskammer des Saarlandes, Hochschule für Technik und Wirtschaft des Saarlandes, Industrie- und Handelskammer des Saarlandes, Regierung des Saarlandes (Ministerium für Bildung und Sport, Ministerium für Wirtschaft, Ministerium für Wissenschaft und Kultur, Staatskanzlei), Région de Lorraine, Universität des Saarlandes, Verband der Volkshochschulen des Saarlandes e.V., Vereinigung der Unternehmensverbände e.V. Seit 1993/94 gibt es einen "Sprachenrat" auch in Niedersachsen sowie in Brandenburg.

6. Erkenntnisse und Maßnahmen

In der geschilderten Situation wird auf den folgenden Wegen nach Erkenntnis und nach Lösungen gesucht:

Untersuchungen zur Lernmotivation: Als jüngste, ausführliche Studie liegen Untersuchungsergebnisse zur Motivationsstruktur insbesondere jüngerer Teilnehmer an Volkshochschul-Sprachkursen vor (Müller-Neumann et al. 1986). Es wird daraus ersichtlich, wie stark der Druck der Sprachkursteilnehmer ist, die Einrichtung der Erwachsenenbildung anders als Schule zu gestalten; wie dringend der Wunsch ist, sich im Fremdsprachenunterricht selbst zu verwirklichen, Freiraum zur Eigeninitiative zu haben, Liberalität statt Korrekturdruck zu erleben.

Analysen der Lernziele in den Curricula für Sprachkurse der Erwachsenenbildung unter fachdidaktischen und vor allem sprachen- und institutionenpolitischen Gesichtspunkten versuchen, die Tragweite dieser Ansätze und deren "Philosophie" herauszuarbeiten und damit die Entscheidungen, die die Institutionen, die Lehrenden und die Lernenden zu treffen haben, vorzubereiten oder zumindest transparent zu machen (Kilian 1984).

Die Klärung des Verhältnisses zwischen schulischem Fremdsprachenunterricht und den Kursen der Erwachsenenbildung ist seit längerer Zeit im Gange (Christ 1987). Den Diskussionsstand kennzeichnet u.a. die Charakterisierung der Struktur des Fremdsprachenunterrichts in der Gesellschaft als "institutionenteilig" (Raasch 1981). Damit soll der Weg des Dialogs, der gegenseitigen Abgrenzung zum Zweck einer umso engeren Zusammenarbeit und im Sinne des Voneinander-Lernens vorgezeichnet werden. Es wäre anzustreben, den schulischen Fremdsprachenunterricht stärker als bisher darauf auszurichten, daß er Grundlagen für das lebenslange Lernen und Erwerben von Fremdsprachen schafft, statt sich (nur) an den schulischen Abschlußprofilen zu orientieren.

Übernahmen von methodisch-didaktischen Ansätzen, die in der Erwachsenenbildung erarbeitet wurden, in die schulischen Curricula der Bundesländer sind vielfach erkennbar.

Die Untersuchungen und Theorien, die im deutschsprachigen wie auch im internationalen Raum zur Lernweise Erwachsener im Bereich Fremdsprachen veröffentlicht wurden, haben wesentlich zur Anerkennung der Erwachsenenbildung als eines eigenständigen Teilbereichs mit spezifischen Merkmalen beigetragen und damit Grundlagen für die Erstellung moderner erwachsenenspezifischer Lehrmaterialien geschaffen (vgl. eine detailliertere Darstellung in Quetz et al. 1981; zu den Lehrmaterialien am Beispiel des Französischen s. *Zielsprache Französisch* 1986).

Besondere Anerkennung haben dem Fremdsprachenunterricht in der Erwachsenenbildung zwei europäische Lehr-/Lernsysteme gebracht: das VHS-Zertifikatssystem, seit einigen Jahren als ICC-Zertifikatssystem international bekannt, und das Europaratsprojekt. Die International Certificate Conference (ICC) ist ein Zusammenschluß folgender Institutionen: Verband Österreichischer Volkshochschulen, Association des Universités Populaires Suisses (Schweiz), Bond van Nederlandse Volksuniversiteiten (Niederlande), Folkeligt Oplysnings Forbund (Dänemark), Föreningen Tyska i Svensk Vuxenutbildning (Schweden), Deutsch-Maltesischer Zirkel (Malta), Lancashire County Council (Großbritannien), Assemblée Permanente des Chambres de Commerce et d'Industrie (Frankreich), Klubschulen Migros (Schweiz), Folkeuniversitetet (Norwegen), Generalitat de Catalunya (Spanien) und Deutscher Volkshochschul-Verband. Das Europaratsprojekt wird getragen vom Conseil de la Coopération Culturelle du Conseil de l'Europe, Strasbourg. Beide Projekte haben eine Fülle von Veröffentlichungen ausgelöst (vgl. Conseil de l'Europe und Pädagogische Arbeitsstelle). Die Zahl der bisherigen Zertifikatsabsolventen (ca. 305 000) kann die Bedeutung ebenso belegen wie die Tatsache, daß es kaum eine Volkshochschule gibt, deren Lehrangebote nicht in einem Zusammenhang mit dem Zertifikatsprojekt stünde. Diese Projekte haben den Volkshochschulen die Möglichkeit zu enger nationaler Zusammenarbeit gegeben und in ganz erheblichem Maße dazu beigetragen, daß die Rezeption fachdidaktischer Einsichten und Ansätze im Bereich "Erwachsene lernen Fremdsprachen" über die nationalen Grenzen erheblich verbessert worden ist. Den Fremdsprachen ist damit eine wichtige Aufgabe in der öffentlichen Weiterbildung zugewachsen.

Mit den zunehmenden Angeboten des "Lernens des Lernens" von Fremdsprachen, mit den verstärkten Angeboten an fachsprachlichen Fremdsprachenkursen, mit dem verstärkten Einsatz von Medien und Technologien, mit dem erkennbaren Bemühen um alternative Methoden der Fremdsprachenvermittlung haben neben den öffentlich geförderten Institutionen gerade auch Privatschulen und innerbetriebliche Sprachkurse dazu beigetragen, zielgruppenorientiertes Unterrichten zu fördern.

Die Implementierung erwachsenenspezifischer Konzepte bei den Lehrenden von Fremdsprachen geschieht vor allem durch den Ausbau von Fortbildungsangeboten (vgl. Art. 121).

Zu den Fortbildungshilfen gehören auch die Fachzeitschriften, die speziell den Fremdsprachenunterricht in der Erwachsenenbildung (die *Zielsprachen*) thematisieren.

Besonders zahlreiche Anregungen sind aus den seit vielen Jahren laufenden Projekten zur Sprachförderung im außerschulischen Bereich, die vom Deutsch-Französischen Jugendwerk initiiert und gefördert wurden, hervorgegangen. Dazu gehören u.a. Erkundungen und Programme zur Tandemarbeit und zur interkulturellen Spracharbeit in Begegnungszentren; vgl. Veröffentlichungen der AALF (Arbeitsgruppe Angewandte Linguistik Französisch, Kiel und Saarbrücken) und des DFJW (Deutsch-Französisches Jugendwerk, Bad Honnef) sowie des Goethe-Instituts (München).

7. Ausblick

Der Status des Fremdsprachenlernens bei Erwachsenen wird sich dann weiter festigen, wenn es gelingt, die früher gängige Übertragung schulischer Lernweisen auf den Erwachsenenunterricht weiter abzubauen. Die Auffassung, daß der Fremdsprachenerwerb in der Erwachsenenbildung nichts weiter sei als eine direkte Fortsetzung schulischen Lernens unter lediglich veränderten äußeren Bedingungen, war früher weit verbreitet (und ist auch noch immer nicht überwunden) u.a. bei Kursteilnehmern, die sich vom schulischen Bild des Fremdsprachenlernens nur schwer lösen können. Auch die Forschung hat die Eigenart des Erwachsenen, Fremdsprachen zu lernen, vor noch gar nicht langer Zeit erst "entdeckt" und wird noch erheblich mehr Ergebnisse vorlegen müssen, bevor sich die geschilderte Situation grundlegend ändern wird.

Literatur

Aktion Bildungsinformation e.V. Stuttgart (1991), *Fremdsprachen Lernen in Deutschland*, 7. Aufl., Stuttgart.
A.P.L.V., éd. (1992), *Enseigner aux adultes* (= *Les Langues Modernes*), Jg. 86, H. 1.
Christ, Herbert (1987), "Fremdsprachenlernen in der Erwachsenenbildung – Fremdsprachenlernen in der Schule", in: *Zielsprache Französisch*, Jg. 19, 109-115.
Coste, Daniel et al. (1977), *Un Niveau-Seuil*, Conseil de l'Europe, Straßburg.
Finkenstaedt, Thomas/Schröder, Konrad (1992), *Sprachen im Europa von morgen*, Berlin et al.
Kilian, Volker (1984), *Englischunterricht an Volkshochschulen. Zur Geschichte der Diskussion um die Ziele des Englischunterrichts an Volkshochschulen in der Bundesrepublik Deutschland*, Frankfurt a.M. et al.
Krumm, Hans-Jürgen (1993), "Zur Situation der Fremdsprachendidaktik in der Erwachsenenbildung in Westdeutschland", in: Pädagogische Arbeitsstelle des Deutschen Volkshochschul-Verbandes (Hrsg.), *Unterrichtsmediendienst*, Nr. 63, 418-420.
Müller-Neumann, Elisabeth/Nuissl, Ekkehard/Sutter, Hannelore, Hrsg. (1986), *Motive des Fremdsprachenlernens. Eine Untersuchung der Motivationsstruktur insbesondere jüngerer Teilnehmer an Sprachkursen der Volkshochschule. Mit Beiträgen von Erich Zehnder und Michael Schratz*, Heidelberg.
Pädagogische Arbeitsstelle des Deutschen Volkshochschul-Verbandes (1986), *Certificat Français à usage professionnel*, Frankfurt a.M.
Pädagogische Arbeitsstelle des Deutschen Volkshochschul-Verbandes, *Mitteilungen*, Frankfurt a.M.
Pädagogische Arbeitsstelle des Deutschen Volkshochschul-Verbandes, *Statistische Mitteilungen des Deutschen Volkshochschul-Verbandes*, Frankfurt a.M.
Quetz, Jürgen/Bolton, Sibylle/Lauerbach, Gerda, Hrsg. (1981), *Fremdsprachen für Erwachsene. Eine Einführung in die Didaktik und Methodik des Fremdsprachenunterrichts in der Erwachsenenbildung*, Berlin.
Raasch, Albert (1980), "Erwachsenenbildung und Fremdsprachenunterricht. Vorüberlegungen und Vorschläge zu einem sprachenpolitischen Konzept", in: *Zielsprache Französisch*, Jg. 12, 159-165.
Raasch, Albert, Hrsg. (1981), *Französisch als Zielsprache. Handbuch des Französischunterrichts unter besonderer Berücksichtigung der Weiterbildung*, Ismaning.
Schratz, Michael/Ablinger, Gunter/Gombos, Georg/Puchta, Herbert/Walder, Edith, Hrsg. (1983), *Lehren und Lernen im Englischunterricht mit Erwachsenen. Kommunikation und Interaktion im Unterrichtsprozeß*, Wien.
Tietgens, Hans (1976), "Zur Funktion der Fremdsprachenvermittlung in der Volkshochschule", in: *Zielsprache Französisch*, Jg. 9, 1-7.
Toth, Erwin (1977), *Der Englischunterricht an Volkshochschulen*, Kastellaun.
Vogel, Klaus (1991), "Lernen Kinder eine Fremdsprache anders als Erwachsene? Zur Frage des Einflusses des Alters auf den Zweitsprachenerwerb", in: *Die Neueren Sprachen*, Jg. 90, H. 5, 539-550.
Zielsprache Deutsch, Ismaning.
Zielsprache Englisch, Ismaning.
Zielsprache Französisch, Ismaning.

Albert Raasch

22. Fremdsprachen durch Massenmedien

1. Problemaufriß

Das *Handwörterbuch der Massenkommunikation und Medienforschung* definiert Massenkommunikation als "quantitativ große Verbreitung gleichlautender Inhalte an Einzelne [sic] u. quantitativ große, heterogene Gruppen der Gesellschaft mit Hilfe der Techniken der Kollektivverbreitung". Es zählt folgende Erscheinungsformen auf: Presse, Rundfunk, Fernsehen, Satellit. "Auch die Zugehörigkeit von Schallplatte, Buch u. Video ist heute nicht mehr umstritten. Hingegen werden Telefon, Telex, Telegraf u. Plakat von vielen nicht zu den M. gezählt ..." (Silbermann 1982, 295). Nach dem Kriterium der "gleichlautenden Inhalte" wäre auch die Briefmarke zu den Massenmedien zu zählen. Und selbst das der Individualkommunikation dienende Telefon darf in didaktischen Abhandlungen nicht ausgespart bleiben, weil die transnationale

Verständigung sich immer stärker in den mündlichen Bereich verlagert.

2. Prozeßmedien vs. Produktmedien

Als Produktmedien unterscheiden sich Bücher und Zeitungen von Rundfunk und Fernsehen dadurch, daß man sie 'manipulieren' kann. Die beiden anderen sind nur als auditive bzw. audiovisuelle Prozesse erfahrbar. Man kann sie mit Audio-und Videorecordern aufzeichnen, aber das ändert nichts an dem qualitativen Unterschied zwischen Prozeß- und Produktmedien.

Produkt- und Prozeßmedien unterscheiden sich häufig auch durch den Ort, an dem sie zum Einsatz kommen. Die Schulen bedienen sich bevorzugt der Produktmedien, wohingegen die Einzellerner meist auf den häuslichen Rundfunk- oder Fernsehapparat angewiesen sind. In den Schulen werden audiovisuelle Produktmedien eingesetzt, um ein hohes Niveau fremdsprachiger Fertigkeit langsam aufzubauen; das Fernsehen und der Rundfunk dienen meist der Erhaltung des einmal erreichten Niveaus. In den Schulen wird die ephemere Qualität der Prozeßmedien gefürchtet, vom fortgeschrittenen Einzellerner wird sie dagegen als Prüfstein der eigenen Leistungsfähigkeit angesehen und begrüßt.

Prozeßmedien können, sie müssen dies aber nicht, mit didaktischem Anspruch auftreten. Über Kurzwelle werden beispielsweise Sprachkurse in alle Welt ausgestrahlt. Andererseits können Lehrer Rundfunk und Fernsehen auch als authentische Dokumente zielsprachiger Kommunikation in ihren Unterricht einbeziehen.

3. Fremdsprachige Direktsendungen

Viele Staaten unterhalten eine kostspielige Propagandamaschinerie für den weltweiten Wettbewerb im Äther. Für die staatliche Selbstdarstellung durch Rundfunk standen der ehemaligen Sowjetunion wöchentlich 2167 Stunden, der Bundesrepublik Deutschland immerhin noch 781 Stunden zur Verfügung. Hierbei handelt es sich um Direktsendungen. Inzidentielle Lernerfolge in der Fremdsprache sind dabei durchaus denkbar als Folge des Informationsbedürfnisses der Hörer. Schulfunk- bzw. Schulfernsehsendungen mit ihrem eingeschränkten Adressatenkreis und der Notwendigkeit curricularer Einbindung sind nicht Gegenstand dieses Artikels.

4. Sprachenprofile

Seit 1971 berichtet das Goethe-Institut über die von den europäischen Rundfunkanstalten ausgestrahlten Sprachlehrgänge. Auch hier gilt, daß die Aufaddierung von Sendezeiten nur bedingt als Kriterium dafür genommen werden kann, wie stark die Position einzelner Sprachen ist, aber wer würde angesichts der in den Tabellen 1 und 2 ausgebreiteten Zahlen für das Jahr 1986 daran zweifeln wollen, daß dem Englischen der Status einer *lingua franca* zukommt?

Tabelle 1: Rundfunksprachkurse in Europa (1986)

Anzahl der Kurse	Sprache	Gesamtsendezeit in Stunden
171	Englisch	663
68	Deutsch	252
60	Französisch	207
23	Russisch	135
9	Spanisch	61

Tabelle 2: Fernsehsprachkurse in Europa (1986)

Anzahl der Kurse	Sprache	Gesamtsendezeit in Stunden
67	Englisch	362
39	Französisch	165
9	Russisch	108
22	Deutsch	96
8	Spanisch	43

5. Sendungsprofile

In der Fachliteratur spiegelt sich der Entstehungsprozeß einer Sprachlehrsendung kaum. Soweit Programmausschnitte bekannt geworden sind, gleicht der Hörer, wie ihn die wenigen Werkstattberichte (Schneider 1970; Dunkling 1979; Schmidt 1981a; 1981b) konzipieren, einem imaginierten Spracherwerbssystem, das zur Verarbeitung sprachlicher Daten angetreten ist und auch ohne Gewissensbisse in der Muttersprache angeredet werden darf. Über das Einsprachigkeitsdogma haben sich die Rundfunkautoren stets hinweggesetzt.

Wenn mit so vielen Unbekannten gerechnet werden muß, ist es umso wichtiger, kontrollierbare Elemente tatsächlich unter Kontrolle zu halten. Obwohl die "Voice of America" (VOA) keine Sprachlehrsendungen produziert, sind die Vorkehrungen, welche sie zum Verständnis ihrer Programme getroffen hat, vorbildlich. Die Redakteure formulieren Nachrichten und Features unter Rückgriff auf einen 1500 Einträge umfassenden Definitionswortschatz. Darüber hinaus benutzen sie *short direct sentences* (Mitteilung der VOA), und die Sprecher reduzieren ihre Geschwindigkeit auf 90 Wörter pro Minute. Wie wichtig solche Maßnahmen sind, zeigt sich auch an den Untersuchungen von Lutz/Wodak (1986), die deutschsprachige Nachrichtensendungen untersuchten und fanden, sie seien "Informationen für (bereits) Informierte". Ausländer leiden unter dieser Situation in besonderem Maße. Aber die Didaktisierung der Nachrichtensendung führt nach Lutz und Wodak nur dazu, daß die ohnehin gut Informierten noch besser informiert werden.

6. *Hörerprofile*

Die Sender unternehmen Anstrengungen, ein Profil ihrer Klientel zu erstellen. Dabei kommt es zu weitgehenden Übereinstimmungen. Es sind die bildungsmäßig Privilegierten (9 von 10 haben Universitätsexamen), die sich vor allem für die Nachrichtensendungen interessieren. Bei der "Deutschen Welle" (DW) scheint es sich in Nuancen etwas anders zu verhalten als bei "British Broadcasting Corporation" (BBC) und "Voice of America" (VOA). Es könnte sein, daß die Touristik als bildungspolitische Amme Einfluß auf die Zusammensetzung ihres Hörerstamms in bestimmten Ländern nimmt. Es wäre deshalb zu überlegen, ob nicht nur Lehrwerke, sondern auch Rundfunksprachkurse regionalisiert oder stärker fachsprachlich (Deutsch für Hotelpersonal) ausgerichtet werden sollten. In einem Punkt sind sich aber die meisten Anstalten einig: kaum jemand ist an ihren Fortgeschrittenenkursen interessiert.

Nahezu dasselbe Profil findet die BBC auch bei ihren inländischen Hörern vor: die meisten haben schon Grundkenntnisse in der Zielsprache, sind *faux débutants*, und kommen aus Arbeitsverhältnissen, die man am besten als *white-collar* beschreibt (Ryback 1980). Obwohl die nationalen Sprachkurse der BBC meist auch über eine Fernsehkomponente verfügen, ist die Aussteigerrate beträchtlich: zwischen 50 und 60 Prozent. Die hohe Zahl der Kursabbrecher mag auch damit zusammenhängen, daß sich die Lernmotivation der BBC-Klientel aus Ferienplänen im Zielland, erst in zweiter Linie aus geschäftlichen Interessen speist. Um die Zahl der Kursabbrecher zu senken, ist man verschiedene Wege gegangen: "Summer Schools" im Zielland, Kurszeitungen, Selbsthilfegruppen (Leighton 1984), Post- und Telefondienste – meist mit mäßigem Erfolg. Neuerdings kommt auch der Microcomputer zum Einsatz (Kenning 1986). Das soziale Netz, in dem der Kursteilnehmer aufgefangen wird, muß systematisch geknüpft werden, wenn Aussicht auf Erfolg bestehen soll.

Die Prozeßmedien sind prinzipiell nicht festgelegt im Hinblick auf ihre Ansprechpartner. Auch des Lesens und Schreibens noch unkundige Kinder können als Abnehmer fremdsprachiger Rundfunk- und Fernsehkurse auftreten. In der Obhut von Grundschullehrern und in grenznahen Bereichen können Schüler das Fernsehen möglicherweise auch als eine die Spracherwerbstypendichotomie überwindende Institution erleben.

An den Rändern des Berufsfeldes von Fremdsprachenlehrern leisten die Medien wichtige Aufbau- und Unterstützungsarbeit. Besonders willkommen sind sie in neu auftretenden Problemsituationen. Dies gilt nicht nur für die Anfänge von Hauptschulenglisch, sondern auch für die sprachliche Wiedereingliederung von Spätaussiedlern oder die Integration von Gastarbeitern bzw. deren Kindern.

Während der Sekundarschulzeit liegt der Unterricht fremder Sprachen dann in den Händen von Spezialisten. Erst nach Abschluß der offiziellen Schulzeit kommen die Prozeßmedien wieder stärker zur Geltung, wenn Erwachsene die Folgen curricularer oder persönlicher Versäumnisse abzubauen bestrebt sind oder fachsprachliche Zusatzkenntnisse erwerben wollen. Die Angebotspalette der Rundfunkanstalten ist in diesem Stadium schon recht bunt. Für das Englische kann man sie sich vollständiger nicht wünschen. Das fachsprachliche Angebot der BBC muß als vorbildlich gelten.

Die bisher größte Kraftanstrengung auf dem Gebiet der Erwachsenenbildung ist der Multi-Media-Kurs für Erwachsene "Follow Me". Er wurde bereits in 57 Ländern gesendet und kann nach dem ersten Durchgang mit 848 000 verkauften Büchern und Toncassetten als Schlager gelten (Weise 1986).

7. *Das Ende des Rundfunkmonopols*

Die BBC hat nie ein Hehl daraus gemacht, daß sich ihre Sprachlehrproduktionen auch rechnen müssen. Deshalb wird die "BBC English by Radio & Television" auch wie eine privatwirtschaftliche Einheit geführt. An einer Stelle (Howse 1979) wurde sogar der Einstieg in die Verlagswirtschaft angekündigt. In der Bundesrepublik Deutschland ist der umgekehrte Vorgang beobachtbar. Die Verlagshäuser steigen in das Rundfunk- und Fernsehgeschäft ein, entweder indem sie den Rundfunkanstalten Hörspiele abkaufen, um sie als "Literatur fürs Ohr" auf Cassetten zu vermarkten, oder indem sie eigene Videoprodukte für den landeskundlichen Fremdsprachenunterricht anbieten. Rundfunk und Fernsehen, eigentlich Audio und Video, kommen mit der Paketpost ins Haus. Das Monopol der öffentlich-rechtlichen Anstalten ist gebrochen. Für die Lehrer besteht der Vorteil darin, daß eine größere Paßgenauigkeit zum eingeführten Lehrwerk hergestellt werden kann und daß sie die Copyrightbestimmungen nicht mehr verletzen müssen.

In dieser Situation bleibt den Rundfunkanstalten nichts anderes übrig, als sich auf die ureigenen Qualitäten von Prozeßmedien zu besinnen: die Faszination der Simultankommunikation, die außerdem nicht immer nur vom Sender zum Hörer gehen muß. Technische Neuerungen wie die Zweikanal-Technik mögen geeignet sein, den Anteil fremdsprachiger Fernsehsendungen zu erhöhen, aber die Einbeziehung von Hörer und Seher in das Geschehen, dessen gemeinschaftsstiftende Rückmeldung an den Sender, wie sie durch "Phone-In-Sendungen" ermöglicht wird, eröffnet den Rundfunkanstalten neue Chancen (Vick/Jung 1993). Die "freien" Radios in Frankreich haben bereits damit experimentiert (Schlemminger 1986).

8. Das Telefon

Auch wenn die Erforschung von telefonvermittelten Kommunikationsabläufen erst in den Anfängen steckt (Hess-Lüttich 1990), gehört Telefonieren in der Fremdsprache zu den Kulturtechniken, die im Unterricht zu vermitteln sind (Fox 1978; Liedtke 1977; Rahmlow 1982; Wendt 1977). Schüler werden so nicht nur auf den Ernstfall des Auslandsaufenthalts vorbereitet, sie können sich das Ausland zum Ortstarif ins Klassenzimmer holen, wenn es dem Lehrer gelingt, die nötigen Verbindungen zu schaffen (vgl. Glajcar 1982). Das Telefon ist auch schon als Fernunterrichtsmittel eingesetzt worden (Davies 1978).

9. Zeitungen und Zeitschriften

Das Produktmedium Zeitung versteht sich nicht als Lehrmittel für Fremdsprachen. Förster (1975) berichtet zwar, daß in der Vereinigten Arabischen Republik die Texte der Spielszenen aus dem DDR-Radiokurs "Sprechen Sie deutsch?" in einer der größten Tageszeitungen abgedruckt werden, über die Hintergründe für diesen Medienverbund kann aber nur spekuliert werden. Dasselbe gilt für Radiovisions-Programme, bei denen Zeitungen als Träger der visuellen Bestandteile eingesetzt werden können (Lefranc 1967). Freilich, es gibt eine ganze Reihe von Zeitschriften, deren Zielpublikum Fremdsprachenschüler sind. Ihr Schwierigkeitsgrad sollte sich definitionsgemäß von dem normaler Zeitungen des Auslands unterscheiden, tut dies aber nicht in allen Fällen (vgl. dazu Kornelius 1983). Über den tatsächlichen Umgang der Schüler mit diesem Sprachlehrmaterial außerhalb der Schule ist so gut wie nichts bekannt (vgl. jedoch Rampillon 1982).

10. Massenmedien im Unterricht: Zeitungen und Zeitschriften

Im Unterricht sind Zeitungen und Zeitschriften weit weniger häufig anzutreffen als Audio- und Videomitschnitte. Dies liegt zum größten Teil an der schwierigen Beschaffungslage. Wird sie überwunden, können nicht nur Zeitungsberichte und Leitartikel, sondern auch Kleinanzeigen, Karikaturen, Werbetexte, Horoskope und viele andere Textsorten zweckentsprechend eingesetzt werden, wie dies Baddock (1984) gezeigt hat. Die Arbeit von Gummery/Crompton (1986) ist ein gutes Beispiel dafür, wie man den Materialengpaß bei Zeitungen mit Hilfe der neuen Medien überwinden kann. Ein Zeitungsdokumentations- und -retrievalsystem sorgt für das Wiederauffinden von thematisch verwandten Veröffentlichungen. Anstatt mit mehreren Exemplaren einer einzigen Zeitungsausgabe arbeiten zu müssen, können die Schüler so in Gruppen verschiedene Artikel zu einem landeskundlich relevanten Thema aufarbeiten.

11. Massenmedien im Unterricht: Rundfunk und Fernsehen – Audio und Video

Wenn man sich die gegen Rundfunk- und Fernsehsendungen aus soziolinguistischer und psychologischer Sicht (Sturm 1987) vorgetragenen Einwände vor Augen hält, wird klar, daß Lehrer gut daran tun, Sendungen, fremdsprachige zumal, erst einmal aufzuzeichnen.

Nachrichten werden deshalb besonders gern eingesetzt, weil den Schülern die rhetorische Struktur solcher Texte geläufig ist, weil universell gültige

Schemata darin vorkommen und ausreichendes Vorwissen angenommen werden kann. Für andere Programmsparten ist dies nicht unbedingt der Fall. Aber im Gegensatz zu den siebziger Jahren ist wenigstens die technische Seite der Programmbeschaffung mittlerweile gesichert. Wer sich nicht auf Tauschclubs wie das "Réseau Vidéo Correspondance" des "Bureau pour l'Enseignement de la Langue et de la Civilisation française à l'étranger" (BELC) (Maurice 1984) einlassen mag, kann die Satellitenprogramme selber vom Himmel holen (Jung 1988). Die Probleme beginnen ohnehin erst auf der Erde.

Wie sie angegangen werden können, hat Zydatiß (1986) mit der Skizze einer Übungstypologie für "News of the Week" gezeigt. Er macht deutlich, wie umsichtig der Lehrer vorgehen muß, wenn er vorhandenes Wissen aktivieren und mit den Ergebnissen gezielter Arbeitsaufträge vereinigen will, damit einsichtiges Textverständnis Platz greifen kann. Zydatiß weist allerdings selber darauf hin, daß man bei dieser Arbeit leicht den Wert der "primitiven" linguistischen Dekodierung unterschätzen kann. Textrezeption ist sowohl *concept-* als auch *data-driven*. Im Falle fremdsprachiger Texte erscheint es sogar plausibel, einen Überhang an *bottom-up*-Prozessen anzunehmen. Da Ton- und Bildkanal sich leicht trennen bzw. nach Belieben unterdrücken lassen, ist es möglich, die beiden Informationsträger, deren Zusammenspiel im übrigen noch kaum erforscht ist (vgl. jedoch Bentele/Hess-Lüttich 1985; Bufe et al. 1984), sukzessive abzuarbeiten.

Ganz generell muß gefragt werden, ob Nachrichtensendungen mit ihrer Textsortenvielfalt und hohen sprachlichen Elaboriertheit wirklich der ideale Einstieg sind. Dokumentarfilme, deren Tonteil meist erzählend-kommentierend aus dem *Off* kommt, könnten sich als viel geeigneter erweisen. Auch das in den letzten Jahren immer häufiger und immer intensiver behandelte Verhältnis von literarischer Vorlage und filmischer Adaptation (Buchloh et al. 1985) verdankt seine Beliebtheit nicht zuletzt der Tatsache, daß der literarische Text ein *advance organizer* ist und so auch das Hörverstehen nicht unerheblich stützt.

12. Massenmedien im Unterricht: Briefmarken

An ihrer Oberfläche sind Briefmarken Zahlungsbelege für entrichtete Transportgebühren. Diese Oberfläche ist häufig jedoch so attraktiv gestaltet, daß Millionen von Menschen sich als Philatelisten betätigen. Die Postverwaltungen machen sich das zunutze, indem sie den Zahlungsbelegen Botschaften "aufsatteln", die im grenzüberschreitenden Verkehr zu politischen Komplikationen führen können. Staaten benutzen Briefmarken auch, um territoriale Besitzansprüche zu signalisieren, sie benutzen sie gezielt als millionenfache Botschafter im Ausland. Es lohnt sich, den Strategien der Postverwaltungen nachzugehen (Hirth 1990), sie unter methodischen (Hellwig 1987) Gesichtspunkten zu betrachten oder unter landeskundlichen Aspekten im Unterricht einzusetzen (Jung 1981; 1982).

Literatur

Baddock, Barry (1984), *Press ahead. A teacher's guide to the use of newspapers in English language teaching,* Oxford.

Bentele, Günter/Hess-Lüttich, Ernest W.B., Hrsg. (1985), *Zeichengebrauch in Massenmedien,* Tübingen.

Buchloh, Paul G. et al. (1985), *Literatur und Film,* Kiel.

Bufe, Wolfgang et al., Hrsg. (1984), *Fernsehen und Fremdsprachenlernen,* Tübingen.

Davies, Norman F. (1978), "The use of the telephone in distance teaching", in: *ELT Journal,* Jg. 32, H. 4, 287-291.

Dunkling, Leslie (1979), "The English-teaching radio script", in: *ELT Documents,* H. 105, 31-40.

Förster, Ursula (1975), "Der Fernsehkurs 'Sprechen Sie deutsch?'", in: Péter Inkey/György Szepe (eds.), *Modern Linguistics and Language Teaching,* Den Haag/Paris, 435-439.

Fox, James (1978), "TELEFUN: a pragmatic approach to functional learning materials development", in: *TESOL Quarterly,* Jg. 12, H. 3, 297-309.

Glajcar, Michael (1982), "Franzosen in Mainz. Ein Projekt zum anwendungsnahen Fremdsprachenerwerb im Anfangsunterricht mit älteren Schülern", in: *Sprache und Beruf,* H. 2, 33-41.

Gummery, Pamela J./Crompton, P.M. (1986), "Computerized information retrieval system for undergraduates of Spanish", in: Keith C. Cameron et al. (eds.), *Computers and modern language studies,* Chichester, 136-143.

Hellwig, Karlheinz (1987), "Bildergeschichten mit Briefmarken im Englischunterricht", in: *Englisch,* Jg. 22, 132-137.

Hess-Lüttich, Ernest W.B. (1990), "Das Telefonat als Mediengesprächstyp", in: *Muttersprache,* Jg. 100, H. 2/3, 244-258.

Hirth, R. (1990), "Propaganda Recyclata. Vergil, Horaz und Augustus auf Briefmarken der Mussolini-Zeit", in: *Der Altsprachliche Unterricht,* Jg. 33, H. 1/2, 97-108.

Howse, Hugh (1979), "BBC English by radio and television – an outline history", in: *ELT Documents,* H. 105, 15-23.

Jung, Udo O.H. (1981), "Germany through stamps", in: *Die Unterrichtspraxis for the Teaching of German*, Jg. 14, H. 2, 246-259.

Jung, Udo O.H. (1982), "Mit Briefmarken im Fremdsprachenunterricht Staat machen", in: *Praxis des neusprachlichen Unterrichts*, Jg. 29, H. 2, 156-167.

Jung, Udo O.H. (1988), "Das Satellitenfernsehen zwischen Prozeß und Produkt", in: *Die Neueren Sprachen*, Jg. 87, 609-631.

Kenning, Michael (1986), "An interdisciplinary approach to CALL software development", in: *UEA Papers in Linguistics*, H. 25/26, 128-144.

Kornelius, Joachim (1983), "Textvermessung von Sprachzeitschriften", in: Wolfgang Kühlwein (Hrsg.), *Texte in Sprachwissenschaft, Sprachunterricht und Sprachtherapie* (= Forum Angewandte Linguistik Bd. 4), Tübingen, 78-81.

Lefranc, Robert (1967), "Radiovision as an aid to literacy learning in Niger", in: Unesco International Institut for educational planning (ed.), *New educational media in action: case studies for planners*, III, Paris, 43-57.

Leighton, David (1984), "An unqualified approach to the BBC's Russian language and people", in: *Modern Languages*, Jg. 65, H. 2, 113-115.

Liedtke, Manfred (1977), "How to telephone in Britain – zur Kopplung von Information und Übung bei lehrbuchunabhängigen Landeskundethemen", in: *Westermanns Pädagogische Beiträge*, Jg. 29, H. 2, 52-59.

Lutz, Benedikt/Wodak, Ruth (1986), "Information für Informierte", in: *Journal für Sozialforschung*, Jg. 26, 233-241.

Maurice, Micheline (1984), "Un réseau vidéo correspondance (R.V.C.)", in: *Die Neueren Sprachen*, Jg. 83, 352-358.

Rahmlow, Barbara (1982), "Situaciones communicativas – p.ej. 'Llamar por teléfono en España'", in: *Zielsprache Spanisch*, 15-28.

Rampillon, Ute (1982), "Introducing periodicals: Sprachzeitschriften im Englischunterricht der Sekundarstufe I", in: *anglistik & englischunterricht*, Bd. 17, 153-173.

Ryback, Stephanie (1980), *Learning languages from the BBC. Research into courses for adults*, London.

Schlemminger, Gerald (1986), "Radio selbst machen – in der Fremdsprache! Anregungen und Erfahrungen mit Deutschsendungen auf 'Freien Radios' in Frankreich", in: *Neusprachliche Mitteilungen*, Jg. 39, 91-94.

Schmidt, Veronika (1981a), "Zur Gestaltung von Sprachkursen im polnischen Rundfunk", in: *Deutsch als Fremdsprache*, Jg. 18, 165-169.

Schmidt, Veronika (1981b), "Erfahrungen mit Deutsch-Kursen in Polnischen Rundfunk", in: *Deutsch als Fremdsprache*, Jg. 18, 56-59.

Schneider, Rudolf (1970), "Schwierigkeiten beim Schreiben eines Sprachkurses für Funk oder Fernsehen", in: *Zielsprache Deutsch*, Jg. 1, H. 4, 181-188.

Silbermann, Alphons (1982), *Handwörterbuch der Massenkommunikation und Medienforschung*, Berlin.

Sturm, Hertha (1987), "Medienwirkungen auf Wahrnehmung, Emotion, Kognition. Eine Grundlage für medienpädagogisches Handeln", in: Ludwig J. Issing (Hrsg.), *Medienpädagogik im Informationszeitalter*, Weinheim, 91-115.

Vick, Eileen/Jung, Udo O.H. (1993), "Your're tuned in to Eszett Radio: Phone-In-Sendungen im Fremdsprachenunterricht", in: *Der fremdsprachliche Unterricht. Englisch*, Jg. 27, H. 12, 46-48.

Weise, Horst G. (1986), "Von Benvenuti bis Avanti. Sprachkurse im deutschen Fernsehen", in: *Weiterbildung und Medien*, Jg. 4, 22-26.

Wendt, Michael (1977), "'Das Telefonieren' als Beispiel für die Entwicklung der Fähigkeit zu sprachlichem Handeln im Französischunterricht", in: *Neusprachliche Mitteilungen*, Jg. 30, 29-39.

Zydatiß, Wolfgang (1986), "Schulung des Hörverstehens anhand der englischen Fernsehnachrichten 'News of the Week'", in: *Die Neueren Sprachen*, Jg. 85, 23-56.

Udo O. H. Jung

B2 Übergreifende Problembereiche

23. Das sprachliche Curriculum

1. Der Begriff "Curriculum"

Während unter "Lehrplan" (in seiner traditionellen Form) ein Ensemble von allgemeinen Zielangaben, Lehrinhalten und methodischen Hinweisen verstanden wird, ist der Begriff "Curriculum" wesentlich umfangreicher: Er umfaßt neben einer Curriculumtheorie die zur Aufstellung des Curriculum führenden Planungsschritte, staatliche Vorgaben wie Gesetzesnormen aus dem Grundgesetz, aus Länderverfassungen, Schulgesetzen und Prüfungsordnungen, außerdem Informationen zur Legitimation der Entscheidungsträger und des Entscheidungsprozesses, die Lernvoraussetzungen der Unterrichtsaktanten, präzise Ziel- und Inhaltsbestimmungen, die Lernorganisation (Methoden, Medien), die Implementation des Curriculum (d.h. die Maßnahmen, die ergriffen werden, um es in der Praxis wirksam werden zu lassen, und die Veränderungen, die es bei seiner Verwendung in der Praxis bewirkt), seine Dissemination (d.h. seine Verbreitung in den Bildungsinstitutionen) bis hin zur Evaluation (der Analyse und Bewertung seiner Ergebnisse), der Frage also, inwieweit die Lernenden die Ziele erreicht haben (Ergebnisevaluation) und wie sinnvoll die Ziele waren (intrinsische Evaluation). Das Curriculum wird als konsistentes System mit gegenseitiger Abhängigkeit aller Faktoren verstanden. Grundlegend für den Begriff "Curriculum" ist (dem Anspruch nach) auch heute noch die Forderung Robinsohns (1969, 1), "Entscheidungen über die Inhalte des Bildungsprogramms aus Beliebigkeit und diffuser Tradition hinaus in Formen rationaler Analyse und – soweit möglich – objektiver Alternativen zu heben".

Neben diesem umfassenden Begriff kommt "Curriculum" in anderen Bedeutungen vor: das von Wissenschaftlern erarbeitete Unterrichtsmaterial; Plan für eine Lehrsequenz (z.B. Unterrichtseinheit, Stunde, Teil einer Stunde); faktisch abgelaufener Unterricht; die Lehr- und Lernerfahrungen der am Unterricht Beteiligten (Terhart 1983). Im folgenden wird nur von dem umfassenderen Begriff die Rede sein.

2. Funktionen von Curricula

Curricula als Lehrpläne haben u.a. folgende Funktionen:
Sie sind bildungspolitische Programme, sie haben eine Innovations- bzw. Stabilisierungsfunktion für bildungs- und schulpolitische Entscheidungen, sie können die Planung, Durchführung und Analyse von Unterricht anleiten, sie haben eine Evaluations- und Kontrollfunktion für Unterricht, Lehrer- und Schülerleistungen und damit im Zusammenhang eine Selektionsfunktion für Schüler (vgl. Maaß 1990). Sie sollen die Einheitlichkeit und Vergleichbarkeit schulischer Inhalte rechtsverbindlich regeln (House 1985) und administrative sowie unterrichtliche Entscheidungen (wie die Vergabe von Berechtigungsnachweisen) legitimieren können.

3. Zur Entstehung von Curricula

Der Auftrag zur Erstellung von Curricula (in Deutschland gibt es etwa 7000, vgl. Westphalen 1990, 69) geht in der Bundesrepublik von den Kultusministern der Länder aus. Die Entwicklung erfolgt i.a. in Zusammenarbeit von Schulpraxis (mit einer Beteiligung von 77%), Wissenschaft (3,5%) sowie Schulverwaltung und von den Landes- oder Staatsinstituten der Kultusministerien, die mit der Lehrplanentwicklung beauftragt sind (19,5%) (Westphalen 1990, 69). In Anhörungsverfahren sind verschiedene gesellschaftliche Gruppen wie Lehrerverbände, der Landeselternbeirat, die Gewerkschaften und Kirchen beteiligt, so daß Curricula als Ergebnis bildungspolitischer (und häufig auch macht- und interessengeleiteter) Auseinandersetzungen (Maaß 1990) und Konsensfindungen angesehen werden können. Die Lehrplanarbeit vollzieht sich normalerweise in 5 Phasen:
1. *Reflexion* (Grundsatzarbeit; Erarbeitung von Vorgaben), 2. *Konstruktion* (Entwicklung von Lehrplanentwürfen), 3. *Evaluation* (Überprüfung der Entwürfe in Versuchsschulen; Diskussion der Entwürfe mit Lehrern), 4. *Implementation* (Inkraftsetzen der Lehrpläne; Ausbreitung durch Lehrerfortbildung und Erarbeitung von Zusatzmaterialien, die den Lehrplan konkretisieren und die Arbeit mit ihm erleichtern sollen, Materialien wie

Unterrichtsmodelle einzelner Stunden und die Aufbereitung von Lehrwerken), 5. *Revision* (Erneuerung von Lehrplänen aufgrund von Rückmeldungen aus der Praxis) (Bund-Länder-Kommission für Bildungsplanung und Forschungsförderung 1984, 19).

4. Der Zusammenhang von Lebenssituationen, Qualifikationen, Zielen, Inhalten, Methoden und Evaluation

In einer Zeit des Reformdrucks, in der neue gesellschaftliche und wirtschaftliche Qualifikationsanforderungen im Zusammenhang mit einer Wissensexplosion, einem rasanten technologischen Fortschritt und einer rasch expandierenden Volkswirtschaft von dem tradierten Bildungssystem nicht mehr zu bewältigen waren, wurde in den sechziger Jahren eine Neubestimmung der Bildungsprogramme gefordert. Das Modell von Robinsohn ging aus von einer Revision des Gesamtcurriculum, d.h. des "Gesamtinhalt(s) dessen (...), was von einem Schüler im Laufe einer 'Vollschulzeit' erfahren werden muß" (1969, 46). Bildung als "Ausstattung zum Verhalten in der Welt" erfordere einen Begründungszusammenhang von zu bewältigenden *Lebenssituationen*, darauf bezogenen *Qualifikationen* (durch die Aneignung von Kenntnissen, Einsichten, Haltungen und Fertigkeiten) und von *Bildungsinhalten*, die diese Qualifizierung bewirken sollen.

Das Modell hat auch erheblichen Einfluß auf die Curriculumentwicklung der Fremdsprachenfächer gehabt. Schon sehr bald wurden allerdings seine Grenzen deutlich, insbesondere die Schwierigkeit, künftige Situationen überhaupt und besonders angesichts des raschen gesellschaftlichen und ökonomischen Wandels zu diagnostizieren und außerdem eine stringente Deduktion von Qualifikationen, Zielen/Inhalten und der Unterrichtsorganisation aus Lebenssituationen vorzunehmen. Selbst wenn eine solche Ableitung möglich wäre, ist sie schwerlich in Einklang zu bringen mit emanzipatorischen und Selbststeuerungszielsetzungen von Schule. Es zeigte sich in diesem Zusammenhang auch, daß das Modell im Rahmen sehr unterschiedlicher Menschenbildannahmen und wissenschaftstheoretischer (z.B. empiristisch-behavioristischer) Prämissen interpretiert und verwendet werden kann.

In unterschiedlichen Forschungsprojekten wurden Methoden der Zielfindung und Zielexplizierung entwickelt. Der Ermittlung von Lehrzielen dienten Methoden wie Abnehmerbefragung, Arbeitsplatzanalyse, Expertenbefragung, Gruppendiskussion und international vergleichende Forschung sowie die Analyse und Verbesserung der Entscheidungsprozesse, die zur Aufstellung von Lehrzielen führen (Flechsig et al. 1970).

Zielpräzisierungen und -kategorisierungen wurden vorgenommen im Rahmen eines Dreistufenmodells zur Klassifizierung von Abstraktionsniveaus (Richtziele, Grobziele, Feinziele) (Möller 1973), wobei sich allerdings Deduktionen von niedrigeren aus höherrangigen Zielen als nicht möglich erwiesen haben (Meyer 1971). Bloom und Mitarbeiter unterscheiden in ihrer Zieltaxonomie drei Dimensionen (vgl. hierzu Jank/Meyer 1991, 305):

a) Kognitive Lernziele, die sich auf Denken, Wissen und Problemlösen beziehen (im Fremdsprachenunterricht z.B. deklaratives Wissen wie die Kenntnis von grammatikalischen Kategorien, Begriffen und Termini).

b) Affektive Lernziele, die sich auf die Bereitschaft, etwas zu tun, und auf die Entwicklung von Einstellungen bzw. Werthaltungen beziehen.

c) Psychomotorische Lernziele, die die motorischen Fertigkeiten betreffen.

Ein weiteres Kategorisierungsinstrument ist die Lernzieltaxonomie, d.h. die Ordnung der Lernziele nach ihrem Schwierigkeits- bzw. Komplexitätsgrad (im kognitiven Bereich z.B. ein wachsender Komplexitätsgrad von "Kenntnis" über "Verständnis", "Anwendung", "Analyse", "Synthese" zu "Beurteilung", wobei jede dieser 6 Stufen in Unterkategorien eingeteilt wird). Eine solche Taxonomie haben Bloom und Mitarbeiter für den kognitiven und den affektiven Bereich entwickelt.

Zur Zielpräzisierung gehört auch die Angabe des Grades, bis zu dem das Ziel beherrscht werden soll. Hier sind nur Annäherungswerte angebbar wie "sich einem Muttersprachensprecher gegenüber leicht verständlich machen", wobei "leicht" zusätzlich operationalisiert werden kann durch Forderungen wie "mit ausreichender Sprechgeschwindigkeit" (van Ek 1985). Schließlich ist hinsichtlich der Präzisierung der Ziele eine Gewichtung der Fertigkeiten vorgeschlagen worden, z.B. in der Sekundarstufe für Hörverstehen, Lesestehen, Sprechen, Schreiben das Verhältnis 8:7:4:2 (Piepho 1974, 16).

Ein sprachliches Curriculum kann niemals bloß auf die Bezeichnungsfunktion der Sprache eingeschränkt werden, weil Sprache ein System von Zeichen in der doppelten Ausprägung von Bezeichnendem (*signifiant*) und Bezeichnetem (*signifié*) ist. Eine Sprache zu lehren heißt darum immer auch, zugleich sprachspezifisch inhaltliche und damit kulturelle Informationen zu vermitteln. Allgemeine Ziele wie "Selbständigkeit", "Kommunikationsfähigkeit", "Teamfähigkeit", "Problemlösefähigkeit", "Verantwortungsfähigkeit", "Friedensfähigkeit" sind *Schlüsselqualifikationen* (Hameyer 1992, 214), die neben den Fachzielen im Curriculum festgeschrieben werden und die nur erreichbar sind, wenn alle Fächer ihren Beitrag hierzu leisten.

Zwischen den Zielen, den Methoden und den Formen der Feststellung der Ergebnisse des Unterrichts besteht ein struktureller Zusammenhang. Wenn die Lehrziele nicht unverbindlich bleiben sollen und eine Chance bestehen soll, sie zu erreichen, müssen die Lehr-/Lernmethoden handlungsstrukturell möglichst weitgehend denen der Ziele entsprechen: Das bloße Lesen von Texten beispielsweise wird kaum zu dem Ziel einer "Kommunikationsfähigkeit in Alltagssituationen" hinführen. Ebensowenig dürfen sich die Handlungsstrukturen (Gagné spricht von "Leistungsformen") der Lernerfolgskontrollen von denen der Ziele (und Methoden) unterscheiden, wenn die Zielqualität *valide* erfaßt werden soll. In diesem Sinne ist es unangemessen, die Fähigkeit, sich in Kommunikationssituationen sprachlich erfolgreich zu behaupten, ausschließlich mit Tests zu überprüfen, die nur Teilfähigkeiten erfassen, wie das etwa bei *multiple choice*-Aufgaben der Fall ist. Ziele, Methoden und Tests müssen also handlungsstrukturell aufeinander bezogen sein. "Das bestehende Repertoire an Lernkontrollen muß (deshalb) erweitert, verändert oder durch neue Überprüfungsarten ersetzt werden, eben weil sich die Lehrziele inhaltlich ändern oder verändert haben" (Vollmer 1989, 223; vgl. auch Macht 1989, 232). Die handlungsstrukturelle Interdependenz zwischen Zielen, Methoden und der Leistungsfeststellung ist auch deswegen zu betonen, weil häufig die Formen der letzteren die Methoden und damit die Ziele nachteilig beeinflussen (Macht 1989).

5. Auswahl der Lehrinhalte

Aufgrund der aufgestellten Ziele (z.B. "Kommunikationsfähigkeit in Alltagssituationen"), die den zeitlichen Umfang des Kurses und die Voraussetzungen und Sprachlernbedürfnisse bestimmter Lerngruppen bereits berücksichtigen, werden sprachliche Auswahlen getroffen. Eine curricular relativ stringente Methode zur Gewinnung von Auswahlen über die kommunikative und sprachliche "Explizierung" der Richtziele versucht z.B. die vom Europarat veröffentlichte *Kontaktschwelle Deutsch als Fremdsprache*. "Zielexplizierung" wird hier verstanden als eine zwar nicht logisch abgeleitete und formalisierte, wohl aber möglichst detaillierte und kategorial begründete Beschreibung, die gewährleisten soll, daß die Ziele von allen Benutzern annähernd gleich verstanden werden (Baldegger et al. 1985).

Die Zielexplizierung beginnt bei den Situationen, in denen die Lernenden vermutlich sprachlich handeln werden, d.h. bei dem Komplex außersprachlicher Bedingungen, die den Sprachakt determinieren. Diese sind a) der Ort, an dem die Kommunikation stattfindet, b) die Themen, hinsichtlich derer in der Situation sprachlich gehandelt wird, c) die Rolle und die sozialen Beziehungen, die in der Situation zur Geltung kommen. Hierbei wird wiederum unterschieden zwischen 1. den relativ stabilen Identitätsmerkmalen wie Alter und Nationalität, 2. den wechselnden Funktionsrollen wie Kunde/Verkäufer, 3. der affektiven Einstellung (Sympathie, neutrale Einstellung, Antipathie), 4. dem Bekanntschaftsgrad, 5. dem Rangverhältnis (gleichberechtigt; unter- bzw. übergeordnet) (Baldegger et al. 1985).

Eine weitere zielexplizierende Kategorie ergibt sich aus der Frage, was sprachhandelnde Personen in diesen Situationen tun, ob sie zuhören, sprechen, lesen oder schreiben. Beim Lernziel "Lesen fachsprachiger Texte" z.B. genügt es, ein Inventar nur für diese eine Fertigkeit aufzustellen.

Zur Zielexplizierung gehört weiter die Frage, welche Sprachfunktionen in diesen durch die vier Fertigkeiten bezeichneten Sprachhandlungen realisiert werden, z.B. "um etwas bitten" oder "einen Wunsch zum Ausdruck bringen". Entsprechend dem Stand der sprachwissenschaftlichen Diskussion sind die hierzu bisher vorgelegten Kataloge in ihren Kategorisierungen und Benennungen uneinheitlich und nicht vollständig.

Mit den eben erwähnten Sprachhandlungen beziehen wir uns gleichzeitig auf allgemeine und spezifische Begriffe (Notionen). Allgemeine Notionen wie "Vergangenheit", "Gegenwart", "Existenz" oder "Eigenschaft" können in allen Themen oder Situationen vorkommen, während die spezifischen Notionen thema- oder situationsbezogen sind (z.B. beim Wetter "schön" oder "Regen").

Der letzte Schritt der Zielexplizierung besteht in der Zuordnung von Sprachformen (Exponenten) zu den eben erwähnten Katalogen, woraus sich die sprachliche Auswahl ergibt. Während beispielsweise bei der *Kontaktschwelle Deutsch als Fremdsprache* Wortschatz und Strukturen aus den drei Kategorien "Sprechakte", "allgemeine Begriffe" und "spezifische Begriffe" abgeleitet werden, gehen die Autoren der Liste der VHS-Zertifikate von Situationen-, Themen-, Sprechintentionen- und Textsortenkatalogen aus (Denninghaus 1975). Da die für die Auswahl erforderlichen Textcorpora der angenommenen Zielsituationen noch nicht vorliegen (vgl. aber Mindt 1987), basiert die Auswahl weitgehend auf Intuition, Erfahrung und Konsens der Autoren, aber auch auf dem Ergebnis eines Vergleichs mit schon vorliegenden, auf Frequenzuntersuchungen beruhenden Auswahllisten, z.B. dem *français fondamental*.

Darüber hinaus werden folgende Kriterien für die Auswahl der Exponenten verwendet: 1. Allgemein darf das sprachliche Inventar eines Curriculum keine nur quantitativ reduzierte Auswahl sein, sondern ist qualitativ so zu bestimmen, daß eine in sich geschlossene Funktionsfähigkeit erreicht wird. So müssen lexikalische und grammatische Minima aufeinander abgestimmt werden, insbesondere Wortsemantik und Grammatik. 2. Um das Volumen der Lerninhalte möglichst gering zu halten, sind Sprachformen mit möglichst großer Verwendungsbreite und Übertragbarkeit (*range*) auszuwählen: eine Struktur, die in allen Texten vorkommt, ist wichtiger als eine, die nur in einem Text auftritt, selbst wenn sie hier hochfrequent ist. 3. Semantisch umfangreichere lexikalische oder grammatische Ausdrücke können Formen mit spezifischer Bedeutung ersetzen (*coverage*); hingegen werden Formen mit spezifischer Bedeutung verwendet, wenn die allgemeine Form ungebräuchlicher ist, z.B. "Flugzeug" statt "Verkehrsmittel" (Baldegger et al. 1985, 45). 4. Nach dem Kriterium der Disponibilität sind auch niederfrequente Wörter in die Auswahl aufzunehmen, sofern sie in bestimmten Situationen verfügbar (disponibel) sein müssen, um die Kommunikation zu ermöglichen. 5. Über die Aufnahme grammatischer Strukturen wird neben Lernzeit und spezifischen Zielen nach existierenden Strukturlisten und überwiegend intuitiven Kriterien wie Lernschwierigkeit und Frequenz entschieden. Im allgemeinen wurde und wird noch heute die Frequenz eines Wortes oder einer Struktur aus *unspezifischen*, nicht zielorientierten Textcorpora gewonnen. Mindt (1987) hat dagegen für die Zwecke des Englischunterrichts (hinsichtlich der Futurformen) zielbezogene Teilcorpora aus vorhandenen Sprachcorpora ausgegliedert und zu neuen Datensammlungen zusammengestellt, um diese zur Grundlage von Frequenzuntersuchungen zu machen. Darüber hinaus hat er Kookkurrenzbeziehungen erfaßt, die es ermöglichen, die sprachlichen Umgebungen einer Struktur so für das Curriculum zu erfassen, wie es ihrem Vorkommen im authentischen Sprachgebrauch entspricht. 6. Mindestinventare sollten so konstruiert werden, daß sie für anschließende Kurse ausbaufähig sind (Wienold 1973). Einander widersprechende Kriterienanforderungen bedürfen der Regelung durch Metakriterien.

Hinsichtlich des Status von Auswahlen ist festzustellen, daß sie zunächst nur Lehrinhalte darstellen, die im Zuge der Zielexplizierung gewonnen wurden, als solche aber nur "Halbfertigprodukte" (Scherfer) repräsentieren, die von den Nutzern (z.B. Lehrer und Lehrwerkautoren) zu konkreten Lehrzielen und -aufgaben transformiert werden müssen.

Unter dem Gesichtspunkt von Sprachnormen ist von Bedeutung, daß traditionellen Sprachinventaren systemlinguistische Normen zugrunde liegen, welche die Sprache als ein von den Kommunikationsbedingungen abstrahierendes "neutrales", homogenes Zeichensystem auffassen. Für kommunikativ-sprachliche Inventare gilt ein soziolinguistischer Normbegriff, der Sprache als Vielzahl heterogener Subsysteme (Register) versteht und die kommunikative Angemessenheit der Sprache betont (Kleineidam 1986). So werden im Fremdsprachenunterricht fertigkeitsspezifische Auswahlen getroffen, z.B. für die Sekundarstufe I im Sprechbereich die überregionale Standardvariante, für den Hörverstehensbereich zusätzlich die Standardvarianten wichtiger Regiolekte.

Zur Auswahl des Curriculum gehören nicht nur die sprachlichen *Exponenten*, sondern auch *Wissen über die Sprache* (Regeln). Wenn Lehrziele wie "Autonomie", "Mündigkeit", "Selbständigkeit" keine Leerformeln bleiben sollen, müssen nicht nur im Verlauf des Lehr-/Lernprozesses stärker fremdsteuernde durch mehr selbststeuernde Verfahren ersetzt werden, sondern auch instrumentelle Ziele formuliert werden, die die Selbststeuerung des Lernens überhaupt erst ermöglichen, mithin Ziele zum

"Lernen des Lernens". Hierbei geht es, was die Auswahl angeht, einerseits um deklaratives Wissen, d.h. die Kenntnis von Kategorien, Begriffen und Termini, andererseits um prozedurales Wissen, das der Ausführung von Fertigkeiten zugrunde liegt und normalerweise nicht bewußt ist, ferner um Verstehens-, Lern- und Problemlösestrategien und schließlich um die Selbstreflexion beim Bearbeiten von Aufgaben, also metakognitives Wissen über die eigenen mentalen Prozesse und deren Bedingungen (Mandl/Friedrich/Hron 1986; Tönshoff 1990).

6. Anordnung der Lehrinhalte

Die Auswahlen des Curriculum können nicht alle gleichzeitig vermittelt werden und sind deshalb über den Kurs hinweg zu verteilen.

Es gibt vier Möglichkeiten, das Problem der Anordnung zu handhaben:
a) Man verzichtet darauf, die Lehrinhalte in eine bestimmte Reihenfolge zu bringen und vermittelt statt dessen Texte nach lernerorientierten (z.B. Bedürfnis- oder Interessen-) Gesichtspunkten, wie das bei "direkten Methoden" der Fall sein kann; damit entfällt eine Steuerung des Lernprozesses über die Anordnung. b) Die Anordnung der sprachlichen Eigenschaften kann den Progressionen angepaßt werden, die beim natürlichen Spracherwerb auftreten, eine Methode, die allerdings wegen der mangelnden Kenntnis der Prozesse, die den Sequenzen zugrunde liegen, nicht als Grundlage für Entscheidungen über Anordnungen dienen kann (Knapp 1980). Die Auswahlen des Curriculum werden c) nach pragmatisch-kommunikativen oder d) nach sprachlich-systematischen Gesichtspunkten über den Kurs hinweg verteilt. Daß die Art der Anordnung Einfluß auf Lernprozeß und Lernerfolg hat, konnte mehrfach nachgewiesen werden (Knapp 1980).

Bei der "kommunikativen Anordnung" bestimmen außersprachliche Kategorien wie "Notion" oder "Sprechakttyp" den Aufbau des Lehrgangs, denen anschließend sprachliche Eigenschaften zugeordnet werden; bei der sprachlichen Anordnung sind linguistisch-didaktische Kategorien Grundlage der Verteilung. Mit der kommunikativen Anordnung sind folgende Probleme verbunden: 1. Es ist bisher unklar, nach welchen Kriterien die Anordnung der kommunikativen Kategorien erfolgen soll, zumal weder aus dem Erst- noch aus dem Zweitsprachenerwerb bekannt ist, ob sie in einer geordneten Sequenz erworben werden (Knapp 1980). Da Gesichtspunkte der Lernschwierigkeit nicht auszumachen sind, geben sie kein Kriterium ab; schwieriger oder leichter sind nur die sprachlichen Eigenschaften; sie müssen auch bei einer kommunikativen Anordnung in eine Reihenfolge gebracht werden. 2. Die Erlernung nur auf kommunikative Kategorien bezogener, miteinander aber nicht verbundener und nicht systematisierungsfähiger sprachlicher Elemente ist mit kognitiven Prinzipien des Lernens und Einstellungen von Lehrern und Schülern häufig schwer vereinbar (Zimmermann 1984). Die Möglichkeiten der generativen, kreativen Potenz der mehrere Eigenschaften zusammenfassenden grammatikalischen Regel können bei der kommunikativen Anordnung nicht (oder erst spät, Verf.) wirksam werden (Hüllen 1979).

Die sprachliche Anordnung bringt ihrerseits Probleme mit sich: 1. Die Lernschwierigkeit der Strukturen als Grundlage der Stufung vom Leichteren zum Schwierigeren ist nur intuitiv zu definieren. 2. Sie kann zur Vermittlung einer grammatikzentrierten, unnatürlichen Sprache und zu einer Geringschätzung der sozialen Bedeutung von Sprache beitragen. So fehlen in den Lexik- und Strukturenlisten sprachliche Komponenten, die für die Bewältigung der kommunikativen Ziele notwendig sind, z.B. Intonationsverläufe, Interjektionen, Gliederungssignale, Syntagmen/Phrasen, Kollokationen und *gambits* (d.h. gesprächsstrategische Äußerungen, die den Redefluß aufrechterhalten: *well, erm, let me think, I mean, you see*, Edmondson/House 1981, 61 f.).

Die Dichotomie "kommunikative – sprachliche Anordnung" ist zu relativieren: 1. Weder die kommunikative noch die sprachliche Anordnung werden i.a. in Reinform verwirklicht. 2. Bestimmte Inhalte (z.B. bei einem fachsprachlichen Lesekurs für Mediziner) liegen jenseits der Dichotomie: Sie werden weder nach kommunikativen noch nach sprachlichen Kategorien verteilt, sondern z.B. nach Kriterien der Fachrelevanz. 3. Erwartungen der Lernenden an die Unterrichtsstruktur (eher kommunikativ-unsystematisch oder eher sprachlich-systematisch), die in einer Lerngruppe vorkommen können und die bestimmten Lernstilen entsprechen, sollten nicht unberücksichtigt bleiben.

Ein Gesichtspunkt, der die Kombination der funktionalen und der sprachlichen Anordnung zusätzlich kompliziert, sind die lernförderlichen bzw.

lernhemmenden Eigenschaften (Interferenzen) der Verteilung der sprachlichen Elemente bei ihrem Miteinandervorkommen (*grouping*) und der Aufeinanderfolge (*sequencing*). Außerdem setzt die Einführung bestimmter sprachlicher Eigenschaften die gleichzeitige oder baldige Einführung anderer Eigenschaften voraus oder verhindert diese. Zum Beispiel erfordert bei der Vermittlung der Fragestrukturen im Englischen die Einführung des *simple present* die gleichzeitige Präsentation der *do*-Umschreibung; wird hingegen das *present continuous* eingeführt, kann a) die *do*-Umschreibung nicht berücksichtigt werden und können b) bestimmte lexikalische Eigenschaften, etwa die Verben der Wahrnehmung, nicht einbezogen werden (Knapp 1980).

7. Gegenwärtige Entwicklungen und Zukunftsperspektiven

An den herkömmlichen Curricula ist bemängelt worden, daß sie den Curriculumprozeß aufteilten in Produzenten und Abnehmer, wobei letztere in eine Rezipientenrolle gedrängt würden, die es ihnen unmöglich mache, Einfluß zu nehmen und eigene Lehr-/Lernbedürfnisse zu berücksichtigen. Das Resultat seien geringe Motivation und ein Gefühl der Ohnmacht und des Unbeteiligtseins. So müßten auch die Lernenden die Möglichkeit haben, ihre Interessen und Bedürfnisse im Kontext des Unterrichts zu artikulieren, ihr Vorwissen und ihre Einstellungen müßten Berücksichtigung finden können (Schmack 1978). Eine Trendanalyse der pädagogischen und fachdidaktischen Veröffentlichungen, aber auch der öffentlichen Medien läßt erkennen, daß Forderungen immer lauter werden, der Unterricht müsse weniger rigide, weniger verschult, lebensnäher, aber auch demokratischer, partizipatorischer werden, Lehrende und Lernende müßten – unter veränderten Menschenbildannahmen und im Gefolge kognitions- und handlungstheoretischer Prämissen – in höherem Maße *eigenverantwortlich* handeln können. Hameyer (1992, 213) spricht hinsichtlich des Curriculum von dem "Kernthema der Selbsttätigkeit" und einem "erweiterten Lernbegriff mit stärkeren Erfahrungselementen im Sinne von *experiential* und *explorative learning*". Dieser Trend manifestiert sich in den Lehrplänen und in den Zielvorgaben "Mündigkeit", "Fähigkeit und Bereitschaft zu selbstreguliertem Lernen", aber auch in den Unterrichtsmodellen der Humanistischen Pädagogik, des handlungsorientierten und des praktischen Lernens, des "offenen Unterrichts" und Konzepten wie "Lernen durch Lehren". Von daher sind zweckrational organisierte, geschlossene, zentral vorgegebene Curricula, nach dem "machtorientierten Bürokratiemodell" (Lütgert/Stephan) von oben nach unten verordnet, obsolet geworden. Die bloße Rezipientenrolle führt auch zu Verstehens-, Umsetzungs- und Anwendungsproblemen bis hin zu der Möglichkeit, daß Curricula durch Ignorieren folgenlos bleiben. Immerhin konnte in einer Untersuchung festgestellt werden, daß sich bei fast zwei Dritteln der Lehrenden die Planung und Durchführung von Unterricht durch die Beschäftigung mit dem Lehrplan nicht (38,7%) oder nicht wesentlich (25,6%) geändert hat (Maaß 1990, 419).

Als Sammelbezeichnung für eine Gegenposition hat sich der Begriff "offenes Curriculum" mit alternativen Begriffen wie "schulnahe, handlungsorientierte, praxisnahe Curriculumentwicklung" etabliert. Zentral für die Diskussion zu diesem Thema ist die Frage, wie es möglich ist, über eine "curriculare Öffnung" zugleich den Unterricht offener werden zu lassen (Schmack 1978, 9 u. 33). Als offene Curricula können "Großcurricula" gelten, die nur orientierenden Charakter haben und den allgemeinen didaktischen Bezugsrahmen festlegen, innerhalb dessen in Zusammenarbeit von Forschung und Praxis, z.B. in regionalen Instituten, Teilcurricula dezentralisiert und schulnah, mit einem größeren Einfluß der einzelnen Schule entwickelt werden, etwa in der Form, wie das in der wissenschaftlichen Begleitforschung an Gesamtschulen der Fall war. Sie können auch als Lernzielkataloge oder -sequenzen auftreten, die praxisnah zu implementieren sind (Schmack 1978). Als Mischform sind Curricula anzusehen, die traditionelle Lehrplanvorgaben enthalten, aber Gestaltungsspielräume dadurch eröffnen, daß ein bestimmter Prozentsatz der Unterrichtszeit den Lehrenden und den Fach- bzw. Fachbereichskonferenzen sowie den Lernenden zur freien Verfügung überantwortet wird (vgl. die neuen Rahmenrichtlinien von Niedersachsen).

Bei dem partizipatorischen Prozeßmodell der Curriculumentwicklung darf allerdings die Gefahr der Überforderung der Unterrichtsaktanten in einem sehr komplexen Theorie-Praxisfeld nicht unterschätzt werden, die zu einem Rückfall in die dezisionistischen Verfahren des traditionellen Unterrichts und zu unzureichenden Lernergebnissen führen kann (Schmack 1978). Hier dürften nur neue Formen der Lehreraus- und -fortbildung sowie die institutionalisierte und längerfristige Zusammenarbeit von Theorie und Praxis eine Grundlage für befriedigende Lösungen anbieten. Ein sehr aufschlußreiches Beispiel hierfür ist das Marburger Handlungsforschungsprojekt "Innovationsforschung am Beispiel der Grundschule", das von einer erziehungswissenschaftlichen Forschungsgruppe und Lehrern gemeinsam durchgeführt wurde (Klafki et al. 1982). Vielleicht sollten auch systemische Verfahren (wie z.B. in den Niederlanden) erwogen werden, wo der Lehrplan mit Materialentwicklung, Lehreraus- und -fortbildung, mit Lehrbuch- und Testentwicklung sowie Fernsehprogrammen vernetzt wird, um über Synergieeffekte bessere Ergebnisse zu erzielen (Hameyer 1992).

Literatur

Baldegger, Markus/Müller, Martin/Schneider, Günther (1985), *Kontaktschwelle Deutsch als Fremdsprache,* Berlin/München.
Bloom, Benjamin S., Hrsg. (1972), *Taxonomie von Lernzielen im kognitiven Bereich,* Weinheim/Basel.
Brumfit, Christopher J. (1984), *General English Syllabus Design,* Oxford.
Bund-Länder-Kommission für Bildungsplanung und Forschungsförderung, Hrsg. (1984), *Lehrplanentwicklung und Schulpraxis. OECD/CERI-Seminar Berlin 1983,* Bonn.
Denninghaus, Friedhelm (1975), "Methoden der expliziten Lernzielbestimmung", in: *Praxis des neusprachlichen Unterrichts,* Jg. 22, 127-141.
Edmondson, Willis/House, Juliane (1981), *Let's talk and talk about it. A pedagogic interactional grammar of English,* München/Wien/Baltimore.
Flechsig, Karl-Heinz/Garlichs, Ariane/Haller, Hans-Dieter/Heipcke, Klaus/Schlösser, Heide (1970), "Probleme der Entscheidung über Lernziele", in: *Programmiertes Lernen, Unterrichtstechnologie und Unterrichtsforschung,* Jg. 7, 1-32.
Hameyer, Uwe (1992), "Stand der Curriculumforschung – Bilanz eines Jahrzehnts", in: *Unterrichtswissenschaft,* Jg. 20, H. 3, 209-232.
Hameyer, Uwe/Frey, Karl/Haft, Henning, Hrsg. (1983), *Handbuch der Curriculumforschung,* Weinheim/Basel.
House, Juliane (1985), "Einige Überlegungen zum Verhältnis von Richtlinien und Fremdsprachenunterricht", in: Karl-Richard Bausch/Herbert Christ/Werner Hüllen/Hans-Jürgen Krumm (Hrsg.), *Forschungsgegenstand Richtlinien. Arbeitspapiere der 5. Frühjahrskonferenz zur Erforschung des Fremdsprachenunterrichts,* Tübingen, 68-74.
Hüllen, Werner (1979), "Sprachfunktionen in einer didaktischen Grammatik", in: Karl-Richard Bausch (Hrsg.), *Beiträge zur didaktischen Grammatik,* Königstein/Ts., 117-137.

Jank, Werner/Meyer, Hilbert (1991), *Didaktische Modelle,* Frankfurt a.M.
Klafki, Wolfgang et al. (1982), *Schulnahe Curriculumentwicklung und Handlungsforschung. Forschungsbericht des Marburger Grundschulprojekts,* Weinheim/Basel.
Kleineidam, Hartmut (1986), *Fremdsprachengrammatik: Analysen und Positionen,* Tübingen.
Knapp, Karlfried (1980), *Lehrsequenzen für den Zweitsprachenerwerb,* Braunschweig/Wiesbaden.
Maaß, Detlef (1990), *Die Lehrpläne für den Französischunterricht der Sekundarstufe I in der Bundesrepublik und Berlin in der Zeit von 1965-1982: ihre Entstehung und Entwicklung sowie ihre Auswirkungen auf den Französischunterricht,* Frankfurt a.M.
Macht, Konrad (1989), "Leistungsmessung und Curriculum", in: Karl-Richard Bausch/Herbert Christ/Werner Hüllen/Hans-Jürgen Krumm (Hrsg.), *Handbuch Fremdsprachenunterricht,* 1. Aufl., Tübingen, 231-233.
Mandl, Heinz/Friedrich, Helmut Felix/Hron, Aemilian (1986), "Psychologie des Wissenserwerbs", in: Bernd Weidenmann/Andreas Knapp/Manfred Hofer/Günter L. Huber/Heinz Mandl (Hrsg.), *Pädagogische Psychologie,* Weinheim, 143-218.
Meyer, Hilbert L. (1971), "Das ungelöste Deduktionsproblem in der Curriculumforschung", in: Frank Achtenhagen/Hilbert L. Meyer (Hrsg.), *Curriculumrevision – Möglichkeiten und Grenzen,* München, 106-132.
Mindt, Dieter (1978), "Probleme des pragmalinguistischen Ansatzes in der Fremdsprachendidaktik", in: *Die Neueren Sprachen,* Jg. 77, 340-356.
Mindt, Dieter (1987), *Sprache – Grammatik – Unterrichtsgrammatik,* Frankfurt a.M.
Möller, Christine (1973), *Technik der Lernplanung,* 4. Aufl., Weinheim/Basel.
Nunan, David (1989), *The Learner-Centred Curriculum,* Cambridge.
Piepho, Hans-Eberhard (1974), *Kommunikative Kompetenz, Pragmalinguistik und Ansätze zur Neubesinnung in der Lernzielbestimmung im Fremdsprachenunterricht,* Düsseldorf.
Robinsohn, Saul B. (1969), *Bildungsreform als Revision des Curriculum,* 2. Aufl., Neuwied a.R.
Schmack, Ernst (1978), *Offenes Curriculum – offener Unterricht. Möglichkeiten und Grenzen,* Kastellaun.
Terhart, Ewald (1983), "Curriculumforschung aufgrund interpretativer Methoden", in: Uwe Hameyer/Karl Frey/Henning Haft (Hrsg.), *Handbuch der Curriculumforschung,* Weinheim/Basel, 533-544.
Tönshoff, Wolfgang (1990), *Bewußtmachung – Zeitverschwendung oder Lernhilfe? Ausgewählte Aspekte sprachbezogener Kognitivierung im Fremdsprachenunterricht,* Bochum.
van Ek, Jan (1985), *The Threshold Level for Modern Language Learning in Schools,* London.
Vollmer, Helmut J. (1989), "Leistungsmessung: Überblick", in: Karl-Richard Bausch/Herbert Christ/Werner Hüllen/Hans-Jürgen Krumm (Hrsg.), *Handbuch Fremdsprachenunterricht,* 1. Aufl., Tübingen, 222-226.
Westphalen, Klaus (1990), "Lehrplanarbeit", in: Jörg Petersen/Gerd-Bodo Reinert (Hrsg.), *Pädagogische Positionen,* 68-82.

Wienold, Götz (1973), *Die Erlernbarkeit der Sprachen*, München.
Zimmermann, Günther (1984), *Erkundungen zur Praxis des Grammatikunterrichts*, Frankfurt a.M.
Zimmermann, Werner et al. (1977), *Von der Curriculumtheorie zur Unterrichtsplanung*, Paderborn.

Günther Zimmermann

24. Landeskunde-Didaktik und landeskundliches Curriculum

1. Begriffsbestimmung und Aufgabenbeschreibung

Landeskunde meint alle Bezüge auf die Gesellschaft(en), deren Sprache im Fremdsprachenunterricht gelernt wird. Solche soziokulturellen Bezüge treten im fremdsprachlichen Curriculum immer dann auf, wenn den Lernenden die fremde Sprache in ihrem ursprünglichen Verwendungszusammenhang vorgestellt wird. Dies ist in solchen Lernsituationen der Fall, in denen Sprecher der Fremdsprache in ihrer Umwelt miteinander kommunizieren. Auf diese, ihnen vertraute gemeinsame Umwelt nehmen die Sprecher der Fremdsprache Bezug. Aber den Lernern der Fremdsprache können diese Bezüge entgehen, weil ihnen die entsprechende Umwelt nicht bekannt ist. Im Fremdsprachenunterricht werden die (fremd)sprachlichen Modelle häufig vor ihrem (fremd)kulturellen Hintergrund abgebildet, ohne daß dieser Zusammenhang den Lernenden bewußt wird.

Soziokulturelle Bezüge werden dann deutlicher, wenn die Lernenden auf die interkulturelle Begegnung mit einem fremdsprachigen Sprecher oder Text vorbereitet werden. In beiden Situationen interkultureller Kommunikation muß sich neben der sprachlichen die landeskundliche Kompetenz bewähren, weil neben unterschiedlichen Sprachsystemen auch unterschiedliche gesellschaftliche Erfahrungen aufeinandertreffen (vgl. Art. 10).

Als Teildisziplin der Fremdsprachendidaktik befaßt sich die Landeskunde-Didaktik mit diesen Bezügen des Fremdsprachencurriculums. Dabei richtet sich das landeskundliche Curriculum auf die Erweiterung der interkulturellen Kompetenz, die im Medium der Fremdsprache und durch Aneignung und Aushandlung soziokultureller Bedeutung eigene und fremde gesellschaftliche Erfahrung miteinander vermittelt.

Der Begriff der Landeskunde hat sich für diesen Teil der Fremdsprachendidaktik und des Fremdsprachencurriculums durchgesetzt (Schrey 1979), obwohl sich die Fachdidaktik Englisch nur zögernd von dem traditionellen Begriff der Kulturkunde gelöst hat (Bliesener et al. 1977). Landeskunde kann als Begriff von fachhistorischen Assoziationen befreien, weil dieser Begriff in der 100jährigen Geschichte der Fremdsprachendidaktik in Deutschland fast nie benutzt worden ist. Seit der neusprachlichen Reform, die sich immerhin für eine pragmatische, sachorientierte Realienkunde eingesetzt hat, galt "Landeskunde" als unnötig verkürzendes, lediglich geographisches Wissen. Diese enge Bedeutung der Landeskunde lebt bis heute in Reiseführern fort, in denen die natürliche, vom Menschen kaum beeinflußbare Landeskunde abgesetzt wird von Geschichte, Sprache und Kultur.

Weniger enge Begriffe von Landeskunde gibt es in der Geographie ("Länderkunde") und in der Geschichtswissenschaft ("Geschichtliche Landeskunde"). In beiden Disziplinen findet dabei eine räumliche Einschränkung auf Regionen statt, die inner- oder außerhalb nationalstaatlicher Grenzen liegen. In diesem Rahmen wirken aber mehrere Disziplinen zusammen, um ein möglichst ganzheitliches Bild von der Entwicklung eines "Kulturraums" zu erreichen. Dabei scheint die Sprache keine autonome kulturelle Rolle zu spielen. Sprachgrenzen decken sich im allgemeinen weder mit historisch-kulturellen noch mit politisch-administrativen Grenzen. Ein Blick auf den deutschen oder den englischen Sprachraum kann bestätigen, daß es keine Einheit von Kultur- und Sprachraum geben muß.

Landeskunde ist ein Begriff, der einen regionalen sprachlichen Zugriff mit einem interdisziplinären kulturellen Ansatz verbindet. Landeskunde eignet sich als Begriff aber auch deshalb, weil er von spezifischen Gesellschaften absieht und das Gemeinsame der England-, Amerika-, Frankreichkunde unter den Bedingungen des Fremdsprachenunterrichts in den Blick nimmt. International gilt die Landeskunde zwar häufig noch als europäisches oder gar deutsches Konzept. Aber entsprechende Begriffe und Aufgabenbereiche finden sich zunehmend auch außerhalb der Bundesrepublik: *background studies* oder neuerdings *cultural studies* in Großbritannien, *civilisation* oder *culture étrangère* in Frankreich und *area* oder *international studies* sowie *culture learning* in den USA. Für die überfällige internationale Diskussion solcher Fragen des Fremdsprachenunterrichts bietet sich vielleicht der Begriff der *intercultural studies* auf der wissenschaftlichen Ebene und des *intercultural learning* auf der Unterrichtsebene an (Byram/Buttjes 1991).

Obwohl sich zum Begriff der Landeskunde keine praktische Alternative abzeichnet, können bei seiner Verwendung Mißverständnisse auftreten. Bei dem hier gemeinten Aufgabenbereich des Fremdsprachencurriculums geht es aber weniger um einen Raum oder eine Region ("Land") als vielmehr um eine sprachlich artikulierte kulturelle Praxis. Es geht dabei auch weniger um einen abgrenzbaren Wissensbestand ("Kunde") als vielmehr um eine sprachlich vermittelte interkulturelle Kompetenz.

2. Landeskunde in der Geschichte des Fremdsprachenunterrichts

Im historischen Rückblick kann deutlicher werden, welchen gesellschaftlichen Erwartungen der Fremdsprachenunterricht und die Landeskunde unterworfen sein können. Es zeigt sich dabei, daß das landeskundliche Curriculum – stärker noch als andere Teile des Fremdsprachencurriculums – auf allgemeine politische und pädagogische Veränderungen reagiert. Unabhängig von diesen zeitbedingten Wandlungen gewinnt die Landeskunde immer dann an Bedeutung, wenn der Fremdsprachenunterricht Legitimationskrisen und Reformphasen durchläuft (Buttjes 1984).

Schon in der Frühzeit des Fremdsprachenlernens gab es – insbesondere für Zwecke des internationalen Handelsverkehrs – eine überwiegend pragmatisch-utilitaristische Einstellung zur Fremdsprache. Eine fremde Sprache wurde häufig im fremden Land erlernt und als ein Instrument realer Welterfahrung angesehen und weniger als ein Objekt ästhetischer Betrachtung. Parallel zum Erwerb der Fremdsprache und dann auch mit ihrer Hilfe wurden landeskundliche Kenntnisse erworben, die der Orientierung des Reisenden im fremden Land ebenso nützen konnten wie den beruflichen Interessen des grenzüberschreitenden Handels.

Diese realistische und kosmopolitische Sicht beherrschte auch die neusprachliche Reformbewegung gegen Ende des letzten Jahrhunderts, als die modernen Fremdsprachen gleichberechtigtes Schulfach wurden. Zur Legitimation dieser neusprachlichen Fächer wurde gerade der praktische Gebrauchswert im internationalen Verkehr hervorgehoben, durch den sich die modernen von den alten Fremdsprachen augenfällig unterschieden. Gleichzeitig aber wurde – im Anschluß an tradierte Bildungsideale und an zeitgenössische ganzheitliche Kulturkonzepte – der Bildungswert der fremden geistigen und materiellen Kultur betont. Die Fremdsprache und der fremdsprachige Text eröffnen den Zugang zu den realen Lebensäußerungen der Nachbarvölker. Die realienkundlichen Lesebücher für den Englischunterricht nehmen schon in dieser Zeit die sozialen Lebensbedingungen der Bevölkerung, politisch aktuelle Themen und auch andere englischsprachige Gesellschaften in den Blick.

Es waren dann aber Konzeptionen der Kulturkunde, die den Fremdsprachenunterricht in Deutschland lange und nachhaltig geprägt haben, von ersten kulturkundlichen Ansätzen noch vor dem Ersten Weltkrieg bis zum kulturkundlichen Legitimationsverfall in den sechziger Jahren. Die Höhepunkte der Kulturkunde wurden in den zwanziger und dreißiger Jahren erreicht, als die kulturkundlichen Varianten der "Deutsch"- und der "Wesens"kunde den Fremdsprachenunterricht in die pädagogisch-politische Krise führten. Aber selbst während der kulturkundlichen Phase gab es um 1930 Bemühungen, den Fremdsprachenunterricht für die soziologische Kulturbetrachtung, die politische Bildung und für (west)europäische Kontakte zu öffnen (Oeckel 1928).

Kennzeichnend für die kulturkundliche Didaktik blieb aber die Suche nach dem fremden Nationalcharakter, dessen Stärken und Schwächen im Kontrast zum deutschen Nationalcharakter ermittelt und vermittelt werden sollten. Die fremde Kultur wurde auf wenige Eigenschaften reduziert, die sich aus allen kulturellen Äußerungen, insbesondere aber aus Kunst, Literatur und Sprache ablesen lassen sollten. In der Praxis des kulturkundlichen Fremdsprachenunterrichts wurde aus sprachlichen Erscheinungen und vorzugsweise literarischen Texten auf vermeintlich konstante Kulturmerkmale rückgeschlossen; ein landeskundliches Curriculum schien dafür nicht erforderlich. Weil weder die soziale Vielfalt noch der historische Wandel berücksichtigt wurden, blieb die gesellschaftliche Realität ausgeblendet. Unter diesen Bedingungen wurde sogar eine propagandistische Instrumentalisierung des Fremdsprachenunterrichts für (außen)politische Zwecke möglich.

Das kulturkundliche Erbe lebte im gymnasialen Fremdsprachenunterricht der fünfziger Jahre teilweise fort. Auch in der Auslandskunde dieser Zeit wurden gegenwartsbezogene, fächerübergreifende Konzepte der politischen Bildung abgelehnt, die sich nicht auf die Lektüre literarischer Texte einschränken lassen wollten. So konnten sich die ersten landeskundlichen Reformansätze nach dem Zweiten Weltkrieg nicht behaupten, die unter Berufung auf *social studies* und unter Verwendung von Pressetexten für den Englischunterricht Gegenwartskunde statt Kulturkunde forderten.

Die Bildungsreformen der frühen und die Studentenbewegung der späten sechziger Jahre haben an die Stelle der geisteswissenschaftlich orientierten Kulturkunde die sozialwissenschaftliche Landeskunde gesetzt. Die Einführung des Englischunterrichts an Hauptschulen und die Reform der Sekundarstufe II haben das konservative kulturkundliche Bildungsideal allmählich aufgelöst (Melde 1987). In bewußter Abkehr von gymnasialen Konzepten der inneren geistigen Bildung wurden von der neuen Fremdsprachendidaktik zunächst nur sprachimmanente Positionen bezogen. Landeskunde wurde nur akzeptiert, soweit sie den Spracherwerb förderte oder sich aus dem sprachlichen Curriculum ergab. Diese pragmatische und nur scheinbar unpolitische Landeskunde wurde bald wieder mit Inhalt gefüllt. Dies geschah unabhängig voneinander innerhalb der Fachdidaktiken Englisch und Französisch.

Die Forderung nach landeskundlichem Lernen (Buttjes 1981) und nach transnationaler Kommunikation (Robert Bosch Stiftung et al. 1982) wiesen dem Englisch- und Französischunterricht Aufgaben zu, bei denen die Landeskunde die Leitfunktion für das Fremdsprachencurriculum übernimmt. Dadurch wird das Fremdsprachenlernen zum fremd- oder interkulturellen Lernen, dem sich Spracherwerb und Literaturunterricht durch ihre spezifischen Beiträge zum Fremdverstehen zuordnen. Die Erfahrung sprachlicher Distanz und das Bewußtsein kultureller Fremdheit, die in der Landeskunde-Didaktik nicht immer hinreichend beachtet worden sind, bleiben dem Fremdsprachenunterricht als charakteristische und unaufhebbare Bedingungen erhalten.

3. Forschungsgegenstände und Forschungsstand der Landeskunde-Didaktik

Die Neubegründung der Landeskunde-Didaktik in den letzten zwanzig Jahren wurde begleitet von einer gründlichen historischen Aufarbeitung der Landeskunde im Fremdsprachenunterricht an deutschen Schulen. Dadurch konnte nicht nur die politische Instrumentalisierung des Fremdsprachenunterrichts herausgearbeitet werden. Auch die Kontinuität der Reform des fremdsprachlichen Unterrichts und das brauchbare Erbe der Landeskunde-Didaktik wurden in Ansätzen wieder sichtbar (Buttjes 1984; Melde 1987). Über die curriculare Reform der Landeskunde kann der Fremdsprachenunterricht insgesamt verändert werden. Obwohl die Position der Landeskunde-Didaktik weder in der Forschung noch in der Lehre und der Lehrerausbildung abgesichert ist, scheint sich dieser Arbeitsbereich der Fremdsprachendidaktik zu konsolidieren. Seit den Zeiten der neusprachlichen Reform erhält die Landeskunde-Didaktik ihre stärksten Impulse nicht aus den neusprachlichen Philologien, deren landes- und kulturwissenschaftliche Interessen sich nur zögernd entwickeln. Dagegen wird innerhalb der Fremdsprachendidaktik die Didaktik der Landeskunde kaum noch übersehen, seitdem mehrere Anthologien und Bibliographien zur allgemeinen und zur fremdsprachenspezifischen Landeskunde-Didaktik publiziert worden sind. Auch an didaktischen Theorien und Unterrichtsmodellen mangelt es nicht. Dennoch sind Monographien zur Didaktik der Landeskunde nur vereinzelt erschienen und zumeist schulstufenorientiert oder fremdsprachenspezifisch (Tabbert/von Ziegesar 1977). Die theoretischen Leerstellen der ersten Didaktik der Landeskunde nach dem Zweiten Weltkrieg (Erdmenger/Istel 1978) sind im bisher letzten Versuch zur Integration von Landeskunde und Kommunikation im Fremdsprachenunterricht gefüllt worden (Melde 1987). Dieses anspruchsvolle romanistisch-didaktische Modell wendet sich vorrangig an fortgeschrittene Lernende und dürfte deshalb auf den Fremdsprachenunterricht der Sekundarstufe I nicht in allen Bereichen übertragbar sein.

Auch in der internationalen Fremdsprachendidaktik sind systematische Arbeiten zur Landeskunde-Didaktik selten. Es sind aber in den letzten Jahren eine britische Studie (Loveday 1982) und ein französisches Handbuch erschienen (Zarate

1986), die das US-amerikanische Standardwerk (Seelye 1974) ergänzen und teilweise ersetzen. Forschungsberichte zur Landeskunde-Didaktik sind in Großbritannien (Byram 1986) und der Bundesrepublik (Buttjes 1982) erschienen. In der britischen Fremdsprachendidaktik scheinen Theoriebedürfnis und Praxiserfahrung beim landeskundlichen Lernen wenig ausgeprägt zu sein, so daß sich der Überblick weithin auf die internationale und deutsche Diskussion stützt. Dabei werden aus britischer Sicht auch Schwächen der deutschen Tradition und Diskussion zur Landeskunde-Didaktik deutlich: die heterogene Herkunft kulturtheoretischer Konzepte und der Mangel an theoretisch begründeten empirischen Arbeiten zu landeskundlichen und interkulturellen Lehr- und Lernverfahren.

Insgesamt und international zeichnen sich gegenwärtig folgende Arbeitsfelder für die Landeskunde-Didaktik als *intercultural studies* ab (Byram/Buttjes 1991):

a) Fremdsprachenlernen als interkulturelle Kommunikation und als integratives, inhaltsorientiertes Sprachlernen (Theorie der Landeskunde);
b) Sozialgeschichte des Fremdsprachenunterrichts und gesellschaftliche Bedingungen des landeskundlichen Curriculums (Geschichte der Landeskunde);
c) interkulturelle Begegnungen und Lernvorgänge in Fallstudien, Rezeption landeskundlicher Inhalte und Entwicklung landeskundlicher Verfahren, Produktion und Evaluation landeskundlicher Medien (Praxis der Landeskunde).

Als übergreifende Forschungsfragen können der Landeskunde-Didaktik die folgenden Parameter dienen. Mit ihrer Hilfe lassen sich theoretische und praktische Entwürfe des landeskundlichen Curriculums prüfen und einordnen (vgl. Art. 113):

a) Zusammenhang zwischen der internationalen Kommunikation im Fremdsprachenunterricht und seiner nationalen Legitimation (Kommunikationsproblem);
b) Zusammenhang zwischen eigenkultureller und erweiterter Sozialisation (Identitätsproblem);
c) Zusammenhang zwischen der fremden gesellschaftlichen Wirklichkeit und ihrer Erschließung und Vermittlung (Erkenntnisproblem);
d) Zusammenhang zwischen eigener und fremder Erfahrung und Wahrnehmung (Interferenzproblem);
e) Zusammenhang zwischen sprachlicher Progression und landeskundlichem Sachlernen (Interdependenzproblem).

4. Ziele und Inhalte des landeskundlichen Curriculums

Als Unterrichtsfach im allgemeinbildenden Schulwesen kann sich der Fremdsprachenunterricht nur dadurch legitimieren, daß er auf spezifische Weise zu den jeweils gültigen allgemeinen Bildungszielen beiträgt. Bei diesem Nachweis haben internationale und interkulturelle, d.h. landeskundliche Zielsetzungen stets eine große Rolle gespielt. Gerade in Phasen der Legitimationskrisen und der Reform ist die spezifische, sprachlich-kulturelle Mittlerfunktion des Fremdsprachenunterrichts hervorgehoben worden. Indem der Fremdsprachenunterricht – über Spracherwerb und Textrezeption hinaus – zum interkulturellen Sprachunterricht wird, übernehmen landeskundliche Zielsetzungen Leitfunktion. Auf diese Weise wird das landeskundliche Curriculum – wie der Fremdsprachenunterricht insgesamt – stärker abgesichert als in den wiederkehrenden Bezügen auf fächerübergreifende Lernziele (vgl. Deutschkunde, politische Bildung).

Die Zielvorstellung der Kommunikation hat seit dem Legitimationsverfall der Kulturkunde die Fremdsprachendidaktik auf allen Ebenen beeinflußt. Dieser Begriff umfaßt fremdsprachliches Handeln in Alltagssituationen ebenso wie fremdsprachliches Textverständnis. Inzwischen aber hat die Kritik Unzulänglichkeiten des Konzepts der kommunikativen Kompetenz erkennen lassen, ohne daß der Begriff aufgegeben werden konnte. Die Kritik am Kommunikationsbegriff weist darauf hin, daß ein formal-neutraler Begriff von den Inhalten und Absichten der Kommunikation abstrahiert, daß ein semiotisch orientiertes Prozeßmodell die extralinguistischen Textbezüge zugunsten einer subjektivistischen Textrezeption auflöst, und daß überhaupt die fremdsprachliche Kommunikation wegen ihrer faktischen Unzulänglichkeit eine didaktische Aporie und wegen ihrer Erklärungsbedürftigkeit ein Paradox darstellt.

Daraufhin sind Versuche unternommen worden, den Begriff der kommunikativen Kompetenz durch Ergänzung oder Aufschlüsselung zu erhalten. Die Kommunikationsbedürfnisse des Lerners werden ebenso wie seine Teilhabe an der sozialen Realität der Fremdsprache als zusätzlich determinierende Kriterien angeboten. Hilfsweise werden auch die konstitutiven Sachverhalte eines Sprachraums und die sozialwissenschaftlichen Beobachterperspektiven zur Konkretisierung der Kommunikation vorgeschlagen. Schließlich wird die im Fremdsprachenunterricht angestrebte Kommunikationsfähigkeit auch als transnational oder als interkulturell qualifiziert. Wenn Landeskunde und Kommunikation lediglich quasi-paritätisch miteinander verbunden werden (Melde 1987), wird zwar die Auswahl landeskundlicher Lerntexte einsichtig, aber die sozialwissenschaftliche Erläuterung steht weiterhin wenig vermittelt neben der kommunikativen Kompetenz.

Statt "Kommunikation" wird deshalb "Orientierung" als legitimierendes Zielkonzept für den Fremdsprachenunterricht und das landeskundliche Curriculum vorgeschlagen. Die Sprache dient – in der Entwicklung der Menschheit wie in der des einzelnen Menschen – zur Erweiterung der Orientierung in der Umwelt; sie enthält die Erfahrung des einzelnen wie seiner Gesellschaft (Obuchowski 1982). Eine fremde Sprache eröffnet den Zugang zu anderen Umwelten und zu einem von der aktuellen sinnlichen Wahrnehmung unabhängigen Wissen; mit Hilfe der (Fremd)Sprache können neue Weltmodelle geschaffen und kann neues Weltwissen weitergegeben werden. Diese Erweiterung eigengesellschaftlicher, sprachlich-kultureller Konzepte kann entweder als Aneignung fremder soziokultureller Bedeutungen im Lernprozeß oder als Aushandeln von Bedeutung in der interkulturellen Begegnung aufgefaßt werden. Im Ergebnis wird dabei eine Relativierung oder Dezentrierung überkommener Konzepte erwartet.

Anhand welcher Ausschnitte der fremden Gesellschaft sich landeskundliches Lernen als Erweiterung der Umweltorientierung vollziehen soll, ist bisher wenig geklärt. Eine einfache Ableitung landeskundlicher Lerninhalte ist weder aus den Interessen oder der Kommunikationsfähigkeit der Lernenden noch aus einer Beschreibung der Zielgesellschaft oder der Bestimmung kultureller Interferenzen möglich. Die Übernahme einer sozialwissenschaftlichen Systematik – im Sinne einer Abbilddidaktik – kann nicht erstrebenswert sein, auch wenn die Länderkomparatistik zu didaktisch nutzbaren Ergebnissen führen könnte. Auch eine inhaltsorientierte, kritische Fremdsprachendidaktik kann die Gegenstandsbestimmung des landeskundlichen Curriculums aus sich heraus nicht grundsätzlich lösen (Schüle 1983).

Wenn sich also kein verbindlicher Kanon landeskundlicher Inhalte abzeichnet, so kann doch die jeweilige Auswahl innerhalb eines landeskundlichen Curriculums nicht als beliebig anzusehen sein. Gerade exemplarisches Lernen, das nicht auf die Totalität seines Gegenstands abhebt, ist auf begründete und zuverlässige Auswahl angewiesen. Deshalb sind Auswahlkriterien auf einer Abstraktionsebene erforderlich, die zur Abgrenzung und Rechtfertigung eines landeskundlichen Wirklichkeitsausschnitts dienen können. Die Angemessenheit landeskundlicher Inhalte läßt sich auf folgenden Ebenen überprüfen:

a) Entsprechen die gewählten Stoffe dem historischen Entwicklungsstand und der sozialen Differenzierung der fremden Gesellschaft (Realitätsebene)?

b) Sind die gewählten Sachverhalte in der fremden Umwelt erkennbar und als nachvollziehbare Erfahrung sprachlich artikuliert (Konkretionsebene)?

c) Sind die gewählten Themen auch in anderen Gesellschaften und speziell in der eigenen Umwelt vorzufinden (Transferebene)?

d) Verweisen die gewählten Inhalte – schon im interkulturellen Zusammenhang – auf Bereiche kultureller Differenz und kultureller Kontakte (Identifikationsebene)?

Überblickt man die landeskundlichen Kursthemen der letzten Jahre am Beispiel des Englischunterrichts der Sekundarstufe II, so lassen sich einige inhaltliche Schwerpunkte erkennen. Zum einen werden Themen der Sozialisation und der Adoleszenz behandelt (*growing up, education, youth*); über solche Akkulturationsprozesse werden Normen der fremden Gesellschaft – auch im Rückbezug auf entsprechende Erfahrungen der Lernenden – nachvollziehbar. Um Anpassung an kulturelle Normen – und um die entsprechenden Auseinandersetzungen – geht es auch bei dem Thema der Minoritäten (*immigration, ethnic identity, native peoples*). Statt institutioneller Bedingungen werden zunehmend die alltagskulturellen Auswirkungen innerhalb sozialer und historischer Erfahrungsbereiche untersucht (*social classes, political culture, American Dream*). Einige gesellschaftsübergreifende ökonomische und politische Themen drängen sich für die Industriestaaten auf (*ecology, unemployment, sexual politics, public media*), aber nur selten werden Themen der internationalen Politik zu Themen der Landeskunde (*peace, human rights, Third World*).

Das landeskundliche Lernen hat teil an den Einschränkungen, denen der Fremdsprachenunterricht unterliegt, und kann deshalb anspruchsvolle inhaltliche Ziele nur bedingt erfüllen. Weil die unmittelbare Anschauung fehlt, dürfen die landeskundlichen Inhalte die Vorstellungskraft der Lernenden nicht überfordern. Weil im Fremdsprachenunterricht die Möglichkeit zur Anwendung oder Überprüfung in einem Handlungszusammenhang fehlt, können landeskundliche Inhalte weder sicheres Erfahrungswissen vermitteln noch Betroffenheit auslösen. Weil schon die eigene gesellschaftliche Erfahrung selten bewußt reflektiert wird, muß bei der Übermittlung landeskundlicher Inhalte mit subjektiv und sozial bedingten Vorbehalten gerechnet werden.

5. Interkulturelles Lernen und landeskundliche Lehrverfahren

Auf welche Weise die Entwicklung von Kindern und Jugendlichen dadurch beeinflußt wird, daß sie eine fremde Sprache lernen und dabei einer fremden Kultur begegnen, ist bisher weder theoretisch noch empirisch geklärt. Das landeskundliche Curriculum könnte zuverlässiger konstruiert werden, wenn es – innerhalb oder außerhalb der Fremdsprachendidaktik – bereits eine Theorie des interkulturellen Lernens gäbe (Buttjes 1991). Aber kultur- und nationenübergreifendes Lernen ist im Zeitalter der Nationalstaatenentwicklung wenig gefördert worden. Dennoch hat die Landeskunde-Didaktik für den Fremdsprachenunterricht ein Repertoire interkultureller Lehrpraxis entwickeln können, über das kein anderes Schulfach und keine andere wissenschaftliche Disziplin verfügt.

Die Annahme, daß sich beim Fremdsprachenlernen interkulturelles Lernen einstellen muß, ist aber durch die geschichtliche und praktische Erfahrung ebenso widerlegt wie durch neuere Beobachtungen (vgl. Art. 26). Die interkulturelle, landeskundliche Kompetenz scheint sich vielmehr unabhängig von der interlingualen, fremdsprachlichen Kompetenz zu entwickeln. Die spezifische Fähigkeit, von eigenen kulturellen Annahmen abzusehen und sich auf fremde kulturelle Muster einzustellen, scheint sich oft außerhalb des Fremdsprachenunterrichts und auch außerhalb der Schule zu entwickeln (Meyer 1986). Diese Fähigkeit ist jedenfalls weniger auf fremdsprachliches Können als auf allgemeine, alters- und erfahrungsabhängige moralisch-kognitive Voraussetzungen angewiesen, ohne die weder eine Lösung aus der eigenen gesellschaftlichen Umwelt noch eine gesellschaftsübergreifende Kritik möglich erscheint (Melde 1987).

Interkulturelles Lernen bedeutet nicht nur, einen Prozeß interkultureller Entwicklungsstufen zu durchlaufen. Interkulturelle Kompetenz bedeutet auch, eine Handlung und Wissen integrierende Identität auszubilden. In ihrer allgemeinsten Bestimmung bedeutet interkulturelle Erziehung die Vermittlung der Pluralität von Denkerfahrungen und der Historizität kultureller Erscheinungen (Borelli 1986). Die freie Anerkennung des anderen in seiner Freiheit (Peukert 1986) ist angesichts zunehmender globaler Abhängigkeiten und Bedrohungen weit mehr als ein moralischer Appell oder eine philosophische Aufforderung zu neuem Denken. Zu internationaler Solidarität – über politische und sprachliche Grenzen hinweg – ist jede Erziehung verpflichtet, die den nachwachsenden Generationen die Chance des gemeinsamen Lebens erhalten will (vgl. Art. 7).

Wenn der Fremdsprachenunterricht im Alter von zehn Jahren einsetzt, sind bei den Kindern die Voraussetzungen zur Erreichung solcher Erziehungsziele noch begrenzt. Aber in der Begegnung mit einem anderen Sprachsystem können schon erste Eindrücke von abweichender kultureller Erfahrung entstehen. So vermittelt das Konzept "Schule" unterschiedliche Erscheinungsformen, wenn es deutschen Schülern im britischen, französischen oder US-amerikanischen Kontext begegnet. Schon im Anfangsunterricht kann das Bewußtsein für sprachlich-kulturelle Differenzen entwickelt werden. Dafür ist die kulturspezifische Veranschaulichung (Illustration, Medien) ebenso erforderlich wie die Konkretisierung der fiktiven Lehrbuchwelt durch Kontakte (Briefwechsel, Begegnung). Die traditionelle landeskundliche Progression – vom benachbarten Land zu außereuropäischen Gesellschaften – kann die interkulturelle Sensibilität stärken. Am Ende der Sekundarstufe I können auf einem konkreten Kulturhintergrund sozialkundliche Themen wie Adoleszenz und Minoritäten ansatzweise behandelt werden. Auf der Sekundarstufe II könnte die Landeskunde die inhaltlichen Entscheidungen steuern, wenn neben der allgemeinen interkulturellen Kompetenz auch ein berufsorientierendes, handlungsspezifisches landeskundliches Wissen zum Curriculum gehört (Meyer 1986).

Auf welcher Erscheinungsebene die fremde gesellschaftliche Realität zum Gegenstand landeskundlichen Lernens wird, hängt zunächst von den Lernvoraussetzungen ab. Im Anfangsunterricht wird die Veränderung der weißen britischen Gesellschaft zu einer farbigen, multikulturellen Gesellschaft am Auftreten westindischer und asiatischer Einwanderer(kinder) angezeigt. Die Betrachtung der internationalen Ursachen (*push-and-pull forces*) und der soziologischen Folgen (*second generation conflict*) bleibt dem fortgeschrittenen Fremdsprachenunterricht vorbehalten, in dem auch zu interkulturellen Vergleichen aufgefordert werden kann (Buttjes 1987).

Wenn sich der Fremdsprachenunterricht weder an eine soziale Elite noch an sozialwissenschaftlich vorgebildete Lernende wendet und zudem auf die Fremdsprache als Medium landeskundlichen Lernens nicht verzichten möchte, dann wird die Landeskunde-Didaktik insgesamt eher auf anthropologische, umfassende Kulturkonzepte ("Lebensweise") als auf ästhetische, klassenbedingte Bildungstraditionen ("Lebensstil") zurückgreifen (Stern 1983). Deshalb sind bei der Organisation des landeskundlichen Curriculums die folgenden Tendenzen zu beobachten:

a) von geistesgeschichtlichen Traditionen zu sozialwissenschaftlichen Beobachtungen (Disziplinparadigma);
b) von bildungskulturellen Zeugnissen zu alltagskulturellen Erfahrungen (Medienkategorie);
c) von abstrakten sozialen Strukturen zu individuell erlebten Wirklichkeitsausschnitten (Abstraktionsniveau).

Gerade die deutsche Landeskunde-Didaktik für Deutsch als Fremdsprache zeigt, daß sich neben der historisch-literarisch argumentierenden fremdkulturellen Fremdsprachenphilologie als Textwissenschaft (Wierlacher 1980) auch eine neuere, semantisch-linguistisch orientierte sozialwissenschaftliche Fremdsprachendidaktik als Handlungswissenschaft entwickelt (Müller 1981).

Auf allen Stufen des landeskundlichen Curriculums dürften Einstellungen und affektive Orientierungen kaum weniger bedeutsam sein als Einsichten und Wissen. Jedenfalls wird diejenige interkulturelle Motivation längerfristig wirksam sein, die sich auch auf Neugier und Empathie stützen kann. Zu ihrer Entwicklung müssen aber durch Simulation und Kontakt Lernbedingungen geschaffen werden, die über unverbindliche Ansichten hinaus- und zu sprachlich-kultureller Realisation hinführen. Rückbeziehende Vergleiche können nicht unterdrückt werden und sollten deshalb als Möglichkeiten zur Verallgemeinerung genutzt werden. Aus solchen interkulturellen Vergleichen kann sich Kritik immer dann entwickeln, wenn nicht mehr Kategorien des Eigenen und des Fremden, sondern übergreifende Maßstäbe (z.B. Menschenrechte, Lebensqualität) zur Bewertung herangezogen werden.

Zwar bezieht sich jede Sprache auf vielfältige Weise auf das gesellschaftliche Wissen einer Sprachgemeinschaft. Aber für Außenstehende sind diese Referenzen nicht sinnfällig und können deshalb durch unmittelbaren Rekurs auf die Sprache nicht erkannt werden. In jedem Fall sind Texte erforderlich, die die innergesellschaftliche Erfahrung möglichst explizit darstellen und nicht nur implizit voraussetzen. Aus solchen Texten werden in dem Maße landeskundliche Lerntexte, wie sie die fremde Erfahrung durch Personalisierung oder Generalisierung zu ihrem Gegenstand machen. Personalisierende Texte, die sowohl personenbezogener als auch literarischer Kommunikation entstammen können, machen individuelle Erfahrungen sinnlich nachvollziehbar und ordnen sie ansatzweise in kollektive Erfahrung ein. Dazu gehören insbesondere Interviews, autobiographische Texte und solche literarischen Texte, die sich auf konkrete historische Bedingungen beziehen. Unter den generalisierenden Texten haben sich Pressetexte eher als fachsprachliche sozialwissenschaftliche Texte bewährt, weil sie Ereignisse und Vorgänge ins öffentliche Alltagsbewußtsein heben und damit zu gesellschaftlichen Themen machen (Ammon et al. 1987).

Indem personalisierende und generalisierende Texte wechselseitig aufeinander bezogen werden, erfordert das landeskundliche Lernen eine eher recherchierende als exegetische Textanalyse (Buttjes 1987). An die Stelle der Aussage eines Einzeltextes tritt das Verständnis von Textdossiers, ohne daß dabei die jeweilige Textintention und -rezeption unterschlagen werden könnten. Beim landeskundlichen Lernen besteht zwar die Erwartung, daß die fremde gesellschaftliche Realität durch Texte hindurchscheint und daß die fremde Sprache Zugänge zur fremden Kultur eröffnet. Aber die Fremdsprache kann nur dann die Orientierung in der Umwelt erweitern, wenn im landeskundlichen Curriculum die Identität der Lernenden ebenso respektiert wird wie die Fremdheit der anderen Kultur.

Literatur

Ammon, Günther et al. (1987), *Le Languedoc-Roussillon. Une region face à l'Europe*, Paderborn.
Bliesener, Ulrich et al. (1977), "Kulturkunde", in: Konrad Schröder/Thomas Finkenstaedt (Hrsg.), *Reallexikon der englischen Fachdidaktik*, Darmstadt, 105-109.
Borelli, Michele, Hrsg. (1986), *Interkulturelle Erziehung in Praxis und Theorie*, Baltmannsweiler.
Buttjes, Dieter, Hrsg. (1981), *Landeskundliches Lernen im Englischunterricht. Zur Theorie und Praxis des inhaltsorientierten Fremdsprachenunterrichts*, Paderborn.
Buttjes, Dieter (1982), "Landeskunde im Fremdsprachenunterricht. Zwischenbilanz und Arbeitsansätze", in: *Neusprachliche Mitteilungen*, Jg. 35, 3-16.
Buttjes, Dieter (1984), *Fremdsprache und fremde Gesellschaft. Landeskunde im Englischunterricht an deutschen Schulen*, Dortmund.
Buttjes, Dieter, Hrsg. (1987), *Panorama. English cultures around the world. Lehrbuch mit Arbeitshilfen*, Dortmund.
Buttjes, Dieter (1991), "Interkulturelles Lernen im Englischunterricht", in: *Der fremdsprachliche Unterricht. Englisch*, Jg. 25, H. 1, 2-9.
Byram, Michael (1986), "Cultural studies in foreign language teaching", in: *Language Teaching*, Jg. 19, 322-336.
Byram, Michael/Buttjes, Dieter, eds. (1991), *Mediating languages and cultures. Intercultural studies and foreign language learning*, Clevedon.
Erdmenger, Manfred/Istel, Hans-Wolf (1978), *Didaktik der Landeskunde*, 2. Aufl., München.
Loveday, Leo (1982), *The sociolinguistics of learning and using a non-native language*, Oxford.
Melde, Wilma (1987), *Zur Integration von Landeskunde und Kommunikation im Fremdsprachenunterricht*, Tübingen.
Meyer, Meinert A. (1986), *Shakespeare oder Fremdsprachenkorrespondenz? Zur Reform des Fremdsprachenunterrichts in der Sekundarstufe II*, Wetzlar.
Müller, Bernd-Dietrich, Hrsg. (1981), *Konfrontative Semantik. Zur Kritik am Fremdsprachenunterricht aus grundlagentheoretischer Sicht kritischer Psychologie und sozialwissenschaftlicher Linguistik*, Tübingen.
Obuchowski, Kazimierz (1982), *Kognitive Orientierung und Emotion*, Köln.
Oeckel, Fritz (1928), *Englische Kulturkunde im Lichte der Unterrichtspraxis*, Leipzig.
Peukert, Helmut (1986), *Bildung und Vernunft. Neuzeitliche Vernunftkritik, Kritische Theorie und die Frage nach dem Ansatz einer systematischen Erziehungswissenschaft*, Habil., Münster.
Robert Bosch Stiftung GmbH/Deutsch-Französisches Institut, Hrsg. (1982), *Fremdsprachenunterricht und internationale Beziehungen. Stuttgarter Thesen zur Rolle der Landeskunde im Französischunterricht*, Gerlingen.
Schrey, Helmut (1979), "Landeskunde im Englischunterricht", in: Hans Hunfeld/Konrad Schröder (Hrsg.), *Grundkurs Didaktik Englisch*, Königstein/Ts., 107-120.
Schüle, Klaus (1983), *Politische Landeskunde und kritische Fremdsprachendidaktik*, Paderborn.
Seelye, H. Ned (1974), *Teaching culture. Strategies for foreign language educators*, Skokie.
Stern, Hans H. (1983), *Fundamental Concepts of Language Teaching*, London.
Tabbert, Reinbert/von Ziegesar, Detlef (1977), *Didaktik und Methodik des Englischunterrichts an der Sekundarstufe I. Landeskunde*, Weinheim.
Wierlacher, Alois, Hrsg. (1980), *Fremdsprache Deutsch. Grundlagen und Verfahren der Germanistik als Fremdsprachenphilologie*, 2 Bde., München.
Zarate, Geneviève (1986), *Enseigner une culture étrangère*, Paris.

Dieter Buttjes

25. Literaturdidaktik und literarisches Curriculum

1. Definition und Funktionsbestimmung

Unter Literaturdidaktik versteht man die wissenschaftliche Beschäftigung mit Literaturunterricht, d.h. mit literarischen Texten unter den besonderen Bedingungen des Lehr- und Lernprozesses. Als Theorie literarischer Erziehung und Bildung kann sie sich nicht damit begnügen, in der Praxis beachtete Prinzipien und Normen zu verdeutlichen, sie muß diese auch auf ihre Berechtigung überprüfen. Sie muß sowohl Theorie vom als auch Theorie für den Literaturunterricht sein (Bredella 1976). So wie Sprachdidaktik keine nur auf Unterrichtsprozesse abgebildete Sprachwissenschaft ist, so läßt sich auch Literaturdidaktik nicht als Filtrat der Literaturwissenschaft verstehen; so wie beispielsweise Versuche, eine didaktische Grammatik durch Reduktionsprozesse aus linguistischen Grammatikmodellen zu entwickeln, scheitern, so sind auch literaturwissenschaftliche Interpretationsmodelle nicht ohne weiteres auf literaturdidaktische Zugriffsweisen abzubilden. In der Absicht, neue wissenschaftliche Erkenntnisse möglichst schnell nutzbar zu machen, wurden in der Nachkriegszeit zunächst die textimmanente Methode des New Criticism, dann u.a. strukturalistische, literatursoziologische, textlinguistische und rezeptionsästhetische Verfahren einseitig propagiert und für den Literaturunterricht empfohlen. Literaturwissenschaftliche Vorgehensweisen, die jeweils auf der Grundlage eines bestimmten Literaturbegriffs entwickelt wurden, sind unverzichtbare

Leitlinien für eine sachgerechte Auseinandersetzung mit literarischen Texten. Werden sie aber als allein maßgebliche Vorgaben für den Unterricht verstanden, dann richten sie den Interpretationsprozeß ohne Rücksicht auf das Beziehungsgefüge des Lernprozesses aus, das durch Vorwissen und lebensweltliche Erfahrungen der Schüler oder der Schülergruppe, auch durch bildungspolitische Setzungen von Richtlinien bzw. Lehrplänen bestimmt wird (vgl. Art. 9).

Vor seiner ersten Begegnung mit Literatur im Rahmen des Fremdsprachenunterrichts hat der Schüler in aller Regel bereits im primärsprachlichen Unterricht literarische Texte gelesen. Die hier gewonnenen Erkenntnisse und Einsichten kann er nutzen. Gegenwärtiges Lernen wird immer auch durch vorhergehendes Lernen bestimmt und beeinflußt. Eine der Schnittmengen von Deutsch- und Fremdsprachenunterricht ist die Textarbeit. Verfahren der Textanalyse und Methoden eigener Textproduktion sind durch den Deutschunterricht weitgehend bekannt. Doch die Behandlung von Literatur im Fremdsprachenunterricht hat spezifische, über den Literaturunterricht in der Primärsprache hinausgehende Ziele und Aufgaben. Hier geht es nicht nur um die Ausbildung literarischer Kompetenz, zu der das Lesen und Verstehen von Literatur sowie das gegenstandsbezogene Sprechen über Literatur gehören.

Die Beschäftigung mit Literatur im Fremdsprachenunterricht findet in einem speziellen Lernkontext statt: jugendliche deutsche Leser setzen sich mit fremdsprachiger Literatur unter den besonderen Bedingungen des gesteuerten Fremdsprachenerwerbs auseinander. Das bedeutet, daß die Zielsprache zugleich Objekt und Verständigungsmittel ist. Sie ist Objekt, insofern es um das Verstehen von Literatur geht, die in der fremden Sprache geschrieben wurde und als Kulturträger Einblick in die Zielkultur gewährt. Sie ist Verständigungsmittel, weil die jeweiligen literarischen Texte Bezugspunkte für Interpretationsgespräche in der Fremdsprache sind, durch die auch das mündliche und schriftliche Ausdrucksvermögen verbessert werden sollen. Leitendes Prinzip ist die Integration von Sprach- und Sacharbeit. Hier wird das Dilemma deutlich, in dem sich Literaturunterricht als Fremdsprachenunterricht befindet: Einerseits muß er seine "Nützlichkeit" dadurch nachweisen, daß er mittelbar auch die übergeordneten Ziele des Fremdsprachenunterrichts erreicht; andererseits stößt jeder Versuch einer Operationalisierung von Lernzielen sehr schnell an Grenzen, weil Beschäftigung mit Literatur niemals im Rationalen und Kontrollierbaren aufgeht, sondern ein Prozeß mit nicht immer absehbarem Ziel ist (Glaap 1975). Fremdsprachlicher Literaturunterricht rechtfertigt sich nur dadurch, daß er sich auch als Fremdsprachenunterricht begreift, ohne daß Literatur ausschließlich zum Sprechanlaß instrumentalisiert wird. Es geht nicht nur um "Literatur an sich", sondern auch um Literatur als Reflexion einer bestimmten kulturellen Perspektive – auch darum, daß Literatur Sprachwissen vermittelt, indem sie die Verwendung sprachlicher Mittel zum Bestandteil der Fragestellung macht. Zum Erwerb einer Fremdsprache als Kultursprache gehört die Beschäftigung mit der fremdsprachigen Literatur; das Verstehen fremdsprachiger Literatur wiederum kann nicht vom Spracherwerbsprozeß gelöst werden.

2. Literaturdidaktische Konzeptionen

Seit den sechziger Jahren sind unterschiedliche literaturdidaktische Konzepte und Modelle für den Fremdsprachenunterricht entwickelt worden. So sehr man einerseits einen umfassenden Theorieentwurf vermißt, so sehr ist andererseits zu begrüßen, daß gerade die unterschiedlichen Entwürfe kritische Auseinandersetzungen eingeleitet haben, die ihrerseits Weiterentwicklungen und Gegenentwürfe ermöglichen. Es hat sich gezeigt, daß die Komplexität des Interaktionsprozesses zwischen Text und Leser keinen Dogmatismus zuläßt. Einige der in den letzten Jahrzehnten entwickelten Konzeptionen stehen in engem Zusammenhang mit wissenschaftlichen Disziplinen, anderen liegen ausschließlich fachdidaktische Prämissen zugrunde.

Freese hat – auf literaturwissenschaftlicher Grundlage – ein Erschließungsverfahren entwickelt, das kognitiv vermittelbar ist, und dazu ein für die Interpretation erforderliches Vokabular bereitgestellt (Freese 1979). Der Literaturunterricht soll Textkompetenz ausbilden, d.h. die Fähigkeit zum sachgerechten Umgang mit Texten aller Art.

Werlichs textwissenschaftliches Modell ist insbesondere durch textimmanentes Vorgehen, textgrammatische Begrifflichkeit und Methodeneinübung gekennzeichnet. Es basiert auf der von Werlich entwickelten Texttypologie (Werlich 1975) und Textgrammatik (Werlich 1976). Hunfeld (1982a) geht davon aus, daß individuelle Reaktionen auf Texte, Vorerfahrungen mit Texten und Lesegewohnheiten der Schüler beim Umgang mit Literatur (noch) zu wenig bei der Entwicklung literaturdidaktischer Konzeptionen zum Tragen kommen. Er bezieht dabei auch die Notwendigkeit der Anknüpfung an den Literaturunterricht in der Muttersprache ein und hält die individuelle Reaktion des einzelnen Lesers ebenso wie das Gespräch über die Bedeutung des Textes für unverzichtbare Elemente von Texterschließungsprozeduren. Bredellas literaturdidaktisches Konzept schließt an die Erkenntnisse der Hermeneutik und der Rezeptionsästhetik an. Es basiert auf einem interaktionistischen Literaturbegriff: Der Sinn eines literarischen Textes bildet sich in dem Interaktionsprozeß zwischen Text und Leser (Bredella 1980). Der Text fordert unterschiedliche Reaktionen, Deutungen und Stellungnahmen heraus, die miteinander verglichen und zur Überprüfung auf den Text zurückbezogen werden und so zur kritischen Reflexion eigener Urteile anregen.

Weber geht davon aus, daß Texte, insbesondere auch literarische Texte, im Fremdsprachenunterricht den Schülern "Anlässe zu engagierten Äußerungen" (Weber 1979b) bieten. Bei Verständigungsprozessen über Texte erweitern die Schüler ihre Kenntnisse und gewinnen neue Erkenntnisse über die fremde Sprache. Ähnlich betont Nissen die Notwendigkeit des Erwerbs der Sprache "in und durch Ausübung" (Nissen 1974). Das von ihm entwickelte Konzept des "freien textverarbeitenden Lerngesprächs" will zielorientierte Steuerung und Spontaneität für den fremdsprachlichen Literaturunterricht in Einklang miteinander bringen. Ohne Bezug auf einen Text – im weiteren Sinne des Wortes – ist kein Fremdsprachenunterricht möglich. Der Lehrer hat Katalysatorfunktion, die er vor allem durch Formulierungshilfen im textverarbeitenden Lerngespräch wahrnimmt.

3. Kriterien für die Auswahl eines literarischen Curriculums

Welche Ziele und Kriterien sind für die Auswahl eines literarischen Curriculums im Rahmen des Fremdsprachenunterrichts richtungweisend?

Methodische Kompetenz für eine sichere Gesprächsführung in der Fremdsprache ist eines der vorrangigen Ziele des Fremdsprachenunterrichts. Soll der Literaturunterricht nicht neben, sondern im Fremdsprachenunterricht stattfinden, dann muß auch in ihm der Schulung der Gesprächsfähigkeit besondere Bedeutung zukommen. Texte sind immer auch Gesprächsanlässe; Literatur kann insbesondere für das offene Gespräch motivieren. Literaturunterricht heißt auf allen Stufen auch Kommunikation über literarische Texte.

Auf der Sekundarstufe I wird der Fremdsprachenunterricht weitgehend von der Arbeit mit dem Lehrbuch bestimmt; mündliche und schriftliche Reproduktion und Reorganisation des Inhalts stehen zunächst im Vordergrund. Mehr und mehr finden lehrwerkunabhängige literarische Texte Berücksichtigung, in denen soziokulturelle Kontexte nicht an sich thematisiert, sondern als Folien gewählt werden. Sie veranlassen die Lernenden, eigene Fragen an den Text zu stellen und diese miteinander zu beantworten. Auf solche Weise kann der Blick für die Bedeutungskomplexion literarischer Aussagen geschärft und propädeutisch auf das Interpretationsgespräch, wie es auf der Sekundarstufe II gefordert wird, vorbereitet werden. Einführung in die Textanalyse muß in einem literarischen Curriculum fest verankert sein und rechtzeitig angebahnt werden.

Systematische – meist durch das Lehrwerk gesteuerte – Progression ist in der Anfangsphase des schulischen Spracherwerbs unverzichtbar: Stoffmengen werden angemessen portioniert und geordnet, vergleichbares Arbeiten und objektive Kontrolle der Unterrichtsergebnisse an verschiedenen Orten ermöglicht. Negativ wirkt sich Lernprogression dann aus, wenn sich die Lehrbucharbeit in einem bloßen Auftauen der im Lehrbuchtext angelegten didaktischen Impulse erschöpft und so zum durch und durch geplanten "Lehrbuchbetrieb" entartet. Fremdsprachenunterricht, und insbesondere Beschäftigung mit Literatur, ist auf Freiräume angewiesen. In sogenannten Plateauphasen, in denen kein bestimmter Lernfortschritt erzielt wird, in denen statt dessen Zeit zur Erprobung und zur selbständigen Überprüfung des Gelernten bleibt, kann die eigene Auseinandersetzung mit literarischen Texten angebahnt und nachschulische Beschäftigung mit Literatur vorbereitet werden. Lernplateaus können rechtzeitig verhindern, daß der Fremdsprachenunterricht bei sich bleibt, daß schulische Textarbeit den Realitäten der außerschulischen Lebenswelt zu wenig Rechnung trägt. Im Anfangsstadium geht es darum, beispielsweise Geschichten, Anekdoten und Fabeln mit geringem lexikalischen und strukturellen Steilheitsgrad zu verstehen und mit eigenen Worten zu reproduzieren sowie fragengeleitete Zusammenfassungen zu üben. Mehr und mehr werden Texte, die Neugier wecken und dazu auffordern, Gelesenes neu zu organisieren, auf die komplexe Textanalyse in der gymnasialen Oberstufe vorbereiten. Diese kann nicht "objektive" Interpretation sein. Es gibt keine festen Regeln, keine allgemeingültigen Erschließungsmodelle. Verstehen ist nicht gleichbedeutend mit der Beachtung von Konventionen oder der Orientierung an verordneten Rezepturen. Der Leser ist maßgeblich beteiligt, wenn es um die Entscheidung für oder gegen ein bestimmtes Interpretationsverfahren geht. Zwei unterschiedliche Zugriffsweisen haben sich als Gegenpole im fremdsprachlichen Literaturunterricht herauskristallisiert: zum einen die gelenkte Textinterpretation im Anschluß an Verständnis- und Interpretationsfragen, der ein Erkenntnismodell zugrunde liegt, nach dem zunächst das Inhaltsverständnis gesichert und sprachliche Schwierigkeiten geklärt sein müssen, bevor eine persönliche Stellungnahme, also die Subjektivität des Lesers, zugelassen wird; zum anderen ein Vorgehen, das sich am Verstehens- und Sinnbildungsprozeß orientiert, das auf kreatives Verstehen zielt, bei dem sich der Lernende durch den Text herausfordern und zu unterschiedlichen Deutungen auffordern läßt. Hier geht es nicht um das Identifizieren literarischer und textsortenspezifischer Merkmale, sondern um Selbsterfahrung und Vermutungen, die den Verstehensprozeß anregen und Verständigung über unterschiedliche Deutungen im Gespräch ermöglichen.

4. Fertigkeiten im fremdsprachlichen Literaturunterricht

Lesekompetenz und kreatives Schreiben sind Fertigkeiten, die im Literaturunterricht ebenso gefordert wie gefördert werden. Während der Literaturunterricht in den fünfziger Jahren zum verweilenden Betrachten des dichterischen Kunstwerks anregen sollte, wurde dessen Aufgabe in den sechziger Jahren als Analyse poetisch codierter Diskurse aufgefaßt. In den siebziger Jahren erging die Forderung nach Lernzieloperationalisierung auch an den fremdsprachlichen Literaturunterricht; Literaturverständnis und Interpretationsfähigkeit sollten an eindeutig definierten Lernzielen gemessen werden. Das Lesen und Analysieren kleiner überschaubarer Textmengen wurde und wird vorrangig heute noch im Fremdsprachenunterricht verlangt – nicht zuletzt im Hinblick und zur Vorbereitung auf Klausurarbeiten und Abschlußprüfung. Für das auf Information, Bildung oder Unterhaltung zielende – private oder berufsbedingte – nachschulische Lesen umfangreicher Bücher oder Buchkapitel wird durch statarisches (= intensives) Lesen kürzerer Texte nur bedingt eine ausreichende Grundlage geschaffen. Die im Zusammenhang mit der Reform der gymnasialen Oberstufe eingeführten Leistungskurse bieten mit wöchentlich sechs Unterrichtsstunden bessere Möglichkeiten zur Lektüre umfangreicher Ganztexte (Romane, Dramen). Neben der wissenschaftspropädeutischen Ausrichtung des fremdsprachlichen Literaturunterrichts, für die das interpretierende, auf Details gerichtete Lesen einen erheblichen Beitrag leistet, gilt heute die Orientierung an außerschulischen Verwendungssituationen, für die das informationsentnehmende kursorische (= extensive) Lesen einen hohen Gebrauchswert hat, als ebenso wichtig.

Beim Lesen zur Informationsentnahme wird nicht nur zwischen kursorischem und statarischem Lesen, sondern auch zwischen globalem, selektivem und detailliertem Verstehen unterschieden. Neue Erkenntnisse über den Verstehensprozeß gehen davon aus, daß der Leser nichtsprachliche Informationen zum Verständnis der Texte mitbringt. Sogenannte Schemata steuern die Erwartungshaltung des Lernenden und helfen bei der Ordnung der Verstehensinhalte. Diese in der kognitiven Psychologie gewonnenen Einsichten haben in jüngster Zeit didaktische Überlegungen zum Leseverständnis mit beeinflußt (Rumelhart 1980; Weber 1990).

Zur Schulung der Fähigkeit eines kreativen Umgangs mit der Fremdsprache gehört auch die Förderung der Schreibkompetenz. Schreiben ist geistiges Arbeiten, das begriffliches Denken und Formulierungsfähigkeit voraussetzt. Das große Gefälle zwischen rezeptiver und produktiver Sprachkompetenz ist bekannt. Bemühungen zur Förderung des kreativen Schreibens (Christ/Glaap 1987) im Fremdsprachenunterricht sind keineswegs auf eine Zurückdrängung der Sprachproduktion gerichtet. Wohl aber sollen durch Schreibaufgaben Problembewußtsein, Assoziationsfähigkeit, Experimentierfreudigkeit und andere Fähigkeiten ausgebildet und so die Entfaltung kreativen Sprachverhaltens unterstützt werden. Daß Schreiben bisher im Fremdsprachenunterricht zu wenig praktiziert wurde, hat auch darin seine Ursache, daß sich die Beschäftigung mit Literatur zu sehr auf den intellektuellen Umgang mit Literatur konzentriert hat. Wer selbst Texte zu verfassen weiß, wird früher oder später zu einem kompetenteren Leser von Literatur. Umgekehrt gilt auch, daß wer beispielsweise englische literarische Essays zu analysieren gelernt hat beim *essay writing* weniger Probleme hat. Schreibförderung ordnet sich in den Gesamtkomplex des Fremdsprachenerwerbs ein.

5. Kriterien für die Auswahl literarischer Texte

Kein anderer Aspekt der Literaturdidaktik hat in der Vergangenheit so heftige Kontroversen ausgelöst wie die Auswahl der Lektüre und die Debatten um das Pro und Contra eines literarischen Kanons (Freese 1981; Glaap 1982). In der gegenwärtigen Diskussion spielen obligatorische Stoffpläne bzw. Minimalkataloge kaum eine Rolle. Richtlinien und Lehrpläne empfehlen bestimmte Romane, Kurzgeschichten, Dramen und Gedichte als besonders geeignete Gegenstände für den fremdsprachlichen Literaturunterricht.

Die Kritik an den festumrissenen literarischen Kanones der fünfziger und sechziger Jahre war berechtigt. Denn die Lektürenlisten dienten schließlich nur noch einem erstarrten und nicht mehr reflektierten Bildungsverständnis. Es hat sich mehr und mehr die Auffassung durchgesetzt, daß bei der Auswahl literarischer Texte ein hohes Maß an Freiheit garantiert werden muß, ohne daß damit willkürlichen Einzelentscheidungen Tür und Tor geöffnet wird. Ein "offener Kanon" wird gefordert: offen für die Einbeziehung neuer Literatur, offen für Revisionen im Lichte neuer Erkenntnisse, offen für Entscheidungen in konkreten Unterrichtssituationen. Generell sind für die Auswahl der Inhalte drei Orientierungsmarken maßgeblich: literaturwissenschaftliche Kriterien, Adressatenbezogenheit und Orientierung an den Zielen des Fremdsprachenunterrichts. Kriterien aus der Sicht des Literaturwissenschaftlers sind z.B.: Universalität, Originalität, Aktualität, Geschlossenheit der Darstellung (Kosok 1979). Orientierung an den Adressaten bedeutet, daß die lebensweltlichen Erfahrungen der Lernenden nicht als störend empfunden und ausgeklammert, sondern bewußt bei der Auswahl literarischer Texte berücksichtigt werden. Die übergeordneten Ziele des Fremdsprachenunterrichts verlangen, daß literarische Texte unter dem Gesichtspunkt ausgewählt werden, ob sie sich für Interpretations- und Kommunikationsgespräche eignen und so indirekt die Erweiterung der Kompetenz in der Fremdsprache fördern.

Die Frage, ob zeitgenössische oder traditionelle Texte im Fremdsprachenunterricht den Vorrang haben sollten, läßt sich nicht mit einem Entweder-Oder beantworten. Oftmals ist die in der modernen Literatur verwandte Gegenwartssprache ein guter Ausgangspunkt für die eigene Sprachproduktion. Ein zeitgenössischer Text ist aber immer auch historisch zu begreifen und nicht eo ipso der geeignetere Unterrichtsgegenstand.

In den Lehrplänen einiger Bundesländer wird gefordert, daß literarische Texte nicht nur an und für sich behandelt, sondern als Zentraltexte oder Bausteine in thematische Unterrichtseinheiten integriert werden, denen dann – zur Ergänzung, als Kontrastfolien oder als Hintergrundinformation – weitere fiktionale oder nichtfiktionale Texte zugewiesen werden. Die Eignung literarischer Texte für eine Integration in übergeordnete Unterrichtseinheiten ist daher häufig ein zusätzliches Auswahlkriterium.

Entscheidungen für oder gegen bestimmte Texte setzen nicht zuletzt Einblick in Verstehensprozesse bei den Lernenden voraus. Wie findet Rezeption, wie findet Interaktion mit literarischen Gegenständen im Verlauf einer Unterrichtsstunde statt? Wie kann Klarheit über die mitgebrachten Kenntnisse und Vorerfahrungen der Lernenden gewonnen werden? Nur durch empirische Erforschung von Lernprozessen läßt sich feststellen, was mit Inhalten im Unterricht passiert, wie sich durch Unterricht Einsichten, sprachlicher Zugewinn und methodische Zugriffe verändern. Eines der Ziele bei der Erforschung des fremdsprachlichen Literaturunterrichts besteht darin, Erkenntnisse über den Umgang des Lernenden mit literarischen Inhalten zu gewinnen, um so bei der Auswahl der Texte nicht nur produkt- und lehrerorientierte, sondern auch (verstehens-)prozeßorientierte Kriterien anlegen zu können.

6. Verschiedene Gattungen im Fremdsprachenunterricht

Die für die Auswahl der Inhalte insgesamt gültigen Orientierungsmarken gelten auch für die Auswahl von Gattungen (und Titeln) für das literarische Curriculum. Denn die besondere Rezeptionssituation im fremdsprachlichen Literaturunterricht verlangt bei jeder Einzelentscheidung, daß einerseits dem literarischen Text zu der in ihm angelegten Wirkung verholfen wird, daß andererseits die Schüler ihre lebensweltlichen Erfahrungen einbringen können und daß immer auch eine Rückkoppelung an die übergeordneten Ziele des Fremdsprachenunterrichts gewährleistet ist. Die verschiedenen literarischen Gattungen tragen in unterschiedlicher Weise dazu bei, diese Ziele zu erreichen. Narrative Prosa, Dramen und Gedichte sind Ausgangs- und Bezugspunkte für Rezeptionsgespräche in den einzelnen Phasen des schulisch gesteuerten Fremdsprachenerwerbs.

Narrative Kurzformen, insbesondere die Kurzgeschichte, haben in den letzten Jahrzehnten weiterhin an Bedeutung für den fremdsprachlichen Literaturunterricht gewonnen, weil sie auf einem überschaubaren und abgegrenzten Terrain Unbestimmtheitsstellen enthalten, die verschiedenartige Verstehensprozesse herausfordern. Hübner (1965) hatte der *short story* nur einen Platz in der Mittelstufe des Gymnasiums zugewiesen. In seinem Lektüreplan für die Oberstufe mußte sie gewichtigeren Literaturformen weichen. Heute dienen Kurzgeschichten in der mittleren Phase des Fremdsprachenunterrichts auch der Einführung in Interpretationsverfahren, die sich später auf narrative Langformen anwenden lassen. Freese hat in verschiedenen Publikationen textanalytische und rezeptionsästhetische Fragen sowie Möglichkeiten des Transfers seines umfassenden Entwurfs erörtert (insbesondere Freese 1979). Auf der Sekundarstufe II haben Kurzgeschichten inzwischen einen festen Platz. Sie lassen sich – thematisch gebündelt oder zur Verdeutlichung gattungsspezifischer Merkmale – in eigenen Unterrichtseinheiten behandeln; sie eignen sich insbesondere als Montageteile in themenorientierten Unterrichtssequenzen. Da in ihnen Ereignisse und Probleme sehr schnell auf den Punkt gebracht werden, zwingen sie den Leser, den Text ohne Umschweife auf die in ihm dargestellten Einsichten und Erfahrungen zu befragen. Die sogenannten Initiationsgeschichten berücksichtigen in besonders hohem Maße das Vorverständnis des jugendlichen Lesers. Sie stoßen Identifikationen an und tragen zur reflektierenden Distanzierung, auch zur kritischen Veränderung des Selbstverständnisses bei.

Der Roman, der nach einer Umfrage (in Nordrhein-Westfalen) schon 1978 immerhin 21,6 % der im Englischunterricht gelesenen Lektüre ausmachte (Freese/Hermes 1981), hat – vor allem in Leistungskursen – an Bedeutung gewonnen. In den sechziger und siebziger Jahren bezog man sich vor allem auf die folgenden Auswahlkriterien: der Roman sollte u.a. zeitgenössisch sein und Lebenshilfe anbieten; er mußte entwicklungspsychologische Normen beachten, Spiegel der Kultur sein, den Schüler zur Stellungnahme herausfordern, zum privaten Lesen motivieren (Hunfeld 1981). Demgegenüber wird in der literaturdidaktischen Diskussion mehr und mehr die Forderung erhoben, die Auswahl eines Romans für den Fremdsprachenunterricht "aus der Distanz zum hergebrachten Literaturverständnis und zur damit zusammenhängend überlieferten Vermittlungstechnik zu begründen (...), Lernziele jeweils aus übergreifenden Lernzielen abzuleiten, die sich an der Reflexion über die Vermittelbarkeit von Text in der besonderen Situation des fremdsprachlichen Unterrichts überhaupt auszurichten haben" (Hunfeld 1981, 63-64). Umfang und Komplexität des Romans werfen grundsätzliche Fragen zur Behandlung von Literatur im Fremdsprachenunterricht auf; sie legen individuelle Zugriffe und Schwerpunktsetzungen nahe. Daß an dieser Textsorte nicht nur extensives Lesen geübt, sondern auch der Zusammenhang von fiktionaler Literatur und gesellschaftlicher Wirklichkeit erkannt werden kann, unterstreicht zusätzlich die Bedeutung dieser Gattung als Leitgattung der modernen Literatur für den Literaturunterricht.

Wie die Behandlung narrativer Prosa, so ist auch die Dramenlektüre integraler Bestandteil der Beschäftigung mit Literatur im Fremdsprachenunterricht. Dramen sollen aufgeführt werden; sie sind als Spielvorlagen, als Partituren konzipiert. Der Dramentext ist das Drama in statu nascendi. Wer ihn liest, muß bedenken, daß er eine Blaupause, eine Variable ist, die von verschiedenen Regisseuren auf ganz unterschiedliche Weise in die Aufführungsdimension verlängert wird. Dramentexte müssen daher anders gelesen werden als narrative Texte.

Der Literaturunterricht kann bei der Beschäftigung mit szenischen Texten verschiedene Ziele verfolgen. Geht es beispielsweise darum, durch Dramenlektüre Einblicke in gegenwärtige fremdkulturelle Zusammenhänge zu gewähren, so kommen in erster Linie zeitgenössische Stücke in Betracht, die zwar niemals affine Abbilder der fremdkulturellen Realität sind, aber als Wirklichkeitsentwürfe zur Distanzierung von festgefahrenen Standpunkten führen und so helfen können, Stereotype und Vorurteile abzubauen. Geht es hingegen darum, Stücke zu finden, die Spannung auf Theaterbesuche erzeugen oder aufgeführt werden sollen, dann muß festgestellt werden, ob die in Erwägung gezogenen Texte Identifikationsangebote machen, ob sie sich für Rollenspiele und Improvisation eignen, ob sie Sprachproduktion stimulieren und die eigenständige Verwendung non-verbaler Mittel ermöglichen, ob sie vom Lernenden verlangen, daß er sich nicht nur als Rezipient, sondern auch als potentieller Produzent begreift.

Der Gewinn des Theaterspielens für den Fremdsprachenunterricht wird bei uns noch immer zu gering veranschlagt. Es macht empfindsam gegenüber Sprache und zwingt insbesondere dazu, durch angemessenes Sprechtempo, durch Tonlage und Intonation Verständnisbarrieren abzubauen und Mißverständnisse auszuräumen. Darüber hinaus kann Theater unsortierte Gefühle, ungeordnete Emotionen als Motoren (auch) des (sprachlichen) Handelns und damit affektive Bereiche stärker zur Geltung bringen.

In der gegenwärtigen Diskussion über die Auswahl szenischer Texte für den fremdsprachlichen Literaturunterricht spielen die perspektivische Erweiterung der Dramenlektüre und die stärkere Berücksichtigung von Kurzdramen eine besondere Rolle. Es wird empfohlen, Dramentexte mit unterschiedlichen Formen der Be- und Verarbeitung, d.h. mit Adaptationen, Film-, Hörspiel- oder Fernsehfassungen, zu vergleichen (s. Hortmann 1977 zur Shakespearelektüre). Das Kurzdrama (früher meist Einakter genannt) gilt als eine eigene Gattung (wenige Charaktere; keine Nebenhandlung; Einheit von Raum und Zeit; Krisen- oder Endsituation). Es eignet sich für vielfältige Zwecke: zur Einführung in die Struktur und die Elemente des Dramas, zum Lesen mit verteilten Rollen, zu Schüleraufführungen; es fordert, ähnlich wie die Kurzgeschichte, zu kreativer Textverarbeitung und insbesondere zur Ergänzung der in ihm enthaltenen Reduktionen auf (Kosok 1970).

Die Meinung über die Notwendigkeit oder Entbehrlichkeit von Lyrik im fremdsprachlichen Literaturunterricht hat sich häufig geändert (Hunfeld 1982a). Mit Argumenten wie den folgenden wird die Auswahl von Gedichten vorrangig begründet: Die poetische Sprachverwendung verlangt eine Konzentration auf die sprachlichen Details und die formalen Elemente. Das intensive Lesen wird geschult, weil die Komplexität und Dichte der Aussage oft langsames und mehrmaliges Rezipieren verlangen. Gedichte aus verschiedenen Epochen können in relativ kurzer Zeit Einsicht in die historische Dimension von Literatur vermitteln.

Literaturdidaktische Konzeptionen und Auswahlkriterien für ein literarisches Curriculum im Rahmen des Fremdsprachenunterrichts gehen von der Prämisse aus, daß die Fremdsprachendidaktik wichtige Aufgaben als Text- und insbesondere als Literaturdidaktik wahrnehmen muß. Gelegentlich werden "Textdidaktik" und "Literaturdidaktik" – unter Bezugnahme auf einen weiteren Literaturbegriff – synonym verwendet. Literaturdidaktik im engeren Sinn hat mit literarischen Texten zu tun und mit allen Entscheidungen, die im Hinblick auf die Behandlung literarischer Texte im Unterricht zu treffen sind (vgl. Art. 114).

Literatur

Benz, Norbert (1990), *Der Schüler als Leser im fremdsprachlichen Literaturunterricht*, Gießen.
Bredella, Lothar (1976), *Einführung in die Literaturdidaktik*, Stuttgart.
Bredella, Lothar (1980), *Das Verstehen literarischer Texte*, Stuttgart.
Brumfit, Christopher J./Carter, Ronald A., eds. (1986), *Literature and Language Teaching*, Oxford.
Brusch, Wilfried (1986), *Text und Gespräch in der fremdsprachlichen Erziehung*, Hamburg.
Christ, Herbert/Glaap, Albert-Reiner, Hrsg. (1987), *Kreatives Schreiben in der Fremdsprache (= Der fremdsprachliche Unterricht)*, Jg. 21, H. 82.
Durant, Alan/Fabb, Nigel (1990), *Literary Studies in Action*, London.
Freese, Peter (1979), "Zur Methodik der Analyse von Short Stories im Englischunterricht der Sekundarstufe II", in: Peter Freese/Horst Groene/Liesel Hermes (Hrsg.), *Die Short Story im Englischunterricht der Sekundarstufe II. Theorie und Praxis,* Paderborn, 38-71.
Freese, Peter (1981), "'Kanonbildung' und 'Wertungskompetenz': zu den Problemen der Textauswahl für den fremdsprachlichen Literaturunterricht", in: Peter Freese/Liesel Hermes (Hrsg.), *Der Roman im Englischunterricht der Sekundarstufe II. Theorie und Praxis*, 2. Aufl., Paderborn, 47-84.
Freese, Peter (1982), "Die amerikanische Short Story im Englischunterricht der Sekundarstufe II: Beobachtungen zur gegenwärtigen Lage und Hinweise zu ihrer Verbesserung", in: *Neusprachliche Mitteilungen,* Jg. 35, 31-42.
Freese, Peter/Hermes, Liesel, Hrsg. (1981), *Der Roman im Englischunterricht der Sekundarstufe II. Theorie und Praxis*, 2. Aufl., Paderborn.
Glaap, Albert-Reiner (1975), "Grenzen der Operationalisierbarkeit von Lernzielen im Englischunterricht", in: Werner Hüllen/Albert Raasch/Franz Josef Zapp (Hrsg.), *Lernzielbestimmung und Leistungsmessung im modernen Fremdsprachenunterricht,* Frankfurt a.M., 43-55.
Glaap, Albert-Reiner (1979), *Das englische Drama seit 1970. Hintergrundinformationen und Unterrichtsvorschläge Sekundarstufe II,* Limburg.
Glaap, Albert-Reiner (1982), "Für einen 'Offenen Kanon': Zeigenössische englische Dramen als Schullektüren, Identifikationsangebote und Gesprächsanläs-

se", in: Hans Hunfeld (Hrsg.), *Literaturwissenschaft – Literaturdidaktik – Literaturunterricht: Englisch. II. Eichstätter Kolloquium zum Fremdsprachenunterricht 1981,* Königstein/Ts., 178-190.

Glaap, Albert-Reiner/Weller, Franz Rudolf (1979), "Der fremdsprachliche Literaturunterricht", in: Winfried Kleine (Hrsg.), *Perspektiven des Fremdsprachenunterrichts in der Bundesrepublik Deutschland,* Frankfurt a.M., 84-95.

Hermes, Liesel (1979), *Texte im Englischunterricht der Sekundarstufe I,* Hannover.

Hortmann, Wilhelm (1977), "Shakespeare-Unterricht zwischen Text und Theater", in: *anglistik & englischunterricht,* Bd. 3, 101-131.

Hübner, Walter (1965), *Didaktik der Neueren Sprachen,* Frankfurt a.M.

Hunfeld, Hans (1981), "Der Roman im Englischunterricht: Fragen zu einem vernachlässigten Gebiet der Literaturdidaktik", in: Peter Freese/Liesel Hermes (Hrsg.), *Der Roman im Englischunterricht der Sekundarstufe II. Theorie und Praxis,* 2. Aufl., Paderborn, 85-110.

Hunfeld, Hans (1982a), *Englischunterricht: Literatur 5-10,* München/Wien/Baltimore.

Hunfeld, Hans (1982b), *Literaturwissenschaft – Literaturdidaktik – Literaturunterricht: Englisch. II. Eichstätter Kolloquium zum Fremdsprachenunterricht 1981,* Königstein/Ts.

Hunfeld, Hans (1990), *Literatur als Sprachlehre. Ansätze eines hermeneutisch orientierten Fremdsprachenunterrichts,* Berlin/München.

Kleine, Winfried (1979), *Perspektiven des Fremdsprachenunterrichts in der Bundesrepublik Deutschland,* Frankfurt a.M.

Kochan, Detlef C., Hrsg. (1990), *Literaturdidaktik, Lektürekanon, Literaturunterricht,* Amsterdam.

Kosok, Heinz (1970), "Das moderne englische Kurzdrama", in: *Neusprachliche Mitteilungen,* Jg. 23, 131-141.

Kosok, Heinz (1979), "Lektüreauswahl für die Sekundarstufe II aus der Sicht eines Literaturwissenschaftlers", in: Hans Weber (Hrsg.), *Aufforderungen zum literaturdidaktischen Dialog. Wuppertaler Kolloquium zum englischen Literaturunterricht,* Paderborn, 13-29.

Lerchner, Gotthard (1991), *Wenn ein Kopf und ein Buch zusammenstoßen ...: Vom Umgang mit literarischen Texten im Unterricht,* Berlin.

Nissen, Rudolf (1974), *Kritische Methodik des Englischunterrichts. Erster Teil: Grundlegung,* Heidelberg.

Nissen, Rudolf (1985), *Nissens Almanach. 111 Leseempfehlungen für Schule und Haus,* Hamburg.

Rumelhart, David E. (1980), "Schemata: The Building Blocks of Cognition", in: Rand J. Spiro/Bertram C. Bruce/William F. Brewer (eds.), *Theoretical Issues in Reading Comprehension – Perspectives from Cognitive Psychology, Linguistics, Artificial Intelligence and Education,* Hillsdale, New Jersey, 33-58.

Schiefele, Hans/Stocker, Karl (1990), *Literatur-Interesse: Ansatzpunkte einer Literaturdidaktik,* Weinheim.

Spiro, Rand J./Bruce, Bertram C./Brewer, William F., eds. (1980), *Theoretical Issues in Reading Comprehension – Perspectives from Cognitive Psychology, Linguistics, Artificial Intelligence and Education,* Hillsdale, New Jersey.

Weber, Hans, Hrsg. (1979a), *Aufforderungen zum literaturdidaktischen Dialog. Wuppertaler Kolloquium zum englischen Literaturunterricht,* Paderborn.

Weber, Hans (1979b), "Literaturunterricht als Fremdsprachenunterricht", in: Hans Weber (Hrsg.), *Aufforderungen zum literaturdidaktischen Dialog. Wuppertaler Kolloquium zum englischen Literaturunterricht,* Paderborn, 112-128.

Weber, Hans (1990), "Textverarbeitung im fremdsprachlichen Literaturunterricht", in: *Die Neueren Sprachen,* Jg. 89, 545-562.

Werlich, Egon (1975), *Typologie der Texte. Entwurf eines textlinguistischen Modells zur Grundlegung einer Textgrammatik,* Heidelberg.

Werlich, Egon (1976), *A Text Grammar of English,* Heidelberg.

Werlich, Egon (1986), *Praktische Methodik des Fremdsprachenunterrichts mit authentischen Texten,* Berlin.

Albert-Reiner Glaap

26. Interkulturelles Lernen und interkulturelle Kommunikation

1. Begrifflichkeit und Dimensionen des interkulturellen Lernens

Die Begriffe des "Interkulturellen Lernens", der "Interkulturellen Kommunikation" und der "Interkulturellen Erziehung" erleben seit Mitte der achtziger Jahre einen inflationären Gebrauch. Grundsätzlich zu unterscheiden sind die erziehungswissenschaftlichen, weit über den Sprachunterricht hinausgehenden Konzepte von den auf die Zweit- und Fremdsprachenvermittlung bezogenen Konzepten. Die Erziehungswissenschaft hat – zunächst unter Etiketten wie "Ausländer- und Migrantenpädagogik" – interkulturelles Lernen als Lernziel und Unterrichtsprinzip für alle Unterrichtsfächer formuliert; dabei geht es um die Befähigung zum Lernen und Leben in einer multikulturellen Gesellschaft, d.h. um die Entwicklung eines pädagogischen Konzepts für das wechselseitige Lernen der "ausländischen" und der deutschsprachigen Schüler. Der interkulturelle Ansatz hat damit in den achtziger Jahren die Assimilations- und Integrationskonzepte der sechziger und siebziger Jahre abgelöst, in denen von einer Defizithypothese ausgegangen wurde, die Fremdheit vor allem als Defizit gegenüber der Fremdsprache und -kultur betrachtete, die es im Unterricht zu überwinden galt. Mit der Differenzhypothese wurde dagegen auf die Gleichwertigkeit unterschiedlicher Kulturen abgehoben, die auch im Bildungswesen zu respektieren sei: Förderung der Muttersprache gleichrangig neben der Zweitsprache sowie der aus der Herkunftskultur mitgebrachten Wertvorstellungen, eine Überprüfung der Lehrpläne und Schulbücher auf einer solchen Anerkennung von Fremdheit entgegenstehende Inhalte sind Ausdrucksformen dieser Ausrichtung. In einigen Bundesländern sind eigene Lehrpläne für interkulturelles Lernen entwickelt bzw. bestehende Lehrpläne verschiedener Unterrichtsfächer um entsprechende Zusätze erweitert worden (vgl. u.a. Borrelli/Hoff 1988). Hohmann unterscheidet in diesem Zusammenhang zwischen dem Begriff "multikulturell" für die "beobachtbare gesellschaftliche Situation und die sich darin abzeichnenden Entwicklungsprozesse" und "interkulturell" als Markierung der pädagogisch-politischen Antworten auf diese gesellschaftliche Situation (Hohmann 1983, 5).

Innerhalb des Kontextes von Fremd- und Zweitsprachenunterricht lassen sich die Vorstellungen von interkulturellem Lernen und interkultureller Kommunikation drei unterschiedlichen Diskussionssträngen zuordnen: zum einen wurden aus der "Ausländerpädagogik" Grundsätze und Unterrichtsprinzipien übernommen, die zunächst für Deutsch als Zweitsprache formuliert, dann aber auf die Fremdsprachenvermittlung in einer mehrsprachigen Gesellschaft insgesamt verallgemeinert wurden; zum andern hat die Diskussion um die Lernziele des Fremdsprachenunterrichts im Bereich der allgemeinen Kommunikationsfähigkeit und der Landeskunde hier eine Erweiterung erfahren (vgl. Art. 112); schließlich hat sich aus der Literaturwissenschaft und Literaturdidaktik heraus eine Diskussion über die Möglichkeiten des Verstehens literarischer Texte entwickelt, die dann über die engere Frage nach dem Literaturverstehen hinaus Möglichkeiten und Grenzen des interkulturellen Verstehens allgemein zum Thema gemacht hat (vgl. Hunfeld 1990).

Kommunikative Kompetenz in einer Fremdsprache schließt ein, in der Begegnung mit einer anderen Kultur die Grenzen des eigensprachlichen und eigenkulturellen Verhaltens zu erkennen und sich auf andere sprachliche wie auch nichtsprachliche Verhaltensweisen einzulassen. Fremdsprachenunterricht als Ort einer systematischen Begegnung der Lernenden mit der Fremdkultur, die im kommunikativen Unterricht in Form von sprachlich handelnden Menschen lebendig wird, ist insofern in allen seinen Dimensionen interkulturell: Die Begegnung mit einer anderen Sicht auf die Welt beginnt bei den Wörtern, wie dies vor allem Müller (1981) mit seinem Konzept der konfrontativen Wortschatzdidaktik entwickelt hat, und schließt auch grammatische Aspekte ein (vgl. Ehnert 1988). In der Praxis des Fremdsprachenunterrichts hat sich ein solch umfassendes Verständnis von interkulturellem Lernen erst in Ansätzen entwickelt, Fragen des interkulturellen Lernens sind hier noch stark an die, in einem erweiterten Verständnis gefaßte, Landeskunde gebunden (vgl. Art. 113). Insbesondere die *Stuttgarter Thesen zur Rolle der Landeskunde im Französischunterricht* (Robert Bosch Stiftung et al. 1982) haben den Gedanken entfaltet und verbreitet, der Fremdsprachenunterricht habe einen Beitrag zur Entwicklung der "transnationalen Kommunikationsfähigkeit" zu leisten, indem er die Landeskunde zu einer kulturvergleichenden und kulturrelativierenden Betrachtung weiterentwickle, in der eine explizite Beziehung zwischen den kulturell geprägten Wirklichkeitserfahrungen der eigenen und der fremden Kultur hergestellt wird. Gegenüber einer vor allem auf die Fremdsprache gerichteten Perspektive traditioneller Landeskunde ist die interkulturelle Orientierung des Fremdsprachenunterrichts durch ein kulturkontrastives Vorgehen gekennzeichnet, in dem nicht mehr die Information über die andere Kultur, sondern die Sensibilisierung für fremde Kulturen, die Sichtbarmachung und der Abbau von Vorurteilen und Klischees und die Entwicklung kritischer Toleranz gegenüber anderen Kulturen im Zentrum stehen (vgl. hierzu exemplarisch die "ABCD-Thesen zur Rolle der Landeskunde" 1990; vgl. für die Begriffsdiskussion auch Doyé 1992). Rößler hat allerdings vor der Gefahr einer "Landeskundisierung" des interkulturellen Lernens gewarnt, d.h. vor einer eher additiven Erweiterung des Lernziels der kommunikativen Kompetenz um landeskundliche Elemente, die dazu führe, gerade die individuelle Fremdheitserfahrung aus dem Lernprozeß zu verdrängen (Rößler 1993, 99).

In jüngster Zeit werden jedoch zu Recht kritische Stimmen laut, die darauf verweisen, daß auch die These von der kulturellen Differenz Probleme, die sie zu lösen vorgibt, teilweise erst selbst hervorbringt. De facto werden auch in interkulturellen Ansätzen die Ausländer als "Problem" betrachtet; kulturalistische Interpretationen legen Menschen auch auf Merkmale ihrer Herkunftskultur fest, obwohl gerade die Analyse von Migrationsprozessen zeigt, daß kulturelle Prägungen sich verändern (vgl. Auernheimer 1990).

Die fremdsprachliche Literaturdidaktik hat die Möglichkeiten und Bedingungen transkultureller Literaturvermittlung zu einem ihrer zentralen Themen gemacht. Dabei stehen durch die Hermeneutik (insbesondere im Anschluß an Gadamer 1960/1990) nahegelegte universalistische Auffassungen, nach denen interkulturelles Verstehen herrschaftsfrei für möglich gehalten wird (vgl. Bredella 1994), einer eher kritischen kulturrelativistischen Position gegenüber, die vermeiden will, Fremdes unter das Eigene zu subsumieren, und daher die Grenzen interkulturellen Verstehens betont (vgl. Hunfeld 1990; zur Diskussion allgemein vgl. Krusche 1980; Hammerschmidt 1994).

Die skizzierten Ansätze können als Elemente unseres heutigen Verständnisses von interkulturellem Lernen angesehen werden: In einem weiteren Sinne ist nicht jene in ein eigenes Unterrichtsfach oder in den Bereich der Landeskunde abgeschobene unscharfe Form der Auseinandersetzung mit "den anderen" als "Fremden" gemeint, auch nicht nur eine auf das Textverstehen hin orientierte zusätzliche Dimension des Fremdsprachenunterrichts; interkulturelles Lernen betrifft die Zielsetzungen des Fremdsprachenunterrichts insgesamt wie auch die individuelle Entwicklung der Lernenden und Lehrenden. Wir sind es, die etwas als "fremd" deklarieren – interkulturelle Kommunikation kann sich deshalb nicht damit zufrieden geben, daß wir eine fremde Sprache lernen und auf mögliche Mißverständnisse vorbereitet sind (so wichtig dies als Teillernziel ist), kann auch nicht (nur) bedeuten, daß andere es lernen, in unserer Sprache zu reden. Interkulturelle Kommunikation bedeutet auch, die "Fremdenobsession" (vgl. Allemann-Ghionda 1993, 116) aufzugeben und neben ethnischen auch die politischen, sprachenpolitischen und wirtschaftlichen Ursachen von Ungleichheit, von Vorurteilen und Rassismus zu untersuchen. Fremdsprachenlernen erfolgt immer vor dem Hintergrund der eigenkulturellen Prägungen der Lernenden, d.h., Fremdes *und* Eigenes gehören in der Betrachtung zusammen. Ausgangspunkt einer solchen kulturkontrastiven Betrachtung ist die Gleichwertigkeit von Kulturen, die in unserer Gesellschaft auch zu neuen kulturellen Ausdrucksformen und Verbindungen führen. D.h., das Aushalten von Verschiedenheit wie auch die Bereitschaft zur Infragestellung eigener Normen gehören zu den Lernzielen einer interkulturellen Erziehung – auch und gerade im Fremdsprachenunterricht – ebenso wie die Sensibilisierung für andere Sprach- und Verhaltensformen als Ausdruck solcher anderen kulturellen Prägungen.

2. Stellenwert und Aufgaben des interkulturellen Lernens

Nur eine bewußte und fundierte interkulturelle Orientierung des Fremdsprachenunterrichts kann verhindern, daß Sprachenlernen zur Klischeebildung beiträgt bzw. vorhandene Klischees verstärkt. Diese These impliziert zum einen, daß interkulturelles Lernen in allen Vermittlungskontexten des Fremdsprachenunterrichts (und nicht nur dort) einbezogen werden muß, impliziert aber auch, daß es sich aus der Tatsache des *Fremd*sprachenlernens nicht naturwüchsig von selbst ergibt, sondern in der konkreten Ausgestaltung die Bedingungen und Kulturen der jeweiligen Adressaten und des jeweiligen Lernortes eine wichtige Rolle spielen. Für den Fremdsprachenunterricht ist eine gewisse Stereotypisierung einerseits eine durchaus auch lernnotwendige Vorgabe, der regionale und individuelle Differenzierungen zum Opfer fallen können (vgl. Bausinger 1988). Andererseits liegt hier aber auch eine Gefahr der Verfestigung von Klischees und Vorurteilen, von simplifizierenden Vorstellungen der Fremdkultur, wozu auch Lehrmaterial, insbesondere der Zwang zur Auswahl von Texten und Bildern, erheblich beitragen kann. Selbst die persönlichen Erfahrungen im Land verstärken, wie die Untersuchung von Schüleraustauschprogrammen ergeben hat (Keller 1979), oft eher Klischeevorstellungen, als daß diese abgebaut werden. Der Fremdsprachenunterricht muß daher gezielt Erfahrungsfelder bereitstellen, in denen diese Klischeebildungen wieder aufgelöst werden können (vgl. die Beispiele bei Singerman/Williamson 1988). Das betrifft in besonderem Maße den Deutsch als Zweitsprache-Unterricht: Für die Schulen der deutschsprachigen Länder gilt, daß die Schulklassen aller Schularten zunehmend multikulturell zusammengesetzt sind, d.h., der Unterricht (in allen Fächern) wendet sich in Zukunft keineswegs mehr an Schüler nur einer Herkunftssprache und -kultur (vgl. die Arbeiten des DFG-Schwerpunkts "Folgen der Arbeitsmigration für Bildung und Erziehung"; Krumm 1993). Dies hat Konsequenzen für alle Fächer. Göpfert (1985) führt in seiner Studie vor, wie die bestehenden Lehrpläne und Lehrbücher durch ihre ethnozentrische Prägung interkulturelles Lernen verhindern und eher zur Ausländerfeindlichkeit beitragen können.

Interkulturelles Lernen im Fremdsprachenunterricht zielt darauf, die Rolle der Fremdsprache für die Entwicklung von Selbst- und Fremdbildern bewußt zu nutzen; d.h., durch interkulturelles Lernen gewinnt der Fremdsprachenunterricht eine soziale und pädagogische Dimension zurück, die audiolingualen wie teilweise auch kommunikativen Ansätzen fehlte (vgl. die Kritik bei Dietrich 1979), nämlich die Entwicklung von Empathie, kritischer Toleranz und die Fähigkeit zur Konfliktbewältigung; als Element politischer Bildung steht eine antirassistische, auf Aufklärung über soziale, wirtschaftliche und politische Ursachen von Ethnozentrismus und Kulturkonflikten gerichtete Zielsetzung im Mittelpunkt (vgl. u.a. die Beiträge in Gogolin 1994a; Hackl 1993). Unübersehbar ist diese pädagogisch-politische Funktion der Zweitsprachenvermittlung im Hinblick auf die Sprachlernangebote für nichtdeutschsprachige Schüler. Sowohl die Frage nach der Integration ihrer Herkunftssprachen in das schulische Sprachangebot als auch die Orientierung des Deutsch als Zweitsprache-Unterrichts geben Auskunft darüber, ob eher assimilative oder interkulturelle Ziele verfolgt werden, die dann auch die deutschsprachigen Schüler einbeziehen: Modelle und Projekte interkultureller Erziehung, die einen gemeinsamen Lernprozeß deutschsprachiger *und* ausländischer Schüler einleiten, setzen sich jedoch nur langsam durch und haben den "monolingualen Habitus" (Gogolin 1994b) der Schule noch kaum verändert. Leichter lassen sich solche Projekte dort durchsetzen, wo sie als Nachbarschafts-, Begegnungs- und Mehrsprachigkeitskonzepte im Hinblick auf das politische Zusammenwachsen Europas entwickelt und begründet werden. Die Entwicklung reicht von seit Anfang der siebziger Jahre entstandenen deutschfranzösischen bilingualen Zügen an Gymnasien bis zur Einrichtung von Modellversuchen zur interkulturellen Erziehung und von weiteren bilingualen Zügen an zahlreichen weiterführenden Schulen in der Gegenwart (vgl. die Übersicht über bilingualen Unterricht und die Diskussion in Weller/Wolff 1993; vgl. auch Art. 75 u. 99).

3. Konsequenzen eines interkulturellen Ansatzes für den Fremdsprachenunterricht

Es wäre ein Mißverständnis, die interkulturelle Orientierung des Fremdsprachenunterrichts als "postkommunikative", eine neue Methode einleitende Phase zu deklarieren. Eher geht es darum, unser Verständnis von Kommunikationsfähigkeit als einer universalen Fähigkeit zu revidieren. Die Pragmalinguistik und die kommunikative Wende in der Fremdsprachendidaktik haben diese universalistische Ausrichtung zunächst begünstigt, schien es doch so, als sei ein an universalen Sprechakten wie "Begrüßen", "Nach dem Weg fragen", "Sich Vorstellen" u.ä. orientierter Fremdsprachenunterricht der universelle Rahmen für die Entwicklung von Kommunikationsfähigkeit. Inzwischen hat sich die Erkenntnis durchgesetzt, daß diese Sprechakte so universell gar nicht sind (vgl. Kramsch 1993). Das gilt in gleichem Maße für Lehr- und Lerntraditionen wie etwa den kommunikativen Unterricht, die Bevorzugung von Gruppenarbeit o.ä. – sie sind kulturgeprägt, d.h., daß Schüler aus anderen, eher lehrerzentrierten Lernkontexten andere Erwartungen an den Unterricht herantragen. Ein den Lernvoraussetzungen angemessener, motivierender Fremdsprachenunterricht muß die konkreten Lehr- und Lernbedingungen, aber auch die Wahrnehmungsstrukturen und Kommunikationsbedingungen der jeweiligen Lernenden einbeziehen – und diese haben sich z.B. seit der deutschen Vereinigung, seit der Öffnung des Eisernen Vorhangs geändert: Veränderte Einstellungen etwa zur Fremdsprache Russisch wie auch – in nichtdeutschsprachigen Ländern – zur Fremdsprache Deutsch, die Möglichkeit und Notwendigkeit anderer Sprachkontakte an den östlichen Grenzen z.B. machen es erforderlich, daß der Fremdsprachenunterricht tatsächlich auf interkulturelles Handeln in einer (veränderten) mehrsprachigen Welt vorbereitet. Ein systematisches Wahrnehmungstraining, das kulturgebundene Deutungsmuster in der Mutter- und Fremdsprache aufsucht und Prozesse des Selbst- und Fremdverstehens in den Mittelpunkt rückt, zielt auf das, was Kramsch (1993) als "a culture of a third kind" oder Hammerschmidt (1994) als "das Zwischen als positiven Ort" bezeichnet, die Entwicklung von Interkulturalität als der Fähigkeit, Verschiedenheit zu akzeptieren, mit Hilfe von Sprache eine neue Kultur zu entdecken und die eigene neu sehen zu lernen.

Zwar entstehen in zunehmendem Maße Lehrmaterialien, die solche Zielsetzungen für interkulturelles Lernen stützen sollen, doch in der Regel begrenzt auf den Bereich des Sprachunterrichts für Migrantenkinder, erst in Ansätzen für den Fremdsprachenunterricht (vgl. aber exemplarisch die Lehrwerke *Sichtwechsel* (Hog et al. 1984) und *Sprachbrücke* (Mebus et al. 1987)).

4. Perspektiven

Mit dem Zusammenwachsen Europas, mit der Erkenntnis, daß die Multikulturalität der europäischen Länder kein vorübergehender Zustand ist, wird die interkulturelle Orientierung des Fremdsprachenunterrichts an Bedeutung gewinnen. Zwei bildungs- und sprachenpolitische Voraussetzungen sind jedoch zu schaffen, wenn interkulturelles Lernen im Fremdsprachenunterricht tatsächlich gelingen soll:
1. die Verbindung von migrationsbezogenen und fremdsprachenunterrichtlichen Bemühungen um interkulturelles Lernen. Bislang laufen Fördermaßnahmen, Lehrmaterialentwicklung und Bildungspolitik bezogen auf das Zusammenwachsen Europas und die Bewältigung der Migrationsbewegungen nebeneinander her. Die Vorbereitung auf ein mehrsprachiges Europa durch schulischen Fremdsprachenunterricht kann jedoch nur gelingen, wenn die Mehrsprachigkeit der Schüler in Konzepte interkulturellen Lernens eingebunden wird (vgl. Krüger-Potratz 1993). In diesem Zusammenhang ist die Förderung interkulturellen Lernens eng mit der gesellschaftlichen Akzeptanz von real vorhandener Mehrsprachigkeit in Schule und Gesellschaft verbunden. Interkulturelle Lernziele vertragen sich nicht mit dem Verdrängen der Herkunftssprachen und -kulturen der nichtdeutschsprachigen Menschen innerhalb der eigenen Grenzen;
2. eine auf die neuen Ziele hin orientierte Reform der Fremdsprachenlehrerausbildung. Lehrer als Experten für Fremdsprachenvermittlung müssen zugleich als kulturelle Mittler ausgebildet werden, die Fremdsprachenunterricht als Möglichkeit interkulturellen Lernens begreifen und gestalten. Eine solche Auffassung hat der Europarat bereits 1984 (vgl. Rey 1986) in seinen Empfehlungen zur Ausbildung von Lehrern in interkultureller Erziehung, insbesondere im Kontext von Migrationsprozessen, artikuliert; dort werden die Mitgliedstaaten aufgefordert, die interkulturelle Dimension und das Verstehen zwischen verschiedenen Gemeinschaften zum Gegenstand der Lehreraus- und -fortbildung zu machen und interkulturelles Lernen – keineswegs nur im Fremd- und Zweitsprachenunterricht – am Abbau ethnozentrischer Einstellungen als wichtigem Lernziel zu orientieren (Rey 1986).

Literatur

"ABCD-Thesen zur Rolle der Landeskunde im Deutschunterricht" (1990), in: *Fremdsprache Deutsch*, H. 3, 60-61.

Allemann-Ghionda, Cristina (1993), "Bildung und Forschung in der vielsprachigen und plurikulturellen Schweiz: Kontext, Paradoxien, Desiderata", in: *Deutsch lernen*, Jg. 18, H. 2, 104-120.

Auernheimer, Georg (1990), *Einführung in die interkulturelle Erziehung*, Darmstadt.

Bausinger, Hermann (1988), "Stereotypie und Wirklichkeit", in: *Jahrbuch Deutsch als Fremdsprache*, Bd. 14, 157-170.

Borrelli, Michele/Hoff, Gerd, Hrsg. (1988), *Interkulturelle Pädagogik im internationalen Vergleich*, Baltmannsweiler.

Bredella, Lothar (1994), "Interkulturelles Verstehen im Fremdsprachenunterricht – zwischen Relativismus und Universalismus", in: K.-Richard Bausch/Herbert Christ/Hans-Jürgen Krumm (Hrsg.), *Interkulturelles Lernen im Fremdsprachenunterricht. Arbeitspapiere der 14. Frühjahrskonferenz zur Erforschung des Fremdsprachenunterrichts*, Tübingen, 21-30.

Dietrich, Ingrid (1979), "Die mögliche Bedeutung alternativer Unterrichtskonzepte für den schulischen Fremdsprachenunterricht", in: *Unterrichtswissenschaft*, Jg. 7, H. 4, 357-365.

Doyé, Peter (1992), "Neuere Konzepte landeskundlichen Lernens", in: *Der fremdsprachliche Unterricht. Englisch*, Jg. 26, H. 7, 4-7.

Ehnert, Rolf (1988), "Komm doch mal vorbei. Überlegungen zu einer 'Kulturkontrastiven Grammatik'", in: *Jahrbuch Deutsch als Fremdsprache*, Bd. 14, 301-312.

Gadamer, Hans-Georg (1960/1990), *Wahrheit und Methode*, 6. Aufl., Tübingen.

Göpfert, Hans (1985), *Ausländerfeindlichkeit durch Unterricht*, Düsseldorf.

Gogolin, Ingrid, Hrsg. (1994a), *Das nationale Selbstverständnis der Bildung*, Münster/New York.

Gogolin, Ingrid (1994b), *Der monolinguale Habitus der multilingualen Schule*, Münster/New York.

Hackl, Bernd, Hrsg. (1993), *Miteinander lernen: Interkulturelle Projekte in der Schulpraxis*, Innsbruck.

Hammerschmidt, Anette (1994), *Fremdverstehen. Eine Untersuchung über das Verhältnis von Eigenem und Fremdem im Hinblick auf Bedingungen und Möglichkeiten des Verstehens*, Diss., Hamburg.

Hog, Martin et al. (1984), *Sichtwechsel. Elf Kapitel zur Sprachsensibilisierung*, Stuttgart.

Hohmann, Manfred (1983), "Interkulturelle Erziehung – eine Bestandsaufnahme", in: *Ausländerkinder*, Jg. 4, H. 4, 4-8.
Hunfeld, Hans (1990), *Literatur als Sprachlehre*, Berlin/München.
Keller, Gottfried (1979), "Die Auswirkungen eines Deutschlandaufenthaltes auf das Deutschlandbild britischer Schüler", in: *Die Neueren Sprachen*, Jg. 78, H. 3, 212-231.
Kramsch, Claire (1993), *Context and Culture in Language Teaching*, Oxford.
Krüger-Potratz, Marianne (1993), "Erziehung in und für Europa, zweimal?", in: *Deutsch lernen*, Jg. 18, H. 1, 3-13.
Krumm, Hans-Jürgen, Hrsg. (1993), "Folgen der Arbeitsmigration für Bildung und Erziehung" (= Themenschwerpunkt), in: *Unterrichtswissenschaft*, Jg. 21, H. 2, 98-166.
Krusche, Dieter (1980), "Die Kategorie der Fremde", in: Alois Wierlacher (Hrsg.), *Fremdsprache Deutsch. Grundlagen und Verfahren der Germanistik als Fremdsprachenphilologie*, Bd. 1, München, 47-56.
Mebus, Gudula et al. (1987), *Sprachbrücke*, Bd. 1, Stuttgart.
Müller, Bernd-Dietrich, Hrsg. (1981), *Konfrontative Semantik*, Weil der Stadt/Tübingen.
Rey, Micheline (1986), *Training teachers in intercultural education*, Straßburg.
Robert Bosch Stiftung GmbH/Deutsch-Französisches Institut, Hrsg. (1982), *Fremdsprachenunterricht und Internationale Beziehungen. Stuttgarter Thesen zur Rolle der Landeskunde im Französischunterricht*, Gerlingen.
Rößler, Dietmar (1993), "Drei Gefahren für die Sprachlehrforschung im Bereich Deutsch als Fremdsprache", in: *Jahrbuch Deutsch als Fremdsprache*, Bd. 19, 77-99.
Singermann, Alan J./Williamson, Richard C., eds. (1988), *Toward a New Integration of Language and Culture*, Middlebury, Vermont.
Weller, Franz-Rudolf/Wolff, Dieter, Hrsg. (1993), *Bilingualer Unterricht* (= *Die Neueren Sprachen*), Jg. 92, H. 1/2.

Hans-Jürgen Krumm

27. Lehr- und Lernziele

1. Terminologisches

Angesichts des nicht einheitlichen und oft verwirrenden Gebrauchs der beiden Ausdrücke "Lehrziele" und "Lernziele" in allgemeinpädagogischen und fremdsprachendidaktischen Schriften der Gegenwart und jüngsten Vergangenheit ist es erforderlich, zu Beginn eine Begriffserklärung vorzunehmen. Unter "Lernen" wird in der Psychologie und ihren Nachbardisziplinen ein internal ablaufender, nicht beobachtbarer Prozeß der Änderung von Verhaltensdispositionen verstanden, während man mit "Lehren" die Gesamtheit der Aktionen bezeichnet, die in der Absicht unternommen werden, das Lernen von Menschen zu steuern. Diese klaren Definitionen legen es nahe, bei den entsprechenden Zielen folgendermaßen zu unterscheiden:

Lernziele sind Ziele, die Menschen sich für ihr eigenes Lernen setzen. Lehrziele sind Ziele, die Menschen bei der Steuerung des Lernens anderer intendieren (vgl. Art. 102).

Beide Male sind es Eigenschaften von Menschen, also Kompetenzen, Kenntnisse, Haltungen usw., welche angestrebt werden, aber sie sind natürlich nicht in jedem Falle identisch. Lernende können jeweils ganz andere Ziele vor Augen haben als diejenigen, die sie etwas lehren wollen, und Lehrende verstellen sich durch die Verwendung des Ausdrucks "Lernziele" für ihre eigenen Intentionen den Blick dafür, daß die von ihnen gesetzten Ziele durchaus nicht im Sinne der Lernenden zu sein brauchen.

In Anlehnung an eine Gruppe von Pädagogen (Klauer 1973; Einsiedler 1978) soll deshalb im folgenden sauber zwischen Lernzielen und Lehrzielen unterschieden werden. Da es dabei vornehmlich um die Erörterung des Themas aus der Sicht von Lehrenden geht, wird auch meist von "Lehrzielen" gesprochen. Wo aus stilistischen Gründen nur der Terminus "Ziele" auftritt, sind dennoch Lehrziele gemeint.

2. Die Lehrziele des Fremdsprachenunterrichts

Zur systematischen Darstellung der Lehrziele des heutigen Fremdsprachenunterrichts kann eines der herkömmlichen Modelle der Allgemeinen Didaktik dienen. Gut geeignet ist das der Berliner Didaktischen Schule. In Anlehnung an Heimann nennt Schulz drei Dimensionen, in denen Lehrer Ziele intendieren können: die pragmatische, die kognitive und die emotionale Dimension (Heimann/Otto/Schulz 1965). In der pragmatischen Dimension geht es um die Vermittlung von Kompetenzen, in der kognitiven um Kenntnisse und Erkenntnisse und in der emotionalen um Haltungen und Einstellungen.

a) Pragmatische Dimension: Kompetenzen

Von den drei Dimensionen ist die pragmatische heute am wenigsten umstritten. Daß der Fremdsprachenunterricht den Schülern die praktische

Fähigkeit zum Gebrauch und zum Verstehen der Sprache vermitteln soll und nicht nur Kenntnisse über die Sprache, wird von Theoretikern und Praktikern des Fremdsprachenunterrichts als selbstverständlich angesehen.

Als übergeordneter Begriff hierfür fungiert seit etwa zwanzig Jahren die Kommunikationsfähigkeit. Aus ihrer Analyse ergeben sich vier fundamentale sprachliche Kompetenzen, je nachdem, welche Rolle der Lernende in der Kommunikation übernimmt. Da zum Kommunizieren in der Fremdsprache die Produktion wie die Rezeption von sprachlichen Zeichen gehört und deren Übermittlung mündlich wie schriftlich geschehen kann, muß der Schüler, um kommunikationsfähig zu werden, auch vier kommunikative Kompetenzen erwerben (Wir ziehen "Kompetenz" den kaum klar gegeneinander abgrenzbaren Ausdrücken "Fähigkeit" und "Fertigkeit" vor, auch wegen der Nähe zu international üblichem Sprachgebrauch.). Diese sind: *Sprechen, Hörverstehen, Schreiben und Leseverstehen*. Sie alle werden heutzutage als kommunikative Kompetenzen verstanden, nicht als Fertigkeiten in dem älteren, mehr technischen Sinne, daß der Schüler in die Lage versetzt wird, Sätze zu konstruieren, Strukturen zu erkennen usw. (Pelz 1977). Gemeint ist immer die Befähigung zum Vollzug sprachlicher Akte in möglichst realistischer Form, so wie sie von der linguistischen Pragmatik erforscht und beschrieben worden sind (Searle 1969). Dazu gehört die zielgerichtete, partner- und sachgerechte, zu sprachlichen Handlungen integrierte Verwendung syntaktischer, lexikalischer und – je nach Kommunikationsmedium – phonologischer oder graphischer Sprachmittel. Auf die Integration zu "ganzen" Akten kommt es an; denn nur sie existieren im realen Sprachgebrauch, für den der Schüler qualifiziert werden soll. Er soll nicht – getrennt voneinander – Sätze bilden, Wörter verwenden und Lautfolgen aussprechen lernen, sondern sprachlich handeln lernen, das heißt z.B., einen Fremden begrüßen, ihm einen Weg beschreiben, ihm Ratschläge geben usw. und die dazu nötigen Sätze, Wörter und Aussprachemuster in jeweils einem Akt anwenden lernen.

So fordern es jedenfalls alle Lehrpläne und Richtlinien der 80er und 90er Jahre und ordnen deshalb die Listen der zu lehrenden syntaktischen und lexikalischen Einheiten den Katalogen der zu vermittelnden sprachlichen Akte nach.

Ob man jedoch die wichtigsten Teilkompetenzen zu untergeordneten Lehrzielen machen sollte, ob es also Teilziele grammatischer, lexikalischer, phonologischer, orthographischer Art geben sollte, darüber gehen die Auffassungen auseinander. Nach Oller (1979) ist dies nicht vertretbar. Die Vorstellung, daß man das System Sprache in mehrere Subsysteme zerlegen, getrennt lehren und die Teile dann wieder zu einem Ganzen zusammenfügen könne, ist für ihn und seine Anhänger so abwegig, daß er auch eine Planung des Unterrichts in Richtung auf Teilkompetenzen strikt ablehnt. Demgegenüber haben andere Didaktiker die Auffassung vertreten, daß überall dort, wo das ganzheitliche Lernen nicht direkt zum Ziele führt, d.h. bei allen Lernschwierigkeiten, eine intensive Schulung in den Teilbereichen sinnvoll ist (Vollmer 1982).

Wer sprachlich handeln will, braucht dazu einen hinreichenden Wortschatz, ein bestimmtes Repertoire an syntaktischen Strukturen und eine angemessene Aussprache bzw. Orthographie. Deshalb müssen Menschen, die sich eine Fremdsprache aneignen wollen, auch die Beherrschung dieser Teilbereiche lernen. Daß diese Beherrschung für sich allein wertlos ist und ihre Integrierung in kommunikative Kompetenzen dann immer noch vorgenommen werden muß und erst von daher ihre Legitimation bezieht, ist klar. Aber als zeitweilige Maßnahme ist die Beschränkung auf Teilbereiche sinnvoll. D.h., es ist legitim, streckenweise "reinen" Grammatikunterricht zu erteilen, unter der Voraussetzung, daß dessen Stellenwert gesehen und sein Resultat, eine grammatische Teilkompetenz also, dann durch entsprechende Lehrverfahren in die Ganzheit einer kommunikativen Kompetenz integriert wird.

Schließlich stellt sich die Frage, ob denn alle Schüler alle vier kommunikativen Kompetenzen erwerben sollen. Die meisten Theoretiker bejahen diese Frage. Andere befürworten Ausnahmen an zwei Stellen:

1. dort, wo es aufgrund von speziellen Zielsetzungen – auch an allgemeinbildenden Schulen – nur auf einzelne Kompetenzen wie beispielsweise Leseverstehen ankommt, z.B. in einem Kurs, der zu der Fähigkeit führen soll, englische wissenschaftliche oder literarische Texte zu lesen;

2. dort, wo es Schülern aufgrund mangelnder Voraussetzungen nicht oder nur äußerst schwer gelingt, alle vier Kompetenzen zu erlangen, z.B. in einem Kurs für leistungsschwache Schüler, welcher nur die beiden

rezeptiven Kompetenzen des Hör- und Leserverstehens bei gleichzeitiger Intensivierung der Landeskunde anstrebt.

b) Kognitive Dimension: Kenntnisse

Wäre der Terminus "Kulturkunde" nicht historisch so negativ besetzt, so könnte man ihn gut zur Bezeichnung dessen verwenden, was in der zweiten Dimension der Lehrziele des Fremdsprachenunterrichts heute intendiert wird, nämlich Kenntnisse über andere Länder und deren Kultur zu vermitteln. So sind wir also auf den Ausdruck "Landeskunde" angewiesen (vgl. Art. 10 und 24).

Landeskundliche Kenntnisse sind als Lehrziel des Fremdsprachenunterrichts durchaus nicht so generell akzeptiert wie die sprachlichen. Buttjes beklagt und kritisiert, daß die bildungspolitische Initiative "Fremdsprachenunterricht für alle" nicht auch die Forderung "Landeskunde für alle" nach sich gezogen habe (Buttjes 1981). Zwei Gründe sprechen aber für die Erfüllung einer solchen Forderung:

1. Semiotische Begründung: Sprache ist ein System von Zeichen, und Zeichen haben Form und Inhalt. Niemand kann eine Sprache losgelöst von den Inhalten, die sie bezeichnet, lehren, und jeder sinnvolle Fremdsprachenunterricht gelangt deshalb zwangsläufig dahin, mit der Sprache auch eine andere Kultur zu vermitteln. Beim Umgang mit der Fremdsprache ergibt es sich von selbst, daß man den Blick auf die Menschen, die diese Sprache als Muttersprache verwenden, und das Land, in dem solches geschieht, richtet. Selbst bei der Verwendung einer Fremdsprache als *lingua franca* kommt man nicht umhin, auf die mit der Fremdsprache ausgedrückten Inhalte als sachlichen Hintergrund zu rekurrieren.
2. Pädagogische Begründung: Als eine wichtige Aufgabe der Schule wird heute generell die Erweiterung des geistigen Horizonts der Schüler über nationale Grenzen hinaus angesehen. Als Gegenstück zur Heimatkunde in der Grundschule, in welcher der Schüler seine nähere Umgebung gründlich kennenlernt, soll die Beschäftigung mit anderen Ländern, Gesellschaften, Kulturen ihm den Blick öffnen für anderes, Fremdes und ihn vor ethnozentrischem Denken bewahren. Es liegt nahe, daß man diese Aufgabe der Schule exemplarisch anhand derjenigen Kultur(en) zu erfüllen versucht, deren Sprache(n) der Schüler ohnehin lernt.

Das Prinzip des Exemplarischen gilt aber nicht nur als Begründung für Landeskunde überhaupt, sondern muß auch zur Auswahl der Inhalte innerhalb einer Landeskunde herangezogen werden. Welche Bereiche oder Aspekte einer fremden Kultur zu behandeln seien, ist nämlich ein schwieriges Problem, weil angesichts der kaum überschaubaren Menge möglicher Inhalte einerseits und der begrenzt zur Verfügung stehenden Zeit andererseits ja eine besonders strenge Auswahl getroffen werden muß, die in ihrer Rigidität nur durch die allerdings berechtigte Erwartung einer exemplarischen Wirkung gemildert werden kann.

Als Auswahlkriterien kommen in Frage:
a) Enger Bezug zu den intendierten sprachlichen Kompetenzen: Zu konkreten Lehrzielen der pragmatischen Dimension werden, wie bereits ausgeführt, jeweils Kompetenzen zum Vollzug bestimmter sprachlicher Akte gemacht, welche mit Hilfe einer Zielfindungsstrategie ausgewählt werden (siehe Kapitel 3). Die semiotische Begründung der Landeskunde legt es nun nahe, jeweils solche soziokulturellen Kenntnisse zu vermitteln, die als Hintergrundwissen für das intendierte sprachliche Handeln erforderlich oder wünschenswert sind.
b) Interessenlage der Lernenden: Bestimmte Gebiete der anderen Kultur stehen den jungen Menschen näher als andere. Sie zum Gegenstand des Unterrichts zu machen bietet sich an, weil das Interesse der Lernenden zum einen eine gute Grundlage für die Aneignung dieser Gebiete bildet und zum anderen Themen aus ihnen am ehesten bei dann wirklich stattfindender Kommunikation zur Sprache kommen dürften.
c) Repräsentativität: Da nur begrenzte Zeit zur Verfügung steht und ein möglichst zutreffendes Bild des anderen Landes und der anderen Gesellschaft gezeichnet werden soll, werden Gegenstände ausgewählt, die als repräsentativ, als typisch gelten können. So legitim dieser Ansatz ist, so birgt er doch die Gefahr in sich, daß die Lernenden das als typisch Hingestellte für das Ganze nehmen und zu stereotypen Vorstellungen kommen. Dem können Lehrer nur dadurch entgegenwirken, daß sie möglichst vielseitige, zumindest aber nicht einseitige Informationen vermitteln.

d) Konfliktträchtigkeit: Es werden Gegenstände aus solchen soziokulturellen Bereichen gewählt, in denen es bei Begegnungen zwischen den beiden Kulturen, also der eigenen und der fremden, erfahrungsgemäß leicht zu Konflikten kommt oder jederzeit leicht zu Konflikten kommen kann. Eine solche Auswahl wird mit der möglichen prophylaktischen Wirkung einer Reflexion der Spannungen zwischen den Kulturen und auch der Vorbereitung auf den Ernstfall, in dem solche Konflikte wirklich eintreten, begründet.

c) Emotionale Dimension: Haltungen

Diese Dimension hängt eng mit der kognitiven Dimension zusammen. Nach Hermann (1981) kann affektives Lernen überhaupt nur erfolgreich sein, wenn es mit kognitivem Lernen korrespondiert und umgekehrt. So gesehen ist es verständlich, daß die Ziele der emotionalen Dimension meist von Vertretern der Landeskunde postuliert worden sind. Es wäre jedoch falsch, die affektiven Lehrziele des Fremdsprachenunterrichts nur als eine Ergänzung der kognitiven zu betrachten.

Ihre Legitimation ergibt sich vielmehr aus dem Bildungsauftrag der Schule, so wie ihn die Schulgesetze der Länder der Bundesrepublik Deutschland formulieren. Dort ist immer wieder von einem Beitrag zur Völkerverständigung die Rede, den die Schule zu leisten habe; manchmal werden auch bestimmte Fächer genannt, die diesen Beitrag vornehmlich leisten könnten, und dabei fehlen dann nie die Fremdsprachen. Auch wenn man für den etwas abgegriffenen Begriff der Erziehung zur Völkerverständigung den neueren und treffenderen einer Befähigung zur interkulturellen Kommunikation setzt, bleibt der Grundgedanke der gleiche: Haltungen und Einstellungen sind anzustreben; denn ohne sie als Grundlage kann die Verständigung zwischen Nationen bzw. die Kommunikation zwischen Kulturen nicht gelingen.

Wenn aber nun der Fremdsprachenunterricht aufgrund seiner von den kognitiven Lehrzielen her geforderten intensiven Beschäftigung mit anderen Ländern und Kulturen die Möglichkeit hat, einen Beitrag zu solch affektiver Fundierung zu leisten, dann muß er konsequenterweise auch die entsprechenden Haltungen und Einstellungen zu seinen Lehrzielen machen. Drei unter ihnen sind besonders wichtig: Offenheit, Toleranz und Kommunikationsbereitschaft.

Offenheit als Haltung meint die möglichst weitgehende Freiheit von Vorurteilen gegenüber Menschen und Gegenständen der anderen Kultur. Hier ist die Unterscheidung der Sozialpsychologen zwischen Vorurteil als starrer, gegenüber neuen Erfahrungen weitgehend immuner Einstellung und vorläufigem Urteil, welches jederzeit aufgrund neuer Erfahrungen revidierbar ist, wichtig. Genau auf die Offenheit für neue Erfahrungen kommt es an. Wenn es gelingt, Menschen durch ihren Fremdsprachenunterricht dahin zu führen, daß sie Angehörigen anderer Kulturen mit der gleichen Offenheit begegnen wie Angehörigen ihrer eigenen Kultur, ist viel gewonnen. Daß dies wegen der Zähigkeit von Vorurteilen schwer erreichbar ist, versteht sich von selbst.

Toleranz als Ziel zu setzen heißt aber, noch etwas mehr vom Lernenden zu fordern; nicht nur die Aufgeschlossenheit gegenüber dem anderen ist gefragt, sondern darüber hinaus die Fähigkeit, das andere gelten zu lassen neben der eigenen Art zu leben und die Welt zu sehen. Dazu gehört die Bereitschaft, Spannungen zu ertragen, indem man die neu erfahrenen Lebensweisen zwar als anders erlebt und registriert, aber, ohne sie als minderwertig zu empfinden, neben der eigenen akzeptiert. Daß diese Akzeptanz dort ihre Grenze findet, wo fundamentale Menschenrechte verletzt werden, versteht sich von selbst.

Kommunikationsbereitschaft geht noch einen Schritt weiter. Sie ist die Haltung desjenigen, der angesichts der erlebten Andersartigkeit von Phänomenen der fremden Kulturen und aufgrund seiner Neigung, sie als gleichwertig zu akzeptieren, bereit ist, aktiv zu werden, d.h., in eine Kommunikation mit Personen und Gegenständen dieser Kulturen einzutreten. Sie ist das entscheidende Komplement zur Kommunikationsfähigkeit.

Es ist offensichtlich, daß die drei genannten Haltungen auch äußerst wichtige politische Tugenden sind. Sie anzustreben, und zwar in Verbindung mit der Vermittlung von gründlichen Kenntnissen über die anderen Kulturen, macht den Fremdsprachenunterricht zu einem bedeutenden Bestandteil der politischen Erziehung in der Schule.

Abschließend muß zu allen drei Dimensionen gesagt werden, aber besonders zu der dritten, daß es neben den dargestellten Lehrzielen natürlich noch allgemeine Ziele der Schule gibt, die in allen Fächern und folglich auch im Fremdsprachenunterricht verfolgt werden müssen, die aber darzustellen hier nicht der Platz ist. Dazu gehören Erziehung zu

Selbständigkeit und Verantwortungsbewußtsein, zu Kritikfähigkeit, zu sozialem Verhalten und Solidarität, zu Emanzipation.

3. Lehrzielfindung

In die systematische Darstellung der Lehrziele in den vorangegangenen Abschnitten konnte nur manchmal eine Begründung einzelner Ziele mit aufgenommen werden; andere wurden als selbstverständlich hingestellt, wieder andere blieben unbegründet. Nun bemüht sich aber gerade die internationale Curriculumforschung der letzten dreißig Jahre um die Entwicklung von Zielfindungsstrategien, die als Entscheidungshilfen für das rationale Finden und Setzen von Lehrzielen dienen können (Frey 1971). Da es unmöglich ist, mehrere dieser Strategien hier darzustellen, soll wenigstens anhand eines solchen Konzepts, das allerdings für den Fremdsprachenunterricht besonders gut geeignet ist, die Möglichkeit eines rationalen Vorgehens dargestellt und mit einem Beispiel belegt werden.

1967 hat Robinsohn ein Strukturkonzept für Curriculumentwicklung vorgelegt (Robinsohn 1971). Ausgehend von der Grundannahme, daß in der Erziehung Ausstattung zur Bewältigung von Lebenssituationen geleistet werden soll, daß dafür bestimmte Qualifikationen erforderlich sind und zu diesen Qualifikationen bestimmte Gegenstände gelernt werden müssen, schlägt Robinsohn einen Dreierschritt vor: Die Curriculum-Planer mögen zunächst die Situationen ermitteln, für die die Lernenden ausgestattet werden sollen, sodann die Qualifikationen bestimmen, die diese zur Bewältigung der Situationen brauchen, und schließlich die Inhalte festlegen, durch welche die Qualifizierung erreicht wird.

Wendet man dieses Konzept als Hilfe für die Lehrzielfindung im Fremdsprachenunterricht an, dann muß man sich zunächst fragen, in welchen Situationen denn der Schüler die Sprache benötigen wird. Die Antwort ist natürlich nicht einfach und kann wie alle prognostischen Antworten auf Fragen zur gegenwärtigen Erziehung nur mit Wahrscheinlichkeit gegeben werden. Immerhin kann dabei eine Besinnung auf die Rollen helfen, in denen Schüler und Schulabgänger der Fremdsprache begegnen können. In Frage kommen da folgende:

1. Auslandsreisender
2. Korrespondent mit Ausländern
3. Konsument von Gütern ausländischer Herkunft
4. Leser oder Hörer fremdsprachiger Texte
5. im Ausland Lernender
6. im Ausland Arbeitender
7. im Inland mit Ausländern Kommunizierender
8. im Inland mit der Fremdsprache Arbeitender.

Aufgrund der prognostizierten Rollen kann man nun für jede Lerngruppe die Situationen zusammenstellen, in die ihre Mitglieder mit Wahrscheinlichkeit kommen werden. Die Arbeitsgruppe des Europarats, die mit dem Entwurf des Planes eines *Threshold Level of Language Proficiency* beauftragt war, hat genau dies getan. Sie hat aufgrund der Analyse der möglichen sozialen Rollen sprachenlernender europäischer Erwachsener und Jugendlicher einen entsprechenden Katalog von Situationen erarbeitet (van Ek/Alexander 1980).

Auf solcher Grundlage können nun die Qualifikationen, die die Lernenden für die sprachliche Bewältigung der ermittelten Situationen benötigen, bestimmt werden, d.h. die Fähigkeiten zum Vollzug der in ihnen geforderten sprachlichen Akte. Hier kommen den Planern des Fremdsprachenunterrichts die Bemühungen der linguistischen Pragmatik zugute, vor allem die, die darauf gerichtet sind, die Struktur sprachlicher Akte zu erfassen und die sprachlichen Teilkompetenzen zu ermitteln, die zum Vollzug der Sprech- oder Schreibakte bzw. der Hör- oder Leseverstehensakte gebraucht werden. Auf der Grundlage pragmatischer Untersuchungen hat die Arbeitsgruppe des Europarats ebenfalls einen Katalog der sprachlichen Handlungen mit ihren Funktionen zusammengestellt, zu denen die Lernenden in den entsprechenden Situationen befähigt werden sollen.

Der dritte Schritt im Robinsohnschen Konzept dient der Bestimmung der Inhalte, durch welche die Qualifizierung erreicht werden soll. Im Fremdsprachenunterricht sind dies die Sprachmittel lexikalischer und grammatischer Art, über die Sprachbenutzer verfügen müssen, um die sprachlichen Akte vollziehen zu können. Hier muß man allerdings bedenken, daß fast alle sprachlichen Akte durch die Verwendung verschiedener Mittel realisiert werden können und deshalb keine stringente Ableitung der Sprachmittel aus den intendierten sprachlichen Akten möglich ist.

Doch dies ist kein Sonderproblem des Fremdsprachenunterrichts. Bei jeder Festlegung von Inhalten schulischen Unterrichts muß eine Auswahl aus mehreren überhaupt in Frage kommenden Gegenständen getroffen werden, und dabei müssen dann andere Kriterien wie Nützlichkeit, Häufigkeit und Lernbarkeit zusätzlich herangezogen werden. So ist es dem genannten Gremium des Europarats auch nicht schwergefallen, für jeden relevanten sprachlichen Akt die zwei oder drei wichtigsten Realisationsmöglichkeiten der dänischen, englischen, französischen, italienischen, niederländischen, spanischen und deutschen Sprache zusammenzustellen und in Form von Listen der für das Erreichen des *Threshold Level* zu lernenden Sprachmittel zu präsentieren.

Gegen Robinsohns Strukturkonzept ist immer wieder eingewendet worden, daß der von ihm vorgeschlagene, anscheinend so rationale Weg eine unsichere Ausgangsposition habe, weil die Situationen, in die die jetzt Lernenden in Zukunft kommen werden, nicht sicher vorhersagbar sind. Wer so argumentiert, übersieht, daß bei jeder Lehrplanung Wahrscheinlichkeitsüberlegungen angestellt werden müssen und daß es hauptsächlich darauf ankommt, sie so fundiert wie möglich anzustellen. Dies liegt im Wesen der Erziehung begründet und kann auch von anderen, hier nicht vorgestellten Zielfindungsstrategien nicht ausgeschaltet werden.

Klauer, Karl Josef (1973), *Revision des Erziehungsbegriffs. Grundlagen einer empirisch-rationalen Pädagogik,* Düsseldorf.
Klauer, Karl Josef (1974), *Methodik der Lehrzieldefinition und Lehrstoffanalyse,* Düsseldorf.
Knapp-Potthoff, Annelie (1979), *Fremdsprachliche Aufgaben. Ein Instrument zur Lernmaterialanalyse,* Tübingen.
Köhring, Klaus H. (1981), "Politische Bildung im Englischunterricht: Eine Bestandsaufnahme", in: *Englisch Amerikanische Studien,* Jg. 3, 356-375.
Oller, John W. Jr. (1979), *Language Tests at School. A Pragmatic Approach,* Cambridge.
Pelz, Manfred (1977), *Pragmatik und Lernzielbestimmung im Fremdsprachenunterricht,* Heidelberg.
Piepho, Hans-Eberhard (1974), *Kommunikative Kompetenz als übergeordnetes Lernziel im Englischunterricht,* Dornburg-Frickhofen.
Robinsohn, Saul B. (1971), *Bildungsreform als Revision des Curriculum,* 3. Aufl., Neuwied/Berlin.
Searle, John R. (1969), *Speech Acts. An Essay in the Philosophy of Language,* London.
van Ek, Jan Ate (1986), *Objectives for foreign language learning,* Vol. 1: *Scope,* Vol. 2: *Levels,* Straßburg.
van Ek, Jan Ate/Alexander, Louis G. (1980), *Threshold level English in a European unit/credit system for modern language learning by adults,* Oxford et al.
Vollmer, Helmut J. (1982), *Spracherwerb und Sprachbeherrschung. Untersuchungen zur Struktur von Fremdsprachenfähigkeit,* Tübingen.

Peter Doyé

Literatur

Buttjes, Dieter, Hrsg. (1981), *Landeskundliches Lernen im Englischunterricht. Zur Theorie und Praxis des inhaltsbezogenen Fremdsprachenunterrichts,* Paderborn.
Doyé, Peter (1981), *Die Feststellung von Ergebnissen des Englischunterrichts,* Hannover/Dortmund.
Doyé, Peter/Heuermann, Hartmut/Zimmermann, Günther, Hrsg. (1988), *Die Beziehung der Fremdsprachendidaktik zu ihren Referenzwissenschaften,* Tübingen.
Einsiedler, Wolfgang (1978), *Faktoren des Unterrichts,* Donauwörth.
Erdmenger, Manfred/Istel, Hans-Wolf (1978), *Didaktik der Landeskunde,* 2. Aufl., München.
Frey, Karl (1971), *Theorien des Curriculums,* Weinheim/Basel.
Girard, Denis (1988), *Selection and distribution of contents in language syllabuses,* Straßburg.
Heimann, Paul/Otto, Gunter/Schulz, Wolfgang (1965), *Unterricht. Analyse und Planung,* Hannover.
Hermann, Gisela (1981), "Affektives Lernen im landeskundlichen Unterricht. Ein sozialpsychologischer Ansatz", in: Dieter Buttjes (Hrsg.), *Landeskundliches Lernen im Englischunterricht,* Paderborn, 50-62.
Hüllen, Werner (1987), *Englisch als Fremdsprache,* Tübingen.

28. Der Fremdsprachenlerner

1. Der Fremdsprachenlerner in der Vergangenheit: Von den Ritterakademien bis zum Ende des Zweiten Weltkrieges

Ausgehend von den Ritterakademien, die seit dem 16. Jahrhundert gegründet wurden, fand sich der Fremdsprachenlerner zunächst vor allem in Adelskreisen. Außer Latein vermittelten diese Standesschulen ihren Zöglingen von den lebenden Fremdsprachen vorwiegend Französisch, aber auch Italienisch und Spanisch, während Englisch später in den Lehrplan aufgenommen wurde. Im 17. Jahrhundert nahmen sodann mehr und mehr Schüler aus bürgerlichem Stand vor allem an öffentlichen Schulen am zumeist fakultativen Unterricht in einer lebenden Fremdsprache teil, denn auch in bürgerlichen Schichten wurden Wert und Nutzen von Fremdsprachenkenntnissen für Handel und Verkehr bald erkannt. Hinzu kam der Wunsch, das adlige Vorbild nachzuahmen (Flechsig 1962). Der Erwerb von Französisch war seit dem 17. Jahrhundert bis in das 18. Jahrhundert aufgrund der geistigen Vormachtstellung Frankreichs mit besonderem Sozialprestige verbunden. Mit wachsendem Einfluß englischer Politik und Literatur gegen Ende des 18. Jahrhunderts nahm jedoch auch das Ansehen der englischen Sprache verstärkt zu.

In den einzelnen Epochen der Geschichte des Fremdsprachenunterrichts war die Rolle des Fremdsprachenlerners auf unterschiedliche Art und Weise in die Grundfragen des Lehrens und Lernens einer fremden Sprache involviert. So sollte dem Fremdsprachenlerner z.B. im Fremdsprachenunterricht des 19. Jahrhunderts durch die dem altsprachlichen Unterricht entlehnte Grammatik-Übersetzungs-Methode eine allgemeine sprachlich-formale Bildung zuteil werden, um die Fähigkeit zu ordnendem Denken zu schulen (Rülcker 1969). Mit der gegen Ende des 19. Jahrhunderts beginnenden neusprachlichen Reformbewegung verlor jedoch diese Zielsetzung an Bedeutung, und fortan wurde der Fremdsprachenlerner stärker mit der realitätsbezogenen Anwendung der jeweiligen Fremdsprache konfrontiert.

Unter dem Einfluß der Kulturkundebewegung der 20er Jahre des 20. Jahrhunderts sollte der Lerner im Fremdsprachenunterricht vor allem das "Wesen" einer anderen Sprache und des anderen Volkes erkennen. Durch den Nationalsozialismus wurde dieser Ansatz zu der fremdenfeindlichen Zielsetzung abgewandelt, daß der Fremdsprachenlerner durch die Auseinandersetzung mit dem anderen Volk sich der Besonderheit des eigenen Volkes bewußt werden sollte (Christ/Rang 1985) – eine Ideologie, die den Fremdsprachenunterricht bis 1945 bestimmte.

2. Der Lerner im Fremdsprachenunterricht seit 1945

In der unmittelbaren Nachkriegszeit wurde dem Lerner eine politisch neutrale Rolle in einem Fremdsprachenunterricht zugewiesen, der sich bis in die 60er Jahre hinein an den Zielen sprachlich-formaler Bildung und an den Wertvorstellungen der abendländischen Kultur orientierte. Mit den bildungspolitischen Reformen der 60er und der 70er Jahre wurde dem Fremdsprachenlerner jedoch mehr und mehr Beachtung geschenkt. So führte das Hamburger Abkommen (von 1964) der Kultusminister der Bundesländer zur größeren Verbreitung von Fremdsprachenkenntnissen in der Gesellschaft der Bundesrepublik die obligatorische Fremdsprache (zumeist Englisch) ab Klasse 5 in der Hauptschule ein. Der Grundsatz dieser Reform – eine Fremdsprache für alle – vermehrte die Zahl der Fremdsprachenlerner beträchtlich.

3. Der Fremdsprachenlerner in der Gegenwart

Die verstärkt einsetzende Lernerorientierung spiegelt sich in zahlreichen Untersuchungen wider, die den Fremdsprachenlerner zum Gegenstand ihrer Analysen machen. Von besonderem Interesse sind somit Faktoren der Lernerpersönlichkeit, die potentiell das erfolgreiche Lernen von Fremdsprachen beeinflussen können. Die Diskussion über personale Faktoren wird durch die Vielzahl möglicher Einflußgrößen als Faktorenkomplexion erschwert. Insofern sind eindeutige Zusammenhänge zwischen einem einzelnen Persönlichkeitsmerkmal und dem Lernerfolg seltener als das Auftreten einer Kombination solcher Faktoren mit dem Lernerfolg. Auch dürfen derartige Zusammenhänge nicht als ein Verhältnis von Ursache und Wirkung gesehen werden.

Das verstärkte Interesse am Lerner äußert sich zudem in Arbeiten zu seiner Motivation, zu Lernstrategien, zur Lernersprache sowie zu Fragen bestimmter Lernertypen. Parallel zu solchen theoretischen und empirischen Untersuchungen wird versucht, der Lernerorientierung durch geeignete praxisorientierte Innovationen im Unterricht gerecht zu werden.

4. Die Lernerpersönlichkeit

Die Frage, welche Fähigkeiten das Lernen von Fremdsprachen begünstigen, hat zu Untersuchungen zur Fremdsprachenlerneignung geführt. Hierzu vorliegende Konzepte – z.B. das von J.B. Carroll (1962), das sich auf verschiedene sprachliche Teilfähigkeiten bezieht (z.B. grammatische Sensitivität oder die Fähigkeit, phonetisches Material zu speichern und zu reproduzieren) oder Ollers Erklärung (1976) hinsichtlich eines allgemeinen Sprachfähigkeitsfaktors – verlieren im Hinblick auf einen kommunikativ orientierten Fremdsprachenunterricht, der Merkmale verschiedener Situationen und unterschiedlicher Interaktionsmuster mitzuberücksichtigen hat, in ihrer Aussage an Gültigkeit (Königs 1983; Stern 1983). Bezogen auf einen derartigen Fremdsprachenunterricht und auf sprachliche Anwendung in der Realität, müssen die Konzepte zur Erfassung der Fremdsprachenlerneignung folglich weiterentwickelt werden.

Die Annahme, daß Kinder im vorpubertären Alter, z.B. aufgrund besserer sprachlicher Imitationsleistungen und größerer Offenheit im affektiven Bereich, jungen Erwachsenen und Erwachsenen im Lernerfolg überlegen seien, wird heute im allgemeinen verworfen. Vielmehr hat man festgestellt, daß jede Altersgruppe unterschiedliche Vor- und Nachteile zum Lernen einer fremden Sprache aufweist (Singleton 1989). Unterschiede zwischen Lernern nach dem Geschlecht bestätigen hingegen im allgemeinen für Mädchen bessere Leistungen und positivere Einstellungen zum Fremdsprachenlernen als für Jungen (Düwell 1979; Gardner 1985; Powell 1979).

Einstellungen des Lerners, die sich auf verschiedene Faktoren des Fremdsprachenunterrichts – z.B. Sprache, Volk, Unterricht, Lehrer – beziehen können, wirken sich je nach ihrer Qualität positiv oder negativ auf den Lernerfolg des Schülers aus. Ebenso verhält es sich mit den sozialen Grundhaltungen einer allgemeinen, positiven Einstellung (Xenophilie) und einer allgemeinen, negativen Einstellung (Xenophobie) gegenüber Fremden, die in ihrer extremen Form zu Ethnozentrismus führen kann. Das Lernen einer fremden Sprache als Sprachhandeln kann durch Soziabilität und Extraversion begünstigt werden, während Introversion eher mit fremdsprachlichem Regelwissen, mit Hören, Lesen und Schreiben einen positiven Zusammenhang aufweisen kann. Als eine Fähigkeit, die sprachliches Handeln begünstigt, wird das Merkmal Empathie angesehen, d.h. die Fähigkeit, sich in seinen Kommunikationspartner hineinversetzen zu können; Anomie hingegen als der Zustand des Verlusts eines sozialen und ethnischen Zugehörigkeitsgefühls wirkt sich hemmend auf den Prozeß des Lernens anderer Sprachen aus (Stern 1983).

Als eine wesentliche Voraussetzung für erfolgreiches Fremdsprachenlernen darf die Funktionsfähigkeit des Gedächtnisses angesehen werden. Die entsprechende Forschung untersucht für verschiedene Lernniveaus die Faktoren, die potentiell das Gedächtnis beim Lernen von Fremdsprachen beeinflussen. Die Prozeßorientierung solcher Analysen bezieht dabei auch den Fremdsprachenverlust ein und versucht somit, sowohl über die Beschreibung des Aufbaus als auch des Verlusts fremdsprachlicher Behaltensleistungen einen Einblick in die psychischen Vorgänge zu erhalten, die positiv wie negativ fremdsprachliche Gedächtnisleistungen steuern (Vechter/Lapkin/Argue 1990).

Negative Begleiterscheinungen des Lernens fremder Sprachen, wie Angst (Krashen 1981), Lernschwierigkeiten und Mißerfolg (Macht 1991) sowie Fremdsprachenlegasthenie (Jung 1981), sind Persönlichkeitsmerkmale, die in einem lernerorientierten Fremdsprachenunterricht besondere Beachtung verdienen.

Diese lediglich additive Auflistung von personalen Faktoren, die für den Lernerfolg relevant sein können, sagt nichts über die verschiedenen möglichen Zusammenhänge zwischen diesen genannten Faktoren aus. Die einzelnen Merkmale dürfen daher nicht isoliert und absolut gesehen werden. Sie sind außerdem in Beziehung zu setzen zu positiven wie negativen Einflüssen des soziokulturellen und sozioökonomischen Milieus des Fremdsprachenlerners.

5. Motivation

Wenn man Motivation, die eine Handlung auf ein bestimmtes Ziel hin auslöst und wieder erlischt, wenn dieses Ziel erreicht ist, als eine Interaktion zwischen den Motiven des Lerners und den motivierenden äußeren Situationsfaktoren begreift, so stellt sich die Frage, ob es eine auf das Fremdsprachenlernen bezogene spezifische Motivation gibt. Der soziale Aspekt von (Fremd-)Sprache führt hier zu sozialpsychologisch ausgerichteten Erklärungsansätzen einer fremdsprachenspezifischen Motivation. So sehen Disick/Barbanel (1974) in der Motivation Jugendlicher, eine andere Sprache zu lernen, den Versuch, in der Gesellschaft der anderen Sprachgemeinschaft ihre Identität zu finden, wenn diese Jugendlichen sich nicht mit der eigenen Gesellschaft identifizieren wollen. Das wohl bekannteste Konzept für fremdsprachenspezifische Motivation stammt von Gardner und Lambert und ihren Mitarbeitern (Düwell 1979; Gardner 1985) und ist in zweisprachigen Gebieten Kanadas und der USA entstanden. Es besagt, daß die Motivation zum Lernen einer Fremdsprache dann besonders stark ist und den Lernerfolg begünstigt, wenn der Fremdsprachenlerner sich so sehr für die andere Sprachgemeinschaft interessiert, daß er den Wunsch hat, von ihr anerkannt und aufgenommen zu werden. Die Motivation des Lerners ist dann integrativ. Gardner und Lambert führten auch in einsprachigen Gebieten Untersuchungen zur integrativen Motivation durch und konnten hierbei ebenfalls einen positiven Zusammenhang mit dem Lernerfolg nachweisen.

Das Konzept der integrativen Motivation dürfte dennoch eher für den Fremdsprachenunterricht in zweisprachigen als in einsprachigen Gebieten Gültigkeit haben, weil in vielen Lernern in einsprachigen Gebieten in Ermangelung eigener Erfahrungen mit dem Zielsprachenland der Wunsch nach Integration gar nicht erst aufkommen kann. Dies ist aber eine wesentliche Voraussetzung für die Realisierung von integrativer Motivation.

Die Motivation zum Fremdsprachenlernen wird sich daher am ehesten mit fächerübergreifend gültigen Motiven erklären lassen, wie z.B. dem Neugiermotiv im fremdsprachlichen Anfangsunterricht oder dem Leistungs- und Erfolgsmotiv. Bezogen auf die mehrjährige Gesamtdauer eines fremdsprachlichen Fachs, lassen sich Phasen der Motivationssteigerung und solche des Motivationsschwunds feststellen. Der simultan geführte Unterricht in zwei oder mehr fremdsprachlichen Fächern kann zu motivationaler Interferenz führen, z.B. wenn der Unterricht in der zweiten Fremdsprache in Aufbau und Inhalt dem vorangegangenen Unterricht in der ersten Fremdsprache ähnlich ist.

6. Lernstrategien

Beim Lernen einer anderen Sprache benutzt der Schüler bestimmte Strategien, die sich direkt an seinen sprachlichen Verstehens- und Mitteilungsleistungen oder aber z.B. durch lautes Denken im Prozeß seiner Sprachplanung erkennen lassen.

Oxford (1990) faßt die für erfolgreiches fremdsprachliches Lernen relevanten Lernstrategien in den folgenden sechs Kategorien zusammen, wobei sie zwischen 'direkten' und 'indirekten' Strategien unterscheidet. Zu den 'direkten' Strategien, die die unmittelbare Anwendung einer Fremdsprache implizieren, gehören gedächtnisstützende Strategien, kognitive Strategien und Kompensationsstrategien (z.B. einen nicht verfügbaren fremdsprachlichen Ausdruck umschreiben können). Die 'indirekten' Strategien fassen die wichtigsten reflektorischen, affektiven und sozialen Prozesse zusammen, die schwerpunktmäßig die Organisation des fremdsprachlichen Lernprozesses beeinflussen. Es handelt sich hierbei um metakognitive Strategien (z.B. seinen Lernprozeß analysieren können), affektive Strategien (z.B. Hemmungen beim Gebrauch einer fremden Sprache überwinden können) und soziale Strategien (z.B. verschiedene Formen der Kontaktaufnahme in einer fremden Sprache beherrschen).

Das Lehren der Anwendung von Lernstrategien dürfte wesentlich zur Steigerung der Effizienz des Fremdsprachenunterrichts im Sinne des autonomen Lernens beitragen (vgl. Art. 48).

7. Lernersprache

Wie die Lernstrategien, so dient auch die Lernersprache der Erhellung des Lernprozesses des Schülers. Mit Lernersprache ist der jeweilige individuelle fremdsprachliche Zustand gemeint, den ein Fremdsprachenlerner zu einem bestimmten Zeitpunkt auf dem Weg der Loslösung von der Ausgangssprache in Richtung auf die Zielsprache erreicht hat. Der Zustand der Lernersprache zwischen diesen beiden Polen hat auch zur Bezeichnung 'Interimsprache' geführt. Die Lernersprache ist folglich durch Phänomene sowohl der Ausgangs- als auch der Zielsprache gekennzeichnet, erhält aber dadurch ihren eigenen Charakter und ihr eigenes Regelsystem. Die Lernersprache kann auch durch den simultanen Erwerb mehrerer Fremdsprachen beeinflußt werden. Indem der Lerner zu Beginn des Zweitsprachenerwerbs vor allem aufgrund seines muttersprachlichen, sodann zunehmend aufgrund seines fremdsprachlichen Wissens ständig Hypothesen zu den einzelnen Phänomenen der Zielsprache bildet und prüft, erweisen sich Lernersprachen als dynamische Systeme, die sich aufgrund des fortschreitenden Lernprozesses schnell verändern können. Mit Hilfe der Lernersprache lassen sich folglich der individuelle Lernfortschritt des Fremdsprachenlerners und die von ihm dabei eingesetzten Strategien beschreiben (Færch et al. 1984; Vogel 1990; vgl. Art. 103).

8. Lernertypologie

Das unterschiedliche Verhalten von Fremdsprachenlernern im Unterricht und ihr unterschiedlicher Lernerfolg haben zur Beschreibung der verschiedenen Lerntypen des Fremdsprachenunterrichts geführt. Solche Typologien können z.B. lediglich aus einer Gegenüberstellung von guten und schlechten Lernern (Krashen 1981) oder aber aus einer differenzierteren Abstufung bestehen. Kriterien derartiger Darstellungen sind z.B. die unterschiedlichen Ausprägungsgrade kognitiver Lernstile sowie von Selbständigkeit, Kreativität und Sozialverhalten in der Lerngruppe (Birckbichler 1984). Lernertypologien können bei der Beurteilung von Fremdsprachenlernern für den Lehrer lediglich eine Orientierungshilfe sein, ihr Modellcharakter verbietet jedoch eine fixierte Typisierung von Lernern.

9. Lernerorientierter Fremdsprachenunterricht

Die intensive Auseinandersetzung mit dem Fremdsprachenlerner und seinen Lernvoraussetzungen blieb nicht nur theoretisch, sondern fand auch in einem lernerorientierten oder schülerzentrierten Fremdsprachenunterricht ihren Niederschlag auf verschiedenen Ebenen. Mit unterschiedlichen Formen der Differenzierung wird seit Ende der 60er Jahre an Gesamtschulen versucht, den einzelnen Fremdsprachenlerner zu fördern. Hierzu parallel bemüht man sich in anderen Schulformen durch Ansätze von Individualisierung, der Lernerpersönlichkeit gerecht zu werden. Für sogenannte lernschwache Schüler werden neue Materialien sowie Lehr-/Lernmethoden entwickelt (Hellwig/Sauer 1984).Tendenziell zielt der schülerzentrierte Fremdsprachenunterricht darauf ab, den Fremdsprachenlerner ganzheitlich, d.h. im kognitiven, affektiven und motorischen Bereich, in den Lehr-/Lernprozeß einzubeziehen. Ansätze hierzu finden sich beispielsweise in den alternativen Methoden.

Individualisierung im Fremdsprachenunterricht wird im Kontext europäischer Fremdsprachenpolitik in den einzelnen Bildungseinrichtungen ein größeres Fremdsprachenangebot und individuell wählbare Kombinationen von Fremdsprachen zur Folge haben müssen. Außerdem wird angesichts der europäischen Sprachenvielfalt und der verstärkt außerhalb des Fremdsprachenunterrichts erfahrbaren zwei- und mehrsprachig ablaufenden Kommunikationsprozesse dem Phänomen Sprache und seinen verschiedenen Funktionsweisen in allen Bereichen des gesteuerten sprachlichen Lernens mit einem besonderen Grad an Bewußtheit begegnet werden müssen. Der Lerner wird folglich mit einem besonderen 'Sprachbewußtsein' auszustatten sein (Hawkins 1991).

10. Erwachsene als Lerner von Fremdsprachen

Erwachsene sind vor allem seit den 60er Jahren zu einer bedeutenden Zielgruppe des Fremdsprachenunterrichts geworden, der ein Lehrangebot mit verschiedenen Sprachen und jeweils unterschiedlichen Zielsetzungen, vor allem in den Volkshochschulen, aber auch an Universitäten (vgl. Art. 20 und 21), Rechnung trägt. Unter Berücksichtigung der besonderen Lernvoraussetzungen dieser Adressatengruppe – z.B. ihrer anderen Motivationslage im Vergleich zu Lernern im schulischen Fremdsprachenunterricht und ihrer stärker ausgeprägten kognitiven Fähigkeiten – erfordert der Fremdsprachenunterricht für Erwachsene eine den heterogenen Interessen dieser Zielgruppe gerecht werdende Selektion von Situationen und Themen einschließlich der zugehörigen sprachlichen Ausdrucksmittel sowie das selbständige Lernen begünstigende Vermittlungsmethoden (Borbein 1982; Quetz et al. 1981).

Literatur

Birckbichler, Diane W. (1984), "The Challenge of Proficiency: Student Characteristics", in: Gilbert A. Jarvis (ed.), *The Challenge of Excellence in Foreign Language Education. Northeast Conference on the Teaching of Foreign Languages,* Middlebury, Vt, 47-78.

Borbein, Volker (1982), *Fremdsprachen in der Weiterbildung. Schwerpunkt Französisch – Tendenzen und Aspekte,* München/Weil der Stadt.

Bundesarbeitsgemeinschaft Englisch an Gesamtschulen, Hrsg. (1986), *Problemfach Englisch. Beiträge zur Überwindung von Leistungsversagen,* München.

Carroll, John B. (1962), "The Prediction of Success in Intensive Foreign Language Training", in: Robert Glaser (ed.), *Training Research and Education,* Pittsburgh, 87-136.

Christ, Herbert/Rang, Hans-Joachim, Hrsg. (1985), *Fremdsprachenunterricht unter staatlicher Verwaltung 1700 bis 1945. Eine Dokumentation amtlicher Richtlinien und Verordnungen,* 7 Bde., Tübingen.

Disick, Renée S./Barbanel, Laura (1974), "Affective education and foreign language learning", in: Gilbert A. Jarvis (ed.), *The Challenge of Communication,* Skokie, Ill., 185-222.

Düwell, Henning (1979), *Fremdsprachenunterricht im Schülerurteil. Untersuchungen zu Motivation, Einstellungen und Interessen von Schülern im Fremdsprachenunterricht. Schwerpunkt Französisch,* Tübingen.

Færch, Claus/Haastrup, Kirsten/Phillipson, Robert (1984), *Learner Language and Language Learning,* Clevedon.

Flechsig, Karl-Heinz (1962), *Die Entwicklung des Verständnisses der neusprachlichen Bildung in Deutschland,* Diss., Göttingen.

Gardner, Robert C. (1985), *Social Psychology and Second Language Learning. The Role of Attitudes and Motivation,* London.

Hawkins, Eric (1991), *Awareness of Language: An Introduction,* revised edition, Cambridge.

Hellwig, Karlheinz/Sauer, Helmut, Hrsg. (1984), *Englischunterricht für alle. Beiträge zur Didaktik und Methodik des Englischunterrichts in Lerngruppen mit schwierigen Voraussetzungen,* Paderborn.
Jung, Udo O.H. (1981), "Linguistische Aspekte der Legasthenieforschung", in: Renate Valtin/Udo O.H. Jung/Gerhard Scheerer-Neumann (Hrsg.), *Legasthenie in Wissenschaft und Unterricht. Leseprozeßmodell, Fremdsprachenlegasthenie und Erstlesedidaktik,* Darmstadt, 1-87.
Königs, Frank G. (1983), *Normenaspekte im Fremdsprachenunterricht,* Tübingen.
Krashen, Stephen D. (1981), "Aptitude and Attitude in Relation to Second Language Acquisition and Learning", in: Karl C. Diller (ed.), *Individual Differences and Universals in Language Learning Aptitude,* Rowley, Mass., 155-175.
Krohn, Dieter (1981), *Lernervariablen und Versagen im Englischunterricht,* Paderborn.
Macht, Konrad (1991), "Erfolg und Mißerfolg beim Fremdsprachenlernen. Ein Streifzug durch die Ursachenforschung", in: *Die Neueren Sprachen,* Jg. 90, 259-279.
Oller, John W. (1976), "Evidence for a General Language Proficiency Factor: An Expectancy Grammar", in: *Die Neueren Sprachen,* Jg. 75, 165-174.
Oxford, Rebecca L. (1990), *Language Learning Strategies. What every teacher should know,* New York.
Powell, Robert C. (1979), "Sex differences and language learning: A Review of the evidence", in: *Audio-Visual Language Journal,* Vol. 17, 19-24.
Quetz, Jürgen/Bolton, Sibylle/Lauerbach, Gerda, Hrsg. (1981), *Fremdsprachen für Erwachsene. Eine Einführung in die Didaktik und Methodik des Fremdsprachenunterrichts in der Erwachsenenbildung,* Berlin.
Rülcker, Tobias (1969), *Der Neusprachenunterricht an höheren Schulen. Zur Geschichte und Kritik seiner Didaktik und Methodik,* Frankfurt a.M.
Singleton, David (1989), *Language Acquisition: The Age Factor,* Clevedon/Philadelphia.
Solmecke, Gert (1983), *Motivation und Motivieren im Fremdsprachenunterricht,* Paderborn.
Stern, Hans H. (1983), *Fundamental Concepts of Language Teaching,* Oxford.
Vechter, Andrea/Lapkin, Sharon/Argue, Valerie (1990), "Second Language Retention: A Summary of the Issues", in: *The Canadian Modern Language Review,* Vol. 46, 289-303.
Vogel, Klaus (1990), *Lernersprache. Linguistische und psycholinguistische Grundfragen zu ihrer Erforschung,* Tübingen.

Henning Düwell

29. Der Fremdsprachenlehrer

1. Problemaufriß

In der neueren Geschichte der Pädagogik gibt es verschiedene Versuche, Lehrer und Erzieher in Charakterologien und Typologien zu erfassen und möglicherweise "Idealtypen" oder gar den "Idealtypus" zu finden. Eduard Sprangers *Lebensformen* (1914) werden zu Vorbildern für derartige Systematisierungsversuche. Caselmann unterscheidet 1949 den "logotropen", der Sache, der Wissenschaft, vom "paidotropen", dem Kinde, dem Schüler zugewandten Lehrer. Vorstellungen vom "geborenen Erzieher" (Spranger 1958) bleiben lebendig, auch wenn heutige Erziehungswissenschaftler für die "Professionalisierung des Lehrerverhaltens" eintreten (Döring 1980). Der Volksschullehrer wird häufiger diskutiert als der dem Vorbild des Gelehrten verpflichtete gymnasiale Fachlehrer.

Zu den wenigen Ausnahmen, in denen die Spezifik des Lehrers fremder Sprachen und seiner Ausbildung aus psychologischer und erziehungswissenschaftlicher Sicht erörtert und analysiert wird, gehören das Referat von Köhler über "Die Persönlichkeit des Fremdsprachenlehrers" (1930), in dem sie für eine sinnvolle Verbindung von fachlicher und erziehungswissenschaftlicher Ausbildung in der Hochschule eintritt, und sehr viel später die Arbeit von Krumm (1973) über neue "professionelle" Formen der Fremdsprachenlehrerausbildung.

Eine Gesamtdarstellung der Geschichte der Fremdsprachenlehrer gibt es also nicht, wohl aber eine Vielzahl schulhistorischer und auf den Unterricht in fremden Sprachen und seine Theorie bezogener Arbeiten und ein biographisches Lexikon über die Universitätsanglisten der Zeit von 1825 bis 1990 (Haenicke/Finkenstaedt 1992). Weitere Informationen über die Professoren der Anglistik enthält der vierbändige *Anglistenspiegel* (Finkenstaedt/Stoll 1990a; 1990b). Nach den schul- und fachgeschichtlichen Arbeiten und den vorliegenden Zusammenfassungen von Christ (1983) für den Französisch- und Schröder und von Walter (1977) für den Englischunterricht lassen sich für die neuere Geschichte drei Entwicklungsphasen des Fremdsprachenunterrichts unterscheiden, die idealtypisch vier Realisationen von Fremdsprachenlehrern hervorgebracht haben. Sie entsprechen den zeit- und geistesgeschichtlichen Bedingungen und können als historische und in zahlreichen Modifikationen auch als gegenwärtige Existenzweisen von Fremdsprachenlehrern betrachtet werden.

2. Die Sprachmeister

Die sogenannten Sprachmeister (*maîtres de langues, magistri linguarum*) sind der vorherrschende Lehrertyp in der Frühphase des neuzeitlichen Fremdsprachenunterrichts vom 16. bis ins 19. Jahrhundert (vgl. dazu Schröder 1987 ff.). Sie sind in der Regel "geborene Sprecher" der von ihnen unterrichteten Sprache, nicht selten aber sind sie mehrsprachig. Mit der Weiterentwicklung des institutionalisierten Schulwesens in der zweiten Hälfte des 18. und im 19. Jahrhundert übernehmen vermehrt auch Deutsche die Funktion von Sprachmeistern. Sie unterrichten Spanisch und Italienisch, später auch Französisch und Englisch. Kinder der adligen Oberschicht erhalten Privatunterricht. Die Sprachmeister unterrichten in städtischen und kirchlichen Schulen, ferner insbesondere in den Ritterakademien und in den Universitäten. In den letzteren gehören sie lange Zeit zur Gruppe der Fecht- und Tanzmeister. Ihr Ansehen ist nicht sehr hoch, doch gibt es erhebliche individuelle, regionale und institutionelle Unterschiede, sie reichen vom Vagabunden bis zum angesehenen Professor. Viele kommen als politisch-religiöse Flüchtlinge und Vertriebene; dazu gehören vor allem französische, niederländische und wallonische Protestanten. Es gibt zahlreiche institutionelle Belege über die Tätigkeiten der Sprachmeister und einzelne Lebensberichte wie den über Nicolas de Landase, der 1696 in Solingen, später in Elberfeld wirkte (Christ 1983). Didaktisch begründen die Sprachmeister die realistische Tradition des Fremdsprachenunterrichts. Der Gebrauchswert der fremden Sprache und ein Wissen über benachbarte Lebensformen sind wesentlich. Mündliche Kommunikationsfähigkeit ist das Primärziel. Rückschlüsse über die Methoden sind über eine ganze Reihe veröffentlichter Lehrprogramme und die benutzten Lehrbücher möglich.

Die Phase der Sprachmeister geht zu Ende mit der Einrichtung geregelter Formen der Lehrerbildung im 18. und 19. Jahrhundert. An den Universitäten wird die Tradition der Sprachmeister in der Institution der Lektoren fortgeführt, deren Lehrgegenstand ihre Muttersprache und die damit verbundene Kultur ist. In den Sekundarschulen der Gegenwart sind es die Fremdsprachenassistenten, die Konversation in ihrer Muttersprache lehren. In der Bundesrepublik Deutschland organisiert der *Pädagogische Austauschdienst* der Kultusminister-Konferenz den Einsatz der fremden Fremdsprachenassistenten hier und der deutschen im Ausland. Etwa 1500 deutsche Anglistik- und Romanistikstudenten und einige Studierende anderer Sprachen haben jährlich die Möglichkeit, als Deutschlehrer das Land ihrer Studiensprache kennenzulernen.

3. Die "Reallehrer"

Der von Ehrhart 1890 zur Klassifizierung von Fremdsprachenlehrern verwandte Begriff (Christ 1983) wird hier als Bezeichnung für die Gruppe der Sprachlehrer gewählt, die an Städtischen Bürgerschulen, gehobenen Abteilungen von Volksschulen, Real- und Mittelschulen unterrichten, also Schulen, die eine gehobene, realistische Allgemeinbildung vermitteln, auf die in der Regel eine spezielle Berufsbildung aufbaut. Sie stehen zwischen Trivial- oder Volksschulen und den zum Universitätsstudium führenden Gelehrtenschulen oder Gymnasien. Die Gruppe der "Reallehrer" entsteht als Folge der Institutionalisierung der Lehrerbildung im 18. und 19. Jahrhundert. Begabte und engagierte Volksschullehrer erwerben zusätzliche fachliche Qualifikationen, die sie in Prüfungen nachweisen; universitär ausgebildete "Reallehrer" unterrichten oft in den oberen Klassen.

Die "Reallehrer" und ihre Schulen setzen gleichsam als bürgerliche Institutionen die realistische, berufsbezogene Tradition der adligen Ritterakademien fort. Ihre Entwicklung spiegelt die Interessen des aufstrebenden Bürgertums und die politischen und wirtschaftlichen Veränderungen. Im 19. Jahrhundert geraten die Realschulen in den Sog der neuhumanistischen Bildungstheorie. Französisch- und in geringerem Maße auch Englischunterricht wird fest im Lehrplan verankert und erreicht im Jahre 1900 in Realgymnasien und Oberrealschulen die Gleichstellung mit dem altsprachlichen Unterricht in den Gymnasien. Die Mittelschulen und ihre Lehrer bleiben in der Ambivalenz zwischen Volksschulen und Höheren Schulen, zwischen volkstümlicher und wissenschaftlicher Bildung. Gemessen an ihrer gesellschaftlichen Bedeutung haben sie bis in die Gegenwart in der Pädagogik und der Fachdidaktik eine zu geringe Beachtung erfahren.

4. Die Neuphilologen

Im Kontext der zeitgeschichtlichen Entwicklungen wird im 19. Jahrhundert der wissenschaftlich gebildete Neuphilologe zum dominanten Typ des Fremdsprachenlehrers und bleibt es bis in die Zeit nach dem Zweiten Weltkrieg.

1810 wird in Preußen eine Lehramtsprüfung eingeführt, die ein wissenschaftliches Studium vorschreibt, dessen Schwerpunkt zu diesem Zeitpunkt die Altphilologie und die Theologie bilden. Sie prägen das Selbstbewußtsein der gymnasialen Lehrerschaft und liefern auch das methodische Modell für den später einsetzenden Unterricht in neueren Sprachen. 1838 kann an den preußischen Universitäten eine begrenzte Lehrbefähigung in den neueren Sprachen auf der Basis einer breiten Allgemeinbildung erworben werden. Das volle neuphilologische Studium wird erst in den 70er Jahren nach Einführung der Universitätsseminare und Lehrstühle für neuere Sprachen möglich. Seit 1826 gibt es nach dem Studium ein pädagogisches Probejahr, seit 1890 eine zweijährige schulpraktische Ausbildung für Kandidaten des Lehramtes an höheren Schulen.

Der Neuphilologe versteht sich als Romanist oder Anglist, als wissenschaftlich gebildeter Akademiker. Er hat sein Selbstverständnis nicht durch das Studium pädagogisch-psychologischer Literatur und die Praxis des Unterrichtens gewonnen wie der traditionelle Volksschullehrer, sondern durch die intensive Auseinandersetzung mit der schöngeistigen englischen oder französischen Literatur und der Geschichte der Sprache, also der philologischen Wissenschaft. Im Idealfall ist er zugleich ein "geborener Erzieher", aber auch sein pädagogisches Ethos ist fachbezogen. Der Neuphilologe ist idealtypisch der logotrope Lehrertyp. Die neuhumanistische Bildungsphilosophie und der akademische Studiengang haben seine Wertvorstellungen geprägt. Danach besitzen eine höhere Wertigkeit: Texte gegenüber dem gesprochenen Wort, schöngeistige Texte gegenüber Sachtexten, die Vergangenheit gegenüber der Gegenwart, allgemeinbildendes gegenüber berufsbezogenem Wissen und Können. Die Erwartungen an die humanistisch und formal bildenden Kräfte der fremden Sprache und ihrer Kulturwelt sind groß.

5. Die "professionellen" Fremdsprachenlehrer

In den 50er und 60er Jahren des 20. Jahrhunderts schafft eine zweite industrielle Revolution für Millionen Menschen die Voraussetzungen für weltweite Mobilität und Kommunikation. Das Erlernen fremder Sprachen wird als eine pragmatische und ethische, Menschen und Völker verbindende und Bildungschancen erhöhende Notwendigkeit empfunden. Optimismus und Expansion kennzeichnen das Bildungswesen in dieser Phase. Durch einen Beschluß der Ministerpräsidenten der Bundesländer im Jahre 1964 wird der seit 1945 freiwillige Fremdsprachenunterricht – in der Regel Englisch – für alle Schüler in der zur Hauptschule aufgewerteten Volksschuloberstufe verbindlich. Englisch- und Französischunterricht im Grundschulalter wird in den Folgejahren auf breiter Basis erprobt. Die Pädagogischen Hochschulen, die nun einen erheblichen Anteil an der Ausbildung von Englisch- und Französischlehrern haben, werden durch Promotions- und Habilitationsrechte zu wissenschaftlichen Hochschulen ausgebaut und bis in die 80er Jahre zum Teil in neue Gesamthochschulen oder neue und alte Universitäten integriert.

Im Rahmen dieser Entwicklung sind für die Herausbildung des neuen Typs des "professionellen" Fremdsprachenlehrers drei Aspekte von entscheidender Bedeutung:

1. Kommunikationsfähigkeit als Ziel. Die Fähigkeit, eine fremde Sprache in den vier Sprachfertigkeiten des Verstehens und Sprechens, des Lesens und Schreibens aktiv und passiv konkret anwenden zu können, wird zum Richtziel des Unterrichts, das für alle Schulformen und -stufen in modifizierter Auslegung gilt. Die alte Hierarchie der Ziele und Wertungen, die Gegensätzlichkeit von Gebrauchs- und Bildungssprache sind aufgehoben. Die Forderungen der Lebenswirklichkeit verstärken die realistisch-reformpädagogische Traditionslinie und münden in einer pragmatischen Ordnung der Ziele.

2. Wissenschaftlichkeit als Kriterium. Alle Lehrer werden nun an wissenschaftlichen Hochschulen ausgebildet. Das Prinzip der Ausbildung und Persönlichkeitsbildung durch die Auseinandersetzung mit den Wissenschaften, die nach dem Grundsatz der Einheit von Lehre und Forschung vertreten werden, gilt für alle zukünftigen Fremdsprachenlehrer. An den Pädagogischen Hochschulen, die den Charakter einer persönlichkeitsbildenden Akademie mit Pädagogik als zentraler Berufswissenschaft verlieren, werden die Fachstudien ausgebaut, und das zweijährige berufspraktische Referendariat wird für alle Lehrer verbindlich.

3. Fremdsprachendidaktik als spezifische Berufswissenschaft. Die Institutionalisierung von Professuren für die Fachdidaktiken der Schulsprachen (Englisch, Französisch, Russisch, später auch

Deutsch als Zweit- und Fremdsprache) und für fremd- und zweitsprachliche Sprachlehr- und -lernforschung (Bochum, Hamburg) führt in den 60er und 70er Jahren zur Entwicklung einer spezifischen Berufswissenschaft für Fremdsprachenlehrer neben den traditionellen Bereichen der Sprach- und Literaturwissenschaft und der landeskundlichen Studien. In dem neuen Fachgebiet und dem angrenzenden der Spracherwerbsforschung wurden mehr als 180 Dissertationen geschrieben. Die seit 1963 im Zweijahresrhythmus durchgeführten Fremdsprachendidaktiker-Tagungen werden zu beachtlichen Fachkongressen. Sie werden seit 1989 von der *Deutschen Gesellschaft für Fremdsprachenforschung (DGFF)* durchgeführt.

Das Konzept der "Professionalisierung" kommt – wie so viele Anstöße nach 1945 – aus den USA (*profession* = akademischer Beruf, dazu *professional, to professionalize, professionalization*). Der "professionelle" Lehrer arbeitet berufsorientiert (lehrend, erziehend, beratend, beurteilend, innovierend), wissenschaftsorientiert (studierend, sich informierend und fortbildend) und gesellschaftsorientiert. Eine Kommission des *Fachverbandes Moderne Fremdsprachen* veröffentlicht 1973 erstmalig einen umfangreichen Katalog der "Tätigkeitsmerkmale des Fremdsprachenlehrers" und 1978 ein Curriculum zur Aus- und Fortbildung von Fremdsprachenlehrern (Bludau et al. 1978). Unter dem Aspekt der Norm des "professionellen Verhaltens" entwirft Königs 1983 eine neue Darstellung der Eigenschaften und Funktionen des Fremdsprachenlehrers. Besondere Beachtung kommt stets der aktiven Sprachkompetenz zu, die im Unterschied zu allen anderen Fächern zentraler Teil seiner Fachkompetenz ist (vgl. Art. 105).

"Professionelle" Fremdsprachenlehrer sind an allen allgemeinbildenden Schulformen tätig, an Berufs- und Fachschulen, an Pädagogischen Hochschulen und Universitäten und an privaten Sprachenschulen wie der *Berlitz School*. Der Lehrerüberschuß in der Bundesrepublik Deutschland hat zur Suche nach alternativen Tätigkeitsmöglichkeiten für Fremdsprachenlehrer im Bereich der Wirtschaft geführt und auch zu dem Versuch, neue Ausbildungsprofile zu konzipieren. Gute Sprachkenntnisse, landeskundliches Wissen und "extrafunktionale Qualifikationen" spielen dabei eine wesentliche Rolle (Falk 1985).

Im Idealbild des "professionellen" Fremdsprachenlehrers vereinigen sich wesentliche Elemente der vorangegangenen "Lehrerbilder". Seine Ausbildung ist immer wissenschafts- und berufsorientiert (Sauer 1990; Bredella 1992). Der historische Streit darum wird in den Auseinandersetzungen um die Neugestaltung der Lehrerbildung in den neuen Bundesländern erneut geführt. Dort scheint die Entwicklung vom professionellen Fremdsprachenlehrer zurück zum traditionellen Neuphilologen zu verlaufen (Schröder 1992). Die reich differenzierten Lehr- und Lernsituationen werden im zukünftigen Europa noch ein höheres Maß an flexibel einsetzbarem fachlichem und pädagogischem Wissen und Können von allen Fremdsprachenlehrern fordern (vgl. Art. 105, 121, 122).

Literatur

Bludau, Michael/Christ, Herbert/Hüllen, Werner/Raasch, Albert/Zapp, Franz-Josef (1978), "Zur Ausbildung und Fortbildung von Fremdsprachenlehrern. Überlegungen zu einem Curriculum", in: *Neusprachliche Mitteilungen*, Jg. 31, 142-165.
Bredella, Lothar (1992), "Entwurf einer Stellungnahme der Deutschen Gesellschaft für Fremdsprachenforschung (DGFF) zur Fremdsprachenlehrerausbildung in Deutschland", in: *Zeitschrift für Fremdsprachenforschung*, Bd. 3, H. 1, 1-7.
Caselmann, Christian (1949), *Wesensformen des Lehrers*, Stuttgart.
Christ, Herbert (1983), "Zur Geschichte des Französischunterrichts und der Französischlehrer", in: Anneliese Mannzmann (Hrsg.), *Geschichte der Unterrichtsfächer I*, München, 94-117.
Christ, Herbert (1987), "Fremdsprachenlehrer im Portrait. Biographisches und Autobiographisches aus vier Jahrhunderten", in: Wolfgang Lörscher/Rainer Schulze (eds.), *Perspectives on Language in Performance*, Vol. 2, Tübingen, 819-838.
Döring, Klaus W. (1980), *Lehrerverhalten: Theorie – Praxis – Forschung*, Weinheim/Basel.
Falk, Rüdiger (1985), "Berufsfelder für Fremdsprachenlehrer in der privaten Wirtschaft", in: *Die Neueren Sprachen*, Bd. 84, 556-566.
Finkenstaedt, Thomas/Stoll, Rita, Hrsg. (1990a), *Dritter Spiegel der Anglisten*, Teil I, II, III, Augsburg.
Finkenstaedt, Thomas/Stoll, Rita, Hrsg. (1990b), *Anglistenspiegel DDR*, Augsburg.
Haenicke, Gunta/Finkenstaedt, Thomas (1992), *Anglistenlexikon 1825-1990*, Augsburg.
Köhler, Elsa (1930), "Die Persönlichkeit des Fremdsprachenlehrers", in: *Die Neueren Sprachen*, Bd. 38, 1-19.
Königs, Frank G. (1983), *Normenaspekte im Fremdsprachenunterricht*, Tübingen.
Kommission des FMF (1973), "Die Tätigkeitsmerkmale des modernen Fremdsprachenlehrers. Entwurf einer Taxonomie", in: *Neusprachliche Mitteilungen*, Jg. 26, 194-198.
Krumm, Hans-Jürgen (1973), *Analyse und Training fremdsprachlichen Lehrverhaltens*, Weinheim/Basel.
Sauer, Helmut (1990), "Wissenschafts- und Berufsorientierung in philologischen Lehramtsstudiengängen",

in: K.-Richard Bausch/Herbert Christ/Hans-Jürgen Krumm (Hrsg.), *Die Ausbildung von Fremdsprachenlehrern: Gegenstand der Forschung. Arbeitspapiere der 10. Frühjahrskonferenz zur Erforschung des Fremdsprachenunterrichts*, Bochum, 161-167.

Schröder, Konrad (1987 ff.), *Biographisches und bibliographisches Lexikon der Fremdsprachenlehrer des deutschsprachigen Raumes, Spätmittelalter bis 1800*, Bd. 1: Buchstaben A bis C, 1987; Bd. 2: Buchstaben D bis H, 1989; Bd. 3: Buchstaben I bis Q, 1992, Augsburg.

Schröder, Konrad, Hrsg. (1992), *Situation und Probleme des Fremdsprachenunterrichts und der Fremdsprachenlehrerausbildung in den Neuen Bundesländern*, Augsburg.

Schröder, Konrad/von Walter, Anton (1977), "Die Englischlehrer", in: Konrad Schröder/Thomas Finkenstaedt (Hrsg.), *Reallexikon der englischen Fachdidaktik*, Darmstadt, 60-63.

Schwinning, Heiner (1981), "Erfahrungsbericht eines Ex-Referendars", in: *Neusprachliche Mitteilungen*, Jg. 34, 81-86.

Spranger, Eduard (1914), *Lebensformen. Ein Entwurf von Eduard Spranger*, Halle a.S.

Spranger, Eduard (1958), *Der geborene Erzieher*, Heidelberg.

Helmut Sauer

30. Interaktion zwischen Fremdsprachenlehrer und -lerner

1. Die Begriffe "Interaktion", "Kommunikation"

Interaktion ist gegenseitiges Handeln, d.h., eine Handlung von Person A beeinflußt Person B in ihrer darauffolgenden Handlung, deren Auswirkungen wiederum A in ihren weiteren Handlungen beeinflussen. Kommunikation läuft exemplarisch nach diesem Muster ab: Kommunikation ist daher als sprachliche Interaktion zu verstehen. In diesem Artikel stehen lernrelevante Aspekte der unterrichtlichen Interaktion im Vordergrund. Dies heißt auf der einen Seite, daß sprachliches Verhalten nicht nur kommunikative Zwecke erfüllt und auf der anderen Seite, daß auch nichtverbales Verhalten für die Lerneffektivität im Klassenzimmer entscheidend sein kann, da dadurch das Klassenklima und die Bereitschaft zu sprechen (insbesondere in einer fremden Sprache) stark beeinflußt werden (vgl. Art. 106).

Es sei ferner betont, daß der Begriff "Interaktion" auch für das Schreiben oder Lesen relevant ist (s. beispielsweise Widdowson 1980). Hier ist die Interaktion indirekt und komplizierter. So werden beim Schreiben mögliche Reaktionen eines Lesers in den Text mit eingebaut, beim Lesen werden sie kognitiv rekonstruiert und den Reaktionen des Lesers gegenübergestellt. Daher wird Lesen als kreativer Prozeß verstanden. Trotzdem sollen hier an zentraler Stelle die mündliche Interaktion im Unterricht diskutiert und einige didaktische Konsequenzen aus dieser Diskussion abgeleitet werden. Dies impliziert jedoch keine Abwertung des Lesens und Schreibens im Fremdsprachenunterricht.

Unter interaktionelle Aspekte der Kommunikation fallen z.B. folgende (s. hierzu auch Lörscher 1983):

– Interaktionsmuster, d.h., welche Zusammenhänge bestehen zwischen verschiedenen Beiträgen zu einer kommunikativen Interaktion. Bekanntes Beispiel: Auf eine Frage wird häufig eine Antwort erwartet. In schriftlicher Interaktion sollen Interaktionsmuster als Textschemata oder Textstrukturen interpretiert werden.

– Rollenverhältnisse, d.h. zum Beispiel, wer spricht wann und wie oft, wer entscheidet über das Gesprächsthema oder einen Themenwechsel. Rollenverhältnisse sind grundsätzlich sozial vordeterminiert und daher oft entscheidend für den Interaktionsablauf und dessen mögliche Ergebnisse.

– *Turntaking*, d.h., ob, wann und wie Redewechsel stattfinden.

– Eröffnungs- und Beendigungsverfahren. Wie kommt man ins Gespräch, wie erreicht man dessen Abschluß?

– Die Rolle des nichtverbalen Verhaltens innerhalb einer kommunikativen Interaktion und die Interaktion zwischen sprachlichem und nichtsprachlichem interaktiven Verhalten.

– Die Verwendung und Funktion von interaktionsunterstützenden Mitteln, den "Pausenfüllern", "Floskeln" oder *gambits*.

– Die Struktur "Korrektur- bzw. Reparaturmuster" in der Konversation.

– Die Angemessenheit und Funktion verschiedener Routinen und anderer standardisierter Ausdrucksformen in bestimmten Interaktionstypen bzw. Texttypen.

– Die Auswirkungen sozialer Maximen wie Höflichkeit auf interaktionelles Verhalten.

Zwei Hauptgründe dafür, daß die Art der Lehrer-Schüler-Interaktion zu einem wichtigen Bestandteil der Erforschung und Durchführung der Fremdsprachenunterrichtspraxis geworden ist, ergeben sich aus den Fragen, was im Fremdsprachenunterricht gelernt werden soll und wie Fremdsprachen gelernt werden.

2. Interaktionelle Kompetenz als Teil des Lernziels "Kommunikative Kompetenz"

Der erste Grund für die Wichtigkeit der Interaktion im Fremdsprachenunterricht liegt in den Lernzielen. Wenn kommunikative Fähigkeiten (u.a. mündlicher Art) zum Kern dieser Lernziele gehören, dann gehören interaktive Aspekte dieser kommunikativen Fähigkeiten ebenfalls zu den Lernzielen. Mit anderen Worten: Kommunikative Fähigkeiten ohne die dazu gehörenden interaktionellen Fähigkeiten sind inadäquat. Das ist unmittelbar wichtig für die Lehrer-Schüler-Interaktion im Unterricht, da wir annehmen dürfen, daß Fähigkeiten nur dann entwickelt werden können, wenn der Lernende die Möglichkeit hat, sie auch auszuüben, d.h., interaktionelle Fähigkeiten werden nicht automatisch erworben; die für diesen Erwerbsprozeß notwendigen Bedingungen müssen in unterrichtlichen Interaktionen vorhanden sein.

3. Interaktion als Determinante des Lernens

Der zweite Grund dafür, daß Interaktion im Unterricht in den letzten Jahren intensiv untersucht worden ist (vgl. Ellis 1990; Henrici 1990), ergibt sich aus Untersuchungen, die die entscheidenden Faktoren für den Lernerfolg im Unterricht festzustellen versuchten. So hat die Annahme, daß der Einsatz einer bestimmten Lehrmethode entscheidend für den Erfolg des Fremdsprachenunterrichts sei, in den 50er und 60er Jahren zu einer Reihe von Forschungsprojekten geführt, die alle in ein Methodenvergleichsparadigma passen. Die Ergebnisse dieser Arbeiten sind jedoch inkonsequent und widersprüchlich, und sie lassen nur den Schluß zu, daß die Variable Lehrmethode für den Erfolg des Fremdsprachenunterrichts allein nicht entscheidend sein kann (Stern 1983).

In den letzten 30 Jahren ist intensiv versucht worden, Lernerfolg mit Hilfe einer Analyse von Lernerprodukten in der Fremdsprache zu messen und zu erklären. Ein Ergebnis, das jetzt als Grundprämisse der Interimsprachenanalyse gilt, ist, daß das Lernerverhalten in der Fremdsprache nicht nur von Lerner zu Lerner und von Zeit zu Zeit, sondern auch von Aufgabe zu Aufgabe variiert (zur Variabilität in der Interimsprache s. resümierend Ellis 1985).

Wenn wir beide Erkenntnisse zusammen sehen, dann kann man daraus schließen, daß das Entscheidende für den Lernerfolg im Fremdsprachenunterricht die Natur der Interaktion im Unterricht ist (s. beispielsweise Allwright 1984). Daher sollen im folgenden verschiedene Aspekte der unterrichtlichen Interaktion in bezug auf ihren (potentiellen) Beitrag zum fremdsprachlichen Lernen untersucht werden.

4. Die Spannung zwischen fremdsprachlichen und unterrichtlichen Interaktionsformen

Wenn die Interaktionsformen im Fremdsprachenunterricht wichtig sind für das, was im Fremdsprachenunterricht gelernt wird und sogar dafür, ob und inwiefern im Fremdsprachenunterricht gelernt wird, dann ist zu fragen, ob die etablierten unterrichtlichen Interaktionsformen dazu geeignet sind, optimale Lernbedingungen im Fremdsprachenunterricht herzustellen und ferner, ob solche Interaktionsformen den anzustrebenden interaktionellen Aspekten der Zielsprache entsprechen. Fremdsprachenunterricht findet fast immer in einer sozialen Institution statt, in der die Rollen "Schüler" und "Lehrer" vorab festgelegt worden sind. Die sich daraus ergebende Rollenkonstellation impliziert eine Lehrer-Schüler-Hierarchie, innerhalb derer nur bestimmte Interaktionsformen zulässig sind und Schüler begrenzte Redemöglichkeiten haben. Aus diesem Rollenverhältnis ergibt sich eine Spannung zwischen der sozialen und der didaktischen Lehrerrolle, zwischen den Rollen "Schüler" und "Lerner", zwischen dem Ort und den Zielen des Fremdsprachenunterrichts und zwischen unterrichtlichen und fremdsprachlichen Interaktionsnormen, die im Unterricht erworben werden sollen. Die didaktische Aufgabe im Fremdsprachenunterricht kann also als Variante des Labovschen Beobachterparadoxes angesehen und wie folgt formuliert werden: Wir wollen Schüler lehren, wie man eine Fremdsprache außerhalb der Lehrsituation verwendet (Edmondson 1983).

Unterrichtliche Interaktionsnormen sind durch die erwähnte Lehrer-Schüler-Hierarchie stark konventionalisiert. Kennzeichnend für solche traditionellen Interaktionsformen sind folgende Merkmale:
– Der Lehrende verteilt Rederechte.

- Der Lehrende determiniert Gesprächsinhalte.
- Interaktionsbeiträge der Schüler müssen zu Lehrerinitiierungen passen.
- Der Lehrende hat das Recht, Schülerbeiträge zu bewerten bzw. nicht zu akzeptieren.

Diese Merkmale sind nicht nur sozial begründet. Aus didaktischer Sicht wird hierdurch ein Feedback sichergestellt und die Unterrichtszeit intensiv genutzt. Typische unterrichtliche Interaktionsmuster sind:

Interaktionsmuster A:
Lehrerfrage → Schülerantwort → Lehrerfeedback

Interaktionsmuster B:
Lehreraussage → Schülerwahrnehmung (Anzeichen für diese Wahrnehmung können z.B. das Notieren oder die Wiederholung der Lehreraussage sein).

Natürlich gibt es Kombinationen beider Muster: Wenn z.B. innerhalb des Musters A eine unerwünschte (oder "falsche") Schülerantwort erfolgt, kann der Lehrer mit Muster A neu anfangen oder zu Muster B übergehen, d.h., er liefert selbst die gewünschte Antwort, die von den Schülern (passiv) wahrgenommen oder (aktiv) wiederholt werden soll. Folgende (konstruierte) unterrichtliche Sequenzen sollen zeigen, daß solche Interaktionsformen im Fremdsprachenunterricht zu interaktionell untypischen Verwendungen der Zielsprache führen können:

Sequenz A:
L: What date is it today?
S: Sixteenth August?
L: No. . It's. .
S: It's the sixteenth August
L: No. OF August!
S: It's the sixteenth OF August
L: Okay.

Sequenz B:
L: What did you see on television last night?
S: Nothing.
L: Sentence please.
S: I saw nothing on television last night.
L: Good.

In Sequenz A hat der Lehrer offensichtlich kein Interesse am heutigen Datum, obwohl danach gefragt wurde: Auf die Angabe des heutigen Datums wird zweimal mit *No* reagiert. Ebenso wird in B ein Satz verlangt, obwohl eine durchaus vernünftige Antwort auf die Frage gegeben wurde. Die am Ende stehende Reaktion *Good* bezieht sich höchstwahrscheinlich auf die Form der zweiten Äußerung des Schülers und nicht auf deren Inhalt. Kurz gesagt, der Lehrende ist in beiden Fällen an einer sprachlichen Form interessiert und nicht an einer Antwort. Ferner ist die gelobte Schülerantwort *I saw nothing on television last night* in Sequenz B unangemessen, weil der Satz insgesamt kohäsiven Normen bei Dialogen widerspricht und weil auf Englisch das Negativ-Morphem in *nothing* zum Verb gehört: *I didn't see anything* wäre hier korrekt. Auch diese Antwort ist aber stark markiert, da die Frage die Präsupposition enthält, daß S (Schüler) gestern ferngesehen hat, und wenn dies nicht zutrifft, wäre bei der Antwort ein direkter Hinweis darauf informativer, z.B.: *I didn't watch TV last night. Too much English homework.*

Die zwei Sequenzen A und B deuten auf einige Merkmale unterrichtlicher Interaktion hin, die die oben beschriebenen Interaktionsformen als geeignete Mittel für die Fremdsprachenvermittlung in Frage stellen. Weitere Merkmale, die die erwähnte Spannung zwischen Ort und Zielen des Fremdsprachenunterrichts erhellen, sind die folgenden:

Turntaking wird im Unterricht häufig vom Lehrenden kontrolliert. Die Konvention des Meldens per Handhebung ist auch im Fremdsprachenunterricht etabliert. Eine andere Konvention erlaubt es dem Lehrer, Schüler aufzurufen, auch wenn sie dies nicht wollen. Obwohl es durchaus Gründe für solche Konventionen im Unterricht gibt, gelten außerhalb des Unterrichts ganz andere Konventionen. Da der Lernende im freien Gespräch oft mehr Zeit braucht, um seine Beiträge kognitiv vorzubereiten, sind Redewechsel-Konventionen aber durchaus relevant für eine erfolgreiche Interaktion in der Fremdsprache.

Interaktionsstrukturen im Fremdsprachenunterricht sind absolut untypisch für fast alle anderen Kommunikationstypen. Fragen und Antworten innerhalb des Interaktionsmusters A werden in eigentümlicher Weise verwendet. Edmondson (1983) argumentiert, daß Schülerantwort und Lehrerfeedback eher außerunterrichtlichen Frage-Antwort-Sequenzen entsprechen als die ersten beiden Elemente der didaktischen Triade. So kommt häufig eine Frageintonation in einer Schülerreaktion vor: In Sequenz A z.B. bedeutet die erste Schülerantwort ungefähr "Sagt man *Sixteenth August*? Ich bin nicht ganz sicher." Hierzu paßt die Lehrerreaktion *No* ganz genau. Dies zeigt jedoch, daß der Schüler in Sequenz A zwar auf Englisch gesprochen hat, tatsächlich aber die Fremdsprache nur zitiert und nicht interaktionell verwendet.

Unterrichtsspezifische Äußerungsformen kommen im Fremdsprachenunterricht häufig vor. Die

Äußerung *I saw nothing on television last night* in Sequenz B ist ein Beispiel dafür. Solche Äußerungen können zu unterrichtsinduzierten Fehlern führen, wenn das im Unterricht Gelernte in außerunterrichtlichen Interaktionen eingesetzt wird. Ein Beispiel hierfür ist die schon erwähnte Verwendung einer Frageintonation beim Auskunftgeben (zu weiteren Beispielen s. u.a. Kasper 1982).

Gambits sind im unterrichtlichen Diskurs oft stark unterrepräsentiert oder fehlen ganz. Hüllen (1982) zeigt, daß der Lehrende solche *impromptu* Sprachelemente im Fremdsprachenunterricht oft so einsetzt, daß er dadurch Lerner an ihrem Gebrauch hindert. Edmondson/House (1981) weisen darauf hin, daß Elemente wie *gambits* für Lerner als kompensatorische Strategie besonders nützlich sind.

Lehrerkorrekturen spielen eine ganz andere Rolle im Fremdsprachenunterricht als in nichtschulischen Kontexten, werden allgemein als wichtiges Lernmoment verstanden, zu dem es unterschiedliche didaktische Einstellungen gibt (s. exemplarisch Knapp-Potthoff 1987), und sind besonders intensiv erforscht worden (s. z.B. Kleppin/Königs 1991).

Kommunikative Strategien finden in traditionellen unterrichtlichen Interaktionsmustern dagegen kaum Berücksichtigung. Reaktionen wie folgende auf eine "Lehrerfrage" werden innerhalb des Interaktionsmusters A kaum erwartet:

– *Yes, a good question, what is it called now. . . Let's ask Joachim!*
– *Hmm, why don't we look it up in a dictionary, I can't remember myself.*
– *I wonder why you ask, actually?*

5. Zur Überbrückung des Paradoxes

Eine wichtige Voraussetzung für die Überbrückung der Spannung zwischen unterrichtlicher und lernzielrelevanter Interaktion ist eine flexiblere Einstellung des Lehrers, als sie in traditionellen unterrichtlichen Interaktionsformen präsupponiert wird: Der Lehrende müßte bereit sein, seine soziale Rolle als Lehrer im Interesse seiner didaktischen Lehrerrolle zurückzunehmen. Flexibilität kann hier z.B. heißen, daß der Lehrende seine Schüler in den didaktischen Entscheidungsprozeß miteinbezieht (s. beispielsweise Holec 1980). Freilich ist diese Aussage zu relativieren in bezug auf Alter, Lernstufe und Kooperationsbereitschaft der Schüler. Die anzustrebenden Verhältnisse sollen auf keinen Fall implizieren, daß ein Lehrender seine didaktischen Kenntnisse, Erfahrungen und seine Autorität aufgibt, sie erfordern jedoch, daß der Fremdsprachenvermittler größere Risiken eingehen muß, als dies in traditionellen Interaktionsformen der Fall ist.

Unter dieser Voraussetzung seien zwei logische Möglichkeiten zur Überwindung des angedeuteten Paradoxes hervorgehoben. Erstens kann man versuchen, unterrichtliche Interaktion so zu verändern, daß zielsprachliche Normen auch in diesen Kommunikationsformen mitberücksichtigt werden. Zweitens können lernzielrelevante Interaktionsformen in den Unterricht eingebettet werden. Beide Möglichkeiten sollen abschließend kurz exemplifiziert werden.

Bei Vorschlägen zur Änderung unterrichtlicher Interaktionsformen gehen wir davon aus, daß die Zielsprache früher oder später auch für unterrichtsorganisatorische Inhalte verwendet wird.

– Unterrichtliche Ziele können vom Lehrer transparent gemacht werden, d.h. zum Beispiel, daß, wenn Passivformen im Englischen durch Eingabe aktiver Sätze geübt werden sollen, die Künstlichkeit dieser Aufgabe explizit erwähnt werden soll, damit der Lerner nicht den Eindruck gewinnt, daß Passivformen als beliebige Alternativen zu aktiven Formen verwendet werden.
– Die Formulierung von Aufgaben oder Fragen durch den Lehrer kann zielsprachlichen Normen entsprechen.
– Verschiedene für den Unterrichtsablauf benötigte Routinen und Strategien in der Fremdsprache können bereits im Anfangsunterricht vermittelt werden (etwa: *I'm sorry, I don't know; Oh dear, I've forgotten; Could you repeat the question, please?*).
– Normalerweise bedankt man sich für die Ausführung einer Bitte (auch bei einer Bitte um Information). Ein Dankeschön kann also auch zum Feedbackverhalten des Lehrers gehören. Ferner können evaluatives Feedback oder Korrekturen indirekt durch außerunterrichtliche Reaktionen vermittelt werden, z.B.:
S: *I watch Miami Vice last night.*
L: *Oh, you watched that thing, did you? Any good?*

Janicki (1982) weist darauf hin, daß Leneräußerungen von Lehrenden und *native speakers* nach sehr unterschiedlichen Kriterien bewertet werden. Der *native speaker* sucht nach Sinn und

Verständlichkeit, der Lehrer nach grammatischer Korrektheit.
- Die Frage der Funktion bzw. Relevanz expliziten Wissens über die Fremdsprache beim Fremdsprachenlernen soll hier nicht behandelt werden. Wenn jedoch "Grammatik" explizit im Unterricht thematisiert wird, dann können und sollen auch interaktionelle oder allgemeine pragmatische Aspekte der Zielsprache und deren Verwendung mit diskutiert werden (s. für Englisch Edmondson/House 1981).

Die zweite Möglichkeit zur Überbrückung des didaktischen Paradoxes im Fremdsprachenunterricht ist die Einbettung außerunterrichtlicher Interaktionsformen in Unterrichtsgespräche. Außerunterrichtliche Interaktionsformen sind Kommunikationsformen, deren interaktionelle Merkmale den in lernzielrelevanten Kommunikationen in der Zielsprache vorkommenden entsprechen. Häufig wird hierfür der Begriff "authentisch" benutzt. Wir meinen jedoch, daß der Begriff "authentisch" eher verwirrt, außer wenn genau definiert wird, durch welche Merkmale sich "authentische" und "künstliche" Texte bzw. Kommunikationsformen unterscheiden (zum Begriff "authentisch" s. Widdowson 1979).

Bei Lese- und Schreibaufgaben ist es wünschenswert, daß die Schüler einen außerunterrichtlichen Sinn und Zweck erkennen. Bei einer Nacherzählung ist z.B. der Lehrende der einzige Adressat dieser Schreibaufgabe und der Nachweis bestimmter Sprachkenntnisse das einzige Ziel. Wenn dagegen ein englischer Text zwecks didaktischer Verwendung in einer Anfängerklasse zuerst gelesen und dann nacherzählt werden soll, gilt natürlich immer noch, daß der Lehrende die Ergebnisse lesen wird, jedoch sind auch die Mitschüler Adressaten der Arbeit und der Lehrende könnte natürlich aus diesen Lernerprodukten einen Text produzieren, der dann in seinem Unterricht mit einer anderen Klasse verwendet wird. Der Einsatz fremdsprachlicher Texte, deren Inhalte direkt relevant für andere Schulfächer sind, ist ein weiteres Beispiel dafür, daß eine Leseaufgabe nicht nur fremdsprachenunterrichtlichen Zwecken dienen soll.

Was die mündliche Interaktion betrifft, schlägt Edmondson (1978) vor, Redewechsel als minimale Einheiten bei der Übung der Fremdsprache im Unterricht anzusehen, wobei der Begriff "Redewechsel" auf ein abgeschlossenes zielsprachliches Interaktionsmuster verweist. Häufig werden dafür Aufgaben als Übungsformen empfohlen, in denen die Teilnehmer über unterschiedliche Informationen verfügen, die alle für die Aufgabenerfüllung relevant sind. Bei solchen Aufgaben liegt eine genuine kognitive Voraussetzung für kooperative Kommunikation vor. Gruppenarbeit, verschiedene Arten von Rollenspielen, Simulationen, Spiele und *scenarios* werden ferner häufig als geeignete Organisationsformen für den interaktionellen Einsatz und die Übung der Fremdsprache vorgeschlagen (Palmer/Rodgers 1983; di Pietro 1987).

Solche Forderungen lassen im Prinzip die Frage offen, wie lerngünstige Interaktionsmuster innerhalb des Unterrichts durchgeführt werden können oder sollen. Zumindest implizit wird jedoch bei solchen Übungen angenommen, daß es nun nicht ausschließlich um Lehrer-Schüler-Interaktion gehen kann oder soll. Im Gegenteil kann argumentiert werden, daß der Lehrende am wenigsten als Gesprächspartner bei solchen Aufgaben geeignet ist, weil er notwendigerweise seine soziale Rolle in solche zielsprachliche Gespräche einbringt. Deshalb dürfte es eine vordringliche Aufgabe für den Lehrer sein, Interaktionen zu ermöglichen, an denen er selbst nicht unbedingt aktiv teilnimmt. Der Lehrende ist aktiv an der Vorbereitung und Nachbereitung solcher Aufgaben beteiligt, stellt sich aber in der Übungsphase selbst nur als Berater oder Schiedsrichter zur Verfügung.

Mit anderen Worten: Schüler-Schüler-Interaktionen bieten eine durchaus sinnvolle soziale Rollenkonstellation für kommunikative Übungen, die nicht nach unterrichtlichen Mustern ablaufen. Weitere Möglichkeiten, die hier noch erwähnt werden sollen, sind:
- die Wiedergabe außerunterrichtlicher Interaktionen durch Medien (Fernsehsendungen, Filme, Videoausschnitte);
- Projektarbeiten, entweder innerhalb oder außerhalb der Schule (s. beispielsweise Bufe 1986; Strevens 1987), durch die zielgerichtete fremdsprachliche Interaktionen zwischen Schülern und "Fremden" nötig werden.

Literatur

Allwright, Robert (1984), "The Importance of Interaction in Classroom Language Learning", in: *Applied Linguistics,* Vol. 5, 156-171.
Bufe, Wolfgang (1986), "Video als Beitrag zur Entschulung des Fremdsprachenerwerbs", in: *Triangle,* Vol. 5, 39-63.

di Pietro, Robert (1987), *Strategic Interaction*, Cambridge.
Edmondson, Willis (1978), "Context and Stress – the 'Old' and the 'New' in Foreign Language Teaching", in: *anglistik & englischunterricht*, Bd. 6, 63-73.
Edmondson, Willis (1983), "Diskurs im Fremdsprachenunterricht als Handlungsgeschehen", in: Albert Raasch (Hrsg.), *Handlungsorientierter Fremdsprachenunterricht*, Tübingen, 39-52.
Edmondson, Willis/House, Juliane (1981), *Let's Talk and Talk about it*, München.
Ellis, Rod (1985), "Sources of Variability in Interlanguage", in: *Applied Linguistics*, Vol. 6, 118-131.
Ellis, Rod (1990), *Instructed Second Language Acquisition*, Oxford.
Henrici, Gert (1990), "'L2 Classroom Research'. Die Erforschung des gesteuerten Fremdsprachenerwerbs", in: *Zeitschrift für Fremdsprachenforschung*, Bd. 1, 21-61.
Holec, Henri (1980), "Learner-Centred Communicative Language Teaching: Needs Analysis Revisited", in: *Studies in Second Language Acquisition*, Vol. 3, 26-33.
Hüllen, Werner (1982), "Observations Relating to Impromptu Elements in Classroom Discourse and the Function of such Elements for Foreign Language Teaching and Learning", in: Nils Enkvist (ed.), *Impromptu Speech: A Symposium*, Abo, 207-220.
Janicki, Karol (1982), *The Foreigner's Language in a Sociolinguistic Perspective*, Posen.
Kasper, Gabriele (1982), "Teacher-induced Aspects of Interlanguage Discourse", in: *Studies in Second Language Acquisition*, Vol. 4, 99-113.
Kleppin, Karin/Königs, Frank (1991), *Der Korrektur auf der Spur – Untersuchungen zum mündlichen Korrekturverhalten von Fremdsprachenlehrern*, Bochum.
Knapp-Potthoff, Annelie (1987), "Fehler aus spracherwerblicher und sprachdidaktischer Sicht", in: *Englisch-Amerikanische Studien*, Jg. 9, H. 2, 205-220.
Lörscher, Wolfgang (1983), *Linguistische Beschreibung und Analyse von Fremdsprachenunterricht als Diskurs*, Tübingen.
Palmer, Adrian/Rodgers, Theodore S. (1983), "Games in Language Teaching", in: *Language Teaching*, Vol. 16, 1-21.
Stern, Hans H. (1983), *Fundamental Concepts of Language Teaching*, Oxford.
Strevens, Peter (1987), "Interaction outside the Classroom: using the community", in: Wilga M. Rivers (ed.), *Interactive Language Teaching*, Cambridge, 170-176.
Widdowson, Henry (1979), *Explorations in Applied Linguistics*, Oxford.
Widdowson, Henry (1980), "Conceptual and Communicative Functions in Written Discourse", in: *Applied Linguistics*, Vol. 1, 234-242.

Willis J. Edmondson

31. Methodik und Methoden: Überblick

1. Probleme der Begriffsbestimmung

Der Begriff "Methode" ist aus dem griechisch-lateinischen Wort *methodos/methodus* abgeleitet und bedeutet etwa: "Zugang/Weg, der zu einem bestimmten Ziel führt" (Heuer 1979, 115).

Unter diesem Begriff werden diejenigen Ansätze, Verfahren und wiederholbaren Handlungsmuster zusammengefaßt, die geeignet sind, das unterrichtspraktische Handeln des Lehrers zu leiten, das sich auf den auswählend gliedernden und stufenden Umgang mit verschiedenen Arten von Lehrgegenständen in der sprachlichen Interaktion mit Schülern bezieht und das Ziel verfolgt, bestimmte Lerninhalte möglichst anwendungsbereit und dauerhaft zu vermitteln (Werlich 1986, 11). In der "Methodenlehre" wird nicht nur die Beschreibung der unterrichtlichen Steuerungsprozesse vorgenommen, sie umfaßt auch Anweisungen zur Unterrichtsplanung und zur Entwicklung von Lehrmaterial (Krumm 1981, 217; Freudenstein 1970, 176).

Die Fachdiskussion kennt eine weitere und eine engere Begriffsbestimmung des Terminus (Eppert 1973, 217 f.). Gegenüber der von uns oben skizzierten engeren Begriffsdefinition ordnen weiter gefaßte Konzepte auch die Lernstoffauswahl, -abstufung und -gliederung dem Begriff der "Methode" zu (Mackey 1965). In der Fachdiskussion der sozialistischen Länder wird "Methode" häufig in der erweiterten Begriffsbestimmung gebraucht (Desselmann/Hellmich 1986, 18 f.), während sich in der Bundesrepublik seit den 60er Jahren dafür der Ausdruck "Didaktik" durchgesetzt hat. Gemäß der traditionellen Definition beschäftigt sich die Didaktik mit den Lehrinhalten ("Was?"), die Methodik dagegen mit den Lernverfahren ("Wie?") (Heuer 1979, 115).

Eine Zusammenfassung der beiden Bereiche (Lernstoff/Lernverfahren) unter dem Begriff "Methodenlehre" ist offensichtlich immer dann möglich, wenn unter den Philologen ein – meist nicht artikulierter – Konsens bezüglich der gesellschaftlich-institutionellen Rahmenbedingungen und der übergreifenden Zielsetzung des Unterrichts besteht. Es ist bezeichnend, daß in der Bundesrepublik bis zum Ende der 50er Jahre umfassende Veröffentlichungen zur Theorie und Praxis des neusprachlichen Unterrichts (Bohlen 1952; Schubel 1958) als "Methodiken" gekennzeichnet werden. Erst mit der Erweiterung der fachdidaktischen Perspektive auf Bildungspolitik und Erziehungswissenschaften kommt es zu einer Definition unterschiedlicher Ebenen, nach denen Bildungstheorie (übergreifend) von Allgemeiner Didaktik, Fachdidaktik und Unterrichtsmethodik abgehoben wird. Die Folge ist eine Abwertung der Methodik, die als subjektiv und apodiktisch, als "vorwissenschaftliche Rezeptologie" (Achtenhagen 1971) kritisiert wird (Heuer 1979, 115f.). Die Wissenschaftlichkeit der Fachdidaktik wird dagegen aus ihrer Beziehung zu Allgemeiner Didaktik, Allgemeiner Sprachwissenschaft, Erziehungstheorie und Sprachpsychologie nachgewiesen.

Eine genauere Analyse der unterschiedlichen Begriffsbestimmungen macht eine Reihe von Schwierigkeiten deutlich:
– Der unterschiedliche Grad der Reflexion der "Wissenschaft vom Fachunterricht" kann zur Überbetonung einzelner Aspekte oder Perspektiven (etwa bei der Rezeption linguistischer Schulen oder lerntheoretischer Ansätze) führen, wodurch es zu Generalisierungen oder Simplifizierungen in der Festlegung methodischer Prinzipien kommt.
– Die Konzentration auf die Lehrperspektive und die Lernstoffvermittlung und die Vernachlässigung der Lernperspektive führt dazu, die Reichweite der methodischen Konzeptionen zu überschätzen. Verallgemeinernde Aussagen zu Prinzipien und Verfahrensvorschlägen sind bei der Formulierung von Methoden unumgänglich, sie sind deshalb jedoch noch nicht "universell" gültig. Wegen der z.T. sehr heterogenen soziokulturellen, institutionellen und individuellen Lehr- und Lernvoraussetzungen unterschiedlicher Zielgruppen muß jede Methodenkonzeption solchen zielgruppenspezifischen Faktoren angepaßt werden.

Die folgende Grafik stellt die für die inhaltliche Bestimmung der Begriffe relevanten Ebenen, Bereiche und Bezugswissenschaften dar und verdeutlicht das Zuordnungsverhältnis von Gesellschaft – Schule – Fach – Fachunterricht, aber auch den Bezug von Fachdidaktik und Methodik, wobei

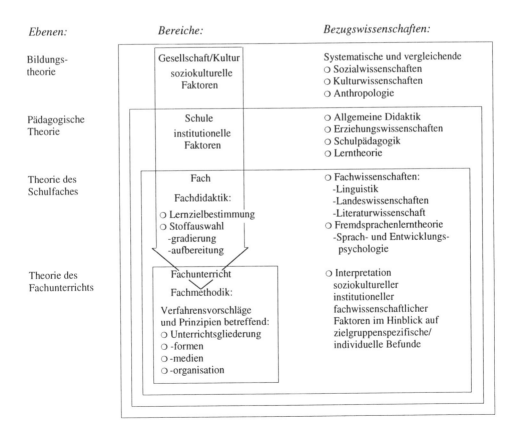

erkenntlich wird, daß sich die 'Weite' oder 'Enge' der jeweiligen Definition sowohl von den Aufgaben her als auch aus der Integration der Bezugswissenschaften auf unterschiedlichen Ebenen bestimmen läßt.

2. Zur Entstehung und zum Wandel der Methoden des Neusprachlichen Unterrichts

Die Geschichte der Methoden des Neusprachlichen Unterrichts ist eng mit der Etablierung des Englischen und Französischen als Schulfächer, d.h. mit übergreifenden bildungs- und schulpolitischen Entwicklungen verbunden. Als sie in der zweiten Hälfte des 19. Jahrhunderts in den Fächerkanon der Höheren Schule aufgenommen wurden, mußten sie sich in ihrer Zielsetzung und Unterrichtspraxis zunächst an den im gymnasialen Bereich dominierenden Alten Sprachen (Latein/Griechisch) orientieren. Erst als die Neusprachlichen Fächer als fester Bestandteil höherer Bildung anerkannt waren, konnten Unterrichtsverfahren propagiert werden, die sich auf das Wesen der neueren Sprachen als "lebende", d.h. gesprochene Sprachen und ihre Funktion als transnationale Kommunikationsmittel beriefen (vgl. Viëtor 1882).

In diesem Bestreben um die Loslösung von den Methoden des Altsprachlichen Unterrichts spielten systematische und pragmatische Aspekte der Gegenstände des Neusprachlichen Unterrichts (Struktur und Verwendung der Zielsprache; zielsprachenspezifische Landeskunde) und lerntheoretische Erwägungen (eine lebende Sprache lernt man anders als eine 'Büchersprache'), d.h. fachwissenschaftliche Argumente, eine entscheidende Rolle.

Diese, für die jeweilige Epoche spezifische Konstellierung von übergreifenden bildungs-, schulpolitischen und pädagogischen Faktoren mit bestimmten fachwissenschaftlichen "Schulen" (insbesondere linguistischen und lernpsychologischen Ansätzen) führt zur Begründung von Methodenkonzepten. Da die Methoden des Fremdsprachenunterrichts in ihrer historischen Abfolge aber nicht im Rahmen didaktischer Theoriebildung konzipiert wurden (Schröder/Weller 1975), sind sie systematisch schwer zu fassen und auch zeitlich oft nicht präzis einzuordnen.

Zwar lassen sich Publikationsdaten von wichtigen Schriften und einschlägigen Lehrwerken angeben. Ungleich schwieriger ist es jedoch, die Wirkungsgeschichte auf die Unterrichtspraxis nachzuvollziehen, da hierzu eine Dokumentation bis in die neueste Zeit fast gänzlich fehlt.

Sicher ist, daß sich die unterrichtspraktische Umsetzung neuer Methodenkonzeptionen nicht als Folge klar abgrenzbarer Epochen vollzogen hat, sondern daß es immer ein Nebeneinander unterschiedlicher Unterrichtskonzeptionen und deren vielfältige Vermischung im Unterricht gegeben hat. Sicher ist auch, daß die Fachdiskussion und ihre Umsetzung in institutionalisierte Vorschriften (etwa: Lehrpläne) der Unterrichtspraxis vorauseilt und nicht alles von der Unterrichtspraxis in gleicher Weise aufgenommen wird. Es ist wegen des komplexen Bezugsgeflechts, in dem sich Fachunterricht vollzieht (vgl. dazu die Graphik weiter oben) nicht verwunderlich, daß immer wieder einzelne Faktoren bei der Entwicklung von Unterrichtsprinzipien überbetont wurden, wodurch es zu einer partiellen Fehlinterpretation und Fehlsteuerung des Lehr- und Lernprozesses im neusprachlichen Unterricht kam.

Die Grammatik-Übersetzungs-Methode

Als in der zweiten Hälfte des neunzehnten Jahrhunderts die Neueren Sprachen in den Fächerkanon der Höheren Schule aufgenommen wurden, folgten sie in ihren Unterrichtsmethoden dem etablierten Altsprachlichen Unterricht (Latein/Griechisch). Ziel der "Grammatik-Übersetzung-Methode" ist die Kenntnis der Wörter und Grammatikregeln der fremden Sprache. Mit ihrer Hilfe soll der Lernende fremdsprachliche Sätze richtig verstehen und auch selbst "konstruieren" lernen. Als Nachweis für die Beherrschung der Fremdpracshe gilt die Übersetzung (von der Fremdsprache in die Muttersprache/ von der Muttersprache in die Fremdsprache).

Linguistische Grundlagen

Zur Formulierung der Sprachregeln wird die jeweilige Zielsprache mit Hilfe der Kategorien der lateinischen Schulgrammatik dargestellt und in Regeln gefaßt. Da dies wegen der unterschiedlichen Strukturierung der einzelnen Sprachen nicht durchgehend möglich ist, müssen zu jeder Regel auch die entsprechenden Ausnahmen formuliert – und gelernt – werden.

Grundlage der Sprachbeschreibung ist die geschriebene, literarisch geformte Sprache, die nach formalen Kriterien dargestellt wird. Sprache wird dabei als ein "Gebäude" gesehen, das aus "Sprachbausteinen" systematisch gefügt und nach logischen Regeln aufgebaut ist. Sprachbeherrschung bedeutet Sprachwissen.

Lerntheoretische Grundlagen

Zugrunde liegt ein kognitives Lernkonzept (Verständnis und Anwendung der Konstruktionsregeln). Sprachenlernen bedeutet formale Geistesschulung, Erziehung zu ordnendem Denken.

Literatur/Landeskunde

Literatur (als geformte Sprache) ist das Zeugnis der geistigen Leistungen einer Sprachgemeinschaft. In ihr treten die kulturellen Werte charakteristisch zutage. Diese gilt es aufzunehmen und zu verstehen.

Pädagogische Grundlagen

Sprachenlernen wird nicht nur als geistig-formale Schulung gesehen, sondern auch als Prozeß der Formung der Persönlichkeit in der Auseinandersetzung mit den Bildungsgütern der fremden Kultur, die mit den Leistungen der eigenen Kultur in Bezug gesetzt werden. Fremdsprachenlernen war bis zur Propagierung des "Fremdsprachenunterrichts für alle" in den 60er Jahren ein Privileg der höheren Bildung und Eliteschulung im Rahmen der öffentlichen Schule. Die Einschätzung der Grammatik-Übersetzungs-Methode als der adäquaten Methode "gebildeten" Fremdsprachenlernens hat ihr bis weit nach dem Zweiten Weltkrieg ihren Platz im neusprachlichen Unterricht der Höheren Schule gesichert.

Prinzipien:
- Einsicht nehmen in die Baugesetze der fremden Sprache (durch Vergleich mit der Muttersprache);
- Rekonstruktion der fremden Sprache und Reproduktion korrekter Sätze durch Anwendung der Regeln;
- Besonders markante Übungsformen sind: Bildung korrekter Sätze durch Regelanwendung; Satzumformung nach formalen Grammatikregeln; Übersetzung von der Muttersprache in die Fremdsprache (Hinübersetzung) und von der Fremdsprache in die Muttersprache (Herübersetzung).

Die Direkte Methode

Eine geschlossene Konzeption liegt bei der Direkten Methode – auch "induktive" oder "natürliche"

Methode genannt – nicht vor, vielmehr handelt es sich um ein Prinzip, das angibt, daß ihre Vertreter den *direct approach*, den Unterricht in der Fremdsprache unter Verzicht auf den Umweg über die Muttersprache und den "natürlichen" Spracherwerb (in Anlehnung an das Erlernen der Muttersprache) propagieren (Real 1984; Henrici 1986).

Die direkte Methode entstand aus dem Versuch, sich von der Lehrmethode der Alten Sprachen zu lösen und ein Verfahren zu entwickeln, das dem Gegenstand – der "lebenden" gesprochenen Fremdsprache – angemessener ist als die Grammatik-Übersetzungs-Methode. So fordert schon 1867 Claude Marcel die Abschaffung der Grammatik und der Übersetzung, Saveur schlägt 1874 induktive Verfahren der Grammatikvermittlung anhand geeigneter Texte vor. Von Heness wurde 1866 die "Naturmethode" vorgestellt. Berlitz beginnt in den USA einige Jahre später mit dem Versuch, Umgangssprache in Konversation zu lehren, während 1880 Gouin fordert, die Sprache im Spiel und in der Bewegung zu lernen (sog. "Gouinsche Sprechreihen", die als Vorläufer des *pattern drill* gelten können).

Mit der Zuwendung zur "lebenden" Fremdsprache rücken auch Aspekte der gesprochenen Sprache (Phonetik) in den Blickpunkt. 1882 faßt Viëtor in seiner Streitschrift "Der Sprachunterricht muß umkehren" die Kritik zusammen und entwickelt ein Konzept, das der gesprochenen Sprache und dem "natürlichen" Spracherwerb den Vorrang vor Grammatikvermittlung und Übersetzungsübung gibt (die sog. "Phonetische Methode" oder "Reformmethode").

Die Audiolinguale Methode

Sie basiert auf einer Reihe von Neuansätzen in der linguistischen und lernpsychologischen Forschung der 30er bis 50er Jahre, vor allem in den USA. In der Bundesrepublik wurde sie in den 50er Jahren im Zusammenhang mit der Vermittelnden Methode rezipiert und in den 60er Jahren insbesondere als Grundlage des "hauptschulgemäßen" Englischunterrichts popularisiert, fand aber seit Beginn der 70er Jahre im Zusammenhang mit der im Zuge der Bildungsexpansion erfolgten Reform des Gymnasiums auch dort breite Beachtung, insbesondere in der Gestaltung der Lehrmaterialien.

Linguistische Grundlage

Linguistische Grundlage ist die strukturalistische

Sprachbeschreibung, die nicht mehr das Regelsystem einer zugrundeliegenden Bezugssprache (z.B. Latein) zum Ausgangspunkt der Sprachanalyse nimmt, sondern jede Sprache nach den ihr eigentümlichen strukturellen Gegebenheiten zu erfassen sucht (Bloomfield 1933). Fries (1945) war an der Entwicklung des Strukturalismus und seiner Didaktisierung maßgeblich beteiligt, nachdem Ansätze einer Hör-Sprech-Methode bei der Ausbildung von US-Armeedolmetschern erprobt worden waren.

Merkmale des Strukturalismus: Jede Sprache wird nach den in ihrem spezifischen System vorfindbaren Gegebenheiten beschrieben; Grundlage ist die Analyse gesprochener Sprache; das Untersuchungsverfahren ist deskriptiv und rein synchronisch (induktives Verfahren); die Redeteile werden einheitlich nach formalen Prinzipien klassifiziert; der Satz wird auf die in ihm vorfindbaren syntagmatischen bzw. paradigmatischen Beziehungen hin untersucht (Verfahren: Substitution und Segmentierung). Eine ganze Reihe der Verfahren der strukturalistischen Sprachanalyse finden sich als Übungsformen der audiolingualen Methode wieder (z.B. als *pattern drill*; als Einsetzübung; als *substitution table*).

Lernpsychologie

Spracherwerb wird im Anschluß an den Behaviourismus (Watson 1924 und Skinner 1957) als Verhaltenskonditionierung gesehen. Ziel ist die Entwicklung der Sprechfertigkeit durch Nachahmung (Reiz-Reaktion-Schema) und kontinuierliches Einüben von Satzmustern (*pattern drill*). Nach Fries hat man dann eine Fremdsprache gelernt, wenn man innerhalb eines begrenzten Vokabulars das Lautsystem beherrscht und über die wichtigsten Satzmuster automatisch, d.h. wie ein Muttersprachler verfügt (*speaking habits*).

Landeskunde

Auch im inhaltlich-thematischen Bereich wird der Gegensatz zur Grammatik-Übersetzungs-Methode deutlich: Propagiert wird nicht mehr die Beschäftigung mit "Kultur und Literatur", sondern die Beherrschung praktisch verwertbaren Alltagswissens und alltäglicher Kommunikationssituationen.

Ziel der audiolingualen Methode ist nicht Sprachwissen (vgl. Grammatik-Übersetzungs-Methode), sondern Sprachkönnen, wobei die primären Fertigkeiten (Hören – Sprechen) Vorrang vor den sekundären Fertigkeiten (Lesen – Schreiben) erhalten.

Im Vergleich zur Direkten Methode, an die die audiolinguale Konzeption in grundlegenden Aspekten anschließt, werden einige Unterschiede deutlich: In der Anfangsphase wird das Lesen und Schreiben ausgeschlossen (audiolingualer Einführungskurs); muttersprachliche Erklärungen und induktive Grammatikarbeit werden nicht gänzlich abgelehnt (Henrici 1986).

Wichtige methodische Prinzipien:
- Vorrang des Mündlichen vor dem Schriftlichen (des Hörens/Sprechens vor dem Lesen/Schreiben);
- didaktische Folge der Fertigkeiten: Hören-Sprechen-Lesen-Schreiben;
- Situativität des Unterrichts (Einbettung der *speech patterns* in Alltagssituationen);
- Authentizität der Sprachvorbilder (Nachahmung der Sprachgewohnheiten des *native speaker*);
- Einübung von Sprachmustern durch Imitation und häufiges Wiederholen;
- grundlegende Einsprachigkeit des Unterrichts;
- Progression des Lernprogramms durch systematische Steigerung der Komplexität der *patterns* (Grammatikprogression);
- charakteristische Übungstypen: *pattern drills* in vielen Variationen; Satzschalttafeln und Substitutionsübungen; Ergänzungsübungen (Lückentexte); Dialogreproduktion; Satzbildung aus Einzelelementen.

Die Vermittelnde Methode

Dieser Ansatz ist für die Fremdsprachenmethodik der Höheren Schulen in den 50er Jahren charakteristisch und wirkt bis heute nach. Es geht um den Versuch, traditionelle Zielsetzungen (Bildungsinhalte; geistig-formale Schulung etc.) und "moderne", an die Reformbewegung der 20er Jahre und die im Ausland entwickelte audiolinguale Konzeption anknüpfende Unterrichtsverfahren zu verbinden.

Eine Reihe von methodischen Prinzipien lassen sich benennen:
- weitgehende Aktivierung des Schülers (arbeitsunterrichtliche Verfahren);
- Einsprachigkeit als Prinzip, außer bei Klärung grammatischer und semantischer Fragen, abstrakter Gedankengänge und der Erörterung künstlerischer und stilistischer Fragen;

- Einprägung von neuen Wörtern im Sinnzusammenhang;
- induktives Vorgehen bei der Grammatikarbeit (vom Beispiel zur Regel), die einen wichtigen Stellenwert einnimmt;
- Vermittlung des Grammatikstoffes in zyklischer Progression (elementare Grammatikpensen und deren Erweiterung und Differenzierung);
- Entwicklungen von Übungen zum mündlichen Sprachgebrauch auf der Grundlage lebendiger Sprechsituationen;
- Reihenbildung bei Grammatikübungen;
- Übersetzungsübungen, jedoch maßvoll.

Diese "modernen" Formulierungen stehen in einem gewissen Widerspruch zur Unterrichtswirklichkeit der 50er Jahre. Vergleicht man Lehrwerke für den Unterricht an Höheren Schulen, die in den 50er Jahren eine Art Monopolstellung innehatten – *Learning English* und *Etudes Françaises* – mit diesen Prinzipien, dann lassen sich nur wenige der Vorschläge belegen. Die Unterrichtspraxis war weitgehend von der Grammatik-Übersetzungs-Methode beherrscht.

Für die Bestimmung adäquater Methoden für bestimmte Zielgruppen ist jedoch das in der Vermittelnden Methode praktizierte eklektische Verfahren der Auswahl und Verbindung von Unterrichtsprinzipien unterschiedlicher Provenienz richtungweisend.

Die Audiovisuelle Methode

Sie stellt eine Weiterentwicklung der audiolingualen Methode in den 60er Jahren dar. Die Merkmale dieser zunächst in Frankreich (CREDIF) als audiovisuell-global-strukturale Methode (AVSG-Methode; Guberina 1965) entwickelten und in den USA ausformulierten (Brooks 1960; Lado 1964) Methode liegen:

a) in der Betonung des visuellen Elements (Prinzip der Anschaulichkeit) in der Aufnahme und Übung von Bedeutungen und Stukturen, insbesondere in der Anfangsphase des Sprachlernens, wozu die Weiterentwicklung der technischen Medien (Dia; Filmstreifen; später: Folien für den Tageslichtprojektor; Video) wesentlich beitrug. Visuelle Medien werden zum integrativen – nicht mehr bloß fakultativen – Bestandteil des Lehrprogramms. Parallel dazu verläuft die Weiterentwicklung auditiver Medien (Sprachlabor, Tonband, Cassette);
b) in einer gewandelten Sprachauffassung, in der

– im Anschluß an den britischen Kontextualismus – der Kontext- und Situationsbegriff eine entscheidende Rolle spielen (Real 1984);
c) in der Akzentuierung der authentischen Sprechsituation, des Dialogs als Textsorte und der primären Fertigkeiten (Hören/Sprechen) insbesondere im Anfangsunterricht (Hör-Sprech-Vorkurs vor dem ersten Einsatz des Lehrbuchs);
d) im rigiden Ausschluß der Muttersprache;
e) in der Zurückdrängung kognitiver Elemente (z.B. isolierter Grammatikerläuterungen);
f) in der Übernahme weiterer "struktualer" Übungstypen (neben Substitutions- und Einsetzübungen auch Reduktions- und Expansionsübungen);
g) in der streng durchgehaltenen Phaseneinteilung des Unterrichts (globale Einführung dialogisch strukturierten Lernstoffes – Aufgliederung in Einzelaspekte – Wiederholung/Übung – Auswertung – Anwendung/Transfer).

Kritik hat diese Methode, die in der Bundesrepublik auf den Fremdsprachenunterricht seit der Mitte der 60er Jahre nachhaltig wirkte, aber in ihrer "Reinkultur" fast nirgends praktiziert wurde, in vielfältiger Weise erfahren (Firges 1975; Vielau 1976). Sie betrifft vor allem den weitgehenden Ausschluß des kognitiven und kreativen Potentials des Schülers, der sich überwiegend rezeptiv und reproduktiv verhält, die theoretischen Grundannahmen zum Fremdsprachenlernen als Verhaltensmodifikation und die Reduktion der Rolle des Lehrers auf seine Funktion als 'Medientechniker'. Sie betrifft aber auch die Sinnentleerung der von der Grammatikprogression bestimmten Lehrbuchdialoge und die Marionettenhaftigkeit der im Lehrbuch handelnden Personen.

Kognitive Methoden

Kognitive Methoden beziehen sich auf linguistische und lerntheoretische Modelle, die Sprechen und Lernen als einen Akt des Bewußtseins definieren (nicht als einen Akt der Verhaltenskonditionierung).

Daß in den späten 60er Jahren bei der Formulierung einer "kognitiven Methode" eine Verbindung kognitiver Lerntheorien (Bruner et al. 1957) mit der von Chomsky propagierten Generativen Transformationsgrammatik (Chomsky 1961) versucht wurde, liegt nicht zuletzt daran, daß Chomsky sein Grammatikmodell in Auseinandersetzung mit der behaviouristischen Lerntheorie Skinners, die die audiolinguale Methode geprägt hat, entwickelt.

Die Auswirkung der "Kognitiven Methode" auf die Unterrichtspraxis war gering. Der entscheidende Beitrag dieses Ansatzes zur Weiterentwicklung der Methoden lag auch nicht in der Didaktisierung einer neuen linguistischen Theorie – Chomsky selbst hat immer wieder betont, daß dies nicht sein Anliegen sei –, sondern in der Relativierung der strukturalistischen und behaviouristischen Grundlagen der zu jener Zeit dominierenden Audiolingualen Methode. Dadurch wurde die Diskussion um fachwissenschaftlich und lerntheoretisch anders fundierte Konzeptionen offengehalten (Beispiele: Butzkamms "Bilinguale Methode" (1973)), das Bewußtsein um die Fragwürdigkeit der "Linguistisierung" und "Psychologisierung" der Fremdsprachendidaktik und -methodik geschärft und der Weg für den Pluralismus des Methodenkonzepts geebnet, wie er für die Methodendiskussion im Zusammenhang mit der "Kommunikativen Methode" der 80er Jahre charakteristisch ist.

Kommunikative Didaktik und Methodik

Die Diskussion um die Frage, was unter dem Begriff der "Kommunikativen Kompetenz" als übergeordnetem Lernziel des Fremdsprachenunterrichts (Piepho 1974) zu verstehen und wie es zu begründen sei, hat in der fachdidaktischen Diskussion seit der Mitte der 70er Jahre zu einer lang anhaltenden und fruchtbaren Kontroverse geführt. Sie war in der Bundesrepublik stärker auf Aspekte der Bildungstheorie (Kommunikative Didaktik als "emanzipatorische Didaktik"), sozialphilosophische (Habermas 1974) und sozialpsychologische Fragen (Krappmann 1969) ausgerichtet als in anderen Ländern, etwa in Großbritannien, wo man sich eher um die Integration pragmalinguistischer und sprechakttheoretischer Befunde (Austin 1962; Wilkins 1972; Widdowson 1972; Littlewood 1975 et al.) zur Entwicklung einer pragmatisch-funktionalen Konzeption des Fremdsprachenunterrichts bemühte.

Zwei Entwicklungslinien lassen sich in der Diskussion verfolgen. Ihre zunehmende Präzisierung und wechselseitige Verknüpfung charakterisiert die Weiterentwicklung der Kommunikativen Didaktik, die noch nicht abgeschlossen ist:

a) Die pädagogische Orientierung

Während sich die meisten der vorausgegangenen Konzeptionen des Fremdsprachenunterrichts vorwiegend an der Lehrperspektive und der Lernstoffvermittlung orientierten und Vorschläge zur "Unterrichtssteuerung" entwarfen, wendet sich die Kommunikative Didaktik stärker dem Lernenden als Subjekt des Lernprozesses zu (soziokulturelle Faktoren, die Lerntraditionen und Lernhaltungen prägen; Vorwissen; Motivation; Muttersprache; Persönlichkeitsentfaltung durch Begegnung mit der fremden Welt etc.) und geht auf die Lernperspektive ein (individuelle und zielgruppenspezifische Lernstrategien; Wahrnehmung und Speicherung; Hypothesenbildung und Sinnaushandlung im Lernprozeß etc.).

b) Die pragmatische Orientierung

Sie beschäftigt sich mit Fragen des zielgruppenspezifischen Bedürfnisses von Lernenden hinsichtlich des Fremdsprachengebrauchs.

Dieser Wechsel der didaktischen Perspektive – vom Lerngegenstand zum Lernenden selbst –, sowie das konsequente Eingehen auf zielgruppenspezifische Faktoren als Grundlage der curricularen Planung des Unterrichts machen deutlich, daß die Festlegung allgemein verbindlicher Methoden dem Selbstverständnis der Kommunikativen Didaktik zuwider läuft, daß sie kein in sich geschlossenes, universell gültiges Konzept von Didaktik und Methodik zu entwerfen sucht, sondern Verfahrensweisen zur zielgruppenspezifischen Ausformulierung von Unterrichtszielen und -verfahren (z.B. für den Englischunterricht an Hauptschulen; für Deutschunterricht mit Studenten in der Volksrepublik China; für den Deutschunterricht mit ausländischen Schülern in der Bundesrepublik etc.) bereitzustellen versucht.

Zwar erhielten die Befunde der Pragmalinguistik – insbesondere unter einer pragmatischen Zielperspektive – einen wichtigen Stellenwert im Hinblick auf die Entwicklung sprachlicher Äußerung, jedoch wurde dadurch die systemlinguistische Sprachdarstellung (Grammatikprogression) nicht verdrängt, sondern ergänzt. Auch wird – in deutlicher Abhebung vom behaviouristischen Modell – Sprache als ein Aspekt menschlichen Handelns und als ein Akt geistig-kreativer Tätigkeit gesehen, jedoch wird dabei der Stellenwert imitierenden Lernens, etwa für die Begründung von Reihenübungen, nicht übersehen. Es liegt auf der Hand, daß eine solche Lernerorientierung des Unterrichts Auswirkung auf die Beschreibung methodischer Prinzipien hat. Die betrifft etwa
– die Lehrerrolle (Lehrer als Helfer im Lernprozeß, nicht mehr nur Wissensvermittler bzw. Medienexperte);

- die Aktivierung des Lernenden selbst (Entwicklung von Verstehensstrategien und Äußerungsfähigkeit zur Teilnahme nicht nur an Kommunikation in "Realsituationen", sondern auch am Unterricht selbst);
- die offene und flexible Gestaltung der Lehrmaterialien, die so angelegt werden müssen, daß unterschiedliche Zugänge und Durchgänge möglich sind (Differenzierung; Individualisierung);
- die Sozialformen des Unterrichts (Einzel-, Partner- und Gruppenarbeit gegenüber der Dominanz des Frontalunterrichts);
- eine stärkere Orientierung des Lernprozesses an Inhalten, die dem Lernenden in seiner eigenkulturellen Prägung etwas "bedeuten" gegenüber der Dominanz konstruierter Texte, die oft "inhaltsleer, aber grammatikschwer" sind;
- eine stärkere Orientierung an verstehender Tätigkeit als Grundlage des Lernprozesse gegenüber einer "blinden" Handlungs- und Äußerungsorientierung;
- die Entwicklung vielfältiger, auf den jeweiligen Lernzweck abgestimmter Übungsformen und -sequenzen.

Zu Alternativen Methoden des Fremdsprachenlernens vgl. Art. 33 und 40.

3. Perspektiven

Die Skizzierung der Geschichte der fremdsprachlichen Methoden hat deutlich gemacht, daß es eine einheitliche, allgemein verbindliche Fremdsprachenmethodik nicht gibt, sondern daß die Befunde der Bezugswissenschaften – insbesondere der Allgemeinen Didaktik/Pädagogik, der Linguistik und der Lerntheorie – im Hinblick auf die spezifischen Zielsetzungen und soziokulturellen, institutionellen und individuellen Lernvoraussetzungen bestimmter Zielgruppen interpretiert werden müssen, wenn sinnvolle Vorschläge zur Zielsetzung und Gestaltung der Unterrichtspraxis entwickelt werden sollen.

Daß für institutionelles Fremdsprachenlernen die Lehr- und Lernstoffperspektive betont wird, ist verständlich. Ihre Ergänzung durch die Lernerperspektive, die noch einer genaueren Erforschung bedarf, könnte auch dem schulischen Fremdsprachenunterricht neue Impulse geben (Eingehen auf zielgruppenspezifische Faktoren bei der curricularen Planung; Erforschung des Verstehens als Grundlage des Lernens und des Zusammenhangs zwischen Verstehen und Äußerung und der Interaktionsprozesse im Unterricht). Ansätze dazu sind etwa in dem von Krashen/Terrell (1983) bearbeiteten Entwurf eines *natural approach* zu erkennen.

Literatur

Achtenhagen, Frank (1971), *Didaktik des fremdsprachlichen Unterrichts*, 2. Aufl., Weinheim.
Austin, John L. (1962), *How to do Things with Words*, Oxford.
Beljajew, Boris Vasil'erich (1967), "Über die grundlegende Methode und die Methodiken für den Fremdsprachenunterricht", in: *Programmiertes Lernen und programmierter Unterricht*, H. 3, 118-130.
Bloomfield, Leonard (1933), *Language*, New York.
Bohlen, Adolf (1952), *Methodik des Neusprachlichen Unterrichts*, Heidelberg.
Brooks, Nelson (1960), *Language and Language Learning*, New York.
Bruner, Jerome S. et al., Hrsg. (1957), *Contemporary Approaches to Cognition*, Cambridge.
Butzkamm, Wolfgang (1973), *Aufgeklärte Einsprachigkeit*, Heidelberg.
Chomsky, Noam (1961), "Some Methodical Remarks on Generative Grammar", in: *Word* 17, 219-239.
Desselmann, Günter/Hellmich, Harald u. Autorenkollektiv (1986), *Didaktik des Fremdsprachenunterrichts (Deutsch als Fremdsprache)*, Leipzig.
Eppert, Franz (1973), *Lexikon des Fremdsprachenunterrichts*, Bochum.
Firges, Jean (1975), "Die CREDIF-Methodik – Versuch einer kritischen Bestandsaufnahme", in: *Die Neueren Sprachen*, Bd. 74, 224-237.
Freudenstein, Reinhold (1970), "Aufgaben und Möglichkeiten der Unterrichtsmethodik, dargestellt am Beispiel des Fremdsprachenunterrichts", in: *Funkkolleg Erziehungswissenschaften*, Bd. 2, 167-187.
Fries, Charles C. (1945), *The Teaching and Learning of English as a Foreign Language*, Ann Arbour.
Guberina, Petar (1965), "La méthode audio-visuelle structuro-globale", in: *Revue de phonétique appliquée*, 35-64.
Habermas, Jürgen (1974), "Vorbereitende Bemerkungen zu einer Theorie der kommunikativen Kompetenz", in: Jürgen Habermas/Niklas Luhmann, *Theorie der Gesellschaft oder Sozialtechnologie – Was leistet die Systemforschung?*, Frankfurt a.M., 101-141.
Henrici, Gert (1986), *Studienbuch: Grundlagen für den Unterricht im Fach Deutsch als Fremd- und Zweitsprache (und anderer Fremdsprachen)*, Paderborn.
Heuer, Helmut (1979), *Grundwissen der englischen Fachdidaktik*, Heidelberg.
Kelly, Louis G. (1976), *25 Centuries of Language Teaching*, Rowley/Mass.
Krappmann, Lothar (1969), *Soziologische Dimensionen der Identität*, Stuttgart.
Krashen, Stephen D./Terrell, Tracy D. (1983), *The Natural Approach*, Oxford.
Krumm, Hans-Jürgen (1981), "Methodenlehre: Handlungsanweisungen für den Fremdsprachenlehrer", in:

Franz Josef Zapp/Albert Raasch/Werner Hüllen (Hrsg.), *Kommunikation in Europa. Probleme der Fremdsprachendidaktik in Geschichte und Gegenwart*, Frankfurt a.M., 217-224.

Lado, Robert (1964), *Language Teaching*, New York.

Littlewood, William T. (1975), "The Acquisition of Communicative Competence in an Artificial Environment", in: *Praxis des Neusprachlichen Unterrichts*, Jg. 22, 13-29.

Mackey, William F. (1965), *Language Teaching Analysis*, London.

Neuner, Gerhard/Krüger, Michael/Grewer, Ulrich (1981), *Übungstypologie zum kommunikativen Deutschunterricht*, München.

Neuner, Gerhard/Hunfeld, Hans (1992), *Methoden des fremdsprachlichen Deutschunterrichts*, München.

Nissen, Rudolf (1974), *Kritische Methodik des Englischunterrichts*, Heidelberg.

Piepho, Hans-Eberhard (1974), *Kommunikative Kompetenz als übergeordnetes Lernziel im Englischunterricht*, Dornburg/Frickhofen.

Real, Willi (1984), *Methodische Konzeptionen von Englischunterricht*, Paderborn.

Real, Willi (1985), "Methodenpluralismus in der englischen Fachdidaktik. Offene Fragen trotz vieler Antworten", in: *Neusprachliche Mitteilungen*, Jg. 38, 79-87.

Schröder, Konrad/Weller, Franz-Rudolf (1975), "Erwägungen zum Begriffsfeld Methodik aus fremdsprachendidaktischer Sicht", in: *Die Neueren Sprachen* Bd. 74, 210-223.

Schubel, Friedrich (1958), *Methodik des Englischunterrichts für Höhere Schulen*, Frankfurt a.M.

Skinner, Burrhus Frederik (1957), *Verbal Behavior*, New York.

Vielau, Axel (1976), "Audiolinguales oder bewußtes Lernen? Aspekte der Methodologie des Fremdsprachenunterrichts", in: Jürgen Kramer (Hrsg.), *Bestandsaufnahme Fremdsprachenunterricht*, Stuttgart, 180-201.

Viëtor, Wilhelm (Quousque Tandem) (1882), "Der Sprachunterricht muß umkehren", in: Werner Hüllen (Hrsg.), *Didaktik des Englischunterrichts*, Darmstadt, 1979, 9-31.

Watson, John Broadus (1924), *Behaviorism*, Chicago.

Werlich, Egon (1986), *Praktische Methodik des Fremdsprachenunterrichts mit authentischen Texten*, Berlin.

Widdowson, Henry G. (1972), "The Teaching of English as Communication", in: Christopher J. Brumfit/Keith Johnson (Hrsg.), *The Communicative Approach to Language Teaching*, Oxford, 117-121.

Wilkins, David A. (1972), "Grammatical, Situational and Notional Syllabuses", in: Christopher J. Brumfit/Keith Johnson (Hrsg.), *The Communicative Approach to Language Teaching*, Oxford, 82-90.

Gerhard Neuner

32. Unterrichtsmethodische Problembereiche

Treibt man das Nachdenken weit genug, kann methodisches Handeln an jedem Punkt zum Problem werden. Keine Wissenschaft ist davor gefeit, daß das zuvor Selbstverständliche fragwürdig wird. Als methodische Problembereiche gelten hier nur solche, die dem Praktiker traditionell Schwierigkeiten bereiten, für die ihm unterschiedliche, teils gegensätzliche Lösungen angeboten werden, und die bis heute kontrovers diskutiert werden. Dazu gehören die Rolle der Muttersprache, die Rolle der Grammatik, die Rolle der Kommunikation. Hierzu sollen im folgenden einige Lösungsvorschläge gemacht werden.

1. Die Rolle der Muttersprache: das Semantisierungsproblem

Verstehen, das Zuordnen von Ausdruck und Bedeutung, ist Teil des Spracherwerbs und zugleich seine Vorbedingung. Kann die Bedeutung unbekannter Wörter, Wendungen, Redemittel muttersprachlich vermittelt werden oder soll der Unterricht grundsätzlich in der Fremdsprache verbleiben? Bis zur neusprachlichen Reform gegen Ende des 19. Jahrhunderts war dies kein Problem. Die ältesten Wörterbücher, die wir haben, sind viertausend Jahre alte zweisprachige Tontafeln. Auch die ältesten deutschen Wörterbücher sind zweisprachig: Glossare, Indices und Konkordanzen, Wörterbücher also, die dem Verständnis bestimmter Texte und dem Spracherwerb dienten – durchaus vergleichbar mit den Vokabelheften von gestern und heute. Auch die eigens für den Unterricht in den modernen Fremdsprachen verfaßten Bücher sind von den ersten Zeugnissen an – so etwa das für eine englische Adelige geschriebene Französischbüchlein des Walter von Bibbesworth (um 1250) (Owen 1929) – bis ins zwanzigste Jahrhundert in der Bedeutungsvermittlung zweisprachig. Hierzu gehören auch die großen Reformer wie Viëtor, Sweet, Jespersen, die oft fälschlich als Vertreter des *direkten* Prinzips genannt werden. Als konsequenter, unzweideutiger Vertreter dieses Prinzips, d.h. der Ausschaltung der Muttersprache auch bei der Bedeutungsvermittlung zwecks direkter Assoziation zwischen Fremdsprache und Gegenstand, kann eigentlich nur Berlitz (1882) genannt werden.

Selbst der theoretisch einflußreiche Franke (1884), für den das Erlernen einer fremden Sprache im Anschluß an Humboldt ein Eindringen in ein fremdes Denken, in einen fremden Volksgeist bedeutet, das darum innerhalb der fremden Sprache selbst vorzunehmen sei, und der betont, man solle wie bei der natürlichen Spracherlernung die direkte Verknüpfung der Begriffe und der fremden Sprache suchen, schwankt, wenn es zur Praxis kommt: Einerseits sollen Lektionstexte Wort für Wort übersetzt und erklärt werden, an anderer Stelle empfiehlt er, nur im Notfall zur Übersetzung eines Wortes zu greifen.

Das Schwanken und die Unsicherheit, ob bzw. wie weit man tatsächlich muttersprachlich semantisieren könne, galt doch theoretisch die Muttersprache nur als Störfaktor, sind für diese Frage bis heute charakteristisch geblieben. Über das tatsächliche Ausmaß muttersprachlicher oder fremdsprachiger Semantisierung in der Praxis lassen sich nur Vermutungen anstellen.

Immerhin entwickelten sich die *Lehrbücher* immer stärker auf eine globale *Einsprachigkeit* hin. Einsprachige Worterklärungen, (Lernwörterbücher!), einsprachige Wortschatz- und Grammatikübungen, einsprachige Tests wurden – auch mit Hilfe neuer Medien – in einer vorher unbekannten Vielfalt entwickelt. Das Prinzip der *Einsprachigkeit* ist denn auch nach Howatt (1984, 289) der einmalige, wirklich originale Beitrag des 20. Jahrhunderts zur Theorie und Praxis des Fremdsprachenunterrichts (wenn man dieses Jahrhundert um 1880 beginnen läßt).

Mit dem Aufkommen der audiovisuellen Methode, so hieß es in den sechziger Jahren, sei es endlich möglich geworden, mit der Einsprachigkeit des Unterrichts ernst zu machen. Mit den neuen, genau zum Text passenden Bildsequenzen könne man absolut einsprachig unterrichten.

Doch gerade diese Zuspitzung brachte die Wende. Die kompromißlose Einsprachigkeit audiovisueller Lehrwerke erlaubt eine klare Gegenüberstellung im experimentellen Vergleich. Durchweg erwiesen sich die zweisprachigen Semantisierungsverfahren der strikten Einsprachigkeit überlegen (Dodson 1967; Meijer 1974 et al.). Die Diskussion wurde neu eröffnet.

Die heutige Situation ist wie folgt gekennzeichnet:
- Entdogmatisierung. Strikt einsprachige, gemäßigt einsprachige und muttersprachliche Semantisierungstechniken existieren nebeneinander. Zweisprachig verfahren u.a. die Bilinguale Methode, die Suggestopädie, die kommerziell höchst erfolgreichen Assimil-Kurse französischer Provenienz. Eine interessante neue Variante sind deutsch-englische Mischtexte (O'Sullivan/Rösler 1986).
- Kritik an der Einsprachigkeit vom Gesichtspunkt der *Kommunikation*. Das Bemühen um einsprachige Erklärbarkeit führt teilweise zu rein sprachbezogenen, künstlichen Interaktionen: "Ist das eine Lampe?" "Ja, das ist eine Lampe"; zudem zu inhaltlich völlig belanglosen Minisituationen und Kleintexten, die niemandem etwas sagen: Auswirkungen der Einsprachigkeit, die lange Zeit übersehen wurden. Auch die strenge grammatische Progression ist durch die Einsprachigkeit mitbedingt. Solche Einsprachigkeit ist zu teuer erkauft. Denn nicht Einsprachigkeit *per se* ist das Ziel, sondern die Kommunikationsfähigkeit in realistischen fremdsprachigen Situationen. Der Weg dahin kann auch über eine muttersprachliche Semantisierung führen.
- Tieferes Verständnis der natürlichen Zweisprachigkeit. Eine Idee der Reformer wurde aufgegriffen und weitergeführt: Wer eine Sprache lehren will, sollte zunächst wissen, wie Menschen von sich aus Sprachen lernen, ohne besondere Lehrarrangements. Allerdings gilt es mit Blick auf die Semantisierungsfrage nicht den Muttersprachenerwerb, sondern den natürlichen Zweitsprachenerwerb zu befragen. Die Art und Weise, wie natürliche Bilinguale ihre jeweilige Hauptsprache benutzen, um im Erwerb der schwächeren Sprache voranzukommen, gilt heute als stärkster Hinweis darauf, daß auch im Unterricht die Muttersprache als Lernhilfe eingesetzt werden kann (Butzkamm 1985a).

Perspektiven

Der noch weithin vorherrschende Standpunkt der meisten Unterrichtsrichtlinien, die eine gemäßigte, undogmatische Einsprachigkeit mehr oder weniger aus Praktikabilitätsgründen empfehlen, ist zu überwinden. "Praktikabilität" ist eine theoretisch unaufgeklärte Kategorie, die das Problem zudeckt. Ob eine ein-, zweisprachige oder gemischte Semantisierung effektiver ist, kann jeweils nur in einem größeren methodischen wie organisatorischen Kontext entschieden werden, in den jede Einzeltechnik eingebunden ist. Je größer z.B. die

Vorkenntnisse sind, desto weniger wird man Rekurs auf die Muttersprache nehmen. Außerdem handelt es sich hier um grobe Etikettierungen, deren Details zu benennen sind, bevor die Effektivitätsfrage geklärt werden kann. Die Devise für die Zukunft lautet, die Muttersprache nicht allein als Störfaktor oder allenfalls als Lückenbüßer zu betrachten, sondern sie *als Lernhilfe methodisch weiterzuentwickeln* und sie selbstverständlich überall da einzusetzen, wo sie Schüler schnell und sicher zu gehaltvoller fremdsprachiger Kommunikation führt. Das gilt nicht nur für die Bedeutungsvermittlung, sondern auch für Wortschatz-, Grammatik-, ja selbst für Konversationsübungen (z.B. Dolmetschen). So ist am Prinzip der Einsprachigkeit nur das richtig, was zugleich trivial ist: Kein Unterricht kann effektiv sein, in dem sich ein substantieller Teil in der Muttersprache abspielt. Der Einsatz der Muttersprache muß immer verantwortet, also auf ein definiertes Problem und eine abgesteckte Strecke gezielt sein. Unterricht muß immer wieder in die rein fremdsprachige Kommunikation einmünden.

2. *Die Grammatik und das Transferproblem*

Solange Fremdsprachen gelehrt werden, gibt es das Problem der "*Grammatik*". Die Tatsache, daß man Sprachen lernen kann, ohne sich mit einem komplizierten Regelwerk vertraut zu machen, hat kritische Geister immer wieder beunruhigt. Ob die Spracherlernung hauptsächlich *conversatione et usu* zu betreiben, oder auf *doctrina et praeceptis* zu gründen sei, dieser Streit zieht sich durch die Jahrhunderte hindurch und kann auch nicht entschieden werden, bis wir mehr darüber wissen, wie der menschliche Verstand beschaffen ist, wie unbewußt-ratiomorphe und bewußt-rationale Leistungen ineinandergreifen, wie Handeln, Denken und Sprechen miteinander verknüpft sind.

Wir gliedern das Meinungsspektrum wie folgt:
- Nach Zimmermann (1984) wird für den Grammatikunterricht (Regeln, Übungen, Lernkontrolle) durchschnittlich zwischen 40% und 60% der Gesamtunterrichtszeit aufgewendet. Demnach sind die Mehrzahl der Lehrer "Kognitivisten".
- Viele Theoretiker gelten als grammatische "Minimalisten". Erklärungen, Systematisierungen und Merkregeln können eine Lernhilfe sein, gewiß sind es grammatikorientierte Übungen. Das Ausmaß dieser Grammatikarbeit dürfte aber etwa bei 10% bis 20% der Unterrichtszeit liegen, wobei noch nach Lerntyp, -alter sowie im Hinblick auf die Distanz zwischen Mutter- und Fremdsprache zu differenzieren wäre.
- "Intuitivisten" lehnen metasprachliche Erklärungen usw. ab. Sie trügen zum Spracherwerb nichts bei. Der Transfer in den spontanen Sprachgebrauch finde nicht statt (Krashen 1982; Aliusque Idem 1986). Sprache soll jedoch u.a. nach grammatischen Gesichtspunkten geordnet, gestuft und geübt werden, so daß Strukturmuster schneller erkannt werden: eine Art systematische Immersion.
- "Immersivisten" vertreten die reine *Immersion*: Spracherwerb geschehe durch Teilhabe am Leben der Gemeinschaft, in der die Sprache natürliches Verständigungsmittel sei. Nur die totale Spracherfahrung zähle. Einsicht in den Sprachbau sowie besondere Übungsarrangements seien überflüssig.

Sieht man von dem radikalen Standpunkt der reinen *Immersion* ab (jeder Sprachunterricht wäre schon ein Widerspruch in sich, allenfalls als Sachunterricht in der Fremdsprache denkbar), so bleibt die Frage des Transfers der Grammatikarbeit in den freien Sprachgebrauch das Kernproblem – das natürlich mit weiteren Fragen verknüpft ist: welche Erklärung, welche Regel, in welcher Sprache, zu welchem Zeitpunkt, für welche Lerner, auf welches Ziel hin, in welcher Unterrichtssituation...? Jede Methode ist daraufhin zu befragen, wie sie die Übergänge gestaltet vom sprachbezogenen Darbieten, Nachsprechen, Umformen, Erklären usw. in inhalts- und sachbezogenes Lesen, Hören, Sprechen und wie sie überhaupt vorbereitendes Üben verglichen mit Sprachanwendung gewichtet.

Damit sei unterstellt, daß Bewußtmachungen wie: *He sang at the concert last night*: Ort vor Zeit! oder: *since Christmas*: Zeitpunkt; *for two weeks*: seit zwei Wochen, zwei Wochen lang, also Zeitspanne! oder: *the police are investigating...* (Merke: Plural!) im Gegensatz zur Auffassung der Intuitivisten keine Gratiszugabe sind, sondern den Lernweg verkürzen und zu unbewußten Steuerimpulsen für Spontansprache absinken können. Unbestritten ist, daß unsere angeborenen, ratiomorphen Spracherwerbsmechanismen das Problem auch ohne unser bewußtes Begreifen lösen können, wäre da nicht das Problem der Zeit bzw. der Menge an lebendiger Spracherfahrung, die man wohl für das unbewußte Registrieren und Einwurzeln solcher Regelungen veranschlagen muß. Zwar sind

Wissen und Tun, Kennen und Können unterschiedliche Leistungen, doch spricht wenig für die Annahme, daß sie auf völlig getrennten psychologischen Gleisen verlaufen, zwischen denen es keine Verbindung gäbe – ein Standpunkt, der heute zuweilen als *non-interfere position* bezeichnet wird.

Wenn es aber möglich ist, die Brücke von der Erklärung und Übung zur Anwendung zu schlagen, so ist Grammatikarbeit zugleich die Chance und Gefahr des Unterrichts. Chance, weil der Lehrer den Schüler durch Einsichten in den Sprachbau und gezielte Übungen schneller zu gehaltvoller und sprachlich korrekter Kommunikation führen kann; Risiko, weil es einerseits so schwer ist, mit einer sachlich richtigen Erklärung an die Denkweisen der Schüler anzuknüpfen, andererseits so bequem, eine vorgegebene Grammatikübung nach der anderen zu absolvieren. Unerwünschtes Ergebnis: statt Einsicht Einschüchterung; statt Sprachaneignung Übungsleerlauf.

So wird man im Sinne eines *grammatischen Minimalismus* bei allen Erklärungen äußerste Sorgfalt, Vorsicht und Sparsamkeit walten lassen und im ganzen mehr unserem angeborenen "natürlichen Sprachverstand" vertrauen, der sich im lebendigen Umgang mit der Sprache entfaltet. Es gilt, den Unterricht vom grammatischen Ballast zu befreien, weniger die Lehrwerke, da der interessierte Schüler immer die Möglichkeit haben sollte, von sich aus grammatischen Fragen nachzugehen.

Vielfach genügt – anstelle grammatischer Belehrung, Terminologie, Regel – das scharfe Erfassen der Bedeutungen in der Muttersprache, um unsere Sprachintuition ins Spiel zu bringen. Dabei erkennen wir Gesetzmäßigkeiten, auch ohne daß wir sie begrifflich fassen und benennen könnten (was für den Spracherwerb in der Tat überflüssig ist):
How long have you been working on this project?
Wie lange arbeiten Sie schon an diesem Projekt?
Oder:
Is anybody listening?/Hört mir überhaupt jemand zu (egal wer)?
Is everybody listening?/Hört auch jeder zu?
Solche Sätze sind *stille Regeln*. Dieses Erklärungsprinzip wird weitergeführt durch bewußtes Nachbilden der fremden Struktur auch oder gerade dann, wenn dabei muttersprachliche Normen verletzt werden:
Gut, nicht wahr? (Gut, was?): *Good, isn't it?* "Gut, ist es nicht?"
Es ist ein Uhr: (span.) *Es la una*. "Ist die eins".
(finn.) *Kello on yksi* "Uhr ist eins".

Haben Sie Seife?: (finn.) *Onko Teillä saippua?* "Ist (+ Fragepartikel *ko*) Ihnen Seife?"
Im letzten Beispiel sind Nachbildung und Erklärung kombiniert. Zu Unrecht ist das *Prinzip der muttersprachlichen Spiegelung* noch weiterhin verpönt (Butzkamm 1985b).

Bleibt das Problem, wie Übungen, die Sprache in morphosyntaktische, lexikalische oder Sprechakt-Inventare zerlegen, in natürliche Kommunikation überführt werden. Hier gibt es von Fall zu Fall verschiedene methodische Lösungen. So darf etwa das Einüben bestimmter Gesetzmäßigkeiten der indirekten Rede nicht bei der Umformung von Einzelsätzen stehen bleiben, ebensowenig bei Abschnitten, die Schritt für Schritt umgeformt werden: *Aus dem Umformungsproblem muß ein Formulierungsproblem werden.* Das Umformen muß deshalb unmittelbar in echtes Berichten und Wiedergeben einmünden, wo man nicht mehr nach einem Schema verfährt, sondern Unwichtiges, Schwieriges, schlecht Erinnertes wegläßt, mitunter auch markante Teile der direkten Rede erhält. Letzteres muß den Hauptanteil aller Arbeit am grammatischen Thema ausmachen.

Dynamische Strukturübungen können ebenfalls das Problem des Übergangs vom Üben zum Kommunizieren lösen. Hier geht es nicht allein darum, daß eine Struktur mittels austauschbarer passender Lexik vielfach wiederholt wird, sondern der Lehrer überlegt sich, wie er durch interessante Austauschmöglichkeiten dem Schüler nahelegt, daß die Struktur auch für seine eigenen Ausdrucksbedürfnisse taugt. Die austauschbare Lexik wird also entscheidend. Die zunächst muttersprachlich gesteuerte Übung verschiebt sich immer mehr zu inhaltlich anregenden Sätzen, bis die Schüler Feuer fangen, selbständig Sätze bilden und die Übung damit einsprachig machen. Dabei legt es der Lehrer darauf an, daß die Schüler gelegentlich auf die Sätze inhaltlich reagieren, z.B. protestieren und damit aus der Übung ausbrechen. So werden in eine Strukturübung kommunikative Momente eingeschoben. Aus den zunächst grammatisch orientierten Abwandlungen der Satzmuster ergeben sich Sprechanlässe. Dem klassischen Ziel, Strukturen zu automatisieren, wird also ein zweites beigefügt: deren Verwendungsmöglichkeiten im Hinblick auf aktuelle Interessen aufzuzeigen. Mitteilungsbezogene Absichten mischen sich dem Übungsgeschehen bei, setzen sich allmählich durch und leiten zur mitteilungsbezogenen Kommunikation über (Beispiele bei Butzkamm 1981).

3. Die Rolle der Kommunikation

Wie ist es methodisch zu bewerkstelligen, daß Unterricht sich nicht im Darbieten und Üben von Teilfertigkeiten erschöpft, sondern immer wieder Gelegenheit zur *mitteilungsbezogenen Kommunikation* und ganzheitlichen natürlichen Sprachanwendung gibt? Dies ist die Kehrseite der Überbetonung der *Grammatik*, die den Fremdsprachenunterricht häufig in Verruf gebracht hat: Mitteilungsbezogene Kommunikation ist im Unterricht Mangelware, stattdessen herrscht *sprachbezogene Kommunikation* vor, bei der die Äußerungen, gleich welchen Inhalts, lediglich bezwecken, Sprache einzuüben.

"Englisch bei der Hagedorn. Zum Einschlafen war das. *'Tell me something, please about your family ...'* Als ob sie das wirklich wissen wollte!", sagt sich ein Fünfzehnjähriger in einem Jugendbuch von Monika Sperr. Offensichtlich macht 'die Hagedorn' einen Versuch in Richtung mitteilungsbezogene Kommunikation, doch spürt der Schüler, daß sie es im Grunde so nicht meint; sie will eben doch nur Englisch üben. Oft wird der Versuch gar nicht unternommen, und man akzeptiert, daß die Sätze, die da hin und her laufen, nie das meinen, was sie sagen.

Bekannt ist Hofmannsthals Spott über die Philologen, "die alle Sprachen so lehren, als ob sie tot wären". Weniger verbildet erscheinen ihm diejenigen, die nur im Laufe ihres Lebens zufällig Sprachlehrer geworden sind: "Alle haben sie in ihren Sprachen gedacht, gewünscht, geträumt, Antworten gegeben und empfangen, den unendlichen Inhalt nichtiger Worte empfunden, die schneidende und die berauschende Kraft der Rede gespürt, lange bevor das Schicksal sie dahin führte, zu fragen: *'Wo hast du das Taschenmesser Deiner Großmutter gelassen?'* und darauf zu antworten: *'Der gute Admiral sitzt im Garten und weint.'*" ("Französische Redensarten", 1897). Die absurde Komik solcher schönen Schnipsel aus dem Unterricht hat bekanntlich Ionesco zu einem Theaterstück inspiriert.

Diesen Spott hat der Fremdsprachenunterricht geerntet und erntet ihn noch, weil Sprache im Unterricht häufig zum Selbstzweck verkommt, statt den tausend anderen Zwecken zu dienen: nachforschen, aufklären, ärgern, verletzen, heilen, Lebensfreude oder Trauer bekunden usw. Dieser Unterschied ist im Begriffspaar sprachbezogen – mitteilungsbezogen ausgedrückt (*medium-orientation* vs. *message-orientation*: Butzkamm/Dodson 1980). Andere Autoren haben ähnliche Unterschiede getroffen:
- *real speech* vs. *drill speech* (Jarvis 1968)
- *manipulation* vs. *communication* (Prator 1972)
- *focus on form* vs. *focus on message* (Dulay/Burt 1978)
- *rehearsal language* vs. *performance language* (Hawkins 1981)

Damit wird deutlich, wie wichtig dieses Phänomen ist; zugleich läßt die terminologische Vielfalt auf definitorische Schwierigkeiten schließen. Sie ergeben sich daraus, daß die zugrundeliegende Redeabsicht als entscheidendes Kriterium meist nicht direkt faßbar, sondern nur in subjektiver Deutung erschließbar ist. Mit einer Äußerung können sich gleich mehrere Absichten verbinden: Der Lehrer kann etwa mit einer lustigen Anekdote seine Schüler erfreuen wollen und zugleich grammatische Absichten verfolgen. Unterrichtliche Kommunikationsakte wären also auf einer gleitenden Skala einzustufen, die sich zwischen den Werten "rein sprachbezogen" und "rein mitteilungsbezogen" erstreckt. Trotz dieser Schwierigkeiten sind sich die meisten Beobachter darin einig, daß Kommunikation, in der der mitteilungsbezogene Aspekt dominiert, im Unterricht allzu selten vorkommt. Unterricht erschöpft sich weitgehend in sprachbezogenem Üben. Genauere empirische Belege dazu finden sich u.a. bei Zehnder (1981) und Mitchell et al. (1981). Der entscheidende Transfer besteht demnach nicht in der Übertragung des Gelernten auf andere Situationen, sondern hat erst dann stattgefunden, wenn der Schüler dargebotene Sprache zu eigenen Ausdrucksbedürfnissen und Formulierungszwecken benützt (situativer vs. kommunikativer Lehransatz).

In früheren Jahrhunderten scheint dies kein Problem gewesen zu sein: Man hatte eben genug Zeit. Selbst die ausgesprochen grammatisch orientierten Sprachlehrer versäumten es nicht, mit ihren Zöglingen ausführlich Konversation zu treiben, war doch das Hauptziel immer die praktische Sprachbeherrschung. In den Klosterschulen war Latein allgemeine Verkehrssprache: "Dazu sollen diese Knaben in der Schule, auf dem Kirchhof, zu Chor, Kirchen und Procession nichts denn Latein reden", heißt es im Lehrplan der Lateinschule zu Nürnberg aus dem Jahre 1485. Es ist klar, daß man nach Herzenslust Grammatik treiben und übersetzen lassen kann, wenn zugleich ausreichend praktische Spracherfahrungen gemacht werden.

Perspektiven:

Angesichts eher schrumpfender als wachsender Unterrichtsstunden ist die Konzentration auf Einführen und Üben eine ständige Gefahr. Die Schwierigkeit liegt in der praktischen Umsetzung des als richtig Erkannten. Als methodische Lösungen kommen in Frage:
– Alles Organisatorische (Ankündigung von Klassenarbeiten, Klassenkasse, Schulsportfest usw.) muß sobald wie möglich in der Fremdsprache abgehandelt werden. Das ist mitteilungsbezogene Kommunikation *par excellence*.
– Aus der reichhaltigen Spieleliteratur sind immer wieder altersgemäße Lernspiele auszuwählen. Dabei müssen die Spiele in der Fremdsprache organisiert werden (Spielanleitung).
– Wir brauchen spielbare, spannungsreiche, dramatische Dialoge, die Schüler dazu reizen, in eine Rolle zu schlüpfen, sich darstellerisch und gefühlsmäßig zu engagieren.
– Die Vielfalt vorgefertigter Buchübungen (Lehrbuch und *workbook*) sind eine ständige Verlockung für den Lehrer. Im allgemeinen läßt sich mitteilungsbezogene Kommunikation nicht in das Korsett vorgeplanter *Stimulus-Response*-Ketten einzwängen. Der Lehrer muß jeweils einen Teil des Unterrichts buchfrei unterrichten, indem er die Gesprächsgegenstände aktualisiert und auf die besonderen Kommunikationsbedürfnisse seiner Klasse eingeht.
– Bei älteren Schülern kann die Grammatikarbeit (Analyse und Übungen, Selbstlerngrammatiken) in die Hausarbeit verlegt werden, so daß der Hauptteil des Unterrichts der Kommunikation vorbehalten ist (Terrell 1982; Zimmermann/Wißner-Kurzawa 1985).
– Fremdsprachenunterricht kann phasenweise stärker fachbezogen operieren (z.B. Kooperation mit dem Fach Geographie beim Thema England, Australien, USA). Dadurch wird das Interesse stärker auf die Vermittlung von Sachinformationen gelenkt. Sprache ist Mittel zum Zweck.
– Mitteilungsbezogene Kommunikation ist nur im Ansatz planbar und berechenbar. Sie stellt daher höchste Ansprüche an die Sprachbeherrschung des Lehrers. Das Ertasten von Themen, die die Schüler bewegen könnten, das Sich-Einfühlen in ihre Wunsch- und Gedankenwelt, das Erfassen des richtigen Augenblicks für Zuspruch und Widerspruch, kurz, die Kunst des Gesprächs liegt jenseits methodischer Tricks und fordert den Lehrer als Persönlichkeit.

Literatur

Aliusque Idem (1986), *Mr. Knickerbocker und die Grammatik oder warum der Sprachunterricht nicht umkehrt,* München.

Berlitz, Maximilian Delphinius (1882), *Méthode pour l'enseignement de la langue française dans les écoles Berlitz,* première partie, Boston.

Butzkamm, Wolfgang / Dodson, Charles Joseph (1980), "The Teaching of Communication: From Theory to Practice", in: *International Review of Applied Linguistics in Language Teaching,* Vol. XVIII, 289-309.

Butzkamm, Wolfgang (1981), "Die Beurteilung von Unterricht aus dem Blickwinkel der Kommunikation", in: *Zielsprache Deutsch,* H. 2, 2-10.

Butzkamm, Wolfgang (1985a), "Natürliche Erwerbssituationen als Bezugspunkte für die Sprachlehrmethodik", in: *Neusprachliche Mitteilungen aus Wissenschaft und Praxis,* Jg. 38, 5-11.

Butzkamm, Wolfgang (1985b), "The Use of Formal Translation Equivalents in the Teaching of Foreign Language Structures", in: Christopher Titford/Adolf E. Hieke (Hrsg.), *Translation in Foreign Language Teaching and Testing,* Tübingen, 87-97.

Dodson, Charles Joseph (1967), *Language Teaching and the Bilingual Method,* London.

Dulay, Heidi/Burt, Marina (1978), "From Research to Method in Bilingual Education", in: James E. Alatis (Hrsg.), *International Dimensions of Bilingual Education,* Georgetown University Round Table of Languages and Linguistics, 551-557.

Franke, Felix (1884), *Die praktische Spracherlernung auf Grund der Psychologie und der Physiologie der Sprache dargestellt,* Leipzig.

Hawkins, Eric W. (1981), *Modern Languages in the Curriculum,* Cambridge.

Howatt, Anthony P. R. (1984), *A History of English Language Teaching,* Oxford.

Jarvis, Gilbert A. (1968), "A Behavioral Observation System for Classroom Foreign Language Skill Acquisition Activities", in: *Modern Language Journal,* Vol. 52, 335-341.

Krashen, Stephen D. (1982), *Principles and Practice in Second Language Acquisition,* Oxford.

Meijer, T. (1974), *De globaal-bilinguale en de visualiserende procedure voor de betekenisoverdracht,* Amsterdam.

Mitchell, R./Parkinson, B./Johnstone, R. (1981), *The Foreign Language Classroom: An Observational Study,* Stirling Educational Monographs, No. 9.

O'Sullivan, Emer/Rösler, Dietmar (1986), *Mensch, be careful!* Reinbek b. Hamburg.

Owen, Annie (1929), *Le Traité de Walter de Bibbesworth sur la langue française,* Paris.

Prator, Clifford H. (1972), "Development of a Manipulation – Communication Scale", in: Kenneth Croft (Hrsg.), *Readings on English as a Second Language,* Cambridge/Mass., 402-408.

Terrell, Tracy David (1982), "The Natural Approach to Language Teaching: An Update", in: *Modern Language Journal,* Vol. 66, 121-132.

Zehnder, Erich (1981), *Lernziel: Kommunikationsfähigkeit? Eine Analyse der Interaktions- und Kommunikationsprozesse im Englischunterricht der Orientierungsstufe,* Tübingen.

Zimmermann, Günther (1984), *Erkundungen zur Praxis des Grammatikunterrichts*, Frankfurt a.M.
Zimmermann, Günther/Wißner-Kurzawa, Elke (1985), *Grammatik: lehren – lernen – selbstlernen*, München.

Wolfgang Butzkamm

33. Alternative Methoden

Seit Anfang der 70er Jahre tauchen in den USA, im westlichen Ausland (England und Frankreich) und in den Ostblock-Ländern (Bulgarien, UdSSR) neue Methoden und Lernkonzeptionen für den gesteuerten Fremdsprachenerwerb auf, die von der 'offiziellen' Fremdsprachendidaktik in der Bundesrepublik Deutschland nur mit großer Zurückhaltung rezipiert werden.

Viele dieser Ansätze sind mit herkömmlichen sprachdidaktischen, linguistischen und lernpsychologischen Kategorien nicht zu erfassen. Ihre 'Erfinder' und Propagierer lehnen es zum Teil ausdrücklich ab, sich den traditionellen wissenschaftlichen Kategorien zu beugen, und ziehen weltanschauliche, esoterische, neurophysiologische oder tiefen- und gruppenpsychologische Begründungen für ihre Vorgehensweise heran. Dadurch wirken sie auf viele Vertreter einer streng wissenschaftlich ausgerichteten Fremdsprachendidaktik suspekt.

Nach einer Phase der Ablehnung und Skepsis setzt jedoch seit Ende der 80er Jahre eine differenziertere Auseinandersetzung der deutschen Fremdsprachendidaktik mit diesen Methoden ein. Besonders die Suggestopädie (s.u.) und ihre Anwendung im Kontext des schulischen und außerschulischen Fremdsprachenunterrichts wurde zum Gegenstand fachwissenschaftlicher Diskussion und empirischer Untersuchungen.

1. Zum Begriff "alternative Methoden"

Dieser Begriff hat sich rasch eingebürgert, obwohl er weder zur präzisen Definition noch zur Abgrenzung dieser neuen Methoden von anderen Verfahrensweisen im Fremdspachenunterricht geeignet ist. Doch finden sich in der Literatur auch andere Bezeichnungen. Im angelsächsischen Sprachbereich bedient man sich eher des Terminus' *approaches*. Bezogen auf ihre Randstellung im Hinblick auf die 'offizielle' Fremdsprachendidaktik, werden diese Methoden auch als *fringe methodologies* bezeichnet. Der Terminus "holistische Methoden" (nach Jung 1986) macht deutlich, daß mit den alternativen Methoden ein globaler Neuansatz für das Lehren und Lernen angestrebt wird, der sich nicht auf das Fremdsprachenlernen beschränkt. Gleichzeitig wird damit angedeutet, daß dieser Neuansatz von einer ganzheitlichen Sicht des (Fremdsprachen-)Lernprozesses ausgeht, und daß von dorther jedes Detail durchgeformt und bestimmt wird. Der Terminus *New Age Methods* zeigt an, daß diese Neuerungen bei der generellen Gestaltung von Lehr-/Lernprozessen von ihren Erfindern und Anhängern als epochemachend und richtungsweisend angesehen werden. Vom eigenen Anspruch her soll es möglich sein, mit Hilfe dieser Methoden Denk-Grenzen zu überwinden, eine Bewußtseinserweiterung sowie eine spektakuläre Steigerung der Lernleistung mit Hilfe bisher ungenutzter Gehirnkapazitäten und motivationaler Potentiale zu erreichen. Nicht zufällig siedeln sich Seminare zu diesen neuen Lehrmethoden zum Teil im Bereich der Esoterik an.

Unter fremdsprachendidaktischen Gesichtspunkten setzen sich alternative Methoden zumeist über fest verankerte didaktische Prinzipien (wie z.B. Einsprachigkeit, eine sorgfältig gestufte grammatische Progression, didaktisch präparierte und 'vor-entlastete' Lehrbuch-Texte) und unterrichtliche Verfahrensweisen hinweg und kreieren jeweils ihre eigenen Vorschriften für den Unterrichtsverlauf und das Lehrerhandeln. Bei der Darstellung der alternativen Methoden ist zu unterscheiden zwischen

a) relativ 'offenen' Konzeptionen, bei welchen der Schwerpunkt auf den (unkonventionellen) Begründungszusammenhängen für das 'alternative' Lehren und Lernen im Fremdsprachenunterricht liegt und die eine große Variationsbreite für das Lehrerhandeln (und im positiven Falle auch für das Lernerhandeln) zulassen, und

b) 'geschlossenen' Methoden, die aus einem 'Paket' vorgeschriebener Handlungsabläufe und Verfahrensweisen sowie den dazugehörigen vorgefertigten Lehrmaterialien bestehen. Das Handeln des Lehrers ist genau festgelegt, bis hin zu Tonführung der Stimme und vorgeschriebener Gestik. Die detaillierten Anweisungen erstrecken sich ebenfalls auf die Ausgestaltung der Lernräume und den Einsatz außersprachlicher Elemente an bestimmten Stellen im Lernprozeß. Zu dieser Gruppe gehören *Total Physical Response, Silent Way* und die *Suggestopädie*, die im deutschen Sprachraum die meiste Beachtung gefunden hat.

Die Grenzen zwischen beiden Gruppen sind fließend. Daher ist eine genaue Abgrenzung und Einteilung nicht möglich. Bei der folgenden Darstellung einiger alternativer *approaches* und methodologischer Trends soll darum von den Begründungszusammenhängen ausgegangen werden, die z.T. für alle oder mehrere dieser Methoden zutreffen und *nicht* fachdidaktischer Natur sind. Ein gesonderter Abschnitt soll dann der *Suggestopädie* gewidmet werden, deren empirische Überprüfung in mehreren Studien (vgl. Baur 1990; Felix 1991; Holtwisch 1990; Krag 1989; Schiffler 1989) zu einer modifizierten Einschätzung geführt hat.

2. Darstellung alternativer Methoden und ihrer Begründungszusammenhänge

Ein durchgängiger lernpsychologischer Begründungszusammenhang ist die Theorie von der *Lateralisierung des Denkens* (vgl. dazu Vester 1978; List 1981; Edelmann 1988).

Nach Vester (1978) besteht eine Arbeitsteilung zwischen den beiden Gehirnhälften: Die linke Hemisphäre gilt als vorwiegend verarbeitendes Zentrum für logisch-abstraktes Denken, während die rechte Hemisphäre mehr ganzheitlich ausgerichtet, d.h. für die Aufnahme von Musik, Bewegung und globalen Situationsmerkmalen zuständig ist (23f.). Im rechten Hörzentrum werden Geräusche und Musik besser verarbeitet, während im linken sprachliche Äußerungen besser dekodiert werden. Das 'aktive' Sprachzentrum liegt in der linken Hemisphäre, während das 'passive', welches gesprochene Worte aufnimmt, rechts lokalisiert ist (23).

An dem herkömmlichen Fremdsprachenunterricht wird nun von Vertretern und Anhängern der alternativen Methoden kritisiert, daß er sich vorwiegend an die Verarbeitungs-Kapazitäten der linken Gehirnhälfte für logisch-abstraktes Denken wendet, während die Eingangskanäle der rechten Hemisphäre (für Musik, Geräusche, Bewegung und andere Sinnesreize) ungenutzt bleiben. Eine Information werde aber besser im Langzeitgedächtnis gespeichert und verankert, wenn sie sich mehrerer Eingangskanäle bedient und durch zusätzliche Sinnesreize gestützt wird. Dies dient als Argument für den gezielten Einsatz von Musik, Gestik und Bewegung im fremdsprachlichen Lernprozeß. *Suggestopädie, Superlearning* und *Total Physical Response* machen sich diesen Effekt ausdrücklich zunutze, um fremdsprachliches Lernmaterial besser im Gedächtnis zu verankern. Hinzu kommen bei Suggestopädie und Superlearning Übungen zur *Tiefentspannung*. Dadurch soll ein psychophysischer Bewußtseinszustand erreicht werden, in dem die Analysatoren der linken Hemisphäre 'abgeschaltet' sind und der fremdsprachliche Text rechtshemisphärisch, ganzheitlich und im Zusammenhang mit musikalischer Wahrnehmung aufgenommen wird. In einem solchen entspannten Wachzustand sollen angeblich höhere Behaltensleistungen erzielt werden.

Verknüpft mit der Einbeziehung dieser neuen Elemente in den fremdsprachlichen Lernprozeß wird eine Neubewertung der emotionalen Dimension. Freude, positive Einstellungen dem Lernprozeß gegenüber und Erfolgszuversicht sollen an die Stelle von Streß und Lernhemmungen treten (vgl. dazu Edelmann 1988, 100). Eine positive Lernatmosphäre und ein entspanntes vertrauensvolles Lehrer-Schülerverhältnis werden als integraler Bestandteil aller alternativen Methoden propagiert. Der Anspruch auf Ganzheitlichkeit des Lernens und der Wunsch nach Überwindung streng kognitiv ausgerichteter, hochspezialisierter Lernvorgänge, die das Individuum von seinen Mit-Lernenden isolieren, drückt sich aus in Begriffen wie *Natural Approach, Humanistic Approach* und *Confluent Education*. Hierunter wird eine pädagogische Strömung in den USA verstanden, die im Gefolge der Studentenrevolte Ende der 60er Jahre versuchte, Unterricht für die Lernenden wieder relevant zu machen und nicht nur abstrakten Wissensstoff zu vermitteln. So soll z.B. im Fremdsprachenunterricht die Fähigkeit zur fremdsprachlichen Kommunikation verknüpft werden mit der freimütigen Äußerung von Gefühlen und der intensiven Interaktion der Individuen untereinander. Die methodische Umsetzung des Strebens nach *self-awareness* und *personal growth* im Fremdsprachenunterricht besteht darin, "eine spezielle fremdsprachliche Erscheinung (kognitives Lernziel) mit einer gewissen Art der Selbstreflexion und Selbsteinschätzung zu verbinden (affektives Lernziel) und gleichzeitig die Kommunikation unter den Schülern und mit dem Lehrer zu suchen (kommunikatives oder interaktives Lernziel)" (Bleyhl 1982, 5).

Auch in Frankreich zeigt sich Mitte bis Ende der 70er Jahre ein Trend zur Öffnung der 'klassischen', geschlossenen Methoden für alternative Ansätze. So greift z.B. Bernard Dufeu (1982) den *Humanistic Approach* auf und formt aus psychologisch-pädagogischen Grundsätzen seine *pédagogie relationnelle*.

Außerdem experimentiert er in fremdsprachlichen Intensivkursen für Erwachsene mit gestaltpsychologischen Techniken und tiefenpsychologischen Ansätzen. Er nennt seine so gewonnene Methode *Psychodramaturgie linguistique* (1983). Bei diesen aus dem Rahmen fallenden Methoden verfließen die Grenzen zwischen gruppendynamischem Workshop und dem Erlernen einer Fremdsprache. Bis hin zum 'Urschrei' wird keine Psycho-Technik ausgelassen, um das Fremdsprachenlernen attraktiver zu machen. So sollen in den Anfangslektionen z.B. pränatale Erinnerungen der Lernenden an Sicherheit und Geborgenheit dadurch aktiviert werden, daß die Lehrerin (hier kann nur eine Frau diese Funktion erfüllen!) ihren Atemrhythmus mit dem der Lernenden synchronisiert und ihnen die fremdsprachlichen Äußerungen in einem sanften Sprechgesang von hinten ins Ohr einflüstert.

Nicht alle Ansätze in Frankreich gehen in ihrer Öffnung hin auf moderne Trends so weit – besonders wenn sie im Rahmen des traditionsbewußten staatlichen Erziehungswesens (ob in Schule oder Erwachsenenbildung) akzeptiert werden wollen. Dennoch zeigen sich Ende der 70er Jahre auch in diesem Bereich vorsichtige Öffnungen. Aus der Notwendigkeit heraus, die veraltenden und nicht für alle kulturellen Kontexte anwendbaren audiovisuellen Lehrwerke für Französisch als Fremdsprache zu modernisieren, ergab sich ein weiterer Trend der französischen Fremdsprachendidaktik: *la créativité*. Auf diesem Feld wurde eine breite Palette von Unterrichtsverfahren und Arbeitstechniken entwickelt, die das Spielerische, Phantastische, Musische und Imaginäre in den Fremdsprachenunterricht einführen wollen. Mit ihrer Hilfe können Lehrende zusammen mit ihrer Lerngruppe die vorgegebenen Lehrwerke samt Ton- und Bildmaterial punktuell auflockern, verfremden, parodieren oder beim Erstellen von Phantasietexten ihre Kreativität walten lassen. Auch Techniken wie Rollenspiele und *simulations globales* sollen den (in Frankreich sehr streng geführten) Fremdsprachenunterricht auflockern und die Lernenden zu lustvollem, spielerischem Tun anregen (Caré/Debyser 1978). Obwohl hierzu z.B. in der Lehrerfortbildung für Französisch als Fremdsprache des BELC (*Bureau pour l'Enseignement de la Langue et de la Civilisation françaises à l'Etranger*) viele Materialien und Ideen entwickelt wurden, fallen diese nie aus dem institutionellen Rahmen und klammern z.B. politische Themen vollkommen aus. Bei diesen stark lehrerzentrierten Techniken bleibt den Schülern außerdem nur die Wahl, spielerisch-kreativ zu sein und sich gleichsam ins Kindheitsstadium zurückversetzen zu lassen oder die Beteiligung am Kurs zu verweigern. Diese 'Infantilisierung der Lernenden' (*auch in Erwachsenenkursen*) ist übrigens ein Merkmal, das für viele der alternativen Methoden kennzeichnend ist. In der Suggestopädie wird sie z.B. ausdrücklich angestrebt als angeblich bedeutsames Element des Lernerfolgs.

Im Gegensatz zu den oben beschriebenen punktuell einsetzbaren kreativen 'Techniken' bieten *Community Language Learning, Total Physical Response* und *Silent Way* methodische Alternativen, die auf eine Umgestaltung des gesamten Fremdsprachenunterrichts zielen. Da diese Methoden schon andernorts ausführlich beschrieben wurden (Schwerdtfeger 1983; Bleyhl 1982), sollen sie hier nur stichpunktartig charakterisiert werden.

Community Language Learning: Bei dieser Methode, deren theoretische Begründung vor allem Charles A. Curran lieferte (1976), tritt der Lehrer vordergründig stark zurück bzw. agiert als *facilitator*. Ein festgelegtes, fremdsprachliches Curriculum existiert nicht. Die Lernenden sitzen in Kleingruppen zusammen und versuchen, gemäß ihrer individuellen Äußerungsabsicht mit den anderen Mitgliedern der Gruppe in der zu lernenden Fremdsprache zu kommunizieren. Bevorzugt werden dabei spontane, emotionale Ich-Botschaften gesendet. Fehlende fremdsprachliche Redemittel können leise beim Lehrer erfragt werden, der außerhalb des Kreises steht und sie dann helfend zuflüstert. Alle fremdsprachlichen Leneräußerungen im Kreisgespräch werden per Tonband aufgezeichnet, vom Lehrer im Nachhinein transkribiert und auf Fehler hin analysiert. Diese werden in einer anschließenden muttersprachlichen Grammatiklektion besprochen und gemeinsam bearbeitet. Vom Anspruch her sollen die selbständigen fremdsprachlichen Leneräußerungen von Stufe zu Stufe komplexer werden, bis sich das *counselor-client*-Verhältnis (wie Lehrer und Lerner hier genannt werden) langsam aufhebt und die Lernenden selbst zu *counselors* für andere Mit-Lerner werden können. Der fremdsprachliche Lernprozeß soll durch die emotionale Wärme und Geborgenheit in einer Lerngruppe eine neue Qualität gewinnen und neben kognitiven auch emotionale Kräfte freisetzen. Vom Lehrer werden sowohl fachliche als auch gruppendynamische Kenntnisse und Fähigkeiten verlangt, um diesen Prozeß in günstige Bahnen lenken zu können.

Die Methode *Total Physical Response* (Asher 1979) enthält ebenfalls neben gruppendynamischen auch künstlerische und vor allem kinesische Elemente. *Total Physical Response* besteht darin, daß der Lehrer fremdsprachliche Anweisungen gibt und die Lerner diese – zunächst averbal, dann zunehmend auch durch die Ausführung von Sprechakten in der Fremdsprache – befolgen. Der Imperativ wird als *the golden tense* angesehen, durch den das gesamte fremdsprachliche Lernpensum situationsbezogen vermittelt werden kann. Die Lerner werden zunächst dadurch entlastet, daß *vor* der Produktion fremdsprachlicher Äußerungen das Hörverstehen ausführlich trainiert wird, welches sie durch die körperliche Ausführung der gewünschten Handlungen dokumentieren können (*"take your neighbour's hand and shake it"*, *"go to the blackboard and write your name, please"*). Der Beginn der eigenen Sprachproduktion der Lerner wird nicht erzwungen: *"They talk when they are ready"*.

Weil durch diesen 'schonenden' Anfang des Fremdsprachenlernprozesses das Risiko des Scheiterns herabgesetzt wird, wird der punktuelle Einsatz von *Total Physical Response* auch für Gruppen von lernschwachen Schülern empfohlen. Als theoretische Fundierung dieser Methode wird die Analogie zum natürlichen, kindlichen Erwerb der Muttersprache bemüht, was die 'infantilisierenden' Züge dieser Methode noch unterstreicht.

Silent Way ist eine Methode, die sich sowohl in ihrem ganzheitlich-erzieherischen, fast pseudo-religiösen Anspruch als auch in ihren fremdsprachlichen Lerninhalten und Lehrverfahren deutlich von den vorher beschriebenen Methoden absetzt. Ihr Urheber Caleb Gattegno (1976) entwickelte sie ursprünglich für den Mathematikunterricht, was z.T. ihren analytischen Umgang mit der zu lernenden Fremdsprache erklärt. Vom Anspruch her sollen die Lernenden "Unabhängigkeit, Autonomie und Verantwortlichkeit" gewinnen und durch die Entwicklung eines "inneren Kriteriums von Richtigkeit" die Fremdsprache selbst aus sich heraus neu schaffen (Schwerdtfeger 1983, 5). Daher wird z.B. im Anfangsunterricht auf die Stimme des Lehrers als Modell für fremdsprachliche Phonetik und Intonation verzichtet. Vermittels eines komplizierten Systems von Farb-Laut-Zuordnungen, das vorher eingeübt wird, regt der Lehrer stumm mit Zeigestab und Farbtafel die Lerner dazu an, die unbekannten Laute der fremden Sprache selbst synthetisch zu 'konstruieren'. Auch während der späteren Übungsphasen, bei denen hauptsächlich farbige Holzklötzchen für Sprechanlässe sorgen, bleibt der Lehrer im Idealfall stumm und lenkt die Lerner nur durch den gezielten Einsatz von Mimik und Gestik. In dieser 'alternativen Methode' wird meines Erachtens die richtige Erkenntnis, daß im herkömmlichen Fremdsprachenunterricht die Sprechanteile des Lehrers bei weitem die aller Schüler zusammen überwiegen, auf bizarre Weise überpointiert. Nach meinen eigenen Erfahungen mit Simulationen in dieser Methode wird durch die Zurücknahme der Sprechanteile des Lehrers jedoch die Lehrer-Zentriertheit des Unterrichts nicht abgeschafft, sondern die Abhängigkeit des Lerners vom Lehrer nimmt aufgrund des rigiden Unterrichtsarrangements eher zu.

3. Suggestopädie

Das Bestreben, Elemente der *Suggestion* und *Hypnose* in den Dienst erfolgreicher Lernprozesse zu stellen, kennzeichnet das Werk des Bulgaren Georgi Lozanov, des Begründers der *Suggestopädie*. Sein Buch *Suggestology and Outlines of Suggestopedia* (1978) liefert die Begründung und (pseudo?-)wissenschaftliche Fundierung für die Nutzbarmachung suggestiver Elemente im nicht nur fremd-sprachlichen Lernprozeß (für die Übernahme der suggestopädischen Unterrichtskonzeption auch in anderen Schulfächern vgl. Bröhm-Offermann 1989).

Suggestion und Desuggestion (die Auflösung von Lernhemmungen und Lernbarrieren), der systematische Einsatz von Musik und Tiefenspannung sowie die 'Infantilisierung', d.h. die freiwillige Unterwerfung der Lernenden unter die 'positive Autorität' des Lehrers sind Hauptmerkmale der Suggestopädie. Hier sollen die Lernenden (hauptsächlich Teilnehmer an Kursen der außerschulischen Erwachsenenbildung) ihre Identität sozusagen 'an der Garderobe abgeben'. Sie schlüpfen bei Kursbeginn in eine neue Rolle, d.h. sie nehmen die Identität einer fiktiven Person aus dem Land der

Zielsprache, einen neuen Beruf mit hohem sozialem Prestige und einen neuen Namen an, den sie während des ganzen Kurses über beibehalten. Das entlastet erwachsene Lerner von Status- und Rollenzwängen, die ihr Leben im Alltag bestimmen, und macht sie bereit dafür, sich der angenehm gestalteten Lernumgebung, der Tiefentspannung sowie der suggestiven Wirkung der Musik-Text-Kombination in der Konzertphase zu öffnen. Außerdem entfallen so leichter die Hemmungen, sich gemäß den Anweisungen des Lehrers an Rollenspielen und anderen interaktiven Übungen, am Singen, Tanzen und Malen zu beteiligen.

Wie schon gesagt, wurde die Suggestopädie hauptsächlich in Sprachkursen der außerschulischen Erwachsenenbildung entwickelt und erprobt. Von Lozanov wurden für diese Methode genau festgelegte Lehr-Lernsequenzen entwickelt, deren hervorragende Merkmale die hohe Menge an (zweisprachig vermitteltem) Lernstoff, der Einsatz von Entspannungsübungen und das aktive und passive Lernkonzert sind (vgl. dazu Baur 1990; Schiffler 1989; Holtwisch 1990). Inzwischen gibt es zahlreiche Varianten dieser suggestopädischen Lernsequenzen mit unterschiedlichen Bezeichnungen (SALT, ACT, Psychopädie etc.; vgl. dazu Edelmann 1991, 10). Die bekannteste dieser Varianten ist das von Ostrander/Schroeder (1979) propagierte *Superlearning*. Ihre in einigen Punkten nicht seriöse Rezeption des Lozanov'schen Ansatzes (vgl. dazu Holtwisch 1990, 48ff.) dient als theoretische Begründung für kommerzielle Selbstlernprogramme. Der hohe apparative Aufwand, der hier den Käufern zugemutet wird (Entspannungsmaske/Bio-Feedback-Gerät), täuscht dabei hinweg über einen wichtigen Mangel, nämlich das Fehlen der kommunikativen Dimension im fremdsprachlichen Lernprozeß.

Der Lozanov'sche Ansatz der Suggestopädie erregte zunächst großes internationales Aufsehen durch spektakuläre Lern- und Behaltensleistungen. Die Unsauberkeit der empirischen Datenbasis Lozanovs wurde jedoch vielfach bemängelt (vgl. dazu Mans 1981; Edelmann 1991).

Nicht nur wissenschaftliche Unredlichkeit ist der Grund dafür, daß handfeste Beweise für die behauptete Überlegenheit der Suggestopädie über den herkömmlichen Fremdsprachenunterricht bisher fehlen. Dem Bestreben, die Effektivität der suggestopädischen Lehrmethode empirisch nachzuweisen, stehen generell forschungs-methodologische Gründe entgegen. Es ist fraglich, ob angesichts der Komplexität der zu kontrollierenden Faktoren ein Methodenvergleich überhaupt machbar und sinnvoll ist. Neuere empirische Untersuchungen, die den Versuch unternahmen, die Effektivität suggestopädischen Fremdsprachenunterrichts im Vergleich mit Kontrollgruppen zu erproben, kamen zwar zu guten, aber längst nicht so spektakulären Ergebnissen (vgl. dazu Baur 1990; Felix 1991; Holtwisch 1990; Krag 1989; Schiffler 1989). Sie führten zu einer differenzierteren Bewertung einzelner Elemente der Suggestopädie (vgl. dazu besonders Schiffler 1989), ließen aber an ihrer globalen Praktizierbarkeit im institutionellen Rahmen des schulischen Fremdsprachenunterrichts vorerst zweifeln (vgl. dazu Holtwisch 1990, 152-161). Trotz der empirischen 'Entzauberung' dieser alternativen Methode wird sie inzwischen als ernsthafte methodische Alternative diskutiert. "Die Betonung des ganzheitlichen Lernens, die Einbeziehung der Befindlichkeit der Lernenden in die pädagogische Arbeit können denn auch als die eigentlich pädagogische Herausforderung der Suggestopädie an den schulischen Fremdsprachenunterricht und an eine Fremdsprachendidaktik betrachtet werden, die sich lange Zeit von der allgemeinpädagogischen Diskussion abgekoppelt hatten." (Krumm 1991, 5). Nach diesen Qualitätskriterien läßt sich jedoch der Fremdsprachenunterricht auch ohne Rückgriff auf die Suggestopädie ausrichten.

4. Kritik und Ausblick

Durch die empirischen Untersuchungen zur Suggestopädie Ende der 80er Jahre wurde viel zur Versachlichung der fachdidaktischen Diskussion über alternative Methoden im Fremdsprachenunterricht beigetragen. Die wütende Ablehnung von seiten der 'Praktiker' gegenüber immer neuen, exotisch wirkenden Zumutungen (vgl. dazu Reil 1983) weicht differenzierenden Einschätzungen und genaueren Nachfragen (vgl. dazu Raasch 1988). Diese beziehen sich nach wie vor auf die behauptete höhere Effektivität alternativer Methoden, anderseits aber auch auf ihre Umsetzbarkeit im institutionellen Kontext. Dort, wo z.B. versucht wurde, Suggestopädie im schulischen Fremdsprachenunterricht unter empirisch kontrollierbaren Bedingungen zu praktizieren, reduzierten sich ihre besonderen Effekte auf 'Vokabellernen mit Musik' (Schiffler 1989) oder auf die Einführung von Lehrbuchtexten in Kombination mit Entspannungsübungen und aktivem/passivem Lernkonzert (Holtwisch 1990). Die übrigen Unterrichtsphasen, die der Aktivierung des Lernstoffes dienen, greifen auf bekannte Unterrichtsverfahren des kommunikativen Fremdsprachenunterrichts zurück.

Trotz dieser nüchternen Überprüfung von Einzel-Elementen der alternativen Methoden bleiben fachdidaktische Vorbehalte, die sich auf ihre mangelnde wissenschaftliche Fundierung beziehen. Manche spektakulär wirkende Methoden beruhen lediglich auf einer Verabsolutierung der einen oder anderen richtigen Einsicht zum Fremdsprachenlernprozeß. Dabei setzen sich viele Methoden-Begründer über die bisherige fachdidaktische Diskussion und über die Forschungsergebnisse der Bezugswissenschaften (Spracherwerbsforschung, Lernpsychologie, Linguistik, Landeskunde, Erziehungswissenschaft und allgemeine Didaktik) souverän hinweg – ob aus Unkenntnis oder begründeter Skepsis, mag dahingestellt bleiben.

Kritisiert wird an den alternativen Methoden die Auflösung eines festen Curriculums mit vorher festgelegter Grammatik-Progression. An ihre Stelle tritt die Beliebigkeit des zu lernenden sprachlichen Materials (das z.T. durch die Äußerungswünsche der Lerner erst *ad hoc* konstituiert wird). Jede vorgängige linguistische Aufbereitung wird damit hinfällig. Dem Zwang zur Improvisation und zur muttersprachähnlichen Beherrschung der Zielsprache dürften jedoch viele Fremdsprachenlehrer nicht gewachsen sein.

Weiter wird die begrenzte Reichweite mancher Methoden kritisiert. Die meisten von ihnen sind entweder nur für den Anfangsunterricht oder nur für einzelne Phasen des fremdsprachlichen Lernprozesses tauglich.

Am meisten Kritik ziehen jedoch die suggestiven und infantilisierenden Elemente dieser Methoden auf sich. Ebenfalls wird der Absolutheitsanspruch abgelehnt, den viele dieser Methoden erheben. Denn bisher ist es der fremdsprachendidaktischen Forschung noch nicht gelungen, den Erfolg (oder Mißerfolg) beim Fremdsprachenlernen auf den Einsatz einer bestimmten Methode oder Methodenkonzeption zurückzuführen. Damit entfällt auch die Legitimation für die starre Reglementierung des Lehrerhandelns, die in diesen Methoden vorgenommen wird. Ebenfalls ist dann die 'Unterwerfung der Lernenden unter die Methode' nicht mehr zu rechtfertigen, welche bis zur Manipulation und suggestiven Beeinflussung ihres Unterbewußtseins geht. Da die Berufsethik, die hinter solcherart suggestiver Beeinflussung steht, sich oft hinter einem Schwall schöner Worte verbirgt, die kaum hinterfragbar sind, ist Skepsis angebracht.

In der Tat drängt sich der Verdacht auf, daß hinter vielen dieser angeblich so progressiven 'alternativen Methoden' eine rückschrittliche, den herrschenden politischen Verhältnissen und den sie verhüllenden Moden gegenüber unkritisch-affirmative Mentalität steht, die selbst nicht gern in Frage gestellt werden will.

Rückschrittlich gegenüber den Qualitätskriterien eines emanzipatorischen Fremdsprachenunterrichts ist die starre Reglementierung des Lehrer- und Lernerverhaltens. Statt dessen wäre zu fordern, den Schülern vielfältige individuelle Lernwege zu eröffnen oder sie zumindest zusammen mit den Lehrern an der Auswahl geeigneter methodischer Verfahren zu beteiligen. Von einer konsequenten Lernerzentriertheit mit Bezug zur fremdsprachlichen Wirklichkeit, wie sie z.B. im Rahmen der Freinet-Pädagogik auch für den Fremdsprachenunterricht möglich wird (Dietrich 1979; Bolte/Herrlitz 1983; Müller 1989) kann jedoch in all diesen Methoden nicht die Rede sein (als positives Gegenbeispiel vgl. Tralau 1989).

Ihre Rückschrittlichkeit zeigt sich zum anderen auch in der inhaltlichen Dimension, d.h. in der Gehaltlosigkeit, Unverbindlichkeit und Beliebigkeit des Lernmaterials, die in vielen Ansätzen ausdrücklich angestrebt wird. Denn ein Aufzeigen von landeskundlichen Problembereichen oder wirklich relevante, auf die 'außerseelische' politische Wirklichkeit bezogene Kommunikationsinhalte würden das emotionale 'Einschwingen' auf die harmonisierende, affirmative Wellenlänge stören, das vom *Humanistic Approach* über *Community Language Learning* bis hin zu *Silent Way*, Suggestopädie und *Total Physical Response* angestrebt wird.

Nirgendwo scheint in diesen Ansätzen eine übergreifende Perspektive für das Fremdsprachenlernen auf, die über eine internationale Konsumerziehung westlich-abendländischen Zuschnitts hinausführt. Nirgendwo wird der Schonraum einer künstlich emotional aufgewärmten Innerlichkeit verlassen und die Aufgabe ins Auge gefaßt, den Lernenden zusammen mit fremdsprachlichen Strukturen auch eine verantwortliche Haltung gegenüber der internationalen Realität zu vermitteln, die Werte wie internationale Solidarität und eine aktive Friedenserziehung mit einbezieht. Hier liegt meines Erachtens das entscheidende Kriterium zur qualitativen Unterscheidung von Unterrichtsmethoden: in ihrer Ausrichtung auf bloße Effektivität oder umfassende fremdsprachliche und menschliche Bildung.

Literatur

Asher, James (1979), *Learning Another Language Through Actions: The Complete Teacher's Guidebook (with classroom-tested lessons by Carol Adamski)*, Los Gatos, Cal., (2. Aufl. 1982).

Baur, Rupprecht S. (1990), *Superlearning und Suggestopädie: Grundlagen – Anwendung – Kritik – Perspektiven*, München.

Bleyhl, Werner (1982), "Variationen über das Thema: Fremdsprachenmethoden", in: *Praxis des neusprachlichen Unterrichts*, Jg. 29, 3-14.

Bolte, Henning/Herrlitz, Wolfgang, Hrsg. (1983), *Lernen im Fremdsprachenunterricht. Berichte aus alternativen Lernkonzeptionen*, Utrecht.

British Council, Hrsg. (1982), *ELT Documents 113: Humanistic Approaches to Language Teaching: An Empirical View*, London.

Bröhm-Offermann, Birgit (1989), *Suggestopädie: sanftes Lernen in der Schule*, Lichtenau/Göttingen.

Caré, Jean-Marc/Debyser, Francis (1978), *Jeu, Langage et créativité. Les jeux dans la classe de français*, Paris.

Curran, Charles A. (1976), *Counseling-learning in Second Languages*, Apple River/Ill.

Dhority, Lynn (1986), *Moderne Suggestopädie. Der ACT-Ansatz ganzheitlichen Lehrens und Lernens*, Bremen.

Dietrich, Ingrid (1979), "Freinet-Pädagogik und Fremdsprachenunterricht", in: *Englisch Amerikanische Studien*, Jg. 1, 542-563.

Dietrich, Ingrid (1990), "Die Botschaft vom sanften, leichten, erfolgreichen Lernen. Suggestopädie und Superlearning im Spiegel neuerer Veröffentlichungen", in: *Zeitschrift für Fremdsprachenforschung*, Bd. 1, H. 1, 99-115.

Dufeu, Bernard (1982), "Vers une pédagogie de l'être: la pédagogie relationnelle", in: *Die Neueren Sprachen*, Bd. 81, 267-289.

Dufeu, Bernard (1983), "La psychodramaturgie linguistique", in: *Le français dans le monde* 175, 36-45.

Edelmann, Walter (1988), *Suggestopädie/Superlearning: Ganzheitliches Lernen – das Lernen der Zukunft?*, Heidelberg.

Felix, Uschi (1991), "Die Effektivität der suggestopädischen Methode im Licht empirischer Untersuchungen", in: *Unterrichtswissenschaft*, Jg. 19, 23-47.

Fricke, Dietmar (1993), "Suggestopädie – Superlearning – Sanftes Lernen: Alternativen für den Fremdsprachenunterricht? Versuch einer Bestandsaufnahme als Sammelbesprechung", in: *Die Neueren Sprachen*, Bd. 92, 271-288.

Gattegno, Caleb (1976), *The Common Sense of Teaching Foreign Languages*, New York.

Hinkelmann, Klaus G., Hrsg. (1986), *Superlearning und Suggestopädie. Ausgewählte Aufsätze*, Bremen.

Holtwitch, Herbert (1990), *Fremdsprachenlernen alternativ! Untersuchungen zur Wirksamkeit der suggestopädischen Methode im schulischen Englischunterricht*, Bochum.

Jung, Udo O.H. (1986), "Holistische Methoden fremdsprachlicher Unterweisung als Wegbereiter des Schülertheaters. Eine Auswahlbibliographie", in: *Die Neueren Sprachen*, Bd. 85, 57-71.

Krag, Werner (1989), *Zur Wirkung der suggestopädischen Lehrmethode*, Frankfurt a.M., Bern, New York, Paris.

Krumm, Hans-Jürgen (1991), "'Alternative Methoden' für den Fremdsprachenunterricht: Einführung", in: *Unterrichtswissenschaft*, Jg. 19, H. 1, 2-5.

Le Français dans le Monde (1983), No. 175, "La classe de français autrement? Humanistic approaches, Alternative Methoden, Didactiques non conventionnelles".

List, Gudula (1981), *Sprachpsychologie*, Stuttgart.

Lozanov, Georgi (1978), *Suggestology and Outlines of Suggestopedy*, New York

Mans, Elmar J. (1981), "'Joyful and Easy Language Learning' oder von der Reservekapazität der Fremdsprachendidaktik. Bemerkungen zu G. Lozanovs Suggestology and Outlines of Suggestopedy, in: *Englisch Amerikanische Studien*, Jg. 3, 258-266.

Moskowitz, Gertrude (1978), *Caring and Sharing in the Foreign Language Class. A Sourcebook on Humanistic Techniques*, Massachusetts.

Müller, Bernd-Dietrich, Hrsg. (1989), *Anders lernen im Fremdsprachenunterricht: Experimente aus der Praxis*, München.

Ostrander, Sheila/Schroeder, Lynn (1979), *Superlearning. Die revolutionäre Lernmethode*, München.

Raasch, Albert (1988), "Suggestopädie: Frag-Würdiges und Fragwürdiges", in: *Zielsprache Französisch*, Jg. 20, 186-188.

Reil, Friedrich (1983), "Alternatives – nein danke!", in: *Neusprachliche Mitteilungen aus Theorie und Praxis*, Jg. 36, 150-152.

Schiffler, Ludger (1989a), "Schüler lernen über 60 Vokabeln in einer Stunde", in: *Praxis des neusprachlichen Unterrichts*, Jg. 36, 84-87.

Schiffler, Ludger (1989b), *Suggestopädie und Superlearning – empirisch geprüft*, Frankfurt a.M.

Schwerdtfeger, Inge Christine (1983), "Alternative Methoden der Fremdsprachenvermittlung für Erwachsene. Eine Herausforderung für die Schule?", in: *Neusprachliche Mitteilungen aus Theorie und Praxis*, Jg. 36, 3-14.

Stevick, Earl W. (1980), *Teaching Languages: A Way and Ways*, Massachusetts.

Tralau, Timm (1989), "Suggestopädie + DSLS?", in: *Zielsprache Deutsch*, Jg. 20, H. 4, 14-17.

Vester, Frederic (1978), *Denken, Lernen, Vergessen*, München.

Ingrid Dietrich

34. Sozialformen: Überblick

1. Problemaufriß

Unter Sozialformen sind alle Arten der Zusammenarbeit von Schülern zu verstehen, die der zielbewußten und geordneten Bearbeitung und Lösung von schulfachlichen Aufgaben dienen. Diese Aufgaben werden entweder von der Lehrkraft gestellt oder sie ergeben sich sinnfällig und zwingend aus Verabredungen im Rahmen eines kürzeren oder längerdauernden Vorhabens. Allerdings fehlt eine umfassende und generalisierende Theorie der Schule, die das kooperative Geschehen in einer Schulklasse als zwingende Konsequenz aus übergreifenden pädagogischen oder gesellschaftlichen Zielen des Unterrichts und der Erziehung herleiten ließe.

Schüler und Lehrkräfte einer Klasse sind in diesem Verständnis (Backmann/Secord 1977; Claußen 1978; Hurrelmann 1977; Ulich 1980) ebenso eine Gruppe wie der Kleinverband in Projekt- und Bearbeitungsteams. Entscheidend für das Funktionieren einer jeden sozialen Arbeitsgruppe ist in der Schule das notwendig gemeinsame Lösen von fachlichen oder fachübergreifenden Aufgaben.

Empirische Studien lassen vermuten, daß Lehrkräfte zwar grundsätzlich Partner- und Gruppenarbeit für pädagogisch wünschenswert halten, aber aus Gründen der Zeitökonomie und aus methodischen Gründen gerade im Fremdsprachenunterricht selten anwenden (Dietrich 1969; Schratz/ Puchta 1984).

In der Tat läßt sich auch aus der traditionellen Fremdsprachendidaktik und der lehrzielfixierten Praxis nicht zwingend herleiten, daß andere Sozialformen des Lernens als die im Frontalunterricht üblichen und für die individuelle Nacharbeit bzw. zur Vorbereitung auf Prüfergebnisse zweckmäßigen notwendig seien. Sowohl der vorwiegend einsprachige Lehransatz wie die lehrbuchfixierte Zeitplanung bei der Vorbereitung von Unterricht legen im Gegenteil nahe, die Dramaturgie der Unterweisung den institutionellen Vorgaben anzupassen und die Schüler denselben Leistungsbedingungen und -forderungen zu festen Terminen auszusetzen, um bei der Beurteilung der Lernleistungen vergleichbare Ausgangsbedingungen annehmen zu können.

Individuell unterschiedliche Zugänge zu Informationseinheiten (Hör- und Lesetexte, Bild-Text-Kollagen, Lektionen, Dossiers etc.) und subjektiv geprägte Beiträge zur gemeinsamen Mitteilung und Gestaltung in der Fremdsprache nutzen verschiedene Lerntypen, Lernzustände und Dispositionen. In der Geborgenheit und der bewährten Kooperationsweise einer Kleingruppe können bestimmte Phasen des Unterrichts fruchtbarer, ergiebiger und lebhafter gestaltet werden als bei frontaler und lehrergesteuerter Unterweisung.

Sozialformen des Lernens nutzen in diesem Verständnis die individuellen Unterschiede im Vertrauen darauf, daß sie in Gruppen- und Partnerarbeit ohne Fremdkontrolle den Bezug des Einzelnen zum Lerngegenstand und zu den Arbeitserträgen intensivieren, und ermöglichen es zugleich, vermittelte oder selbstgefundene Techniken der fachlichen Arbeitsmethodik anzuwenden.

Im folgenden sollen einige Positionen der Fremdsprachendidaktik neu durchdacht oder wieder in Erinnerung gebracht werden, die aus fachspezifischen Erwägungen und Befunden die Schlußfolgerung nahe legen, daß die Verarbeitung von Informationen und die Bearbeitung von Sprache in Gruppen- und Partnerarbeit eine notwendige und ökonomische Lernaufgabe ist, die unter den heute gültigen institutionellen und administrativen Rahmenbedingungen rechtens durchaus möglich ist.

2. Aktueller Erkenntnisstand

Unter den Theorien des Lernens (Bower/Hilgard 1984) ist die sogenannte soziale Lerntheorie exakt bestimmt und empirisch untermauert. Sie trägt einerseits allgemeinen Erkenntnissen über menschliches Lernen und über die Veränderung von Verhalten Rechnung, beschreibt andererseits aber bestimmte soziale Kompetenzen und Bedingungen, unter denen Informationen in einer Gruppe verwendet werden, und welche Umstände dieses situations- und partneradäquate Lernen begünstigen.

Ihr liegt die Auffassung zugrunde, daß ein erheblicher Teil des menschlichen Lernens stellvertretend stattfindet, d.h. durch Reflexion des Handelns und der Motive von Personen in Texten und Filmen, durch Beobachtungen der Reaktionen einer anderen Person, und durch Imitationsversuche (Bandura 1977).

Soziales Lernen im Fremdsprachenunterricht setzt einen fachlichen Erziehungsprozeß voraus, in dem die Lerner bereits im Anfangsunterricht durch Erfahrung eigene Leistungen in Partner- und Gruppenarbeit einzuschätzen lernen, Leistung als Kontributionserfolge erkennen und modellieren, in diesen Verhaltensmustern durch Ermunterung und Ermutigung durch andere Schüler und die Lehrkraft die Bedeutung ihrer Beiträge für sich selbst und die gemeinsamen Lernergebnisse einsehen und eine stabile Motivation zu Techniken der Er- und Verarbeitung, der Mitteilung und der "Veröffentlichung" finden.

Diesen aus Lernprozessen des Einzelnen als Teil sozialer Interaktionseinheiten hergeleiteten Prinzipien müssen sich allerdings gruppendynamische Umstände zugesellen (Kruse 1972):

a) Die Gruppe besteht aus mindestens zwei Personen, die miteinander handeln und sich als Arbeitseinheit verstehen;

b) Eine größere Gruppe darf in der Anzahl der Mitglieder nicht über einen Umfang hinaus anwachsen, der den ununterbrochenen Kooperationszusammenhang stört und Konflikte und Führungsansprüche stiftet, die mit der Aufgabe nichts zu tun haben;

c) Die Gruppe muß durch die zeitliche Dauer des Zusammenwirkens Rollen- und Teilfunktionen stabil, aber gleichzeitig flexibel wachsen lassen können;

d) Für die Entstehung einer fruchtbaren Gruppenidentität ist wichtig, daß sich ein Wir-Gefühl (Zusammengehörigkeitsempfinden), ein tatsächlicher Zuammenhalt (Kohäsion) und die Erfahrung wechselseitiger Abhängigkeit (Interpendenz) entwickeln, die durch Zuspruch und Erfolge gefestigt werden;

e) Die gemeinsam anerkannten Ziele der allgemeinen Arbeitsteilung in Gruppen und der jeweils speziell übernommenen Aufgaben müssen als Wert und als Verhaltensnorm anerkannt sein und für die Dauer des Zusammenwirkens Gültigkeit behalten;

f) In jeder Gruppe bilden sich Rollenverteilung und -akzeptanz, temporäre Statuspositionen und Arbeitszuteilungen heraus, die einerseits der Kooperation Struktur verleihen, andererseits aber – gegebenfalls durch Interventionen der moderierenden Lehrkraft – auch neu formierbar sein müssen;

g) Zu dieser Binnengliederung der Gruppe muß allerdings auch eine identifizierbare Einheitlichkeit gegenüber anderen Gruppen hinzutreten, die u.a. durch die Publikation eigener Ergebnisse, deren Erläuterung und notfalls Verteidigung (in der Zielsprache) ihren Ausdruck finden kann, aber auch durch symbolische Bereicherungen und Sonderaufträge;

h) Gruppenaufgaben müssen besonders im Fremdsprachenunterricht so beschaffen sein, daß sie 1. in einer den jeweils anderen Gruppen vergleichbaren Zeit aufgrund ihrer Einsichtigkeit und handlungsorientierten Transparenz zügig zu bewältigen sind, 2. deutlich fachspezifische Leistungen und Kompetenzen erbringen und verbessern und damit den qualifizierenden Beifall der Lehrkraft (und der Eltern) hervorrufen, 3. sichtbare, vorführbare, weiterführende Ergebnisse zeitigen, die auch im Unterricht der Jahrgangsklassen und der Schule erkennbar werden und Beifall finden, 4. kontinuierliches Weiterarbeiten nahelegen und 5. Techniken und Strategien der Informationsgewinnung, -aufnahme und -verarbeitung, aber auch der Mitteilung und Gestaltung in der Zielsprache so optimieren, daß sie sich auf die individuelle Leistung auch in meßbarer Form niederschlagen.

Schwerdtfeger (1977) empfiehlt in angemessener Einschätzung der Vorbehalte vieler Praktiker und der institutionellen Vorgaben (Jahrgangspensen, Lehrbücher als de facto-Curriculum) eine adaptive Form des sozialen Lernens in Gruppen und eine "geschützte Kommunikation" mit behutsamer Wahrnehmung und Berücksichtigung von Befindlichkeiten der Gruppenglieder und der Gesamtklasse.

Viel stärker als sozialpsychologische und gruppendynamische Argumente scheinen jedoch fremdsprachen- und textdidaktische Erwägungen Formen sozialen Lernens nahezulegen.

So vertraut auch dem Grundschulkind fremde Sprachen bereits klingen mögen, die unmittelbare Begegnung mit einer Zielsprache im Unterricht schafft zwangsläufig Distanz, denn in jedem Wort, jeder Fügung und in Texten, die nicht zu methodischen Vokabel- und Grammatiktransporteuren verbogen sind, ist jede Andersartigkeit von Bedeutung, Weltbezug und Appell eigen, die "verzögertes" Innewerden statt eilfertiger Einvernahme des bloßen Lernstoffs bedingt.

In der sozialen Einheit einer Klein- oder Projektgruppe sind fruchtbare Blockaden gegenüber Texten und Sprachbedeutungen kein Versagen, sondern geradezu die Bedingung der Neugierde und des Bemühens, aus dem zunächst Unscharfen und Verwirrenden Sinn zu machen und verschiedene Deutungsmuster zu versuchen und zu prüfen.

Verfahren, bei denen die Lehrkräfte durch Vorentlastungen (Vokabelanführungen) und vermeintlich notwendige Verstehenshilfen den Zugang zum Text beschleunigen wollen, verhindern oft geradezu den Prozeß der Bedeutungsaushandlung und der Entscheidung für verschiedene Deutungsvarianten. Eine stets frontale, d.h. fremdgelenkte Beschäftigung mit Texten und Informationseinheiten vernachlässigt die Interaktion der Schüler untereinander und mit den Text- und Wortinhalten und benachteiligt diejenigen, deren Vorverständnis, Fantasie oder intellektuelle Verfahrensweise andere als die frontal vorgezeichneten Wege weisen, aber in der Gruppe meist Gelegenheit fänden, Sinn zu erörtern, hermeneutisch mehrfach Zugänge zu suchen und sich zu vergewissern bzw. zu korrigieren. Das Annähern an Bedeutungen und Informationen in der Zielsprache gelingt auch dann nicht schnell und ohne Anstrengung, wenn die Themen dem eigenen Alltagswissen nahe sind, wie jeder leicht an sich selbst erfahren kann, der sich einer neuen Fremdsprache und -kultur stellt und die Prozesse der Approximation an sich selbst bewußt reflektiert. Angst, Konkurrenzdruck oder ungewohnte Situationen hemmen die Verständigung, das Gedächtnis und die Fähigkeit, sich verständlich zu machen. Eine entspannte, vertraute, symmetrisch-konsekutiv strukturierte interaktive Situation befördert das Hörverstehen, die eigene Mitteilungsfähigkeit und das Behalten von Sprachmitteln, weil man sich als souveräner und in den begrenzten Sprachkompetenzen berücksichtigter Partner fühlt. Dasselbe gilt für den Zugang zu Texten in einer wenig vertrauten Zielsprache: der verzögerte Lesevorgang eröffnet ein vertieftes Verständnis durch das Herstellen von Bezügen zur eigenen und zu anderen Sprachen, Vernetzungen von Beobachtungssignalen und die hermeneutischen Spiralen des Entschlüsselns; sobald man – etwa im Urlaub – mit Partnern versucht, aus einer Gebrauchsanweisung oder einem Sinnspruch schlau zu werden, entdeckt man rasch, daß die kollektive Bemühung und die Beschäftigung mit Hypothesen anderer schneller und nachhaltiger Bedeutung herstellt, als die eigene Anstrengung allein es vermöchte.

Die Sinnentnahme und die Sinnzuschreibung im Umgang mit Fremdsprache und fremdkulturellen Zeugnissen werden fachgerecht nicht durch Vermittlung Wissender und unter Konkurrenzdruck, sondern durch Formen zwangfreien sozialen Lernens gefördert und entwickelt. Auswahl, Arrangements der Beispiele, Texte und Bild-Text-Arrangements, die Aufgabenstellung und Eingriffe durch helfende und strukturierende Interventionen bleiben genuine Aufgaben des Fremdsprachenlehrers, die Unterricht erst zu jenem notwendigen kontinuierlichen Ereignis machen, das Spracherwerb und Sprachenlernen als Erfahrung persönlicher Bereicherung und subjektiven Zuwachs an Wissen und Fertigkeiten bewirkt. Soziales Lernen von- und miteinander, die kollektive Approximation des Verstehens und die gemeinsamen Entwürfe für veröffentlichte und diskursstiftende Mitteilungen sind Voraussetzungen für eine substantiierte Auseinandersetzung in der Zielsprache über das, was bei solchen Bemühungen herausgekommen ist, was sich an Fragen und Widersprüchen ergeben hat und was an einer weiteren Klärung und Anreicherung bedarf. Das allein, nicht die fingierten Situationen aus einer nicht erlebbaren fremden Welt ins Klassenzimmer transportiert, ist Motiv und Gegenstand für das Reden und Schreiben in der Zielsprache.

Wenn die erarbeiteten Sinnzusammenhänge und Erkenntnisse dann in der Zielsprache im Klassenverband vorgetragen werden, bedingt dies Techniken der aktivierenden Darbietung, die einen weiteren Aspekt des sozialen Handelns darstellen, der als fachliches Erziehungsergebnis nachweisbar werden muß.

Zur pädagogischen Entwicklung der Fähigkeit des sozialen Lernens gehört auch die Selbsterkenntnis der Schüler, welchen Arbeitsstil bzw. Lernstil sie bevorzugen und für welche Beiträge sie im kleinen oder größeren Arbeitsverband besonders befähigt sind: etwa Fakten und Daten zu sammeln und/oder zu ordnen, Regeln zu erkennen und sie intelligent zu befolgen, Konzepte und Oberbegriffe zu finden und anzuwenden, Ergebnisse zu formulieren und/oder vorzutragen, Aufgaben kreativ oder eher systematisch zu lösen usw.

3. Perspektiven

Soziales Lernen ist kein Allerweltsrezept für guten Fremdsprachenunterricht und schon gar nicht ein sicheres Mittel zur Bewältigung pädagogischer und motivationaler Schwierigkeiten in der Schule. Es ist ein vernünftiges, fachgerechtes und notwendiges Prinzip des unterrichtlich gestützten Fremdsprachenerwerbs und der gegenstandsadäquaten Beschäftigung mit Texten als eine Bedingung interkultureller Lerngewohnheiten. Die Schulfremdsprachen müssen und können sich allerdings auch von einer schädlichen Stoffixiertheit und der von Lehrkräften meist selbstverordneten Hetze durch Lehrbuchpensen abwenden und zur konsequenten und geduldigen Gewöhnung an hermeneutische Neugierde, Techniken und Strategien reflektierten Arbeitens an Texten, Sprachformen und Gedächtnisbeständen zurückkehren, die alle nur in einem Klima kontinuierlicher und affektiv akzeptierter Entspanntheit gelingen und durch adaptive Formen des Lernens in Partner- und Gruppenverbänden gedeihen.

Schule kann aber solche Prinzipien nicht ohne entsprechende Selbst- und Sozialerfahrungen der Lehrkräfte und der Eltern entwickeln. Die Art, wie Gegenstände, Materialien, Inhalte, Ziele und Prüfverfahren in einem Kollegium erörtert, beschlossen und verarbeitet werden, wie man Ergebnisse abstimmt, Schwierigkeiten einzelner Schüler/innen und Gruppen behandelt, wie man Kontinuität in den Arbeitstechniken, sozialen Bedingungen und Begegnungen mit außerschulischer Wirklichkeit ermittelt und sichert, das hat unmittelbare Wirkungen auf die Qualitäten des sozialen Lernens in jeder Klasse und jeder Kleingruppe.

Literatur

Backman, Carl W./Secord, Paul F. (1968), *A Social Psychological View of Education. Deutsch. Sozialpsychologie der Schule (1972)*, Weinheim.
Bandura, Albert (1977), *Social Learning Theory,* Englewood Cliffs, N.J.
Bower, Gordon H./Hilgard, Ernest R. (1984), *Theorien des Lernens II,* Stuttgart.
Claußen, Bernhard (1978), *Didaktische Konzeptionen zum sozialen Lernen,* Ravensburg.
Dietrich, Ingrid (1969), *Bildungswirkungen des Gruppenunterrichts,* München.
Hurrelmann, Klaus (1977), *Unterrichtsorganisationen und schulische Sozialisation,* Weinheim.
Kruse, Lenelis (1972), "Gruppen und Gruppenzugehörigkeit", in: Carl F. Graumann (Hrsg.), *Handbuch der Psychologie VII/2: Sozialpsychologie,* Göttingen.
Schratz, Michael/Puchta, Herbert (1984), *Handelndes Lernen,* Bochum.
Schwerdtfeger, Inge Christine (1977), *Gruppenarbeit im Fremdsprachenunterricht,* Heidelberg.
Ulich, Klaus (1980), "Soziale Beziehungen und Probleme in der Schulklasse", in: Walter Spiel (Hrsg.), *Die Psychologie des 20. Jahrhunderts XI. Konsequenzen für die Pädagogik,* Zürich.

Hans-Eberhard Piepho

35. Frontalunterricht

1. Charakteristika des Frontalunterrichts, Anforderungen an den Fremdsprachenlehrer

Frontalunterricht ist eine Sozialform des Lehrens und Lernens, bei der ein Lehrer eine Klasse als Einheit unterrichtet. Die beiden Hauptkomponenten sind der darbietende (Lehrervortrag, Demonstration, Erzählung, Beschreibung, Erläuterung) und der fragend-entwickelnde Unterricht. Der Lehrer plant, steuert und kontrolliert das Unterrichtsgeschehen. Die Schüler hören zu oder beantworten Lehrerfragen. Sie wenden sich auch bei Stellungnahmen zu Antworten ihrer Mitschüler nicht an diese selbst, sondern an den Lehrer. Diese Frage-Anwort-Kette ermöglicht eine straffe Führung sowie ein direktes Ansteuern der Lehrziele und läßt sich – ebenso wie der Lehrervortrag – im voraus planen.

Frontalunterricht ist eine ökonomische Sozialform, da er gleichzeitige Wissensvermittlung an viele Schüler erlaubt, allerdings nur, wenn es sich um leistungsmäßig homogene Gruppen handelt, deren Vorwissen über die vermittelten Inhalte weitgehend übereinstimmt.

Als lehrerzentrierte Sozialform stellt der Frontalunterricht besondere Anforderungen an die methodische, fachliche und sprachpraktische Kompetenz des Lehrenden. Er sollte *Classroom Management* beherrschen, d.h. neben der Konzentration auf die zu vermittelnden Inhalte alle Vorgänge in der Klasse überschauen, die Reaktionen der Schüler – insbesondere auch die nonverbalen – richtig einschätzen sowie möglichst viele Schüler zu aktiver Mitarbeit anregen. Lehrervortrag und Frageunterricht setzen neben der fachlichen Kompetenz besondere Gewandtheit im Gebrauch der Fremdsprache voraus. Dies gilt bereits für den Anfangsunterricht, besonders jedoch für den Unterricht mit Fortgeschrittenen, wenn anspruchsvolle Inhalte adäquat zu verbalisieren sind. Das Prinzip der Einsprachigkeit läßt sich im Frontalunterricht relativ leicht einhalten.

2. Spezifische Lernziele frontalen Fremdsprachenunterrichts

Spezifische Lernziele liegen im Bereich des imitativ-reaktiven Lernens zum Erwerb fremdsprachlicher Fertigkeiten sowie der Vermittlung von Fakten und Informationen und schließlich der Gewinnung von Einblicken, Einsichten und Erkenntnissen. Die straffe Steuerung und unmittelbare Erfolgskontrolle durch den Lehrer ermöglicht besondere Betonung sprachlicher Korrektheit und gedanklicher Klarheit. Domäne des Frontalunterrichts sind Fertigkeiten und Fähigkeiten, die Schüler durch gelenktes Arbeiten erwerben.

Das Lernziel "Beherrschung von Aussprache und Intonation" läßt sich rezeptiv durch Diskriminierung von Lauten und Intonationskurven, produktiv durch Imitation eines sprachlichen Modells anstreben, wobei authentische Modelle von auditiven Medien und kognitive Hilfen vom Lehrer geboten werden.

Viele der zur Erreichung des Lernziels "Wortschatzbeherrschung" üblichen Semantisierungsverfahren sind lehrerzentriert und deshalb für den Frontalunterricht geeignet. Durch Zuhören, Beobachten und Mitdenken entwickeln die Schüler die Fähigkeit, unbekannte Wörter und Redewendungen zu erschließen.

Das Lernziel "Einsicht in sprachliche Gesetzmäßigkeiten", der Erwerb von Sprachwissen durch Sprachbetrachtung und Sprachvergleich läßt sich durch Erläuterungen des Lehrers und ein fragend-entwickelndes Verfahren während der Kognitivierungsphase erreichen.

Die rezeptiven Fähigkeiten des Hör- und Leseverstehens sowie exaktes Textverständnis, gelenktes Sprechen und Schreiben kann man im Klassenverband anstreben.

Schließlich gehören die Vermittlung von Fakten, das Anbahnen von Erkenntnissen zur Landeskunde, Literatur- und Sprachwissenschaft zu Lernzielen des Frontalunterrichts.

3. Strategien von Lehrern und Schülern im frontalen Fremdsprachenunterricht – Grenzen dieser Sozialform

Sozialformen schließen bestimmte Interaktionsmöglichkeiten und damit spezifische Strategien ein. Aufgrund der starken Lehrerzentriertheit wird dem Frontalunterricht vorgeworfen, er begünstige autoritäre Machtausübung durch den Lehrer und sei durch starke Gängelung der Schüler manipulativ; er fördere ein wettbewerbsorientiertes Klima und unsoziales Verhalten. Da die Kommunikation über den Lehrer laufe, sei Interaktion unter den Schülern unmöglich, sozialerzieherische Ziele der Schule würden vernachlässigt.

Zweifelsohne gibt es in Extremfällen dieses Zerrbild. Dies ist jedoch auch den Lehrern und Schülern anzulasten, die in dieser Sozialform interagieren. Versuche, Sozialformen unabhängig von den lehrenden und lernenden Menschen zu beschreiben, ohne die Möglichkeiten zu untersuchen, die ihre spezifischen Strategien zur Verwirklichung eines humanen Unterrichts bieten, greifen zu kurz. Ein Lehrer mit demokratischer Grundeinstellung sowie Schüler mit der Bereitschaft, auch ohne Druck mitzuarbeiten, können ohne negative Nebenwirkungen im Frontalunterricht interagieren.

Aufbauend auf einer harmonischen Atmosphäre zwischen Lehrer und Schülern sowie den Schülern untereinander, können die durch straffe Führung gekennzeichneten Strategien Phasen intensiven, konzentrierten Arbeitens ermöglichen, da die Arbeitsruhe gewährleistet ist und kaum Ablenkung vom Unterrichtsgeschehen auftritt. Das Unterrichtstempo darf nicht schleppend sein. In den fragend-entwickelnden Phasen sollte der Lehrer die Fragetechnik variieren und durch Denkanstöße und Aufforderungen, die die Schüler aktivieren, ergänzen. Die besondere Funktion der Frage im Fremdsprachenunterricht liegt darin, Sprachmaterial vorzugeben oder bereits bekanntes zu reaktivieren. Die zentrale Stellung des Lehrers wird durchbrochen, wenn vorübergehend Medien, einzelne Schüler oder Schülergruppen im Mittelpunkt stehen. Schülerimpulse in Form von Fragen und Einwürfen sind integrierbar. Hier ergibt sich bisweilen die Notwendigkeit des Durchbrechens der Einsprachigkeit, falls die Schüler andernfalls zu stark gegängelt würden und auf ihre Äußerungen verzichten müßten.

Ein psychologisch wichtiger Aspekt ist die Annahme bzw. Zurückweisung von Schüleräußerungen vor der ganzen Klasse. Hier werden große Anforderungen an das Lehrgeschick und den pädagogischen Takt des Lehrers gestellt. Eine differenzierte Abstufung von Lob und Zustimmung oder Zweifel und Ablehnung – höflich in der Fremdsprache formuliert – kann einen wertvollen Beitrag zur sprachimmanenten Landeskunde leisten.

An seine Grenzen stößt der Frontalunterricht bei leistungsmäßig sehr heterogenen Klassen. Zwar kann der Lehrer durch differenzierende und individualisierende Strategien bei der Darbietung und der Fragegestaltung versuchen, auf leistungsstarke und leistungsschwache Schüler einzugehen und beide Gruppen am Unterrichtsgeschehen zu beteiligen. Ist die Heterogenität jedoch zu groß, werden im Interesse der Schüler innere bzw. äußere Differenzierung unabdingbar.

Eine Schwierigkeit des Frontalunterrichts, die sich durch Strategien nur wenig mildern läßt, ist die geringe Schüler-Sprechzeit. Ein erfahrener Lehrer wird es vermeiden, vorwiegend mit den lebhaften Schülern, die zu aktiver Mitarbeit bereit sind, zu interagieren. Dies führt jedoch rasch zu Langeweile, Resignation bzw. Ruhestörung bei dieser Schülergruppe. Mit der geringen Schüler-Sprechzeit hängt es auch zusammen, daß die Weiterentwicklung des spontanen freien Sprechens nur bedingt möglich ist.

4. Fremdsprachenspezifische Arbeits- und Übungsformen des Frontalunterrichts – Diskrepanz in der Bewertung dieser Sozialform in Unterrichtstheorie und -praxis

Zu spezifischen Arbeits- und Übungsformen des Frontalunterrichts gehören: Nachsprechen (im Chor, einzeln, in Gruppen), Vorlesen, Diktatschreiben, vorkommunikative Übungen (*pattern drill*, Einsetzübungen), Nacherzählen, Erzählen, Erklären, Zusammenfassen, Referatehalten, Teilnahme am gelenkten Unterrichtsgespräch, an Diskussionen und Formaldebatten, Durchführung von Lernspielen in und Rollenspielen vor der Klasse, Stellen und Beantworten von Verständnisfragen zu Aussprache, Wortschatz, Grammatik, Hör- und Leseverstehen sowie bei der Texterarbeitung und -auswertung, Dolmetsch- und Übersetzungsübungen, Hausaufgabenkontrolle und Fehlerkorrektur (durch den Lehrer oder durch Mitschüler), Aufgabenstellung vor und Ergebnissicherung im Anschluß an Einzel-, Partner- und Gruppenarbeit.

Phasen des Frontalunterrichts sollten immer wieder in solche anderer Sozialformen einmünden und sich aus ihnen entwickeln. Nur so entsteht die für einen erfolgreichen Unterricht notwendige Kombination und Variation von Lehr- und Lernverfahren.

Es besteht eine erhebliche Diskrepanz zwischen der Bewertung des Frontalunterrichts in der Allgemeinen Didaktik und der Fremdsprachendidaktik und seiner Bedeutung in der Unterrichtspraxis. Seit der Reformbewegung wurde diese Sozialform stark kritisiert, in den Schulen jedoch nicht nennenswert zurückgedrängt, da dem Lehrer aufgrund der Rahmenbedingungen oft keine andere Wahl bleibt, als frontal zu unterrichten. Gegenwärtig zeichnet sich in der allgemeindidaktischen Diskussion eine Neuentdeckung des Frontalunterrichts ab. Nachdem sich das Interesse wieder stärker auf den Lehrer verlagert, dürfte sich diese Neuentdeckung auch bald in der Fremdsprachendidaktik bemerkbar machen.

Literatur

Aschersleben, Karl (1986), *Moderner Frontalunterricht. Neubegründung einer umstrittenen Unterrichtsmethode,* Frankfurt a.M.
Dichanz, Horst/Zahorik, John A. (1986), "Zauberformel 'Direct Instruction'. Methodenmonismus und Folgen für die Lehrerausbildung", in: *Bildung und Erziehung,* Jg. 39, 295-310.
Einsiedler, Wolfgang (1981), *Lehrmethoden,* München.
Glöckel, Hans (1977), "Der gezielte Einsatz von Unterrichtsformen", in: Franz Otto Schmaderer (Hrsg.), *Lernplanung und Unterrichtsgestaltung auf der Grundlage pädagogischer und lernpsychologischer Erkenntnisse,* München, 82-88.
Meyer, Ernst/Okon, Wincenty (1983), *Frontalunterricht,* Frankfurt a.M.
Vorsmann, Norbert (1986), "Frontalunterricht – vergessene Chancen in der Sozialerziehung", in: Rudolf Biermann/Wilhelm Wittenbruch (Hrsg.), *Soziale Erziehung,* Heinsberg, 196-207.

Gertrud Walter

36. Gruppenunterricht und Partnerarbeit

1. Definition

Gruppenunterricht ist eine Sozialform des Fremdsprachenunterrichts, in deren Verlauf drei bis sechs Lernende selbständig Übungen machen bzw. Arbeitsaufträge erfüllen. Dieses Prinzip bestimmt auch die Zusammenarbeit von *zwei* Schülern in der Partnerarbeit. In Gruppenarbeit und Partnerarbeit werden dynamische Beziehungen zwischen den Gruppenmitgliedern für den fremdsprachlichen Lernprozeß genutzt.

Zwischen den in einer Gruppe tätigen Personen entwickeln sich stärkere Beziehungen. Ihr Entstehen wird begünstigt durch eine intensivere non-verbale Kommunikation (Augenkontakt, Mimik, Körpersprache etc.) der Gruppenmitglieder untereinander. Bei angemessener Gruppenzusammensetzung werden schöpferische Aktivitäten gefördert. Dieses wird möglich, weil die Gruppenbeziehungen regulierend auf das Verhalten der Gruppenmitglieder einwirken: Ängste werden verringert und gruppenstörende Dominanzen eingedämmt. Die Werte und Normen der Gruppe werden wichtiger als individuelle Werte und Normen. Veränderungen im Verhalten vollziehen sich: Ein Starker wird zurückhaltender, ein Schwacher mutiger. Das Sprechen miteinander wird erleichtert. Zu diesen (sehr verkürzt wiedergegebenen) Forschungsergebnissen aus der Sozialpsychologie traten zu Beginn der 70er Jahre neue Erkenntnisse über regelhafte Prozesse des Sprachgebrauchs hinzu. Diese Forschungsergebnisse wurden besonders aus der anglo-amerikanischen Diskursanalyse gewonnen.

Diese Diskursanalyse versucht, Regelhaftigkeiten des Sprachgebrauchs aus authentischen Daten gesprochener Sprache abzuleiten. Das sprachliche Verhalten von Interaktionspartnern in unterschiedlichen Diskursformen wurde erforscht, und Regelhaftigkeiten konnten, spezifisch für unterschiedliche Diskurse (z.B. Arzt-Patient/Lehrer-Schüler), offengelegt werden. Durch die Ergebnisse von Diskursanalysen veränderte sich einerseits das Wissen über den Fremdsprachenunterricht und andererseits vollzog sich, zumindest graduell, eine Loslösung von der Dominanz einer normativen Sprachauffassung und somit zugleich auch ein Rückzug von ausschließlich traditioneller Grammatik.

Das Zusammenwirken von Forschungsergebnissen aus der Sozialpsychologie und Diskursanalysen führt zunehmend zu der Forderung, Gruppenarbeit in den Fremdsprachenunterricht systematisch aufzunehmen. Die Gruppenprozesse sollen zur Verbreiterung der Übungsmöglichkeiten im Fremdsprachenunterricht führen. Aus der diskursanalytisch orientierten Unterrichtsforschung folgt eine Präzisierung der Phase des institutionellen Fremdsprachenunterrichts, und daraus Überlegungen zu seiner Effizienz. Aus der linguistischen Diskursanalyse erwuchsen neue Einsichten über Sprache (Regeln von Schriftlichkeit/Mündlichkeit), die in diesen einzelnen Phasen erklärt und deren Realisierung geübt und angewendet werden sollten. Gruppenarbeit und Partnerarbeit haben so einen – systematisch begründeten – unverzichtbaren Ort im Fremdsprachenunterricht – ebenso wie der Frontalunterricht. Gruppenarbeit und Partnerarbeit sind jedoch bisher selbst kaum Gegenstand der empirischen Erforschung des Fremdsprachenunterrichts.

2. Ziele

Die Ziele, die für die Gruppenarbeit und Partnerarbeit im Fremdsprachenunterricht gesetzt wurden und werden, wurden systematisch abgeleitet bzw. übertragen aus der Sozialpsychologie und der angewandten Linguistik. Aus diesem Grund werden die Ziele, die mit Gruppenarbeit und Partnerarbeit erreicht werden können, auch stets bezogen auf zwei Hauptdimensionen angegeben: das soziale Lernen und das sprachliche Lernen der Schüler. Weil beide Großbereiche identische Bedeutung im Fremdsprachenunterricht haben, beide aber verknüpft sind mit den Aufgaben, die in Gruppen bearbeitet werden, kann die Zielbestimmung nicht losgelöst von den Inhalten der Gruppenarbeit gesehen werden. Durch den Einsatz von Gruppenunterricht wird hinsichtlich sozialer Ziele erwartet, daß durch die einer unmittelbaren Lehreraufsicht bzw. Lehrerlenkung entzogene Handlung der Schüler interaktive Prozesse in Gang gesetzt werden, die die Sprech- und Handlungsbereitschaft der Schüler im Fremdsprachenunterricht erhöhen. In diesen Sozialformen wird angestrebt, daß schwächere Schüler im Unterricht stärker beteiligt werden und die Schüler generell nicht allein vom Lehrer sondern voneinander lernen und miteinander arbeiten. Auf diese Art und Weise soll gewährleistet sein, daß die Schüler Erfahrungen im Umgang mit der Fremdsprache sammeln, die im Unterschied zu anderen Unterrichtsprozeduren an Kommunikation außerhalb des Klassenzimmers angenähert sind. Gruppenarbeit und Partnerarbeit können zur intensiven Übung aller Strategien des Fremdsprachengebrauchs eingesetzt werden. Sie sind besonders da unverzichtbar, wo die vielfältigen Register der Zielsprache wahrgenommen bzw. produziert werden sollen. Diese Produktion kann sowohl mündlich als auch schriftlich stattfinden. Gruppenarbeit und Partnerarbeit sind weiter dort besonders ertragreich, wo es um problemlösende Handlungen geht. Ob diese Globalziele vor allen Dingen durch den Einsatz von Gruppen- und Partnerarbeit erreicht werden können, ist in der Fachliteratur umstritten.

3. Strategien

Eine Reihe von Punkten gilt es bei der Erklärung und Durchführung von Gruppen- und Partnerarbeit zu beachten. Die Gruppen sollten nicht mehr als sechs Mitglieder haben. Gruppenarbeit und Partnerarbeit muß mit den Schülern systematisch eingeübt werden, wenn die gewünschten Erfolge für den fremdsprachlichen Lernprozeß aus ihnen gewonnen werden sollen. Ein aufgaben- und zielbezogener Wechsel zwischen den verschiedenen Sozialformen muß reibungslos ablaufen können, wenn er den Absichten des Fremdsprachenunterrichts nicht zuwiderlaufen soll. Die Gruppeneinteilung der Schüler kann nach unterschiedlichen Absichten gruppiert werden. Grundsätzlich wird unterschieden zwischen einer schülerbestimmten und einer lehrerbestimmten Gruppeneinteilung. Je nach der pädagogischen Absicht des Lehrers, den sozialen und sprachlichen Zielen, die in einer Unterrichtsstunde angestrebt werden, wird die eine oder die andere Hauptgruppierungsformation den Vorzug erhalten. Der organisatorische Aufwand für schülerbestimmte Gruppenbildung ist zu bedenken. Durch die angemessene Aufklärung kann den Schülern verdeutlicht werden, daß es zweckmäßig ist, in einer Gruppe zusammenzuarbeiten, die nicht identisch ist mit den Freundschaftsbeziehungen, die in der Klasse gepflegt werden. Lehrergelenkte Gruppeneinteilung ermöglicht Verfahren der inneren Differenzierung im Fremdsprachenunterricht. Schüler, die verschiedene Stärken im fremdsprachlichen Lernprozeß haben, sollten innerhalb einer Gruppe miteinander arbeiten. Die Praxis hat gezeigt, daß Gruppierungen innerhalb der stärkeren und getrennt davon Gruppierungen innerhalb der schwächeren Schüler Probleme bei der Aufgabenbewältigung mit sich bringen können.

4. Inhalte/Aufgabenstellung

Die Aufgabenvergabe an die Gruppen kann differenziert werden. Einerseits können alle Gruppen aufgabengleich vorgehen. Andererseits ist es auch möglich, zu einem Themenbereich verschiedene Aufträge an unterschiedliche Gruppen zu vergeben. Wichtig ist in jedem Fall, darauf zu achten, daß die Arbeitsaufträge präzise und eindeutig formuliert sind. Die Aufgaben müssen für die Schüler so gestaltet sein, daß aus ihnen ein Leerraum deutlich wird, den sie durch die Gruppen- bzw. Partnerarbeit miteinander füllen müssen. Die Unterrichtszeit muß so eingeteilt werden, daß die einzelnen Gruppen stets ihre Arbeitsergebnisse vorstellen können. Dieses soll im Plenum geschehen, damit die Aufträge neuerlich vor einem größeren Gremium vorgestellt, verteidigt und diskutiert werden.

Die Gruppenarbeitsaufträge können so angelegt sein, daß sie sich über unterschiedlich lange Zeitspannen erstrecken.

5. Aufgaben des Lehrers

Gruppenarbeit und Partnerarbeit erfordern vom Lehrer eine Umakzentuierung seiner Aufgaben. Sie erfordern umfangreichere Vorbereitungen als konventioneller Unterricht. Er muß sich vor allen Dingen mit folgenden Fragen auseinandersetzen: Wie wird die Gruppenarbeit vorbereitet? Wie wird sie eingeführt? Welche Form der Ergebnissicherung soll es geben? Gibt es Alternativaufgaben für Gruppen, die geschwinder als andere arbeiten? Passen diese Alternativaufgaben in den allgemeinen Unterrichtsablauf? Der Lehrer ist während der Gruppenarbeit nicht frei. Konzentrierte Aufmerksamkeit ist erforderlich, damit gewährleistet ist, daß ihm kein Zeichen der Gruppen um Hilfe entgeht. Der Lehrer ist also im Verlaufe der Gruppenarbeit Koordinator der Aktivitäten, vor allen Dingen aber Berater der Einzelgruppen bei Problemen. Er muß darauf vorbereitet sein, mit einzelnen Schülern innerhalb einer Gruppe in intensiveren Kontakt zu kommen als dieses in konventionellem, gruppenarbeitsfreiem Unterricht gegeben ist.

Literatur

Anderson, Edeltraud/Draheim, Rita (1990), "Gruppenlernen im Englischunterricht", in: *Fremdsprachenunterricht,* Jg. 34, 170-173.
Aust, Siegfried/Franzke, Christine (1989), "Gruppenlernen in Englisch Klasse 9" in: *Fremdsprachenunterricht,* Jg. 33, 399-403.
"Gruppenarbeit im Sprachunterricht (I) und (II)" (1981), in: *Zielsprache Englisch,* Jg. 11, H. 2, 10-25; H. 3, 16-29.
Long, Michael H./Porter, Patricia A. (1985), "Group Work, Interlanguage Talk, and Second Language Acquisition", in: *TESOL Quarterly,* Vol. 19, 207-228.
Maley, Alan/Duff, Alan (1981), *Szenisches Spiel und Freies Sprechen im Fremdsprachenunterricht. Grundlagen und Modelle für die Unterrichtspraxis,* München.
Pica, Teresa/Doughty, Catherine (1985), "The Role of Group Work in Classroom Second Language Acquisition", in: *Studies in Second Language Acquisition,* Vol. 7, 233-248.
Schwerdtfeger, Inge Christine (1977), *Gruppenarbeit im Fremdsprachenunterricht,* Heidelberg.

Inge Christine Schwerdtfeger

37. Einzelunterricht und Kleingruppenunterricht

1. Einzelunterricht

Wenn man *Sozialform* als soziale Organisation der Beziehungen zwischen Lehrern und Lernern im Unterricht versteht, die in Planung und Durchführung die Erreichung der gesetzten Lernziele anstrebt, kommt man nicht umhin, die individuelle Beschäftigung eines Lehrers mit einem Lerner als eine Sozialform besonderer Art aus der Palette der übrigen Sozialformen (Partnerarbeit, Kleingruppenarbeit, Arbeit in der Großgruppe) auszugrenzen.

Einzelunterricht ist keine zeitlich begrenzte Organisation von Unterricht im Verbund mit anderen Sozialformen, sondern eine konsequente Entscheidung des Lerners, mit dem Lehrstoff Fremdsprache in einer Intensität konfrontiert zu werden, die in der Lerngruppe nicht erreicht werden kann.

Die Lerner, die in einer privaten Sprachschule eine Fremdsprache im Einzelunterricht erlernen, benötigen diese fast ausnahmslos für berufliche Zwecke. Da für den Erwerb eines sprachlichen Fundaments, das die Lerner z.B. für Verkaufsverhandlungen im Ausland brauchen, oft nur einige Monate zur Verfügung stehen, ist die individuelle Instruktion des Einzelunterrichts der effektivste Weg, das angestrebte Sprachziel zu erreichen (vgl. Art. 39).

Die Direkte Methode, die den Fremdsprachenerwerb ohne den Umweg über die Muttersprache ermöglicht (vgl. Art. 31), ist im Einzelunterricht einfacher zu organisieren als im Gruppenunterricht. Der einzelne Lerner akzeptiert zumeist die Spielregel, mit seinem *native speaker* – Sprachtrainer ausschließlich die Zielsprache zu benutzen, da die verbale Referenz zur eigenen Sprache im Unterricht nicht gestattet wird. Diese Spielregel, die der Erhöhung der Lerneffektivität dient und die Motivation fördert, mit Lehrerhilfe eine Sprache aus dieser selbst heraus zu lernen und sofort anzuwenden, wird im Gruppenunterricht nicht von allen Lernern gleich ernstgenommen.

Beim gemeinsamen Lernen ist die Gefahr der muttersprachlichen Interferenz weitaus größer, gelegentlich präsentieren Schüler eine Übersetzung oder eine Problematik in der eigenen Sprache, die die anderen Kursteilnehmer dann aufnehmen oder gar diskutieren.

Ein weiterer Grund für die höhere Effektivität der individuellen Instruktion hängt ebenfalls mit der Anwendung der Direkten Methode zusammen. Bevor ein neuer Begriff, eine neue grammatische Einheit oder ein neues Satzmuster erlernt werden können, muß das Konzept identifiziert und dem Lerner in geeigneten Kontexten verdeutlicht und verständlich gemacht werden. Dieses geschieht ausschließlich in der Zielsprache durch benennende Demonstration, Eliminationsketten, formulierte Assoziationen und Bezugnahme auf bereits erlernte Konzepte. Im Gruppenunterricht führt diese Art der einsprachigen Einführung besonders bei schwierigen abstrakten Konzepten nicht sofort zum Verstehen aller Kursteilnehmer. Gruppenunterricht leidet deshalb nicht nur unter Homogenitätsproblemen auf der Performanz- bzw. Anwendungsebene, sondern muß auch die unterschiedliche Aufnahmebereitschaft der Lernenden und ihre unterschiedliche Fähigkeit, einsprachige Erklärungen zu begreifen, mit einbeziehen. So verlangt der Gruppenunterricht vom Lehrer häufig eine Kompromißbereitschaft in Form von variierender Problempräsentation und Differenzierungsmaßnahmen bei der Aufgabenzuweisung.

Der Einzelunterricht kann diese Problematik ignorieren und bietet dem Lerner eine stets auf ihn zugeschnittene Instruktion, das Verständnis der lexikalischen Einheiten und grammatischen Strukturen, den Schülersprechanteil und das Lerntempo im Vergleich zum Gruppenunterricht erhöht.

Fassen wir die entscheidenden Vorteile des Einzelunterrichts zusammen:
– Erhöhung des Sprechanteils der Lerner
– konsequente Anwendung der Direkten Methode im Dialog zwischen Lehrer und Lerner
– keine Homogenitätsprobleme mit leistungsstärkeren oder schwächeren Kursteilnehmern
– individuelles Lerntempo
– individuelle Korrekturen
– Auseinandersetzung mit Inhalten, die auf den einzelnen Lerner zugeschnitten sind.

Diese Vorteile des Einzelunterrichts, die im Vergleich zu Gruppenprogrammen ein schnelleres und effektiveres Erlernen der Fremdsprache erlauben, wiegen das Fehlen von Faktoren wie Gruppenerlebnis, motivierendem Konkurrenzdruck und sozialen emanzipatorischen Lernzielen auf. Der erwachsene Lerner taucht unter dem Druck des Lernenmüssens, ohne durch die Bedürfnisse von Mitlernenden abgelenkt zu werden, in die Zielsprache ein und läßt sich in einer nicht mehr steigerbaren Intensität fordern (vgl. Diller 1978; Howatt 1984; Stern 1983).

2. Kleingruppenunterricht

Wenn jedoch zusätzlich zum eigentlichen Erlernen der Fremdsprache die Auseinandersetzung mit thematischen Inhalten kommt, die von einem Lehrer und einem Lerner nicht mehr durchgeführt werden kann, verliert der Einzelunterricht seinen Sinn und muß durch Kleingruppenunterricht ersetzt werden. Der bereits erwähnte Vorteil des Einzelunterrichts, auf die inhaltlichen und sprachlichen Bedürfnisse von Mitlernern keine Rücksicht nehmen zu müssen, kann dann nicht mehr gelten, wenn im Lernprogramm gerade die Fertigkeiten des fremdsprachlichen Umgangs in Gruppen zum vorrangigen Thema erhoben werden. Während der normale Sprachunterricht in privaten Sprachschulen je nach Wunsch in Klassenstärken von 1 bis zu 8 Teilnehmern erteilt wird, kann ein Programm, das über ein Erlernen der Fremdsprache hinaus eine Anwendung des Gelernten unter *Real-Life*-Bedingungen fordert, nur als Kleingruppenunterricht (6-8 Lerner) durchgeführt werden.

Real Life am Büroarbeitsplatz. Bei der Bestimmung von *Real Life* am Büroarbeitsplatz stützen wir uns auf die Ergebnisse neuerer industriesoziologischer Studien über die Entwicklung der vernetzten Arbeitsplätze im Büro (Baethge/Oberbeck 1986).

An den vernetzten Arbeitsplätzen übernimmt die EDV einfache, repetitive Handlungsabläufe und erlaubt damit die Konzentration auf komplizierte Fälle und deren ganzheitliche Bearbeitung. Vom Mitarbeiter wird neben den ausgezeichneten Fachkenntnissen die analytische Fähigkeit zur Interpretation von Informationen in großer Quantität gefordert, eine hohe intellektuelle Flexibilität im Umgang mit schnell wechselnden Situationen und eine differenzierte sozial-kommunikative Kompetenz. Hinzu kommt die wachsende Bedeutung einer zweckgerichteten, offensiven Kommunikation mit Kunden und Lieferanten, die durch eine verstärkte Marktorientierung aller Unternehmensbereiche nicht mehr nur auf den Verkaufsbereich beschränkt bleibt. Fremdsprachliche kommunikative Kompetenz muß sich dann in einem Szenario beweisen, in dem Entscheidungsprozesse in schneller Abfolge durchlaufen werden. In solchen Streßsituationen werden sowohl aggressive Kommunikationsformen verlangt, aber auch sozial-verantwortliches Vorgehen – also ein Verhalten mit gezielt eingesetzten Steuerungselementen, das zum vom Unternehmen gesetzten Ziel führen soll.

Das Berlitz-Programm *English for Business* (*EfB*) ist ein Beispiel für die Verknüpfung von Lernelementen und Transferphasen unter semimanipulativen *Real-Life*-Bedingungen. Die Teilnehmer bringen alle gute allgemeinsprachliche Grundkenntnisse entsprechend einem durchschnittlich guten Englisch-Leistungskursabschluß in den Lehrgang ein. Ein *Proficiency Test* als Aufnahmevoraussetzung prüft idiomatische Strukturen und grammatikalische Problembereiche. Für den Kurs gibt es einen Lehrplan, der die Thematik, Methoden und das Unterrichtsmaterial für jeden Termin angibt.

Im Vergleich zu den "normalen" Sprachkursen findet in vielen EfB-Programmen eine Intensivierung von Kommunikation unter den Teilnehmern statt; Lernprozesse laufen schneller ab; die Lerner zeigen Flexibilität und sind in ihrem Kooperationsstil offensiver und kompetenter. Es ist zu vermuten, daß durch die Präsentation des EfB-Programmes als Hochleistungsprogramm am Weiterbildungsmarkt ein bestimmter Berufstätigentypus angezogen wird, der dann durch die Programmrealisierung sein Potential entfalten kann. Die zu beobachtenden guten Leistungen im Lehrgang werden gefördert durch die geplante Orientierung der Teilnehmer hin auf Aktivitäten und Aktionen. Die Teilnehmer werden als Leistungsgruppe behandelt, die an den wöchentlichen Kursterminen in den vom Trainer organisierten Aktionsfeldern ihre Kompetenz beweisen. Hausaufgaben und zusätzliche Kleingruppenarbeit erlauben es, den Unterricht weitgehend als Transferphase zu gestalten. Projekte, Rollenspiel, weitläufige Simulationen, Gruppen- und Individualpräsentationen, Fachdiskussionen stehen im Mittelpunkt. Durch ausländische Gastredner, Firmenbesuche und den Einsatz von aktuellen Wirtschaftszeitschriften, englischen und amerikanischen Bestsellern und authentischen Video-Fallstudien wird *Real Business Life* in den Unterricht gebracht.

Einige private Sprachschulen sind dazu übergegangen, die Vorteile des Einzelunterrichts und des Kleingruppenunterrichts durch sogenannte *Kolloquien* zu verbinden. Einzelne Lerner aus parallel laufenden Kursen, die eine vergleichbare fremdsprachliche Kompetenz erworben haben, werden zu zeitlich befristetem Kleingruppenunterricht zusammengeführt, in dem durch gruppenspezifische

Aktivitäten "sprachliche Erlebnisinseln" geschaffen werden, die im Einzelunterricht nicht zu organisieren sind.

3. Zusammenfassung

Der Lerner, der in einer privaten Sprachschule einen Sprachkurs belegt, benötigt die zu lernende Sprache meist dringend für berufliche Zwecke und ist gewillt, einen hohen eigenen Arbeitsanteil einzubringen, um das gesteckte Ziel zu erreichen.

Er vertraut mit Recht darauf, daß ihm nach individueller Beratung der effektivste, auf ihn zugeschnittene Kurs angeboten wird. Der Einzelunterricht bietet trotz einiger Defizite im Bereich des sozialen Lernens die beste Gewähr, das angestrebte Sprachziel zu realisieren.

Bei dem beschriebenen Programm *English for Business* kommt zum eigentlichen Lehrstoff ein beträchtlicher Teil an intensiver fremdsprachlicher Gruppenkommunikation unter *Real-Life*-Bedingungen, die sich im Einzelunterricht nicht organisieren läßt.

Im Kleingruppenunterricht, der an die Stelle des sonst so effektiven Einzelunterrichts tritt, erfahren die Interaktionsformen, die in der Gruppe trainiert werden, eine enorme Aufwertung, da nun zusätzlich zum thematischen Lehrstoff ein praxisnaher Transfer für die Zielsprache erzeugt wird, der die ansonsten starre Grenze zwischen Lernen und Anwenden nicht mehr anerkennt.

In einer Mischform aus Einzelunterricht und zeitlich befristetem Kleingruppenunterricht (*Kolloquien*) wird individueller Intensivunterricht durch gruppenspezifische Anwendungsphasen angereichert.

Literatur

Baethge, Martin / Oberbeck, Herbert (1986), *Zukunft der Angestellten. Neue Technologien und berufliche Perspektiven in Büro und Verwaltung,* Berlin.
Byrne, Donn (1987), *Techniques for Classroom Interaction,* New York.
Diller, Karl (1978), *Die Direktmethode von Berlitz und de Sauzé,* Harvard Department of English, Harvard University.
Howatt, Anthony P.R. (1984), *A History of English Language Teaching,* Oxford.
Meyer, Hilbert (1987), *Unterrichtsmethoden II*: Praxisband, Frankfurt a.M.
Stern, Hans H. (1983), *Fundamental Concepts of Language Teaching,* Oxford.

Leopold Reif / Hans-Jürgen Friedemann

38. Differenzierung und Individualisierung

1. Differenzierung

Im allgemeinen meint man mit Differenzierung die Zusammenfassung von Lernern zu Gruppen, die möglichst homogen sind, damit Schulform, Lernziele, Materialien, Arbeitsformen und Aktivitäten an die bei den Lernenden vorhandenen Bedingungen angepaßt werden können. Dabei ist *streaming* eine fächerübergreifende Differenzierung und *setting* eine fachspezifische Differenzierung.

In der Fachdidaktik des Englischunterrichts bezieht sich der Terminus Differenzierung speziell auf die Entwicklung, deren Ziel in den 60er Jahren die Ausschöpfung von Begabungsreserven war. Mit der Einführung von verpflichtendem Fremdsprachenunterricht für alle Schüler, auch die Hauptschüler, wurde die Englischschülerpopulation vom 5. Schuljahr an erheblich erweitert, so daß eine Homogenisierung von Lerngruppen notwendig schien. Man entwarf Beobachtungs-, Förder- und Orientierungsstufen und etliche Modelle äußerer Differenzierung, durch die die Lernenden eines Jahrgangs für kürzere oder längere Zeiträume bis zu zwei Jahren getrennt voneinander unterrichtet wurden. Ziel jedes dieser Modelle war es, die leistungsstärkeren Schüler über Zusatzangebote optimal zu fördern, ohne die leistungsschwächeren zu überfordern, oder umgedreht: die leistungsschwächeren Schüler ihren Möglichkeiten entsprechend zu fördern, ohne die leistungsstärkeren zu behindern, zusammenfassend ausgedrückt: Schülern mit unterschiedlichen Leistungsdispositionen durch Organisation und Methode zur Erreichung der gleichen Ziele zu verhelfen. Die unterschiedlichen Differenzierungsmodelle bestimmten und bestimmen den Grad der Durchlässigkeit zwischen den Lerngruppen und sind als schulorganisatorische Ausdrucksformen bildungspolitischer Intentionen auch heute noch von hoher politischer Brisanz.

Es hat sich inzwischen jedoch erwiesen, daß jede Form äußerer Differenzierung, d.h. jede Trennung der Schüler eines Jahrgangs über einen längeren Zeitraum, die Durchlässigkeit des Systems nach oben gefährdet (Rautenhaus 1978) und daß bei Beibehaltung der Durchlässigkeit als oberstes Prinzip einer äußeren Differenzierung die eigentliche Differenzierung nicht – wie angestrebt – quantitativer, sondern qualitativer Art ist und gleichsam innerhalb des Fundamentums stattfindet; der Lernprozeß der schwächeren Schüler wird immer wieder vorzeitig abgebrochen, da zur Durchführung des Transfers keine Zeit bleibt (Sattler 1980). Es kommt jedoch im Interesse der leistungsschwächeren Schüler vor allem darauf an, Lerndefizite von Anfang an so gering wie möglich zu halten (Krohn 1981).

Daher hat sich einerseits in der Praxis ein (unterschiedlich weitgehender) bewußter Verzicht auf Durchlässigkeit innerhalb des Systems ergeben und konzentrieren sich andererseits die Überlegungen der Fachdidaktiker nun wieder stärker auf die Möglichkeiten innerer Differenzierung bzw. der Binnendifferenzierung, die den Klassenverband nur für einzelne zeitlich eng begrenzte Unterrichtsphasen aufhebt. Differenzierungskriterium sei nicht nur die vom Schüler zu bewältigende Stoffmenge pro Zeiteinheit; Zweck einer Binnendifferenzierung sei neben dem Ausgleich von Lerndefiziten auch die Schaffung eines anregenden Lernmilieus für alle Lernenden.

Bei der Entwicklung binnendifferenzierender Unterrichtsstunden eröffnen sich die folgenden Differenzierungsansätze (Rautenhaus 1985):

– Stoffumfang (d.h. zum Beispiel Länge eines Textes), womit auch immer ein unterschiedlicher Zeitaufwand gemeint ist.
– Komplexitätsgrad (z.B. bei einem Rollenspiel die Menge der auftauchenden oder produktiv zu beherrschenden Rollen oder die Komplexität der sprachlichen Mittel zur Realisierung von Redeakten).
– Notwendigkeit direkter oder indirekter, vielleicht auch nur für den Notfall anzubietender Hilfe, d.h. der Grad der vom Lernenden zu erwartenden Selbständigkeit. (Ziel könnte die Freistellung der Lehrkraft zur besonderen Konzentration auf die lernschwächsten Schüler sein).
– Art des inhaltlichen bzw. methodischen Zugangs (über Bilder oder Texte, über Statistiken oder Graphiken; auch die Attraktivität von Realgegenständen kann differenzieren).
– Kooperationsfähigkeit der Lernenden. (Es gibt in jeder Klasse Schüler oder Schülergruppen, denen man soziale Aufgaben anvertrauen kann – Helfersystem).
– Zusammensetzung der Gruppe, wobei die folgenden Kriterien eine Rolle spielen:
 a) Stabilität oder Variabilität der Gruppen über längere Zeiträume.
 b) Offenheit der Gruppierung (d.h. ob die Lernenden die Einteilungskriterien der Lehrkraft erfahren oder nicht).
 c) Homogenität oder Heterogenität der Gruppe. (Hier kommt es auf die langfristigen Motive und die kurzfristigen Ziele der Lehrkraft an; die Gruppen können homogen oder heterogen sein nach: bisheriger Leistung, Wissen, Fähigkeiten, kognitivem Stil und Lernstrategie oder auch solchen sozialen Aspekten wie Freundschaft, Dominanz und Abhängigkeit, Kontaktfreude oder emotionaler Hemmung. Freundschaftsbeziehungen unter den Schülern sollten unterrichtlich genutzt werden. Nach Leistung heterogene, aber sozial harmonische Gruppen arbeiten bei solchen Aufgaben wie der Vorbereitung eines Rollenspiels oder in Projekten gut zusammen).
 d) Größe der Gruppe (2 bis maximal 7 Schüler – man könnte auch speziell eine Gruppe mit den Schülern bilden, um die sich der Lehrer einmal besonders kümmern möchte; diese Gruppe könnte beliebig groß oder klein sein, je nach Notwendigkeit und Möglichkeit, die anderen sich selbst zu überlassen).
 e) Wichtig ist es außerdem, daß alle Schüler, die in einer Gruppe zusammenarbeiten sollen, so sitzen, daß sie miteinander Augenkontakt aufnehmen können.

2. *Individualisierung*

Individualisierung kann man als den Sonderfall der Differenzierung verstehen, in dem die Lernenden einer Klasse innerhalb eines von der Lehrkraft vorgegebenen Rahmens ihre je individuellen Lernsequenzen vorgelegt bekommen oder selbst wählen, so daß sie ihr Arbeitstempo, ihre Arbeitsintensität, ihr Arbeitspensum und die Inanspruchnahme von Hilfen (Lehrkraft oder Medium) selbst bestimmen und evtl. die Ergebnisse auch selbst prüfen können. Das Lernen kann dann in Einzelarbeit oder partnerschaftlich im Tandem oder in selbstgewählten Lernzirkeln geschehen. Ziel ist auch hier, individuelles Lernen für eine begrenzte Zeit so zu organisieren, daß gemeinsames Lernen anschließend wieder sinnvoll wird. Diese Unterrichtsform ist bisher – bis auf einige Versuche im Sprachlabor (Ankerstein 1977) – wenig im Fremdsprachenunterricht an deutschen Schulen realisiert worden; in Genf am CEEL (*Centre for the Experimentation and Evaluation of Language Learning Techniques*) gibt es jedoch Versuche zum partnerschaftlich-autonomen Lernen (*self-access pair learning*, Ferguson 1985), die man verfolgen sollte.

Mehr noch als bei Gruppenarbeit liegen bei Individualunterricht die Hindernisse in der von der Lehrkraft zu fordernden sprachlichen und methodischen Flexibilität und planerischen Mehrleistung, vor allem aber im Fehlen entsprechend differenzierter Unterrichts- und Testmaterialien, die einem kommunikativen Fremdsprachenunterricht nicht zuwiderlaufen, sich dem auswählenden Schüler selbst erklären und ihm ein direktes *feedback* anbieten. Insgesamt stellt das deutsche Schulsystem einen zu engen zeitlichen, ökonomischen und pädagogischen Rahmen dar (Bleyhl 1982). Schüler müssen erst lernen, ihre Lernbedürfnisse zu erkennen, ihre Lernziele zu benennen, die Verantwortung für die entsprechenden Entscheidungen, d.h. für ihr Lernen zu übernehmen. Lehrer müssen lernen, den Schülern diese Verantwortung anzuvertrauen und damit ihre eigene Rolle umzudefinieren. Materialien müssen entwickelt, nach Alter, Schwierigkeitsgrad und Themen kategorisiert und verwaltet werden. Das kostet nicht nur Geld, sondern braucht auch Zeit und evtl. Stellen.

Individualisierung darf nicht mit Isolierung von Schülern (etwa bei undifferenzierter Einzelarbeit) verwechselt werden. Bisher hat in der Bundesrepublik keine Langzeituntersuchung irgendwelche generalisierbaren Aussagen über die Effektivität von konsequent individualisiertem Fremdsprachenunterricht machen können. Man kann jedoch hoffen, daß die Individualisierung sich mit der Weiterentwicklung neuer Technologien und Medien (vgl. Art. 67 bis 72) durchsetzen wird. Diese Entwicklung ist wichtig, da sie autonomes und lebenslanges Lernen vorbereitet und damit auch denen Chancen bietet, die aufgrund persönlicher, familiärer oder institutioneller Bedingungen mit ihrem Lernprozeß ins Hintertreffen geraten sind (Nehm/Vogel 1986).

Literatur

Ankerstein, Hilmar S. (1977), "Individualisierung des Lernprozesses im Fremdsprachenunterricht", in: *Englisch*, Jg. 12, H. 4, 138-142.
Bleyhl, Werner (1982), "'Individualization' im Fremdsprachenunterricht", in: *Englisch*, Jg. 17, H. 4, 150-152.
Dickinson, Leslie (1987), *Self-instruction in Language Learning*, Cambridge.
Ferguson, Nicolas (1985), *The Gordian Knot*, Centre for the Experimentation and Evolution of Language Learning Techniques, 19 rue du Prieuré, CH–1202 Genève.
Krohn, Dieter (1981), *Lernervariablen und Versagen im Englischunterricht. Eine Untersuchung in der Orientierungsstufe*, Paderborn.
Nehm, Ulrich/Vogel, Klaus, Hrsg. (1986), *Autonomes Lernen und Fremdsprachenerwerb*, AKS-Rundbrief 17, Bochum.
Rautenhaus, Heike (1978), *Der lernschwache Englischschüler. Die Ergebnisse eines Forschungsvorhabens*, Berlin.
Rautenhaus, Heike (1985), "Äußere und innere Differenzierung", in: Landesinstitut für Schule und Weiterbildung (Hrsg.), *Perspektiven für den Englischunterricht an Hauptschulen*, Curriculum 48, Soest, 53-64.
Sattler, Gerd (1980), *Englischunterricht im FEGA-Modell. Eine empirische Untersuchung über Differenzierungsstrategien im Englischunterricht an Grundschulen*, Diss., Berlin.
Schmid-Schönbein, Gisela (1986), "Englischunterricht mal anders: Wie elfjährige Schüler am Computer lernen", in: *Englisch Amerikanische Studien*, Jg. 8, H. 2, 264-269.

Heike Rautenhaus

39. Intensivunterricht

1. Geschichte

Die heute üblichen Formen des intensiven Fremdsprachenunterrichts haben ihren Vorläufer in der Organisationsform des Fremdsprachenunterrichts für Erwachsene, wie sie im Verlauf des Zweiten Weltkriegs in den Vereinigten Staaten zur Schulung des in den Kriegsgebieten einzusetzenden Personals angewendet wurde. Versuche, wesentliche Prinzipien dieses berufsbegleitenden Ausbildungsverfahrens auf andere Institutionen zu übertragen, wurden in den USA bereits in den 50er Jahren (vgl. Moulton 1963), in der Bundesrepublik und anderen europäischen Ländern insbesondere in den 60er Jahren (vgl. Sprissler/Weinrich 1972) unternommen. Viele der damals begonnenen Intensivkurs-Projekte wurden wegen der mit ihnen verbundenen administrativen Schwierigkeiten und des Personalaufwandes wieder aufgegeben, obwohl von ihnen wichtige Impulse für den Fremdsprachenunterricht allgemein, insbesondere aber in der Erwachsenenbildung ausgegangen sind (vgl. Weinrich 1972; Krampitz 1979). Im privatwirtschaftlichen und im Bereich der beruflichen Weiterbildung haben Intensivkurse im Verlauf der 80er Jahre einen festen institutionellen Platz (vgl. Fischel 1982; Lindner 1984) bekommen.

2. Wesentliche Komponenten

Die wesentlichen Komponenten eines intensiven Fremdsprachenunterrichts sind, trotz der Verschiedenheit der fortentwickelten methodischen Konzepte im einzelnen,
1) die im Vergleich zu anderen Unterrichtsformen hohe Stundenfrequenz pro Woche;
2) die genaue Lernzielbeschreibung und -beschränkung, bezogen auf Teilbereiche des kommunikativen Fremdsprachengebrauchs;
3) die möglichst gleichartigen Lernvoraussetzungen bei den Lernern im Hinblick auf Vorkenntnisse sowie Ähnlichkeit und Stärke der Motive, aus denen heraus die Teilnehmer den Gebrauch der fremden Sprache erlernen wollen;
4) die Anwendung möglichst wirksamer Lehrverfahren und Lernstrategien, die durch den Rückgriff auf sorgfältige linguistische Analysen der Zielsprache (Moulton 1963) und eine genaue Planung des Ablaufes des Kurses und des verwendeten Lehrmaterials – z.T. in programmierter Form – sichergestellt wird (Kohls 1973). Die Wirksamkeit dieser Komponenten kann durch eine Begrenzung der Teilnehmerzahl auf wenige Lerner – Individualisierung des Unterrichts – verstärkt werden.

Nur bei Anwendung mehrerer dieser Prinzipien gleichzeitig kann von einem "Intensivkurs" oder – bei Einbettung in einen übergreifenden fremdsprachlichen Lehrplan – einer intensiven Lehr- und Lernphase gesprochen werden. Weder die Zeitkonzentration einer in einer Institution insgesamt verfügbaren Stundenzahl, noch die zeitlich zusammengefaßte Durchführung eines umfangreichen traditionellen fremdsprachlichen Lernprogramms, noch die bewußte Auswahl und Planung des Kursmaterials und des Kursverlaufs allein sind geeignet, die Bezeichnung des angebotenen Unterrichts als fremdsprachlichen Intensivunterricht zu begründen (vgl. schon Menut 1953).

3. Organisation und Lernziele

Angesichts der unterschiedlichen Lernzielbegrenzungen je nach der Institution, die fremdsprachlichen Intensivunterricht anbietet, weichen die Angaben über die wöchentliche Stundenfrequenz und die vorzusehenden Gesamtstundenzahlen erheblich voneinander ab. Obwohl manchmal Wochenstundenzahlen von unter 7 Stunden pro Woche genannt werden, gilt im allgemeinen eine Wochenstundenzahl von 15 Unterrichtsstunden als Minimum, während für die Gesamtdauer Kurslängen von wenigen Tagen bis zu einem Jahr genannt werden. Kürzere Kurse werden häufig als Klausurkurse von wenigen Wochen Dauer durchgeführt, während längere Kurse oft in besonderen Institutionen häufig auch als Internatskurse durchgeführt werden (vgl. Halbauer in Weinrich/Sprissler 1972; Kohls 1973). Im innerbetrieblichen Fremdsprachenunterricht wird je nach den beruflichen Bedingungen der einzelnen Lerner oft eine diesen entsprechende andere Zeiteinteilung gewählt (vgl. Fischel 1982). Intensivkurse werden inzwischen auch von privaten Sprachlehrinstitutionen angeboten. Vor allem die stark wachsende Sprachreisenbranche bietet Sprachkurse im Ausland von unterschiedlicher Dauer und Intensität an, u.a. auch sog. *Crash*-Kurse mit einem Lehrer-Schülerverhältnis von maximal 1:4, oft aber auch 1:1, mit einer täglichen Kontaktzeit von 8-10 Stunden (Platz-Waury 1989, 161; vgl. auch Art. 37).

Abgesehen von wenigen Versuchen, auch Lernziele eines allgemeinen Fremdsprachenunterrichts in Phasen intensiven Unterrichts zu vermitteln (vgl. die Diskussion über die Diversifizierung des allgemein-schulischen Fremdsprachenkatalogs und über Kompaktkurse; Freudenstein 1988; Seifert 1991), beziehen sich die in der einschlägigen Literatur dargestellten Lernziele auf bestimmte Bereiche des kommunikativen mündlichen und schriftlich-fachsprachlichen Fremdsprachengebrauchs. Wichtig scheint in jedem Fall für den mündlichen Gebrauch die Beschränkung auf einen Mindestkatalog von Situationen, für den schriftlichen, meist rezeptiven Gebrauch auf einen Mindestkatalog von Textsorten. Die Bestimmung der jeweils diesem Katalog zuzuordnenden Menge sprachlicher Formen stellt ein besonderes Problem der Angewandten Sprachwissenschaft dar und erfolgt für die Situationen heute im allgemeinen durch die Festlegung der zu berücksichtigenden Sprachfunktionen, für die Texte über eine – ggf. maschinelle – Bestimmung der Verwendungsfrequenzen der Lexeme und der sprachlichen Formen in den für das Kommunikationsteilgebiet typischen Texten.

4. Adressaten und Methode

Da intensiver Fremdsprachenunterricht fast ausschließlich für Erwachsene und im Hinblick auf berufliche Bedürfnisse angeboten wird, ist die

Motivation der Lerner meist sehr hoch, sofern die Lernziele diesen Bedürfnissen entsprechen und die Anstrengung der oft ungewohnten Lernsituationen durch eine für den einzelnen Lerner selbst deutlich beobachtbare Verbesserung seiner Kommunikationsmöglichkeiten ausgeglichen wird. Zu den Bedingungen der erfolgreichen Durchführung von Intensivunterricht gehört daher auch eine gute persönliche Betreuung der Teilnehmer, die Erläuterung der Lernziele und die Begründung der einzelnen Lernaufgaben sowie die Bewußtmachung des jeweiligen Lernfortschritts an Texten aus dem den Lernzielen entsprechenden Kommunikationsbereich.

Eine eigene Intensivkursmethode als Alternative zu den üblichen "Streukursen" ist bisher jedoch nicht entwickelt worden. Nur vereinzelt werden bestimmte Übungsformen als für den intensiven Fremdsprachenunterricht besonders geeignet genannt (vgl. Kleinmann/Selekman 1980). Wegen der abträglichen Wirkung des massierten Übens auf die Motivation (vgl. Denig 1973) wird lediglich in einigen Erfahrungsberichten auf die Notwendigkeit einer möglichst abwechslungsreichen Kursgestaltung hingewiesen. Im übrigen lehnen sich die verschiedenen Intensivkurskonzepte an unterschiedliche Fremdsprachenlehrmethoden an. Waren Intensivkurse ursprünglich mit der audiolingualen Methode und dem Medium Sprachlabor verbunden, so wurden auch die ersten audiovisuellen Fremdsprachenkurse als Intensivkurse organisiert, wobei dem Sprachlabor aber eine entsprechend geringere Bedeutung eingeräumt wurde. Spätere Intensivkurskonzepte lehnen sich an weniger verbreitete alternative Methoden an (vgl. Apelt/Kohls 1983; Johnston 1983). Auch suggestopädischer Fremdsprachenunterricht wird meist als Intensivunterricht organisiert (vgl. Baur 1980).

Die Erwartungen, die zu Anfang der 70er Jahre an den intensiven Fremdsprachenunterricht im Hinblick auf die Entwicklung der Fremdsprachendidaktik geknüpft wurden, haben sich bisher nur teilweise erfüllt. Über die tatsächliche Effizienz des Intensivkursunterrichts gibt es bisher keine verläßlichen Untersuchungen, sondern nur Erfahrungsberichte, die in der Bewertung des Kurserfolgs nicht immer zu eindeutigen Ergebnissen kommen. Die besonderen institutionellen Anforderungen dieser Organisationsform (vgl. Bonnekamp 1973) und die mit ihr verbundenen psychologischen Probleme (vgl. Denig 1973) haben keine eigene Beachtung in der allgemeinen Diskussion des fremdsprachlichen Erwachsenenunterrichts erfahren. Andererseits wird fremdsprachlicher Intensivunterricht in unterschiedlichen Insitutionen heute regelmäßig durchgeführt, als ausschließliche oder als eine Organisationsform des erteilten Fremdsprachenunterrichts neben anderen.

Literatur

Apelt, Walter/Kohls, Siegfried (1983), "Zu einigen Tendenzen der Fremdsprachenmethodik. Unter besonderer Berücksichtigung von Problemen der Fremdsprachenpsychologie und der Erwachsenenbildung", in: *Fremdsprachenunterricht,* Jg. 27, 253-256.

Baur, Rupprecht S. (1980), "Die Suggestopädie – eine neue Methode der Fremdsprachenvermittlung", in: *Die Neueren Sprachen,* Bd. 79, 60-78.

Bonnekamp, Udo (1973), "Intensivkurse: Versuch einer didaktischen Ortsbestimmung", in: *Neusprachliche Mitteilungen* 26, 97-102.

Denig, Friedrich (1973), "Fremdsprachenintensivkurse in lernpsychologischer Sicht", in: *Neusprachliche Mitteilungen,* Jg. 26, 103-106.

Fischel, Peter (1982), "Running In-company Language Courses", in: *Zielsprache Englisch,* Jg. 12, H. 4, 12-16.

Freudenstein, Reinhold (1988), "Fremdsprachenunterricht im Jahr 2000. Was die Schule jungen deutschen Europäern schuldig bleibt", in: *Praxis des neusprachlichen Unterrichts,* Jg. 35, 339-345.

Johnston, Otto W. (1983), "Five Years with the Rassias Method in German: a Follow-Up Report from the University of Florida", in: *Foreign Language Annals* 16, 343-349.

Kleinmann, Howard/Selekman, Howard R. (1980), "The dictocomp revisited", in: *Foreign Language Annals* 13, 379-383.

Kohls, Siegfried (1973), "Eine optimale Ausbildungsvariante in fremdsprachigen Intensivkursen der DDR", in: *Deutsch als Fremdsprache,* Jg. 17, 223-236.

Krampitz, Gustav-Adolf (1981), "Zur Spezifik der Fremdspracherlernung bei Erwachsenen aus der Sicht der Sprachintensivausbildung", in: *Psychologische und psycholinguistische Probleme des Fremdsprachenunterrichts bei Erwachsenen.* Halle: Martin Luther Universität Halle-Wittenberg 1979, 26-29.

Lindner, Renate (1984), "Fremdsprachen bei Schering: Das Kursangebot und seine Geschichte im Spiegel der Unternehmensentwicklung", in: *Die Neueren Sprachen,* Bd. 83, 69-77.

Menut, Albert D. (1953), "Intensive Language Courses: Content and Techniques", in: *The Modern Language Journal,* Vol. 37, 189-194.

Moulton, William G. (1963), "Linguistics and Language Teaching in the United States 1940-1960", in: *International Review of Applied Linguistics in Language Teaching,* Vol. 1, 21-41.

Platz-Waury, Elke (1989), "Sprachreisen und Erwachsenenbildung", in: *Die Neueren Sprachen* 88, 153-164.

Seifert, Egbert (1991), "Anmerkungen zur 'Koblenzer Erklärung' aus der Sicht der Schule", in: *Neusprachliche Mitteilungen,* Jg. 44, 209-210.

Sprissler, Manfred/Weinrich, Harald, Hrsg. (1972), *Fremdsprachenunterricht in Intensivkursen*, Stuttgart.

Weinrich, Harald (1972), "Neun Jahre Englisch – elf Tage Russisch", in: *Frankfurter Allgemeine Zeitung. Beilage Bilder und Zeiten*, 5. Februar, 30.

White, Josephine (1980), "The Changing Face of Modern Language Courses", in: *Modern Languages* 61, 113-119.

Udo Bonnekamp

40. Sozialformen in alternativ geführtem Fremdsprachenunterricht

1. Allgemeines

Die Effektivität des Unterrichts, d.h. u.a. die Geschwindigkeit, mit der sich die Lerner eine Fremdsprache aneignen, hängt – läßt man die biologischen Gegebenheiten außer acht – 1. von der Intensität der Interaktion des Lerners mit der zu lernenden Sprache bzw. ihren Benutzern, und 2. von der Quantität wie 3. der Qualität des angebotenen sprachlichen *Input* ab.

Nun ist die Quantität innerhalb des administrativ vorgegebenen zeitlichen Rahmens begrenzt und für alle Schüler einer Klasse zunächst gleich. Die Qualität des *Input* beeinflußt die Intensität, mit der die Lerner die angebotene Sprache verarbeiten. Sie ist für jeden aber individuell verschieden.

Da die gegebene kognitive Struktur des Lerners vom Lehrer primär nicht geändert werden kann, und das Zusammenwirken von Ererbtem und zu Erwerbendem noch nicht deutlich ist, hat der Lehrer den emotionalen, affektiven Faktoren seiner Lerner um so mehr Rechnung zu tragen. Es geht hier um Fragen der Motivation (Will der Lerner?) und der Persönlichkeit (Fühlt sich der Lerner angesprochen? Wagt er das Risiko der Beteiligung an dem im Unterricht ablaufenden Sozialspiel?).

Für beinahe alle der sog. alternativen Fremdsprachenlernmethoden ist kennzeichnend der Wechsel von den sprachlichen Formen als Brennpunkt des Interesses im audiolingualen und auch in den 'schwachen Versionen' des sog. kommunikativen Fremdsprachenunterricht hin zu einem umfassenderen Verständnis des Lerners als einem selbst verantwortlichen *"active agent"* (Larsen-Freeman 1987). Unter Einsatz seiner ganzen Person, also aller seiner kognitiven, emotionalen und sozialen Fähigkeiten, erwirbt der Lerner selbst das Regelsystem der fremden Sprache im Umgang mit seinen die Fremdsprache sprechenden innerlich akzeptierten Mitmenschen bzw. mit ihn interessierenden in der Fremdsprache angebotenen Informationen. Bei den sog. alternativen Methoden amerikanischer Provenienz – also *Silent Way, Community Language Learning, Total Physical Response, Comprehension Approach*, die auch Kinder der sog. 'humanistic psychology', der Gestalt-Pädagogik sind – wird der Lerner im Unterricht ermuntert, diejenigen Fähigkeiten zu nutzen, die ihm schon beim Erwerb seiner Muttersprache gute Dienste erwiesen haben.

Ausgehend von diesem Verständnis, erscheint die traditionelle Kategorisierung von Sozialformen des Unterrichts in Frontalunterricht, Gruppenunterricht, Kleingruppenunterricht, Partnerarbeit (wie sie sich übrigens in allen sog. alternativen Methoden finden können) und Individualarbeit als zu äußerlich und unangemessen.

In Wirklichkeit ist nicht von einer Unterscheidung Sprecher – Hörer auszugehen, sondern von einer interaktionalen Sozialkonstellation: Sprecher – Angesprochener. (Hörer ist jemand, der nur physisch anwesend ist.) Angesprochener aber ist jemand, der auf die offerierte verbale (und nonverbale) Information reagiert, sie seinem Vermögen entsprechend in sich aufnimmt und verarbeitet und u.U. im stillen bereits eine sprachliche "Entsprechung" vorbereitet. Nur in diesem Reagieren auf Sich-angesprochen-Fühlen geschieht Sprachaneignung. Dieses Reagieren braucht für den anderen nicht sichtbar zu sein, ist es jedoch in der Regel in natürlicher Kommunikation durch eine Reihe nonverbaler (unbewußt benützter wie unbewußt registrierter) Signale wie Augenbewegung, Mimik, veränderte Körperhaltung etc.

Auch ist die Rolle des von seinem Gegenüber selbst beeinflußten Sprechers als eines Produzenten sprachlicher Äußerungen nur unzureichend beschrieben. Da die sprachliche Form auch von den sozialen Beziehungen in der Interaktion beeinflußt wird, ist es von Bedeutung, ob er Sprache instrumentell, regulatorisch, interaktuell, persönlich, heuristisch, fiktional, informationsbezogen oder rituell (Halliday 1969) benützt; schließlich gewinnt Sprache ihre Bedeutung für den anderen aus der erkennbaren Absicht, mit der sie gebraucht wird, und diese steht in Abhängigkeit von der jeweiligen Situation. – In speziellen Sprachanwendungsphasen wird deshalb möglichst die Kleingruppe gesucht.

2. Spezifische Lernziele

Für alle sog. alternativen Methoden gilt als Globalziel die allgemeine Kommunikationsfähigkeit und der menschliche Zugewinn (*personal growth, personal awareness*) während des Lernens im sozialen Miteinander. Sprache wird primär inhaltsbezogen als Mittel zur Interaktion gebraucht.

Deutliche Unterschiede gibt es jedoch bezüglich der Frage, in welcher Reihenfolge die einzelnen Fertigkeiten zu fördern sind.

Das *Hörverstehen* als kardinale Fertigkeit steht im Zentrum des *Total Physical Response* (Asher 1982), des *Comprehension Approach* (Winitz 1981; Courchêne et al. 1992) und des diese beiden Methoden z.T. auch noch integrierenden *Natural Approach* (Terrell 1986). Erst wenn sich der Lerner ein gewisses eigenes Sprachsystem auf Grund seiner Erfahrung in der Fremdsprache aufgebaut hat und von sich aus selbst wagt zu sprechen (beginnend mit Einwort-Äußerungen oder Formeln), wird er ermuntert, weiter selbst Sprache zu produzieren. Dies schließt nicht aus, daß der Lerner vorher auch schon geschriebene Sprache verstehen gelernt hat oder auch erst schreibt (er hat beim Schreiben mehr Zeit als beim Sprechen), ehe er spricht.

Das *Sprechen* ist dagegen die Einstiegsfertigkeit bei *Community Language Learning* (Curran 1976), *Silent Way* (Gattegno 1976) und *Explorative-Creative Way* (Knibbeler 1989); denn anhand von Versuchen, etwas Eigenes sagen zu wollen, tastet sich der Lerner, sanft unterstützt (*Community Language Learning*) oder sanft gelenkt (*Silent Way*) oder sanft gelenkt und unterstützt (*Explorative-Creative Way*), in das Regelsystem der Sprache hinein, wobei er recht rasch auch mit der schriftlichen Sprachform konfrontiert wird, und zwar im Sinne globaler gegenseitiger Abstützung der Fertigkeiten. *Total Physical Response*, *Comprehension Approach*, *Natural Approach* forcieren eher den Erwerb eines reichhaltigen Vokabulars und sehen darin auch den elegantesten Weg für den "Erwerb" der Grammatik, während *Silent Way* und *Explorative-Creative Way* zunächst mehr den grammatischen Strukturen Priorität einräumen.

3. Spezifische Strategien

Im Einklang mit den Ergebnissen der Erforschung des natürlichen Zweitspracherwerbs befleißigt sich der Lehrer bewußt des *foreigner talk*, einer Vereinfachung seiner Sprache, wie sie im Erstspracherwerb (Papoušek 1985) der Ammensprache (*motherese*) entspricht.

Die sich am Erstspracherwerb bzw. am natürlichen Zweitspracherwerb orientierenden und zunächst nur auf das Hörverstehen abzielenden Methoden wie *Total Physical Response*, *Comprehension Approach* oder *Natural Approach* aber auch die *Suggestopädie* legen größten Wert auf die nonverbalen Aspekte der Sprache wie Mimik, Gestik und sprachbegleitendes Handeln. Sie finden sich übrigens damit auch im Einklang mit den Ergebnissen der Gedächtnispsychologie. Unter Einbeziehung möglichst vieler Sinne, emotionaler Beteiligung und ohne Lerner in Sprachnot zu führen, erfolgt im konkreten Sprachhandeln die Bindung (Terrell 1986) zwischen Sprachform und Bedeutung. Mit am direktesten für die reziproke Dynamik zwischen den Beteiligten ist dabei – für manche schwer akzeptabel – die sprachliche Form des Imperativ, u.a. weil hier morphosyntaktisch einfache, am wenigsten 'markierte' Formen erscheinen, weil Lerner und Lehrer im Verhalten dem anderen eindeutig erkennbare Rückmeldung über den Grad des Verstehens geben (sofort – zögernd – falsch), weil damit Sprache intersubjektiv überprüfbar als Sozialspiel erlebt und weil zugleich physisch in der Bewegung für wohltuende Entspannung gesorgt wird. Ab dem Moment, in dem es sich der Lerner zutraut, erfolgt Rollenumkehr; auch der Lehrer wird aufgefordert. So geschieht das vom Lerner selbst als erfolgreich erlebte Verwobenwerden in die Welt mittels der neuen Sprache.

Ganz im Einklang mit der schulpädagogischen Diskussion über die Wiederentdeckung eigener Handlungsspielräume bis hin zum Wandel im Zielbewußtsein, daß Jugendliche das intensive Leben in der Gegenwart einer ungewissen Zukunft vorziehen, legen die sog. alternativen Methoden größtes Gewicht auf das Hier und Jetzt. Dies hat nicht nur motivationspsychologische Bedeutung, es ist damit immer eine gewisse affektive Beteiligung gegeben. Sprachlernpsychologisch wird – wie in natürlichen Kommunikationssituationen – das nonverbale Element konstitutiv in den Sprachunterricht miteinbezogen und damit das Erschließen der Bedeutung an Kontext und Situation geübt (*negotiation of meaning*). Indem Sprache auf sinnlich faßbare Welt angewandt und im Hier und Jetzt in ihrer Wirkung mit den verschiedenen Sinnen erfahren wird, folgen – unausgesprochen – *Total Physical Response, Comprehension Approach, Natural Approach* mehr oder weniger einer sprachlernpsychologischen Stufung: 1. enaktiver Sprachgebrauch (Handeln wird von Sprache begleitet), 2. ikonischer Sprachgebrauch (Sprache bezieht sich auf Welt, die über Bilder präsent ist). Erst nach einer gewissen Stabilisierung der Lernersprache wird die Sprache 3. symbolisch für Abwesendes gebraucht.

Während alle sog. alternativen Methoden – und nicht nur sie – eine freundliche, aufgeräumte, menschliche Unterrichtsatmosphäre zum Abbau psychologischer Barrieren anstreben, ist die körperliche und geistige Entspannung für die *Suggestopädie* zentral. Mit visuellen (angenehme Lichtverhältnisse, informationsreiche, ansprechende Wandbilder), kinästhetischen (bequeme Sitzgelegenheiten) und akustischen (langsame Musik als Suggestionsträger) Mitteln sowie bewußtem Suggestiveinsatz der Stimme, bestimmten Suggestivtechniken (Dhority 1986) und bei gleichzeitigem Einbeziehen der peripheren Wahrnehmung wird beim Lerner systematisch mit nichtrationalen Mitteln der entspannte Alpha-Zustand angestrebt, der neurophysiologisch die beste Lernvoraussetzung bedeutet.

Eine weitere Strategie der Suggestopädie ist der Aufbau eines positiven Selbstverständnisses des Lerners mittels der Dauer-Übernahme der Rolle einer selbstgewählten Persönlichkeit in der Fremdsprache. Dadurch erfolgt auch eine Reduzierung der psychologischen und sozialen Distanz (Schumann 1978) zur fremdsprachlichen Kultur, zugleich der pädagogisch gezielte Einsatz des Pygmalioneffekts (Schiffler 1987). Fehler werden außerdem nicht vom Lerner, sondern von jener Persona gemacht.

In dem Vorsatz, das Lehren dem Lernen unterzuordnen, geht das *Community Language Learning* sogar soweit, daß jede Gruppe ihr eigenes Lehrbuch bzw. ihr eigenes Curriculum erstellt. Das, was sich die Lerner mitteilen wollen, übersetzt ihnen der im Bedarfsfall sanft informierende, hinter dem Lerner stehende Lehrer als ein sich selbst völlig zurücknehmender Helfer und menschlicher 'allwissender Computer' und hilft ihnen, eine Textgrundlage zu erstellen, die die Lerner anschließend nach ihrer persönlichen Art bedenken können.

Natürlich besteht hier trotz der angestrebten kleinen Zahl von 'Beratenen' in der Gruppe die Gefahr, daß ein einzelner den gruppendynamischen Zusammenhalt sprengen kann (Rinvolucri 1983), und das obwohl dem Sprechbedürfnis der Einzelnen, deren Selbstbild möglichst wenig in Frage gestellt werden soll, durch Aufteilung in Kleingruppen in den selbstbestimmten Übungsphasen Raum zugewiesen wird.

Insgesamt besteht die Rolle des Lehrers darin, dem Lerner hinreichend viel passenden *Input* anzubieten und ihm mit seiner Autorität emotionale und sachliche Sicherheit sowie (etwa durch Pausen) auch zeitlichen Freiraum zu geben. Mehr lehrerbestimmte Phasen wechseln mit mehr lernerbestimmten Phasen ab. Fehlerkorrektur erfolgt, wenn überhaupt, sehr vorsichtig.

4. Spezifische Arbeits- und Übungsformen

Die am meisten provozierende Unterrichtsweise kennt zweifelsohne der *Silent Way*, wo der nicht selbst sprechende Lehrer mittels seiner Materialien wie '*fidels*' (Tafeln mit Farben, die jeweils einem Laut zugeordnet sind bzw. auf denen die Buchstaben entsprechend ihrer Lautung mit diesen Farben gedruckt sind), Worttafeln und *Cuisenaire*-Stäbchen (sie können alle möglichen Situationen symbolisieren) und vor allem mit Gestik die Lerner zum Sprachgebrauch animiert und ihnen mittelbar Rückmeldung zuteil werden läßt. (Wird eine neue Aufgabe gestellt, war die Anwort richtig. Wird ein anderer mit derselben Aufgabe erneut beauftragt, war die gegebene Antwort falsch.) Die Lerner sind so gezwungen, äußerst konzentriert – am leichtesten in der Stille – im Versuch und Irrtum-Verfahren ihre Hypothesen zur Lösung der sprachlichen Probleme zu bilden und ständig ihre ganze Spracherfahrung zu aktivieren, um selbst eigene 'Innere Kriterien' zu entwickeln, stetig lernend und sich überprüfend.

Sehr genau strukturiert mit Wechsel von Frontal- und Gruppenarbeit ist der Verlauf im *suggestopädischen Unterricht* (Baur 1990; Schiffler 1989), auch wenn er sich in den verschiedensten Varianten präsentiert. Von den Arbeits- und Übungsformen des traditionellen Fremdsprachenunterrichts hebt sich wohl am stärksten ab das rhythmische, variable Vortragen des oft sehr umfangreichen Textes während der Konzertphasen durch den Lehrer zur gleichzeitig ablaufenden, Entspannung und Aufmerksamkeit zugleich bewirkenden klassischen oder barocken Musik. Die Stimme mit dem vorgetragenen Text bzw. den von den Lernern auf ihrem Sprachniveau in Kleingruppen während einer Aktivierungsphase erarbeiteten Kerninformationen (*items*) wird dabei zu einem Instrument des Orchesters: Erleichterung der unbewußten, peripheren Aufnahme der Information während des Hörens und Mitlesens. Pausen von 2, 3 Minuten danach sollen der Festigung im Gedächtnis dienen. Die relativ kleinen Gruppen werden möglichst in Intensivkursen mit 3-4 Stunden täglich unterrichtet. In bezug auf die Umsetzung des Konzepts in der Regelschule s. Holtwisch (1990).

Der Phantasie des flexiblen und sensiblen (Zimmermann 1985) Lehrers, Spiele und Arbeitsformen zum inhalt- und zielorientierten Gebrauch der Sprache einzusetzen, ist kaum eine Grenze gesetzt (z.B. Ball-, Rollen-, Kartenspiele, Puppen, Anekdoten zur Unterhaltung, Pantomime, Drama usw. s. z.B. Dhority 1986 oder Frank/Rinvolucri 1985). Spezielle Schulung für Lehrer von *Community Language Learning*, *Explorative-Creative Way*, *Silent Way*, *Suggestopädie* ist ratsam.

Individualarbeit ist nach gewissen Anfangskenntnissen zwar mit manchem Computerprogramm möglich, aber gezielt eben nur für genau begrenzte Spracherscheinungen. Bisher vorliegende suggestopädische Individualcomputerprogramme sind nicht überzeugend. Das überzeugendste lehrerlose Individualsprachprogramm scheinen Winitz' '*Learnables*' zu sein, wo der Lerner mit Bildserien und Tonkassetten in ca. 200 Stunden sich einen Wortschatz von etwa 3000 Wörtern mit den wichtigsten Strukturen bzw. Sprechakten aneignen kann (s. Winitz 1981).

Die sog. alternativen Methoden sind wegen ihrer Betonung eines bestimmten Aspektes und einer unorthodox scheinenden Arbeitsweise bekannt geworden. Daß daneben sehr viele der im traditionellen Fremdsprachenunterricht ebenfalls gepflogenen Arbeits- und Übungsformen benutzt werden, scheint für manche enttäuschend. Das Entscheidende ist auch hier nicht die eine oder andere Arbeits- und Übungsform, sondern das spürbare Verschmelzen von Inhalt mit Sprache, das Sensibilisieren für die funktionellen Leistungen der einzelnen Spracherscheinungen.

Entsprechend der gestaltpädagogischen Grundeinstellung wird durchweg ein offener Unterricht angestrebt, der das Lehren dem Lernen unterordnen will, der dem Lerner helfen will, seinen individuellen Lernbedürfnissen zu entsprechen bzw. den Sozialbedürfnissen des Augenblicks in der reziproken Interaktion Lehrer – Lerner und Lerner – Lehrer, bzw. Lerner – *peer group*. Beantwortet ist damit die Frage, welche Methode für welchen Lernertyp am geeignetsten wäre (Bleyhl 1984), noch nicht. Insgesamt wird gerade im am genauesten geschilderten und am leichtesten nachzuvollziehenden Anfangsunterricht betont die enge Verbindung von Welt und Wort gesucht (pragmadidaktische, kommunikative Komponente), was nach Oller (1985) der Grund des Erfolgs jener '*methods that work*' ist. Wenn Methoden wie *Suggestopädie*, *Community Language Learning*, *Silent Way* auch Raum lassen für Sprachstrukturen bewußt machendes Lernen, dann favorisieren andere wie *Natural Approach* den unbewußten Spracherwerb. Vom Lehrer wird erwartet, daß er sich der bewußten und vor allem unbewußten Aspekte der Sprachaneignung gewahr ist, daß er seine Lerner die für sie geschicktesten Wege gehen läßt, ja, daß er sich möglichst rasch überflüssig macht – im Grunde eine gewaltige Anforderung, im Sprachlichen, Methodischen wie Menschlichen. Aber mit der Persönlichkeit des Lehrers steht und fällt Sprachunterricht immer.

Was die öfters gerügte Unklarheit über den Fortgeschrittenenunterricht der sog. alternativen Methoden, den Quellflüssen eines sich langsam immer deutlicher abzeichnenden "ganzheitlichen" Fremdsprachenunterrichts (u.a. Dhority 1986; Puchta/Schratz 1984) betrifft, so ist diese mangelnde Präzision nur logisch, denn auch der Methodenvater kennt nicht die Bedürfnisse der fortgeschrittenen Schüler einer Klasse. Gleichfalls in der Logik ist aber als Fortgeschrittenenunterricht jeder spezifische Sachunterricht wie Geographie, Krankenpflege oder Computertechnik, eben in der betreffenden Fremdsprache, also bilingualer Unterricht. Und für den sog. allgemeinbildenden Unterricht wird im Fortgeschrittenenunterricht glücklicherweise wieder die Literatur entdeckt, denn gerade der Umgang mit ihr erfordert ganzheitliches Denken (Kranz 1983). Schüleraktivierende Methoden einer prozeßorientierten Literaturdidaktik (Bredella 1987) sind ganz in ihrem Sinn. In der Logik liegt dann auch, daß in dieser späteren Phase des Fremdsprachenunterrichts wieder die Sprachform (und auch die Grammatik) und ihre Feinheiten mehr Aufmerksamkeit erhält.

Literatur

Asher, James (1979), *Learning Another Language through Actions: The Complete Teacher's Guidebook*, 2. Aufl. Los Gatos/Cal. 1982.
Baur, Rupprecht, S. (1990), *Superlearning und Suggestopädie. Grundlagen – Anwendung – Kritik – Perspektiven.* Berlin.
Bleyhl, Werner (1982), "'Individualization' im Fremdsprachenunterricht", in: *Englisch*, Jg. 17, 150-153.
Bleyhl, Werner (1984), "Unorthodox Approaches to Foreign Language Methodology", in: Wil Knibbeler/ Marij Bernards (Hrsg.), *New Approaches in Foreign Language Methodology*, 15th AIMAV Colloquium, Nijmegen, 146-169.
Bredella, Lothar (1987), "Die Struktur schüleraktivierender Methoden. Überlegungen zum Entwurf einer prozeßorientierten Literaturdidaktik", in: *Praxis des neusprachlichen Unterrichts*, Jg. 34, 233-248.
Courchêne, Robert J. et al., Hrsg. (1992), *Comprehension-Based Second Language Teaching/L'enseignement des langues secondes axé sur la compréhension*, Ottawa.
Curran, Charles A. (1976), *Counseling-Learning in Second Languages*, Apple River/Ill.
Dhority, Lynn (1986), *Moderne Suggestopädie. Der ACT-Ansatz ganzheitlichen Lehrens und Lernens*, Bremen.
Frank, Christine/Rinvolucri, Mario (1985), *Grammar in Action. Awareness Activities for Language Learning*, München.
Gattegno, Caleb (1976), *The Common Sense of Teaching Foreign Languages*, New York.
Halliday, Michael A.K. (1969), "Relevant Models of Language", in: *Educational Review* 22, 26-37.
Holtwisch, Herbert (1990), *Fremdsprachen alternativ! Untersuchungen zur Wirksamkeit der suggestopädischen Methode im schulischen Englischunterricht*, Bochum.
Knibbeler, Wil (1989), *The Explorative-Creative Way: Implementation of a Humanistic Language Teaching Model*, Tübingen.
Kranz, Detlef (1983), "Gestalt-Pädagogik im Fremdsprachenunterricht. Zum Beispiel: Lyrik", in: *Praxis des neusprachlichen Unterrichts*, Jg. 30, 50-57.
Larsen-Freeman, Diane (1987), "From Unity to Diversity: Twenty-Five Years of Language-Teaching Methodology", in: *English Teaching Forum* 25/4, 2-10.
Oller, John W., Jr. (1985), "A Preview of Methods that Work", in: Penny Larson et al. (Hrsg.), *On TESOL '84*, 139-158.
Papoušek, Hanuš (1985), "Biologische Wurzeln der ersten Kommunikation im menschlichen Leben", in: Wolfgang Böhme (Hrsg.), *Evolution und Sprache*, Karlsruhe, 33-47.
Puchta, Herbert/Schratz, Michael (1984), *Handelndes Lernen im Englischunterricht*, 1. Theoriebuch, 2. Praxisbuch, 3. Trainerbuch, München.
Rinvolucri, Mario (1983), "L'apprentissage communautaire des langues" (Community Language Learning) ou La véritable méthode d'apprentissage à la carte", in: *Le français dans le monde* 175, 46—50.
Schiffler, Ludger (1987), "Suggestopädie und Superlearning – eine Methode für lernschwache Schüler? Eine Darstellung der Erfahrung in deutschsprachigen Schulen", in: *Praxis des neusprachlichen Unterrichts*, Jg. 34, 83-88.
Schiffler, Ludger (1989), *Suggestopädie und Superlearning – empirisch geprüft*, Frankfurt a.M.
Schumann, John H. (1978), "Social and Psychological Factors in Second Language Acquisition", in: J.C. Richards (Hrsg.), *Understanding Second and Foreign Language Learning*, Rowley/Mass., 163-175.
Terrell, Tracy David (1986), "Acquisition in the Natural Approach: The Binding/Access Framework", in: *Modern Language Journal*, Vol. 70, 213-227.
Winitz, Harris, Hrsg. (1981), *The Comprehension Approach to Foreign Language Instruction*, Rowley, Mass.
Zimmermann, Günther (1985), "Zur Adaptionsfähigkeit des Lehrers im Fremdsprachenunterricht", in: Armand Claude et al. (Hrsg.), *Sensibilisierung für Lehrverhalten*, Frankfurt a.M.: Päd. Arbeitsstelle des Deutschen Volkshochschul-Verbandes, 62-71.

Werner Bleyhl

41. Sprach- und Sprachlernspiele

1. Definitionen

Jede Gesellschaft besitzt Spielformen, die als mögliches Instrument für die Aneignung der Wirklichkeit, das Einüben wichtiger Lebenssituationen und das Vertrautwerden mit Problemen der jeweiligen Gesellschaft gesehen werden können. Nicht zuletzt diese Funktionen machen Spiele so interessant für den bewußten pädagogischen Einsatz, zumal angenommen wird, daß in Spielen um ihrer selbst willen ohne erwartete Belohnung gehandelt wird. So wird denn auch Spiel häufig als Gegenteil von Arbeit beschrieben. Arbeit sei produktorientiert und zielgerichtet, Spiel sei demgegenüber lustbetont und zweckfrei. Im Unterricht kommt diese Einstellung häufig dadurch zum Ausdruck, daß Spiele zur Belohnung am Ende einer Stunde, vor den Ferien o.ä. als Selbstzweck oder gar Lückenfüller eingesetzt werden und ihnen kein ernsthafter Übungscharakter zugestanden wird.

Die Erkenntnisse moderner Spieltheoretiker lassen jedoch eher darauf schließen, daß jede Tätigkeit sowohl Arbeit als auch Spiel sein kann. Im Unterrichtskontext hieße das, daß die Betonung sowohl auf den Lernprozeß und die Anwendung des Gelernten als auch auf den motivations- und lustfördernden Charakter der jeweiligen Tätigkeit als solcher gelegt werden kann. Dies hängt im wesentlichen von der Einstellung der Handelnden und ihrer Interpretation ab und kann individuell durchaus variieren. So kann eine Übung z.B. vom Lehrer dazu eingesetzt werden, einen Teilbereich des Sprachsystems zu erarbeiten, ohne daß sich der (insbesondere jüngere) Lerner dieses Ziels bewußt ist. Selbst patternartige Grammatik- oder Lexikübungen können – mit einem Spielziel (z.B. einem Wettbewerbselement) versehen – durchaus Spielcharakter bekommen. Man vergleiche hierzu z.B. Zahlenspiele aus Spielesammlungen zum Fremdsprachenunterricht mit Rechenaufgaben, Durchzählen o.ä. Beide Arten von Übungen sind dazu gedacht, die Zahlen in der Fremdsprache zu erlernen, der Spannungsbogen bei Spielen oder auch die Ungewißheit des Spielausgangs können jedoch dazu führen, daß ein sprachliches Phänomen immer wiederholt wird, ohne ermüdend zu wirken. Ebenso kann z.B. das Dramatisieren von Dialogen einerseits als darstellendes Spiel gelten, andererseits aber auch in eine bloße Aussprachübung degenerieren, wenn z.B. die Atmosphäre in einer Gruppe eine spielerische Ausformung nicht zuläßt (Konkurrenzverhalten, starkes Eingehen des Lehrers auf Aussprachefehler, für die Gruppe uninteressanter Dialog o.ä.).

Es besteht also bei Einsatz und Aufnahme des Spiels eine Bandbreite zwischen lustbetontem, spielorientiertem Selbstzweck und lernzielgerichtetem Mittel zum Fremdsprachenlernen, die sich nach der jeweiligen Einstellung der Handelnden richtet und die sich nicht nur zwischen den Beteiligten, sondern auch im Individuum selbst verschieben kann.

Die Begriffe Sprachspiel und Sprachlernspiel könnten denn u.a. aus oben genannten Gründen, aber auch aufgrund ihrer willkürlichen Verwendung synonym gesetzt werden, auch wenn sie in der Literatur manchmal unterschiedliche Spieltypen bezeichnen. Da der Begriff *Sprachspiel* jedoch sprachphilosophisch belegt ist, ist der Begriff *Sprachlernspiel* vorzuziehen.

Alle in der Spieleliteratur verwendeten Begriffsregelungen wie z.B. *play* (freies Spiel) versus *game* (regelgeleitetes Spiel) sind als nicht schlüssig zu betrachten. Werden nämlich z.B. Rollenspiele und Simulationen dem *play* zugeordnet, so kann man dem entgegensetzen, daß auch hierbei Regelungen wie Handlungs- oder Rollenanweisungen in das Spiel eingreifen. Auf Abgrenzungsmöglichkeiten zwischen z.B. Rollenspiel, Simulation, Diskussionsspiel, Gesellschaftsspiel, darstellendem Spiel, Drama, Ratespiel sei hier verzichtet, da ein solcher Abgrenzungsversuch keine Auskunft darüber gibt, zu welchen Unterrichtszwecken die unterschiedlichen Spieltypen eingesetzt werden können. In vielen Spielesammlungen sind daher auch Spiele nach Unterrichtsphasen oder einfach dem Spielnamen nach geordnet.

Dem Praktiker sei daher empfohlen, sich aufgrund von Spielesammlungen eine Übersicht zu verschaffen und Spiele gemäß seinen Anforderungen thematisch, lehrbuchabhängig oder nach anderen Ordnungskriterien zu katalogisieren.

2. Spezielle Lernziele

Da sehr unterschiedliche Spieltypen existieren, insbesondere auch in bezug auf ihren Komplexitätsgrad, sind ihnen auch sehr unterschiedliche Lernziele zugeordnet. Lernziele können für einzelne Spiele verändert oder auch untereinander kombiniert werden. Sie beziehen sich auf:
– Teilbereiche des sprachlichen Systems;
– Fertigkeiten;
– Aktivitäten in unterschiedlichen Unterrichtsphasen (Festigen, Anwenden, Wiederholen des Gelernten, aber auch Erarbeiten neuen Sprachmaterials u.a. dadurch, daß Lücken sichtbar werden, die z.B. durch Hilfen des Lehrers oder durch Bereitstellen von Vokabular oder Redemitteln geschlossen werden können);
– Antizipation von Situationen, in die Lerner kommen könnten, Ausprobieren alternativer Handlungsmöglichkeiten und dadurch Vorentlastung möglicher realer Situationen;
– positive Einstellung zur Fremdsprache u.a. durch Spaß auch im Unterricht, durch Vermittlung von Erfolgserlebnissen dadurch, daß Lerner merken, daß sie mit dem Gelernten etwas anfangen können, z.B. ganze Situationen meistern;
– außersprachliche Faktoren wie z.B. soziale Verhaltensweisen und situationsangemessenes Verhalten in der Fremdsprache (das gilt insbesondere für weiter entfernte kulturelle Kontexte).

Neben diesen fachdidaktisch begründeten Zielen sind sicherlich auch – insbesondere bei komplexeren Spieltypen mit Rollenübernahmen – weiterreichende mögliche pädagogische und sozialpsychologische Ziele denkbar, wie z.B. Kooperationsbereitschaft, Empathiefähigkeit, aber auch Rollenflexibilität und Konfliktbereitschaft. Ob auch u.a. solche Verhaltensziele mitwirken oder gar mitangestrebt werden können, hängt sicherlich vor allem davon ab, inwieweit Lerner sich z.B. mit übernommenen Rollen identifizieren wollen/können. Es sollte allerdings davor gewarnt werden, z.B. Formen des Psychodramas oder auch gruppendynamisch orientierte Spiele unreflektiert auf den Fremdsprachenunterricht zu übertragen, da hierbei möglicherweise die wichtige verhaltensorientierte der fremdsprachlich orientierten Aufarbeitungsphase untergeordnet wird/werden muß und es somit zu unbeabsichtigten, aber dennoch negativen Effekten kommen kann.

Bei sinnvoll eingesetzten Spielen kann allerdings zumindest davon ausgegangen werden, daß innerhalb der Lerngruppe positive Effekte zu verzeichnen sind, wie z.B. miteinander und voneinander zu lernen, handlungsorientiertes und in vielen Bereichen auch selbstverantwortliches Lernen (z.B. dadurch, daß man etwas sagen will, was im Unterricht noch nicht vorgekommen ist und das man dann in Erfahrung bringen muß). Außerdem haben Spiele in vielen Fällen ihren eigenen Bewertungscharakter, so daß der Lehrer auch die Möglichkeit hat, aus der traditionellen Lehrerrolle herauszugehen (s.u.).

3. Spezifische Strategien

Die Strategien vor und beim Einsatz von Spielen variieren je nach Adressatengruppe, z.B. ob die Betonung eher auf das Spielziel oder das Lernziel gerichtet wird, ob eher fiktive, quasi-authentische oder authentische Situationen angestrebt werden, wie auf das Spiel hingeführt wird, wie und ob eine Spielatmosphäre geschaffen wird, welche Spielmaterialien bereitgestellt werden (Karten, Puzzles, Rollenkarten, Redemittellisten, Bilder, Graphiken etc.). Es sollte auch überprüft werden, ob der Spielaufwand mit den Effekten in einem sinnvollen Verhältnis steht (z.B. bei Spielen, die im wesentlichen spielbegleitende Kommunikation erfordern).

Bei der Durchführung müssen die Entscheidungen getroffen werden, ob der Lehrer Spielleiter- oder Beobachterfunktion übernimmt und als *Service Station* zur Verfügung steht oder ob er als Mitspieler fungiert. Es ist zu überlegen, ob eine Verschriftlichung z.B. eines Dialogs sinnvoll ist oder ob ein spontanes Spiel gestaltet werden soll, ferner welcher Wert auf die Korrektheit der Sprache gelegt werden soll, ohne daß der Spielfluß leidet oder Sprechhemmungen entstehen.

Wichtig ist es, darauf zu achten, daß z.B. bei Wettbewerbsspielen nicht sprachlich Schwächere immer zuerst ausscheiden, sondern daß der Zufall oder auch das Können auf anderen als sprachlichen Gebieten das Gewinnen beeinflussen sollte.

Nach der Durchführung ist eine Nachbereitungsphase als Weiterführung des Spiels möglich (z.B. Verschriftlichung als Hausaufgabe, Umformung eines Dialogs in eine Erzählung). Ebenso kann eine Korrekturphase mit Übungsmaterialien zu häufigen Fehlertypen eingesetzt werden.

4. Spezifische Arbeits- und Übungsformen

Arbeits- und Übungsformen sind selbstverständlich abhängig von Lernerfaktoren wie Alter, Lernstufe und Spielerfahrung, von Gruppengröße und -zusammensetzung sowie vom gewählten Spieltyp. Es kann, wenn auch nur mit größter Vorsicht, davon ausgegangen werden, daß

– Großgruppenspiele (über ca. 5 Teilnehmer) sich eignen für Spiele mit Wettbewerbscharakter. Simulationsspiele, Rollenspiele oder Diskussionsspiele in der Großgruppe haben den Nachteil, daß sich möglicherweise nur wenige äußern. Hierzu ist zumindest eine intensive Vorbereitung mit genau verteilten Aufgaben nötig. In der Großgruppe können sich zudem Korrekturen hemmend auf den Spielfluß auswirken, da die Konzentration auf zwei Ebenen (Unterrichts- und Inhaltsebene) einigen Schülern Schwierigkeiten bereiten kann

– Kleingruppenspiele (2-3 Spieler) sich positiv auf unterschiedliche Faktoren auswirken können. Es kann gleichzeitig und parallel gearbeitet werden, was sowohl die Sprechzeiten erhöht als auch eine Binnendifferenzierung zuläßt, da jeder das Spiel seinem individuellen Vermögen nach gestalten kann (z.B. bei Rollenspielen). Außerdem kann nach der Kleingruppenarbeit eine Präsentation vor der Großgruppe stattfinden, wobei ein zusätzliches Erfolgserlebnis geschaffen werden kann. Auch Korrekturen sind in der Kleingruppe eher möglich, ohne daß sie sich hemmend auf das Spiel auswirken: der Lehrer kann helfend durch die Gruppen gehen, so daß das der Großgruppe präsentierte Ergebnis fast fehlerfrei ist.

Insgesamt gilt, daß jegliche Art von Spielen in alle Fremdsprachenvermittlungsmethoden integrierbar sind, obgleich sie natürlich als inhärenter Bestandteil von kommunikativ orientierten und alternativen Methoden (ab Mitte der 70er Jahre)

einen Boom erlebten. Sie sollten allerdings als echte Übungstypen der jeweiligen Einheit angepaßt werden und alternierend mit anderen Übungstypen benutzt werden.

Literatur

Dauvillier, Christa (1986), *Im Sprachunterricht spielen? aber ja!*, München.
Friedrich, Thorsten/van Jan, Eduard (1985), *Lernspielekartei. Spiele und Aktivitäten für einen kommunikativen Sprachunterricht*, München.
Göbel, Richard (1979), *Lernen mit Spielen. Lernspiele für den Unterricht mit ausländischen Arbeitern*, Frankfurt a.M.
Hansen, Maike/Wendt, Michael (1990), *Sprachlernspiele. Grundlagen und annotierte Auswahlbibliographie unter besonderer Berücksichtigung des Französischunterrichts*, Tübingen.
Kleppin, Karin (1980), *Das Sprachlernspiel im Fremdsprachenunterricht. Untersuchungen zum Lehrer- und Lernerverhalten in Sprachlernspielen*, Tübingen.
Kleppin, Karin (1984), "Spiele im Französischunterricht", in: *Neusprachliche Mitteilungen*, Jg. 37, 212-217.
Klippel, Friederike (1980), *Lernspiele im Englischunterricht. Mit 50 Spielvorschlägen*, Paderborn.
Krings, Hans-Peter (1984), "Spiele im Italienischunterricht", in: *Neusprachliche Mitteilungen*, Jg. 37, 218-226.
Löffler, Renate (1979), *Spiele im Englischunterricht*, München.
Prange, Lisa (1993), *44 Sprechspiele für Deutsch als Fremdsprache*, Ismaning.
Schibor, Dorothea/Weichert, Inge (1987), *Sprachspiele*, Berlin.
VHS-Landesverband Niedersachsen (1983), *Spiele im Spanischunterricht*, Hannover (auch für andere Sprachen erhältlich).

Karin Kleppin

42. Arbeits- und Übungsformen: Überblick

1. Problemaufriß

Arbeitsformen und Übungsformen sind das Herzstück des Fremdsprachenunterrichts. Sie sind Ausdruck des jeweiligen Erkenntnisstandes, der internalisierten Normen, der herrschenden Moden und der individuellen Vorlieben eines Lehrers, durch die der jeweilige Fremdsprachenunterricht nachhaltig beeinflußt wird.

Im Sprachgebrauch der Fremdsprachendidaktik werden die Begriffe Arbeitsform und Übungsform oft als Synonyme verwendet. Die Begriffe bezeichnen aber nicht das gleiche. Der Begriff Arbeitsform beschreibt ein umfassenderes unterrichtliches Geschehen als der Begriff Übungsform.

Unter der Arbeitsform "Textarbeit" werden z.B. alle Tätigkeiten im Umgang mit Texten – so etwa mit literarischen Texten im Literaturunterricht – erfaßt. Zur Arbeitsform "Unterrichtsprojekt" gehören alle im Projektunterricht anfallenden Tätigkeiten. Innerhalb der Arbeitsform Textarbeit oder der Arbeitsform Projektarbeit finden jedoch eine Fülle von Übungen statt, die sich in die Arbeitsform integrieren und die ihrerseits als spezifische Übungsformen zu gruppieren sind.

Der Begriff Arbeitsform ist also ein genereller Begriff, der Begriff Übungsform ein speziellerer. Ich werde mich im folgenden mit dem zweiten befassen.

Das Üben, die Übung, die Übungsform und die Übungstypologie sind Bezeichnungen für Prozesse, Aktivitäten und Materialien, die schulisches und außerschulisches Lernen generell und somit auch Fremdsprachenlernen bestimmen. Was verstehen wir unter Üben?

Übung ist eine Handlung des Lernenden, in deren Verlauf er identische oder ähnliche Sachverhalte wieder und wieder lernt, um sie zu behalten und für den eigenen produktiven Umgang zur Verfügung zu haben. Die "Übung beeinflußt also das Lernen und Behalten dadurch, daß sie die kognitive Struktur modifiziert. Allgemein ausgedrückt vergrößert sie die Stabilität und Deutlichkeit neugelernter Sinnbedeutungen in der kognitiven Struktur. Sie erhöht den Grad ihrer Dissoziierbarkeit und ihrer Bewahrung im Gedächtnis. Die Übung ist nicht selbst eine kognitive Strukturvariable, sondern (zusammen mit den Variablen des Lehrstoffes) einer der Hauptfaktoren, der die kognitive Struktur beeinflußt" (Ausubel 1980, 367). Die von Ausubel (1980, 369) getroffene Aussage, "trotz des ehrwürdigen Platzes, den das Üben und Wiederholen in der pädagogischen Praxis einnehmen, klafft in der Forschung hinsichtlich der Rolle des Übens und der Wiederholung im sinnvollen verbalen Lernen eine auffallende Lücke", gilt bis heute. Sie gilt vor allem für die Bedeutung der Übung im fremdsprachlichen Lernprozeß. Wenn der wissenschaftliche Kenntnisstand zu diesem zentralen fremdspachenunterrichtlichen Bereich schon gering ist, so tritt bei einer systematischen Aufarbeitung der fachdidaktischen Literatur noch eine zusätzliche Schwierigkeit auf: Die Terminologie, mit der die Vorlagen bezeichnet werden, an denen sich Üben vollziehen soll, ist unscharf und widersprüchlich. Das Verständnis von Übungsformen, Übungstyp und schließlich Übungstypologie wird von jedem Autor unterschiedlich gedeutet. Vergleicht man die Aussagen von Autoren untereinander, so kann man feststellen, daß sie für identische Vorgänge gegenläufige Begriffe verwenden. In jeder fremdsprachendidaktischen "Epoche" waren Autoren bestrebt, Übungsformen und Übungstypen zu einer sinnvollen, unmittelbar einsetzbaren Übungstypologie zu vereinigen. Dieses Bestreben kann nachgewiesen werden von der Grammatik-Übersetzungsmethode über den kommunikativen Fremdsprachenunterricht bis hin zu Publikationen über Alternative Methoden. In all diesen Versuchen wird die Übungstypologie als eine Sammlung von Übungen angesehen, die präzise zu den Lernzielen, denen sie zugeordnet sind, hinführen sollen. Der Begriff der Übungstypologie erweckt so die Erwartung einer Sortiertheit, die wissenschaftlich begründet, überschaubar und eindeutig ist. Man erwartet von der Übungstypologie, daß die unterschiedlichsten Merkmale, die aus den Grundlagenwissenschaften (Lern-/Motivationspsychologie, Sozialpsychologie, Linguistik) abgeleitet wurden, in ihr berücksichtigt werden. Aus der "umfassenden" Berücksichtigung von Merkmalen soll sich dann eine innere Logik im Sinne einer Zwangsläufigkeit der Zuordnung ergeben, die nicht mehr verwechselt werden kann mit einer subjektiv hergestellten Ordnung. Wissenschaftsgeschichtlich interessant ist, daß sich die theoretische Auseinandersetzung um Übungsformen, Übungstypen und ihre Systematisierung in Technologien offenbar gegen Ende der sechziger bis zum Ende der siebziger Jahre schwerpunktmäßig vollzogen hat, ohne das gewünschte Ziel auch nur annähernd zu erreichen. Seit geraumer Zeit sind hierzu keine Veröffentlichungen, die eine breite Diskussion angeregt haben, erschienen.

2. Aktueller Erkenntnisstand

Ist die Stille um dieses Thema ein Zeichen dafür, daß die Notwendigkeit für eine Systematisierung von Übungsformen nicht mehr eingesehen wird, oder sind andere Prozesse dafür verantwortlich? Üben war und ist im Zentrum des Fremdsprachenunterrichts. Der Anspruch einer wissenschaftlichen Erörterung dieses Bereiches kann nicht aufgegeben werden. Die Beendigung dieser Diskussion kann von daher nur als vorläufig angesehen werden, und es müssen Überlegungen angestellt werden, wie es zu diesem Stillstand kommen konnte. Einer der zentralen Gründe für die Beendigung der wissenschaftlichen Auseinandersetzung um Übungen, Übungsformen, Übungstypologien etc. ist, daß die Methoden, die in dieser Forschung verwendet wurden, als nicht tragfähig erkannt wurden. Die Forschungsmethoden gestatten nicht, über die Merkmale und Bedingungen von Übungen, Übungsformen und Übungstypologien Aufschlüsse zu erlangen, die für die aktuelle Unterrichtserteilung nützlich waren. Obschon Zweifel am wissenschaftsmethodischen Vorgehen in diesem Bereich kaum publiziert wurden, kann davon ausgegangen werden, daß die hier getroffene Aussage berechtigt ist. Gegen Ende der 70er Jahre nämlich begann der Einzug der Methodendiskussion in die Sprachlehrforschung und Fremdsprachendidaktik. Dem systematischen Vorgehen wurde empirisches Vorgehen vorgeordnet, wobei an die Seite der quantitativen auch die qualitativen Methoden gestellt wurden. Diesem neuen forschungsmethodischen Anspruch zeigt sich diese Diskussion über Übung, Übungsformen, Übungstypen und Übungstypologien nicht gewachsen. Die forschungsmethodischen Ansprüche bauten Barrieren, die eine lineare Übertragung von Erkenntnisständen aus den Nachbardisziplinen wie Psychologie, Soziologie, Sozialpsychologie und angewandte Linguistik erschweren. Durch den Einsatz qualitativer Forschungsmethoden wird es zukünftig möglich sein, der Frage der Bedeutung von Üben und der unterschiedlichen Wirksamkeit verschiedener Übungsformen genauer nachzuspüren und daraus für den aktuellen Fremdsprachenunterricht wesentliche Einsichten bereitzustellen.

Inwieweit diese vorläufige wissenschaftliche "Sackgasse" auf die Erteilung des aktuellen Fremdsprachenunterrichts Auswirkungen hat, ist allgemeingültig nicht feststellbar. Nachweisbar ist allein, daß die Einsichten, die in der fachdidaktischen Diskussion über neue Übungen in der Nachfolge der Darstellung neuer Methoden zusammengestellt wurden, jeweils ihren Niederschlag in Lehrbüchern fanden und finden. In den Lehrbüchern, die heute für die verschiedenen Schulfremdsprachen auf dem Markt sind und damit auch im Unterricht eingesetzt werden, findet sich das breite Spektrum von Übersetzungsübungen bis hin zu

Übungen aus alternativen Methoden. Ob diese Übungen, so wie sie in den Lehrbüchern abgedruckt sind, im Unterricht eingesetzt werden und welche Bedeutung diese Übungen für den fremdsprachlichen Lernprozeß haben, läßt sich heute nicht mit Bestimmtheit sagen. Insgesamt kann festgehalten werden, daß sich zwar die Entstehungszeit von Übungen auf einen genauen Zeitpunkt festlegen läßt, die Übungen selbst jedoch von diesem Zeitpunkt an mal weniger, mal mehr eingesetzt werden. Gerade an diesem Kernbereich des Fremdsprachenunterrichts, den Übungsformen, läßt sich die tiefe Kluft, die zwischen wissenschaftlicher Forschung und Praxisrelevanz der Forschungsergebnisse besteht, präzise nachweisen. Die Aufarbeitung der vorhandenen wissenschaftlichen Literatur und deren Ergebnisse, der Stand der Lehrbuch- bzw. Lehrmaterialentwicklung, gesichtet unter dem Aspekt von Übungsformen, und die wirkliche Unterrichtserteilung folgen offenbar drei verschiedenen Bahnen, die wenngleich sie auch dasselbe Ziel anstreben: die Verbesserung des Fremdsprachenunterrichts, doch nur wenige Berührungspunkte bzw. Überschneidungen miteinander aufweisen.

Verbesserungen gerade in diesem Zentralbereich des Fremdsprachenunterrichts können wohl nur dann in Gang gesetzt werden, wenn wissenschaftliche Erforschung von Übungsformen auch zugleich die Vermittlung der Forschungsergebnisse mitbedenkt und vor allen Dingen als eine gleichgewichtige Aufgabe für sich erkennt.

3. Perspektiven

Welche Perspektiven zeigen sich für eine wissenschaftliche Erforschung des Bereichs Übungsformen? Vielleicht wäre eine Reihe von Problemen bereits gelöst, wenn man eine terminologische Normierung erreichen würde. Hierdurch würden eine Vielzahl von wissenschaftlichen Ideologien, die diesen Bereich befrachten und damit undeutlich machen, entfallen. Daß dieses allerdings eine unrealistische Vision ist, muß zugleich eingestanden werden, denn Terminologien halten sich meist beharrlich, besonders in einem Bereich, der sich, wie der Fremdsprachenunterricht, nicht allein durch wissenschaftliche Forschung, sondern auch durch persönliche Intuition etabliert. Weiter oben wurde bereits der Erwartung Ausdruck gegeben, daß unter Zuhilfenahme qualitativer Methoden Wissen im Bereich der Übungsformen geschaffen wird, das in einer ferneren Zukunft dann auch Einfluß nimmt auf die Lehrerausbildung und damit auch auf die Unterrichtspraxis. Welche Verfahren der qualitativen Forschung zeigen sich hierfür besonders geeignet? Fokussierte Interviews, Introspektion, Reinterpretation von durch Video aufgezeichneten Unterrichtspassagen u.a. zeigen bereits erste Ergebnisse, die bei breiterer Forschungsbzw. Datenbasis auf aussagekräftige Ergebnisse in diesen Bereichen hoffen lassen. Wichtig wäre, hier sowohl den Lehrenden wie auch den Lernenden in die Untersuchung einzubeziehen, um Aufschluß darüber zu erhalten, ob das, was der Lehrer beabsichtigte, überhaupt vom Schüler verstanden wurde, oder beide auf der Grundlage von gegenseitigen Mutmaßungen handeln und so, durchaus dem Unterrichtsgeschehen kontraproduktiv, aneinander vorbei handeln.

Zwei weitere Bereiche, aus denen neue Einsichten für die Wirksamkeit von Arbeits- und Übungsformen gewonnen werden können, zeichnen sich bereits ab: Aus der interkulturellen Kommunikationsforschung die Frage, ob es so etwas wie kulturspezifische Lernformen gibt, und bei einem Nachweis eine Beschreibung ihrer jeweiligen Kulturspezifik. Forschungsergebnisse, die in anderen Ländern gewonnen werden, können auf Forschungen in der Bundesrepublik Deutschland befruchtend einwirken und helfen zu erklären, warum einige Übungsformen langlebiger sind und den Ruf haben, erfolgversprechender zu sein, als andere. (Es könnte auf diese Art und Weise gelingen zu erklären, aus welchen Gründen die kommunikativen Übungen in der Unterrichtspraxis in der Bundesrepublik Deutschland auf so viele Widerstände im schulischen Bereich stoßen.)

Einen damit verzahnten, jedoch völlig selbständigen Bereich hebt die Emotionsforschung heraus, die ebenfalls im Bereich der interkulturellen Kommunikation arbeitet. Es könnte ein Erklärungszusammenhang des Erfolgs bzw. Mißerfolgs bestimmter Übungsformen erschlossen werden, der bis heute noch im Dunkeln liegt: Die Herausarbeitung bestimmter zeitgemäßer Emotionen in Übungs- und Arbeitsformen des Fremdsprachenunterrichts. Es ließe sich dann erklären, warum, wie weiter oben bereits festgestellt wurde, selten auf Übungen verzichtet wird, wenn sie einmal, und liegt der Zeitpunkt auch noch so weit zurück, in den Unterricht eingebracht wurden. Hier wiederum könnte eine interessante Diskrepanz in der Reaktion auf Übungen zwischen Lehrern und Schülern aufgrund ihrer unterschiedlichen Generationszugehörigkeit festgestellt und Übungsformen entwickelt werden, die in der Lage sind, diese Kluft zu verringern. Schließlich wird zu erwarten sein, daß Übungsformen auch aus der Praxis Veränderungen erfahren und zwar aufgrund der Entwicklung und Etablierung der elektronischen Medien in der Öffentlichkeit, und somit auch in den Fremdsprachenunterricht Eingang finden. Die Erforschung des Wandels emotionaler und kognitiver Prozesse bei Lehrenden und Lernenden in Verbindung mit elektronischen Medien berührt alle bisher genannten Bereiche und fügt diesen noch weitere hinzu. Diese werden unter anderen sein die Bedeutung von Wahrnehmungsgeschwindigkeit (im visuellen, auditiven und taktilen Bereich) für Übungen. Welche Auswirkungen diese Entwicklungen jedoch für den Bereich der Übungsformen haben werden, muß im Moment noch offen bleiben.

Literatur

Ausubel, David P. et al. (1980), *Psychologie des Unterrichts,* Bd.1, Weinheim.
Beile, Werner (1979), *Typologie von Übungen im Sprachlabor. Zur Entmythologisierung eines umstrittenen Sachfelds,* Berlin/München.
Bialystok, Ellen (1990), *Communication Strategies. A Psychological Analysis of Second-Language Use,* Oxford.
Bundesarbeitsgemeinschaft Englisch an Gesamtschulen, Hrsg. (1978), *Kommunikativer Fremdsprachenunterricht – Prinzipien und Übungstypologien,* München.
Dakin, Julian (1979), *Vom Drill zum freien Sprechen* (Übungsformen für Sprachlabor und Klassenraum), München.
dtv – Lexikon (1974), Bd. 1: A-Bam, München, 187.
Grewer, Ulrich/Moston, Terry/Sexton, Malcolm (1979), "Übungsschritte zum Erwerb kommunikativer Kompetenz", in: Gerhard Neuner (Hrsg.), *Pragmatische Didaktik des Englischunterrichts,* Paderborn, 181-193.
Hammersley, Martyn (1990), *Classroom Ethnography. Empirical and Methodological Essays,* Milton Keynes/Philadelphia.
Harré, Rom, Hrsg. (1986), *The Social Construction of Emotions,* Oxford.
Hellmich, Harald/Gröschl, Rosemarie (1978), "Die Übung im Fremdsprachenunterricht", in: *Deutsch als Fremdsprache,* Jg. 15, H. 5, 261-266.
Hüllen, Werner (1972), "Zur linguistischen Begründung fremdsprachlicher Übungsformen", in: *Linguistik und Didaktik,* Jg. 3, 32-41.
Jung, Lothar (1979), "Pragma- versus systemlinguistische Progressionen", in: Gerhard Neuner (Hrsg.), *Pragmatische Didaktik des Englischunterrichts,* Paderborn, 84-94.
Krüger, Michael (1978), "Übungs- und Sozialformen im Fremdsprachenunterricht Deutsch", in: *Zielsprache Deutsch,* Jg. 9, H. 4, 2-10.
Larsen-Freeman, Diane/Long, Michael H. (1991), *An Introduction to Second Language Acquisition Research,* London/New York.
Legutke, Michael/Thomas Howard (1991), *Process and Experience in the Language Classroom,* London/New York.
Neuner, Gerhard/Krüger, Michael/Grewer, Ulrich (1985), *Übungstypologie zum kommunikativen Deutschunterricht,* Berlin.
Schwerdtfeger, Inge Christine (1983), "Kommunikativer Fremdsprachenunterricht: Eine Bilanz aus der Sicht von Lehrern und ein Vorschlag für die Unterrichtspraxis", in: *Die Unterrichtspraxis for the Teaching of German* 16, 161-174.
Schwerdtfeger, Inge Christine (1984), "Übungsformen und schulisches Fremdsprachenlernen – Eine qualitativ-empirische Studie", in: Karl-Richard Bausch/Herbert Christ/Werner Hüllen/Hans-Jürgen Krumm (Hrsg.), *Empirie und Fremdsprachenunterricht – Arbeitspapiere der 4. Frühjahrskonferenz zur Erforschung des Fremdsprachenunterrichts,* Tübingen, 134-141.
Schwerdtfeger, Inge Christine (1985), "Exercises in the Foreign Language Class – The Pupils Point of View, in: Jan Den Haese/Jos Nivette (Hrsg.), *Aila Brussels 84,* Vol. 4, 1646.

Inge Christine Schwerdtfeger

43. Ausspracheübungen

1. Definition

Aussprache als Gegenstand des Lehrens und Lernens einer Fremdsprache umfaßt alle kognitiven und motorischen Prozesse, mit denen phonetische Segmente (Laute, Lautverbindungen) und suprasegmentale oder prosodische Strukturen (Tonhöhe, Akzent, Rhythmus) der Fremdsprache hervorgebracht werden. Zum Umkreis der Aussprache gehören das diskriminierende bzw. lautidentifizierende Hören, in weniger engem Bezug auch die unterste Stufe des Lesens und Schreibens, d.h. die Wahrnehmung oder Erzeugung von Buchstabenfolgen. Gemeinsam ist all diesen sprachlichen Tätigkeiten, daß sie den Zeichenkörper, nicht aber den Zeicheninhalt der Sprache zum Gegenstand haben. Aussprache ist damit eine Teilaktivität des kommunikativen Sprechens (vgl. Art. 46 u. 52) und findet in diesem ihr übergeordnetes Lernziel, so wie das diskriminierende Hören eine Teilaktivität des Hörverstehens ist.

2. Lernziele

Da für Lehrbedürfnisse die moderne Phonetik mit ihrer differenzierten Beschreibung des artikulatorischen/akustischen Kontinuums zu schwach, die Phonologie mit ihren formalen Distinktivitätskriterien hingegen oft zu stark typisiert, dient zur Lernzielbestimmung meist eine mittlere Beschreibungsebene der traditionellen Laute bzw. der Allophone, der sprachtypischen Artikulationen und der charakteristischen prosodischen Muster. Lernziele können nach drei Parametern bestimmt werden: Welche Arten von lautlichen Elementen und Prozessen müssen gelernt werden? Welche zielsprachliche Norm dient als Richtwert? Wie nah muß der Lernende dieser Norm kommen? – Zu den Lernzielen zählt gemäß der üblichen phonetischen Einteilung die Beherrschung der jeweiligen fremdsprachlichen Lautsegmente, ihrer Variation in spezifischen Lautumgebungen (Assimilation, Elision, Schwachformen) oder Wortpositionen (Anlaut, Inlaut, Auslaut) sowie ihrer Reihung zu Lautgruppen. Dazu gehört ebenso die Beherrschung der suprasegmentalen Strukturen Intonation, Wort- und Satzakzent und Rhythmus, die als Kombinationen von Tonhöhe, Lautstärke, Länge, Lautqualität und Pausen gefaßt werden können. Verwandte Zusatzlernziele sind Hören, Lesen und Schreiben. Als produktive Norm, die der Lernende in seiner Artikulation übernehmen soll, gilt im Regelfall die nicht nachlässige Alltags-Aussprache der gebildeten Mittelschicht des Ziellandes, oft dessen Hauptstadtregion. Für sie spricht ihre relative Unmarkiertheit in einer Vielzahl von Situationen sowie ihre weite Verbreitung (auch in Rundfunk und Fernsehen). Starke Regionalnormen (Deutsch, Italienisch) oder international koexistierende Normen (Englisch, Spanisch) müssen ggf. mitberücksichtigt werden. Rezeptiv sollte der Lernende, nachdem seine Aussprache hinreichend gefestigt ist, zur Förderung des Hörverstehens mit wichtigen Varietäten und Substandards vertraut gemacht werden. – Anders als Wortschatz, Grammatik oder auch Prosodie kann das fremdsprachliche Lautsystem der Zielnorm nicht ausschnitthaft gelernt werden. Aussprache lernen kann deshalb nur erleichtert werden, indem der Lehrer Ausspracheannäherungen der Lerner graduell toleriert, selbst aber wie ein *native speaker* spricht. Die Begründung und Definition von Annäherungsstufen ist allerdings ein ungelöstes Problem. Phonetische Toleranzbereiche (Germer 1980, 21 ff.) erfordern einen sehr hohen deskriptiven Aufwand. Bei Kriterien wie Unverständlichkeit und Fremdheit (nach Urteil des *native speakers*) spielt die Distinktivität des Phonems (Abel 1982) offenbar keine wesentliche Rolle: Im Prozeß des Hörverstehens geht die Dekodierung von Einzellauten ein in die komplexe Verarbeitung von Lautfolgen, prosodischen Strukturen und grammatischem, semantischem, pragmatischem Kontext. Außerdem sind subphonemische Abweichungen (z.B. Zäpfchen-[r] im Engl., intervokalisches [b,d,g] im Span.) dem *native speaker* ähnlich "fremd" wie phonemische Abweichungen. Seine Toleranzskalen sind bisher wenig erforscht (Leather 1983, 198 f.).

3. Methodische Verfahren

Wichtige methodische Verfahren betreffen Sprachkontraste, den Bezug zum Schriftbild, das Verhältnis von Imitation und Kognition sowie den Grad kommunikativer Integration. Der Lernende verfügt bereits über Hör-, Aussprache- und Rechtschreibgewohnheiten der Grundsprache (genauer: seines Idiolektes) sowie evtl. anderer Fremdsprachen, die die Herausbildung der entsprechenden neuen Fertigkeiten stören können. Aus der Lehrpraxis sind für jedes Paar von Grundsprache und Fremdsprache Listen von typischen Aussprachefehlern bekannt, die überwiegend kontrastiv erklärbar sind. Lernprobleme entstehen bei unbekannten Phonemen, häufiger aber noch bei einer anderen Lautdistribution oder Kontextvariation sowie bei kontrastierender Prosodie (z.B. für Deutsche *groupe rythmique* im Französischen, *fall rise* im Englischen). Problematisch ist auch die Übertragung grundsprachlicher Buchstaben-Laut-Entsprechungen auf die Fremdsprache. Daraus sowie aus der bekannten Inkonsistenz mancher fremdsprachlicher Rechtschreibungen (Englisch, Französisch) darf jedoch nicht der Schluß gezogen werden, das Schriftbild müsse in diesen Sprachen aus dem Ausspracheanfangsunterricht verbannt werden; das geschriebene Wort ist als Lernhilfe unentbehrlich, seine potentielle Störwirkung kann durch Strategien des Mitlesens gemindert werden (Butzkamm 1974). Hauptziel jeden Ausspracheunterrichts ist die Automatisierung von Artikulationsprozessen, und in der Tat befähigen – weitgehend unerforschte – Verarbeitungsprozesse den Lernenden, auch ungeläufige akustische Eindrücke in artikulatorische Imitationen umzusetzen. Diese Fähigkeit kann gefördert werden durch bewußtes Hören; da sie bei individueller Variation mit zunehmendem Alter insgesamt zurückgeht, können darüber hinaus insbesondere für ältere Lernende visuelle und verbale Zusatzinformationen nützlich sein. Gelenkte oder freie Sprechübungen sind immer auch – unspezifische – Ausspracheübungen und haben diese als eigenen Programmteil (sog. Lautierkurs) in der gegenwärtigen Methodik verdrängt. Umso wichtiger werden damit kurze korrektive Übungen zu voraussehbaren oder entstehenden Ausspracheproblemen, die vom Lehrer genaue diagnostische Fähigkeiten und, da entsprechende Lehrwerkzusätze weitgehend fehlen, eine rasche Zusammenstellung geeigneter Materialien verlangen. Aussprache erfordert – außer in der professionellen Sprachausbildung – weniger eigenständige Übungsprogramme als vielmehr ständige korrektive Fertigkeitsschulung über den gesamten Zeitraum des Sprachlernens.

4. Übungsformen

Reine Ausspracheübungen erfordern hohe Konzentration, intensive motorische Tätigkeit und sprechen oft nur Einzellerner an; sie sollten daher nur als kurze, bei Bedarf öfter wiederholte Unterbrechungen des kommunikativen Unterrichtsgesprächs geplant werden. Sprachspiele, Zungenbrecher, Reime etc. können auflockernd wirken. Im Zentrum der Ausspracheschulung steht die Nachsprechübung: Der Lehrer spricht vor, der Lernende hört zu und wiederholt. Statt vom Lehrer kann der – dann zumeist vom *native speaker* gesprochene – Text auch vom Kassettenrekorder oder Sprachlabor kommen; dem Vorteil der Authentizität steht hier ein Mangel an Flexibilität und Lernernähe gegenüber. Lerner können einzeln oder im Chor wiederholen; letzteres ist zwar zeitökonomisch und begünstigt Sprechgehemmte, erlaubt aber nur wenig diagnostische Kontrolle und Korrektur. Die segmentale Aussprache wird mit Reihen von Wörtern (Minimalpaare, Wörter mit Kontextvariation des gleichen Phonems usw.) oder auch mit kurzen Sätzen der Zielsprache geübt. Anzustreben ist dabei auch ein semantischer Zusammenhang. Prosodische Elemente werden in Sätzen geübt; sofern sie grammatische (z.B. Frage) oder pragmatische (z.B. Höflichkeit) Funktionen ausüben, muß dies im Rahmen kommunikativer Sprechübungen geschehen. Zu berücksichtigen sind dabei auch Wechselwirkungen zwischen segmentaler und prosodischer Aussprache (Schwachformen, *liaison* usw.). Psychische Hemmnisse, sich eine fremde Aussprache (insbesondere Intonation) anzueignen, können durch Rollenspiele (Ausländerrolle) gemildert werden. Das Nachsprechen kann vorbereitet werden durch Phasen oder Übungen des diskriminierenden Hörens, in denen durch geeignete Wort- und Satzreihen Kontraste (auch zwischen Grund- und Zielsprache) und Kontextvariation von Lautsystem und Prosodie bewußt gemacht werden. Das Hörziel muß den Lernenden genau angegeben werden. Die Nachsprechübung kann ferner durch eine Reihe von kognitiven Hilfen ergänzt werden: optische Demonstration durch Mundbewegungen (insbesondere bei Vokalen und Labialkonsonanten), Schnittzeichnungen der Artikulationsorgane, verbale Artikulationsbeschreibungen und -anweisungen sowie Ausspracheregeln. Prosodische Strukturen lassen sich graphisch (Intonationsbögen, Punkt-Strich-Abfolgen) und simultan zur Äußerung manuell (durch Handzeichen oder Klopfen) verdeutlichen.

Literatur

Abel, Fritz (1982), "Vorschlag eines Abschlußprofils 'Aussprache' für den Französischunterricht an Deutschsprachige", in: *Die Neueren Sprachen*, Bd. 81, 289-304.
Butzkamm, Wolfgang (1974), "Das Schriftbild: Lernhilfe oder Störfaktor im fremdsprachlichen Anfangsunterricht", in: *Praxis des neusprachlichen Unterrichts*, Jg. 21, 31-41.
Callamand, Monique (1981), *Méthodologie de l'enseignement de la prononciation*, Paris.
Germer, Erich (1980), *Didaktik der englischen Aussprache*, Hannover/Dortmund.
Hammer, Françoise (1992), "Intonation und Fremdsprachenerwerb", in: Udo O.H. Jung (Hrsg.), *Praktische Handreichung für Fremdsprachenlehrer*, Frankfurt a.M., 279-288.
Kelz, Heinrich P., Hrsg. (1977), *Phonetische Grundlagen der Ausspracheschulung*, 2 Bde., Hamburg.
Leather, Jonathan (1983), "Second-Language Pronunciation Learning and Teaching", in: *Language teaching* 16, 198-219.
Navarro Tomás, Tomás/Haensch, Günther/Lechner, Bernhard (1970), *Spanische Aussprachelehre*, München.
"Prosodie im Fremdsprachenunterricht" (1986), Themenheft *Die Neueren Sprachen*, Bd. 85, H. 5/6.

Wolfgang Börner

44. Wortschatzübungen

Wörter/lexikalische Ausdrücke haben eine phonetische und eine orthographische Form sowie bestimmte grammatische (syntaktische, morphologische) und Gebrauchs-Eigenschaften, und sie übermitteln Bedeutungen. Insofern stellen Vokabeln einen höchst komplexen Lern- und Übungsgegenstand dar. Dies kann jeder Wörterbuchbenutzer intuitiv nachvollziehen, wenn er sich klarmacht, daß er nicht nur Informationen über die Bedeutung, sondern auch solche der Grammatik, des Gebrauchs im jeweiligen Kontext, der Rechtschreibung, der Sinnrelationen (z.B. Synonyme, Antonyme, etc.) der Aussprache und evtl. noch weitere (wie z.B. der Etymologie) nachschlägt. Das Wiedererkennen und Produzieren der jeweiligen Form ist das Ziel von Aussprache- und Rechtschreibübungen. Wortschatzübungen stellen Hilfen bereit für das Erkennen, Verstehen, Behalten, Abrufen und korrekte Verwenden von unbekannten Vokabeln. Darüber hinaus kann mit ihnen als Lernziel das Herausbilden der folgenden Fähigkeiten beim Lerner angestrebt werden:
a) das Wiedererkennen und Aktivieren bereits gelernter und geübter Bedeutungen sowie
b) die Erweiterung des Verstehens und Behaltens nicht eigens gelernter Vokabeln unter Ausnutzung vorhandenen Sprachwissens (*Inferenz* vgl. Carton 1971; Quetz 1974; *potentieller Wortschatz*, vgl. Lübke 1984) und
c) die Erweiterung des Vokabelwissens durch Ausnutzen von Wortbildungsregeln (Alfes 1979; Kastovsky 1981).

Spezifische Wortschatzübungen werden im Fremdsprachenunterricht eher stiefmütterlich behandelt. Vokabellernen ist eine typische Hausaufgabe, für deren Bewältigung die Lerner eigene Strategien entwickeln müssen.

Es lassen sich mindestens sieben Typen von Wortschatzübungen unterscheiden:

1. Das Memorieren zweisprachiger Vokabelgleichungen (Paarassoziationslernen)

Das Auswendiglernen zweisprachiger Vokabelgleichungen ist die bekannteste und immer noch am meisten – vor allem als Hausaufgabe – praktizierte Art der Wortschatzübung. Ihr liegen Listen zugrunde, die auf der linken Seite die zu lernende zielsprachliche Vokabel und auf der rechten Seite die ausgangssprachliche Entsprechung aufführen. Die Schüler lernen bekanntlich durch Abdecken der linken Spalte und den Versuch, sich an das entsprechende Wort der rechten Spalte zu erinnern. Sie vergegenwärtigen sich also die mit den ausgangssprachlichen Wörtern verbundenen Begriffe und suchen in ihrem Gedächtnis nach den entsprechenden zielsprachigen Wortformen. Bei diesem Lernverfahren werden demnach nicht neue Bedeutungen gelernt und eingeübt, sondern neue (zielsprachliche) phonische/graphische Repräsentationsformen für bereits erworbene Begriffe. Hieraus ergibt sich die wesentliche Kritik, die gegen diese Übungsform vorgetragen wird (vgl. Doyé 1975, 71 ff.). Da die Menge der genauen Entsprechungen der Bedeutungen und grammatischen Eigenschaften zwischen den natürlichen Sprachen relativ gering ist, lernen die Schüler auf diese Weise die fremdsprachlichen Vokabeln nur ungenau und grob. Obwohl dies in der Fremdsprachendidaktik für ein zu vermeidendes Negativum gehalten wird, scheinen die Lerner diese erste, grobe, über die muttersprachlichen Bedeutungen laufende Annäherung an die fremdsprachliche Bedeutung zu benötigen, um erst in weiteren Lernschritten diese Bedeutungen immer genauer zu lernen, wofür dann syntaktische Kontexte benötigt werden (Scherfer 1988, 37 f.).

2. Das Memorieren einsprachiger Vokabellisten

Dieser Übungstyp unterscheidet sich vom erstgenannten dadurch, daß dem zielsprachlichen Wort in der linken Spalte der Liste zielsprachliche Entsprechungen (Paraphrasen, Definitionen, sonstige Bedeutungsangaben) gegenübergestellt sind. Solche Übungen unterliegen dem Prinzip der strikten Einsprachigkeit, demzufolge alles versucht wird, die ausgangssprachigen Bedeutungen aus dem zielsprachigen Bedeutungslernen herauszuhalten. Da nach allem, was man heute weiß, solche Versuche von vornherein zum Scheitern verurteilt sind, kombinieren manche Lehrwerke die Übungstypen 1. und 2. wie z.B. das Englisch-Lehrwerk *Green Line 3* (Stuttgart; Klett, 1986, 157):

| darts | popular British game in which you throw small arrows, the~, at a board | Darts, Pfeilwurfspiel |

Das Üben zielsprachlicher Bedeutungserklärungen hat durchaus seinen Wert für die Kommunikation zwischen Lernern und den Angehörigen der Zielsprache.

3. Das Memorieren der Vokabeln in typischen syntaktischen Kontexten

Bei diesem Übungstyp handelt es sich ebenfalls um Wortlisten zielsprachiger Vokabeln, denen kurze Sätze, Syntagmen, Ausdrücke etc. gegenübergestellt sind, in denen die jeweilige Vokabel vorkommt. Zusätzlich kann auch die Übersetzung der zu lernenden Vokabel (bzw. des jeweiligen Ausdrucks) angegeben werden; z.B.: (*Green Line 3*, 156):

| to pass time ~es quickly | When children play, | (Zeit) vergehen. |

In der Fremdsprachendidaktik wird das Vokabellernen in syntaktischen Kontexten allgemein sehr positiv eingeschätzt, da auf diese Weise die Wörter in den "natürlichen Einheiten" ihres kognitiven und kommunikativen Gebrauchs gelernt würden (vgl. Leonhardi 1964). Unter lernpsychologischen Gesichtspunkten bleibt es jedoch noch zu überprüfen, ob sprachliche Kontexte tatsächlich die behauptete behaltenssteigernde Wirkung haben und – falls dies der Fall ist – für welche syntaktischen Konstruktionen dies optimal zutrifft (Scherfer 1988).

4. Vokabelraten

Ein weiterer Übungstyp basiert auf der Erkenntnis, daß bessere Behaltens- und Abrufleistungen erzielt werden können, wenn die Vorerfahrungen der Schüler aktiviert werden. Bei diesen Übungen werden (z.B. bei der Einführung eines Textes) die unbekannten Vokabeln nicht alle erklärt, sondern der Schüler wird aufgefordert, bestimmte Vokabeln auf Grund seiner vorhandenen (mutter- und fremdsprachlichen) Sprachkenntnisse (Wortbildungsschemata, Internationalismen, typische grammatische Kontexte, Regeln für den Aufbau von Texten und Argumentationen) und auf der Basis seines Weltwissens selbst zu erschließen (vgl. "potentieller Wortschatz"; Seibert 1945; Clarke/Nation 1980). Die Übungen bestehen darin, dem Schüler die entsprechenden Techniken zu vermitteln (vgl. Scherfer 1990), damit er sie in der Textarbeit im Unterricht, in der selbständigen Lektüre und in der Kommunikation selbst anwenden lernt.

5. Wörterbucharbeit

Das Nachschlagen in (ein- oder zweisprachigen) Wörterbüchern ist eine unerläßliche Technik der Erweiterung des lexikalischen Wissens. Daher sollte es im Unterricht geübt werden. Es erfordert einerseits Techniken, die denen des Vokabelratens zum großen Teil entsprechen, und zwar zur Ermittlung der jeweiligen konkreten Bedeutung, die eine Vokabel im entsprechenden Kontext hat. Darüber hinaus lassen sich folgende Probleme im Prozeß des Nachschlagens unterscheiden (vgl. Scholfield 1982): Der Schüler muß die unbekannte Vokabel als solche erkennen (das ist bei bestimmten polysemen Lesarten gar nicht selbstverständlich). Bei bestimmten Phrasen und bei idiomatischen Ausdrücken muß er lernen, unter welchem Wort zweckmäßigerweise nachgeschaut werden sollte. Bei Derivativa muß er lernen, den Stamm zu erkennen. Bei unregelmäßigen Formen ist die Basisform zu finden etc.

6. Kognitive Wortschatzübungen

Die Nachteile des Listenlernens: assoziative Verbindung der ausgangssprachlichen mit der zielsprachlichen Wortform, geringe Anzahl von Bedeutungsäquivalenzen zwischen den Sprachen, relative "Isoliertheit" der Vokabeln und Mitlernen der figuralen Listenkonfiguration (Positionseffekt) versucht man durch kognitive Wortschatzübungen zu vermeiden. Sie beruhen auf der Erkenntnis, daß alles, was Beziehungen zwischen Wörtern und/oder Bedeutungen stiften kann, positive Auswirkungen für das Wortschatzlernen hat. Dies gilt unabhängig von der Qualität der jeweiligen Beziehung (Rohrer 1978, 79).

Geht man von sprachwissenschaftlichen Überlegungen aus, kann man den Übungen folgende sprachliche Erscheinungen als Ordnungsprinzip zugrunde legen: Wortableitungsklassen, Wortfamilien/morphologische Felder, Homophonie/Homographie/Homonymie, semantische Oppositionen (Antonymie, Komplementarität, Konversion, Direktionalität, Orthogonalität, Antipodalität), semantische Kontraste (Inkompatibilität, serielle, zyklische Anordnungen, Ränge, Skalen), Hyponymie, Synonymie, Teil-Ganzes-Beziehungen, Wortfelder, Sachfelder, stilistische Felder, *centres d'intérêt* etc. (zu den semantischen Begriffen vgl. Lyons 1977, Kap. 8 u. 9; zu einigen unterrichtspraktischen Beispielen vgl. Mosby 1958).

Aus gedächtnispsychologischer Sicht schlägt Rohrer (1985) Wortschatzübungen vor, welche bestimmte Arten des menschlichen Denkens aktivieren und dadurch behaltenssteigernd wirken. Er unterscheidet:
a) begrifflich-abstrahierendes Denken: Suchen nach Begriffen von gemeinsamen Merkmalen für Gegebenheiten (z.B. der adjektivische Begriff für *petrol silver lobster* = (mögl. Lösung: *expensive*));
b) taxonomisches Denken: Bearbeiten hierarchischer Klassifikationen (überordnen, nebenordnen, unterordnen). Die entsprechende Übungsform besteht aus Diagrammen (vgl. auch Mosby 1958 und Doyé 1975), in die der Schüler Überordnungsbegriffe, Klassifikatoren und Beispiele einzutragen hat;
c) freisteigende oder gelenkte Assoziationen: Die Lerner suchen zu bestimmten Wörtern assoziative Korrelate auf der Grundlage solcher Relationen wie "a kommt vor in b", "a hat Ähnlichkeit mit b", "a wird zu b", "a ist Gegenbegriff zu b", "a kommt vor in Form von b", etc. (z.B. das plausible adjektivische Korrelat zu *mulo: 1) gentile, 2) testardo, 3) tollerante*);
d) analogisches Denken: Die Lerner lösen die Aufgaben, indem sie vergleichen, summieren, differenzieren etc. (z.B.: *JUNGLE: fertile:: DESERT: ?* mögl. Lösung *aride*);
e) schließendes Denken: Zum Lösen der Aufgaben dieses Typs müssen die Lerner ihr Weltwissen und ihre Lebenserfahrung aktivieren (z.B. Schema: *This morning everything went wrong ...*; Subschema: *I didn't hear the_____; The lift _____; My car _____* (mögl. Lösungen: *alarm, was out of order; wouldn't start*)).

Kognitive Wortschatzübungen des Typs a) bis d) betonen den paradigmatischen Bezug der Wörter zueinander (Einbindung in Ordungsschemata) und vernachlässigen den syntagmatischen Aspekt. Er wird nur in Übungen des Typs e) berücksichtigt.

7. Situativ-pragmatische Wortschatzübungen

Vielau (1977) schlägt vor, über die paradigmatischen und syntagmatischen Aspekten hinaus auch den Handlungsaspekt von Sprache in Wortschatzübungen zu berücksichtigen. Solche Übungen hätten die Interrelation von kommunikativer Intention und Gesprächssituation zu modellieren und Wahlhandlungen zu provozieren, welche die Lerner jeweils situationsangemessen zu versprachlichen üben. Die Schüler treffen also Entscheidungen darüber, welche Sprechhandlungen sie ausführen und in welche sprachliche Form sie diese jeweils kleiden wollen. Die Form situativ-pragmatischer Übungen entspricht der unter 6. e) aufgeführten.

8. Formen der Wortschatzübungen

Grundsätzlich können Wortschatzübungen in jeder der in der Fremdsprachendidaktik bekannten Übungsform durchgeführt werden. Da sie mit dem Ziel konstruiert werden, Wortformen, grammatische Eigenschaften und Bedeutungen von Vokabeln zu memorieren, unterscheiden sie sich von Übungen mit anderen Lernzielen dadurch, daß z.B. bei syntaktischen Übungen der gewählte Übungsgegenstand (z.B. Negation) konstant bleibt und die jeweiligen Operationen über mehrere Übungssätze per Analogie immer wieder ausgeführt werden können. Bei Wortschatzübungen muß für jeden Übungssatz ein jeweils neuer Inhalt zur Versprachlichung vorgegeben werden. Dies kann geschehen durch a) die Angabe der jeweiligen Bedeutung in der Ausgangssprache, b) durch zielsprachliche Paraphrasen, c) durch visuelle Hilfsmittel, d) durch Ausnutzen der Denkfähigkeiten der Lerner, ihres Wissens und ihrer Lebenserfahrung (vgl. Beile 1987; 1991).

Literatur

Alfes, Leonhard (1979), "Analogieschlüsse und potentielle Wortkompetenz", in: *Die Neueren Sprachen*, Bd. 78, 351-364.

Beile, Werner (1987), "Wortschatzübungen in englischen Lehrwerken der Sekundarstufe I", in: *anglistik & englischunterricht*, Jg. 32, 61-86.

Beile, Werner (1991), "Interlingual Exercises for Intercultural Communication", in: *Der fremdsprachliche Unterricht: Englisch* 1, 22-30.

Carter, Ronald/McCarthy, Michael (1988), *Vocabulary and Language Teaching*, London, New York.

Carton, Aaron S. (1971), "Inferencing: A Process in Using and Learning Language", in: Paul Pimsleur/Terence Quinn (Hrsg.), *The Psychology of Second Language Learning*, Cambridge, 45-58.

Clarke, D.F./Nation, I.S.P. (1980), "Guessing the Meaning of Words From Context: Strategy and techniques", in: *System*, Vol. 8, 211-220.

Doyé, Peter (1975), *Systematische Wortschatzvermittlung im Englischunterricht*, 4. Aufl., Hannover/Dortmund.

Kastovsky, Dieter (1981), "Wortbildung bei der Wortschatzarbeit", in: *Der fremdsprachliche Unterricht*, Jg. 15, H. 59, 169-176.

Leonhardi, Arnold (1964), "Die natürliche Spracheinheit", in: *Praxis des neusprachlichen Unterrichts*, Jg. 11, 17-22.

Lübke, Diethard (1984), "Der potentielle Wortschatz im Französischen", in: *Praxis des neusprachlichen Unterrichts*, Jg. 31, 372-379.

Lyons, John (1977), *Semantics*, Bd. 1, Cambridge/London/New York/Melbourne.

Mosby, Frank (1958), "The Acquisition of Vocabulary", in: *Praxis des neusprachlichen Unterrichts*, Jg. 5, 74-79.

Quetz, Jürgen (1974), "Inferenz und Interferenz bei Semantisierungsprozessen in einer Fremdsprache", in: *Neusprachliche Mitteilungen*, Jg. 27, 65-73.

Rohrer, Josef (1978), *Die Rolle des Gedächtnisses beim Sprachenlernen*, Bochum.

Rohrer, Josef (1985), "Lernpsychologische Aspekte der Wortschatzarbeit", in: *Die Neueren Sprachen*, Bd. 84, 595-612.

Scherfer, Peter (1988), "Überlegungen zum Wortschatzlernen im Fremdsprachenunterricht", in: Michael Bludau/Albert Raasch/Franz Josef Zapp (Hrsg.), *Aspekte des Lernens und Lehrens von Fremdsprachen*, Frankfurt a.M., 28-51.

Scherfer, Peter (1990), "Zwei Anregungen für kreatives Wortschatzlehren und -lernen", in: *Der fremdsprachliche Unterricht*, H. 100, 43-45.

Scholfield, Phil (1982), "Using the English Dictionary for Comprehension", in: *TESOL Quarterly* 16, 185-194.

Schröder, Konrad (1985), "Wortschatzunterricht, Wortschatzerwerb und Umgang mit Wörterbüchern. Eine Bibliographie für die Jahre 1973-1984", in: *Die Neueren Sprachen*, Bd. 84, 652-669.

Seibert, Luise Cleret (1945), "A Study on the Practice of Guessing Word Meanings From a Context", in: *Modern Language Journal*, Vol. 29, 296-322.

Vielau, Axel (1977), "Der Handlungsaspekt beim Bedeutungslernen. Grundprobleme kognitiver Wortschatzübungen", in: *Der fremdsprachliche Unterricht*, H. 43, 35-45.

Peter Scherfer

45. Grammatikübungen

1. Grammatikübungen und ihre Funktion

Im Rahmen kognitiver Lehr- und Lernprozesse werden als Grammatikübungen schriftliche und mündliche Sprachproduktionen als Resultate der Befolgung von Verarbeitungsanweisungen verstanden. Sie sollen zur sicheren und automatisierten Verwendung der zielsprachigen Grammatik in Form korrekter Äußerungen führen.

2. Didaktischer Ort von Grammatikübungen

Der instruktionspsychologisch richtige Zeitpunkt und die Art des Einsatzes von Übungen sind eng an den Aneignungsprozeß selbst gebunden. Zur Illustration des Übungsanteils im Rahmen des gesamten fremdsprachengrammatischen Lehr-/Lernprozesses soll dieser zunächst skizziert werden.

In einem kognitiv ausgerichteten Fremdsprachenunterricht, der das bewußte Wahrnehmen und Verstehen grammatischer Regularitäten favorisiert, läßt sich die Instruktionsstruktur wie folgt charakterisieren:

– *Darbietung der neuen Lerninhalte*

Im allgemeinen vollzieht sich die Erstbegegnung mit neuen grammatischen Inhalten durch didaktisiertes und kontextualisiertes Sprachmaterial, das die grammatische Absicht für den Lernenden zugunsten kommunikativer bzw. quasi-kommunikativer Inhalte nicht unmittelbar offenlegt.

– *Kognitivierung*

Im Anschluß an die Verarbeitung des Einführungstextes werden die jeweiligen grammatischen Inhalte in das Zentrum des Lernprozesses gerückt und mittels Regelerarbeitungsweisen wie induktiver, deduktiver, entdeckenlassender oder signalgrammatischer Verfahren dann dem Lernenden bewußt gemacht.

Die Regeln haben die Funktion kognitiver Strukturierungshilfen, um dem Lernenden die Struktur der Zielsprache transparent zu machen.

– *Einübung*

Ist das Verständnis der Regel gesichert, beginnt die Phase der Einübung der neuen Strukturen. Durch Bereitstellung von genügend Anwendungskontexten soll die Regel allmählich internalisiert werden.

Zunächst wird sie auf neue Kontexte mit gleichen Satzmustern angewendet (Transferübungen) und anschließend zu vorher gelernten grammatischen Erscheinungen in Beziehung gesetzt (Anwendungs- bzw. quasi-kommunikative Übungen).

Im Fremdsprachenunterricht kommt diese Phase häufig zu kurz. Zur integrativen Verarbeitung alter und neuer Lerninhalte kann auf die Mitaktivierung vorausgegangener Gegenstände in dieser Phase des Lernprozesses jedoch nicht verzichtet werden.

Der fremdsprachliche Regelerwerb gestaltet sich also idealiter als Prozeß mit abnehmender Bewußtheit bis hin zur völligen Automatisierung.

Übungen umfassen demzufolge alle Lernstadien von der Erstkonfrontation mit Inhalten über deren Bewußtmachung bis zur vollständigen Aneignung am Ende des Lernprozesses.

Einschränkend bleibt festzustellen, daß es unter den Bedingungen des schulischen Fremdsprachenerwerbs nur zu einer partiell-automatisierten Sprachverwendung kommen kann.

3. Übungstypen und Übungsformen

Grammatikübungen bestehen im allgemeinen aus einer expliziten oder impliziten Verarbeitungsanweisung und einer Reihe von fremdsprachlichen Aufgaben, wobei sich in Anlehnung an Klauer (1987) (vgl. auch Doyé 1987) eine Aufgabe als Verknüpfung einer verbalen oder nonverbalen Stimuluskomponente und einer Lösungskomponente beschreiben läßt.

```
        GRAMMATIKÜBUNG
              =
     Verarbeitungsanweisung
             (VA)
              +
 Stimuluskomponente und Lösungskomponente
        (SK)              (LK)
```

Beispiel:
Ersetze die unterstrichenen Objekte durch Vertreter. (VA)
Monsieur Lapetet va acheter la Mercedes. (SK)
Oui, il ___va l'acheter___ . (LK)
(aus: Kohnert, Marlies et al., *Ça alors 2*, München 1984, 32)

Übungstypen

Die Erstellung einer stringenten Übungstypologie, die alle klassenstiftenden Merkmale (Produktivität der Lernerleistung, Schwierigkeitsgrad, Funktion im Lernprozeß, Grad der Kommunikativität, Beschaffenheit des Stimulus u.a.m.) umfaßt, hat sich bislang als problematisch erwiesen (vgl. dazu Beile 1979; Knapp-Potthoff 1979).

Für den fremdsprachengrammatischen Aneignungsprozeß erscheint es sinnvoll, zunächst zwischen integrierenden und wiederholenden Übungen zu unterscheiden. Während integrierende Übungen im Rahmen des Erstlernens der schrittweisen Einübung der neuen Inhalte dienen, werden wiederholende Übungen nach Abschluß der eigentlichen Aneignung zur Reaktivierung bekannter Wissensbestände eingesetzt. Diese beiden Übungstypen unterscheiden sich nicht in formaler Hinsicht.

Weiterhin lassen sich Grammatikübungen nach dem Grad der Lernsteuerung bezüglich der Lösungskomponente klassifizieren.

Demzufolge reicht die Skala der Lernsteuerung von "sehr stark gesteuert" (Übungen mit reproduktivem Charakter) bis "relativ ungesteuert" (Übungen mit produktivem Charakter) mit allen möglichen Ausprägungsgraden, die zwischen beiden Polen liegen.

Bei rein reproduktiven Übungen wie beispielsweise bei Substitutionsübungen ist der Lernende sowohl morphosyntaktisch als auch semantisch an die Übungsvorgaben gebunden. Demgegenüber überlassen produktive Grammatikübungen dem Schüler völlig die lexikalische Ausgestaltung.

Beispiel für das Einüben des Imperativs im Italienischen:

Ho mal di testa. ___Fa una bella passeggiata! Non pensare più al lavoro!___

Partiell-produktive Übungen setzen dem Lernenden durch entsprechende Vorgaben einen groben lexikalischen Rahmen, innerhalb dessen er sinnvolle Lösungen produzieren kann.

Übungsformen

Nach dem Kriterium der zu erbringenden kognitiven und zielsprachigen Lernoperationen, die zur Passung zwischen Stimulus- und Lösungskomponente erforderlich sind, lassen sich folgende Grundübungstypen unterscheiden:

– *Zuordnungsübungen*

Sie bestehen aus zwei oder mehreren Gruppen von Wörtern oder Texten, die einander so zuzuordnen sind, daß eine korrekte Äußerung zustande kommt. Beispiel zur Einübung des *accord du participe passé* im Französischen:

A Voici la voiture	1 que j' ai rencontrés
B Voilà les garçons	2 que tu as arrêtées
C Voici l'autobus	3 que nous avons vue
D Voilà les autos	4 que vous avez pris

– *Transformationsübungen*

Eine oder mehrere morphosyntaktische Einheiten eines Textes sollen entsprechend der zu übenden grammatischen Struktur transformiert werden.
Ein Beispiel für Deutsch als Fremdsprache:

Setzen Sie die Sätze ins Passiv!

Man erfand diese Maschine vor einigen Jahren.
Diese Maschine wurde ... erfunden!
Man verwendet sie beim Straßenbau.

_____

Mein Kollege hat sie in Hannover bestellt.

_____

Die Firma Liedholz stellt solche Maschinen her.

_____

(Hieber, Wolfgang, *Lernziel Deutsch,* Grundstufe 2, München 1986, 87)

– *Substitutionsübungen*

Hierbei werden eine oder mehrere sprachliche Einheiten ausgetauscht, die die gleiche morphosyntaktische Funktion haben. Der Lernende hält sich an die Vorgaben der Lehrseite.
Beispiel:

Ho	una cognata a Roma un cugino a Venezia dei parenti in Italia un fratello a Bologna delle amiche a Milano una sorella a Firenze	alla al ai alle	quale quali	devo scrivere

Esempio: Ho una cognata a Roma alla quale devo scrivere.

(Vella, Carlo/Hunziker, James, *Ciao 2,* München 1980, 138)

– *Komplementationsübungen*

Nach bestimmten grammatischen Schwerpunkten elidierte Wort- oder Textelemente sollen vom Lernenden ergänzt werden.
Dazu ein Beispiel aus dem Spanischen:

1. Mira esta foto. ¡Qué pena! Cuando (VER) _____ algo así, (COMPRENDER) _____ lo que está mucha gente.

2. ¡Qué bien haber venido al campo este fin de semana! Cuando (SALIR) _____ de la cuidad (NOTAR) _____ lo mal que vivimos.

(Peris, Ernesto Martin et al., *Spanisch Aktiv 3,* Berlin/München, 1987, 48)

– *Formationsübungen*

Aus vorgegebenen Wort-, Satz- oder Bildstimuli sollen Texte erstellt werden.
Beispiel:

Schreibt bitte zu jedem der hier abgebildeten Verkehrszeichen auf,
a) was man an diesem Zeichen tun muß und
b) was man nicht tun darf.

1.
a) At this sign you _____
_____
b) You _____

2.
a) _____
b) _____

(Doyé, Peter: *Die Feststellung von Ergebnissen des Englischunterrichts,* Hannover/Dortmund 1981, 96)

Aus den genannten Grundübungsformen lassen sich Varianten bzw. Mischformen konzipieren.

Sie erfüllen ihre didaktische Funktion insbesondere im Rahmen der Transferübungen mit der Intention des Einübens der morphosyntaktischen Strukturen der Zielsprache.

Die Übungsformen für den Bereich der (freien) Anwendung sind weitgehend ungelenkt und haben den Charakter der übenden Interaktion in der Fremdsprache unter den Bedingungen der künstlich geschaffenen Verbalsituation. In dieser Phase des Lernprozesses erfüllen Rollenspiele und spezifische kommunikative Lern- und Interaktionsspiele eine wichtige Funktion.

In Anwendungsübungen fallen Verarbeitungsanweisung und Stimuluskomponente weitgehend zusammen. Es wird angenommen, daß der Prozeß der Automatisierung so weit fortgeschritten ist, daß mitteilungsbezogene Kommunikation in Form komplexer Texte möglich ist.

4. Zur Gestaltung von Übungen

Verarbeitungsanweisung

Um den Übungsprozeß überhaupt in Gang setzen zu können, muß die Verarbeitungsanweisung in der von der Lehrseite intendierten Weise verstanden werden; m.a.W.: Sie sollte in einer lernernahen Diktion, evtl. begleitet von entsprechenden Sekurisierungselementen (dazu Zimmermann 1985) abgefaßt sein. Auch sollte sie dem Lernenden transparent machen, was und wozu geübt wird.

Ein Beispiel aus der Selbstlerngrammatik *Ça alors 2*:

"Alles klar??? Dann auf zur nächsten Übung! ACHTUNG: Jetzt gehen wieder alle behandelnden Objektvertreter durcheinander! Ein * wird Dich auf den *accord* hinweisen." (Kohnert, Marlies et al., *Ça alors 2*, München 1984, 32)

Der Hinweis auf mögliche Lernprobleme hilft dem Lernenden sicherlich, konzentrierter und effektiver zu arbeiten.

Stimuluskomponente

Grammatikübungen werden von vielen Lernenden als trocken und wenig motivierend eingeschätzt. Da aber kognitive Prozesse nicht ohne affektive Prozesse ablaufen und die Effektivität des Lernens höher ist, wenn das zu erwerbende Wissen emotional positiv begleitet ist, sollten daher auch insbesondere Grammatikübungen entsprechend konzipiert werden.

So wirkt ein eindeutiger visueller Stimulus ansprechender als ein Verbalstimulus. Auch gestisch- mimische Stimuli können oftmals statt graphischer eingesetzt werden.

Unabhängig von der Art der Stimuluskomponente, sollte diese
– eindeutig sein
– emotional ansprechend sein
– kreativitätsfördernd sein
– semantisch schnell zu dekodieren sein; d.h. es sollte auf unbekanntes lexikalisches Material verzichtet werden
– die Erfahrungswelt der Lernenden berücksichtigen

Der Schwierigkeitsgrad der Aufgaben sollte vom Einfachen zum Komplexen fortschreiten.

Da schriftliche Grammatikübungen häufig in Form von Hausaufgaben angeboten werden, scheint es angebracht, die Autonomie des Lernenden zu unterstützen und verständnissichernde Elemente wie Kontrollschlüssel mit Zusatzerklärungen für lernschwierige Aufgaben vorzusehen. In diesem Zusammenhang könnten auch verzweigte Übungsprogramme eine effektivere und individuellere häusliche Arbeit ermöglichen.

Angesichts des Richtziels der Kommunikativen Kompetenz in Alltagssituationen sowie aus sozial- und motivationspsychologischen Erwägungen liegt es nahe, produktive Übungssequenzen als Partner- oder Kleingruppenarbeit zu konzipieren. Ein zwingender Zusammenhang zwischen Übungs- und Sozialform besteht allerdings nicht. Zum Aufrechterhalten der Lernbereitschaft sollten innerhalb einer gesamten Übungsfolge die Übungsformen, die Beschaffenheit der Stimuluskomponente und die Sozialformen abwechslungsreich sein.

Abschließend bleibt noch festzuhalten, daß der Wert der Einsicht als methodisches Element nicht unbestritten ist, Grammatikübungen hingegen in allen didaktischen Konzeptionen als unabdingbare Voraussetzung zur Beherrschung der fremdsprachlichen Grammatik angesehen werden.

Literatur

Beile, Werner (1979), *Typologie von Übungen im Sprachlabor*, Frankfurt a.M./Berlin/München.
Doyé, Peter (1981), *Die Feststellung von Ergebnissen des Englischunterrichts*, Hannover/Dortmund.
Doyé, Peter (1987), *Typologie der Testaufgaben für den Englischunterricht*, München.
Klauer, Karl Josef (1987), *Kriteriumsorientierte Tests*, Göttingen/Toronto/Zürich.
Knapp-Potthoff, Annelie (1979), *Fremdsprachliche Aufgaben*, Tübingen.
Zimmermann, Günther (1969), "Integrierungsphase und Transfer im neusprachlichen Unterricht", in: *Praxis des neusprachlichen Unterrichts*, Jg. 16, 245-260.
Zimmermann, Günther (1984), *Erkundungen zur Praxis des Grammatikunterrichts*, Frankfurt a.M./Berlin/München.
Zimmermann, Günther/Wißner-Kurzawa, Elke (1985), *Grammatik: lehren - lernen - selbstlernen*, München.

Elke Wißner-Kurzawa

46. Kommunikative Übungen

1. Definition

Wenn man sich um eine Definition von kommunikativen Übungen bemüht, ist es unabdingbar, den Blick auf das Lernziel der sprachlichen Kommunikationsfähigkeit bzw. der kommunikativen Kompetenz zu lenken. Von der Lernzielbestimmung her – ohne in diesem Zusammenhang die eine Zeitlang kontrovers geführte Diskussion wieder aufzunehmen – läßt sich eine Charakterisierung der kommunikativen Übungen vornehmen.

Nach der gegenwärtigen Forschungslage kann man den Begriff der fremdsprachlichen Kommunikationsfähigkeit folgendermaßen beschreiben:

Kommunikationsfähigkeit ist das Vermögen der Lerner, Äußerungen adressatengerecht im sozialen Interaktionsprozeß so zu verwenden, daß eine Verständigung gewährleistet ist. Dabei ist bedeutsam, daß der Lerner nicht die Äußerungen von sich gibt, die er in der fremden Sprache ausdrücken kann, sondern die er auch tatsächlich ausdrücken will. Demnach spielen bei jeder Kommunikation die Persönlichkeitsvariablen wie Urteilsvermögen, Vorwissen, Emotionen, soziale Herkunft, Intentionen und Betroffenheit eine wichtige Rolle ebenso wie die Beziehungen der Gesprächspartner zueinander und die Rahmenbedingungen der Sprechsituationen wie Ort, Zeit und Anlaß (Pauels 1983).

Kommunikative Übungen sind solche Übungen, die dieses Lernziel fremdsprachlich direkt ansteuern. Sie sind nicht primär ausgerichtet an der Einübung linguistisch-formaler Bestände der Zielsprache, sondern an Mitteilungen und Inhalten. Dazu steht dem Lernenden das gesamte Repertoire der bereits zuvor gelernten linguistischen Mittel zur Realisierung seiner Sprechabsichten zur Verfügung. Da sich die Konzentration der Lerner in erster Linie auf den Inhalt und weniger auf die sprachlich korrekte Form richtet, ist – je nach Lehrgangsstadium und Leistungsstärke – mit Fehlerhäufungen zu rechnen. Dies sollte in Kauf genommen werden, weil gerade der Versuch der fremdsprachlichen Formulierung mitteilungsbezogener Äußerungen einen direkten und nachhaltigen Lernbeitrag zur fremdsprachlichen Kommunikationsfähigkeit leisten kann (Black/Butzkamm 1977; Neuner 1983).

2. Spezifische Lernziele und didaktischer Ort kommunikativer Übungen

Kommunikative Übungen haben im Zusammenhang mit der Diskussion um das generelle Lernziel der fremdsprachlichen Kommunikationsfähigkeit wesentlich an Bedeutung gewonnen. Ihre spezifischen Lernziele und ihr didaktischer Ort sind also bestimmt von der Einsicht, daß fremdsprachliche Lehrgänge viel stärker als bisher auf fremdsprachliche Kommunikationsfähigkeit hin ausgerichtet werden müssen und nicht bei der Vermittlung von Sprachmaterial stehenbleiben dürfen. Man kann heute davon ausgehen, daß die lange Zeit kontrovers geführte Diskussion um den Vorrang einer kommunikativen oder linguistischen Lehrgangsprogression als Dichotomie aufgehoben worden ist zugunsten einer Parallelprogression. Dies bedeutet, daß die Erweiterung der fremdsprachlichen Kommunikationsfähigkeit auf einem soliden linguistischen Fundament aufgebaut werden muß. Demnach sind ihre spezifischen Lernziele vom Grad der linguistischen Kompetenz der Lerner abhängig, also auch vom Lehrgangsstadium.

Zu Beginn eines fremdsprachlichen Lehrgangs werden die kommunikativen Übungen von dem bestimmt sein, was man bislang als Anwendung bzw. Transfer verstanden hat. Hier ist die Kommunikation noch relativ eng gesteuert von der Übertragung und Verwendung zuvor gelernter Sprachmittel in neuen bislang noch nicht versprachlichten Situationen. Diese gesteuerte, enge fremdsprachliche Kommunikation wird möglich, wenn der Grundsatz beachtet wird, daß die verwendeten Inhalte, Kontexte und Situationen schülerorientiert sein müssen, so daß sich auch hier bereits trotz der Steuerung durch die Sprachmittel Motivationen ergeben, die als Sprechanlässe für inhaltsbezogene Äußerungen dienen. Der Transfer ist als Anbahnung zum freien Sprechen zu verstehen. Auf diese Weise kann im Laufe des Lehrgangs das Ziel der kommunikativen Übungen immer weiter weg von einer Orientierung an den kommunikativsprachlichen Mitteln hin zu einem inhaltsorientierten und sprachlich selbständigen Sprechen in der Fremdsprache als dem eigentlichen Ziel kommunikativer Übungen führen. Dies betrifft nicht nur die produktive Fertigkeit des Sprechens, sondern auch die rezeptiven Fertigkeiten des Hörverstehens und Lesens.

3. Spezifische Strategien

Eine kommunikative Unterrichtsführung in der Fremdsprache kann freie Kommunikation ständig in nicht eigens geplanten kommunikativen Übungseinheiten aufbauen. Dies geschieht, indem die Primärsituation rund um das Klassenzimmer wie auch der gesamte Unterrichtsablauf fremdsprachlich-kommunikativ nutzbar gemacht wird, etwa durch Aufforderungen, Vorschläge, Kritik, Lob, Tadel, Erklärungen, Richtigstellungen, Fragen etc. Dies kann von der ersten Unterrichtsstunde an in der Fremdsprache praktiziert werden.

Neben dieser ständigen Einübung kommunikativer Sprachverwendung bieten sich mit zunehmender Lehrgangsdauer immer mehr kleine kommunikative Übungseinheiten an, indem der Lehrer besonders geeignete Wörter oder Kontexte zum Anlaß für lernwirksame freie Kommunikation wählt, etwa durch schülerbezogene Fragen wie *"What would you have done?"*, *"What did you do yesterday?"*, *"Tell me, where do you live?"* etc.

Kurzdialoge sind eine unbestritten geeignete Form kommunikativer Übungen. Anhand vorgestellter Kurzdialoge, die inhaltlich auf Schülerinteressen zugeschnitten sein sollen, können die Lerner ihre eigenen personenbezogenen Äußerungen, Stellungnahmen etc. zum Teil mit Hilfe vorgestellter sprachlicher Modelle artikulieren. Solche kommunikativen Übungen sind in frühen Lehrgangsstadien angeraten, weil die Lerner trotz vorgeschlagener sprachlicher Hilfen eigenständige Beiträge liefern können. Sie können neue Kurzdialoge mit den gleichen Personen zu dem gleichen Thema erarbeiten. Sehr oft verlangen diese Übungen Partnerarbeit, bei der die Schüler miteinander fremdsprachlich kommunizieren. Hier bietet sich dann auch das Rollenspiel an.

Rollenspiele können einsetzen beim Nachspielen von Kurzdialogen und bei einer in Partnerarbeit entstandenen Alltagsszene wie Autopanne, Kaufgespräch, Planungen für gemeinsame Aktivitäten, etc. enden. Hier gibt es kaum festgelegte Anweisungen, es gilt lediglich einige notwendige Kriterien zu beachten wie Situation/Thema, Rollen, Redeabsicht/Redemittel und Arrangement (Löffler 1979).

Zum Rollenspiel gehört auch verstärkt die Verwendung von Simulationen. Sie sind zum Ausgleich der eigentlich künstlichen fremdsprachlichen Kommunikationssituation im Unterricht gedacht als Nachempfindung einer vorgestellten gesellschaftlichen Wirklichkeit. Ein solches Simulationsprojekt kann sich beziehen auf die Planung eines neuen Schulgebäudes, die Organisation eines Schulfestes u.ä., wobei – der Realität nachempfunden – die verschiedenen Interessengruppen und Funktionsträger vertreten sein müssen. Diese kommunikative Übungsform bleibt einer fortgeschrittenen Lehrgangsstufe vorbehalten (Jones 1982). Zur Hinführung auf diese komplexe Spielform bietet sich das Bereitstellen von Diskussionsunterlagen und die Erprobung von Diskussionsspielregeln an. Dies kann geschehen durch regelgesteuerte Diskussions- und Interaktionsspiele (Löffler 1979), durch das Bewerten von Handlungen und durch persönliche Stellungnahmen im Anschluß an Sachtexte, an *topical texts* der Lehrbuchverlage, an Schulfunk- und Schulfernsehproduktionen, an Lektüren und auch an Lehrbuchtexte. Dabei kommt es darauf an, daß die fremdsprachliche Diskussion selber den Lernern bewußt gemacht wird, indem sie in ihrer Struktur und ihrem Verlauf deutlich gemacht wird. Auch sollten dabei die kommunikativen Mittel für den Ausdruck der Beziehungen der Gesprächspartner zueinander, des Wortergreifens, der Sprechintentionen und ihrer Wirkungen etc. analysiert werden, damit auf diese Weise eine Transferflexibilität für das fremdsprachlich-kommunikative Verhalten in ähnlichen Gesprächssituationen und mit sinnverwandten Themen entsteht (Sexton/Williams 1984).

Literatur

Black, Colin/Butzkamm, Wolfgang (1977), "Sprachbezogene und mitteilungsbezogene Kommunikation im Englischunterricht," in: *Praxis des neusprachlichen Unterrichts*, Jg. 24, 115-124.

Bundesarbeitsgemeinschaft Englisch an Gesamtschulen, Hrsg. (1978), *Kommunikativer Englischunterricht. Prinzipien und Übungstypologie*, München.

Jones, Ken (1982), *Simulations in Language Teaching*, Cambridge.

Leguthke, Michael (1989), "Szenarien für einen handlungsorientierten Fremdsprachenunterrichts", in: Gerhard Bach/Johannes-Peter Timm (Hrsg.), *Englischunterricht*, Tübingen, 102-127.

Löffler, Renate (1979), *Spiele im Englischunterricht. Vom lehrergelenkten Lernspiel zum schülerorientierten Rollenspiel*, München.

Neuner, Gerhard (1983), "Zum Wandel der Übungsformen in der Methodik des Fremdsprachenunterrichts", in: Albert Raasch (Hrsg.), *Handlungsorientierter Fremdsprachenunterricht und seine pragmalinguistische Begründung*, Tübingen, 67-74.

Pauels, Wolfgang (1983), *Kommunikative Fremdsprachendidaktik. Kritik und Perspektiven*, Frankfurt a.M.

Piepho, Hans-Eberhard (1979), *Kommunikative Didaktik des Englischunterrichts der Sekundarstufe I*, Limburg.
Sexton, Malcolm/Williams, Peter (1984), *Communicative Activities for Advanced Students of English: A Typology*, München.

Wolfgang Pauels

47. Kreative Übungen

1. Kreativität im Fremdsprachenunterricht

Jeder Lerner ist ein intellektuell und personal autonomes Individuum. Das bedeutet, daß er, auch wenn er z.B. Schüler ist und als solcher eingebettet in einen unterrichtlichen Lehrprozeß, seinen eigenen Lernprozeß prinzipiell aktiv, in selbständiger, problemlösender, kreativ-konstruktiver Weise gestaltet.

Der Fremdsprachenunterricht fördert dieses kreative Potential mit Blick auf sein Richtziel der Kommunikationsfähigkeit und -bereitschaft (vgl. Artikel 46) und entspricht damit gleichzeitig dem allgemeingesellschaftlichen Auftrag jeden Unterrichts (vgl. Artikel 7), die Schüler zu befähigen, ihr Leben in einer demokratischen Gesellschaft emanzipativ und in sozialer Verantwortung zu gestalten. Hier spielt die Kreativität in ihren vielfältigen Bedeutungen wie Selbstbestimmung, Selbständigkeit, Mündigkeit, Konstruktivität, Aktivität, Produktivität, Innovation, Einfallsreichtum, Risikofreude, Experimentierfreude, Flexibilität, Originalität, Spontaneität, Nonkonformität, divergierendes Denken zur Problemfindung und -lösung eine bedeutende Rolle (Cropley 1991; Gebhardt 1992).

Seit Ende der 70er Jahre beschäftigt sich eine Vielzahl von sehr praxisnahen, beispielreichen Veröffentlichungen mit der Kreativität im Fremdsprachenunterricht. Sie weisen im wesentlichen vier Strömungen auf, die jeweils unterschiedliche Aspekte von Kreativität betonen:
– Sprach(lern)spiel/schöpferisch-spielerisches Lernen (z.B. Caré/Debyser 1978; Kleppin 1980); (vgl. Art. 41)
– fremdsprachliches Theater (z.B. Feldhendler 1991; Rattunde 1991);
– kreativ-produktiver Umgang mit literarischen Texten (z.B. Knauth 1990; Mummert 1987);
– Bild und Sprache (z.B. Hellwig 1989).

Kreativität kann nicht heißen, daß den Schülern dichterisch-originale Kreation abverlangt wird (Rattunde 1990), die überdies allgemeingesellschaftlich als kreativ akzeptiert wird (Preiser 1986). Sie bedeutet in bescheidener Weise eine individuell-experimentierende, phantasievolle Textproduktion, die Geltendes, Gegebenes, Gewohntes verändert, komplementiert, ausweitet, andersartig kombiniert, neu sieht und in diesem Sinne neu schafft und bei der der Produzent selbst über die Neuartigkeit und Originalität seines Produktes entscheidet (Genzlinger 1980).

2. Zielsetzung

Eine so verstandene Kreativität ist in jedem Lern- und Entwicklungsalter und auch schon mit geringen Kenntnissen und begrenzten sprachlichen Mitteln möglich.

Kreative Übungen als spielerisch-aktives, selbständiges Umgehen mit der Fremdsprache in ihrer formalen und inhaltlichen Dimension sollen den Schülern Spaß machen und sie motivieren, die Fremdsprache bzw. Fremdsprachen überhaupt – auch selbständig – zu lernen bzw. weiterzulernen.

Aufgrund dieser spezifischen Zielsetzung können kreative Übungen keine Alternative sein zu den speziell auf die Festigung der sprachlichen Mittel und die Schulung der kommunikativen Fertigkeiten ausgerichteten Übungsformen (vgl. Art. 43-46 und 48-52).

3. Beispiele für kreative Übungen

Kreative Tätigkeiten müssen provoziert werden, d.h. sie bedürfen eines entsprechenden Anlasses bzw. einer präzisen Aufgabenstellung, die im Idealfall von den Schülern selbst festgelegt wird. Geeignet sind sowohl engere, stärker vorlagegebundene als auch weitere, vorlageungebundene Aufgabenstellungen.

Die folgende Beispieltypologie, die mit vorlagegebundenen Aufgabenstellungen beginnt und zu zunehmend offeneren fortschreitet, beinhaltet daher keine Kreativitätssteigerung; vielmehr ist jede Übung je nach Voraussetzungen der Schüler (Weltwissen, Interessenlage, soziokulturelle und literarische Kenntnisse, methodisches Wissen, Fundus und Verfügbarkeit sprachlicher Mittel, Grad der Beherrschung der kommunikativen Fertigkeiten etc.) und konkreter unterrichtlicher Vorbereitung kreativ mehr oder weniger intensiv ausgestaltbar.

– Clozing
Die Schüler ergänzen einen Lückentext, z.B. eine *shape poem*:
    silence   silence   silence
    silence   silence
    silence   silence   silence
Can you think of any words that could be suitable to fill the gap in the middle? (Otten 1992, 181)

– Rekonstruktion
Die Schüler setzen einen zerschnittenen Text – wie z.B. die einzelnen Zeilen eines Gedichtes – 'neu' zusammen und betiteln ihn.

– Reduktion
Die Schüler entfernen nach und nach Elemente aus einem Text und kreieren so neue Texte. Diese müssen grammatisch korrekt sein, und es darf nichts hinzugefügt oder verändert werden (Otten 1992).

– Perspektivenwechsel
Die Schüler erzählen einen Text aus einer neuen, ungewöhnlichen Perspektive, z.B. der eines Tieres (Brusch 1992).

– Antizipation
Die Schüler antizipieren den Fortgang/das Ende eines Textes.

– Erweiterung
Die Schüler verfassen z.B.
(1) ein Ende zu einer *open-end-story* (Brusch 1992);
(2) eine Nullszene zu einem Theaterstück, einem Gedicht etc.: *Qu'est-ce qui s'est passé avant...* (Rattunde 1991);
(3) innertextliche Zusatzpassagen wie etwa einen Dialog zwischen den Protagonisten einer Kurzgeschichte.

– Umgestaltung
Die Schüler
(1) konzipieren einzelne Textpassagen neu, z.B. das Ende einer Fabel: *Imaginez une autre fin traduisant un autre sens moral*;
(2) füllen in Analogie zur gehaltlichen und/oder formalen Textstruktur z.B. ein Gedicht, ein Lied, eine Fabel mit einem neuen – eventuell aktuellen - Inhalt;
(3) verändern unter Beibehaltung des Inhalts die Textsorte, machen also z.B. aus einem Telegramm einen Brief, aus einer Zeitungsnotiz einen Erzähltext, aus einem Erzähltext eine Szenenfolge.

– Komposition
Die Schüler produzieren Texte aus vorgegebenen sprachlichen Elementen oder völlig frei, zu vorgegebenen oder selbstgewählten Themen, Situationen, skripturalen, visuellen oder akustischen Stimuli, mit Vorgabe oder freier Wahl der Textsorte. Beispiel: Ende 1992 machte die Deutsche Städtereklame großformatige Eigenwerbung mit dem zweiteiligen Slogan: *'think big – Denken Sie großflächig'*. Die über Etatkürzungen verärgerte alternative Kulturszene einer Ruhrgebietsstadt nutzte die 'große' Gelegenheit und überklebte den zweiten Teil mit einem druckgleichen *'pay small'* und einer entsprechenden Botschaft an die Stadtväter.

Aufgabe: Plakatieren Sie Ihre persönliche Botschaft im Anschluß an das *'think big'* oder entwerfen Sie eine eigene Plakatwerbung für eine Idee.

4. Unterrichtsmethodische Hinweise

Je nach Lernausgangslage, unterrichtlicher Schwerpunktsetzung und Sachstruktur der Textsorte können kreative Übungen
– mündlich oder schriftlich sein;
– thematisch, textsortenspezifisch oder sprachlich vorbereitet bzw. durch entsprechende Hilfen begleitet werden;
– in unterschiedlichen Sozialformen (vgl. Art. 34-40) stattfinden;
– unterrichtlich weiter ausgewertet werden etwa durch Begründung, Diskussion, Vergleich, Wertung unterschiedlicher Ergebnisse;
– von den Schülern selbst erstellt werden.

Kreative Übungen können ihre motivatorische Zielsetzung nur erreichen in einer kreativitätsfördernden Unterrichtsatmosphäre, die tolerant und frei von Angst und von Zeit- und Zensurendruck ist und die die Schüler durch konstruktives *feed-back* (vgl. Art. 57) zur Selbstbewertung ihrer Leistung ermutigt (Cropley 1991).

Literatur

Brusch, Wilfried (1992), "Vom Lesen zum Schreiben: 'Dependant Authorship' – Kreative Schreibaufgaben als alternative Textarbeit", in: *Der fremdsprachliche Unterricht Englisch*, Jg. 26, H. 5, 36-41.
Caré, Jean-Marc/Debyser, Francis (1978), *Jeu, langage et créativité: les jeux dans la classe de français*, Paris.
Cropley, Arthur (1991), *Unterricht ohne Schablone – Wege zur Kreativität*, 2. Aufl., München.
Feldhendler, Daniel (1991), "Das Leben in Szene setzen! Ansätze für eine fremdsprachliche Dramaturgie", in: *Die Neueren Sprachen*, Bd. 90, 137-153.

Gebhardt, Eike (1992), *Kreativität und Mündigkeit – Zum gesellschaftspolitischen Stellenwert kreativen Verhaltens*, Weinheim.
Genzlinger, Werner (1980), *Kreativität im Englischunterricht*, Bochum.
Hellwig, Karlheinz (1989), "Bildkunst im Fremdsprachenunterricht?", in: *Der fremdsprachliche Unterricht*, Jg. 23, H. 93, 4-9.
Kleppin, Karin (1980), *Das Sprachlernspiel im Fremdsprachenunterricht*, Tübingen.
Knauth, K. Alfons (1990), *Literaturlabor – La muse au point*, 1. Aufl., Rheinbach-Merzbach.
Mummert, Ingrid (1987), *Literamour – Gedichte und Geschichten im Französischunterricht*, München.
Otten, Edgar (1992), "Learning by doing: discovery procedures – operationale Verfahren, entdeckendes Lernen und Prozeßorientierung", in: Uwe Multhaup/Dieter Wolff (Hrsg.), *Prozeßorientierung in der Fremdsprachendidaktik*, Frankfurt a.M., 173-187.
Preiser, Siegfried (1986), *Kreativitätsforschung*, 2. Aufl., Darmstadt.
Rattunde, Eckhard (1990), "Kreativer Umgang mit poetischen Texten in der Sekundarstufe I", in: *Die Neueren Sprachen*, Bd. 89, 179-195.
Rattunde, Eckhard (1991), "Szenische Darstellung im Fremdsprachenunterricht", in: *Die Neueren Sprachen*, Bd. 90, 153-165.

Angela Weirath

48. Lernerstrategien

1. Problemaufriß

Die Frage, welche planvollen Aktivitäten Fremdsprachenlerner entwickeln, um ihr Lernen zu steuern und um Lern- und Sprachverwendungsprobleme zu meistern, hat die Forschung (vor allem in den USA) seit ca. zwei Jahrzehnten zunehmend beschäftigt. Ein wesentliches Ziel ist dabei, Möglichkeiten einer Förderung der strategischen Kompetenz zu untersuchen: Wie können Modelle für ein Strategietraining im Fremdsprachenunterricht aussehen? Welche Komponenten sollen sie umfassen? Welche Rolle können dabei bewußtmachende Vermittlungsverfahren spielen?

2. Terminologisches und bisherige Forschungsschwerpunkte

Ausgangspunkt der Beschäftigung mit Lernerstrategien ist die Charakterisierung des Fremdsprachenlernens als eines komplexen, vom Lerner aktiv gestalteten Informationsverarbeitungsprozesses. Strategien lassen sich dabei zunächst ganz allgemein als Verfahren bestimmen, mit denen der Lerner den Aufbau, die Speicherung, den Abruf und den Einsatz von Informationen steuert und kontrolliert. Trotz unterschiedlicher theoretischer Einbettung des Konstrukts 'Lernerstrategie' konvergieren die meisten auf das Fremdsprachenlernen bezogenen Definitionen doch in den Kriterien der Problemorientiertheit, der Zielgerichtetheit/Intentionalität und der (potentiellen) Bewußtheit von Strategien (vgl. ausführlich Tönshoff 1992).

Der Terminus 'Lernerstrategien' wird häufig als Oberbegriff gebraucht, der sowohl Lernstrategien als auch Sprachverwendungsstrategien (Kommunikationsstrategien) umfaßt. Obwohl die Grenze zwischen Lern- und Kommunikationsstrategien fließend ist, liegt der durch situative Anforderungen und durch Lernerintentionen bestimmte aktuelle Primärfokus des menschlichen Informationsverarbeitungssystems jeweils entweder stärker auf dem Lernaspekt (Aufbau lernersprachlicher Wissensbestände) oder auf dem Gebrauchsaspekt (Einsatz vorhandener lernersprachlicher Mittel).

Die am Fremdsprachenlernen interessierte Forschung hat sich bislang vor allem auf die Identifikation und Klassifikation von Lernerstrategien konzentriert. Die z.T. sehr umfangreichen Strategielisten bzw. Klassifikationsschemata (vgl. z.B. O'Malley/Chamot 1990; Oxford 1990) unterscheiden sich u.a. in folgenden Punkten:
– inwieweit sie Lern- und/oder Kommunikationsstrategien erfassen und sich auf unterrichtliches oder außerunterrichtliches Lernerverhalten beziehen;
– wie differenziert sie die Analyseeinheit 'Einzelstrategie' bestimmen und inwieweit sie Strategien lerninhaltsabhängig oder -unabhängig beschreiben;
– ob bzw. wie explizit sie einzelne Strategien den verschiedenen Fertigkeitsbereichen zuordnen.

An dieser Stelle sei eine aus der Pädagogischen Psychologie stammende Grobunterteilung hervorgehoben, die für Trainingsüberlegungen besonders bedeutsam ist und sich auch in zahlreichen fremdsprachenlernbezogenen Klassifikationsvorschlägen durchgesetzt hat: die Differenzierung in kognitive und metakognitive Strategien. Kognitive Strategien sind danach elementare, die Informationsverarbeitung bzw. Handlungsausführung selbst unmittelbar betreffende Strategien (z.B. Inferenzstrategien beim Hör- oder Leseverstehen). Demgegenüber beziehen sich metakognitive Strategien auf die Planung, Überwachung und Evaluation der Informationsverarbeitung bzw. Handlungsausführung (z.B. *monitoring*-Strategien zur Kontrolle der Sprachrichtigkeit und kommunikativen Angemessenheit von Äußerungen).

3. Begründungszusammenhänge

Der allgemeinste Begründungszusammenhang für gezieltes Strategietraining liegt in den Anforderungen, die der schnelle Wandel in der modernen Informationsgesellschaft an jeden Lernprozeß stellt: die Notwendigkeit lebenslangen Lernens, die Tatsache, daß Lernfähigkeit eine zentrale extrafunktionale Qualifikation in allen Bereichen des Arbeitslebens darstellt, machen das Lernen des Lernens zum zunehmend bedeutsamen Unterrichtsgegenstand. Unterricht darf sich nicht nur auf Inhalte richten, sondern muß dem Individuum helfen, sich ein Instrumentarium von Zugriffs- und Verfügungsmöglichkeiten zur Informationsbeschaffung und -verarbeitung aufzubauen.

Im Kontext Fremdsprachenlernen spielen Überlegungen zur Steigerung der strategischen Kompetenz in jüngster Zeit insbesondere im Zusammenhang mit der Diskussion um 'autonomes Lernen' eine Rolle:

a) Autonomes Lernen im Sinne individuellen Selbstlernens ohne Unterrichtsbezug. Neben psychologischen Voraussetzungen auf Seiten des Lernsubjekts (u.a. Lernmotivation, Einstellungen) wird vor allem der Verfügbarkeit eines Arsenals adäquater Lernerstrategien eine Schlüsselrolle für erfolgreiches Selbstlernen zugeschrieben (Dickinson 1987). Für die vielfältigen Planungs-, Überwachungs- und Evaluationsentscheidungen dürfte dabei der Bereich metakognitiver Strategien von besonderer Bedeutung sein.

b) Autonomes Lernen im Sinne einer stärkeren Selbststeuerung und Eigenverantwortlichkeit des Lerners im Rahmen eines Fremdsprachenunterrichts, der dies bewußt zuläßt und fördert. Autonomiefördernder Fremdsprachenunterricht kann die Fähigkeit der Lerner zur Kontrolle über den eigenen Lernprozeß u.a. dadurch steigern, daß er ihnen ein Spektrum von Lernerstrategien vorstellt und im Rahmen praktischer Trainingsmaßnahmen die Möglichkeit eröffnet, in kompetenter Weise die der eigenen Persönlichkeit gemäßen Strategien auszuwählen und zu erproben.

Mit Blick auf die Fähigkeit zum selbständigen 'Weiterlernen' (und 'Wiederlernen') einer Fremdsprache nach Abschluß des schulischen Fremdsprachenunterrichts fordert bereits Knapp (1980), die Beherrschung der hierfür erforderlichen Strategien als Teil des Lernziels 'Kommunikationsfähigkeit' zu interpretieren und ihre Anwendung im Unterricht zu vermitteln. Vor dem Hintergrund der europäischen Integration und ihrer Konsequenzen für den Sprachlern- und Kommunikationsbedarf erhalten solche Überlegungen zur Verknüpfung der Zielkontexte 'Unterricht' und 'Selbstlernen' wieder besondere Aktualität.

Ein systematisches Training auch von Kommunikationsstrategien legitimiert sich aus der Notwendigkeit, Kommunikationssituationen mit Sprechern der Zielsprache auf der Basis lediglich begrenzter Fremdsprachenkenntnisse zu bewältigen. Um Wissenslücken zu überbrücken und trotz eingeschränkter Ressourcen unterschiedliche (z.B. auch berufliche) Handlungsrollen in der Fremdsprache kompetent ausfüllen zu können, sind effektive Kommuniktions- und Kompensationsstrategien unerläßlich.

4. Dimensionen zur Unterscheidung von Trainingsmaßnahmen

Zur Konkretisierung der Instruktionsperspektive (dem 'Wie' der Strategievermittlung) ist es hilfreich, folgende Differenzierungen vorzunehmen:

a) Selektion der Trainingsgegenstände
Neben quantitativen Aspekten (breites Strategienspektrum als Trainingsinhalt vs. Beschränkung auf wenige ausgewählte Strategien) geht es hier darum, ob neben kognitiven Strategien auch metakognitive Strategien trainiert werden sollen und wie zwischen Lern- und Kommunikationsstrategien gewichtet wird.

b) separates vs. integriertes Training
Ein separates Training läuft inhaltlich und organisatorisch getrennt vom normalen Unterricht ab. Es fokussiert primär die Strategien selbst, ihre Anwendung im vertrauten Unterrichtskontext ist nicht Bestandteil des Trainingsprogramms. Demgegenüber bemüht sich ein integriertes Training um eine möglichst enge Verzahnung zwischen der Strategievermittlung und den Inhalten und Arbeitsformen des jeweiligen Unterrichts.

c) Explizitheitsgrad der Instruktion

In Anlehnung an Arbeiten aus dem Bereich der Pädagogischen Psychologie lassen sich unterscheiden:

- Blindes Training: Die Lerner sollen allein durch die Art der Aufgabenstellung dazu gebracht werden, bestimmte Strategien einzusetzen und werden nicht angehalten, über die Strategieanwendung zu reflektieren.
- Informatives Training: Die Lerner erhalten zusätzliche Informationen darüber, wofür bestimmte Strategien von Nutzen sein können, worauf ihre Wirkung beruht und wie sie eingesetzt werden können.
- Selbstkontrolliertes Training: Hier erstreckt sich die Bewußtmachung darüber hinaus auch auf den Bereich der metakognitiven Steuerung und Kontrolle. Die Lerner werden angehalten, über den Erfolg ihres Strategieeinsatzes und über Möglichkeiten eines Strategietransfers auch auf andere Anwendungssituationen zu reflektieren.

5. Modelle für Trainingssequenzen

Die existierenden Trainingsmodelle, die sich auf den Kontext 'unterrichtliches Fremdsprachenlernen' beziehen (Hosenfeld et al. 1981; O'Malley/ Chamot 1990; Oxford 1990) sind integrierte Trainingsprogramme hohen Explizitheitsgrads. Sie werden als Abfolge von einzelnen Umsetzungsschritten beschrieben; von daher erscheint der Begriff 'Trainingssequenz' besonders geeignet. Sie folgen einem Grundmuster, das vier zentrale Komponenten aufweist:

a) Identifikation und gemeinsame Diskussion der von den Lernern gewohnheitsmäßig eingesetzten Strategien.

Als Erhebungsinstrumente werden im Unterricht u.a. Beobachtungsbögen, Lernerinterviews, Fragebögen und Techniken des 'lauten Denkens' eingesetzt. Die Strategieidentifikation hat zum einen eine diagnostische Funktion für den Lehrer, der auf ihrer Grundlage z.B. Selektionsentscheidungen hinsichtlich der Trainingsgegenstände fällt. Sie kann zugleich ein erstes Mittel zur Sensibilisierung der Lerner und zur Bewßtmachung eigener Stärken und Schwächen sein.

b) Explizite Präsentation der Trainingsgegenstände.

Alle Modelle sehen bewußtmachende Trainingsverfahren vor und integrieren in unterschiedlichem Umfang auch metakognitive Strategien als Vermittlungsgegenstände. Zu den bewußtmachenden Verfahren gehören u.a.:

- die gemeinsame Strategiediagnose und die Reflexion über Strategien bei der Muttersprachenverwendung und über Übertragungsmöglichkeiten auf das Fremdsprachenlernen,
- verbal-metasprachliche Erklärungen zu den im Instruktionsfokus stehenden Strategien (zum Warum, Wann und Wie ihres Einsatzes),
- die Demonstration des Strategieeinsatzes durch den Lehrer anhand der Bearbeitung konkreter Aufgabenstellungen (unter Einschluß 'lauten Denkens', also der Verbalisierung einzelner Planungs-, Durchführungs- und Kontrollschritte),
- die gemeinsame Evaluation der Trainingsaktivitäten unter Einbeziehung von Selbstbeobachtungen der Lerner.

c) Strategieerprobung im Rahmen unterrichtlicher Übungsprozesse.

Die bewußtmachenden Komponenten werden eng mit spezifischen Übungsaktivitäten verzahnt; Kognitivierungs- und Anwendungsphasen greifen ineinander. Die Lerner erhalten ausgiebig Gelegenheit, die präsentierte(n) Strategie(n) anhand verschiedener Aufgabenstellungen zu trainieren und Probleme bei der Strategieerprobung zu thematisieren. Ein anfangs sinnvolles Auslösen des Strategieeinsatzes durch den Unterrichtenden ('prompting') kann im weiteren Übungsverlauf nach und nach zurücktreten.

d) Evaluation der Trainingsaktivitäten.

Alle Modelle umfassen eine Evaluationskomponente als Feedback-Instrument für den Lehrer und/ oder als eigenständigen Trainingsbestandteil zur Förderung metakognitiver Kontrolle.

6. Empirische Untersuchungen zur Trainingseffektivität

Zu der Frage, ob und wie die strategische Kompetenz von Fremdsprachenlernern durch Trainingsmaßnahmen gefördert werden kann, liegen erste empirische Studien sowohl mit experimentellem als auch mit nicht-experimentellem Datenerhebungsdesign vor, wobei der Trainingseffekt z.T. durch statistische Analysen, z.T. interpretativ evaluiert wurde (für einen Überblick vgl. Tönshoff 1992). Bei aller Vorläufigkeit lassen sich die

Ergebnisse in folgenden zusammenfassenden Aussagen bündeln:

Das strategische Verhalten von Fremdsprachenlernern kann in verschiedenen Fertigkeitsbereichen durch gezieltes Training verändert werden. Lerner, die an Strategietrainingsmaßnahmen teilnehmen, zeigen im allgemeinen bessere Leistungen als Lerner ohne ein solches Training. Je nach Trainingskonzept bestehen allerdings Wirksamkeitsunterschiede: ein hoher Explizitheitsgrad des Trainings und eine Integration auch von metakognitiven Strategien in das Trainingsprogramm führen bei den meisten Lernergruppen zu den höchsten Effekten und beeinflussen in positiver Weise auch die Dauerhaftigkeit des Trainingserfolgs sowie die Transferierbarkeit der vermittelten Strategien auf andere Lern- und Sprachverwendungszusammenhänge. Der Erfolg der Strategievermittlung wird darüber hinaus von bestimmten Lernervariablen beeinflußt, wie z.B. von der Motivation der Lerner, ihrem soziokulturellen Hintergrund und ihren Lernerfahrungen.

7. Implikationen und Konsequenzen

Das Training von Lernerstrategien kann als stark defizitärer Bereich des schulischen Fremdsprachenunterrichts (nicht nur) in der Bundesrepublik Deutschland gelten. Eigene Untersuchungen haben dies speziell für den Italienischunterricht auf der gymnasialen Oberstufe deutlich belegt (Tönshoff 1992). Die Integration eines bewußtmachenden Strategietrainings in den Unterricht wäre allerdings nicht als einfache Ergänzung zum 'normalen' Lerngeschehen, sondern nur im Rahmen einer zumindest partiellen Umorientierung des Unterrichts und seiner Rahmenbedingungen denkbar:

– Lern- und Kommunikationsstrategien müssen stärker als bisher Eingang in die Lernzielformulierungen in Lehrplänen bzw. Richtlinien finden (inklusive methodischer Hinweise zum Strategietraining).
– Es muß weiter an für Lerner verständlichen Deskriptionen von Lern- und Kommunikationsstrategien gearbeitet werden, die die Grundlage einer expliziten Trainingsinstruktion und – zusammen mit geeigneten Übungstypologien – auch der verstärkten Entwicklung von Unterrichtsmaterialien sein können.
– Schüler und Lehrer werden ihre Rollen umdefinieren müssen. Der Unterrichtende kann den Lernern helfen, größere Eigenverantwortlichkeit zu entwickeln, doch die Verantwortung für einen stärker selbstgesteuerten Lernprozeß liegt letztlich beim Lerner selbst. Dem Lehrer seinerseits kommt zum einen die Aufgabe zu, eine Lernumgebung zu schaffen, in der die Schüler die ihnen angemessensten Strategien erkennen und erproben können. Zum anderen hat er alternative Strategien anzubieten und die Lerner zur Reflexion über den eigenen Lernprozeß anzuregen. Er wächst damit in die Rolle eines Lernhelfers bzw. -beraters hinein.
– Ein Strategietraining ist ohne entsprechend motivierte und ausgebildete Lehrer undenkbar. Die Implementation von Strategietrainingsprogrammen in existierende fremdsprachenunterrichtliche Lernzusammenhänge erfordert zusätzliche Maßnahmen im Bereich der Lehreraus- und -fortbildung.

Literatur

Dickinson, Leslie (1987), *Self-Instruction in Language Learning*, Cambridge.
Hosenfeld, Carol et al. (1981), "Second Language Reading: A Curricular Sequence for Teaching Reading Strategies", in: *Foreign Language Annals* 14, 415-422.
Knapp, Karlfried (1980), "Weiterlernen. Zur Bedeutung von Wahrnehmungs- und Interpretationsstrategien beim Zweitsprachenerwerb", in: *Linguistik und Didaktik*, Jg. 11, H. 43/44, 257-271.
O'Malley, J. Michael/Chamot, Anna Uhl (1990), *Learning Strategies in Second Language Acquisition*, Cambridge.
Oxford, Rebecca L. (1990), *Language Learning Strategies. What Every Teacher Should Know*, New York.
Tönshoff, Wolfgang (1992), *Kognitivierende Verfahren im Fremdsprachenunterricht. Formen und Funktion*, Hamburg.
Wolff, Dieter (1992), "Lern- und Arbeitstechniken für den Fremdsprachenunterricht. Versuch einer theoretischen Fundierung", in: Uwe Multhaup/Dieter Wolff (Hrsg.), *Prozeßorientierung in der Fremdsprachendidaktik*, Frankfurt a.M., 101-120.

Wolfgang Tönshoff

49. Übungen zum Hörverstehen

Dem Hörverstehen fällt im Kommunikationsprozeß eine zentrale Rolle zu: Es umfaßt die Wahrnehmung, das Verstehen und die Interpretation von Sprechäußerungen und ist damit die Voraussetzung für jegliche Interaktion. Deshalb zählt das Hörverstehen in der Fremdsprachendidaktik zu einer der Basisfertigkeiten, die die Grundlage für den Spracherwerbsprozeß bilden.

1. Definition

Hörverstehen, das ist einerseits eine sprachliche Aktivität, die in engem Zusammenhang steht mit dem Sprechen. In der direkten Kommunikation ist es Bestandteil des fremdsprachlichen Interaktionsvorgangs. Andererseits kann Hörverstehen eine isolierte Aktivität sein: In der indirekten Kommunikation, vermittelt durch Medien wie Radio und Fernsehen, ist es eine eigenständige Fertigkeit, die die Teilnahme an der fremden Kultur ermöglicht. Hinzu kommen weitere Differenzierungen, die die fremdsprachliche Hörsituation charakterisieren: Die gesprochene Sprache, auf die das Hörverstehen zielt, kann spontan oder nicht-spontan sein. Die Hörsituation kann außerdem authentisch oder nicht-authentisch sein, d.h. sie gehört entweder in den realen Kontext einer fremden Kultur, oder sie entsteht im didaktisch gelenkten Spracherwerbsprozeß mit künstlichen, nicht von *native speakers* für *native speakers* produzierten Materialien.

Alle drei genannten Kategorien zur Kennzeichnung einer fremdsprachlichen Hörsituation: direkte/indirekte Kommunikation; spontane/nichtspontane Sprache; authentische/nicht-authentische Sprache erlauben eine für den Fremdsprachenunterricht äußerst wichtige Klassifizierung von Hörsituationen in leichter oder schwerer, wobei direkte, spontane, nicht-authentische Texte in der Regel als die leichtesten und indirekte, nichtspontane, authentische Texte als die schwersten anzusehen sind. Im Fremdsprachenunterricht dominieren deshalb zunächst nicht-authentische Hörsituationen (Unterrichtsgespräch, oralisierte Lehrbuchtexte), die spontan oder nicht-spontan (sprechen/vorlesen) den Lernern in direkter oder indirekter Kommunikation (vorsprechen/vom Tonband abspielen) dargeboten werden. Später werden zunehmend authentische Hördokumente hinzugezogen, die spontan oder nicht-spontan meist nur in indirekter Kommunikation (Tonband/Video) zur Verfügung stehen.

Das Hörverstehen ist ein komplexer Prozeß, in dem verschiedene Komponenten zusammenwirken:
– die auditive Komponente, die das Wahrnehmen der akustischen Signale und die Diskrimierung der einzelnen Phoneme, Morpheme, Wörter und Sätze mit ihren prosodischen Elementen wie Intonation und Rhytmus umfaßt,
– die semantische Komponente, die das Sinnverstehen von Lexemen, Wörtern und Wortkombinationen beinhaltet,
– die syntaktische Komponente, die in dem Beziehungserfassen der Wortketten, dem Durchschauen der Textorganisation, d.h. der Abhängigkeit der einzelnen Satzteile voneinander, besteht,
– die pragmatische Komponente, die die Funktionsbestimmung der Sätze in ihrem kommunikativen Kontext, d.h. das Erkennen von Sprechsituation und Sprechintention bewirkt,
– die kognitive Komponente, die auf den Kenntnissen der Textverarbeitung gesprochener Sprache, sowie der Differenzierung ihrer spezifischen Textsorten und deren syntaktischen und lexikalischen Besonderheiten beruht.

2. Lernziele und Lernstrategien

Diese Komponenten müssen schrittweise im Fremdsprachenunterricht aufgebaut und zu einer komplexen Hörverstehenskompetenz zusammengefügt werden. Lernziel ist einerseits die Fähigkeit zur Teilnahme an der direkten Kommunikation: Sprecheräußerungen verstehen und angemessen darauf reagieren zu können.

Lernziel ist andererseits die Fähigkeit zur Teilnahme an der indirekten Kommunikation: Vorträge oder Medien verstehen, die Informationen entnehmen und verwerten, situative und soziale Bedingungen erfassen zu können.

Das kann einerseits durch gezielte Übungen zu den einzelnen Komponenten des Hörverstehens aufgebaut werden, andererseits durch eine allmähliche Steigerung der Komplexität der Hörtexte. In der Anfangsphase des Sprachunterrichts werden Produktion und Rezeption gleichermaßen gefördert, d.h. es wird nur das rezipiert, was auch produziert werden soll und umgekehrt. Das Hörverstehen gleicht in dieser Phase einem Wiedererkennsprozeß, in dem es darum geht, bereits gelernte Sprachelemente zu identifizieren. Später tritt notwendigerweise eine Verschiebung zugunsten der Textrezeption ein. Sachzusammenhänge und Problemstellungen werden über authentische Hörtexte vermittelt, und der Lerner muß in die Lage versetzt werden, eine Fülle von unbekannten Sprachmaterialien zu verarbeiten. Dazu bedarf er nicht nur der Fähigkeit, bekannte Elemente wiederzuerkennen, sondern er muß auch Strategien entwickeln, die es ihm erlauben, auf der Grundlage seines linguistischen und sachlichen Basiswissens, unbekannte Lautfolgen und Wortketten zu erschließen und die Zusammenhänge sinngemäß zu erfassen.

Die Hörverstehensstrategien stehen im Zusammenhang mit den einzelnen Komponenten des Perzeptionsprozesses. Sie lassen sich beschreiben als:
– Diskriminierung und Identifizierung von akustischen Signalen,
– Antizipieren von lexikalischen Elementen und Kollokationen,
– Assoziieren von thematisch gebundenen Wortfeldern,
– Selektieren von Schlüsselworten und -begriffen,
– Analysieren von Kernstrukturen und Textreferenzen,
– Kombinieren von Sinnzusammenhängen.

3. Übungsformen

Diese einzelnen Strategien lassen sich durch Lenkung des Hörprozesses mit Hilfe von Übungen entwickeln. Dabei muß zwischen Übungen zur Lenkung der Hörerwartung und Übungen zur Kontrolle des Hörprozesses unterschieden werden. Übungen zur Lenkung der Hörerwartung werden dem Hörakt vorangestellt. Sie steuern das Hörverstehen durch die Vorgabe des Hörziels und ermöglichen damit eine antizipierende und selektierende Hörkonzentration. Übungen zur Kontrolle des Hörprozesses folgen dem Hörakt und dienen dazu, nach einem ungelenkten, globalen Hören die wichtigsten Informationen im Rekonstruktionsverfahren zusammenzutragen. Die Lenkung der Hörerwartung und die Kontrolle des Hörprozesses lassen sich kombinieren: Zum Globalverstehen wird der Hörtext ungelenkt vorgespielt, im Anschluß werden mit Hilfe von Frageübungen die wichtigsten Elemente rekonstruiert. Zum weiteren Detailverstehen, werden dann gezielte Aufgaben dem erneuten Hören vorangestellt.

Die meisten Übungsformen können sowohl für nicht-authentische Hörtexte (I), als auch für authentische Texte (II) verwendet werden.

Übungen zur Hördiskrimination (auditive Komponente)
– Ähnliche Phoneme unterscheiden (doit/toit; enfin/enfant); Alternativantworten I;
– Morpheme unterscheiden, morpho-syntaktische Formen erkennen (le/les; Endungen) Alternativantworten I; Lückenaufgaben I;
– Morphemunterschiede heraushören (gleich/ungleich); Wiedererkennen I, Alternativantworten I, II;
– Intonationen unterscheiden oder definieren (Aussage, Frage, Bitte, ...) Mehrfachantworten I; Selektionsaufgaben I, II;
– Satzteil- oder Satzgrenzen erkennen (Interpunktion markieren); Lückenaufgabe I, II; (s. Textstrukturierung);
– Aussprachevarianten erkennen (Assimilationen, Elisionen, dialektbedingte Besonderheiten); Selektionsaufgaben II;

Übungen zur Semantisierung (semantische Komponente)
– Sinnkonstituierende Elemente heraushören (Personen, Ort, Zeit, Handlung, Thema, ...); Mehrfachantworten I; Fragen I, II;
– Sinnkonstituierende Elemente unterscheiden (Personen, ...); Zuordnungen Bild/Aussage I;
– Sinnvarianten erkennen (Synonyme); Alternativantworten I; Selektionsaufgaben II;
– Wortfamilien heraushören und zusammenstellen (Basiswort vorgeben); Selektionsaufgaben I, II;
– Schlüsselwörter erkennen und zusammenstellen (themenzentriertes Wortfeld); Lückenaufgabe I, II; Selektionsaufgaben II;
– Schlüsselwörter kontextualisieren (Kontext zu vorgegebenen Begriffen); Selektionsaufgaben II;
– Kollokationen erkennen (Verb/Nomen-Verbindungen); Lückenaufgaben I, II (s. Textstrukturierung);

Übungen zur Textstrukturierung (syntaktische Komponente)
– Satzteil- oder Satzgrenzen erkennen (Interpunktion markieren); Lückenaufgaben I, II; (s. Hördiskrimination);
– Handlungs- oder Argumentationsabläufe erkennen (Bild-/Satzfolgen ordnen); Zuordnungen I;

- Kernsätze isolieren (Subjekt/Verb/Objekt); Selektionsaufgaben I, II;
- Kollokationen erkennen (Nomen/Verb-Verbindung); Lückenaufgaben I, II; (s. Semantisierung);
- Referenzstruktur erkennen (Verweisungssystem Pronomen, ...); Lückenaufgaben II;
- Textgliederung durchschauen (Gliederungsmerkmale Beginn, Unterbrechung, Abschluß); Selektionsaufgaben II;
- Textaufbau und Argumentationsstruktur durchschauen (Verknüpfungsstellen markieren); Selektionsaufgaben II;

Übungen zur Situations- und Intentionsbestimmung (pragmatische Komponente)
- Sprecherintentionen erkennen und unterscheiden (Aussage, Frage, Bitte...); Mehrfachantworten I; Selektionsaufgaben I, II; (s. Hördiskrimination);
- Sprecherhaltung erkennen (Tempussystem/Tempuswechsel); Selektionsaufgaben II;
- Kommunikative Merkmalträger erkennen (Höreransprache, Abtönungspartikel, Gliederungssignale); Lückenaufgaben II;
- Sprachniveau definieren (gehoben, standard, familiär...); Selektionsaufgaben II;

Übungen zum Sprachwissen über die Besonderheiten der gesprochenen Sprache (kognitive Komponente)
- Strukturmerkmale der gesprochenen Sprache erkennen (Fehlstart, Abbrüche, Wiederholungen, Wortstellung, ...) Selektionsaufgaben mit Transkription II; Transkriptionsaufgabe II;
- Lexikalische Merkmale der gesprochenen Sprache heraushören (Abtönungspartikel, Gliederungssignale,...); Lückenaufgaben II; (s. Situations- und Intentionsbestimmung);
- Gesprochene und geschriebene Sprache unterscheiden (Textvergleich geschrieben/gesprochen); Selektionsaufgaben II;

Für die Übungen zum Hörverstehen sind technische Hilfsmittel (Tonkassetten, Video) unerläßlich. Im Anfangsunterricht können die nicht-authentischen Hörtexte noch vom Lehrer vorgetragen werden, doch bieten vorbereitete Tonträger sinnvolle Sprecher- und Geschwindigkeitsvariationen, die dem Lerner helfen, flexible Hörgewohnheiten aufzubauen. Authentische Hörtexte müssen – mit Ausnahme des Sonderfalls eines *native speaker* im Unterricht – über Hörkonserven vermittelt werden. Eine zunehmende Rolle spielt dabei die Videokassette, deren Bilder insbesondere bei der Situations- und Intentionsbestimmung eine wichtige Hilfe darstellen (vgl. auditive Medien: Art. 69; audiovisuelle Medien: Art. 70).

Literatur

Dirven, René, Hrsg. (1977), *Hörverständnis im Fremdsprachenunterricht*, Kronberg i.T.
Rane, Helmut (1991), "Das Hörtextdossier im Französischunterricht", in: *Praxis des neusprachlichen Unterrichts*, Jg. 38, 285-291.
Schumann, Adelheid/Vogel, Klaus/Voss, Bernd, Hrsg. (1984), *Hörverstehen. Grundlagen, Modelle, Materialien zur Schulung des Hörverstehens im Fremdsprachenunterricht der Hochschule*, Tübingen.

Adelheid Schumann

50. Übungen zum Leseverstehen

Fremdsprachliches Lesehandeln

Zur theoretischen Begründung der folgenden Übungstypologien und als Beurteilungshintergrund für die Sichtung der zahlreichen Übungsvorschläge auf dem Lehr-/Lernmittelmarkt und in der fachdidaktischen Literatur, eine kurze Charakterisierung fremdsprachlichen Lesehandelns:

Lesen ist eine aktive Auseinandersetzung des Lesers mit dem vom Autor im Text versprachlichten Wissen. Im Verlauf der Textverarbeitung trägt der Leser sein in Form von Schemata organisiertes Sach- und Handlungswissen an den Text heran und verknüpft es mit den dort präsentierten Wissensstrukturen. Die daraus resultierende Rekonstruktion der Mitteilung des Autors ist das Ergebnis von parallel verlaufenden Verarbeitungsschritten, die wechselseitig vom Text (*data-driven*) und vom Leser (*concept-driven*) initiiert werden. Sein Wissen ermöglicht es dem Leser, aufgrund von Teilinformationen, die er dem Text entnommen hat, Erwartungen über die sprachliche und die inhaltliche Ausgestaltung nachfolgender Textteile aufzubauen. Er antizipiert bestimmte Informationen, aktiviert dafür relevante Schemata und nutzt diese zu gezielter und damit rationeller Verarbeitung. Dieses Wechselspiel des Hypothesenbildens und -überprüfens kennzeichnet alle Elemente im Leseprozeß, sowohl die subsemantischen als auch die

Phasen und Teilprozesse in Lesehandlungen

Phasen	A Vor dem Lesen		B Während des Lesens	C Nach dem Lesen

I
Teilpro-
prozesse
	a) Aktivierung
	   von Vorwissen
	b) Überlegungen
	   zum Textumfeld
		Antizipation	a) Verarbeitung von Graphem-
			   kollokationen
			b) Verarbeitung von Wortformen
			c) Anwendung von Bedeutungser-
			   schließungsstrategien
			d) semantisch-syntaktische Verarb.
			e) satzübergreifende Verarbeitung
			   (Referenz/logische Verbindung/
			   Textstruktur)
				a) Zusammen-
				   fassung
				b) (kritische) Über-
				   legung zu den
				   Textaussagen
				c) Einschätzung der
				   Textrelevanz für
				   den Tätigkeitszu-
				   sammenhang

II Lesehandlungsformen			a) selektives Lesen b) kursorisches Lesen	
III metakognitive Handlungssteuerung				

semantisch-syntaktischen und die satzübergreifenden. Der Leseprozeß wird vom Leser kontrollierend begleitet und bei Störungen in seinem Verlauf unter Einsatz von Strategiewissen korrigiert. Lesen ist also kein bloßes Reagieren auf den Stimulus Text. Es ist eine Form sprachlichen Handelns mit allen Charakteristika menschlicher Handlungen.

Der Prozeßverlauf des Lesens ist nach bisherigen Erkenntnissen universell, d.h. es kann davon ausgegangen werden, daß die beschriebenen Verlaufscharakteristika auch für das fremdsprachliche Lesen gelten.

Aus dem Gesagten läßt sich eine schematische Übersicht über die unterschiedlichen Phasen und Teilprozesse in Lesehandlungen erstellen (s.o.):

Auf dieser Grundlage, unter Berücksichtigung von Lernervoraussetzungen und unterschiedlichen Rahmenbedingungen, lassen sich die Richt- und Grobziele eines fremdsprachlichen Leseunterrichts aufstellen:

Richtziel I: Entwicklung, Verbesserung und Übung fremdsprachlicher Lesefähigkeit als wesentliche Teilkomponente des Fremdsprachenunterrichts.

Richtziel II: Befähigung der Lerner zur individuellen Weiterentwicklung ihrer Lesefähigkeit außerhalb des Unterrichts.

Die Entwicklung, Verbesserung und Übung der in den Lesephasen und Leseteilprozessen erforderlichen Fähigkeiten bestimmen die Grobziele, die mit den jeweiligen Übungsformen verfolgt werden. Sie werden deshalb im folgenden nicht mehr gesondert genannt. Ebenso wird dort, wo sich entsprechende Übungen zwangsläufig aus der Grobzielsetzung anbieten, auf die Skizzierung verzichtet.

Übungsformen

ad A I a) Textüberschriften vorgeben; Erwartung über den Inhalt in Stichworten formulieren und erwartete Worte auflisten lassen; Texte überfliegen, evtl. Bildinformationen berücksichtigen lassen.

Einsatz: Auf allen Lernstufen, mündlich oder schriftlich; schriftlich vor allem dann, wenn in Verbindung mit C.

ad B I a/b) Spielerische Formen wie z.B. Modifikationen des '*Hangman*-Spiels' ('Galgenspiel'); Wortkomplettierungsübungen nach dem *Cloze*-Prinzip.

Vor allem bei Anfängern; als auflockerndes Element auch auf höheren Lernstufen.

ad B I c) 1. Wichtig-unwichtig-Entscheidungen werden zunächst geübt an Einzelsätzen, die ein unbekanntes, für das Satzverständnis (un-)wichtiges Wort enthalten. Dann Übergang zu Texten, bei denen lexikalische *Items* durch '*Nonsense*-Wörter' oder Lücken ersetzt werden; Übung solcher Entscheidungen im Zusammenhang unterschiedlicher Lesezielvorgaben.

2. Die Relevanz und Anwendung phonetisch bzw. graphemisch motivierter Analogieschlüsse (*rare* ≈ *rar*) wird ebenfalls an Einzelsätzen und Texten, z.T. auch aus den Lernern unbekannten Sprachen (z.B. Niederländisch) gezeigt und geübt.

3. Übungen mit *Cloze*-Elementen auf Satz- und Textebene verdeutlichen die Wichtigkeit von engem und weitem Kontext für die Bedeutungserschließung.

4. Aufgaben zur Affigierung und zur *Compound*-Bildung verdeutlichen Wortbildungsprinzipien der Fremdsprache.

5. Nachschlageaufgaben zur Verdeutlichung von Möglichkeiten und Grenzen der Benutzung eines (zweisprachigen) Wörterbuchs.

Auf allen Lernstufen und in den unterschiedlichsten Zusammenhängen.

ad B I b) *Cloze*-Varianten, d.h. hier Lückentexte mit syntaktisch motivierter Deletion; Analyse syntaktisch komplexer Sätze nach funktionalen (Sinn-)Einheiten (Agent/Instrument/Aktion/Patient); Satzteilpuzzle.

Vor allem auf dem mittleren Niveau, aber auch davor und danach.

ad B I e) 1. Aufgaben zur Rekonstruktion anaphorischer und kataphorischer Referenz in Texten, z.B. durch Unterstreichungen, Einsetzübungen u.ä..

2. Einsetzen passender Verbindungsausdrücke in Textlücken; Ersetzen verwendeter Verbindungsausdrücke durch akzeptable Varianten unter Rückgriff auf eine im Unterricht erarbeitete Typologie solcher Ausdrücke.

3. Darstellung von Textstruktur in Diagrammen bzw. *flow-charts*.

Mittleres und Fortgeschrittenenniveau.

ad C I a) Reduzierung inhaltlich komplexer Sätze auf ihre wesentliche Aussage; inhaltliche Zusammenfassung von Textabschnitten in einem Satz; Ordnen dieser Zusammenfassungen; Erstellen von Zusammenfassungen mit Wortzahlvorgaben.

Mittleres bzw. Fortgeschrittenenniveau.

ad C I c) Einbettung von Leseaufgaben in einen größeren tatsächlichen bzw. simulierten Tätigkeitszusammenhang (z.B. Referatserstellung). Fortgeschrittene.

ad II a) Informationssuchübungen mit Inhaltsverzeichnissen, Registern und Textpassagen in möglichst realistischen Anwendungssimulationen; Übungen von Suchstrategien.

Alle Lernstufen, verstärkt mittlerer und fortgeschrittener Lernstand.

ad II b) Lesen und Wiedergabe von Texten, bei denen alle den Lernern sehr wahrscheinlich unbekannten Inhaltswörter gelöscht wurden; Übungen zu Textfragmenten bestehend aus Überschrift, erster und unter Umständen letzter Satz der einzelnen Abschnitte, bzw. aus Überschrift, erstem und letztem Abschnitt; Strategien kursorischen Lesens von Büchern mit Aufmerksamkeitsfokusierung auf u.a. Inhaltsverzeichnis, Einleitung und Schlußkapitel.

Mittleres und Fortgeschrittenenniveau.

ad Antizipation: Im Zusammenhang mit möglichst vielen Übungen zu den Phasen A und B sollten auf allen Lernstufen Aufgaben gestellt werden, die den Lerner anhalten, kommende Text(teil)e inhaltlich, und teilweise auch sprachlich zu antizipieren, diese Antizipationen zu verbalisieren und dabei Vertrauen in seine Vorhersagefähigkeit zu entwickeln.

ad III: Zahlreiche Erkenntnisse deuten darauf hin, daß die Bewußtmachung der innerhalb der geübten Teilprozesse erforderlichen Strategien lernfördernd wirken. Deshalb sollten die Lerner bereits von Anfang an immer wieder aufgefordert werden, ihre Vorgehensweisen beim Bearbeiten der Übungsaufgaben zu reflektieren und diese Reflexionen auch zu verbalisieren. Es ist immer darauf zu achten, daß den Lernern der Zusammenhang zwischen den einzelnen Teilfähigkeiten deutlich wird, und daß genügend Aufgaben angeboten werden, die ein integrierendes Üben der unterschiedlichen Teilfähigkeiten ermöglichen.

Literatur

Ballstaedt, Steffen-Peter et al. (1981), *Texte verstehen, Texte gestalten*, München.

Baudoin, Margaret E. et al. (1977), *Reader's Choice – A Reading Skills Textbook For Students of English as a Second Language*, Ann Arbor.

Grellet, Françoise (1979-1980), *Reading and Thinking in English*, 4 Bde., Oxford.

Grellet, Françoise (1981), *Developing Reading Skills*, Cambridge.

Karcher, Günther L. (1989), *Das Lesen in der Erst- und Fremdsprache*, Heidelberg.

Lutjeharms, Madeline (1988), *Lesen in der Fremdsprache*, Bochum.

Scott, Michael et al. (1984), "Using a 'Standard Exercise' in Teaching Reading Comprehension", in: *English Language Teaching Journal*, Vol. 38, 114-120.

Stiefenhöfer, Helmut (1986), *Lesen als Handlung – Didaktisch methodische Überlegungen und unterrichtspraktische Versuche zur fremdsprachlichen Lesefähigkeit*, Weinheim.

Westhoff, Gerard J. (1987), *Didaktik des Leserverstehens*, München.

Helmut Stiefenhöfer

51. Übungen zum Schreiben

1. Allgemeines

Schreiben, d.h. das Erstellen von Texten (schriftlich fixierte Sprachäußerungen), ist ein überaus komplexer Vorgang, für den sowohl inhaltliche Kriterien (Stringenz, Schlüssigkeit der gedanklichen Entwicklung) als auch die Beachtung von formal-grammatischen Regeln und Regeln des Sprachgebrauchs (situations-, adressaten-, textformbedingt) und Anforderungen an die äußere Form (graphische Gliederung) bestimmend sind.

Die Erstellung von Texten jeder Art bedarf darum langjähriger Schulung in sorgfältig abgestuften Übungssequenzen, die vom freien Formulieren von Einzelsätzen und Satzgruppen zur Erstellung von Abschnitten und in sich geschlossenen, kohärenten Texten führen.

2. Regeln für die Schreibschulung: grundsätzliche Überlegungen

Regelmäßigkeit

Schreibschulung bedarf vor allem anderen der Regelmäßigkeit; Aufgaben zur Schreibschulung müssen ständiger Bestandteil des gesamten Sprachübungsprozesses sein, wobei der prozentuale Anteil im Laufe des Lehrgangs zunimmt. In der gymnasialen Oberstufe hat Schreibschulung, auch im Hinblick auf die schriftliche Abiturprüfung, Vorrang.

Stufung der Übungen

Die Übungen zur Schreiberziehung in der Mittelstufe sind entsprechend der Klasse und dem Lernstand der Schüler im Schwierigkeitsgrad abzustufen. Sie beginnen z.B. bei der Formulierung von Einzelsätzen (Antworten auf vorgegebene Fragen, Bildung von Fragen, beschreibende Sätze, Mitteilungen einfacher Art mit und ohne inhaltliche Vorgabe) gehen dann über zu Satzgruppen (wie oben, ebenfalls mit und ohne Steuerung durch Vorgaben) und schließlich zum in sich geschlossenen, frei formulierten, zunächst noch überwiegend durch inhaltliche oder lexiko-syntaktische Vorgaben gesteuerten Text mittlerer Länge am Ende der Klasse 10, der auch eine Gliederung in Abschnitte aufweisen sollte (Einleitung, Gedankenentwicklung, Schluß). Die Länge der Texte sollte wegen der notwendigen Kontrolle 500 Wörter nicht überschreiten. Dies sollte auch für Prüfungsaufgaben gelten.

Inhaltliche Komplexität

In der Oberstufe werden die inhaltlichen Anforderungen (Vorgaben, denen zu entsprechen ist) komplexer; die geforderte Länge bleibt wegen der notwendigen Kontrolle auf max. 600-650 Wörter beschränkt.

Übungen zu sprachlichen Teilaspekten – isoliert/integriert

Gelegentliche Teilübungen zu isolierten Aspekten der Formal-Grammatik sind nützlich, vor allem in der Mittelstufe. In der Oberstufe dagegen gilt grundsätzlich, daß das Erstellen von (schriftlichen) Texten durch isolierte formal-grammatische oder lexikalische Übungen nicht oder nur sehr bedingt gefördert wird. Darum sollten ab Klasse 10 lexikosyntaktische Aspekte des Sprachkönnens in komplexen Schreibaufgaben integriert geübt werden (integrierter Sprachunterricht). Die notwendige Einübung in spezifische, formalgrammatische, lexikalische und durch Sprachgebrauch bestimmte Sprachverwendung und die Organisation von Mitteilungsinhalten erfolgt integriert durch Schreibaufgaben, die durch inhaltliche, lexiko-syntaktische und situative Vorgaben gesteuert werden.

Bedeutung des Inhaltsaspekts

Alle Schreibaufträge (=Aufgaben) sollten darauf zielen, Inhalte mitzuteilen. Der Mitteilungsinhalt und die Mitteilungsintention mit ihren Nuancierungen bestimmen die Wahl der lexikalischen und grammatischen Sprachmittel. Gerade deswegen sollten isolierte Übungen zu sprachlichen Einzelphänomenen zugunsten integrierter, vorgabengesteuerter Schreibaufträge aufgegeben werden.

Gliederung

Bei allen Schreibaufgaben ist eine klare Gliederung der gedanklichen Textstruktur und eine entsprechende äußere Anordnung in Abschnitte als Lesehilfe einzufordern.

Auf eine Vermittlung textgrammatischer und texttypologischer Fachtermini kann zugunsten intensiver praktischer Übungen weitgehend verzichtet werden.

Überprüfung der Übungsleistung – Funktion der Korrektur

Jede Aufgabe, die Schüler allein bewältigen sollen, also auch solche zur Schreiberziehung, bedürfen der Kontrolle durch den Lehrer. Eine lexiko-syntaktische Einzelübung könnte mit Hilfe eines Schlüssels vom Lerner selber kontrolliert und dann korrigiert werden. Bei Schreibaufgaben, die komplexe Gebilde aus Inhalt und Sprachgebung bezogen auf wechselnde situative Bedingtheiten hervorbringen sollen, geht dies nicht. Darum ist regelmäßige Kontrolle und Besserungshilfe (Einzelkorrektur für jede Arbeit oder Beispielkorrektur an einer Arbeit als Modell für alle Schüler einer Lerngruppe) unerläßlich. Dabei ist vor allem auf die Beziehung zwischen inhaltlicher Aussage- und Mitteilungsabsicht einerseits und der gewählten Sprachgebung andererseits zu achten. Grundsätzlich gilt: Eine Beschränkung der Korrektur auf den lexiko-syntaktischen Aspekt wird der Komplexität der Anforderung nicht gerecht. Besonderes Augenmerk muß auf die satzübergreifenden Aspekte (Entwicklung des Gedankengangs, Abschließen des Abschnitts und Überleiten zum nächsten, Prägnanz der Wahl der Sprachmittel etc.) gerichtet werden. Die Korrektur (nicht die Bewertung – sie ist nicht Gegenstand der hier vorgetragenen Ausführungen) ist integrierter Teil der Übungssequenzen; sie dient dazu, die nach der (Vor-)Übung erbrachte selbständige Leistung zu verbessern. Aus der Korrektur entwickeln sich nachfolgend neue Übungen, die auf dem durch gemeinsame Reflexion (Was ist falsch? Warum? Wie kann man es besser ausdrücken? = gemeinsame Korrektur) neues Verständnis aufbauen und die nach weiterer kritischer Betrachtung (= erneute Korrektur) zu weiteren Übungen führen. Dabei wird kontinuierlich das Leistungsniveau der Schüler angehoben.

3. Beispiele für Übungen

Den Grundsatzüberlegungen entsprechen folgende Übungsmodelle (Auswahl), die regelmäßig wiederkehrend mit wechselnden Inhalten und bezogen auf wechselnde Situationen, woraus sich notwendig unterschiedliche Texttypen ergeben, eingesetzt werden. Wechselnde Inhalte und Situationen sind für die Motivation wichtig.

(a) Schüler stellen eine *Liste von Verbindungswörtern* auf (den im Unterricht behandelten Texten zu entnehmen und laufend zu ergänzen) und verbinden damit zwei Einzelsätze zu einer kombinierten Aussage (*It rains, I take my umbrella = Because it rains I take my umbrella*). Ferner erstellen Schüler eine Liste von Sprachmitteln zu Vor- und Rückverweisen (mit Beispielen, laufend zu ergänzen).

Weitere Übung zur *Verwendung von Verbindungswörtern* (Hinzufügung, Gegenüberstellung, Vergleich, Ergebnis, Einräumung etc.): Zwei Sätze werden vorgegeben; die passende Verbindung ist zu suchen. Oftmals sind verschiedene Verknüpfungen, mit unterschiedlichem Sinn, möglich.

Erstellen von im Umfang begrenzten Texten nach bestimmten Schemata:
(1) *Vergleich/Gegenüberstellung* (Früher war es so.../Heute dagegen...)
(2) Analyse und Beschreibung von Einzelteilen eines Ganzen (Motor: Die wesentlichen Teile sind.../Ihre Funktion besteht darin...)
(3) *Abhandlung eines Themas durch Beispiele* (Frauen sind ebenso tüchtig wie Männer. Das wird belegt z.B. durch ... und durch ... Hierbei könnte zur Auflage gemacht werden, jeden Satz anders als die vorhergehenden zu beginnen.)
(4) *Gegenüberstellung von Positiva und Negativa* (Vor- und Nachteile des modernen Flugreiseverkehrs)
(5) *Ursache und Wirkung* (Kinder verhalten sich ..., weil sie aus zerrütteten Ehen stammen und darum ...)

(b) Schülerarbeiten werden daraufhin untersucht, ob und in welcher Weise die Sätze aufeinander bezogen sind (Satz 1 im Abschnitt nennt das Thema, die Sätze 2ff. müssen das Thema entwickeln, erläutern, erweitern, differenzieren, mit Beispielen belegen etc. bis zum letzten Satz des Abschnittes, der abschließen, rückverweisen oder zum nächsten Abschnitt überleiten soll). Schüler sollten dabei an eigenen Texten erkennen, wo Sätze (und damit ihre Inhalte) nicht aufeinander bezogen sind, wo sich der Gedankengang nicht schlüssig entwickelt, sondern Brüche aufweist (*Satzfunktionsanalysen*).

Damit eng verbunden ist die *Textrekonstruktion*, d.h. die gemeinsam (Lehrer und Schüler) oder allein versuchte Bemühung, einen so analysierten Text auf Grund der Befunde zu verbessern. Oftmals sind es nur die Verbindungswörter, die fehlen oder falsch verwendet wurden, und/oder die Abfolge der Sätze (und damit die logische Abfolge der Gedanken) ist fehlerhaft. Dabei kann gleichzeitig die Wahl der Sprachmittel (lexiko-syntaktische) in

Verbindung mit den Regeln der Sprachkonvention gebessert werden. Diese Übung empfiehlt sich insbesondere im Anschluß an Klausuren statt der wenig effektiven Berichtigung von Einzelphänomenen (z.B. durch richtiges Schreiben oder durch Benennung von Paragraphen aus der Grammatik). Effektiv allein ist die Neufassung eines bestimmten, vom Lehrer in jeder Schülerarbeit zu kennzeichnenden Abschnitts der Schülerarbeit (anschließende Kontrolle!), wobei notwendig lexiko-syntaktische Verstöße mitberücksichtigt werden müssen. Ihre Korrektur ergibt im Kontext des Gesamtzusammenhangs Sinn. Bei der Markierung des zu 'rekonstruierenden Textabschnitts' sollten solche Passagen, in denen typische Schwächen des individuellen Schülers sich deutlich häufen, bevorzugt werden.

Textrekonstruktion kann auch für die Lerngruppe an *einem* Schülerbeispiel in der Stunde erfolgen. Dabei sind Vorschläge aller einzufordern; sie müssen zur Aussageintention des Originalverfassers passen. Insgesamt ist für die Textrekonstruktion wichtig, so viel wie möglich des originalen Schülertextes zu erhalten. Nicht Neufassung ist gefragt, sondern Besserung, Glättung, Verdeutlichung.

(c) *Ergänzungsaufgaben.* Ein Textfragment (Beginn und/oder Ende; Ausschnitt etc.) ist zu ergänzen. Durch Auflagen (inhaltliche, sprachliche) ist der Schüler fest gebunden, was eine strenge Disziplin bei der Bewältigung der Aufgabe erfordert und ein Ausweichen nicht zuläßt. Durch die sprachlichen Auflagen können gleichzeitig bestimmte lexiko-syntaktische Übungseffekte erzielt werden (z.B. nur im *Past,* Verwendung bestimmter Verbformen etc.).

Beispiel: Vorgegeben wird z.B. der 1. und der 5. Satz. Drei Sätze zwischen 1 und 5 sind zu ergänzen, wobei inhaltlich die Entwicklung des Themagedankens (Satz 1) verlangt wird, und zwar so, daß bruchlos zum Anschlußsatz (Satz 5) hingeführt wird. Auch die Vorgabe des Entwicklungsschemas ist denkbar.

Wegen der Vorgaben, die alle Schüler binden, lassen sich solche Aufgaben an Hand eines Beispiels gut in der Klasse besprechen. Dazu sind jeweils die Vorschläge aus der Gruppe einzuholen und auf ihre Angemessenheit im Verhältnis zum Vorsatz zu prüfen (Paßt dieser Satz zum Satz davor? Wie müßte er umformuliert werden, damit er paßt? Warum paßt dieser Satz nicht?). Die Übung ist anstrengend, aber gewinnbringend und hat starken Herausforderungscharakter (Motivation). Anschließend wird das Original zum Vergleich herangezogen. Man wird feststellen, daß es nicht nur *einen* Übergang von Satz 1 nach 5 gibt (= Original), sondern je nach Interpretation von Satz 1 auch andere sinnvolle Versionen.

Varianten: Vorgabe von Satz 1, 3, 5, 7; Aufsuchen von Zwischensätzen; Vorgabe von Satz 4/5, Sätze 1-3 und einen Anfang bzw. Abschluß finden lassen.

Bei dieser Übung lernen Schüler, wie wichtig es ist, Sätze aufeinander zu beziehen, gedankliche Teilaussagen in ihrer Abfolge für die eigene Texterstellung genau zu planen; für die Texterschließung lernen sie, Brüche in der Gedankenführung der Textvorlage zu erkennen.

(d) *Summary Writing*

Einen besonders hohen Übungswert hat das Schreiben von Zusammenfassungen, weil sie zu detaillierter sprachlicher Vorüberlegung zwingen. Der wichtige Informationsgehalt des Langtextes, die Kürze der Zusammenfassung (ca. 1/3 des Langtextes), die Nachvollziehbarkeit des Argumentationsganges auch im Kondensat, die Ausrichtung des Kondensattextes auf seinen Verwendungszweck – all dies zwingt zu überlegter Wahl der sprachlichen Mittel, wobei vor Schwierigkeiten nicht ausgewichen werden kann. Da jedes Wort zählt, ist die Umschreibung statt des treffenden Wortes ein Nachteil, der längere Nebensatz statt der Apposition und die Vermeidung verkürzender, komprimierender Konstruktion kein Gewinn. Der Schüler ist gezwungen, alle sprachlichen Möglichkeiten zum knappen, präzisen, abstrahierenden Ausdruck zu prüfen. Das bringt ihn zu einer kritischen Einschätzung der Funktion sprachlicher Mittel; er lernt, disziplinierter und bewußter mit der Sprache umzugehen.

(e) *Abfassen von Gedichten*

Dem gleichen Ziel, nämlich zu bewußtem Umgang mit den sprachlichen Mitteln zu erziehen, dient auch das Gedichte-Schreiben. Der geringe Raum, der für die Aussage zur Verfügung steht, der Zeilenzwang führen notwendig zu überlegter Wahl der Sprachmittel.

(f) *Komplexe Schreibaufträge mit situativen Vorgaben*

Diese Aufgaben sollen nicht nur Textsorten (Brief, Stellungnahmen, appellative Texte aller Art) schulen, sondern zugleich auch den phantasievollen Umgang mit der Zielsprache (nicht nur den formellen Umgang, wie er für die Prüfungsaufgabe gefordert wird) stimulieren. Hierzu gehören Aufgaben wie die folgenden: Brief an den Herausgeber einer Zeitung, in dem man sich über den Motorradlärm Jugendlicher beschwert, Gründe für das Verhalten der Jugendlichen anführt, Alternativen vorschlägt und die Stadtverwaltung und die Verantwortlichen auffordert, geeignete Maßnahmen zu ergreifen. Oder: Umformung der Geschichte des Prinzen Hamlet in einen Werbeprospekt für das Schloß Helsingfors. Dabei sollten Elemente der Geschichte des Dänenprinzen eingebracht werden. Oder: Shakespeare beobachtet in einem Fernsehstudio die Inszenierung eines seiner Dramen und kommentiert das Geschehen. (Hierbei muß historisches Sachwissen zu Shakespeare und seiner Zeit mit denkbaren spontanen und erstaunten Äußerungen des Dichters kombiniert werden.) Schließlich: freiere Aufgaben wie etwa: Was verbindet sich für Sie mit dem Begriff Kindheit, eine Aufgabe, die eine spontane, assoziative Äußerung verlangt.

Allen Aufgaben gemeinsam ist es, durch Aktivierung und Freisetzung der Phantasie, des bei fast allen Schülern gegebenen spielerischen Potentials und der Emotion die Freude am Schreiben zu steigern: Man darf sich freien Lauf gönnen und kann so seine eigenen Möglichkeiten und Grenzen im Umgang mit der Zielsprache ausloten und erkennen. Solche Aufgaben eignen sich nicht – oder nur sehr begrenzt – für Prüfungsaufgaben.

Literatur

Arnaudet, Martin L./Barret, Mary E. (1981), *Paragraph Development – a Guide for Students of English as a Second Language*, Englewood Cliffs, New Jersey.
Arnold, John/Harmer, Jeremy (1978), *Advanced Writing Skills*, London.
Baril, Denis/Guillet, Jean/Bernardie, Sully/Vanier, Jeanine (1969), *Techniques de l'expression écrite et orale*, 2 Bde., Paris.
Bartenstein, Winfried (1976), *Arbeit mit französischen Sachtexten. Mündliche und schriftliche Textaufgaben in Sekundarstufe II*, Stuttgart.
Becker, Norbert/Heinrichs, Volkhard/Wolff, Udo (1984), *Lire et écrire. Von der Textanalyse zur Textproduktion*, Dortmund.
Bliesener, Ulrich (1982), "Klausuren und Abiturarbeiten in Englisch. Eine Handreichung für die Praxis", in: *Fremdsprachenunterricht in Theorie und Praxis*, München 44-54 und 57-65.
Bliesener, Ulrich (1987a), "Summary-Writing – Ein Übungselement in der Schreiberziehung", in: *Der fremdsprachliche Unterricht*, Jg. 21, H. 82, 5-8.
Bliesener, Ulrich (1987b), *Textarbeit Englisch – leicht gemacht – Schülerhandbuch zur Abiturvorbereitung*, 4. Aufl., Dortmund.
Bliesener, Ulrich (1988), *Summary Writing – leicht gemacht; Ein Arbeits- und Übungsbuch für Schüler*, Dortmund.
Candlin, Edwin Frank (1978), *English in Style, I. Students' Book. II. Teacher's Book*, London.
Chaplen, Frank (1979), *Paragraph Writing*, London.
Esser, Sibylle (1981), *Developing Writing Skills*, Dortmund.
Hogins, James Burl/Yarber, Robert E. (1974), *Models for Writing*, Chicago.
Hogins, James Burl (1967), *Reading Writing and Rhetoric*, Revised Edition, Chicago.
Imhoof, Maurice/Hudson, Herman (1975), *From Paragraph to Essay. Developing Composition Writing*, London.
Martin, Lee J./Kroiter, Harry P. (1979), *The 500-Word-Theme*, 3rd edition, Inglewood Cliffs, New Jersey.
Nichols, Ann Eljenholm (1965), *English Syntax. Advanced Composition for Non-Native Speakers*, New York.
Raimes, Ann (1981), *Focus on Composition*, New York.
Rico, Gabriele L. (1984), *Garantiert Schreiben Lernen? Sprachliche Kreativität methodisch entwickeln – ein Intensivkurs auf der Grundlage der modernen Gehirnforschung*, Hamburg.

Ulrich Bliesener

52. Konversationsübungen

1. Definitionen

In kürzeren Definitionen von *Konversation* findet man häufig Begriffe wie gesprochene Kommunikation, Austausch von Ideen und Information oder Gebrauch von Sprache hauptsächlich aus gesellschaftlichen Gründen. Früher wurde Konversation oft als eine triviale, manchmal sogar irrelevante Fertigkeit, die kaum die Aufmerksamkeit ernsthafter Zweitsprachenlerner verdiente, angesehen. Die Erkenntnis, daß Konversation eine wichtige Erscheinungsform einer Sprache sei, kann auf die Arbeit von Firth in den dreißiger Jahren zurückgeführt werden (Firth 1964). Die Aufmerksamkeit der *Mainstream*-Linguisten richtete sich jedoch auf den isolierten Satz. Erst in jüngerer Zeit wurden größere Spracheinheiten ernsthaft in Betracht gezogen. Heutzutage gehört Diskursanalyse zu den wichtigsten Sparten der Linguistik. Vor allem ist die Komplexität des natürlichen Sprachgebrauchs zum Vorschein gebracht worden. Eine brauchbare Definition von Konversation müßte mindestens folgende Elemente enthalten: Gegenseitigkeit, Abwechslung der Sprecher, Flexibilität, Gebrauch von Diskursstrategien, ritualisierte Phasen und bestimmte Arten von Wortschatz, insbesondere Füllwörter (z.B. *well, I see*, etc.) und Verstärkungspartikel (z.B. *quite, really,* etc.) (Schneider 1988) sowie *gambits* (Keller/Warner 1988). Erfolgreiche Kommunikation in der fremden Sprache hängt letztendlich davon ab, ob der Lerner in die Lage versetzt worden ist, im interkulturellen Kontext angemessen zu reagieren. Diese Art von Diskurs kann "nur dann erfolgreich geführt werden ... wenn den Partnern entsprechende sprachliche Mittel zur Verfügung stehen und diese von ihnen angemessen im Hinblick auf den Erfolg des Aushandelns eingesetzt werden können." (Raasch 1990, 13).

2. Konversation als Lernziel im Fremdsprachenunterricht

Es ist heutzutage selbstverständlich, daß Fremdsprachenlerner in die Lage versetzt werden sollen, die zweite Sprache in Alltagssituationen zu gebrauchen. Trotzdem bleibt es bis heute ungewöhnlich, die Fähigkeit, in angemessener Weise an einer einfachen Konversation teilzunehmen, ausdrücklich in Lernzielkatalogen zu erwähnen. Es wird offensichtlich allgemein angenommen, daß dieses Ziel nebenbei und fast automatisch erreicht wird, während man im Unterricht andere Ziele verfolgt.

Die weitverbreitete Aufnahme kommunikativer Lernziele in die Lehrpläne der siebziger Jahre, zum großen Teil durch den Einfluß von Piepho (Piepho 1974), dokumentierte einen entscheidenen Schritt nach vorn. Es muß trotzdem betont werden, daß ein Austausch von Sprechfunktionen auf keinen Fall als vollwertige Konversation gelten kann, weil wichtige Diskurselemente fehlen. Die Tatsache, daß Konversation nicht als eigenständiges Lernziel akzeptiert wird, kann als zentrales Problem angesehen werden. Wenn Konversation nur indirekt unterrichtet wird, kann es nicht verwundern, daß im "Ernstfall" einer Begegnung mit *native speakers* oder mit anderen Zweitsprachensprechern immer wieder Probleme auftauchen.

Ein zweites Problem betrifft die Auswahl von Sprachelementen. Es ist schon seit den dreißiger Jahren weitgehend akzeptiert, daß die Wörter, die am häufigsten gebraucht werden, den Grundwortschatz für den Fremdsprachenlerner bilden sollten. Weil jedoch alle älteren Wortlisten auf der geschriebenen Sprache basierten, war es unvermeidbar, daß wichtige Elemente der gesprochenen Sprache fehlten. Dieser Mangel trifft weitgehend auch für die sehr einflußreichen Materialien des Europarats zu (van Ek 1975). Inzwischen stehen Corpora der Konversation zur Verfügung (z.B. Svartvik/Quirk 1980; für Französisch das *Corpus d'Orléans* vgl. Blanc/Biggs 1971), aber das Problem der richtigen Auswahl bleibt (Speight 1986).

Das Lernziel "Fähigkeit an einer einfachen Konversation teilnehmen zu können" würde sicherlich von den meisten Fremdsprachenlehrern als sinnvoll angesehen werden. Die Implikationen dieses Ziels können nur bewußt werden, wenn relevante Erkenntnisse der Diskursanalyse zum Inventar des Fremdsprachenlehrers gehören. Die Feinziele lassen sich von der Liste am Ende des ersten Absatzes ableiten.

3. Motivation

Wir können davon ausgehen, daß die meisten Lerner motiviert sind, Konversation zu lernen, weil dieses Lernziel den Vorstellungen des normalen Fremdsprachenlerners ziemlich genau entspricht. Er möchte mit seinen Sprachkenntnissen "auskommen". Trotzdem braucht der Fremdsprachenlehrer Strategien, um die Motivation über einen längeren Zeitraum aufrechtzuerhalten. Der Hauptgrund dafür ist, daß Konversationen über Alltagsthemen nicht besonders interessant sind, wenn sie in der künstlichen Atmosphäre des Klassenzimmers stattfinden. Folgende Strategien sind zu empfehlen:

- Die Situation im Klassenzimmer selbst sollte voll ausgenutzt werden (Black/Butzkamm 1977).
- Die Textmaterialien sollten unter dem Gesichtspunkt, daß sie interessante Themen, Impulse, Kontexte und Modelle für Gespräche enthalten, ausgewählt werden.
- Konversationsübungen sollten regelmäßig, aber immer in kurzen Phasen eingeführt werden.
- Die Tatsache, daß Englisch durchaus im eigenen Land oder im nicht-englischsprachigen Ausland sehr nützlich sein kann, sollte betont werden, insbesondere in Gruppen, die es für sehr unwahrscheinlich halten, daß sie jemals nach Großbritannien oder Amerika fahren werden. Dies gilt auch für andere Fremdsprachen.

– Wenn es möglich ist, sollten etwa ab Ende des dritten Lernjahres Studienfahrten nach Großbritannien zum festen Bestandteil des Kurses werden, damit die Vorbereitungen gezielt auf mögliche echte Sprechsituationen abgestimmt werden können, was sich erfahrungsgemäß sehr positiv auf die Motivation auswirkt. Selbstverständlich sind Fahrten ins Zielland genauso wertvoll für die Lerner anderer Fremdsprachen, umso mehr weil die *lingua franca*-Funktion anderer Sprachen nicht so ausgeprägt ist wie beim Englischen. Daß eine Begegnung mit der fremden Kultur viele andere Vorteile mit sich bringen kann, braucht hier nicht betont zu werden.

4. Übungsformen

Da eine erfolgreiche Konversation den Gebrauch eines Bündels integrierter Sprech- und anderer Fertigkeiten voraussetzt, kann die Einübung isolierter Fertigkeiten nur in Ausnahmefällen empfohlen werden. Übungen, die die Aufmerksamkeit auf typische Elemente der gesprochenen Sprache (z.B. Kurzantworten, Füllwörter und Verstärkungspartikel) lenken, könnten sehr nützlich sein. Es wäre auch sinnvoll, die typischen ritualisierten Phasen von Konversation zu üben (z.B. Komplimente machen, sich bedanken, begrüßen, sich verabschieden).

In anderen Fällen werden Konversationsübungen auf *didaktischen Dialogen* (Bludau 1975) mit Modellcharakter basieren, egal welche Formen für Sprechanlässe und Steuerung gewählt werden. Diese Dialoge müssen in angemessen vereinfachter Form das Sprachmaterial enthalten, das man benötigen würde, um Alltagssituationen in der außerschulischen Wirklichkeit zu bewältigen.

Die einfachste Art der Übung wäre, daß die Lerner den Dialog auswendig lernen und mit einem Partner vortragen. Obwohl diese Art von Übung durchaus geeignet ist, die Sprechflüssigkeit der Lerner zu verbessern und wichtiges Sprachmaterial einzuprägen, kann man noch nicht von einer echten Konversationsübung sprechen, weil keine Eigeninitiative und keine Flexibilität im Gebrauch der fremden Sprache verlangt wird.

Die nächste Stufe besteht darin, daß man in solchen Dialogen Lücken läßt, die mit einer lexikalischen Einheit oder einem Ausdruck der eigenen Wahl gefüllt werden kann. Bei Anfängern und in lernschwächeren Gruppen ist es ratsam, die Listen der Auswahlwörter anzugeben. Bei dieser Form von Übung kann man in bescheidenem Maße schon von einer echten Konversationsübung sprechen, vorausgesetzt, daß die Sprechsituation lebensnah ist und einfache Diskurselemente nicht fehlen.

Dialoge mit Abzweigungen stellen die nächste Stufe dar. Sie ermöglichen es dem Lerner, ganze Phasen der Konversation nach seinen eigenen Wünschen auszutauschen. Auf der anderen Seite sind solchen Übungen enge Grenzen gesetzt, weil es nie praktikabel sein wird, alle möglichen Alternativen vorzugeben.

Aus diesem Grunde sind Dialoge mit offenem Ende vorzuziehen, zumindest für fortgeschrittene Lerner. Der Nachteil dieser Form besteht darin, daß die Lerner alleingelassen werden, mit der üblichen Konsequenz, daß sie anfangen, wortwörtlich zu übersetzen, es sei denn, sie haben soviel gesprochenes Englisch gehört und gelesen (*input*), daß sie "programmiert" sind, idiomatisch zu reagieren. Weitere sehr wichtige Übungsformen für fortgeschrittene Lerner sind Rollenspiele und Simulationen.

Bei diesen Formen können sich die Fantasie und Eigeninitiative der Schüler voll entfalten. Sie brauchen natürlich nicht immer Rollen zu spielen, die sie tatsächlich eines Tages spielen könnten, aber es wäre schon wichtig, daß situationsadäquates Sprachmaterial, das in Alltagssituationen gebraucht werden könnte, ausgewählt wird.

Es wurde bis jetzt davon ausgegangen, daß Stimuli und Steuerung in der fremden Sprache gegeben würden. Übungen, die mit anderen Hilfen auskommen, haben den wichtigen Vorteil, daß nichts vorweggenommen wird. Der Lerner muß selbst nach passenden Äußerungen suchen. Dies entspricht viel eher der Lage eines Sprechers in einer echten Konversation.

Eine mögliche Übungsform wäre, daß eine Rolle in Englisch vorgegeben wird. Die Steuerung für die zweite Rolle erfolgt auf Deutsch. Durch diese Übungsform lernt man sehr schnell, wie selten eine wortwörtliche Übersetzung richtig ist. Da normale Lerner nicht in der Lage sind "Englisch zu denken", ist dieser Übungstyp durchaus wirklichkeitsnah. Denkbar wäre auch, daß die Steuerung für beide Rollen in der Form eines Flußdiagramms auf Deutsch vorgegeben wird. Auch Bildgeschichten mit leeren Sprechblasen wären hierfür geeignet. Selbstverständlich funktionieren Übungen dieser Art nur, wenn passende Äußerungen vorher bereitgestellt worden sind, zum Beispiel situativ eingebettet in einem motivierenden Text.

5. Schlußbemerkung

Um in der Lage zu sein, eine Konversation erfolgreich zu führen, müssen Lerner erkennen, wie wichtig es ist, die Gefühle und Reaktionen des Gesprächspartners in Betracht zu ziehen (Brown/Levinson 1978). Um wirklich frei sprechen zu können, muß der Lerner darüber hinaus die Behandlung von Gesprächsthemen (*topies*) in der fremden Sprache beherrschen. Dazu gehören Wissen über die Struktur (*frame*) des Themas, das entsprechende Vokabular, die Entwicklung einer eigenen Meinung (die man in der fremden Sprache erklären und vertreten kann) und die Fähigkeit, das Thema weiterzuentwickeln oder geschickt zu wechseln, wenn die Gesprächssituation dies verlangt (Gardner 1984). Eine schulische Vorbereitung auf den Gebrauch der gesprochenen Fremdsprache in der Geschäftswelt wäre sehr wünschenswert, findet aber zur Zeit kaum statt. Konversation ist eine sehr komplexe Tätigkeit, vielleicht die komplexeste aller menschlichen Tätigkeiten. Trotzdem kann man durch gezielte Vorbereitung lernen, sich auch in einer fremden Sprache zu unterhalten.

Literatur

Black, Colin/Butzkamm, Wolfgang (1977), *Klassengespräche: kommunikativer Englischunterricht. Beispiel und Anleitung,* Heidelberg.
Blanc, Michel/Biggs, Patricia (1971), "L'enquête sociolinguistique sur le français parlé à Orléans", in: *Le Français dans le monde* 85, 17-25.
Bludau, Michael (1975), "Didaktische Dialoge: Ein Beitrag zur Operationalisierung kommunikativer Lernziele im Englischunterricht", in: *Praxis des neusprachlichen Unterrichts,* Jg. 22, 251-264.
Brown, Penelope/Levinson, Stephen (1978), "Universals in Language Usage: Politeness Phenomena", in: Esther N. Goody (Hrsg.), *Questions and Politeness: Strategies in Social Interaction,* Cambridge, 56-289.
van Ek, Jan A., (1975), *Systems Development in Adult Language Learning: The Threshold Level in a European Unit/Credit System for Modern Language Learning by Adults,* Strasbourg.
Firth, John R. (1964), "On Sociological Linguistics", in: Dell Hymes (Hrsg.), *Language in Culture and Society: A Reader in Linguistics and Anthropology,* New York, 66-70.
Gardner, Roderick (1984), "Discourse Analysis: Implications for Language Teaching, with Particular Reference to Casual Conversation", in: *Language Teaching,* Vol. 13, 102-117.
Keller, Eric/Warner, Sylvia T. (1988), *Conversation Gambits: Real English Conversation Practices,* Hove.
Piepho, Hans-Eberhard (1974), *Kommunikative Kompetenz als übergeordnetes Lernziel im Englischunterricht,* Dornburg-Frickhofen.
Raasch, Albert (1990), "Interkulturelle Diskurskompetenz: Lernziel für den Französischunterricht?", in. *Praxis des neusprachlichen Unterrichts,* Jg. 37, 11-13.
Schneider, Klaus P. (1988), *Small Talk: Analysing Phatic Discourse,* Marburg/Lahn.
Speight, Stephen (1986), *Basic Conversation: Strategies – Situations – Dialogues,* Stuttgart.
Svartvik, Jan/Quirk, Randolph, Hrsg. (1980), *A Corpus of English Conversation* (Lund Studies in English 56), Lund.

Stephen Speight

53. Übungen und Arbeitsformen im Projektunterricht

1. Projektunterricht – historischer Ursprung und aktuelle Realisierung

Der Projektunterricht ist eine historische Unterrichtsform, die zu Beginn des Jahrhunderts im Zusammenhang sozialreformerischer und schulkritischer Ideen des amerikanischen Pragmatismus konzipiert wurde. Als 'Vater' des Projektgedankens gilt John Dewey (1859-1952), die Didaktisierung dieses theoretischen Konzepts leistete vorwiegend sein Schüler William Heard Kilpatrick (1871-1965).

Als Hauptmerkmal des Projektunterrichts gilt die 'klassische' Zielformulierung *learning by doing*. Auch in anderen reformpädagogischen Ansätzen der gleichen historischen Epoche – der Freinet-Pädagogik in Frankreich, den verschiedenen Richtungen der Arbeitsschule in Deutschland und in der Sowjetunion – wurden handlungsorientierte Lernformen entwickelt, die dem Projektunterricht nahestehen.

Im Rahmen der schulreformerischen Bestrebungen der 70er Jahre, der Alternativschulbewegung und der damit verbundenen Schulkritik wurde der Projektunterricht wieder neu 'entdeckt' und – häufig verbunden mit einer gesellschaftskritischen Zielsetzung – besonders an Versuchsschulen praktiziert. Heute gehören projektorientierte Unterrichtsformen (und häufig auch gesamte Projektwochen) zum festen Bestandteil pädagogischer Praxis an Hauptschulen und Gesamtschulen. Im

Gymnasialbereich konnten sich projektorientierte Arbeitsformen jedoch bisher weniger durchsetzen, obwohl der Wert des handlungsorientierten Lernens allgemein anerkannt und auch durch Ansätze der modernen Lern- und Entwicklungspsychologie (Wygotsky; Leontjew; Vester) wissenschaftlich erwiesen ist.

Da es sich beim Projektunterricht um eine 'offene' Unterrichtsform handelt, ist eine eindeutige Definition schwierig. Überwunden werden soll durch diese Lernform die historisch verfestigte Trennung zwischen Schule und Leben; die atomisierte, in Schulfächer aufgespaltene und kleinschrittig lehrgangsmäßig dargebotene herkömmliche Wissensvermittlung; die rezeptive, nur noch sekundär motivierte Arbeitshaltung der Lernenden; die Konkurrenzorientierung (durch eine kooperative Organisation des Lernprozesses, durch Selbst- und Mitbestimmung der Schüler); die 'Verkopfung' und Verbalisierung des Lernens (durch die Zielorientierung hin auf ein Produkt oder auf einen in sich relevanten Erfahrungsprozeß).

Aufgrund der institutionellen Zwänge des Regelschulsystems sind diese Merkmale projektorientierten Lernens – und erst recht Projekte im eigentlichen Sinne – schwer zu realisieren. Noch schwieriger ist die Einlösung des sozial- und gesellschaftskritischen Anspruchs, der der Projekt-Idee ursprünglich immanent war und ihre Sprengkraft ausmachte. Jedoch selbst wo dieser Anspruch abgelehnt oder zumindest nicht realisiert wird, besitzt der Projektunterricht einen hohen Innovationswert und löst bei den Schülern erfahrungsgemäß einen beträchtlichen Motivationsschub aus (vgl. dazu Thiel 1985).

2. Projektorientiertes Arbeiten im Fremdsprachenunterricht

Angesichts des strengen Lehrgangscharakters des Fremdsprachenunterrichts und seiner fachimmanenten methodischen Gesetzmäßigkeiten (vgl. u.a. die Einsprachigkeit, die vielfach immer noch als Postulat gilt) sind Projekte hier ziemlich selten. Im Rahmen des kommunikativen Ansatzes erfuhren jedoch kooperative Unterrichtskonzeptionen und an realen Sprechhandlungen orientierte Lernformen eine methodische Aufwertung. Angestrebt wurde ein möglichst häufiger Gebrauch der Fremdsprache in kommunikativen 'Ernstsituationen'. Die Konfrontation der Schüler mit authentischer Fremdsprache (anstelle didaktisch konstruierter Lehrwerk-Texte mit dosiertem Schwierigkeitsgrad) wurde ebenfalls als wichtiges Lernziel anerkannt.

Diesen Zielsetzungen kommen handlungsorientierte Arbeitsformen, wie sie im Umkreis des Projektunterrichts entwickelt wurden, sehr entgegen.

Ohne Anspruch auf Vollständigkeit zu erheben, soll hier eine Palette von projekt- und handlungsorientierten Arbeitsformen aufgezeigt werden, die im Fremdsprachenunterricht realisierbar sind, ohne seine institutionellen Grenzen zu sprengen. Kriterium für die Anordnung und Stufung der verschiedenen Arbeitsformen soll ihr Grad der 'Wirklichkeitsberührung' mit der Zielsprache, ihre Annäherung an den Ernstfall der fremdsprachlichen Kommunikation mit *native speakers* sein.

3. Arbeits- und Übungsformen

Die Darstellung der reichhaltigen Möglichkeiten projektorientierten Arbeitens soll geordnet werden nach rezeptiven und produktiven Sprachfertigkeiten (jeweils mündlich/schriftlich). Sodann wird auf umfangreichere zusammenhängende Arbeitsformen – Projekte (im fachspezifisch eingegrenzten Sinn), Klassenkorrespondenz und Klassenreise ins Ausland – eingegangen.

Training rezeptiver Fertigkeiten im Umgang mit authentischen Texten und Original-Dokumenten in der Zielsprache (auditiver, audio-visueller oder schriftlicher Art):

– Hörverstehenstraining authentischer gesprochener Sprache (Radio-Sendungen; von Klassen-Korrespondenten auf Kassette gesprochene Texte, Äußerungen von *native speakers*, die in die Klasse eingeladen werden, Song- bzw. Chanson-Texte),
– Sinnentnahme aus fremdsprachlichen Film- und Video-Dokumenten,
– Auswertung von Presse-Erzeugnissen und gedruckten/geschriebenen Produkten aus dem Land der Zielsprache (einschließlich alltäglicher Gebrauchstexte – vom Metro-Fahrplan über Speisekarten bis hin zu Kleinanzeigen oder Strafmandaten).

In jedem Fall erfordert die Konfrontation der Schüler mit nicht 'didaktisch gefilterter' Fremdsprache eine andere methodische Herangehensweise als die Bearbeitung von Lehrwerk-Materialien: kursorisches Verständnis, Verzicht auf analytische Durchdringung aller Rede-Elemente und die Bereitschaft, Unbekanntes aus dem Kontext zu erschließen.

Training lehrbuchunabhängiger produktiver Fertigkeiten: Der freie mündliche Ausdruck beginnt z.B. in Freinet-Klassen schon in einem frühen Stadium des fremdsprachlichen Lernprozesses: Schüler stellen sich mit einigen einfachen Sätzen, auf Kassette festgehalten, den Partnern der Korrespondenzklasse im Land der Zielsprache vor (vgl. dazu die Beiträge von Jones und Raths in: Müller 1989), oder sie halten vor der Klasse 'Mini-Referate' in der Zielsprache zu einem selbstgewählten Thema (Haustiere, Hobbys etc.). Auf höheren Klassenstufen dienen diesem Ziel alle Arten von Lern- und Rollenspielen und das Agieren im Rahmen von umfangreichen *simulations* (vgl. dazu Jones et al. 1984; Caré/Debyser 1978).

Eine wichtige Form sprachlicher Kreativität ist das Verfassen freier Texte in der Zielsprache (vgl. Dietrich 1986). Das Freinet-Arbeitsmittel 'Klassendruckerei' ermöglicht die Veröffentlichung dieser Texte in einer graphisch schön gestalteten Form sowie die Erstellung gesamter 'Anthologien'. Die Klassenkorrespondenz – eine wichtige Arbeitsform im Rahmen des projektorientierten Fremdsprachenunterrichts – erlaubt die Veröffentlichung dieser (und anderer) Arbeitsergebnisse über den engen Rahmen der Klasse hinaus. Auch Klassenzeitungen in der Zielsprache sind Produkte, die im Rahmen einer solchen Korrespondenz an Gewicht gewinnen. Neben fremdsprachlichen Fähigkeiten erfordert ihre Herstellung handwerkliche Fertigkeiten, künstlerische Kreativität (für Illustrationen und Layout) sowie ein hohes Maß an arbeitsteiliger Kooperation.

Fachspezifische Lern- und Arbeitstechniken sollten dafür von den Schülern selbständig beherrscht werden. Zur selbständigen Bearbeitung von grammatischen Übungen werden im Rahmen der Freinet-Pädagogik den Schülern umfangreiche individualisierte Übungsmaterialien mit Möglichkeiten zur Selbstkorrektur an die Hand gegeben (einsetzbar für Einzel-, Partner- und Gruppenarbeit). Besonders hilfreich ist eine Arbeitskartei, die von den Schülern z.T. selbständig entwickelt und ausgebaut werden kann (vgl. Müller 1982).

Als 'Ernstfall' ist die Originalbegegnung mit *native speakers* anzusehen, und zwar
a) im eigenen Land, bei Erkundungen (vgl. das Projekt "Airport" von Legutke/Thiel 1982, in dessen Rahmen die Schüler einer 6. Gesamtschul-Klasse einen Tag lang Interviews mit englischsprechenden Passagieren, Flugpersonal etc. auf dem Frankfurter Flughafen machten), bei Einladungen fremdsprachlicher Diskussionspartner in die Klasse, bei Besuchen ausländischer Firmen und Einrichtungen in der Bundesrepublik (vgl. Thiel 1985). Eher ausgefallene Möglichkeiten, wie die Gestaltung eines zielsprachigen Radioprogramms (vgl. dazu Schlemminger 1989), werden wohl sicher nicht jeder Lernergruppe zur Verfügung stehen. Interview- und Gesprächstechniken und ausreichende fremdsprachliche Redemittel müssen dabei vom Lehrer vor der Begegnung mit den *native speakers* erarbeitet, geübt und verfügbar gemacht werden (vgl. dazu Legutke/Thiel 1982, 290 ff).

b) Klassenreisen ins zielsprachige Ausland – am besten vorbereitet durch eine themenorientierte Klassenkorrespondenz (vgl. dazu Alix/Kodron 1988) – sind der 'Königsweg' der Direktbegegnung mit der fremdsprachlichen Wirklichkeit. Er bietet reichhaltige Möglichkeiten, projekt- und produktorientiert zu arbeiten, dabei sowohl die sprachlichen Fähigkeiten als auch die landeskundlichen Kenntnisse der Schüler gezielt zu erweitern und gleichzeitig eigene Einstellungen und Haltungen durch das Eingehen auf die Fremdperspektive der zielsprachigen Kommunikationspartner zu überprüfen (Beilmann 1992).

Ein wichtiger Bestandteil projektorientiert vorbereiteter und durchgeführter Reisen ins Ausland sind die Auswertungen und Dokumentationen zu den verschiedenen Untersuchungsaufgaben, die von den Schülern anschließend erstellt werden. Diese 'Produkte' (Ton-Dia-Reportagen, Faltprospekte, Schautafeln, Reportagen etc.) können gleichzeitig zum Anlaß genommen werden, einer interessierten 'Öffentlichkeit' (Eltern, Parallelklassen) die Resultate der Reise vorzustellen und damit selbst Lehrfunktionen in der Fremdsprache auszuüben (zu dieser interessanten Variante des Fremdsprachenunterrichts vgl. Martin 1985; zu Schülern als Lernhelfern vgl. Steinig 1985).

Literatur

Alix, Christian/Kodron, Christoph (1988), *Zusammenarbeiten: Gemeinsam Lernen. Themenzentrierte Zusammenarbeit zwischen Schulen verschiedener Länder am Beispiel Deutschland – Frankreich,* Bad Honnef (Deutsch-Französisches Jugendwerk).
Bastian, Johannes/Gudjons, Herbert, Hrsg. (1986 und 1990), *Das Projektbuch I und II,* Hamburg.
Bebermeier, Hans (1992), "Projekte im weiterführenden Englischunterricht der Sekundarstufe I", in: *Neu-*

sprachliche Mitteilungen aus Wissenschaft und Praxis 45, 144-150.

Beilmann, Andreas (1992), "Studienfahrt und Projektarbeit. Vorschlag für eine erlebnispädagogische Alternative", in: Praxis des neusprachlichen Unterrichts, Jg. 39, 44-51.

Bundesarbeitsgemeinschaft Französisch an Gesamtschulen (1985), Schülerorientierung im Französischunterricht (Hessisches Institut für Lehrerfortbildung – Hauptstelle Reinhardswaldschule), Fuldatal/Kassel.

Caré, Jean-Marc/Debyser, Francis (1978), Jeu, langage et créativité – Les jeux dans la classe de français, Paris.

Dietrich, Ingrid (1979), "Freinet-Pädagogik und Fremdsprachenunterricht", in: Englisch Amerikanische Studien, Jg. 1, 542-563.

Dietrich, Ingrid (1986), "Freie Texte türkischer Schüler – Was und wie türkische Kinder schreiben", in: Ingrid Valtin/Ingrid Naegele (Hrsg.), "Schreiben ist wichtig!" – Grundlagen und Beispiele für kommunikatives Schreiben(lernen), Frankfurt a.M., 232-257.

Edelhoff, Christoph/Liebau, Eckart, Hrsg. (1889), Über die Grenze. Praktisches Lernen im fremdsprachlichen Unterricht, Weinheim/Basel.

Jones, Ken/Edelhoff, Christoph/Meinhold, Monika/Oakley, Colin (1984), Simulationen im Fremdsprachenunterricht – Handbuch für Schule, Hochschule und Lehrerfortbildung, München.

Legutke, Michael/Thiel, Wolfgang (1982), "AIRPORT – Bericht über ein Projekt im Englischunterricht in Klasse 6", in: Westermanns Pädagogische Beiträge, Jg. 34, 288-299.

Martin, Jean-Pol (1985), Zum Aufbau didaktischer Teilkompetenzen beim Schüler, Tübingen.

Müller, Bernd-Dietrich (1982), "Die Arbeitskartei. Ein alternatives Lernmittel?", in: Goethe-Institut/British Council/Aupelf (Hrsg.), Triangle 2 – Approaches, Methodik, Enseignement, Paris, 127-145.

Müller, Bernd-Dietrich, Hrsg. (1989), Anders lernen im Fremdsprachenunterricht. Experimente aus der Praxis, Berlin/München.

Rampillon, Ute (1991), English beyond the Classroom. Unterrichtsvorschläge und Materialien zur Förderung der interkulturellen Gesprächsfertigkeit im Englischunterricht der Sekundarstufe I, Bochum.

Schlemminger, Gerald (1989), "Radio libre – Erfahrungen mit einer deutschsprachigen Jugendsendung bei einem freien Radiosender in Frankreich", in: Bernd-Dietrich Müller (Hrsg.), Anders lernen im Fremdsprachenunterricht. Experimente aus der Praxis, München, 163-174.

Steinig, Wolfgang (1985), Schüler machen Fremdsprachenunterricht, Tübingen.

Thiel, Wolfgang (1985), "Americans in Frankfurt. A Project on War and Peace", in: Lothar Bredella/Michael Legutke (Hrsg.), Schüleraktivierende Methoden im Fremdsprachenunterricht Englisch, Bochum, 165-184.

Ingrid Dietrich

54. Hausaufgaben

1. Der Fachbezug

Die Diskussion um die Hausaufgabe ist so alt wie die Institution Schule selbst und ist noch immer nicht zu einem entscheidenden Abschluß gekommen. Dabei halten sich die Argumente für und wider Hausaufgaben die Waage. Den Argumenten für die Hausaufgabe wie zum Beispiel, daß sie den Unterricht vertiefen, ihn entlasten, Freiräume schaffen für allgemeine Bildungsaufgaben, daß sie die Individualisierung der Arbeitsweise der Lerner fördern usw., stehen die Gegenpositionen gegenüber, die besagen, daß Hausaufgaben psychische Überforderung verursachen, Freiräume einschränken, daß sie als Druckmittel empfunden werden usw. Diese Argumente sind insgesamt alle allgemeinpädagogischer Art und nicht fachspezifisch. Hier scheint das Zentralproblem zu liegen, denn die praktische Realisierung hinsichtlich von Funktionen, hinsichtlich der Frage nach der Notwendigkeit, den Zielen, des Umfangs und der Aufgabenarten von Hausaufgaben vollzieht sich nicht unterrichtsfachunabhängig, sondern kann nur an einzelnen Unterrichtsfächern festgemacht werden, so daß auch die Argumente für und wider Hausaufgaben in erster Linie fachspezifisch sein müssen.

In der Fremdsprachendidaktik und in der Praxis des Fremdsprachenunterrichts hat diese Grundsatzdiskussion um die Hausaufgaben nie eine wichtige Rolle gespielt. Der Grund dafür mag sein, daß Fremdsprachenlernen ein übungsintensiver Prozeß ist und deshalb Hausaufgaben allgemein als zusätzliche Übungsmöglichkeit unverzichtbar erscheinen. Erst Ende der 70er Jahre ist, von einigen kleineren Beiträgen abgesehen, die Diskussion um die Hausaufgabe unter fachspezifischer Perspektive für den Englischunterricht in einer Monographie dargestellt worden (Pauels 1979). Hier wird zentral die Frage nach der Notwendigkeit von Hausaufgaben unter Berücksichtigung fremdsprachenspezifischer Bedingungen beantwortet, indem diese Frage angebunden wird an Lerninhalte, Lehrgangsstufen, differenzierte Lernziele und Lehrgangskonzeption. Leitgedanke dabei ist, daß nicht selbstverständlich täglich und regelmäßig Hausaufgaben aufgegeben werden müssen, sondern daß nur dann Hausaufgaben gestellt werden sollen, wenn der Unterricht selbst bestimmte Leistungen nicht in angemessenr Weise ohne den zusätzlichen Übungsteil durch Hausaufgaben erreichen kann.

Andererseits müssen Leistungen und Aktivitäten, die über das Erreichen zentraler Lernziele entscheiden, ausschließlich im Unterricht selbst durchgeführt werden, so daß hier auf Hausaufgaben verzichtet werden muß.

Dieser sachlich zwingende Fachbezug ist danach unter der Frage nach der Notwendigkeit von Hausaufgaben in einigen wenigen Beiträgen aufgenommen worden (Gutschow 1982; Pauels 1984 und 1990). Darüber hinaus hat die Diskussion um die Hausaufgabe im Fremdsprachenunterricht dazu geführt, daß eine Reihe von Veröffentlichungen zu Aufgabenformen und Funktionen von Hausaufgaben erschienen ist (Sturm 1983; Göller 1982 und 1983; Hohmann 1981; Wildermuth 1981; Kleine 1983). In diesem Fragezusammenhang sind auch die Beiträge zu erwähnen, die in der ehemaligen DDR insbesondere in der Zeitschrift *Fremdsprachenunterricht* erschienen sind und fast ausnahmslos konkrete Beispiele für Hausaufgaben unter dem Aspekt der Effektivitätssteigerung des Fremdsprachenunterrichts vorstellen. Einen guten Überblick dazu bietet Dahse (1981). Auch in didaktisch-methodischen Gesamtdarstellungen (z.B. Gutschow 1981; Heuer/Klippel 1987) wird die Hausaufgabenfrage berücksichtigt. Ebenso werden in den Lehrerhandreichungen zu den gängigen Lehrwerken inzwischen praktische Vorschläge zu Hausaufgaben gemacht.

2. Fachdidaktische Entscheidungen

Nach den gegenwärtigen Positionen in der fachdidaktischen Literatur kann man feststellen, daß sich die Beantwortung der Frage nach der Notwendigkeit von Hausaufgaben innerhalb von Unterrichtsreihen oder auch im Anschluß an einzelne Unterrichtsstunden jeweils nach den Bedingungen, Zielsetzungen, Lernbereichen und Lehrgangsstadien richten muß. Überlegt man Formen der Gestaltung von Hausaufgaben, sollte also vorher ihre Notwendigkeit reflektiert werden. Für die sinnvolle Gestaltung können dann Kriterien wie z.B. Umfang, Zusammenhang mit der Unterrichtsstunde, Anforderungsniveau, Aufgabenarten und -variationen usw. greifen. Diese Kriterien hat insbesondere Gutschow (1982) zusammengestellt.

Hier kann nicht der Ort sein, die unterrichtlichen und lehrgangsspezifischen Rahmenbedingungen zu beschreiben, von denen jeweils die didaktischen Entscheidungen hinsichtlich der Hausaufgaben abhängen; hier können nur Leitgedanken und übergeordnete Kriterien vorgestellt werden. Wenn wir heute von Lernerorientierung im Fremdsprachenunterricht sprechen und damit u.a. die Berücksichtigung psycholinguistischer Erwerbsprozesse und Aneignungsstrategien meinen, wie sie die Zweitspracherwerbsforschung und Sprachlernforschung allmählich offenlegen, so bedeutet dies, daß auch die Praxis der Hausaufgaben den Lernerbedürfnissen und -dispositionen entgegenkommen muß. Wichtigste Elemente dabei sind einerseits die Schaffung von Freiräumen für Eigenverantwortlichkeit und andererseits die Vermeidung von Überforderungen. Dieses Gleichgewicht zu halten erfordert nicht nur im Unterricht, sondern besonders für die Hausaufgaben gründliche didaktische Überlegungen, weil bei der Durchführung von Hausaufgaben keine unmittelbare Kontroll- und Testinstanz vorhanden ist.

Für weite Strecken des Fremdsprachenunterrichts der Sekundarstufe I, insbesondere für die ersten beiden Lernjahre, kann man davon ausgehen, daß das Trainieren und Anbahnen von Kommunikationsfähigkeit ausschließlich zentrale Aufgabe des Unterrichts selbst ist; diese Aufgaben sollten deshalb nicht aus dem Unterricht, auch nicht partiell, ausgelagert werden. Hausaufgaben haben in erster Linie kommunikationsvorbereitende Funktion, und zwar dort, wo Individualisierung des Lernens notwendig erscheint. Ebenso haben Hausaufgaben in diesem Lehrgangsstadium fast ausschließlich unterrichtsnachbereitende Funktionen, um Überforderungen zu vermeiden. Dazu gehört nach sorgfältigen Vorübungen im Unterricht das Wortschatzeinprägen, Grammatikübungen, gelenkte Transferaufgaben wie z.B. vorgeübte Bildergeschichten anfertigen, einen Text, Brief, oder eine Beschreibung aus vorgegebenen Sätzen oder Satzanfängen erstellen, usw. Um Lernstrategien und Aneignungsprozesse auch in der Hausaufgabe zu trainieren, sollten Techniken in Form von gezielten Aufforderungen angesteuert werden wie z.B. Untereinanderschreiben von gleichen grammatischen Erscheinungen, diese markieren, Wörter ordnen nach Wortarten oder nach inhaltlicher Zusammengehörigkeit, individuell als leicht oder schwierig empfundene Wörter kategorisieren, usw. Solche Aufforderungen sollen im Sinne der Lernerorientierung den Lernern erklärt und begründet werden, damit ihr Augenmerk auf die Aneignung von Strategien gelenkt wird und die Schülerinnen und Schüler vorher wissen, mit welcher Zielsetzung sie ihre Hausaufgaben erledigen sollen. Bei allen diesen unterrichtsnachbereitenden Aufgaben gilt, daß sie im Umfang relativ begrenzt sein müssen und daß die Aufgabenformen von Hausaufgabe zu Hausaufgabe aus motivationalen Gründen variieren. Gedankenlose Gleichförmigkeit kann kaum zu dem gewünschten Lernfortschritt führen.

Da besonders das hörende Verstehen und das Lesen individuelle psychologische Vorgänge sind, können Hausaufgaben nach entsprechender Vorbereitung im Unterricht ihre Funktion als Erweiterung des sprachlichen *Input* für die Schulung von Hör- und Verstehensprozessen haben. Bei Höraufgaben bietet sich zu Beginn der Sekundarstufe I die lehrwerkbegleitende Kassette an; Hören lernt man nur durch Hören, Lesen nur durch Lesen. Zur Kontrolle der Erledigung können Aufträge erteilt werden wie z.B. Fragen nach der Anzahl der Personen, dem Alter, nach Orten und Zeiten, usw. (Pauels 1990; Hermes 1986).

Für den weiterführenden Unterricht können im wesentlichen die Überlegungen gelten, die auch für die ersten Lernjahre zutreffen. Es ergeben sich allerdings einige Ergänzungen und Schwerpunktverschiebungen. So kann für das weiterhin notwendige häusliche Wortschatzlernen ein deutlicherer Einbezug von Lernstrategien gelten, z.B. Systematisieren von Wörtern nach Themen und Wortfeldern, Üben von Paraphrasen zur Vorbereitung von Strategien für den kommunikativen "Ernstfall", Synonyme suchen, Finden und Ausweichen auf lexikalische Internationalismen. Für den Bereich Grammatik kann gelten: Anwenden deduktiver und induktiver Verfahren, Klassifizierung durch Auffinden gleicher grammatischer Phänomene, eigenständiges Benutzen von Referenzgrammatiken, usw. Zu den zunehmend freieren Aufgaben können Referate mit konkreten Aufträgen gehören wie z.B. Zusammenfassen, Notizen machen für einen mündlichen Vortrag, Kernaussagen markieren und vortragen, usw. So sind diese Aufgaben nicht mehr nur kommunikationsvorbereitend, sondern schon selbst kommunikativ. Diese Hausaufgaben können zunehmend auch unterrichtsvorbereitende Funktion haben.

Für alle Hausaufgaben gilt, daß ihre Effektivität von der regelmäßigen Kontrolle abhängt und von der Einsicht der Lerner in ihre Notwendigkeit. Dies setzt entsprechende sorgfältige Planung seitens der Lehrenden voraus. Neben der individuellen Aneignung sprachlicher Elemente ist die Hausaufgabe der geeignete Ort, auch individuelle sprachliche Aneignungsstrategien und Techniken zu erwerben, die zum autonomen Lernen führen können (Pauels 1992).

Literatur

Dahse, Gerd-Dietrich (1981), "Sorgfältige Arbeit mit Hausaufgaben", in: *Fremdsprachenunterricht*, Jg. 25, 473-479.
Göller, Alfred (1982), "Nochmals: Hausaufgabe in der Oberstufe", in: *Praxis des neusprachlichen Unterrichts*, Jg. 29, 92-93.
Göller, Alfred (1983), "Die Hausaufgabe im Fremdsprachenunterricht", in: *Praxis des neusprachlichen Unterrichts*, Jg. 30, 57-59.
Gutschow, Harald (1981), *Englischunterricht: Sprache 5-10*, München.
Gutschow, Harald (1982), "Die Hausaufgabe im Englischunterricht", in: *Praxis des neusprachlichen Unterrichts*, Jg. 29, 357-364.
Hermes, Liesel (1986), "Hörverstehen Spielerisch", in: *Englisch*, Jg. 21, 130-137.
Heuer, Helmut/Klippel, Friederike (1987), *Englischmethodik*, Berlin.
Hohmann, Heinz-Otto (1981), "Die heimliche Rangordnung. Hausaufgaben in der Oberstufe", in: *Praxis des neusprachlichen Unterrichts*, Jg. 28, 303-305.
Kleine, Peter (1983), "Hausaufgaben zu Beginn des Englischunterrichts? – Ein Beitrag aus der Praxis", in: *Englisch*, Jg. 18, 140-144.
Pauels, Wolfgang (1979), *Die Hausaufgabe im Englischunterricht der Sekundarstufe I*, Paderborn.
Pauels, Wolfgang (1984), "Notwendige und sinnvolle Hausaufgaben im Englischunterricht", in: *Englisch*, Jg. 19, 128-132.
Pauels, Wolfgang (1990) "Psycholinguistik des Hörverstehens und die Rolle von Hausaufgaben", in: *Praxis des neusprachlichen Unterrichts*, Jg. 37, 4-10.
Pauels, Wolfgang (1992), "Hausaufgaben in sprachpraktischen Kursen an der Hochschule", in: Udo Jung (Hrsg.), *Praktische Handreichung für Fremdsprachenlehrer*, Frankfurt a.M., 79-84.
Sturm, Berthold (1983), "Differenzierende Hausaufgaben", in: *Praxis des neusprachlichen Unterrichts*, Jg. 30, 170-171.
Wildermuth, Gerhard (1981), "Hausaufgaben und Erfolgssicherung beim Vokabellernen", in: *Praxis des neusprachlichen Unterrichts*, Jg. 28, 376-381.

Wolfgang Pauels

55. Lerntechniken

1. Definition

Lerntechniken, manchmal auch als Lernstrategien, Arbeitstechniken oder *study skills* bezeichnet (Rampillon 1991), sind Verfahren, die von den Lernenden absichtlich und planvoll angewandt werden, um fremdsprachliches Lernen vorzubereiten, zu steuern und zu kontrollieren (Rampillon 1985b). Wenn Schüler sich entschließen, ihre fremdsprachlichen Kenntnisse durch selbständiges Lernen weiterzuentwickeln und dabei Lerntechniken einzusetzen, sind günstige Voraussetzungen geschaffen, diese Lernanstrengungen zum Erfolg zu führen. Folgende Bedingungen sind sodann gegeben:
– die Lernbereitschaft der Schüler ist gewährleistet, denn sie haben sich ja bewußt zu dem Lernakt entschlossen,
– ihr planvolles Vorgehen beim Lernen läßt sie didaktische und methodische Entscheidungen treffen, und zwar bezogen auf
  – die Auswahl und den Umfang des Lernstoffes,
  – den Fertigkeitsgrad, mit dem sie sich z.B. ihre Vokabeln einprägen wollen,
  – den Zeitrahmen, den sie sich für dieses Lernen setzen
  – die Auswahl der Lerntechniken, die sie beim Lernen einsetzen wollen (vorausgesetzt: es sind ihnen vorher Alternativen vermittelt worden),
  – die Kontrolle der erworbenen Kenntnisse bzw. Fertigkeiten.

Versteht man unter dem Begriff des fremdsprachlichen Lernens in unserer Definition nicht nur den Erwerb fremdsprachlicher Kenntnisse, sondern ebenso die Entwicklung und die Verwendung fremdsprachlicher Fertigkeiten, dann ergibt sich eine Kategorisierung in Analogie zu den Stufen des Lernens in: Lerntechniken zur Aufnahme, zur Verarbeitung und zur Anwendung sprachlichen Wissens. Während die letztgenannte Stufe fast ausschließlich Kommunikationsstrategien (Faerch/Kasper 1983 und Meyer 1986) umfaßt und sich insbesondere auf die mündliche Ausdrucksfähigkeit in der Fremdsprache bezieht, befindet sich die Mehrzahl aller Lerntechniken in den ersten Stufen. Bei ihnen läßt sich eine besondere Unterscheidung vornehmen in Verfahren, die den Lernprozeß vorbereiten und solchen, die ihn steuern. Eine letzte Kategorie, nämlich Verfahren zur Selbstkontrolle, vervollständigen schließlich die Systematik.

Damit bestimmte Lerntechniken überhaupt eingesetzt werden können, bedarf es seitens der Schüler einiger praktischer Kenntnisse, die vorausgesetzt werden müssen. Zu ihnen gehören u.a.
– das Beherrschen des Alphabets
– die (passive) Beherrschung der Lautschrift
– die Kenntnis der wichtigsten grammatischen Termini.

Die besondere Legitimation für die Vermittlung von Lerntechniken im Fremdsprachenunterricht liegt in der Chance, die Schüler zu autonomen Lernern zu erziehen, die nicht nur für den Unterricht, sondern auch und vor allem für die Zeit außerhalb der Schule und nach der Schulzeit in der Lage sind, ihre fremdsprachlichen Kenntnisse zu festigen, auszubauen und kritisch zu überprüfen. Die Bedeutung von Lerntechniken für den schulischen Erwerb von Fremdsprachen muß daher gerade im mehrsprachigen Europa als grundlegend und unabdingbar angesehen werden.

2. Spezifische Lehr- und Lernziele

Die Fülle aller Lerntechniken, die für den Fremdsprachenunterricht der gesamten Sekundarstufe I von Bedeutung sind, läßt sich den verschiedenen Kenntnis- und Fertigkeitsbereichen zuordnen (Rampillon 1985 b). Dabei können häufig die gleichen Lerntechniken bei einander verwandten Teilkompetenzen eingesetzt werden. So kann man z.B. die Bedeutung einer Aussage lesend oder hörend erschließen.

Versucht man, die Lerntechniken durch Lehrzielformulierungen zu bündeln und auf den Unterricht zu beziehen, dann ergeben sich folgende Aufgaben für die Fremdsprachenlehrer(innen) im Laufe der Sekundarstufe I:

Die Schüler sollen fachbezogene Arbeitsmittel selbständig benutzen können.
Hierzu gehören insbesondere das Nachschlagen in einem zweisprachigen Wörterbuch und in einer Grammatik bzw. im Grammatikteil des Englischbuches. Auch die Kenntnis des eingeführten Lehrwerkes und aller dazu gehörigen Materialien muß als selbstverständlich vorausgesetzt werden.

Die Schüler sollen fachbezogene Arbeitsmittel selbständig herstellen und ihr Wissen mit ihrer Hilfe fixieren und systematisieren können.
Damit ist das Führen von Vokabelringbüchern, Vokabelkarteien, Grammatikheften, Fehlerstati-

stiken und sonstigen Merkheften gemeint. Hierbei muß die Fähigkeit der Schüler zu sauberer, übersichtlicher und systematischer Arbeit entwickelt werden.

Sie sollen instrumentelle Arbeitsverfahren bei der Aufnahme und Produktion von Texten einsetzen können. Visualisierungs- und Gliederungstechniken werden besonders bei geschriebenen Texten angewandt. Strukturierungstechniken spielen bei der schriftlichen Erstellung von Texten ebenso eine Rolle wie das Anfertigen von vorbereitenden Notizzetteln im Sinne von *note-making*. Die *note-taking practice* findet ihren Einsatz wiederum bei der Aufnahme eines geschriebenen oder gehörten Textes.

Die Schüler sollen mentale Prozesse selbständig einleiten, steuern und kontrollieren können.
Je nach Teilkompetenz und Lernstufe hierzu u.a.:
– das Erkennen bzw. Herstellen von Analogien
– das Memorisieren von Texten, Textteilen, Wendungen und Wörtern
– das selektierende Aufnehmen von Texten (Hör-/Leseverstehen)
– das Kombinieren und das Erschließen von Sprachbedeutung (Hörverstehen und Leseverstehen).

Die Schüler sollen Strategien zur Aufrechterhaltung von Kommunikationsprozessen selbständig anwenden können. In Situationen, in denen ihnen das notwendige fremdsprachliche Wissen nicht unmittelbar zur Verfügung steht, müssen sie Techniken benutzen können, die sie in die Lage versetzen, mit ihren begrenzten Mitteln ein begonnenes Gespräch fortzusetzen. Umschreibungstechniken, Annäherungsverfahren, Vereinfachungsstrategien usw. spielen besonders bezogen auf Wortschatz und Grammatik eine Rolle.

3. Spezifische Verfahren bei der Vermittlung von Lerntechniken und Kommunikationsstrategien

Zwar sehen einige Lehrpläne/Rahmenrichtlinien der Bundesländer die Vermittlung von Lerntechniken vor; in den eingeführten Lehrwerken für den Fremdsprachenunterricht werden diese jedoch nicht umfassend und systematisch berücksichtigt. Stattdessen werden sie stillschweigend vorausgesetzt; nur wenige Ausnahmen aus dem Bereich der Zusatzmaterialien für den Fremdsprachenunterricht lassen sich ausführen (z.B. Kohnert et al. 1982). Erst neuste, z.T. noch in der Entwicklung befindliche Lehrwerke legen Wert auf eine gezielte Vermittlung von Lerntechniken.

Für die Lehrer folgt daraus die Konsequenz, daß sie zumeist die gesamte Menge der Lerntechniken in den Lehrgang von Klasse 5 bis Klasse 9/10 einbauen müssen und dabei auch die notwendigen Wiederholungen nicht außer acht lassen dürfen. Dies kann durch die Erarbeitung eines schulbuchbezogenen Arbeitsplanes geschehen. Vorschläge für die Unterteilung auf die einzelnen Schuljahre liegen bereits vor (Rampillon 1985a).

Der didaktische Ort von Lerntechniken kann ein dreifacher sein:

Lerntechniken können unterrichtsimmanent sein, d.h. sie können während des Französisch- bzw. Englischunterrichts eine Rolle spielen. Ein Schüler kann hier z.B. bei einer Hörverstehensaufgabe bewußt bestimmte Verfahren einsetzen. Lerntechniken können auch unterrichtsbegleitend eingesetzt werden, also etwa beim häuslichen Üben, bei der Erledigung der Hausaufgaben. Eine Schülerin kann sich z.B. für eine bestimmte Strategie zum Lernen der Vokabeln entschließen. Schließlich können Lerntechniken unterrichtsunabhängig eingesetzt werden. Das ist vor allem bei Autodidakten der Fall, die in der derzeitigen Fachdiskussion verstärkte Beachtung finden (Prenzel 1990).

Bei der konkreten Vermittlung von Lerntechniken im Fremdsprachenunterricht erscheint es sinnvoll, die Schüler so oft wie möglich einander über ihre eigenen Lernverfahren berichten zu lassen. Die Auswertung einer Schülerbefragung legt dies nahe, denn danach sind Mitschüler die Hauptinformanten über Lerntechniken und ihre Akzeptanz bei den Kameraden ist recht hoch. Bei diesen Gesprächen hat die Lehrerin die Möglichkeit, dort ergänzend oder korrigierend einzugreifen, wo es geboten erscheint. Wichtig ist, daß neben der Demonstration von Lernverfahren durch Lehrer oder Schüler und neben häufigem Üben in der Klasse auf einer Metaebene über Lerntechniken gesprochen wird, damit sich bei den Schülern ein Bewußtsein und ein Gefühl der relativen Sicherheit beim Umgang mit der Fremdsprache entwickelt. Dazu tragen auch Merkblätter für die Schüler, Poster an den Wänden der Klasse oder Wandzeitungen über Lerntechniken bei.

4. Spezifische Arbeits- und Übungsformen

Für die Übung von Lerntechniken im Englischunterricht wurde bereits eine Sammlung von Aufga-

benbeispielen vorgelegt. Eine Typologie gibt es bisher nicht. Die einzelnen Aufgabenmöglichkeiten sind sehr unterschiedlich und lassen sich nur schwer klassifizieren. Folgende "Typen" kann man dennoch bereits herausfiltern:
a) Merkblätter, Poster, die in allen Teilkompetenzen einsetzbar sind;
b) Aufgaben, die exemplarisch Grundlagen für Lerntechniken vermitteln;
c) Aufgaben, die helfen, mentale oder unbewußte physiologische Prozesse ins Bewußtsein zu heben;
d) Aufgaben, die dazu auffordern, sprachliche Prozesse zu beobachten, um allmählich ein Bewußtsein für Eigenarten der fremden Sprache und ein Sprachgefühl zu entwickeln.

Literatur

Faerch, Claus/Kasper, Gabriele, Hrsg. (1983), *Strategies in Interlanguage Communication,* New York.
Kohnert, Marlies/Mahnert, Detlev/Spengler, Wolfgang (1982 und 1984), *Ça Alors,* München.
Mandl, Heinz/Friedrich, Helmut F., Hrsg. (1992), *Lern- und Denkstrategien, Analyse und Intervention,* Göttingen/Toronto/Zürich.
Meyer, Meinert A. (1986), *Shakespeare oder Fremdsprachenkorrespondenz? Zur Reform des Fremdsprachenunterrichts in der Sekundarstufe II,* Wetzlar.
Prenzel, Manfred (1990), "Sich selbst Kompetenz aneignen – ein pädagogisches Thema", in: *Unterrichtswissenschaft,* Jg. 18, 57-61.
Rampillon, Ute (1985a), *Englisch lernen,* München.
Rampillon, Ute (1985b), *Lerntechniken im Fremdsprachenunterricht,* München.
Rampillon, Ute (1991), "Fremdsprachen lernen – gewußt wie, Überlegungen zum Verständnis und zur Vermittlung von Lernstrategien und Lerntechniken", in: *Der fremdsprachliche Unterricht, Englisch,* Jg. 25, H. 2, 2-8.
Zimmermann, Günther (1981), "Zur Textverständlichkeit im Lernbereich Grammatik", in: *Neusprachliche Mitteilungen,* Jg. 34, 152-159.
Zimmermann, Günther/Wißner-Kurzawa, Elke (1985), *Grammatik. Lehren-Lernen-Selbstlernen,* München.

Ute Rampillon

56. Funktionen und Formen der Lernersprachenanalyse

1. Problemaufriß

Um begründete didaktische und methodische Entscheidungen im Fremdsprachenunterricht treffen zu können, ist Information darüber unerläßlich, wie das Fremdsprachenlernen abläuft. Welche Aspekte des fremdsprachlichen Systems sind für den Schüler einfacher, welche schwieriger zu erlernen? Wie wirkt sich die Grundsprache oder eine bereits erlernte Fremdsprache auf den Lernprozeß und das Lernergebnis aus? Gibt es eine bestimmte "natürliche" Erwerbsreihenfolge, die auch im Fremdsprachenunterricht berücksichtigt werden sollte?

Seit den frühen 50er Jahren ist mit drei methodischen Vorgehensweisen versucht worden, insbesondere die beiden ersten Fragen, seit Anfang der 70er Jahre zunehmend auch die dritte Problemstellung anzugehen.

Die Kontrastive Analyse hatte das Ziel, Lernschwierigkeiten und Lernerleichterungen zu identifizieren, die sich in Fehlern, bzw. zielsprachlich korrekten Sprachverwendungen manifestierten. Funktion der Fehleranalyse war es, fremdsprachliche Lernprozesse aus fehlerhaften Verwendungen zu erschließen (Bausch/Raabe 1978). Daß beide Projekte letztlich scheitern mußten, ist sowohl auf ihre theoretische Grundlage in der behavioristischen Sprach- und Lernpsychologie als auch auf entscheidende methodische Schwächen zurückzuführen. Am deutlichsten zeigt sich die Diskrepanz zwischen Forschungsziel und Forschungsmethode bei der Kontrastiven Analyse: die als Zielsetzung formulierte Orientierung auf den Lernprozeß blieb auf der methodischen Ebene uneingelöst, indem vom Lerner unabhängige sprachliche Teilsysteme das 'Datenmaterial' für die Vorhersage/Erklärung sprachpsychologischer Prozesse im Lerner konstituierten.

Demgegenüber stellte die Fehleranalyse eine deutliche Annäherung der Methode an das Forschungsziel dar, indem sie Lernerprodukte (real aufgetretene Fehler) zum Datenmaterial machte. Ihre methodischen Begrenzungen lagen primär darin, daß sie fehlerhafte Verwendungen losgelöst von ihrem Kontext, und damit auch von zielsprachlich korrekten Äußerungen und vom Aneignungsverlauf, lokalisiert und erklärt. Gleichzeitig ist jedoch positiv festzuhalten, daß die Fehleranalyse in Anspruch und Praxis einen direkteren Bezug zum Fremdsprachenunterricht aufweist als die Kontrastive Analyse, wie an ihren sukzessiven Arbeitsaufgaben deutlich wird: Die Fehleridentifizierung setzt eine didaktisch begründete Norm voraus; die Fehlerklassifizierung verlangt ein nicht nur linguistisches, sondern didaktisch-grammatisches Beschreibungssystem; die Fehlererklärung umfaßt sprachpsychologische Prozesse und kontextuelle Faktoren, u.a. die Induktion von Fehlern durch Unterrichtsstrategien und -materialien; die Fehlertherapie gibt Anweisungen für Korrektur- und Übungsverfahren (Raabe 1980).

Im Unterschied zu ihren beiden Vorgängern strebt die Lernersprachenanalyse an, durch die Untersuchung nicht nur von Fehlern, sondern der gesamten Lernerperformanz Aufschluß über fremdsprachliche Lernprozesse zu gewinnen. Die theoretischen Voraussetzungen hierfür wurden mit dem Wechsel auf das kognitive Paradigma in Linguistik und Psychologie geschaffen. Vor diesem Hintergrund konnte Anfang der 70er Jahre das Konzept der Lernersprache entwickelt werden, demzufolge sich das fremdsprachliche Wissen des Lerners als ein dynamisches System über vielfältige, ungleichzeitige Etappen, die u-förmige Entwicklungsverläufe einschließen, auf eine Zielnorm – z.B. eine Standardvariante der Fremdsprache – zubewegt. In diesem Prozeß greift der Lerner differentiell auf bereits vorhandenes Sprachwissen universeller und spezifischer Art zurück (zum Zusammenhang von Universalien und (grund-)sprachlichem Transfer vgl. Odlin 1988). Fehler sind hierbei nicht nur unvermeidlich, sondern haben in Analogie zum kindlichen Erstsprachenerwerb eine konstruktive Funktion: sie sind Ausdruck der Hypothesen über das fremdsprachliche Regelsystem, die der Lerner selbständig aufstellt und testet. Lernersprache kann somit als eine Sonderform natürlicher Sprache gekennzeichnet werden: sie ist systematisch, variabel, dynamisch, durchlässig (für systemexterne Regeln und Strategien) und in Teilaspekten fossilisiert (veränderungsresistent) (McLaughlin 1987; Selinker 1992).

Wenn 'der Lerner im Mittelpunkt' auch das Markenzeichen der Lernersprachenanalyse darstellt, so unterscheiden sich verschiedene Varianten dieses Ansatzes doch durch die Gewichtung lernerinterner und kontextueller Prozesse und Faktoren. Inspiriert von der kindlichen Spracherwerbsforschung und dem entscheidenden Einfluß, dem sprachlichen *Input* in einflußreichen Modellen des Zweitsprachenerwerbs zukommt (z.B. Krashens *Input*-Hypothese 1985), ist die Interaktion zwischen Lernern und muttersprachlichen oder anderen nichtmuttersprachlichen Sprechern seit Ende der 70er Jahre ins Blickfeld gerückt und mit Hilfe diskursanalytischer Verfahren untersucht worden (z.B. Larsen-Freeman 1980).

2. Modelle der Lernersprache

Obwohl lernersprachliche Performanz unbestritten durch Variabilität gekennzeichnet ist, gehen die Meinungen über den theoretischen Status der beobachtbaren Variation auseinander. Universalistischen Auffassungen zufolge ist Variabilität eine epiphänomenale Performanzerscheinung, die keine theoretisch ergiebigen Schlußfolgerungen über Zweitsprachenerwerbsprozesse zuläßt (z.B. Gregg 1990). Gegenüber dem 'homogenen Kompetenzmodell' machen die Befürworter eines 'heterogenen Kompetenzmodells' den fundamentalen Charakter lernersprachlicher Variabilität geltend, und diskutieren drei kompatible Erklärungsansätze: (1) Variabilität als Produkt unterschiedlicher Aufmerksamkeitszuwendung bei der Fremdsprachenverwendung, (2) als Resultat der Interaktion zwischen Lerner und Kontextfaktoren, z.B. sozialer Konvergenz und Aufgabenstellung, und (3) freie Variation als Motor von Sprachentwicklung (vgl. Ellis 1985; Tarone 1988; Larsen-Freeman/Long 1991). Darüber hinaus umfaßt die Mehrzahl lernersprachlicher Modelle eine Verarbeitungsdimension, die entweder in das lernersprachliche Wissen eingearbeitet ist oder eine eigenständige Komponente konstituiert.

3. Befunde der Lernersprachenanalyse

Analysen lernersprachlichen Wissens werden mit Blick auf alle sprachlichen Teilsysteme unternommen. Wiederkehrende Fragestellungen sind hierbei: Ist der Erwerb des Teilsystems durch invariante und variable Erwerbsreihenfolgen gekennzeichnet? Welchen Einfluß übt die Grundsprache auf den Erwerb des Teilsystems aus? Ist der Erwerbsverlauf, seine Dauer und sein Ergebnis von lernerinternen und -externen Faktoren beeinflußt? Welche Rolle spielt der Lernkontext, insbesondere die Aneignung innerhalb und außerhalb von Fremdsprachenunterricht?

Im Bereich der Phonologie und Phonetik weisen Forschungsergebnisse übereinstimmend nach, daß Lerner im Anfangsstadium die Lautstruktur der Fremdspache in den phonetischen Kategorien ihrer Grundsprache wahrnehmen, und zwar auf segmentaler und suprasegmentaler Ebene. In der Sprachproduktion stellt der 'ausländische Akzent' das lernersprachliche Merkmal dar, das am ehesten von 'naiven' muttersprachlichen Sprechern der Fremdsprache wahrgenommen wird. Was genau einen 'Akzent' ausmacht, bleibt allerdings eine aktuelle Forschungsfrage. Fest steht, daß der 'Akzent' durch grund- und fremdsprachliche Phonemkontraste nur sehr bedingt erklärt werden kann. Vielmehr legen Untersuchungen von Lernern mit verschiedenen Grund- und Fremdsprachen nahe, daß sich das lernersprachliche phonetisch-akustische System durch umfassende Reorganisation des grundsprachlichen Produktionssystems entwickelt und kontextsensitive Variation einschließt. Zahlreiche Untersuchungen weisen auf die Inkongruenz phonetischer Perzeption und Sprechproduktion bei Fremdsprachenlernern hin, wobei z.T. Vorteile für die phonetische Wahrnehmung, z.T. für die Produktion beobachtet werden. Anstatt die beiden Modalitäten als zwei Seiten der gleichen Münze aufzufassen, scheint es daher angemessener, einen 'phonetischen Prototyp' zu postulieren, den Lerner beim Erwerb der fremdsprachlichen Aussprache konstruieren und der über modalitätenspezifische Perzeptions- und Produktionsprozesse aktualisiert wird (Leather/James 1991; Ioup/Weinberger 1987).

Inspiriert von Befunden zum Erstsprachenerwerb, untersuchten die frühen Lernersprachenanalysen den Erwerb der (überwiegend englischen) Morphologie. Dulay und Burts Untersuchungen in den frühen 70er Jahren weisen nach, daß zweisprachige Kinder ungeachtet ihrer Grundsprache englische Morpheme in einer festen Reihenfolge erwerben (z.B. Burt/Dulay 1980). Dieser Befund wurde mit einigen wichtigen Modifikationen in einer großen Reihe von Studien bestätigt. Während die methodologischen Mängel der frühen Untersuchungen Zweifel an den Ergebnissen aufkommen ließen, die eingehend in der Literatur diskutiert worden sind, weist die jüngere Forschung invariante Erwerbsreihenfolgen mit Hilfe unterschiedlicher Meßverfahren und unter Berücksichtigung verschiedener Erwerbs- und Sprachverwendungskontexte nach (Larsen-Freeman/Long 1991 zur Übersicht; Kielhöfer/Börner 1979 zum Erwerb der Morphologie des Französischen).

Während die morphologischen Erwerbsreihenfolgen die Abfolge indizieren, in der zielsprachlich korrekte Formen in der Lernersprache auftreten, haben Untersuchungen im Bereich der Syntax die Lernstadien verfolgt, die Lerner beim Erwerb syntaktischer Teilsysteme durchlaufen, ungeachtet ob es sich dabei um zielsprachlich korrekte oder abweichende Strukturen handelt. Die Identifizierung von Entwicklungssequenzen trägt damit dem Kernstück der Lernersprachenforschung Rechnung, nämlich dem Axiom der Autonomie der Lernersprache und ihrer Entwicklung. Entwicklungssequenzen sind insbesondere beim Erwerb von Interrogation, Negation und Relativisierung festgestellt worden (Wode 1984 zur Übersicht). Ein wichtiger Beitrag liegt in dem Multidimensionalen Modell vor, das im Rahmen des ZISA-Projektes (Zweitsprachenerwerb ausländischer Arbeiter, z.B. Clahsen/Meisel/Pienemann 1983) anhand des Erwerbs der Satzgliedfolge im Deutschen entwickelt wurde. Die Stärke des Modells liegt zum einen darin, daß es Entwicklungssequenzen in der Satzgliedfolge nicht bloß beschreibt, sondern die beobachtete Sequenz anhand einer psycholinguistischen Produktionstheorie auch erklärt. Darüber hinaus unterscheidet das Modell eine invariante Entwicklungsdimension, die alle Lerner unabhängig vom Aneignungskontext durchlaufen, und eine variable Dimension, die sensitiv für individuelle Variation, grundsprachlichen Einfluß und Lernkontext ist und damit auch durch Unterricht beeinflußt werden kann. Während die Abfolge der Erwerbsstadien auf der Entwicklungsdimension nicht durch Unterricht verändert und kein Stadium übersprungen werden kann, hat Pienemann (1989) empirisch nachgewiesen, daß die 'Durchlaufgeschwindigkeit', mit der Lerner eine bestimmte Etappe bewältigen, durch Unterricht erheblich verkürzt werden kann. Die 'Lehrbarkeitshypothese', die Pienemann aus dem Multidimensionalen Modell ableitet, ist empirischer Überprüfung zugänglich und macht das Modell besonders attraktiv für Unterrichts- und Testzwecke (vgl. Larsen-Freeman/Long 1991 zur Diskussion).

Obwohl die Kommunikationsfähigkeit von Fremdsprachenlernern weitgehend von ihrem lexikalischen Wissen bestimmt ist, war das lernersprachliche Lexikon bis Anfang der 80er Jahre das Stiefkind der Lernersprachenforschung. Dies ist primär in der engen Verbindung von lexikalischem mit begrifflichem Wissen begründet, die lexikalisches Wissen als nicht nur sprachliche Fähigkeit charakterisiert und es damit von rein formalsprachlichen Wissenssystemen abgrenzt. Lexikalisches Wissen ist eng an die Kommunikationsbereiche gebunden, in denen Sprachbenutzer interagieren; folglich ist es schwieriger als in den formalsprachlichen Teilkompetenzen, systematische Entwicklungsverläufe festzustellen. Fragestellungen im Bereich lernersprachlicher Lexis sind typisch enger gefaßt als in der Lernersprachenforschung insgesamt. Die lexikalisch-semantischen Repräsentationen von Fremdsprachenlernern sind im Zusammenhang mit lexikalischer Simplifizierung und anderen Kompensationsstrategien, lexikalischem Transfer und Wortassoziationen untersucht worden. Ergebnisse deuten auf Übergangsstadien und globale Sprachbeherrschungseffekte im mentalen lernersprachlichen Lexikon hin (Meara 1984). Lernersprachliche Wortbildungsprozesse weisen modalitätenspezifische Unterschiede in ihrer Annäherung an die Wortbildungsfähigkeit muttersprachlicher Sprecher auf. Olshtain (1987) ermittelte, daß fortgeschrittene Lerner ihr produktives, nicht aber ihr rezeptives Wortbildungspotential an zielsprachliche Konventionen annähern, zumindest wenn unbekanntes lexikalisches Material kontextfrei präsentiert wird. Die Interpretation unbekannter kontexteingebetteter Lexis variiert sowohl in den interpretativen Strategien und Informationsquellen, die Lerner ausnutzen, als auch im Erfolg mit dem Sprachbeherrschungsniveau der Lerner (Haastrup 1991; vgl. die Beiträge in Schreuder/Weltens 1993 zum bilingualen Lexikon).

Zum lernersprachlichen Diskurs liegt eine Vielzahl von Untersuchungen vor. Im Unterschied zu den phonetischen, morphologischen, syntaktischen und lexikalischen Untersuchungen hat die Forschung zum Lernerdiskurs größtenteils jedoch nicht die Entwicklung von Diskurskompetenz zum Untersuchungsziel. Vielmehr werden Diskursstrategien auf ihr Potential untersucht, 'verstehbaren *Input*' im Sinne von Krashen (z.B. 1985) herbeizuführen. Die Forschungsrichtung, die Fremdsprachenlernen primär als Resultat sprachlicher Interaktion und insbesondere von 'Bedeutungsverhandlung' auffaßt (Larsen-Freeman/Long 1991 zur Übersicht), hat die Rolle von Aufgabentypen und Lerngruppen für die Produktion verstehbaren *Inputs* und *Outputs* untersucht und auf die Entwicklung eines aufgabenbasierten Fremdsprachenunterrichts angewendet (Crookes/Gass 1993a, b). Die weniger stark vertretenen Untersuchungen zur lernersprachlichen Diskurskompetenz heben eher auf Sprachverwendungs- als auf -lernaspekte ab. Eine Ausnahme ist Wildner-Bassett (1984), die die Lehrbarkeit diskursiver Routinen empirisch nachweist.

Der Impetus zur Erforschung der Pragmatik in Lernersprachen ging nicht von psycholinguistischen Fragestellungen aus, die insbesondere die Morphologie- und Syntaxforschung motivierten, sondern von der 'pragmadidaktischen Wende' des Fremdsprachenunterrichts in den frühen 70er Jahren. Die Lernersprachenpragmatik hat sich bislang mehr an der interkulturellen Pragmatik als an der Zweitsprachenerwerbsforschung orientiert; daher geht es bei der großen Mehrzahl der über 50 Untersuchungen um die Verwendung der Fremdsprache anstatt um ihren Erwerb. Im Mittelpunkt der Lernersprachenpragmatik stehen die Realisierungsstrategien von Sprechhandlungen und ihre kontextuelle Auswahl sowie die Zuschreibung illokutiver Kraft und Höflichkeit. Die bisher vorliegenden Untersuchungsergebnisse konvergieren darin, daß erwachsene Lerner über universelle heuristische Strategien verfügen, die es ihnen erlauben, indirekte Sprechhandlungen auszuführen und zu interpretieren. Darüber hinaus sind die Strategien, mit denen die soweit untersuchten Sprechhandlungen ausgeführt werden, Lernern zugänglich, soweit ihre lernersprachliche Kompetenz die notwendigen sprachlichen Mittel bereitstellt. Unterschiede zu fremdsprachlichen Sprechhandlungsmustern bestehen zum einen in einem begrenzteren sprachlichen Repertoire und hier besonders in fehlenden Routineformeln; zum anderen unterscheidet sich die kontextuelle Verteilung von Sprechhandlungsmustern in der Lernersprachenpragmatik zumeist von derjenigen fremdsprachlicher Sprecher. Alle Untersuchungen mit grundsprachlichen Kontrollgruppen belegen den Einfluß grundsprachlichen Transfers auf der pragmalinguistischen und soziopragmatischen Ebene. Die wenigen echten Langzeituntersuchungen dokumentieren, daß Lerner zu Anfang unanalysierte Formeln verwenden, die später aufgebrochen und variabel verfügbar werden. Ebenfalls belegt sind Verwendungen grammatischer Mittel mit illokutiven Funktionen, die nicht mit den pragmalinguistischen Konventionen der Fremdsprache übereinstimmen. Ob sich der Erwerb fremdsprachlicher Sprechhandlungskompetenz über identifizierbare Lernstadien vollzieht, und welche pragmatischen Teilaspkte hierbei möglicherweise invarianten oder variablen Charakter haben, ist beim gegenwärtigen Forschungsstand nicht auszumachen (Kasper 1993; Kasper/Blum-Kulka 1993).

4. Ausblick

Gegenüber ihren Anfängen ist die gegenwärtige Lernersprachenforschung von einigen wesentlichen Neuerungen gekennzeichnet. 1. Lernersprachliche Forschung schließt alle sprachlichen Teilsysteme und ihre Verwendung ein. 2. Es werden zunehmend andere Sprachen als Englisch als Zweit- oder Fremdsprache untersucht. Vor allem verspricht die Untersuchung nicht-indoeuropäischer Sprachen wie des Chinesischen und Japanischen wesentlichen Aufschluß über die Universalität und Relativität lernersprachlicher Systeme und Spracherwerbsprozesse. 3. Insgesamt stellt sich die neuere Lernersprachenforschung als stärker theoriegeleitet und forschungsmethodologisch reflektierter dar. 4. Unterrichtgesteuertes Fremdsprachenlernen hat sich zu einem wesentlichen Teilbereich innerhalb der Lernersprachenforschung entwickelt und bietet eine wichtige Informationsquelle für fremdsprachliche Unterrichtspraxis (z.B. Chaudron 1988).

Literatur

Bausch, Karl-Richard/Raabe, Horst (1978), "Zur Frage der Relevanz von kontrastiver Analyse, Fehleranalyse und Interimsprachenanalyse für den Fremdsprachenunterricht", in: *Jahrbuch Deutsch als Fremdsprache*, Jg. 4, Heidelberg, 56-75.
Burt, Heidi/Dulay, Marina (1980), "On Acquisition Orders", in: Sascha Felix (Hrsg.), *Second Language Development,* Tübingen.
Chaudron, Craig (1988), *Second Language Classrooms: Research on Teaching and Learning*, Cambridge.
Clahsen, Harald/Meisel, Jürgen/Pienemann, Manfred (1983), *Deutsch als Zweitsprache: Der Spracherwerb ausländischer Arbeiter,* Tübingen.
Crookes, Graham/Gass, Susan, Hrsg. (1993a), *Tasks and Language Learning: Integrating Theory and Practice*, Clevedon.
Crookes, Graham/Gass, Susan Hrsg. (1993b), *Tasks in a Pedagogical Context: Integrating Theory and Practice,* Clevedon.
Gregg, Kevin (1990), "The Variable Competence Model of Second Language Acquisition, and Why It Isn't". *Applied Linguistics* 11, 364-383.
Ellis, Rod (1985), *Understanding Second Language Acquisition*, Oxford.
Haastrup, Kirsten (1991), *Lexical Inferencing Procedures or Talking about Words*, Tübingen.
Ioup, Georgette/Weinberger, Stephen, Hrsg. (1987), *Interlanguage Phonology,* Rowley, MA.

Kasper, Gabriele (1993), *Interkulturelle Pragmatik und Fremdsprachenlernen*, in: Johannes Peter Timm/Helmut Johannes Vollmer (Hrsg.), *Kontroversen in der Fremdsprachenforschung*, Bochum, 41-77.
Kasper, Gabriele/Blum-Kulka, Shoshana, Hrsg. (1993), *Interlanguage Pragmatics*, Oxford.
Kielhöfer, Bernd/Börner, Wolfgang (1979), *Lernersprache Französisch,* Tübingen.
Krashen, Stephen D. (1985), *The Input Hypothesis*, Oxford.
Larsen-Freeman, Diane, Hrsg. (1980), *Discourse Analysis in Second Language Research*, Rowley/MA.
Larsen-Freeman, Diane/Long, Michael H. (1991), *An Introduction to Second Language Acquisition Research*, London.
Leather, Jonathan/James, Allan (1991), "The Acquisition of Second Language Speech", in: *Studies in Second Language Acquisition* 13, 305-341.
McLaughlin, Barry (1987), *Theories of Second Language Learning*, London.
Meara, Paul (1984), "The study of lexis in interlanguage", in: Alan Davies/Clive Criper/Anthony P.R. Howatt (Hrsg.), *Interlanguage*, Edinburgh.
Odlin, Terence (1988), *Language Transfer: Cross-linguistic Influence in Language Learning*, Cambridge.
Olshtain, Elite (1987), "The acquisition of new word formation processes in second language acquisition", in: *Studies in Second Language Acquisition* 9, 221-232.
Pienemann, Manfred (1989), "Is language teachable?" in: *Applied Linguistics* 10, 52-79.
Raabe, Horst (1980), "Der Fehler beim Fremdsprachenerwerb und Fremdsprachengebrauch", in: Dieter Cherubim (Hrsg.), *Fehlerlinguistik,* Tübingen, 61-93.
Schreuder, Rob/Weltens, Bert, Hrsg. (1993), *The Bilingual Lexicon*, Amsterdam.
Selinker, Larry (1992), *Rediscovering Interlanguage*, London.
Tarone, Elaine (1988), *Variation in Interlanguage*, London.
Wildner-Bassett, Mary (1984), *Improving Pragmatic Aspects of Learners' Interlanguage,* Tübingen.
Wode, Henning (1984), "Some Theoretical Implications of L2 Acquisition Research and the Grammar of Interlanguages", in: Alan Davies/Clive Criper/Anthony P. R. Howatt (Hrsg.), *Interlanguage,* Edinburgh.

Gabriele Kasper

57. Fehlerkorrektur

1. Zur Rolle des Fehlers in der Forschung

Fehler sind im Fremdsprachenunterricht und im Fremdsprachenerwerb unvermeidlich; diese Position ist heutzutage nicht mehr umstritten. Fand sich vor drei Jahrzehnten noch die Auffassung, daß Fehler in jedem Fall auszumerzen und als vermeidbares Übel anzusehen seien, so hat sich in der Zwischenzeit die Auffassung durchgesetzt, daß sie notwendiger Bestandteil der Aneignung einer fremden Sprache sind. Gestützt wurde diese Auffassung insbesondere durch die Ende der sechziger Jahre einsetzende Beschäftigung mit Fehlern und ihrer Interpretation als notwendige Zwischenschritte zum vollständigen Erwerb der fremden Sprache. Die vor allem von Corder (1967) und Selinker (1972) vorangetriebene Interpretation von Fehlern initiierte umfangreiche fehleranalytische Forschungen, in denen es vor allem darum ging zu ergründen, welche mentalen Prozesse letztlich zu der fehlerhaften Äußerung geführt haben könnten. In den allermeisten Arbeiten wurden Fehler dabei als Abweichung vom Sprachsystem verstanden, also als Verstoß gegen die Möglichkeiten dessen, was man 'in einer Sprache' sagen kann. Demgegenüber wurde der Behandlung der Fehler im Unterricht von seiten der Forschung erheblich weniger Aufmerksamkeit gewidmet. Arbeiten wie die von Nickel (1972) oder Legenhausen (1975) thematisierten diese Frage zwar, blieben jedoch im Vergleich mit fehleranalytischen Arbeiten deutlich in der Minderheit.

Während sich die Forschung vor allem im Gefolge des *Interlanguage*-Konzepts (Selinker 1972) viel stärker dem Fehler widmete, blieb das Korrekturproblem in der fremdsprachenunterrichtlichen Praxis natürlich virulenter. Da Fehler im Unterricht ständig auftauchen, muß mit ihnen umgegangen werden. Die Frage nach dem Wie des Umgehens mit Fehlern hat die Forschung erst später erreicht, und wohl auch nicht mit derselben Intensität, wie das für den Bereich der Fehler der Fall war.

2. Zum Korrekturbegriff

Mit dem Begriff 'Korrektur' wird die Reaktion auf eine fehlerhafte sprachliche Äußerung bezeichnet. Diese Reaktion kann aus ganz unterschiedlichen Elementen bestehen, die sich einerseits nach dem Sprachmodus – geschriebene vs. gesprochene Sprache –, andererseits nach der Situation – z.B. unterrichtliche Kommunikation vs. außerunterrichtliche, 'natürliche' Kommunikation – richten. Während man sich in der Korrektur ausschließlich auf Fehlleistungen konzentriert, werden mit dem Begriff '*Feedback*' alle Reaktionen auf das sprachliche Gegenüber bezeichnet. Vigil/Oller (1976) haben darauf hingewiesen, daß damit nicht nur die sprachliche Dimension bei der positiven oder negativen Markierung einer sprachlichen Äußerung erfaßt wird, sondern gleichzeitig die affektive Dimension: die an der Interaktion Beteiligten lesen aus dem *Feedback* die positiv, neutral oder negativ markierten affektiven Merkmale einer Interaktion ab. *Feedback* ist also der umfassendere Begriff, der Korrektur miteinschließt. Innerhalb des *Feedbacks* differenziert Rehbein (1984) zwischen Korrekturen und Reparaturen. Dabei kennzeichnet er Korrekturen dadurch, daß in ihnen der Sprecher seinen ursprünglichen Äußerungsfokus aufgibt und sich stattdessen auf die sprachliche Form konzentriert und die gesamte, ursprünglich anders geplante Äußerung verändert. Demgegenüber stellen Reparaturen kurze Verbesserungen einer Äußerung dar, die den Handlungsfokus jedoch nicht verändern und die geplante Äußerung damit allenfalls in geringem Umfang verändern. Korrekturen und Reparaturen sind damit Kennzeichen jeglicher Kommunikation, auch der muttersprachlichen. Dabei impliziert der Begriff der Reparaturen eine größere Tendenz zu Selbstkorrekturen (vgl. Schegloff/Jefferson/Sacks 1977); eine fehlerhafte Äußerung wird durch den Sprecher selbst entdeckt und korrigiert, und zwar möglichst ohne Beeinträchtigung der ursprünglich geplanten Äußerungsabsicht. Korrekturen werden in diesem Zusammenhang zum selbstverständlichen Bestandteil jeder Kommunikation, auch der muttersprachlichen, die außerhalb des Unterrichts stattfindet. Dennoch gilt die Beobachtung, daß (fremdsprachen-)unterrichtliche Kommunikation sich nicht nur durch die Häufigkeit der Korrekturen auszeichnet, sondern durch ihre Fokussierung auf sie (vgl. z.B. den Forschungsüberblick bei Hendrickson 1978; vgl. Chaudron 1988). Dabei wird in unterschiedlichen Fremdsprachenvermittlungskonzepten der Fehlerkorrektur eine unterschiedliche Bedeutung eingeräumt (vgl. dazu Kleppin/Königs 1991, 36-49): Traditionelle Methoden sind eher fehlerzentriert, neuere Verfahren wie kommunikativ-bilinguale Konzepte und alternative Methoden wie der

Total Physical Response, die Suggestopädie oder die *Psychodramaturgie* oder das *Community Language Learning* sind erheblich weniger fehlerorientiert. Der *Silent Way* jedoch, ebenfalls ein alternatives Vermittlungskonzept, ist durch die Konzentration der Lehrertätigkeit auf sprachliche Fehlleistungen der Lernenden wieder extrem fehlerbezogen.

3. Schriftliche Korrekturen

Unter schriftlichen Korrekturen wird die schriftliche Reaktion auf fehlerhafte schriftliche Äußerungen verstanden. Der Lehrer kennzeichnet durch ein differenziertes Repertoire an Korrekturzeichen die als fehlerhaft erachteten Stellen eines durch den Lerner verfaßten schriftlichen Textes. Dabei folgt der Fehleridentifizierung die Klassifizierung der jeweiligen Abweichungen: der Lehrer stellt fest, welche Art von Fehler im Einzelfall vorliegt. Diese Klassifizierung orientiert sich in der Regel an linguistischen Kriterien. Einer groben Klassifizierung folgend könnte der Lehrer zwischen Wort-, Grammatik- und Pragmatikfehlern unterscheiden. Mehrere Gründe haben jedoch zu einer Verfeinerung dieser Klassifizierung geführt; dies waren u.a.:

– die lerntheoretische Annahme, daß Lerner auch durch Einsicht in ihre sprachlichen Produktionen lernen,
– der Ruf nach größerer Transparenz der Fehleridentifizierung und -bewertung,
– die Tatsache, daß schriftliche Korrekturen in Klassen- und Prüfungsarbeiten justiziabel sind.

In Nordrhein-Westfalen wurden daraufhin Materialien zur Leistungsbewertung entwickelt, die vom Kultusministerium (1984-1986) herausgegeben wurden und die in Ergänzung zu den fachspezifischen Richtlinien die wesentlichen Merkmale enthalten, denen die Lehrer bei der Korrektur folgen sollen. Sie enthalten ferner korrigierte Musterklausuren, in denen die jeweiligen Korrekturzeichen angewendet werden. Neben den 'traditionellen' Kategorien wie R (Rechtschreibfehler), W (Fehler in der Wortwahl), A (Ausdrucksfehler), T (Tempusfehler), Det (falscher Artikelgebrauch), Pron (falscher Pronomengebrauch), Präp (falsche Präposition), Konj (falsche Konjunktion) und Z (Zeichenfehler) werden auch Korrekturen für solche Kategorien von Fehlern angeregt, die aus linguistischer Sicht eng beieinander liegen und daher in einigen Fällen nicht leicht zu differenzieren sind: C (Konkordanz) und Bez (Beziehungsfehler), St (falsche Wort- oder Satzgliedstellung) und Sb (falscher Satzbau). Zu einigen Kategorien quer liegt die Kategorie F (morphologischer Fehler). Insgesamt betonen die Materialien zur Leistungsbewertung die Notwendigkeit, bei Fehlern nach Möglichkeit alternative korrekte Formulierungen anzugeben, sofern es sich nicht um R- oder F-Fehler handele. Hervorgehoben wird ferner die motivierende Funktion von Positivkorrekturen. Diese bestehen in der expliziten Bestätigung einer bestimmten sprachlichen Form. Hinsichtlich der gesamten Leistungsbewertung einer Klassenarbeit oder Klausur werden ausführliche Beurteilungen als fortlaufender Text empfohlen, an deren Ende die Note stehen soll. Die Materialien zur Leistungsbewertung für Französisch empfehlen die Arbeit mit einem Fehlergitter, das die nach Art und Schwere gekennzeichneten Fehler summarisch auflistet.

Während die Richtlinien insgesamt am traditionellen Fehlerbegriff orientiert sind, wählen Kordes/Budde (1985) einen alternativen Zugang zum Korrekturproblem. Sie greifen auf Selinkers *Interlanguage*-Konzept zurück und schlagen vor, auch bei der schriftlichen Korrektur den Prozeßcharakter des Spracherwerbs zu berücksichtigen. Auf dieser Grundlage entwickeln sie eine Reihe von zu ermittelnden Quotienten, die es ermöglichen, den individuellen Leistungsfortschritt eines Lerners zu erfassen und bei der Bewertung konsequent zu berücksichtigen. Sie gelangen somit zu einer alternativen Lernersprachenpädagogik, in der ein Fehler nicht so sehr als sprachliche Abweichung verstanden, sondern als Indiz für die erreichte Etappe im Erwerbsprozeß angesehen wird. Damit wird der Fehler beharrlich auf dem Kontinuum zwischen Mutter- und Fremdsprache betrachtet, auf dem sich der Lerner beständig bewegt. Vor diesem Hintergrund werden je nach zuvor erreichtem Stand der *Interlanguage* eines Lerners Arbeiten positiv bewertbar, die in der traditionellen Fehlerauffassung eindeutig negativ begutachtet werden müßten. Indes: Das Problem des Ansatzes von Kordes/Budde liegt darin, daß für jeden einzelnen Lerner kontinuierlich und umfänglich Sprachdaten erhoben und auf dem erwähnten Kontinuum interpretiert werden müßten – angesichts der umfänglichen Lehr- und Vorbereitungsverpflichtungen eines Fremdsprachenlehrers (leider) eine Unmöglichkeit. Halten wir bei aller (partiellen) Unzulänglichkeit der hier nur grob skizzierten schriftlichen Korrektursysteme fest, daß sie allesamt *per definitionem* dem Lehrer *grundsätzlich* ein unbeschränktes Maß an Zeit zur Durchführung erlauben, daß sie aber auf der anderen Seite ein relativ dauerhaftes Moment enthalten. Genau das Gegenteil gilt bei mündlichen Fehlerkorrekturen.

4. Mündliche Korrekturen

Mündliche Korrekturen stellen die – relativ – spontane Reaktion von seiten des Lehrers auf schülerseitige Abweichungen vom Sprachsystem oder von der lehrerseitigen Erwartung dar, deren Wirkung – *per definitionem* – in den meisten Fällen weniger dauerhaft als bei schriftlichen Korrekturen sein dürfte. Stärker als schriftliche Korrekturen gehören mündliche Korrekturen zum täglichen Geschäft des Fremdsprachenlehrers, der sekundenschnell eine Entscheidung darüber zu fällen hat, ob er überhaupt und wie er welchen Schüler woraufhin korrigieren will. Bereits der Überblicksartikel von Hendrickson (1978) und die darin enthaltenen Fragen nach dem Wer, Was, Wie und Wann der Fehlerkorrektur und vor allem nach dem Ob deuten die Vielschichtigkeit des Problems und die Konzentration auf jeweils unterschiedliche Aspekte durch die Forschung an. So konzentrieren sich unterschiedliche Arbeiten auf unterschiedliche Aspekte des Phänomens Fehlerkorrektur: Rehbein (1984) und Henrici/Herlemann (1986) fassen Korrektur als diskursives Phänomen auf, wobei die letztgenannten sehr viel näher am Unterricht sind; Hecht/Green (1983; 1989) nehmen einerseits stärker die Bewertung, andererseits stärker die kommunikative Funktion von Fehlerkorrekturen in den Blick. Raabe (1983) rückt die mentalen Operationen stärker in den Mittelpunkt seiner Betrachtungen. Aus unterrichtspraktischer Sicht stellen sich wiederum andere Prioritäten, wie z.B. Bebermeier (1984) oder Lessig (1984) zeigen. Dabei fällt auf, daß Methodiken das Thema allenfalls streifen und daß es auch nur sporadisch in der ersten oder zweiten Phase der Fremdsprachenlehrerausbildung aufgegriffen wird. Bei ehrlicher Analyse des Phänomens müssen wir eingestehen, daß wir über mündliche Fehlerkorrekturen aus empirisch abgesicherter Sicht wenig wissen. Um diesem Umstand abzuhelfen, haben wir im Rahmen des Bochumer Tertiärsprachenprojekts (vgl. Bahr/Bausch/Kleppin/Königs/Tönshoff, erscheint) eine Vielzahl komplementärer Daten erhoben und auf dieser Grundlage versucht, dem Phänomen "auf die Spur" zu kommen (vgl. ausführlich Kleppin/Königs 1991). Dabei ging es unserem Wissenschaftsverständnis entsprechend zunächst einmal um die empirisch gesicherte Bestandsaufnahme (vgl. auch Kleppin/Königs 1989). Wir haben in unserer Untersuchung Korrektursequenzen als z.T. umfängliche unterrichtliche Interaktionsstrukturen definiert, die es aus unterschiedlichen Perspektiven zu analysieren galt, so daß wir letztendlich Daten aus Lehrer-, Lerner- und Beobachtersicht erhoben und aufeinander bezogen haben. Stichwortartig lassen sich die Ergebnisse wie folgt zusammenfassen (vgl. in extenso Kleppin/Königs 1991; ferner Königs 1992; im Druck):

- Lehrer sind nur bedingt vom Wert mündlicher Korrekturen überzeugt. Die meisten korrigieren im Anfangsunterricht konsequenter und mehr als im Fortgeschrittenenunterricht. Neben inhaltlichen stehen dabei vor allem morpho-syntaktische Fehler im Zentrum der Aufmerksamkeit.
- Die Art und Weise der Fehlerkorrektur scheint nicht fehler-, sondern lehrergebunden zu sein. Lehrer haben also unabhängig von der Fehlerart bestimmte Vorlieben für bestimmte mündliche Fehlerkorrekturen. Unsere Annahme, daß Fehlerkorrekturen phasenbestimmt sind, hat sich nicht bestätigt.
- Lehrerseitige Initiierungen zur Selbstkorrektur sind in der überwiegenden Anzahl nicht erfolgreich; Lerner korrigieren sich trotz des Angebots dazu häufig nicht selbst.
- In mehr als der Hälfte der Fälle führen Lehrer die Korrekturen direkt durch und streben dadurch die Vermittlung von Einsicht an.
- Fehlerkorrekturen werden in ihrer überwiegenden Anzahl nicht unterbrechend durchgeführt und sind auch nicht Anlaß für eingeschobene Phasen ausführlicher Grammatikvermittlung.
- Auf der objektsprachlichen Ebene erfolgen Korrekturen zumeist in der Fremdsprache; auf der metasprachlichen Ebene wächst die Neigung zum Wechsel in die Muttersprache. Gestik und Mimik als ausschließliche Korrektursignale sind selten und beschränken sich auf wenige grammatische Teilgebiete.
- Die Lerner sind mit dem Korrekturverhalten ihrer Lehrer durchweg zufrieden, bemängeln aber in einem Fall ausdrücklich, daß von ihrem Lehrer nicht alle Fehler korrigiert würden: Lerner wollen also Fehlerkorrekturen.

– Auf Sprachwissen aus anderen Fremdsprachen wird bei Korrekturen in der Regel nicht zurückgegriffen. Begründet wird dies mit dem heterogenen sprachlichen Vorwissen in den meisten Klassen. Lediglich im Falle eines Lehrers erfolgt ein beständiger Rückgriff auf andere Fremdsprachen, der von seiten des Lehrers mit eigenen Lernerfahrungen begründet wird.
– Insgesamt haben sich bestimmte Korrekturrituale eingeschliffen. Dies ist u.a. daran abzulesen, daß Korrekturen in der Regel noch einmal wiederholt werden, sei es durch den Fehlerproduzenten, sei es zusätzlich noch durch den Lehrer.
– Korrekturen durch Mitschüler werden auf breiter Front durch die Lernenden abgelehnt. Dies scheint insbesondere mit dem Rollenverständnis der Lernenden zusammenzuhängen.

Angesichts der derzeit verfügbaren Untersuchungsmethoden ist der Nachweis nicht möglich, Korrekturmaßnahmen unmittelbar und zweifelsfrei an Lernen zu binden. Es ist also nicht möglich zu zeigen, daß es eine bestimmte Fehlerkorrektur und nur diese war, die ein bestimmtes Lernresultat hervorgerufen hat. Empirische Untersuchungen zum Korrekturverhalten können derzeit 'nur' die Funktion haben, für das Phänomen sowie die unterschiedlichen, offenbar in erheblichem Umfang lehrergebundenen Korrekturmaßnahmen und die Reflexion darüber zu sensibilisieren.

In Teilen der Zweitspracherwerbsforschung wird die Annahme vertreten, daß der außerunterrichtliche Erwerb und das unterrichtliche Lernen von Fremdsprachen in wesentlichen Teilen identisch verlaufe (vgl. zu dieser Diskussion den Art. 95). Für den Bereich außerunterrichtlichen Zweitspracherwerbs und -gebrauchs liegt mit der Arbeit von Desgranges (1990) eine umfängliche Analyse des Korrekturverhaltens in Gesprächen zwischen Zweitsprachensprechern (z.T. mit Muttersprachlern) vor. Wie an anderer Stelle gezeigt wurde (vgl. Königs 1992), haben unterrichtliches und außerunterrichtliches Korrekturverhalten ganz offensichtlich wenig gemeinsam. Während Korrekturen in natürlichen Kommunikationssituationen bei Zweitsprachensprechern häufig die Funktion haben, nach außen die Beherrschung bestimmter Strukturen zu signalisieren, sind Korrekturen im Fremdsprachenunterricht überwiegend lern-, lerner- und rollenorientiert. Von einer (auch nur partiell gegebenen) Identität zwischen den verschiedenen Erwerbskontexten kann folglich kaum die Rede sein.

Verfolgt man die fachdidaktische Diskussion der letzten Jahre, so fällt dem Betrachter die immer deutlicher werdende Tendenz auf, kulturell gebundene Erklärungen für die Ausprägung beobachteter und nachgewiesener fremdsprachenunterrichtlicher Erscheinungen heranzuziehen. Für den Bereich der Fehlerkorrekturen liegen ausführliche Studien in dieser Richtung nicht vor. Soweit man aus Lernerbefragungen und Unterrichtsbeobachtungen aus unterschiedlichen kulturellen Kontexten ablesen kann (vgl. dazu Kleppin/Königs 1993), sind mündliche Fehlerkorrekturen im Fremdsprachenunterricht weniger in ihrer Qualität als in ihrer Quantität kulturgebunden. Sowohl europäische als auch nordafrikanische, asiatische und südamerikanische Lerner halten lehrerseitige Korrekturen für wichtig und lehnen Korrekturen von anderer Seite eher ab. Das Ausmaß dieser Ablehnung und im Zusammenhang damit der Wunsch nach lehrergebundener und gleichzeitig das Bewußtsein ansprechender Korrektur indes scheint kulturell geprägt und auch durchaus abhängig vom Lernertyp (vgl. zum Lernertyp etliche Beiträge in Duda/Riley 1990).

5. Perspektiven

Bezüglich der schriftlichen Fehlerkorrektur bleibt zu wünschen, daß ihre Wirkung mit Blick auf den Lernprozeß zum Gegenstand empirisch abgesicherter Forschung wird. Dazu gehört auch eine Untersuchung der Frage, inwieweit die differenzierte, an linguistischen Kriterien orientierte Markierung von Fehlern mit lernerseitigen kognitiven Bedürfnissen korreliert. Eine alternative Korrekturpraxis, wie sie von Kordes/Budde (1985) angeregt wird, scheint zwar den Lernerbedürfnissen angemessen, ermangelt aber einer im Unterrichtsalltag umsetzbaren Praktikabilität.

Für den Bereich des mündlichen Korrekturverhaltens bleibt gleichfalls zu hoffen, daß der Zusammenhang der Korrektur mit dem Lernprozeß empirisch solide hergestellt wird; dies ist eher ein untersuchungsmethodisches als ein sachlogisches Problem.

Die systematische Berücksichtigung des (schriftlichen und mündlichen) Korrekturverhaltens im Rahmen der Lehreraus- (und -fort-)bildung stellt ein Desiderat dar. Aufgrund der bis heute gesicherten Forschungslage kann das Ziel einer solchen Thematisierung eher in der Sensibilisierung und verbunden damit in der Bereitstellung von unterrichtlichen Handlungsalternativen bestehen, weniger in der rezeptartigen Vorgabe lernerfolgssichernder Maßnahmen. Tendenzen der Diskussion über die unterrichtliche Thematisierung lernerseitiger Strategien (vgl. z.B. Oxford 1990; Wolff 1992) sollten sich dahingehend im Unterricht umsetzen lassen, daß Korrekturverhalten zum expliziten Thema des Unterrichts – natürlich im angemessenen zeitlichen und methodischen – Rahmen – wird, und zwar mit dem Ziel, auch den Blick der Lerner für unterschiedliche Korrekturverhaltensweisen (z.B. auch seitens der Mitlerner oder im Rahmen der Selbstkorrektur) zu öffnen.

Literatur

Bahr, Andreas/Bausch, K.-Richard/Kleppin, Karin/Königs, Frank G./Tönshoff, Wolfgang (erscheint), *Forschungsgegenstand Tertiärsprachenunterricht. Ergebnisse und Perspektiven eines empirischen Projekts,* Bochum.
Bebermeier, Hans (1984), "Die fachgerechte Fehlerrektur auf dem pädagogischen Prüfstand", in: *Der fremdsprachliche Unterricht,* H. 71, 184-190.
Chaudron, Craig (1988), *Second Language Classrooms. Research on Teaching and Learning.* Cambridge et al.
Corder, S. Pit (1967), "The Significance of Learner's Errors", in: *International Review of Applied Linguistics,* Vol. 5, 161-170.
Desgranges, Ilka (1990), *Korrektur und Spracherwerb. Selbst- und Fremdkorrekturen in Gesprächen zwischen Deutschen und ausländischen Kindern.* Frankfurt a.M. u.a.
Duda, Richard/Riley, Philipp (eds.), *Learning Styles. European Cultural Foundation. Proceedings of the First European Seminar (Nancy, 26-29 April 1987).* Nancy.
Hecht, Karlheinz/Green, Peter S. (1983), *Fehleranalyse und Leistungsbewertung im Englischunterricht der Sekundarstufe I.* Donauwörth.
Hecht, Karlheinz/Green, Peter S. (1989), "Zur kommunikativen Wirksamkeit von fehlerhaften Schüleräußerungen", in: *Praxis des neusprachlichen Unterrichts,* Jg. 36, 3-9.
Hendrickson, James M. (1978), "Error Correction in Foreign Language Teaching: Recent Theory, Research and Practice", in: *The Modern Language Journal,* Vol. 62, 387-398.
Henrici, Gert/Herlemann, Brigitte (1986), *Mündliche Korrekturen im Fremdsprachenunterricht.* München.
Kleppin, Karin/Königs, Frank G. (1989), "Der Umgang mit Fehlern im Fremdsprachenunterricht. Prolegomena zu einer umfassenden Theorie der Fehlerbehandlung", in: Frank G. Königs/Aleksander Szulc (Hrsg.), *Linguistisch und psycholinguistisch orientierte Forschungen zum Fremdsprachenunterricht. Dokumentation eines deutsch-polnischen Kolloquiums.* Bochum, 87-105.
Kleppin, Karin/Königs, Frank G. (1991), *Der Korrektur auf der Spur. Untersuchungen zum mündlichen Korrekturverhalten von Fremdsprachenlehrern.* Bochum.
Kleppin, Karin/Königs, Frank G. (1993), "Grundelemente der mündlichen Fehlerkorrektur: Lernerurteile im (interkulturellen) Vergleich", in: *Fremdsprachen lehren und lernen* 22, 76-90.
Königs, Frank G. (1992), "'Lernen' oder 'Erwerben' Revisited. Zur Relevanz der Zweitsprachenerwerbsforschung für die Sprachlehrforschung", in: *Die Neueren Sprachen,* Bd. 91, 166-179.
Königs, Frank G. (im Druck), "Wie kreativ können mündliche Korrekturen im Fremdsprachenunterricht sein?", in: *Der fremdsprachliche Unterricht – Englisch.*
Kordes, Hagen/Budde, Klaus (1985), *Aus Fehlern lernen. Methodische Anleitung für eine alternative Lernersprachenpädagogik – am Beispiel des Französischen deutscher Schüler,* o.O.
Kultusminister des Landes Nordrhein-Westfalen (Hrsg.) (1981), *Richtlinien für die gymnasiale Oberstufe. Englisch/Französisch/Italienisch/Spanisch.* Köln.
Kultusminister des Landes Nordrhein-Westfalen (Hrsg.) (1984-1986), *Materialien zur Leistungsbewertung für Englisch/Französisch/Italienisch/Spanisch auf der gymnasialen Oberstufe.* Köln.
Legenhausen, Lienhard (1975), *Fehleranalyse und Fehlerbewertung. Untersuchungen an englischen Reifeprüfungsnacherzählungen.* Berlin.
Lessig, Doris (1984), "Probleme der Fehlerkorrektur im Spanischunterricht", in: *Der fremdsprachliche Unterricht,* H. 71, 191-198.
Nickel, Gerhard, Hrsg. (1972), *Fehlerkunde. Beiträge zur Fehleranalyse, Fehlerbewertung und Fehlertherapie.* Berlin.
Oxford, Rebecca L. (1990), *Language Learning Strategies. What Every Teacher Should Know.* New York et al.
Raabe, Horst (1983), "Die Korrektur mündlicher Fehler im Spanischen – Einsichten aus der Sprachlehrforschung", in: *Grazer Linguistische Studien,* Jg. 19, 159-183.
Rehbein, Jochen (1984), *Reparative Handlungsmuster und ihre Verwendung im Fremdsprachenunterricht.* Roskilde.
Schegloff, Emanuel A./Jefferson, Gail/Sacks, Harvey (1977), "The Preference for Self-Correction in the Organization of Repair in Conversation", in: *Language* 53, 361-382.
Selinker, Larry (1972), "Interlanguage", in: *International Review of Applied Linguistics,* Vol. 10, 209-231.
Vigil, Neddy A./Oller, John W. (1976), "Rule Fossilization: A Tentative Model", in: *Language Learning* 26, 281-295.
Wolff, Dieter (1992), "Lern- und Arbeitstechniken für den Fremdsprachenunterricht: Versuch einer theoretischen Fundierung", in: Uwe Multhaup/Dieter Wolff (Hrsg.), *Prozeßorientierung in der Fremdsprachendidaktik,* Frankfurt a.M., 101-120.

Frank G. Königs

58. Leistungsmessung: Überblick

1. Problemaufriß

Wo immer auf der Welt eine Fremd- oder Zweitsprache gelehrt und gelernt wird, geht es auch um die Feststellung und die Bewertung von Lernfortschritten bzw. um die Dokumentation des jeweils erreichten Kenntnis- und Fähigkeitsstandes. Die Frage ist nur, *wie* das geschieht (von wem, mit welchen Aufgabenstellungen, nach welchen Standards, wozu). Unter Leistungsmessung sollen hier jegliche Formen der Lernkontrolle, bezogen auf ein bestimmtes Curriculum mit festgelegten Lehrzielen, verstanden werden, also nicht nur im eingegrenzten Sinne Verfahren der standardisierten und objektivierten Feststellung von Lernerleistungen. Dasselbe gilt für die Begriffe Test und Testen, worunter entsprechend dem englischen Sprachgebrauch sinnvollerweise jegliches Prüfungsverfahren zu fassen ist, das die betroffen Individuen zu bestimmten Verhaltensweisen veranlaßt, von denen dann auf zugrundeliegende Persönlichkeitsmerkmale (wie Sprachfähigkeiten, Wissensstrukturen, Einsichten, Handlungsstrategien usw.) rückgeschlossen werden kann (Caroll 1968).

Zunächst muß man deutlich zwischen verschiedenen *Funktionen* der Leistungsmessung unterscheiden: (1) Sie soll die Leistungen eines Lerners im Hinblick auf angestrebte Lehrziele dokumentieren; sie soll sowohl dem Lehrer wie dem Lerner Aufschluß geben über erfolgte Lernprozesse bzw. noch bestehende Schwierigkeiten, Wissenslücken, fehlerhafte Regelannahmen usw.; sie soll dem Lehrer Aufschluß geben darüber, wie effektiv er unterrichtet hat bzw. ob und inwieweit Lehrziele und Unterrichtsinhalte angemessen waren. Diese vier Aspekte lassen sich unter dem Begriff der Optimierung des Lehrens und Lernens zusammenfassen. (2) Leistungsmessung dient in unserem Bildungssystem fast immer auch dem Zweck der Beurteilung eines Lerners im Vergleich zu anderen mit Konsequenzen für Notengebung, Versetzung, Schullaufbahn, Zuteilung von Lebenschancen. Diese bewertende und selektive Funktion steht bei den Betroffenen aus verständlichen Gründen häufig im Vordergrund. Dabei können die Ergebnisse der Leistungsmessung, auch wenn sie einigermaßen kontinuierlich stattfindet, keine ausreichende Basis für eine gerechte Beurteilung von Lernern und ihrer Leistungsfähigkeit sein, wohl aber wichtige Teilinformationen liefern.

Die *Kritik an punktueller Leistungsmessung* resultiert vor allem aus der Erkenntnis, daß die aktuelle Performanz eines Lerners erheblich variieren kann, je nach dem Zeitpunkt der Leistungsmessung, aber auch je nach der Aufgabenstellung, dem Testformat und der Zusammensetzung der Lernergruppe. Da es ja das Ziel ist, die Leistungen eines Lerners nicht nur zufällig, sondern in einer repräsentativen Weise zu erfassen, ist es unabdingbar, die Lernfortschritte über einen längeren Zeitraum mehrfach zu "messen" und dabei verschiedene Aufgabenarten bzw. mehrere Aufgaben ein- und derselben Art zu präsentieren. Die einzelnen Aspekte und Ausprägungsgrade fremdsprachlicher Performanz in den unterschiedlichen Tests können dann in einem Gesamturteil zusammengefaßt werden, wobei sich die Gewichtung nach der Bedeutung der jeweiligen Lehrziele richtet. Einer kontinuierlichen Leistungsmessung sind natürlich besonders schulorganisatorisch, aber auch von den curricularen Rahmenvorgaben her enge Grenzen gesetzt; außerdem muß der zeitliche Aufwand für den Erwerb einer Fremdsprache und dessen Überprüfung und Dokumentation in einem sinnvollen Verhältnis zueinander stehen. Auf jeden Fall ist eine allzu punktuelle Leistungsmessung zu vermeiden: Je mehr Informationen über einen Lerner vorliegen, umso besser.

Eine Unterscheidung zwischen *normorientierter* und *kriteriumsorientierter* Leistungsmessung ist insofern wichtig, als sich die Bewertung von Testleistungen nach unterschiedlichen Bezugsstandards richten kann. Bei normorientierter Leistungsmessung gilt als Bezugspunkt das durchschnittliche Leistungsniveau einer Gruppe, z.B. aller Gleichaltrigen, aller Schüler einer Klasse oder des gleichen Jahrgangs. Die Probanden werden dabei in bezug auf ihre Testleistungen miteinander verglichen und in eine Rangfolge gebracht. Bei kriteriumsorientierter Leistungsmessung dagegen wird auf von außen gesetzte Kriterien (Lehrziele) rekurriert und gefragt, ob und wieweit ein bestimmtes Ziel erreicht worden ist. Die Leistungen der Bezugsgruppe spielen dabei keine Rolle (Gegensatz zwischen empirisch festzustellender Realnorm und wünschenswerter, anzustrebender Idealnorm). Daneben gibt es noch die auf eine individuelle Norm bezogene Leistungsmessung, bei der die Leistungen eines Schülers mit seinen jeweils vorausgegangenen verglichen werden. In der Praxis vermengen sich die beiden ersten Typen der Bewertung leicht, schon deshalb, weil Leistungstests beide Arten der Information liefern und der Zwang zu einer normalverteilten Benotung von Lernerleistungen groß ist. Dennoch hofft man mit kriteriumsorientierter Leistungsmessung, die eine explizite, detaillierte und weitgehend operationalisierte Beschreibung des angestrebten Lehrziels voraussetzt, mehr Sachbezug in die Interpretation von Testergebnissen einzuführen und dabei Konkurrenzdenken unter Schülern abzubauen (Klauer 1987).

Leistungsmessung ist also an die möglichst klare Definition von Lehrzielen im Rahmen eines betimmten Curriculums gebunden. Aufgrund der engen Rückkopplung an den pädagogischen Prozeß des Lehrens und Lernens spricht man auch von formativer Evaluation. Findet dagegen am Ende eines Lehrgangs die Feststellung des insgesamt erreichten Leistungsspektrums mit dem Ziel einer Rangreihenbildung unter den betroffenen Testnehmern statt, spricht man von summativer (terminaler) Evaluation. Beide Begriffe können sich also auf Leistungsmessung beziehen. Davon abzugrenzen ist dann die Überprüfung des allgemeinen Sprachstands (der jeweils ausgebildeten Sprachfähigkeit) in bestimmten Bereichen einer L2, L3 oder aber in einer dieser Fremdsprachen insgesamt, und zwar unabhängig von einem bestimmten Kursus, einem bestimmten Curriculum, einem bestimmten Lehrbuch usw. (engl. *proficiency testing*). Dieser Typ wird auch Niveau- oder Qualifikationstest genannt, weil mit ihm der Ausprägungsgrad vorher als Anforderung definierter sprachlicher Handlungsfähigkeit in Bezug auf abschätzbare Verwendungssituationen erfaßt werden soll (James 1985). Die Ergebnisse werden oft für Entscheidungen über weiterführende Bildungsgänge herangezogen bzw. als Eingangsvoraussetzung für den Eintritt in eine bestimmte berufliche Laufbahn gewertet.

2. *Gütekriterien für Tests*

Die klassische Testtheorie hat als Eigenschaften eines guten Tests *Objektivität, Reliabilität* und *Validität* definiert (vgl. Art. 101). Das Kriterium der Objektivität bezieht sich auf die Durchführung von Tests sowie vor allem auf die Auswertung und Interpretation ihrer Ergebnisse (Grad der Unabhängigkeit vom jeweiligen Untersucher/Bewerter). Das Kriterium der Zuverlässigkeit dagegen bezieht sich auf die Reproduzierbarkeit von Testergebnissen innerhalb bestimmter Toleranzgrenzen (Grad der Genauigkeit des Meßvorgangs). Das Kriterium der Gültigkeit schließlich bedeutet, daß ein Test auch tatsächlich das mißt, was er messen soll (Grad der Sicherheit, *was* genau gemessen wurde). Man unterscheidet verschiedene Arten der Validitätsbestimmung, auf die hier nicht näher eingegangen werden kann: Inhaltsvalidität, Konstruktvalidität, kriteriumsbezogene Validität (durch statistischen Vergleich mit einem bestimmten Außenkriterium gewonnen), Augenscheinvalidität (*face validity*). Wichtig ist festzuhalten, daß die Gültigkeit eines Prüfverfahrens eng gekoppelt ist an didaktische Zielvorstellungen bzw. Lehrzieldefinitionen, die ihrerseits natürlich aufs engste mit Modellvorstellungen über fremdsprachliches Lernen und die Struktur von Sprachkompetenz zusammenhängen. Im Zuge neuer Entwicklungen innerhalb der Linguistik (z.B. Einbeziehung des Funktionalismus und der Pragmatik in die Sprachtheorie) und anderer Bezugswissenschaften sowie innerhalb der Fremdsprachendidaktik selbst (Ausdifferenzierung von Begriffen wie Diskurskompetenz, Texthandeln als lesender, verstehender, produzierender Interpretationsprozeß, interkulturelles Lernen u.a.m.) stellt sich das Validitätsproblem neu und verschärft: Das bestehende Repertoire an Lernkontrollen muß erweitert, verändert oder durch neue Überprüfungsarten ersetzt werden, eben weil sich die Lehrziele inhaltlich ändern oder geändert haben. Im übrigen hat die Relevanz der genannten Gütekriterien nichts an Aktualität eingebüßt.

3. *Aktueller Erkenntnisstand*

Nach Spolsky (1981) lassen sich drei Hauptphasen in der Entwicklung der Testforschung und der Testpraxis unterscheiden: (1) In der vorwissenschaftlichen Phase werden keine standardisierten Tests verwendet, sondern Prüfungsformen, bei denen der "Meßvorgang" in der subjektiven Beurteilung durch einen einzigen Prüfer besteht. Diese traditionelle Form der Leistungsmessung, zu denen wohl die Mehrzahl der herkömmlichen Typen von Klassenarbeit in unseren Schulen zählt, ist vor allem wegen mangelnder Objektivität und Zuverlässigkeit kritisiert worden. (2) In der psychometrisch-strukturalistischen Phase werden besondere Anstrengungen unternommen, um Objektivität und Reliabilität als notwendige Vorbedingungen für die Gültigkeit von Meßinstrumenten zu erhöhen. Dennoch wird die Frage danach, was ein Test denn nun eigentlich mißt, kaum gestellt, ja sogar vermieden; statistisches Denken überwiegt. Alles, was quantifizierbar und in diesem strikten Sinne als meßbar erscheint, erfreut sich besonderer Vorliebe. Aus der Unzufriedenheit über die theoretische Begrenztheit dieses Ansatzes und damit verbundener Testverfahren wiederum entwickelte sich (3) die psycholinguistisch-soziolinguistische Phase, die sich nun verstärkt den Fragen der Validität zuwendet, ohne die beiden anderen Gütekriterien zu vernachlässigen. Zum einen wird jetzt genauer untersucht, welche kognitiven Operationen der Lösung einzelner Sprachaufgaben zugrundeliegen und wie die zu messende(n) Dimension(en) der Sprachkompetenz theoretisch angemessen zu strukturieren sind (vgl. z.B. die Beiträge in Oller 1983; Vollmer 1983; Sang et al. 1986). Zum anderen konzentriert sich das Interesse (wieder) auf produktive Fremdsprachenleistungen, insbesondere auf Tests zur Überprüfung funktionaler Sprachverwendung in unterschiedlich komplexen Handlungskontexten, wie sie in Realsituationen vorkommen könnten. Damit wird die Testforschung verstärkt wieder an den Erkenntnis- und Reflexionsstand der Angewandten Linguistik sowie an die Diskussionen innerhalb dieser Disziplin herangeführt (vgl. Davies 1990 sowie die vorzügliche Publikation von Bachman 1990).

Sicherlich sind diese drei Phasen historisch nicht klar gegeneinander abzugrenzen; sie repräsentieren eher Ansätze oder Denkweisen, die zeitlich nebeneinander existieren und in unterschiedlicher Weise miteinander verknüpft sein können. Unabhängig von der jeweiligen Sprachtheorie und der Aufschlüsselung von "Kommunikativer Kompetenz" als schlagwortartige Bezeichnung des übergeordneten Lehrziels ist es heute eigentlich unstrittig, daß es je nach Lernsituation und Klassenstufe sinnvoll sein kann, neben den vier kommunikativen Fertigkeitsbereichen Leseverstehen, Hörverstehen, Schreiben und Sprechen auch Teilkompetenzen und elementare Wissensaspekte (wie lexikalische oder grammatische Kompetenz, Aussprachekompetenz, textbezogene Analyse- und Interpretationstechniken, kulturelles Wissen) zu prüfen, die in die komplexeren Sprachhandlungen immer schon miteingehen (vgl. etwa Savignon 1983; Doyé 1986). Für die überwiegende Mehrheit der Testforscher sind alle Verfahren der Leistungsmessung – allerdings für unterschiedliche Zwecke – legitim und mehr oder minder tauglich, soweit sie den o.g. Qualitätsanforderungen entsprechen (Vollmer 1982; Rea 1985).

Was die Praxis der Leistungsmessung in der Bundesrepublik anbelangt, gibt es je nach Schultyp und Bildungseinrichtung (Volkshochschulen, Universitäten, betriebseigene oder -nahe Sprachschulen der Industrie) deutliche Präferenzen für bestimmte Verfahren und Testarten, die z.T. nur aus Traditionsorientierung zu erklären sind (wie etwa verpflichtende Übersetzungs-Klausuren an vielen Hochschulen), z.T. mit neuerlichem Begründungsaufwand über Rahmenrichtlinien, Lehrpläne, sonstige ministerielle Vorgaben, aber auch über Lehrwerke gesteuert werden. Immerhin sind sowohl die Zahl der Klassenarbeiten pro Klassenstufe in den einzelnen Bundesländern festgelegt als auch bestimmte Gewichtungen hinsichtlich der verschiedenen Leistungsbereiche und Kompetenzaspekte vorgenommen. Schließlich gibt es auch zu den Überprüfungsformen einzelne Anregungen oder gar Vorschriften positiver oder negativer Art mit dem Ziel, die Rahmenbedingungen für die Schulen und Klassen einigermaßen zu vereinheitlichen, sie vergleichbar zu machen und insofern die gröbsten Ungerechtigkeiten auszuschließen. Dennoch weisen die vorherrschenden Prüfungsformen im Hinblick auf die Gütekriterien vielfach (noch) erhebliche Mängel auf, oder sie sind zu einseitig ausgerichtet (z.B. durch Überbetonung des Schriftlichen). Die detaillierten Regelungen zur Arbeit und Leistungsmessung in der Sekundarstufe II schaffen einen besonders engen Rahmen für das, was möglich ist und faktisch gemacht wird (Voss 1985).

4. Perspektiven

Während die einen (vor allem psychometrisch orientierten) ein gewisses Desinteresse, ja Ignoranz oder gar Verweigerung auf seiten der Schule und Schulverwaltung gegenüber den Möglichkeiten einer wissenschaftlich fundierte(re)n Leistungsmessung beklagen, betonen andere die durch nichts ersetzbare Rolle des Lehrers als qualifizierter pädagogischer Experte zur Wahrnehmung und Beurteilung von Fremdsprachenleistung, die ihm aufgrund seiner täglichen Interaktion mit den Lernern ein angeblich sicheres Urteil über deren Leistungsstand erlaubt. Wieder andere erkennen zwar die pädagogisch wichtige und unerläßliche Diagnosefunktion des Lehrers mit subjektiver Urteilsbildung verstärkt wieder an, bestehen aber zugleich auf dem Einsatz standardisierter und objektivierter Tests und/oder brauchbarer informeller Tests als zusätzlicher und andersgearteter Informationsquelle. Hier hilft ein Blick darauf, wie andere Länder das Problem der Kooperation zwischen Wissenschaft, professionellen Testern und Praktikern institutionell gelöst und damit innovative Veränderungen systematisch ermöglicht haben (vgl. Art. 110).

Dabei wird deutlich, daß die Leistungsmessung und die Sprachtestforschung insgesamt in der Bundesrepublik Deutschland – verglichen etwa mit den USA, Großbritannien oder den Niederlanden – eine eher marginale Rolle spielt. Es ist allerdings zu erwarten, daß im Zuge der europäischen Integration in Zukunft auch in Deutschland der Einsatz von Sprachtests und damit auch die Sprachtestforschung an Bedeutung gewinnen werden, u.a. für den Bereich Deutsch als Zweit- oder Fremdsprache (vgl. z.B. jüngst Albers/Bolton 1994). Inzwischen liegen auch gute Einführungsbücher für die Hand des Lehrers vor, nach denen ein Test selbst entwickelt oder zumindest doch deren Einsatz kritisch nachvollzogen werden kann (z.B. Baker 1989; Heaton 1990; vgl. die Sammelrezension von Grotjahn 1991).

Tatsache ist, daß die evaluative Seite der Lehrerrolle in der bisherigen Ausbildung kaum hinreichend berücksichtigt worden ist, zumindest nicht an den Hochschulen, und daß es andererseits nicht genügend Angebote an standardisierten Leistungstests für den Fremdsprachenunterricht in der Bundesrepublik Deutschland gibt. Immerhin gehen einige Schulbuchverlage, die neuere Lehrwerke auf den Markt gebracht haben, zunehmend dazu über, zu jeder Lektion als Begleitmaterial eine Sammlung von möglichen Lernkontrollen anzubieten, die sich spezifisch auf die gesetzten Lehrziele und den Lernstoff der Einheit beziehen und aus denen der Lehrer nach eigenem Ermessen auswählen und Übungs- oder Klassenarbeiten zusammenstellen kann. Trotz dieser erfreulichen Entwicklung tritt damit das wesentliche Problem umso deutlicher hervor: die Formulierung und Anwendung von expliziten Bewertungsmaßstäben, insbesondere für produktive Sprachleistungen, die zu vergleichbaren Beurteilungen ein- und derselben Leistung durch verschiedene Lehrer bzw. durch ein- und denselben Lehrer zu verschiedenen Zeitpunkten führen können. Es kann hier nicht um eine Ausschaltung von Subjektivität, um eine vermeintliche Verobjektivierung gehen, sondern allenfalls um eine Umwandlung "subjektiver Willkürlichkeit in begründete Subjektivität" (Bliesener 1980). Mehr noch: Es geht um einen Prozeß der Überwindung von Isolation vereinzelnder Lehrertätigkeit, um gegenseitige Öffnung, Diskussion und Hilfestellung, um intersubjektive Vereinheitlichung und Konsensbildung zumindest innerhalb eines Kollegiums oder einer Fachgruppe in bezug auf die Bewertungskriterien für produktive Schülerleistungen und deren praktische Handhabung mit einem Höchstmaß an Transparenz. Es dürfte sehr schwierig sein, solche Maßstäbe auch schulübergreifend oder gar für ein ganzes Bundesland zu entwickeln und zu festigen, obwohl Versuche an regional weit gestreuten Volkshochschulen sowohl für die Bewertung schriftlicher wie mündlicher Kommunikationsleistungen zufriedenstellende Ergebnisse im Sinne erhöhter *interrater* und *intrarater reliability* erbracht haben (Bolton 1985). Das erfordert die stärkere Thematisierung und Einübung in diese genuin pädagogische Funktion – als Teil der 1. und 2. Ausbildungsphase, als permanentes Angebot der Lehrerfortbildung, als jährlicher Workshop unter Fachkollegen.

Was die Überprüfung des *Mündlichen* und insbesondere des Lehrziels "Kommunikationsfähigkeit" anbelangt, ist jeder einzelne Lehrer bekanntlich überfordert, wenn er beispielsweise nach einer Unterrichtsstunde die mündlichen Leistungen (sprich: Beteiligung) seiner Schüler einigermaßen zuverlässig und gerecht rekonstruieren soll. Dasselbe gilt erst recht für die Erstellung von informellen Leistungstests in diesem Bereich (zu großer Zeitaufwand, schwieriger Einsatz technischer Medien, mangelndes Training in der Auswahl und Abstufung repräsentativer Aufgabenstellungen, Fehlen geeigneter Beurteilungsraster/Auswertungsprozeduren usw.). Dennoch bedarf es angesichts der überragenden Wichtigkeit gerade dieses Ziels für jegliche Fremdsprachenausbildung verstärkter Anstrengungen in Forschung wie Praxis, systematisch dafür praktikable Übungs- und Prüfformen zu entwickeln und ihnen einen prominenten Stellenwert im Curriculum einzuräumen, und zwar bis zum Abitur hin. Solcherart Bemühungen, die es seit über 15 Jahren immer wieder gegeben hat (etwa Underhill 1987; Macht 1989), haben allerdings nur Aussicht auf Erfolg, wenn die *mündliche Mitteilungs- und Interaktionsfähigkeit* den faktischen Primat des Schriftlichen in zu bewertenden Klassenarbeiten durchbricht, wenn die Rahmenrichtlinien auf allen Schulstufen einschließlich der Sekundarstufe II die Anzahl der schriftlichen Arbeiten deutlich reduziert zugunsten verbindlich durchzuführender Überprüfungen der *mündlichen Sprachhandlungsfähigkeit.* Denn die Schulabsolventen, egal ob sie studieren werden oder nicht, brauchen in der Zukunft vor allem Fremdsprachenkenntnisse im mündlichen Bereich; diese sind deshalb verstärkt in der Schule zu vermitteln.

Literatur

Albers, Hans-Georg/Bolton, Sibylle unter Mitarbeit von Eva-Maria Jenkins (1994), *Testen und Prüfen in der Grundstufe. Einstufungstests und Sprachstandsprüfungen.* (Fernstudienprojekt Deutsch als Fremdsprache – Fernstudieneinheit 7), Berlin/Kassel/München.
Bachman, Lyle (1990), *Fundamental Considerations in Language Testing,* Oxford.
Baker, David (1989), *Language Testing. A Critical Survey and Practical Guide,* London.
Bliesener, Ulrich (1980), " Zur Beurteilung von Abiturarbeiten im Fach Englisch – Sprachrichtigkeit und Ausdrucksvermögen", in: *Die Neueren Sprachen,* Bd. 79, 78-93.
Bolton, Sibylle (1985), *Die Gütebestimmung kommunikativer Tests,* Tübingen.
Caroll, John B. (1968), "The Psychology of Language Testing", in: Alan Davies (ed.), *Language Testing Symposium – a Psycholinguistic Approach,* London, 46-69.
Davies, Alan (1990), *Principles of Language Testing.* Oxford.
Doyé, Peter (1986), *Typologie der Testaufgaben für den Englischunterricht,* München.
Grotjahn, Rüdiger (1991), "Sammelrezension: Die Messung fremdsprachlicher Fähigkeiten und Fertigkeiten", in: *Zeitschrift für Fremdsprachenforschung,* Jg. 2, H.2, 97-108.
Heaton, J.B. (1990), *Classroom Testing,* London.
Hughes, Arthur (1989), *Testing for Language Teachers,* Cambridge.
James, Charles J., Hrsg. (1985), *Foreign Language Proficiency in the Classroom and Beyond,* Lincolnwood, Ill.
Klauer, Karl Josef (1987), *Kriteriumsorientierte Tests,* Göttingen.
Macht, Konrad (1989), "Ist Gesprächsfähigkeit benotbar?", in: *Der fremdsprachliche Unterricht,* H. 94, 4-7.
Oller, John W., Hrsg. (1983), *Issues in Language Testing Research,* Rowley/Mass.
Rea, Pauline M. (1985), "Language Testing and the Communicative Language Teaching Curriculum", in: Y. P. Lee et al. (eds.), *New Directions in Language Testing,* Oxford, 15-32.
Sang, Fritz/Schmitz, Bernd/Vollmer, Helmut J. et al. (1986), "Models of Second Language Competence: A Structural Equation Approach", in: *Language Testing,* Jg. 3, 54-79.
Savignon, Sandra (1983), *Communicative Competence: Theory and Classroom Practice,* Reading, Mass.
Spolsky, Bernard (1981), "Some Ethical Questions about Language Testing", in: Christine Klein-Braley/ Douglas K. Stevenson (eds.), *Practice and Problems in Language Testing 1,* Frankfurt a.M., 5-21.
Underhill, Nic (1987), *Testing Spoken Language,* Cambridge.
Vollmer, Helmut J. (1982), *Spracherwerb und Sprachbeherrschung: Untersuchungen zur Struktur von Fremdsprachenfähigkeit,* Tübingen.
Vollmer, Helmut J. (1983), "The Structure of Foreign Language Competence", in: Arthur Hughes/Don Porter (eds.), *Current Developments in Language Testing,* London, 3-29.
Voss, Bernd (1985), "Language Testing in German Secondary Schools – Theory and Practice", in: Viljo Kohonen/Antti J. Pikänen (eds.), *Language Testing in School,* Tampere, 145-163 (AFinLA Yearbook 1985).

Helmut J. Vollmer

59. Funktionen und Formen der Leistungsmessung

1. Funktionen der Leistungsmessung

Durch die Leistungsmessung im Fremdsprachenunterricht erhalten Schüler, Lehrer und Wissenschaftler Informationen über die Ergebnisse des Lehrens und Lernens. Diese Informationen können drei Zwecken dienen:

1. der Optimierung des Lehrens und Lernens,
2. der Beurteilung der Lernenden und
3. der Lehr- und Lernforschung.

Die erste der drei Funktionen ist die wichtigste. Sie ist die eigentliche pädagogische Funktion: Schüler und Lehrer werden durch die Leistungsmessung über die Ergebnisse ihrer bisherigen Aktivitäten informiert und können daraufhin ihre künftigen Schritte fundiert planen. Schüler können aus der Leistungsmessung Gewinn für ihre Selbsteinschätzung ziehen. Wenn sie regelmäßig und genau über die Resultate ihrer Bemühungen informiert werden, wenn ihnen vor Augen geführt wird, wo sie erfolgreich gelernt haben und wo nicht, wenn sie ihre Stärken und Schwächen sehen, dann sind sie besser in der Lage, ihr weiteres Lernen effektiv zu gestalten als ohne solche Information. Lehrer können ihre Aufgabe der Förderung des Lernens ihrer Schüler überhaupt nur erfüllen, wenn sie über die Ergebnisse des Unterrichts informiert sind. Wenn sie in kurzen Abständen, mindestens am Ende jeder Unterrichtseinheit, genaue Kenntnis davon nehmen, wieweit ihre Schüler das zu Lernende bewältigt haben, haben sie eine sichere

Grundlage für die Planung der weiteren Maßnahmen zur Lernsteuerung gewonnen.

Die zweite Funktion, nämlich die, den Lehrern Unterlagen für die Beurteilung von Schülern zu liefern, ist ebenfalls wichtig. Problematisch wird sie dort, wo man sie überbewertet und dadurch die pädagogische Funktion vernachlässigt. Das Problem ergibt sich daraus, daß oft an das Abschneiden bei Prüfungen weitreichende Konsequenzen geknüpft werden, die die Schüler fürchten. Jedoch hat die Schule nun einmal die Aufgabe der Beurteilung der Schüler, und es kommt in der Praxis deshalb darauf an, die Lernkontrollen so sinnvoll wie möglich zu handhaben, d.h. ihre Durchführung zuverlässig, gültig und objektiv zu gestalten und damit die wichtigste Voraussetzung für eine gerechte Beurteilung der Schüler zu schaffen.

Die dritte Funktion der Leistungsmessung besteht in ihrem Beitrag zur Lehr- und Lernforschung. Zur Prüfung ihrer Thesen braucht diese empirische Daten über den Fremdsprachenunterricht. Die Leistungsmessung im Fremdsprachenunterricht liefert sie in Gestalt von ermittelten Ergebnissen des Lehrens und Lernens. Damit erhält die Wissenschaft vom Fremdsprachenunterricht die nötige Information, aufgrund derer sie die Abhängigkeit des Fremdsprachenlernens von psychischen und sozialen Voraussetzungen und didaktischen Maßnahmen, denen die Lernenden ausgesetzt werden, untersuchen kann, um daraufhin Vorschläge zur künftigen Gestaltung von Unterricht zu machen.

Um die genannten Funktionen zu erfüllen, muß die Leistungsmessung lehrzielvalide sein, d.h. sie muß solche und nur solche Aufgaben enthalten, die von den gesetzten Zielen her gefordert sind. Faßt man Lehrziele als Kompetenzen auf, welche in der Fähigkeit bestehen, die Aufgaben eines bestimmten Bereichs zu lösen, dann müssen die Aufgaben einer lehrzielvaliden Leistungsmessung repräsentativ sein für die vom jeweils gesetzten Lehrziel her geforderten Leistungen (Klauer 1987, 14).

2. Formen der Leistungsmessung

Die Grundeinheit der Leistungsmessung ist der Test. (Wir verwenden den Terminus "Test" in seinem ursprünglichen Bedeutungsumfang in der englischen Sprache, in der er zur Bezeichnung aller Prüfverfahren unabhängig von ihrem Inhalt, ihrem Umfang und dem Grad ihrer Formalisierung gebraucht wird [Carroll 1968, 46].) Ein Leistungstest im Fremdsprachenunterricht ist demzufolge ein Verfahren zur Feststellung von fremdsprachlichen Kompetenzen der Lernenden.

Tests bestehen aus Aufgaben. Jede Aufgabe hat ihre spezifische Form, die sich in der Art, in der die Aufgabe gestellt wird, und in der Art, in der die Lösung gefordert wird, äußert. Die Aufgabenstellung und die Lösungsform werden auch *Stimuluskomponente* und *Reaktionskomponente* genannt (Doyé 1986 und Klauer 1987). Die beiden Komponenten eignen sich gut zur Beschreibung und Klassifizierung von Testaufgaben. Ein Beispiel aus dem Bereich des Leseverstehens: Als Stimuluskomponente werden dem Schüler schriftliche Äußerungen zu einem Bild präsentiert; die Reaktionskomponente besteht darin, daß er im Alternativverfahren (richtig – falsch) diejenigen unter den Äußerungen ankreuzt, die in bezug auf das Bild richtig sind.

Eine derartige Beschreibung ist jedoch unvollständig. Sie enthält keine Information darüber, wie der Schüler die Stimuluskomponente zu verarbeiten hat, daß er z.B. bei der Lösung der genannten Aufgabe eine Entscheidung über die Richtigkeit der Äußerungen zu fällen hat. Zur Präzision der Beschreibung muß daher eine dritte Komponente eingeführt werden, die in Anlehnung an Furst (1958) *Interpretationskomponente* genannt werden soll. Furst versteht unter Interpretationskomponente die Art, in der der Schüler die Stimuluskomponente interpretiert und verarbeitet. Auch wenn diese Komponente im Gegensatz zu den beiden anderen nicht beobachtbar und daher schwerer beschreibbar ist, wird sie zur Vervollständigung der Darstellung benötigt.

Eine solchermaßen komplettierte Beschreibung sieht dann – formalisiert – so aus:

Stimulus-komponente	*Interpretations-komponente*	*Reaktions-komponente*
Bild und schriftliche Äußerungen dazu	Entscheidung über die Richtigkeit der Äußerungen	Ankreuzen im Alternativverfahren

3. Tests für die verschiedenen sprachlichen Kompetenzen

Welche Aufgabenformen kommen für die Feststellung welcher Kompetenzen in Frage? Art. 27 enthält eine Übersicht über die als Ziele gesetzten sprachlichen Kompetenzen, die die Schüler üblicherweise im schulischen Fremdsprachenunter-

richt erlangen sollen. Akzeptiert man diese Zielsetzung, dann muß es (mindestens) die folgenden 8 Kategorien von Testaufgaben geben: Aufgaben für die Erfassung
des Hörverständnisses,
des Leseverständnisses,
des Sprechens,
des Schreibens,
der lexikalischen Kompetenz,
der grammatischen Kompetenz,
der phonologischen Kompetenz und
der orthographischen Kompetenz.

Nimmt man nun die genannten drei Komponenten einer jeden Testaufgabe als klassenstiftende Merkmale, dann erhält man innerhalb jeder der 8 Kategorien rund 20 Typen von Aufgaben. Sie alle in diesem Artikel darzustellen, ist unmöglich (siehe dazu Doyé 1986 und Doyé 1988). Stattdessen werden exemplarisch aus jeder Kategorie fünf Typen genannt und einer davon als Beispiel angeführt.

8 Uhr. In ganz Bayern heute wolkig. Nachmittags Niederschläge, im Norden als Schnee, im Süden als Regen niedergehend. Tageshöchsttemperaturen um 0 Grad. Starke östliche Winde …
Österreich: Im Westen Österreichs wolkig mit Regenschauern. In den östlichen Landesteilen sonnig mit Temperaturen bis 15 Grad. Starker Wind aus Süd-Ost. Das war der Wetterbericht. Es ist jetzt 11.03 Uhr. (ausblenden)

Quelle: Doyé 1988, S. 36.

1. Hörverständnis

Stimulus-komponente	Interpretations-komponente	Reaktions-komponente
A. Bild und mündliche Äußerungen dazu	Entscheidung über die Richtigkeit der Äußerungen	Ankreuzen im Alternativverfahren
B. Gesprochener Text und schriftliche Stichwörter dazu	Entscheidung über das Vorkommen der stichwortartig genannten Sachverhalte im Text	Ankreuzen der zutreffenden Stichwörter
C. Gesprochener Text und muttersprachlicher Fragebogen	Übertragung von Textinhalten in muttersprachliche Stichwörter	Eintragen muttersprachlicher Stichwörter in den Fragebogen
D. Gesprochener Text und Zeichenvorlage	Übertragen des Textinhaltes in Zeichnung	Zeichnen eines Objekts
E. Gesprochener Text und Landkarte mit Legende	Übertragen des Textinhalts in Symbole	Eintragen der Symbole in die Landkarte

Beispiel zu Aufgabentyp E für Deutsch als Fremdsprache

Radiowetterbericht
(einblenden) Sie hören jetzt den Wetterbericht für Bayern vom Wetteramt München, ausgegeben um

2. Leseverständnis

Stimulus-komponente	Interpretations-komponente	Reaktions-komponente
A. Schriftlicher Text und schriftliche Äußerungen dazu	Entscheidung über die Richtigkeit der Äußerungen	Ankreuzen im Alternativverfahren
B. Schriftlicher Text und schriftliche Äußerungen dazu	Entscheidung für eine der Äußerungen	Ankreuzen im Antwort-Auswahl-Verfahren
C. Schriftliche Texte und Überschriften dazu	Entscheidung über die Passung von Texten und Überschriften	Zuordnen der Überschriften zu den Texten
D. Ungeordnete Sätze eines Textes	Entscheidung über die Abfolge der Textinhalte	Ordnen der Sätze
E. Schriftlicher Text mit unterstrichenen Sätzen	Entscheidung über die pragmatische Funktion der Sätze	Markieren der Sätze durch Buchstaben

Beispiel zu Aufgabentyp A für Englisch

Text: Jim Beckett says to his father: "Dad, our car is very old and it doesn't look nice any more. Can I paint it?" Mr Beckett likes the idea. So the next day when his parents are away, Jim buys red and yellow paint and paints the car. When Mr and Mrs Beckett come home and see the car, they are surprised. But then Mr Beckett says, "It looks very funny, but I must say, I like it."

Sätze:

	true	false	not in the text
1. Mr and Mrs Beckett have three children.			
2. Jim paints the car.			
3. Mr Beckett is angry with Jim.			

Quelle: Doyé 1986, 26.

3. Sprechen

Stimulus-komponente	Interpretations-komponente	Reaktions-komponente
A. Ein Bild	Interpretieren des im Bild dargestellten Ereignisses	Berichten über das dargestellte Ereignis
B. Ein Bild	Konzipieren eines möglichen Dialogs der dargestellten Personen	Sprechen eines Dialogs zwischen dargestellten Partnern
C. Tabelle	Verbalisieren der Daten in der Tabelle	Äußerungen über die dargestellten Daten
D. Anweisung Erklären eines Vorgangs	Zusammenstellen der Inhalte der Erklärung	Mündliches Erklären eines Vorgangs (mit Hilfe von Stichwörtern)
E. Anweisung zur Darlegung von Argumenten	Sammeln von Argumenten	Mündliche Darlegung von Argumenten (mit Hilfe von Stichwörtern)

Beispiel zu Aufgabentyp B für Französisch

Qu'est-ce qui se passe sur ces photos?
Dites ce que ces deux garçons pourraient se dire!

Quelle: MLA Speaking Test, French LA, S. 11.

4. Schreiben

Stimulus-komponente	Interpretations-komponente	Reaktions-komponente
A. Ein Bild	Verbalisieren des Bildinhalts	Beschreiben des Bildes
B. Plakat	Ausformulieren der Kurzinformationen auf dem Plakat	Äußerungen über die gegebenen Informationen
C. Landkarte	Verbalisieren der geographischen Informationen	Äußerungen über geographische Gegebenheiten
D. Schriftliche Anweisung zur Erörterung eines Themas	Entwerfen einer Konzeption zur Behandlung des Themas	Schriftliche Behandlung des Themas
E. Schriftlicher Text als Brief oder Postkarte	Konzipieren einer Antwort auf den Brief oder die Karte	Beantworten des Briefes oder der Karte

Beispiel zum Aufgabentyp E für Englisch

Lies Dir diesen Brief sorgfältig durch!

Nun beantworte den Brief. Geh auf jeden unterstrichenen Satzteil mit einer eigenen Äußerung ein. Vergleiche dabei Deine Situation mit der Susans bzw. äußere Deine Meinung.

Quelle: Doyé 1986, 166.

5. Lexikalische Kompetenz

	Stimulus-komponente	*Interpretations-komponente*	*Reaktions-komponente*
A.	Bilder	Assoziieren von Wörtern zu den dargestellten Inhalten	Nennen der zutreffenden Wörter
B.	Unvollständige Sätze	Assoziieren von Wörtern zu den Leerstellen	Eintragen der Wörter in die Sätze
C.	Wörter und Umschreibungen	Entscheidung über die Passung von Wörtern und Umschreibungen	Zuordnen der Umschreibungen zu den Wörtern
D.	Wortgruppen	Herausfinden der inhaltlich nicht in die Gruppen passenden Wörter	Aufschreiben der nicht passenden Wörter
E.	Thema	Sammeln von Wörtern, die zum Thema gehören	Aufschreiben der zum Thema gehörenden Wörter

Beispiel zu Aufgabentyp D für Spanisch

En cada uno de estos grupos hay una palabra que no va bien con las otras. Escribe la palabra en el margen:

ahora, hola, adiós, buenos días
deber, trabajo, estudios, vacaciones
montaña, valle, campo, ciudad
cine, calle, ópera, teatro
tío, pariente, muchacho, hermano
iglesia, casa, plaza, cine
natación, fútbol, esquí, pesca
cocina, octubre, septiembre, junio

6. Grammatische Kompetenz

	Stimulus-komponente	*Interpretations-komponente*	*Reaktions-komponente*
A.	Unvollständige Sätze	Assoziieren der fehlenden Satzteile	Eintragen der Satzteile in die Sätze
B.	Bilder	Konzipieren passender Sätze zu den Bildern	Aufschreiben der passenden Sätze
C.	Defekte Sätze	Konzipieren von Fragen zu den fehlenden Informationen	Aufschreiben der Fragen
D.	Sätze mit Anweisung zum Umformen	Konzipieren analoger Sätze	Aufschreiben der Sätze
E.	Paare von Sätzen	Kombinieren zweier Sätze	Aufschreiben der kombinierten Sätze

Beispiel zu Aufgabentyp C für Deutsch als Fremdsprache

Hier hat jemand so undeutlich geschrieben, daß man jeweils das Satzende nicht lesen kann. Da Du aber wissen willst, was wann oder wo geschieht oder sich befindet, stelle bitte die entsprechenden Fragen.

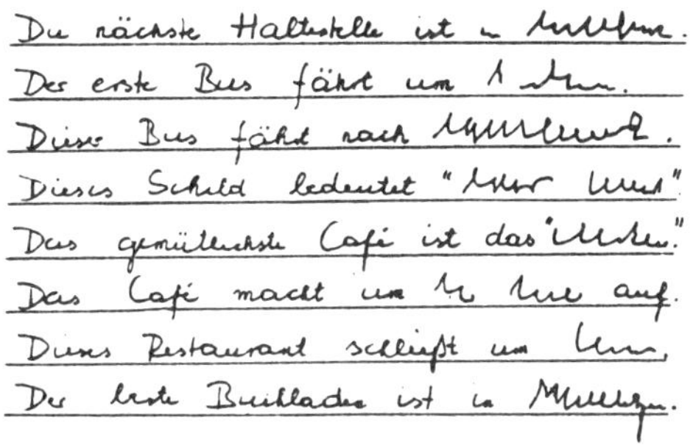
Die nächste Haltestelle ist [illegible].
Der erste Bus fährt um 1 [illegible].
Dieser Bus fährt nach [illegible].
Dieses Schild bedeutet "[illegible]"
Das gemütlichste Café ist das "[illegible]"
Das Café macht um [illegible] auf.
Dieses Restaurant schließt um [illegible].
Der beste Buchladen ist in [illegible].

Quelle: Doyé 1988, 126.

7. Phonologische Kompetenz

	Stimulus-komponente	*Interpretations-komponente*	*Reaktions-komponente*
A.	Gesprochener Text	Imitieren des Vorgesprochenen	Nachsprechen des Textes
B.	Schriftlicher Text	Umsetzen der Schrift in Rede	Lautes Lesen des Textes
C.	Zahlen (in Ziffern)	Umsetzen der Ziffern in Wörter	Lautes Lesen der Zahlen
D.	Bilder	Umsetzen der Bilder in Wörter	Aussprechen der Wörter
E.	Gesprochene Wörter	Erkennen von gleichen bzw. verschiedenen Phonemen in Wörtern	Markieren der Wörter als gleich bzw. verschieden

Beispiel zu Aufgabentyp A für Italienisch

1. È un bravo fi*gli*o.
2. Prende un *uo*vo.
3. Ho molta *se*te.
4. Dimmi la ve*ri*tà!
5. Ti *chie*do perdono.
6. Cancelli la lava*gn*a!
7. Vedo tanti *ni*di.
8. Bea*to* lui!
9. Ha so*nn*o?
10. Non *gi*ova a niente.

Jeder Satz enthält einen kritischen Laut der italienischen Sprache. Auf die Aussprache dieser Laute kommt es an.

Quelle: MLA Speaking Test, Italian LA, S. 18.

8. Orthographische Kompetenz

Stimulus-komponente	Interpretations-komponente	Reaktions-komponente
A. Gesprochener Text	Umsetzen von gehörtem Text in Schrift	Niederschreiben des Textes (Diktat)
B. Gesprochener Text und lückenhafter schriftlicher Text	Umsetzen von gehörten Wörtern in Schrift	Schreiben der fehlenden Wörter in die Lücken (Lückendiktat)
C. Lückenhafte geschriebene Sätze mit Buchstabengruppen zur Auswahl	Auswählen der orthographisch passenden Buchstabengruppen	Ankreuzen im Antwort-Auswahl-Verfahren
D. Fehlerhafter geschriebener Text	Herausfinden der Fehler	Markieren fehlerhafter Wörter und Aufschreiben in richtiger Form
E. Gruppen von geschriebenen Wörtern mit je einem Fehler	Herausfinden des einen falsch geschriebenen Wortes in jeder Gruppe	Ankreuzen im Antwort-Auswahl-Verfahren

Beispiel zu Aufgabentyp B für Französisch

(Chers) amis,

J'ai (reçu) votre lettre ce matin et je ne (tarde) pas à répondre. Je vous (remercie) avant tout pour les photos que vous nous avez (envoyées). J'ai trouvé votre petit Charles très (mignon). Nous ne faisons (presque) plus de photos, Michel a (acheté) une nouvelle caméra. Il fait de (beaux) films et nous nous amusons (souvent) à revoir à (l'écran) les …

Die Schüler erhalten einen Text ohne die eingeklammerten Wörter, welche sie dann nach Diktat eintragen.

Literatur

Bachman, Lyle (1990), *Fundamental Considerations in Language Testing*, Oxford.
Baker, David (1989), *Language Testing. A Critical Survey and Practical Guide*, London.
Bolton, Sybille (1985), *Die Gütebestimmung kommunikativer Tests*, Tübingen.
Carroll, John B. (1968), "The Psychology of Language Testing", in: Alan Davies (ed.), *Language Testing Symposium*, London, 46-69.
Doyé, Peter (1986), *Typologie der Testaufgaben für den Englischunterricht*, München.
Doyé, Peter (1988), *Typologie der Testaufgaben für den Unterricht in Deutsch als Fremdsprache*, München.
Furst, Edward J. (1958), *Constructing Evaluation Instruments*, New York.
Hughes, Arthur (1989), *Testing for Language Teachers*, Cambridge.
Klauer, Karl Josef et al. (1972), *Lehrzielorientierte Tests. Beiträge zur Theorie, Konstruktion und Anwendung*, Düsseldorf.
Klauer, Karl Josef (1987), *Kriteriumsorientierte Tests. Lehrbuch der Theorie und Praxis lehrzielorientierten Messens*, Göttingen/Toronto/Zürich.
Oller, John W. Jr. (1983), *Issues in Language Testing Research*, Rowley/London/Tokyo.
Vollmer, Helmut J. (1982), *Spracherwerb und Sprachbeherrschung. Untersuchungen zur Struktur von Fremdsprachenfähigkeit*, Tübingen.
MLA Cooperative Foreign Language Tests, Educational Testing Service, Princeton, o.J.

Peter Doyé

60. Leistungsmessung und Curriculum

Wenn der Staat versucht, auf dem Verwaltungsweg das Lehrangebot einer Schulart zu vereinheitlichen oder zu kontrollieren, so geschieht dies am effektivsten über eine Prüfungsordnung. So war es denn auch nach der Einführung der Abiturientenprüfung in Preußen (1788) eine Prüfungsordnung (das "Edikt wegen Prüfung der zu den Universitäten übergehenden Schüler", 1812), nicht ein Lehrplan, die ein gemeinsames Niveau für alle Gymnasium-Abgänger zu sichern suchte. Lehrpläne hingegen waren im 19. und frühen 20. Jahrhundert zumeist nur philosophisch-ideologische Proklamationen. Die Grundlage der Berechtigungen, die eine Schulart verlieh, lag nicht im Erreichen der Lernziele eines Lehrplans, sondern im Bestehen einer Prüfung. Und nicht immer bestand Harmonie zwischen den Aufgaben, die in der Prüfung gefordert wurden und den Lernzielen, die im Lehrplan im Mittelpunkt standen. Besonders im Fremdsprachenunterricht zeigte sich, daß die "klassischen" Aufgaben Diktat, Version und Nacherzählung die Fähigkeit des Schülers zum freien kommunikativen Ausdruck in mündlicher und schriftlicher Form und den an das Gymnasium geknüpften Anspruch der allgemeinen Geistesbildung kaum förderten.

Leistungsmessung im behavioristisch ausgerichteten Fremdsprachenunterricht

Als in den 60er Jahren die behavioristisch gefärbten psychologischen und linguistischen Trends aus den USA auf die Bundesrepublik übersprangen, war eine der wichtigsten Forderungen die nach einer präziseren Definition der Qualifikationen, die die Schule vermitteln und prüfen sollte. In diesem Zusammenhang spielte der Terminus Leistungsmessung eine zentrale Rolle. Er signalisiert, daß im Mittelpunkt der evaluativen Maßnahmen nicht die Person des Schülers mit ihren Vorzügen und Schwächen steht, sondern ein von der Einzelperson losgelöstes zielgerichtetes Verhalten. Gegenstand der Beurteilung ist also nicht etwa der Grad der Einsicht in Zusammenhänge oder gar das dem Schüler zugeschriebene Maß geistiger Reife, sondern einzig und allein das in Testaufgaben gezeigte beobachtbare Verhalten des Schülers. Diese Testaufgaben müssen so konstruiert sein, daß sie den Schüler zu einer vorher genau festlegbaren Reaktion zwingen, wie z.B. das Ankreuzen einer Zeile oder das Einfügen eines Wortes. Die Anzahl der richtig gelösten Testaufgaben dieser Art ergibt eine Kennzahl, die es erlaubt, die Leistung mehrerer Schüler miteinander zu vergleichen. Die Leistung ist in diesem Sinn quantifizierbar, also meßbar. Es wird bei diesem Konzept davon ausgegangen, daß fremdsprachliche Leistung ein homogenes Kontinuum ist, das sich auf einer numerischen Skala abbilden läßt in dem Sinn, daß ein Mehr an Punkten auf der Meßskala einem direkt proportionalen Mehr an fremdsprachlicher Leistung entspricht.

Parallel zur Forderung nach Leistungsmessung wurde in den 60er Jahren versucht, den Lehrstoff so aufzubereiten, daß er als eine Liste von zu lernenden Verhaltensweisen, in der Regel *sentence patterns* und Wörterlisten, dargestellt werden konnte. An die Stelle der bis dahin üblichen Lehrpläne, die lediglich eine globale Stoffverteilung auf die einzelnen Unterrichtsjahre vornahmen, sollten nun detaillierte Planungen treten, die eine ausführliche Beschreibung der *four skills* und der zu übenden Satzstrukturen enthalten würden. So erarbeiteten z.B. Lehrplanausschüsse in Hamburg, Berlin und Hessen Kataloge von Strukturen, die nach Abschluß der Sekundarstufe I verfügbar sein sollten (vgl. z.B. Rahmenplan für Sekundarstufe I in Hamburg, 1972). Solche Kataloge eigneten sich gut als Grundlage für *test-items* zu den Bereichen *spelling,* *vocabulary, structure* und *comprehension* (vgl. z.B. "Test zu Learning English, A 1" von Dieter Carls, 1972 sowie andere "Informelle Leistungstests Englisch" der 70er Jahre).

Leistungsbewertung im kommunikativ ausgerichteten Fremdsprachenunterricht

Mit dem Konsens für einen auf Kommunikationsfähigkeit hin ausgerichteten Fremdsprachenunterricht, wie er sich in den späten 70er Jahren sehr rasch etablierte, kam allerdings die Einheit von behavioristischer Lehrplanung und behavioristischer Leistungsmessung ins Wanken. Die neue Denkrichtung änderte zwar die Verhaltens- bzw. Lernzielzentrierung der Curricula und Richtlinien nicht, fügte aber kommunikative Elemente (z.B. Listen von Sprechakten, Kommunikationssituationen, Rollenträgern, Textarten) an, die weit komplexer waren als die bisherigen Listen von Satzstrukturen. Damit wurde auch der Glaube an die Möglichkeit der objektiven Leistungsmessung im Fremdsprachenunterricht erschüttert. Wie sollte auch die Fähigkeit eines Schülers, sich kommunikativ (nicht nur grammatisch) adäquat in einer simulierten Situation zu verhalten, quantifiziert werden? Kommunikatives Verhalten ist ja nicht so einfach in Testaufgaben mit eindeutig richtigen oder falschen Reaktionen zu erfassen wie dies etwa in den Bereichen Aussprache, Lexis oder Grammatik der Fall ist. Ein und derselbe kommunikative Stimulus kann eine breite Palette von Reaktionsvarianten hervorrufen, die nicht nur nach der Anzahl von sprachlichen Verstößen beurteilt werden dürfen, sondern auch Gesichtspunkte wie Eingehen auf den Partner, Grad an persönlichem Engagement, Mitteilungsqualität, etc. berücksichtigen müssen.

Angesichts dieser Wandlung der Curricula und Richtlinien ist eine Neubesinnung auf adäquate Formen der Leistungsüberprüfung notwendig geworden. Dabei rückt die Forderung in den Vordergrund, daß nicht isolierte Einzelreaktionen gute Indizien für den Grad der Kommunikationsfähigkeit darstellen, sondern nur solche Reaktionen, die in einem kommunikativen Zusammenhang stehen. Aufgaben sind nur dann akzeptabel, wenn sie eindeutig einen Aspekt der fremdsprachlichen Kommunikationsfähigkeit zum Gegenstand haben. In der Frage, welche diese kommunikationsrelevanten Aspekte der Sprache sind, besteht zwischen den Länderplanungen weitgehende Einigkeit,

auch wenn die Anordnung und die Darstellung der Zielbereiche oft stark voneinander abweichen. Mehr oder weniger explizit erscheinen folgende Aspekte in allen heutigen Curricula bzw. Richtlinien:
- verständliche Aussprache
- Mindestwortschatz
- kommunikativ determinierter Grundstock an Redewendungen und grammatischen Strukturen
- hörendes Verstehen gesprochener Äußerungen
- kommunikatives Reagieren und Agieren in ausgewählten Situationen und Rollen
- kommunikatives Interagieren zu ausgewählten Themen
- Oberflächenverständnis, Tiefenverständnis und Stellungnahme zu Texten
- Kenntnis repräsentativer landeskundlicher Fakten und Zusammenhänge.

Keiner dieser Aspekte der kommunikativen Sprachbeherrschung darf von der Leistungsmessung vernachlässigt werden. Insbesondere das fremdsprachliche Agieren und Interagieren beansprucht einen gewichtigen Stellenwert in der Gesamtbeurteilung der fremdsprachlichen Leistung, auch wenn dies bedeutet, daß nach neuen Formen der Aufgabenstellung gesucht werden muß bzw. daß Abstriche an der einseitigen Forderung nach Objektivität gemacht werden müssen.

Der Versuch, den kommunikativen Aspekt in die Leistungsmessung zu integrieren, führte zu der heute üblichen Doppelstrategie: Einerseits wird weiterhin durch geeignete Aufgaben die Beherrschung der Kode-Elemente der Sprache (Aussprache, Orthographie, Wortschatz, Idiomatik, Grammatik) quantitativ und objektiv erfaßt; andererseits wird durch eine qualitative Analyse von Sprech- und Schreibproben das tatsächliche Kommunikationsverhalten mittels Schätzskalen bewertet. Während beim objektiven Teil dieses Verfahrens die testtheoretische Zuverlässigkeit gewährleistet ist, die Gültigkeit bezüglich des Gesamtziels Kommunikationsfähigkeit aber nicht immer anerkannt wird, zeichnet sich das Bewertungsverfahren mittels Schätzskalen zwar *a priori* durch hohe Gültigkeit aus, es kann aber wegen des Entscheidungsspielraums der Bewerter nicht ganz von subjektiven Schwankungen freigehalten werden.

Die Zensurengebung wird sich im Rahmen der oben beschriebenen Doppelstrategie in den ersten Lernjahren mehr auf objektive Testaufgaben stützen, ohne dabei aber das Bewerten des Kommunikationsverhaltens durch offene schriftliche und mündliche Aufgaben völlig zu vernachlässigen. Im fortgeschrittenen Fremdsprachenunterricht dagegen wird die schriftliche und mündliche Stellungnahme zu Themen und Texten im Mittelpunkt der Evaluation stehen, wobei Kode-Elemente lediglich als Einzelkriterien einer komplexen kommunikativen Leistung in Betracht gezogen werden.

Die Tendenz zur Determinierung des Unterrichts durch die Aufgabenformen der Leistungserhebung und damit zur Aufhebung der Wirksamkeit der Lehrpläne (der sog. *back-wash effect* von Prüfungen) ist aber auch in der Gegenwart als Gefahr stets vorhanden. In der Unterstufe lassen Klassenarbeiten, die zu einseitig auf Wort-Definitionen, grammatische Einsetz- und Umformungsaufgaben, Diktate und Übersetzungssätze aufgebaut sind, einen kommunikativen Unterricht als völlig überflüssig erscheinen. Aber auch auf der Oberstufe zeigt eine zu enge Fixierung auf einen bestimmten Aufgabentyp (in der Regel die Textaufgabe nach einem bundeslandspezifischen Schema) negative Konsequenzen: Die einseitige Beschäftigung mit Textanalyse und Textkommentierung führt nicht selten zur Vernachlässigung der mündlichen Kommunikation, der literarischen und landeskundlichen Reflexion und zum Verkümmern von Grundfertigkeiten in den Bereichen Aussprache, Wortschatz und Grammatik.

Literatur

Bliesener, Ulrich/Schröder, Konrad (1977), *Elemente einer Didaktik des Fremdsprachenunterrichts in der Sekundarstufe II*, Frankfurt a.M.

Carls, Dieter (1972), "Tests zu Learning English A1", in: Detlef Berg (Hrsg.), *Tests zur pädagogischen Diagnose*, Stuttgart.

Hüllen, Werner/Raasch, Albert/Zapp, Franz-Josef, Hrsg. (1977), *Sprachminima und Abschlußprofile*, Frankfurt a.M.

Macht, Konrad (1982), *Leistungsaspekte des Englischlernens*, Frankfurt a.M.

Pädagogische Arbeitsstelle des Deutschen Volkshochschul-Verbandes, Hrsg. (1980), *Grundbausteine zum VHS-Zertifikat Englisch*, Bonn.

Ständige Konferenz der Kultusminister der Länder in der Bundesrepublik Deutschland, Hrsg. (1981), *Einheitliche Prüfungsanforderungen in der Abiturprüfung Englisch*, Beschluß vom 30.5.1980, Neuwied.

Ständige Konferenz der Kultusminister der Länder in der Bundesrepublik Deutschland, Hrsg. (1981), *Einheitliche Prüfungsanforderungen in der Abiturprüfung Französisch*, Beschluß vom 30.5.1980, Neuwied.

Ständige Konferenz der Kultusminister der Länder in der Bundesrepublik Deutschland, Hrsg. (1981), *Einheitliche Prüfungsanforderungen in der Abiturprüfung Italienisch*, Neuwied.

Ständige Konferenz der Kultusminister der Länder in der Bundesrepublik Deutschland, Hrsg. (1981), *Einheitliche Prüfungsanforderungen in der Abiturprüfung Russisch,* Neuwied.

Ständige Konferenz der Kultusminister der Länder in der Bundesrepulik Deutschland, Hrsg. (1981),*Einheitliche Prüfungsanforderungen in der Abiturprüfung Spanisch,* Neuwied.

Konrad Macht

61. Praxis der Leistungsmessung

1. Problemaufriß

Leistungsmessung im fremdsprachlichen Unterricht bezieht sich nicht auf Gegenstände eines Wissens, sondern auf die Form eines Könnens. Dabei handelt es sich um ein Können, das den Lernenden etwas angeht. Es betrifft ihn als symbolisch Handelnden und als "sinnverarbeitendes System", sich Definierenden (Macht 1982, 12f. u. 183f.). Je deutlicher die Aufgabenstruktur von Test oder Klassenarbeit dies spiegelt, desto sinnvoller ist sie (Macht 1982, 16f. u. *passim*).

Es geht um "Messung" sich bildender Kompetenz. Ganzheitliches wird quantifiziert, Einzelheitliches im Hinblick auf qualifizierende Beurteilung arretiert. Leistungsmessung findet im verantwortlich geführten Unterricht immer schon statt. Aber weder einzelheitlich bezogene Verfahren ("Tests") noch eher ganzheitliche ("Klassen- oder Kursarbeiten") gelangen über jenen Grundwiderspruch hinaus (Vollmer 1982, 199ff.; Nissen 1982, 14ff., 66 u. *passim*).

2. Ziele und Wege

Wir unterscheiden also Verfahren, die sich auf einzelne Einheiten und/oder Fertigkeiten beziehen, von integrierten Verfahren; allerdings ist dies eine graduelle, nicht eine prinzipielle Unterscheidung (Vollmer 1982, 47ff.). Beide beziehen sich auf einen Lern-Kontext. Sie sind isoliert ebenso legitim und nützlich wie unzureichend. Sie sind ohne Schaden für den Konsens dieses Lernens nicht von den Lernaufgaben abtrennbar, sollten vielmehr deren strukturelles Echo sein (gegen Doyé 1986, 9). Zugleich ist der Kontext dieses Lernens dadurch gekennzeichnet, daß weder sein Objekt noch sein Subjekt im ganzen oder im Detail einfach oder eindeutig gegen je anderes abzugrenzen ist. Das bezeugen nicht nur die Vielzahl alternativ zu bündelnder Formen und *Items* und die "innere Unendlichkeit" kodierbarer Bedeutungen und Äußerungsabsichten, sondern auch die Wirkungen der vielfältigen außerunterrichtlichen Erfahrungsquellen. So haben es beide zu tun mit

a) Gelerntem, das vorher gelehrt wurde (*achievement* /"Leistung" im engeren Sinne), und, darüber hinaus,

b) Gelerntem, das auf vielfältige Kontakte und deren Weiterbildung in und "in Verbindung mit" unterrichtlichem Lernen zurückverweist (*proficiency* / "Fähigkeit", "Leistung" im weiteren Sinne).

Sachgerechte Lern-Aufgaben veranlassen, sachgerechte Test-Aufgaben "messen"
– den Aufbau bzw. die Sicherung von Schul-Lernleistung im engeren Sinne (*achievement*),
– deren Überführung in "Fähigkeit", Schul-Lernleistung im weiteren Sinne (*proficiency*) und
– die Sicherung und den Ausbau dieser "Fähigkeit".

In beiden geht es in dieser dreifachen Akzentuierung um den Aufbau von Ausdrucksvermögen (Nissen 1982, 17ff., 34ff. u. *passim*). Aufgaben sind darum unter anderem dann sachgerecht, wenn selbständiger Einsatz des Schülers so früh wie möglich eine Chance hat. Das ist dann der Fall, wenn lange vor der Sekundarstufe II geschlossene mit mehr oder weniger kontextualisiert halb-offenen Aufgabenformen zusammengehen (Beispiele: Nissen 1982, 91f.; Schulz et al. 1984, 36ff.; zur pädagogischen Begründung: Macht 1982, 11f., 127-136, 202f. u. 206).

3. Wege und Umwege

In der Praxis unterrichtlicher Arbeit stehen Test-Aufgaben nie nur in einem Kontext der Kontrolle, Prüfung oder Feststellung; sie stehen zugleich und immer schon in einem Kontext der Anwendung. Sie sind, ob der Lehrer dies will und wahrnimmt oder nicht, Teil des Lernprozesses, nicht etwas "von außen".

Standardisierte Tests isolieren und "purifizieren" – deskriptiv, diagnostisch, prognostisch – die Meßfunktionen von Tests. Sie wären 1. gültig ("valide": prüfen nur, was geprüft werden soll; nichts sonst), 2. zuverlässig ("reliabel": prüfen wiederholbar, ohne Rücksicht auf Lernkontext oder Lernsituation), 3. objektiv (für alle gleich, ohne Rücksicht auf individuelle Lerner oder Lerngruppen). Es handelte sich um Ankreuzaufgaben (Alternativentscheidungen vom Typ richtig-falsch und Antwort-Auswahl-Aufgaben), Zuordnungsaufgaben, Umformungsaufgaben, Einsetzaufgaben. Letztere sind wegen ihres über das Einzel-*Item* hinausgehenden Satz- oder Textbezuges interessant; man erinnere sich dazu an die Weiterbildung des *cloze test* (Textlücken bei jedem fünften bis maximal zehnten Wort) zum C-Test (bis zu 50% Lücken in jedem zweiten Wort – Faust 1985, 11f.; Klein-Braley/Raatz 1985, 14ff.).

Der geschlossene Anwendungszusammenhang, die irreduzible Komplexität der immer wieder anderen Lernbedingungen, besonders auch das übergeordnete Richtziel schulischen Lernens legen ein eher "von innen", aus dem jeweiligen Arbeits- und Lernkontext geprägtes Testverhalten nahe (Hurst/Nissen/Schulz 1979, 19; Macht 1982, 17, 64 u. 206): die Kompromiß- und Annäherungsformen im Progressionskontext der Lehrwerke sowie *Ad-hoc-* oder Lehrertests (Doyé 1981, 38ff.; Doyé 1986, 7f.) auf der ersten Spracherlernungsstufe, zunehmend offener konzipierte, Einzelaspekte sprachlicher Leistung integrierende eigene Formen für die zweite. Und die Übergangsformen zwischen beiden.

4. Formen

Tests auf der ersten Spracherlernungsstufe erwarten vom Schüler, daß er mit Vorgelegtem etwas macht, Klassen- und Kursarbeiten auf der zweiten, daß er über Vorgelegtes etwas sagt (bzw. schreibt).

Sehen wir ab von den "vorkritischen" Varianten wie Diktat, listenmäßigem zweisprachigem Abfordern von Vokabel- oder Form"gleichungen", Übersetzungen und Nacherzählungen. Die verbleibenden Formen der ersten Spracherlernungsstufe sind darstellbar nach Funktionsbereichen und erwartetem Lösungshandeln. Die Funktionsbereiche sind die der vier Fertigkeiten (Hörverstehen, Leseverstehen, Sprechen, Schreiben, einzeln und in Kombination), der vier Teilkompetenzen (Wortschatz, Grammatik, Aussprache, Rechtschreibung) sowie zweier Lerntechniken (Umgang mit Wörterbuch und mit Grammatik). Bei den Lösungsaktivitäten handelt es sich um das Ankreuzen, Zuordnen, Ordnen, das Heraussuchen und Hervorheben, Einsetzen bzw. Ergänzen, das Aufbauen aus Vorgaben, das Übersetzen; auch: das Beantworten von Fragen, das Beschreiben, Umschreiben, Erklären, Begründen, Stellung nehmen (Doyé 1986) – im Progressionskontext des jeweiligen Lehrwerks.

Die zuletzt genannten Formen des Übergangs entfalten sich in der Praxis des 4.-6. Lehrjahres (Kl. 8-10) in Richtung auf zunehmend kontextualisierte, freie integrative Äußerungs- und (also) Leistungshaltungen. Die für diese Stufe entwickelte formalisierte Schrittfolge z.B. der Übungstypologie von Grewer/Moston/Sexton (1978) ließe Leistungsmessung durch standardisierte Tests zu, reflektiert (und stützt) aber die Weiterbildung solch freier transferierender Ansätze zu schwach. Dies leisten – zu den gewählten Vorlagen: 1. kontextualisierend geschlossene Aufgaben wie *summaries* oder Fragen nach Details; 2. halb-offene Aufgaben wie Aufforderungen, etwas aus einem neuen *point of view* neu zu fassen, Fragen nach unter bestimmten Gesichtspunkten wesentlichen Details, Aufforderungen, diese (im Kontext) zu erklären, Fragen nach Gründen; 3. offene Aufgaben von der Art *"Comment on..."*, *"Agree or disagree"*, *"Give counterarguments"*, *"Give reasons for your opinions"*; 4. Mischformen aus 1-3 (Schulz et al. 1984 – für Realschulen). Entsprechendes gälte – schon im 3./4. Lehrjahr – für Antwort-Auswahl-Aufgaben mit der Zusatzaufgabe, die gewählte Antwort zu begründen. Oder für *summaries* – nach konstituenten-analytischer Umdeutung der Form in eine feste Fragenfolge (z.B. nach 1. *protagonists*, 2. *locality*, 3. *time*, 4. *relevant details*), welche die narrative Linie der Vorlage aufbricht, d.h. erörterbar macht. Es gälte für Kontext-Zuordnungs- und Kontext-Erschließungsaufgaben (im 5./6. Lehrjahr; – breiter Überblick: Macht 1982, 88ff.).

Es ergibt sich eine Art "freier Progression". Sie führt von schwach kontextualisierten Einzelaufgaben zu integrativen Großformen, von reproduktiven oder reorganisatorischen Leistungserwartungen zu produktiven Transferleistungen, von didaktisierten Vorlagen zu authentischen Texten. Eine Progression vom gebundenen Umgang mit Vorgegebenem oder dessen Nacherzählung zur Textarbeit (die entsprechend in den EPA – Englisch 1981 als Leitform festgeschrieben wurde; s. Sekretariat 1981; Überblick: Macht 1982, 104-111). Alle in der Fachliteratur vorgetragenen Alternativen zur Textarbeit fallen hinter diese zurück. Sie fallen aus der in der Textarbeit erreichten Stufe (weitgehend) frei kommentierenden, begründenden, urteilenden

Sprechens/Schreibens (Macht 1982, 64) zurück auf die einfachere Stufe eines Sprechens/Schreibens in Erzählhaltung oder Rollenhaltung: beide sind dadurch gekennzeichnet, daß sie übernehmen, wo sie vorzubringen scheinen.

Die schriftliche Leistung in der Form der Textarbeit ist noch im Abitur Teil, nicht Ziel ("Ende"?) eines darüber hinausgehenden Lernzusammenhanges. Sie steht unter Sprach-, unter Verstehens-, unter Mitteilungs-, unter Erziehungszielen (Macht 1982, 135f., 183-188, 202) in wechselseitiger Bestimmung, Ergänzung und Überlappung: Der Schüler setzt sich in der Fremdsprache kritisch, selbständig mit sprachlich ausdrücklich oder unausdrücklich, implikativ und referentiell, gedeuteter Erfahrung bzw. Welt auseinander und erweitert darin seinen Ausdrucks- und Handlungsraum.

Kompetenz wird an einem Text nach Teilaufgaben in drei Anforderungsbereichen erprobt und geprüft (Nissen 1980). Die Teilaufgaben können in Aufgabenbündeln (maximal drei pro Bereich) zur Auswahl gestellt werden und werden integrativ bearbeitet; die Gesamtform kann der eines zusammenhängenden Essays angenähert werden (Begründung u. Beispiele: Nissen 1979, 248 u. 255-261; Hurst/Nissen/Schulz 1979, 19-32 u. 80-103). Die drei Aufgabenbereiche sind:

I. der der oberflächlichen oder "direkten" Textaussage (*Comprehension*),
II. der ihrer Struktur, Implikationen, Richtung, der "indirekten" Aussage des Textes (*Analysis* oder *Analysis and Comment*) und
III. der der Bezugsrahmen von Deutung, Bewertung, Stellungnahme, vielleicht auch Meinung (*Comment*, vielleicht auch *Opinion*):

So kann die Form der Textarbeit genau jene Freiheit persönlicher Äußerung verbürgen, die ihre Gegner an ihr vermissen, seit so viele ihrer Anhänger eine Neigung zu formalistisch-enger Arbeitsweise zeigen (Hurst/Nissen/Schulz 1979 *passim*).

Das komplexe sprachlich-kognitive Lernmuster dieser Stufe spiegelt sich genau (= "gültig", wenn auch nur angenähert "zuverlässig" und "objektiv") in den drei Bewertungskriterien AV (Ausdrucksvermögen; besser vielleicht: "Formulierung" – Jochems 1985, 213), SR (Sprachrichtigkeit) und I (Inhalt). Bewertet werden die sprachliche und die inhaltliche Leistung, S (= AV + SR) und I (gemäß EPA – Englisch 1981; zum Verhältnis 2:1 in der Gesamtbewertung: Hurst/Nissen/Schulz 1979, 15 und Nissen 1979, 249). – Für die Tests der ersten Spracherlernungsstufe genügten Richtig-Falsch-Entscheidungen, bezogen auf vorgängig festgelegte Punktzuweisungen und Punktsummen-Maxima.

5. Hilfsmittel

Es herrscht Konsens darüber, daß vor dem Abitur wie in der Prüfung ein einsprachiges Wörterbuch zur Verfügung stehen sollte. Dies bezeugt ein letztes Mal die unauflösliche Verbindung von Meßfunktion und Anwendungsfunktion, die die Praxis der Leistungsmessung im schulischen Fremdsprachenunterricht kennzeichnet.

Für das Englische üblich: das *ALD (Oxford Advanced Learner's Dictionary of Current English)* und das *DCE (Longman Dictionary of Contemporary English)*. Für das Französische entsprechend: der *DFC (Dictionnaire du français contemporain)*.

Literatur

Bliesener, Ulrich (1982), *Klausuren und Abiturarbeiten in Englisch*, München.
Doyé, Peter (1981), *Die Feststellung von Ergebnissen des Englischunterrichts*, Hannover/Dortmund.
Doyé, Peter (1986), *Typologie der Testaufgaben für den Englischunterricht*, München.
Faust, Berthold (1985), *Der C-Test*, Bochum.
Grewer, Ulrich/Moston, Terry K./Sexton, Malcolm E. (1978), "Übungstypologie zum Lernziel kommunikative Kompetenz", in: Bundesarbeitsgemeinschaft Englisch an Gesamtschulen (Hrsg.), *Kommunikativer Englischunterricht*, München, 69-192.
Hurst, Hilda/Nissen, Rudolf/Schulz, Uwe (1979), *Oberstufenarbeiten Englisch – Von der Textauswahl bis zur Bewertung*, Dortmund.
Jochems, Helmut (1985), "Ausdrucksvermögen", in: FB Sprach- und Literaturwissenschaften, Universität-Gesamthochschule Siegen (Hrsg.), *Kontinuität und Wandel – Aspekte einer praxisoffenen Anglistik: Festschrift für Leonhard Alfes*, Siegen, 209-242.
Klein-Braley, Christine/Raatz, Ulrich, Hrsg.(1985), *C-Tests in der Praxis – AKS-Rundbrief* 13/14, Bochum.
Macht, Konrad (1982), *Leistungsaspekte des Englischlernens*, Frankfurt a.M.
Nissen, Rudolf (1979), "Korrektur und Bewertung englischer Textarbeiten auf der Sekundarstufe II", in: *Praxis des neusprachlichen Unterrichts*, Jg. 26, 247-261.
Nissen, Rudolf (1980), "'Spiel' und Ernst schriftlicher Leistung und Leistungskontrollen im Englischunterricht auf der Sekundarstufe II", in: *Die Neueren Sprachen*, Bd. 79, 464-479.
Nissen, Rudolf (1982), *Lernmodell und Ausdrucksvermögen im Englischunterricht*, Berlin.
Schulz, Reinhard/Eckardt, Ingrid/Semmler, Michael/Williams, David (1984), *Klassenarbeiten im Englischunterricht der Klassen 7-10 – Beispiel Realschule*, Dortmund.
Sekretariat der Ständigen Konferenz der Kultusminister der Länder in der Bundesrepublik Deutschland, Hrsg.

(1981), *Einheitliche Prüfungsanforderungen in der Abiturprüfung – Englisch, Beschluß vom 30.5.1980,* Darmstadt.

Vollmer, Helmut J. (1982), *Spracherwerb und Sprachbeherrschung,* Tübingen.

Weller, Franz-Rudolf, Hrsg. (1991), *Fehler im Fremdsprachenunterricht.* Themenheft, *Die Neueren Sprachen,* Bd. 90, H. 6.

Rudolf Nissen

62. Funktion von Unterrichtsmitteln und Medien: Überblick

Wenn in der Überschrift zu diesem Beitrag die Begriffe *Unterrichtsmittel* und *Medien* gleichberechtigt nebeneinander stehen, so wird damit bereits auf die Tatsache verwiesen, daß der Gegenstandsbereich, um den es hier geht, von einer terminologischen Vielfalt gekennzeichnet ist. In älteren Methodiken des fremdsprachlichen Unterrichts wird von *Lehrmitteln, Lernmitteln, Arbeitsmitteln, Anschauungshilfen, Hilfsmitteln* oder *Unterrichtshilfen* gesprochen (Schubel 1966); mit dem Aufkommen der pädagogischen Technologie in den sechziger Jahren bürgerte es sich ein, Lehr- und Lernmittel mit dem umfassenderen Terminus *Medien* zu bezeichnen (Eppert 1973). Damit waren zunächst nur technische Geräte gemeint, die für außerschulische Zwecke entwickelt worden waren, im Konsum- und Freizeitbereich Verbreitung gefunden hatten und dann auch für unterrichtliche Zwecke in Anspruch genommen wurden. Dazu zählten vor allem Tonträger (Radio, Tonband- und Kassettengeräte, auch in Form des Sprachlabors) und das Fernsehen, das heute auch über Video, Kabel- und Satellitenempfang zugänglich geworden ist. Inzwischen wird das Wort *Medium* für alles verwendet, was eine vermittelnde Funktion im Unterricht ausübt. Folgerichtig wird deshalb auch von "herkömmlichen Medien" gesprochen, wenn z.B. Lehrbücher, Tafel oder Landkarten gemeint sind, und von "modernen Medien", wenn audiovisuelle Lernprogramme oder Computerarbeit angesprochen werden. Dieser Medienbegriff im weiteren Sinne gilt auch für die Eintragungen zu Einzelmedien in diesem Handbuch; hier sind Wörterbücher und Grammatiken ebenso vertreten wie Schulfunk und Bildschirmtext.

1. Terminologische Unterscheidungen

Das breite Spektrum unterrichtlicher Mittler kann unter verschiedenen Gesichtspunkten geordnet und kategorisiert werden. Eine sehr globale Einteilungsmöglichkeit besteht in der Unterscheidung zwischen *personalen* und *apersonalen* Medien. Zu den personalen Medien zählen die Lehrer, die Schüler und andere Personen, die in einem Unterrichtsprozeß inhaltliche Aufgaben übernehmen. Alle weiteren Elemente, die bei der Instruktion eine Rolle spielen, werden in diesem Kategorienschema dem apersonalen Bereich zugeordnet. In ihm läßt sich zwischen den *nichttechnischen* und den *technischen* Medien differenzieren. Dem nichttechnischen Bereich werden von der Fremdsprachendidaktik normalerweise alle Medien zugewiesen, die unabhängig von elektrisch betriebenen oder elektronisch gesteuerten Geräten verwendet werden können. So gehören etwa Wandbilder oder Lektüren zu den nichttechnischen Medien; Taschenrechner, Diaprojektoren oder Lautsprecher hingegen sind als technische Medien einzustufen.

Ein zweiter terminologischer Zugriff ist über die Angabe des Wahrnehmungskanals möglich, über den ein Medium in den Unterrichtsprozeß integriert wird. So spricht man von *auditiven*, von *visuellen* und von *audiovisuellen* Medien; diese Bezeichnungen werden in der Regel im Zusammenhang mit technischen Medien benutzt. Als auditive Medien gelten Tonbänder, Kassetten, Schallplatten, das Radio und andere Geräte zur Aufnahme und Wiedergabe von Sprache; nur ganz selten wird auch die Stimme des Lehrers im Klassenraum unter dieser Bezeichnung zitiert. Bei den visuellen Medien, die im Fremdsprachenunterricht Verwendung finden, wird die Trennung zwischen technischen und nichttechnischen Mittlern seltener praktiziert; als visuelle Elemente finden in der Fachliteratur sowohl die Tafelzeichnung als auch die Tageslichtprojektion Erwähnung (Ankerstein 1972). Der audiovisuelle Bereich hingegen wird ausschließlich auf Medien bezogen, bei denen Bild und Ton als integrierte Bestandteile einer übermittelten Information auftreten (Film, Fernsehen, Video, Bildplatte). Sind Bild- und Tonmaterialien fester, unverzichtbarer Bestandteil eines Fremdsprachenlehrgangs, spricht man von einem *audiovisuellen Lehrwerk*, das im Rahmen einer *audiovisuellen Methode* zum Einsatz gelangen kann.

Schließlich kann man Unterrichtsmittel auch danach ordnen, für wen sie entwickelt worden sind und wer sie benutzt. Medien für die Hand des Lehrers gelten als *Lehrmittel*; alles, was die Lernenden im Unterrichtsprozeß verwenden, sind danach *Lernmittel*. Derartige Einteilungskriterien sind allerdings nicht klar voneinander abzugrenzen. Das gleiche Medium kann sowohl vom Unterrichtenden als auch von den Schülern für gleiche oder unterschiedliche Zwecke herangezogen werden. Bei der Erwähnung von Medien in der fremdsprachlichen Fachliteratur ist also immer der Kontext mit zu berücksichtigen, in dem sie auftreten, um Stellenwert und Bedeutung jeweils richtig einordnen zu können.

2. Ziele des Medieneinsatzes

Nach dem gegenwärtigen Erkenntnisstand sollen Medien Elemente zur Optimierung des Unterrichtsprozesses sein. Ihre Funktionen reichen vom Einsatz als rein formales Mittel zur Auflockerung des Unterrichts bis hin zur selbständigen Übernahme inhaltlicher Anliegen, z.B. bei Selbstlernmaterialien oder Computerprogrammen.

Zunächst tragen sie dazu bei, die Unterrichtsführung zu erleichtern und zu vervollkommnen (Gutschow 1964). So können z.B. über Lehrbücher und Arbeitsblätter Texte oder Übungen zugänglich gemacht werden; an der Tafel kann schnell einmal etwas erklärt werden, und bei der Wiedergabe von Dialogen über Tonband lassen sich Gesprächssituationen realistisch simulieren. Eine zweite Aufgabe übernehmen Medien immer dann, wenn sie die Anschaulichkeit einer Darbietung gewährleisten. Gerade in dieser Hinsicht bietet der Fremdsprachenunterricht ein reich gefächertes Anwendungsfeld, da viele landeskundliche Einsichten nur über bebilderte Ansichten gewonnen werden können (Schiffler 1973). Auch die Wiedergabe von Originalstimmen und Dialekten aus den Ländern der Zielsprachen ist ohne Medieneinsatz kaum denkbar. Eine weitere Funktion ist fremdsprachenspezifischer Natur: Medien machen es in sehr vielen Fällen möglich, die Verwendung der Muttersprache im Unterricht zu vermeiden. Im Anfangsunterricht können auf diese Weise neue Wörter über Realien und Bilder erklärt werden; beim Erarbeiten und Testen der Fremdsprache lassen sich vielerlei Übungen und Aufgaben über visuelle Elemente inhaltlich steuern. Ein viertes Aufgabengebiet besteht darin, daß Medien den Unterricht so gliedern und auflockern sollen, daß daraus neue Lernimpulse erwachsen können. Diese Funktion erfüllen sie u.a. dann, wenn sie dem Lehrer während einer Unterrichtsstunde Methodenwechsel ermöglichen oder wenn sie dazu beitragen, die Aufmerksamkeit der Schüler neu zu wecken. Damit ist ein fünfter Bereich angesprochen: Medien können die Motivation der Schüler zum Lernen aufrechterhalten und stärken. Das Zeigen eines Films, das Vorspielen eines Songs, die gemeinsame Erarbeitung eines Posters oder die Gruppenarbeit am Computer bieten Lernanreize, die auf andere Weise entweder überhaupt nicht oder nur weniger wirkungsvoll geboten werden könnten. Das Konzept vom "handelnden Lernen", für dessen praktische Umsetzung hohe Schülermotivation und vielfältige Schüleraktivitäten eine unerläßliche Voraussetzung darstellen, ist ohne den gezielten Einsatz von Medien überhaupt nicht denkbar (Puchta/Schratz 1984).

Im Regelfall werden die Medien den unterrichtlichen Maßnahmen und Vorgehensweisen zugeordnet bzw. in sie integriert. Sie können aber auch zeitweise oder vollständig an die Stelle des Lehrers treten und Lehraufgaben übernehmen; in dieser Funktion werden sie oft als *didaktische Medien* bezeichnet. Im Bereich des schulischen Unterrichts liegt ein solcher Fall z.B. bei der Verwendung einer pädagogischen Grammatik vor, die zu Selbstlernzwecken verfaßt worden ist. Auch Lernprogramme zur Einführung in neue Stoffgebiete, die im Fremdsprachenunterricht allerdings kaum verbreitet sind, gehören in diese Kategorie der didaktischen Medien. In der Erwachsenenbildung sind sie gelegentlich in Form von Selbstlernkursen anzutreffen, die ohne jegliche Lehrerbeteiligung erarbeitet werden sollen. Hier stößt der Medieneinsatz im kommunikativen Fremdsprachenunterricht allerdings an klar bestimmbare Grenzen. Sprache als Äußerungsform menschlicher Existenz ist ein soziales Ereignis; als solches kann es mit Hilfe von Medien zwar zeitweise simuliert, nicht aber ersetzt werden. Die Ziele des modernen Fremdsprachenunterrichts können nicht erreicht werden, wenn Menschen als Kommunikationspartner aus dem Lehr- und Lernprozeß ausgeklammert bleiben.

3. Medien in der fremdsprachlichen Unterrichtspraxis

Betrachtet man die Medienverwendung im konkreten Unterrichtsalltag des schulischen Fremdsprachenunterrichts, erhält man einen zwiespältigen und uneinheitlichen Eindruck. Einerseits verläuft der Unterricht durchaus nicht medienfremd; jeder Lehrer hält Lehrbuch, Grammatik, Wörterbücher und andere Unterrichtsmittel, in deren Mittelpunkt das geschriebene Wort steht, für unerläßliche Medien, ohne deren Verwendung die Lernziele nicht zu erreichen sind. Andererseits ist die Zahl der Fremdsprachenlehrer, die das vorhandene, vor allem technische Medienarsenal voll nutzen, äußerst gering. Noch nicht einmal der Kassettenrecorder oder der Tageslichtprojektor gehören zu den Unterrichtsmitteln, die wie Lehrbuch, Tafel und Kreide in jeder Stunde verfügbar wären. Zwar haben Innovationen seit der Mitte dieses Jahrhunderts immer wieder auch im Fremdsprachenbereich zu Neuansätzen bei der Medienverwendung geführt; in den sechziger Jahren waren es audiovisuelle Kurse, in den siebziger Jahren das Sprachlabor, in den achtziger Jahren hat der Computer in den Fremdsprachenunterricht Einzug gehalten (Rüschoff 1986), und seit Beginn der neunziger Jahre werden unter der Bezeichnung "Telekommunikation" Erfahrungen mit sog. "elektronischen Briefkästen" gesammelt, die einen raschen weltweiten Informationsaustausch zwischen Partnerklassen erlauben (Donath 1991). Aber diese Medien haben es bisher nicht vermocht, den "Buch- und Bleistiftunterricht", wie er seit langer Zeit praktiziert wird, grundlegend zu verändern oder breitere Schichten der Lehrerschaft für einen differenzierten Medieneinsatz zu sensibilisieren (Freudenstein 1990).

Im Bereich der Erwachsenenbildung werden Medien im Fremdsprachenunterricht häufiger eingesetzt, vermutlich deshalb, weil hier ihre lernfördernde Wirkung gezielter genutzt und besser nachgewiesen werden kann als in der Schule. In Volkshochschulkursen, bei der innerbetrieblichen Sprachausbildung und an universitären Sprachlernzentren gehören Tonmaterialien zur Ausbildung des Hörverstehens und zur Lenkung des individuellen Sprechens, Videofilme zur Demonstration komplexer Sprachsituationen im Alltag und andere moderne Unterrichtsmittel zu den Lehr- und Lernhilfen, die standardmäßig Verwendung finden. Sie werden als Vorbereitung auf konkrete Anwendungsfälle fremdsprachlicher Kenntnisse im In- und Ausland für unerläßlich gehalten.

Wenn auch viele – vornehmlich technische – Medien im schulischen Bereich nicht die Verbreitung gefunden haben, die ihnen angesichts ihrer Bedeutung für das Lehren und Lernen zukommen müßte, so haben die neuen Unterrichtsmittel dennoch indirekt relativ stark auf Anlage und Struktur fremdsprachlicher Lehrgänge einwirken können. Es gibt heute anzahlmäßig mehr Medien als jemals zuvor in der Geschichte des Fremdsprachenunterrichts, und auch in ihren inhaltlichen Leistungen sind viele von ihnen herkömmlichen Unterrichtsmitteln weit überlegen. Diese Tatsache hat mit bewirkt, daß viele Lehrer einer *Individualisierung* des Unterrichtsprozesses positiv gegenüberstehen. Partner- und Gruppenarbeit gehören heute auch im Fremdsprachenunterricht in Theorie und Praxis zu unumstrittenen sozialen Interaktionsformen, die vom Medieneinsatz profitieren (Schwerdtfeger 1977; Schiffler 1980). Unter dem Gesichtspunkt der *Objektivierung* können Lehrbuchinhalte realistischer als in der Vergangenheit gestaltet werden, da Medien es ermöglichen, die fremdsprachliche Wirklichkeit so zu reproduzieren, wie sie wirklich ist. Schon für den Anfängerunterricht finden sich in Textheften und auf Tonbändern Dialoge in der Fremdsprache, wie sie sich im Alltag von Ausländern tatsächlich abspielen. Sie sind an die Stelle von sprachlichen Äußerungen getreten, die früher allein zum Zweck der Illustrierung grammatischer Phänomene formuliert worden waren. Insgesamt haben die Medien darum eine *Intensivierung* des fremdsprachlichen Lehr- und Lernprozesses bewirkt. Durch sie konnte das Angebot unterschiedlicher Lehrinhalte, Lernformen und Übungswege stark erweitert werden. In diesem Zusammenhang ist das Wort "Medium" zu einem festen Bestandteil des fremdsprachendidaktischen Fachvokabulars geworden. So werden z.B. für den Fortgeschrittenenunterricht "Medienpakete" angeboten, und an manchen Orten sind "Medienzentren" entstanden, die vielerlei Materialien für unterrichtliche Zwecke zur Verfügung stellen.

4. Probleme und Perspektiven

Negativ auf eine weitere Verbreitung von Medien in der Praxis hat sich sicherlich der Tatbestand ausgewirkt, daß mit Erfahrungsberichten und Ergebnissen empirischer Forschungen zum Einsatz einzelner Medien zu keiner Zeit wesentlich bessere Erfolge beim Lernen fremder Sprachen überzeugend nachgewiesen werden konnten (Schödel/Stille 1973). So hat sich im Bewußtsein vieler Lehrer die Meinung verfestigt, der erhöhte Vorbereitungsaufwand, der für den Einsatz von Medien oft notwendig ist, sei letztlich überflüssig. Hinzu kommt, daß in den meisten Ausbildungsgängen deutscher Fremdsprachenlehrer eine systematische Medienerziehung nicht vorgesehen ist. Da auch Lehrpläne und Rahmenrichtlinien die Verwendung moderner Medien zwar empfehlen, nicht aber verbindlich vorschreiben, bleibt es in das Belieben der Lehrer gestellt, ob sie in ihrem Unterricht Tonmaterialien und Filme verwenden oder nicht. Darauf hat sich auch der Lehrmittelmarkt eingestellt. Die weit verbreiteten Standardlehrgänge in den gängigen Schulsprachen bieten zu den Lehrbüchern zusätzlich Tonbänder, Kassetten, Folien, Computerprogramme oder Videos an, weisen aber zugleich immer darauf hin, daß diese Medien keine integrierten Bestandteile des Lehrwerks sind, d.h. die Lernziele können ebenso gut ohne die Medienverwendung erreicht werden.

An den Schulen sind Geräte für den Einsatz technischer Unterrichtsmittel in den meisten Fällen vorhanden; sie sind in der Regel jedoch schwer zugänglich, und der verwaltungsmäßig-organisatorische Aufwand für ihre Bereitstellung ist oftmals viel zu groß, um den unterrichtlichen Ertrag des Medieneinsatzes rechtfertigen zu können. Wenn Medien in der Schule auf breiter Basis akzeptiert werden sollen, müßte seitens der Schulträger dafür gesorgt werden, daß sie in allen Räumen, in denen fremde Sprachen gelehrt und gelernt werden, permanent zur Verfügung stehen. Ideal wäre die Ausstattung mehrerer Räume einer Schule als fremdsprachliche Klassenräume, parallel zu der seit langem geübten Praxis, naturwissenschaftlichen oder hauswirtschaftlichen Unterricht in dafür vorgesehenen Spezialräumen durchzuführen.

Unter den modernen Medien der jüngeren Vergangenheit ist allein das Sprachlabor speziell für den Fremdsprachenunterricht entwickelt worden, und nur dort kann es sinnvolle Aufgaben übernehmen. Alle anderen technischen Medien, die für das Lehren und Lernen lebender Sprachen empfohlen werden, sind Geräte, die eigentlich anderen Zwecken dienen, im Fremdsprachenunterricht jedoch auch mit verwendet werden können (Radio, Video, Fernsehen, Computer). Das fremdsprachendidaktische Potential kann hier immer nur insoweit entfaltet werden, wie es die Technik eines Gerätes erlaubt. Es besteht darum leicht die Gefahr, fachspezifische Anliegen dem Diktat technischer Gegebenheiten unterzuordnen, um mit dem Einsatz der neuesten Technologien pädagogische Fortschrittlichkeit demonstrieren zu können. Eine Weiterentwicklung der pädagogischen Technologie im Fremdsprachenbereich kann sicherlich erst dann erwartet werden, wenn nicht mehr danach gefragt wird, was ein bereits vorhandenes Medium zusätzlich auch im Fremdsprachenunterricht leisten könnte, sondern wenn Medien zum Einsatz gelangen, die auf der Grundlage fachspezifischer Forderungen speziell für den Fremdsprachenunterricht konzipiert worden sind. Der wachsende Sprachenbedarf innerhalb der Europäischen Union und die Forderung, auch schon in der Schule mehr Fremdsprachen für mehr Schülerinnen und Schüler als bisher anzubieten, sind günstige Voraussetzungen für eine fachbezogene Weiterentwicklung von Medien beim Lehren und Lernen fremder Sprachen.

Literatur

Ankerstein, Hilmar S., Hrsg. (1972), *Das visuelle Element im Fremdsprachenunterricht,* Stuttgart.
Donath, Reinhard (1991), "Telekommunikation im Englischunterricht", in: *Praxis des neusprachlichen Unterrichts,* Jg. 38, 161-169.
Eppert, Franz (1973), *Lexikon des Fremdsprachenunterrichts,* Bochum.
Freudenstein, Reinhold (1981), "Media in the Second Language Program: Forms and Uses for the Eighties", in: James E. Alatis/Howard B. Altman/Penelope Alatis (eds.), *The Second Language Classroom: Directions for the 1980´s,* New York, 267-280.
Freudenstein, Reinhold (1990), "Medien im Fremdsprachenunterricht. Wozu sie dienen und warum sie nicht genutzt werden", in: *Praxis des neusprachlichen Unterrichts,* Jg. 37, 115-124.
Gutschow, Harald (1964), *Englisch an Volksschulen,* Berlin.
Puchta, Herbert/Schratz, Michael (1984), *Handelndes Lernen im Englischunterricht 1. Theoriebuch,* München.
Rüschoff, Bernd (1986), *Fremdsprachenunterricht mit computergestützten Materialien,* München.
Schiffler, Ludger (1973), *Einführung in den audio-visuellen Fremdsprachenunterricht,* Heidelberg.
Schiffler, Ludger (1980), *Interaktiver Fremdsprachenunterricht,* Stuttgart.
Schilder, Hanno (1977), *Medien im neusprachlichen Unterricht seit 1880. Eine Grundlegung der Anschauungsmethode und der auditiven Methode unter entwicklungsgeschichtlichem Aspekt,* Kronberg/Ts.
Schödel, Artur/Stille, Oswald (1973), *Tonträger und Sprachlabor im Englischunterricht,* Frankfurt a.M.
Schubel, Friedrich (1966), *Methodik des Englischunterrichts für höhere Schulen,* 4. Aufl., Frankfurt a.M.
Schwerdtfeger, Inge Christine (1977), *Gruppenarbeit im Fremdsprachenunterricht,* Heidelberg.

Reinhold Freudenstein

63. Lehrwerke

1. Zur Definition: Lehrbuch und Lehrwerk

In der Fachdiskussion unterscheidet man zwischen *Lehrbuch* und *Lehrwerk*. Das *Lehrbuch* ist ein in sich abgeschlossenes Druckwerk mit fest umrissener didaktischer und methodischer Konzeption (Zielsetzung; Lernstoffprogression; Unterrichtsverfahren), in dem alle zum Lernen benötigten Hilfsmittel (Texte; Übungen; Grammatikdarstellung; Vokabular; etc.) "zwischen zwei Buchdeckeln" enthalten sind. Das *Lehrwerk* dagegen besteht aus unterschiedlichen Lehrwerk*teilen* – wie Schülerbuch; Arbeitsheft; Glossar; Grammatisches Beiheft; Zusatzlesetexte; auditive Medien (Tonband bzw. Kassette mit Hör- bzw. Sprechprogrammen), visuelle Medien (Wandbilder; Bildkarten; Diaserien; Folien für den Tageslichtprojektor; Filme; Videobänder etc.) und Lehrerhandreichungen. Sein im allgemeinen offeneres didaktisches und methodisches Konzept ermöglicht ein verbessertes Eingehen auf die Interessen und Bedürfnisse der jeweiligen Lernergruppe und eine realistischere Darstellung von Kommunikationssituationen und landeskundlichen Inhalten. Sein Einsatz ist allerdings an das Vorhandensein von Medienträgern (Tonband- bzw. Kassettengerät; Tageslichtprojektor; Videogerät etc.) gebunden.

In der *Geschichte* des Neusprachlichen Unterrichts in der Bundesrepublik lassen sich drei Generationen von Lehrwerken erkennen, die mit dem Wandel der Unterrichtsmethoden übereinstimmen. Lehrwerke in den 50er Jahren folgen überwiegend dem Konzept der Grammatik-Übersetzungs-Methode (modifiziert zur Vermittelnden Methode). Die Betonung erziehlich-kulturkundlicher Zielsetzung in einem fast ausschließlich auf die Höhere Schule konzentrierten Fremdsprachenunterricht und die Dominanz von Lesen/Textarbeit, Grammatikbeherrschung und Übersetzung korrespondiert mit dem Lehr*buch*konzept. Mit der Ausweitung des Fremdsprachenunterrichts seit der Mitte der 60er Jahre auch auf die Hauptschuloberstufe ("Englisch für alle") und der Verlagerung der Zielsetzung auf die Beherrschung sprachpraktischer Fertigkeiten (insbesondere des Sprechens) und alltäglicher Kommunikationssituationen entfaltet sich im Rahmen der audiolingual/audiovisuell orientierten Unterrichtsmethode und ab der Mitte der 70er Jahre im Kommunikativen Ansatz das Lehr*werk*konzept.

2. Merkmale und Aufgaben von Lehrwerken

Ein modernes Lehrwerk muß ganz unterschiedliche Faktoren des Lehr- und Lernprozesses zu integrieren suchen. So muß z.B. ein Ausgleich zwischen den Erfordernissen einer systematischen Lernstoffpräsentation und -progression und der Komplexität des Lernstoffes (etwa im Bereich von Grammatik und Wortschatz) gefunden werden. Das Lehrwerk muß einerseits ein in sich stimmiges Konzept der Lernstoffauswahl und -abfolge entwickeln, es muß andererseits aber auch auf die Besonderheiten des Lehr- und Lernprozesses, die sich z.B. aus zielgruppenspezifischen Faktoren (Ausgangssprache; eigenkulturelle Prägung; altersspezifische Lebens- und Lernerfahrungen) ergeben, eingehen und die Erfordernisse von Lernstoffwiederholung und -differenzierung berücksichtigen (nach Gez et al. 1982).

Ein modernes Lehrwerk ist deshalb nicht nur ein Speicher von Regeln und Sprachstoff, sondern auch ein Programm zur Entfaltung der Lehr- und Lernarbeit, in dem allgemeine didaktische Prinzipien, methodische Kategorien und pädagogische Leitvorstellungen berücksichtigt werden müssen. Trotz seiner Leitfunktion als grundlegendes Lehr- und Lernmittel und seines Charakters als vergegenständlichtes Modell des Lehr- und Lernsystems und des pädagogischen Prozesses muß es dem Lehrer und dem Lernenden "Spielraum" zur Entfaltung der jeweils spezifischen Lehr- und Lernsituation lassen.

Im Lehrwerk muß auch ein Ausgleich zwischen linguistischer und außerlinguistischer Information (z.B. im landes- und kulturkundlichen Bereich) gewährleistet sein. Vor allem in Lehrwerken für den Anfangsunterricht kann es zu einer Dominanz der Grammatikprogression kommen, was zu einer Verzerrung der Authentizität von Gesprächssituationen, Rollen, Textsorten und landeskundlicher Information führt.

Moderne Lehrwerke sind auch bemüht, ein vielfältiges Angebot von Übungsformen und eine sinnvolle Strukturierung von Übungssequenzen zum Textverständnis (Lese-, Hörverständnis) und zur Entwicklung der fremdsprachlichen Äußerungsfähigkeit (mündliche und schriftliche Äußerung) zu entwickeln.

Selbstverständlich muß ein Lehrwerk auch ästhetischen und didaktischen Anforderungen in Aufmachung und *layout* genügen (nach Bim 1977; zitiert bei Reinicke 1985, 169).

3. Faktoren, die die Gestaltung von Lehrwerken beeinflussen

Lehrwerke für den Fremdsprachenunterricht stehen im Rahmen eines komplexen Bedingungsgefüges von
a) Legitimativen Bedingungen (Leitvorstellungen, die von der Gesellschaft zu Schule und Schulfach entwickelt werden)
b) Reflexiven Bedingungen (übergreifende erziehungswissenschaftliche Konzepte)
c) Institutionellen Bedingungen (Lehrpläne; Stundentafeln; Zulassungsvorschriften etc.)
d) Analytischen Bedingungen (sprachwissenschaftliche, textwissenschaftliche und landeswissenschaftliche Faktoren, die insbesondere die Stoffauswahl beeinflussen)
e) Konstruktiven Bedingungen (lernpsychologische Erwägungen)
f) Materiellen Bedingungen (Faktoren des Büchermachens – Markt; Preis; Umfang und Ausstattung etc.) (nach Piepho 1979).

Eine Veränderung *eines* Bezugspunkts in diesem Netz von Bedingungen führt zur Veränderung der Gesamtkonzeption des Lehrwerks. Lehrwerke tragen also nicht nur die persönliche Handschrift ihrer Autoren, sie sind in der Konfiguration des jeweiligen Bedingungsgefüges auch "Kinder ihrer Zeit". Dabei spielen legitimative, reflexive und institutionelle Faktoren eine übergeordnete Rolle, während die analytischen und konstruktiven Bedingungen spezifisch für die neusprachlichen Fächer sind. Dem Lehrwerk kommt in diesem Gefüge eine Mittlerrolle zwischen Lehrplan, Methode und Unterrichtspraxis zu (Pelz 1977).

Von besonderer Bedeutung ist der enge Zusammenhang zwischen Lehrwerk und Methode – im Französischen wird für beide Bereiche oft nur ein Wort verwandt: *méthode*. An Lehrwerken lassen sich die Merkmale bestimmter Methoden besonders deutlich erkennen (Themenauswahl; Lernstoffprogression; Grammatikdarstellung; Übungsformen etc.) (Neuner 1979). Sie werden deshalb auch oft als Beleg für die Darstellung bzw. Analyse der jeweiligen Lehrmethode zitiert. Je rigider ein Lehrwerk die unterrichtlichen Handlungsanweisungen einer bestimmten Methode umsetzt, desto weniger "Spielraum" läßt es Lehrenden und Lernenden. Ähnliches läßt sich über den Zusammenhang von Lehrplan und Lehrwerk formulieren: In der Ausgestaltung der im Lehrplan angegebenen fächerübergreifenden und fachbezogenen Lernziele unter Anwendung der jeweils propagierten methodischen Prinzipien wirken sie nicht selten als Lehrplanersatz.

4. Lehrwerkkritik und Lehrwerkforschung

Das Bedürfnis nach Entscheidungshilfen für die Beurteilung eines Lehrwerks ergibt sich erst dann, wenn
– Lehrwerke mit unterschiedlicher didaktischer und methodischer Konzeption zur selben Zeit zur Verfügung stehen;
– das Lehrbuch zum Lehrwerk mit Lehrwerkteilen unterschiedlicher Funktion ausgeweitet wird;
– der Fremdsprachenunterricht nicht mehr nur für eine relativ homogene Lernergruppe, sondern für Lernende mit ganz unterschiedlicher Lernvoraussetzung und -motivation erteilt werden soll.

Das verstärkte Auftreten von Veröffentlichungen zur Lehrwerkanalyse und -kritik in der Fachliteratur kann deshalb als ein sicherer Indikator für eine Umbruchssituation im Fremdsprachenunterricht gelten. So fehlen etwa in den 50er Jahren – nach der Etablierung des Englischen als erster Fremdsprache in weiten Bereichen der Höheren Schule – Beiträge zur Lehrwerkanalyse in der Fachdiskussion fast gänzlich. Dies deutet auf einen Konsens der Philologen bezüglich der Ziele und Methoden des Neusprachlichen Unterrichts, der Gestaltung von Lehrmaterialien und ihres Einsatzes im Unterricht hin. Charakteristisch für diese Zeit ist auch, daß in der zweiten Hälfte der 50er Jahre einige Lehrwerke – wie z.B. *Learning English* für den Englischunterricht und *Etudes Françaises* für den Französischunterricht – eine Art Monopolstellung unter den Lehrwerken an Höheren Schulen erringen konnten, was eine Lehrwerkkritik praktisch überflüssig machte.

Die Forderung nach der Etablierung von Lehrwerkanalyse und -kritik, wie sie seit der ersten Hälfte der 60er Jahre erhoben wird, läßt sich u.a. auf Veränderungen in der Bildungs- und Schulpolitik, auf den Wandel in der Zielsetzung und in den Unterrichtsmethoden und auf die Konkurrenzsituation auf dem Schulbuchmarkt zurückführen (Neuner 1979).

Zur Lehrwerkkritik

In der Bundesrepublik entscheiden die Kultusministerien der einzelnen Bundesländer über die Zu-

lassung eines Lehrwerks aufgrund von – anonym bleibenden – Gutachten. Zu beurteilen sind u.a.
- die Übereinstimmung mit der verfassungsmäßigen Ordnung und den Aufgaben der politischen Bildung;
- die Berücksichtigung didaktischer Grundsätze und neuer erfolgversprechender methodischer Wege;
- die Übereinstimmung mit den Lehrplanrichtlinien;
- die Übereinstimmung der fachwissenschaftlichen Orientierung mit dem Stand der Forschung;
- die Berücksichtigung zielgruppenspezifischer Merkmale;
- die Angemessenheit der Ausstattung und der Preis.

Der breite Ermessensspielraum dieser Kriterien führt nicht selten zu einer uneinheitlichen Beurteilung und Zulassung in den einzelnen Bundesländern.

Zur Lehrwerkbeurteilung wurden – in Weiterführung der Arbeiten von Heuer/Müller/Schrey (1973) – eine Reihe von Kriterienkatalogen (z.B. Reisener 1978; Neuner 1979; Heindrichs/Gester/Kelz 1980) entwickelt.

Eine wirkungsvolle öffentliche Lehrwerkkritik konnte sich jedoch seit der Mitte der 70er Jahre nur in Bereichen außerhalb des öffentlichen Schulwesens etablieren (Erwachsenenbildung: *Unterrichtsmediendienst* des Deutschen Volkshochschulverbandes seit 1972; sog. *Mannheimer Gutachten* für Lehrwerke im Bereich des Deutschen als Fremdsprache; Band 1: 1977; Band 2: 1979). In der Lehrwerkkritik seit dem Beginn der 80er Jahre spielen insbesondere Fragen nach der Lernerorientierung und der Regionalisierung von Lehrwerkkonzepten eine zentrale Rolle (Krumm 1982).

Zur Lehrwerkforschung

Wichtige Anstöße zur Lehrwerkforschung gingen von dem 1969 gegründeten Arbeitskreis 'Lehrwerkforschung und Lehrwerkkritik' aus (Heuer/Müller/Schrey 1973 f.; Schwerpunkte: Grammatik; Landeskunde; visuelles Element; Aussprache). Aspekte, die im Rahmen größerer Untersuchungen seit dem Ende der 70er Jahre erarbeitet wurden, sind u.a.:
- Einfluß der Lehrmaterialien auf den Lernprozeß/Progressionsanalysen (Knapp 1980; Knapp-Potthoff 1979; Poelchau 1980);

- Lehrbuch und Unterricht (Hüllen/Lörscher 1979);
- Landeskundliche Inhalte; Zusammenhang von Grammatikprogression und Themen (Neuner 1979);
- Quantitative Analysen (Bung 1976; Willee 1976);
- Analyse fachsprachlicher Lehrwerke (Beier/Möhn 1983; Buhlmann 1982).

Literatur

Beier, Rudolf / Möhn, Dieter (1983), "Merkmale fachsprachlicher Übungen. Beschreibungskategorien für das 'Hamburger Gutachten'", in: *Jahrbuch Deutsch als Fremdsprache*, Jg. 9, 194-228.
Bim, I.L. (1977), *Metodika obucenija inostrannym jazykam kak nauka i problemy skol'nogo ucebnika*, Moskva (dt. Zusammenfassung der einschlägigen Passagen bei Reinicke (1985)).
Buhlmann, Rosemarie (1982), "Analyse und Beurteilung fachsprachlicher Lehrwerke: Kriterien und ihre Problematik", in: Hans-Jürgen Krumm (Hrsg.), *Lehrwerkforschung – Lehrwerkkritik Deutsch als Fremdsprache*, München (Werkstattgespräch FMF-Goethe-Institut München), 122-164.
Bung, Peter (1976), *Systematische Lehrwerkanalyse*, Kastellaun.
Gez., N.I. / Ljachovickij, M.V. / Miroljubov, A.A. / Folomkina, S.K. / Salitov, S.F. (1982), *Metodika obucenija inostrannym jazykam v srednaj skole*, Moskva (dt. Zusammenfassung der einschlägigen Passagen bei Reinicke (1985)).
Heindrichs, Wilfried/Gester, Friedrich Wilhelm/Kelz, Heinrich P. (1980), *Sprachlehrforschung. Angewandte Linguistik und Fremdsprachendidaktik*, Stuttgart.
Heuer, Helmut/Müller, Richard M., Hrsg. (1973), *Lehrwerkkritik – ein Neuansatz*, Dortmund.
Heuer, Helmut/Müller, Richard M./Schrey, Helmut (1973), "Möglichkeiten der Lehrwerksforschung und Lehrwerkkritik", in: Helmut Heuer/Richard M. Müller (Hrsg.), *Lehrwerkkritik – ein Neuansatz*, Dortmund, 9-14.
Hüllen, Werner/Lörscher, Karl (1979), "Lehrbuch, Lerner, und Unterrichtsdiskurs", in: *Unterrichtswissenschaft*, Jg. 7, H. 4, 313-326.
Kast, Bernd/Neuner, Gerhard, Hrsg. (1994), *Zur Analyse, Begutachtung und Entwicklung von Lehrwerken für den fremdsprachlichen Deutschunterricht*, München.
Knapp, Karl (1980), *Lehrsequenzen für den Zweitsprachenerwerb*, Braunschweig.
Knapp-Potthoff, Amelie (1979), *Fachsprachliche Aufgaben*, Tübingen.
Krumm, Hans-Jürgen, Hrsg. (1982), *Lehrwerkforschung – Lehrwerkkritik Deutsch als Fremdsprache*, (Werkstattgespräch FMF – Goethe-Institut) München.
Mannheimer Gutachten zu ausgewählten Lehrwerken Deutsch als Fremdsprache, Bd. 1 (1977), Bd. 2 (1979), Heidelberg.
Neuner, Gerhard, Hrsg. (1979), *Zur Analyse fremdsprachlicher Lehrwerke*, Frankfurt a.M.

Neuner, Gerhard/Krüger, Michael/Grewer, Ulrich (1981), *Übungstypologie zum kommunikativen Deutschunterricht,* München.
Pelz, Manfred (1977), *Pragmatik und Lernzielbestimmung im Fremdsprachenunterricht,* Heidelberg.
Piepho, Hans-Eberhard (1979), *Englischunterricht in Stundenskizzen,* Heidelberg.
Piepho, Hans-Eberhard (1979), "Das Lehrwerk im Englischunterricht", in: Hans Hunfeld/Konrad Schröder (Hrsg.), *Grundkurs Didaktik Englisch,* Königstein/Ts., 121-130.
Poelchau, Hans-Werner (1980), *Lernobjekt – Lernprozeß – Lernmaterial,* Weinheim.
Reinicke, Werner (1985), *Linguodidaktik,* Leipzig.
Reisener, Helmut (1978), "Fünfzehn Fragenkomplexe zur Beurteilung von Lehrbüchern für den Fremdsprachenunterricht", in: *Der fremdsprachliche Unterricht,* H. 45, 68-70.
Willee, Gerd (1976), *Sprachlehrwerksanalyse mit Hilfe der 'elektronischen' Datenverarbeitung, dargestellt an Deutschlehrwerken für Ausländer,* Tübingen.

Gerhard Neuner

64. Wörterbücher

1. Wörterbücher im Fremdsprachenunterricht

Wörterbücher gehören zu den ältesten Hilfsmitteln des Fremdsprachenunterrichts, die sich in den letzten Jahrzehnten konzeptionell kaum verändert haben. Man unterscheidet zweisprachige und einsprachige Wörterbücher. In zweisprachigen Wörterbüchern werden die fremdsprachigen Wörter und Anwendungsbeispiele in die Muttersprache übersetzt – und umgekehrt; in den einsprachigen Wörterbüchern werden die fremdsprachigen Wörter in der Fremdsprache erklärt, die Anwendungsbeispiele bleiben meist unerklärt.

Die größten in Deutschland gedruckten zweisprachigen Wörterbücher enthalten 200 000 Wörter in der Richtung Deutsch-Fremdsprache und weitere 200 000 Fremdsprache-Deutsch. Schulwörterbücher enthalten 20 000 bis 80 000 Wörter in jeder Richtung, Lilliput-Wörterbücher immerhin noch 20 000 Wörter insgesamt. Zweisprachige Spezialwörterbücher, z.B. für die schulische Textarbeit, Autosprachführer und ähnliche enthalten weniger Wörter, die aber für das Spezialgebiet von besonderer Wichtigkeit sind.

Wörterbücher dienen verschiedenen unterrichtlichen Arbeitsvorhaben (Lernzielen). Zweisprachige Wörterbücher sind ursprünglich für das Übersetzen konzipiert worden. Auch wenn das Übersetzen im gegenwärtigen Fremdsprachenunterricht in Deutschland von dem Lernziel Kommunikationsfähigkeit in den Hintergrund gedrängt worden ist, ist es bei jedem Auslandsaufenthalt, für den internationalen Kommunikationsfluß der Medien und im Wirtschaftsleben von größter Bedeutung. Auch Schüler übersetzen Einzelwörter und Ausdrücke, wenn sie fremdsprachige Texte verstehen wollen (Lernziel: Textverständnis). Wörterbücher braucht der Schüler ferner als Hilfsmittel beim Schreiben von Texten (Lernziel: Textproduktion), wenn er sich vergewissern will, wie ein Wort geschrieben wird, welche Präposition im Kontext richtig ist, welchen Artikel er bei einem Nomen gebrauchen muß usw. Wörterbücher, die zum Übersetzen, für das Textverständnis und beim Schreiben gebraucht werden, kann man als Nachschlagewörterbücher zusammenfassen. Im Gegensatz zu ihnen stehen die Lernwörterbücher: Sie sind direktes Lernmittel für die Wiederholung und Erweiterung des Wortschatzes.

2. Textverständnis

Um einen fremdsprachigen Text zu verstehen, greift der Schüler – wenn man ihm die Wahl läßt – mit Selbstverständlichkeit zum zweisprachigen Wörterbuch. Der Gebrauch des einsprachigen Wörterbuchs erscheint risikoreich; der Schüler merkt schnell, daß er die gewünschten Informationen nicht immer bekommt. Das erklärt sich dadurch, daß bei einsprachigen Wörterbüchern fast ausschließlich Bücher ausländischer Verlage verwendet werden, die weder auf den Kenntnisstand deutschsprachiger Lerner noch auf ihre Bedürfnisse abgestimmt sind. Ein krasses Beispiel ist die Verwendung des *Micro Robert* im Französischunterricht. Dieses Wörterbuch geht von 30 000 Wörtern aus – ein deutscher Schüler kennt nach 4 Lernjahren nur etwa 2 500 französische Wörter (vgl. Angaben in den Lehrplänen und Richtlinien und den Vokabelumfang der Lehrbücher), im Abitur im Leistungskurs höchstens 4 500 (vgl. die "Einheitlichen Prüfungsanforderungen in der Abiturprüfung. Französisch"). Es ist daher klar, daß der Schüler die Worterklärungen nicht verstehen kann. Andererseits werden Wörter, die der deutschsprachige Lerner sofort versteht, umständlich erklärt (*BANANE fruit oblong à pulpe farineuse, à épaisse peau jaune, que produit la grappe de fleurs du bananier*). Begriffe werden grundsätzlich auch dann differenziert, wenn die deutsche Sprache in ähnlicher Weise differenziert. Ein Beispiel aus dem *Oxford Advanced Learner's Dictionary of Current English*: Von den sieben angegebenen Wortbedeutungen von *day* entsprechen fünf genau dem Deutschen: 1 *time between sunrise and sunset*. 2 *period of twenty-four hours (from midnight)*. 3 *the hours of the day given to work.* 4 *(often pl) time; period.* 7 *(used attrib, and in compounds).* Diese Wortdifferenzierungen sind für deutschsprachige Lerner überflüssig.

Der Schüler benutzt also das zweisprachige Wörterbuch, um unbekannte Wörter in einem neuen Text zu verstehen. Dieses Wörterbuch eröffnet ihm einen erfolgversprechenden, aber umständlichen Weg: Wenn dem Schüler ein unbekanntes Wort aufgefallen ist, muß er zunächst den Kontext ins Deutsche übersetzen und durch Herumraten oder durch Nachschlagen im Wörterbuch Übersetzungsmöglichkeiten einpassen. Um weiterzulesen, schaltet er wieder in die Fremdsprache zurück. Dieses umständliche Verfahren wird noch komplizierter, weil viele zweisprachige Wörterbücher wenig benutzerfreundlich sind. Alle sind nach dem Prinzip angelegt, möglichst viele Informationen auf möglichst wenig Platz unterzubringen. Das führt dazu, daß der Schüler viele Wörter nicht am Zeilenanfang findet, sondern mitten in den Stichwortartikeln – und dort oft nicht korrekt ausgeschrieben, sondern er muß wie in einem Puzzle-Spiel die Wörter aus Tilden zusammensetzen. Ein Beispiel aus *PONS, Globalwörterbuch. Französisch-Deutsch*:

Stichwort: *gant*   Verb: ~*er*

Reflexives Verb: *se* ~~

Viele Schüler sind damit überfordert. Schüler behalten auch nicht eine zu große Zahl von Abkürzungen. Dasselbe Wörterbuch unterscheidet zum Beispiel: s = Substantiv, s. = siehe, S = Sache, s-s = seines – und verwendet darüber hinaus noch 112 (!) Abkürzungen. Der Schüler wird in allen zweisprachigen Wörterbüchern durch Scheinübersetzungen im Stich gelassen. Ein Beispiel aus *Langenscheidts Taschenwörterbuch der italienischen und deutschen Sprache*: *megera* = Megäre, *melanite* = Melanit, *melissa* = Melisse, *melodramma* = Melodrama, *melone* = Melone, *membrana* = Membrane. Es sollte jedem Verfasser eines Schulwörterbuchs klar sein, daß Schüler die eigene Muttersprache nicht umfassend beherrschen, daß ihnen veraltete hoch- und fachsprachliche Wörter oft fremd sind. Die Übersetzungen sollten nicht wie Synonyme aufgezählt werden, sondern klar strukturiert werden.

3. Textproduktion

Beim Schreiben von Texten würden Schüler auch gern ein zweisprachiges Wörterbuch verwenden. Bliesener (1986) möchte diesen Schülerwünschen nachgeben. Man sollte jedoch bedenken, daß es ein großer Unterschied ist, ob ein Könner eine Vokabel vergessen hat und im Wörterbuch wiederfindet – oder ob ein Schüler seine Sätze mit Hilfe eines zweisprachigen Wörterbuchs konstruiert und damit Vokabeldefizite ausgleicht. Jeder Lehrer kann sich an viele falsche, unverständliche, auch kuriose Sätze von Schülern erinnern, nach dem Typ: *I am heavy on the wire* (Ich bin schwer auf Draht). Beim Schreiben benötigt der Schüler ein Wörterbuch, um die Rechtschreibung zu kontrollieren, um grammatische Probleme zu lösen (Verbformen, Präpositionen usw.), um das Genus der Nomen in Zweifelsfällen zu klären und um die Wortwahl und die verwendeten Kollokationen zu überprüfen.

Ein "Schreibwörterbuch" muß nicht sehr umfangreich sein. Der Lerner, der nur 3 000 - 4 000 Vokabeln kennt, braucht kein Wörterbuch mit 30 000 Wörtern; auch jedes andere Schulbuch, das zu 90% ungelesen bleibt, würde als ungeeignet abgelehnt werden. Die Stichwortartikel sollten kurz sein, möglichst mit gezielten Hinweisen auf typische Fehlerquellen; der Schüler muß es in der kurzen Zeit, die für eine Klassenarbeit oder Klausur zur Verfügung steht, optimal nutzen können. Dem Schüler ist es hilfreich, wenn er die unregelmäßigen Verbformen direkt hinter dem Stichwort findet, wenn die Artikel der Nomen ausgeschrieben sind (nicht: *denaro* m, *banconota* f, *spiccioli* m, sondern: *il denaro, la banconota, gli spiccioli*)... Ein typisches Schreibwörterbuch für den Französischunterricht, das sich in deutschsprachigen und englisch sprechenden Ländern bewährt hat, ist das *Dictionnaire scolaire du français* (Langenscheidt-Hachette).

4. Vokabeln lernen

Bereits im letzten Jahrhundert erlebten die Lernwörterbücher von Karl Ploetz hohe Auflagen. Lernwörterbücher stellten einen begrenzten, lernenswerten Grundwortschatz zusammen. Er wird gewonnen, indem gängige Schullektüren ausgewertet werden (Van der Beke 1935), indem Frequenzlisten der häufigsten und wichtigsten Wörter einer Sprache erarbeitet werden (Gougenheim u.a. 1964) oder indem ein Fachwortschatz als Lernwörterbuch aufbereitet wird (Lübke 1985). Der Wortschatz wird in Lernwörterbüchern meist nicht alphabetisch, sondern nach Sachgruppen angeordnet; alle Wörter, die inhaltlich zusammengehören, werden ohne Rücksicht auf die Wortart zusammengestellt, um gemeinsam gelernt zu werden. Alle Lernwörterbücher arbeiten mit zweisprachigen "Vokabelgleichungen".

Beim Gebrauch von einfacheren Lernwörterbüchern wird vom Benutzer erwartet, daß er die Vokabeln wie im Vokabelheft lernt: Memorieren und Überprüfen durch Zuhalten der linken oder rechten Spalte. Wirksamer sind Lernwörterbücher, wie *How to Use Your Words* und *Emploi des mots*, die den Wortschatz dreispaltig anordnen: Vokabel – deutsche Bedeutung – kurze Anwendungsbeispiele, in denen die Vokabel durch eine Tilde ersetzt worden ist. Der Lerner verdeckt die linke Vokabelspalte und übt durch lautes Sprechen die Anwendungsbeispiele, indem er die Tilden durch die Vokabel ersetzt. Damit werden nicht nur isolierte Wörter gelernt, sondern gleichzeitig ihr aktiver Gebrauch im Kontext.

5. Wünsche an Wörterbücher

Die Ausführungen zeigen, daß aus der Sicht der Schule präzise Ansprüche an gute Schulwörterbücher zu stellen sind. Darüber hinaus ist zu fordern, daß diese Wörterbücher für den Schüler motivierender gestaltet werden sollten: Bilder, Übersichten, Statistiken, Landkarten, Funktionszeichnungen, Diagramme und landeskundliche Hinweise könnten die Wörter zum Leben erwecken und die begrifflichen Zusammenhänge anschaulich machen. Ein gutes Beispiel ist das *Diccionario ilustrado de la lengua española*. Bei schriftlichen (Haus)Arbeiten sollten Schülerinnen und Schüler angeregt werden, möglichst häufig zu einem geeigneten Wörterbuch zu greifen. Die wichtigsten Vorteile sind: Ein selbst erdachter und mit Hilfe des Wörterbuchs sofort korrigierter Text verfestigt sich im Gedächtnis des Lernenden zur "sprachlichen Matrize" (Hepfer 1968) und gibt ihm Sicherheit und Erfolgserlebnisse. Die Arbeit mit dem Wörterbuch übt ferner eine erzieherische Wirkung auf den Schüler aus: Es erzieht zu genauem, (selbst)kritischem Arbeiten, das während der Pubertätszeit sehr schwerfällt und später im Studium und im Beruf von großem Nutzen ist.

Literatur

Bliesener, Ulrich (1986), "Alte Zöpfe – oder: Das fiel mir auf.", in: *Neusprachliche Mitteilungen*, Jg. 39, 163-164.
Diccionario ilustrado de la lengua española (1985), Barcelona.
Gougenheim, Georges et al. (1964), *L'élaboration du français fondamental (1er degré)*, Paris.
Hausmann, Franz Josef (1977), *Einführung in die Benutzung der neufranzösischen Wörterbücher*, Tübingen.
Hausmann, Franz Josef (1986), "Zur Brauchbarkeit französischer L1-Wörterbücher in L2-Unterricht", in: *Der fremdsprachliche Unterricht*, H. 79, 204-210.
Hepfer, Karl (1968), "Zur Frage der Eignung der Nacherzählung als Form der sprachlichen Übung im Englischunterricht", in: *Die Neueren Sprachen*, Bd. 67, 36-42.
Hornby, Albert Sidney (1978), *Oxford Advanced Learner's Dictionary of Current English*, Oxford.
Lübke, Diethard (1981), *Dictionnaire scolaire du français*, München.
Lübke, Diethard (1982), "Das Wörterbuch im Französischunterricht – Überlegungen zu den Schulwörterbüchern von morgen", in: *Langenscheidt – Arbeitshilfen für den Fremdsprachenlehrer*, Heft 17.
Lübke, Diethard (1985), *Vocabulaire de l'explication de textes*, 14. Aufl., Dortmund.
Lübke, Diethard (1986), *Emploi des mots*, 14. Aufl., Dortmund.
Macchi, Vladimiro (1978), *Langenscheidts Taschenwörterbuch der italienischen und deutschen Sprache*, Berlin/München.
Pollmann-Laverentz, Carin/Pollmann, Friedrich (1982), *How to Use Your Words*, Dortmund.
Robert, Paul (1971), *Micro Robert. Dictionnaire du français primordial*, Paris.
Van der Beke, G.E. (1935), *French Word Book*, New York.
Weis, Erich/Mattutat, Heinrich (1978), *Pons – Globalwörterbuch, Teil 1, Französisch-deutsch*, Stuttgart.

Diethard Lübke

65. Grammatiken

1. Definition

Unter den verschiedenen möglichen Bedeutungen von "Grammatik" ist hier die in Form eines Buches vorliegende Beschreibung derjenigen Regularitäten einer Sprache gemeint, nach denen der Sprecher dieser Sprache morphologisch und syntaktisch korrekte sowie kommunikativ angemessene Sätze bzw. Texte bildet. Im Sinne eines für Unterrichts- und Lernzwecke konzipierten Mediums stellt die hier gemeinte grammatische Beschreibung eine "Gebrauchsgrammatik" dar und unterscheidet sich damit von der häufig so genannten "wissenschaftlichen Grammatik". Die wissenschaftliche Grammatik bzw. eine linguistisch-theoretisch ausgerichtete Arbeit über ein grammatisches Problem dient dem Diskurs zwischen Fachwissenschaftlern; als theorieorientierte Sprachbeschreibung ist sie von dem Interesse geleitet, den linguistischen Erkenntnisstand ohne einen spezifischen Bezug auf den Bereich des Sprachenlehrens und -lernens zu verbessern. Die Gebrauchsgrammatik ist im Gegensatz zu der linguistischen Problemgrammatik eine für die praktischen Bedürfnisse der Sprachverwendung konzipierte Resultatsgrammatik, der bestimmte didaktische Prinzipien und Entscheidungen zugrunde liegen. Einen besonderen Typ der Gebrauchsgrammatik stellt die speziell für den nicht-muttersprachlichen Benutzer und für den Kontext Fremdsprachenlehren und -lernen konzipierte "Fremdsprachengrammatik" dar.

Die Gegenüberstellung von theoretisch-linguistisch orientierter Beschreibung und gebrauchs- bzw. fremdsprachengrammatisch-didaktisch orientierter Darstellung verweist auf die in der jüngeren Vergangenheit geführte Diskussion um die sog. "didaktische Grammatik" (Bausch 1979). Dieser Terminus bezeichnet ganz allgemein eine auf das Lehren und Lernen bezogene Sprachbeschreibung und wirft schlechthin die Frage nach den Beziehungen zwischen Linguistik und Fremdsprachenunterricht auf. Der Begriff Grammatik erfährt damit eine unübliche Erweiterung: Er umfaßt nicht mehr nur die traditionellen Bereiche der Morphologie und Syntax, sondern die gesamten mit der Faktorenkomplexion Fremdsprachenunterricht zusammenhängenden Fragen. Dieser neue Begriff hat zwar den Vorzug, nicht durch die dem Terminus "Schulgrammatik" möglicherweise anhaftenden negativen Konnotationen belastet zu sein, doch bleiben seine Konturen ohne nähere Präzisierung verschwommen.

2. Zielsetzung und Typologie von Fremdsprachengrammatiken

Eine sachdienliche allgemeine Differenzierung für die typologische Erfassung real existierender oder denkbarer Lehr- und Lernmedien schlägt Zimmermann (1979) vor, indem er vier Formen von 'didaktischer' Grammatik unterscheidet: a) die lehrwerkunabhängige Lehrergrammatik, b) die lehrwerkbezogene Lehrergrammatik, c) die lehrwerkunabhängige Nachschlagegrammatik für den Lerner, d) die lehrwerkbezogene Lerngrammatik. Typ (a) dient der allgemeinen grammatischen und didaktischen Hintergrundinformation von Studierenden, Lehrern und Lehrwerkautoren. Typ (b) meint ein Lehrerhandbuch, in dem die in einem spezifischen Lehrwerk ausgewählten grammatischen Strukturen beschrieben sowie die didaktischen Intentionen der Lehrwerkautoren dargestellt und Steuerungshilfen für die Planung und Durchführung von Unterricht gegeben werden. Die Typen (c) und (d) kommen dem hier definierten Begriff von Grammatik am nächsten. Sie bezeichnen Beschreibungen oder Teilbeschreibungen der Grammatik einer gegebenen Sprache für bestimmte Lerngruppen, Ziele und Lernstadien, ggf. einschließlich entsprechender Übungen.

Diese für das Fremdsprachenlehren und -lernen konzipierten grammatischen Lehr- und Lernmedien weisen eine Vielfalt von Erscheinungsformen auf, die einerseits mit Annahmen über die Eigenschaften der Benutzer sowie über die Funktionen der Grammatik im Sprachlehr- und -lernprozeß zusammenhängen, andererseits durch Überlegungen zur formalen und inhaltlichen Organisation der Grammatik motiviert sind. Die genannten Aspekte bedingen sich dabei gegenseitig. Klassifizierungen lassen sich u.a. unter folgenden Gesichtspunkten vornehmen (Kleineidam 1986).

Eigenschaften der Adressaten und angenommene Bedürfnisse

Nach dem Kenntnisniveau der Adressaten sind zu unterscheiden "Basis-/Elementar-/Grund-/Mindestgrammatiken", die den grammatischen Stoff von etwa 2-4 Lernjahren darstellen, und "Grammatiken für Fortgeschrittene". Im Hinblick auf den institutionellen Rahmen, in dem der Fremdsprachenunterricht stattfindet, wird traditionell differenziert zwischen "Schulgrammatiken", "Universitätsgrammatiken" und neuerdings "Grammatiken für die Erwachsenenbildung", wobei in der Praxis fließende Übergänge bestehen.

Funktionen im Sprachlehr- und -lernprozeß

Grundsätzlich verschieden konzipiert im Hinblick auf ihre angenommene Funktion sind die 'systematische' Grammatik und die 'progressionsbezogene' grammatische Beschreibung. Letztere ist in der Form sog. Grammatischer Beihefte verbreitet, die als lernfortschrittsbegleitende Kognitivierungshilfe dienen und in ihrem Aufbau von der Progression des Lehrwerks abhängig sind. Erstere ist nicht an ein spezielles Lehrwerk oder einen speziellen Sprachkurs gebunden; sie dient dem orientierenden Nachschlagen, dem wiederholenden Lernen, der systematischen Erweiterung der Kenntnisse und erfüllt damit die Funktion einer "Referenz-" oder "Nachschlagegrammatik" bzw. einer "Lerngrammatik". Referenz- und Lerngrammatiken können "Schwerpunktgrammatiken" sein, die sich auf bestimmte grammatische Problemkreise konzentrieren, oder "Gesamtgrammatiken", d.h. Grammatiken, die den grammatischen Stoff in bezug auf ein bestimmtes Niveau umfassend darstellen. Vorliegende Grammatiken sind zumeist ein Kompromiß aus Nachschlage- und Lerngrammatik, wobei die eine oder die andere Funktion mehr oder weniger dominieren kann.

Spezifische Verwendungszwecke verfolgen "Wiederholungsgrammatiken" und "Selbstlerngrammatiken" (Zimmermann/Wißner-Kurzawa 1985). Als Grammatiken mit integriertem Übungsteil reduzieren sie die grammatische Beschreibung auf eine geraffte Darstellung derjenigen grammatischen Informationen, welche für die Bearbeitung der nachfolgenden Übungen relevant sind, bzw. sie stellen ein nach modernen lernpsychologischen Gesichtspunkten aufgebautes Übungsprogramm dar, das den Benutzer sukzessiv in den jeweils behandelten grammatischen Komplex einführt.

Obgleich grundsätzlich Konsens darüber besteht, daß die Grammatik in dem modernen Fremdsprachenunterricht eine nurmehr dienende Funktion hat, sind Umfang und Art des Grammatikanteils im Unterricht in starkem Maße von den praktizierten Lehrverfahren (explizit/implizit, kognitiv/habitualisierend, isolierend/systematisch) sowie den Einstellungen der Lehrer abhängig. Dadurch ergeben sich unterschiedliche, im einzelnen wenig untersuchte Grade der Integration des Grammatikbuches in den Lehr- und Lernprozeß.

Angestrebte Fertigkeiten

Idealtypisch können "produktions-", "rezeptions-" und "analyseorientierte" Grammatik voneinander abgehoben werden (Ungerer 1986), wobei die grammatische Beschreibung jeweils aus der Perspektive der primär angestrebten Fertigkeiten Sprechen/Schreiben bzw. Hörverstehen/Leseverstehen bzw. Sprachanalyse erfolgt. Diese Unterscheidung ist bisher mehr theoretischer Natur; in der Praxis dominiert nicht zuletzt aus ökonomischen Gründen eine die verschiedenen Fertigkeiten integrierende "Mehrzweckgrammatik". Dieser eher traditionelle Typ eröffnet durchaus die Möglichkeit, je nach dem Lernniveau die dominant angestrebten Fertigkeiten bei der grammatischen Beschreibung besonders zu berücksichtigen.

Darstellungssystematik

Im Hinblick auf die internen Organisationsprinzipien lassen sich grundsätzlich folgende Typen von Grammatiken unterscheiden: "Wortarten-" und "Satzgrammatiken", "Textgrammatiken" und "kommunikative Grammatiken". Während die Mehrzahl der Fremdsprachengrammatiken dem Typ Wortarten- und Satzgrammatik zuzuordnen ist, sind Textgrammatik (Werlich 1986) und kommunikative Grammatik (Svartvik 1986) neuere Grammatiktypen, die veränderten Zielsetzungen und Bedürfnissen des Fremdsprachenunterrichts durch eine stärker textbezogene und pragmatisch-kommunikative Ausrichtung entgegenkommen.

3. Strategien der Selektion und Präsentation

Mit "Strategie" ist hier das bewußte und planmäßige Vorgehen beim Verfassen einer Grammatik gemeint. Entscheidungen dieser Art betreffen insbesondere die Auswahl und die Darbietung der grammatischen Strukturen.

Selektion

Die Frage der Selektion verweist unmittelbar auf das Problem der "Sprachnorm". Eine Fremdsprachengrammatik ist eine "normative" Grammatik, insofern hier aus der Menge der sprachlichen Varietäten ein bestimmter Sprachgebrauch ausgewählt und zum Vorbild erhoben wird. Dabei gilt es jedoch zu präzisieren, daß die häufig im Sinne einer Begriffsopposition gegenübergestellten Kennzeichnungen, "normativ-präskriptiv" und "deskriptiv" keineswegs so eindeutige, einander ausschließende Haltungen bezeichnen, wie das vielfach angenommen wird. Deskriptiv-beschreibende Aussagen zu dem tatsächlichen Sprachgebrauch überwiegen in modernen Fremdsprachengrammatiken bei weitem gegenüber präskriptiven Anweisungen für den sog. guten Sprachgebrauch. Neuere "normative" Grammatiken können durchaus auch als deskriptiv bezeichnet werden, insofern sie einen bestimmten vorher definierten Sprachausschnitt beschreiben. Die Wahl dieses Ausschnitts ist abhängig von Entscheidungen über die Zielsetzung des institutionellen Fremdsprachenunterrichts (z.B. Richtziel kommunikative Kompetenz) und von den angenommenen Bedürfnissen der Adressaten (z.B. Sprachverwendungssituationen, angestrebte Fertigkeiten).

Die Festlegung einer zielsprachlichen Norm nach Maßgabe unterschiedlicher fremdsprachendidaktischer Zielsetzungen setzt prinzipiell die Erstellung und Auswertung entsprechender Datenkorpora voraus, welche Aufschluß geben über Frequenz und Distribution der grammatischen Phänomene und auch als Grundlage für die Planung von Lernprogressionen dienen können (Mindt 1987). Die Forderung nach der Erarbeitung einer neuen linguistischen Beschreibung, welche die Grundfragen der Fremdsprachendidaktik von Beginn an berücksichtigt, ist zur Zeit freilich ein Idealziel.

Darstellungsmodus

Unter dieser Überschrift läßt sich eine Vielzahl von fremdsprachengrammatisch relevanten Entscheidungsprozeduren subsumieren. Es handelt sich im einzelnen um planerische Überlegungen zu dem für die Fremdsprachengrammatik geeigneten Grammatikformat, zu dem Abstraktionsgrad und der Verständlichkeit der Darstellung, zu der Angemessenheit metasprachlicher Terminologie (Raasch 1983) und ihrer Gewichtung im Verhältnis zu nicht-verbalen Darstellungsmöglichkeiten (Visualisierungen durch Diagramme, Schemata oder Notierungen durch "signalgrammatische" Verfahren), zu der Regelformulierung und damit zu dem Verhältnis von Regel und Beispiel sowie von Regel und Ausnahme, zu Verfahren der Kontextualisierung der Beispiele, zur Gewichtung von Lernschwierigkeiten auf dem Hintergrund der Sprachkontraste zwischen Ausgangs- und Zielsprache, zur Berücksichtigung von Lernstrategien (Generalisierungen, Vereinfachungen), etc. Idealerweise hätten solche Entscheidungen auf der Grundlage spracherwerbs-, kognitionspsychologischer und lerntheoretischer Einsichten in die für den Fremdsprachenlerner spezifische Strukturierung sprachlichen Wissens und sprachlichen Planens zu geschehen. Hier bleibt einzuräumen, daß trotz der Fortschritte der Fremdsprachendidaktik und der Sprachlehrforschung diese für eine Fremdsprachengrammatik wichtigen Entscheidungen im Hinblick auf den Darstellungsmodus bisher nicht mit dem wünschenswerten Maß an Objektivität und Verbindlichkeit getroffen werden können und noch weitgehend auf Intuition, Erfahrungswerten und Plausibilitätsannahmen beruhen.

Literatur

Bausch, Karl-Richard, Hrsg. (1979), *Beiträge zur Didaktischen Grammatik. Probleme, Konzepte, Beispiele,* Königstein/Ts.
Gnutzmann, Claus/Stark, Detlef, Hrsg. (1982), *Grammatikunterricht. Beiträge zur Linguistik und Didaktik des Fremdsprachenunterrichts,* Tübingen.
Kleineidam, Hartmut, Hrsg. (1980), "Schulgrammatik – Konzepte und Realitäten", in: *Der fremdsprachliche Unterricht,* Jg. 14, H. 54, 95-103.
Kleineidam, Hartmut (1986), *Fremdsprachengrammatik: Analysen und Positionen. Beiträge mit dem Schwerpunkt Französisch,* Tübingen.
Leitner, Gerhard, Hrsg. (1986), *The English Reference Grammar. Language and Linguistics, Writers and Readers,* Tübingen.
Mindt, Dieter (1987), *Sprache – Grammatik – Unterrichtsgrammatik: Futurischer Zeitbezug im Englischen I,* Frankfurt a.M.
Raasch, Albert, Hrsg. (1983), *Grammatische Terminologie,* Tübingen.
Svartvik, Jan (1986), "A Communicative Grammar of English", in: Gerhard Leitner (1986), 12-24.
Ungerer, Friedrich (1986), "Guidelines for a Multi-Purpose Teaching Grammar", in: Gerhard Leitner (1986), 103-124.
Welte, Werner (1985), *Die englische Gebrauchsgrammatik. Teil I: Geschichte und Grundannahmen,* Tübingen.
Werlich, Egon (1986), "The Relevance of a Text (Type) Grammar to Foreign Language Teaching – With a Note on Text Type Switches", in: Gerhard Leitner (1986), 65-88.
Zimmermann, Günther (1979), "Was ist eine 'Didaktische Grammatik'?", in: Winfried Kleine (Hrsg.), *Per-

spektiven des Fremdsprachenunterrichts in der Bundesrepublik Deutschland, Frankfurt a.M., 96-112.

Zimmermann, Günther (1984), *Erkundungen zur Praxis des Grammatikunterrichts,* Frankfurt a.M./Berlin/München.

Zimmermann, Günther (1990), *Grammatik im Fremdsprachenunterricht der Erwachsenenbildung. Ergebnisse empirischer Untersuchungen,* München.

Zimmermann, Günther/Wißner-Kurzawa, Elke (1985), *Grammatik: lehren – lernen – selbstlernen,* München.

Hartmut Kleineidam † / Manfred Raupach

66. Lesebücher, Lektüren, Anthologien, Textsammlungen

1. Systematischer und historischer Problemaufriß

Die Titel-Begriffe gehören zur traditionellen, in der Geschichte des Fremdsprachenunterrichts fest verankerten Terminologie; im Rahmen einer lehrmittelbezogenen Didaktik bezeichnen sie alte, eigenständige Editionsformen für die Schule als eine lernorganisierte Institution. Zusammen mit Begriffen wie *Schulautor, Schulausgabe, Schulklassiker, Schulkanon* u.a. konstituieren diese Unterrichts-/Lehr-/Lern-/Arbeitsmittel (es handelt sich um ein auch aus allgemeindidaktischer Sicht mehrdeutiges, unscharfes Begriffsfeld) weitgehend den Sprachunterricht, der wesentlich Textunterricht, Unterricht mit Texten, ist, auch wenn in unserem technologischen Zeitalter auditive und visuelle Medien die klassischen Printmedien *Lesebuch, Lektüre, Anthologie, Textsammlung* ergänzen, teilweise ersetzen. Erst in jüngerer Zeit scheint der Begriff *Medium* den allgemeindidaktischen Fachausdruck *Unterrichtsmittel* mehr und mehr zu ersetzen. Nach Schwerdtfeger (1973) ist *Medium* in der Erziehungswissenschaft, besonders in der Didaktik, zu einem Reizwort geworden, durch dessen Gebrauch die Fortschrittlichkeit und Modernität unseres gegenwärtigen Erziehungswesens signalisiert werden solle.

Ihren didaktischen Primat im Fremdsprachenunterricht, ihren besonderen, in der Geschichte fest verankerten Status verdanken diese schulischen Sprachwerke, die zumeist sekundäre Editionen "in usum Delphini" sind, auch der Tatsache, daß sie in den Lehrplänen und Richtlinien, in den Katalogen der Schulbuchverlage und im Medienrepertoire des Fachlehrers dauerhaft präsent sind. Bei zunehmender Konkurrenz zu den vielfältigen außerschulischen Textappellen behaupten die Lesebücher, Lektüren und Textsammlungen – im Anschluß an die zeitlich vorgeordnete Lehrbuchphase – ihre dominante Rolle auf der Textstufe, die Leisinger (1966) in seinen *Elementen des neusprachlichen Unterrichts* zu Recht Lektürestufe genannt hat. Insbesondere die schriftliche Schülerleistung auf der Sekundarstufe II hat immer den Text als Bezugspunkt.

Obwohl die vier Titel-Begriffe in der mediendidaktischen Entwicklung des neusprachlichen Unterrichts die älteste Stufe darstellen, ist der Gesamtkomplex in der Fremdsprachendidaktik eher ein vernachlässigtes Forschungsgebiet, was ein Blick in einschlägige Lexika bzw. neusprachliche Länder-Curricula bestätigt.

Das Lesebuch spielt im traditionellen Bildungswesen spätestens seit dem 18. Jahrhundert, also der Aufklärungszeit, eine tragende Rolle im Fremdsprachenunterricht. Spätantike Formen und Titel haben die Ausprägung des – zunächst – literarischen Lesebuchs mitbestimmt: die alte "Chrestomathie" des Griechisch- und Lateinunterrichts als Zusammenstellung von Proben griechischer und lateinischer Autoren, die zugleich Autoritäten, Muster waren. Sowohl deutsche wie auch fremdsprachliche Lesebücher – die ursprünglich keineswegs auf die Oberstufe, auch nicht auf Literatur oder Landeskunde beschränkt waren – sind als Gegenstücke zu den altsprachlichen "Kollektaneen", also "Auserlesenen Stücken", konzipiert worden. Auch die "Schatzkästlein" sind Nachfahren dieser humanistischen Bildungstradition, die in den sechziger Jahren insbesondere bei Deutschdidaktikern heftige Kontroversen ausgelöst hat (Helmers 1969). In der Fremdsprachendidaktik ist die Kritik am Lesebuch längst nicht so weit getrieben worden; dies aus Gründen, die mit den unterschiedlichen didaktischen Prämissen und den fremdsprachenspezifischen (expliziten/impliziten) Lernzielen zusammenhängen. Neben der Lektüre größerer, möglichst integraler Textausgaben, die spätestens seit den preußischen Lehrplänen von 1901 im Mittelpunkt des Unterrichts zu stehen haben, verlangt der Oberstufenunterricht die Heranziehung ausgewählter Abschnitte aus Werken der Literatur, die eine Erweiterung der Betrachtung ermöglichen, Zusammenhänge und übergreifende Bezüge aufzeigen. Die sog. kulturkundlichen Lesebücher sind in dieser Absicht entstanden, in Verbindung mit der Ganzschrift-Lektüre, als Grundlage für literarische Unterrichtssequenzen wie als Elemente für eine größere thematische Einheit. Zwischen den Extremen Kanonisierung und Diskriminierung behauptet sich das Lesebuch als traditionsbewußtes, aber ganz und gar nicht traditionalistisches Unterrichtsmittel (Christ 1969).

Neben und vor allem nach dem Lehrbuch, das inzwischen in einem kostspieligen und aufwendigen System didaktischer Materialien und Medien eingebunden ist, bildet die neusprachliche Lektüre einen traditionellen Schwerpunkt des Fremdsprachenunterrichts. Im Sinne der Tradition des altsprachlichen Unterrichts bedeutet das im 18. Jahrhundert über frz. "lecture" eingeführte mittellateinische Lehnwort zunächst einfach das Lesen, die Leseübung; sodann den Lesestoff, die Literatur, die in der Schule gelesen wird: längere, meist zusammenhängende Texte, bei denen das thematische Moment im Vordergrund steht und nicht die methodisch geordnete Vermittlung einzelner Spracherscheinungen, wie sie für das Lehrbuch typisch ist. Schullektüre ist nicht unbedingt identisch mit Schulausgabe, deren didaktische Differenz sich mehrfach von einer kritischen Ausgabe abhebt: Zwar sollte die unveränderte Wiedergabe der vom Verfasser autorisierten Textfassung die Regel sein, besonders bei literarischen Texten; doch ist eine grundsätzliche Berechtigung zur Kürzung in Schulausgaben (aus poetologischen, soziologischen, textsemantischen, ökonomischen Gründen) anzuerkennen. Die didaktische Ausgabe (Plett 1972) definiert sich nach Maßgabe der jeweils dominanten Lernziele. *Ganzschrift* bedeutet im Einzelfall nicht immer "ungekürzter Text", sondern eine für Schulzwecke bearbeitete und häufig gekürzte Fassung. In textkonstitutiver Hinsicht ist grob zu unterscheiden zwischen sog. authentischen, in ihrer Originalfassung vorliegenden (zumeist fiktionalen) Texten und didaktisch manipulierten Texten. Diese wiederum sind unter Anwendung qualitativer und quantitativer Textkriterien zu gliedern in von einem sekundären Autor besorgte sprachlich gestufte oder ungestufte originäre Textkompositionen einerseits und andererseits in solche, die aufgrund von verkürzender und/oder vereinfachender Bearbeitung entstanden sind. Die sach- und landeskundlichen Texte für den Fremdsprachenunterricht sind in aller Regel manipuliert, wenn sie nicht eigens und primär für Fremdsprachenlerner konzipiert sind. Sie kommen als sprachlich einfache Produktionen auf den Markt und werden von den ausländischen Produzenten gern übernommen (Högel 1987).

"Authentisch" in bezug auf Texte im Fremdsprachenunterricht bleibt ein höchst problematischer Begriff, dessen Gebrauch unterschiedliche Vorstellungen und semantische Verdichtungsgrade zuläßt (vgl. Weller 1992).

Mit der Neubesinnung auf die Funktion der Literatur im Fremdsprachenunterricht hat auch die Lektüre von Ganzschriften wieder an Bedeutung gewonnen. Umso dringender ist eine Klärung aller mit der Herausgabe literarischer Schulausgaben verbundenen Fragen, will man verhindern, daß die Bemühungen um eine schülergemäße Literaturaneignung zu einer unvertretbaren Pädagogisierung, ja Banalisierung des Lerninhaltes führen. Da die Schullektüre eine institutionalisierte Form von Literatur darstellt, die sich zumeist in präskriptiver Form (was die Regulationen des jugendlichen Verstehensprozesses angeht) an eine fest umrissene, in sich differenzierte Zielgruppe wendet, ist die ganze Palette schuleditorischer Textmanipulationen – von den quasi- bis pseudo-authentischen Texten – daraufhin zu prüfen, ob und in welchem Maße eine Schulausgabe (*abridged and simplified version; texte adapté/remanié; easy reader/structural reader/guided reader; texte en français facile; lecturas fáciles; facili letture* usw.) lexikalisch, strukturell oder stilistisch jene editorischen Grenzwerte überschreitet, die als Maßstab für die Einhaltung von Werktreue gelten müssen (Meyer 1976).

Textdidaktisch verantwortbare Editionsprinzipien gelten mutatis mutandis auch für die – je nach Sprachenfolge – schon in der Lehrbuchphase benutzten lehrbuchbegleitenden oder -ergänzenden Lektüren (*Begleitlektüre, Anschlußlektüre;* vgl. auch den bei Högel 1987 diskutierten Typ der *supplementary readers*) wie für die sog. *Anfangslektüre* als erste Beschäftigung mit einem fiktionalen Text, wo quantitative oder qualitative Textmanipulationen jede Bewußtmachung der ästhetischen Eigenschaften von Texten unmöglich machen können.

Der Begriff *Ganzschrift* ist historisch festgelegt, *Lektüre* ein weiter gefaßter Begriff, *Lesebogen* ein in neuerer Zeit gebrauchter Ausdruck zur Bezeichnung thematisch geordneter Texte, überwiegend als Kombination landeskundlicher und literarischer Auswahl. Gegenüber den zusammenhängenden, monumentalen, kulturgeschichtlichen

Lesebüchern boten die *Lesehefte* den Vorteil größerer Mannigfaltigkeit in der Auswahl (Rühl 1969).

In der Nachfolge dieser alternativen Form der Darbietung ergänzender Textstücke zum Lesebuch und aus dem verbreiteten Unbehagen am Lesebuch hat sich in den siebziger Jahren schnell ein neuer didaktischer Editionstyp entwickelt, der im Englisch- und Französischunterricht unter verschiedenen Bezeichnungen – *Reader* und *Dossier* – auftritt: Sammlungen von Unterrichtsmaterialien zu einer bestimmten Thematik, die zugleich Hör-, Lese- und Bildtexte sowie Anschauungsmaterial (Bilder, Diapositive, Karten, Graphiken, Statistiken, Tonaufnahmen u.a.) enthalten – verbunden mit vielfältigen, je nach Modell oder Reihe unterschiedlichen Arbeitsaufträgen bzw. Übungs- und Transfermaterialien. Bei diesen Textsammlungen sind zu unterscheiden die importierten Produktionen ausländischer Verlage für eine internationale Lernzielgruppe von den in deutschen Schulbuchverlagen unter der fremdsprachigen Bezeichnung herauskommenden Lesestoffen. Die Unterschiede betreffen die Lernzielgruppen, Inhalte und Gehalte, die Textkonstitution, die Auswertungs- und Übungsteile, die visuellen Elemente u.a. (Högel 1987). Art und Umfang dieser Kursmodelle/Kursmaterialien (*Topical Texts; Standpoints; Aspects* u.a.) legitimieren sich aus der zentralen Rolle der Textaufgabe für die gymnasiale Oberstufe und aus der Forderung thematischer Textsequenzen für einen Kursabschnitt, eine Unterrichtsreihe. Gerade hier ist der Text (welcher Art auch immer der implizierte erweiterte Textbegriff sein mag) das geeignetste Medium für einen integrierten Sprach- und Sachunterricht.

Während der in der Englischdidaktik hinreichend strapazierte Ausdruck "lexikosemantisch" etwas mit der Sache zu tun hat, die bezeichnet werden soll ("a book for instruction and practice esp. in reading; Anthology" nach *Webster's Ninth New Collegiate Dictionary*), ist der französische Ausdruck aus der administrativen Fachsprache ("ensemble de documents sur le même sujet", heißt es etwa im *Dictionnaire Hachette*) in den sechziger Jahren in die fachdidaktische Diskussion eingeführt worden, als man in französischen Fachkreisen nach dem Abgesang auf das *manuel* für neu konzipiertes *matériel pédagogique* einen programmatischen Namen brauchte. Als Werbeträger im Marketing der Schulbuchverlage, die um Marktanteile kämpfen, sind *Dossier* und *Reader* vage Begriffe geblieben und haben eher an Kontur verloren, zumal die Editionen ausländischer Provenienz häufig Ergebnisse didaktischer Manipulation sind (Högel 1987).

Gegenüber den bisher kommentierten drei Editionsformen fremdsprachenunterrichtlicher Textarbeit (Lesebuch, Lektüre, Textsammlung) führt die fremdsprachliche *Anthologie* als Sammlung und Auswahl von Gedichten oder Prosastücken nur noch ein Schattendasein. "Blütenlesen" im Sinne der lat. "Florilegien" waren bereits im 18. Jahrhundert eine beliebte Bezeichnung für neue Lesebücher, die gern auf spätantike literarische Metaphern-Titel zurückgriffen. Titel wie *Trésor de la poésie française* oder *A Treasury of Famous English Essays* sind heute eher obsolet. Auch hier haben – sofern lyrische Textsammlungen überhaupt auf den Markt kommen – nüchterne, sachliche Titel Platz gegriffen, so wie die Chronologie allenthalben anderen Gliederungs- und Ordnungsprinzipien weichen mußte.

2. *Lernziele und Strategien*

In der Chronologie seiner fremdsprachenunterrichtlichen Laufbahn begegnet dem Schüler die motivierende Kraft eines interessanten Inhaltes je nach Sprachenbeginn schon während oder spätestens nach Abschluß der fertigkeitsorientierten Lehrbucharbeit. Frei von den Zwängen der Lehrgangssequentialität können lehrwerkbegleitende oder -unabhängige einfache Ganzschriften fremdsprachige Leseerlebnisse vermitteln. In der spontanen Begegnung mit kleinen literarischen Kunstwerken kann der Schüler dieser Altersstufe lernen, sich hochzulesen von der platten, pragmatischen Alltagssprache des Lehrbuchs zur Rezeption und produktiven Verarbeitung "Schöner Literatur". Angesichts der restringierten Sprachbeherrschung auf dieser Lernstufe sind den adaptierten Fassungen von Originaltexten "fabrizierte" Filtertexte, sog. *textes d'approche*, vorzuziehen, die als didaktische "Voraus"-texte lexikalische, stilistische und andere Schwierigkeiten eines ausgewählten authentischen Textes vorab beseitigen helfen – ein aus der und in der Lehrbuchphase bekanntes Verfahren der Textarbeit.

Die endgültige Ablösung vom Verfahrensvorbild der Arbeit mit Lehrbuchtexten vollzieht sich auf der Oberstufe (Kollegstufe, Studienstufe), wo der fremdsprachige Text konstanter Bezugspunkt, sachlicher und sprachlicher Orientierungsrahmen wird und die Textarbeit eine Art Leitfunktion für die schriftlichen und mündlichen Sprachhandlungen übernimmt. Der fremdsprachliche Unterricht der Oberstufe ist Textunterricht, so daß textunabhängige, freiere Formen des Sprachgebrauchs in Richtung auf vorlagefreie Themaaufgaben (*dissertation, essay* u.a.) derzeit kaum Chancen haben (Götz/Mühlmann 1986; 1988; Mundzeck 1986 zur Problematik eines methodenmonistischen "Textualismus"). Das Konzept einer integrierten Sprach- und Textarbeit mit dem Schwerpunkt auf schüleraktivierenden Arbeits- und Darstellungsmethoden realisiert sich als Weg von der Sprachübung (im Sinne "didaktischer" Kommunikation) zur Sprachausübung (im Sinne "realer" Kommunikation) mit dem Ziel, den Schüler systematisch auf die adressaten- und situationsadäquate Bewältigung nachschulischer Lebensweltbedingungen vorzubereiten. Dieses Ziel einer funktional-kommunikativen Sprachschulung schließt die Befähigung zum freieren (abstrakteren, persönlicheren, fachlicheren) Sprachgebrauch ebenso ein wie die Realisierung komplexer, differenzierter Sprachhandlungen in Kenntnis der relevanten Unterschiede im Dia-System der Fremdsprache. Im Umgang mit textvermittelten Informationen und Problemfeldern werden zugleich allgemeine Arbeitstechniken der Informationsbeschaffung (Nachschlagen und Überprüfen in Lexika, Wörterbüchern, Fachbüchern u.a.) vermittelt sowie wichtige Kulturtechniken der Informationsverarbeitung (Unterstreichen, Exzerpieren, Ordnen, Protokollieren u.a.) fächerübergreifend eingeübt.

Die im ersten Abschnitt beschriebenen Grundelemente einer fremdsprachenunterrichtlichen Textdidaktik spielen bei der Vermittlung der fertigkeitsorientierten Zielqualifikation eine zentrale Rolle, die im folgenden spezifiziert werden soll.

Durch die antiliterarische Bewegung der siebziger Jahre und die gleichzeitig sich vollziehende Abkehr von den folkloristischen, monumentalen, völkerpsychologischen Lesebüchern der Nachkriegszeit haben landeskundliche *Textsammlungen* mit einem stark sozialwissenschaftlich artikulierten Gegenwartsbezug eine den Oberstufenunterricht beherrschende Stellung eingenommen. Begünstigt wurde ihre Vormachtstellung durch die starke Betonung einer pragmatischen Sprachdidaktik und die Forderung nach Integration von Sprach- und Sachunterricht im Hinblick auf das Leitlernziel Kommunikationsfähigkeit. Die möglichst authentischen Sachtextsequenzen bilden die zentralen Kommunikationsanlässe für die traditionellen Fertigkeitsbereiche Hör- und Leseverstehen, Sprech- und Schreibfähigkeit, die isolierbar sind (Steigerung der Hörfertigkeit durch Hörtexte; Differenzierung des Ausdrucksvermögens durch die Versprachlichung eines Bildtextes u.a.), aber in der konkreten Kommunikationssituation kombiniert auftreten. Die kommunikative Verkettung verschiedener Sprachtätigkeiten zeigt sich besonders deutlich, wenn es um die Vermittlung lebensweltlicher und berufsvorbereitender bilingualer Kommunikationsformen geht (mit dem Ziel der translatorischen Kompetenz). Der Prozeßcharakter der Textarbeit zeigt sich nicht nur an diesen Fertigkeitskombinationen, sondern schon an den vorausgehenden Arbeitsstrategien und Operationsketten (Beschreiben, Erläutern, Exemplifizieren, Besprechen, Beweisen, Argumentieren, Bewerten), die im Nacheinander von Verstehensleistungen (ggf. über Ton- bzw. Bildträger) und Darstellungsleistungen (Üben, Anwenden, Überprüfen, Transferieren u.a.) den Kern der Textarbeit ausmachen. Die Vermittlung und Übung der im muttersprachlichen Unterricht häufigeren individuellen, mündlichen Darstellungsformen ((Nach-)Erzählen, Berichten, Referieren u.a.) bzw. interaktiver Kommunikationsmittel (Improvisieren, Diskutieren, Simulieren u.a.) treten zurück gegenüber den leichter zu bewertenden schriftlichen Darstellungsformen (Paraphrase, Résumé, Contraction, Analyse, Interpretation, Übersetzen u.a.). Unübersehbare Rückwirkungen hatten hier die normsetzenden Vorgaben der *Einheitlichen Prüfungsanforderungen in der Abiturprüfung,* was die textanalytischen Operationen, die Aufgaben- und Übungsformen – bis hin zur Angabe quantifizierender Bewertungs- und Gewichtungsskalen – angeht.

Eine breite Palette von nach Themen, Anlässen und Sprachregistern diversifizierten Textsorten, die der Fachlehrer selbst auswählen und kombinieren kann (Bericht, Brief, Protokoll, Kommentar, Gebrauchstext, Fachtext, Interview, Statistik, Bildprogramm, bilingualer Rollentext, fiktionale Beispiele u.a.), bietet die Möglichkeit eines ebenso motivierenden wie fertigkeitsorientierten Sprachunterrichts.

Zu den Feinzielen einer funktionalen Textdidaktik gehören insbesondere:
– fortschreitende Verfeinerung der fachspezifischen Methoden der Textanalyse und -interpretation;

- zunehmend selbständigere und freiere Anfertigung primärtextinduzierter Sekundärtexte;
- Aneignung der den eigenen Sozialraum erweiternden konventionalisierten/ritualisierten Sprachmuster im Sinne eines angemessenen Sozialverhaltens;
- Beherrschung der Grundformen bilingualer Kommunikation in relevanten Rollensituationen auf dem sicheren Fundament der grundsprachlichen Handlungskompetenz.

Aus dem Zusammenhang zwischen Textsorte und Textfunktion ergibt sich eine Reihe von lerninhalts- und lernzielbedingten Implikationen; zu nennen sind u.a.:
- unterschiedliche Erarbeitung von Schrift-, Bild-, und Hörtexten; von gemeinsprachlichen und literarischen Texten sowie Fachtexten usw.;
- je nach Textsorte unterschiedliche kommunikative Aufgabenstellungen;
- textsortenspezifische fertigkeitsbezogene Übungen;
- Leistungsmessung und Lernerfolgsüberprüfung, die vorlageabhängige Anforderungen (reproduktive und semi-kreative Aufgaben) mit Transferaufträgen (kreativen Aufgaben) kombinieren.

Die in einigen Textsammlungen erfolgte explizite Stufung nach Schwierigkeitsgraden bzw. Sprachminima (*graded/progressive readers*) soll adressatenspezifischen Erfordernissen Rechnung tragen.

Im Verbund historischer, literarischer und ggf. interlingualer Vergleichstexte werden mit einzelnen Kursmodellen Lernziele angestrebt, die traditionell dem neusprachlichen Oberstufenlesebuch aufgetragen waren: eine extensivere Kenntnis der Sprache, Literatur und des Landes zu vermitteln, als es eine begrenzte Zahl von Einzellektüren vermag. Aber schon die erste Ganzschrift-Lektüre – zwischen Lehrbuch und der eigentlichen Textarbeit – ist ein neuralgischer Punkt, an dem sich die Geister scheiden. Hier geht es nicht nur um Namen und Titel, vielmehr um die Frage, was "recht und billig" ist; denn angesichts der anhaltenden "Richtungslosigkeit des Lektüreunterrichts" (Plett 1972, 187) herrschen weiterhin terminologische Schwierigkeiten bezüglich der Textausgaben, die im Fremdsprachenunterricht gelesen werden können. Besonderen Bedingungen, was Art und Umfang der schuleditorischen Textmanipulation angeht, unterliegen Texte, mit denen spezifisch literarische Lernziele erreicht werden sollen. Die Schulung der Lesefähigkeit und die Einübung in die selbständige Texterschließung und -besprechung sind aber auch abhängig vom didaktischen Apparat einer *Schulausgabe*: Präsentation, Erklärungsumfang, Annotierungen, Übungsstrategien usw. Die Lektüre ist im Unterricht kein isolierter Faktor, sondern im Zusammenhang mit anderen Texten zu sehen; sie ist Baustein und Element innerhalb einer größeren thematischen Kurs-/Unterrichtseinheit, zu der auch das Lesebuch und die stärker landeskundlich orientierten Textsammlungen beitragen. Andererseits verweisen einige neue literarische Textreihen auf eine stärkere Verselbständigung der Lektüre im fremdsprachlichen Oberstufenunterricht. Neben die bisherigen Einzelwerkausgaben treten nicht nur autor-, gattungs- und themenzentrierte Editionen mit Anthologie-Charakter; durch sog. *dossiers préparatoires* und *textes supplémentaires* wird der einzelne Text auch in einen größeren Kontext gestellt; die klassische Lektüre verselbständigt sich schließlich noch weiter durch ein ganzes Spektrum didaktisch-methodischer Innovationen (Lehrerband mit integrierter Schülerausgabe; Materialien-Begleitheft; Modellanalysen; Stundenblätter mit Schlüssel usw.), mit denen z.T. neue Wege in der Praxis einer offeneren Literaturvermittlung beschritten werden.

Der fremdkulturelle Literaturunterricht ist von unschätzbarem Wert für das Verstehen anderer Völker und Kulturen wie auch für das Verstehen der eigenen Kultur. Literatur lesen bedeutet, vertiefte Welterfahrungen machen, die instruktive Überlegenheit eines literarisch vorgespielten Modells, d.h. verdichteter Wirklichkeit erfahren. In fiktionalen Texten erlebt der Schüler dasselbe lebensweltliche Problem eindrucksvoller und motivierender als im landeskundlichen Unterricht. In der Bedeutungsstruktur literarischer Texte erschließt sich für den jugendlichen Leser Wirklichkeit auf besondere Weise, erweitert sich durch die Formen poetischer Sinnkonstitution sein Selbst- und Weltverständnis. Stärker noch als das Lesebuch leistet die fremdsprachliche Lektüre einen Beitrag zur Entwicklung und Förderung der Lesefähigkeit fremdsprachiger Literaturtexte. Der verlangsamte Rezeptionsvorgang beim Umgang mit literarischen Texten vermittelt emotionale und ästhetische Erlebnisse, die dem rasch und flüchtig Lesenden verborgen bleiben müssen. Im Wechsel von kursorischen, intensiven und statarischen Phasen der Lektürearbeit liegen Chancen freier, offener, ja tendenziell symmetrischer Formen literarischer Kommunikation. Wie die Teilergebnisse der literarischen Textarbeit miteinander verknüpft werden können, um zu komplexeren Aussagen über den Text zu gelangen, und welchen Übertragungswert die an einem einzelnen Text gewonnenen Einsichten haben, hängt wesentlich von der fremdsprachlichen Interpretationsstunde ab, die im Zentrum des Literaturunterrichts steht. Literarische Lernziele sind schwer zu definieren und noch schwerer zu kontrollieren. Den Schüler "auf den Geschmack" zu bringen gehört unzweifelhaft zur emanzipatorischen Funktion des Literaturunterrichts in der Schule. Er ist für viele Schüler die letzte Chance, interaktiv und kritisch zu Werken der "Schönen Literatur" Stellung nehmen zu lernen. Die Förderung der lesetechnischen Bewältigung längerer Passagen, beschränkt auf globales Inhaltsverständnis (extensives Lesen), ist eine unverzichtbare Motivation im Hinblick auf die außerschulische Freizeitlektüre, so wie die unterrichtliche Lektüre literarischer Ganzschriften auf die Vielfalt medial vermittelter Werke (Hörspiel, Fernseh- und Spielfilm, Theateraufführung) aufmerksam macht.

Neue Lesebücher sind auf dem Markt: rein literarische, rein landeskundliche sowie kombinierte Ausgaben, z.T. getrennt nach Grund- und Leistungskursen. Das Lese- und Arbeitsbuch für die Oberstufe ist die heute übliche Präsentation, z.T. verdeutlicht durch die Trennung in *textbook* und *workbook*. Im Prinzip geht die Tendenz hin zu längeren, zusammenhängenden Texten, die Schüler stärker in ihren Interessen ansprechen, zu engagierter Äußerung im Sinne interaktiver Sozialformen des Unterrichts auffordern, zu kritischem Leseverhalten und zu eigener Lektüre anregen.

Unabhängig von den didaktischen Prämissen, Zielsetzungen und Arbeitsmethoden soll das Lesebuch die parzellierte Sachwelt der (landeskundlichen, literarischen) Einzeltexte ergänzen, erweitern und vertiefen. Mit der Vielfalt der Anthologie-Texte korrespondiert die Pluralität der Lernziele und Zugriffsweisen, sei es als selbständige Kurseinheit, in Kombination mit einer Textsammlung oder integriert in eine Ganzschrift-Lektüre. Je nach Lesebuch-Typ (landeskundliches, kulturkundliches, literarisches Lesebuch) vermittelt das *Lesebuch* in seiner textdidaktischen Aufmachung autor-, werk- und themenübergreifende Bezüge, systematisierte Einsichten, was weder ein Dossier/Reader noch eine Einzellektüre leisten kann. Das Lesebuch ist zunächst einmal eine Text-Anthologie, die – in Verbindung mit dem Bildmaterial – Lesevergnügen bereiten und zur wissensmäßigen Horizonterweiterung beitragen kann; als Arbeitsbuch bietet es dem Lehrer vielfältige Möglichkeiten, kommunikationstheoretische, leseerzieherische, literarästhetische, sozialkritische, textsortenspezifische Arbeitsweisen zu verzahnen. Schließlich ist und bleibt das Lesebuch der traditionelle Ort, wo im Unterricht Themen wie gattungsorientierte Strukturkunde, Literatur als Sozialgeschichte, Literaturgeschichte im Sinne kultureller Kontinuität, Rezeptionsgeschichte (unter Einschluß der Medien) im gesellschaftlich-politischen Zusammenhang behandelt werden können. Bei der Textauswahl – landeskundlich wie literarisch – dominieren allerdings das 19. und vor allem das 20. Jahrhundert. Eine Rückbesinnung auf englische oder französische Klassik bzw. Aspekte historischer Landeskunde ist nicht erkennbar.

Gerade unter diesen Aspekten bestehen Bedenken gegen die unveränderte Übernahme ausländischer Lesebücher/Anthologien, insofern diese Titel nicht eigens für den deutschen Fremdsprachenunterricht verfaßt worden sind, vielmehr in einer anderen nationalen Bildungstradition stehen.

3. Zur Textsituation im Unterricht der schulischen Tertiärsprachen

Der schul- und gesellschaftspolitisch so wünschenswerte Tertiärsprachenunterricht leidet gegenüber den etablierten modernen Fremdsprachen (Englisch, Französisch) unter einem erheblichen Mangel an für den Unterricht direkt geeigneten Lesebüchern, Lektüren, Anthologien und Textsammlungen. Die Situationsanalyse und Bestandsaufnahme sind in den betroffenen Fremdsprachen (Italienisch, Niederländisch, Russisch, Spanisch u.a.) ähnlich bis gleich, weil die schulsprachenpolitischen und didaktisch-methodischen Prämissen weitgehend übereinstimmen.

Hier gibt es kaum Anthologien und Textsammlungen, die eigens für den Unterricht der gymnasialen Oberstufe konzipiert worden sind. Was die Lektüre von Ganzschriften angeht, wird der Lehrer zu Beginn der Textarbeit auf adaptierte Texte deutscher Schulbuchverlage zurückgreifen oder bei fortgeschrittenen Lernern in Italien, Spanien usw. erscheinende, authentische Lektüren benutzen. An landeskundlichen Dossiers steht dem Lehrer – neben dem Angebot der Tagespresse sowie von Sachbüchern – eine steigende Anzahl von thematisch geordneten Textsammlungen deutscher Schulbuchverlage zur Verfügung, die in erster Linie aber für den Unterricht der Volkshochschule gedacht sind. Auch für den literarischen Bereich gibt es weder auf dem deutschen noch auf dem ausländischen Schulbuchmarkt fertige Ausgaben, die der Unterrichtende übernehmen könnte. So ist der Lehrer darauf verwiesen, sich im fortgeschrittenen Sprachunterricht die Textbasis seiner Unterrichtsreihen weitgehend selbst zusammenzustellen. Die Anthologien ausländischer Verlage, die häufig auch in Dossierform konzipiert sind, können nur auszugsweise benutzt werden, weil sie 1) oft Themen enthalten, die aus deutscher Sicht landeskundlich nicht relevant sind, 2) in Umfang und Sprachniveau nicht auf die unterrichtlichen Voraussetzungen deutscher Schüler abgestellt sind und 3) viele nichtauthentische Texte enthalten, deren inhaltliche Erläuterungen für deutsche Schüler kaum ausreichen. Sehr unterschiedliche Adressatengruppen und geringe Abnehmerzahlen erschweren die Produktion geeigneter Unterrichtsmittel durch die bundesdeutschen Lehrmittelverlage. Da ausländische Verlage häufig nicht übertragbare Lernziele setzen und eine z.T. fragwürdige (auch korrumpierte) Textauswahl bieten, bleibt es Aufgabe des Fachlehrers, aus den jeweils angebotenen Titeln und Reihen selbst Unterrichtsreihen zu konzipieren und das Textmaterial in eigener Regie entsprechend aufzubereiten.

Aus sprachlichen und motivationellen Gründen werden in den Tertiärsprachen häufig bis regelmäßig ausgewählte Werke bekannter Autoren in gekürzter und vereinfachter Fassung (*easy readers*) gelesen – als Anfangslektüre, als Lektüre einer Ganzschrift überhaupt. Eine auch nur annähernd vollständige Übersicht über erste Ansätze eigenständiger, sprachenspezifischer Editionen für den schulischen Tertiärsprachenunterricht ist hier nicht möglich; es mag der Hinweis genügen, daß die besondere Situation des Niederländischunterrichts und der expandierende Spanischunterricht textdidaktische Perspektiven erkennen lassen. Eine weitere, sprachenübergreifende Perspektive im Sinne mehrerer Entschließungen der EG-Bildungsminister zur Europäischen Dimension im Unterricht zeichnet sich durch eine neue Lesebuch-Generation ab: *Europäische Nachbarn. Ein Lesebuch für die Oberstufe* (Wittenberg 1991) und *Europäisches Lesebuch* (Barmeyer et al. 1992) sind Anthologien literarischer Texte (in der Originalsprache und/oder in Übersetzungen), die zur Kenntnis europäischer Sprachen und Kulturen beitragen sollen.

Literatur

Barmeyer, Gudrun/Benl, Rotraud/Steets, Angelika, Hrsg. (1992), *Europäisches Lesebuch*, München (mit Lehrerband).
Bentmann, Friedrich (1969), "Funktionen des Lesebuchs im Französischunterricht der Oberstufe", in: *Der fremdsprachliche Unterricht*, Jg. 3, H. 10, 29-35.
Brusch, Wilfried/Köhring, Klaus H. (1976), "Von der Textentschlüsselung zur Textverarbeitung", in: *Der fremdsprachliche Unterricht*, Jg. 10, H. 39, 2-13.
Christ, Herbert (1969), "Das literarische Lesebuch im Französischunterricht", in: *Der fremdsprachliche Unterricht*, Jg. 3, H. 10, 36-46.
Eckerstorfer, Karin (1985), "Die Ganzlektüre im Englischunterricht der Hauptschule. Vom Lehrbuch zum extensiven Lesen", in: *Erziehung und Unterricht*, H. 8, 516-526.
Götz, Joachim/Mühlmann, Horst (1986; 1988), "Von der Textaufgabe zum Zieltext", in: *Die Neueren Sprachen*, Teil I, Jg. 85, 357-380; Teil II, Jg. 87, 506-538.
Grand-Clément, Francis (1970), "Textes remaniés et textes d'approche", in: *Le Français dans le Monde*, Jg. 10, H. 73, 69-73.
Helmers, Hermann, Hrsg. (1969), *Die Diskussion um das deutsche Lesebuch*, Darmstadt.
Hermes, Liesel (1979), "Von der gelenkten zur selbständigen Texterschließung: Lektüren im Englischunterricht der Sekundarstufe I", in: *Der fremdsprachliche Unterricht*, Jg. 13, H. 51, 2-15.
Högel, Rolf (1978), "Literarische Originaltexte – Bearbeitete Textausgaben: Lektüreauswahl im Konflikt der Werte", in: Klaus Detering/Rolf Högel (Hrsg.), *Englisch auf der Sekundarstufe I. Festschrift für Käte Lorenzen zu ihrem 60. Geburtstag*, Hannover, 124-134.
Högel, Rolf (1987), "Lektüren und *Supplementary Readers* als eigenständige Textsorten", in: *Praxis des neusprachlichen Unterrichts*, Jg. 34, 44-54.
Kemmner, Ernst (1974), "Arbeit mit der Ganzschrift im Französischunterricht", in: *Praxis des neusprachlichen Unterrichts*, Jg. 21, 388-407.
Lechler, Hans-Joachim (1969), "To simplify or not to simplify?", in: *Der fremdsprachliche Unterricht*, Jg. 3, H. 9, 9-23.
Leisinger, Fritz (1966), *Elemente des neusprachlichen Unterrichts*, Stuttgart.
Lilienthal, Jutta (1974), *Praxis der Literaturvermittlung. Der pädagogische Apparat französischer literarischer Schulausgaben*, Frankfurt a.M.
Lübke, Diethard (1982), "Texte *en français facile* im Unterricht", in: *Praxis des neusprachlichen Unterrichts*, Jg. 29, 396-400.
Melde, Wilma (1980), *Landeskunde und Spracherwerb. Kritische Analyse der Unterrichtsmaterialien für Französisch Sekundarstufe II*, Tübingen.
Meyer, Helmut (1976), "Original und Schulausgabe im fremdsprachlichen Unterricht: Textdidaktische Überlegungen zur editorischen Grenzwertfindung am Beispiel dreier Fassungen von Jerome K. Jeromes 'Three Men in a Boat'", in: *Die Neueren Sprachen*, Jg. 75, 524-537.

Mundzeck, Fritz (1986), "Normierungstendenzen im Fremdsprachenunterricht – Beispiel Textaufgabe", in: *Die Neueren Sprachen*, Jg. 85, 405-420.

Oerke, Helmut (1966), "Die Kürzungspraxis in den deutschen Schulausgaben französischer Prosa", in: *Praxis des neusprachlichen Unterrichts*, Jg. 13, 236-244.

Plett, Heinrich F. (1972), "... in usum Delphini? Gedanken zu einer textdidaktischen Axiomatik der fremdsprachlichen Schullektüre", in: *Die Neueren Sprachen*, Jg. 71, 185-197.

Rattunde, Eckhard, Hrsg. (1986), *Textarbeit und Textaufgabe* (= *Die Neueren Sprachen*), Jg. 85, H. 4.

Roehlich, Christiane/Weller, Franz-Rudolf (1992), "Lektüre-Neuerscheinungen für den französischen Literaturunterricht. Berichtszeitraum 1987-1991", in: *Die Neueren Sprachen*, Jg. 91, 254-283.

Rühl, Herbert (1969), "Lesebuch oder Lesebogen?", in: *Der fremdsprachliche Unterricht*, Jg. 3, H. 10, 47-60.

Rüttgens, Hannelore (1979), "Zum Einsatz von Lektüren im Französischunterricht der Sekundarstufe I", in: *französisch heute*, Jg. 10, 257-264.

Schröder, Konrad, Hrsg. (1979), *Tertiärsprachen* (= *Die Neueren Sprachen*), Jg. 78, H. 2.

Schwerdtfeger, Inge Christine (1973), *Medien und Fremdsprachenunterricht*, Hamburg.

Weinrich, Harald (1966), "Darf man Schulausgaben kürzen?", in: *Praxis des neusprachlichen Unterrichts*, Jg. 13, 233-236.

Weller, Franz-Rudolf (1992), "Wie 'authentisch' ist 'idiomatisches' Französisch? Anmerkungen zu zwei unklaren Begriffen der Fremdsprachendidaktik", in: *Fremdsprachen lehren und lernen*, Jg. 21, 117-139.

Wittenberg, Hildegard, Hrsg. (1991), *Europäische Nachbarn. Ein Lesebuch für die Oberstufe*, Stuttgart (mit Lehrerband (1992)).

Wohlenberg, Reimer (1966), "Die Kürzungspraxis in deutschen Schulausgaben französischer Dramen", in: *Praxis des neusprachlichen Unterrichts*, Jg. 13, 346-355.

Wolff, Dieter, Hrsg. (1990), *Zweitsprachliches Verstehen* (= *Die Neueren Sprachen*), Jg. 89, H. 6.

Wolff, Udo (1975), "Textarbeit und Dossierkonstruktion", in: *Praxis des neusprachlichen Unterrichts*, Jg. 22; zitiert nach *Reprint 2. Aufsätze aus den Jahrgängen 1953-1977. Eine Auswahl*, 1978, 115-131.

Franz-Rudolf Weller

67. Materialien zum Selbstlernen

1. Zum Begriff des Selbstlernens

Das Konzept des autonomen bzw. selbstgesteuerten Lernens, auch als Selbstlernen bezeichnet, gewinnt in der bildungspolitischen und pädagogischen Diskussion immer mehr an Bedeutung. Vorbereitet durch die reformpädagogische Bewegung der 20er Jahre und aufgegriffen in den pädagogisch-didaktischen Tendenzen der jüngsten Zeit, stellt das Prinzip der Selbsttätigkeit die Fähigkeit der Selbststeuerung und Selbstverantwortung in das Zentrum jeglicher Instruktionsmaßnahmen. Der Lernende wird nicht länger als bloß rezipierendes Objekt fachlicher Unterweisungen gesehen, sondern als Subjekt seines eigenen Lernens begriffen.

In Anlehnung an Einsiedler (1978) wird vorgeschlagen, den Begriff des autonomen Lernens in einem engeren und einem weiteren Sinn zu fassen:

– Autonomes Lernen im engeren Sinn bezieht sich auf die Art und Weise, mit der (fremd-)gesetzte Ziele erreicht werden sollen.
– Autonomes Lernen im weiteren Sinn umfaßt die selbst zu verantwortende Setzung von Lernzielen inkl. der Entscheidung, nicht zu lernen.

Für ein Lernen unter den Bedingungen der Regelschule ist diese Auffassung ein Grenzfall, der realiter kaum anzutreffen ist, da institutionalisierte Formen von Lernen i.a. streng an curriculare Vorgaben gebunden sind. Demzufolge kann es sich bei unterrichtlichem Lernen bestenfalls um teilautonome Wissensaneignung handeln (autonomes Lernen im engeren Sinn); d.h., die fremdgesetzten Wissensinhalte werden so aufbereitet, daß sie vom Lernenden selbständig erarbeitet werden können.

2. Ziele des autonomen Lernens

Die Entwicklung der Fähigkeit zur selbständigen Aneignung von Kenntnissen und Fertigkeiten – auch im Fremdsprachenunterricht – wird aus mehreren Gründen für erstrebenswert gehalten.

1) Die dynamische Wissensexpansion unserer Zeit, die vorhandene Wissensbestände schnell veralten läßt, postuliert geradezu ein "Lernen des Lernens", das den Menschen in seiner Eigenschaft als *homo discens* befähigt, sich seinen zukünftigen gesellschaftlichen, fachge-

bundenen und psycho-sozialen Aufgaben ständig anzupassen.
2) Unter persönlichkeits- und motivationspsychologischen Gesichtspunkten spricht einiges dafür, autonomes Lernen zu fördern: Zum einen erlebt sich der Lerner als Urheber seines Tuns; er entwickelt das Gefühl einer größeren Selbstsicherheit, Zufriedenheit und Mündigkeit, was als notwendige Voraussetzung für späteres schulexternes Handeln angesehen werden kann.
Zum anderen wirkt die relativ entlastete Lernumwelt des autonomen Lernens Streß und Schulangst entgegen und kann so zu verbesserten Lernergebnissen beitragen.
3) Kognitionspsychologische Befunde lassen vermuten, daß der Grad der Lernaktivität und der Behaltens- und Anwendungsleistung höher ist, wenn Inhalte selbständig angeeignet werden.
4) Für den Fremdsprachenunterricht bieten autonom zu bearbeitende Instruktionsmedien folgende Vorteile:
   – Sie können bei der häuslichen Arbeit des Schülers herangezogen werden.
   – Als lehrerunabhängige Nachlernmedien stehen sie dem Schüler zur Aufarbeitung unverstandener und vergessener Inhalte jederzeit zur Verfügung.
   – Im Falle längerer Abwesenheit können Lerndefizite selbständig ausgeglichen werden.
   – Das Schwergewicht des Unterrichts könnte verstärkt auf die Phase der Anwendung verlagert werden, wodurch das Ziel der "Kommunikativen Kompetenz in Alltagssituationen" leichter erreicht werden könnte.

3. Spezifische Strategien

Jeder Instruktionsprozeß wird sowohl von Selbst- als auch von Fremdsteuerungskomponenten bestimmt.

Materialien zum Selbstlernen sind im Sinne von Lernhilfen zu verstehen und bilden eine Brücke zwischen Fremd- und Selbststeuerung; sie stehen im Vermittlungskontext zwischen lernerspezifischen und lehrziel- und inhaltsspezifischen Aspekten. Eine geeignete sach- und lernergerechte Aufbereitung kann es dem Lernenden ermöglichen, sich einen neuen Inhalt selbständig anzueignen, womit Selbstlernmedien – in letzter Konsequenz – die Funktion des Fachlehrers in Teilbereichen des Unterrichts übernehmen würden.

Ein erfolgreicher Umgang mit Selbstinstruktionsmedien setzt das Vorhandensein gewisser persönlichkeitsbedingter Fähigkeiten voraus wie
– Selbstakzeptanz und Vertrauen in die eigene Lernfähigkeit
– intrinsische, aber auch extrinsische Motivation sowie das Bedürfnis nach Wissen und Verstehen
– Fähigkeit zur Setzung von Zielen
– Fähigkeit zur systematischen Planung des Lernweges, soweit er von den Medien nicht vollständig vorgegeben ist
– Fähigkeit zur sachadäquaten Beurteilung der eigenen Lernleistung.

Hier zeigt sich auch die Problematik des Selbstlernkonzeptes, da der Ausbildung dieser Fähigkeiten eines idealen Selbstlerners natürliche, individuell unterschiedliche Grenzen gesetzt sind.

Es kann davon ausgegangen werden, daß grundsätzlich alle Lerninhalte, bei denen es um einsichtsvolles Lernen geht, durch Selbstlernmedien dargeboten werden können.

Für den Bereich des fremdsprachlichen Lernens scheinen v.a. die Einführung und Einübung neuer grammatischer und lexikalischer Strukturen sowie landeskundliche Inhalte geeignet. Es ist zu vermuten, daß Defizite im Bereich der produktiven Fertigkeiten nur unvollkommen abgebaut werden können.

Instruktionsmethodische Maßnahmen zur Konzeption von Selbstlernmedien sind darauf gerichtet, selbstlernfördernde Lehrmodi mit den Lernvoraussetzungen der Adressaten in Einklang zu bringen. Die Kommunikationsstruktur sollte also betont lernerbezogen sein, d.h., die Adressaten sind in ihrem kognitiven, didaktischen, motivationalen und lernstrategischen Bedingungsgefüge in größtmöglichem Ausmaß zu berücksichtigen. Hierzu ist allerdings einschränkend zu sagen, daß der vermutete Lernverlauf nur sehr grob antizipiert werden kann, bringt doch die Gesamtheit der potentiellen Benutzer sehr heterogene Fähigkeiten und Voraussetzungen mit.

In fachdidaktischen und kognitionspsychologischen Untersuchungen haben sich folgende Faktoren als selbstlernfördernd erwiesen:
– Information über den Inhalt der Lerneinheit in abstrakterer und allgemeinerer Form als der Text selbst, um dem Lernenden zu helfen, den übergeordneten kognitiven Rahmen abzustecken.
– Expliziter Bezug auf Bekanntes, um die Aktivierung relevanter Konzepte zu unterstützen und die Integration neuer Wissenselemente in vor-

handene kognitive Schemata zu erleichtern.
- Lerneradaptive Elementarisierung des Lernstoffes (kleinschrittige Progression), um die Verarbeitungskapazität nicht zu überfordern.
- Linearität. Die instruktionsmethodisch folgerichtige Darbietung des Lernstoffes sollte sich an der Psycho-logik des vermuteten Lernablaufs orientieren und nicht ausschließlich an der tradierten Sprachbeschreibungslogik. Dem Lernenden kann so ein psycho-logisch aufbereitetes Instruktionsmaterial angeboten werden, das ihm größere kognitive Umstrukturierungsoperationen erspart.
- Hinreichende Explizitheit der Erklärungen, um langwierige und fehlerhafte Suchprozesse zu vermeiden.
- Lehrprogression von allgemeineren zu detaillierteren Wissenselementen, um dem Lernenden die Eingliederung von Einzeldaten in hierarchisch höhere Zusammenhänge zu ebnen.

Die sprachlich-stilistische Gestaltung sollte am Sprachgebrauch der Lerner orientiert sein; typische schriftsprachliche Elemente, die sich als grundsätzlich lernschwer erwiesen haben, sollten vermieden werden. Dazu gehören u.a. Nominal-, Partizipial- und Passivkonstruktionen, entbehrliche lateinische und fachsprachliche Ausdrücke sowie wenig frequente Wörter und Wendungen.

Da ein Selbstlernmedium immer nur ein unvollkommener Interaktionspartner sein kann, müssen konzeptuelle Vorkehrungen getroffen werden, um die Lernbereitschaft der Adressaten anzuregen und aufrechtzuerhalten. Hierbei ist gedacht an eine direkte Leser-Ansprache, eingestreute Textfragen, Memorierungshilfen, Sekurisierungselemente (Zimmermann 1985). Eine humoristische Gestaltung, die dem Autor die Funktion als empathiefähigen Lernbegleiter zuerkennt, erweist sich als lernmotivationsfördernd. Eine umfassende Einführung bezüglich
- Ziel und Zweck des Buches
- lernstrategischer Vorschläge
- Textgliederung und Textaufbau
- Möglichkeiten der Benutzung des Selbstlernmediums und eventueller Begleitmedien
ist für Selbstlernmedien unverzichtbar.

4. Spezifische Arbeits- und Übungsformen

Um die Selbsttätigkeit des Lernenden lehrmethodisch zu unterstützen, bietet es sich an, in Selbstinstruktionsmedien eine durch Fragen geleitete bzw. entdeckenlassende Lehrstruktur zu verwenden. Dabei kann es sich nur um eine sehr gelenkte Form des entdeckenlassenden Lernens handeln, da auch Adressaten mit einer schwächeren Lernkompetenz in die Lage versetzt werden sollen, Inhalte selbständig zu erarbeiten.

Die Übungssequenzen werden zu integrativen Textkonstituenten und lassen den Schüler übend vom Einfachen zum Komplexeren fortschreiten.

Um das Wissen möglichst vergessensresistent darzubieten und der Heterogenität der Lernertypen Rechnung zu tragen, sollten Selbstlernmedien eine große Palette von Verarbeitungsmodi anbieten.

Ein Auszug aus einem hinsichtlich seiner Verständlichkeit empirisch überprüften Selbstlerntext mag die obigen Überlegungen verdeutlichen (Wißner-Kurzawa 1986).

Auszug 1

Ihr werdet jetzt im Unterricht bald ein neues grammatisches Kapitel durchnehmen. In Eurem grammatischen Beiheft ist es ziemlich schwer zu verstehen.

Wir haben es daher ganz einfach geschrieben. Wir gehen langsam vor und erklären es Dir Schritt für Schritt.

Manche Dinge kannst Du auch selbst finden. An solchen Stellen haben wir Fragen hingeschrieben, die Du beantworten sollst. Schreib das hin, was Deiner Meinung nach richtig ist. Die Lösungen stehen darunter oder daneben auf dem Kopf. Schau nicht sofort auf die Lösungen, sondern denk erst einmal selbst nach. Du findest bestimmt die richtige Antwort. Wenn Du sie hingeschrieben hast, vergleich sie mit unserer Lösung. Wenn Du einen Fehler gemacht hast, verbessere ihn, damit Du Dir nichts Falsches einprägst.

Wir haben das neue Kapitel in 3 Abschnitte eingeteilt.

Abschnitt A: Hier wiederholen wir alles, was Du wissen mußt, um das neue Kapitel zu verstehen. Wenn Du merkst, daß Du einiges nicht weißt, arbeite den Abschnitt A sehr gründlich durch.

Abschnitt B: Dieser Abschnitt führt Dich Schritt für Schritt durch das neue Kapitel.

Abschnitt C: Hier geben wir Dir Gelegenheit zu prüfen, ob Du das neue Kapitel auch wirklich verstanden hast.

Auszug 2 (aus Abschnitt B)

Jetzt hast Du es gleich geschafft.

Wir wollen Dir zum Schluß nur noch einmal die Direkten Objekte *que* und *l'*, *les* näher erklären, weil man hier nicht sofort sieht, ob sie männlich oder weiblich, Einzahl oder Mehrzahl sind.

Das mußt Du aber wissen, wenn Du das Partizip Perfekt richtig verändern willst.

Zuerst *que*:

Beispiel: *La voiture que Jacques a achetée marche bien. (Das Auto, das Jacques gekauft hat, läuft gut.)*

Erklärung: Das Direkte Objekt, das vor *a achetée* steht, ist *que*.

Ist *que* nun männlich oder weiblich, Einzahl oder Mehrzahl?

Das wird sofort klar, wenn Du weißt, was mit *que* gemeint ist:

La voiture que = Das Auto, das...

Mit *que (das)* ist also *la voiture (das Auto)* gemeint.

Anders gesagt: *que* bezieht sich auf *la voiture*.

Das Wort *la voiture* ist in unserem Beispiel weiblich und Einzahl; also mußt Du an das Partizip ein -e hängen: *achetée*.

Nun zu *l'* und *les*:

Beispiel: *Jacques l'a achetée. (Jacques hat es gekauft.)*

Erklärung: Aus den Beispielen vorher wissen wir, daß *la voiture* gemeint ist.

Das Wort *la voiture* ist in unserem Beispiel weiblich und Einzahl; also mußt Du an das Partizip ein -e hängen: *achetée*.

Noch ein Beispiel: *Jacques les a achetés, les disques. (Jacques hat sie gekauft, die Schallplatten.)*

Mit *les* ist *les disques* gemeint.

Les disques ist männlich und Mehrzahl. Also mußt Du an das Partizip ein -s anhängen: *achetés*.

Wir sind nun am Ende des Abschnittes B und hoffen, daß Du das neue Kapitel gut verstanden hast.

Die oben gemachten Aussagen beziehen sich im wesentlichen auf die Konzeption schriftlicher Selbstlernmedien. Dabei darf jedoch eine Entwicklung der letzten Jahre nicht übersehen werden, die den Microcomputer in einem neuen Licht didaktischer Reflexion erscheinen läßt (vgl. Art. 71). Gerade hier läßt sich – bei geeigneter Software – der Lernprozeß sehr stark individualisieren. Computertransferiertes Buchmaterial kann dabei allerdings nicht als Software dienen, adäquat sind ausschließlich eigens für diese Medientechnologie entwickelte Darbietungsformen.

Unter diesen Voraussetzungen kann der Einsatz von Microcomputern als Lernmedien zu einem selbständigen, kreativen Spracherwerb verhelfen, ohne in die Methodik der behaviouristisch verfärbten Pattern Drills zu verfallen (Rüschoff 1986). Für den Bereich des institutionalisierten Lernens ist es vermutlich angebracht, Fremd- und Selbstlernmedien nicht monomethodisch zur Erarbeitung fremdsprachlicher Teilinhalte einzusetzen, sondern in einander ergänzender Abfolge. So ist es beispielsweise denkbar, daß Grammatik prinzipiell und ausschließlich über Selbstlernverfahren angeeignet wird, um den Unterricht zu entlasten. Solch eine starre Unterrichtskonzeption kann jedoch weder der Dynamik des Lernprozesses noch der Lern- und Lehrmotivation von Schülern und Lehrern Rechnung tragen.

Literatur

Einsiedler, Wolfgang (1978), "Selbststeuerung und Lernhilfen im Unterricht", in: Heinz Neber/Angelika C. Wagner/Wolfgang Einsiedler (Hrsg.), *Selbstgesteuertes Lernen*, Weinheim/Basel, 192-213.

Kunz, Gunnar C. (1989), *Analyse der Selbstregulation beim Lernen mit Instruktionstexten*, Diss., Gießen.

Metzig, Werner/Schuster, Martin (1993), *Lernen zu lernen. Lernstrategien wirkungsvoll einsetzen*, 2. Aufl., Berlin/Heidelberg.

Naef, Regula Doris (1985), *Rationeller Lernen lernen*, Weinheim/Basel.

Neber, Heinz/Wagner, Angelika C./Einsiedler, Wolfgang, Hrsg. (1978), *Selbstgesteuertes Lernen*, Weinheim/Basel.

Rüschoff, Bernd (1986), "Computergestützte Lernprogramme und autonomes Lernen: Widerspruch oder realistische Chance?", in: *Fremdsprachen und Hochschule*, H. 17, 88-97.

Schräder-Naef, Regula Doris (1988), *Der Lerntrainer für die Oberstufe*, Weinheim.

Wißner-Kurzawa, Elke (1986), *Zur Optimierung von grammatikalischen Instruktionstexten*, Frankfurt a.M./Bern/New York.

Zimmermann, Günther (1985), "Selbstlerngrammatiken im Fremdsprachenunterricht", in: Günther Zimmermann/Elke Wißner-Kurzawa, *Grammatik: lehren-lernen-selbstlernen*, München, 10-64.

Elke Wißner-Kurzawa

68. Visuelle Medien

1. Didaktische Problemstellung

Die Anzahl visueller Medien im Fremdsprachenunterricht hat sich seit der Anwendung einer Anschauungsmethode (in Abgrenzung zur Lesebuchmethode) im Zuge der ersten neusprachlichen Reformbewegung ständig gesteigert. Während einst vorwiegend Wandbilder und reale Gegenstände die Lehr- und Lernmöglichkeiten erweitern sollten, sehen sich heute Lehrer und Schüler einer großen Vielfalt von Anschauungsmitteln gegenüber, so daß es nicht immer leicht fällt, die eigenständige und unverwechselbare Funktion eines einzelnen visuellen Mediums im unterrichtlichen Zusammenhang zu würdigen. Die allgemeinen Aufgaben und Leistungen visueller Medien im Fremdsprachenunterricht lassen sich wie folgt festlegen:

a) Die visuellen Medien begünstigen situatives und kontextbezogenes Lernen;
b) sie illustrieren und repräsentieren sprachbezogene und inhaltsbezogene Wirklichkeiten;
c) sie helfen, die Welt außerhalb des Klassenraumes vor Augen zu führen und sprachlich zu erschließen;
d) sie geben Sprech- und Handlungsimpulse im Bereich des Lernens von Bedeutungen (Lexik und Semantik), des Einübens und Anwendens von Satzbaumustern (Syntax) und des Erprobens von kommunikativen sprachlichen Verhaltensweisen (pragmalinguistisch/sprechakttheoretisch);
e) sie erleichtern die landeskundliche Information;
f) sie ermöglichen den weitgehenden Verzicht auf den Gebrauch der Muttersprache;
g) sie leisten einen Beitrag zur Motivation der Schüler.

2. Die Wandtafel

Angesichts der reichhaltigen Möglichkeiten, die das Arbeiten mit Folien für den Overheadprojektor bietet, werden die Funktionen der Wandtafel im Fremdsprachenunterricht oft unterschätzt. Ein vom Lehrer in den Unterricht einbezogenes Tafelbild fördert klärendes, gedächtniswirksames und einsichtiges Lernen und hat eine Signal- und Steuerungsfunktion für sprachliches Reagieren (Piepho 1985). Die regelmäßige Nutzung der Wandtafel ist auch im Zusammenhang des Wechsels der Unterrichtstechniken zu sehen, wodurch u.a. Monotonie und Abnutzungseffekte vermieden werden, die eintreten, sobald vorzugsweise nur ein einziges Medium in Verbindung mit den durch das Lehrbuch vorgegebenen Unterrichtsschritten eingesetzt wird (Gutschow 1980). Neben Möglichkeiten der spontanen Veranschaulichung – z.B. bei nicht geplanten Worterklärungen – ist eine didaktisch reflektierte Aufteilung der einzelnen Tafelflächen und ihre Zuordnung zu bestimmten Funktionen zu beachten. Diese sind: a) Verknüpfung von Klangbild und Schriftbild beim Aufbau von Wortfeldern sowie zeichnerische Bedeutungshilfen, b) Präsentation, Entwicklung und Kognitivierung von Satzbaumustern, c) Verdeutlichung von situativen Beziehungen, d) Anregung zur zusammenhängenden mündlichen oder schriftlichen Sprachproduktion (Byrne/Hermitte 1984), e) Protokollierung und Illustrierung von Schüleräußerungen zu inhaltsbezogenen Themen, f) Strukturierung von Textarbeit, indem z.B. Annahmen und Deutungen von Fakten in Stichwörtern erfaßt werden oder die Konstellation von Personen und Personengruppen überschaubar gemacht wird. Das Anfertigen von Tafelzeichnungen setzt beim Lehrer keine ausgeprägte künstlerische Begabung voraus, da das Wesen der zu schaffenden Abbildungen in der Vereinfachung und Formalisierung liegt. Die hierbei anzuwendenden Zeichentechniken sind leicht erlernbar, wenn bestimmte Grundregeln beachtet werden (Gutschow 1980; Byrne/Hermitte 1984). Schüler, die aufgrund von Tafelzeichnungen, die vor ihren Augen entstanden sind, regelmäßige Lernimpulse erhalten, werden komplexere Darbietungsformen, wie sie insbesondere mit Hilfe von Folien für den Overheadprojektor möglich sind, leichter überschauen.

3. Der Overheadprojektor

Die Bezeichnung Overheadprojektor hat sich gegen die Begriffe Tageslichtprojektor und Arbeitsprojektor durchgesetzt. Da in vielen Schulen der Overheadprojektor zur Grundausstattung von Klassenräumen zählt, wird er oft als bloßer Ersatz für die Wandtafel eingesetzt, wobei spezifische Verwendungsformen beider Medien außer acht gelassen werden. Im Unterschied zu Dia, Wandbild und Wandtafel eröffnet die Technik der Overheadprojektion größere Variabilität. Die Arbeit mit dem Overheadprojektor bedarf einer gezielten

Vorbereitung, wobei vier Arten von Projektionsvorlagen zu berücksichtigen sind: die von Verlagen professionell erstellten Folien, die vom Lehrer oder von Schülern eigenhändig angefertigten Folien, die Transparentrolle am Gerät und die Projektion von Umrissen nichttransparenter Gegenstände (Macht/Schloßbauer 1975). Die im Medienraum der Schule archivierten lehrwerkbezogenen und lehrwerkunabhängigen Einzelfolien sind immer wieder einsetzbar, so daß die Vorbereitung und Durchführung des Fremdsprachenunterrichts langfristig erleichtert werden.

Schriftbild und gegenständliche Abbildungen auf Folien erfüllen vorwiegend Aufgaben im Bereich der Wortschatzarbeit, der grammatischen (strukturbezogenen) Unterweisung, der Initiierung freien Sprechens und der Eigentätigkeit der Schüler. Je nach Lernziel – z.B. kontextbezogene Wortschatzarbeit, sprachformbezogenes Üben oder Textentwicklung anhand von Bildsequenzen – sind eine oder mehrere Projektionstechniken zu wählen (Hinz 1979; Groene/Jung/Schilder 1983): Ab-/Aufdecktechnik (als Variante auch in Form der Maskentechnik), Overlaytechnik (Ergänzung einer Basisfolie durch weitere sukzessiv aufzulegende Folien, so daß ein komplexes Gesamtbild entsteht), Ergänzungstechnik (Folien werden im Unterrichtsverlauf durch Einträge vervollständigt), Figurinentechnik (nichttransparente Umrißfiguren erscheinen als Schattenrisse auf der Projektionswand), Modelltechnik (Auflegen realer Gegenstände auf die Glasplatte). Insbesondere den zahlreichen Kombinationsmöglichkeiten ist es zu verdanken, daß Schüler während des Unterrichts an der Gestaltung von Folien beteiligt werden können. Dies geschieht entweder durch Vervollständigen bereits aufgelegter Folien oder durch das Anfertigen von Arbeitstransparenten in Gruppenarbeit. In beiden Fällen – vorwiegend aber bei der Eigenproduktion – setzen sich Schüler aktiv mit den Darstellungsmöglichkeiten von Sprache auseinander und erfahren sprachliche Funktionen, wodurch die Vorbereitung auf den inhaltsbezogenen freien Sprachgebrauch begünstigt wird.

4. Das Wandbild

Obwohl der Einsatz von großformatigen Wandbildern im Fremdsprachenunterricht eine reichhaltige Tradition hat, scheinen ihre Aufgabe und Leistung in Vergessenheit zu geraten. In jüngerer Vergangenheit wird bei der Konzipierung von Lehrwerken zugunsten des Overheadprojektors auf Wandbilder als Lehrwerkteile weitgehend verzichtet, und folglich gibt es kaum Impulse zu ihrer praktischen Verwendung. Dennoch läßt sich feststellen, daß Wandbilder bezogen auf die Phasen Sprachaufnahme, Sprachverarbeitung und Sprachanwendung folgende Funktionen erhalten (Driesch/Marner 1983): Bedeutungsvermittlung, Verständnishilfe, Übungssteuerung, Transferhilfe, Diskussionsbasis, Sprachhandeln, Leistungskontrolle. Hier wird deutlich, daß die nach traditioneller Methode übliche Beschränkung auf gegliederte oder freie (monologische und dialogische) und schriftliche Bildbeschreibung aufgehoben wird.

Verallgemeinernd heißt dies, daß zwei didaktisch-methodische Ebenen für den Einsatz von Wandbildern zu beachten sind. Auf der ersten Ebene ereignen sich Lenkung und Intensivierung von Darbietungs- und Übungsprozessen. In den sich anbietenden, meist lehrwerkunabhängigen Bildern und Bildfolgen werden wichtige Gestaltungsprinzipien beachtet, damit insbesondere gelenktes Üben situativ und kontextbezogen dialogisch (oft nach dem Reiz-Reaktions-Schema) begünstigt wird. Diese Prinzipien sind: Kausalität, Kontrast, Parallelität (Schiffler 1973). Inhalte, Farbgebungen und die Verwendung von Symbolen knüpfen an Erfahrungen und Sehgewohnheiten der Schüler an. Die Eindeutigkeit der Bildelemente soll sie veranlassen, vorhersagbare – und damit konkret geplante – strukturierte Äußerungen in der Fremdsprache zu machen. Auf der zweiten Ebene wird kommunikatives Sprechen angebahnt und ausgelöst. Das Wesen der hierzu verwendeten Bilder liegt in ihrer Realitätsabstrahierung und Nicht-Eindeutigkeit (von Ziegesar 1978). Folglich lernen die Schüler, neue Sehgewohnheiten aufzubauen und über die Bilder entschlüsselnd zu sprechen, um unter Verwendung bereitgestellter Redemittel Verständigung zu erzielen.

5. Dias

Diapositive bieten sich für landeskundliche Informationen an und sind unverzichtbarer medialer Bestandteil audiovisueller Kurse.

6. Abbildungen

Photos, Illustrationen, Zeichnungen, Piktogramme und Bildfolgen in Lehrbüchern für den Fremdsprachenunterricht können einige Funktionen der bereits genannten visuellen Medien übernehmen und sind mit geringerem organisatorischen Aufwand einsetzbar. Neben landeskundlichen Informationen werden sprachliche und inhaltliche Zusammenhänge sichtbar. Je nach Vorlage läßt sich eine Verzahnung von Text und Bild u.a. durch Sprechblasen (Dialoge) oder durch Bildgeschichten (Handlungsabfolgen) erreichen. Hierbei ist es wichtig, daß Lerner auf den ersten Blick "im Bild" sind, indem die Situativität durch Darstellung des Wo? Wer? Was? durchschaubar ist (Scherling/Schuckall 1992).

7. Weiteres visuelles Material

Ein abwechslungsreicher und lebendiger Fremdsprachenunterricht ist auch schon mit einfachen visuellen Mitteln möglich, z.B.: *flash cards*; Fotos und Dias, die der Lehrer persönlich im Ausland aufgenommen hat; Originalmaterial aus dem Ausland, wie Speisekarten, Fahrkarten, Fernsehzeitschriften und Zeitungen, Poster, Plakate usw.; Collagen, die von Schülern zusammengestellt werden.

Literatur

Byrne, Donn/Hermitte, Rosa Maria (1984), *Die Tafelzeichnung im Fremdsprachenunterricht. Eine Anleitung*, München.
Driesch, Gaby/Marner, Heidi (1983), "Bilder im Englischunterricht – Vorteile und Funktionen im Schülerurteil", in: *Englisch*, Jg. 18, H. 3, 101-105.
Groene, Horst/Jung, Udo O.H./Schilder, Hanno, Hrsg. (1983), *Medienpraxis für den Englischunterricht*, Paderborn.
Gutschow, Harald (1968), "Das visuelle Element in fremdsprachlichen Unterrichtswerken", in: *Praxis des neusprachlichen Unterrichts*, Jg. 15, H. 2, 160-168.
Gutschow, Harald (1980), *Englisch an der Tafel. Anregungen zum Tafelzeichnen*, Berlin.
Hinz, Klaus (1979), *Der Overheadprojektor im Englischunterricht*, Düsseldorf.
Macht, Konrad/Schloßbauer, Rudolf (1975), *Englischunterricht audio-visuell*, Donauwörth.
Piepho, Hans-Eberhard (1971), "Visuelle Steuerung von Sprachleistungen im englischen Anfangsunterricht", in: *Der fremdsprachliche Unterricht*, Jg. 5, H. 20, 26-35.
Piepho, Hans-Eberhard (1985), "Die Wandtafel als Medium im Englischunterricht", in: *Der fremdsprachliche Unterricht*, Jg. 19, H. 76, 255-265.
Reinfried, Marcus (1992), *Das Bild im Fremdsprachenunterricht. Eine Geschichte der visuellen Medien am Beispiel des Französischunterrichts*, Tübingen.
Reisener, Helmut (1988), "Piktogramme im Englischunterricht", in: *Der fremdsprachliche Unterricht*, Jg. 22, H. 87, 19-23.
Scherling, Theo/Schuckall, Hans Friedrich (1992), *Mit Bildern lernen*, Berlin/München.
Schiffler, Ludger (1973), *Einführung in den audio-visuellen Fremdsprachenunterricht*, Heidelberg.
Schilder, Hanno (1977), *Medien im neusprachlichen Unterricht seit 1882*, Kronberg/Ts.
von Ziegesar, Detlef (1978), "Das Bild als Motivation zum kommunikativen Sprechen", in: *Englisch*, Jg. 13, H. 1, 7-15.

Hanno Schilder

69. Auditive Medien

1. Definition und Funktion

Ein auditives Medium besteht aus einem technischen Gerät, z.B. Tonbandgerät, Kassettenrecorder, Schallplattenspieler oder Radio (*Hardware*), und den entsprechenden Tonträgern, z.B. Tonband, Tonkassette, Schallplatte, Compact-Disc, Radiowellen. Die wie auch immer gestaltete "Mitteilung" auf dem Tonträger bildet zusammen mit dem Tonträger die *Software*. Ein *Sprachlabor* umfaßt mehrere Hör-Sprech-Arbeitsplätze (inzwischen z.T. mit visueller Komponente), die ein gleichzeitiges, individuelles Erarbeiten ermöglichen. *Schulfunk* bedeutet sowohl die Institution "Sender" als auch die übermittelte Information "Sendung". Die zeitliche Fixierung der ausgestrahlten Sendung kann vom Lehrenden durch Mitschneiden der Sendungen umgangen werden.

Auditive Medien weisen folgende gemeinsame Funktionen auf:
– Vermittlung authentischer gesprochener Sprache (somit Vielfalt und Originalität von Sprachmodellen, Bereicherung und Erweiterung des Fremdsprachenunterrichts);
– Möglichkeit des beliebig häufigen Wiederholens.

Tonband- und Kassettengeräte, einzeln oder im Sprachlabor, bieten zusätzlich die Möglichkeit der Sprachaufnahme, der Speicherung wie auch der Objektivierung der eigenen Stimme; das Sprachlabor erlaubt des weiteren die Möglichkeit der *Individualisierung*, indem alle Lernenden gleichzeitig die gleiche, individuelle sprachliche Leistung vollbringen (Multiplizierung) oder das gleiche Übungsprogramm im eigenen Lerntempo bzw. sogar unterschiedliche Materialien erarbeiten *(Differenzierung)*.

Die Vorteile des Schulfunks liegen zumeist in seinen vorgegebenen technischen und organisatorischen Möglichkeiten (Studios und Auslandsbüros) sowie in dem Reservoir an professionellem Können, etwa im Bereich der Produktion von *Hörspielen,* weiterhin in seiner potentiellen Aktualität sowie im Zugang zu authentischen fremdsprachlichen Radiosendungen; für den Einsatz im Unterricht stellt jedoch die Tatsache, daß die Schulfunksendungen sprachlich und thematisch nicht ohne weiteres mit den im Unterricht verwendeten Materialien koordiniert werden können, ein Hindernis dar. Allerdings kann der Schulfunk außerschulisch Lernende im In- und Ausland erreichen und Fremdsprachenkurse mit Begleitmaterialien für das Selbststudium oder für den Unterricht in der Erwachsenenbildung anbieten.

2. Spezifische Lernziele

Mögliche Lernziele ergeben sich durch die prinzipiellen Darstellungsmöglichkeiten, Funktionen und daraus resultierenden Kommunikationsformen des einzelnen Mediums. Tonträger, Sprachlabor und Schulfunk sind Träger und Mittler von Informationen, die nur hörend zu verstehen sind. Diese Medien dienen folglich erstens im rezeptiven Bereich zur Entwicklung der Hörverstehensfähigkeit. Zweitens, insofern sie den Lernenden eine Aufnahmemöglichkeit anbieten (Sprachlabor, Tonband bzw. Kassette), erlauben sie im produktiven Bereich Übungen zur Entwicklung der Sprechfähigkeit. Diese werden entweder durch die Lernenden selbst (etwa durch Vergleich mit der auf Band gegebenen, richtigen Antwort), durch die Lehrenden (wenn zeitlich möglich) oder gar nicht kontrolliert. Ein drittes, eher medienpädagogisches Lernziel ist die Befähigung zum kritisch-analytischen und kreativen Umgang mit diesen Medien.

a) Die Entwicklung der Hörverstehensfähigkeit mittels Tonträger

Das auditive Medium als Tonträger und Mittler der gesprochenen fremden Sprache hat zwei Grundfunktionen, eine dokumentarische und eine didaktische.

In der dokumentarischen Funktion kann es Aufnahmen authentischer Sprache (sowohl *scripted* wie *unscripted*) vermitteln, d.h. Sprache, bei der die Sprecher *native speakers* sind, mit keiner fremdsprachendidaktischen Absicht sprechen, sondern ihre eigenen kommunikativen Bedürfnisse innerhalb einer echten Sprechsituation ausdrücken. Bei einigen Aufnahmen gibt es bereits im Original keine visuelle Komponente, und die Rezeptionsbedingungen im Fremdsprachenunterricht sind somit authentisch; hierzu zählen z.B. Radiosendungen jeglicher Art; Telefongespräche, Durchsagen; Lieder; das "sprechende Buch" (Märchen, Erzählungen auf Kassette); Tonbriefe. Bei Aufnahmen von *face-to-face-communication*, z.B. "öffentliche" Gespräche wie Nach-dem-Weg-fragen und "private" Gespräche, die in der Familie und unter Freunden stattfinden, fehlt jedoch die im Originalgespräch vorhandene visuelle Komponente, die das Hörverstehen unterstützt (para- und extralinguistische Merkmale wie Gestik und Mimik, Gesamtsituation, eventuell sogar Thema).

Allgemein ist anzumerken, daß ein Medium immer nur ein Abbild der Realität bietet, und dieses ist lückenhaft und selektiv. Das Medium bringt nur einen Ausschnitt, wählt eine Perspektive, löscht Dimensionen, verschweigt Kontexte, ändert Informationskanäle, erweckt den Eindruck der Vollständigkeit, bleibt aber unvollständig und bis zu einem gewissen Grad irreführend. Die fremdsprachendidaktische Authentizität ist also im sprachlich-textlichen Bereich fast immer eine mediale Authentizität.

In seiner didaktischen Funktion kann der Tonträger ähnliche Materialien für die Entwicklung der Hörverstehensfähigkeit übermitteln, mit dem Unterschied, daß diese Materialien nicht mehr "authentisch" im dokumentarischen Sinne sind, sondern für den Fremdsprachenunterricht bearbeitet, vereinfacht oder innerhalb von bestimmten strukturellen und lexikalischen Grenzen verfaßt worden sind.

b) Die Entwicklung der Sprechfähigkeit im Sprachlabor

Der Tonträger im Sprachlabor kann in seiner didaktischen Funktion darüber hinaus Unterrichtsmaterial für die Entwicklung der Sprechfähigkeit bereitstellen. Das Fehlen eines echten Gesprächspartners und somit eines differenzierten *feedback* setzt die Grenzen für diese Art von Sprachlaborarbeit, die deswegen – so der breite Konsens – nur das einüben kann, was eine einzige "richtige" und somit kontrollierbare *response* zuläßt. Damit dient diese Art von Sprachlaborarbeit eher dem Aufbau einer sprachlichen als einer kommunikativen Kompetenz und bleibt zumeist auf einer vorkommunikativen Stufe.

Eine alternative, erweiternde Nutzung sieht die Notwendigkeit der Kontrolle der Schüleräußerung als weniger wichtig an und öffnet die Arbeit mit Tonträgern zunehmend für eine kreative produktorientierte Verwendung, oft in projektbezogener Partner- und Gruppenarbeit, weiterhin für die Erziehung zum kritischen Umgang – auch außerhalb der Schule – mit den auditiven Medien. Somit werden die auditiven Medien aus ihrer Einschränkung auf rezeptive und vorkommunikative Fähigkeiten als Lernziele befreit.

3. Spezifische Strategien

Das technische Medium ist grundsätzlich methodenneutral; das einzelne Medium ist zwar nicht bei allen Unterrichtsmethoden einsetzbar, impliziert aber nie eine einzige methodische Anwendung. Allerdings wurde das Sprachlabor in seinen Anfängen sehr eng mit einer einzigen Methode, nämlich der audiolingualen Methode, in Verbindung gebracht, was einerseits seine außerordentlich schnelle Verbreitung bewirkte, aber andererseits auch eine ebenso starke Gegenreaktion hervorrief. Mit der Entwicklung des Zwei-Spur-Geräts in den USA in den späten fünfziger Jahren bekamen die Verfechter der auf Strukturalismus und Behaviorismus basierenden audiolingualen Methode ein Gerät, mit dem sie das Fremdsprachenlernen in neue Bahnen lenken wollten. Als die zu hohen Erwartungen sich jedoch nicht erfüllten, wurden nicht die methodisch höchst fragwürdigen Sprachlabormaterialien verantwortlich gemacht, sondern das technische System Sprachlabor.

Wird ein Tonträger im Fremdsprachenunterricht mit dem Ziel eingesetzt, das Hörverstehen systematisch zu üben, dann sind vier Grundformen des Zuhörens zu berücksichtigen:
1) gelenktes Global-/Komplexverstehen (*directed listening for gist*);
2) gelenktes Detailverstehen (*directed listening for detail*);
3) nichtgelenktes Global-/Komplexverstehen (*undirected listening for gist*);
4) nichtgelenktes Detailverstehen (*undirected listening for detail*).

Weiterhin unterscheiden wir vier Hauptphasen im Übungsablauf, die natürliche Hörverstehensprozesse berücksichtigen:

1) die Orientierungsphase, in der der Lernende wie in der echten Kommunikationssituation die Informationen über Sprecher, Situation, eventuell Thema usw. erhält;
2) die gelenkte Hörphase, die dem bewußten (motivierten) Zuhören in der Sprachwirklichkeit entspricht und in der die Aufmerksamkeit des Lernenden durch die Aufgabenstellung auf Wesentliches gerichtet wird, um so eigene Hörstrategien aufbauen zu können;
3) die nichtgelenkte Hörphase, die nach dem (evtl. mehrmaligen) Abspielen der Tonbandaufnahme erfolgt und in der das Hörverstehen nicht geübt, sondern lediglich überprüft wird;
4) die tätigkeitsbezogene Phase, in der das Gehörte kognitiv für die eigene Sprachproduktion ausgewertet bzw. die gegebene Kommunikationssituation sprachlich weitergeführt wird.

Grundsätzlich gilt es, den Lernenden die Möglichkeit zu geben, die Tontexte so oft wie nötig anzuhören, denn es geht um den Aufbau einer Fähigkeit und nicht um das Testen.

4. Spezifische Arbeits- und Übungsformen

Der Einsatz des Mediums ist in seiner Effizienz immer abhängig von der Qualität der dabei verwendeten (lehrwerkabhängigen oder lehrwerkunabhängigen) Materialien.

a) Das Üben des Hörverstehens mittels Tonträger

Als Leitlinie für die Auswahl von Hörverstehenstexten sollte folgendes gelten:
– eine Vielzahl von Textsorten (Hörspiel, Telefongespräch, Nachrichten), aber auch von Textgruppen (situations-, intentions-, themen-, aussprache- und landeskundebezogen) sind zu berücksichtigen, um eine reichhaltige Hörerfahrung aufzubauen;
– für eine Abwechslung der Übungsformen und des methodischen Vorgehens soll Sorge getragen werden;
– die Übungsformen sollen sich an natürlichen Hörverstehensprozessen orientieren und mit Kommunikationssituationen verbunden werden, die eine potentielle Relevanz für die Lernenden in der sprachlichen Realwelt aufweisen.

Als Aufgaben bzw. Übungsformen bieten sich an:
1) Orientierungsphase: Hinweis auf Situation/Thema; Texttyp oder Besonderheiten des Textes; Schlüsselwörter als Leitfaden durch den

Text; Präsentation einer vereinfachten Version des Textes ("Umkehr-Technik");
2) gelenkte Hörphase: Liste von Fragen, die die Lernenden nach Anhören des Textes beantworten sollen; Schlüsselwörter, zu denen sie Informationen heraushören sollen; Lückentext, den es zu ergänzen gilt; Diagramm oder Raster zum Ausfüllen;
(In den Phasen 1 und 2 bieten sich prozeßorientierte Verfahren besonders an.)
3) nichtgelenkte Hörphase: Unproduktive Übungen: Auswahlantworten; Richtig/Falsch; Lückentext mit Vorgaben; Zuordnung; Sätze in falscher Reihenfolge; Produktive Übungen: Offene Fragen zu Zusammenhängen, Details, Schlußfolgerungen, Stimmungen, Meinungen; Richtig/Falsch und Korrektur; Lückentext ohne Vorgaben; Vervollständigung; Zusammenfassung;
4) tätigkeitsbezogene Phase: Auswahl bestimmter Sprachmerkmale aus dem Text, z.B. phonetischer, lexikalischer, syntaktischer, intentionaler Art; sprachliche Auswertung und Anwendung; Rollenspiel; Diskussion; Transkription; Übungen zur Sprachebene; Umformulierung und Erweiterung; Verdeutlichung/Vertiefung des Themas durch Realia.

b) Das Üben des Sprechens im Sprachlabor

Eine gesteuerte Sprechübung im Sprachlabor besteht gewöhnlich aus einer Situationsdarstellung, einer Instruktion plus Beispiel und etwa acht Aufgaben, die einzelne Aufgabe wiederum aus vier Schritten – einer Bandäußerung, einer Pause für die Schüleräußerung (früher in Anlehnung an den Behaviorismus *stimulus* und *response* genannt), einer "richtigen" Fassung der gewünschten Schüleräußerung zwecks Kontrolle und einer Pause für die Schülerwiederholung bzw. -korrektur. Um die Eindeutigkeit der gewünschten Schüleräußerungen zu gewährleisten, müssen diese in ihrer grammatischen Struktur, mal mehr, mal weniger, abhängig vom Beispiel sein.
Eine zu große Ähnlichkeit der geforderten Schüleräußerungen sowie die Möglichkeit, die Übung "mechanisch", d.h. ohne Berücksichtigung der Bedeutung, zu erarbeiten (oft Eigenschaften des sog. *pattern practice*), wirken monoton, entmotivierend und somit lernhemmend (häufiger Kritikpunkt). Eine sinnvolle Übung sollte assoziatives und kognitives Lernen ermöglichen, sie sollte eine plausible, lernrelevante Sprechsituation darstellen, in den Äußerungspaaren selbst wie auch in deren Abfolge echter Kommunikation ähneln und eine richtige Beantwortung vom Verständnis des Gehörten abhängig machen. Weniger gesteuerte Sprechübungsformen sind auch denkbar. Sie brauchen allerdings einen Bezug, etwa zum Allgemeinwissen des Lernenden oder zu einem Text, der vorab im Klassenunterricht erarbeitet wurde. Gesteuerte Übungen zur Lautdiskrimination und Aussprache bieten sich ebenfalls für die Sprachlaborarbeit an.

Beim kreativen, produktorientierten Umgang mit dem Tonträger sind u.a. folgende Projekte denkbar: Gestaltung und Aufnahme eines Hörspiels aufgrund einer vorliegenden Lektüre (evtl. Weitergabe an Schüler anderer Klassen, Erlös für karitative Zwecke); Gestaltung und Aufnahme von Geschichten/Hörspielen für jüngere Klassen; Erstellung von Tonreportagen/Tondokumenten etwa über den Besuch ausländischer Jugendlicher an der Schule; Austausch von besprochenen Bändern mit Partner- und Patenschulen. Diese oder ähnliche Aktivitäten tragen dazu bei, die Trennung von Schule und Lebensrealität aufzuheben.

Literatur

Beile, Werner (1979), *Typologie von Übungen im Sprachlabor. Zur Entmythologisierung eines umstrittenen Sachfelds,* Frankfurt a.M.
Beile, Werner (1980), "Methodische Überlegungen zur Entwicklung der Hörverstehensfähigkeit", in: *Zielsprache Deutsch,* Jg. 11, H. 2, 7-15.
Ehnert, Rolf/Piepho, Hans-Eberhard, Hrsg. (1986), *Fremdsprachen lernen mit Medien. Festschrift für Helm von Faber zum 70. Geburtstag,* München.
Freudenstein, Reinhold (1975), *Unterrichtsmittel Sprachlabor,* 4. Aufl., Bochum.
Groene, Horst/Jung, Udo O.H./Schilder, Hanno, Hrsg. (1983), *Medienpraxis für den Englischunterricht,* Paderborn.
Kleinschmidt, Eberhard (1987), *Das kommunikative Potential französischer Strukturübungsprogramme,* Tübingen.
Nübold, Peter (1992), "Das Sprachlabor: Vom Hätschelkind zum ungeliebten Bastard", in: Udo O.H. Jung (Hrsg.), *Praktische Handreichung für Fremdsprachenlehrer,* Frankfurt a.M., 165-175.
Schumann, Adelheid/Vogel, Klaus/Voss, Bernd, Hrsg. (1984), *Hörverstehen. Grundlagen, Modelle, Materialien zur Schulung des Hörverstehens im Fremdsprachenunterricht der Hochschule,* Tübingen.
Ur, Penny (1987), *Hörverständnisübungen. Mit englischen und französischen Beispielen,* Übers. von Heribert Walter, München.

Werner Beile

70. Audiovisuelle Medien

1. Beschreibung des Mediums

Ab achtzehn aufeinanderfolgenden Bildern in der Sekunde nimmt das menschliche Auge keine Einzelbilder mehr wahr, sondern produziert – wie die Brüder Lumière herausfanden – die Illusion eines kontinuierlichen Vorgangs. Schon lange ist der (Ton-)Film zum zentralen Begriff für jene Medien geworden, die sich in den Bereichen der Kunst, der Dokumentation und Information dieser Illusion bedienen. Zudem erkannte man rasch, daß das bewegte und stehende Bild in Verbindung mit Ton (und auch Schrift) sowie das Produzieren von Filmen selbst eine Fülle methodisch-didaktischer Möglichkeiten enthalten, die sich auch für das Lehren und (autonome) Lernen von Fremdsprachen gewinnbringend nutzen lassen.

Die technische Entwicklung machte und macht dabei diesen Anwendungsaspekt zunehmend attraktiver. Sie ermöglicht heute eine schulische Verfügbarkeit des Films, die die pädagogischen Forderungen nach kontrollierbarer Wiederholung und Vertiefung hochgradig einzulösen vermag. Der Film als Zelluloidstreifen, dessen Einsatz eine aufwendige Technik (Projektion, Verdunkelung) erfordert und eher ein "einmaliges Seh-/Hörereignis" bedeutet, ist durch magnetbandbasierte Videoaufzeichnungs- und Wiedergabeverfahren ersetzbar geworden. Diese verbinden große Bedienungsfreundlichkeit mit vielfältigen Anwendungs- und Manipulationsmöglichkeiten (Ton-, Bildabschaltung, beliebige Wiederholung, Standbild, Zeitlupe, Zeitraffer, Zweikanaltonwiedergabe). Zur apparativen Grundausstattung gehört dabei neben dem Monitor ein Videoabspielgerät, so es nur um den reproduktiven Gebrauch bespielter Kassetten geht. Ein (Stereo-)Videorecorder gestattet darüber hinaus Aufzeichnung und Wiedergabe von (Zweikanalton-)Fernsehsendungen. Zwei miteinander verbundene Recorder ('Schnittstelle') ermöglichen Kopie und kreative Nachbearbeitung filmischen Materials, all dies selbstverständlich im Rahmen der existierenden Copyrightbedingungen. Mit einer Videokamera (der Markt bietet handliche, leistungsstarke Camcorder, die Kamera und Recorder vereinen) eröffnet sich die Möglichkeit, im Unterricht eigene Filme zu produzieren und nachzubearbeiten. Allerdings erzwingen unterschiedliche Kassettensysteme (VHS, S-VHS, Video 2000, Beta, Video-8) und Fernsehnormen (PAL, NTSC, SECAM-West, SECAM-Ost) das Beachten von Kompatibilitäten und können den Einsatz von Mehrnormgeräten bzw. Wandlern erforderlich machen.

Mit dem weniger verbreiteten Bildplattenspieler liegt ein weiteres audiovisuelles System vor, das einen punktgenauen, sekundenschnellen Zugriff ohne Umspulzeiten auf gewünschte Filmstellen gestattet, ein großer Vorteil, wenn es um den raschen Dialog zwischen Lehrer, Lernenden und dem Medium geht. Diese Plattentechnologie, auch die herkömmliche Kassettentechnologie haben im interaktiven Video eine interessante, wenn auch in der Fremdsprachenvermittlung selten anzutreffende Computerverbindung erfahren (Hill 1988): Lernende treten, geführt von einem elaborierten Lernprogramm, über den Rechner in Interaktion mit einem Film, indem sie z.B. eine Reihe situativer, fremdsprachlicher Aufgaben- und Problemstellungen erledigen.

Diese analogen Aufzeichnungsverfahren bekommen zunehmend Konkurrenz durch digitalisierte Speicherungsverfahren audiovisueller Daten auf Compact Disc (CD). Sie eröffnet in Abruf, Bearbeitung, Manipulation und interaktivem Gebrauch audiovisueller Informationen eine weitergehende Perspektive der Videonutzung auf entsprechend ausgestatteten Computern (Videocard, Audiocard, CD-ROM-Laufwerk). Hierfür ist der umfassende Begriff 'Multimedia' eingeführt worden. Er deutet die technologische Entwicklungsschiene der kommenden Jahre an und wird sicher auch die Weiterentwicklung des Einsatzes audiovisueller Medien beim (autonomen) Fremdsprachenlernen begleiten.

2. Mediendidaktische Besonderheiten

Die Nutzung von Bild und Ton im Fremdsprachenunterricht hat eine lange Tradition – man denke auch an die audio-visuelle Methode des Pariser *Centre de Recherches et d'Etudes pour la Diffusion du Français* (CREDIF), die auf Dias und Filmstrips basiert und in den 60er Jahren die mediendidaktische Diskussion anregte (Reinfried 1992). Aber erst Fernsehen bzw. Video hat den Fremdsprachenunterricht um die Dimension einer "dramatischen" außersprachlichen Wirklichkeit bereichert und damit weitere Motivierungs- und Verlebendigungsmöglichkeiten erschlossen. Hierbei kreist die Fachdiskussion, abgesehen von allgemein medienpädagogischen Fragen, u.a. um folgende Themen:

- Bei laufendem Film befindet sich der Lernende in einer passiven Rolle: die Einwegkommunikation führt zum Kommunikationsstau. Zwar prädestiniert dies das Medium für die Schulung des Hörverstehens, wobei das Bild im Idealfall eine Verständnis fördernde Funktion hat. Die Aktivierung der Lernenden (etwa in Form von Verständnisfragen, Spekulationen über Handlungsausgänge) sowie das Umschalten auf sich anschließende sozial-interaktive, kommunikative Arbeitsformen sind jedoch nicht leicht und erfordern entsprechende Didaktisierungen.
- Filmsprachlich enkodierte Bildinformationen sind, auf engstem Raum, ungleich reicher, rasanter, auch einprägsamer als sprachliche Informationen. Unter Umständen verblaßt das akustische Bewußtsein, die (Fremd-)Sprache wird nicht mehr angemessen rezipiert. Das eigentliche unterrichtliche Anliegen – Sprachvermittlung – kann dadurch in den Hintergrund gedrängt werden.
- Video eignet sich insbesondere für die Vermittlung landeskundlicher Informationen. Dabei muß der Gefahr entgegengearbeitet werden, daß das Gezeigte für 'wahr' genommen wird. Film/Video ist eben 'nur' ein Medium (= Mittler), in dem die Macher eigenen Intentionen folgen, in dem eine strukturbedingte Manipulation herrscht. Beides verkürzt und filtert zwangsläufig die Realität.

3. Zum Einsatz von Filmen im Fremdsprachenunterricht

Filme können streng im Medienverbund, freier im *enrichment*-Verfahren oder in eigener Zielorientierung eingesetzt werden. Das Angebot an Spiel-, Kurz-, Dokumentar-, Trick- und Werbefilmen im Original (auch mit Untertiteln) sowie – idealerweise – mit Zweikanalton ist enorm. Gewachsen ist auch die Auswahl an unterrichtsadaptierten Filmen sowie an Sprachlehrfilmen für Selbststudium und Unterricht. Deren Anspruch reicht vom Sensibilisieren für die Fremdkultur bis zur konsequenten Sprachvermittlung. In Frage kommen dabei der reine Instruktionsfilm, der Storyfilm, der Storyfilm mit Instruktionssequenzen sowie landeskundliche Lehrfilme. Eine durchkonzipierte, auf einer multimedialen, multilingualen Informationsverarbeitung fußende Verwaltung filmischen Materials, die genaue, lehr-/lernzielgeleitete Zugriffsmöglichkeiten gestatten würde, erweist sich bei der wachsenden Datenmenge als zunehmend wünschenswert.

Beim Einsatz von Video ergeben sich u.a. folgende Planungsaspekte:
- Filme haben eine eigene Bildsprache, mit der Dinge und Vorgänge benannt werden. Der hinzutretende Ton/Text geht dabei wohldefinierbare Verhältnisse mit dem Bild ein. Neben den grundlegenden Unterscheidungen in *On*- und *Off*-Sprechen sowie Kommentar und Dialog lassen sich weitergehende qualitative Beeinflussungen von Wort und Bild festmachen: Potenzierung, Modifikation, Parallelität und Divergenz (Ton-Bild-Schere). Man kann aufbauend gar von einer audiovisuellen Rhetorik sprechen (Hickethier 1993). Diese *Ton-Bild-Relationen* sind bei der Fremdsprachenvermittlung über Video entscheidend mitzubedenken.
- Filmsprachliche Mittel (z.B. Kameraeinstellungen, durch Schnitt erzeugte Wirkungen) können den Zugang zum fremdsprachlichen Text verbauen, ihn aber auch öffnen. Für die fremdsprachenunterrichtliche Filmkritik ist somit eine lernbegünstigende Filmsprache wichtiger Analysegegenstand.
- Problematisch, vor allem bei Spielfilmen, ist die Länge. Es gilt einer drohenden Ermüdung oder Frustration vorzubeugen, die durch eine aus didaktisch/methodischen Gründen zu weit ausdifferenzierte Portionierung der Spielhandlung entstehen kann.
- Filme sind keine gedruckten Lehrwerktexte. Dem komplexen filmischen Hör-Seh-Ereignis muß daher, auch aus motivationellen Gründen, mit entsprechenden, *filmspezifischen Arbeitsformen* und Aufgabenstellungen entsprochen werden (Lancien 1986; Raabe 1986; Lonergan 1987; Schwerdtfeger 1989; Stempleski/Tomalin 1990; Cooper/Lavery/Rinvolucri 1991; Compte 1993; Brandi 1995, erscheint). Dabei haben Übungen/Aufgabenstellungen, die von der traditionellen (Lehrbuch-)Textarbeit kommen, nach wie vor ihre Berechtigung. Jedoch sind sie zu ergänzen durch: bilddeskriptiv-filmvisuelle Übungen zum ikonisch Dargestellten (z.B. Gesten), Übungen zur Filmsprache (z.B. Kameraperspektive, Einstellungen, Montage), aktivierende Übungen zur Filmgestaltung (Neuvertonung/*Audio-Dubbing*, Re-Montage). Insbesondere die letzten Übungsarten können zu einem medienkritisch veränderten Hörsehverhalten beitragen und eignen sich damit zu fachübergreifendem schulischem Lernen (Raabe 1986).

4. Filmproduktives Arbeiten

Beim Einsatz von Video im Fremdsprachenunterricht richtet sich das didaktische Interesse auch auf eigene Filmproduktionen und auf die Entwicklung entsprechender Übungsformen. Zunächst bietet sich hier die Unterrichtsdokumentation (Unterrichtsmitschau) an, insbesondere als Erfolgskontrolle für die Lernenden, aber auch für die Lehrerfortbildung.

Lohnend kann das gruppeninterne Filmen mit der Videokamera in der Beschränkung auf dokumentarischen oder spielerischen Einsatz sein. Ein filmisch einfaches und sprachlich meist ergiebiges Produkt ist das gefilmte Interview. Konzipiert mit fremdsprachlichen Sprechern öffnet es den Weg zur 'interkulturellen Begegnungsdidaktik' (Bufe 1993). Viele weitere Möglichkeiten – von der Erstellung und Einstudierung von Dialogen bis zu deren Inszenierung – bietet u.a. die Verfilmung kleinerer Rollenspiele. Eine interessante Aufgabenstellung ist darüber hinaus das filmische Inszenieren kleinerer literarischer Formen, etwa die filmische Umsetzung von Gedichten (man denke an *Déjeuner du Matin* von Jacques Prévert).

Auch ohne Kamera können – wie oben erwähnt – durch neues Schneiden (Re-Montage) und Neuvertonung bereits vorliegenden filmischen Materials motivierende Aufgabenstellungen und fremdsprachlich interessante Ergebnisse geschaffen werden.

Literatur

Brandi, Marie-Luise (1995), *Video im Deutschunterricht*, Berlin (erscheint).
Brandi, Marie-Luise/Helmling, Brigitte (1985), *Arbeit mit Video am Beispiel von Spielfilmen*, München.
Bufe, Wolfgang (1993), "Videogestützter Fremdsprachenunterricht: Von der Medienkonzeption zur Medienproduktion", in: *Der fremdsprachliche Unterricht. Französisch*, Jg. 27, 4-12.
Bufe, Wolfgang/Deichsel, Ingo/Dethloff, Uwe, Hrsg. (1984), *Fernsehen und Fremdsprachenlernen*, Tübingen.
Compte, Carmen (1993), *La vidéo en classe de langue*, Paris.
Cooper, Richard/Lavery, Mike/Rinvolucri, Mario (1991), *Video*, Oxford.
Hickethier, Knut (1993), *Film- und Fernsehanalyse*, Stuttgart.
Hill, Brian (1988), "Developments in Interactive Video", in: *Die Neueren Sprachen*, Jg. 87, 591-599.
Lancien, Thierry (1986), *Le document vidéo dans la classe de langue*, Paris.
Lonergan, Jack (1987), *Fremdsprachenunterricht mit Video. Ein Handbuch mit Materialien*, München.
Raabe, Horst (1986), "Video und filmspezifisches Arbeiten im Fremdsprachenunterricht", in: Seminar für Sprachlehrforschung der Ruhr-Universität Bochum (Hrsg.), *Probleme und Perspektiven der Sprachlehrforschung*, Frankfurt a.M., 113-132.
Reinfried, Marcus (1992), *Das Bild im Fremdsprachenunterricht. Eine Geschichte der visuellen Medien am Beispiel des Französischunterrichts*, Tübingen.
Schwerdtfeger, Inge C. (1989), *Sehen und Verstehen. Arbeit mit Filmen im Unterricht Deutsch als Fremdsprache*, Berlin.
Stempleski, Susan/Tomalin, Barry (1990), *Video in Action. Recipes for Using Video in Language Teaching*, New York.

Helmut Müller/Horst Raabe

71. Elektronische Medien

1. Allgemeines

Die Welt der elektronischen Medien wird von Tag zu Tag unübersichtlicher. Begriffe aus der Welt der Informations- und Kommunikationstechnologien sind zwar fester Bestandteil unseres Wortschatzes geworden, doch ist vielfach nicht deutlich, was diese exakt bedeuten und was genau die damit beschriebene Hard- und Software zu leisten fähig sind. Klar ist, daß eine sich verändernde Umwelt auch zu Veränderungen in unserem Bildungssystem führen wird, und somit die Neuen Medien eine Herausforderung an unsere Bildungseinrichtungen darstellen, und daß dabei auch der Fremdsprachenunterricht gefordert ist (Rüschoff 1986a).

Allerdings ist keinesfalls geklärt, wie die theoretische Auseinandersetzung mit den Neuen Medien im Fremdsprachenunterricht aussehen soll. Es liegen auch noch keine empirisch gesicherten Daten zu den praktischen Nutzungsmöglichkeiten beim Lehren und Lernen einer Sprache vor. In vielen Bundesländern hat man die Bedeutung der Neuen Medien für unsere Gesellschaft erkannt und versucht, dieser mit neuformulierten allgemeinpolitischen Bildungszielen gerecht zu werden. Im Rahmen der Vordefinition einer solchen "Informations- und Kommunikationstechnologischen Grundbildung" hat man sich auch mit den Neuen Medien und ihrer Rolle im Fremdsprachenunterricht auseinandergesetzt. In einigen Bundesländern sind zu diesem Zweck Arbeitsgruppen der betreffenden Kultusministerien eingesetzt worden. Diese Auseinandersetzung darf sich aber nicht, wie oft verlangt, auf die Vermittlung fachsprachlicher Termini der Computersprache Englisch und das verstärkte Lesen von Texten, die sich darstellend oder kritisch mit den Neuen Technologien auseinandersetzen, beschränken.

Auch als praktisch genutzte Unterrichtsmittel werden die Neuen Technologien (nicht nur der Computer) an Bedeutung gewinnen. Wichtig dabei ist, die Neuen Medien nicht ausschließlich in ein Labor zu verbannen, dessen Nutzung, abgesehen von didaktischen Problemen, auch organisatorische Schwierigkeiten bereiten würde. Vielversprechender sind Ansätze, die versuchen, die Nutzung dieser Technologien in die Klassenarbeit zu integrieren, wobei oft einige wenige Geräte mit Großbildprojektion genügen.

2. *Der Begriff der Neuen Technologien im Kontext des Fremdsprachenunterrichts*

Unter den Begriff "Neue Technologien" werden im Prinzip alle Medien gefaßt, deren Funktionen von einem Mikrochip als zentralem Element gesteuert werden und die Text-, Bild- und Tondaten digital verarbeiten. Zur Hardware gehört natürlich u.a. der (Micro)Computer; dessen "Gehirn" muß aber mit Informationen, Anweisungen und Daten versorgt werden, um gewünschte Funktionen und Prozesse durchführen zu können. Das geschieht mittels der Software, den Programmen zur Steuerung des Computers, wobei computergestützte Lernmaterialien oft als *teachware* oder *learnware* bezeichnet werden.

Die Bildplatte ist ein Medium zur digitalen Speicherung von Bild und Ton, auf der jedes Signal einzeln abgespeichert ist. Wie bei der Compact Disc hat man dabei in Sekundenschnelle direkten Zugriff auf jede Bildsequenz oder jedes der über 40 000 Bilder oder Tonsignale. Für den Unterricht können daher wesentlich flexibler als bei herkömmlichen Videogeräten bestimmte Passagen eines Lehrfilms gefunden und wiederholt abgespielt werden.

Darüber hinaus wird an interaktiven audio- und videogestützten Lernsystemen gearbeitet. Hier werden Microcomputer mit CD-ROM Datenspeichern bzw. Karten zur digitalen Sprachaufnahme und -wiedergabe sowie Bildverarbeitung ausgestattet. Diese Systeme bieten die Möglichkeit, in textgestützte Lernprogramme bei Aufgabenstellung, Rückmeldung, Lernhilfe oder begleitendem Kommentar beliebig Bildsequenzen oder Tonpassagen einzublenden. Besonders vielversprechend erscheinen Hypertext-Systeme, in denen sämtliche Informationsebenen eines Lernmaterials mit direktem und offenem Zugriff flexibel miteinander verknüpft sind (Joyce 1988).

Viele dieser Informationstechnologien lassen sich lokal, national und international miteinander vernetzen, wodurch sie als Kommunikationstechnologien außerdem die Möglichkeit des Informationsaustausches und der direkten Kommunikation zwischen den jeweiligen Nutzern bieten.

Die sinnvolle Nutzung der Telekommunikation im Sprachunterricht wird ebenfalls zur Zeit untersucht. Im Rahmen von Modellversuchen wird an ausgesuchten Versuchsschulen Englischklassen ermöglicht, per Computer und Telefonmodem Informationssysteme und Datenbanken in England und den USA zu befragen oder mit Kontaktklassen in diesen Ländern per Computer und Bildschirm (auf englisch) direkt zu kommunizieren oder Materialien auszutauschen.

3. *Computer Assisted Language Learning (CALL)*

Unter *CALL* versteht man im allgemeinen den Einsatz von computergestützten Lernprogrammen, die einzelnen Lernenden oder einer Lernergruppe eine Aufgabe präsentieren und anschließend den eingegebenen Lösungsvorschlag analysieren und korrigieren oder das Programm in Abhängigkeit von dem jeweiligen Vorschlag weiterführen. Darüber hinaus eröffnen Text- und Datenverarbeitungsprogramme interessante neue Ansätze zur Textarbeit und Informations- und Materialbeschaffung bzw. -speicherung. Man kann, um nur ein Beispiel zu nennen, unter Berücksichtigung einer Vielzahl grammatischer und semantischer Kriterien Wortschatzdateien mit Beispielkontexten und Quellenangaben anlegen. So hat man über entsprechende Suchroutinen ständig Zugriff auf den gesamten Wortschatz, den eine Lernergruppe bis zu einem bestimmten Zeitpunkt bearbeitet hat. Der Wortschatz kann nach vorgegebenen semantischen oder grammatischen Kriterien sortiert werden; Wortschatz- und Kontextlisten zu bestimmten Themenbereichen oder Bedeutungsfeldern sind permanent abrufbar, entweder für die Lehrperson zur Unterrichtsvorbereitung oder für die Lernenden zur Unterstützung der Hausaufgaben oder gezielten inhaltlichen und sprachlichen Vorbereitung auf bestimmte Projekte. Hier sei besonders auf Konkordanzprogramme verwiesen, mit denen Texte und deren sprachliche Elemente nach verschiedensten Kriterien aufbereitet werden können (Jones/Tribble 1990).

4. Selbstlernen mit dem Computer

Die Entwickler von Lernprogrammen für computergestützte Systeme haben sich anfangs verstärkt auf das Selbstlernen konzentriert. Wortschatzdrills und Grammatikübungen sind meistens in der Tradition des Programmierten Lernens und den Übungsformen einfacher Drill- und *practice*-Materialien verwurzelt.

Allerdings sollte der Einsatz des Computers als reines Selbstlernmedium nicht überbetont werden. Hier geht es um die Nutzung entsprechender Lernsoftware in der Art einer sich selbst korrigierenden Hausaufgabe zur Vor- oder Nachbereitung im Rahmen einer Unterrichtseinheit, auf keinen Fall aber um die vollständige Individualisierung des Lernens.

Materialien für die Einzelarbeit dürfen nicht bloße Wiederholungen programmierter Übungen behaviouristischer Prägung mit bloßen Richtig/Falsch-Rückmeldungen sein oder herkömmliche Übungsformen vom Buch auf den Computer übertragen. Besser geeignet sind echte *instructional dialogues*. Die Übungen klären bei solchen *tutorials* die Lernenden mit gezielten Rückmeldungen über Art, Gewichtung oder Grundlagen ihrer Fehler auf. Zur Zeit wird außerdem an Programmkonzepten gearbeitet, die den Lernenden nicht einfach vorgegebene Programminhalte oder -abläufe aufzwingen, sondern auf das Lernverhalten und die Lernleistung einzelner eingehen und sich daran anpassen. Dabei sollen so oft wie möglich und sinnvoll auch die Lernenden die Initiative behalten und selbständig Programmoptionen in Anspruch nehmen oder deaktivieren können.

Ein weiteres Problem vieler der bisher angebotenen Materialien liegt darin, daß die überwiegende Mehrheit fast nur isolierte und in Umfang und Komplexität beschränkte Antworten sinnvoll verarbeiten kann. Da Sprache ja ein komplexes und vielschichtiges System ist, sind solche Programme oft unbefriedigend. Ein interessanter Ansatz ist aber in jetzt verstärkt angebotenen Materialien zu sehen, bei denen es in einer *exploratory mode* nicht nur darum geht, eine Aufgabe richtig zu lösen, sondern im Rahmen eines einmal gefundenen Lösungsschemas möglichst viele Alternativen zu erkunden. Dabei werden auch ganze Sätze als Eingabe akzeptiert und analysiert.

5. Gruppenarbeit mit Computern

Wichtiger noch als die Nutzung der Computer in der Individualphase ist aber der Einsatz im Gruppenunterricht, für den es auch schon gute Programme gibt (Jones/Fortescue 1987). Der Computer und dessen Bildschirm nehmen dabei die Rolle einer flexibel reagierenden elektronischen Tafel ein. Das Computerprogramm präsentiert eine aktivitäten- und kommunikationsfördernde Aufgabe, die Gruppe befaßt sich mit der Lösung des gestellten Problems und gibt das Ergebnis ihrer Beratungen in den Computer ein. Dieser arbeitet die neuen Informationen in den weiteren Programmablauf und in neue Aufgaben ein. Gängige Materialien sind Übungen zur Textbearbeitung und -rekonstruktion, wie z.B. *Storyboard* oder *Storycorner,* Programme für Rollenspiele und Simulationen oder Leselabyrinthe.

6. Ausblick und Softwarekriterien

Grundlage der Bewertung der verschiedenen Einsatzmöglichkeiten der Neuen Technologien im Fremdsprachenunterricht müssen die Fragen sein, ob und wie die Arbeit mit ihnen in einen kommunikativ ausgerichteten Sprachunterricht integriert werden kann. Materialien, die gezielt die Arbeit im Klassenverband oder in der Kleingruppe fördern oder zu eigener Kreativität bei der Textproduktion und zu spontanem freiem Sprechen anregen, entsprechen am ehesten modernen didaktischen Ansätzen des Fremdsprachenunterrichts.

Entsprechende CALL Software sollte folgendes berücksichtigen:
a) Bezugnehmend auf Forschungen zu Sprachverarbeitungsstrategien und kognitiven Prozessen sollte CALL Software den Lernenden die Möglichkeit geben, mit Sprache so zu interagieren, daß sprachliches und faktisches Wissen auf der Grundlage von Hypothesenbildung und -überprüfung gefestigt und erweitert werden kann.
b) Folglich darf diese Software Lernende auch nicht einfach in die Rolle des Prüflings zwingen, sondern sie muß Lernenden die Möglichkeit des Experimentierens und Entdeckens eröffnen.

c) Ganz wichtig ist, daß die Kontrolle über Programmablauf sowie Lern- und Arbeitsschritte mehr den Lernenden überlassen bleibt als bisher. Software darf Lernende nicht einfach in ein Lernkorsett zwingen, in dem Ablauf und Aufgabenstellungen ohne Möglichkeit der Einflußnahme fest vorgegeben sind.

d) *CALL* Software sollte sich durch Art und Inhalt der Aufgabenstellung nicht nur auf das faktische, deklarative Wissen konzentrieren. Offene Software, die Lernenden auch unterschiedliche Arbeitsweisen und Zugänge im Umgang mit Sprachmaterialien eröffnet, ist wichtig, da so auch prozedurales Wissen und Fertigkeiten der Sprachverarbeitung gefördert werden.

Es bleibt zu hoffen, daß die Neuen Technologien in einer Rolle als pädagogisches Werkzeug des Lehrens und Lernens weiter an Bedeutung gewinnen werden. Sicher haben auch Lernprogramme mit traditioneller Ausrichtung eine Funktion, beispielsweise für das remediale Lernen oder das vor- und nachbereitende Üben. Dieser Funktion sind aber deutliche Grenzen gesetzt. Das wahre Potential der Neuen Technologien liegt in ihrer Vielseitigkeit. Programme für den Einsatz im Gruppenunterricht, Lernspiele und Simulationen, Textverarbeitungs- und Textmanipulationssoftware, die Telekommunikation, das alles sind Bereiche, in denen in den vergangenen Jahren zum Teil sehr erfolgreich mit den Neuen Technologien gearbeitet worden ist.

Multi-Media Software und Hypertext-Applikationen sowie interaktive audio- und videogestützte Systeme, die mit der Weiterentwicklung von Möglichkeiten der digitalisierten Aufnahme und Wiedergabe von Bild und Ton immer kostengünstiger und einfacher zu handhaben sein werden, werden darüber hinaus auch für den Einsatz von authentischen Video- und Sprachaufnahmen im Fremdsprachenunterricht neue Perspektiven eröffnen.

Literatur

Grüner, Margit/Hassert, Timm (1992), *Einführung in den computerunterstützten Fremdsprachenunterricht. Fernstudieneinheit* (Erprobungsfasssung 2/92), Berlin et al. (mit Diskette).
Higgins, John/Johns, Tim (1984), *Computers in Language Learning*, Glasgow.
Jones, Christopher/Fortescue, Sue (1987), *Using Computers in the Language Classroom*, London.
Jones, Glyn/Tribble, Chris (1990), *Concordances in the Classroom*, Harlow.
Joyce, M. (1988), "Siren Shapes: Exploratory and Constructive Hypertexts", in: *Academic Computing*, Nov., 10-14, 37-42.
Jung, Udo O.H. (1992), *An International Bibliography of Computer Assisted Language Learning with Annotations in German*, Frankfurt a.M.
Rüschoff, Bernd (1986a), *Fremdsprachenunterricht mit computergestützten Materialien*, München.
Rüschoff, Bernd (1986b), "The 'Intelligence' of Intelligently Programmed Adaptive Call Materials for Self-Study", in: *System*, Vol. 14, 205-210.
Rüschoff, Bernd (1989), "Selbständiges Lernen mit dem Computer am Beispiel interaktiver audiovisueller CALL Materialien", in: *Die Neueren Sprachen*, Jg. 88, 50-60.
Rüschoff, Bernd/Wolff, Dieter (1991), "Developing and using interactive audio for foreign language learning", in: Judith Janssen/Heleen van Loon (eds.), *New Media in the Humanities*, Amsterdam, 29-44.
Storyboard (1993), WIDA Software, updated version, London.
Storycorner (1988), Diesterweg Verlag, Frankfurt a.M.

Bernd Rüschoff

72. Mediengestützter und mediengeleiteter Unterricht

1. Problemaufriß

Die Begriffe "mediengestützt" und "mediengeleitet" (vgl. Art. 62) verweisen auf zwei Möglichkeiten, sich der Verwendung von Medien im Fremdsprachenunterricht zu nähern. Als "mediengestützt" ist ein Unterricht zu charakterisieren, in dem die unterschiedlichen Medien vom gedruckten Text bis hin zum Computer zur Unterstützung des Lehr- und Lernprozesses herangezogen werden. Diskutiert werden in diesem Rahmen die Angemessenheit der Verwendung eines bestimmten Mediums, seine spezifische Funktion oder sein didaktischer Ort, das heißt sein Einsatz in bestimmten Phasen des Lehr- und Lernprozesses. Auswahl und Einsatz der Medien hängen grundsätzlich von der Entscheidung der beteiligten Personen ab.

"Mediengeleitet" bedeutet dagegen, daß ein Medium oder mehrere Medien im unterrichtlichen Konzept Steuerungsfunktionen übernehmen, das heißt, daß der Fortgang des Unterrichts durch sie bestimmt und vorstrukturiert ist und von den beteiligten Personen nicht oder höchstens im Sinne von Verzögerung oder Beschleunigung der Arbeit beeinflußt werden kann. Seit den 60er Jahren wurden für den Fremdsprachenunterricht multimediale Lehrwerke (vgl. Art. 63) entwickelt, bei denen das Buch eine Leitfunktion übernimmt und Arbeitsbücher, Glossare, Overhead-Folien, Tonmaterialien und teilweise auch Video eine stützende Funktion haben. In diesem Zusammenhang sind Kassetten- oder Videokurse, begleitet von schriftlichem Material, oder auch Fernstudienmaterialien zu nennen. Letztere werden teilweise in einem Medienverbund angeboten, der auch Massenmedien (Rundfunk und Fernsehen) zur Verbreitung nutzt (vgl. Weiand 1978).

In mediendidaktischen Untersuchungen wurden und werden neben den Auswirkungen von Medienverwendung auf die Effizienz des Unterrichts auch Möglichkeiten individualisierender Lehrverfahren und der Binnendifferenzierung innerhalb der Lernergruppe durch den Einsatz von Medien diskutiert. Ein wichtiger Gesichtspunkt ist auch, inwieweit Lehrende und Lernende durch Medien manipuliert beziehungsweise in ihrer Emanzipation gefördert werden können. Teilweise wurden bestimmten Medien Tendenzen in beiden Richtungen unterstellt. Heute hat sich eher eine instrumentelle Sicht durchgesetzt: ein Medium als solches wirkt nicht manipulativ oder emanzipatorisch. Es ist von Fall zu Fall zu fragen, wie es eingesetzt wird.

In den 70er Jahren hat man Forderungen erhoben, Lernende zu kritischen Rezipienten zu erziehen, die sich aus einer distanzierten Haltung heraus der Fremdbestimmung durch Medien zu entziehen und eigene Interessen und Bedürfnisse zu verwirklichen wissen (vgl. Groene/Jung/Schilder 1983). Diese aus dem Bereich der Medienpädagogik stammenden, überwiegend inhaltlich orientierten Forderungen sind zwar auch für den Fremdsprachenunterricht als richtig anerkannt, ihre Umsetzbarkeit ist jedoch umstritten (vgl. Dietrich 1979, wo die Möglichkeiten, und Hüllen 1976, wo die Zweifel betont werden).

2. Aktueller Stand der Diskussion

In welcher Art und in welchem Umfang durch Medieneinsatz Einstellungen oder Emotionen der Rezipienten verändert werden oder wie durch Aussageinhalte beabsichtigt oder unbeabsichtigt auch unerwünschte Verhaltensänderungen eintreten (vgl. Maletzke 1981), wurde bisher in fremdsprachenunterrichtlicher Hinsicht wenig diskutiert. Kognitionspsychologische Aspekte der Arbeit mit Medien im Fremdsprachenunterricht (vgl. Bufe/Deichsel/Dethloff 1984) finden ebenfalls nur zögernd Beachtung.

Es wird immer wieder betont, daß der Einsatz von Medien im Fremdsprachenunterricht zwar nicht automatisch bessere Lernerfolge garantiere, daß aber Medien für das Lehren und Lernen einer fremden Sprache wichtig und notwendig seien (vgl. Freudenstein 1986). Nach wie vor besteht jedoch eine Diskrepanz zwischen dem fachdidaktischen Diskussionsstand und dem Geschehen in der unterrichtlichen Praxis. Fachdidaktisch gilt, daß die gedruckten Medien, speziell das Lehrbuch, auch durch die Forderung nach einem multimedialen Fremdsprachenunterricht nicht aus ihrer Position als Leitmedium verdrängt werden sollen (vgl. Groene/Jung/Schilder 1983). Der Einsatz unterschiedlichster Medien wird zwar als selbstverständlich betrachtet, muß jedoch in jeder Situation pädagogisch hinreichend begründet werden können. Die technischen Medien können wichtige didaktische Funktionen übernehmen, wenn sie flexibel und variabel eingesetzt werden. Die Entscheidung über die Verwendung eines Mediums soll getroffen werden, nachdem überprüft ist, welche Möglichkeiten für Schüleraktivitäten und Kommunikation bestehen, ob der Einsatz mit der Lernsituation vereinbar ist und ob das Medienangebot weltanschaulich besonders geprägt ist (vgl. Kuckuk/Wokittel 1980).

Für einen breiten Einsatz technischer Medien im fremdsprachlichen Unterricht spricht nicht zuletzt, daß sie gesellschaftlich zunehmend akzeptiert werden und im täglichen Leben eine immer noch wachsende Rolle spielen. Damit sind die Lehrenden mit Lernenden konfrontiert, die die Faszination der Medien bereits sehr viel früher und intensiver kennengelernt haben als die Lehrenden selbst (vgl. etwa Bauer/Hengst 1980).

Dieser fachdidaktische Diskussionsstand wird nur langsam in die unterrichtliche Praxis umgesetzt. Viele Lehrende schränken den Einsatz technischer Medien unter anderem deswegen ein, weil sie oft nicht leicht genug verfügbar sind, ihr Einsatz langfristig zu planen ist und die Lehrenden den Umgang mit ihnen nicht routiniert genug beherrschen. Eine verstärkte Berücksichtigung des Themenkomplexes Medieneinsatz im Rahmen der Lehreraus- und -weiterbildung ist also erforderlich.

3. Perspektiven

Derzeit sind zwei Richtungen in der Entwicklung erkennbar:

Es wird angestrebt, Lernende in einer Weiterführung des emanzipatorischen Ansatzes auch produktiv mit Medien umgehen zu lassen (vgl. z.B. Kuckuk/Wokittel 1980), sie beispielsweise zum Schreiben von Theaterstücken, Hörspielen oder Drehbüchern in der Fremdsprache anzuregen. Wenn Lernende aktive Medienarbeit durchführen, lernen sie, die Wirkungsweise eines Mediums generell oder die Wirkungen einzelner Komponenten besser zu durchschauen und einzuschätzen.

Der Computer hat in den letzten Jahren seinen Einzug in den Fremdsprachenunterricht gehalten, und wiederum sind – wie früher beim Sprachlabor – die Erwartungen hoch. Der Computer kann aktive Mitarbeit von seiten der Lernenden auslösen, die zunehmend die Qualität des oben erwähnten aktiven Umgangs mit Medien erreicht. Der technische Fortschritt geht heute in Richtung einer multimedialen Integration von Video, Standbild, Audio und Text auf dem Computer. Bei aller Faszination, die von diesen technischen Neuerungen ausgeht, darf jedoch nicht übersehen werden, daß ein Grundprinzip allen Programmierens (*garbage in – garbage out*) auch für Lernprogramme gilt: Nur ein ausgefeiltes Programm, entstanden in einer Zusammenarbeit von Fachleuten verschiedener Herkunft (z.B. Didaktikern, *native speakers*, Programmierern), kann den Ansprüchen gerecht werden, die an Lernprogramme im Sinne eines effektiven Einsatzes gestellt werden sollten. 'Effektiv' bedeutet, daß der Lernende nicht nur rezeptiv, sondern auch produktiv tätig ist und letztlich seine mündlichen Reaktionen vom Computer auch adäquat verarbeitet werden können. Die Forschung hierzu steckt noch in den Kinderschuhen (vgl. Langenscheidt-Redaktion 1985; außerdem zur aktuellen Diskussion die Zeitschrift *System. An International Journal of Educational Technology and Applied Linguistics*).

Literatur

Bauer, Karl W./Hengst, Heinz (1980), *Wirklichkeit aus zweiter Hand. Kinder in der Erfahrungswelt von Spielwaren und Medienprodukten*, Reinbek bei Hamburg.
Bufe, Wolfgang/Deichsel, Ingo/Dethloff, Uwe, Hrsg. (1984), *Fernsehen und Fremdsprachen lernen. Untersuchungen zur audio-visuellen Informationsverarbeitung: Theorie und didaktische Auswirkungen*, Tübingen.
Dietrich, Ingrid (1979), *Kommunikation und Mitbestimmung im Fremdsprachenunterricht*, 2. Aufl., Königstein/Ts.
Esselborn, Karl (1991), "Neue Beurteilungskriterien für audiovisuelle Lehrmaterialien", in: *Zielsprache Deutsch*, Jg. 22, H. 2, 64-78.
Freudenstein, Reinhold (1986), "Medioten und Mediatoren", in: Rolf Ehnert/Hans-Eberhard Piepho (Hrsg.), *Fremdsprachen lernen mit Medien. Festschrift für Helm von Faber zum 70. Geburtstag*, München, 24-34.
Groene, Horst/Jung, Udo O.H./Schilder, Hanno, Hrsg. (1983), *Medienpraxis für den Englischunterricht*, Paderborn et al.
Hüllen, Werner (1976), *Linguistik und Englischunterricht 2. Didaktische Analysen*, Heidelberg.
Kuckuk, Kurt/Wokittel, Horst (1980), *Unterrichtsplanung und Unterrichtsdurchführung. Baustein der Reihe "Medien im Unterricht" des Deutschen Instituts für Fernstudien*, Tübingen.
Langenscheidt-Redaktion, Hrsg. (1985), *Computergestützter Fremdsprachenunterricht. Ein Handbuch*, München.
Maletzke, Gerhard (1981), *Medienwirkungsforschung. Grundlagen, Möglichkeiten, Grenzen*, Tübingen.
Prokop, Dieter, Hrsg. (1985), *Medienforschung*, 3 Bde., Frankfurt a.M.
Schwerdtfeger, Inge C. (1989), *Sehen und Verstehen*, München.
Weiand, Hermann J. (1978), *Film und Fernsehen im Englischunterricht. Theorie, Praxis und kritische Dokumentation*, Kronberg/Ts.

Brigitte Abel

73. Übersetzen und Dolmetschen

1. Problemaufriß

Die Rolle der Übersetzung im Fremdsprachenunterricht ist nach wie vor in hohem Maße kontrovers. Wie bei kaum einem anderen fremdsprachendidaktischen Fragenkomplex stehen sich Positionen diametral gegenüber, nicht nur in der fachdidaktischen Literatur, sondern oft auch in den alltäglichen Diskussionen praktizierender Lehrer. Für das dabei immer wieder auftretende argumentative Patt können zwei Hauptgründe verantwortlich gemacht werden:
1. Die häufige Nichtbeachtung einer Reihe absolut notwendiger Differenzierungen hinsichtlich dessen, was unter "Übersetzung" verstanden wird, hinsichtlich der Funktionen, die diese übernehmen soll, sowie hinsichtlich des Lernkontextes, in dem sie eingesetzt wird;

2. der notorische Mangel an empirischer Überprüfung der zahlreichen widersprüchlichen Behauptungen über den Zusammenhang von Übersetzen und Fremdsprachenlernen.

Erschwerend hinzu kommt zum einen die besondere "Ideologieanfälligkeit" aller fremdsprachendidaktischen Fragen, die die Rolle der Muttersprache betreffen, sowie zum anderen der grundsätzliche qualitative Unterschied zwischen Übersetzung im Fremdsprachenunterricht und "realer" Übersetzung in außerpädagogischen Kontexten (wie Wirtschaft, Verwaltung, internationale Beziehungen usw.).

Diese grundsätzliche Kontroverse hat bisher das Schicksal der Übersetzung im Fremdsprachenunterricht entscheidend geprägt. Deren Rolle bemaß sich dabei u.a. nach dem Spielraum, den die jeweils vorherrschende methodisch-didaktische Grundkonzeption von Fremdsprachenunterricht dem Einsatz der Muttersprache zubilligte. Nachdem der Methodenstreit in den späten 60er Jahren vorübergehend zugunsten einer strikten Einsprachigkeit entschieden schien, setzte mit Beginn der 70er Jahre eine langsame, aber stetige "Entdogmatisierung" ein, die etwa ab 1975 durch die "kommunikative Wende" des Fremdsprachenunterrichts und die damit verbundene Verlagerung des fremdsprachendidaktischen Interesses auf neue Fragestellungen verstärkt wurde. (Die historische Entwicklung in der Einschätzung der Übersetzung im Fremdsprachenunterricht skizziert Ettinger 1988.) Folglich mehrten sich auch wieder die Stimmen, die den Einsatz der Übersetzung in der einen oder anderen Form befürworteten, meist mit dem Hinweis verbunden, daß damit kein Rückfall in die obsolete Grammatik-Übersetzungsmethode der Vorreformzeit einhergehen sollte. Die zu beobachtende Entdogmatisierung trägt jedoch auch den Charakter einer Verunsicherung. Diese drückt sich u.a. in gültigen Curricula und gängigen Lehrwerken aus. Die augenblickliche Rolle der Übersetzung kann hier etwa wie folgt resümiert werden: Die Lehrpläne sehen insgesamt für die Übersetzung nur eine untergeordnete Rolle vor. Für den Spracherwerb ist sie in praktisch keiner Funktion das Mittel der Wahl. Ihr Einsatz ist jedoch punktuell erlaubt, z.B. bei "mangelnder Klarheit" in der Bedeutungsvermittlung, bei "besonderen Ausdrucksschwierigkeiten der Schüler", aus "unterrichtsökonomischen Gründen" usw. Das Übersetzen erscheint oft als methodische Restkategorie ohne eine originäre positive Funktionsbestimmung. Dem intralingualzielsprachlichen Arbeiten wird in jedem Fall der Vorzug eingeräumt. Lediglich im Bereich des sog. Methoden- und Wissenserwerbs kommt der Übersetzung eine gewisse Bedeutung zu, z.B. zur Ausbildung eines metasprachlichen Bewußtseins für interlinguale Strukturunterschiede (sprachreflexive Funktion). In den Richtlinien ist jedoch ein Nord-Süd-Gefälle erkennbar mit einer deutlich größeren Rolle der Übersetzung in den südlichen Bundesländern (z.B. in der schriftlichen Reifeprüfung in Baden-Württemberg und Bayern).

Auch in den Lehrwerken wird das Übersetzungstabu zunehmend durchbrochen, ohne daß eine systematische Neuzuweisung genau definierter Funktionen erkennbar wäre. Die Wiedereinführung der Übersetzung wird dabei meist als "Diversifizierung des Übungsangebotes" begründet und rangiert methodisch und auch optisch eher an nachgeordneter Stelle (z.B. in Arbeitsbüchern, Zusatzmaterialien und dgl.). Eine Ausnahme bildet lediglich die Übersetzung von Wörtern und Wendungen zu Semantisierungszwecken in Form zweisprachiger Vokabellisten, die heute (wieder) als Regelbestandteil der Lehrwerke gelten können.

Über die entscheidende Frage, welche Rolle das Übersetzen tatsächlich im Unterricht spielt, kann in Ermangelung neuerer repräsentativer Untersuchungen nur spekuliert werden. Eine kleine Pilotstudie (Grotjahn/Klevinghaus 1975), die auf Befragungen von Fremdsprachenlehrern an Gymnasien, Realschulen und Hauptschulen beruhte, kam zu dem Ergebnis, daß die Lehrer sich ganz überwiegend zum Einsprachigkeitsprinzip bekannten, de facto jedoch das Übersetzen in bestimmten Formen und Funktionen im Unterricht praktizierten, z.B. zur Einführung von Grammatik und Wortschatz oder zur Lernerfolgskontrolle. Auch unabhängig von dieser Untersuchung ist in der Literatur häufig die These vertreten worden, daß trotz aller verbalen Bekenntnisse zum Einsprachigkeitsprinzip die Übersetzung nie völlig aus dem Unterricht verschwunden ist ("heimliche Anderthalbsprachigkeit"). Die mittlerweile eingetretene Entdogmatisierung dürfte diese Tendenz weiter gefördert haben. Eine positive Neubestimmung der Möglichkeiten und Grenzen der Übersetzung im Fremdsprachenunterricht ist jedoch bestenfalls in Ansätzen erkennbar. Die Ursache dafür ist die zugrundeliegende, nach wie vor unentschiedene theoretische Kontroverse.

2. Für und wider das Übersetzen im Fremdsprachenunterricht

Im folgenden seien kurz die wichtigsten Argumentationsmuster skizziert, die die jahrzehntelange Diskussion geprägt haben.

Hinsichtlich der Differenzierung zwischen Übersetzung im eigentlichen Sinne und Dolmetschen sei vorweg bemerkt, daß beide im Fremdsprachenunterricht nicht im gleichen Gegensatz stehen wie in der außerschulischen Wirklichkeit, wo das Konsekutiv- und Simultandolmetschen zwei vom Übersetzen deutlich abgehobene Sprachmittlungstätigkeiten mit wesentlich anderen Anforderungen an die diese Tätigkeit beruflich ausübenden Personen sind. Im Fremdsprachenunterricht werden unter "Dolmetschen" dagegen meist nur verschiedene Formen der mündlichen Ausführung einer Übersetzung von mündlich vorgegebenen Inhalten im Sinne einfacher Sprachmittlungsakte verstanden (z.B. Walter 1974). Deshalb wird im gesamten vorliegenden Artikel "Übersetzung" als Oberbegriff von Übersetzung im eigentlichen Sinne und von Dolmetschen verstanden. Für das Übersetzen wird angeführt:

- Das bewußte, Sprachkontraste kognitiv aufarbeitende Übersetzen wirke der allgemeinen Tendenz der Lerner entgegen, Strukturen der Muttersprache auf die Fremdsprache zu übertragen, und sei insofern interferenzfehlerabbauend bzw. -vorbeugend.
- Das Übersetzen sei im Gegensatz zu den meisten anderen Arbeitsformen, bei denen jeweils nur einige wenige ausgewählte fremdsprachliche Strukturen fokussiert würden, eine integrative Sprachaufgabe, bei der unterschiedliche Schwierigkeiten in vermischter Form impliziert seien. Es komme insofern der Sprachverwendung in echten Kommunikationssituationen näher als andere Übungsformen.
- Das Übersetzen fördere und entwickele aufgrund des implizierten Zwanges, bestimmte, vorgegebene Inhalte in der Fremdsprache auszudrücken, die Fähigkeit der Lerner zum nuancierten Ausdruck im Gegensatz etwa zum Aufsatzschreiben, bei dem die Lerner auftretende Äußerungsschwierigkeiten leicht durch Vermeidungsstrategien umgehen könnten.
- Das Übersetzen eigne sich besonders gut zum Einüben fremdsprachlicher Strukturen im Sinne einer systematischen Verfügbarkeitssteigerung und eines erleichterten Transfers auf Anwendungssituationen, weil es nicht an bestimmte Strukturmuster gebunden sei, weil keine umständlichen Übungsanweisungen erforderlich seien und weil die Übungsvorgabe, da rein muttersprachlich, nicht schon Teile der von den Lernern zu erbringenden fremdsprachlichen Lösung enthalte.
- Das Übersetzen eigne sich hervorragend zur Bedeutungserklärung neuer fremdsprachlicher Wörter und Wendungen (zweisprachige Semantisierung). Alle Formen der einsprachigen Semantisierung würden demgegenüber dem natürlichen Bedürfnis der Lerner nach muttersprachlicher Bedeutungsrepräsentation nicht gerecht und provozierten so unnötige Fehlinterpretationen und Bedeutungskurzschlüsse. Die zweisprachige Semantisierung sei darüber hinaus auch die einfachste und schnellste Art der Bedeutungsvermittlung, da sie grundsätzlich ohne Hilfsmittel (z.B. audiovisuelle Semantisierungshilfen) auskomme.
- Das Übersetzen eigne sich hervorragend als Technik zur vollständigen Sinnerschließung fremdsprachlicher Texte. Dies entspreche dem Bedürfnis der Lerner, sich die Bedeutung von fremdsprachlichen Texten ggf. auch durch "heimliches Übersetzen" zu erschließen. Das Übersetzen zwinge die Lerner auch zu einer wesentlich genaueren Auseinandersetzung mit der fremdsprachlichen Textvorlage als beispielsweise einzelne Verständnisfragen und führe deshalb zwangsläufig zu einem vertieften Textverstehen, insbesondere bei anspruchsvollen Texten.
- Das Übersetzen sei eine besonders einfache und effektive Art der Verständniskontrolle sowohl auf Wort- und Satz- als auch auf Textebene. Besser als Kontrollfragen, Paraphrasierungs- und Resümierungsaufgaben und dgl. könne der Lehrer mit der Aufforderung, ein Wort, einen Satz oder einen Textausschnitt zu übersetzen, überprüfen, ob diese wirklich verstanden worden seien.
- Die Übersetzung eigne sich auch zur Leistungskontrolle produktiver Fertigkeiten und zwar sowohl zur punktuellen Überprüfung spezieller Kenntnisse in der Fremdsprache (z.B. einer bestimmten grammatischen Struktur) als auch im Sinne einer globalen Überprüfung des erreichten Kompetenzstandes (z.B. durch Hin-Übersetzung anspruchsvoller Texte im Staatsexamen).
- In der Form des Dolmetschens trage das Über-

setzen zur Ausbildung der Sprechfertigkeit bei, wobei durch die muttersprachliche Vorgabe eine leichte und äußerst variable Eingabe unterschiedlicher Inhalte und kommunikativer Funktionen möglich sei.
- Das Übersetzen könne im Gegensatz zu rein fremdsprachlichen Übungsformen als Her-Übersetzen grundsätzlich auch zu einer Verbesserung des muttersprachlichen Ausdrucks genutzt werden.
- Das Übersetzen eigne sich in besonderem Maße, den praktischen Nutzen der Erweiterung der fremdsprachlichen Kompetenz mit dem Ziel der graduellen Ausbildung eines reflexiven Sprachbewußtseins zu verbinden, z.B. im Sinne wissenschaftspropädeutischen Arbeitens auf der gymnasialen Oberstufe oder als integriertes Übersetzungs- und Linguistikseminar in den philologischen Studiengängen an der Hochschule (zur Thematisierung der Funktion von Sprache, des Zusammenhangs von Sprache und Kultur, von Sprache und Denken usw.).
- Das Übersetzen eigne sich auch zum systematischen Erwerb von Arbeitstechniken im Sinne einer wissenschaftlichen Methodenpropädeutik (z.B. durch kritischen Umgang mit einsprachigen und zweisprachigen Wörterbüchern sowie anderen Nachschlagewerken).
- Unabhängig von allen möglichen Einwänden sei die Einbeziehung des Übersetzens im Fremdsprachenunterricht als eigenes Lernziel schon deshalb sinnvoll, weil Übersetzungs- oder Dolmetschkenntnisse heute in einer Vielzahl von außerschulischen, beruflichen wie privaten Sprachkontaktsituationen verwertbar seien.

Diesen Pro-Argumenten stehen im wesentlichen folgende Contra-Argumente gegenüber:
- Die Übersetzung als eine Arbeits- und Übungsform, die grundsätzlich die Einbeziehung der Muttersprache in den Unterricht impliziere, stelle eine unnötige und schwer revidierbare Verletzung des Einsprachigkeitsprinzips dar, das im Sinne eines effektiven Fremdsprachenlernens wünschenswert sei. Selbst ein punktueller Nutzen des Übersetzens gleiche den negativen "Dammbrucheffekt" grundsätzlich nicht aus.
- Das Übersetzen sei immer als eine eigene (fünfte) Fertigkeit zu betrachten, die mit den im Fremdsprachenunterricht angestrebten vier Grundfertigkeiten (Leseverstehen, Hörverstehen, schriftlicher Ausdruck, mündlicher Ausdruck) nur indirekt zusammenhänge, und sei insofern eine "Kunst, die den Fremdsprachenunterricht nichts angehe". Die fremdsprachlichen Fertigkeiten seien als solche zu üben und nicht auf dem unnötigen Umwege der Muttersprache.
- Das Übersetzen nehme im Fremdsprachenunterricht häufig eine hypertrophe Stellung ein und führe dann zu einer starken Vernachlässigung anderer Arbeits- und Übungsformen insbesondere im Bereich der Sprechfertigkeit (z.B. in der universitären Sprachausbildung).
- Das Übersetzen beuge Interferenzfehlern in der Regel nicht nur nicht vor, sondern provoziere häufig sogar zusätzlichen negativen Transfer aus der Muttersprache. Übersetzungsübungen enthielten für den Lerner zusätzliche und unnötige sprachliche Fußangeln, die dazu führten, daß in Übersetzungen mehr Fehler gemacht würden als in der freien Sprachproduktion.
- Die Vorlagegebundenheit des Übersetzens sei ein Hemmschuh für die freie mitteilungsbezogene Kommunikation, da in echten Kommunikationssituationen die Kommunikationspartner in der Regel auch die Möglichkeit hätten, zwischen verschiedenen Sprechintentionen und Mitteln zu ihrer sprachlichen Realisierung zu wählen.
- Ein zu übersetzender Text beinhalte fast immer mehr sprachliche Schwierigkeiten als die, um die es im Rahmen einer sinnvollen Lernprogression jeweils gehe. Der Lerner werde so mit einer Vielzahl von Regeln konfrontiert, ohne sich auf eine wirklich konzentrieren zu können. Die Folge sei ein atomistisches Lernen, das zu mangelndem Transfer infolge mangelnder Systematik, insgesamt also zu mangelnder Effizienz führe.
- Das Übersetzen und das Verstehen von fremdsprachlichen Texten seien zwei grundsätzlich antagonistische Ziele. Das Übersetzen fördere nicht das Textverstehen, sondern behindere es eher, weil es die Aufmerksamkeit von der Fremdsprache weg auf die Übersetzungsaufgabe lenke. Übersetzen um zu verstehen sei eine *exigence absurde*, weil das Übersetzen überhaupt erst beginnen könne, wenn der Ausgangstext vollständig verstanden worden sei.
- Das Übersetzen in die Muttersprache sei eine für den Fremdsprachenunterricht völlig unergiebige Arbeitsform. Nirgendwo anders produzierten die Lerner ein so schlechtes Deutsch wie unter dem Zwang, einen fremdsprachlichen Text in die Muttersprache übersetzen zu müssen. Versuche man jedoch, die Übersetzung zu verbessern, brin-

ge dies häufig ein zeitraubendes Herumtüfteln an Bedeutungsnuancen und Wiedergabevarianten mit sich, das für den eigentlichen fremdsprachlichen Lernprozeß von keinerlei Nutzen sei.
– Als Verfahren der Bedeutungserklärung sei das Übersetzen grundsätzlich ungeeignet. Eine Bedeutungsangabe in der Muttersprache führe bei den Lernern meist zu vorschnellen Gleichsetzungen und falschen Generalisierungen. Die Bedeutung eines fremdsprachlichen Wortes oder Ausdrucks sei grundsätzlich nur aus dessen Stellung im System der Fremdsprache heraus zu verstehen, und die Lerner müßten folglich an dieses schrittweise und ohne Rückgriff auf die Muttersprache herangeführt werden.
– Als Sprachtestverfahren, namentlich im Sinne einer globalen Überprüfung des fremdsprachlichen Kompetenzstandes einer Gruppe von Lernern, wie sie z.B. im Staatsexamen explizit intendiert sei, sei das Übersetzen weitgehend ungeeignet, weil es Ermessens- und Willkürentscheidungen breiten Raum lasse.
– Auch als Instrument der Verständniskontrolle sei das Her-Übersetzen weitgehend unbrauchbar, da äußerst unzuverlässig. Der Lerner könne sehr wohl verstehen, ohne richtig zu übersetzen.

Diese Argumentationsmuster sind gekennzeichnet durch ein hohes Maß an Widersprüchlichkeit. Sie beruhen z.T. auf diametral entgegengesetzten Thesen. Um diese Widersprüche auszuräumen, ist zunächst die strikte Beachtung einer Reihe grundlegender Differenzierungen notwendig.

3. Differenzierungen

Die wichtigsten Differenzierungen lassen sich in drei Gruppen zusammenfassen:
1. Differenzierungen hinsichtlich dessen, worauf das Übersetzen sich bezieht bzw. was unter Übersetzen verstanden wird:
– nach dem Übersetzungstyp: Dolmetschen vs. Übersetzen im eigentlichen Sinne;
– nach der Übersetzungsrichtung: Übersetzung aus der Fremdsprache in die Muttersprache (Her-Übersetzung) vs. Übersetzung aus der Muttersprache in die Fremdsprache (Hin-Übersetzung);
– nach der sprachlichen Ebene des zu übersetzenden Materials: Übersetzen auf der Wort-, Syntagma-, Satz- oder Textebene;
– nach dem Texttyp/der Textsorte (im Falle textgebundenen Übersetzens);
– nach dem Authentizitätsgrad des zu übersetzenden sprachlichen Materials: konstruierte Texte vs. didaktisch "entschärfte" vs. integrale authentische Texte;
– nach dem geforderten Grad der Wörtlichkeit: Interlinearversion vs. wörtliche Übersetzung vs. freie Übersetzung vs. sinngemäßes Übertragen;
– nach direkten und indirekten Formen: Übersetzen durch die Lerner vs. Einsatz von Übersetzungsvergleich bzw. Übersetzungskritik anhand fertiger Übersetzungsprodukte;
2. Differenzierungen hinsichtlich der Zielsetzungen, die mit dem Einsatz der Übersetzung verbunden werden:
– nach der generellen Zielsetzung: Übersetzung als eigenständiges Lernziel ("translatorische Kompetenz") vs. Übersetzen in instrumenteller Funktion, d.h. zum Erreichen rein L2-bezogener Lernziele (rezeptive und/oder produktive Beherrschung der Fremdsprache);
– nach der Funktion der Übersetzung (im Falle des instrumentellen Einsatzes): Übersetzen als Übungsform vs. Übersetzen als Form der Leistungskontrolle;
– nach "Lernbereichen" (Terminologie der Richtlinien): Übersetzen zwecks Spracherwerb (z.B. Einübung grammatischer Strukturen) vs. Übersetzen zwecks Methodenerwerb (z.B. zum Erwerb von Techniken der Benutzung zweisprachiger Wörterbücher) vs. Übersetzen zwecks Wissenserwerb (z.B. zum Erwerb metasprachlicher Einsichten);
– nach Fertigkeitsbereichen: Übersetzung zum Erwerb rezeptiver Fertigkeiten vs. Übersetzung zum Erwerb produktiver Fertigkeiten;
– nach sprachlichen Subsystemen: Übersetzung überwiegend mit Blick auf morphosyntaktische Strukturen ("Grammatik" im eigentlichen Sinne), lexikosemantische Strukturen ("Wortschatz" und "Bedeutungslernen") oder pragmatisch-stilistische Strukturen (Sprachfunktionen, Sprachvarietäten und dgl.);
– nach der primären Ausrichtung auf die Fremd- oder die Muttersprache: Übersetzung primär zur Verbesserung der fremdsprachlichen Kompetenz oder primär zur Verbesserung der muttersprachlichen Kompetenz (z.B. Schulung des stilistischen Ausdrucksvermögens);
3. Differenzierungen nach Merkmalen des jeweiligen Vermittlungskontextes:
– nach dem Merkmal altsprachlicher vs. neusprachlicher Unterricht;

- nach Lerninstitutionen: Übersetzung im Fremdsprachenunterricht an Schulen, Hochschulen, in der Erwachsenenbildung;
- nach dem Lernniveau: Übersetzung im Anfangsunterricht vs. Übersetzung im Fortgeschrittenenunterricht;
- nach dem Alter der Lerner: z.B. Anfangsunterricht in Klasse 5 vs. Anfangsunterricht mit Erwachsenen;
- nach der Zahl der vorgängig gelernten Fremdsprachen: Übersetzung im Unterricht der ersten oder weiterer Fremdsprachen (z.B. im sog. Tertiärsprachenunterricht);
- nach dem jeweiligen Sprachenpaar, vor allem dem Grad der typologischen Verwandtschaft.

Eine sinnvolle Auseinandersetzung mit der Thematik setzt zur Vermeidung von Mißverständnissen also immer Differenzierungen in jedem dieser drei Komplexe voraus, eine Forderung, die in der Vergangenheit häufig nicht beachtet worden ist. Doch durch die Beachtung der genannten Differenzierungen lassen sich die Widersprüche nur teilweise auflösen. Die verbleibenden offenen Fragen zeigen, daß die Kontroverse sich grundsätzlich nicht rein argumentativ durch bloße Plausibilitätsüberlegungen entscheiden läßt, sondern durch systematische empirische Forschungen. Hieran besteht jedoch ein eklatanter Mangel, der in krassem Mißverhältnis zur Dauer der Kontroverse und zum Umfang der diesbezüglichen Literatur steht. Fast alle in den obengenannten Pro- und Contra-Argumenten implizierten Annahmen zum Zusammenhang von Übersetzen und Fremdsprachenlernen können als empirisch nicht oder nicht ausreichend geklärt gelten.

4. Empirische Befunde und Perspektiven

Vor diesem Hintergrund ist ein in jüngster Zeit entstandener neuer Forschungsansatz zu sehen, der unter Einsatz sog. introspektiver Verfahren versucht, die beim Übersetzen ablaufenden mentalen Prozesse systematisch aufzuschlüsseln mit dem Ziel, die dargestellten Kontroversen langfristig empirisch zu entscheiden. Als erste, wegen der schmalen Datenkorpora noch als vorläufig zu betrachtende Ergebnisse können festgehalten werden:

1. Das Übersetzen zusammenhängender fremdsprachlicher Texte in die Muttersprache ist ein komplex fremdsprachlich-muttersprachlicher Aufgabentyp, der in jedem Fall über die reine Offenlegung der Verstehensprozesse in der Rezeption des Ausgangstextes hinausgeht. Die zusätzliche muttersprachliche Vertextungsaufgabe erhöht die kognitive Gesamtbelastung des Lerners.

2. Aus den Analysen des Übersetzungsproduktes kann nicht zuverlässig auf die vorausgehenden Verstehensprozesse geschlossen werden. Eine Her-Übersetzung kann deshalb (als Produkt) keine zuverlässige verständnisdiagnostische Funktion haben.

3. Das Her-Übersetzen ist, isoliert eingesetzt, kein geeignetes Verfahren, die Lerner zum bestmöglichen Verständnis des Ausgangstextes zu führen. Die Suche nach der adäquaten textuellen Bedeutung wird oft aufgegeben, sobald ein mikrokontextuell passendes Übersetzungsäquivalent gefunden ist.

4. Bei der Erschließung des fremdsprachlichen Textes im Rahmen einer Her-Übersetzungsaufgabe machen die Lerner in nicht unerheblichem Umfang Gebrauch von der Muttersprache. Es handelt sich dabei vor allem um die Aktivierung von Wortassoziationen und von muttersprachlichen Paraphrasen schwieriger Textpassagen. Nur in dieser speziellen Form ist das Übersetzen selbst eine Texterschließungsstrategie. Eine einsinnige Determination des Texterschließungsprozesses durch das Übersetzen ist nicht erkennbar.

Diese Ergebnisse legen zwei Einsatzmöglichkeiten des textgebundenen Her-Übersetzens nahe: Dieses kann demnach in einer Phase, die der unterrichtlichen Besprechung eines Textes vorausgeht, die Lerner zu einem intensiven, selbstorganisierten Texterschließungsversuch anregen. In diesem Fall sollten die Lerner angehalten werden, sich auf solche Textstellen zu beschränken, die für sie subjektiv Verständnisprobleme beinhalten; sie sollten ferner angehalten werden, deren Her-Übersetzung als Explizierung von Bedeutungshypothesen zu verstehen und, wo immer möglich, auch konkurrierende Übersetzungen im Sinne konkurrierender Bedeutungshypothesen zu notieren und grundsätzlich keine Übersetzung zu produzieren, die lediglich ein Nicht-Verstehen kaschiert ("Mut zur Lücke"). Als flankierende Maßnahmen wäre die Fähigkeit der Lerner zum "intelligenten Raten" im Sinne eines erfolgreichen Inferenzierens sowie des effektiven Einsatzes von Wörterbüchern und anderer Nachschlagewerke im Sinne einer umfassenden "Hilfsmittelbenutzungskompetenz" zu verbessern (welches Hilfsmittel ist zur Lösung welchen Problems in welcher Art am effektivsten einsetzbar).

Die zweite Einsatzmöglichkeit des Her-Übersetzens besteht in der Aufgabe, einen vorausgehend unter Einsatz aller zur Verfügung stehenden Verfahren im Unterricht vollständig erschlossenen Text, dessen Verständnis durch die Lerner sowohl auf der syntaktischen und semantischen als auch auf der pragmatischen und stilistischen Ebene bereits hundertprozentig sichergestellt ist, abschließend in die Muttersprache zu übersetzen. Diese Einsatzmöglichkeit hat wiederum nur Sinn, wenn den Lernern vorher ein ausreichendes übersetzerisches Problembewußtsein vermittelt worden ist. Dieses impliziert vor allem die absolute Beachtung der muttersprachlichen Versprachlichungs- und Vertextungsnormen.

Die vorliegenden Ergebnisse der Prozeßforschung hinsichtlich des textuellen Hin-Übersetzens können wie folgt zusammengefaßt werden:
1. Auch das Hin-Übersetzen ist ein Sprachverwendungsprozeß, bei dem eine muttersprachliche, eine fremdsprachliche und eine dritte, im engeren Sinne als Übersetzungskompetenz zu betrachtende Komponente auf komplexe Weise interagieren.
2. Die beim Hin-Übersetzen eines gegebenen authentischen Ausgangstextes bei den Lernern auftretenden subjektiven Übersetzungsprobleme variieren interindividuell erheblich. Sowohl die Bestimmung des übersetzerischen Schwierigkeitsgrades eines Textes als auch eine planvolle Lernprogression sind in solchen Hin-Übersetzungsaufgaben nur schwer objektivierbar.
3. Die Produktion des fremdsprachlichen Textes im Rahmen einer Hin-Übersetzungsaufgabe ist selbst bei weit fortgeschrittenen Lernern in hohem Maße über die muttersprachliche Kompetenz organisiert. Das textuelle Hin-Übersetzen selbst hat von daher keinen oder nur einen geringen Einfluß auf die fremdsprachliche Kompetenz der Lerner.
4. Das Hin-Übersetzen als solches führt in keinem Fall zu einem systematischen, von intrafremdsprachlichen Strukturen ausgehenden Wortschatz- und Bedeutungslernen.
5. Das Hin-Übersetzen birgt dennoch für die Verbesserung der fremdsprachlichen Kompetenz ein nicht zu unterschätzendes Potential. Dieses hängt entscheidend davon ab, in welchem Umfang den Lernern die Möglichkeit zum "Hypothesentesten", d.h. zur Umwandlung unsicherer in sichere Wissensbestände über fremdsprachliche Strukturen (vor allem im lexikosemantischen Bereich), gegeben wird.

Aus diesen Feststellungen läßt sich folgende unterrichtspraktische Einschätzung des Hin-Übersetzens von Texten ableiten: Das Übersetzen zusammenhängender (authentischer oder vereinfachter) deutscher Texte in die Fremdsprache hat dann einen günstigen Einfluß auf den fremdsprachlichen Lernprozeß, wenn fortgeschrittene Lerner im Unterricht in kurzen Einheiten (z.B. satzweise) in Einzel- oder Kleingruppenarbeit übersetzen, dabei nicht nur eine Version zu Papier bringen, sondern alle zur Lösung konkreter Übersetzungsprobleme ernsthaft erwogenen Lösungen, wenn sie in vergleichsweise geringem zeitlichem Abstand darauf vom Lehrer auf alle Übersetzungsäquivalente eine bestätigende oder korrigierende Rückmeldung erhalten, wenn der Lehrer zu solchen Rückmeldungen aufgrund einer möglichst voll ausgeprägten *native-speaker*-Kompetenz in der Lage ist und wenn schließlich der gewählte Ausgangstext so gut wie nur möglich auf das fremdsprachliche Kompetenzniveau der Lerner abgestimmt wird. Je größer die Abweichung von einem solchen Vorgehen ist (z.B. nur schriftliche Korrektur von Übersetzungen, die als Hausaufgabe angefertigt wurden), desto geringer dürfte nach den bisher vorliegenden Ergebnissen der Prozeßforschung der Hypothesentest- und damit der fremdsprachliche Lerneffekt sein. Das weitere Schicksal der Kontroverse über die Rolle der Übersetzung im Fremdsprachenunterricht wird entscheidend von der Frage abhängen, in welchem Maße es der Forschung gelingt, solche empirischen Ergebnisse weiter auf ihre Gültigkeit hin zu prüfen und durch neue Untersuchungen den Fundus an gesichertem Wissen in diesem komplexen Problemfeld quantitativ und qualitativ weiterzuentwickeln.

Literatur

Bausch, Karl-Richard (1977), "Zur Übertragbarkeit der 'Übersetzung als Fertigkeit' auf die 'Übersetzung als Übungsform'", in: *Die Neueren Sprachen*, Jg. 76, 517-535.
Bausch, Karl-Richard/Weller, Franz-Rudolf, Hrsg. (1981), *Übersetzen und Fremdsprachenunterricht*, Frankfurt a.M.
Butzkamm, Wolfgang (1980), *Praxis und Theorie der bilingualen Methode,* Heidelberg.
Ettinger, Stefan (1988), "Kehrt der Sprachunterricht wieder um? Die Übersetzung im schulischen und universitären Fremdsprachenunterricht der letzten Jahre", in: *Fremdsprachen lehren und lernen,* Jg. 17, 11-27.
Færch, Claus/Kasper, Gabriele, eds. (1987), *Introspection in Second Language Research,* Clevedon.
Fremdsprachen lehren und lernen, Jg. 17 (1988), Thematischer Teil: *Übersetzung und Übersetzen.*

Gallert, Ingo (1977), "Die Rolle der Übersetzung in den Fremdsprachencurricula der Bundesländer. Eine Dokumentation", in: *Die Neueren Sprachen,* Jg. 76, 553-566.
Grotjahn, Rüdiger/Klevinghaus, Ursula (1975), *Zum Stellenwert der Übersetzung im Fremdsprachenunterricht. Eine Pilotstudie,* Bochum.
Hausmann, Franz Josef (1975), "Übersetzen und was weiter? Zur Praxis der Fremdsprachenausbildung in der Universität", in: *Linguistische Berichte,* H. 35, 54-56.
House, Juliane (1977), *A Model for Translation Quality Assessment,* Tübingen.
House, Juliane/Blum-Kulka, Shoshana, eds. (1986), *Interlingual and Intercultural Communication. Discourse and Cognition in Translation and Second Language Acquisition Studies,* Tübingen.
Klein-Braley, Christine (1982), "Die Übersetzung als Testverfahren in der Staatsprüfung für Lehramtskandidaten", in: *Neusprachliche Mitteilungen,* Jg. 35, 94-97.
Kleineidam, Hartmut (1974), "Für und wider das Übersetzen. Zur Rolle der Übersetzung in der Ausbildung zukünftiger Fremdsprachenlehrer", in: *Linguistische Berichte,* H. 32, 80-92.
Königs, Frank G. (1981), "Übersetzung im Fremdsprachenunterricht – Eine Auswahlbibliographie", in: Karl-Richard Bausch/Franz-Rudolf Weller (Hrsg.), 339-348.
Königs, Frank G., Hrsg. (1989), *Übersetzungswissenschaft und Fremdsprachenunterricht. Neue Beiträge zu einem alten Thema,* München (Goethe-Institut).
Krings, Hans P. (1986), *Was in den Köpfen von Übersetzern vorgeht. Eine empirische Untersuchung zur Struktur des Übersetzungsprozesses an fortgeschrittenen Französischlernern,* Tübingen.
Krings, Hans P. (1987), "Der Einfluß des Hin-Übersetzens auf fremdsprachliche Lernprozesse – Neue Fragen auf alte Antworten", in: Anthony Addison/Klaus Vogel (Hrsg.), *Lehren und Lernen von Fremdsprachen im Studium: Beiträge zur zweiten Göttinger Fachtagung 'Fremdsprachenausbildung an der Universität',* Bochum, 71-98.
Ladmiral, Jean-René (1987), "Pour la traduction dans l'enseignement des langues. 'Version' moderne des Humanités", in: *Les Langues Modernes,* Jg. 81, 9-21.
Meyer, Edeltraud (1974), *Die Übersetzung im neusprachlichen Unterricht,* Frankfurt a.M.
Piepho, Hans-Eberhard (1976), "Untersuchungen zum Übersetzungsverhalten von Schülern der Klassen 7 und 8", in: *Der fremdsprachliche Unterricht,* Jg. 10, H. 40, 29-35.
Schiffler, Ludger (1970), "Empirische Untersuchung zur Effektivität der Übersetzung in die Muttersprache im Fremdsprachenunterricht", in: *Neusprachliche Mitteilungen,* Jg. 23, 241-244.
Titford, Christopher/Hieke, Adolf, eds. (1985), *Translation in Foreign Language Teaching and Testing,* Tübingen.
Walter, Heribert (1974), "Dolmetschen als Fertigkeit im Französischunterricht der Mittelstufe", in: *französisch heute,* Jg. 5, 107-126.
Weller, Franz-Rudolf (1977), "Auswahlbibliographie zur Übersetzung im Fremdsprachenunterricht und im Fremdsprachenstudium", in: *Die Neueren Sprachen,* Jg. 76, 588-603.
Weller, Franz-Rudolf (1981), "Formen und Funktionen der Übersetzung im Fremdsprachenunterricht – Beispiel Französisch", in: Karl-Richard Bausch/Franz-Rudolf Weller (Hrsg.), 233-296.

Hans P. Krings

74. Fachsprachen und Fachsprachendidaktik

1. Allgemeines

Die sich in vielfältiger Weise vertiefenden Formen der Arbeitsteilung und die Spezialisierung in verschiedene Tätigkeitsbereiche der menschlichen Gesellschaft machen die ständige Anpassung der Kommunikation an die gestellten Aufgaben der materiellen und nichtmateriellen Produktion erforderlich. In einem bestimmten System von gesellschaftlichen Verhältnissen entwickeln sich folglich typische, durch soziale Verhaltensnormen gekennzeichnete Kommunikationsbeziehungen und Formen der Informationsübermittlung (Baumann 1990). Ihnen entsprechen häufig relativ umfangreiche Texte mit einem hohen Maß an inhaltlicher Standardisierung. Diejenigen Elemente der verschiedenen sprachlichen Ebenen, die eine Verständigung zwischen Menschen mit einem unterschiedlichen oder gleichen Wissensniveau aus einem bzw. mehreren abgrenzbaren Kommunikationsbereichen ermöglichen, bilden das komplexe Phänomen der Fachsprachen. Dabei liegt einer jeden Fachsprache in Abhängigkeit vom Entwicklungsstand der sie determinierenden Einzelwissenschaft ein mehr oder weniger vollständiges Begriffssystem zugrunde, das von einem entsprechenden terminologischen System zum Ausdruck gebracht wird. Das Ausmaß der fachlichen Spezialisierung spiegelt sich in der Differenziertheit des fachspezifischen Wortschatzes wider. Infolgedessen können theoretische Elemente und praktische Prozesse des Berufes, Faches bzw. der Wissenschaft präzise erfaßt und beschrieben werden.

Vor allem seit dem Ende der sechziger Jahre zeichnet sich bei der Erforschung der Fachsprachen im nationalen wie im internationalen Rahmen eine Entwicklungsrichtung ab, welche sich nicht länger auf die Betrachtung lexikalischer Merkmale beschränkt. In der nachfolgenden Zeit wurde immer deutlicher, daß ein Verständnis für den Gesamtzusammenhang zwischen fachsprachlichen Einzelphänomenen nur dann erzielt werden kann, wenn die Ebene des Textes in die fachsprachlichen Untersuchungen einbezogen wird (Hoffmann 1976). Fachsprache existiert somit nicht als selbständige Erscheinungsform der Sprache, sondern wird in mündlichen/schriftlichen Fachtexten aktualisiert.

Mit der Hinwendung zum Text hat sich der Gegenstandsbereich der gegenwärtigen Fachsprachenforschung erweitert und ihr Forschungsschwerpunkt verlagert. Im Mittelpunkt fachsprachlich orientierter Untersuchungen stehen Texte, deren Funktion es ist, als Ensembles verschiedener morphologischer, semantischer und syntaktischer Konstituenten bzw. textorganisierender Prinzipien die Fachkommunikation möglichst umfassend zu gewährleisten.

2. Interdisziplinäre Beschreibung von Fachtexten

Insbesondere die Anstrengungen um eine linguistische und methodische Optimierung der fachsprachlichen Fremdsprachenausbildung haben seit der Mitte der achtziger Jahre dazu geführt, daß sich erste interdisziplinär orientierte Untersuchungsansätze für die Beschreibung von Fachtexten und Fachtextsorten entwickelten (Gerbert 1986).

Die methodologische Basis einer interdisziplinären Betrachtungsweise von Fachtexten und Fachtextsorten beruht auf einem dynamischen Zusammenschluß von spezifischen linguistischen und nichtlinguistischen Beschreibungsmöglichkeiten (Baumann 1990). Die systematische Beschreibung der varianten und invarianten Merkmale von verschiedenen Fachtexten bietet eine wertvolle Orientierung für die sich anschließenden Überlegungen der fachbezogenen kommunikativen Fremdsprachenmethodik (Bausch/Königs 1986; Börsch/Krumm 1984). Diese versucht aus ihrer spezifischen Sicht, die vor allem aus dem intra- und interlingualen Vergleich von Fachtexten erkannten Interferenzerscheinungen durch geeignete Lehrstrategien im Unterricht abzufangen.

In strukturell-funktionalen Untersuchungen an umfangreichen Fachtextkorpora – v.a. des Englischen, Russischen, Französischen und Deutschen – konnte nachgewiesen werden, daß sich auf acht verschiedenen Ebenen eines interdisziplinär orientierten Textbeschreibungsmodells insgesamt 56 Untersuchungskategorien herauskristallisieren, die als ein System von Differenzierungskriterien für Fachtextsorten anzusehen sind. Ein in empirischen Fachtextanalysen angewandter Kategorienapparat ermöglicht es, einen Mehr-Ebenen-Zugang zu Fachtexten zu gewinnen (Baumann 1992). Dieser komplexe Beschreibungsansatz bietet für den universitären Fremdsprachenunterricht einen methodisch vielschichtigen Rahmen, um den Lernern die Grundlagen fachkommunikativer Kompetenz zu vermitteln.

3. Entwicklung fachkommunikativer Kompetenz im universitären Fremdsprachenunterricht

Unter fachkommunikativer Kompetenz wollen wir die Fähigkeit der jeweiligen Lerner verstehen, (mutter- und/oder fremdsprachliche) Fachtexte als interkulturell, sozial und funktional bestimmte, sachlogisch gegliederte, semantisch strukturierte, linear-sequentiell sowie hierarchisch organisierte sprachliche Einheiten zu produzieren bzw. zu rezipieren. Aus fremdsprachenmethodischer Sicht ist es nur dann möglich, fachkommunikative Kompetenz beim Lerner systematisch zu entwickeln, wenn in der universitären Ausbildung die komplexen Zusammenhänge zwischen folgenden Komponenten lehrkonzeptionell berücksichtigt werden:

	Erwerb fachkommunikativer Kompetenz des Lerners		
F A C H T E X T P R O D U K T I O N	**Inhalt** (Thematik des fachwissenschaftlichen Gegenstandes)	**Form** (Art und Weise der (fach-)sprachlichen Realisierung des fachwissenschaftlichen Sachverhaltes)	F A C H T E X T R E Z E P T I O N
	Funktion (Ergebnis des komplexen Zusammenspiels inhaltlicher und formaler Elemente und Relationen auf der Ebene des Fachtextes)		

Die allgemein-theoretischen Positionen einer immer deutlicher zur Interdisziplinarität übergehenden Fachsprachenforschung haben der fachbezogenen kommunikativen Fremdsprachenausbildung neue Perspektiven eröffnet, da das strukturell-funktionale Herangehen an die Fachkommunikation Aufschluß über die verschiedenen Determinationsmechanismen bei der Fachtextproduktion und -rezeption gibt.

Dadurch können die dem jeweiligen kommunikativen Bedingungsgefüge entsprechenden Lehr- und Lernverfahren gezielt auf die Entwicklung bestimmter Könnensstrecken (Hören, Sprechen, Lesen, Schreiben) angewandt werden (Matijaschtschuk 1988). Die Aufgabe des modernen fachbezogenen Fremdsprachenunterrichts besteht somit darin, den Lerner zur Realisierung kommunikativer Tätigkeiten (in einem bestimmten fachlich begrenzbaren Kommunikationsbereich) zu befähigen (Leont'ev/Leont'ev/Judin 1984).

4. Ein mehrdimensionales Herangehen an die Entwicklung fachkommunikativer Kompetenz

Im fachbezogenen Fremdsprachenunterricht kann die Entwicklung fachkommunikativer Kompetenz nur auf der Basis eines ganzheitlich funktionierenden komplexen Systems von Teilkompetenzen erfolgen. Dabei lassen sich folgende, mit Bezug auf die beim Lerner angestrebte fachkommunikative Kompetenz deszendent angeordnete Teilkompetenzen unterscheiden:

a) Die soziokulturelle Teilkompetenz

Bei einem interkulturellen Vergleich von Fachtexten finden sich bestimmte Fachtextsorten, die aus historischen und kulturellen Gründen keine oder eine nur teilweise Entsprechung in der Muttersprache bzw. in anderen Einzelsprachen haben. So existiert z.B. die Fachtextsorte 'fachbezogener Essay' im Russischen nicht. In der Fachkommunikation des Englischen ist der 'fachbezogene Essay' hingegen eine weitverbreitete Fachtextsorte. Der Autor versucht dabei, mit literarischen Mitteln bestimmte Wesenszüge eines konkreten wissenschaftlichen Darstellungsgegenstandes auf vielseitige und anschauliche Weise herauszuarbeiten. Ferner existiert die Fachtextsorte 'Börsenbericht' im Russischen nicht, da das planwirtschaftliche System der UdSSR dieses marktwirtschaftliche Phänomen nicht kannte. Im angelsächsischen bzw. romanischen Sprachraum sind hingegen die in den staatseigenen Betrieben Rußlands verbreiteten Fachtextsorten 'Betriebszeitung' bzw. 'Betriebswandzeitung' weitgehend unbekannt. Die Existenz kulturspezifischer Kommunikations- und Textstrukturen (Clyne 1981) im Bereich der Fachkommunikation des Englischen, Russischen, Französischen, Deutschen und anderer Sprachen muß zukünftig stärker in den Mittelpunkt des fachbezogenen Fremdsprachenunterrichts gerückt werden. Die soziokulturelle Teilkompetenz stellt eine wichtige Dimension der fachkommunikativen Kompetenz der Lerner dar und bestimmt die Gliederung des Ausbildungsprozesses entscheidend mit (Reuter 1992).

b) Die soziale Teilkompetenz

Fachkommunikative Kompetenz schließt die Entwicklung der sozialen Teilkompetenz ein. Diese bezieht sich auf die situativen Bedingungen, die im Bewußtsein der Lehrer bzw. Lerner als Träger von sozialen Rollen widergespiegelt werden und über die Vermittlung bestimmter Leistungsvoraussetzungen (individuelles Wissens- und Könnensniveau) zur Produktion und Rezeption von Fachkommunikation veranlassen. Bei einer systematischen Ausbildung der sozialen Teilkompetenz beim Lerner müssen folgende Komponenten beachtet werden:

1. Elemente der fachlichen Tätigkeitssituation der an der Kommunikation Beteiligten:
– Konstellation der Kommunikationspartner; Spezifik des betreffenden Fachgebietes; zeitlich konkretes Entwicklungsniveau und -tempo der Fachwissenschaft (Psychologie, Informatik usw.); Verhältnis von Kommunikation und übergeordneter fachlicher Tätigkeit u.a.;
2. Elemente der sozialen Situation der Partner in der Fachkommunikation; sozialer, wissenschaftlicher u.a. Status der Kommunikationspartner (symmetrisch versus asymmetrisch):
– Wertvorstellungen, Normen, Gewohnheiten, Denkmuster der Partner;
– Bekanntheitsgrad der Kommunikationspartner: bekannt, kaum bekannt, nicht bekannt u.a.;
3. Elemente der Umgebungssituation der Partner in der Fachkommunikation:
– Qualität der zwischenmenschlichen Beziehungen: offizielles Verhältnis, gebunden an eine starke Öffentlichkeit der Situation, an bestimmte

Eigenschaften des Individuums; förmliches, unverbindlich-höfliches, zwangloses, freundschaftlich-wohlwollendes, persönlich-entspanntes, intimes Verhalten zwischen Partnern;
- Grad des inhaltlichen (und sprachlichen) Vorbereitetseins der Kommunikationspartner;
- Alter, Geschlecht u.a.

Die genannten Elemente der fachlichen Tätigkeitssituation, der sozialen und der Umgebungssituation werden durch ein konkretes Rollenspiel im Kommunikationsprozeß umgesetzt.

Die soziale Teilkompetenz der Lerner wird somit an ihrem spezifischen Kommunikationsverhalten erkennbar. Dieses basiert auf dem Vermögen der Beteiligten, die jeweilige Kommunikationssituation umfassend zu analysieren und sich auf den Kommunikationspartner adäquat einzustellen.

c) Die kognitive Teilkompetenz

Bestehende Unterschiede in der fachkommunikativen Kompetenz der Lerner lassen sich zu einem großen Teil auf den jeweiligen Grad der Aktivierung der relationalen Vernetzung des begrifflichen Wissens zurückführen. Die Effizienz der begrifflichen Organisation auf der Ebene des Textes kann experimentell durch die Berechnung des Behaltenseffektes von fachlichen Informationen bei den verschiedenen Lernern nachgewiesen werden. Somit bezieht sich die kognitive Teilkompetenz insbesondere auf jene psychischen Aspekte, die das Funktionieren von Begriffen und gedanklichen Modellen in der kommunikativen Tätigkeit der Lerner beeinflussen. In interdisziplinär orientierten Untersuchungen zur Fachkommunikation (Baumann 1992) wurde deutlich, daß die im Fachtext materialisierten konkreten Sender-Empfänger-Strategien zur Vermittlung fachlicher Inhalte einen aussichtsreichen Zugang zur Betrachtung der kognitiven Teilkompetenz bieten. Die Entfaltung der kognitiven Inhalte erfolgt im Prozeß der Fachkommunikation stets auf der Grundlage jener Vorannahmen, die der Textautor bezüglich des Wissens, der Einstellungen und der Motivation der Textrezipienten hat. Insofern ist die kognitive Teilkompetenz eng mit der Fähigkeit der Lerner zum Selbst- bzw. Fremdbild verbunden. Der Kommunikationseffekt weist dabei auf die Adäquatheit der betreffenden Sender-Empfänger-Strategien hin.

d) Die inhaltliche Teilkompetenz

Die fachkommunikative Kompetenz der Kommunikationspartner wird in bestimmten fachlich begrenzbaren Kommunikationsbereichen entscheidend durch die inhaltliche Teilkompetenz gesteuert.

Darunter sind der auf fachspezifische Inhalte bezogene Sachverstand, das Wissens- und Kenntnisniveau sowie die Fähigkeiten der Individuen zu verstehen.

Die inhaltliche Teilkompetenz ist Ausdruck dafür, inwieweit der an der Kommunikation Beteiligte sein Fach beherrscht. Im Bewußtsein des Lerners tritt die inhaltliche Teilkompetenz in mehr oder weniger subjektiver Form auf. Dies ist bedingt durch die Abhängigkeit der Kompetenz vom Objekt und vom erkennenden Subjekt. Die inhaltliche Teilkompetenz, die sich im Bewußtsein des Lerners darstellt, ist die Einheit des Objektiven und Subjektiven. Sie äußert sich durch folgende Faktoren:
- die Auswahl des Inhalts der Darlegung;
- die Art, fachliche Zusammenhänge für kommunikative Zwecke umzusetzen;
- die inhaltliche Systematik der Darstellung, die in Verbindung mit den individuellen Leistungsdispositionen der an der Fachkommunikation Beteiligten gesehen werden muß (Baumann 1992).

Für den fachbezogenen Fremdsprachenunterricht steht dabei nicht der Objekt- oder Themenbezug der inhaltlichen Teilkompetenz der Lerner im Mittelpunkt des Interesses. Die methodischen Überlegungen konzentrieren sich vielmehr auf die verfahrensbezogene Komponente der inhaltlichen Teilkompetenz, da diese die kommunikative Umsetzung von Sachverhalten, Prozessen und Erkenntnissen des jeweiligen Fachgebietes im Unterricht steuert.

e) Die funktionale Teilkompetenz

Bei einer Betrachtung der funktionalen Teilkompetenz zeichnet sich deutlich ab, daß diesem Phänomen Modelle menschlichen Verhaltens zugrunde liegen (Leontjew 1987). So umfaßt die funktionale Teilkompetenz die Fähigkeit der Lerner, all jene sprachlichen und nichtsprachlichen Mittel adäquat zu gebrauchen, die das Denken bzw. die Handlungs- und Erkenntnisfähigkeit im konkreten Fachgebiet auf dem jeweiligen Entwicklungsstand repräsentieren. Die Elemente des Begriffssystems des Menschen befinden sich dabei in komplizierter Wechselbeziehung mit dem lexikalisch-grammatischen System der Sprache und den im Fachgebiet gängigen Organisationsstrukturen sprachlicher Kommunikation. Die funktionale Teilkompetenz der Lerner steht in engem Zusammenhang mit den Grundtypen kognitiver Prozesse, derer der Mensch prinzipiell fähig ist. Diese werden im Hinblick auf ihre sprachliche Realisierung auch als geistig-sprachliche Komplexverfahren bezeichnet (Deskription, Narration, Exposition, Argumentation und Instruktion) (Werlich 1975; Baumann 1986). Die genannten kognitiven Prozesse implizieren jene Faktoren des Kommunikationsprozesses, die mit der Wahrnehmung in Raum und Zeit, der Analyse bzw. Synthese begrifflicher Vorstellungen, dem Aufdecken von Relationen zwischen Elementen und dem Anweisen zukünftigen Handelns korrelieren. Die funktionale Teilkompetenz der Lerner entwickelt sich dabei im Rahmen der komplexen Wechselbeziehungen, die zwischen den Faktoren des Kommunikationsprozesses (kognitive Grundmuster → Komplexverfahren → Kommunikationsintentionen → Textfunktionen) bestehen.

Die Betrachtung der funktionalen Teilkompetenz hat tiefgreifende Konsequenzen für eine didaktisch-methodische Neukonzipierung des fachbezogenen Fremdsprachenunterrichts. So kann zukünftig durch eine stärkere inhaltliche Koordinierung von fachsprachlichem Unterricht und Fachstudium (integrierte Fach-Sprachen-Studiengänge) die kommunikative Disponibilität bei den Lernern erweitert werden.

f) Die textuelle Teilkompetenz

In mehreren Fachtextuntersuchungen (Baumann 1992) wurde gezeigt, daß die Kenntnisse über Textstrukturen die Aufnahme und Integration der im Text vermittelten Informationen nachhaltig beeinflussen können. So hängt z.B. der Behaltenseffekt für mitgeteilte Informationen zum großen Teil von deren erwartbarer Stellung in der Makrostruktur des Textes ab. Strukturelle Eigenschaften des Textes nehmen Einfluß auf die Zeitspanne, die vom Lerner für die Rezeption des Textinhaltes benötigt wird.

In Analysen verschiedener (Fach-)Texte wurde nachgewiesen, daß sich an den Übergängen zwischen den einzelnen Strukturbestandteilen des Textes beim Lerner die für das Erfassen und Verstehen der Informationen benötigte Zeit und Energie erhöhen.

Wenn der strukturelle Aufbau eines Textes in einer Weise verändert wird, daß er von der erwartbaren Textstruktur abweicht, dann verschlechtern sich die Rezeptionsbedingungen für den Textinhalt beträchtlich (Kintsch/Yarbrough 1982). Kenntnisse über Textstrukturen ermöglichen es dem Lerner, Informationen in strukturadäquaten Textbestandteilen gezielter aufzusuchen (van Dijk/Kintsch 1983). Somit kann festgestellt werden, daß die textuelle Teilkompetenz – d.h. das Wissen des Senders/Empfängers über die jeweilige Makrostruktur des Textes/der Textsorte – nicht nur die Effektivität des Dekodierungsprozesses der im Text enthaltenen Informationen beeinflußt, sondern auch das entsprechende Fachlichkeitsniveau des Textes mitbestimmt.

g) Die stilistische Teilkompetenz

Um einem fachlich interessierten Adressatenkreis inhaltliche Sachverhalte näherzubringen, ist von dem Textautor ein bestimmter Formulierungsaufwand erforderlich. Unterschiedliche Präsuppositionen von Sender und Empfänger führen dazu, daß Elemente einer partnerbezogenen Redundanz einbezogen werden müssen. So muß sich der Textproduzent in Texten, die an Nichtfachleute gerichtet sind, mit zahlreichen verständnisfördernden Elementen – die für den Experten entbehrlich sind – auf das Wissensniveau der Rezipienten einstellen. Dabei spielen stilistisch relevante Elemente eine bedeutende Rolle.

Die stilistische Teilkompetenz beinhaltet folglich die Fähigkeit der Lerner, folgende stilkonstituierende Zusammenhänge im Kommunikationsprozeß adäquat umzusetzen:

1. Stilistisch relevante Elemente bringen die Einstellung bzw. Wertung des Textproduzenten gegenüber dem im Text widergespiegelten Objekt zum Ausdruck.
2. Stilelemente signalisieren die spezifische Anwendungssphäre sprachlicher Mittel. Sie tragen dazu bei, die Subjekt-Objekt-Relation in der Kommunikation adäquat zu realisieren.
3. Stilistisch relevante Signale steuern den Rezeptionsprozeß des Textes durch den jeweiligen Adressaten(-kreis). Sie geben z.B. Hinweise auf die sozialen Bedingungen der Kommunikationssituation, die Kommunikationsintention des Verfassers und den Kommunikationsgegenstand. Stilistische Differenzierungen spiegeln soziale Gegebenheiten somit mittelbar wider.

4. Die Verwendung stilistisch relevanter Elemente weist auf die Besonderheiten des in der Fachkommunikation vermittelten individuellen Widerspiegelungsprozesses hin. Sie gibt Auskunft über das Wissen des widerspiegelnden Subjekts, seine Interessen am außersprachlichen Objekt sowie seine individuellen Erfahrungen im Umgang mit ähnlichen Objekten.

Die analytische Betrachtung der stilistischen Teilkompetenz weist darauf hin, daß die stilistische Variabilität in der Sprachverwendung einen wichtigen Aspekt der Fähigkeit zum angemessenen Sprachgebrauch der Lerner darstellt.

h) Die lexikologisch-semantische Teilkompetenz

Die adäquate Auswahl und Verwendungsweise lexikalisch-semantischer Einheiten in der Fachkommunikation stellen ein grundlegendes Kriterium für die Betrachtung der lexikalisch-semantischen Teilkompetenz der Lerner dar. Die besondere Bedeutung der lexikologisch-semantischen Teilkompetenz für die Entwicklung der fachkommunikativen Kompetenz kann u.a. auf folgende Aspekte zurückgeführt werden:

1. Die lexikalisch-semantische Ebene ist neben den produktiven Wortbildungsmodellen und -typen der dynamischste Teil des Sprachsystems und gewährleistet in entscheidendem Maße die Anpassung der lexikalischen Bedeutung an die jeweiligen Kommunikationsbedingungen. Dadurch wird die intersubjektive Kommunikation möglich.
2. Der Wortschatz reflektiert die soziale Differenzierung der sprachlichen Kommunikation auf vielfältige Weise. So geben z.B. Veränderungen in der Lexik Hinweise auf den spezifischen Charakter des Erkenntnisprozesses der Menschen und auf den Entwicklungsstand in der geistigen Auseinandersetzung mit der sie umgebenden Umwelt.
3. Die Terminologie als Kern des Fachwortschatzes spiegelt dabei auf spezifische Art die Einheitlichkeit und Differenziertheit der praktischen und theoretischen Tätigkeit des Menschen wider (Schippan 1984).
4. Da das terminologische System der Systematik der betreffenden Fachwissenschaft folgt und den höchsten Grad der begrifflichen Abstraktion verkörpert, können Termini zu einer optimalen Verständigung zwischen den Fachleuten führen. Wenn die Termini einer Wissenschaft in einen anderen Kontext übertragen werden – der für Nichtfachleute bestimmt ist – bedürfen sie expliziter Erläuterungen.

Da die Fachkommunikation vor allem durch die Verwendung von Termini gekennzeichnet ist, nimmt die Entwicklung der lexikalisch-semantischen Teilkompetenz im fachbezogenen Fremdsprachenunterricht einen besonderen methodischen Stellenwert ein.

Die Entwicklung der fachkommunikativen Kompetenz ist ein komplexer Prozeß, der qualitativ neuartige, mehrstufige Ausbildungskonzepte für den fachbezogenen Fremdsprachenunterricht erforderlich macht (Baumann/Erdmann/Nestmann 1992).

Literatur

Baumann, Klaus-Dieter (1986), *Ein integrativer Ansatz zur Analyse von Fachkommunikation unter besonderer Berücksichtigung des kommunizierenden Subjektes in ausgewählten Fachtextsorten der Gesellschaftswissenschaften im Englischen und Russischen*, Habil., Leipzig.
Baumann, Klaus-Dieter (1990), "Ein komplexes Herangehen an die Untersuchung von Normen in der Fachkommunikation", in: Lothar Hoffmann (Hrsg.), *Empfehlung, Standard, Norm*, Leipzig, 70-84.
Baumann, Klaus-Dieter (1992), *Integrative Fachtextlinguistik*, Tübingen.
Baumann, Klaus-Dieter/Erdmann, Franziska/Nestmann, Ralf (1992), "Das Fachsprachenzertifikat als Grundlage der studienbegleitenden Fremdsprachenausbildung in Sachsen", in: Ursula Karbe/Kerstin Steinberg-Rahal (Hrsg.), *Kreativität im Fremdsprachenunterricht?*, Leipzig, 32-36.
Bausch, Karl-Richard/Königs, Frank G , Hrsg. (1986), *Sprachlehrforschung in der Diskussion. Methodologische Überlegungen zur Erforschung des Fremdsprachenunterrichts*, Tübingen.
Börsch, Sabine/Krumm, Hans-Jürgen (1984), *Fremdsprachenunterricht an der Hochschule*, Darmstadt.
Clyne, Michael (1981), "Culture and Discourse Structure", in: *Journal of Pragmatics*, Jg. 5, 61-65.
Gerbert, Manfred (1986), *Fachsprachenlinguistik und Englischmethodik*, Dresden.
Hoffmann, Lothar (1976), *Kommunikationsmittel Fachsprache. Eine Einführung*, Berlin.
Kintsch, Walter/Yarbrough, J. Craig (1982), "Role of rhetorical structure in text comprehension", in: *Journal of Educational Psychology*, Jg. 74, 828-834.
Leont'ev, A.A./Leont'ev, A.N./Judin, E.G. (1984), *Grundfragen einer Theorie der sprachlichen Tätigkeit*, Berlin.
Leontjew, A. (1987), *Tätigkeit, Bewußtsein, Persönlichkeit*, Berlin.
Matijaschtschuk, Evelyn (1988), *Stoffauswahl und Stoffaufbereitung unter dem Aspekt der Befähigung zur russischsprachigen Interaktion. Ein Beitrag zur*

Sprachkundigenausbildung der Stufe SKA IIb für gesellschaftswissenschaftliche Bereiche, Diss., Leipzig.
Reuter, Ewald, Hrsg. (1992), *Wege der Erforschung deutsch-finnischer Kulturunterschiede in der Wirtschaftskommunikation*, Tampere.
Schippan, Thea (1984), *Lexikologie der deutschen Gegenwartssprache*, Leipzig.
van Dijk, Teun A./Kintsch, Walter (1983), *Strategies of discourse comprehension*, New York.
Werlich, Egon (1975), *Typologie der Texte*, Heidelberg.

Klaus-Dieter Baumann

75. Bilingualer Bildungsgang

1. Eingrenzungen

In Deutschland gibt es bilinguale Bildungsgänge seit etwa 1970 in Schulen – meist Gymnasien – mit bilingualem Zug. Inzwischen existieren Schulen mit bilingualen Zügen in fast allen Bundesländern, die meisten in Nordrhein-Westfalen, wo der "Versuch" schon 1988 mit den ersten schulaufsichtlichen "Empfehlungen" für den bilingual deutsch-französischen Sachunterricht (Kultusminister des Landes Nordrhein-Westfalen 1988) positiv abgeschlossen wurde. Rheinland-Pfalz hat die flächendeckende Einführung beschlossen und arbeitet wie Baden-Württemberg, das seit 1992 sein "Intensivfranzösisch" zugunsten bilingualer Bildungsgänge auslaufen läßt, und das Saarland sowie Schleswig-Holstein an "bilingualen" Lehrplänen o.ä. Vergleichbares geschieht in fast allen alten Bundesländern. Seit 1992 schließen sich Bremen und die neuen Bundesländer an.

Während bis ca. 1990 die deutsch-französischen Züge entwicklungs- und zahlenmäßig mit weitem Abstand führten, befinden sich nun viele deutsch-englische Züge in Entwicklung, auch an Realschulen und Gesamtschulen. Sie erleben einen Boom.

Es gibt vereinzelt bilinguale Bildungsgänge mit weiteren Zielsprachen: Spanisch, Italienisch, Russisch, Niederländisch, und in einigen neuen Bundesländern ist neben Polnisch auch Tschechisch im Gespräch.

Wenn der Anteil von Kindern, für die die Zielsprache schon die Muttersprache ist, in der Klasse groß ist (Spanisch, Italienisch), zögern deutsche Eltern, ihre Kinder dorthin zu schicken. Es sollte darauf hingewiesen werden, daß in solchen Fällen andere Bildungsgänge (z.B. Internationale Schule) noch besser geeignet sind als der bilinguale Bildungsgang. Dieser wendet sich primär an die heimische Schülerpopulation und ist "für alle" geschaffen, auch für Kinder in kleinen Städten und auf dem Land, wo keine nennenswerte Anzahl von entsprechenden Muttersprachlern vorhanden ist.

Seit 1990 sind die deutschen bilingualen Bildungsgänge in Europa als *German Model* (Mäsch 1993a) bzw. *Modèle allemand* zur Kenntnis genommen, gewürdigt und als vorbildlich für Europa bezeichnet worden.

In Frankreich ist durch Erlaß vom 19.8.1992 die Möglichkeit eröffnet worden, flächendeckend *Sections européennes* als bilinguale Züge in Anlehnung an das deutsche Modell einzuführen. Auch in Asien interessiert man sich inzwischen für das *German Model*.

Um sich einen genaueren Überblick über die in den Bundesländern grundsätzlich ähnlichen, in Einzelheiten aber differierenden bilingualen Bildungsgänge einschließlich statistischer Angaben und Standortadressen zu verschaffen, wird empfohlen, sich vom Sekretariat der Kultusministerkonferenz (KMK) die jeweils aktuellen "Übersichten zu Stand und Entwicklung der zweisprachigen deutsch-... Züge..." zusenden zu lassen. Außerdem wird auf Kästner (1993) verwiesen.

2. Typen des bilingualen Bildungsganges

Das Charakteristikum des bilingualen Bildungsganges ist der bilinguale Sachunterricht. Das ist zweisprachiger Unterricht in einem Sachfach, z.B. in Geschichte. Die beiden Sprachen sind eine Fremdsprache und die Muttersprache des Lerners; sie werden beide als Unterrichtssprachen benutzt.

Den in Deutschland praktizierten bilingualen Bildungsgang gibt es in zwei verschiedenen Typen, im "additiven" und im "integrativen". Im additiven Typ unterrichten ein Zielsprachen-Muttersprachler und zusätzlich ein deutscher Lehrer im Sachfach, die sich die inhaltliche und die sprachliche Arbeit aufteilen. Im integrativen Typ unterrichtet eine einzige Lehrkraft – im Idealfall auch ein Zielsprachen-Muttersprachler mit entsprechenden deutschen Examina – inhaltlich und sprachlich integrativ. Der additive Typ wird in Rheinland-Pfalz praktiziert, der integrative in den anderen Bundesländern (Mäsch 1992).

Bilingualer Sachunterricht wird auch noch in "bikulturellen Schulen" (z.B. deutsch-französisischen, deutsch-amerikanischen, deutsch-dänischen) praktiziert; das sind solche, in denen von Beginn an Kinder zweier verschiedener Muttersprachen zusammen lernen und leben. Schließlich gibt es noch "Europäische" und "Internationale Schulen".

Wir beschränken uns im folgenden auf den bilingualen Bildungsgang und beschreiben ihn überwiegend am Beispiel der am längsten praktizierten Form des bilingual deutsch-französischen Zuges am Gymnasium.

3. Ziele des bilingualen Bildungsganges

Der Schüler des bilingualen Bildungsganges soll in einem Europa mit diversifiziertem Sprachenkonzept bikulturelle Kompetenz erlangen und Mittler z.B. zwischen Frankreich und Deutschland sein, und das gerade auch in diffizilen Bereichen, wo die Sprachkompetenz des "normalen" Abiturienten nicht ausreicht. Auch soll er eine Brücke z.B. zur Frankophonie und damit zur außereuropäischen Welt schlagen. Seine an Bilingualität angenäherte, gesteigerte Sprachkompetenz läßt ihn das Studium und/oder den Beruf in dem betreffenden Sprach- und Kulturkreis aufnehmen. Formaler Abschluß des bilingualen Bildungsganges ist der "bilinguale Vermerk" auf dem Abiturzeugnis.

4. Bedingungsgefüge in der Schulwirklichkeit

Nachdem die jeweilige Fremdsprache mindestens zwei Jahre lang unterrichtet worden ist, setzen die bilingualen Sachfächer nach und nach ein; hierbei werden die allgemeingültigen Stundentafeln zugrunde gelegt, wobei jedoch zumindest im ersten Jahr zum Ausgleich der langsameren Progression eine zusätzliche Stunde im entsprechenden Sachfach erteilt wird. Es wird weder auf Kosten der richtlinienmäßigen Lernziele der bilingualen Sachfächer noch der übrigen Fächer gearbeitet. Die Praxis der Umorientierung von Schülern beim Übergang in die Oberstufe beweist, daß dies nicht nur Theorie bleibt. – Der bilinguale Zug findet seine Fortsetzung in der Differenzierten Oberstufe als "bilinguales Bildungsprofil" bis zum zweisprachigen Abitur. Die Bedingungen hierfür sind: Leistungskurs Französisch und eines der bilingualen Sachfächer als Grundkurs und als mündliches oder schriftliches Abiturfach, das in der Fremdsprache geprüft wird.

5. Implikationen

Als bilingual unterrichtete Sachfächer kommen prinzipiell in Betracht: Erdkunde – Politik – Geschichte – Biologie – hin und wieder Sport und Kunst. Meist werden drei der genannten Fächer unterrichtet. Hierbei handelt es sich sehr häufig um Erdkunde, Politik und Geschichte. Wenn in einigen deutsch-englischen Zügen Biologie bilinguales Sachfach ist, ersetzt es in der Regel Geschichte.

Von der Lehrkraft hängt im bilingualen Sachfach in besonderem Maße der Erfolg des zweisprachigen Zuges ab. Sie muß sowohl für die Vermittlung des Sachwissens wie der Fremdsprache kompetent sein. Bei der Frage, ob der Sprach- und der Sachunterricht in einer Hand liegen sollen, steht dem leicht zu erkennenden Vorteil der Gesichtspunkt entgegen, daß der Lehrer sprachlich in den beiden Fächern verschiedene Funktionen hat. Im Fremdsprachenfach hat er als wesentliche Aufgabe, Sprachkompetenz zu vermitteln; im bilingualen Sachfach ist seine primäre Aufgabe die Vermittlung von Sachkompetenz. Das Korrekturverhalten des Lehrenden muß im bilingualen Sachfach deutlich anders sein als im Fremdsprachenfach. Wenn beide Fächer in einer Hand sind, ist es sowohl für die Lerner als auch für die Lehrenden schwierig, die jeweilige Rolle auseinanderzuhalten. Das kann zur Behinderung der sachbezogenen Sprachproduktion der Lernenden führen.

Die Bilingualität muß in den Sachfächern, die nach und nach ganz in der Fremdsprache unterrichtet werden, gewährleistet sein. Das geschieht z.B. durch die Arbeit mit Wortgleichungen. Wenn schon für den Fremdsprachenunterricht das Postulat der absoluten Einsprachigkeit zu Recht nicht mehr gilt, so darf man sich in Erdkunde und Geschichte bei der Semantisierung erst recht nicht mit einem Globalverständnis zufrieden geben, auch im Fach Politik nicht, wenn es um Referentielles geht. Im nicht fachterminologischen Sprechen des Kunstunterrichts soll jedoch das Globalverständnis geradezu trainiert werden. Es ist eine Vorstufe zur sehr nützlichen Fertigkeit des Inferierens, die u.a. für die Bewältigung großer Textquantitäten benötigt wird.

In den Sachfächern wird mit Wortlisten in Form eines nach inhaltlichen Gesichtspunkten systematisch strukturierten Vokabulars gearbeitet. Sie sind in der Regel zweisprachig und sollen zusätzlich ein kontextuelles oder kollokatives Beispiel enthalten. Die Erfahrung zeigt, daß zweisprachige Glossare effizienter sind als einsprachige. – Der bilinguale Bildungsgang soll auch zu einer expliziten Zweisprachigkeit führen; denn zu den Fertigkeiten des Bilingualen gehören auch das Dolmetschen und Übersetzen. – Bei fortgeschrittenem bilingualem Unterricht kann die Entscheidung für die eine oder andere Vehikularsprache vom Thema abhängig gemacht werden. Inhaltlich und sprachlich gibt es aus deutscher und z.B. aus französischer Sicht Unverzichtbarkeiten. So muß über das Dritte Reich auf französisch gesprochen werden, weil der "bilinguale" Schüler einmal eine Mittlerfunktion wahrnehmen können soll; es muß darüber aber auch auf deutsch gesprochen werden, und zwar zur sprachlichen Sensibilisierung und aus affektiver Betroffenheit, z.B. beim Thema "Endlösung".

Obwohl seit 1992 die ersten Bände von Reihen für den bilingualen Sachunterricht auf dem Markt sind und Lehrerfortbildungsinstitute begonnen haben, Materialien herauszugeben, sind die Lehr- und Lernmittel in den Fächern Erdkunde, Politik und Geschichte für die Lehrkraft nach wie vor ein arbeitsintensiver Bereich. Es ist im Sinne einer durchgängig bikulturellen Perspektivierung, daß unter vergleichender Betrachtungsweise die in der betreffenden Schule für das Sachfach eingeführten deutschen Lehrbücher zusammen mit solchen aus dem Kulturkreis der Zielsprache benutzt werden. Es wird aber von der Lehrkraft selbst zusammengestelltes und didaktisch aufbereitetes fremdsprachliches Material hinzukommen. Auch zur Erstellung von Lehrmaterialien gibt es Fortbildungsveranstaltungen. Für Kunst wird kein Lehrbuch benötigt; hier entsteht auf der Basis eines hinsichtlich der Sprache situativen Curriculums ein "Notizheft" für die Schüler. Im Fach Politik kann gut mit Dossiers des Fremdsprachenunterrichts gearbeitet werden.

Die Leistungsbewertung in den bilingualen Sachfächern erfolgt auf der Grundlage der fachlichen Leistungen, die fremdsprachlichen werden angemessen berücksichtigt. Sie sind ein Additum, das – oberhalb der Grenze, unter der die Kommunikation nicht zustande kommt – die Note für die Gesamtleistung positiv beeinflußt, d.h. anhebt. Denn eine auch nur ausreichende fremdsprachliche Leistung in einem Sachfach ist wegen der eingebrachten Fachsprache etwas Zusätzliches.

Die Lehr*aus*bildung hat noch nicht auf den Bedarf an Lehrkräften, die fähig sind, Sachkompetenz in Verbindung mit Fremdsprachenkompetenz zu vermitteln, zufriedenstellend reagiert. Rheinland-Pfalz hat als erstes Bundesland konkrete Vorüberlegungen für eine spezifische Ausbildung der Lehrkräfte für die Arbeit im bilingualen Zug entwickelt. Die Lehrer*fort*bildung wird seit langem von "Arbeitsgemeinschaften" der Schulen mit bilingualem Zug betrieben, neuerdings auch zusätzlich von Lehrerfortbildungsinstituten.

6. Begründung für die Auswahl der bilingualen Sachfächer

Der bilinguale Bildungsgang muß u.a. auch die muttersprachliche Hochschulreife vermitteln. Deshalb werden die Sachfächer mit Bedacht ausgewählt: Kunst oder Sport (fakultativ ab Klasse 6) und drei Fächer aus dem gesellschaftswissenschaftlichen Feld im Wechsel nach den allgemein im Lande gültigen Stundentafeln: meist Erdkunde (ab Klasse 7), Politik (ab Klasse 8) und Geschichte (ab Klasse 9). Biologie darf bilingual unterrichtet werden; für die deutsch-französischen Züge hat sich dieses Fach jedoch nicht bewährt. Gleichzeitig werden nie mehr als zwei bilinguale Sachfächer unterrichtet. In einigen Bundesländern gibt es Varianten. Es gibt Bundesländer, die sich mit einem bilingualen Sachfach zufriedengeben. Es wird auch mit einem späten Einsatz des ersten bilingualen Sachfaches experimentiert (Saarland).

Meist wird die Zielsprache als "Partnersprache" und nicht als wertneutrale *lingua franca* gelehrt. Die gesellschaftswissenschaftlichen Fächer haben einen weseneigenen Bezug zum Kulturkreis der Zielsprache, was in keinem vergleichbaren Maße für die Naturwissenschaften gilt. Es sollte allerdings der "naturwissenschaftliche Diskurs" grundgelegt werden; das tut die naturwissenschaftliche Komponente des Faches Erdkunde (Mäsch 1993b).

7. Die Interaktion der Funktionen

Das sprachdidaktische Konzept des bilingualen Bildungsganges beruht auf der sich ergänzenden Interaktion des sprachlich orientierten Faches der betreffenden Fremdsprache, wo die Sprache der Lerngegenstand ist, und der bilingualen Sachfächer, deren Gegenstände explizit nur fachliche sind und wo die Fremdsprache als Instrument vom Schüler erfahren wird. Es fördert die Sprachkompetenz ungemein, wenn die Fremdsprache 1. in realen Situationen (Kunst), 2. in authentischen Sprechakten (besonders Politik) und 3. in referentieller Funktion (Erdkunde, Politik, Geschichte) *angewandt* wird. Für die Schüler soll der versteckte Sprachlernprozeß nicht im Vordergrund stehen. Befragt, was sie in der Schule gelernt haben, sollen sie z.B. sagen, daß es nachts in der Wüste kalt ist, nicht, daß sie gelernt haben zu sagen, "il fait froid". Das Fremdsprachenfach und die bilingualen Sachfächer ergänzen sich: Der Sprachunterricht stützt den Sachunterricht, und dieser entlastet jenen von Sachtexten. Dabei soll der Sprachunterricht bei weitem nicht alle sprachlichen Probleme der Sachfächer vorweg behandeln oder gar üben, denn auch das frankophone Kind erfaßt und ordnet z.B. die Formen des *passé défini (simple)* aus den *contes de fées* hörend und lesend richtig als Vergangenheitsform mit einer bestimmten Markierung der Aktionsart ein, lange bevor es diese Formen in der Schule kognitiv begreift.

8. Ausblick

Nachdem lange Zeit die 1975 gegründete "Arbeitsgemeinschaft der Gymnasien mit zweisprachig deutsch-französischem Zug in Deutschland" der einzige Motor des heute gefestigten bilingualen Bildungsganges war, haben ab etwa 1990 Schulaufsichten, Wissenschaftler, Lehrerfortbildungsinstitute und Schulbuchverlage die Herausforderung angenommen. Die breiter gewordene Förderung wird in den 90er Jahren den bilingualen Bildungsgängen zugute kommen und sie zu einem verbreiteten Bestandteil des Schulwesens machen.

Die in "bilingualen Zügen" konkretisierte "bilinguale Erziehung" ist dabei, Auswirkungen auf den traditionellen Fremdsprachenunterricht zu haben. Das Prinzip der *Anwendung* der Sprache in realen Situationen und zum Transportieren von "wirklichen" Meinungen und von kognitiven Inhalten wird immer mehr für den Fremdsprachenunterricht nutzbar gemacht. Es gibt auch Ansätze von zeitlich begrenztem bilingualem Unterricht oder fremdsprachlichem Sachunterricht in Form von Projektarbeit.

Ein deutsch-französischer Schulversuch zum "gleichzeitigen Erwerb von Abitur und Baccalauréat" ist 1994 mit der grundsätzlichen Möglichkeit der Ausweitung auf alle Gymnasien mit entsprechendem Zug zum Abschluß gekommen. Die Kandidatur für das "Abi + Bac" ist auf der Grundlage des normalen bilingualen Bildungsganges freiwillig. Zu erfüllende zusätzliche Bedingungen: zwei statt ein bilinguales Sachfach als Grundkurs in der Oberstufe (Geschichte und Erdkunde/Gemeinschaftskunde), eines davon als schriftliches Abiturfach; der Leistungskurs Französisch ist immer auch mündliches Abiturprüfungsfach. In der Prüfungskommission des französischsprachigen Prüfungsteils ist die französische Schulaufsicht anwesend. Die Lehrpläne sind zwischen der deutschen und französischen Seite abgestimmt und erfüllen sowohl die deutschen wie die französischen Bedingungen.

Schulen mit bilingualen Bildungsgängen sind Schulen für Europa.

Literatur

Butzkamm, Wolfgang (1992), "Zur Methodik des Unterrichts an bilingualen Zweigen", in: *Zeitschrift für Fremdsprachenforschung*, Bd. 3, H. 1, 8-30.

Christ, Ingeborg (1991), "Bilinguale Bildungsgänge – Perspektive der Schulaufsicht", in: Albert Raasch/ Dieter Herold/Cläre Kiupel (Hrsg.), *Fremdsprachen lehren und lernen: Perspektiven für ein Europa nach 1992*, Saarbrücken, 57-60.

Drexel-Andrieu, Irène (1988), "Rapport sur l'enseignement du langage technique propre à la géographie dans une section bilingue franco-allemande", in: *Die Neueren Sprachen*, Jg. 87, H. 1/2, 203-214.

Drexel-Andrieu, Irène (1993), "La documentation pour la géographie bilingue dans l'Oberstufe", in: *Der fremdsprachliche Unterricht. Französisch*, Jg. 27, H. 9, 24-28.

Ebke, Hartmut (1993), "Bilingualer Unterricht in Baden-Württemberg: Sachstand und Entwicklungslinien", in: Albert Raasch (Hrsg.), *Fremdsprachen für die Zukunft – Nachbarsprachen und Mehrsprachigkeit*, Saarbrücken, 63-78.

Endt, Ernst (1992), *Immersion und Bilingualer Unterricht: Eine Bibliographie* (= *Informationshefte zum Lernen in der Fremdsprache*), H. 3, Eichstätt/Kiel.

Hagge, Helmut P./Leupold, Eynar, Hrsg. (1993), *Bilingualer Unterricht* (= *Der fremdsprachliche Unterricht. Französisch*), Jg. 27, H. 9.

Kästner, Harald (1993), "Zweisprachige Bildungsgänge an Schulen in der Bundesrepublik Deutschland", in: *Die Neueren Sprachen*, Jg. 92, H. 1/2, 23-53.

Krechel, Hans-Ludwig (1993), "Spracharbeit im Anfangsunterricht Erdkunde bilingual", in: *Der fremdsprachliche Unterricht. Französisch*, Jg. 27, H. 9, 11-15.

Kronenberg, Werner (1993), "Europäische Vergangenheit und ihre Bewältigung – der Beitrag des bilingualen Geschichtsunterrichts zur mehrsprachigen Gestaltung der Zukunft", in: *Der fremdsprachliche Unterricht. Französisch*, Jg. 27, H. 9, 30-38.

Kultusminister des Landes Nordrhein-Westfalen, Hrsg. (1988), *Empfehlungen für den bilingualen deutsch-französischen Unterricht* [jeweils für Erdkunde/Geschichte/Politik], Frechen.

Kultusminister des Landes Nordrhein-Westfalen, Hrsg. (1991), *Unterrichtsvorschläge für den Englischunterricht in bilingualen Realschulklassen des 5. Schuljahres*, Soest.

Mäsch, Nando (1981), "Sachunterricht in der Fremdsprache", in: *Neusprachliche Mitteilungen*, Jg. 34, H. 1, 18-28.

Mäsch, Nando (1989), "Die erste Fremdsprache: Zum Beispiel Französisch", in: *Gymnasium*, Bd. 96, H. 5, 478-491.

Mäsch, Nando (1992), "Grundsätze und Aspekte zur Einrichtung bilingual deutsch-französischer Züge an Gymnasien in Deutschland sowie Wünsche an die Wissenschaften", in: *EKIB-Newsletter*, H. 4, Eichstätt/Kiel, 12-32.

Mäsch, Nando (1993a), "Grundsätze des bilingual deutsch-französischen Bildungsganges an Gymnasien in Deutschland", in: *Der fremdsprachliche Unterricht. Französisch*, Jg. 27, H. 9, 4-8.

Mäsch, Nando (1993b), "The German Model of Bilingual Education: An Administrator's Perspective", in: Hugo Baetens Beardsmore (ed.), *European Models of Bilingual Education*, Clevedon/Philadelphia/Adelaide, 155-172.

Ministerium für Bildung und Sport Saarland, Hrsg. (1992), *Lehrplan Geschichte – Bilingualer deutsch-französischer Unterricht, Gymnasium Klassenstufe 8*, Saarbrücken.

Mühlmann, Horst/Otten, Edgar (1991), "Bilinguale deutsch-englische Bildungsgänge am Gymnasium – Diskussion didaktisch-methodischer Probleme", in: *Die Neueren Sprachen*, Jg. 90, H. 1, 2-23.

Otten, Edgar/Thürmann, Eike (1992), "Überlegungen zur Entwicklung von Lehr- und Lernmaterialien für den bilingualen Unterricht", in: *Zeitschrift für Fremdsprachenforschung*, Bd. 3, H. 2, 39-55.

Otten, Edgar/Thürmann, Eike (1993), "Bilinguales Lernen in Nordrhein-Westfalen: ein Werkstattbericht – Konzepte, Probleme und Lösungsversuche", in: *Die Neueren Sprachen*, Jg. 92, H. 1/2, 69-94.

Pädagogisches Zentrum des Landes Rheinland-Pfalz, Hrsg. (1991), *Bilingualer Unterricht, Orientierungsstufe, Zusatzunterricht Englisch/Französisch* (= PZ-Information), H. 9.

Rampillon, Ute/Reisener, Helmut, Hrsg. (1994), *Bilingualer Unterricht* (= *Der fremdsprachliche Unterricht. Englisch*), Jg. 28, H. 13.

Reihe bilingualer Unterricht – Englisch (1992 ff.), Landesinstitut für Schule und Weiterbildung, Soest – Edgar Otten/Eike Thürmann (Hrsg.), Stuttgart.

Reihe bilingualer Unterricht – Französisch (1993 ff.), Nando Mäsch (Hrsg.), Stuttgart.

Schmid-Schönbein, Gisela/Goetz, Hermann/Hoffknecht, Volker (1994), "Mehr oder anders? Konzepte, Modelle und Probleme des Bilingualen Unterrichts", in: *Der fremdsprachliche Unterricht. Englisch*, Jg. 28, H. 13, 6-11.

Schütz, Helmut (1993), "Politik bilingual – Anmerkungen zum Unterricht im Sachfach Politik in deutsch-englischen Zweisprachenzweigen an Gymnasien in Nordrhein-Westfalen", in: *Die Neueren Sprachen*, Jg. 92, H. 1/2, 94-113. '

Weber, Robert (1993), *Bilingualer Erdkundeunterricht und Internationale Erziehung*, Nürnberg.

Wefers, Engelbert (1993), "Spracherwerb im bilingualen deutsch-spanischen Bildungsgang: Ideen – Ansprüche – Wirklichkeit", in: Albert Raasch (Hrsg.), *Fremdsprachen für die Zukunft – Nachbarsprachen und Mehrsprachigkeit*, Saarbrücken, 63-78.

Weller, Franz-Rudolf/Wolff, Dieter, Hrsg. (1993), *Bilingualer Unterricht* (= *Die Neueren Sprachen*), Jg. 92, H. 1/2.

Wode, Henning/Burmeister, Petra, Hrsg. (1991), *Erfahrungen aus der Praxis bilingualen Unterrichts: ausgewählte Beiträge vom Symposium "Mehrsprachiger Unterricht in Europa"* (= *Informationshefte zum Lernen in der Fremdsprache*), H. 2, Eichstätt/Kiel.

Nando Mäsch

B3 Die an den Schulen unterrichteten Sprachen

76. Arabisch

1. Verbreitung und Verkehrswert

Arabisch ist heute die Muttersprache von über 150 Millionen Menschen. In 20 arabischen Staaten ist es Staatssprache, in Staaten wie Iran, Afghanistan, der Türkei oder Israel die Sprache einer Minderheit; in einigen Gebieten außerhalb der arabischen Welt wird Arabisch auch als Zweitsprache verwendet. Als Sprache des Korans und der islamischen Kultur hat das Arabische, am sichtbarsten in der Schrift und im Wortgut, andere Sprachen tiefgreifend beeinflußt; als "konstitutives Moment" einer den Einzelstaat übergreifenden "arabischen Nation" wirkt es auch politisch-ideologisch bis in die Gegenwart (Wild 1975, 139 f.). Die weltweite Bedeutung des Arabischen zeigt sich in seiner Präsenz als offiziell zugelassene Sprache in internationalen Veranstaltungen und Gremien, etwa der Vereinten Nationen (seit 1973, vgl. Fitouri 1975).

2. Interessierter Personenkreis

Neben der zunehmenden Bedeutung des Arabischen auf dem politischen Felde ist, spätestens seit der Ölkrise Mitte der siebziger Jahre, die wirtschaftliche Relevanz sprachlicher und landeskundlicher Kompetenz in das öffentliche Bewußtsein der westlichen Industriestaaten gerückt. Auch deutsche Unternehmen und Messegesellschaften bemühen sich neuerdings, ihre Kontakte zur arabischen Welt durch Sprachkenntnisse zu verbessern. Weiterhin ist das Interesse deutscher Touristen in arabischen Ländern an deren Sprache bzw. Dialekten merklich gestiegen (Reisende aus der Bundesrepublik 1986 z.B. in Ägypten 107 000, Marokko 156 000, Tunesien 300 000). Umgekehrt ist das Interesse an der Sprache arabischer Gäste in der Bundesrepublik gleichbleibend gering, sieht man von den wenigen ab, die hier ihren Wohnsitz (1986 knapp 150 000, vor allem aus Marokko, Tunesien und dem Libanon) und einen deutschen Ehepartner (und Familie) haben. Schließlich ist das Arabische Gegenstand der wissenschaftlichen Forschung und Lehre: hauptsächlich im Rahmen der Semitistik und Islamwissenschaft und als Nebenfach für Historiker, Politologen, Wirtschafts- und Sozialwissenschaftler, Religionswissenschaftler, Geographen, Ethnologen usw.

3. Sprachliche Charakteristika, Lernschwierigkeiten

In der arabischen Welt werden regional verschiedene Dialekte und eine einheitliche Hochsprache verwendet. Die eigentliche Muttersprache sind die Dialekte (Diem 1974, 1). Bis auf bestimmte literarische Genres (Dialogpartien in Erzählungen, Theater, Volkspoesie, Witz) sind die Dialekte Verschriftungsversuchen gegenüber bislang resistent (Fischer 1982, 52, 119-124). Sprecher verschiedener Dialekte – ihre Gliederung richtet sich im allgemeinen nach den Regionen der Arabischen Halbinsel, des Irak, Syrien/Palästinas, Ägyptens und des Maghreb (Fischer/Jastrow 1980) –, die geographisch weit voneinander entfernt sind, haben starke bis unüberwindliche Verständigungsprobleme. Eine gemeinsame Basis bildet dagegen die *Hochsprache* (auch *Schriftsprache*, engl. *Modern Standard Arabic*), die auf der Schule gelehrt und in schriftlicher Form sowie zu formell-mündlichen Zwecken (Predigt, feierliche Ansprache, Vorlesung, Rundfunk- und Fernsehnachrichten) gebraucht wird. Diese oft als *Diglossie* bezeichnete Sprachsituation hat eine jahrhundertelange Tradition; das Empfinden eines starken Prestigegefälles von Schrift- zu Umgangssprache ist in der arabischen Welt gleich entschieden. Mit "Arabisch", *al-ᶜarabiyya*, ist stets das Hocharabische gemeint, bzw. das Klassische Arabisch, beschrieben und kodifiziert bereits von den einheimischen Sprachgelehrten des 9. Jahrhunderts, welches Folie und Vorbild für das Neuhocharabische darstellt. Grundsätzlich kann dieses auf alle Aspekte des Klassischen Arabisch rekurrieren – Lexikon, Stilistik, Syntax –, wiewohl natürlich die Geltung der klassischen Norm im Laufe der Jahrhunderte abgenommen hat, und zwar weniger in Morphologie und Syntax, dafür umso mehr in Vokabular, Stilistik und Phraseologie (Fischer 1982, 53-56). So richtet sich auch das Bemühen der drei großen arabischen Sprachakademien (in Damaskus, gegründet 1918/19, Kairo 1932, Bagdad 1974) und einzelner Sprachkritiker angesichts des rapiden Zustroms von Begriffen der modernen Welt aus europäischen Sprachen zu einem wesentlichen Teil auf die Musterung des klassischen Lexikons und die Mobilisierung der schon seit alters reich entwickelten Möglichkeiten der Lehnübersetzung (Altoma 1970). Direkte Übernahmen wie *dīmūqrāṭiyya* und *tilivizyōn* bilden nur einen kleinen Teil des arabischen Wortschatzes und bieten dem Sprecher einer europäischen Sprache keinen nennenswerten Zugang zum Arabischen.

Es besteht Übereinstimmung darüber, daß der Lernweg von einem arabischen Dialekt zur Schriftsprache viel mühevoller ist als der umgekehrte. Deshalb konzentrieren sich so gut wie alle Formen des Unterrichts auf die Schriftsprache, von der aus die Wege zu den verschiedenen Dialekten dann etwa gleich weit sind. Die erste Barriere für den Lernenden des Schriftarabischen ist die (kursive) Schrift selbst, deren Buchstaben je nach der Position im Wort verschiedene Formen aufweisen und, wie andere semitische Schriften auch, die kurzen Vokale nicht berücksichtigt, so daß richtiges Lesen das Verständnis des Textes voraussetzt. Andererseits ist das Arabische fast völlig frei von den Tücken einer historischen Orthographie. Der Lautstand ist gegenüber dem Deutschen vor allem in den schwierigen Kehllauten verschieden, problematisch ist für den Lernenden auch die Unterscheidung zwischen der ihm vertrauten und der sogenannten emphatischen Aussprache bestimmter Dentale und Zischlaute, schließlich muß auch die Beachtung der für die Formlehre konstitutiven unterschiedlichen Vokalquantitäten bewußt eingeübt werden. Die größte Hürde besteht für den Lernenden des Arabischen als einer Fremdsprache in der völligen Fremdheit des Vokabulars, das, wie gesagt, auch von den Internationalismen der europäischen Sprachen fast frei ist, und in manchen ungewohnten Erscheinungen der Grammatik. Immerhin läßt sich feststellen, daß fundamentale Kategorien der Grammatik – Kasussystem, Verbflexion, Tempusstufung, Wortfolge im einfachen Satz – vom Sprachverständnis des Deutschen her zugänglich und in ihrer Systematik insgesamt sogar übersichtlicher sind. Nicht zuletzt besteht eine gewisse Kompensation für die anfängliche Unzugänglichkeit des arabischen Lexikons in der (auch anderen semitischen Sprachen eigentümlichen) Reduzierbarkeit der meisten arabischen Wörter auf jeweils drei sogenannte Wurzelkonsonanten, die jeweils eine einheitliche Grundbedeutung haben und deren aktuelle Verwirklichung nach einem recht übersichtlichen Set morphologischer Regeln (etwa mittels Prä-, In- und Suffixen, verschiedener Vokalisierung, Konsonantenverdopplung) ermittelt werden kann.

4. Lehrinstitutionen

So gut wie alle älteren deutschsprachigen Universitäten (und einige nach dem Kriege gegründeten) betreiben Arabisch in Forschung und Lehre, meistens Klassisches Arabisch bzw. moderne Schriftsprache, gelegentlich auch Dialekte, sei es im Rahmen der Islamwissenschaft, der Semitischen oder der allgemein Orientalischen Philologie. Das Seminar für Orientalische Sprachen der Universität Bonn bietet einen Studiengang "Diplom-Übersetzer" für Arabisch und eine weitere orientalische Sprache, der Lehrstuhl Arabistik der Universität Leipzig sieht Diplom-Studiengänge für Arabisten, Dolmetscher und Übersetzer vor und der Fachbereich Angewandte Sprachwissenschaft der Universität Mainz in Germersheim ebenfalls spezielle Studiengänge "Diplom-Übersetzer", "Diplom-Dolmetscher" und "Akademisch geprüfter Übersetzer" für Arabisch.

An Schulen der Bundesrepublik wird Arabisch nur vereinzelt gelehrt, vor allem in Form von begleitenden Sprachkursen an islamischen Schulen oder von Arbeitsgemeinschaften städtischer Gymnasien (z.B. Bobzin 1980). Die Jugenddorf-Christophorusschule Elze führt seit dem Schuljahr 1984/85 einen 2-Jahres-Kurs "Arabische Sprache und Kultur" als Arbeitsgemeinschaft für Schüler der Sekundarstufe I durch. Das Landesinstitut für Schule und Weiterbildung in Nordrhein-Westfalen hat einen Modellversuch für Kinder marokkanischer und tunesischer Gastarbeiter-Familien mit arabischer oder berberischer Muttersprache entwickelt, der den Unterricht auf der Basis des Standard-Arabischen für die Klasse 5 und 6 der Sekundarstufe I vorsieht (Landesinstitut Soest 1990).

Viele Volkshochschulen der Bundesrepublik, besonders in den Ländern Baden-Württemberg und Nordrhein-Westfalen, bieten einen oder mehrere Arabischkurse an, neben Schriftsprache vereinzelt auch ägyptischen oder syrisch-palästinensischen Dialekt. Die Nachfrage ist von 1982 (67 Volkshochschulen, 138 Kurse) bis 1992 (717 Kurse, 7798 Belegungen) stark gestiegen. In Zusammenarbeit mit der Abendakademie und der VHS Mannheim führt das Mannheimer "Arabische Zentrum für Sprachvermittlung" seit 1988 auch zweiwöchige Kurse für Schriftsprache in Kairo durch.

Seit 1985 hat das Institut für Arabische Sprache im Landesinstitut für Arabische, Chinesische und Japanische Sprache Nordrhein-Westfalen in Bochum Intensivkurse in modernem Schriftarabisch entwickelt und erprobt – je nach Kurstyp zwischen einer Woche und vier Wochen. Sie richten sich an Interessenten aller Bevölkerungskreise. Manche größeren entwicklungspolitischen Organisationen der Bundesrepublik, deren Mitarbeiter für längere Zeit in arabische Länder entsandt werden, bieten ebenfalls arabische Sprachkurse an: die Zentralstelle für Auslandskurse der Deutschen Stiftung für internationale Entwicklung in Bad Honnef sieht ein arabisches Sprachtraining in variabler Intensität je nach Kenntnisstand und Ausbildungsziel vor; der Deutsche Entwicklungsdienst in Berlin hat Unterrichtsprogramme in Arabisch, die teilweise das künftige Einsatzland des Entwicklungshelfers spezifisch berücksichtigen. Ferner wären an einschlägigen deutschen Lehrinstituten der Carl Duisberg Sprachendienst (Hannover) zu nennen, die Rheinisch-Westfälische Auslandsgesellschaft (Dortmund) und die Deutsch-Arabische Gesellschaft (Bonn).

Vergleichbar dem Anspruch des Bochumer Instituts für Arabische Sprache, führt *Arabic Services (UK)* in London in Zusammenarbeit mit der *School of Oriental and African Studies, University of London*, Intensivkurse für die arabische Schriftsprache und eine Reihe von Dialekten durch, die in ihrer Dauer zwischen einer Woche, 4, 12 und 40 (sowie 24 Wochen für den Fortgeschrittenen-Kurs) variieren. Relativ groß ist das Angebot von arabischen Intensivkursen für verschiedene *skills* in Universitäten der USA, meist in der Sommerpause Mai-August. Die wichtigsten arabischen Institutionen, welche arabische Intensiv- und Streukurse für Nicht-Araber durchführen, sind das *Arabic Teaching Institute for Foreigners,* Damaskus, das *Language Centre* der *University of Jordan,* Amman, die Universität *Ain Shams* in Kairo, die *Faculté des Sciences de l'Education* der Universität *Mohammed V.* in Rabat und das *Institut Bourguiba des Langues Vivantes* in Tunis.

5. Zielvorstellungen und Methoden des Unterrichts, Lehrpläne, Zertifikate

Wie auch andere *less commonly taught languages* verfügt der arabische Sprachunterricht noch nicht über eine extensive Diskussion seiner Zielvorstellungen und Methoden. Anfänge programmatischer Fragestellungen zeigen sich im Institut für Arabische Sprache der Universität Riyad, deren erstes internationales Symposium über Arabisch als Fremdsprache 1978 stattfand (umfangreiche arabische Sitzungsberichte Riyad 1980). Auf westlicher Seite entspricht diesem Forum die *American Association of Teachers of Arabic,* die erste *proficiency guidelines* für das Arabische vorgestellt hat (Parkinson 1985 und Allen 1985). Seit 1990 pflegt eine Konferenz der in Deutschland tätigen Arabischlehrer den Gedankenaustausch über Lehrkonzepte und -materialien. Die Methodik speziell des akademischen Arabischunterrichts ist, von Ausnahmen abgesehen (Wild 1978; Grotzfeld 1977; Hartmann 1976), kaum Gegenstand öffentlicher Reflexion. Arabischunterricht in den Universitäten leidet grundsätzlich unter dem Dilemma, in relativ kurzer Zeit gute Kenntnisse im Schriftarabischen, meistens verbunden mit einer gewissen Sprechfertigkeit in einem Dialekt und Lektürefähigkeit in einer weiteren orientalischen (vor allem: Islam-) Sprache, vermitteln und zur wissenschaftlichen Beschäftigung mit einschlägigen historischen, theologischen oder literarischen Themen hinführen zu wollen – ganz abgesehen von den Erfordernissen der nichtorientalistischen Nebenfächer. (Für kontrastive Studien, die die jeweilige Muttersprache des Lernenden berücksichtigen, vgl. Abboud 1971, 455 f.; Bakalla 1983: *subject index*; Haddad 1987).

Gegenüber dem akademischen Lehrangebot sind die Intensivkurse des Bochumer Instituts für Arabische Sprache praxisorientiert. Sie richten sich an ein Publikum, das aus beruflichen Gründen an einem schnellen Erwerb der Schriftsprache interessiert ist, an deutsche Familienangehörige von Arabern, nicht zuletzt an Studenten nichtorientalistischer Fächer. Der Akzent der beiden Grundkurse (jeweils dreiwöchig) liegt auf der schriftlichen Kompetenz, die beiden Mittelkurse (drei- bzw. zweiwöchig) sind eher der mündlichen Kommunikation gewidmet. Weiterhin werden einwöchige Einführungsseminare, vierwöchige Aufbaukurse mit landeskundlichen Übungen in Damaskus bzw. Rabat sowie Lesekurse (zweiwöchig) und Auffrischungskurse (anderthalbwöchig) angeboten. Das institutseigene Lehrmaterial sieht Unterricht in kleinen Gruppen (ca. 6 Personen) mit deutschen und arabischen Lehrern verschiedener Herkunft vor und verwendet u.a. aktuelle arabische Zeitungstexte, Rundfunk- und Fernsehnachrichten wie auch Partien der Serie *Iftaḥ yā Simsim,* einer arabischen Adaption von *Sesame Street*.

Staatliche Prüfungen für Dolmetscher, Übersetzer, Fremdsprachenkaufleute bzw. fremdsprachliche Korrespondenten für Arabisch nehmen die folgenden Institutionen ab: Staatliches Prüfungsamt für Übersetzer und Dolmetscher, Berlin, Industrie- und Handelskammer, Bonn, Bayerisches Staatsministerium für Unterricht und Kultus, München.

6. Lehrmaterial

Im akademischen Unterricht (z.T. auch an den Volkshochschulen) der Bundesrepublik werden am häufigsten verwendet: W. Fischer/O. Jastrow, *Lehrgang für die arabische Schriftsprache der Gegenwart*, 2 Bände, [3]1983/1986, nebst 15 Kassetten zu Bd. 1 und einem Übungsbuch von M. Woidich (1985), sowie das gründliche *Lehrbuch des modernen Arabisch* von G. Krahl/W. Reuschel et al., 2 Teile in 3 Bänden, 1981/[6]1987, nebst 4 Tonbändern; ein dritter Teil (Semantik, Stilebenen) ist in Vorbereitung. Weiterhin sind nennenswert: A.A. Ambros, *Einführung in die moderne arabische Schriftsprache*, [2]1985, mit einem Begleitband *Arabischer Mindestwortschatz und Glossar* von E. und A.A. Ambros, 1976, ferner das aus den Intensivkursen, die das Goethe-Institut in Kochel am See bis 1980 durchführte, erwachsene Lehrbuch *Modernes Arabisch* von H. Klopfer, 2 Teile in 4 Bänden, 1979/[4]1983, mit insgesamt 10 Compact-Cassetten, sowie das knapp gehaltene *Praktische Lehrbuch Arabisch* von H. Funk, Lehrbuch und Schlüssel, 1985, bei Langenscheidt. – Vgl. schließlich auch Müller 1977.

Unter den englischsprachigen Lehrbüchern hält den höchsten didaktischen Standard das zweibändige Werk von P.F. Abboud/E.N. McCarus et al., *Elementary Modern Standard Arabic*, repr. 1984 von [2]1975/1976.

Über die ersten Computerprogramme für arabischen Sprachunterricht orientiert: *Processing Arabic*, Report 3, TCMO – Katholieke Universiteit Nijmegen, 1988.

Literatur

Abboud, Peter F. (1968), *The Teaching of Arabic in the United States: The State of the Art*, Washington D.C.
Abboud, Peter F. (1971), "Spoken Arabic", in: *Current Trends in Linguistics*, H. 6, 439-466.
Allen, Roger (1985), "Arabic Proficiency Guidelines", in: *Al-ᶜArabiyya. Journal of the American Association of Teachers of Arabic* 18, 45-70.
Altoma, S.J. (1970), "Language Education in Arab Countries and the Role of the Academies", in: *Current Trends in Linguistics*, H. 6, 690-720.
Bakalla, M.H. (1978), "Preparation and Training of Arabic Teachers in the Light of Modern Linguistics", in: *Symposium on Preparing and Training Teachers of Arabic in the Arab World*, Riyadh, 1977, Cairo, 283-295 (arab.).
Bakalla, M.H. (1983), *Arabic Linguistics. An Introduction and Bibliography*, 2nd rev. ed., London.
Bobzin, Katharina (1980), "Arabisch in der Schule. Chancen und Möglichkeiten", in: *Zeitschrift der Deutschen Morgenländischen Gesellschaft*, Supplement IV, 272-274.
Diem, Werner (1974), *Hochsprache und Dialekt im Arabischen. Untersuchungen zur heutigen arabischen Zweisprachigkeit*, (Abhandlungen für die Kunde des Morgenlandes. XLI, 1.), Wiesbaden.
Fischer, Wolfdietrich/Jastrow, Otto, Hrsg. (1980), *Handbuch der arabischen Dialekte* (Porta Linguarum Orientalium. N.S. 16.), Wiesbaden.
Fischer, Wolfdietrich, Hrsg. (1982), *Grundriß der arabischen Philologie. Bd. I: Sprachwissenschaft*, Wiesbaden.
Fitouri, Chadly (1975), "La langue arabe dans les relations internationales", in: *Revue de l'Occident musulman et de la Méditerranée*, H. 20, 155-164.
Grotzfeld, Heinz (1977), "Kolloquium zur Erforschung und Darstellung moderner vorderorientalischer Sprachen, 2./3. Mai 1977 in Münster", in: *Orient*, Jg. 18, 9-12.
Haddad, Najm (1987), *Kultur und Sprache. Eine kontrastive Analyse als didaktisches Konzept am Beispiel des Deutschen und Arabischen* (Werkstattreihe Deutsch als Fremdsprache, 18.), Frankfurt a.M./Bern u.a.
Hartmann, Regina (1976), "Studium der Sprachen: Arabisch", in: *Studium Linguistik*, Jg. 1, 71-78.
Heath, Peter (1990), "Proficiency in Arabic Language Learning: Some Reflections on Basic Goals", in: *Al-ᶜArabiyya. Journal of the American Association of Teachers of Arabic* 23, 31-48.
Landesinstitut für Schule und Weiterbildung, Soest (1990), *Muttersprachlicher Unterricht mit marokkanischen und tunesischen Schülerinnen und Schülern. Ergebnisse einer länderübergreifenden Fachtagung 11.-13.9.1990*, Soest.
Müller, Hans (1977), *Lehr-, Lern- und Arbeitsmittel für Arabisch, Persisch und Türkisch* (Dokumentationsdienst Moderner Orient. Mitteilungen, 6. Sondernummer), Hamburg.
Pantelidis, Veronica S. (1982), *Arab Education 1956-1978. A bibliography*, London.
Parkinson, Dilworth B. (1985), "Proficiency to do what? Developing Oral Proficiency in Students of Modern Standard Arabic", in: *Al-ᶜArabiyya. Journal of the American Association of Teachers of Arabic* 18, 11-43.
Wild, Stefan (1975), *Sprachpolitik und Nationalismus. Arabisch und Ivrit* (Oosters Genootschap in Nederland, 6.), Leiden.
Wild, Stefan (1978), "Didaktische Probleme des akademischen Unterrichts im klassischen Arabisch", in: J.H. Hospers (ed.), *General Linguistics and the Teaching of dead Hamito-Semitic Languages*, Leiden, 51-67.

Hans Hinrich Biesterfeldt

77. Chinesisch

1. Der Verkehrswert des Chinesischen und die Bedeutung chinesischer Sprachkenntnisse

Die chinesische Standardsprache (*putonghua* oder *guoyu*) oder einer der chinesischen Dialekte ist die Muttersprache von mehr als einer Milliarde Menschen in den chinesischen Siedlungsgebieten in der Volksrepublik China, Taiwan, Hongkong, Singapur und größerer Volksgruppen von Auslandschinesen in zahlreichen Ländern Asiens und den übrigen Ländern der Welt. Chinesisch ist damit die meistgesprochene Sprache der Welt. Chinesisch ist eine der Amtssprachen der UNO und für viele nichtchinesische Nationalitäten in China und im asiatischen Raum im Verkehr untereinander ein unentbehrliches Verständigungsmittel (Koiné).

Die chinesische Schrift und die chinesische Schriftsprache sind das schriftliche Kommunikationsmittel aller Chinesen und das literarische Medium einer der bedeutendsten und der ältesten Kulturen der Menschheit. Die chinesische Literatur ist eine der reichsten Literaturen der Welt mit der längsten ungebrochenen Tradition. Die chinesischen Schriftzeichen werden darüber hinaus in der Schriftsprache anderer Nationen des asiatischen Raums (Japan und Korea) verwendet.

Die politische und wirtschaftliche Bedeutung Chinas in der heutigen Welt und die Bedeutung des chinesischen literarischen und philosophischen Erbes für die Menschheit erfordert in unserem Kulturkreis mehr Menschen, die Chinesisch beherrschen und mit der Geschichte und Kultur Chinas vertraut sind. Die Vernachlässigung des Chinesischen in unserem Bildungssystem ist ein Relikt eines historisch überholten Eurozentrismus, der im Widerspruch steht zu den heutigen weltweiten Interessen unserer Wirtschaft und Politik und der sich in einer Zeit, die durch die zunehmende wirtschaftliche und politische Bedeutung der Länder des fernen Ostens gekennzeichnet ist, zunehmend negativ auswirkt.

Chinesischunterricht wird in der Bundesrepublik Deutschland und in den übrigen deutschsprachigen Ländern in den Universitäten im Rahmen des Sinologiestudiums, an verschiedenen Volkshochschulen in Abendkursen und an Gymnasien vornehmlich in der Form von Arbeitsgemeinschaften erteilt. Chinesisch ist kein etabliertes Schulfach mit einem entsprechenden Lehramtsstudiengang.

Eine solche Situation entspricht in keiner Weise dem geschilderten Verkehrswert der chinesischen Sprache und den modernen gesellschaftlichen Bedürfnissen. Eine weitere Verbreitung von Chinesischkenntnissen und die Anerkennung der Bedeutung des Chinesischen durch seine Etablierung als Schulfach ist angezeigt. Die sprachen- und schulpolitischen Gründe, die Verbreitung des Chinesischen zu fördern und Chinesisch als Schulfach zu etablieren, sind im einzelnen folgende:

- In Wirtschaft, Wissenschaft und Politik fehlt es an Fachkräften, die Chinesisch zumindest lesen, um die wirtschaftlichen, wissenschaftlichen und politischen Entwicklungen in China anhand von Originalquellen verfolgen zu können.
- In allen Bereichen der Geisteswissenschaften und der Kultur fehlt es an Menschen mit Chinesischkenntnissen, die bei interkulturellen Kontakten als Mittler auftreten und einen qualifizierten Beitrag leisten können zu der wechselseitigen fruchtbaren Durchdringung der beiden großen Kulturräume der Welt, dem europäischen und dem asiatischen.

Für die Einführung des Chinesischen als Schulfach sprechen darüber hinaus noch folgende Gründe:

- Die Kenntnis der chinesischen Sprache, die wesentlich anders strukturiert ist als die vertrauten indoeuropäischen Sprachen, erweitert das Verständnis für das Wesen von Sprache überhaupt und vertieft damit auch das Verständnis für die eigene Sprache.
- Die Bekanntschaft mit der Geschichte Chinas, besonders aber mit seiner Literatur, Philosophie und Geistesgeschichte, befruchtet das Interesse für geistige Fragen. Die Kenntnis von Literatur und Geistesgeschichte Chinas erweitert und vertieft das Verständnis für das Besondere in unserer europäischen Kultur.
- Die Vertrautheit mit einer nichteuropäischen Kultur erweitert den geistigen Horizont und vertieft das Verständnis für das Andersartige und das Gemeinsame in verschiedenen Kulturen, ein Verständnis, ohne das die für das Überleben der Menschheit unabdingbare weltumspannende internationale Zusammenarbeit nicht möglich ist.

Die schnell wachsenden Zahlen von Sinologiestudenten und die wachsenden Hörerzahlen an den Volkshochschulen sind Beweise dafür, daß immer mehr Menschen die Bedeutung von Chinesischkenntnissen erkennen. Symptomatisch für diese Entwicklung ist die 1983 erfolgte Gründung der

"Arbeitsgemeinschaft zur Förderung des Chinesischunterrichts in der Bundesrepublik Deutschland e.V." (AfCH), die sich die weitere Verbreitung des Chinesischunterrichts, die Etablierung des Chinesischen als Schulfach, die Einrichtung von Lehramtsstudiengängen Chinesisch mit abschließendem Staatsexamen an den Hochschulen und die Entwicklung der Schuldidaktik des Chinesischunterrichts zum Ziel gesetzt hat.

2. Die Situation des Chinesischunterrichts in den allgemeinbildenden Schulen der Bundesrepublik

Nach den von der Ständigen Konferenz der Kultusminister im Jahre 1986 veröffentlichten Unterlagen wurde Chinesisch zum damaligen Zeitpunkt in 13 Gymnasien mit etwa 230 Schülern in Arbeitsgemeinschaften unterrichtet. Der Unterricht liegt in den Händen von Personen ohne methodische Vorbereitung. Die Möglichkeit des Erwerbs einer Lehrbefähigung für Chinesisch im Rahmen eines Lehramts besteht in keinem Land der Bundesrepublik. Lediglich in Niedersachsen und in Nordrhein-Westfalen kann die Lehrbefähigung im Rahmen einer Drittfachprüfung (Ergänzungsprüfung) nachgewiesen werden.

Infolge des Fehlens eines speziell für deutsche schulische Bedingungen geschaffenen Lehrwerks Chinesisch wird an den Gymnasien der Bundesrepublik mit Lehrmaterial unterrichtet, das für andere Zielgruppen geschaffen und deshalb für die Schule nur bedingt geeignet ist. Es handelt sich dabei meistens um Lehrwerke, die entweder für den Erwachsenenunterricht oder für den Chinesischunterricht in China oder für den Chinesischunterricht für englischsprachige Hörer konzipiert sind. Manche der verwendeten Lehrwerke sind methodisch veraltet. Soweit moderne Lehrwerke verwendet werden, haben diese eine eingeschränkte Zielsetzung und können deshalb die Ziele eines Sprachkurses in der allgemeinbildenden Schule nicht abdecken.

Die Erstellung eines speziell für die Bedürfnisse der deutschen Schule geeigneten Lehrwerks setzt den Aufbau einer Fachdidaktik und die Erarbeitung von Richtlinien für den Schulunterricht voraus, die bisher noch von keinem Bundesland in Angriff genommen worden sind. Im Zusammenhang mit dem Aufbau einer Fachdidaktik müssen folgende grundsätzliche didaktische Fragen entschieden werden:

– In welchen Kursformen, in welchem zeitlichen Umfang und mit welchen Lernzielen kann Chinesisch in der Sekundarstufe angeboten werden?
– In welcher didaktischen und methodischen Hinsicht kann ein Chinesischkurs für die Sekundarstufe den Grundsätzen der übrigen Fremdsprachendidaktik folgen, in welcher Hinsicht sind Abweichungen unvermeidlich?
– In welchen Lernschritten, anhand welcher Texte, mit welcher Methodik lassen sich im Rahmen eines Schulkurses Lese- und Schreibfähigkeit für chinesische Schriftzeichentexte vermitteln?

Eine Antwort auf diese Fragen findet sich in einem Richtlinienentwurf für den Chinesischunterricht in der Sekundarstufe des Gymnasiums, der von einer Kommission der "Arbeitsgemeinschaft zur Förderung des Chinesischunterrichts in der Bundesrepublik Deutschland e.V." (AfCH) erarbeitet worden ist.

3. Kurze Charakterisierung der chinesischen Sprache

Die chinesische Sprache und die chinesische Schrift weisen eine Reihe von Besonderheiten auf, die den indo-europäischen Sprachen nicht eigen sind.

Die Lautbildung im Chinesischen ist dadurch gekennzeichnet, daß es nur eine begrenzte Anzahl von Silben und eine sinnunterscheidende Silbenbetonung (4 verschiedene Töne) gibt. Das Standardchinesisch (*putonghua*) kann nur 414 bzw. bei Berücksichtigung der Töne 1324 Silben bilden. Nicht jede Möglichkeit ist realisiert, manche Silben treten nur in 2 oder 3 tonalen Varianten auf, so daß die tatsächliche Anzahl der Silben geringer als 1324 ist.

Die Silbe ist in der Regel die lautliche Realisierung eines Morphems. Es gibt im Chinesischen eine größere Zahl einsilbiger Wörter. Ein Teil der ehemals einsilbigen Wörter tritt allerdings nur als Komponente zusammengesetzter oder abgeleiteter Wörter auf. Die Mehrheit der Wörter des modernen Chinesisch ist zweisilbig. Im Zusammenhang mit der Entwicklung der wissenschaftlichen Terminologie wächst die Zahl der mehrsilbigen Wörter. Da die Wortbildung analog der Bildung von Wortverbindungen verläuft, ist es im Chinesischen in vielen Fällen unmöglich, ein zusammengesetztes Wort von einer Wortverbindung zu unterscheiden.

Das Chinesische kennt weder Numeri noch Genera noch Tempora: die Substantive, Adjektive,

Pronomen werden nicht flektiert, die Verben nicht konjugiert. Eine große Zahl der Wörter, besonders der zweisilbigen, kann sowohl als Substantiv als auch als Verb oder Adjektiv verwendet werden. Ob ein Wort als Substantiv oder Verb oder Adjektiv zu verstehen ist, hängt von seiner Stellung im Satz ab, dessen Wortfolge strengen Regeln unterliegt.

Die chinesische Schrift verwendet besondere Schriftzeichen, die einsilbige Wörter oder Morpheme repräsentieren. Ein Schriftzeichen entspricht jeweils einer Silbe (mit Ton). Die Schriftzeichen bestehen aus einzelnen Schriftzügen (von 1 bis 28), die in verschiedenen Kombinationen auftreten. Zusammengesetzte Schriftzeichen stellen Kombinationen einfacher Zeichen dar, die in der Regel auch als selbständige Zeichen auftreten. Die ältesten Schriftzeichen sind schematische Darstellungen von Gegenständen.

Etwa 1500 der heute verwendeten Schriftzeichen sind Piktogramme oder Ideogramme, die einen Gegenstand oder einen Begriff schematisch darstellen. Die meisten Schriftzeichen sind sogenannte Phonogramme. Phonogramme sind zusammengesetzte Zeichen, in denen ein Bestandteil des Zeichens (Radikal) einen Hinweis auf seine Bedeutung gibt und der andere Bestandteil (Phoneticum) auf ein Wort mit ähnlicher Lautung verweist. Die Radikale sind stets einfache Zeichen, während die Phonetica einfache oder zusammengesetzte Zeichen sein können. Die restlichen Zeichen sind sogenannte Entlehnungen, d.h. Zeichen, die ursprünglich für die Bezeichnung eines anderen Begriffs verwendet wurden.

Ein Teil der Schriftzeichen ist in der Volksrepublik China wiederholt vereinfacht worden (Schriftreform). Die Einführung vereinfachter Schriftzeichen wurde zeitweilig als ein Schritt zu einer radikaleren Schriftreform betrachtet.

Seit 1958 ist in der Volksrepublik China in bestimmten Bereichen (bei der Transkription ausländischer Namen, im Schulunterricht usw.) eine Lautumschrift (*pinyin*) in Gebrauch, die aus 26 lateinischen Buchstaben besteht. Andere Lautumschriften (Wade-Giles usw.) werden auf Taiwan und in den überseeischen chinesischen Sprachgebieten verwendet.

Ein Übergang zur ausschließlichen Verwendung einer Lautschrift und zur Abschaffung der Schriftzeichen, wie es ursprünglich das letzte Ziel der Schriftreformen in der Volksrepublik China war, wäre wegen der unzureichenden Verbreitung der Standardsprache und der Nichteignung der Umschrift für die ältere Literatur mit großen Schwierigkeiten verbunden. Die Verwendung von Computerschreibprogrammen, mit denen sich Schriftzeichentexte leicht schreiben lassen, machen im übrigen manche der ursprünglich für eine Abschaffung der Schriftzeichen ins Feld geführten Gründe hinfällig. Außerdem sind viele Rechtschreibungsprobleme der Lautumschriften, z.B. die Frage der Wortgrenzen (Zusammen- und Getrenntschreibung), noch nicht gelöst, so daß eine ausschließliche Verwendung einer Lautschrift problematisch wäre.

Die Besonderheit der chinesischen Schrift hat bestimmte Konsequenzen für die Vermittlung des Chinesischen. So sind der Erwerb der gesprochenen und der geschriebenen Sprache methodisch völlig verschiedene Dinge. Rückschlüsse von der geschriebenen Form eines Wortes auf seine Lautung und umgekehrt von der Lautung eines Wortes auf seine Schreibung, die in anderen Sprachen einen Transfer von Gelerntem erlauben, sind im Chinesischen nicht möglich. Um die Aneignung der Aussprache zu erleichtern, ist deshalb in Wörter- und Lehrbüchern die Verwendung der Umschrift und damit deren Vermittlung an die Lerner praktisch unumgänglich, d.h. die Schüler müssen im Chinesischunterricht im Unterschied zu den ihnen vertrauten Fremdsprachen zwei Schriftsysteme lernen. Für die *pinyin*-Umschrift bedeutet das, daß vor allem Kenntnisse über die Beziehungen zwischen Buchstaben und Laut sowie über die Grundsätze der Worttrennung (in traditionellen chinesischen Schriftzeichentexten gibt es keine Worttrennung) angeeignet werden müssen, während im Bereich der Schriftzeichenkunde theoretische Kenntnisse und praktische Fähigkeiten im Hinblick auf die Strichfolge (wichtig für die Schreibfähigkeit), des Zeichenaufbaus (wichtig für den Umgang mit Wörterbüchern) zu erwerben sind. Hiervon abgesehen, können und sollten aber im Chinesischunterricht die gleichen methodischen Grundsätze angewandt werden, die sich bei der Vermittlung anderer Sprachen bewährt haben.

4. Lehrpläne

Der von einer Kommission der Arbeitsgemeinschaft zur Förderung des Chinesischunterrichts ausgearbeitete Richtlinienentwurf für Chinesisch in der Sekundarstufe II geht von dem Grundsatz aus, daß Chinesisch grundsätzlich wie andere moderne Fremdsprachen zu lehren ist und daß sich die aufzubauende Fachdidaktik des Chinesischen an den Erfahrungen der modernen Fremdsprachendidaktik orientieren und an die methodischen Traditionen des deutschen Gymnasiums anknüpfen sollte. Als organisatorische Form des Chinesischunterrichts werden Grund- und Leistungskurse ab Klasse 11 vorgeschlagen, und zwar zweijährige Grundkurse (im ersten Semester fünfstündig, dann dreistündig) und zweijährige Leistungskurse (fünfstündig). Wichtigste Orientierungspunkte des Entwurfs sind folgende:

Außerhalb des chinesischen Sprachraums und unter den Beschränkungen eines Schulkurses läßt sich keine Beherrschung der chinesischen Sprache erarbeiten, wie sie einem Muttersprachler zu eigen ist. Man muß sich vielmehr auf kommunikative Kompetenz innerhalb wohldefinierter Bereiche, die durch *skills* sowie durch Redeintentionen, Situationen, Themen und Textsorten bestimmt werden, beschränken. Diese Grundkompetenz soll es Schülern erlauben, ihre Sprachbeherrschung später auszudehnen und zu erweitern.

Was die Redeintentionen, Situationen, Themen, Textsorten usw. angeht, für die kommunikative Kompetenz vermittelt werden soll, so sind diese grundsätzlich – von landes- und kulturspezifischen Modifikationen abgesehen – identisch mit den Forderungen in anderen Sprachfächern (z.B. Russisch, Spanisch), die in dem gleichen organisatorischen Rahmen vermittelt werden. Ähnliches gilt für die Bereiche des sprachlichen Wissens, der Literatur, der Landeskunde usw. Auf dem Gebiet der Schreibfähigkeit werden für den zeitlich beschränkten Rahmen der Gymnasialkurse eingeschränkte Ziele gesetzt. Wie es in dem Entwurf heißt, stützt sich die Schreibfähigkeit auf die Zeichenkunde. Für alle Zeichen soll zumindest "Abschreibkompetenz" erreicht werden, d.h. die Kenntnis der Strichfolge aller Grapheme und die Fähigkeit, gedruckte Texte und Wörter (z.B. aus dem Wörterbuch) abzuschreiben. Für die 500 häufigsten Zeichen nach der Häufigkeitsanalyse "Hanyu Cihui de Tongji Yu Fenxi" soll eine unmittelbare Schreibkompetenz angestrebt werden, d.h. die Fähigkeit, diese Zeichen auch ohne Schreibvorlage aus dem Gedächtnis oder nach Diktat niederschreiben zu können. Kommunikative Schreibkompetenz wird lediglich für die Textsorten "Persönlicher Brief" und "Einfache kurze Mitteilungen" verlangt. Die Häufigkeitsanalyse "Hanyu Cihui de Tongji Yu Fenxi", auf deren häufigsten Wörter die angestrebte sprachliche und kommunikative Schreibkompetenz sich ausrichtet, stützt sich auf die Schulbücher der 10-bändigen Serie "Yuwen", die 1978 bis 1980 vom Volksbildungsverlag für den Chinesischunterricht der Grund- und Mittelschule herausgegeben worden sind.

Wie die geringe Zahl von Lernern, das Fehlen von amtlich erlassenen Richtlinien, von Lehramtsstudiengängen und didaktisch und methodisch ausgebildeten Lehrern sowie das Fehlen einer eigenständigen Fachdidaktik und eigenständiger Lehrwerke zeigen, befindet sich der Chinesischunterricht in den allgemeinbildenden Schulen der Bundesrepublik Deutschland in einer Situation, die der Bedeutung der Sprache nicht angemessen ist. Ob er auf diesem Niveau stagnieren oder sich entfalten wird, hängt davon ab, ob die noch fehlenden Voraussetzungen für ein Schulfach Chinesisch in absehbarer Zeit geschaffen werden.

Literatur

Das Neue Chinesisch-Deutsche Wörterbuch (1985), Běijīng (Nebent.: Xin Han de Cidian).
Deutsch-Chinesisches Wörterbuch (1982), Shanghai. (Nebent.: De-Han Cidian).
Elementary Chinese Readers (Supplement) (1982), Běijīng (Nebent.: Jīchǔ Hànyǔ kèběn. Xùbiàn).
Fán Píng/Liú Xīmíng/Tián Shànjì (1982), *Zhōngjì Hànyǔ*, Běijīng (Nebent.: Intermediate Chinese).
Grundkurs der chinesischen Sprache (1981), Bde. I-IV. Deutsch von Käthe Zao, Běijīng.
Grundkurs modernes Chinesisch (1981), Bearbeitung der Bände 1-3 der "Elementary Chinese Readers" in Pinyin-Umschrift und mit ausführlichen Grammatikerläuterungen von Peter Kupfer, München.
Hànyǔ sùchéng (1982), Von Liú Yīnglín u.a. 2 Bde. Běijīng (Nebent.: Intensive Course of Chinese Language).
Zhōng Qín (1982), *Chinesische Phonetik*. Deutsche Bearbeitung Karl-Heinz Bernhardt, Běijīng. (Nebent.: Hànyǔ yǔyīn jiàochéng).

Friedhelm Denninghaus

78. Dänisch

1. Dänisch und die anderen skandinavischen Sprachen

Die dänische Sprache gehört zum nordgermanischen, ostnordischen Zweig des indogermanischen Sprachstamms. Am engsten ist Dänisch mit Hoch-Norwegisch (*bokmål*) verwandt, das in der Zeit des gemeinsamen dänisch-norwegischen Staatsverbandes (1387-1814) aus dem Dänischen hervorgegangen war, so daß es zwischen Norwegern und Dänen in der Regel weder schriftlich noch mündlich Kommunikationsprobleme gibt.

Etwas weiter vom Dänischen entfernt liegt das Schwedische, das in Wortschatz, Idiomatik und Satzbau stärker abweicht, aber für einen Dänen dennoch in kurzer Zeit beherrschbar bleibt. Norweger, Schweden und Dänen praktizieren bei einem Zusammentreffen deshalb eine Art skandinavische Mischsprache (*fælles-skandinavisk*). Im Schriftverkehr wendet jeder seine Muttersprache an.

Alt-Norwegisch (*nynorsk*, in der Praxis von geringerer Bedeutung), Färöisch und Isländisch gehören zu den westnordischen Sprachen und sind von den Dänen, Schweden und Norwegern nicht ohne längere Lernzeit zu verstehen. Finnisch fällt als Sprache der finnisch-ugrischen Sprachfamilie ganz aus dem Rahmen der übrigen Sprachen Skandinaviens.

Aufgrund der geringeren Musikalität im Vergleich zum Norwegischen und Schwedischen gilt Dänisch allgemein als die schwierigste dieser drei skandinavischen Sprachen. Im Interesse der vielfältigen nordischen Zusammenarbeit werden exemplarische Dänisch-Texte auch im Schulunterricht der anderen skandinavischen Länder sporadisch durchgenommen; als durchgehende Fremdsprache wird Dänisch allerdings nur in Grönland und auf den Färöer-Inseln (beide gehören zum dänischen Staatsverband), auf Island und an zahlreichen öffentlichen Schulen in Schleswig-Holstein unterrichtet. Eine Sonderstellung nehmen die 53 Privatschulen der dänischen Minderheit im nördlichen Schleswig-Holstein ein, deren Schüler zwar überwiegend Deutsch als Muttersprache haben, wo aber dennoch fast der gesamte Unterricht in dänischer Sprache erteilt wird.

Dänemark ist bislang das einzige skandinavische EU-Mitglied. Der dänischen Sprache (mit ihrem leichten Zugang zu Norwegisch und Schwedisch) kommt somit nicht nur im deutsch-dänischen Grenzraum eine besondere europäische Bedeutung zu. Gute, über das Touristenniveau hinausgehende dänische Sprachkenntnisse sind bei grenzüberschreitenden Kontakten von großer praktischer (und psychologischer) Bedeutung, da Deutschland besonders seit der Wiedervereinigung mit distanzierter Skepsis betrachtet wird.

2. Wer lernt Dänisch?

– Die dänische Minderheit. Die im nördlichen Schleswig-Holstein lebende dänische Minderheit (mit meist deutscher Muttersprache und deutscher Staatsangehörigkeit) betreibt in ihren Schulen, Kindergärten, Kirchen, Freizeitheimen und Vereinen eine umfangreiche und intensive Arbeit zum Erwerb und Ausbau dänischer Sprachkenntnisse. Dänisch ist hier also nicht Fremdsprache im üblichen, schulischen Sinne, sondern wird von den Kindern bereits im dänischen Kindergarten durch Spiel und Kontakt mit dänischsprachigen Erwachsenen als frühe Zweitsprache erworben (Informationen: Dänisches Generalsekretariat, Flensburg). Mit eigenen VHS-Abendkursen (Dänisch als Fremdsprache) als Ergänzung zum allgemeinen VHS-Programm wendet sich die dänische Minderheit sowohl an eigene, deutschsprachige Mitglieder als auch an Sympathisanten (und spätere mögliche Mitglieder und Wähler) aus der deutschen Mehrheitsbevölkerung. Jährlich werden etwa 180 dänische Sprachkurse mit rund 2.000 Teilnehmern angeboten.

– Dänisch in der Erwachsenenbildung (VHS). An 90 Volkshochschulen des Landes Schleswig-Holstein wurden 1991 362 Dänischkurse mit 4.166 Teilnehmern durchgeführt. Damit rangiert Dänisch gleich hinter Englisch auf Platz 2 des Fremdsprachenangebots. Weiter nach Süden nimmt das Interesse an der dänischen Sprache naturgemäß ab. Die Motive für die Teilnahme an dänischen VHS-Kursen sind touristischer, praktischer, historischer oder familiärer Art. Dänemark ist beliebtes Urlaubsland für norddeutsche Besucher. Auch für Kurzurlaube und Einkaufsbesuche reist man gern nach Dänemark. In weiten Teilen Schleswig-Holsteins sind der dänische Rundfunk und das dänische Fernsehen zu empfangen, so daß Sprachkenntnisse das Medienangebot ausweiten. Im grenznahen Bereich gibt es aufgrund zahlreicher Kontakte mit Dänen auch ein praktisch-berufliches Bedürfnis nach dänischen Sprachkenntnissen:

Zoll, Post, Polizei, Speditionsgewerbe, Einzelhandel, Verwaltung. Zahlreiche Firmen in Handel und Handwerk arbeiten inzwischen grenzüberschreitend. In Zusammenarbeit mit der *Handelshøjskolen Syd* (Sønderborg, Südjütland) wurde 1992 ein neuer deutsch-dänischer Studiengang an der Pädagogischen Hochschule Flensburg (jetzt Bildungswissenschaftliche Hochschule) eingerichtet.

Die jahrhundertelange Zugehörigkeit Schleswig-Holsteins zum dänischen Gesamtstaat (bis 1864; die heutige Grenze wurde erst 1920 gezogen) bedingt eine enge historische Bindung an Dänemark. Zahlreiches Schrifttum und Archivmaterial ist nur in dänischer Sprache überliefert, so daß der historisch Interessierte dänische Sprachkenntnisse benötigt. Des weiteren führen verwandtschaftliche Verflechtungen über die Grenze hinweg und zu Angehörigen der dänischen Minderheit zu dem Wunsch nach dänischen Sprachkenntnissen. Schließlich sei in der Erwachsenenbildung noch das dänische Kulturinstitut mit seinen Sprach- und Landeskunde-Kursen erwähnt: *Det danske Selskab* – Dänisches Institut für Information und kulturellen Austausch, Arndtstraße 30 A, 44135 Dortmund.

– Dänisch an den öffentlichen Schulen des Landes Schleswig-Holstein. Erst seit etwa 25 Jahren entwickelt sich der Dänisch-Unterricht an den öffentlichen Schulen frei und ohne historisch-politische Belastung. Zwischen 1970 und 1980 erschienen die ersten Lehrpläne für die drei Schularten. Die deutsch-dänischen Auseinandersetzungen um Schleswig-Holstein und die Bestrebungen der dänischen Minderheit im Raum Flensburg ließen lange Zeit nicht zu, Dänisch als neutrales Unterrichtsfach zu betrachten: Die Wahl des Dänischen wurde vor allem in Flensburg mißtrauisch fast als "Landesverrat" aufgefaßt. Die Entkrampfung und Entspannung des deutsch-dänischen Verhältnisses hat erst ermöglicht, Dänisch gleichberechtigt an die Seite der anderen Unterrichtsfächer zu stellen.

An ca. 15 Hauptschulen der grenznahen Kreise Nordfriesland, Schleswig-Flensburg sowie der Stadt Flensburg wurden im Schuljahr 1991/92 ca. 35 dänische Arbeitsgemeinschaften mit ca. 450 Schülern durchgeführt. In der Regel ist Dänisch also zweite Fremdsprache nach Englisch. In Einzelfällen können Dänischkenntnisse zu verbesserten Berufschancen der Hauptschüler (z.B. im Einzelhandel) führen. Eine Grundschule in Flensburg bietet sogar eine Dänisch-AG im 4. Schuljahr an.

An 39 Realschulen des Landes erhielten im Schuljahr 1991/92 ca. 1.700 Schüler der Klassen 7-10 Dänischunterricht. Alternativ zu Französisch wird Dänisch in den Klassen 7 und 8 als Wahlfach und in den Klassen 9 und 10 als Wahlpflichtkurs mit 3-4 Wochenstunden angeboten. Die meisten dieser Realschulen liegen in Grenznähe; jedoch bieten auch zwei Lübecker Realschulen Dänisch an, was die traditionelle Ostsee-Orientierung der Hansestadt aufgreift. Schüleraustausch, Briefwechsel und landeskundliche Exkursionen sind nun auch sprachlich möglich. Das Berufsprofil von Realschul-Absolventen läßt dänische Sprachkenntnisse besonders nützlich erscheinen, so daß Dänisch dort, wo die betreffende Schule es anbietet, etwa gleich viele Schüler wie Französisch anzieht. Da das Fach in den Klassen 9 und 10 (im Gegensatz zur Hauptschule) als Wahlpflichtkurs und A-Fach (wie Englisch, Deutsch und Mathematik) zeugnis- und versetzungsrelevant ist, wird es auch im Schulalltag von Schülern, Lehrern und der Schulleitung entsprechend ernstgenommen.

An sieben Gymnasien und drei Fachgymnasien im nördlichen Landesteil ist Dänisch als Schulfach vertreten. Im Schuljahr 1991/92 nahmen ca. 450 Schüler an diesem Unterricht teil. 1972 hatte ein Flensburger Gymnasium mit Dänisch-Kursen begonnen. Wo es die Zahl der Fachlehrer zuläßt, wird Dänisch am Gymnasium als dritte Fremdsprache in den Klassen 9 und 10, als Grundkurs der Oberstufe (3. Fremdsprache) oder als Leistungskurs der Oberstufe angeboten. Aufgrund der Vertrautheit mit anderen modernen Fremdsprachen und aufgrund der möglichen schnellen Progression erzielt der gymnasiale Dänischunterricht gute Ergebnisse.

– Dänisch an deutschen Hochschulen. Eine Reihe von wissenschaftlichen Hochschulen und Universitäten des deutschen Sprachraums bietet Lehramtsstudiengänge für das Fach Dänisch oder Nordistik-Studiengänge (Hauptsprache Dänisch) mit Abschlüssen wie Magister und Promotion an. An der Pädagogischen Hochschule Flensburg studierten im Sommersemester 1992 ca. 60 Studenten das Fach Dänisch. Dort befindet sich auch der einzige Lehrstuhl für Methodik und Didaktik des Dänischunterrichts außerhalb Dänemarks. An der Universität Kiel studierten im Sommersemester 1992 ca. 80 Studenten Nordische Philologie (Nordistik) mit Dänisch als Hauptsprache. Nach abgeschlossenem Lehramtsstudium absolvieren die Kandidaten ihren Vorbereitungsdienst (Referendarzeit) an dem schulartübergreifenden Regional-Seminar Nord in Flensburg. Die späteren Einstellungsmöglichkeiten sind bisher noch relativ günstig, da der Dänischunterricht an allen Schularten ausgebaut wurde. Vorübergehende Arbeitslosigkeit konnte in den vergangenen Jahren häufiger überbrückt werden, weil junge Lehrer mit Dänischkenntnissen für Archivarbeit oder Vereinigungen und Firmen mit grenzüberschreitender Tätigkeit Verwendung fanden. Heute nehmen viele jedoch eine andere Arbeit an und stehen demnach später nicht mehr zur Verfügung. Weitere Schwerpunkte der Nordischen Philologie (ohne Lehramtsstudiengänge) sind die Universitäten Hamburg, Bochum, Münster, Göttingen, Marburg, München, Zürich, Wien, Greifswald und Berlin (Nordeuropa-Studien).

3. Sprachspezifische und unterrichtliche Besonderheiten

Die hochdeutsche und niederdeutsche Regionalsprache im nördlichen Schleswig-Holstein ist durch ein dänisches Substrat gekennzeichnet. Erst im 19. Jahrhundert war in einigen Gebieten der Wechsel von Dänisch zu Niederdeutsch (und später zu Hochdeutsch) erfolgt. Wortschatz und Satzbau der regionalen Umgangssprache weisen deutliche dänische Spuren auf. Zahlreiche Personennamen, Orts- und Flurbezeichnungen sind dänischen Ursprungs. Dies alles trägt dazu bei, Dänisch als Fremdsprache weniger "fremd" erscheinen zu lassen. Etwa 30% des dänischen Wortschatzes bestehen aus niederdeutschen Entlehnungen. Dieser Wortschatz wurde zur Zeit des ausgehenden Mittelalters (Hanse-Zeit) übernommen, als Niederdeutsch die *lingua franca* des Ostseeraums war. Neben den in den meisten europäischen Sprachen üblichen Übernahmen aus dem Lateinischen, Französischen und heute Englischen ist der abstrakte Wortschatz des Dänischen von jüngeren deutschen Entlehnungen des 18. und 19. Jahrhunderts geprägt: *bearbejde – bearbeiten; fortsætte – fortsetzen*, usw. Für den deutschen Sprachlerner, der über einen differenzierten Wortschatz an Fremdwörtern verfügt, ist der lexikalische Bereich der dänischen Sprache leicht zugänglich, wenn auch gelegentlich im Dänischen – trotz deutscher Entlehnung – abweichende Fortentwicklungen anzutreffen sind: *foranstaltning – Maßnahme* (und nicht: Veranstaltung); *ordning – Regelung* (und nicht: Ordnung), usw.

Die dänische Sprache weist im Vergleich zum Deutschen eine formenarme Grammatik auf. Dies gilt sowohl für Konjugationen als auch Deklinationen. Die Satzbaumuster sind einfach und schnell erlernbar. Diese Einfachheit wird allerdings durch eine differenzierte und für den Ausländer kaum beherrschbare Idiomatik aufgewogen, die sich der genannten einfachen grammatikalischen Regelhaftigkeit entzieht und diese gerade dadurch ergänzt. Daraus folgt, daß Lernfortschritte etwa zur Bewältigung von Alltagssituationen (Camping, Einkaufen usw.) sehr schnell zu erzielen sind (wobei auf diesen Gebieten jedoch die auf Touristen eingestellten Dänen meist besser Deutsch können als die deutschen Touristen Dänisch); beim Übergang zu einer differenzierten Kommunikation (Abstrakta, Werten und Urteilen, Diskutieren) verlangsamt sich das Lerntempo aufgrund der schwierigen Idiomatik.

Dem Entschluß, eine Fremdsprache zu erlernen, liegen gewisse emotionale Prädispositionen zugrunde, die Erwägungen der Zweckmäßigkeit unterstützen oder behindern können. Aufgrund seines komplizierten Lautsystems gilt Dänisch bei vielen Deutschen als "nicht sehr schöne" Sprache – ein Vorurteil, das mit fortschreitender Sprachbeherrschung gegenstandslos wird. Auf eine im allgemeinen positive Prädisposition trifft man dagegen bei Dänisch-Lerngruppen, was die landeskundlichen Aspekte Dänemarks betrifft: Dänemark erscheint vielen als das ideale Land sozialer Gerechtigkeit, sozialer Experimente und alternativer Lebensformen. Diese motivationsfördernde Einstellung bedarf dann einer landeskundlichen Differenzierung im Laufe der Ausbildung.

4. Lehrpläne, Lehrwerke, Abschlüsse und Zertifikate

Seit 1986 liegen in Schleswig-Holstein die jetzt gültigen Übersichten zu den Lehrplänen für die drei Schularten vor. Neue, schulartübergreifende Lehrpläne für die Sekundarstufe I sind seit Ende 1991 in Arbeit. Für die Hauptschule sind Dänisch-Kurse entweder für die Klassenstufen 5-9, 7-9 oder 8 und 9 (jeweils statt Englisch) dort vorgesehen, wo ein entsprechendes Eltern- und Schülerinteresse sowie eine ausreichende Anzahl von Fachlehrern vorhanden ist. (Allerdings ist dies niemals verwirklicht worden.) Inhaltlich dominiert der konkrete Wortschatz zur Bewältigung von Alltagssituationen. Ein überwiegend einsprachiger Unterricht soll sich an "lebensnahen Situationen" orientieren. Hörverstehen, Leseverstehen und mündlicher Ausdruck rangieren vor sprachlicher Richtigkeit im schriftlichen Ausdruck. Entsprechend wird die dienende, am Mündlichen (und nicht an der Systematik) orientierte Rolle der Grammatik betont. In den oberen Klassenstufen sind verstärkt landeskundliche Themen (unter Einsatz moderner Medien) vorgesehen.

Der Dänischunterricht an der Realschule gliedert sich in einen zweijährigen Grundkurs (Wahlfach Kl. 7 und 8) und in einen zweijährigen Aufbaukurs (Wahlpflichtfach in Kl. 9 und 10), jeweils alternativ zu Französisch. Das Mündliche soll laut Lehrplan ebenfalls im Vordergrund stehen, allerdings wird systematischer vorgegangen als in der Hauptschule, zumal grammatische Grundbegriffe und Satzanalysemuster vom Erwerb der ersten Fremdsprache her (Englisch) vorausgesetzt werden können. Der Grundkurs orientiert sich am Konkret-Alltäglichen, ergänzt durch einfache Ganzschriften, Lieder und Gedichte (vgl. Realschulbuch *Dansk* I und II), während der Aufbaukurs der Abschlußklassen bereits differenzierte landeskundliche und literarische Schwerpunkte setzt. So sollen Themen zum dänischen Schulwesen, Staatsaufbau, zu Wirtschaft und Politik, zur Geschichte, Kunst und Kultur behandelt werden. In verstärktem Maße sind Originalquellen (Zeitungen, Fernsehsendungen usw.) heranzuziehen. Inzwischen sind auch einige Themenhefte (z.B. über das dänische Schulwesen und die Zeit der Wikinger) erschienen.

Die Vorgaben des Lehrplans für den Dänischunterricht an Gymnasien sind ähnlich wie die für Realschulen. Allerdings wird nun von einer schnelleren Progression, größerer Systematik und stärkerer Betonung des Schriftlichen ausgegangen. Der Unterricht in den Klassen 9 und 10 (als dritte Fremdsprache) erfüllt die Funktion eines Einführungslehrgangs, während die Grund- und Leistungskurse der Oberstufe bis zum Abitur die Landeskunde und Literatur, die mündliche und schriftliche Diskussion und damit auch stärker den abstrakten Wortschatz in den Vordergrund stellen (vgl. das Lehrwerk von D. Brandt).

Für die Haupt- und Realschulen hat 1978 ein Kreis von Fachlehrern das Lehrwerk *Dansk* (I und II; neueste Auflagen 1983 bzw. 1985) mit entsprechendem Begleit- und Übungsmaterial erstellt. Aufgrund der Auflagenhöhe waren Verlage bisher hierfür nicht zu gewinnen, so daß das Lehrwerk in der Regie des *Instituts für Praxis und Theorie der Schule* (JPTS) in Kiel erscheint. Danach finden an den Realschulen Originalmaterialien aus Dänemark Verwendung, zunächst als *"easy-reader"* – Ausgaben. Später geht man zu unbearbeiteten Originaltexten über.

An den Gymnasien bediente man sich bislang fast ausschließlich solcher Lehrwerke, wie sie in Dänemark für Dänisch als Fremdsprache von den Verlagen angeboten wurden. Verwendet wurden besonders *Lær dansk* und *Danske tekster for udlændinge*. Diese für die Erwachsenenbildung (VHS-Abendkurse für Ausländer in Dänemark) konzipierten Lehrwerke gingen allerdings von einer ganz anderen Zielgruppe als Gymnasiasten mit Ausgangssprache Deutsch aus, so daß inhaltliche und methodische Ergänzungen erforderlich waren. Das Lehrwerk *Det er dansk* I und II ist nun ganz auf den gymnasialen Unterricht zugeschnitten. Es erfolgt dann ein rascher Übergang zu nichtbearbeiteten Originalmaterialien aus Dänemark. Die Angaben für den Dänischunterricht an Gymnasien gelten teilweise auch für Sprachkurse an den Universitäten und Hochschulen (vgl. L. Bostrup 1988).

Die VHS-Sprachkurse benutzen für den Anfangsunterricht fast ausschließlich das Lehrwerk *Dänisch* von A. Jöhnk. Die Konversations- und Fortgeschrittenen-Kurse stützen sich auf diverse Originalmaterialien. Für Aufbaukurse gibt es eine Kompaktgrammatik von Hans Fix (1986) und *Dänische Gespräche* von Else Kjær (1987).

Seit 1981 existiert der vom VHS-Landesverband Schleswig-Holstein erarbeitete "Grundbaustein Dänisch" zum geplanten VHS-Zertifikat, wird aber in der Praxis kaum angewendet. Entsprechend "Kontaktschwelle Deutsch" veröffentlichte Jörn Jessen 1983 "*Et tærskelniveau for dansk*". Für die Lehramtsstudiengänge Dänisch (Flensburg, Kiel) liegen seit 1986 Studienordnungen für das Lehramt an Haupt- und Realschulen sowie an Gymnasien vor.

Literatur

(Autorenkollektiv) (1985), *Dansk 1 und 2*, 2. Aufl., Kiel.
Bodenstein, Eckhard (1979), "Dänisch als Fremdsprache im Land Schleswig-Holstein", in: *Die Neueren Sprachen*, Bd. 78, 170-181.
Bostrup, Lise (1988), *Aktivt Dansk. En begynderbog i dansk for udlændinge*, København.
Brandt, Dieter (Hrsg.) (1991), *Det er dansk* I und II, Kiel.

Braunmüller, Kurt (1991), *Die skandinavischen Sprachen im Überblick*, Tübingen.
Drucksache 10/851 des Kieler Landtags vom 14.2.1985 zum Dänischunterricht an den deutschen Schulen des Landes.
Drucksache 10/1186 des Kieler Landtags vom 2.10.1985 zum Dänischunterricht an Hauptschulen.
Fix, Hans (1986), *Kompaktgrammatik Dänisch*, Stuttgart.
Frederiksen, Leif (1980), *Danske tekster for udlændinge*, København.
Hildeman, Nils/Hedbäck, Ann-Mari (1991), *Lær dansk*, 14. Aufl., København.
Jessen, Jörn (1983), *Et tærskelniveau for dansk. Rådet for kulturelt samarbejde* Europarat, Strasbourg.
Jöhnk, Annegret (1988), *Dänisch. Ein Sprachkurs für Schule, Beruf und Weiterbildung*, Ismaning.
Kjær, Else (1987), *Samtaler på dansk – Dänische Gespräche für den Alltag*, Stuttgart.
Übersichten zu den Lehrplänen Hauptschule, Realschule, Gymnasium (1986), hrsg. vom Kultusministerium Kiel.

Eckhard Bodenstein

79. Deutsch als Fremdsprache

1. Daten

Etwa 110 Millionen Menschen sprechen Deutsch als ihre Muttersprache; 90 Millionen davon leben in Europa. 15 Millionen Sekundarschüler lernen derzeit Deutsch als Fremdsprache, also außerhalb des deutschen Sprachraums, davon 9 Millionen in den Staaten der GUS, 1 Million in Frankreich. Weltweit ist die Zahl der Deutschlernenden in der Sekundarschul- wie teilweise auch im Bereich der Erwachsenenbildung in den letzten zehn Jahren zurückgegangen. Besonders betroffen von dieser Entwicklung sind die Vereinigten Staaten von Nordamerika, aber auch Belgien, die Niederlande und Frankreich. Wachsende Teilnehmerzahlen in den Kursen sind dagegen neuerdings vor allem aus China, Staaten Mittel-, Ost- und Südosteuropas sowie den Nachfolgestaaten der Sowjetunion zu melden (Ammon 1991).

Schätzungen bundesdeutscher Diplomaten gehen davon aus, daß etwa 40 Millionen Menschen außerhalb des deutschen Sprachraums Deutsch als Kommunikationsmittel regelmäßig benutzen. Damit liegt die deutsche Sprache im Weltmaßstab weit hinter dem Englischen und dem Spanischen.

Was die Zahl der fremdsprachigen Deutschlernenden angeht, so liegt das Deutsche weit hinter diesen drei Sprachen etwa gleichauf mit dem Russischen.

Ähnlich nun wie beim Deutschen nimmt die Zahl der Teilnehmer an französischen, russischen, italienischen und portugiesischen Sprachkursen weltweit ab. Im Regelfall profitiert davon das Englische, etwa wenn die deutsche Sprache an den Sekundarschulen Dänemarks, Belgiens oder der Niederlande ausstirbt. Die englische Sprache gilt heute mehr denn je als karrierefördernd; weltweit ist sie unangefochten die erste Sprache im Handel, in der Politik sowie im Militärwesen.

Anzufügen ist noch der Bereich des Deutschen als Zweitsprache, also der Erwerb und der alltägliche Gebrauch der deutschen Sprache innerhalb des deutschen Sprachraums durch hier lebende Ausländer. 1991 leben etwa 4,6 Millionen Ausländer in der Bundesrepublik, die größte Gruppe stellen die Türken dar. Die Kenntnis der deutschen Sprache innerhalb der ersten Generation ist eher geringfügig; in der zweiten und dritten Generation sehr viel besser (vgl. Art. 15 und 80).

2. Bedeutung der deutschen Sprache im Ausland

Angesichts des weltweiten Rückgangs des Deutschen als Gemeinsprache ist seit einigen Jahren eine wachsende Bedeutung von Deutsch als Fach- bzw. Wissenschaftssprache konstatiert worden (Sturm 1987). Lesekurse zu deutschsprachigen Texten deutscher Philosophen und Schriftsteller, vom Goethe-Institut oder an den Deutsch-Lektoraten ausländischer Universitäten durchgeführt, versuchen, diesen vermeintlichen Trend zu unterstützen. Gleichwohl ist festzustellen, daß auch in den Fachsprachen der Technik sowie in den Wissenschaftssprachen, mit Ausnahme einiger Länder Osteuropas, das Englische die Szene beherrscht: Vor allem in den Naturwissenschaften wird vorwiegend auf englisch referiert und publiziert; immer weniger Kongresse lassen Deutsch noch als Arbeitssprache zu. Deutsche Wissenschaftler können im internationalen Maßstab nur mitreden, wenn sie ihre Ergebnisse auf englisch vorstellen; ansonsten ist ihnen geringe Resonanz sicher (Götze 1987). Deutsche Techniker und Manager verhandeln weltweit mit ihren Partnern in englischer Sprache; die zusätzliche Kenntnis der jeweiligen Landessprache (Arabisch, Japanisch, Spanisch,

Chinesisch) ist häufig verkaufsfördernd. In der Europäischen Gemeinschaft ist Deutsch Amtssprache, aber nicht Arbeitssprache. Diesen Rang haben lediglich Englisch und Französisch inne.

Da Deutsch als Kommunikationsmittel weltweit nahezu unbedeutend ist, bieten sich vor allem drei Möglichkeiten an, um zumindest den weiteren Bedeutungsverlust des Deutschen zu stoppen:
– Entwicklung spezifischer Sprachprogramme und Durchführung von Spezialkursen für ausgewählte Adressatengruppen im Ausland statt der bisherigen "flächendeckenden" Strategie.
– Förderung des Fremdsprachenunterrichts und Erweiterung des Sprachenkatalogs im Sekundar- und Erwachsenenbildungsbereich der Bundesrepublik anstelle des bisherigen Kanons, um auf diese Weise unsere europäischen Nachbarn, doch nicht nur diese Länder, zu ermutigen, ihrerseits ihren Fremdsprachenkanon zu erweitern und Deutsch erneut oder erstmals aufzunehmen. Die Kenntnis zweier oder mehrerer Fremdsprachen anstelle lediglich des Englischen muß ein Merkmal einer entwickelten Kulturnation sein.
– Durch gezielte Stipendienprogramme für an bundesdeutschen Hochschulen studierende Ausländer muß das Deutsche als Sprache renommierter Wissenschaft und Technik gepflegt werden. Zugleich kann über diese Gruppen der Bestand des Deutschen als Kultursprache mit ihren literarischen, philosophischen, aber auch theatralischen und cineastischen Beiträgen zur Weltkultur gesichert werden. So ist es sinnvoll, philosophische Texte im Original zu lesen: Kants kategorischer Imperativ oder Heideggers Seins-Verständnis erschließen sich am ehesten in der deutschen Sprache selbst.

Zu warnen ist vor einem Mißbrauch der deutschen Sprache, indem sie lediglich als Vehikel der Wirtschaft im Interesse wachsender Exporterlöse begriffen wird.

3. Organisationen und Adressatengruppen im Bereich Deutsch als Fremdsprache

Alle drei deutschsprachigen Länder – *Bundesrepublik Deutschland, Österreich, deutschsprachige Schweiz* – sind im Bereich des Deutschunterrichts an Ausländer aktiv. In der ehemaligen DDR war es vor allem das *Herder-Institut* der Karl-Marx-Universität, das zusammen mit den Lektoraten der anderen Universitäten des Landes Dozenten an die Kultur-und Informationszentren des Staates und an Germanistische Abteilungen zahlreicher Universitäten im Ausland entsandte sowie zu Hause junge Menschen auf das zukünftige Studium vorbereitete. Die Aktivitäten Österreichs und der Schweiz konzentrieren sich auf Sprachkursstipendien sowie Sommerkurse für ausländische Deutschlehrer. Für die Bundesrepublik Deutschland sind im Ausland vor allem tätig:
– *Goethe-Institut* zur Pflege der deutschen Sprache im Ausland und zur Förderung der internationalen kulturellen Zusammenarbeit e.V.
– *Deutscher Akademischer Austauschdienst*
– *Zentralstelle für das Auslandsschulwesen.*

Im Inland engagieren sich bei der sprachlichen Förderung und sozialen Integration angehender Studenten die Studienkollegs und Lehrgebiete der Hochschulen sowie die Goethe-Institute; mit der sprachlichen Förderung bei der Berufsausbildung von Ausländern und Spätaussiedlern beschäftigen sich vor allem die Carl Duisberg Centren und die Otto-Benecke-Stiftung (vgl. Art. 120).

1972 konstituierte sich der "Arbeitskreis Deutsch als Fremdsprache" der Lehrgebiete an den Universitäten und Hochschulen der Bundesrepublik zur Vorbereitung ausländischer Bewerber auf das Studium, ein Jahr später erfolgte die Ansiedlung dieses Kreises beim Deutschen Akademischen Austauschdienst. Dort erscheinen seither regelmäßig die *Informationen Deutsch als Fremdsprache*; seit 1975 werden kontinuierlich die *Materialien Deutsch als Fremdsprache* zu methodischen und didaktischen Problemen herausgegeben. Der Arbeitskreis veranstaltet jährliche Fachtagungen und gibt seit kurzem einen Informationsdienst *FaDaF aktuell* heraus.

Das Goethe-Institut als bis in die Mitte der siebziger Jahre allein das Fach 'Deutsch als Fremdsprache' bestimmende Institution hat seither Nachbarn bzw. Konkurrenten bekommen. Die vielerorts erhobene Forderung nach der Errichtung eines Forschungsinstituts Deutsch als Fremdsprache an einer bundesdeutschen Universität führte 1978 zur Begründung eines entsprechenden Lehrstuhls an der Ludwig-Maximilians-Universität München; wenige Jahre darauf folgte Augsburg, und in den Folgejahren wurden u.a. Professuren für Deutsch als Fremdsprache in Bayreuth, Bielefeld, Bochum, Dortmund, Hamburg, Heidelberg, Saarbrücken und in den neuen Bundesländern (Leipzig, Dresden) geschaffen.

Als Hochschulfach hat 'Deutsch als Fremdsprache' drei Hauptbereiche, die in den einzelnen Studiengängen der Universitäten unterschiedlich ausgeprägt sind. Einerseits handelt es sich dabei um den Komplex 'Angewandte Sprachwissenschaft'/ 'Sprachlehrforschung', wobei der Akzent auf Probleme der Grammatik und des Spracherwerbs (gesteuert/ungesteuert) gelegt wird. Zum zweiten steht die 'Angewandte Literaturwissenschaft' im Mittelpunkt, insbesondere die Analyse von literarischen Schaffens- und Rezeptionsprozessen aus der Fremdperspektive, also gewissermaßen "von außen". Drittens schließlich sind Probleme der Landeskunde der deutschsprachigen Länder von Bedeutung. Sofern in den Studiengängen kein eigenständiger Bereich 'Didaktik der deutschen Sprache und Literatur' ausgewiesen ist, werden didaktische Fragen am stärksten in der Angewandten Sprachwissenschaft reflektiert. Insgesamt ist in jüngster Zeit eine Verstärkung der philologischen Komponente und der Einbeziehung der Fremdperspektive im Hochschulfach 'Deutsch als Fremdsprache' zu erkennen, wie sie besonders von den Vertretern der 'Interkulturellen Germanistik' gefordert wird (Wierlacher 1987). Kritik daran wurde mehrfach formuliert (Zimmermann 1990; Götze 1992).

Die wichtigsten Fachzeitschriften für Deutsch als Fremdsprache erscheinen in Leipzig und München: Das Herder-Institut bringt die Zeitschrift *Deutsch als Fremdsprache – Zeitschrift zur Theorie und Praxis des Deutschunterrichts für Ausländer* heraus, in München wird vom Max-Hueber-Verlag in Zusammenarbeit mit dem Goethe-Institut sowie der Pädagogischen Arbeitsstelle des Deutschen Volkshochschulverbandes und der Zentralstelle für das Auslandsschulwesen die Zeitschrift *Zielsprache Deutsch – Zeitschrift für Unterrichtsmethodik und angewandte Sprachwissenschaft* publiziert. Weitere einschlägige Zeitschriften sind *Info DaF* des Deutschen Akademischen Austauschdienstes, *Fremdsprache Deutsch* sowie *Deutsch lernen,* herausgegeben vom 'Sprachverband Deutsch für ausländische Arbeitnehmer e.V.' Ein zentraler Ort der Fachdiskussion ist das seit 1975 erscheinende *Jahrbuch Deutsch als Fremdsprache.* In jüngster Zeit werden auch von Deutschlehrerorganisationen im Ausland Fachzeitschriften herausgebracht, so *Fragezeichen* in Italien. Darüber hinaus werden Beiträge zum Bereich 'Deutsch als Fremdsprache' in allgemeinen linguistischen, literaturwissenschaftlichen und sprachdidaktischen Fachzeitschriften wie *OBST, Zeitschrift für Fremdsprachenforschung* oder *Neusprachliche Mitteilungen* veröffentlicht.

Über achtzig nationale Deutschlehrerorganisationen sind im Internationalen Deutschlehrerverband organisiert, der im Dreijahresrhythmus Kongresse veranstaltet.

4. Lernziele des Unterrichts, Prüfungen

'Deutsch als Fremdsprache' als Unterrichtsfach an den Institutionen im In- und Ausland kann in allgemeinsprachliche und fachsprachliche Kurse untergliedert werden. Dabei handelt es sich sowohl um Intensivunterricht mit bis zu vierundzwanzig Wochenstunden wie um Extensivkurse. Im allgemeinsprachlichen Unterricht wird, einer Einteilung des Goethe-Instituts weitgehend folgend, zwischen Grundstufe, Mittelstufe und Oberstufe unterschieden. Bei fachsprachlichen Kursen (Deutsch für Techniker, Naturwissenschaftler, Historiker, Juristen usw.) gilt allgemein die Abgrenzung von Anfänger- und Fortgeschrittenenunterricht.

Die Lernziele der allgemeinsprachlichen Kurse betreffen, mit je unterschiedlicher Gewichtung, die vier Grundfertigkeiten Hören, Sprechen, Lesen und Schreiben. In Einzelfällen kommt das Übersetzen noch hinzu. Bei den fachsprachlichen Kursen stehen das Leseverständnis und die schriftliche oder mündliche Wiedergabe von Textinhalten im Vordergrund.

Einen verbindlichen Lernzielkatalog gibt es lediglich für das *Zertifikat Deutsch als Fremdsprache* sowie die *Prüfung zum Nachweis deutscher Sprachkenntnisse (PNDS)* – demnächst *Deutsche Sprachprüfung für den Hochschulzugang ausländischer Studierender (DSH)* –, ansonsten handelt es sich um weitgehend variable Lernzielbestimmungen und darauf aufgebaute Prüfungen.

Das *Zertifikat Deutsch als Fremdsprache* wird seit 1971 gemeinsam vom Deutschen Volkshochschul-Verband e.V. und vom Goethe-Institut e.V. in Zusammenarbeit mit dem Verband der Schweizerischen Volkshochschulen vergeben und zusammen mit Zertifikaten für andere Fremdsprachen (Englisch, Französisch, Spanisch, Russisch, Italienisch) ein wichtiger Bestandteil des Erwachsenenunterrichts. Als Groblernziel strebt das *Zertifikat Deutsch als Fremdsprache* an, daß der Absolvent in der Lage ist, sich bei einem Auslandsaufenthalt in allen wichtigen sprachlichen Situationen richtig ausdrücken zu können und Gespräche über alltägliche Themen zu verstehen. Im einzelnen werden die Lernziele Hörverständnis,

Sprechfertigkeit, Leseverständnis und schriftlicher Ausdruck definiert, denen Listen syntaktischer Strukturen, der Wörter sowie der Wortbildungsmittel des Deutschen angefügt werden. Ein Modelltest mit Aufgaben und Bewertungskriterien sowie eine weitere Bestimmung der Lernziele durch die vier Kataloge: Intentionen, Themen, Situationen und Texte komplettieren das Zertifikat. Sprachkurse im In- und Ausland orientieren sich heute weitgehend am *Zertifikat Deutsch als Fremdsprache*, das allgemein als Abschluß der Grundstufe angesehen wird.

Für ausländische Studierende ist vor Aufnahme des Studiums ein Nachweis ausreichender Sprachkenntnisse erforderlich. Im allgemeinen wird dies durch die *Prüfung zum Nachweis deutscher Sprachkenntnisse* erbracht, die durch Beschluß der Kultusministerkonferenz vom 27. Juni 1983 allgemeine Gültigkeit erlangt hat und in Kürze durch die *Deutsche Sprachprüfung für den Hochschulzugang ausländischer Studierender (DSH)* abgelöst werden soll. Die Lehrgebiete der einzelnen Hochschulen haben auf der Grundlage dieser Rahmenordnung je besondere Prüfungsordnungen erlassen. Die Rahmenordnung gilt für alle Studienbewerber, die in ihrem Heimatland eine Hochschulzugangsberechtigung erworben haben und an einer Hochschule oder Fachhochschule der Bundesrepublik Deutschland studieren wollen. Befreit von dieser Prüfung sind vor allem jene Studierenden, die bereits das Sprachdiplom der Kultusministerkonferenz Stufe II erworben haben oder im Besitz des 'Kleinen Deutschen Sprachdiploms' oder des 'Großen Deutschen Sprachdiploms' sind, vom Goethe-Institut im Auftrag der Ludwig-Maximilians-Universität München verliehen (Rahmenordnung 1983).

Die *Prüfung zum Nachweis deutscher Sprachkenntnisse* besteht aus drei schriftlichen Teilprüfungen von insgesamt etwa drei Stunden Dauer sowie einer mündlichen Teilprüfung von etwa zwanzig Minuten Dauer. Die schriftlichen Teilprüfungen umfassen die Gebiete 'Textwiedergabe', 'Bearbeitung von Aufgaben zu einem vorgelegten Text' sowie 'Wissenschaftssprachliche grammatische Strukturen'. Die mündliche Prüfung soll nachweisen, daß der Kandidat selbständig und verständlich Vorgänge und Sachverhalte eines gegebenen Themas darzustellen und auf Fragen angemessen zu reagieren in der Lage ist.

Ähnlich wie für das Englische und Französische hat der Europarat vor einigen Jahren eine *Kontaktschwelle Deutsch als Fremdsprache* als Prüfungsrahmen herausgegeben.

5. Unterrichtsmethoden

Im Einklang mit den jeweils entwickelten Lehrwerken des Deutschen als Fremdsprache ist das Fach durch die sich vor allem in der Zeit nach dem Zweiten Weltkrieg rasch wandelnden Unterrichtsmethoden gekennzeichnet. So war die Frühphase des Goethe-Instituts – wie die Vorkriegszeit – seit 1952 nahezu vollständig durch die grammatikalisierende Übersetzungsmethode gekennzeichnet, die besonderen Wert auf grammatisches Wissen und Regelanwendung legte. Die geschriebene normgerechte Sprache stand im Vordergrund.

Mit der Übernahme praktischer Anwendungen des linguistischen Strukturalismus amerikanischer Prägung (*Pattern-drill, Stimulus-Response*-Übungen) und der Betonung der gesprochenen Sprache traten in den sechziger Jahren audio-linguale und (unter Einbeziehung visueller Medien) audio-visuelle Lehrverfahren einen relativ raschen Siegeszug an. Das Vermitteln formaler Grammatikkenntnisse galt als verpönt, die situative Einbettung von Texten und Übungen dagegen als vorbildlich. Anstelle des bisherigen Frontalunterrichts trat häufig die Gruppenarbeit. Erste Kritiken an der nach wie vor gültigen einsprachigen Methode wurden laut, so Butzkamms Forderung nach "aufgeklärter Einsprachigkeit" (Butzkamm 1973).

Die "pragmatische Wende" Ende der sechziger Jahre brachte für das Fach 'Deutsch als Fremdsprache' zunächst die Abkehr von einer systematischen Vermittlung grammatischen Regelwissens sowie von strukturalistischen Übungsverfahren. Zugleich rückten die Inhalte des Sprachunterrichts in den Vordergrund; Sprache wurde als Teil sozialen Handelns verstanden (Habermas 1976).

Eine weitere Konsequenz freilich bestand in einer gelegentlich höchst willkürlichen Adaptation der Sprechakttheorie: Unterricht wurde vor allem ein Katalog mündlicher Sprechhandlungen (*um Erlaubnis bitten, nach dem Weg fragen, im Restaurant etwas bestellen* usw.). Damit einher ging im grammatischen Bereich die Anwendung neuerer Syntax-Theorien, insbesondere der Dependenz-Verbgrammatik. Eine Verstärkung der landeskundlichen Informationen ist zu erkennen. Die Methode läßt sich als pragmatisch-kognitives Verfahren beschreiben.

Eine Weiterentwicklung ist in einer Regionalisierung der Spracharbeit zu erkennen, wie sie seit Ende der siebziger Jahre gefordert wurde (Götze 1982). Ziel der Überlegungen sollten ein Methodenwandel sowie eine inhaltliche Konzentration auf eine bestimmte Sprach- bzw. Kulturregion der Welt und damit die Abkehr vom eurozentrischen Weltbild und Vermittlungsverfahren sein. Ein Anknüpfen an Methoden des Unterrichts in der jeweiligen Region sowie ein zumindest teilweise durchgeführter zweisprachiger (kontrastiver) Ansatz wurden empfohlen.

Diese Entwicklung hat mit zur jüngsten Veränderung im methodischen Bereich geführt, der auf einer kognitiven Grundlage organisierten Betonung der Fremdperspektive, also der zum Prinzip erhobenen Spiegelung der bundesdeutschen Sicht durch die Sicht von außen ("4. Generation"). Dies betrifft sowohl die Dinge des alltäglichen Lebens wie die nachhaltig akzentuierte Belletristik. Kognitive Unterrichtsmethoden bieten sich dafür geradezu an.

Festzuhalten bei der Entwicklung der Unterrichtsmethoden im Fach 'Deutsch als Fremdsprache' bleibt freilich, daß die systematisierenden und die Rolle der Grammatik betonenden Verfahren der Anfangsjahre nach wie vor bei Erwachsenen mit Erfahrungen im Fremdsprachenlernen von erheblicher Bedeutung sind, sicher nicht zuletzt wegen ihrer Übersichtlichkeit, Systematik und daher ein Gefühl der Sicherheit verleihend. Diese Tatsache ist aber wohl auch dem Umstand zuzuschreiben, daß in der Mehrzahl der Länder, in denen Deutsch als Fremdsprache unterrichtet wird, grammatikalisierende Unterrichtsmethoden vorherrschen. Grammatik wird allerdings nicht mehr, wie früher, formal unterrichtet, sondern funktional eingebettet in komplexe Handlungszusammenhänge.

6. *Lehrwerke und Lehrpläne*

Mit Ausnahme der Elemente des *Zertifikats Deutsch als Fremdsprache* sowie der *Prüfung zum Nachweis deutscher Sprachkenntnisse* gibt es keine länderübergreifenden verbindlichen Lehrpläne für Deutsch als Fremdsprache. Dies betrifft auch den Fachsprachenunterricht, der bis heute einzelne Lehrwerke und ein Beurteilungsraster hervorgebracht hat (Beier/Möhn 1983).

Die Entwicklung allgemeinsprachlicher Lehrwerke für den Erwachsenenunterricht geschieht im Einklang mit der der Unterrichtsmethoden. Dem lange Jahre – seit 1929 – allein verwendeten Lehrwerk "Deutsche Sprachlehre" von Hans Schulz und Wilhelm Sundermeyer folgte – neben dem "Singenden Lernen" von Rektor Lapper – 1955 die "Deutsche Sprachlehre" von Dora Schulz und Heinz Griesbach, der grammatikalisierenden Übersetzungsmethode verpflichtet. Seit Anfang der sechziger Jahre wurde im audio-lingualen Verfahren das Lehrwerk "Deutsch als Fremdsprache" von Braun/Nieder/Schmöe benutzt, ähnlich in der ehemaligen DDR das Buch "Deutsch für Sie"; zeitlich parallel dazu entwickelte Hermann Kessler sein "Deutsch für Ausländer".

In der Folgezeit entstand eine Vielzahl pragmatisch orientierter Lehrwerke für den Anfänger- und Fortgeschrittenenunterricht; zu nennen sind vor allem "Deutsch aktiv", "Sprachkurs Deutsch" und "Themen". Ihre jeweiligen Neufassungen ("Deutsch aktiv neu", "Themen neu") freilich sind bereits wieder stärker kognitiven Lehrverfahren verpflichtet, ähnlich den Lehrwerken "Stufen" und "Wege" (5. Generation). Regionale Lehrwerke für Indonesien und Italien ("Sprechen und Sprache") machen die Abwendung vom deutschlandorientierten Lehrverfahren deutlich, ebenso die Arbeitsbücher Inland und Ausland von "Themen". Zwei in jüngster Zeit erschienene Lehrwerke bemühen sich um die Einbeziehung der Fremdperspektive, also der Sicht bundesdeutscher Verhältnisse von außen. Es handelt sich um "Sprachbrücke" für die Grundstufe und "Sichtwechsel" für den Fortgeschrittenenunterricht. Alle diese Lehrwerke sind mit umfangreichem Medienmaterial (Dias, Tonbänder, Kassetten usw.) ausgestattet.

Für den Unterricht in den deutschen Auslandsschulen entwickelte die *Nuffield Foundation* in Zusammenarbeit mit dem Bundesverwaltungsamt, Zentralstelle für das Auslandsschulwesen, Köln, das Lehrwerk "Vorwärts International", das überwiegend dem audio-visuellen/audio-lingualen Unterrichtsverfahren verpflichtet ist. Es wird an den deutschen Auslandsschulen sowie in zahlreichen Privatschulen verwendet. Das Lehrwerk wird heute mehr und mehr durch "Wer? Wie? Was?" abgelöst.

7. *Auslandsgermanistik*

Ein wichtiger Beitrag für Deutsch als Fremdsprache wird seit langem von den Auslandsgermanisten an den Hochschulen ihrer Länder erbracht. Es handelt sich dabei um Sprachunterricht sowie vor allem um literaturwissenschaftliche Veranstaltungen. Traditionelle Zentren der Auslandsgermanistik sind die skandinavischen Länder, Frankreich, Italien, Großbritannien, die USA, Mittel- und Osteuropa sowie die ehemalige Sowjetunion. Die Lehrpläne folgen häufig den Vorbildern an westdeutschen Hochschulen; erst in jüngster Zeit ist die Entwicklung eigener und regionenspezifischer Schwerpunktsetzungen in Lehre und Forschung zu erkennen.

Die Auslandsgermanistik wird durch Lektoren aus der Bundesrepublik unterstützt, die von Gremien des Deutschen Akademischen Austauschdienstes ausgewählt und sodann an die jeweilige Universität entsandt werden. An führende ausländische Germanisten verleiht das Goethe-Institut jährlich die Goethe-Medaille.

Literatur

Ammon, Ulrich (1991), *Die internationale Stellung der deutschen Sprache*, Berlin.
Beier, Rudolf/Möhn, Dieter (1983), "Merkmale fachsprachlicher Übungen. Beschreibungskategorien für das 'Hamburger Gutachten'", in: *Jahrbuch Deutsch als Fremdsprache*, München, 194-228.
Butzkamm, Wolfgang (1973), *Aufgeklärte Einsprachigkeit. Zur Entdogmatisierung der Methode im Fremdsprachenunterricht*, Heidelberg.
Desselmann, Günter/Hellmich, Harald (1981), *Didaktik des Fremdsprachenunterrichts* (Deutsch als Fremdsprache), Leipzig.
Deutscher Volkshochschulverband/Goethe-Institut, Hrsg. (1977), *Das Zertifikat Deutsch als Fremdsprache*, München.
Ehnert, Rolf, Hrsg. (1982), *Einführung in das Studium des Faches Deutsch als Fremdsprache*, Frankfurt a.M.
Engel, Ulrich et al. (1981), *Mannheimer Gutachten zu ausgewählten Lehrwerken Deutsch als Fremdsprache*, 2 Bde., Heidelberg.
Götze, Lutz (1982), "Regionale lernorientierte Spracharbeit im Ausland – Regionale Lehrwerke Deutsch als Fremdsprache", in: *Zielsprache Deutsch*, H. 4, 5-7.
Götze, Lutz, Hrsg. (1987), *Deutsch als Fremdsprache – Situation eines Faches*, Bonn.
Götze, Lutz (1992), "Interkulturelles Lernen und 'Interkulturelle Germanistik' – Konzepte und Probleme" in: *Deutsch als Fremdsprache*, H. 1, 3-9.
Habermas, Jürgen (1976), "Was heißt Universalpragmatik?", in: Karl-Otto Apel, Hrsg., *Sprachpragmatik und Philosophie*, Frankfurt a.M., 174-272.
Henrici, Gert/Koreik, Uwe, Hrsg. (1994), *Deutsch als Fremdsprache – wo warst Du, wo bist Du, wohin gehst Du?*, Baltmannsweiler.
Henrici, Gert/Riemer, Claudia, Hrsg. (1994), *Einführung in die Didaktik des Unterrichts Deutsch als Fremdsprache mit Videobeispielen*, Baltmannsweiler.
Ickler, Theodor (1985), *Bibliographie Deutsch als Fremdsprache*, Tübingen.
Neuner, Gerhard, Hrsg. (1986), *Kulturkontraste im DaF-Unterricht*, München.
"Rahmenordnung für die Prüfung zum Nachweis deutscher Sprachkenntnisse (PNDS) für ausländische Studienbewerber an den Hochschulen der Bundesrepublik Deutschland einschließlich Berlin (West)" (1983), in: *Jahrbuch Deutsch als Fremdsprache*, München, 274-278.

Rösler, Dietmar (1994), *Deutsch als Fremdsprache*, Stuttgart.
"Die Stellung der deutschen Sprache in der Welt – Bericht der Bundesregierung" (1986), Bonn.
Sturm, Dietrich, Hrsg. (1987), *Deutsch als Fremdsprache weltweit. Situationen und Tendenzen*, München.
Wierlacher, Alois, Hrsg. (1980), *Fremdsprache Deutsch*, 2 Bde., München.
Wierlacher, Alois, Hrsg. (1987), *Perspektiven und Verfahren interkultureller Germanistik*, München.
Zimmermann, Klaus, Hrsg. (1990), *Dialog der Kulturen auf deutsch?*, Bern.

Lutz Götze/Gabriele Pommerin

80. Deutsch als Zweitsprache

1. Zur Begriffsklärung

Der Begriff 'Deutsch als Zweitsprache' hat sich seit Mitte der 70er Jahre zunehmend durchgesetzt, um eine (jüngere) Weise des Erwerbs des Deutschen und seiner Vermittlung zu bezeichnen, und zwar in Abgrenzung von den Sachverhalten, die die Begriffe 'Deutsch als Muttersprache' und 'Deutsch als Fremdsprache' reflektieren.

Deutsch als Zweitsprache fungiert dabei in erster Linie als Fachterminus für den unterrichtlich unterstützten sowie den außerunterrichtlichen Spracherwerb von Arbeitsmigranten ("Gastarbeitern") und deren Kindern, trifft aber in den zentralen Merkmalen auch für die Gruppe der Flüchtlinge, Aus- und Umsiedler zu.

Dabei betont die Bezeichnung 'Zweitsprache' zutreffend, daß sich der existentielle Status von Deutsch als Zweitsprache weit mehr mit der Muttersprache, also der Erstsprache, vergleichen läßt als mit einer 1., 2. oder xten Fremdsprache: die Zweitsprache ist ihrem Range nach die zweite Sprache und folgt der Muttersprache hinsichtlich ihrer sozialen und kommunikativen Bedeutung.

Auch hinsichtlich der Erwerbsweise steht der Zweitsprachenerwerb dem Erstspracherwerb näher als dem Fremdsprachenerwerb (vgl. Art. 12).

2. Inhaltliche Schwerpunkte der Vermittlung des Deutschen als Zweitsprache an Erwachsene

Die Geschichte der Vermittlung des Deutschen als Zweitsprache an Erwachsene ist im wesentlichen geprägt von der Frage nach Adressaten-geeigneten Lernmaterialien und von der Frage, welche Organisationsformen des Lernens der speziellen Situation berufstätiger Arbeiterinnen und Arbeiter am ehesten angemessen sind, wenn sich schon die Forderung nach kostenlosem Unterricht in bezahlter Arbeitszeit zu keinem Zeitpunkt in quantitativ relevantem Umfang durchsetzen ließ.

Aus der Diskussion dieser speziellen Erfordernisse – sie ist weitgehend repräsentiert in der seit 1975 vierteljährlich erscheinenden Zeitschrift *Deutsch lernen* (Hrsg. Sprachverband Deutsch für ausländische Arbeitnehmer, Mainz) – leitet sich ein Kriterienkatalog zur Produktion und Bewertung von Materialien her, der, von ein paar kleineren Modifikationen abgesehen, wie sie sich aus den historischen Gegebenheiten "15 Jahre danach" ergeben, bis heute der Fortschreibung eines Lehrwerkgutachtens (Barkowski/Fritsche et al. 1986) als Bewertungsgrundlage dient.

In inhaltlicher Hinsicht gehen die Kriterien davon aus, daß Materialien u.a. den 'Kultur- und Identitätskonflikt' ausländischer Arbeiter zur Sprache bringen sollten. Dazu gehören die Diskussion der eigenen Herkunft und der individuellen Migrationsgeschichte, die Verarbeitung von Erfahrungen mit der neuen fremden Gesellschaft und die Auseinandersetzung mit Rückkehrperspektiven und deren Realisierbarkeit ebenso wie Fragen der Ausbildung der Kinder, der Beteiligung am politischen Leben (Ausländergesetze, Wahlrecht für Ausländer) und der Mitwirkung in Prozessen der beruflichen und außerberuflichen Interessenvertretung. Die Unterrichtsmaterialien und Lernzielvorgaben sollten dabei dazu führen, die Wahrnehmung der eigenen Interessen und Standpunkte aktiv und sprachlich kompetent(er) voranbringen zu können, weshalb in den Kriterien die 'Angemessenheit der sprachlichen Handlungen und des Informationsmaterials für die Alltagswirklichkeit ausländischer Familien' gefordert wird. Im Sinne dieser Ziele wird in einem weiteren Kriterium 'Umgangssprachlichkeit und Orientierung an den Verbalisierungsbedürfnissen der Lerner' verlangt, worin auch die Frage der Sprachnorm – welches Deutsch soll gelernt werden? – und des Korrektheitsanspruchs eingeschlossen sind.

Bei der Vermittlung des Deutschen als Zweitsprache geht es um die Erweiterung umgangssprachlicher Fähigkeiten und alltagsüblicher Kommunikationsstrategien und weniger um das "Standard-Hochdeutsch" und dessen möglichst fehlerlose Anwendung. So sehr auch in Lernangeboten Sprachrichtigkeit angestrebt sein sollte, rangiert die kommunikative Akzeptabilität dennoch vor dem Korrektheitsanspruch.

Ein weiteres Kriterium gilt der Auswahl der formalen Redemittel: bekanntermaßen ist das Deutsch, das Zweitsprachen-Sprecher im außerunterrichtlichen Erwerb lernen, aufgrund der in besonderem Maße einschränkenden sozialen Bedingungen und des nahezu völligen Fehlens qualifizierter Unterstützung in der Regel sehr defizitär und von zahlreichen Normabweichungen geprägt.

Im Mittelpunkt des Unterrichts müssen deshalb gerade die Eigenschaften des Deutschen stehen, die im außerunterrichtlichen Spracherwerb nur unter großer Mühe, selten fehlerfrei und häufig überhaupt nicht erlernt werden.

Den methodischen Anspruch an Materialien formulieren i.w. die Kriterien 'Berücksichtigung und Verarbeitung der spezifischen Spracherwerbsbedingungen ausländischer Arbeiter' und 'Angemessenheit der Lehrmethode an die Lernerfahrungen erwachsener Lerner'.

Eine zentrale Stellung unter den zu berücksichtigenden Voraussetzungen nimmt dabei unbestritten das sogenannte 'Gastarbeiterdeutsch' ein.

3. Empirische Untersuchungen zum Gastarbeiterdeutsch und ihr Erklärungswert für zweitsprachendidaktische Entscheidungen

Empirische Untersuchungen zum Spracherwerb sind für die Zweitsprachendidaktik soweit von Bedeutung, wie sie zu Ergebnissen führen, die sich mit guten Gründen auf sprachdidaktische Entscheidungen abbilden lassen.

In der Zweitsprachenerwerbsforschung wäre in diesem Sinne nicht nur zu beschreiben, was gelernt wird (und was nicht), sondern wie gelernt wird, um erklären zu können, warum bestimmte Lernabfolgen und Normabweichungen entstehen – und nicht ganz andere.

Nur dann hätte man auch eine Antwort auf die Frage, ob diese Lernabfolgen eher den schlechten äußeren Bedingungen des Zweitsprachenerwerbs entspringen oder ob sie eine dem menschlichen (Sprach-)Lernvermögen angemessene, natürliche Progression beim Erwerb einer (Zweit-)Sprache widerspiegeln. Ohne ein entsprechendes Wissen lassen sich didaktische Interventionen auf der Basis des Gastarbeiterdeutsch kaum begründen.

Es sei vorweggeschickt, daß eine Beantwortung solcher und anderer Fragen auf der Basis gesicherter Forschungsergebnisse derzeit nicht möglich ist, trotz einiger richtungsweisender Ansätze etwa in den Arbeiten zum 'Zweitsprachenerwerb italienischer, spanischer und portugiesischer Arbeiter' (ZISA), die eine psycholinguistische Interpretation von Erwerbsstufen versuchen (Clahsen/Meisel/Pienemann 1983).

Das Gastarbeiterdeutsch ist keine fixierte, abgegrenzte Sprache mit für alle Benutzer identischen Merkmalen und Eigenschaften, sondern eine Sammelbezeichnung für unterschiedliche lernersprachliche Annäherungen an die Zielvarietät 'Standarddeutsch'. Für die frühen Stufen des Zweitsprachenerwerbs registrieren die einschlägigen Forschungsberichte in weitgehender Übereinstimmung einige Strukturmerkmale bzw. Verbalisierungsstrategien, wie sie sich im wesentlichen schon bei Rieck (1980) mit Literaturempfehlungen zusammengefaßt finden. Insgesamt lassen sich die Ergebnisse der empirischen Untersuchungen zum Gastarbeiterdeutsch aus der Sicht des Zweitsprachendidaktikers derzeit eher wie ein globaler "Einstufungstest" zu den im Unterricht zu erwartenden sprachlichen Defiziten verstehen, als daß sie (schon) differenziertere didaktische Vorgehensweisen begründen helfen könnten.

4. Methodische Prinzipien des Zweitsprachenunterrichts mit Erwachsenen

Die Berücksichtigung des Gastarbeiterdeutsch eingeschlossen, lassen sich folgende Prinzipien für die Unterrichtsgestaltung angeben:
- Erwachsene Lerner haben Anspruch auf ein partnerschaftliches Lerner-Lehrer-Verhältnis, in dem der Lehrer nur in fachlichen Fragen eine hervorgehobene Rolle spielt.
- Erwachsene Lerner verfügen über ihre lebensgeschichtlich erworbenen Kenntnisse und Erfahrungen, einschließlich eines entwickelten Abstraktionsvermögens. Deswegen darf der Unterricht sie weder thematisch noch methodisch unterfordern. Dazu gehört das Offenlegen der Lernziele ebenso wie das Bewußtmachen von sprachlichen Regeln und deren formalen und semantischen Leistungen.
- Zweitsprachen-Lerner sind in der Regel mit grammatischen Begriffen und den hierzulande üblichen schulischen Übungsformen wenig vertraut. Begriffe und Übungsformen müssen daher im Unterrichtsprozeß gemeinsam erlernt werden, was seinerseits didaktische Überlegungen und den Lernerfahrungen der Adressaten angemessene Präsentationsweisen erfordert.
- Das Erarbeiten grammatischer und kommunikativ-pragmatischer Regeln und Begriffe sollte weitgehend in die Hand der Lerner selbst gegeben werden. Grundsätzlich intendiert ist, die traditionelle Trennung von kommunikativen und formal-grammatischen Lernzielen aufzuheben zugunsten einer Sichtweise, bei der jegliche Sprachmittel als Sinnträger zu kommunikativen Zwecken verstanden werden, unabhängig davon, ob sie zum Lexikon, zur Syntax, zur Morphologie oder auch zur Intonation gerechnet werden (Barkowski et al. 1986). Das dabei ausgebildete Sprachbewußtsein und Sprachlernbewußtsein soll den Lernern helfen, ihr teilweise verfestigtes Gastarbeiterdeutsch auf Verständlichkeit und Richtigkeit zu überprüfen und ggf. auch zu verändern.
- Eine wichtige Rolle beim Unterricht kommt der Einbeziehung der Muttersprache zu, und zwar auf allen Ebenen der Unterrichtsgestaltung. Einerseits lassen sich zahlreiche Unterrichtsschritte mit Hilfe der Muttersprachen der Lerner ökonomisieren, zum anderen beschleunigt der funktionale und formale Sprachvergleich den Aufbau von Sprach- und Sprachlernbewußtsein.
- Neben den genannten Prinzipien hat sich in den letzten Jahren zunehmend durchgesetzt, Zweitsprachenlernen als Prozeß interkulturellen Lernens aufzufassen und zu gestalten, wobei die Bilingualität der Lerner eine neue Aufmerksamkeit gewonnen hat. Daneben spielen u.a. Forderungen nach 'Handlungsorientierung' und 'Lerneremanzipation' eine tragende Rolle für die methodisch-didaktische Neubesinnung (s. Barkowski 1992).

5. Materialien zum Zweitsprachen-Unterricht mit Erwachsenen

Da das im Literaturverzeichnis (Barkowski et al. 1986) aufgeführte Lehrwerksgutachten eine detaillierte Wertung der meisten im Unterricht eingesetzten Lehrwerke enthält, genügt es, an dieser Stelle auf die wenigen Materialien einzugehen, die explizit für Zweitsprachen-Unterricht entwickelt wurden und mindestens in Teilen empfehlenswert sind. Am ehesten geeignet, die Migrationsproblematik von ihren Ursprüngen her aufzuarbeiten, ist noch immer der *Feridun*. Er wurde für türkische Lerner entwickelt und argumentiert im Bereich der Grammatik kontrastiv, was einen Lehrer mit einigen Türkischkenntnissen erfordert. Anregend und nachahmenswert: einige bilinguale Übungsformen, die pointierten, gelegentlich "brechtischen" Texte und die exzellenten satirischen Zeichnungen. Allerdings fehlt auch im *Feridun* eine differenzierte Auseinandersetzung mit der Existenz als Arbeitsmigrant. Der Vorzug von *Das Deutschbuch* ist die Fülle von Texten und Dialogen verschiedener Schwierigkeit, die das Buch für unterschiedliche Lernerniveaus offenhalten. Positiv auch: das Angebot an sprechüblichen, umgangssprachlichen Versatzstücken der Alltagskommunikation. Dagegen fehlen Anregungen zur didaktischen Gestaltung des Grammatikunterrichts.

Anders in *Deutsch hier*. Es stellt sich dem Problem der Grammatikdidaktik und enthält zahlreiche und vielfach gelungene Angebote zur Unterstützung des systematischen, kognitiv orientierten Sprachlernens. Schließlich wurden in jüngerer Zeit einige Versuche unternommen, der speziellen Gruppe der Aus- und Umsiedler aus osteuropäischen Ländern ein adressatengerechtes Lehrwerk zur Seite zu stellen, um denen hier nun *Mit uns leben* (1989) genannt werden soll, da es am ehesten an den Standard der Didaktikdiskussion anknüpft. Eine weitere hilfreiche Handreichung für die genannte Adressatengruppe liegt neuerdings auch in Form eines Curriculumvorschlags vor, der in einem Projekt des Goethe-Instituts erarbeitet wurde (s. Curriculum ... 1991).

Neben diesen Lehrwerken haben sich einige wenige, an Lehrer adressierte Handbücher zu Standardwerken des Unterrichts entwickelt, und zwar das *Handbuch für den Deutschunterricht mit Arbeitsmigranten* (Barkowski/Harnisch/Kumm 1980), das schon erwähnte Lehrwerkegutachten *Deutsch für ausländische Arbeiter*, ein weiteres Handbuch für den Deutschunterricht mit türkischen Frauen, *Aus Erfahrung lernen* (Gürkan/Laqueur/Szablewski 1982), *Mit Spielen Deutsch lernen* (Spier 1983) und schließlich die *Systematische Grammatikvermittlung und Spracharbeit* (Meese 1984). Alle zusammen ergeben sie, ergänzt durch einige Grammatik-Übersichten, eine brauchbare Handbibliothek für die Unterrichtsvorbereitung.

Einen Ansatz ganz eigener Art stellt die Video-Spielfilmserie "Korkmazlar" dar: erzählt wird aus dem Leben einer in der Bundesrepublik lebenden türkischen Familie; ihre Sprachprobleme sind in die Filmhandlungen integriert. Die Filme und Zusatzmaterialien (Sprachlern"magazin" und Tonkassette) wenden sich an Selbstlerner, eignen sich aber auch für den Unterricht (Kontaktadresse: Kassettenprogramme für ausländische Mitbürger e.V. München; ebenfalls dort erhältlich, sowie beim schon erwähnten 'Sprachverband': eine Handreichung für die unterrichtliche Verwendung der "Korkmazlar", s. Barkowski 1994).

6. Kurse, Zertifikate, Lehrerfortbildung Deutsch als Zweitsprache für Erwachsene

Kurse für Erwachsene werden von den verschiedensten Trägern angeboten, darunter von den Volkshochschulen und der Arbeiterwohlfahrt, und werden auf Antrag finanziell vom 'Sprachverband Deutsch für ausländische Arbeitnehmer' (Mainz) unterstützt.

Ein spezielles Zertifikat für Zweitsprachenlerner existiert nicht; Lerner erwerben ggf. das 'Zertifikat Deutsch als Fremdsprache', bei dessen Entwicklung die Zweitsprachensituation berücksichtigt wurde, ein Kompromiß, der nur teilweise geglückt ist. Die Aus- und Fortbildung von Lehrern, lange Zeit vom schon erwähnten Sprachverband organisiert, liegt inzwischen in der Hand eines einzigen, beim Goethe-Institut in München angegliederten Projekts. Dies entspricht in etwa der gesellschaftlichen Vernachlässigung, die die deutschsprachliche Ausbildung von Arbeitsmigranten immer schon erfahren hat.

7. Deutsch als Zweitsprache bei Kindern und Jugendlichen

Die Sprecher, um die es hier geht, sind in aller Regel sog. Gastarbeiterkinder. Viele von ihnen sind in der Bundesrepublik geboren, nicht wenige bereits Kinder der sog. 2. Generation. Ihre Muttersprache ist zwar weiterhin die Sprache ihrer Mütter, aber noch im Entstehen und einer bilingualen multikulturellen Lebenssituation ausgesetzt.

Das Zusammenspiel von Migrations-biographischen und entwicklungspsychologischen Faktoren bewirkt deutliche Unterschiede beim (Zweit)Sprachenerwerb von Kindern und Erwachsenen. Noch am ehesten der Erwachsenensituation vergleichbar ist dabei die Situation der im Alter von 12 und mehr Jahren nach Deutschland gekommenen Jugendlichen: ihr Zweitsprachenerwerb geschieht auf der Basis einer entwickelten und gefestigten Muttersprache, einer in zentralen Phasen abgeschlossenen Begriffsentwicklung und einer herkunftsgeprägten Persönlichkeitsentwicklung. Je geringer das Einreisealter, um so stärker ist auch der Zweitsprachenerwerb den spezifischen Phasen der kindlichen Entwicklung unterworfen mit den ihnen eigenen Strukturen der Wahrnehmung, des Denkens und Fühlens: daran gemessen handelt es sich zum Beispiel beim Erwerb des Deutschen durch hier geborene bzw. schon im Kleinkindalter immigrierte Kinder, den Muttersprachenerwerb mitgedacht, in vielen Fällen eher um bilingualen Erstspracherwerb als um Zweitsprachenerwerb, jedenfalls sofern in relevantem Umfang auch deutschsprachige Kontakte vorliegen. Diese Unterschiede sind bislang weder in der Sprachwissenschaft ausreichend beschrieben noch findet sich eine entsprechende Differenzierung bei Materialien zur Unterstützung des kindlichen Zweitsprachenerwerbs. Grund für das weitgehende Fehlen empirischer Untersuchungen ist sicher die Komplexität der beim kindlichen Spracherwerb wirksamen Faktoren, nicht zuletzt aber auch die Tatsache, daß ab dem (Vor-)Schulalter zwischen außerunterrichtlichem und unterrichtlichem Spracherwerb forschungsmethodisch kaum mehr unterschieden werden kann.

Einen weiteren wesentlichen Unterschied in der Erwerbssituation, verglichen mit der der Erwachsenen, begründen die sozialisatorischen Rahmenbedingungen: die sich allererst bildende Persönlichkeit der Kinder hat noch keine Strategien entwickelt, unterschiedliche Sprachen, Lebensbereiche und Ethiken auf Tagesabläufe und Personenbeziehungen aufzuspalten. In ihrem Leben ist die deutsche Sprache nicht "Zweit"sprache, sondern ein fundamentales Lebens-Mittel zur Erfahrung und Gestaltung ihrer Welt (vgl. Art. 15).

In schulischen Zusammenhängen wurde der Zweitspracherwerb lange Zeit ohne Beachtung der Bilingualität der Kinder gefördert, eine Förderung, die explizit einer raschen Integration von Kindern nicht-deutscher Muttersprachen in auf Deutsch geführt Regelklassen dienen sollte. Erst seit 1984 wird in einigen Berliner Modellversuchen eine zweisprachige Alphabetisierung, zunächst für Kinder türkischer Muttersprache, angeboten, sowie die weitere Förderung von Muttersprache und Zweitsprache in den Klassen 2 bis 6 innerhalb des Stundenplans organisiert (Birnkott-Rixius et al. 1988; Berger-Schermer/Harnisch 1990). Die Bedeutung einer bilingualen Perspektive für die schulische Begriffsentwicklung kann inzwischen empirisch wie theoretisch als gesichert gelten (Fthenakis et al. 1985; Gogolin 1988; Hepsöyler/Liebe-Harkort 1988; Rehbein 1985). Daneben liegen einige grundlegende Untersuchungen zur Zweisprachigkeit von Kindern und Jugendlichen vor (Stölting 1980; Röhr-Sendlmeier 1985; Schwenk 1988; Kuhs 1989).

Literatur

Barkowski, Hans (1982), *Kommunikative Grammatik und Deutschlernen mit ausländischen Arbeitern*, 2. Aufl., Königstein/Ts.

ders. (1992), "'Setz dich zu mir, mein Kamel'" – Interkulturelles Lernen und Lehren und der Erwerb des Deutschen als Zweitsprache", in: *Deutsch lernen* 2/92, 144-166.

ders. (1994), *Korkmazlar*. Konzept und methodische Anregungen (Extrablatt für den Unterricht; Sprachverband Deutsch für ausländische Arbeitnehmer e.V.), Mainz.

Barkowski, Hans/Fritsche, Michael/Göbel, Richard/v. d. Handt, Gerd/Harnisch, Ulrike/Krumm, Hans-Jürgen/Kumm, Sigrid/Menk, Antje/Nikitopulus, Pantelis/Werkmeister, Manfred (1986), *Deutsch für ausländische Arbeiter. Gutachten zu ausgewählten Lehrwerken*, 3. Aufl., Königstein/Ts.

Barkowski, Hans/Harnisch, Ulrike/Kumm, Sigrid (1980): *Handbuch für den Deutschunterricht mit Arbeitsmigranten*, 2. Aufl., Königstein/Ts.

Berger-Schermer, Madeleine/Harnisch, Ulrike (1990), *Materialien zur Rechtschreibung für zweisprachige Kinder im ersten und zweiten Schuljahr: Türkisch-Deutsch*, Berlin (Pädagogisches Zentrum, Hausveröffentlichung).

Birnkott-Rixius, Karin/Kubat, Leyla/Masuch, Sigrid/Nehr, Monika (1988), *In zwei Sprachen Lesen lernen – geht denn das? Erfahrungsbericht über die koordinierte deutsch-türkische Alphabetisierung*. Reihe Interkulturelle Erziehung an der Grundschule, Bd. 1, Weinheim/Basel.

Boos-Nünning, Ursula, in Zusammenarbeit mit Renate Grube und Hans H. Reich (1988), *Kommentierte Bibliographie zur Ausländerpädagogik, Zweitsprachendidaktik und Migrationsforschung*, Berlin, 1961-1984.

Clahsen, Harald/Meisel, Jürgen M./Pienemann, Manfred (1983), *Deutsch als Zweitsprache. Der Spracherwerb ausländischer Arbeiter. Language Development*, 3, Tübingen.

Ernst, Karin (1988), *Die Vielfalt im Klassenzimmer. Interkulturelle Erziehung im offenen Unterricht*. Reihe Interkulturelle Erziehung an der Grundschule, Bd. 13, Weinheim/Basel.

Fthenakis, Vassilios E./Sonner, Adelheid/Thrul, Rosemarie/Walbiner, Waltraud (1985), *Bilingual-bikulturelle Entwicklung des Kindes*, München.

Gogolin, Ingrid (1988), *Erziehungsziel Zweisprachigkeit*, Hamburg.

Gürkan, Ülkü/Laqueur, Klaus/Szablewski, Petra (1982), *Aus Erfahrung lernen. Ein Leitfaden für den Deutschunterricht mit ausländischen Frauen*, 3. Aufl., Königstein/Ts.

Hegele, Irmintraut/Pommerin, Gabriele (1983), *Gemeinsam Deutsch lernen. Interkulturelle Spracharbeit mit ausländischen und deutschen Schülern,* Heidelberg.
Hepsöyler, Ender/Liebe-Harkort, Klaus (1988), *Wörter und Begriffe,* Frankfurt a.M.
Klein, Wolfgang/Dittmar, Norbert (1979), *Developing Grammars. The Acquisition of German Syntax by Foreign Workers,* Berlin.
Klein, Wolfgang (1984), *Zweitspracherwerb – Eine Einführung,* Königstein/Ts.
Kuhs, Katharina (1989), *Sozialpsychologische Faktoren im Zweitspracherwerb,* Tübingen.
Meese, Konrad (1984), *Systematische Grammatikvermittlung und Sprachareit im Deutschunterricht für ausländische Jugendliche,* Berlin.
Meyer-Ingwersen, Johannes/Neumann, Rosemarie/Kummer, Martin (1977), *Zur Sprachentwicklung türkischer Schüler in der Bundesrepublik,* Bd. 1 und 2, Kronberg/Ts.
Rehbein, Jochen (1985), *Diskurs und Verstehen. Zur Rolle der Muttersprache bei der Textverarbeitung in der Zweitsprache,* Hamburg.
Rieck, Bert-Olaf (1980), "Zur ungesteuerten Erlernung des Deutschen durch ausländische Arbeiter", in: *Materialien Deutsch als Fremdsprache,* H. 15, 93-131.
Röhr-Sendlmeier, Una Maria (1985), *Zweitspracherwerb und Sozialisationsbedingungen,* Frankfurt a.M./Bern/New York.
Schwenk, Helga (1988), *Das Sprachvermögen zweisprachiger türkischer Schüler,* Tübingen.
Spier, Anne (1983), *Mit Spielen Deutsch lernen,* Königstein/Ts.
Stölting, Wilfried et al. (1980), *Die Zweisprachigkeit jugoslawischer Schüler in der Bundesrepublik Deutschland,* Wiesbaden.

Hans Barkowski

81. Englisch

1. Verkehrswert

Das Englische hat heute die unbestrittene Funktion einer Weltsprache. Ausschlaggebend dafür sind zweifellos die geographische Ausdehnung des britischen Empire in der Vergangenheit und die Großmachtrolle der USA in der Gegenwart.

Außer in Großbritannien ist Englisch Muttersprache für die Mehrheit der einheimischen Bevölkerung und zugleich offizielle Staatssprache in den früheren sog. "weißen" Kolonien Irland, USA, Kanada, Australien, Neuseeland und Südafrika, kleine Gebiete wie die Pitcairn und die Falkland-Inseln nicht gerechnet. Die Zahl der *native speakers* des Englischen wird auf derzeit ca. 300 Millionen geschätzt.

Darüber hinaus wird in vielen multilingualen und multiethnischen ehemaligen britischen Kolonien in Afrika, Asien und Mittelamerika Englisch als Zweitsprache zur intranationalen Verständigung benutzt und hat dort eine – oft sogar konstitutionell abgesicherte – Funktion als Kommunikationsmedium in Wirtschaft, Politik und Verwaltung sowie im Bildungswesen (Conrad/Fishman 1977). Zu diesen Zweitsprachensprechern kommen jene, die Englisch als Fremdsprache und zur internationalen Kommunikation gebrauchen. Man geht heute von ca. 300-400 Millionen *non-native speakers* des Englischen aus (Knapp 1984).

Für die Verbreitung des Englischen in der Gegenwart ist die Stellung der USA als einer Weltmacht in Politik, Wirtschaft und Wissenschaft ein maßgeblicher Faktor. Durch die Dominanz der USA auf diesen Gebieten ist bei internationalen politischen und wirtschaftlichen Beziehungen die Rolle des Englischen als internationale *lingua franca* unumstritten, und auch in den meisten Wissenschaften hängt die überregionale Kenntnisnahme von Forschungsergebnissen inzwischen davon ab, daß sie auf Englisch publiziert wurden. Heute gilt Englisch als die geographisch am weitesten verbreitete Sprache und als die weltweit am häufigsten gelehrte Zweit- oder Fremdsprache. Bei internationalen Kontakten zwischen Sprechern verschiedener Sprachen ist deshalb Englisch als gemeinsames Kommunikationsmedium gewöhnlich die erste und zumeist erfolgreiche Wahl.

2. Betroffener Personenkreis

Die Zahl der Sprecher des Englischen und der Umfang und die Bedeutung der in Englisch abgewickelten Kommunikation machen Englischkenntnisse für *non-native speakers* besonders attraktiv, und je mehr Englisch als Zweit- oder Fremdsprache gelernt wird, desto mehr verstärkt sich diese Attraktivität von selbst. Da angesichts der zunehmenden Internationalisierung unseres Lebens und der Verbreitung des Englischen fast jeder in Beruf und Freizeit in die Situation kommen kann, Englisch benutzen zu müssen, ist der Adressatenkreis für Englischunterricht fast unbeschränkt. Aufgrund solcher Argumente machte auch das Hamburger Abkommen der Ministerpräsidenten von 1964 den Englischunterricht zu einem Pflichtfach an allen weiterführenden Schulen in der Bundesrepublik Deutschland, insbesondere auch an den Hauptschulen. Allerdings haben sich seither nicht mehr alle Bundesländer an diese Obligatorik gehalten. In seinem Bedarf an Englischkenntnissen ist der betroffene Personenkreis recht heterogen. Außer an allgemein- und berufsbildenden Schulen, an Hochschulen, in Institutionen der Erwachsenenbildung und als Teil einer Berufsausbildung (z.B. IHK-geprüfter Fremdsprachenkorrespondent) mit sehr unterschiedlichen Curricula und Zertifikaten wird Englischunterricht auch in einer unübersehbaren Fülle von kommerziellen Sprachschulen und im Rahmen betrieblicher Weiterbildung angeboten. Über Umfang, Formen und Inhalte dieses nicht-öffentlichen Englischunterrichts ist wenig bekannt.

3. Zur Bedeutung des Englischunterrichts für die Fremdsprachendidaktik

In den alten Bundesländern der Bundesrepublik Deutschland ist Englisch in der Regel die erste – und damit für die meisten Schüler auch die einzige – und die am häufigsten gelehrte moderne Fremdsprache im allgemein- und berufsbildenden Schulwesen. In den neuen Bundesländern hat Englisch erst seit der Wende den Status einer ersten Fremdsprache erlangt; zuvor war Russisch erste (Pflicht-) Fremdsprache und Englisch hatte sich die Rolle als zweite (Wahl-) Fremdsprache mit Französisch zu teilen. Zahlen über den Umfang des Fremdsprachenunterrichts in der ehemaligen DDR liegen nicht vor.

Nach den Erhebungen des Statistischen Bundesamtes wurden im Schuljahr 1991/92 an allgemeinbildenden Schulen die folgenden Teilnehmerzahlen am Unterricht in häufiger gelehrten modernen Fremdsprachen gezählt:

Englisch	4.551.816
Französisch	1.159.660
Russisch	382.258
Spanisch	41.652
Italienisch	13.073

(Quelle: Statistisches Bundesamt, Fachserie 11, Bildung und Kultur, Reihe 1: Allgemeines Schulwesen)

Auf vier Lerner des Englischen kommt ein Lerner des Französischen. In einem ähnlichen Verhältnis steht die Zahl der Leistungskurse jeweils in Englisch und in Französisch auf der Sekundarstufe II. Etwas anders sind die Relationen im Fremdsprachenunterricht in den Grundschulen: 1991/92 lernten dort 59.427 Kinder Englisch und 58.547 Kinder Französisch. An berufsbildenden Schulen beteiligten sich 1991/92 am Englischunterricht 477.697 Schüler, am Französischunterricht 78.671 und 31.168 Schüler am Unterricht in Spanisch.

In einem ähnlichen Verhältnis steht auch das Ausmaß der fachdidaktischen Beschäftigung mit dem Englischunterricht und dem Fremdsprachenunterricht anderer Sprachen in Forschung und Lehre. Da auch in vielen Bezugswissenschaften der Fremdsprachendidaktik, besonders z.B. der Angewandten Linguistik, der Soziolinguistik und der Psycholinguistik (und hier ganz besonders in der neueren Zweitsprachenerwerbsforschung, vgl. z.B. Knapp-Potthoff/Knapp 1982) die Beschäftigung mit Eigenheiten des Englischen und Aspekten seines Erlernens dominiert, richten sich die gesamten allgemeinen Vorstellungen zum Lernen und Lehren fremder Sprachen in der Fremdsprachendidaktik überwiegend am Englischen aus. Auch didaktische Neuansätze – solche von Bestand ebenso wie Irrwege – werden deshalb sehr oft zunächst mit Bezug auf den Englischunterricht formuliert oder diskutiert (vgl. z.B. zur Rolle der Transformationsgrammatik Petersen 1971, zur Kommunikativen Didaktik Piepho 1974). Andererseits lassen sich keine fremdsprachendidaktischen Konzepte ausmachen, die ihrem Geltungsanspruch nach ausschließlich auf den Englischunterricht beschränkt wären.

Die Dominanz des Englischunterrichts ist für die Fremdsprachendidaktik insgesamt nicht nur von Vorteil, da so spezifische Probleme seltener oder später gelehrter Sprachen nicht immer ausreichend behandelt werden, aus deren Lösung u.U. auch wichtige innovative Impulse auf den Fremdsprachenunterricht generell und damit auch auf den Englischunterricht zurückwirken können. Die Dominanz des Englischen als Schulfremdsprache ist auch sprachenpolitisch nicht unproblematisch.

4. Sprachspezifische Besonderheiten: Erscheinungsformen

Wie alle Sprachen variiert auch das Englische in Dialekten, Soziolekten und funktionalen Varietäten. Weit mehr als andere Sprachen kommt das Englische über diese Arten der Variation hinaus in einer Vielfalt von Erscheinungsformen vor.

So sind als Folge der geographischen Trennung verschiedener Sprachgemeinschaften von *native speakers* historisch unterschiedliche Standardvarietäten des Englischen entstanden und kodifiziert, die in sich jeweils regional, sozial und funktional variieren. Neben dem britischen ist ein Standard des irischen, australisch-neuseeländischen, südafrikanischen Englisch und des amerikanischen (USA und Kanada) Englisch zu unterscheiden, wobei sich der amerikanische deutlicher von den übrigen Standards abhebt als diese untereinander. Allerdings beschränken sich diese Unterschiede im wesentlichen auf Teile der Aussprache, die Orthographie, Bereiche des Wortschatzes und einige pragmatisch-soziokulturelle Regeln der Sprachverwendung. In Morphologie und Syntax sind die Differenzen gering (Trudgill/Hannah 1982).

Im Vergleich hierzu z.T. recht drastisch ist dagegen die Andersartigkeit der sog. *New Englishes*. Dies sind neue regionale Zweitsprachen-Standards, die sich durch den Prozeß der Nativisierung des Englischen (d.h. den zunehmenden Gebrauch in früher ausschließlich den einheimischen Muttersprachen vorbehaltenen sozialen und funktionalen Domänen der Sprachverwendung in einer mehrsprachigen Gesellschaft) in einigen ehemals britischen Kolonien und Mandatsgebieten der USA aus den dort gleichsam kollektiv fossilisierten Lernervarietäten herausbilden, so z.B. in Indien, Nigeria und auf den Philippinen (Cheshire 1991; Pride 1982). Sie sind formal und in den Gebrauchsweisen stark von den einheimischen Sprachen geprägt. Der aktuelle Forschungsstand zu den Varietäten des Englischen, zu seiner Verbreitung und seinen internationalen Funktionen wird reflektiert in Zeitschriften wie *World Englishes* und *English World Wide*.

Auch unterhalb des Ausbaustandes von Standardvarietäten kommt Englisch in der Form kollektiv-fossilisierter Lernervarietäten in Sprachgemeinschaften etabliert vor. Sie können von elementaren Pidgins (z.B. *Tok Pisin* (= *Talk Pidgin*) auf Papua Neu-Guinea) über die gesamte Bandbreite eines Kreol-Kontinuums bis in die Nähe einer Standardvariante reichen, so z.B. das *Krio* in Westafrika oder das *Jamaican Creole* in der Karibik.

Vor allem bei der Verwendung als *lingua franca* hat sich ein Benutzer des Englischen auch auf eine Vielzahl von individuellen, instabilen Lernervarietäten einzustellen, die durch unterschiedliche Grade der Annäherung an eine Standardvariante und durch Merkmale der Struktur und des Gebrauchs der Muttersprache gefärbt sind – immerhin sind mehr als die Hälfte aller Sprecher des Englischen *non-native speakers*. Vor diesem Hintergrund ist die Verwendung eines hochidiomatischen, durch die soziokulturellen Konventionen eines bestimmten englischsprachigen Landes geprägten Englisch für eine Verwendung als internationale *lingua franca* u.U. dysfunktional.

5. Zielvorstellungen des Unterrichts

Für den Englischunterricht stellt sich deshalb drängender als für das Unterrichten anderer Sprachen die Frage nach der Varietät oder den Varietäten, die die Schüler lernen sollen. Die Antwort darauf hängt ab von den Zielvorstellungen des Englischunterrichts und ihrer jeweiligen Legitimierung, wie sie in Richtlinien, Lehrplänen und Zertifikatsanforderungen niedergelegt sind. Für den Englischunterricht an allgemeinbildenden Schulen der Bundesrepublik Deutschland läßt sich diese Antwort bei von Bundesland zu Bundesland durchaus gegebenen Unterschieden im Detail verallgemeinernd wie folgt wiedergeben:

Allgemein wird die Wahl des Englischen als Unterrichtsfach mit der besonderen Bedeutung dieser Sprache als Medium der internationalen Kommunikation begründet. Die Konkretisierung des Richtziels "Kommunikationsfähigkeit in Englisch" führt in der Regel zur Einschränkung auf die Fähigkeit zur Kommunikation mit Sprechern englischsprachiger Länder und dabei fast ausschließlich auf Großbritannien und die USA. Zielvarietäten für die Schüler sind deshalb *Standard English* und *General American*. Mit anderen Varietäten sollen Schüler allenfalls rezeptiv umgehen können. Hierunter fallen üblicherweise nur durch Medieneinflüsse (Telefon, Rundfunk etc.) verzerrte und soziolektale (*Slang, Cockney*) Formen der Standardvariante, seltener auch dialektale Varianten. In der Praxis der Konkretisierung von Feinzielen (Lexik, Strukturen, Redemittel, Texte) dominiert das Modell des britischen Englisch; Bekanntschaft mit oder gar Beherrschung von Eigenheiten des amerikanischen Englisch wird gewöhnlich erst in späteren Lernjahren gefordert. Ein Vergleich der sprachlichen, landeskundlichen und literarischen Curricula der verschiedenen Schulformen zeigt: Je höher das Leistungsniveau oder der formale Abschluß, desto stärker ist der Unterricht auf die Vermittlung einer authentischen, idiomatischen Sprache und eines spezifischen sozio-kulturellen Wissens über Großbritannien und die USA im Bereich von Texten, Literatur und Landeskunde ausgerichtet.

Konsequenterweise kommt deshalb der Englischunterricht an der Hauptschule und an berufsbildenden Schulen dem Ziel der Vermittlung eines

Mediums zur internationalen Verständigung am nächsten, vor allem dort, wo ihn die Richtlinien auf die Fähigkeit zur Verständigung in elementaren, wenig kulturspezifischen Situationen des Alltags- und Berufslebens und auf den Erwerb wenig idiomatischer sprachlicher Mittel beschränken.

Aus der Doppelfunktion des Englischen, zugleich Kultursprache – noch dazu unterschiedlicher Kulturen – wie Medium zur internationalen Verständigung zu sein, werden sehr verschiedene Lernzielforderungen abgeleitet. Einerseits belegen Untersuchungen der Motive und Einstellungen zum Englischlernen, daß diese Sprache überwiegend mit einer instrumentellen Perspektive als *lingua franca* gelernt wird (Solmecke 1979; Schröder/Macht 1983). Vorschläge wie in Schröder (1975), das Sprachkönnen stärker zu betonen und z.B. auf der Orientierungsstufe zu Lasten des landeskundlichen Kontextes Themen aus der eigenen Umwelt der Schüler zu behandeln und auf der Sekundarstufe II vermehrt berufsbezogene fachsprachliche Kurse zu Gebieten wie Recht, Wirtschaft und Technik anzubieten, können mit diesen Lernerbedürfnissen begründet werden. Andererseits wird auch für den Englischunterricht gefordert, durch die Auseinandersetzung mit sozialen Gegebenheiten und kulturellen Zeugnissen eines fremden Landes zu fachübergreifenden Zielen beizutragen, die wie Emanzipation und Toleranz der Persönlichkeitsentwicklung dienen. Deshalb wird der bei Schröder (1975) beschriebenen Position vor allem vom Standpunkt der Landeskunde- und Literaturdidaktik widersprochen (z.B. Loebner 1973).

Eine Didaktik des *lingua franca*-Gebrauchs des Englischen in der interkulturellen Kommunikation, die sich mit den für die Englischverwendung typischen Problemen lernersprachlicher und fachsprachlicher Verständigung befaßt und die nicht mit den überkommenen, auf die Vermittlung einer Kultursprache bezogenen Zielen des Englischunterrichts kollidiert, ist bisher ein Desiderat (Knapp 1987).

6. Sprachspezifische Besonderheiten: Lernprobleme

Das Englische gilt gemeinhin als relativ leicht zu erlernende Sprache. Diese Einschätzung resultiert z.T. aus ihrer vergleichsweise schwach ausgebildeten Morphologie, die mit weniger Lernaufwand zu beherrschen ist als die der meisten anderen Fremdsprachen. Z.T. ergibt sich diese Auffassung auch daraus, daß einem deutschen Lerner viele Eigenschaften des Englischen von vornherein bekannt sind. Das gilt für Teile der elementaren Syntax, besonders jedoch für einen beträchtlichen Umfang des Vokabulars, sei es sprachtypologisch bedingt durch den gemeinsamen germanischen Ursprung oder durch den Import technischer oder soziokultureller Neuerungen mitsamt ihren Versprachlichungen aus dem englischsprachigen Raum. Wörter wie *man, house, drink* sind für Sprecher des Deutschen durch Laut- oder Schriftbild transparent, solche wie *job, brunch, tie-break* oder *hard top* sind Bestandteil des Alltagswissens zumindest der deutschen Mittelklasse, und Entlehnungen wie *Computer, Curry(wurst), Cornflakes, Frisbee(scheibe), Family-Tennis,* oder *Video-Recorder* sowie Markennamen wie *Nike* oder *Pampers* gehören häufig schon zum Wortschatz von Schulanfängern.

Allerdings suggerieren bekannt erscheinende Elemente oft unzulässige Transfermöglichkeiten und können damit zu Lernschwierigkeiten führen. Deren Umfang und Persistenz hängt natürlich stets auch von Unterrichtsfaktoren ab. So kann eine im Deutschen tolerierbare un-englische Aussprache von Lehnwörtern dauerhafte Aussprachefehler, auch bei anderen Lexemen mit den gleichen Lautqualitäten, provozieren. Oder Entlehnungen können formal oder semantisch nicht mit dem englischen Ausgangswort gleichgestellt werden – z.B. gibt es zum deutschen *joggen* kein englisches **to jog*, oder deutsch *City* (= *Innenstadt*) hat die Bedeutung von *city centre* im britischen bzw. *downtown* im amerikanischen Englisch. Groß ist auch die Zahl sog. falscher Freunde, d.h. Wortpaarungen, die aufgrund formaler Ähnlichkeit oder Gleichheit fälschlicherweise Bedeutungsgleichheit nahelegen, etwa englisch *become* (= werden) und deutsch *bekommen* (= englisch *to get*), englisch *speck* (= *Fleck*) und deutsch *Speck* (= englisch *bacon*), englisch *brave* (= tapfer) und deutsch *brav* (= englisch *well-behaved*) oder englisch *sensible* (= vernünftig) und deutsch *sensibel* (= englisch *sensitive*). Auch für den Bereich der Syntax ergibt sich aus praktischer Unterrichtserfahrung, daß solche Eigenschaften häufig Lernprobleme verursachen, die eine Bedeutungsdimension enthalten und die teilweise oder vollständig vom Deutschen abweichende konzeptuelle Kategorisierungen erfordern. Sie sind von Lernern zu berücksichtigen z.B. beim Gebrauch des Tempus im Hinblick auf die Situierung einer Handlung in einem zeitlichen

Koordinatensystem und bei der Berücksichtigung des Aspekts, bei dem durch die Unterscheidung zwischen einem perfektiven, statischen und einem progressiven, dynamischen zwischen der einfachen Form und der Verlaufsform zu wählen ist.

Im lexikalischen Bereich ist die Lernlast besonders hoch, da das Englische über eine sehr reiche Idiomatik verfügt. Kollokationen wie *to go by bus, to drive a car, to ride a bike* für *mit dem Bus, ein Auto, Fahrrad fahren* sind ebenso Quelle beständiger Lernprobleme wie die fast unüberschaubare Menge von Verben mit Präpositionen und Partikeln, die eine eigene, nicht analysierbare Bedeutung haben und für die authentische Alltagssprache typisch sind. Verben wie *call in = (unbenutztes Material) zurückfordern, call off = aufhören, call up = (telefonisch) anrufen, come in = hereinkommen* (aber auch z.B. *Redebeitrag übernehmen, fortfahren), come off = herunterfallen* oder *stattfinden, come in for = (Aufmerksamkeit, Kritik) anziehen, come in on = teilhaben, mitmachen, come of age = volljährig werden* müssen jeweils als Einheiten gelernt werden. Sie sind zudem oft auch extrem polysem; vgl. etwa *get off = u.a. absteigen; aussteigen; herausgehen; aufbrechen; etw. von etw. entfernen, abbekommen; wegnehmen; abschicken; entkommen.*

7. Lehrwerke

Für den Englischunterricht existiert eine so große Zahl von Lehrwerken und Unterrichtsmaterialien, daß hier nur auf Stellen verwiesen werden kann, an denen Lehrwerke angezeigt und rezensiert werden. Zu nennen sind hier die Rezensionsteile der Zeitschriften *Der fremdsprachliche Unterricht, Englisch, Die Neueren Sprachen, Neusprachliche Mitteilungen* oder *Praxis des neusprachlichen Unterrichts*, in denen gelegentlich auch einzelne Beiträge der Lehrbucharbeit und dem Lehrwerkvergleich gewidmet sind. Besprechungen von Englischlehrwerken für den Bereich der Erwachsenenbildung finden sich auch im Unterrichtsmediendienst des Deutschen Volkshochschul-Verbandes (zu beziehen von der Pädagogischen Arbeitsstelle, Holzhausenstr. 21, 60322 Frankfurt a.M.).

Literatur

Cheshire, Jenny, ed. (1991), *English around the World. Sociolinguistic Perspectives*, Cambridge.
Conrad, Andrew W./Fishman, Joshua A. (1977), "English as a World Language: The Evidence", in: Joshua A. Fishman/Robert L. Cooper/Andrew W. Conrad (eds.), *The Spread of English*. Rowley/Mass., 3-76.
Knapp, Karlfried (1984), "Zum allgemein-linguistischen Interesse an der Weltsprache Englisch", in: *Studium Linguistik*, H. 15, 1-9.
Knapp, Karlfried (1987), "English as an International *lingua franca* and the Teaching of Intercultural Communication", in: Wolfgang Lörscher/Rainer Schulze (Hrsg.), *Perspectives on Language in Performance*, vol 2, Tübingen, 1022-1038.
Knapp-Potthoff, Annelie/Knapp, Karlfried (1982), *Fremdsprachenlernen und -lehren. Eine Einführung in die Fremdsprachendidaktik vom Standpunkt der Zweitsprachenerwerbsforschung*, Stuttgart.
Loebner, Horst-Dieter (1973), "Schulfach Englisch", in: *Neusprachliche Mitteilungen*, Jg. 26, 91-97.
Petersen, Hans (1971), *Zur Anwendung der Transformationsgrammatik im Englischunterricht an deutschen Schulen* (LB-Papier 11), Braunschweig.
Piepho, Hans-Eberhard (1974), *Kommunikative Kompetenz als übergeordnetes Lernziel im Fremdsprachenunterricht*, Dornburg-Frickhofen.
Pride, John B., ed. (1982), *New Englishes*, Rowley/Mass.
Schröder, Konrad (1975), *Fremdsprachenunterricht in der Sekundarstufe II*. Deutscher Bildungsrat. Gutachten und Studien der Bildungskommission, Bd. 41, Stuttgart.
Schröder, Konrad/Macht, Konrad (1983), *Wieviele Sprachen für Europa?* (Augsburger I&I-Schriften), Augsburg.
Solmecke, Günther (1979), "Einige Charakteristika der Einstellung erwachsener Lernender gegenüber der Zielsprache Englisch", in: *Unterrichtswissenschaft*, Jg. 7, H. 4, 327-333.
Trudgill, Peter/Hannah, Jean (1982), *International English. A Guide to Varieties of Standard English*, London.

Karlfried Knapp

82. Französisch

1. Verkehrswert des Französischen

Bis zu 180 Mio. Menschen verwenden Französisch als Muttersprache, Zweitsprache, offizielle Sprache (dies in 28 Staaten), Verkehrssprache oder auch als Unterrichtssprache.

In den eigentlichen 'frankophonen' Ländern werden gegenwärtig ca. 93 Mio. Menschen als wirkliche, zusätzlich ca. 43 Mio. als gelegentliche Frankophone eingestuft (vgl. den kontinuierlich erscheinenden "Lettre de la francophonie" der *Agence de Coopération Culturelle et Technique* der *Organisation intergouvernementale de la Francophonie*). Dies gilt in Europa neben Frankreich für Teile Belgiens, Luxemburgs und der Schweiz, für Monaco und das Aostatal, außerhalb Europas für die französischen *Départements d'Outre Mer* (Guadeloupe, Guyana, Réunion, St. Pierre und Miquelon), die *Territoires d'Outre Mer* (v.a. Neukaledonien und Polynesien) sowie für Ostkanada, Haiti, die Antillen und vereinzelt auch für Louisiana. Frankreich und Belgien als ehemalige Kolonialmächte zeichnen nach wie vor sprachliche Spuren. In 20 Ländern Afrikas ist Französisch offizielle Sprache (Amtssprache, z.T. auch nur *lingua franca*): Benin, Burkina Faso, Burundi, Dschibuti, Elfenbeinküste, Gabun, Guinea, Kamerun, Madagaskar, Mali, Mauretanien, Niger, Ruanda, Senegal, Togo, Tschad, VR Kongo, Zaïre, Zentralafrikanische Republik, sowie auf den Komoren. Allerdings gibt es in Afrika auch Tendenzen (z.B. in Guinea), Französisch durch afrikanische Regionalsprachen zu ersetzen. Französisch ist im arabischen Raum die Sprache wichtiger Bevölkerungsschichten, dies in Marokko, Algerien, Tunesien, im Libanon und z.T. auch in Ägypten. In Ostasien ist es in Laos, Kambodscha und im vietnamesischen Raum als Verkehrs- und Unterrichtssprache vertreten.

In internationalen Organisationen ist Französisch eine wichtige Delegationssprache: so in der UNO (bei 35 Delegationen), beim internationalen Schiedsgerichtshof, in der UNESCO, in den Organisationen der amerikanischen, afrikanischen Staaten, in der SEATO. Französisch ist als offizielle Sprache und als Arbeitssprache innerhalb der Gremien der EU und des Europarats von Bedeutung.

Somit gehört Französisch zu den großen internationalen Sprachen. Nach Zahl der Muttersprachler liegt Französisch weltweit zwar nur an 13. Stelle, wegen seiner universellen Verbreitung ist es jedoch nach Englisch an 2. Stelle einzustufen (Heckenbach/Hirschmann 1981). Diesen Befund zu stärken, gehört zu den erklärten Zielen französischer Sprachenpolitik, die z.B. in der Einrichtung eines "Hohen Rates der Frankophonie" dokumentiert ist oder in dem Zusammenschluß von 30 Staaten zu einer *Agence de Coopération Culturelle et Technique francophone*. So werden weltweit ca. 160 *Instituts français* und *Centres culturels français* unterhalten; es existieren rund 180 französische Gymnasien/*Collèges* und 190 französische Grundschulen (v.a. in Afrika). Neben frankreichpolitische Gründe für die Frankophonie können jedoch auch andere treten: So scheint in Ostkanada Französisch funktionell zur Bewahrung kultureller Identität der dort wohnenden Frankophonen wichtig zu werden, in Zaïre ist es wichtig zur Aufrechterhaltung einer von sprachlicher und ethnischer Vielfalt bedrohten staatlichen Einheit, oft wird Französisch in Afrika als Bindeglied zur westlichen Zivilisation angesehen.

Wirtschaftlich gesehen ist Frankreich der wichtigste Handelspartner der Bundesrepublik. In der Welt ist Frankreich die fünftgrößte Wirtschaftsmacht, das viertgrößte Exportland. 80% des französischen Handels sind innereuropäisch, wobei gerade der Handel zwischen Frankreich und der Bundesrepublik eine große Rolle spielt. Auch in touristischer Hinsicht sind Frankreich und somit Französischkenntnisse für viele Deutsche attraktiv.

2. Die Bedeutung des Französischen für deutschsprachige Länder

Demnach ist der Erwerb differenzierter Französisch- und Frankreichkenntnisse für die internationale Kommunikation, für vorurteilsfreiere Interaktion, für Handels- und Wissenschaftsbelange, für touristische bis hin zu intellektuellen Interessen von Bedeutung. Kommt hinzu, daß die Bundesrepublik aufgrund ihrer europazentralen Lage mit den frankophonen Grenzländern eine möglichst aktive Nachbarschaft mit allen humanen, politischen, ökologischen, sozial-ökonomischen Verflechtungen zu pflegen hat. Von daher auch die Europaratempfehlung, eine weitverbreitete Fremdsprache sowie eine Nachbarsprache zu lernen. Das bedeutet, daß idealerweise möglichst viele Deutschsprachige als potentielle Französischinteressenten zu gelten haben. Besonders trifft dies für die grenznahen Gebiete von Baden bis zum Aachener Raum zu.

Obgleich das Englische im deutsch-französischen Handel, im beruflichen und politischen Dialog eine unangefochtene Führungsrolle spielt, werden in diesen Sparten verwendungsspezifische Kenntnisse gerade in der Sprache des Partners als wichtig eingestuft. Ohnehin ist das Sprachspektrum, das den einfachen Touristen bis hin zum frankophilen Bildungsbürger umschließt, sehr weit zu fassen. Hinsichtlich der Bedeutung des Französischen ist jedoch davon auszugehen, daß der Erwerb einfacher Grundkenntnisse ("Touristenpidgin") wenn auch ein erster Schritt, so doch unbefriedigend sein muß.

3. Die unterrichtliche Situation des Französischen

Die Situation des Französischen an allgemeinbildenden Schulen in der Bundesrepublik ist durch mehrfache Kontraste gekennzeichnet: Die Rolle des Englischen als zentrale Fremdsprache ist unumstritten, gleichwohl geht dies unter Einrechnung der Lateinproblematik (vgl. Art. 14) zu Lasten aller weiteren Schulfremdsprachen – an wichtigster Stelle also des Französischen. Dies widerspricht dem integrationspolitischen Konzept eines diversifizierten Fremdsprachenlernens (versus Leitsprachensystems) in Europa, das vor allem die Möglichkeit des intensiven Lernens einer ersten Fremdsprache, die nicht unbedingt Englisch ist, beinhaltet. Diesem Konzept laufen die schulsprachenpolitischen Regelungen der Bundesländer zuwider: Die Abkommen von Düsseldorf 1955 und Hamburg 1964 haben sozusagen eine Monopolstellung des Englischen bewirkt (Christ 1980, 68). Erst die Novellierung des Hamburger Abkommens 1971 (sie gestattet als erste Fremdsprache eine lebende Fremdsprache oder Latein) schafft eine formale Parität, die allerdings wiederum durch Erfordernisse der Einheitlichkeit des Schulwesens, der Durchlässigkeit zwischen den Schulformen sowie Mindestteilnehmerzahlen ständigen Realisierungsschwierigkeiten ausgesetzt ist. Dabei wird übersehen, daß Französisch die einzige Schulsprache ist, zu deren bestmöglicher Förderung die Bundesrepublik juristisch verpflichtet ist (Deutschfranzösischer Vertrag vom 22.1.1963). Auf den deutsch-französischen Gipfelkonsultationen von 1981 sowie auf dem Kulturgipfel zu Frankfurt 1986 schien es nötig, diese Verpflichtung durch ein Aktionsprogramm bzw. ein neuerliches Intensivierungsdekret zu beleben.

So steht der (durch die Konkurrenz des Spanischen allerdings abnehmenden) Zahl von ca. 620 000 (= 14%) französischen Schülern, die Deutsch als 1. Fremdsprache lernen, nur ca. 55 000 (= 3%) deutsche Schüler entgegen, die Französisch als 1. Fremdsprache gewählt haben bzw. wählen konnten. Dies ist besonders im grenznahen Saarland, in Rheinland-Pfalz und in Baden-Württemberg der Fall. Hier bestehen zudem stärkere Tendenzen als in anderen Bundesländern, Französisch in Realschulen, Hauptschulen und Grundschulen (Pelz 1989) (vgl. Art. 17 und 99) zu unterrichten. Allerdings wird im Zuge der Förderung von Mehrsprachigkeit in einem sprachenteiligen Europa das Französische als 1. Fremdsprache zunehmend auch an z.B. Grundschulen und bilingualen Gymnasien (vgl. Art. 75) anderer Länder (vgl. etwa Hessen, Nordrhein-Westfalen) angeboten.

Zieht man sich auf eine anspruchslosere Position zurück, so ergibt sich, daß, gehören Fremdsprachen zum schulischen Fächerangebot, jeder Schüler die Möglichkeit hat, im Französischen qualifizierte Kenntnisse und Fähigkeiten zu erwerben (Sekretariat 1991, 7). Global gesehen taten dies 1990/91 in den westlichen Bundesländern über 1 Million Schüler (= 26%) (Dokumentation 1993, 196), eine Zahl, die deutlich die ehedem 19,7% von 1975/76, aber nicht wesentlich die 25,6% von 1988/89 übersteigt (Sekretariat 1991, 9). Während sich der Anteil von Schülern mit Französisch als 1. Fremdsprache kaum erhöhte (3,8% gegenüber 2,9%), nahm der Anteil von Schülern mit Französisch als 2. oder 3. Fremdsprache deutlicher zu. Bei differenzierter Betrachtung erweist sich jedoch, daß Französisch an Realschulen in fast allen Klassenstufen rückläufig ist, daß Französisch am Ende der Sekundarstufe II stark rückläufig ist, daß somit die großen Zahlen in den Klassenstufen 9 bis 11 erzielt werden. Ungünstiger ist die Lage in den östlichen Bundesländern. Hier ergibt sich mit dem Rückgang des Russischen eine Pluralisierung des Fremdsprachenunterrichts, wobei das Englische in der allgemeinen Gunst weit vorn liegt. Dem Französischen – 1991/92 lernten es höchstens 12% der Schüler – kommt längerfristig nur ein geringerer Stellenwert zu. Allerdings werden anhaltende Förderungsbemühungen (vgl. etwa Sachsen) seine Position im Sinne der europäischen Sprachenpolitik stärken und konsolidieren (Utermark 1991, Fachverband Moderne Fremdsprachen 1991). In der Erwachsenenbildung wird neben anderen Fremdsprachen Französisch immer stärker nachgefragt, dies gerade von Interessenten mit höheren Schulabschlüssen (Müller-Neumann et al. 1986).

4. Charakterisierung des Französischen hinsichtlich des Fremdsprachenunterrichts

Sieht man von den in Frankreich gesprochenen Sprachen ethnischer Minderheiten ab (Flämisch, Elsässisch, Korsisch, Okzitanisch, Katalanisch, Baskisch, Bretonisch), so wäre eine erste Differenzierung die Unterscheidung in das eigentliche Französisch und französische Kreolsprachen. 9 Mio. Menschen, v.a. in der Karibik, stellen eine recht homogene Sprechergruppe des '*créole*' dar, welches bevorzugt im privat-informellen Gespräch Verwendung findet. Zwar sind in Morphologie und Syntax die Unterschiede zum Französischen deutlich, der Wortschatz hingegen ist zu über 90% französischen Ursprungs (Stein 1984). Im Sinne einer Öffnung des Französischcurriculums hin zum Kennenlernen ausgewählter Aspekte der Frankophonie läßt sich eine rezeptive Fähigkeiten anzielende Kontaktnahme mit dem '*créole*' realisieren, aber auch eine Kontaktnahme mit aktuellen Entwicklungen in Afrika (vgl. den Versuch, in der '*négritude*' afrikanische mit französischen Kulturelementen zu verbinden).

Auch das eigentliche Französisch kennt seine Differenzierungen. Dennoch ist für den Französischunterricht ein Französisch verbindlich, das sich an den präskriptiven Normen des *bon usage*, bezogen aus einer gehobenen literaturorientierten Standardsprache, auszurichten hat. Gerade Frankreich kennt eine ganze Reihe von Institutionen (neben der *Association de la Défense de la langue française* noch nahezu 100 weitere), die sich um den Erhalt dieser Normen, auch um die "Reinhaltung" des Französischen (z.B. Bekämpfung des "*franglais*") sorgen (Délégation 1994). Andererseits werden Entwicklungstendenzen, wie sie sich in den Varietäten des Französischen zeigen, zum sogar erziehungsministeriellen Erörterungsgegenstand. Der Toleranzerlaß von 1976 (*Arrêté Haby*) nennt eine ganze Anzahl sprachlicher Erscheinungen, die, früher Normverstöße, heute als völlig gleichrichtige, gleichwertige sprachliche Formen anzuerkennen sind. Daraus erwachsen für die Didaktik des Französischen wichtige Entscheidungen: Sollen alternierende Formen der Unterrichts- oder nur der Korrekturnorm zugrundegelegt werden; bewirken sie lerngünstigere didaktische oder aber kompliziertere Regeln? Allgemein scheinen im heutigen Sprachgebrauch die Barrieren des *bon usage* ohnehin zu fallen.

Was die Varietäten des Französischen betrifft, wären auf einer horizontalen Achse zunächst die Dialekte zu nennen wie z.B. das Pikardische, das Frankoprovenzalische, aber auch das Französische Kanadas, Belgiens, Nordafrikas und der Schweiz mit den jeweiligen Archaismen, Wortentlehnungen und Sonderentwicklungen. Auf einer vertikalen Achse hätte man es zu tun mit soziolektalen Varietäten, mit der Unterscheidung in gesprochenes und geschriebenes Französisch, mit eher individuellen Varietäten und einer Aufteilung des Französischen in gehobene Umgangssprache bis hinunter zum Argot (Müller 1975; Offord 1990).

Es ist einsichtig, daß eine realitätskonforme Hereinnahme dieses Varietätengeflechtes in den Unterricht genauso unangemessen sein kann wie das Beharren auf einem realitätsfremden Klassenzimmerfranzösisch. Um die Französischlernenden auf ihre Kommunikationsanforderungen im fremden Land vorzubereiten, ist es allerdings wichtig, sie bei der Sprachrezeption mit häufigen (v.a. lexematischen) Varietätenerscheinungen vertraut zu machen.

5. Schwierigkeiten beim Lernen des Französischen

Im Anfangsunterricht bereitet die *liaison* Schwierigkeiten. Die Tendenz, zwischen den einzelnen Lexemen gleitende Übergänge zu schaffen, kann beim ungeübten Hörer ferner die Grenzen zwischen den Wörtern verwischen.

Generell verfügt das Französische über eine ausdifferenzierte Morphologie, wobei sich die Forminventare zudem nach Gebrauch in gesprochener und geschriebener Sprache unterscheiden. Genus- und Numerusmarkierungen beim Adjektiv und Substantiv mit Kongruenzerfordernissen, ein für verschiedene Klassen, Personen und Tempora ausdifferenziertes Endungssystem beim Verb, all dies nicht frei von Unregelmäßigkeiten, bereiten in den ersten Lernjahren einen spürbaren Lernaufwand. Dieser wird dadurch gemindert, daß z.B. die unregelmäßigen Verbformen hochfrequent sind und in ihrer Unregelmäßigkeit wiederum innersystematische Bezüge haben.

Lernschwierigkeiten bereitet das Französische bei der Verwendung der Vergangenheitstempora, bei den Personalpronomina (Formen, Funktion, Stellung), beim *subjonctif*, beim Teilungsartikel, bei der Vielzahl idiomatischer Wendungen. Oft ist der Ursprung dieser Schwierigkeiten, daß zwischen dem Deutschen und Französischen Asymmetrien vorliegen, daß zudem innerhalb des Französischen eine hohe Komplexität des Systems bei zusätzlich bestehender Polyfunktionalität einzelner Zeichen (z.B. bei den Personalpronomen das *lui*) vorliegt.

Natürlich führen auch "einfache" Sprachkontraste, wie bei der Nominalkomposition oder bei der Verbvalenz, zu Lernschwierigkeiten. Auch das Vorliegen alternierender Formen zu einer Äußerungsintention bei zusätzlichen Verwendungsdifferenzen (vgl. die verschiedenen Formen der Interrogation) oder Homophonie-Cluster (*ver, vers, verre, vert*) können als spezifische Schwierigkeiten des Französischen angesehen werden.

So fordert das Französische am Lernanfang aufgrund seiner Formenvielfalt einen erhöhten Lernaufwand, das Weiterlernen bereitet jedoch aufgrund der regelkonform gut leistbaren Bildung komplexerer Strukturen abnehmende Schwierigkeiten bei größeren Erfolgserlebnissen. Beim schulischen Französischerwerb sollten daher die ersten beiden Lernjahre möglichst früh, noch in den sprachlernmotivationell starken vorpubertären Entwicklungsjahren, plaziert sein.

6. Richtlinien, Zertifikate, Lehrwerke

Die Richtlinien (vgl. Art. 116) für den Französischunterricht sind bundesweit fast unüberschaubar geworden. Zwischen 1950 und 1970 waren es 36, 1970 bis 1980 waren es 114 und 1980 bis 1984 erschienen weitere 58 neue Richtlinien. Gegenwärtig regeln über 100 Richtlinien den Französischunterricht an allgemeinbildenden Schulen in den einzelnen Bundesländern. Dies verweist darauf, daß eine Notwendigkeit zu ausreichender Differenzierung und zur Anpassung an sich verändernde Positionen der Fremdsprachendidaktik besteht: Seit Anfang der 70er Jahre galt es, basierend auf den Annahmen der pragmatisch-situationell-sprachhandlungsorientierten Didaktik, das Französische als situationsgebundenes Handlungssystem unter Einschluß sprachstruktureller Gegebenheiten für den Unterricht operabel zu machen.

Desiderate an Französischrichtlinien könnten sein,
– Landeskunde im Kontext Spracherwerb verstärkt in den Unterricht zu integrieren, gerade im Hinblick auf den Erwerb einer transnationalen Kommunikationsfähigkeit und interkulturellen Kompetenz (vgl. Art. 10, 24)
– die Komponente prozeduralen Wissens (z.B. Lerntechniken) zu strukturieren, um einen Zugang zu ökonomischeren Formen auch autonomen Fremdsprachenlernens zu schaffen (vgl. Art. 48)
– stärker auf schüler- und handlungsorientierten Französischunterricht unter Einbezug ganzheitlicher Lehr- und Lernverfahren abzuheben
– sowie einen kreativen Umgang mit Literatur zu entwickeln, auch um die Trennung in Literatur- und Sprachunterricht zu mindern (Knauth 1990).

Generell muß diskutiert werden, ob und wieweit frankreichspezifische Wünsche aus Industrie, Handel und Anforderungen beruflicher Freizügigkeit im zusammenwachsenden Europa in Lernzielformulierungen einfließen können oder sollen.

An Volkshochschulen (vgl. Art. 21 u. 118) wurde für Französisch ein Lehrplan-Baukastensystem, bestehend aus einem Grundbaustein, einem darauf aufbauenden Zertifikat und berufsspezifischen Abschlüssen, entwickelt. Dieses System wird ab 1979 relativ erfolgreich verwendet. Konstruktionell baut es auf dem *niveau-seuil* (Coste et al. 1976) auf, der bei vorliegender Lernerorientierung kommunikative Kompetenz über Kataloge notionaler und funktionaler Kategorien zu modellieren sucht. Während beim Grundbaustein der Akzent auf Hören und Sprechen liegt, kommen für das Zertifikat ergänzende Formulierungen zu Lese- und Schreibfertigkeiten hinzu. Im übrigen werden auch von der IHK fachsprachliche Kurse angeboten, die auf Prüfungen ausgerichtet sind.

Das Lehrwerkangebot zum Französischen ist überaus reich und in ständigem Wachsen begriffen. Von den Verlagen werden z.T. hochkomplexe alters-, niveau- und fachspezifische Französischlehrwerke angeboten. Nicht selten bestehen sie aus Schüler- und Lehrerband, Grammatik, Arbeitsheft, Tests, Ton- und Bildmaterialien, Spiele-, Rätsel- und Lektüresammlungen. Zur 'civilisation française' existieren allgemeine Einführungen wie auch themenspezifische Dossiers, dazu Bild- und Filmmaterialien. Es ist geradezu ein "Boom" an französischen Textausgaben (Literatur, Chansons) zu verzeichnen. Lehrwerkunabhängige Grammatiken, Wörterbücher, Tests, Übungsmaterialien (auch Computersoftware) und Videosprachlehrfilme runden das Angebot ab.

Eine übergeordnete Fragestellung ist, inwieweit Französischlehrwerke, die explizit nach kommunikativen Erfordernissen entwickelt sein wollen, auch tatsächlich einen sprachhandlungsorientierten Unterricht gestatten. Oft klafft zwischen Anspruch und Lehrwerkwirklichkeit eine Kluft, die vom Lehrer durch zusätzliche Aufbereitungen und Anpassungen an kommunikative Erfordernisse geschlossen werden muß.

Literatur

Christ, Herbert (1980), *Fremdsprachenunterricht und Sprachenpolitik*, Stuttgart.
Coste, Daniel et al. (1976), *Un niveau seuil*, Strasbourg.

Cuq, Jean-Pierre (1991), *Le français langue seconde. Origines d'une notion et implications didactiques*, Paris.
Délégation générale à la langue française, Hrsg. (1994), *Dictionnaire des termes officiels*, Paris.
Fachverband Moderne Fremdsprachen, Hrsg. (1991), *Der Französischunterricht in den neuen Bundesländern*, Gießen.
Heckenbach, Wolfgang/Hirschmann, Frank G. (1981), *Weltsprache Französisch. Kommentierte Bibliographie zur Frankophonie (1945-1978)*, Tübingen.
Knauth, K.-Alfons (1990), *Literaturlabor. La muse au point*, 2. Aufl., Rheinbach-Merzbach.
Müller, Bodo (1975), *Das Französische der Gegenwart. Varietäten, Strukturen, Tendenzen*, Heidelberg.
Müller-Neumann, Elisabeth et al. (1986), *Motive des Fremdsprachenlernens*, Heidelberg.
Offord, Malcolm (1990), *Varieties of Contemporary French*, London.
Pelz, Manfred, Hrsg. (1989), *"Lerne die Sprache des Nachbarn". Grenzüberschreitende Spracharbeit zwischen Deutschland und Frankreich*, Frankfurt.
Saternus, Meike (1987), *Die Entwicklung des Französischunterrichts im Deutschen Schulsystem nach 1945*, Bochum.
Sekretariat der Ständigen Konferenz der Kultusminister der Länder in der Bundesrepublik Deutschland, Hrsg. (1991), *Zur Situation des Französischunterrichts in der Bundesrepublik Deutschland*, Bonn.
Statistisches Bundesamt, Hrsg. (1992), *Bildung und Kultur. Fachserie 11, Reihe 1, Allgemeinbildende Schulen 1990*, Wiesbaden.
Stein, Peter (1984), *Kreolisch und Französisch*, Tübingen.
Utermark, Gisela (1991), "Der Französischunterricht in der ehemaligen DDR", in: *französisch heute*, Jg. 22, 1-11.
Walter, Henriette (1988), *Le Français dans tous les sens*, Paris.

Horst Raabe

83. Italienisch

1. Die Bedeutung des Italienischen

Weltweit sprechen etwa 60 bis 65 Millionen Menschen Italienisch als Muttersprache, davon 57 Millionen auf dem Territorium der Republik Italien. Außerhalb der Grenzen Italiens beruht die Bedeutung der italienischen Sprache v.a. auf der großen Zahl der Emigranten, namentlich in den USA und den westeuropäischen Ländern. Abgesehen von Italien, der Vatikanstadt und San Marino ist Italienisch auch noch in der Schweiz offizielle Sprache. Etwa 200 000 Schweizer (ca. 3,6% der Gesamtbevölkerung) sprechen Italienisch als Muttersprache (Statistisches Bundesamt 1987, 656; Haarmann 1975, 263 ff.; Haefs 1986, 625 f.; Wendt 1977, 238 ff.). Gemessen an der Gesamtzahl der muttersprachlichen Sprecher nimmt das Italienische im weltweiten Vergleich einen mittleren Rang ein (nach einer älteren Berechnung Rang 12). Auch hinsichtlich seines internationalen Verkehrswertes gehört Italienisch zu den Sprachen von mittlerer Bedeutung. Es besitzt Vollstatus nur in der Europäischen Union und auf Ratstagungen des Europäischen Zentrums für mittelfristige Wettervorhersage, Halbstatus dagegen im Europarat und in der Westeuropäischen Union. In der Unesco ist Italienisch eine von insgesamt acht Amtssprachen, jedoch keine Arbeitssprache. Diese eher untergeordnete Rolle des Italienischen im Bereich der internationalen Organisationen wird durch einen Vergleich mit dem Französischen unterstrichen, das in 59 dieser Organisationen Vollstatus besitzt (Auswärtiges Amt 1986, 118 ff.).

Die mittlere Bedeutung der italienischen Sprache im weltweiten Vergleich verhindert nicht, daß sie in einer Reihe von europäischen Ländern zu den wichtigsten Fremdsprachen gehört. Dies gilt auch und in besonderem Maße für die Bundesrepublik. Als Hauptgründe können gelten:

1. Italien ist einer der wichtigsten Handelspartner der Bundesrepublik. 1990 wurden Waren im Werte von 60 Milliarden DM (9,3% des Gesamtexports) nach Italien ausgeführt und Waren im Werte von 52 Milliarden DM (9,4% des Gesamtimports) aus Italien eingeführt. Hinsichtlich der Ausfuhr war Italien 1990 damit der zweitwichtigste, hinsichtlich der Einfuhr der drittwichtigste Handelspartner der Bundesrepublik. Aus italienischer Sicht war die Bundesrepublik der wichtigste Handelspartner (Statistisches Bundesamt 1991, 304).

2. Italien ist das beliebteste Reiseland der Deutschen. 17,4% aller Auslandsreisen im Jahr 1988/89 wurden nach Italien unternommen gegenüber nur 16,3% nach Österreich. Allein 1985 haben 3,9 Millionen Deutsche ihren Urlaub in Italien verbracht (Studienkreis für Tourismus, nach Hübner/ Rohlfs 1986, 42). Dies entspricht 42 Millionen Übernachtungen von Deutschen (aus der Bundesrepublik) in Italien, mehr als die Zahl der Übernachtungen aller anderen Europäer in Italien zusammen (Statistisches Bundesamt 1987, 706). Die Zahl der registrierten Übernachtungen von Italienern in der Bundesrepublik betrug allerdings nur eine Million (= Platz 8).

3. In der Bundesrepublik lebten Ende 1989 519 500 italienische Staatsbürger. Sie stellten damit nach den Türken (1,6 Millionen) und den Jugoslawen (610 000) die drittgrößte Ausländerkolonie (die größte aus einem EU-Mitgliedsland). Ihr Gesamtanteil an der Zahl der Ausländer beträgt 10,7%. Die Hälfte von ihnen wohnt in Baden-Württemberg (171 000) und Nordrhein-Westfalen (133 000). Die Beschäftigung von Italienern als ausländische Arbeitnehmer hat dabei in der Bundesrepublik eine wesentlich längere Tradition als die Beschäftigung von Angehörigen aller anderen Bevölkerungsgruppen in der Nachkriegszeit. Sie waren in den späten 50er und frühen 60er Jahren die ersten, die in großer Zahl in die Bundesrepublik kamen. So waren 1961 noch 28,7% aller in der Bundesrepublik ansässigen Ausländer Italiener (gegenüber 6,4% Spaniern, 6,1% Griechen und 1,0% Türken) (Statistisches Bundesamt 1991, 72). Damit gehört Italienisch auch zu den wichtigsten Herkunftssprachen ausländischer Schüler in bundesdeutschen Schulen.

Alle drei Komplexe zusammengenommen machen die besondere Bedeutung der Beziehungen zwischen Italien und der Bundesrepublik deutlich. Hinzu kommt natürlich das große und vielfältige Interesse an der Kulturnation Italien, das sich nicht quantifizieren läßt und das die Bundesrepublik mit vielen anderen Ländern teilt. Vor diesem Hintergrund ist es nicht erstaunlich, daß in der Bundesrepublik ein starker Bedarf an Italienischkenntnissen besteht. Dieser ist auch empirisch mehrfach nachgewiesen worden. Bei drei verschiedenen Umfragen in den Zuständigkeitsbereichen der Industrie- und Handelskammern Ostwestfalen, Düsseldorf/Köln und Schwaben/München gaben im Durchschnitt knapp ein Drittel der befragten Firmen einen Bedarf an Italienischkenntnissen an, ein Zehntel sogar einen "vorrangigen" Bedarf (Bausch et al. 1980). Das Italienische belegt damit einen unangefochtenen vierten Platz. Auch Umfragen unter anderen Zielgruppen stellten einen deutlichen Bedarf an Italienischkenntnissen fest, der durch die tatsächliche Stellung des Italienischen unter den Schulfremdsprachen nicht annähernd abgedeckt wird (Schröder 1979).

2. Italienisch an allgemeinbildenden Schulen

Im Bereich der allgemeinbildenden Schulen hat das Italienische eine zwar bescheidene, aber durchaus lange Tradition (Christ/Rang, Bd. IV, 45-57).

Der jüngste Aufschwung des Italienischen nahm dabei seinen Ursprung in der Reform der gymnasialen Oberstufe in den frühen 70er Jahren. Dort wird das Italienische auch seitdem im Bereich der allgemeinbildenden Schulen fast ausschließlich gelehrt. Tabelle 1 zeigt die Verteilung der insgesamt 12 183 an Gymnasien Italienischlernenden im Schuljahr 1985/86 nach Bundesländern mit den entsprechenden Vergleichszahlen für das Schuljahr 1985/86.

	1980/81	1985/86
Baden-Württemberg	1385	2028
Bayern	2130	3580
Berlin	113	149
Bremen	–	86
Hamburg	–	20
Hessen	776	1300
Niedersachsen	99	322
Nordrhein-Westfalen	2473	4183
Rheinland-Pfalz	104	421
Saarland	–	94
Schleswig-Holstein	–	–
Bundesgebiet	7080	12183

Tab. 1: Teilnehmer am Italienischunterricht an Gymnasien in 1980/81 und 1985/86 (aus: Sekretariat der Ständigen Konferenz der Kultusminister 1987).

An allgemeinbildenden Schulen zusammen lag die Zahl der Italienischlernenden im Schuljahr 1985/86 bei 13 440 (Anfrage beim Sekretariat der Ständigen Konferenz der Kultusminister Oktober 1987), im Jahre 1991/92 bei 13 073; hinzu kamen 351 Italienischlernende in beruflichen Schulen (Statistisches Bundesamt 1993). Diese Zahlen geben Anlaß zu drei grundsätzlichen Beobachtungen:

– Der Italienischunterricht hat sich von der Mitte der 70er bis zur Mitte der 80er Jahre günstig entwickelt. Mitte der 70er Jahre lag die Zahl der Italienischlernenden noch zwischen zwei- und dreitausend (Italienisches Kulturleben 1978/1, 14). Seit Mitte der 80er Jahre stagniert die Entwicklung.

– Die Verbreitung des Italienischen als Schulfremdsprache ist regional sehr unterschiedlich. Nordrhein-Westfalen und Bayern sind die Hochburgen des Italienischen, in den nördlichen Bundesländern spielt Italienisch dagegen kaum eine Rolle.

– Die Zahl der Italienischlernenden ist im Vergleich zu den anderen Fremdsprachen immer noch sehr gering. 1982 kamen auf einen Italienischlernenden in einer bundesdeutschen Schule (alle Schultypen) 3,4 Russischlernende, 3,7 (Alt-)Griechischlernende, 4 Spanischlernende,

108 Lateinlernende, 198 Französischlernende und 772 Englischlernende.

Diese insgesamt gesehen immer noch sehr schwache Stellung des Italienischen an den deutschen Schulen steht in krassem Gegensatz zu dem oben dargestellten tatsächlichen gesellschaftlichen Bedarf an Italienischkenntnissen und ist auch durch den üblichen Hinweis auf die Durchlässigkeitsanforderungen des Schulsystems nicht zu rechtfertigen. Ein Vergleich mit dem europäischen Ausland zeigt, daß das Italienische auch in den Schulen eine seiner Bedeutung angemessene Stellung einnehmen kann. So betrug die Zahl der Italienischlernenden an französischen Schulen bereits im Schuljahr 1977/78 110 000 (Christ 1980, 134 ff.). Ungünstig fällt auch der Vergleich mit der Stellung des Deutschen in Italien aus. Dort lernten 1982/83 270 000 Schüler Deutsch, das sind 5,2% aller Schüler im Sekundarbereich (*Ministero della Pubblica Istruzione* 1987).

Was das konkrete Unterrichtsangebot im Fach Italienisch in den Schulen anbetrifft, so ist die Situation von Bundesland zu Bundesland sehr unterschiedlich (für eine detaillierte Aufstellung siehe: Sekretariat der Ständigen Konferenz der Kultusminister 1987, 10 ff.). Das Schwergewicht des Italienischunterrichts liegt eindeutig in der Sekundarstufe II der studienqualifizierenden Schulformen, d.h. im Regelfall wird Italienisch erst ab Klasse 11 angeboten. In mehreren Ländern kann Italienisch als Abiturprüfungsfach gewählt werden, in Bayern und Nordrhein-Westfalen auch als Leistungsfach.

3. Italienisch an der Hochschule

Die Zahl der Studierenden der Italianistik bzw. des Italienischen an deutschen Hochschulen gibt Neumeister (im Druck) unter Bezug auf eine noch nicht abgeschlossene Erhebung der Westdeutschen Rektorenkonferenz mit ca. 9100 an, davon 4900 Hauptfach- und 4200 Nebenfachstudierende. Diese Zahlen deuten auf einen erheblichen Anstieg hin, denn für das Wintersemester 1985/86 gab das Sekretariat der Ständigen Konferenz der Kultusminister auf Anfrage die Zahl der Italienisch-Hauptfachstudierenden noch mit 1549 an. Auch die Nachfrage nach Italienischkursen für Nicht-Romanisten (Hörer aller Fakultäten) ist in den letzten Jahren sprunghaft gestiegen. Der tatsächliche Status des Italienischen innerhalb der Romanistik und insbesondere das Angebot an Lehrveranstaltungen ist jedoch von Hochschule zu Hochschule sehr unterschiedlich. (Einige interessante Aufschlüsse über das tatsächliche Lehrangebot geben die regelmäßig in der Zeitschrift *Italienisch* erscheinenden Synopsen "Italienische Themen an den Hochschulen der Bundesrepublik, Österreichs und der Schweiz"). Die Zahl der Möglichkeiten, Italienisch als Fach in einem Lehramtsstudiengang (Gymnasium/Sekundarstufe II) zu wählen, ist wesentlich geringer.

4. Italienisch in der Erwachsenenbildung

Der in der Bundesrepublik besonders gut ausgebaute Bereich der Erwachsenenbildung umfaßt im wesentlichen 5 Komplexe: Volkshochschulen, private Sprachschulen, firmeninterner Fremdsprachenunterricht, private Sprachreiseunternehmen sowie Kirchen, Verbände und andere nichtstaatliche Einrichtungen (Familienbildungsstätten, Gewerkschaften, Industrie- und Handelskammern, Berufsakademien usw.). In allen genannten Kontexten hat das Italienische in den letzten 5 bis 10 Jahren eine erstaunliche, z.T. explosionsartige Entwicklung genommen. Dies zeigen insbesondere die Zahlen für die Volkshochschulen, die mit großem Abstand wichtigste Institution in der Erwachsenenbildung. 1991 waren in den alten Bundesländern insgesamt 170 493 Personen in Italienischkursen an Volkshochschulen eingeschrieben. Dies entspricht einer Indexsteigerung auf 551 in 20 Jahren (1971 = 100). Doch auch der prozentuale Anteil des Italienischen an allen VHS-Sprachkursen stieg dabei von 4,4% auf 10,5%. Damit lag Italienisch auf Platz 4 hinter Englisch (38,3%), Französisch (17,4%) und Deutsch als Fremdsprache (12,3%), jedoch vor Spanisch (8,8%) und Russisch (2,1%). Auch hier besteht ein starkes Nord-Süd-Gefälle mit einer explosionsartigen Entwicklung in Bayern, wo Italienisch beispielsweise an der Volkshochschule München zeitweise zweitstärkste Fremdsprache noch vor Französisch war. Mit nur 795 Belegungen in 57 Kursen und einem Anteil von 0,8% an allen Sprachkursbelegungen spielt das Italienische in den neuen Bundesländern derzeit allerdings noch eine völlig untergeordnete Rolle (alle Zahlen aus Pädagogische Arbeitsstelle des Deutschen Volkshochschulverbandes 1992).

5. Lehrwerke

Die Situation im Bereich der Italienisch-Lehrwerke ist nach wie vor durch eine starke Orientierung auf den Anfängerunterricht an Volkshochschulen gekennzeichnet. Bis vor einigen Jahren dominierte hier das Unterrichtswerk *Italienisch für Sie* (Hueber) in drei Bänden. Durch überwiegend dialogische Texte, deutliche Orientierung am Standarditalienischen, eine induktiv angelegte Beispielgrammatik und einen auf der pattern-Praxis aufbauenden Übungsapparat hob es sich wesentlich von älteren, meistens noch der Grammatik-Übersetzungsmethode und dem gehobenen Schriftitalienischen als Norm verhafteten älteren Lehrwerken ab. Inzwischen ist eine neue Generation von Lehrwerken entstanden, die erstmals eine starke kommunikative Ausrichtung aufweisen. Auffälligstes Merkmal ist eine Progression nach Situationen und Sprechabsichten statt nach grammatischen Strukturen. Die derzeit am weitesten verbreiteten Vertreter sind *Buongiorno* (Klett) und *Va Bene* (Hueber). Beide sind umfassende Unterrichtswerke, die neben dem eigentlichen Lehrwerk (bestehend aus Lehr- und Arbeitsbuch) durch eine Fülle von Zusatzmaterialien (Lehrerhandbuch, Tonkassetten, Rollenspiele, Lektüren etc.) ergänzt werden. Beide Verlage arbeiten derzeit an Nachfolgelehrwerken mit einer völlig neuen Konzeption.

Weniger günstig ist die Situation für den Italienischunterricht an den Gymnasien, für den die Verlage mangels wirtschaftlicher Rentabilität bisher kein adressatenspezifisches Lehrwerk auf den Markt gebracht haben. Die Italienischlehrer greifen deshalb entweder auf Lehrwerke für die Erwachsenenbildung zurück oder benutzen das für Schweizer Schulen konzipierte Lehrwerk *Ciao* (Bayerischer Schulbuchverlag), das allerdings im ersten Band keine italienische, sondern nur schweizerische Landeskunde enthält. Für den Bereich der Hochschulen liegt dagegen mit dem *Einführungskurs Italienisch* von G. Ernst (Niemeyer) seit langem ein adressatenspezifisches Lehrwerk vor. Es zeichnet sich durch eine steile Progression, einen stark kognitiv ausgerichteten Ansatz sowie implizit durch die Betonung der rezeptiven Fertigkeiten aus. Soeben ist ein weiteres Lehrwerk für die Universität erschienen, über dessen Aufnahme durch den Markt sich derzeit jedoch noch keine Aussagen machen lassen (*Grundkurs Italienisch* – Hueber).

Einzige Referenzgrammatik speziell für deutschsprachige Lerner ist die *Grammatica italiana per tutti* von G. Kirsten und B. Mack (Klett), die sich jedoch in vielerlei Hinsicht auf Elementares beschränkt. Insgesamt ist für das Italienische immer noch ein Mangel an adressatenspezifischen Lehrwerken sowie an Unterrichtsmaterialien für den Fortgeschrittenenunterricht, namentlich an themenorientierten Textdossiers, festzustellen.

6. Methodisch-didaktische Besonderheiten des Italienischunterrichts

Die italienische Sprache erlaubt Lernern mit Deutsch als Muttersprache einen vergleichsweise leichten Einstieg. Gleiches Schriftsystem, eine überschaubare Zahl phonetischer und phonologischer Besonderheiten, eine relativ weitgehende Annäherung von Orthographie und Aussprache, das Überwiegen zusammengesetzter Formen zum Ausdruck der Tempora, ein beachtlicher Anteil von Lexemen, die als Fremdwörter lateinischen Ursprungs Eingang ins Deutsche gefunden haben, sind einige der Gründe. Dem stehen auf der anderen Seite eine Reihe von typischen Schwierigkeiten gegenüber. Im phonetisch-phonologischen Bereich kreisen diese erfahrungsgemäß häufig um die Grapheme C, G und S, obwohl gerade hier die Zuordnung von Phonemen zu Graphemen bzw. Graphemverbindungen eine logische Struktur aufweist:

ca [ka]   cia [tʃa]   ga [ga]   gia [dʒa]   sca [ska]   scia [ʃa]
co [ko]   cio [tʃo]   go [go]   gio [dʒo]   sco [sko]   scio [ʃo]
cu [ku]   ciu [tʃu]   gu [gu]   giu [dʒu]   scu [sku]   sciu [ʃu]
ce [tʃe]   che [ke]   ge [dʒe]   ghe [ge]   sce [ʃe]   sche [ske]
ci [tʃi]   chi [ki]   gi [dʒi]   ghi [gi]   sci [ʃi]   schi [ski]

Weniger kommunikationsgefährdende Schwierigkeiten, aber häufige Ursache für einen bleibenden "typisch deutschen" Akzent sind die Verwechslung stimmhafter und stimmloser Konsonanten, die Aspirierung von Verschlußlauten (insbesondere /t/, /p/ und /k/), Knacklaut vor vokalisch anlautenden Wörtern, falsche Vokalqualitäten (z.B. zu dunkles /i/) sowie (v.a. bei Norddeutschen) die Beibehaltung des Zäpfchen-R anstelle des Zungen-R.

Im morphosyntaktischen Bereich weicht das Italienisch häufig stärker vom Deutschen ab. Zu den notorischen Schwierigkeiten, denen ein Großteil der Lernbemühungen in den ersten Jahren des Italienischunterrichts gilt, gehören v.a. der vom deutschen abweichende Aufbau des Artikelsystems (einschließlich des Teilungsartikels, des Artikels vor Possessiva und der Kontraktionsformen von Artikel und Präposition (*al, dal, nel,* etc.), das System der Personalpronomina, insbesondere der Unterschied zwischen betonten und unbetonten Formen sowie die komplizierten Stellungsregeln bei den enklitischen Formen, die Verbflexion als ganze mit häufigen Verwechslungsmöglichkeiten (z.B. *parli* Indikativ der Du-Form, Konjunktiv/Imperativ der Sie-Form), das v.a. in der Schriftsprache stark vom Deutschen abweichende Tempussystem, die verschiedenen Satzbaupläne unter Einschluß von Wortstellungsproblemen in Abhängigkeit von den jeweiligen Satzgliedern und der Thema-Rhema-Struktur vor allem in Fragesätzen, sowie das ebenfalls stark mit dem Deutschen kontrastierende Modussystem, namentlich in hypothetischen wenn-Sätzen und in der indirekten Rede.

Im lexikosemantischen Bereich profitieren die Lerner in der Regel am stärksten von vorausgehend erworbenen Kenntnissen in anderen romanischen Sprachen. Da dennoch die meisten italienischen Wörter von ihren deutschen Wörterbuchäquivalenten abweichende paradigmatische und/oder syntagmatische Merkmale aufweisen, muß das Lernen von Wortfeldern, Konnotationen, stilistischen Markierungen, häufigen Redewendungen usw. im Unterricht mit Fortgeschrittenen eine wichtige Stellung einnehmen. Eine beträchtliche Zahl von "falschen Freunden" sorgt für zusätzliche Fußangeln (z.B. *brav ≠ bravo, brutto ≠ brutto, dezent ≠ decente, Dirigent ≠ dirigente, Kompaß ≠ compasso*, usw.; vgl. Storni 1975).

Insgesamt kann für Deutsche beim Erlernen der italienischen Sprache jedoch zumindest von einem vergleichsweise leichten Einstieg gesprochen werden, was zweifellos ein wichtiges motivierendes Moment darstellt.

Aus der Sicht der Lehrenden besteht ein zentrales Handicap im völligen Fehlen einer Fachdidaktik Italienisch. Eine Durchsicht der Jahrgänge 1970 bis 1986 der vom Informationszentrum für Fremdsprachenforschung in Marburg herausgegebenen *Bibliographie Moderner Fremdsprachenunterricht* ergab, daß sich von den dort in diesem Zeitraum erfaßten rund 16000 Titeln weniger als 25 unmittelbar auf Italienischunterricht bezogen. Unterrichtspraktische oder Unterrichtspraxis reflektierende Beiträge, wie sie jährlich zu Hunderten in den einschlägigen Fachzeitschriften für die Sprachen Englisch und Französisch erscheinen, suchen Italienischlehrer meist vergebens. Neben der mangelnden Tradition des Italienischunterrichts in der Bundesrepublik kann auch die Tatsache, daß Italien kein klassisches Einwanderungsland ist und sich folglich ein Bereich "Italiano come lingua straniera" nur in Ansätzen entwickelt hat (im Vergleich etwa zu "Deutsch als Fremdsprache", "Français Langue Etrangère" oder gar "English as a Second Language"), als Ursache gelten.

Ein letztes Handicap des Italienischen in der Bundesrepublik besteht schließlich in der starken Zersplitterung seiner "Lobby". So sind die lehrenden und forschenden Italianisten aus Schule, Hochschule, Erwachsenenbildung und anderen Organisationen teils in der "Associazione Internazionale Professori di Italiano" (AIPI), teils im "Fachverband Moderne Fremdsprachen" (FMF), teils im "Fachverband Italienisch in Wissenschaft und Unterricht", teils im "Deutschen Romanistenverband" (DRV) aktiv (vgl. Art. 122). Die durch den Kulturföderalismus bedingte Aufspaltung der Bedingungen, unter denen Italienischunterricht stattfindet, kommt noch hinzu. So entsteht insgesamt eine Zersplitterung der Bemühungen um das Italienische, die einem so kleinen Fach sehr abträglich ist.

Es bleibt zu hoffen, daß die starke quantitative Aufwärtsentwicklung des Italienischen in den nächsten Jahren anhält und so mittelfristig auch zu Verbesserungen bei den genannten Problemen führt.

Literatur

Auswärtiges Amt, Hrsg. (1986), *Die Stellung der deutschen Sprache in der Welt. Bericht der Bundesregierung*, Bonn.

Bausch, Karl-Richard (1982), "Zur Entwicklung des Italienischunterrichts an den Schulen der Bundesrepublik Deutschland", in: *Neusprachliche Mitteilungen,* Jg. 35, 55-59.

Bausch, Karl-Richard/Bliesener, Ulrich/Christ, Herbert/Kleppin, Karin/Schröder, Konrad/Weisbrod, Urte (1980), *Fremdsprachen in Handel und Industrie. Eine Untersuchung in dem IHK-Bereich Ostwestfalen* zu Bielefeld, Bochum.

Bausch, Karl-Richard/Kleppin, Karin/Königs, Frank G./Krings, Hans P. (1986), "Das Bochumer Tertiärsprachenprojekt", in: *Italienisch,* Jg. 8, H. 15, 91-94.

Bund-Länder-Kommission für Bildungsplanung und Forschungsförderung/Bundesanstalt für Arbeit, Hrsg. (1986), *Studien- und Berufswahl,* Bad Honnef.

Christ, Herbert (1980), *Fremdsprachenunterricht und Sprachenpolitik,* Stuttgart.

Christ, Herbert/Rang, Hans-Joachim, Hrsg. (1985): *Fremdsprachenunterricht unter staatlicher Verwaltung 1700 bis 1945. Eine Dokumentation amtlicher Richtlinien und Verordnungen,* 7 Bde., Tübingen.

Haarmann, Harald (1975), *Soziologie und Politik der Sprachen Europas,* München.

Haefs, Hanswilhelm, Hrsg. (1986), *Der Fischer Weltalmanach 1987,* Frankfurt a.M.

Hübner, Emil/Rohlfs, Horst-Hennek (1986), *Jahrbuch der Bundesrepublik Deutschland,* München.

Italienisches Kulturleben in der Bundesrepublik Deutschland, Mitteilungsblatt der Kulturabteilung der italienischen Botschaft (1967 ff.), Bonn (Erscheinen mittlerweile eingestellt).
Krings, Hans P. (1984), "Spiele im Italienischunterricht", in: *Neusprachliche Mitteilungen,* Jg. 37, 218-226.
Lepschy, Anna Laura/Lepschy, Giulio (1986), *Die italienische Sprache,* Tübingen.
Ministero della Pubblica Istruzione (1987), *Situazione della Lingua Tedesca in Italia,* Rom.
Neumeister, Hermann (im Druck), *Italienischunterricht in der Bundesrepublik Deutschland: Bestandsaufnahme aus fremdsprachenpolitischer Sicht,* Bochum.
Pädagogische Arbeitsstelle des Deutschen Volkshochschulverbandes (1992), *Statistische Mitteilungen des Deutschen Volkshochschul-Verbandes,* 30. Folge, Frankfurt a.M.
Schröder, Konrad (1979), "Italiano come lingua straniera. Status quo, Bedarf und Bedürfnis", in: *Neusprachliche Mitteilungen,* Jg. 32, 162-167.
Sekretariat der Ständigen Konferenz der Kultusminister der Länder in der Bundesrepublik, Hrsg. (1987), *Zur Situation des Italienischunterrichts in der Bundesrepublik,* Bonn.
Statistisches Bundesamt, Hrsg. (1987), *Statistisches Jahrbuch 1987 für die Bundesrepublik Deutschland,* Stuttgart.
Statistisches Bundesamt, Hrsg. (1991), *Statistisches Jahrbuch 1991 für das vereinte Deutschland,* Wiesbaden.
Statistisches Bundesamt, Hrsg. (1993), *Bildung und Kultur,* Fachserie 11. Reihe 1 Allgemeinbildende Schulen 1991, Reihe 2 Berufliche Schulen 1991, Stuttgart.
Storni, Bruno (1975), *Schwierigkeiten des deutsch-italienischen Wortschatzes,* Stuttgart.
Wendt, Heinz F. (1977), *Sprachen,* Frankfurt a.M.

Hans P. Krings

84. Japanisch

1. Verbreitung des Japanischen

Japanisch wird heute von gut 120 Millionen Menschen auf den japanischen Inseln gesprochen, außerdem von japanischen Einwanderern und z.T. deren Kindern in Hawaii, Nord- und Südamerika. Die (mit dem Japanischen) nicht verwandte Ainu-Sprache, die früher von den Ainus auf Hokkaido, der nördlichsten der vier japanischen Hauptinseln, und auf Sakhalin gesprochen wurde, ist heute praktisch kaum noch in Gebrauch (Shibatani 1990, 1 ff.). Auf den Ryuukyuuinseln, der Inselkette mit der Hauptinsel Okinawa, die sich südlich von Kyuushuu bis nach Formosa hinzieht, wird noch Ryuukyuuanisch, eine mit dem Japanischen nahe verwandte Sprache, bzw. in der Sicht anderer eine spezielle Gruppe von japanischen Dialekten gesprochen (Shibatani 1990, 189 ff.).

Als Fremdsprache hat Japanisch wegen der wachsenden wirtschaftlichen Zusammenhänge schon länger in Ost- und Südostasien und Australien Bedeutung. Nach Ausweis der Teilnehmerzahlen an Zertifikatsprüfungen ist heute Indonesien das Land mit der größten Zahl von Japanischlernenden. Das entspricht der starken wirtschaftlichen Verflechtung Japans mit Südostasien, insbesondere Indonesien (Laumer 1977). Für die Bundesrepublik ist, wie für eigentlich alle westlichen Länder – mit Ausnahme der USA, die einen nicht unerheblichen Vorsprung haben (vgl. aber auch *American Council of Learned Societies* 1976; Brod 1980) – erst in der letzten Zeit die Bedeutung von Japanischkenntnissen ins Bewußtsein getreten.

2. Betroffener Personenkreis

Lerner des Japanischen sind außer Japanspezialisten (Japanologen) vor allem Menschen, die aus beruflichen Gründen wegen des Kontakts mit Japan und Japanern eine sprachliche Qualifikation für wichtig halten. Entsprechend sind Japanischlernende vor allem Erwachsene. Vereinzelt wird neuerdings bei uns ebenso wie in anderen westlichen Ländern in Schulen Japanischunterricht angeboten, in Australien ist dies schon länger üblich. (Zur Situation des Japanischunterrichts in der Bundesrepublik vgl. Genenz 1984; Kooji Ueda in Soogookenkyuukaihatsukikyoo 1985, 693 ff., und Genenz in Genenz/Schneider 1987, 147 ff.)

3. Ziel des Japanischunterrichts

Ziel des Japanischunterrichts können die Kommunikationsfähigkeit in der gesprochenen und geschriebenen Sprache sein oder die Fähigkeit, geschriebene Texte zu lesen und zu verarbeiten. Heutige Entwicklungen empfehlen auch, Zugang zu japanischsprachigen Datenbanken als ein wichtiges (Teil-)Lernziel anzusehen.

Lesefähigkeit

Setzt man die Lesefähigkeit als Lernziel, geht es meist um die Verarbeitung von Fachtexten. Für das Lesen naturwissenschaftlicher und technischer Texte gibt es bereits spezielle, wenn auch wenige

Lehrwerke. (Für eine knappe Orientierung über Fachsprachen siehe Miyajima 1986.) Die anderen vorhandenen, weitaus zahlreicheren Lehrwerke, die Lesekenntnis vermitteln, sind auf diese als Bestandteil einer allgemeinen Kommunikationsfähigkeit eingestellt. Auf fortgeschrittenen Stufen gibt es noch zahlreiche Lücken in Lernmaterialien und Hilfsmitteln.

Die japanische Schriftsprache zeigt gegenüber der Umgangssprache eine ganze Reihe von Besonderheiten nicht nur im lexikalischen Bereich, sondern auch in Morphologie und Syntax. So gibt es nicht wenige morphologische Eigenschaften, die im Gebrauch auf geschriebene Texte beschränkt sind, die sich an als Personen nicht spezifizierte Leser richten. Bis in die Meijizeit (ab 1868) hinein waren Schrift- und Umgangssprache wesentlich stärker unterschieden als heute. Trotz starker Angleichung sind – insbesondere in stilistisch anspruchsvoller geschriebener Sprache – Elemente der klassischen geschriebenen Sprache (*Bungo*) verblieben. Setzt man sich reine Lesekenntnis als allgemeines Lernziel von Japanischkursen, kann man auf eine Reihe von Eigenschaften der gesprochenen Sprache verzichten, muß aber andererseits spezielle schriftsprachliche Eigenschaften aufarbeiten.

Zugang zu Datenbanken

Neben einer auf die Verarbeitung von Fachtexten eingestellten Lesekenntnis sollte man sich auch darauf einstellen, den Zugang und die Auswertung von japanischen Datenbanken (über deren Bedeutung und die Zugangsprobleme siehe Galinski 1984; Sigurdson/Greatrex 1987) zu eröffnen; hier gibt es aber zur Zeit noch keine eigenen Arbeitsmittel.

Kommunikationsfähigkeit

Sprachen, die erst recht kurze Zeit miteinander in Kontakt stehen, unterscheiden sich voneinander in kulturellen Gebrauchsbedingungen u.U. erheblich stärker als Sprachen, zwischen denen lange andauernde historische Verbindungen bestehen. Für den Erwerb einer Kommunikationsfähigkeit im Japanischen ist es sehr wichtig, die mit japanischen historisch-kulturellen Gegebenheiten eng verknüpften Gebrauchsbedingungen zu erlernen. Praktisch in jeder Äußerung ist der personale Bezug zum Gesprächspartner morphologisch speziell zu berücksichtigen. Das betrifft u.a. die verbale Morphologie und den Gebrauch von Personalpronomina. Das Japanische zeigt – wie manche andere ost- oder südostasiatische Sprache – eine Grammatikalisierung personaler und situationeller Bezüge (Kishitani 1985). Die japanische Höflichkeitssprache (*keigo*) ist eine spezielle Ausprägung dieses allgemeineren sprachlichen Zuges. Gängige Lehrwerke des Japanischen für Ausländer gehen, wenn sie nicht von der Schriftsprache ausgehen, meist von einer relativ neutralen höflichen Form aus und vermitteln eher spät und knapp oder erst auf der Mittelstufe, die aber nur wenige Lehrwerke überhaupt erreichen, ein breiteres Spektrum personalbezogener sprachlicher Verhaltensweisen. Da einige Eigenschaften bzw. die Häufigkeit ihrer Verwendung auch noch an das Geschlecht und das Alter des Sprechers gebunden sind, stellt die Vermittlung einer *native speaker*-nahen Kommunikationsfähigkeit ganz erhebliche Anforderungen an Lehrer, Materialien und Unterrichtsverfahren. Man kann nicht von einer Reziprozität sprachlichen Verhaltens ausgehen. Deutsche und Europäer allgemein, die das jeweilige Verhalten der *native speaker* in ihrer sozialen Interpretation verstehen können wollen und Japanisch annähernd so wie *native speaker* sprechen lernen möchten, müssen sich darauf einlassen, andere Bewertungen zwischenmenschlichen Verhaltens zu akzeptieren und selbst einzulösen. Das hat natürlich auch erhebliche Konsequenzen für das nichtverbale Verhalten.

4. Weitere Charakterisierung der japanischen Sprache als Lerngegenstand

Neben der angedeuteten pragmatischen Spezifik des Japanischen ist die Sprache in weiteren drei Hinsichten als Lerngegenstand speziell zu charakterisieren: a) grammatische Struktur, b) Lexikon, c) Schrift.

Grammatische Struktur

Die grammatische Struktur des Japanischen zeigt in Morphologie, Syntax und Semantik z.T. erhebliche Unterschiede gegenüber dem, was Deutschsprachigen aus den in Schulen üblicherweise gelehrten Sprachen bekannt ist. (Übrigens unterscheidet sich das Japanische auch vom Chinesischen, dem es durch Schrift und historische Kontakte verbunden ist, strukturell erheblich.) Wer Japanisch lernt, wird für eine Reihe von Kategorien, die in europäischen, insbesondere westeuropäischen Sprachen verbreitet sind, keine direkten Entsprechungen finden; auf der anderen Seite sind nicht wenige bei uns nicht geläufige grammatische Kategorien zu erlernen. Die sprachlichen Unterschiede zwischen Deutsch und Japanisch hatten Forschungsarbeiten einer Gruppe japanischer Germanisten (vor allem in Tokyo) und ein Projekt des Instituts für deutsche Sprache zum Gegenstand (Stickel 1976; Kaneko/Stickel 1984; Rickmeyer 1985; Kaneko 1987). Darstellungen bzw. Skizzen der Sprachstruktur bieten u.a. Shibatani (1987, 1990); Rickmeyer (1989).

Lexikon

Deutschsprachige Lerner westeuropäischer Sprachen sind daran gewöhnt, einen nicht unerheblichen Teil des Vokabulars aufgrund gemeinsamer historischer Verbindungen in einem gewissen Maße erschließen zu können. Latein- und griechischsprachige Traditionen reichen über das Wissenschaftsvokabular erheblich hinaus. Eine ähnliche Rolle spielt etwa das Arabische für manche afrikanische Sprache oder neben Sanskrit für das Indonesische, Sanskrit (neben Pali) für das Thailändische. Das "Latein" des Japanischen ist das Chinesische. Deutsche Lerner des Japanischen haben – außer englischen Wörtern und einer geringen Zahl von Lehnwörtern aus dem Deutschen (z.B. *beito* 'Job' < dt. Arbeit) – keine Brücken zum Lexikon. Es bestehen zahlreiche Beziehungen zwischen genuin japanischen (*wago*) und sinojapanischen lexikalischen Einheiten (*kango*) etwa der Art wie im Englischen zwischen *king* und *royal, law* und *legal, feel(ing)* und *emotion* usw. Das Lexikon des Japanischen ist somit sehr differenziert und reichhaltig. Das stellt an Lerner, die anspruchsvolle, auch literarische Textlektüre betreiben wollen, ganz erhebliche Anforderungen. Auch die Anforderungen, die Nachrichten, politische Kommentare, Diskussionen usw. in Radio und Fernsehen ans Lexikon stellen, gehen erheblich über die Umgangssprache hinaus. Der sinojapanische Lexikonanteil mit zahlreichen Kompositabildungen spielt dabei eine große Rolle.

Schrift

Geschriebene japanische Texte bestehen heute üblicherweise aus vier Zeicheninventaren (zum Ganzen vgl. Foljanty in Kaneko/Stickel 1984, 29 ff.): 1) sino-japanischen Schriftzeichen (*Kanji*), 2) einem *Hiragana* genannten System von Silbenzeichen, 3) einem weiteren, *Katakana* genannten System von Silbenzeichen und in begrenztem Maße schließlich auch 4) dem lateinschriftlichen Alphabet (*Roomaji*). Prinzipiell kann die japanische Sprache mit jedem der vier Systeme geschrieben werden, die übliche Praxis ist aber eine Mischung aus 1) – 3) mit je nach Kommunikationszusammenhang gewissen Zugaben aus 4). (*Roomaji* ist beispielsweise in der Werbung recht häufig.) Die sino-japanischen Schriftzeichen werden vor allem für nominale, verbale und adjektivische lexikalische Einheiten verwandt, doch wird normalerweise nicht jedes derartige Wort in einem Text mit *Kanji* geschrieben. *Hiragana* werden für lexikalische Einheiten und vor allem für grammatische Morpheme, aber auch für Pronomina, konjunktionale Formen, situativ relevante Partikeln u.ä. verwandt. *Katakana* dienen der Auszeichnung und Hervorhebung, so auch für Lehnworte aus europäischen Sprachen und oft für die im Japanischen sehr zahlreichen lautmalerischen und Gestaltzüge andeutenden Ausdrücke (Ideophone, jap. *giseigo, gitaigo*). *Roomaji* nutzt man zur Wiedergabe fremdsprachlichen Materials und für manche wissenschaftliche Notationen; es gibt dabei verschiedene Transkriptionssysteme. (Die beiden am weitesten verbreiteten sind *Hepburn* und *Kunreishiki*.)

Nach dem Zweiten Weltkrieg wurde für die Schule und für offiziellen Regierungsgebrauch eine Standardauswahl aus dem insgesamt benutzten Repertoire an sino-japanischen Zeichen getroffen; die Zeichen wurden dabei zum Teil in der Schreibung vereinfacht bzw. in anderer Weise geändert und normiert (*Tooyoo Kanji*). Diese Liste – und ergänzende Regelungen u.a. für den Zeichengebrauch in Namen – wurde mehrfach revidiert. Seit 1981 ist die *Jooyoo Kanji* genannte Liste ("Sino-japanische Zeichen für den üblichen Gebrauch") offiziell verbindlich. Diese Liste reicht aber weder für Zeitungslektüre und manch anderen täglichen Gebrauch, noch gar für literarische Texte aus. Es gibt im Alltag daneben vereinfachte Zeichen und Variationen im Zeichengebrauch. Wer Texte vor der Einführung der *Tooyoo Kanji* lesen will, muß auch die früheren Formen damals geänderter Zeichen lernen (*Kyuushiki*) und auch einige zusätzliche Silbenzeichen sowie andere orthographische Regeln für den Gebrauch der Silbenzeichen (*Kanazukai*).

Sino-japanische Schriftzeichen haben im Prinzip zwei Lesarten, eine, die eine mit dem Zeichen eingebürgerte japanisierte Form der chinesischen Aussprache darstellt (*On-yomi, On*-Lesung), und eine, die ein semantisch entsprechendes oder nahestehendes genuin japanisches Wort dem Zeichen zuordnet (*Kun-yomi*, *Kun*-Lesung). In der Praxis haben viele Zeichen mehr als eine der beiden Lesungen. Es gibt aber auch Zeichen, für die keine *On-* oder *Kun*-Lesung festgelegt ist, im tatsächlichen Gebrauch werden aber auch solche Zeichen z.T. mit solchen Lesungen verwendet. Es sind also neben offiziellen Zeichensystemen und orthographischen Regelungen auch zahlreiche Varianten im alltäglichen Gebrauch zu lernen. Die meisten Lehrwerke berücksichtigen diese zusätzlichen vielfältigen Gegebenheiten nur ungenügend.

Mit der Schrift verbindet sich ein erhebliches Problem der Didaktik des Japanischen als Fremdsprache. Eine Zeit lang hatten sich Lehrwerkverfasser zu dem Weg entschlossen, vorzüglich die gesprochene Sprache zu lehren und dabei auf das Erlernen der japanischen Schriftsysteme wenigstens zunächst ganz zu verzichten, das Lernmaterial also in *Roomaji* anzubieten (Alfonso 1976, 202 f.). In letzter Zeit hat sich mehr und mehr die Ansicht durchgesetzt, daß man damit nur eine zusätzliche Hürde aufbaut, wenn Lerner sich später eine völlig unvertraute schriftliche Repräsentation des Japanischen erarbeiten müssen. So versuchen Lehrwerkautoren heute wieder, Japanisch von Anfang an ganz oder wenigstens teilweise in Silbenschrift und *Kanji* anzubieten, und damit ein geschriebenes Japanisch, wie man es alltäglich in Japan sehen kann.

Schwierigkeit

Die skizzierten sprach-pragmatischen Gegebenheiten und die in diesem Abschnitt kurz beleuchteten Charakteristika bilden auch Aspekte der Schwierigkeit des Lerngegenstandes. Bislang liegen nur grobe Schätzwerte für die relative Schwierigkeit des Japanischen in Zeitangaben für amerikanische Lerner mit Englisch als Muttersprache vor. Während der Bericht des *American Council of Learned Societies* (1976, 3), ohne irgendwelche Belege anzubieten, angibt, das Japanische brauche vier- bis fünfmal so viel Zeit wie Französisch oder Spanisch, setzen Cleveland et al. (1960, 239 ff.) mit gründlicher abgestützten Angaben die Schwierigkeit auf den zweieinhalbfachen Zeitbedarf.

5. Lehrpläne, Zertifikate, Lehrwerke

Da nur an wenigen Schulen Japanisch als freiwilliges Fach angeboten wird, existieren noch keine verbindlichen Lehrpläne. Schulcurricula und Schullehrwerke sind erst noch zu entwickeln. In Berlin wird derzeit dazu ein Projekt durchgeführt (Genenz/Schneider 1987).

Zertifikat

Die *Japan Foundation* und die *Association of International Education*, Japan, haben 1984 Zertifikatsprüfungen für solche, die Japanisch nicht als Muttersprache gelernt haben, in Gang gesetzt. Diese Prüfungen finden seit 1985 auch in der Bundesrepublik statt (Düsseldorf und Stuttgart). Die Zertifikatsprüfung findet in 4 Schwierigkeitsgraden statt, deren höchster (= 1) eine Zulassungsvoraussetzung für das Studium von Ausländern an japanischen Universitäten darstellt. Die Zertifikatsprüfungen erstrecken sich jeweils auf Schriftkenntnis, Wortschatz, Hör- und Leseverstehen und Grammatikkenntnis.

Japanisch für Ausländer

Japanisch für Ausländer wird in Japan seit langem betrieben, und Japaner selbst haben sicher in diesem Bereich die längste und reichhaltigste Tradition. In jüngster Zeit unternimmt man, wie auch die Einrichtung der erwähnten Zertifikatsprüfung zeigt, besondere Anstrengungen in diesem Bereich (vgl. den Bericht des *Soogookenkyuukaihatsukikyoo* 1985). Spezielle Studiengänge wurden eingerichtet (z.B. an den Universitäten Tsukuba und Nagoya). Weiter besteht eine reichhaltige Tradition in den USA.

Ein weiteres gewisses Problem in der Didaktik des Japanischen für Ausländer besteht darin, daß in Japan vor allem Konzeptionen und Materialien im Blick auf in Japan Japanisch lernende Ausländer entwickelt werden, also Lerner, die Japanisch täglich gesprochen und geschrieben erleben können. Für deutschsprachige Lerner ohne oder vor Japanaufenthalten fehlt dieser Kontext. Das bedeutet auch für den Schrifterwerb eine andere Ausgangssituation.

Entwicklungsarbeit für den Japanischunterricht in der Bundesrepublik

Entwicklungsarbeit hat besonders in den letzten Jahren vermehrt stattgefunden. Dazu gehört insbesondere das nordrhein-westfälische Landesinstitut für japanische Sprache (Japonicum) in Bochum, das Intensivkurse für Erwachsene vor allem außerhalb der Universität anbietet. An den Volkshochschulen in der Bundesrepublik Deutschland wird Japanisch nach dem "Grundbaustein" zum VHS-

Zertifikat Japanisch (1987) unterrichtet. Auch eine ganze Reihe neuer Lehrwerke für deutschsprachige Lerner und Hilfsmittel (insbesondere für das Erlernen der sino-japanischen Schriftzeichen) sind in den letzten Jahren neu entstanden.

Trotzdem gibt es im Lehrwerkbereich noch ganz erhebliche Lücken zu füllen, d. h. die Zugänglichkeit der Sprache für potentielle Lerner unterliegt noch zahlreichen Beschränkungen (zu Lehrwerken im Bereich Japanisch für Ausländer vgl. Alfonso 1976; Dunn 1977; Wienold 1981; Wienold 1987b). Das ist sicher aus der speziellen historischen Situation zu verstehen. Für deutschsprachige Lerner gibt es im Handel meist nur einführende Lehrwerke. Für fortgeschrittene Kurse sind praktisch nur Lehrwerke vorhanden, die für englischsprachige Lerner, vor allem in Japan und den USA, entwickelt worden sind, oder Lehrwerke, die für Lerner mit unterschiedlichen Ausgangssprachen gedacht sind und vor allem in Japan eingesetzt werden.

Deutschsprachige Lerner sind also, was fortgeschrittenere Lehrstufen angeht, auf Vermittlung des Japanischen über das Englische angewiesen. Eine weitere, besonders schmerzlich spürbare Lücke gibt es bei den Wörterbüchern. Deutschsprachige Lerner sind praktisch – von ganz gering zugeschnittenen Bedürfnissen abgesehen – auf Wörterbücher angewiesen, die in Japan für Japaner gemacht worden sind. Das bedeutet u.a., daß sie die Schriftkenntnisse von gebildeten erwachsenen Japanern voraussetzen. Sie sind erst auf erheblich fortgeschrittener Stufe für deutschsprachige Lerner überhaupt lesbar und erhalten außerdem mancherlei Information nicht, die Deutschsprachige suchen. Einige weitere Lücken im Angebot an Lernmaterialien und Lernhilfen werden in Wienold (1987a) dargestellt.

Literatur

Alfonso, Anthony (1976), "A Report of the Survey on the Teaching of Japanese Carried out in the United States and in Japan", in: *American Council of Learned Societies*, 177-227.
American Council of Learned Societies (1976), *Japanese Language Studies in the United States. A Report of the Subcommittee on Japanese Language Training Study of the Joint Committee of Japanese Studies*, o.O.
Brod, Richard I. (1980), *Language Study for the 1980s: Report of the MLA-ACLS Language Task Forms*, New York.
Cleveland, Harlan/Mangone, Gerard J./Adams, John C., eds. (1960), *The Overseas Americans*, New York.
Dunn, Charles (1977), "Japanese", in: A.J. Walford/J.E.O. Screen (eds.), *A Guide to Foreign Language Courses and Dictionaries*, London, 286-293.
Galinski, Christian (1984), "Japanese and Chinese Terminologies in European Terminological Data Banks (tdb)", Wien: Infoterm, 1-84.
Genenz, Kay J. (1984), "Die japanische Sprache in der Bundesrepublik Deutschland", in: Klaus Kracht/Bruno Lewin/Klaus Müller (Hrsg.), *Japan und Deutschland im 20. Jahrhundert*, Wiesbaden, 22-43.
Genenz, Kay J./Schneider, Roland, Hrsg. (1987), *I. Kolloquium Japanisch-Unterricht Berlin 1986*, Düsseldorf.
Kaneko, Tohru, Hrsg. (1987), *Syntaktisch-semantische Kontraste*, Heidelberg.
Kaneko, Tohru/Stickel, Gerhard, Hrsg. (1984), *Japanische Schrift – Lautstrukturen – Wortbildung*, Heidelberg.
Kishitani, Shoko (1985), *Die Person in der Satzaussage: Beiträge zur deutschen und japanischen Verbalkategorie*, Wiesbaden.
Laumer, Helmut (1977), *Japans wirtschaftliche Verflechtung mit Südostasien*, Hamburg.
Miyajima, Tatsuo (1986), "Über die Entwicklung der japanischen Fachsprachen", in: *Fachsprache*, Jg. 8, 2-15.
Pädagogische Arbeitsstelle des Deutschen Volkshochschul-Verbandes, Hrsg. (1987), *Grundbaustein zum VHS Zertifikat Japanisch*, Bonn/Frankfurt a.M.
Rickmeyer, Jens (1985), *Morphosyntax der japanischen Gegenwartssprache*, 2. Aufl., Heidelberg.
Rickmeyer, Jens (1989), "Sprachbau", in: Bruno Lewin (Hrsg.), *Handbuch der Orientalistik*, 5. Abt. Japan, 1. Bd., 2. Abschnitt *Sprache und Schrift Japans*, Leiden, 26-62.
Shibatani, Masayoshi (1987), "Japanese", in: Bernard Comrie (ed.), *The World's Major Languages*, London/Sydney, 855-890.
Shibatani, Masayoshi (1990), *The Languages of Japan*, Cambridge.
Sigurdson, Jon/Greatrex, Roger (1987), *Machine Translation of On-Line Searches in Japanese Data-Bases*, Lund.
Soogookenkyuukaihatsukikyoo, Hrsg. (1985), *Nihongokyooiku oyobi nihongohukyuukatsudoo-no genjoo to kadai* [= Gegenwärtige Lage und Aufgaben des Japanischunterrichts und der Aktivitäten zur Verbreitung des Japanischen], Tokyo.
Stickel, Gerhard, Hrsg. (1976), *Deutsch-japanische Kontraste: Vorstudien zu einer kontrastiven Grammatik*, Tübingen.
Wienold, Götz (1981), "The Influence of Linguistics on the Development of Teaching Materials for Japanese as a Foreign Language: A Case Study", Ms., Univ. Konstanz.
Wienold, Götz (1987a), "Needs in Materials Development for Japanese as a Foreign Language", in: *Proceedings of the Seventh International Symposium on Japan Today, October 23rd – 25th, 1986 Copenhagen*, Vedbaek, 180-194.
Wienold, Götz (1987b), "Japanisch lernen", in: *Konstanzer Blätter für Hochschulfragen* 25, 67-74.

Götz Wienold

85. (Neu-)Griechisch

Das heutige Griechisch hat begrifflich einen nicht ganz leichten Stand, muß es sich doch aus bildungshistorischen Gründen als Neu-Griechisch gegenüber 'dem Griechischen' (gemeint ist das Alt-Griechische) behaupten. Ist von 'Griechisch' beispielsweise im Sprachenkanon bundesrepublikanischer Gymnasien die Rede, so handelt es sich um die Sprache Aristoteles', Platons und Homers, und die wird von den Schülern immer noch nach Englisch, Französisch und Latein an vierter Stelle gewählt – beachtenswerterweise vor Spanisch, Russisch und Italienisch.

1. Griechisch weltweit

Griechisch wird heute weltweit von 14 bis 15 Millionen Menschen als Muttersprache gesprochen. Ca. 4,5 Millionen Griechischsprecher, fast ein Drittel, leben – wirtschaftlich und z.T. politisch bedingt – außerhalb Griechenlands und Zyperns: so z.B. in den USA um die 2,5 Mio., in Australien knapp eine halbe Million (hier stellt die griechischsprachige Gruppe nach der englischsprachigen den zweitgrößten Bevölkerungsanteil), in den Ländern der ehemaligen UdSSR an die 400 000, in der Bundesrepublik Deutschland 350 000, im übrigen Europa ca. 250 000, in Kanada 180 000, in Mittel- und Südamerika um die 60 000, in Südafrika 50 000 und in Nordafrika ca. 40 000. Sicherlich kann deshalb das Griechische – da keine internationale Verkehrssprache – nicht zu den 'Weltsprachen' gezählt werden, aber gewiß kann man überall auf der Welt Griechen oder Griechischsprachige als Seefahrer, Händler, Gastronomen, Änderungsschneider, Arbeiter oder Wissenschaftler antreffen.

2. Sprachangebot und Nachfrage

Wiewohl das moderne Griechisch häufig mit den Epitheta 'kleine', 'sonstige' oder 'selten unterrichtete' Sprache bedacht wird, hat es in den letzten Jahren an internationaler Bedeutung erheblich gewonnen. Europäische Union, Arbeitsmigration und Tourismus liefern hier die wichtigsten Stichwörter.

Der zunehmende gesellschaftliche Bedarf an Griechischkenntnissen spiegelt sich einerseits in den vor allem seit Ende der siebziger Jahre ständig steigenden Hörerzahlen in den Sprachkursen der Erwachsenenbildungseinrichtungen (Volkshochschulen, kommerzielle Sprachlehrinstitute, Sprachreisen u.ä.) und der Hochschulen der Bundesrepublik wider, andererseits geben die insbesondere nach 1980 von verschiedenen Verlagen zahlreich publizierten und verkauften Lehrprogramme der neugriechischen Volkssprache, Sprachführer, Selbstlernkurse etc. einen deutlichen Hinweis auf das gestiegene Interesse an der modernen griechischen Umgangssprache. So bieten – nimmt man die Vorlesungsverzeichnisse der Hochschulen als Informationsgrundlage – inzwischen 30 Universitäten, Gesamthochschulen und Pädagogische Hochschulen der Bundesrepublik (d.h. weit mehr als die Hälfte aller in Frage kommenden Hochschulen) sowie einige in Österreich und der Schweiz zumindest neugriechische Sprachkurse an, oft auch im Fortgeschrittenenunterricht Literaturkurse; darüber hinaus kann in den alten Bundesländern an den Universitäten Berlin, Bochum, Bonn, Frankfurt/Main, Freiburg, Göttingen, Hamburg, Köln, Marburg, München, Tübingen und Würzburg das Fach 'Neugriechische Sprache und Literatur' als 'Neugriechische Philologie' oft in Verbindung mit Byzantinistik/byzantinische Philologie im Haupt- und/oder Nebenfach studiert werden – zumeist innerhalb der (alt-)philologischen oder altertumskundlichen Fakultäten/Fachbereiche. Trotz dieser positiv scheinenden Entwicklung darf jedoch nicht darüber hinweggesehen werden, daß die personelle und materielle Ausstattung des Faches Neugriechische Philologie bis auf sehr wenige Ausnahmen insgesamt immer noch sehr zu wünschen übrigläßt.

Eine nicht zu unterschätzende Aufwertung erführe das Neugriechische, wenn es zukünftig als Unterrichtsfach z.B. im Sekundarbereich II der allgemeinbildenden Schulen als 'Erschließungssprache' gelehrt werden würde – wie nicht nur die 'Homburger Empfehlungen für eine sprachenteilige Gesellschaft in Deutschland und Europa' vorschlagen (Weinrich 1980). In ähnliche Richtung zielt auch die Forderung hier lebender griechischer Arbeitsmigranten nach Einführung und Anerkennung des Griechischen als fremdsprachliches Schulfach für deutsche Schüler und des Griechischen als Muttersprache anstelle einer Fremdsprache für griechische Schüler u.a. auch zur Institutionalisierung einer Möglichkeit interkultureller Praxis.

3. Betroffener Personenkreis

Was den Personenkreis betrifft, für den neugriechische Sprachkenntnisse von Interesse und von Nutzen bereits sind und in Zukunft noch mehr sein dürften, so handelt es sich um recht heterogene Adressatengruppen: Die sechs wichtigsten betreffen die Bereiche a) Politik, b) Wirtschaft, c) Tourismus, d) Pädagogik, e) Kultur und f) 'Mischehen'.

a) Die Mitgliedschaft Griechenlands in der Europäischen Gemeinschaft hatte zur Folge, daß das Griechische EG-Sprache wurde und dadurch für alle Mitgliedsstaaten erhöhte Relevanz erlangte. Neben den betroffenen Politikern, Parlamentariern, Gremienmitgliedern sind Griechischkenntnisse bei Frauen und Männern gefragt, die z.B. Sekretär-, Sachbearbeiter-, Übersetzungs- und Dolmetschertätigkeiten ausüben. Aber auch auf der Ebene bilateraler Begegnungen zwischen (Partei-)Politikern, Gewerkschaftlern usf. dürften sich Griechischkenntnisse als nützlich und wertvoll erweisen; nicht zuletzt könnte so auch offiziell ein praktisches Bekenntnis zur sprachlichen und kulturellen Vielfalt in Europa zum Ausdruck gebracht werden.

b) Im wirtschaftlichen Bereich (Produktionssektor, Handel, Verkehr, Dienstleistungswesen) gibt es ungemein vielfältige Kontakte und Arbeitszusammenhänge zwischen Griechenland und den europäischen Ländern auf staatlicher und privatwirtschaftlicher Ebene (die Bundesrepublik ist dabei der mit Abstand wichtigste Handelspartner), die auch zu einem erhöhten Bedarf an Griechischkenntnissen führen. Hier wird bisher oft auf das Zweisprachigkeitspotential der griechischen Arbeitsmigranten – vor allem deren Kinder – zurückgegriffen.

c) Die Tourismusbranche hat sich in Griechenland in den letzten Jahren zu einem beachtlichen Industriezweig entwickelt – mit steigender Tendenz. Ein Großteil der Touristen bereist immer wieder dieses Land, so daß in jener Gruppe die meisten Sprachinteressenten zu finden sind. Zu Zeiten des anonymen Massentourismus verhelfen gerade in Griechenland Sprachkenntnisse zu einem intensiveren Erleben von Land und Leuten.

d) Seit Jahren wird auch in der Bundesrepublik zu Recht gefordert, daß die Lehreraus- und -fortbildung auf den vielfältigen Bedarf einer sprachenteiligen Gesellschaft ausgerichtet sein muß. Dies gilt in ganz besonderem Maße für die Lehrer und Sozialpädagogen, die im schulischen und außerschulischen Bereich mit den Arbeitsmigranten und deren Kindern zu tun haben. Griechische Sprachkenntnisse erweisen sich in diesem Zusammenhang für deutsche Pädagogen als in mehrfacher Hinsicht nützlich, hilfreich und sinnvoll: Anerkennung der griechischen Muttersprache und damit der Menschen selber, Sprachvergleich griechischdeutsch mit Fehleranalyse und -therapie, Elterngespräch, Kommunikation mit den griechischen Kollegen, Schüleraustausch, Interkulturalität, persönliche geistig-kulturelle Bereicherung u.ä.m. Auch in der Erwachsenenbildung und im Kontakt mit den zahlreichen griechischen Gemeinden bedeuten griechische Sprachkenntnisse einen Abbau sprachlich bedingter Verstehensbarrieren und Förderung interethnischer Kommunikation.

Eine besondere Klientel neugriechischer Instruktion dürfte sich aus der Gruppe der Altphilologen, speziell der Gräzisten, rekrutieren, die ihren Unterricht mit Bezügen zum Neugriechischen anreichern und verlebendigen könnten.

e) Auch wenn es sich quantitativ um keine sehr beachtenswerte Größe handelt, so sollte nicht die Gruppe derjenigen übersehen werden, die aus Interesse an der zeitgenössischen griechischen Kultur Neugriechisch erlernen; das griechische Musik-, Tanz- und Liedgut (Chatzidakis, Farandouri, Markopoulos, Theodorakis), der griechische Film (Angelopoulos, Ferris, Gawras, Voulgaris) sowie die neugriechische Literatur (Nobelpreisträger Seferis und Elytis; Kasantzakis, Kavafis, Ritsos, Vassilikos) erfreuen sich nämlich auch jenseits der griechischen Grenzen wachsender Beachtung.

f) Schließlich sei noch auf die vor allem durch die Arbeitsmigration und den Tourismus bedingten zahlreichen 'Mischehen' hingewiesen, bei denen der nicht-griechischsprachige Partner immer auch ein potentiell Griechischlernender ist.

4. Zur neugriechischen Sprache

Das Griechische gehört wie das Deutsche zur indoeuropäischen Sprachenfamilie. Die sprachliche Verwandtschaft zeigt sich in der Morphologie und bei einzelnen Wortstämmen. Das heutige Griechisch wies bis vor kurzem noch zwei voneinander in Lexik, Flexion und Syntax partiell unterschiedene Sprachvarianten auf: die archaisierende *Katharéwussa* (= gereinigte Sprache), eine Art Kanzleisprache, deren sich vorwiegend die Verwaltung, das Rechtswesen, die Wissenschaft und die Kirche bedienten, sowie die *Dhimotikí* (= Volkssprache), die allgemeine und weithin standardisierte Umgangssprache, die Sprache der Belletristik, der Bühne, des Films: die eigentliche 'Umgangssprache'. Die *Katharéwussa* wurde bei der griechischen Staatsgründung im Jahre 1832 als allgemeine Schriftsprache eingeführt; nach mehr als hundert Jahre langer, z.T. sehr heftig geführter Kontroverse um die 'neugriechische Sprachfrage' gilt seit 1976 nunmehr die *Dhimotikí* als das offizielle griechische Idiom. Die (Nach-)Wirkungen der griechischen Diglossie werden allerdings in der nächsten Zeit noch erkennbar sein.

5. Zielvorstellungen des Griechischunterrichts, Lehrpläne und Zertifikate, Verbände

Das vorrangige Ziel des Neugriechischunterrichts für den überwiegenden Teil der beschriebenen Lernergruppen ist die Ausbildung von Hörverstehen, Sprechfertigkeit und Leseverstehen. Schreibfertigkeiten spielen eine untergeordnete Rolle und sind eher für ein akademisches Studium 'Neugriechische Philologie' von Belang; das soll aber keinesfalls heißen, daß generell auf das Training von Schreiben in der Fremdsprache Griechisch verzichtet werden könnte. Die meisten Lehrwerke geben die Befähigung zur mündlichen Kommunikation, die sprachliche Bewältigung typischer Alltagssituationen als Lernziel an, wobei in der Regel der durchschnittliche Griechenlandreisende den imaginierten Griechischlernenden abgibt. Einige Lehrwerke (Benholz et al. 1987; Kanavakis 1986) wenden sich besonders an Lernergruppen aus dem pädagogischen Bereich.

Lehrpläne für den Unterricht 'Neugriechisch als Fremdsprache' sind z.Zt. ebensowenig vorhanden wie Abschlüsse möglich sind; erst wenn Neugriechisch als Tertiärsprache in den Sprachenkanon z.B. des Gymnasiums und der Gesamtschule aufgenommen wird, dürften entsprechende Lehrpläne geschrieben werden. Ansätze dazu sollen an einigen wenigen Gymnasien dank des Interesses und der Privatinitiative von Lehrpersonen gegeben sein. An Volkshochschulen kann ein Sprachkurs Neugriechisch ebenfalls noch nicht mit einem Zertifikat abgeschlossen werden. Denkbar ist allerdings, daß in Zukunft aufgrund der steigenden Nachfrage nach Griechischkursen der Volkshochschulverband in modifizierter Analogie etwa zum 'Zertifikat Spanisch' ein 'Zertifikat Neugriechisch' erstellen wird.

Im akademischen Bereich gibt es dort Studienordnungen für Neugriechische Philologie, wo dieses Fach als Haupt- und/oder Nebenfach studiert werden kann. Abschlüsse sind hier M.A. und Dr. phil. Soweit bekannt, können Staatsexamina nicht abgelegt werden.

Die Didaktik und Methodik des Neugriechischen als Fremdsprache sind kaum entwickelt. Das Phänomen, daß inzwischen viele Ausländer die griechische Sprache als Lerngegenstand entdeckt haben, hat in Griechenland erst in Ansätzen zu sprachlehrforschenden Aktivitäten in diesem Bereich geführt. Vor allem an der Aristoteles-Universität in Thessaloniki arbeitet eine Gruppe von Philologinnen auf diesem Sektor. In der Bundesrepublik bieten einige Volkshochschul-Landesverbände Fortbildungsseminare für Griechischdozenten an.

Seit 1988 besteht die "Arbeitsgemeinschaft für Neogräzistik in der Bundesrepublik Deutschland" mit der Aufgabe, die Forschung und Lehre in diesem Bereich voranzutreiben sowie die Interessen des Faches auf breiter Ebene zu vertreten.

6. Einige spezifische Lernschwierigkeiten

Während die Schrift keine allzu großen Probleme für deutschsprachige Griechischlernende aufwirft, steckt die Orthographie dagegen voller Schwierigkeiten – selbst für Griechen. Hauptfehlerquelle ist hier der i-Laut, der mit sechs unterschiedlichen Schreibweisen aufwartet. Anfänglich kann es bei der Buchstaben-Lautzuordnung zu Verwechslungen kommen (z.B. B, η, H, Z, ρ, P, χ, X). Wichtige Besonderheiten bei der Aussprache des Neugriechischen bestehen darin, daß die Vokale kurz, die e- und o-Laute dabei stets offen ausgesprochen werden, daß nur eine der drei letzten Silben betont werden kann und daß die Wörter innerhalb eines Satzes eng miteinander verbunden werden, wodurch der Eindruck eines kontinuierlichen Sprechstroms ohne deutliche Markierungen von Wortgrenzen entsteht.

Alle Eigennamen (außer Anredeform) stehen mit dem bestimmten Artikel.

Die Verben haben keine Infinitivformen (mehr); im Wörterbuch sind die Verben in der 1. Pers. Sg. Präs. Ind. angegeben.

In den unterschiedlichen Zeitstufen beim Verb ist das Phänomen des Aspekts (durative bzw. perfektive Handlung) zu beachten. Hier liegen für den griechischlernenden Deutschen wahrscheinlich die größten Lernschwierigkeiten.

7. Lehrwerke

Der interessierte Griechischlernende konnte im deutschsprachigen Raum bis zum Beginn der 80er Jahre im wesentlichen lediglich auf zwei Lehrwerke des Neugriechischen zurückgreifen, die 1958 (Moser-Philtsou) bzw. 1965 (Wendt) publiziert und danach mehrfach unverändert aufgelegt wurden. Die Konzeptionen dieser Lehrwerke waren weitgehend der traditionellen (formal-)grammatischen Progression verpflichtet und förderten nur sehr beiläufig die Fertigkeit der mündlichen Kommunikation; Visualisierungen jedweder Art fehlten völlig, landeskundliche Informationen wurden äußerst spärlich – bei Moser-Philtsou hauptsächlich im literarischen Bereich – vermittelt. Erst nach 1980 kamen – wie bereits weiter oben kurz angeführt – Lehrwerke der 'neuen Generation' vermehrt auf den deutschen Markt. Zu nennen sind hier besonders das zweiteilige Lehrwerk von Eideneier/Eideneier (1980) sowie "Neugriechisch für Anfänger" von Diamantopoulou/Lindberg (1983); beide Werke streben Kommunikationsfähigkeit im Alltag an, ohne dabei die Vermittlung breiter, anwendungsbezogener Grammatikkenntnisse zu vernachlässigen. Themenwahl, aktuelle Texte, dialogischer Aufbau, Humor, Liedertexte, Illustrationen (Fotos, Zeichnungen, Karikaturen) und das Begleitmaterial (Kassetten, Übungsbücher) wirken recht lernmotivierend. Zur Unterscheidung der beiden Lehrwerke kann grob gesagt werden, daß der Kurs von Eideneier/Eideneier ein wenig mehr 'theoretisch', der von Diamantopoulou/Lindberg mehr 'praktisch' orientiert ist. Von sehr 'praktischer' Seite zeigt sich auch das interessante Selbstlernprogramm von Hill et al. (1984).

Besondere Hintergründe ihrer Entstehung verzeichnen die Lehrwerke von Kanavakis (1986) und Benholz et al. (1987). Die Publikation von Kanavakis entstand im Zusammenhang des Modellversuchs "Lehrer für Kinder mit fremder Muttersprache" (Mainz/Landau) und die von Benholz et al. im Rahmen des Modellversuchs "Problemorientierte Sprachkurse zur Ausbildung von Lehrern für Ausländerkinder" (Essen). Obwohl sich damit beide Lehrwerke vorrangig an Personen wenden, die im pädagogischen Bereich mit Griechen Kontakt haben, sind sie wiederum nicht so speziell, als daß nicht auch andere Interessierte erfolgreich damit lernen könnten.

Zum Schluß sollen noch zwei wichtige einsprachige Griechisch-Lehrwerke genannt werden, die in Griechenland erschienen sind, nämlich der zweiteilige Kurs von Μαυρούλια/Γεωργαντζή (1982, 1983) sowie das drei Teile umfassende Werk des bereits erwähnten Philologinnen-Teams der Universität Thessaloniki: αρχίζω τα ελληνικά et al. (1982, 1983).

Literatur

Benholz, Claudia/Lipkowski, Eva/Steinhaus, Marlies/Thanos, Nikolaos, *Neugriechisch – Ein problemorientiertes Sprachlehrwerk,* Teil 1 (1987) und Teil 2 (1988), Berlin.

Diamantopoulou, Zoe/Lindberg, Nina (1983, ²1986), *Neugriechisch für Anfänger,* Ismaning.

Diamantopoulou, Zoe/Lindberg, Nina (1991), *Neugriechisch für Fortgeschrittene,* Ismaning.

Eideneier, Hans (²1979), *Sprachvergleich Griechisch-Deutsch* (Teil Phonetik von Hans Ruge), München.

Eideneier, Hans/Eideneier, Niki, *Neugriechisch ist gar nicht so schwer,* Teil 1 (1980, ⁴1987), Teil 2 (1980, ³1984) und Teil 3 (1987), Wiesbaden.

Folia Neohellenica – Zeitschrift für Neogräzistik (1974 ff.), hrsg. u. redig. v. I. Rosenthal-Kamarinea in Zusammenarb. mit G. Emrich, Bochum.

hellenika – Jahrbuch für die Freunde Griechenlands (1964/1973 ff.), hrsg. v. der Vereinigung der Deutsch-Griechischen Gesellschaften e.V., Redaktion: I. Rosenthal-Kamarinea, Bochum.

Hill, Brian/Marcopoulos-Gambarotta, Eleni/Scamp, Jennifer (1984, ²1989), *Hueber-Selbstlernkurs Griechisch* (Dt. Bearbeitung von E. Winters-Ohle), München.

Kanavakis, Michalis (1986), *Griechisch für Deutsche,* Teil I (unter Mitarb. v. H. H. Reich), Frankfurt a.M./Bern/New York.

Mackridge, Peter (1985), *The Modern Greek Language. A Descriptive Analysis of Standard Modern Greek,* Oxford.

Moser-Philtsou, Maria (1958, ⁵1980), *Lehrbuch der Neugriechischen Volkssprache,* München. (Kurzfassung 1970).

Nickel, Rainer (1985), "Didaktische Bezüge zwischen den alten und den neuen Schulsprachen – aus der Sicht eines Lehrers der alten Sprachen", in: *Die Neueren Sprachen,* Bd. 84, 403-415.

Ruge, Hans (1985), *Grammatik des Neugriechischen,* Köln.

Schröder, Konrad (1984), "Fremdsprachenlernen außerhalb der Schule und Fremdsprachenbedarf", in: *Die Neueren Sprachen,* Bd. 83, 2-13.

Tzermias, Pavlos (1969), *Neugriechische Grammatik,* Bern/München.

Weinrich, Harald (1980), "Fremdsprachen in einer sprachenteiligen Gesellschaft" (mit den 'Homburger Empfehlungen für eine sprachenteilige Gesellschaft in Deutschland und Europa'), in: *Die Neueren Sprachen,* Bd. 79, 315-319.

Wendt, Heinz F. (1965, ¹²1989), *Langenscheidts Praktisches Lehrbuch Neugriechisch,* Berlin/München.

Winters-Ohle, Elmar (1992), "Neugriechisch – Lehrwerke. Ein kommentierender Überblick", in: *Der Altsprachliche Unterricht* XXXV, 5, 79-94.
αρχίζω τα ελληνικά – α (1982), περισσότερα ελληνικά – β (1983), πλουτίζω τα ελληνικά μου – γ (1983). Συνεργασία του διδακτικού προσωπικού του Σχολείου Νέας Ελληνικής Γλώσσας του Αριστοτελείου Πανεπιστημίου Θεσσαλονίκης, Θεσσαλονίκη.
Καρζή, Θ. (1987), *Τα σωστά ελληνικά*, Αθήνα.
Μαυρούλια, Σαπφώ/Γεωργαντζή, Ευαγγελία (1982, 1983), *Τα νέα ελληνικά για ξενόγλωσσους*, 2 τόμ., Αθήνα.
Νεοελληνική Γραμματική – αναπροσαρμογή της μικρής νεοελληνικής γραμματικής του Μ. Τριανταφυλλίδη (1985), Αθήνα.
Τομπαΐδη, Δημητρίου Ε. (1986), *Επιτομή της ιστορίας της ελληνικής γλώσσας*, Αθήνα.

Elmar Winters-Ohle

86. Niederländisch

1. Verbreitung des Niederländischen

Die Niederländer begannen ihre Geschichte mit einer Epoche wirtschaftlicher Blüte nach der Erlangung der Unabhängigkeit im Jahre 1648. Diese Zeit ist als das "goldene Jahrhundert", *de gouden eeuw*, in die Geschichte eingegangen.

In jener Zeit schufen sich die Niederländer Stützpunkte und gründeten Kolonien in Asien, Afrika und Amerika. De Rooij rechnet die Republik der Vereinigten Niederlande auf ökonomischem und kulturellem Gebiet *tot de grote mogendheden*, zu den großen Mächten (de Rooij 1978, 98). Die niederländischen Universitäten zogen viele ausländische Studenten an, und die niederländische Sprache war auch außerhalb der Grenzen bekannter als heute. Eine Reihe bedeutender deutscher Dichter hielt sich damals in den Niederlanden auf. Von Gryphius über Fleming und Haller bis zu Klopstock reicht die Gruppe, die den Kontakt zur niederländischen Sprache und Kultur pflegten (Zahn 1984). Selbst die Japaner lernten das Niederländische als erste europäische Sprache kennen.

Die große Bedeutung, die das Niederländische früher hatte, läßt sich am Einfluß auf andere Sprachen wie z.B. das Französische, Englische, Deutsche, Russische und Japanische ablesen. Englische Wörter wie *boss*, nl. *baas*, *to crimp*, nl. *krimpen*, *decoy*, nl. *de kooi*, *to prate*, nl. *praten*, und *snack*, nl. *snakken*, seien hier – stellvertretend auch für die anderen Sprachen – genannt (de Vin 1981, 51).

Der Periode allgemeiner Anerkennung im Ausland folgte eine Zeit der Geringschätzung, insbesondere von deutscher Seite. Manche Vorurteile verschwinden erst heutzutage allmählich. Während man in Deutschland immer noch vereinzelt auf die vorgefaßte Meinung trifft, die niederländische Sprache sei ursprünglich ein deutscher Dialekt gewesen, empfinden manche Niederländer die deutsche Sprache – nicht zuletzt wegen ihrer komplizierten morphologischen Strukturen – als schwerfällig, umständlich, bombastisch, gekünstelt, dienstlich und schneidend (Zahn 1984, 96).

Algemeen Nederlands (AN) heißt nicht nur die Hoch- oder Standardsprache in den Niederlanden, sondern auch in der nördlichen Hälfte Belgiens, in Flandern. Rechnet man auch die Zahl der Niederländischsprecher in Französisch-Flandern, in Surinam und auf den Karibischen Inseln St. Maarten, Curaçao, St. Eustatius, Saba, Aruba und Bonaire hinzu, so kommt man auf über 21 Millionen Menschen für den niederländischen Sprachraum.

Afrikaans als die Muttersprache der Buren und des überwiegenden Teils der Mischlinge gilt als die Tochtersprache des Niederländischen. Afrikaans wird außerdem von einem großen Teil der südafrikanischen Bevölkerung als Schul- und Zweitsprache gelernt und dient als Kommunikationsmittel in Südafrika und Namibia.

Auch einige Kreolsprachen Surinams zeigen starke niederländische Einflüsse, die sich vor allem beim Vokabular bemerkbar machen. So nennt Kloss für Srananisch einen Anteil von 9% und für Saramakkisch von 5%. Bei beiden Kreolsprachen sind dann noch einmal 11% des Wortschatzes aus dem gemeinsamen englisch-niederländischen Erbe hinzuzurechnen (Kloss 1978, 283).

Die Zahl der Sprecher kann keinesfalls als einziges Motiv für die Erlernung einer Sprache angesehen werden. Die räumliche Nähe des Zielsprachengebiets, die wirtschaftlichen und politischen Kontakte und die menschlichen Bindungen sind ebenfalls Anreize, sich einer Sprache zuzuwenden. Frankreich und die Niederlande sind die wichtigsten Handelspartner der Bundesrepublik Deutschland. Mit über 500 km Länge ist die deutsch-niederländische Sprachgrenze länger als irgendein anderer Grenzabschnitt, bei dem Deutschland an einen fremden Sprachraum stößt.

2. Niederländisch an Hochschulen und Schulen

An einzelnen deutschen Universitäten, wie z.B. in Münster, hat die niederländische Sprache und Literatur als Forschungs- und Studienobjekt zwar bereits eine längere Tradition, doch in größerem Rahmen konnte das Niederländische erst in neuerer Zeit langsam an Boden gewinnen.

Heute bieten ca. 30 deutsche Universitäten und Hochschulen Niederländisch-Veranstaltungen an. An den Universitäten in Münster und Köln ist ein Niederlandistikstudium möglich, das sowohl zum Staatsexamen für die Lehrämter der Sekundarstufe I und II als auch zum Magister und zur Promotion führt. Auch die Universitäten in Berlin und Oldenburg bieten Niederländisch als Haupt- oder Beifachstudium an. Die Zahl der Niederlandistikstudenten ist beständig gestiegen; es kann gegenwärtig von ca. 2000 Studenten in der Bundesrepublik Deutschland ausgegangen werden.

Auch in den anderen deutschsprachigen Ländern ist Niederländisch an den Universitäten vertreten, z.B. in der Schweiz (Basel, Zürich) und Österreich (Wien). In Europa bieten fast alle Staaten Niederländisch auf Hochschulebene an, z.B. Großbritannien (12 Universitäten), Italien (10), Frankreich (7). In Übersee ist die Niederlandistik ebenfalls zu Hause. In den USA haben sich die Niederlandisten zur *American Association for Netherlandic Studies* (AANS) zusammengeschlossen (Lacy 1988,1). Auf internationaler Ebene bilden die Hochschullehrer die *Internationale Vereniging voor Neerlandistiek* (IVN).

Niederländisch als Schulfremdsprache hat in den Anrainerländern Nordrhein-Westfalen und Niedersachsen eine langjährige Tradition. Vereinzelt wird diese Sprache auch in anderen Bundesländern unterrichtet, z.B. in Bremen.

1959 boten die ersten Gymnasien und Realschulen in Nordrhein-Westfalen Niederländisch an, zunächst als freiwillige Arbeitsgemeinschaft, d.h. als zusätzliche Unterrichtsveranstaltung für Schüler und Lehrer. 1962 wurde Niederländisch durch Erlaß des Kultusministers als Studienfach für das Lehramt am Gymnasium zugelassen, ein Jahr später auch für das Lehramt an der Realschule. Seit 1969 ist Niederländisch offiziell anerkanntes Schulfach, und es sind Lehrpläne oder Richtlinien entwickelt worden. Später wurde Niederländisch auch in die Stufenlehrerausbildung übernommen (Gemeinsames Amtsblatt NW 1981, 275-288).

Am Gymnasium gehört Niederländisch in der Regel zu den in der Oberstufe neueinsetzenden Fremdsprachen. Niederländisch kann Grund- und Leistungskurs sein.

In der Realschule kann das Fach als 4jähriger Lehrgang vom 7. bis 10. Schuljahr angeboten werden und gehört dann zum Neigungsschwerpunkt Fremdsprachen. Ein 2jähriger Niederländischunterricht als Wahlpflichtfach ist im 9. und 10. Schuljahr ebenfalls möglich.

Auch an den Schulen mit bilingualen Zweigen ist Niederländisch vertreten. Dabei wird der Unterricht in Erdkunde, Geschichte und in anderen Fächern teilweise auf niederländisch erteilt.

An Hauptschulen und berufsbildenden Schulen darf Niederländisch im Rahmen des Wahlpflichtunterrichts unterrichtet werden. Auch Gesamtschulen bieten diese Sprache an. An den Grundschulen – besonders in Grenznähe – spielt Niederländisch im Rahmen des Begegnungssprachenprogramms eine Rolle.

In Niedersachsen sind alle Schulformen des Sekundarbereichs am Niederländischunterricht beteiligt: Orientierungsstufen, Hauptschulen, Realschulen, Gymnasien, Gesamtschulen und berufsbildende Schulen.

Die Niederländischlehrerausbildung geschieht in Niedersachsen an der Universität Oldenburg. Im Gegensatz zu Nordrhein-Westfalen, wo Niederländisch 1. oder 2. Studienfach sein kann, ist die Niederlandistik für die niedersächsischen Lehrer 3. Studienfach. Um den Lehrerbedarf kurzfristig decken zu können, laufen im Bereich der Lehrerfort- und -weiterbildung Lehrgänge zum Erwerb einer Unterrichtserlaubnis. Schulbehörde und Universität arbeiten dabei Hand in Hand.

Niederländisch wird auch an vielen Volkshochschulen angeboten, die für die Dozenten Fortbildungstagungen veranstalten. Zwar ist Niederländisch erst seit 1987 in der Reihe der VHS-Zertifikate zu finden, und die Zahl der Prüfungskandidaten steigt rasch, doch gibt es bereits seit über einem Jahrzehnt ein in flämisch-niederländischer Zusammenarbeit konzipiertes internationales *Certificaat Nederlands,* das weder an ein Lehrwerk noch an einen Lehrgang gebunden ist. Die Prüfung zum Erwerb des Zertifikats kann man auf drei verschiedene Schwierigkeitsstufen und nach den vier Grundfertigkeiten getrennt (*unit-credit-system*) ablegen: *elementaire kennis* (Stufe I, nach etwa 2 Jahren Niederländischunterricht), *basiskennis* (Stufe II, etwa am Ende des 3jährigen Grundkurses) und *uitgebreide kennis* (Stufe III, für Prüflinge mit fortgeschrittenen Sprachkenntnissen).

Und nach dem Vorbild des *Threshold Level* für Englisch hat der Europarat auch für die anderen europäischen Sprachen eine Lernzielbeschreibung für einen kommunikativ-orientierten Fremdsprachenunterricht entwickelt, darunter auch 1985 für Niederländisch unter dem Namen *Drempelniveau, Nederlands als vreemde taal.*

Im Ausland wird Niederländisch als Fremdsprache in Belgien an wallonischen Schulen unterrichtet. Auch in Frankreich gibt es Niederländischunterricht, besonders an Schulen entlang der belgischen Grenze.

Schützenhilfe bei der Förderung des Niederländischunterrichts und bei der Verbreitung der niederländischen Sprache und Kultur außerhalb des niederländischen Sprachgebiets leistet die *Nederlandse Taalunie,* die durch einen Vertrag zwischen dem flämischen Kulturrat für die niederländische Kulturgemeinschaft und den Niederlanden zustande kam (Sudhölter 1981, 166). Nach einer Aufbauphase zu Beginn der 80er Jahre macht sich die *Taalunie* nun bemerkbar bei der Verwirklichung eines ihrer Teilziele: der Förderung der niederländischen Sprache und Kultur im Ausland. 1986 wurde in Münster die *Fachvereinigung Niederländisch* (FN) gegründet, die die Verbreitung von Niederländischkenntnissen in Deutschland fördert. Die FN, die mit dem *Fachverband Moderne Fremdsprachen* (FMF) kooperiert, erreichte bereits 5 Jahre nach ihrer Gründung 400 Mitglieder.

3. Ziele des Niederländischunterrichts

Mag auch die Verständigungsfähigkeit, d.h. die Fähigkeit zum sach- und partnergerechten Sprachverhalten, allgemeines Ziel des Fremdsprachenunterrichts für alle Sprachen sein, so zeigt doch der Weg zu diesem Ziel sprachenspezifische Sonderheiten; vor allem die Zwischensprachen, Etappen auf dem Pfad zum *near-native-speaker,* weisen Unterschiede auf. Die Niederländischschüler kommen mit einer anderen Erwartungshaltung als z.B. die Französischschüler. Die sprachliche Nähe des Niederländischen zur deutschen Muttersprache scheint zunächst den Zugang zur Zielsprache zu erleichtern und die Lernzeit zum Erwerb der Kenntnis der elementaren Strukturen und eines Basiswortschatzes zu verkürzen. Allerdings täuscht die enge Sprachverwandtschaft über manche Schwierigkeit hinweg. So stößt der Lernende bei der Aussprache spezifisch niederländischer Laute auf nicht erwartete Hindernisse. Die Aussprache des niederländischen v-Lautes, der zwischen dem deutschen *f-* und *w-*Laut steht, oder der Diphthonge *ui* (*huis*), *ooi* (*mooi*), *eeu* (*sneeuw*), *oei* (*moeite*) aber auch des langen o-Lauts in Wörtern wie *noord* und *hoorn* verlangen ein intensives Üben. Dagegen bieten die Reibelaute [x] und [sx] weniger Schwierigkeiten als angenommen.

Auch im Bereich der Lexik gibt es so manchen Stolperstein. Zahlreich sind die sog. *false friends,* z.B. nl. *kachel* (*Ofen*), nl. *zat* (*betrunken*), nl. *kapsel* (*Haarschnitt*), nl. *deftig* (*vornehm*), nl. *huren* (*mieten*) und nl. *brutaal* (*aufrecht*). Das Niederländische hat altes Wortgut oft besser bewahrt als das Deutsche, z.B. *kudde* (*Herde*), *kunne* (*Geschlecht*) und *minnespel* (*Liebesspiel*).

Für Touber sind die Fehler, die deutschsprachige Niederländischlerner machen, fast ausschließlich *Interferentiefouten,* Interferenzfehler, wie etwa *wind maken* statt nl. *opscheppen* (Touber, o.J., 117).

Die niederländische Sprache kennt die beiden definitiven Artikel *de* (*der, die*) und *het* (*das*). Allerdings stimmt das Genus im Niederländischen und Deutschen nicht immer überein. So sagt der Niederländer *de boot* (*das Boot*), *de telefoon* (*das Telefon*) und *de olie* (*das Öl*). Und es heißt *het antwoord* (*die Antwort*), *het kanaal* (*der Kanal*) und *het meervoud* (*die Mehrzahl*). Auch bei der Rektion der Verben gibt es Unterschiede. So sagt der Niederländer *ik aboneer mij op deze krant* (*ich abonniere mich auf diese Zeitung*). In solchen Fällen läßt sich mit Hilfe der Valenzgrammatik der deutsch-niederländische kontrastive Satzbau gut verdeutlichen. Die Kenntnis der Lautverschiebung hilft dem Schüler bei der Dekodierung vorher noch nie gesehener Wörter: *poot, pan* = Pfote, Pfanne(nl. p = dt. *pf*) – *nat, laten* = naß, lassen (nl. *t* = dt. *ß,ss,s*) – *maken, vak* = machen, Fach (nl. *k* = dt. *ch*). Wegen der sprachlichen Nähe läuft die Entwicklung der rezeptiven Fertigkeiten der Schulung der Sprech- und Schreibfertigkeit weit voraus. Die Didaktik und Methodik müssen dies berücksichtigen und der Einübung der aktiven Fertigkeiten besonderen Nachdruck verleihen.

Landeskundliches Sachwissen ist Voraussetzung für eine anspruchsvolle Verständigungsfähigkeit im fremdsprachlichen Raum. Fernab von allen Klischeevorstellungen hat die sprachlich orientierte Landeskunde dem Niederländisch-Lernenden viel sozio-kulturelles Hintergrundwissen anzubieten, von der *Elfstedentocht,* dem Schlittschuh-Marathon in Friesland, bis hin zum französisch-niederländischen Sprachenstreit in Belgien. Die Begegnung mit dem Kulturraum der niederländischen Sprache und der Vergleich der Lebensumstände hüben und drüben bilden die Ausgangsbasis für das interkulturelle Lernen.

Die räumliche Nähe zum niederländischen Sprachraum erlaubt deutschen Schülergruppen häufigere, auch kurzfristige Besuche. Die Schul- und Städtepartnerschaften mit ihren unmittelbaren Kontakten zu Land und Leuten dienen nicht nur der Motivation, sondern geben die Möglichkeit, die Erlebnisse der Schüler in die sozio-kulturellen Betrachtungen mit einzubeziehen.

Zu einem Schlüsselerlebnis wird für viele Niederländischlernende die Begegnung mit der im deutschen Sprachraum kaum bekannten niederländischen Literatur. Allerdings werden wohl die großen Dichter vom *gouden eeuw* wie Hooft, Bredero und Vondel – genau wie die Schriftsteller der *beweging van tachtig* – im wesentlichen den Hochschulstudenten vorbehalten bleiben müssen. Im Mittelpunkt des schulischen Niederländischunterrichts wird vornehmlich die Gegenwartsliteratur stehen. So sollte der Gymnasiast in seinem dreijährigen Kurs einige Namen wie Campert, Frank, Minco, de Vries, Blaman, Mulisch, van het Reve, Vroman, Kouwenaar, Heeresma, Vestdijk, Wolters, Lampo, Carmiggelt usw. kennenlernen.

4. *Richtlinien und Lehrwerke*

Beide Bundesländer Niedersachsen und Nordrhein-Westfalen haben neue *Lehrpläne* für den Niederländischunterricht entwickelt, die mit dem Schuljahr 1993-94 in Kraft getreten sind. Sie ersetzen die früheren *Richtlinien*.

Es gibt auch Lehrwerke für den Niederländischunterricht an Schulen, besonders wenn man auch die im niederländischen Sprachraum gedruckten Lehrbücher mit hinzurechnet. Hier seien einige genannt, die nach 1980 erschienen sind: *In Holland staat een huis* (Radio Hilversum 1981), *Nederlands op z'n best* (P. Arends und M. Ritterfeld, Uelsen 1984), *Nederlands praatboek* (J. Roberts, Stuttgart 1986), *Dag allemaal* (Bruns, Lühn et al., Lingen 1987) und Niederländisch (Hennen, München 1988).

Zwar haben viele dieser Lehrwerke auch ein Medienpaket entwickelt mit Tonkassetten, Bändern, Übungsheften, Wörterlisten und Schallplatten, sie sind jedoch nicht in erster Linie für den Niederländischunterricht bestimmter Schularten oder Schulstufen konzipiert. So ist die Auswahl für den Niederländischlehrer nicht groß. So müssen die Niederländischlehrer z.T. ihr eigenes Material für einen modernen lehrplankonformen Unterricht entwickeln.

Sein neues Lehrwerk *Voor als je Nederlands gaat leren* (Diepenbeek 1986) hat J. Wilmots auf die Richtlinien der gymnasialen Oberstufe ausgerichtet. Bei diesem Buch wurden die Unterrichtserfahrungen von Niederländischlehrern berücksichtigt.

Literatur

de Rooij, J. (1978), "Taal", in: J. Wilmots/J. de Rooij, Hrsg., *Voor wie Nederland en Vlanderen wil leren kennen,* Diepenbeek (Belgien), 89-102.

de Vin, Vandeputte (1981), *Niederländisch, die Sprache von 20 Millionen Niederländern und Flamen,* Rekkem (Belgien).

Gemeinsames Amtsblatt des Kultusministeriums und des Ministeriums für Wissenschaft und Forschung (1981), 9, Düsseldorf.

Kloss, Heinz (1978), *Die Entwicklung neuerer germanischer Kultursprachen seit 1800,* Düsseldorf.

Lacy, Margriet (1988), *Newsletter,* Minard 221, North Dakota State University, Fargo, ND 58105.

Nachbarsprache Niederländisch, halbjährliche Fachzeitschrift seit 1986, Magdalenenstr. 5, 4400 Münster.

Sudhölter, Jürgen (1981), "Die belgisch-niederländische Sprachunion", in: *Neusprachliche Mitteilungen,* Jg. 34, 166-168.

Touber, A.H. (o.J.), "Interferentiefouten van het Duits in het Nederlands van duitstaligen", in: *"Sprachkontakt und Sprachkonflikt",* H. 32 der Beihefte der *Zeitschrift für Dialektologie und Linguistik,* Wiesbaden.

Zahn, Ernst (1984), *Das unbekannte Holland,* Berlin.

Jürgen Sudhölter

87. Polnisch

Der Stellen- und der Verkehrswert der polnischen Sprache

Das Polnische gehört zu den westslawischen Sprachen. Die ersten literarischen Werke wurden in ihr schon im 11. Jahrhundert verfaßt. Auf die Entwicklung der polnischen Schriftsprache haben neben der lateinischen und der französischen auch die nachbarlichen Sprachen – besonders die tschechische und die deutsche – einen starken Einfluß ausgeübt. In der jüngsten Zeit haben sich im Polnischen verstärkt russische und englisch-amerikanische Einflüsse bemerkbar gemacht. Aus dem Deutschen ist ins Polnische vor allem eine große Zahl von Wörtern aus dem Bereich des Handwerks und der Maschinentechnik entlehnt worden.

Polnisch wird von etwa 50 Millionen Menschen als Muttersprache benutzt. In Polen, wo heutzutage nur sehr kleine Sprachminderheiten leben, ist Polnisch die Muttersprache für ca. 95% der Bevölkerung und die einzige offizielle Sprache für alle 38 Millionen polnischer Bürger. Infolge der vielen Emigrationswellen aus Polen leben zur Zeit in mehreren Ländern der Welt außerhalb von Polen etwa 10 Millionen Menschen, die polnischer Herkunft sind bzw. aus Polen stammen und sich der polnischen Sprache als ihrer Mutter- bzw. einer zweiten Sprache auf lokaler Ebene und/oder in privater Sphäre bedienen.

In der Bundesrepublik Deutschland wird Polnisch vor allem von einer verhältnismäßig großen Zahl der Umsiedler aus Polen benutzt. Der Unterricht in Polnisch als Fremdsprache findet in der Bundesrepublik Deutschland auf drei Ebenen statt: in den Schulen, an den Universitäten und in der Erwachsenenbildung (Volkshochschule).

2. Polnisch als Schulfach

Vorläufig wird das Fach Polnisch an den Schulen im gesamten Bundesgebiet größtenteils nur für Umsiedlerschüler aus Polen angeboten. Als reguläre Wahlfremdsprache für Gymnasialschüler ist Polnisch in den alten Bundesländern bisher nur in Bremen, Hamburg, Nordrhein-Westfalen (als 1. oder 2. Abiturprüfungsfach) und in Hessen, Niedersachsen, Nordrhein-Westfalen (als 3. oder 4. Abiturprüfungsfach) zugelassen worden. Und nur in diesen Ländern gibt es behördlich festgelegte Rahmenrichtlinien für das Fach Polnisch. In den neuen (vor allem in den mit Polen benachbarten) Bundesländern wird Polnisch an ausgewählten Schulen als 3. obligatorische Fremdsprache angeboten. Allein in Frankfurt/Oder kann Polnisch schon in 10 Schulen gelernt werden. Insgesamt sind es aber im ganzen Bundesgebiet nicht einmal 1000 deutsche Schüler, die Polnisch zu beherrschen versuchen. Im Schuljahr 1988/89 waren es 545 Schüler in den alten Ländern und 323 Schüler in den neuen Ländern, die Polnisch als Pflichtfremdsprache gewählt haben. Vor dem Hintergrund der nun schon über tausendjährigen deutsch-polnischen nachbarschaftlichen Beziehungen darf man diese Tatsache sicherlich als ein zu bedauerndes Defizit bewerten.

Durch einen vom Hessischen Kultusminister am 21.8.1978 erteilten Erlaß über den Unterricht für umgesiedelte Kinder wurde in Hessen die Möglichkeit geschaffen, unter anderen Sprachen auch Polnisch in der Mittelstufe auf Antrag als 1. oder/und 2. Fremdsprache dem Schüler zu genehmigen, für den es die Sprache des Herkunftlandes und für den die reguläre Sprachenfolge nicht möglich bzw. nicht zumutbar ist. Da für die Umsiedlerschüler aus Polen in fast 100% der Fälle Deutsch eine Sprache ist, die sie erst lernen müssen, nutzen viele von ihnen die Möglichkeit der abweichenden Sprachenfolge und lassen sich Polnisch als eine Fremdsprache genehmigen. Damit wird aber der Schüler zugleich mit der Notwendigkeit konfrontiert, das von ihm als Muttersprache erlernte Polnisch plötzlich zur Fremdsprache umzuwerten. Daß er an der Bewältigung dieser Aufgabe oft scheitert, ist gar nicht verwunderlich, denn in Wirklichkeit handelt es sich hier um einen schwierigen sozialpsychischen Transformationsprozeß seiner geistigen Identitätsfaktoren. Deshalb ist für das Fach Polnisch für Umsiedlerkinder die aufgeklärte Zweisprachigkeit und die Pflege der Bikulturalität als übergeordnetes Lernziel besonders zu empfehlen. Den Schülern muß geholfen werden, in die für sie zunächst noch fremde gesellschaftliche und kulturelle Wirklichkeit der neuen Heimat Eingang zu finden, ohne daß dabei ihre aus dem Herkunftland mitgebrachte Identität völlig zerstört wird. Deshalb ist die Komplementierung und nicht die Substitution der einen Sprache und Kultur durch die andere zum Ziel des Unterrichts zu erklären. Zu fördern ist die positive Einstellung des Schülers zur Zweisprachigkeit und zur Bikulturalität im Sinne einer Bereicherung seines intellektuellen, emotionalen und kreativen Potentals.

3. Polnisch an der Universität

Viel besser ist die Situation der polnischen Sprache an den bundesdeutschen Universitäten: An fast allen wird Polnisch in Form von Lektorenkursen angeboten, die zum großen Teil von Dozenten aus Polen, zum Teil aber auch von einheimischen Lehrkräften durchgeführt werden. Die gesamte Zahl der Studenten, die an allen Polnischkursen in allen Universitäten der Bundesrepublik teilnehmen, läßt sich nur schätzen, denn sie verändert sich von Semester zu Semester. Man kann aber mit großer Wahrscheinlichkeit annehmen, daß es durchschnittlich 500-600 Studenten sind. Darunter dürfte die Zahl der Slawistikstudenten bei ca. zwei- bis dreihundert liegen. Die nächst größere Gruppe der an den Polnischkursen beteiligten Studenten machen Vertreter der Osteuropäischen Geschichte, der Politologie, der Rechts- und der Wirtschaftswissenschaften und ähnlicher Fächer aus. Ein beträchtlicher Teil der Studenten, die sich an den Polnischkursen in den Universitäten beteiligen, stammt ebenfalls aus Umsiedlerfamilien.

An der Mainzer Universität werden seit 1980 studienbegleitende Jahreslehrgänge Polnisch angeboten; bisher haben an ihnen etwa 300 Studenten aller Richtungen teilgenommen. Obwohl sie ursprünglich lediglich als ein Modellversuch (Mainzer Modell) gedacht waren, sind sie infolge des relativ großen Interesses, das sie bei den Studenten hervorgerufen haben, schon 1983 zum festen Angebot der Mainzer Universität geworden; jetzt wird Polnisch auch in Germersheim angeboten. Sehr umfangreiche Polnischangebote gibt es auch an den Universitäten in Göttingen, Bochum, Tübingen, Saarbrücken, Leipzig, Berlin und in Hamburg; teilweise werden sie im Rahmen der Kooperationsverträge dieser Universitäten mit verschiedenen polnischen Universitäten, vor allem mit der Krakauer und der Warschauer Universität, realisiert. Das Interesse an den Polnischlektoraten könnte zweifelsohne schon allein durch Verbesserung ihrer medialen Ausstattung und methodischen Durchführung gesteigert werden. In beiderlei Hinsicht lassen sie viel zu wünschen übrig.

4. Polnisch in der Erwachsenenbildung (Volkshochschule)

Die Teilnehmer der VHS-Polnischkurse bilden die umfangreichste Gruppe der Polnischlernenden in der Bundesrepublik. Es werden jährlich ca. 500 Semesterkurse der polnischen Sprache durchgeführt, an denen insgesamt jeweils über 5000 Personen teilnehmen. Von allen slawischen Sprachen erfreut sich hier das Polnische der größten Popularität. 1992 wurden 511 Polnischkurse angeboten, an den 5680 Lerner teilgenommen haben (1991 waren es 455 Kurse mit 4882 Teilnehmern). Die meisten Polnischkurse werden von den niedersächsischen Volkshochschulen veranstaltet. An zweiter Stelle steht Nordrhein-Westfalen, an dritter Schleswig-Holstein. Die aktuelle Entwicklungstendenz der Zahl der VHS-Polnischkurse wird als stabil bis steigend bezeichnet. In einer im Mai 1986 durchgeführten Befragung wurde versucht, die Alters- und die Berufsstruktur sowie die Motivation der Teilnehmer der VHS-Polnischkurse zu ermitteln. Die Ergebnisse der Befragung deuten darauf hin, daß die stärksten Gruppen der Teilnehmer Rentner/Pensionäre und Hausfrauen im Alter über 40 Jahre ausmachen. Zusammengenommen ergeben sie beinahe die Hälfte der Beteiligten (47,2%). Als zweitgrößte Gruppe wurden Angestellte und Beamte im Alter von 40-59 Jahren ermittelt (ca. 18%). Von den Befragten waren 68% weibliche und 32% männliche Teilnehmer.

Die Befragung hat weiterhin ergeben, daß die polnische Sprache vorwiegend für den direkten Umgang mit Polen gelernt wird. Das Vorhaben, die durch eine Begegnung hergestellten bzw. die aus der Zeit vor der Umsiedlung stammenden interpersonellen Kontakte aufrechtzuerhalten und zu pflegen, bildet dabei die wichtigste Motivationsquelle. Als übergreifendes Ziel wird eindeutig die zwischenmenschliche Verständigung deklariert. Rein touristische bzw. Urlaubsinteressen bleiben weit hinter dem Interesse für die Menschen, für ihren Charakter, für den polnischen Alltag, für die politischen Ereignisse in Polen, für die Kultur des Landes etc. zurück. Der polnischen Sprache wird aber auch eine gewisse Mittlerrolle zugeschrieben: Die Lernenden wollen über sie den Zugang zu anderen slawischen Sprachen und Völkern gewinnen. Berufliche Motive spielen bei den Polnischlernern genausowenig eine Rolle wie gesellschaftliche. Kurzgefaßt: Die meisten Motive für die Beschäftigung mit der polnischen Sprache stammen aus der privaten Sphäre der Kursteilnehmer.

Polnisch gehört in der Bundesrepublik Deutschland bislang nicht zu den sog. Zertifikatsprachen, es gibt daher kein Rahmencurriculum für die VHS-Polnischkurse. Die Kursleiter sind in der Regel ausschließlich auf eigene Erfahrung und die bestehenden, meistens aber dafür ungeeigneten Lehrmittel angewiesen. Einige von ihnen versuchen, ihre Kursunterlagen vollständig neu zu entwickeln. An einem Kerncurriculum Polnisch für die deutschen Volkshochschulen, das man als den Grundbaustein Polnisch charakterisieren könnte, wird gearbeitet (Martyniuk 1991).

5. Lehr- und Lernaspekte des Polnischen

Polnisch gehört zu den sog. synthetischen Sprachen, für die u.a. eine starke Flektiertheit typisch ist. Zu den größten Schwierigkeiten, die das Polnische den deutschsprachigen Lernenden bereitet, gehört vor allem (a) die Aussprache der palatalen Konsonanten, der nasalen Vokale und vieler Konsonantengruppen, sodann (b) die Flexion der Nomina und (c) die morphonologische Variabilität, die sowohl die nominale, als auch die verbale Flexion begleitet.

Für den Unterricht Polnisch als Fremdsprache, vor allem in der Erwachsenenbildung, empfiehlt sich daher ein kognitiv-kommunikativer Ansatz, eine vernünftige Verbindung zwischen der Vermittlung von Wissen über die Sprache und das Land einerseits und von praktischen Sprachkenntnissen andererseits. Es gibt aber bisher kein Lehrwerk, das von diesem Standpunkt aus verfaßt wäre. Nicht zuletzt auch deswegen überwiegt in der Praxis ein extrem kognitiver Unterricht, in dem sehr viel Wissen über die polnische Sprache und/oder Literatur bzw. Kultur vermittelt und nur sehr wenig das Können im kommunikativen Gebrauch der Sprache gefördert wird. Zu den meist verwendeten Lehrbüchern gehören:

– W. Bisko/S. Karolak, *Mówimy po polsku. Lehrbuch der polnischen Sprache für Anfänger*, Warszawa/Leipzig 1968,
– N. Damerau, *Langenscheidts Praktisches Lehrbuch Polnisch*, Berlin/München/Zürich 1967,
– J. Kotyczka/M. Szymański, *Mówimy po polsku*, Bd. 1, Berlin 1973,
– J. Kotyczka/U. Wierzbicka, *Mówimy po polsku*, Bd. 2, Berlin 1974,
– S. Karolak/W. Wasilewska, *Polnisch für Fortgeschrittene*, Warszawa/Leipzig 1974.

Die Lehrbücher richten sich vornehmlich an ein Universitätspublikum. Sie enthalten jeweils eine ausführliche, jedoch in einer komplizierten linguistischen Fachsprache verfaßte Beschreibung des Polnischen und eignen sich als solche eher für das philologische Studium der polnischen Sprache denn für den praktischen Unterricht an den Volkshochschulen. Speziell für den Erwachsenenunterricht wurde nur das Lehrwerk *Spotkania* von A. Köttgen (1989) erarbeitet.

Die didaktischen Konzepte, nach denen die meisten Materialien aufgebaut sind, entsprechen dem heutigen Erkenntnisstand der Sprachlehr- und Sprachlernforschung nicht. Durch die politischen Veränderungen, die sich nach 1989 sowohl in Deutschland als auch in Polen ereigneten, wurden zusätzlich ihre landeskundlichen Inhalte deaktualisiert. Deshalb sind sowohl in der Bundesrepublik als auch in Polen Arbeiten an neuen Lehrwerken Polnisch für Deutschsprachige dringend aufzunehmen. Es bleibt zu hoffen, daß sie bald auf den Markt gebracht werden können und daß sie den Polnischunterricht attraktiver zu gestalten helfen.

Literatur

Deutscher Volkshochschulverband, Pädagogische Arbeitsstelle Frankfurt (1979), *Sammelrezension von Lehrbüchern der polnischen Sprache*, Frankfurt a.M.
Hessisches Institut für Bildungsplanung und Schulentwicklung, Hrsg. (1986), *Handreichungen Polnisch für deutsche Aussiedlerkinder*, Wiesbaden.
Köttgen, Alina (1989), *Spotkania. Ein Polnischlehrwerk für Erwachsene*, München.
Lewandowski, Jan (1971), *Analityczna bibliografia nauczania języka polskiego jako obcego w PRL 1945-1970* (Analytische Bibliographie zur Lehre des Polnischen als Fremdsprache in der VRP 1945-1970), Warschau.
Lewandowski, Jan, Hrsg. (1982), *Metodyka nauczania języka polskiego jako obcego. Wybór artykułów* (Methodik des Unterrichts in Polnisch als Fremdsprache. Ausgewählte Aufsätze), Warschau.
Lewandowski, Jan (1985), *Nauczanie języka polskiego cudzoziemców w Polsce. Monografia glottodydaktyczna* (Unterricht des Polnischen an Ausländer in Polen. Glottodidaktische Monographie), Warschau.
Lewandowski, Jan, Hrsg. (1988), *Programy studium polonistycznego dla filologii słowiańskiej w niemieckojęzycznych ośrodkach slawistycznych. Materiały dla lektorów i wykładowców w Republice Federalnej Niemiec* (Polonistikstudiumsprogramme für Slawische Philologie in deutschsprachigen Slawistikeinrichtungen. Materialien für Lektoren und Dozenten in der Bundesrepublik Deutschland), Warschau.
Lewandowski, Jan, Hrsg. (1988), *Metodyka nauczania Niemców języka polskiego. Materiały dla lektorów do nauczania języka polskiego na niemieckim obszarze językowym* (Methodik des Polnischunterrichts für Deutsche. Materialien für Lektoren des Polnischen im deutschen Sprachraum), Warschau.
Lipscher, Winfried (1982), *Kulturelle Zusammenarbeit. Bundesrepublik Deutschland – Volksrepublik Polen*, Deutsches Polen-Institut, Darmstadt.
Martyniuk, Waldemar (1982), "*Nowe formy nauczania*

języka polskiego za granicą: Model Moguncki" (Neue Formen des Lehrens der polnischen Sprache im Ausland: Das Mainzer Modell). *Przegląd Polonijny* 1, Komitet Badania Polonii, Warschau.
Martyniuk, Waldemar (1984), "Kommunikativer Unterricht Polnisch als Fremdsprache", in: *Neusprachliche Mitteilungen*, Jg. 37, 39-40.
Martyniuk, Waldemar (1991), *Grundbaustein Polnisch. Propozycja programu nauczania języka polskiego jak obcego*, Kraków.
Piepho, Hans-Eberhard et al., Hrsg. (1987), *Polnisch-deutsche Gespräche über interkulturelles Lernen und Fremdsprachenunterricht – Dokumentation*, Gießen.
Plum, Werner, Hrsg. (1984), *Ungewöhnliche Normalisierung. Beziehungen der Bundesrepublik Deutschland zu Polen*, Bonn.
Senator für Bildung, Wissenschaft und Kunst (1986), *Rahmenrichtlinien und Kursleisten für das Leistungsfach Polnisch*, Bremen.

Franciszek Grucza/Waldemar Martyniuk

88. Portugiesisch

1. Verbreitung und Bedeutung

Das Portugiesische steht in bezug auf seine Sprecherzahl an zweiter Stelle unter den romanischen Sprachen und wird nur noch vom Spanischen übertroffen. Es ist die Muttersprache von 10 Millionen Portugiesen in Portugal, von ca. 2 Millionen Auslandsportugiesen in verschiedenen europäischen und amerikanischen Staaten und und von mehr als 130 Millionen Brasilianern. In den ehemaligen afrikanischen Kolonien Angola, Cabo Verde, Guinea-Bissau, Moçambique und São Tomé ist das Portugiesische wichtige Verkehrs- und Handelssprache und mit Ausnahme Cabo Verdes zugleich Nationalsprache. In Goa – bis 1961 Portugiesisch-Indien genannt – und in Timor und Macau wird das Portugiesische nur noch von einer schwer zu quantifizierenden Minderheit gebraucht, es ist in Macau jedoch neben dem Chinesischen Amtssprache.

Varianten des Portugiesischen bilden das im Nordwesten Spaniens von ca. 3 Millionen Galiciern gesprochene *galego* (Galicisch), das als Ko-Dialekt des Portugiesischen angesehen wird und das *crioulo* (Kreolisch), eine Mischsprache aus verschiedenen afrikanischen Idiomen und dem Portugiesischen, das seit 1975 Nationalsprache Cabo Verdes ist. Da beide Varianten, insbesondere das Kreolische, erhebliche Abweichungen gegenüber der portugiesischen Standardsprache zeigen, sollen sie hier nicht näher behandelt werden. Die weltweite Verbreitung des Portugiesischen über vier Kontinente bedingt zugleich auch seinen Verkehrswert, der über demjenigen anderer in der Bundesrepublik unterrichteter "Tertiärsprachen" (Schröder 1979) liegt. Portugiesischkenntnisse sind daher nicht nur für den Besuch Portugals und der übrigen lusophonen Länder unverzichtbar, sondern sie ermöglichen auch den Kontakt zu Sprechern anderer Muttersprachen, die sich wie in Afrika des Portugiesischen als einer Verkehrs- und Handelssprache bedienen.

Es muß zudem beachtet werden, daß Deutschkenntnisse in den lusophonen Staaten wenig verbreitet sind, wenn sich auch in Portugal die Situation durch die Rückkehr vieler Arbeitsmigranten in dieser Hinsicht verbessert hat. An portugiesischen Gymnasien ist das Deutsche jedoch weiterhin nur Wahlfach und zählt nach dem Englischen und Französischen zu den spät einsetzenden Fremdsprachen, so daß die Deutschkenntnisse portugiesischer Schüler und auch Studenten relativ bescheiden sind. In Brasilien ist die Lage ähnlich, da mit Ausnahme der südlichen Bundesstaaten und ihres deutschstämmigen Bevölkerungsanteils das Deutsche im Fächerkanon brasilianischer Schulen nur ein Schattendasein fristet.

In Anbetracht der Schwierigkeiten, die das Erlernen des Portugiesischen für deutschsprachige Interessenten mit sich bringt und auf die später noch ausführlicher eingegangen wird, ist häufig die Ansicht zu hören, es genüge, Spanisch zu verstehen und zu sprechen, um in portugiesischsprachigen Ländern zurechtzukommen. Dieser Auffassung muß jedoch entschieden widersprochen werden. Zwar ist es möglich, einfachere schriftliche Texte in portugiesischer Sprache mit guten Spanischkenntnissen zu verstehen, doch bleibt solchen Lesern das gesprochene Portugiesisch weitgehend verschlossen. Im übrigen stößt der spanischsprechende Ausländer in Portugal häufig auf Vorbehalte, die ein zwangloses und entspanntes Gespräch verhindern. Da Spanisch zudem kein Schulfach in Portugal ist und auch an portugiesischen Universitäten nur geringe Verbreitung und Akzeptanz aufweist, dürfte es schwierig sein, portugiesische Gesprächspartner mit Spanischkenntnissen anzutreffen. In Brasilien und Afrika liegen die Dinge ähnlich, obwohl hier die Vorbehalte gegenüber dem Spanischen nicht zu beobachten sind. Doch auch in diesen lusophonen Ländern sind Kenntnisse des Spanischen kaum verbreitet, so daß Gespräche auch hier über das Portugiesische und nicht über eine Drittsprache geführt werden sollten.

2. Betroffener Personenkreis

Kenntnisse der portugiesischen Sprache sind für einen heterogenen Interessentenkreis von Bedeutung. In bezug auf Portugal spielen vor allem touristische Motive eine Rolle, da dieses Land immer mehr zu einem Anziehungspunkt für den mitteleuropäischen Fremdenverkehr geworden ist. Gegenüber dieser primär touristisch interessierten Zielgruppe treten Adressaten zurück, die die portugiesische Sprache vor allem aus wirtschaftlichen Gründen lernen wollen (Ettinger 1979). Die letztgenannte Zielgruppe gewinnt jedoch dann an Bedeutung, wenn die Lerner später Kontakte mit Brasilien oder den lusophonen Staaten Afrikas aufnehmen wollen, für die touristische Interessen nur eine untergeordnete Rolle spielen. Von wachsender Bedeutung für den Portugiesischunterricht sind Lerner, die das Portugiesische für Tätigkeiten als Ärzte, Entwicklungshelfer und medizinisches Personal benötigen und die zumeist nach Brasilien, in geringerem Umfang auch nach Afrika entsandt werden. Eine Sonderrolle spielen darüber hinaus solche Lerner, die aus privaten/persönlichen Gründen Portugiesischkenntnisse benötigen. Im allgemeinen handelt es sich bei dieser Gruppe um mit Portugiesen/Portugiesinnen verheiratete deutschsprachige Ehepartner, deren Zahl jedoch relativ klein ist. Ähnliches gilt für Deutsche/Schweizer/Österreicher, die mit portugiesischen Kollegen innerhalb der Firma oder des Betriebs zusammenarbeiten. Da die Zahl portugiesischer Arbeitskräfte seit Ende der 70er Jahre in der Bundesrepublik Deutschland und auch in anderen mitteleuropäischen Ländern zurückgeht und die Verbleibenden häufig ausreichend oder gut Deutsch sprechen, nimmt die Notwendigkeit ab, aus den letztgenannten Gründen Portugiesisch zu lernen.

Einen besonderen Adressatenkreis stellen deutschsprachige Romanistikstudenten dar, die das Portugiesische im Rahmen von Magister- oder Promotionsstudiengängen erlernen wollen (Ettinger 1979; Kremer 1987). Ihre Zahl ist zwar kleiner als diejenige der Spanischstudenten, doch bieten heute zahlreiche Universitäten in der Bundesrepublik und auch in Österreich und der Schweiz portugiesische Sprachkurse an (Kremer 1987).

3. Europäisches vs. amerikanisches Portugiesisch

Aufgrund der skizzierten heterogenen Zusammensetzung der Zielgruppen und deren unterschiedlichen Interessen ist es äußerst schwierig, einheitliche Zielvorstellungen für den Portugiesischunterricht zu entwickeln. Diese Probleme treffen zwar teilweise auch für andere "Tertiärsprachen" zu, doch werden sie hier noch durch unzureichende Lehrmaterialien und die relativ komplizierte Sprachstruktur des Portugiesischen verschärft. Erschwerend tritt die für den Portugiesischunterricht unbedingt nötige Differenzierung zwischen europäischer und amerikanischer (brasilianischer) Sprachvariante hinzu, die Lehrer und Lehrbuchautoren vor kaum lösbare Aufgaben stellt. Da die Unterschiede zwischen den beiden Varianten des Portugiesischen erheblich sind und alle Ebenen der Sprache betreffen, muß zu Beginn des Portugiesischunterrichts in Absprache zwischen Lehrer und Lernern festgelegt werden, welche der beiden Varianten zugrunde gelegt werden soll. Eine Vermischung des europäischen und amerikanischen Portugiesisch muß dabei unbedingt vermieden werden, da sie die Lerner verwirrt und den Lernerfolg beeinträchtigen würde.

Die Mehrzahl der auf dem Markt befindlichen Lehrwerke, die an Volkshochschulen, Gymnasien und Universitäten verwendet werden, nehmen bisher noch das europäische Portugiesisch zur Grundlage und entsprechen damit auch den Interessen der Lerner, die zumeist Reisen nach und Kontakte mit Portugal als Grund für ihr Interesse an der Sprache angeben. Der Lehrer sollte sich daher den Wünschen der Kursteilnehmer fügen und auch nicht versuchen, mittels eines auf dem europäischen Portugiesisch basierenden Lehrwerks die brasilianische Variante zu vermitteln. Im allgemeinen wird zudem der deutschsprachige Lerner, der Kenntnisse des europäischen Portugiesisch erworben hat, bei einer Reise nach Brasilien sprachlich gut zurechtkommen, während im umgekehrten Fall der brasilianisches Portugiesisch sprechende Ausländer in Portugal einige Schwierigkeiten haben dürfte, die gesprochene Sprache zu verstehen.

Für den Portugiesischunterricht mit deutschsprachigen Lernern ergeben sich aus dem zuvor Skizzierten die folgenden Konsequenzen: Das europäische Portugiesisch bietet für einen Aufenthalt in Portugal und im lusophonen Afrika die besten Voraussetzungen, ermöglicht jedoch auch eine ausreichende sprachliche Verständigung mit Brasilianern der Mittel- und Oberschicht. Gesprächspartner aus einfacheren Volksschichten dürften jedoch Schwierigkeiten haben, den europäisches Portugiesisch sprechenden Ausländer zu verstehen. Deutschsprachige Besucher Portugals, die das Portugiesische ausschließlich in seiner brasilianischen Variante kennengelernt haben, werden dagegen durchweg Probleme bekommen, das gesprochene Portugiesisch in diesem Land zu verstehen, und dieses gilt für alle portugiesischen Gesprächspartner unabhängig von ihrer sozialen Herkunft.

Zur Überwindung der hier skizzierten Schwierigkeiten wäre daher die Einrichtung getrennter Sprachkurse sinnvoll, die auf die Interessen der Lerner besser Rücksicht nehmen könnten. Für Adressaten, die nur an Brasilien interessiert sind, ist die Durchführung entsprechender Kurse notwendig, die ausschließlich am brasilianischen Portugiesisch orientiert sind; für Lerner, die nach Portugal fahren wollen, müßten ähnliche Kurse mit Portugalschwerpunkt eingerichtet werden. Solange jedoch Lehrkräfte und auch befriedigende Lehrmaterialien für diese separaten Kurse fehlen, werden weiterhin Lerner mit unterschiedlichen Interessen gemeinsam in einem einzigen Kurs unterrichtet werden müssen.

4. Sprachspezifische Besonderheiten

Es wurde bereits kurz darauf hingewiesen, daß die portugiesische Sprache deutschsprachigen Lernern einige Schwierigkeiten bereitet. Diese Schwierigkeiten führen dazu, daß Teilnehmer an Volkshochschulkursen häufiger als bei anderen Sprachen den Kurs abbrechen oder auch zum Spanischen überwechseln. Allerdings muß dabei erneut zwischen den beiden Varianten des Portugiesischen differenziert werden, die sich im Hinblick auf die spezifischen Schwierigkeiten für deutschsprachige Lerner nicht unerheblich voneinander unterscheiden. Im allgemeinen kann gesagt werden, daß die brasilianische Varietät weniger Probleme bereitet, da sie phonetisch/phonologisch und auch grammatikalisch gegenüber dem europäischen Standard erheblich vereinfacht ist. So spielt z.B. im brasilianischen Portugiesisch der Öffnungsgrad der Vokale keine größere Rolle, während er im europäischen Portugiesisch sogar phonologisch relevant ist. Die Aussprache des [r] ist in Brasilien ebenfalls weniger streng geregelt als in Portugal, da verschiedene Realisierungen als durchaus normadäquat gelten können. Das Tempussystem ist im Vergleich zum europäischen Portugiesisch in Brasilien ebenfalls vereinfacht, und die Stellung der Personalpronomen beim Verb unterliegt nicht ähnlich starren Regeln wie im Portugiesischen Europas. Das System der Anredeformen ist weniger kompliziert als in der europäischen Variante und verzichtet auf die umständlichen Formen der Anrede mittels Berufsbezeichnungen oder Titeln. Das Pronomen *você* ersetzt in Brasilien die meisten in Portugal üblichen Formen wie *o senhor/a senhora* (Sie), steht aber zugleich auch für *tu* (du), umfaßt also einmal die eher distanzierte, aber auch die intime Anrede. Zwar ist *o senhor/a senhora* auch in Brasilien nicht ausgestorben, doch nimmt die einfache Anrede mit *você* immer mehr zu, so daß der Ausländer mit dieser Form, im Gegensatz zu Portugal, zumeist auskommt. Auch in bezug auf die Verbformen wird die Vereinfachung im brasilianischen Portugiesisch deutlich, das die 2. Person Plural nicht mehr kennt. Der konjugierte Infinitiv, der auch fortgeschrittenen Lernern des Portugiesischen Schwierigkeiten bereitet, wird im brasilianischen Portugiesisch kaum noch verwendet, so wie auch der in Portugal noch häufig gebrauchte Konjunktiv Futur in Brasilien wenig gebraucht wird.

Das brasilianische Portugiesisch ist daher, wie die obigen Beispiele gezeigt haben, auf nahezu allen Ebenen der Sprache einfacher strukturiert und daher für den ausländischen Lerner leichter zugänglich. Dieses bedeutet jedoch nicht, daß die amerikanische Varietät des Portugiesischen für deutschsprachige Adressaten leicht zu lernen sei. Im Gegensatz zum Spanischen, bei dem Lernerfolge, wie Statistiken aus dem Bereich der Volkshochschulen zeigen, relativ schnell eintreten, sind befriedigende Ergebnisse im Portugiesischen, auch im Portugiesischen Brasiliens, immer noch schwer zu erreichen.

Im Zusammenhang mit diesen Lernschwierigkeiten stellt sich die Frage, ob Kenntnisse des Spanischen oder einer anderen romanischen Sprache in dieser Beziehung hilfreich sein könnten. Im allgemeinen darf davon ausgegangen werden, daß die Mehrzahl der Portugiesischlerner Französisch können, und, wie eigene Umfragen an Volkshochschulen zeigen, auch Spanischkenntnisse besitzen. Das Französische hilft in dieser Beziehung nur insofern, als sein Tempussystem teilweise dem portugiesischen ähnlich ist, in anderen wesentlichen Aspekten jedoch nicht übereinstimmt. Die Kenntnis des Spanischen ist hilfreicher, doch sind hier Interferenzen möglich, die auf allen Ebenen der Sprache auftreten können. Genannt seien hier nur exemplarisch der lexikalische Bereich und das Tempussystem beider Sprachen, die aufgrund scheinbarer Ähnlichkeit zu Mißverständnissen führen.

Es muß daher festgestellt werden, daß Spanischkenntnisse im Portugiesischunterricht nicht durchweg von Vorteil sein müssen, sondern daß sie auch die Unbefangenheit des Lerners gegenüber der neuen Sprache stören können und den negativen Transfer von einer Zielsprache auf die andere erleichtern. Sukzessives Erlernen beider Sprachen führt daher in vielen Fällen zu Störungen, die den Lernprozeß ernsthaft beeinträchtigen.

5. Lehrpläne, Lehrwerke, Zertifikate

Anders als die "Tertiärsprache" Spanisch, für die in den meisten Ländern der Bundesrepublik bereits seit längerem Zertifikate und Lehrpläne vorliegen, spielt das Portugiesische im gymnasialen Bereich bisher nur eine geringe Rolle und ist auch im Volkshochschulbereich relativ schwach vertreten (Ettinger 1979; Schröder 1979; Kremer 1987). Portugiesisch ist nur an wenigen Schulen als Fach vertreten und wird zumeist nur an solchen angeboten, an denen eine größere Anzahl portugiesischer Schüler anzutreffen ist. Bisher kann Portugiesisch an einigen Gymnasien Schleswig-Holsteins, an einer Hamburger Schule, einem privaten Gymnasium in Bardel bei Bentheim und am Max-Planck-Gymnasium in Dortmund gewählt werden. Während in Bardel Portugiesisch als Grundkurs und auch als Leistungskurs angeboten wird, kann es bisher in Dortmund nur als Grundkurs auf der Sekundarstufe II gewählt werden.

Seit 1987 liegen für Nordrhein-Westfalen die ersten Richtlinien im Fach Portugiesisch vor, die sich teilweise an der Vorgabe des Spanischen orientieren, in einigen Aspekten jedoch auch von dieser abweichen.

Trotz dieser erfreulichen Neuerungen bleibt die Lage des Portugiesischen am Gymnasium schwierig. Diese wird noch dadurch verschlechtert, daß Gymnasiallehrer mit Fakultas für Portugiesisch nur schwer zu finden sind und das Portugiesische an den meisten Universitäten kein Staatsexamensfach ist. Es darf zudem nicht verschwiegen werden, daß selbst das Französische gegenüber dem Englischen einen schweren Stand hat und an vielen Gymnasien seit längerem zusätzlich durch das Wahlfach Spanisch in seiner Existenz bedroht wird, so daß es unwahrscheinlich ist, daß sich das Portugiesische an der Schule gegenüber der Konkurrenz durchsetzen wird (Kremer 1987, 30).

Auch an den Universitäten bleibt die Situation unbefriedigend. Wie Ettinger (1979) und Kremer (1987) gezeigt haben, ist das Portugiesische nicht an allen Universitäten im deutschsprachigen Raum vertreten, obwohl bestimmte Schwerpunkte in Berlin, Hamburg und Mainz ein positives Bild zeigen. Dieses Ungleichgewicht im universitären Raum verhindert zugleich ein dringend notwendiges flächendeckendes Angebot portugiesischer Sprachkurse, das jedoch die Voraussetzung für die Etablierung des Portugiesischen an der Schule wäre.

Nicht viel besser sieht es im Bereich der Volkshochschulen aus. Im allgemeinen werden nur in den Großstädten Sprachkurse angeboten, die zudem meist über Anfangsunterricht nicht hinauskommen. Allerdings ist ein Zertifikat in Vorbereitung (ab 1995 zu erwerben), das dem Portugiesischunterricht an Volkshochschulen sicher Auftriebe geben wird.

Zum Abschluß sei auf die desolate Lage im Bereich der portugiesischen Lehrwerke hingewiesen, die erst in den letzten beiden Jahren eine leichte Verbesserung erfahren hat. Bisher muß immer noch mit unzureichenden Lehrbüchern gearbeitet werden, die sowohl an Schulen, Volkshochschulen als auch Universitäten verwendet werden. Aufgrund ihrer Defizite (Scotti-Rosin 1983) sind sie zusätzlich für den Hörerschwund an Volkshochschulen und Universitäten verantwortlich, so daß dringend eine neue Generation portugiesischer Lehrwerke für Abhilfe sorgen muß. Da das Portugiesische jedoch bisher für Schulbuchverlage nur ein bescheidenes Geschäft verspricht, ist hier mit einem Durchbruch in absehbarer Zeit nicht zu rechnen.

Literatur

Ettinger, Stefan (1979), "Portugiesisch lernen heute – Vale a pena?", in: *Die Neueren Sprachen,* Jg. 78, 107-124.

Hundermark-Santos Martins, Maria Teresa (1982), *Portugiesische Grammatik,* Tübingen.

Kremer, Dieter (1987), "Zur Situation des Portugiesischen an den deutschen Universitäten", in: *Die Neueren Sprachen,* Jg. 86, 14-36.

Mira Mateus, Helena et al. (1989), *Gramática da língua portuguesa,* 2. Aufl., Coimbra.

Schröder, Konrad (1979), "'Tertiärsprachen' in Deutschland. Bemerkungen zu Bedarf und Bedürfnis", in: *Die Neueren Sprachen*, Jg. 78, 88-106.
Scotti-Rosin, Michael (1983), "Sammelrezension zu Portugiesischlehrwerken", in: *Unterrichtsmediendienst des Deutschen Volkshochschul-Verbandes*, Jg. 34, 301-306.
Scotti-Rosin, Michael (1990), "Chancen und Perspektiven der Lusitanistik in Deutschland", in: Axel Schönberger/Michael Scotti-Rosin (Hrsg.), *Zur Wissenschaftsgeschichte der deutschsprachigen Lusitanistik, Beihefte zu Lusorama*, 2. Reihe, Bd. 3., Frankfurt a.M., 27-40.
Teyssier, Paul (1980), *Histoire de la langue portugaise*, Paris.

Michael Scotti-Rosin

89. Russisch

1. Internationaler Status des Russischen

Russisch wird von mehr als 210 Mio Einwohnern der ehemaligen Sowjetunion gesprochen (nach Angaben der Volkszählung von 1979: 137 Mio Russen, 16 Mio Vertreter anderer Völkerschaften, die Russisch als Muttersprache betrachten, weitere 61 Mio, die Russisch fließend sprechen, vgl. Länderbericht Sowjetunion 1986); dazu kommen u.a. russische Emigranten, z.B. mehr als 2 Mio in den USA (Filin u.a. 1977, 261). Nach Sochin (1986) ist Russisch in 60 Ländern Schul- und in 82 Ländern Hochschulfach (1970: in 34 Ländern Schul-, in 60 Hochschulfach). Es gibt mehr als 120 000 Russischlehrer und ungefähr gleich viele Dolmetscher und Übersetzer für das Russische. Jährlich lernen mehr als 23 Mio Menschen in 102 Ländern Russisch (Kostomarov 1987). Das Russische ist eine der 6 Arbeitssprachen der Vereinten Nationen und kommt in zentralen und peripheren internationalen Verhandlungen, Verträgen, Memoranden etc. zur Geltung. Nach UNESCO-Berechnungen sind 25% der Welt-Produktion an Druckerzeugnissen in russischer Sprache verfaßt (Sochin 1986), bezüglich der Übersetzungen nimmt Russisch eine Spitzenposition ein (Filin u.a. 1977). Nach Sochin (1986) hat es seit mehreren Jahren einen festen Platz unter den Weltsprachen.

Das Russische wurde vom "Sprachmittler der ganzen Sowjetunion" zur "Zweiten Muttersprache" der Völker der ehemaligen Sowjetunion (Filin u.a. 1977, 55). In den Ländern des ehemaligen Warschauer Pakts bzw. des ehemaligen Rats für Gegenseitige Wirtschaftshilfe war das Russische meist 1. Fremdsprache; es dürfte zumindest für weitere zwei Generationen das primäre interkulturelle Verständigungsmittel, besonders unter den Funktionsträgern, bleiben.

Die zukünftige Rolle des Russischen in den Entwicklungsländern ist offen. In den achtziger Jahren gab es in 60 dieser Länder an Schulen und Universitäten Russischunterricht. Es spielte in den der Sowjetunion nahestehenden Ländern eine wesentliche Rolle bei der Bildung der neuen Funktionseliten: mehr als 60 000 Angehörige dieser Entwicklungsländer haben eine Ausbildung in der Sowjetunion absolviert (Sochin 1986). Dieser Ausbildung ging eine intensive Vermittlung des Russischen voraus (besonders in der akademischen Bildung), die Abschlüsse wurden ebenfalls auf Russisch abgelegt. Man darf davon ausgehen, daß die so Ausgebildeten ihre fachliche und kulturelle Weiterbildung in erster Linie über russischsprachige Literatur erhielten und z.T. noch erhalten.

2. Bedeutung des Russischen in der Bundesrepublik Deutschland

In den westlichen Ländern wird das Russische zwar überall, jedoch insgesamt gesehen in geringem Umfang gelernt (Sochin 1986). In den alten Ländern der Bundesrepublik betrug die Zahl der Russischschüler an Gymnasien und Gesamtschulen einschließlich Waldorfschulen laut Statistichem Bundesamt 1991/92 33 849, in den neuen Bundesländern 348 410 (mit stark abnehmender Tendenz). In Österreich erhielten an allgemeinbildenden höheren Schulen sowie berufsbildenden höheren Schulen im Schuljahr 1991/92 3236 Schüler Russischunterricht, in der Schweiz etwa 600 (Stand 1985). Festzustellen ist eine Tendenz zur Abnahme der Anfängerzahlen in Klasse 7 bei Zunahme Späterbeginnender. Russisch ist in Bundesländern (außer Saarland) Abiturfach (zweite Fremdsprache ab Klasse 7 und dritte ab Klasse 9 und/oder Stufe 11 in Baden-Württemberg, Berlin, Bremen, Hamburg, Hessen, Niedersachsen; in den anderen westlichen Bundesländern nur als dritte Fremdsprache ab Klasse 9 und/oder Stufe 11); in der alten Bundesrepublik gab es 1985 etwa 1400 Russischlehrer (einschließlich der arbeitslosen), neue Zahlen sind aufgrund der raschen Veränderungen, insbesondere in den neuen Bundesländern, derzeit nicht zu ermitteln. Derzeit gibt es in der Bundesrepublik etwa 9 000 Studierende der Slawistik (meist mit Russisch als Hauptfach).

In der ehemaligen DDR wurde Russisch 1946 zur ersten und für alle Schüler der Grund- und Oberschulen (5. bis 12. Klasse) obligatorischen Fremdsprache erklärt. Schätzungsweise 1 200 000 Schüler wurden jeweils von ca. 16 000 Russischlehrern (1989) unterrichtet. In Spezialklassen begann der erweiterte Russischunterricht mit der 3. Klasse, es wurden 2 Spezialoberschulen geschaffen (Wiesenburg, Wickersdorf). An den Universitäten und Hochschulen studierten im Durchschnitt ca. 5000-5500 Russischlehrerstudenten, (fast) alle Studenten nahmen an der obligatorischen fachsprachlichen Fremdsprachenausbildung im Umfang von bis zu 5 SWS teil, während das "reine" Philologiestudium und die Übersetzer- und Dolmetscherausbildung lediglich mit einigen Hundert Studienplätzen zu Buche schlugen.

Die pädagogischen Hochschulen wurden bzw. werden geschlossen. Das Russische kann gegenwärtig in der 5. Klasse (neben Englisch und Französisch) und in der 7. Klasse gewählt werden. Inwieweit es sich als 1. Fremdsprache in den neuen Bundesländern halten kann, muß offenbleiben.

Für Deutschsprachige ist das Russische bedeutsam vor allem als Sprache,
– in der Autoren der Weltliteratur des 19. und 20. Jh. rezipiert werden können und ein direkter Zugang zu einer der großen europäischen Kulturen und ihren Vertretern gewonnen werden kann,
– in der wichtige Informationen aus Wissenschaft und Technik (u.a. Mathematik, Physik, Chemie, Elektrotechnik, Weltraumtechnik, Musik, Psychologie, Sport) sowie aus der Politik ohne zeitliche Verzögerung und Authentizitätsverlust bezogen werden können,
– in der wirtschaftliche Transaktionen und technische Projekte abgewickelt werden können.

In westlichen Ländern, nicht zuletzt in der Bundesrepublik Deutschland, ist das schulische und universitäre Lehrangebot vorwiegend philologisch orientiert, d.h. sprachlich und/oder literarisch, z.T. mit landeskundlichen Ergänzungen oder mit Akzenten im Bereich Konversation und/oder touristischer Einfach-Kommunikation, selten im Bereich der Lektüre von Gebrauchstexten (fast ausschließlich publizistischer Natur).

In der akademischen Ausbildung in der Bundesrepublik Deutschland (ebenso z.B. in den USA) hat diese Ausrichtung zu einem überproportionalen Kontingent von Personen mit Russisch als professioneller Hauptqualifikation geführt (Lehrer im Sekundarbereich, Übersetzer, Dolmetscher), während das Russische als professionell orientierte Zusatzqualifikation in wissenschaftlichen, technischen, kaufmännischen, publizistischen und anderen dienstleistenden Hauptberufen unterrepräsentiert ist. Deshalb werden z.B. aktuelle wissenschaftliche Erkenntnisse aus der Sowjetunion zu großen Teilen immer noch über amerikanische Übersetzungen bezogen, mit entsprechenden zeitlichen und inhaltlichen Verlusten. Es besteht ein deutlicher Bedarf an Personen, die in den einzelnen Disziplinen und Branchen, Institutionen und Verbänden die Relevanz aktueller Informationen aus der Sowjetunion erkennen und entsprechende Maßnahmen (Übersetzung, Referate) veranlassen können und die generell als sprachlich-kulturelle Experten für die Sowjetunion fungieren können.

Abgesehen von Einzelinitiativen z.B. in der privaten Wirtschaft fehlen weitgehend systematische Fortbildungsangebote, die auf der Schule erworbene Sprach- und Kulturkenntnisse erhalten und berufsorientiert erweitern helfen, Studien- und Prüfungsordnungen, die fachorientierte Sprachkenntnisse neben denen des Englischen wenn nicht fordern, so doch honorieren (wie dies im Ausland der Fall ist).

3. Die russische Sprache als Lernobjekt

Die Vorstellung, das Russische sei eine "schwere Sprache", wurde von offizieller sowjetischer Seite als Negativpropaganda zurückgewiesen. Die generelle Frage nach der Schwierigkeit einer Sprache ist falsch gestellt. Inwiefern eine Sprache schwieriger zu lernen ist als eine andere, hängt zunächst vom Grad ab, in dem einem Lernenden die Fremdsprache unabhängig vom Unterricht bereits "vertraut" ist. Diese vorgängige Vertrautheit wird vor allem bestimmt von der Nähe der genetischen bzw. typologischen Verwandtschaft zwischen Muttersprache und Fremdsprache und von der Intensität historischer und aktueller Sprach- und Kulturkontakte. Die – unterrichtsunabhängige – Vertrautheit Deutschsprachiger mit dem Russischen (einer indogermanischen Sprache) ist gegenüber dem Englischen merklich geringer, gegenüber dem Französischen und dem Latein fallen die Vertrautheitsunterschiede kaum ins Gewicht. Das nicht vertraute kyrillische Alphabet bildet nach den Erfahrungen in Schule und Erwachsenenbildung keine Lernhürde.

Ein anderer wesentlicher Schwierigkeitsfaktor ist – in Überschneidung mit dem Problem "Vertrautheit" – die innere Struktur der fremden Sprache. Das eigentliche – strukturinduzierte – Problem der Fremdsprache Russisch ist der Umfang des Lernstoffs im Anfangsunterricht. Aufgrund des flektivischen Sprachbaus (3 substantivische und eine pronominal-adjektivische Deklination mit je 6 Kasus, 2 Konjugationen), der komplexen Morphonologie und des beweglichen Wortakzents setzt ein freieres (nicht rein reproduktives) Sprechen die Beherrschung einer relativ großen Anzahl von Formen voraus. Diese flektivische Formenvielfalt fehlt z.B. im Englischen; wenn Englisch als strukturell "leichter" erlernbare Sprache gilt, dann im wesentlichen aus diesem Grund.

Eine Demotivierung bei der Behandlung der Flektionen wird z.T. zu vermeiden gesucht, sei es durch Intensivierung der Anfangsphase (hohe Stundenzahl), sei es durch Herstellung eines Sprachausschnitts, der möglichst früh einen kommunikativen Umgang mit der Sprache erlaubt; theoretisch und praktisch akzeptiert sind bisher nur funktional motivierte Ausschnitte wie Lesekompetenz oder eine "Touristenkompetenz"; das Problem, wie bei umfassenderen Lernzielen, z.B. Konversationsfähigkeit, Progressionen so zu gestalten sind, daß früh kommunikative Teilkompetenzen erreicht werden können, ist nicht gelöst (Lehmann 1985).

Der flektivische Sprachbau des Russischen gilt unter dem Gesichtspunkt sprachlicher Bildung als Gewinn, da für das Verstehen syntaktisch-semantischer Beziehungen im Satz mehr als in nichtflektivischen Sprachen eine bewußte grammatische Analyse notwendig sei. So verbinde sich im Russischen der Bildungswert des Lateinischen mit den Vorteilen einer lebenden Sprache. Im Russischen ist ein sehr großer Anteil an Wörtern durch Wortbildung von anderen Wörtern abgeleitet. Daher wird ein für deutschsprachige Lerner anfänglich wenig vertrauter Lernwortschatz zunehmend von einem durch Ableitung motivierten und insofern unterrichtlich vertrauten Wortschatz ersetzt. Da das Russische gegenüber Fremdwörtern, besonders Internationalismen, tolerant ist und seine lexikalischen Polysemien dem europäischen Muster folgen, steht dem Lerner ein exponentiell wachsender "potentieller Wortschatz" (Denninghaus 1976) zur Verfügung. Dies ist einer der Gründe für den zunehmenden Stellenwert der Entwicklung von Lesekompetenzen im fachspezifischen und allgemeinbildenden Russischunterricht.

4. Ziele und Methoden des Russischunterrichts

Russisch als Fach institutionalisierten Fremdsprachenunterrichts in der Bundesrepublik beginnt in den 60er Jahren an (neusprachlichen) Gymnasien. Ohne den Einsatz der damaligen Russischlehrer hätte sich das Fach Russisch nicht als erste der kleineren neueren Fremdsprachen etabliert und konsolidiert. Es mußte und muß sich gegenwärtig in verstärktem Maße gegen die Konkurrenz etablierter Sprachen (Französisch und Latein) und neu hinzukommender Sprachen (besonders Spanisch) behaupten. Der generelle Rückgang der Schülerzahlen führt zunehmend zu Problemen bei der Erreichung vorgeschriebener Klassen-/Gruppenfrequenzen, so daß von Interessenvertretern ein "Minderheitenschutz" für das Fach Russisch gefordert wird. Die Entwicklung des Russischunterrichts in der Bundesrepublik Deutschland kann charakterisiert werden als Weg von methodisch-didaktischer Uniformität zum Pluralismus von Zielen und Verfahren. Der Russischunterricht besaß keine eigene Tradition als neuere Fremdsprache, seine Vorgeschichte bestand üblicherweise in Mischungen aus improvisierten Konversationsübungen und Grammatik-Übersetzungsmethodik. Deshalb wurde die Tendenz Ende der 60er/Anfang der 70er Jahre, ein verbindliches Modell des "modernen Fremdsprachenunterrichts" durchzusetzen, bereitwillig aufgegriffen.

Dieser prinzipiell uniform konzipierte "moderne Fremdsprachenunterricht" orientierte sich primär am Englischunterricht, der seinerseits im wesentlichen durch Konzeptionen aus den USA bestimmt war. Für den Russischunterricht entstanden durch die freiwillig übernommene Juniorrolle besondere Probleme:

Es ergab sich ein Widerspruch zwischen dem undifferenzierten Ziel der globalen Sprechfertigkeit, die als die eigentliche sprachliche Fähigkeit angesehen wurde, der die anderen Fertigkeiten prinzipiell didaktisch nachgeordnet und methodisch untergeordnet wurden, und der Tatsache, daß mit Russisch zu großen Teilen erst in der 9., 10., oder 11. Klasse begonnen wurde und wird. Bei späterem Beginn und damit insgesamt relativ geringer Stundenzahl ist "Sprechfertigkeit" aber entweder nur in einem sehr beschränkten Register (Grundsituationen) zu erreichen, oder sie muß hinter andere, realistische Ziele (vor allem Lesefähigkeit) zurücktreten.

Im Bereich der Methoden ergaben sich Widersprüche vor allem
– zwischen den für das Englische eingeführten Verfahren (*pattern practice*) und der Notwendigkeit, dem flektivischen und morphonologisch komplexen Sprachbau des Russischen Rechnung zu tragen;
– zwischen der relativen Fremdheit der russischen Grundlexik für Deutsche und der relativen Vertrautheit der entsprechenden englischen Lexik bei den einsprachigen Verfahren zur Einführung und Festigung neuer Vokabeln;
– zwischen den verschiedenen linguistischen und fremdsprachendidaktischen Traditionen. Der audiolinguale Englischunterricht griff auf strukturalistische Beschreibungen und entsprechende Vorbilder für Übungsmaterialien zurück, während in der Russistik der Strukturalismus gerade entdeckt wurde und Übungsmaterialien zum Russischen, soweit überhaupt vorhanden, vorwiegend "bewußt-vergleichenden" bzw. "bewußt-praktischen" Methoden verpflichtet waren.

So ist der Weg des Russischunterrichts von der Uniformität zum Pluralismus von Zielen und Verfahren zugleich auch eine Emanzipation vom Vorbild des Englischunterrichts. In der SBZ und der DDR war seit Ende der 40er Jahre Ähnliches zu beobachten. Nach einer anfänglichen Orientierung an den westlichen modernen Fremdsprachen und der ausgebauten sowjetischen Fremdsprachenmethodik entwickelte sich bald eine eigenständige methodische Wissenschaft (Hermenau, Steinitz, K. Günther, Brandt, Lissner, Uthess/Uthess u.a.).

Die Ausbildungsziele erstreckten sich – zunehmend differenzierter – auf alle Sprachtätigkeiten (*skills*), waren aber für die allgemeinbildende Schule offenbar zu hoch gesteckt, vor allem angesichts der Teilnahme aller Schüler am Fremdsprachenunterricht. Es sollten "anwendbare und ausbaufähige Grundlagen in der Beherrschung der russischen Sprache" vermittelt werden, "die es ermöglichen, die wichtigsten lebenspraktischen Anforderungen der russischsprachigen Alltagskommunikation sowohl im Bereich des Hörens und Sprechens als auch des Lesens und Schreibens zu bewältigen." (Lehrplan Russisch, Kl. 5 bis 10. Volk und Wissen Verlag 1989, 7).

Obwohl auch hier im Rahmen einer kommunikativen Grundorientierung (seit den 70er Jahren) der weitgehende Gebrauch der Fremdsprache als Unterrichtssprache angestrebt wurde, hat die direkte Methode aus prinzipiellen Gründen nie allgemeine Verbreitung erlangt. Nicht zu verkennen war das Bemühen um eine linguistische Fundierung der methodischen Grundauffassungen (z.B. durch die "FKS" – die funktionalkommunikative Sprachbetrachtung). Ende der 80er Jahre war ein zunehmendes Streben nach Differenzierung und Individualisierung zu beobachten, u.a. durch Teilung von Klassen im Fremdsprachenunterricht und fakultative/obligatorische Aufgabenstellungen.

Die Bedeutung der Russischlehrerausbildung als der quantitativ stärksten Gruppe in der Hochschulausbildung Russisch wurde durch ein sprachpraktisches Ausbildungsvolumen von zunächst 44, ab 1982 durch immerhin noch 41 Semesterwochenstunden in 4 bzw. 5 Jahren unterstrichen (davon 14 bzw. 28 SWS im planmäßigen einsemestrigen bzw. einjährigen Teilstudium in der Sowjetunion während des 3. Studienjahres).

5. Lehrpläne, Zertifikate

In den Rahmenrichtlinien des Hessischen Kultusministers für die Neuen Sprachen Sekundarstufe I (d.h. Klassen 5-10) von 1972 z.B. wird die methodisch-didaktische Uniformität durch einen "Allgemeinen Teil" u.a. mit dem unbedingten Vorrang des Hörens und Sprechens "in allen Phasen des Spracherwerbs" gesichert. Konsequente Einsprachigkeit von Anfang an wird dekretiert, die Übersetzung abgelehnt. Der sprachspezifische Anhang für das Russische beschränkt sich auf die Angabe und Erläuterung entsprechender Beispiele aus dem Russischen.

Auch für die Lehrpläne der anderen Bundesländer ist die Sprechfähigkeit in "Alltagssituationen" oberstes Lernziel, sind "Themenbereiche des täglichen Lebens" die zentralen oder einzigen Inhalte. Nur sehr vereinzelt (z.B. in Hessen und Niedersachsen) bestehen Bestrebungen, die Lektüre von Zeitungstexten als eigenständiges Lernziel einzuführen. Auch die von der KMK-Konferenz 1981 beschlossenen "Einheitlichen Prüfungsanforderungen in der Abiturprüfung Russisch" beinhalten ein uniformes Leistungsprofil (neben die Sprechfertigkeit werden hier allerdings die anderen drei Fertigkeiten gestellt). Funktionale, an bestimmten Sprachgenres (funktionalen Stilen, Registern etc.), auf Teilkompetenzen hin ausgerichtete Zielbestimmungen für Kurse mit relativ geringer Stundenzahl werden dadurch ausgeschlossen.

Ähnlich, wenn auch auf anderem Niveau, ist das VHS-Zertifikat Russisch auf Alltagsfertigkeiten (Dialoge, Zeitungslesen, Briefschreiben) hin ausgerichtet. Überregionale Bedeutung haben auch die Kurse (und Abschlüsse) des Lehrinstituts für Russische Sprache des Landes Nordrhein-Westfalen in Bochum; hier werden auch sprachliche Teilqualifikationen vermittelt.

6. Lehrwerke

Im Russischunterricht an den Schulen und Volkshochschulen werden Lehrwerke westdeutscher oder sowjetischer/russischer Verlage verwendet, in den weiterführenden Sprachübungen der Universitäten fast ausschließlich sowjetische bzw. russische (bibliogr. Angaben bei Ihl-Behrend u.a. 1981/1982; Koester 1985). Ein Beispiel für die methodisch-didaktische Uniformität der ersten Lehrwerksgeneration ist das sowjetische Lehrwerk *Russisch für alle* (1972), dessen Adressaten Lernende aller Altersstufen und Kurstypen (Schule, Universität, Erwachsenenbildung) sind. Es war der Ausgangspunkt der systematischen Förderung des Russischen außerhalb der Sowjetunion und der osteuropäischen Länder (institutionell getragen vom Puškin-Institut und vom Verlag *Russkij jazyk,* beide in Moskau). Neuere Lehrwerke ("Vstreči", "Kontakty") haben differenzierte Lernziele und gehen auch methodisch neue Wege. Schon seit längerem besteht die Tendenz, Lehrwerke für spezifische Ziele und Adressatengruppen zu erstellen, in der ehemaligen DDR wurden besonders für Adressaten naturwissenschaftlicher Fächer eigene Lehrwerke ausgearbeitet.

In der ehemaligen DDR wurden nach einer Anfangsperiode, die vor allem mit den "klassischen" Lehrbüchern von Steinitz und Hermenau verknüpft war, mehrere Generationen von einheitlichen Lehrbüchern für die 5. bis 12. Klasse von Autorenkollektiven erarbeitet ("My govorim po-russki"), wobei Klassen bzw. Schulen mit erweitertem Russischunterricht sowie VHS mit speziellen Lehrwerken versorgt wurden.

Auch an den Hochschulen und Universitäten verlief in der Russischlehrerausbildung die Entwicklung von der individuellen Bereitstellung der Lehrmaterialien über mehr oder weniger einheitliche "Textsammlungen" für das Fern- und Direktstudium bis hin zu zwei Generationen von Lehrbüchern für das 1. bis 3./4. Studienjahr (jeweils Versuchs- und Verlagsfassungen), an deren Erarbeitung fast alle Hochschuleinrichtungen beteiligt waren, die Russischlehrer ausbildeten. Diese Lehrbuchreihen wurden im Baukastensystem ergänzt durch weitere Lehrmittel (eine praktische Fremdsprachengrammatik – das "Kompendium", Chrestomathien, Lehrmaterial für publizistische Texte und Fachlektüre).

Die durchgängig für jede Klassenstufe erarbeiteten "Unterrichtshilfen" für die Hand des Lehrers waren einerseits eine wirkliche Hilfe, bargen jedoch auch die Gefahr eines unschöpferischen Schematismus. Darüber hinaus existierte ein reiches Angebot an weiteren Lehrmitteln, u.a. ein Rundfunk-Hörkurs und ein Fernsehkurs.

Literatur

Basler, Franz (1987), *Russischunterricht in drei Jahrzehnten. Ein Beitrag zur Geschichte des Russischunterrichts an deutschen Schulen,* Berlin.
Baur, Rupprecht S. (1984), "Sowjetische Sprachlehrforschung", in: Helmut Jachnow u.a., (Hrsg.), *Handbuch des Russisten,* Wiesbaden, 820-852.
Denninghaus, Friedhelm (1976), "Der kontrollierte Erwerb eines potentiellen Wortschatzes im Fremdsprachenunterricht", in: *Praxis des neusprachlichen Unterrichts,* Jg. 23, 3-14.
Filin, F.P. u.a. (1977), *Die russische Sprache in der heutigen Welt,* Leipzig.
Glöckner, Helmut (1980), *Spezialbibliographie Moderner Fremdsprachenunterricht,* München.
Ihl-Behrend, Luise u.a., Hrsg. (1981/1982), *Lehr- und Lernmittel für Russisten. Bibliographie und Rezensionen,* Teil 1, Westliche Ausgaben, Teil 2, östliche Ausgaben, Hamburg.
Koester, Soia (1985), "Bibliographie der Lehrbücher, Grammatiken, Wörterbücher, Lektüre- und Kommunikationsbücher für den Russischunterricht", in: *Zielsprache Russisch,* Jg. 6, 42-53.
Kostomarov, V. G. (1987), "Internacional'nye funkii russkogo jazyka", in: *Bolgarskaja rusistika,* 14, vyp. 3, 3-12.
Kostomarov, V. G./Mitrofanova, O. D. (1976), *Metodičeskoe rukovodstvo dlja prepodavatelej russkogo jazyka inostrancam,* Moskva.
Länderbericht Sowjetunion (1986), hrsg. vom Statistischen Bundesamt, Wiesbaden.
Lehmann, Volkmar (1985), "Wie lehrt man Endungen?", in: *Zielsprache Russisch,* Jg. 6, 1-11.
Sieveking, Kai (1982), "Russisch – ein 'etabliertes' Fach?", in: *Zielsprache Russisch,* Jg. 3, 105-113.
Sieveking, Kai (in Druck), "Prepodavanie russkogo jazyka v školach ob"edinennoj Germanii 1991: Krisis ili novyj šans?", in: *Russkij jazyk za rubežom,* 1993.

Sochin, S. I. (1986), "Russkij jazyk v sovremennom mire", in: *Russkij jazyk za rubežom,* 20, vyp. 3, 50-52.
Zur Entwicklung des Russischunterrichts in der Bundesrepublik Deutschland. Bericht der Kultusministerkonferenz vom 6.1.1984.

Volkmar Lehmann/Hans Schlegel

90. Schwedisch

1. Sprachgeschichte und areale Bedeutung

Internationale Bedeutung

Gemessen an den verbreiteten Ranglisten der Sprachen der Welt und deren Ranglistenkriterien (Kloss 1974; Mackey 1976) kommt dem Schwedischen eher eine eingeschränkte Bedeutung zu. Es wird von nur etwa achteinhalb Millionen Sprechern als Muttersprache gesprochen, der Anteil der schwedischen Sprechergruppen im Ausland an dieser Zahl ist verhältnismäßig gering und auf wenige Gebiete außerhalb Schwedens verteilt (Braunmüller 1991; Haarmann 1975). Diese Ranglistenposition gibt allerdings keinen guten Maßstab ab für die areale Bedeutung Schwedens und des Schwedischen im nordeuropäischen Raum und im Rahmen der europäischen wirtschaftlichen und politischen Zusammenschlüsse, und wird auch seiner kulturhistorischen Bedeutung für Europa kaum gerecht. Diese ergibt sich eher aus dem Anteil Schwedens an der politischen Geschichte Europas, aus seinem Beitrag zur europäischen Literatur, seinen neueren sozialpolitischen Modellen, seiner Wirtschaftskraft und seinen weltweiten wirtschaftlichen und politischen Beziehungen zu anderen Ländern.

Historisch-kulturelle Bedeutung

Die historisch-kulturelle Entwicklung Schwedens hat sich seit den Zeiten der norddeutschen Hanse (1294-1669) in enger Verbindung mit den europäischen Nationen vollzogen, auch wenn es sich – nach einem kurzen Großmacht-Zwischenspiel im 17. Jahrhundert – seit dem 18. Jahrhundert politisch vom europäischen Kontinent zurückgezogen hat. Es entwickelte statt dessen – nach der politischen Stabilisierung der nationalen Grenzen im Ostseeraum – vom Ende des 19. Jahrhunderts ab eine Tradition der Neutralität (Dufner 1967), die es ihm erlaubte, insbesondere in den beiden Weltkriegen und danach weltweit eine wichtige Rolle in internationalen Institutionen und in Schlichtungsverfahren bei internationalen Konflikten einzunehmen. Zu Ende des 19. Jahrhunderts bereicherten skandinavische Autoren insbesondee die europäische Theaterliteratur: Die Dramen Strindbergs werden auch heute noch auf kontinentaleuropäischen Bühnen gespielt. Aber auch bedeutende Romane schwedischer Autoren waren und sind in Übersetzungen in der Bundesrepublik Deutschland weit verbreitet, wie die von Selma Lagerlöf, Per Lagerquist, Astrid Lindgren, Lars Gustavson u.a. Die Verleihung der von dem schwedischen Industriellen Nobel gestifteten "Nobelpreise" stellt jährlich ein internationales Ereignis dar.

Sprachtypologische Merkmale und Sprachdistanz

Das Schwedische gehört zusammen mit dem Dänischen (vgl. Art. 78) zu den ostskandinavischen Sprachen. Die traditionelle Unterscheidung zwischen ostnordischen und westnordischen Sprachen (zu denen, neben dem Färingischen und dem Isländischen, auch das Norwegische zählt) wird unter dem Gesichtspunkt der Kommunikation im nationalen Geltungsbereich dieser Sprachen jedoch infrage gestellt (Braunmüller 1991). Die jahrhundertelange politische Zusammengehörigkeit Dänemarks und Norwegens und ihre weitgehend gemeinsame geschichtliche und kulturelle Entwicklung haben auf der Ebene der skandinavischen Hochsprachen einen sprachlichen Großraum entstehen lassen, in dem trotz aller Unterschiede im Bereich von Lexik und Aussprache eine Verständigung mit den Nachbarn mittels der eigenen Hochsprache innerhalb der beiden Großgruppen der heutigen skandinavischen Sprachen möglich und auch praktisch üblich ist. Die Grundlage dieser "Semikommunikation" ist ein gemeinsames Diasystem "Skandinaviska", das für die skandinavische Halbinsel und Dänemark Geltung hat (Braunmüller 1991, 250; Frische 1989, 49 f.). Diese Form der Kommunikation in der Praxis entspricht einem der von Schröder vorgetragenen *Planungsmodelle für den schulischen Fremdsprachenunterricht* (Schröder 1973) und ist in der Vielfalt der Varietäten begründet, über die ein Hochsprachensprecher innerhalb des eigenen sprachlichen Diasystems verfügt, sowie in der Überlappung und Ähnlichkeit der kommunikativen Subsysteme, die benutzt werden.

2. Typologische Merkmale und Lernschwierigkeiten

Integrative Merkmale der sprachlichen Systeme

In der Kommunikation nach dem genannten Modell setzt der einzelne Sprecher die Kenntnis von Sachverhalten und von sprachlichem Wort- und Regelwissen im Rahmen der ihm zur Verfügung stehenden sprachlichen – einschließlich der dialektalen – Subsysteme (Varietäten) ein, um Äußerungen des Kommunikationspartners in bezug auf Sachverhalte zu verstehen. Erste Grundlage für das Gelingen dieser Kommunikation ist daher – neben der Bereitschaft, sich auf die Kommunikation einzulassen – die morphologische Ähnlichkeit der sprachlichen Subsysteme, über die die beteiligten Sprecher verfügen. Dabei kommt der Divergenz der fortschrittlicheren lautlichen Entwicklung und der konservativeren graphischen Kodierung der Hochsprache in Bezug auf den mündlichen und den schriftlichen Gebrauch in der Kommunikation eine besondere Bedeutung zu.

Für das Erlernen des Schwedischen durch deutsche Muttersprachler kann die sprachsystematische Ähnlichkeit der schwedischen Hochsprache mit dem Deutschen als Lernhilfe angesehen werden, denn zusammen mit dem Dänischen und dem Norwegischen kann es zu den für Deutsche am leichtesten zu erlernenden Sprachen gezählt werden (Frische 1989, 54). Doch kann der Erwerb des Schwedischen auf dem Wege über die systematische Kenntnis der strukturellen Ähnlichkeiten und Unterschiede der Hochsprachen allein kaum einen Zugang zum kommunikativen Gebrauchsbereich des "Skandinaviska" erschließen, wenn nicht eine entsprechende Geläufigkeit im Gebrauch einzelner Varietäten – z.B. touristisches Sprechen, Rundfunkhören oder informatives und literarisches Lesen – in einer dieser Sprachen erworben wird.

Ein Blick in ein schwedisches Wörterbuch und eine schwedische Grammatik zeigt, daß es viele Gemeinsamkeiten im Wortschatz und in der Grammatik der Hochsprachen Schwedisch und Deutsch gibt. Z.T. sind diese Ähnlichkeiten im Hinblick auf die norddeutschen Dialekte noch ausgeprägter (Braunmüller 1991, 7), so daß Sprecher, die über entsprechende dialektale Varietäten verfügen, eine noch bessere Lerngrundlage haben. Was den Wortschatz betrifft, so ist nicht nur der gemeinsame germanische Ursprung, sondern auch die Teilhabe an der kontinentaleuropäischen kulturellen Entwicklung bestimmend: Die Übernahme von Wörtern und Wortbildungsmustern aus dem Lateinischen (im Zuge der Christianisierung), dem Mitteldeutschen und dem Französischen, neuerdings auch dem Englischen, hat zu einem aktuellen Wortbestand geführt, der für einen deutschen Sprecher, insbesondere wenn er über die Hochsprache hinaus über weitere, vor allem auch dialektale, Varietäten verfügt, weniger "fremd" erscheint. Formalsystematisch weisen das Schwedische und das Deutsche viele Gemeinsamkeiten auf, sowohl in den morphologischen Subsystemen als auch in den grundlegenden syntaktischen Regeln (Ritte 1986). In vielen Fällen ist das entsprechende morphologische Subsystem des Schwedischen einfacher als das deutsche. Das Schwedische verfügt etwa bei der Deklination der Substantive nur über drei Fälle statt der deutschen vier, nur zwei bestimmte Artikel statt der deutschen drei, und verwendet zur Komparation nur zwei Formen statt der deutschen drei. Im Imperativ kommt das Schwedische gar nur mit einer Form aus (z.B. *gå* statt derer drei im Deutschen (geh*e*, geh*t*, geh*en* Sie). Anderseits unterscheidet man im Schwedischen aber vier Geschlechter bei den Personalpronomina (Maskulinum, Femininum, Utrum und Neutrum) und unterscheidet Adverb und Adjektiv (z.B. Jag är *sen*/jag kommer *sent*). In anderen morphologischen Bereichen, z.B. beim Verb, und in der Syntax ist die Übereinstimmung ziemlich weitreichend: so ähneln sich z.B. viele der Ablautreihen für die Tempusbildung (spr*i*nga-spr*a*ng-spr*u*ngit/spr*i*ngen-spr*a*ng-gespr*u*ngen) und die schwachen Formen der Vergangenheit (dröm*de*/träum*te*, dröm*t*/geträum*t*). Die Liste der Modalverben (*kunna*/können, *vilja*/wollen, *skola*/sollen, *måste*/mußte, *få*/dürfen etc.) und deren Gebrauch entsprechen weitgehend dem ihrer deutschen Vergleichspartner. Bestimmte syntaktische Regeln sind im Vergleich mit den anderen europäischen Sprachen nur diesen beiden Sprachen eigen, so etwa die Inversion in Hauptsätzen, die nicht durch das Subjekt eingeleitet werden (*Det kom många barn*/Es kamen viele Kinder). Anderseits bleibt die regelmäßige Wortfolge des Hauptsatzes im Schwedischen jedoch im Gegensatz zum Deutschen auch im Nebensatz erhalten, und die syntaktischen Regeln des Schwedischen erlauben es im Gegensatz zum Deutschen auch nicht, ein mehrteiliges Prädikat durch Einschiebung eines Objektes oder einer lokalen oder temporalen Ergänzung zu trennen (*Han har kunnat förstå Maria*/Er hat Maria *verstehen können*). Unterschiede in allen diesen Bereichen zeigen sich jedoch vorwiegend jeweils in der Art und im Umfang der Anwendung ähnlicher Formen, wie bei der Behandlung mehrteiliger Prädikate oder z.B. dem schwedischen Possessivpronomen *sin*, das morphologisch dem deutschen *sein* ähnelt, aber auch in Bezug auf feminine und pluralische Bezugslexeme verwendet wird. (Han, hon, de tvättar *sin* bil/Er wäscht *sein*, sie wäscht *ihr*, sie waschen *ihr* Auto).

Die hier aufgeführten systematischen Ähnlichkeiten und Unterschiede der Hochsprachen stellen, wie bereits oben erwähnt, nur einen Aspekt der Verstehbarkeit schwedischer Texte für deutsche Muttersprachler dar. Ein weiterer Aspekt sind z.B. die Kenntnis der eigensprachlichen (einschließlich der dialektalen oder regionalen) Varietäten, über die der deutsche Muttersprachler verfügt: So sind die niederdeutschen Dialekte z.B. auch phonologisch dem Schwedischen näher als das Hochdeutsche.

Kontrastierende Merkmale im Bereich der Fertigkeiten

Einen wichtigen Aspekt in der Kommunikation stellt die Divergenz von Aussprache und Schreibung, und daraus resultierend, das Verstehen von gesprochenen und geschriebenen Texten in festliegenden situativen Konstellationen dar. Die interskandinavische "Verstehensrate" in der schriftlichen und in der mündlichen Kommunikation ist auch unterschiedlich hoch. Systematisch hat das Schwedische hier den (Lern-) Vorteil, daß aufgrund einer Orthographiereform zu Beginn dieses Jahrhunderts die Graphie die schwedische Aussprache weitgehend regelhaft abbildet. Die phonologische Entwicklung (z.B. Schwächung der Konsonanten) ist im Schwedischen weit weniger vorangeschritten als z.B. im Dänischen, und z.T. sind in der schwedischen "Leseaussprache" ursprüngliche Ausspracheformen wiederhergestellt worden. Die Verwendung der Leseaussprache durch nichtschwedische Skandinavier ist u.a. auch ein Merkmal des in der innerskandinavischen Kommunikation benutzten "Skandinaviska" (Braunmüller 1991, 15 f., 253). Untersuchungen haben gezeigt, daß in der schriftlichen Kommunikation kaum Verstehensschwierigkeiten bei skandinavischen Lesern von Texten in einer anderen skandinavischen Sprache auftreten; dennoch wird der Grad des Nicht-Verstehens in der mündlichen Kommunikation z.T. als recht hoch bezeichnet (Schwedischsprecher verstehen mündliches Dänisch angeblich nur zu etwa 23%). Die unterschiedliche Divergenz zwischen Aussprache und Graphie in den einzelnen nordischen Sprachen spielt aber nur dann eine Rolle, wenn der Unterricht als Zugang zu dem umfassenderen skandinavischen Kommunikationssystem ("Skandinavisch") geplant wird.

Bemerkungen zu "kommunikativen" Zielsetzungen

Das in der innerskandinavischen Kommunikation verwendete Prinzip der "Einsprachigkeit" funktioniert nicht allein auf der Grundlage der aufgeführten sprachsystematischen Ähnlichkeiten. Es setzt darüber hinaus bei seinen Benutzern bestimmte Einstellungen gegenüber den Kommunikationspartnern und den von ihnen benutzten sprachlichen Varietäten voraus, sowie eine größere Bewußtheit gegenüber den im eigenen Varietäten-Repertoire verfügbaren Regeln und die genaue Beachtung des in der jeweiligen Kommunikationssituation gegebenen Kontextes und seines außersprachlichen Rahmens. Dazu gehört auch die Bereitschaft, in der Kommunikation neue (semantische und grammatische) Korrespondenz- und Zuordnungsregeln zwischen dem eigenen diasystematischen Regelwissen und den in der Kommunikation verwendeten fremden Sprachvarietäten in der Kommunikation zu erwerben (Braunmüller 1991, 252). Diese Bedingungen sind am ehesten dann erfüllt, wenn die Formen der – mündlichen oder schriftlichen – Kommunikation den "Lebensbedürfnissen" der Fremdsprachenlerner entsprechen, d.h., wenn sie reale sprachliche Kooperationsbedürfnisse innerhalb umschriebener Kommunikationsbereiche befriedigen.

Für die Vorbereitung auf diese Kommunikation durch Unterricht setzt dies für das Schwedische – wie für alle modernen Fremdsprachen nach der Wende von der systemlinguistisch zur pragmalinguistisch begründeten fremdsprachlichen Methodik – die möglichst genaue Bestimmung der sprachlichen Kommunikationsbereiche voraus, auf die der Unterricht die jeweilige Lernergruppe vorbereitet. Diese Kommunikationsbereiche sind unterschiedlich, je nach dem, ob es sich um Lernergruppen in allgemeinbildenden Schulen oder in verschiedenen Einrichtungen der Erwachsenenbildung handelt.

3. Schwedisch als Schulsprache

Institutionen, Lehrpläne und Abschlüsse

Je nach der Gewichtung des allgemeinbildenden Auftrags der schulischen Institution und der individuellen Lernmotive seiner Benutzer erfahren die verschiedenen mit dem Fremdsprachenunterricht verbundenen Aufgaben – Studium der fremden Sprache, Kenntnis des fremden Landes und seiner Kultur, Vorbereitung auf die Kommunikation mit mündlichen und schriftlichen Texten – in dieser eine unterschiedliche Beachtung.

Anscheinend hatte die politische Isolation Deutschlands nach dem ersten Weltkrieg und anknüpfend an eine historisch ältere schulpolitische Tradition zu einer Wiederentdeckung der "nachbarschaftlichen" Bedeutung des Schwedischen im norddeutschen Raum geführt, so daß das Schwedische auch in einigen Anstalten des höheren Schulwesens Eingang finden konnte (Hainrich 1927). Diese Schulsprachenpolitik wurde durch die Priviligierung des Englischen in der nationalsozialistischen Schulsprachenpolitik unterbrochen. In den Übersichten zum Sprachunterricht in den deutschen höheren Schulen findet sich das Schwedische weder früher noch nach 1945 verzeichnet (Herold 1991), und auch im aktuellen Sekundarstufensystem der Bundesrepublik hat das Schwedische, ebenso wie die Sprachen anderer "kleinerer" europäischer Länder, noch wenig Gewicht. Charakteristisch ist die Lehre des Schwedischen in der Bundesrepublik Deutschland bisher auf die schulischen Institutionen der Erwachsenenbildung verteilt, auf die Hochschulen einerseits und auf die Volkshochschulen und Privtschulen andererseits.

So haben viele Hochschulen der Bundesrepublik eine nordische Abteilung und einen schwedischen Lektor, die meist den germanistischen Instituten angegliedert sind (21 in der alten, 5 in den neuen Ländern; Svenska Institutet 1990/91). Sie bieten neben Sprachkursen für Anfänger und Fortgeschrittene sowohl Kurse zur schwedischen Sprache als auch zur Literatur und Landeskunde an. In vielen Fällen kann "Skandinavistik" als Haupt- oder Nebenfach mit dem Schwerpunkt Schwedisch in den akademischen Prüfungen gewählt werden (in Berlin, Bochum, Bonn, Freiburg, Frankfurt, Göttingen, Hamburg, Köln, Münster, München und Tübingen), in anderen Fällen nur als Nebenfach.

In den Volkshochschulen der Bundesrepublik wird das Schwedische verhältnismäßig häufig als Unterrichtsfach gewählt: Im Jahre 1990 nahm das Schwedische in den deutschen Volkshochschulen den 10. Platz unter den am häufigsten gewählten Sprachen ein, nach dem Neugriechischen und dem Türkischen, aber vor dem Niederländischen und dem Portugiesischen. Es wurde auch häufiger gewählt als z.B. das Dänische und das Norwegische (Pädagogische Arbeitsstelle 1991, 16). Die Lernziele in den Volkshochschulkursen sind in ihren Grundbausteinen und Zertifikaten zunächst auf den kommunikativen Sprachgebrauch in bestimmten Alltagssituationen ausgerichtet und werden in den häufiger nachgefragten Sprachen durch (berufs-) fachlich ausgerichtete Aufbau-Bausteine ergänzt. Für das Schwedische gibt es bisher ein solches Zertifikat noch nicht.

Für den privaten Bereich werden in ihrer Marktübersicht von der Aktion Bildungsinformation e.V. über zehn Institutionen vorwiegend in nördlichen Bundesländern genannt, in denen Schwedischunterricht angeboten wird (Aktion Bildungs-Forschung 1991, 92 ff.). Es handelt sich fast ausschließlich um allgemeinsprachliche Kurse, die zu keinem der üblicherweise mit einem solchen Unterricht verbundenen Prüfungen führen (Fremdsprachenkaufmann, Fremdsprachenkorrespondent, Übersetzer/Dolmetscher). Jedoch bieten einzelne Industrie- und Handelskammern Prüfungen für das Schwedische an.

Lehrwerke

Wie im Falle anderer Sprachen, für die keine Tradition im Unterricht der allgemeinbildenden Schulen besteht, ist das Angebot an Lehrbüchern nicht sehr groß. Die bereits im 19. Jahrhundert konzipierten "Konversationsgrammatiken" und ihre Neubearbeitungen (z.B. Wolf 1931/1949), die sowohl als Hilfsmittel für den Reisenden als auch darauf angelegt waren, den Leser "mit schwedischer Gemütsart und Literatur in aller Kürze bekannt zu machen" (Wolf 1931/1949), wurden noch bis in die 60er Jahre unseres Jahrhunderts in Neuauflagen benutzt. Die traditionelle Lehrmittelgrundstruktur: Grammatische Darstellung und daneben eine Gesprächsammlung, ist auch im heutigen Angebot der Lehrmittelverlage teilweise noch erhalten.

Eine neue Lehrwerkgeneration entstand mit den kommunikativen Methodenkonzeptionen der 60er und 70er Jahre, die sich, wie z.B. das Lehrwerk von Ritte *Hej* (Ritte 1980) an Lernende in der Erwachsenenbildung, in der betrieblichen Weiterbildung und an Hochschulen sowie Selbstlerner richtet. An eine ähnlich global definierte Adressatengruppe richtet sich das von der zentralen schwedischen außenpolitischen Kulturinstitution (Svenska Institutet, Stockholm) herausgegebene Lehrwerk *Svenska utifrån* (Nyborg/Petterson 1991).

An den deutschen Hochschulen ist – neben vielfach selbsterstellten Materialien – vor allem das Lehrwerk von Engbrant-Heider/Hintz/Wohlert (Engbrant u.a. 1977) verbreitet, als Grammatik wird am häufigsten Nylunds *Deskriptivt svensk grammatik* (Nylund-Brodda/Holm 1972) benutzt.

Literatur

Aktion Bildungsforschung e.V. (ABI) (1991), *Fremdsprachen lernen in Deutschland*, 8. Aufl., Stuttgart.
Braunmüller, Kurt (1991), *Die skandinavischen Sprachen im Überblick*, Tübingen.
Dufner, Wolfram (1967), *Geschichte Schwedens*, Stockholm.
Engbrant-Heider, Eleonor/Riesinger-Hintz, Gunilla/Wohlert, Monica (1977), *Svenska för nybörjare*, Stockholm.
Frische, Rainer (1989), *Von Amharisch bis Vietnamesisch. Informationen über selten gelehrte Sprachen*, (1. Aufl. 1988), Hürth.
Haarmann, Harald (1975), *Soziologie und Politik der Sprachen Europas*, München.
Hainrich, Paul (1927), "Schwedisch in höheren Schulen", in: *Die Neueren Sprachen*, Jg. 26, H. 1, 44-46.
Herold, Dieter (1991), "Stundentafeln in den neusprachlichen Fächern", in: *Neusprachliche Mitteilungen aus Wissenschaft und Praxis*, Jg. 44., H. 3, 168-172.
Kloss, Heinz (1974), "Die den internationalen Status einer Sprache bestimmenden Faktoren. Ein Versuch", in: Heinz Kloss (Hrsg.), *Deutsch in der Begegnung mit anderen Sprachen*, Tübingen.
Mackey, William-Francis (1976), *Bilingualisme et contact des Langues*, Paris.
Nyborg, Roger/Petterson, Nils-Owe (1991), *Svenska utifrån*, Stockholm.
Nylund-Brodda, Elizabeth/Holm, Britta (1972), *Deskriptiv svensk grammatik*, Stockholm.
Pädagogische Arbeitsstelle des Deutschen Volkshochschul-Verbandes, Hrsg. (1991), *Statistische Mitteilungen des Deutschen Volkshochschul-Verbandes. Arbeitsjahr 1990*, Frankfurt a.M.
Ritte, Hans (1980), *Hej. Lehrbuch der schwedischen Umgangssprache*, Stuttgart.
Ritte, Hans (1986), *Schwedische Grammatik*, München.
Schröder, Konrad (1973), "Sprachunterricht, Sprachenpolitik und internationale Kommunikation", in: Werner Hüllen (Hrsg.), *Neusser Vorträge zur Fremdsprachendidaktik*, Berlin.
Svenska Institutet (1990/91), *Svenskundervisning i utlandet. Institutioner och lärare vid universitetet och högskolor, läsåret 1990/91*, Stockholm.
Wolf, Werner (1949), *Kleine Schwedische Sprachlehre. Methode Gaspey-Otto-Sauer*. (1. Aufl. 1931). 4. Aufl., Heidelberg.

Udo Bonnekamp

91. Serbisch und Kroatisch

1. Nationaler und internationaler Status

Zwischen Slowenien und Makedonien liegen die Siedlungsgebiete der Kroaten, bosnischen Muslime, Montenegriner und Serben (zusammen ca. 14,5 Millionen). Zusammen mit den Slowenen (ca. 1,7 Millionen), den Makedonen (ca. 1,3 Millionen) und den ca. 2,4 Millionen Albanern, Ungarn, Türken, Rumänen, Roma bildeten sie die Bevölkerung des Vielvölkerstaates Jugoslawien. Innerhalb Jugoslawiens waren die Teilrepubliken der Titularnationen (Kroatien, Bosnien und Herzegowina, Montenegro und Serbien) nicht ethnisch homogen besiedelt. Die Bildung der ethnisch begründeten Nachfolgestaaten führte zu starken Bevölkerungsverschiebungen ('ethnische Säuberung').

Auf der Grundlage des bei den Serben, Montenegrinern, Muslimen und Kroaten verbreitetsten gemeinsamen Dialekts, des Neuštokavischen, vollzog sich die Schriftsprachenentwicklung, die bis zum Beginn des 20. Jahrhunderts sowohl in den kroatischen als auch in den serbischen kulturellen Zentren abgeschlossen war. Wie auch in anderen Fällen, wo eine Schriftsprache mehreren Nationen dient, ist Standard-Neuštokavisch nicht einheitlich. Zu den zwei Varianten der Schriftsprache (der östlichen oder serbischen und der westlichen oder kroatischen) treten noch die montenegrinische und die bosnische standardsprachliche Ausdrucksform hinzu. Der offizielle Name des Standard-Neuštokavischen ist von den Nationenbezeichnungen abgeleitet und nicht einheitlich: Serbokroatisch, Kroatoserbisch, die kroatische oder serbische Sprache, die primär dieselbe Schriftsprache bezeichnen, sekundär aber auch zusätzlich die jeweilige Variante oder Ausdrucksform. Nach dem Zerfall des alten Jugoslawien polarisieren die Republik Kroatien die westliche Variante zur Kroatischen Literatursprache und die Bundesrepublik Jugoslawien (nebst den serbischen Gründungen in Kroatien und Bosnien) die östliche Variante zu Serbischer Sprache (vgl. Brkić 1992). Mit dem Begriff der plurizentrischen Sprache (wie Hindi und Urdu) sind die Verhältnisse am ehesten beschrieben; die gegenwärtige Tendenz zur Gleichsetzung von Staatsangehörigkeit, Nationalität und eigener Sprache entspricht (noch) nicht den Realitäten (vgl. Brozović/Ivić 1988; Bugarski 1987; Franjolić 1983).

In Jugoslawien war Serbokroatisch/Kroatoserbisch die erste Schulzweitsprache in Slowenien und Makedonien, die beruflich wichtigste Zweitsprache und die Verkehrssprache (*lingua franca*) mit den anderen Nationen. Für die 'Nationalitäten' in vielen gemischten Siedlungsgebieten ist es die Umgebungssprache (*jezik društvene sredine*), z.B. in der Vojvodina. Kroatische, serbische, montenegrinische und bosnische Minderheiten leben in den angrenzenden Ländern (in Österreich ca. 28 000 Kroaten), in Übersee und in der Türkei (bosnische Muslime).

In den west- und nordeuropäischen Ländern, darunter in den deutschsprachigen, ist Kroatoserbisch/Serbokroatisch neben Slowenisch, Makedonisch und Albanisch die Sprache der Arbeitsmigranten aus dem früheren Jugoslawien (zwischen 1950-1990 emigrierten über eine Million), ohne sprachenrechtliche Absicherung, funktional nur in der Subkultur der Migranten und zwischen Migranten und dem Herkunftsland, soziologisch eine Diaspora-Sprache; volkstümlich bezeichnet als Jugoslawisch oder unsere Sprache (*naš jezik, naški*), was den Nationalsprachenstreit zu umgehen hilft. Die Zahl ihrer Sprecher ist hoch: über 60% leben in der Bundesrepublik Deutschland (1990 – 625 000), über 12% in Österreich, über 3% in der Schweiz. In den europäischen Ländern leben ca. 250 000 Kinder und Jugendliche dieser Sprachgruppe. Im bilingualen Funktionsgefüge mit der Sprache des Aufnahmelandes ist Serbokroatisch/ Kroatoserbisch die Sprache der Familie, der Bekanntschaftsnetze, der Medien und der literarischen Produktion, mit zunehmender Reduktion auf eine Familiensprache. Die Sprachumstellung zur jeweiligen Landessprache ist stark ausgeprägt; die Sprache der Kinder ist durch den Sprachenkontakt, durch Entfernung von den Standards des Herkunftslandes und durch Vergessensprozesse gekennzeichnet (Đurović 1987; Ljubešić 1989; Mrazović/Stölting-Richert 1989).

Einen minimalen Rechtsstatus hat die Sprache aufgrund zwischenstaatlicher Vereinbarungen in den Schulsystemen der Aufnahmeländer erhalten. Der Muttersprachliche Unterricht (*Dopunska nastava*) wird in den Sprachen des ehemaligen Jugoslawiens durchgeführt und erfaßt in den europäischen Aufnahmeländern fast 60% der betroffenen Schüler. Ihn erteilen über 1 000 Lehrkräfte, davon weniger als die Hälfte von Jugoslawien entsandt. Der Unterricht findet sich a) außerhalb des Systems der Pflichtschule (als Konsulatsunterricht), b) als freiwilliger Zusatzunterricht der Pflichtschule (in der Verantwortung der Schulbehörden des Aufnahmelandes), c) integriert in das System der Pflichtschule (Herkunftssprache anstelle einer Fremdsprache). Die gegenwärtigen politischen und sprachpolitischen Entwicklungen (Boykott des 'jugoslawischen' Unterrichts, Forderung nach Einrichtung 'Kroatischer Schulen') führen zunächst zu einer Erschütterung der eingespielten Organisation des Muttersprachlichen Unterrichts (vgl. Bauer/Meder/Previšić 1992).

Als Serbokroatisch hat die Sprache eine lange Tradition im Studium der Slavistik in den deutschsprachigen Ländern (als Vertreterin der südslavischen Sprachen). Der Spracherwerb ist auf philologische Zwecke ausgerichtet (historische Sprachentwicklung, Literatur und Kultur der betreffenden Nationen). Die Beschäftigung der Südslavistik mit den Südslaven im eigenen Land ist bisher marginal, entsprechend gering ihr Beitrag zur Vermittlung von Serbokroatisch/Kroatoserbisch als Sprache der Migrantenminorität.

Die Bedeutung von Kroatoserbisch/Serbokroatisch außerhalb der Herkunftsländer ist – abgesehen vom philologischen Selbstzweck – für die Angehörigen der Arbeitsmigration unter sozialisatorischen und identitätsbildenden Gesichtspunkten hoch, hinzu kommt nun die Symbolbedeutung der jeweiligen Ausprägung der Schriftsprache für die nationale Zuordnung; der schulische Nutzen erschöpft sich in der möglichen Anerkennung anstelle einer Fremdsprache und in der erleichterten Reintegration im Falle der Rückwanderung. Als *community language* für deutsche Schüler ist die Sprache bisher inexistent. Ihr Stellenwert als *lingua franca* in Slowenien und Makedonien dürfte drastisch gesunken sein. Zwischen der gegenwärtigen Erschütterung und Verunsicherung der Kommunikation unter den Nachfolgestaaten, innerhalb der *émigré communities* und zwischen Angehörigen der südslawischen Nationen und anderen und einer zukünftigen Erneuerung kommunikativer Beziehungen auf nationalsprachlicher Grundlage ist mit dem Rückzug vieler Sprachträger im Ausland aus der Sprache zu rechnen.

2. *Sprachcharakter und Lernschwierigkeiten*

Serbokroatisch/Kroatoserbisch ist eine südslawische Sprache – slawisch in ihrem musikalischen Wortakzent, den hochflektiven Nominal- und Verbformen, dem Verbalaspekt, der Rektion der

Verben und Nomina; balkanisch in manchen syntaktischen Zügen und im Lehnwortschatz (Turzismen). Germanismen betreffen – in unterschiedlicher Stärke und Verteilung in den schriftsprachlichen Varianten – vor allem den Wortschatz und die Phraseologie.

Das *Neuštokavische* als Basis der Schriftsprache(n) ist strukturell durch einen ausgeglichenen Komplexitätsgrad im Nominal- und im Verbalsystem charakterisiert; während die kroatischen Dialekte *Kajkavisch* und *Čakavisch* wie Slowenisch und die nordslawischen Sprachen das Verbalsystem und die südserbischen Dialekte wie Makedonisch und Bulgarisch das Nominalsystem reduziert haben.

Die Unterschiede zwischen den Schriftsprachen bzw. Varianten der Schriftsprache beziehen sich in geringem Maße auf die Flexion und Syntax, in stärkerem Maße auf die Lexik (slawischer Purismus im Kroatischen). Innerhalb der östlichen Variante gibt es den Ausspracheunterschied zwischen *Ekavisch* und *Ijekavisch* (*sneg-snijeg*): Ekavisch ist die Sprache vor allem in Serbien, ijekavisch in Montenegro und Bosnien-Herzegowina; die westliche Variante oder Kroatisch ist einheitlich ijekavisch. Ebenfalls innerhalb der östlichen Variante werden die lateinische und die kyrillische Graphik in funktionaler Verteilung verwendet (zur Schriftgrundlage der Serbischen Sprache wurde 1992 das Kyrillische erklärt); das Kroatische schreibt lateinisch (vgl. zum Obigen Brozović/Ivić 1988).

Spezifische Lernschwierigkeiten lassen sich schon aus der Sprache der Migrantenkinder ableiten: Reduktion der 6 Nominalkasus und der 3 Genera, Aufgabe der Aspektunterscheidung, Verwirrung in der Stellung der enklitischen Wörter, in der Rektion des Verbs. Allgemein gilt, daß die Sprache bis zu einem mittleren Beherrschungsniveau leicht zu erlernen ist, sehr schwer aber bis zum Niveau des *native speakers*. Zu diesem Niveau gehörte es bisher auch, daß sich der Ideolekt regional verorten ließ. – Das Vorliegen mehrerer schriftsprachlicher Standards und Ausdrucksformen in der Zielsprache ist bisher eine zentrale Schwierigkeit für den anderssprachigen Lerner gewesen (auch für das Migrantenkind in der Diaspora). Unter Verständigungsgesichtspunkten sind die Unterschiede von geringer Bedeutung, sie verunsichern aber den auf die Zielnorm ausgerichteten Lerner. Serbokroatisches Lehrmaterial gibt neben der östlichen Basisvariante immer auch Hinweise auf die westliche Variante; kroatisches Material beschränkt sich auf die Kroatische Literatursprache. Eine Verselbständigung der Varianten zu je uniformen Schriftnormen bringt für den fremdsprachigen Lerner also durchaus eine Lernerleichterung mit sich. Wenn der Lerner Sprachkontakte in der Diaspora, aber auch in den Herkunftsländern hat, wird die Aussortierung der Variantenunterschiede zu einer speziellen Lernaufgabe. Mischungsfehler sind von echten Lernerfehlern zu unterscheiden und anders zu bewerten.

3. Sprachunterricht

Didaktik und Methodik des Kroatoserbischen/Serbokroatischen für Bilinguale und Anderssprachige befinden sich nicht auf dem Entwicklungsstand der größeren europäischen Sprachen. Serbokroatisch/Kroatoserbisch für Bilinguale (Migrantenschüler) hat erst begonnen, sich vom Muttersprachenunterricht zu emanzipieren. Kroatoserbisch/Serbokroatisch für Anderssprachige (Erwachsene) geht noch immer vom zukünftigen Philologen und der literarischen Sprache aus. Darüber, welches Serbokroatisch/Kroatoserbisch (jenseits der Variantenfrage) zu unterrichten sei, hat die Diskussion erst begonnen. Unter fremdsprachlichem Gesichtspunkt gehört die Sprache zu den am wenigsten erforschten europäischen Sprachen (vgl. zu diesen Kritikpunkten die Beiträge in: Institut za strane jezike 1986).

Für Anderssprachige existieren, in den deutschsprachigen wie in anderen Ländern, keine Zielvorstellungen oder Lehrpläne; der Deutsche Volkshochschulverband bietet zwar touristisch orientierte Kurse an, jedoch kein Zertifikat. Die Studiengänge der Interkulturellen Pädagogik und des Deutschen als Fremdsprache erfordern in der Regel den Erwerb einer Migrantensprache mit den Zielen: Grundkenntnisse und elementare Kommunikationsfähigkeit, Befähigung zum Sprachvergleich, berufsspezifische Vertiefung; diese Ziele sind bisher nicht in einem Lehrplan für Kroatoserbisch/Serbokroatisch konkretisiert worden, es gibt nur einige sprachvergleichende Hinweise. Eine Ausbildung für Muttersprachenlehrer an den bundesdeutschen Hochschulen fehlt (im Gegensatz zu Schweden). Eine erste Orientierung bieten hier die Programme für ausländische Studienbewerber im Zielsprachenland (Institut za strane jezike 1979; 1983; 1986).

Für den muttersprachlichen Unterricht (*Dopunska nastava*) mit bilingualen Migrantenkindern existierte das 'Programm der Muttersprachlichen

Erziehungs- und Bildungsarbeit mit Kindern jugoslawischer Bürger auf zeitweiliger Arbeit im Ausland' (1977) in verschiedenen Fassungen der Republiken, die von den diplomatischen Vertretungen herausgegeben wurden. Die Unterrichtsziele waren der Entwicklung des Zugehörigkeitsgefühls zu Jugoslawien untergeordnet, Ziele des Sprachunterrichts waren die 'Bewahrung und Bereicherung der Muttersprache in allen Formen der mündlichen und schriftlichen Kommunikation'. Auf der Grundlage des Programms wurde eine Lehrbuchreihe entwickelt, enthaltend: 3 Bände des Grundlehrwerks *Meine Heimat SFRJ* (*Moja domovina SFRJ* und in 6 weiteren jugoslawischen Sprachen), jeweils 2 Bände *Unsere Sprache* (*Naš jezik*) in diesen Sprachen, 2 Lehrerhandbücher in serbokroatischer/kroatoserbischer Sprache. Da das Grundlehrwerk *Meine Heimat SFRJ* mehr thematisch als sprachdidaktisch strukturiert ist, erschienen als Handbücher für die Spracharbeit Rosandić (1983) und Diklić u.a. (1986). Vor allem das letztere macht deutliche Fortschritte in Richtung von Kroatoserbisch/Serbokroatisch als Ko-Sprache im bilingualen Gefüge, enthält Kurzvergleiche mit Deutsch (Mrazović) und Englisch und gibt am Zweitsprachenunterricht orientierte methodische Anregungen für die Spracharbeit. Die Schulbehörden der Bundesrepublik formulieren die Ziele des Muttersprachlichen Unterrichts eingeschränkter, mit deutlicher Priorität für die Sprachvermittlung, der die landeskundlichen Inhalte untergeordnet sind. Eigene Unterrichtswerke sind nicht geplant, jedoch curriculare Materialien (Handreichungen) (Landesinstitut für Schule und Weiterbildung 1987). Für rückkehrende Schüler werden im Lande in zunehmendem Maße Fördermaßnahmen eingerichtet, zu denen die 'Pflege der Muttersprache' gehört sowie die Möglichkeit, die Sprache des ehemaligen Aufnahmelandes als Fremdsprache anzurechnen.

Methodische Anregungen und Hilfsmittel für die Spracharbeit (z.B. Minimalwörterbücher) kann der Muttersprachliche Unterricht für Migrantenkinder aus der Didaktik des Serbokroatischen als Umgebungssprache (*jezik društvene sredine*) erhalten, die vor allem am Institut für südslawische Sprachen der Philosophischen Fakultät in Novi Sad (Vojvodina) entwickelt wird. Dazu gehören die unterrichtliche Umsetzung kontrastiver Erkenntnisse und die Anwendung von Zweitsprachenmethodik.

4. Weitere Unterrichtshilfen

Mit Engel/Mrazović (1986) verfügen Lehrbuchautoren und Kursleiter über eine ausführliche und moderne kontrastive Grammatik des Deutschen und des Serbokroatischen. Mrazović/Vukadinovic (1990) haben die erste wissenschaftliche Grammatik des Serbokroatischen als Fremdsprache vorgelegt. Für die Kroatische Literatursprache leistet die Grammatik von Barić u.a. (1979) annähernd vergleichbare Dienste. Zur Frage der Wörterbücher vgl. Meder (1992). Das einsprachige Schulwörterbuch von Jocić/Vasić (1988-1990) bringt alle Varianten mit Querverweisen. Eine deutschsprachige Parallele zum hervorragenden *Svensk-serbokroatiskt/Svensk-kroatiskt lexikon* (Skolöverstyrelsen 1985) mit systematischer Verortung lexikalischer Varianten gibt es nicht, z.B.:

Woche – *sedmica* (gemeinsam), *nedelja/nedjelja* (östlich, ekavische/ijekavische Aussprache), *tjedan* (westlich).

Die unbefriedigende Lehrwerksituation für deutschsprachige Erwachsene machte bisher den selektiven Rückgriff erforderlich auf Schmaus (1972) (Grammatik-Übersetzungsmethode; ausgehend von der östlichen Variante), Drilo (1978) (für audio-linguale Übungen, westliche Variante), Reiter/Faensen (1976) (für eine strukturelle Grammatikdarstellung, östliche Variante). Keines der Lehrwerke ist kontrastiv zum Deutschen angelegt. Mit neuen Lehrwerken ist im Zuge auswärtiger Kulturpolitik der Nachfolgestaaten zu rechnen.

Literatur

Barić, Eugenija u.a. (1979), *Priručna gramatika hrvatskoga književnog jeika*, Zagreb.
Baur, Rupprecht S./Meder, Gregor/Previsić, Vlatko, Hrsg. (1992), *Interkulturelle Eriehung und Zweisprachigkeit*, Baltmannsweiler.
Brkić, A. (1992), "Ubuduce u školama u Srbji. Srpski umesto srpskohrvatskog", in: *Politika* 23.9.1992.
Brozović, Dalibor/Ivić, Pavle (1988), *Jezik, srpskohrvatski/hrvatskosrpski, hrvatski ili srpski*, Zagreb. (Enciklopedija Jugoslavije 2. izd.).
Burgarski, Ranko (1987), "Unity in diversity: Aspects of Language Policy in the Soviet Union and Yugoslavia", in: *sociolinguistica*, Bd. 1, 1-12.
Diklić, Zvonimir u.a. (1986), *Metodički priručnik uz udžbenike Moja domovina SFR Jugoslavija. Teorijsko-metodički pristup*, Beograd.
Drilo, Stjepan (1978), *Kroatisch-Serbisch. Lehrbuch für Anfänger*, Bd. 1-2, Heidelberg.

Ďurovič, L'ubomir (1987), *Child Language in Diaspora. Serbo-Croatian in West-European Countries* (= Slavica Ludensia 11), Lund.
Engel, Ulrich/Mrazović, Pavica, Hrsg. (1986), *Kontrastive Grammatik Deutsch-Serbokroatisch,* München.
Franjolić, Branko (1983), "The Development of Literary Croatian and Serbian", in: István Fodor/Claude Hagège (Hrsg.), *Language Reform: History and Future,* Vol. 2, Hamburg, 85-112.
Grundwortschatz Deutsch-Serbokroatisch (1974), Stuttgart.
Institut za strane jezike, Hrsg. (1979; 1983), *Srpskohrvatski jezik 1, 2. Tečaj za strance,* Beograd.
Institut za strane jezike, Hrsg. (1986), *Nastava srpskohrvatskog jezika kao stranog,* Beograd.
Jocić, Mirjana/Vasić, Vera (1988), *Školski rečnik standardnog srpskohrvatskog/hrvatskosrpskog jezika,* Novi Sad u.a.
Landesinstitut für Schule und Weiterbildung, Hrsg. (1987), *Unterrichtseinheiten für jugoslawische Schüler im Muttersprachlichen Ergänzungsunterricht,* Soest.
Ljubešić, Marta (1989), *Zur bilingualen Entwicklung jugoslawischer Migrantenkinder: Konzeption, Erhebung und erste Ergebnisse* (= Arbeitsberichte aus dem Forschungsprojekt "Dysgrammatismus" Nr. 8, Pädagogische Hochschule), Heidelberg.
Meder, Gregor (1992), "Zum Stand der deutsch-(serbo)kroatischen/(serbo)kroatisch-deutschen Lexikographie: Die wichtigsten Wörterbücher", in: Karl Hyldgaard-Jensen/Arne Zettersten (Hrsg.), *Symposium on Lexicography V,* Tübingen.
Moja domovina SFR Jugoslavija (1983), knj. 1-3, Beograd.
Mrazović, Pavica/Stölting-Richert, Wilfried (1989), "Die Wortschatzbeherrschung zweisprachiger jugoslawischer Schüler in Niedersachsen", in: *Deutsch lernen,* Jg. 14, H. 4, 28-55.
Mrazović, Pavica/Vukadinović, Zora (1990), *Gramatika srpskohrvatskog jezika za strance,* Novi Sad.
Reiter, Norbert/Faensen, Johannes, (1976), *30 Stunden Serbokroatisch für Anfänger,* Berlin.
Rosandić, Dragutin (1983), *Riječ materinska,* Zagreb.
Schmaus, Alois (1972), *Lehrbuch der serbokroatischen Sprache,* 6. Aufl., München/Belgrad.
Skolöverstyrelsen, Hrsg. (1985), *Svensk-serbokroatiskt lexikon/Svensk-kroatiskt lexikon,* Stockholm.

Wilfried Stölting-Richert

92. Sorbisch

1. Verbreitung des Sorbischen

Sorbisch ist eine zur Gruppe des Westslawischen gehörende Sprache, die von einer Minderheit im Osten Deutschlands, etwa im Dreiländereck zu Polen und Böhmen, das den historischen Landschaftsnamen Lausitz trägt, gesprochen wird. Die in diesem Gebiet lebenden Sorben sind die Nachfahren jener slawischen Stämme, die im Zuge der Völkerwanderung etwa im 6./7. Jahrhundert das Gebiet zwischen Bober und Queis im Osten und der Saale im Westen (in Einzelsiedlungen darüber hinaus) besiedelt hatten. Die dichte altsorbische Besiedlung der Offenlandschaften in der Ober- und Niederlausitz, die der deutschen Ostkolonisation wenig Raum bot, hat das Sorbische trotz wiederholter Sprachverbote, sozialer und rechtlicher Ungleichstellung und offener Germanisierung lediglich in diesem, über Jahrhunderte zur böhmischen Krone gehörenden Territorium bewahren lassen.

Bis in die erste Hälfte des vergangenen Jahrhunderts hinein bildeten die Sorben in ihrem Siedlungsgebiet – die Städte ausgenommen – die Bevölkerungsmehrheit. Die fortschreitende Industrialisierung der Lausitz und der damit einhergehende Zustrom deutscher Bevölkerung, die politische und rechtliche Diskriminierung der Sorben, die 1937 im Verbot der sorbischen Sprache in Kirche, Schule und Öffentlichkeit, in der Auflösung sorbischer kultureller und gesellschaftlicher Organisationen und Einrichtungen sowie in der Zwangsausweisung sorbischer Lehrer und Geistlicher gipfelte, sowie der massenhafte Zuzug von deutschsprachigen Umsiedlern aus Schlesien, dem Sudetenland und Ungarn nach 1945 machten die Sorben zu einer Minderheit mit ständig abnehmenden Anteil an der Gesamtbevölkerung der Ober- und Niederlausitz. Lediglich in den Gemeinden mit Einwohnern katholischer Konfession im Dreieck zwischen den Städten Bautzen – Kamenz – Hoyerswerda bilden die Sorben auch heute noch, dank ihrer konfessionell bedingten Insellage, die Bevölkerungsmehrheit, die in einigen Orten 90% übersteigt. In diesem Areal ist Sorbisch in fast allen Sphären – Familie, Ortsgemeinschaft, örtliche Wirtschaft und Verwaltung – das alltägliche Kommunikationsmedium. Die Kinder wachsen in der Regel zunächst einsprachig sorbisch auf, erlernen aber noch im Vorschulalter in entsprechender Weise die deutsche Sprache, zumindest in der in der Lausitz üblichen Verkehrsform. Außerhalb dieser Region nehmen sowohl die Zahl der die sorbische Sprache Beherrschenden als auch und insbesondere der Gebrauch des Sorbischen in dramatischer Weise ab. Noch zu Beginn des deutschen Kaiserreiches wurden bei einer wissenschaftlichen Zwecken dienenden Erhebung 166.000 Sorben gezählt (Muka 1884-86), was gegenüber einer vorangegangenen Zählung von 1832 mit 127.000 Sorben einem natürlichen Zuwachs von fast 40.000 Personen entspricht. Seit dieser Zeit ist die Zahl der sorbischsprechenden Bevölkerung als Folge verstärkter Diskriminierung mit wachsender Dynamik rückläufig. Gesicherte Angaben über die Zahl der in der Gegenwart die sorbische Sprache beherrschenden Personen können wegen fehlender Erhebungen nicht gemacht werden, doch dürfte sie – so nach einer auf neueren ethnosoziologischen Forschungsergebnissen beruhenden Hochrechnung (Förster 1990) – 70.000 kaum überschreiten, das sind ca. 12% der Gesamtbevölkerung in den als deutsch-sorbisches Gebiet bezeichneten Kreisen der Lausitz. Die Verdrängung des Sorbischen aus Schule, Kirche und Behörde während des NS-Regimes und der dadurch verursachte starke Prestigeverlust dieser Sprache selbst innerhalb der sorbischen Bevölkerung konnten auch nach rechtlicher Gleichstellung der Sorben, ihrer Sprache und Kultur durch das sächsische *Gesetz zur Wahrung der Rechte der sorbischen Bevölkerung* vom März 1948 nicht kompensiert werden. Die verstärkte Mobilität, die Zunahme deutschsprachiger Massenmedien, die anhaltende Proporzveränderung des deutschen und sorbischsprachigen Bevölkerungsanteils und andere Faktoren wirken auch weiterhin im Sinne eines natürlichen Sprachwechsels.

2. Bedingungen eines sorbischen Sprachunterrichts

Die Behinderung des sorbischen Kulturlebens und der Pflege der sorbischen Sprache in der Vergangenheit hatte zur Folge, daß in weiten Teilen der Lausitz die junge Generation die sorbische Sprache im Elternhaus nicht mehr erlernt oder nur unzureichend bzw. nur passiv beherrscht. Deshalb war die Domowina als Interessenvertretung der sorbischen Bevölkerung nach dem Wegfall diskriminierender Beschränkungen 1945 um den Aufbau eines sorbischen Schulwesens oder zumindest des sorbischen Sprachunterrichts in den Schulen der Lausitz bemüht. Die Einrichtung von sorbischen Schulen oder von Schulen mit Sorbisch als Unterrichtsfach schritt aufgrund fehlender gesetzlicher Grundlagen nur langsam voran. Dennoch gab es Ende der vierziger Jahre 38 Schulen mit 75 Klassen, in denen in sorbischer Sprache unterrichtet bzw. sorbischer Sprachunterricht erteilt wurde (Urban 1980, 153), alle ohne Ausnahme lagen in der sächsischen Oberlausitz.

Nach der Verkündung des sächsischen Gesetzes zur Wahrung der Rechte der sorbischen Bevölkerung (1948) und dessen Übernahme durch das Land Brandenburg (1950) nahm die Zahl der am sorbischen Sprachunterricht teilnehmenden Schüler stetig zu. Im Schuljahr 1950/51 waren es bereits 50 Schulen, in denen für 2.015 Schüler jeglicher Unterricht in sorbischer Muttersprache erteilt wurde oder in denen weitere 6.750 Schüler zumindest am sorbischen Sprachunterricht teilnahmen (Schiller/Thiemann 1979, 128). Die Zahl der allgemeinbildenden Schulen, die sorbischen Sprachunterricht erteilten, stieg in den Folgejahren auf annähernd 100, darüber hinaus wurde in 10 Schulen in allen Klassenstufen und in allen Fächern Sorbisch als Unterrichtssprache genutzt. Dies galt auch für die 1947 in Bautzen gegründete Sorbische Oberschule, die ihre Zöglinge zur Hochschulreife führt. Eine zweite sorbische Oberschule wurde 1952 in Cottbus für die Sorben der Niederlausitz eröffnet.

Der in den ersten Jahren gesetzlich ungeregelte, in der Praxis uneinheitlich geübte Unterricht in sorbischer Sprache führte im April 1952 zur ersten ministeriellen *Anordnung über die Regelung der Schulverhältnisse in den sorbischen Sprachgebieten der Länder Sachsen und Brandenburg* (Nagel 1978). Danach wurden, in Anerkennung der bisherigen Praxis, nun auch offiziell Schulen mit sorbischer Unterrichtssprache (Sorbische Schulen bzw. A-Schulen) sowie Schulen mit sorbischem Sprachunterricht (B-Schulen) zugelassen. Diese ministerielle Anordnung ließ den Gebrauch des Sorbischen als Unterrichtssprache nur für die Unterstufe zu. Die ab der 5. Klasse beginnende Unterweisung in den mathematisch-naturkundlichen Fächern sollte ausschließlich in deutscher Sprache erteilt werden (Brückner 1968). Gleichzeitig wurden, für A- und B-Schulen getrennt, die wöchentlichen Stundenzahlen für den sorbischen Sprachunterricht einheitlich festgelegt.

Die auf vielfachen Protest und Widerstand stoßende Siebente Durchführungsbestimmung zum Schulgesetz der DDR, erlassen ohne Konsultation mit sorbischen Schulpraktikern und Vertretern der sorbischen Öffentlichkeit im April 1964, schränkte den Status des Sorbischen als Unterrichtssprache und Lehrfach nochmals ein. Die Wochenstundenzahl des Sorbischunterrichts wurde in den B-Schulen auf durchschnittlich zwei herabgesetzt. Die Teilnahme am sorbischen Sprachunterricht sollte allein der Entscheidung der Eltern überlassen, eine Entscheidungshilfe durch die Schule nicht gegeben werden. Diese Festlegungen kamen einer offiziellen Herabminderung der sorbischen Sprache und ihrer kulturellen, gesellschaftlichen und identitätsbewahrenden Bedeutung gleich und waren nicht geeignet, die Bereitschaft zur Teilnahme am Sorbischunterricht zu fördern. Der durch den Gesetzgeber erwartete – und auch eingetretene – Rückgang der Teilnahme am Sorbischunterricht sollte durch eine Bestimmung kompensiert werden, die den Gruppenunterricht zuließ, was allerdings dazu führte, daß dieser wegen organisatorischer Schwierigkeiten in sog. Randstunden erteilt wurde. Trotz dieser Nachteile stieg die Zahl der am sorbischen Sprachunterricht teilnehmenden Schüler bald wieder, vor allem, nachdem die nachfolgende Durchführungsbestimmung vom Dezember 1968 eine sachkundige Aufklärung der Eltern über Nutzen, Ziele und Bedingungen des sorbischen Sprachunterrichts durch Schule und sorbische Körperschaften wiederum zuließ. Unsicherheiten über die künftige Stellung der Sorben in einer vergrößerten deutschen Gesellschaft sowie kontrovers geführte Diskussionen um die besten Wege nationaler Identitätsbewahrung ließen nach der "Wende" die Zahl der am sorbischen Sprachunterricht teilnehmenden Schüler deutlich abschwellen.

Um jenen Kindern, die die sorbische Sprache im Elternhaus nicht erlernen konnten, deren Eltern aber die spätere Teilnahme ihrer Kinder am Sorbischunterricht wünschen, den Unterricht in sorbischer Sprache zu ermöglichen, sind Kindergärten und Kindertagesstätten im Einzugsbereich von B-Schulen angehalten, beide Sprachen, Deutsch und Sorbisch, in der Betreuung und Erziehung anzuwenden. Sorbischsprachige Kinder werden in sorbischen Kindergärten auf den in sorbischer Sprache geführten Unterricht in den A-Schulen vorbereitet. Sie erlernen aber ebenso noch im Vorschulalter die deutsche Sprache in dem ihrem Alter entsprechenden Maße und in der Regel ohne dialektale oder mundartlich geprägte umgangssprachliche Färbung. Die Befürchtung, die sorbischsprachig dominierte Erziehung und Bildung dieser Kinder führe zu einer mangelhaften Beherrschung der deutschen Sprache, veranlaßte den Gesetzgeber in Vergangenheit und Gegenwart, Deutsch als Unterrichtssprache auch in den sorbischen Schulen zumindest in den naturkundlichen Fächern festzuschreiben. Ob die Befürchtung einer deutschen "Halbsprachigkeit" wegen Unkenntnis fachsprachlicher Termini begründet ist, ist weder nachgewiesen noch kann sie widerlegt werden. Auf alle Fälle aber entsteht durch den ausschließlich deutschsprachig geführten Unterricht in den naturkundlichen Fächern eine Lücke in der Beherrschung der sorbischen Muttersprache, denn die Schule ist praktisch die einzige Sphäre, die dem sorbischen Kind im Alltag wenig frequentierte Benennungen geläufig machen kann. Eigentümlicherweise legt die Verfügung des Sächsischen Staatsministeriums für Kultus vom 22. Juni 1992 (Sächsisches Gesetz- und Verordnungsblatt, Nr. 23/1992, 307-308) fest, daß Sorbisch selbst in den sorbischen Schulen nach Umfang und Methode als Fremdsprache zu unterrichten sei. Diese sowie weitere Bestimmungen dieser Verordnung lassen wohl kaum einen Prestigegewinn für die sorbische Sprache und die Stärkung ihres Status in Schule und Öffentlichkeit der binationalen Lausitz erwarten.

3. Sorbisch als Mutter-, Zweit- und Fremdsprache

Sorbische Schulen (A-Schulen) sind per Gesetz nur dort eingerichtet, wo eine ausreichende Anzahl von Schülern vorhanden ist, die Sorbisch als Muttersprache sprechen, das ist im o.g. Dreieck zwischen den Städten Bautzen – Kamenz – Hoyerswerda. Im übrigen Gebiet der zweisprachigen Lausitz wird nur für Kinder, die es wünschen, sorbischer Sprachunterricht erteilt. Die sprachlichen Voraussetzungen der an einer solchen Unterweisung teilnehmenden Schüler sind im höchsten Grade unterschiedlich. Viele stammen aus deutschsprachigem Elternhaus, die über keinerlei Kenntnis des Sorbischen verfügen. Andere kennen diese Sprache als Umgangssprache ihrer Eltern bzw. Großeltern, ohne sie selbst erlernt zu haben, oder sie beherrschen sie nur unvollständig. Nur wenige haben sie als Muttersprache oder – in noch selteneren Fällen – als Zweitsprache im Vorschulalter erlernt. Die in sprachlicher Hinsicht heterogene Zusammensetzung der Sorbisch lernenden Schüler beeinflußt Methode und Ergebnis des Unterrichts. Als Bildungsziel des Sorbischunterrichts in den

B-Klassen werden zwar anwendbare Kenntnisse der sorbischen Sprache, Fertigkeiten und Fähigkeiten im hörenden und lesenden Verstehen des Sorbischen sowie der Gebrauch des Sorbischen im Alltagsbereich vorgegeben (Korjeńk 1973, 276), doch wird dieses kaum erreicht. Auch wenn durch erfahrene Berufspraktiker und durch Fremdsprachenmethodiker im Bereich der Lehrerbildungseinrichtungen (Sorbisches Institut für Lehrerbildung, 1991 aufgelöst und in eine Fachschule für Sozialpädagogik umgewandelt) und der pädagogischen Forschung (bis 1991 Arbeitsstelle für sorbische Schulen der Akademie der Pädagogischen Wissenschaften) didaktische Untersuchungen, Hinweise und Hilfsmittel zur Unterweisung des Sorbischen als Fremd- bzw. Zweitsprache veröffentlicht wurden, brachten diese keine nennenswerten Verbesserungen des Unterrichtsergebnisses. Die Gründe dafür liegen wohl in der durch die Dominanz des Russischen als obligatorischen Fremdsprachenunterrichts in der DDR bedingten starken Anlehnung an die Didaktik dieses Faches, in fehlenden, durch die sorabistische Sprachwissenschaft zu erbringenden Untersuchungen zum deutsch-sorbischen Sprachvergleich als Grundlagen einer effizienten Fachdidaktik des Sorbischunterrichts unter den Bedingungen der deutsch-sorbischen Zweisprachigkeit sowie nicht zuletzt in dem oft motivationshemmenden Bedingungsgefüge des Sorbischen und des sorbischen Unterrichts. Die in der sorbischen pädagogischen Fachzeitschrift *Serbska šula* über Jahre hinweg geführte Diskussion über Vor- oder Nachteile des Sorbischunterrichts (vgl. Schneider 1968) hat die mit Überlastung, unzureichender Fertigkeit im Gebrauch des Deutschen und Nachteilen beim Erwerb von weiteren Fremdsprachen begründeten Bedenken gegenüber dem Sorbischunterricht nicht völlig beseitigen können.

Auch in den sorbischen Schulen (A-Schulen) ist der sorbische Sprachunterricht nicht ohne Probleme. Zwar erreicht dieser im wesentlichen das ihm gestellte Ziel, auf die Kenntnis der sorbischen (dialektal variierenden) Umgangssprache bauend, den Schüler zum freien, problemlosen und normgerechten Gebrauch der sorbischen Literatursprache (Hochsprache) in Wort und Schrift zu führen, dennoch wird berechtigte Kritik an der Gestaltung und am Ergebnis des sorbischen Sprachunterrichts geäußert.

Sowohl Deutsch als auch Sorbisch werden in den sorbischen Schulen nach Umfang, Inhalt und Methode als muttersprachlicher Unterricht geführt. Die daraus sich ergebenden Vorteile bleiben durch eine nicht konsequent durchgesetzte Abstimmung der Stoffeinheiten beider Fächer, merkbar vor allem in der Mittel- und Oberstufe bei personeller Trennung der Unterrichtenden, oft ungenutzt. So werden beispielsweise syntaktische Einheiten in beiden Fächern mit gleicher Stundenzahl und gleicher Intensität abgehandelt, obgleich auf struktureller Ebene dieser Einheiten keine substantiellen Unterschiede zwischen dem Deutschen und dem Sorbischen bestehen. Lehrplan und Lehrbuch des Sorbischen folgen oft geradezu sklavisch denen des Deutschen, sie übernehmen aus diesen nicht selten selbst grammatische Lehrstoffe, die keinerlei Relevanz für den Sorbischunterricht besitzen, so z.B. die Unterscheidung von flektiertem (attributivem) und unflektiertem (prädikativem) Gebrauch der Adjektive sowie deren starker und schwacher Flexion, die das Sorbische nicht kennt. Demgegenüber wird sowohl im Deutsch- als auch im Sorbischunterricht nicht jenen Besonderheiten die notwendige Zeit und Aufmerksamkeit gewidmet, durch die sich beide Sprachen in Struktur und System voneinander unterscheiden und die zur häufigen deutsch-sorbischen bzw. sorbisch-deutschen Interferenz führen, z.B. im Artikel- und Tempusgebrauch, in der Fügungsweise der prädikativen Ergänzung und anderem. Auch diese Mängel sind auf das Fehlen ausreichender, auf den muttersprachlichen Unterricht orientierter Studien zum sorbisch-deutschen Sprachvergleich, doch ebenso auch auf das Defizit einer die Zweisprachigkeit berücksichtigenden Fachdidaktik zurückzuführen.

4. Sprachspezifische Besonderheiten

Wie alle Sprachen variiert auch das Sorbische in einer Vielzahl von Dialekten, von denen nicht wenige von der sie überdachenden Schriftform im Lautstand, in der Grammatik und der Syntax deutlich abweichen. Außerdem verfügt das Sorbische über zwei territorial distribuierte schriftsprachliche Normen, die sich – weniger sprachlich als vielmehr historisch bedingt – auf der Basis diametral gelegener Dialekte herausgebildet haben: das Obersorbische auf dem Gebiet der historischen Oberlausitz, das Niedersorbische in der Niederlausitz. Daraus ergeben sich in einigen Dialektarealen diglossieähnliche Situationen. Die sorbischen Mundarten von Schleife/Muskau beispielsweise stehen strukturell der niedersorbischen Schriftsprache näher als der obersorbischen, doch wird in den Schulen dieses zur Oberlausitz gehörenden Gebiets die obersorbische Schriftsprache unterrichtet. Diese Sprachsituation wird noch insofern verschärft, als aus verkehrstechnischen Gründen Schleife/Muskau zum Einzugsbereich des niedersorbischen Gymnasiums in Cottbus mit niedersorbischer Unterrichtssprache gehört.

Im fremdsprachlichen Sorbischunterricht sind die Lernvorteile und -schwierigkeiten von anderer Natur. Sie erwachsen aus der strukturellen Distanz zwischen dem zu den slawischen Sprachen gehörenden Sorbisch und der deutschen Sprache. Diese Distanz erschwert zwar einerseits einen vereinfachenden und unzulässigen Transfer des muttersprachlichen Regelinventars auf das zu erlernende Sorbisch, obgleich Interferenzen nicht auszuschließen sind (Michalk 1977). Andererseits bedingt sie Lernschwierigkeiten insbesondere in Fällen, in denen das Sorbische Eigenheiten aufweist, die im Deutschen kein Analogon besitzen. Dies betrifft beispielsweise die Artikulation der sorbischen halbhohen Vokale *ě* und *ó*, die Unterscheidung von *stimmlosen* und *stimmhaften* Konsonanten, die dann durch *aspirierte* und *nicht-aspirierte* Fortes ersetzt werden, das siebengliedrige Kasussystem des Sorbischen und die damit verbundene, dem Deutschen nicht gleichende Rektion von Verben und Präpositionen oder – und im besonderen Maße – die Opposition von *perfektiven* und *imperfektiven* Verben.

5. Lehrerausbildung, Lehrmaterialien

Die Aufnahme und insgesamt auch positive Entwicklung des Sorbischunterrichts in den vergangenen Jahren war möglich einerseits durch den positiven Wandel in der Stellung der Öffentlichkeit zur sorbischen Sprache und Kultur sowie durch deren Anerkennung als prägende Charakteristika der binationalen Lausitz, andererseits durch die eigenständige Ausbildung von sorbischen Lehrern sowie die Entwicklung und Produktion von sorbischen Lehrbüchern und Unterrichtsmitteln, ungeachtet ihrer hohen und zusätzlichen Kosten.

Bereits im Januar 1946 wurde ein *Sorbisches Institut für Lehrerbildung* gegründet, das den notwendigen Bedarf an Lehrkräften sowohl für den sorbischen Sprachunterricht als auch für den Fachunterricht in sorbischer Sprache sicherstellte. 1951 wurde an der Leipziger Universität ein *Institut für Sorabistik* eingerichtet, das die Ausbildung von Mittel- und Oberstufenlehrern für das Fach Sorbisch übernahm, während das Sorbische Institut für Lehrerbildung in Bautzen weiterhin Lehrer der Unterstufe sowie Kindergärtnerinnen ausbildete. Den Bestimmungen des Schulgesetzes für den Freistaat Sachsen und des sächsischen Hochschulerneuerungsgesetzes entsprechend, wurde das Sorbische Institut für Lehrerbildung in Bautzen 1991 aufgelöst und die gesamte Ausbildung von Lehrern für das Fach Sorbisch dem Institut für Sorabistik der Universität Leipzig übertragen.

Zur Entwicklung von Lehrmitteln für den sorbischen Sprachunterricht sowie den Unterricht in sorbischen Schulen wurde eine besondere Redaktion, zunächst beim Schulbuchverlag Volk und Wissen (1954), später beim Domowina-Verlag Bautzen (1958), eingerichtet. Eine besondere *Arbeitsstelle für Schulen im deutsch-sorbischen Gebiet*, beim Deutschen Pädagogischen Zentralinstitut, der späteren Akademie der pädagogischen Wissenschaften angesiedelt, sorgte für die Erarbeitung von entsprechenden Lehrplänen und didaktischen Hilfsmitteln. Diese Arbeitsstelle ist mit der Abwicklung der Akademie der pädagogischen Wissenschaften – bisher ersatzlos – aufgelöst worden.

Die in Bautzen erscheinende Fachzeitschrift *Serbska šula* sorgt für die Publizierung von Forschungsergebnissen zur Fachdidaktik sowie von fachdidaktischen Erfahrungen und diskutiert Probleme der Unterrichtsorganisation sowie der allgemeinen und lausitzspezifischen Bildungspolitik. In dieser Zeitschrift werden auch alle erschienenen Lehrwerke zum Sorbischunterricht angezeigt und in den meisten Fällen auch in Rezensionen oder Kommentaren besprochen.

Literatur

Brückner, Hans (1968), "Die Sorben und ihre sozialistische Schule", in: *Beiträge zur sozialistischen Bildung und Erziehung im deutsch-sorbischen Gebiet*, Jg. 10, Nr. 1, Bautzen.

Förster, Frank (1990), "Ličba a sociana integracija Serbow" [Zahl und soziale Integration der Sorben], in: *Rozhlad*, Jg. 40, H. 7/8, Bautzen, 206-208.

Korjeńk, Beno (1973), "Kubłanske nadawki w serbšćinje B na delnim a sredńym schodźenku" [Die Bildungsaufgaben im Fach Sorbisch B in der Unter- und Mittelstufe], in: *Serbska šula*, Jg. 26, H. 7, Bautzen, 276.

Michalk, Siegfried (1977), "Typische Erscheinungen des sorbisch-deutschen Sprachkontakts", in: *Methodische Beiträge zum Sprachunterricht*, Bautzen, 75-105.

Muka, Ernst (1884), "Delnjołužiske Serbowstwo w lěće 1880" [Das Niederlausitzer Sorbentum im Jahre

1880], in: *Časopis Maćicy Serbskeje*, Bautzen, 1884, 129-159.
Muka, Ernst (1885), "Statistika hornjołužiskich Serbow pruskeho kralestwa" [Statistik der Oberlausitzer Sorben im Königreich Preußen], in: *Časopis Maćicy Serbskeje*, Bautzen, 3-120.
Muka, Ernst (1886), "Statistika Serbow sakskeho kralestwa" [Statistik der Sorben im sächsischen Königreich], in: *Časopis Maćicy Serbskeje*, Bautzen, 3-241.
Nagel, Heinz (1978), "Zur Entwicklung des Schulwesens im zweisprachigen Gebiet der Lausitz Anfang der sechziger Jahre" (Thesen), in: *Lětopis*, Reihe B, 25/2, Bautzen, 178-187.
Schiller, Klaus-J./Thiemann, Manfred (1979), *Geschichte der Sorben*, Bd. 4, Bautzen.
Schneider, Christl (1968), "Vier Sprachen in der Schule – eine Überforderung unserer Kinder?", in: *Beiträge zur sozialistischen Bildung und Erziehung im deutschsorbischen Gebiet*, Jg. 10, Nr. 2, Bautzen.
SN = *Serbske Nowiny*, Bautzen.
Urban, Rudolf (1980), *Die sorbische Volksgruppe in der Lausitz 1949 bis 1977. Ein dokumentarischer Bericht*, Marburg.

Helmut Faßke

93. Spanisch

1. Verkehrswert des Spanischen und Bedeutung von Spanischkenntnissen

Heute wird Spanisch in der ganzen Welt von über 300 Millionen Menschen als Muttersprache gesprochen. Es ist zahlenmäßig die drittwichtigste Weltsprache. In Spanien, in 20 unabhängigen Republiken Hispano-Amerikas sowie in der afrikanischen Republik Äquatorial-Guinea ist Spanisch offizielle Staatssprache sowie neuerdings seit dem 4.4.1992 auf Puerto Rico. Darüber hinaus wird es in den Südstaaten der USA von rund 20 Millionen "Chicanos" und "Hispanos" benutzt. Auch gibt es Restbestände auf den Philippinen und in ehemals Spanisch-Marokko. Nicht zu vergessen sind die alte Diaspora der spanischen Juden (Sepharditen) sowie die moderne Diaspora der spanischen Gastarbeiter in ganz Europa, nicht zuletzt in Deutschland.

Bei zahlreichen internationalen Organisationen ist Spanisch als Amtssprache anerkannt, z.B. bei der UNO sowie bei den von den Vereinten Nationen abhängigen Organisationen (UNESCO, FAO, usw.); bei der Organisation Amerikanischer Staaten und in der Europäischen Gemeinschaft.

Speziell auf Deutschland bezogen, sprechen viele Gründe für die Pflege des Spanischen. Wirtschaftlich fällt die Bedeutung des Exports mit Spanisch sprechenden Ländern und überhaupt die Bedeutung des Welthandels ins Gewicht. Politisch gilt dies allgemein für die Beziehungen zur Spanisch sprechenden Welt, ganz besonders auch zu Hispano-Amerika. Dies heißt, daß einerseits die Tendenzen der europäischen Einigung und andererseits das Bemühen um Entwicklungshilfe in Lateinamerika Spanischkenntnisse bei Deutschen notwendig machen. Schließlich kann die Integration der spanischen Immigranten in Deutschland dadurch erleichtert und gefördert werden.

Gerade die alte, ehrwürdige Tradition der deutschen Hispanistik verpflichtet Deutschland, die hispanische Kultur in Geschichte und Gegenwart zur Kenntnis zu nehmen. Dabei ist besonders an die Bedeutung der spanischen und hispanoamerikanischen Literatur zu denken.

Heute ist allgemein eine steigende Beliebtheit des Faches Spanisch zu verzeichnen, auch in den neuen Bundesländern. Offenbar sind Spanischkenntnisse von hohem Interesse für die Allgemeinheit. Jedoch muß etwas genauer differenziert werden:
– nach dem quantitativ meßbaren Grad der jeweils anvisierten Sprachkenntnisse,
– nach der Art der jeweils vorrangigen kommunikativen Tätigkeit,
– nach dem vorrangig benötigten sprachlichen Code,
– nach der erforderlichen sprachlichen Varietät, und zwar diachronisch im Hinblick auf aktuelle Sprache oder älteren Sprachzustand, diatopisch im Hinblick auf peninsulares oder amerikanisches Spanisch, diastratisch im Hinblick auf neutrale Umgangssprache oder gepflegte Hochsprache und schließlich nach dem Grad der Spezialisierung im Hinblick auf Allgemeinsprache oder Fachsprache(n).

Diese Kriterien kommen naturgemäß bei den verschiedenen Adressatengruppen des Spanischunterrichts recht unterschiedlich zum Tragen. Diese Adressatengruppen unterscheiden sich nach berufsbezogenen und nicht-berufsbezogenen Gesichtspunkten.

Neben den Spanischlehrern und Hispanisten ist eine Reihe von Berufen zu nennen, für die Spanisch von Bedeutung ist:
– in der Wirtschaft: Betriebsleiter, Sekretäre/innen, Handelskorrespondenten sowie Ingenieure

und Fachkräfte, die häufig im Spanisch sprechenden Ausland eingesetzt werden,
- in den Medien (Presse, Rundfunk, Fernsehen): Journalisten und Auslandskorrespondenten sowie Übersetzer und Dolmetscher,
- in der Politik: Politiker und Diplomaten sowie Mitglieder verschiedener Waffengattungen innerhalb militärischer Bündnisse (NATO),
- in der Touristik: Reiseleiter und -begleiter, Angestellte von Reiseagenturen und touristischen Ämtern, Mitglieder des Hotelwesens, Personal an Häfen, Flughäfen sowie großen Bahnhöfen,
- im sozial-caritativen Bereich: im Ausland Entwicklungshelfer jeder Art (Lehrer, Ärzte, Krankenpfleger, Ingenieure, Techniker usw.) sowie Missionare und andere Kirchenvertreter; im Inland zur Betreuung von Spanisch sprechenden Mitbürgern aus Spanien und Amerika, Grund- und Hauptschullehrer (besonders für die Einschulung Spanisch sprechender Kinder), Volkshochschullehrer im Bereich Deutsch als Fremdsprache, Sozialarbeiter, Gesundheitspfleger, Verwaltungsbeamte (einschließlich Polizeibeamte), Justizbeamte,
- im universitäten Bereich: Historiker, Politologen.

Nicht-beruflich ist das Spanische für alle Kulturinteressierte und Bildungsbeflissene, also besonders für Touristen und Reisende, bedeutsam.

2. Zielvorstellungen des Spanischunterrichts

Spanischkurse werden an sehr unterschiedlichen Institutionen durchgeführt: an Schulen, Universitäten (einschließlich Dolmetscher- und Übersetzerinstituten), an Volkshochschulen, kommerziellen Privatschulen (Berlitz, Inlingua usw.) und innerhalb von Betrieben.

Lange Zeit nur in freiwilligen Arbeitsgemeinschaften gelehrt, wird heute Spanischunterricht regelmäßig an Gymnasien, Gesamtschulen, Wirtschaftsgymnasien, beruflichen Schulen und höheren Berufsfachschulen erteilt. Die Situationen des Fachs variieren nach Schultyp und Bundesland. Im Regelfall beginnt der Unterricht als dritte Fremdsprache ab Klasse 9 bzw. 11, vereinzelt ab Klasse 7, also auf der Sekundarstufe I. Auch auf der Sekundarstufe II wird an den Gymnasien bei einer dreijährigen Lernzeit und drei Wochenstunden ein Grundkurs auf der Oberstufe durchgeführt (an den höheren Berufsfachschulen auf die Klassen 11 und 12 begrenzt). In einigen Bundesländern wird Spanisch als Leistungsfach angeboten. Grundsätzlich ist es jedoch überall Zusatzfach.

In den universitären Studienplänen der Romanistik wird in der Regel die Beschäftigung mit einer zweiten romanischen Sprache neben Französisch vorausgesetzt, so daß sich viele Studenten für das Spanische entscheiden. Daneben werden Spanischkurse für besondere Studiengänge sowie für Hörer aller Fakultäten angeboten.

Im außerschulischen Bereich ist besonders die Volkshochschule zu nennen, deren Veranstaltungen für den Spanischunterricht zahlenmäßig vor anderen Fremdsprachveranstaltungen rangieren. Neben zertifikatsorientierten Kursen gibt es allgemeinorientierte Sprachkurse sowie Sprachkurse für Touristen. Als allgemeines Lernziel gilt hier die Schaffung einer ausreichenden kommunikativen Kompetenz in Grundsituationen des Alltags, wozu auch landeskundliche Informationen gehören. Richtungsweisend sind der *Nivel Umbral* (1979) sowie der *Grundbaustein Spanisch* (1978), die Kataloge von Sprechintentionen, Themen und Texten enthalten, welche auf dem pragmatischen Ansatz beruhen. Wichtig ist weiterhin die Schulung der sprachlichen Teilfertigkeiten, also des Hörverstehens, mündlichen Ausdrucks, Leseverstehens und der Schreibfertigkeit. Im weiteren Unterricht wird der Umgang mit Texten sowie der Zugang zur eigenen Textproduktion gefordert. Auch Arbeitstechniken, die das selbständige Lernen ermöglichen, werden vermittelt.

Im beruflichen Schulwesen überwiegt naturgemäß der rein professionelle Aspekt. Dies führt zu fachspezifischen Auswahlen in der Sprache sowie bei den jeweils anvisierten Fertigkeiten.

3. Kurze Charakterisierung des Spanischen im Hinblick auf den Fremdsprachenunterricht

Das Spanische ist eine romanische Sprache, die, auf vorrömischen Sprachbeständen aufbauend, im Laufe ihrer langen, bewegten Geschichte germanische, griechische, arabische, französische und neuerdings englische bzw. anglo-amerikanische Vokabeln übernommen und teilweise relativ gut hispanisiert hat. Insofern erscheint Spanisch grundsätzlich als eine indoeuropäische Sprache, die genetisch-strukturell mit den übrigen Sprachen aus derselben Sprachfamilie, also auch mit dem Deutschen, Gemeinsamkeiten aufweist. Diese strukturelle Verwandtschaft kommt besonders in der Morphosyntax zum Ausdruck, zumal die spanische ebenso wie die deutsche Grammatik unter dem starken Einfluß des klassischen Lateins stand. Wie jede lebende Sprache überhaupt weist Spanisch jedoch zahlreiche Subvarietäten auf, die sich hauptsächlich diastratisch und diatopisch einordnen lassen. So kann man relativ leicht zwischen folgenden Registern unterscheiden:

1) gepflegte Hochsprache: poetisch, literarisch
2) neutrale Standardsprache
3) ungepflegte Umgangssprache: familiär, vulgär

Am sichtbarsten aber läßt sich Spanisch diatopisch als peninsulares und amerikanisches Spanisch unterteilen, wobei freilich diese Einteilung recht grob und undifferenziert bleibt. Innerhalb des Mutterlandes ebenso wie innerhalb des weiten hispanoamerikanischen Subkontinents gibt es weitere sprachliche Subvarietäten, so zum Beispiel, um nur die allerwichtigsten zu nennen: Kastilisch und Andalusisch in Spanien, Mexikanisch, Karibisch, Andinisch, Chilenisch oder Argentinisch in Amerika. Auch gilt bei zahlreichen Spezialisten das kanarische Spanisch als Bindeglied zwischen beiden Seiten des Atlantischen Ozeans.

Diatopische und diastratische Gesichtspunkte sind insofern nicht ganz scharf voneinander zu trennen, als das Ausmaß der Unterschiede je nach dem Register zu differenzieren ist: In der gepflegten Hochsprache sind diese äußerst gering, während sie in der ungepflegten Umgangssprache stärker zum Tragen kommen und die neutrale Standardsprache, die gerade heute Verwendung in den Medien findet, eine Mittelstellung einnimmt. Bei aller Würdigung dieser realen Unterschiede muß festgestellt werden, daß sie bei weitem nicht so bedeutsam sind wie etwa die zwischen dem amerikanischen und dem britischen Englisch. Das amerikanische Spanisch, im übrigen den südspanischen Varietäten sehr nahe stehend, voran dem Andalusischen und vor allem dem auf den Kanarischen Inseln gesprochenen Spanisch, unterscheidet sich hauptsächlich in der Aussprache und zum Teil im Wortschatz vom Kastilischen: Fehlen des Phonems [θ] in ganz Amerika, viele lexikalische Besonderheiten (*carro* vs. *coche*, *banana* vs. *plátano* u.v.m.), aber so gut wie keine Unterschiede in der Grammatik. Auf jeden Fall stellt Spanisch, wie jede Weltsprache überhaupt, Linguisten und Didaktiker gleichermaßen vor das Problem der sprachlichen Norm. Während sich manche Didaktiker für das Nebeneinander von zwei Sprachvarietäten (peninsulares Spanisch / amerikanisches Spanisch) entscheiden, plädieren immer noch zahlreiche Spezialisten für das Aufrechterhalten des Kastilischen als gemeinsame Norm.

4. Unterrichtsmethoden und Lernschwierigkeiten

Im Bereich des Spanischunterrichts kann man von der Koexistenz dreier Unterrichtsverfahren ausgehen:

– die Grammatik-Übersetzungsmethode, auf dem paradigmatischen Lernen und dem Einsatz der Muttersprache basierend, stark kognitiv ausgerichtet;
– die audiolinguale und audiovisuelle Methode, unter Ausschluß der Muttersprache, vorwiegend induktiv-imitativ, Vorrang des Mündlichen;
– die kommunikative Methode, auf dem pragmatischen Ansatz beruhend.

Allgemein gilt Spanisch als eine relativ leicht erlernbare Sprache. Wenn auch dank eines logischen Transkriptionssystems die Rechtschreibung keine nennenswerten Schwierigkeiten bereitet (Ausnahmen: der Buchstabe *h*, der nicht ausgesprochen wird, die Buchstaben *b* und *v,* die in der Aussprache nicht unterschieden werden), so bleiben doch einige wenige kritische Punkte übrig:

Lernschwierigkeiten phonetisch-phonologischer Art ergeben sich aus dem Kontrast Spanisch/Deutsch:

– sämtliche Vokale sind kurz auszusprechen, niemals gedehnt;
– das unbetonte [e] am Wortende darf nicht als [ə] abgeschwächt werden;
– die stimmlosen Verschlußlaute [p] [t] [k] sind ohne Hauchlaut auszusprechen;
– in intervokalischer Stellung entwickeln sich die stimmhaften Verschlußlaute [b] [d] [g] zu ebenfalls stimmhaften Reibelauten: [β] [δ] [γ];
– das [r] und das [r̄] bereiten Schwierigkeiten vor, da sie apikoalveolar sind;
– wegen des Fehlens des Kehlverschlußlautes am Wortanfang sind zusammengehörende Worte miteinander zu binden;
– besonders wichtig ist die Wortbetonung, da sie unterscheidende Funktion besitzt: *continuo / continúo / continuó.*

Lernschwierigkeiten in der Grammatik:
– der *subjuntivo* hat mit dem deutschen Konjunktiv nichts Gemeinsames;
– der unterschiedliche Gebrauch der Tempora der

Vergangenheit: *pretérito indefinido, perfecto, imperfecto* (Problem des Verbalaspekts);
- der Gebrauch der beiden Hilfsverben *ser* und *estar*;
- die zahlreichen modalen Hilfsverben mit Infinitiv, Gerundium und Partizip;
- die Paradigmen der unregelmäßigen Verben sowie der "Klassenverben" (teilweise unregelmäßige Verben).

Alles in allem jedoch bleiben diese Unregelmäßigkeiten in Grenzen. Besonders ist das Erlernen des Spanischen leicht für jene Lerner, die bereits über Kenntnisse des Lateins und des Französischen verfügen, da die genetische Nähe des Spanischen zu diesen Sprachen recht groß ist.

5. Richtlinien

Die meisten Bundesländer haben eigene Lehrpläne entwickelt. Sie sind im Detail sehr unterschiedlich, enthalten jedoch einige Gemeinsamkeiten:

Es herrscht im allgemeinen ein 2-Stufenmodell vor: Einer ersten Stufe (Klassen 7-10 bzw. 8-11 oder 9-10, bei Beginn ab Klasse 11, die Klassen 11 bzw. 11-12) folgt eine zweite, aufbauende Stufe (11, 11-13, 12-13 oder gar 12, 2-13).

Bei den auszubildenden Fertigkeiten steht in der 1. Stufe die mündliche Kommunikation im Vordergrund. Hörverstehen, Sprechen, Schreiben und Leseverstehen werden zumeist in dieser Reihenfolge genannt. In der 2. Stufe kommen gelegentlich Dolmetschen und Übersetzen hinzu.

Als sprachliche Norm wird die spanische Hochsprache vorausgesetzt, wobei besonders auf der 2. Stufe gelegentlich regionale Varianten berücksichtigt werden.

Als Inhalte und Themen in der 1. Stufe stehen kommunikative Grundsituationen im Vordergrund. Daneben werden, besonders für die 2. Stufe, weitere Ziele fachspezifischer und fächerübergreifender Art gefordert: Einsicht in die grammatische Struktur, kritischer Umgang mit Hilfsmitteln, Selbständigkeit beim Umgang mit authentischen Texten, korrekte Wiedergabe von Gedanken, Vertextungsstrategien usw.

6. Lehrwerke

Der Methodenvielfalt entspricht das Nebeneinander von recht unterschiedlichen Lehrwerken:
– Die "klassischen" Lehrwerke
Sie entsprechen im wesentlichen der Grammatik-Übersetzungsmethode:

Gerhard Lepiorz, *Weltsprache Spanisch,* Max Hueber Verlag, München,
Eliseo Turrado, *Spanisch für Deutsche,* Verlag Dr. Max Gehlen, Bad Homburg.
– Die "linguistischen" Lehrwerke
Sie entsprechen der audiolingualen bzw. audiovisuellen Methode:
Lorenzo Béjar Hurtado, *¡Vamos, amigos!* Langenscheidt Verlag, Berlin-München,
Wolfgang Halm et al., *Spanisch für Sie,* Max Hueber Verlag, München,
Editorial Mangold, *Lengua y Vida españolas,* Mangold, Madrid,
Antonio Rojo Sastre / Paul Rivenc, *Vida y Diálogos de España,* Didier, Paris,
Aquilino Sánchez et al., *Español en directo,* Sociedad Española de Librería, Madrid,
Joaquín Masoliver et al., *¡Eso es!,* Ernst Klett Verlag, Stuttgart.
– Die "kommunikativen" Lehrwerke
Wolfgang Halm et al., *Kontakte Spanisch,* Max Hueber Verlag, München,
Wolfgang Halm et al., *Temas,* Max Hueber Verlag, München,
Equipo Pragma, *Spanisch Aktiv,* Langenscheidt Verlag, Berlin-München.
Eine schwer einzuordnende Methode ist außerdem:
Albert Fuss et al., *¡Qué barbaridad!,* Niemeyer Verlag, Tübingen.

Die meisten Spanischlehrwerke sind nicht schulartspezifisch: In der Regel für die (außerschulische) Erwachsenenbildung konzipiert, sollen sie gleichermaßen – laut Verlagsangaben – für den schulischen Sprachunterricht geeignet sein. Das mag im Prinzip für den Sekundarbereich II gehen, wobei das Fehlen jeder Differenzierung im Hinblick auf die Sprachenfolge jedoch stört. Es ist außerdem zu bemerken, daß für die Sekundarstufe I bislang spezifische Lehrwerke völlig fehlen.

7. Abschlüsse und Zertifikate

Im schulischen Bereich gibt es sehr unterschiedliche Abschlüsse, jedoch gibt es laut Beschluß der Kultusministerkonferenz vom 3.10.1980 "Einheitliche Prüfungsanforderungen in der Abiturprüfung für das Fach Spanisch (EPA)": Zum schriftlichen Teil gehört die Textaufgabe: Teilübersetzung einschlägiger Stellen, Beantwortung mehrerer Fragen zur Sprache und Inhalt, gelegentlich Zusammenfassung der Textvorlage.

Beim mündlichen Teil spielt die zusammenhängende Äußerung aufgrund eines Lese- oder Hörtextes eine eminente Rolle.

Im universitären Bereich kann Spanisch im Staatsexamen sowie bei akademischen Prüfungen Prüfungsstoff sein. Zum schriftlichen Teil gehört eine Übersetzung in die Fremdsprache, vereinzelt auch ein Essay in spanischer Sprache über Linguistik, Literaturwissenschaft oder sogar Landeskunde, während die mündliche Prüfung aus einem Prüfungsgespräch über vereinbarte Teilgebiete aus der Hispanistik besteht.

Im Rahmen der Erwachsenenbildung ist das Volkshochschul-Zertifikat besonders zu nennen: Es ist eine standardisierte Prüfung, die auf einer genauen Lernzielbeschreibung beruht. Ganze Teile der Prüfung werden nach der Art von Sprachtests durchgeführt. Neuerdings ist eine Zwischenstation, der "Grundbaustein", entwickelt worden, der einem mittelfristigen Lernziel entspricht.

Auch werden von den Industrie- und Handelskammern in größeren Städten Spanischprüfungen – vorwiegend für Handelskorrespondenten – organisiert.

Literatur

Anton, Karl-Heinz (1979), "Aspekte des Faches Spanisch in der reformierten Oberstufe", in: *Die Neueren Sprachen*, Jg. 78, 125-149.

Baldinger, Kurt (1958), *Die Herausbildung der Sprachräume auf der Pyrenäenhalbinsel*, Berlin.

Barrera-Vidal, Alberto (1973), *Das VHS-Zertifikat Spanisch*, Frankfurt a.M.

Christ, Ingeborg (1987), "Spanisch als neu einsetzende Fremdsprache ab Jahrgangsstufe 11" in: *Hispanorama*, N° 45, 58-78.

Criado de Val, Manuel (1962), *Fisionomía del idioma español*, Madrid.

Haensch, Günther/Zapp, Franz-Josef/Franzbach, Martin (1970), *Das Spanische in der Bundesrepublik Deutschland*, München.

Lapesa, Rafael (1959), *Historia de la lengua española*, Madrid.

Lorenzo, Emilio (1971), *El español de hoy, lengua en ebullición*, Madrid.

Metzeltin, Michael (1973), *Einführung in die Hispanistische Sprachwissenschaft*, Tübingen.

Pädagogische Arbeitsstelle des Deutschen Volkshochschul-Verbandes (1978), *Der Grundbaustein zum VHS-Zertifikat Spanisch*, Frankfurt a.M.

Slagter, Peter (1979), *Un Nivel Umbral*, Strasbourg.

Sonnabend, Rotraud (1975), "Überblick über den Stand des Spanischunterrichts in der Bundesrepublik und Berlin", in: *Rundbrief des Deutschen Spanischlehrerverbandes*, N° 11, 28.

Alberto Barrera-Vidal

94. Türkisch

1. Türkisch in der Türkei

Als 'Türkisch' bezeichnet man heute im allgemeinen die Amtssprache der Republik Türkei. Sie gehört – zusammen mit dem Aserbeidschanischen, dem Turkmenischen und dem Gagausischen – zur südlichen (oder *oghusischen*) Gruppe der Turksprachen. Um Verwechslungen mit anderen Turksprachen zu vermeiden, spricht man spezifischer auch vom "Türkeitürkischen".

Das Türkeitürkische ist die Fortsetzung des Osmanischen, der Literatur- und Amtssprache des Osmanischen Reiches. Von der letzten Entwicklungsstufe des Osmanischen unterscheidet es sich durch den Übergang vom arabischen zum lateinischen Alphabet (1928) sowie durch erhebliche Veränderungen im Wortschatz aufgrund puristischer Bestrebungen (Ersatz von arabischem Wortgut durch Neuwörter auf türkischer Basis, *Öztürkçe*).

Da die Türkei – ähnlich wie zuvor das sehr viel größere Osmanische Reich – ein Vielvölkerstaat ist, ist das Türkische für einen erheblichen Teil der Staatsbürger der Türkei (ca. ein Drittel) nicht die Muttersprache. Neben dem Türkischen werden in der Türkei hauptsächlich die folgenden Sprachen gesprochen (Anordnung nach Sprachgruppen): Indoeuropäische: (1) *Kurdisch* (Kurmandschi und Zaza), (2) *Armenisch*, (3) *Griechisch*, (4) *Albanisch*, (5) *Ispanyolit* (Sprache der Juden im Mittelmeerraum, aufbauend auf dem Spanischen); semitische: (6) *Arabisch*, (7) *Aramäisch*; kaukasische: (8) *Lasisch*, (9) *Georgisch*, (10) *Adygeiisch* (Tscherkessisch), (11) *Abchasisch*; sowie andere Turksprachen: (12) *Aserbeidschanisch*, (13) *Krimtatarisch*, (14) *Karatschaiisch*. Der ungehinderte Gebrauch dieser Muttersprachen ist zwar aufgrund von Art. 39 des Lausanner Friedensvertrages (1923) verbrieftes Recht der Minderheiten. Da die Staatsideologie der Republik Türkei jedoch auf Fiktion beruht, die Einheit des Staates setze Einheit der Muttersprache voraus, ist die Geschichte der Türkei durch das beständige Bemühen der Regierungen gekennzeichnet, nichttürkische Bevölkerungsteile zu turkifizieren. Zu diesem Zweck versucht man, den Gebrauch der nichttürkischen Muttersprachen zu unterbinden bzw. zurückzudrängen. Am stärksten ist hiervon das Kurdische betroffen, das (mit ca. einem Viertel der Bevölkerung) die am weitesten verbreitete nichttürkische Muttersprache ist. Auch der Gebauch der meisten anderen Minderheitssprachen wird verfolgt; lediglich für Istanbul wird der Gebrauch des Armenischen, Griechischen und Ispanyolit als Sprachen religiöser Minderheiten zugelassen, um Treue zum Vertrag von Lausanne anzudeuten. Aufgrund dieser Politik sind nicht einmal annähernd genaue Sprecherzahlen für die Minderheitensprachen zu ermitteln. Nach wie vor ist jedoch das Türkische für viele Staatsbürger der Türkei die zweite oder dritte, oft erst in der Schule oder beim Militär erlernte Sprache; manche Kurden und Aramäer – besonders Frauen und Kinder – beherrschen das Türkische überhaupt nicht.

2. Verkehrswert des Türkischen

Der Verkehrswert des Türkischen für die deutschsprachigen Länder ergibt sich in erster Linie aus der Anwesenheit eines erheblichen Bevölkerungsanteils aus der Türkei stammender Menschen (BRD 2,2%, Österreich 1,8%, Schweiz 0,94%). Die meisten von ihnen sind Arbeitsmigranten mit ihren Familien, hinzu kommen Flüchtlinge, Asylbewerber, Studenten und selbständig Beschäftigte. Auch unter ihnen befinden sich allerdings Angehörige der sprachlichen Minderheiten, die für das Türkische nicht ohne weiteres in Anspruch genommen werden dürfen.

Die Zuwanderer aus der Türkei leben größtenteils konzentriert in städtischen Ballungsgebieten. Ihr Anteil an der Gesamtbevölkerung beträgt in Duisburg 9,0%, Gelsenkirchen 8,0%, Köln 7,4%, Herne 6,6%, Augsburg 6,2%, Remscheid und Mannheim 5,9%, Hamm 5,8%, Bielefeld 5,7%, Krefeld und Gross Gerau 5,1%, Ludwigshafen 5,0%, Göppingen 4,9%, Frankfurt 4,8%, Recklinghausen, Solingen und Kassel 4,5%, Esslingen und Heilbronn 4,4%, Nürnberg, Bremen, Oberhausen und Ludwigsburg 4,3%, Unna 4,2%, Hannover und Bottrop 4,1%, Stuttgart 4,0%. Aber auch dort, wo sie zerstreuter leben, sind die Binnenkontakte zwischen ihnen bisher in der Regel sehr viel enger als die zu Deutschen oder Angehörigen anderer Nationalitäten. Hierdurch wird der alltägliche Gebrauch des Türkischen stabilisiert.

Darüber hinaus hat sich in der Bundesrepublik eine türkische Öffentlichkeit herausgebildet. 7 türkische Tageszeitungen erscheinen hier in einer teilweise auf die Bundesrepublik abgestimmten Version. Die Sender der ARD senden täglich 40 Minuten auf Türkisch. Manche türkischen Schriftsteller leben und publizieren hier. Es gibt einen breiten Markt an türkischen Musik- und Videokassetten, in den Ballungszentren auch einen türkischen Buchmarkt. Darüber hinaus gibt es ein differenziertes türkisches Vereinsleben (politische, religiöse, Sportvereine und Kulturgruppen) und bei der Arbeiterwohlfahrt Sozialbetreuung auf Türkisch. Dieser Bereich der bundesrepublikanischen Wirklichkeit ist nur dem zugänglich, der Türkisch versteht. Ähnlich sind die Verhältnisse in Österreich.

Die Stellung der übrigen Muttersprachen aus der Türkei ist deutlich schwächer, am weitesten entwickelt wohl noch im Falle des Kurdischen (in der Variante Kurmandschi). Hier gibt es ebenfalls ein entwickeltes Vereinsleben und entsprechende Kulturarbeit. Die Presse beschränkt sich bisher auf monatliche Publikationen. Kurdische Rundfunksendungen gibt es bei den Lokalsendern Dortmund, Duisburg, Essen, Freiburg (Dreyeckland) und Nürnberg (Radio Z). Die Dortmunder Sendung wird auch vom WDR übertragen. Kurdische Musikkassetten und Bücher werden hauptsächlich im Rahmen der Vereinsarbeit vertrieben und erreichen große Teile der ca. 400 000 Kurden in der Bundesrepublik nicht.

Außerhalb der deutschsprachigen Länder bestehen ähnliche Verhältnisse für das Türkische in den Niederlanden (1,4%), Belgien (0,85%), Australien (0,38%), Dänemark (0,58%), Frankreich (0,35%) und Schweden (0,25%). In Schweden ist außerdem das kurdische Kulturleben hoch entwickelt.

Nicht erst die Arbeitsmigration unseres Jahrhunderts hat zur Verbreitung des Türkischen beigetragen. Als Amtssprache des Osmanischen Reiches hat es tiefgehende Spuren in allen Balkansprachen hinterlassen. In manchen Balkanländern – insbesondere in Bulgarien, Jugoslawien und Griechenland – gibt es bis heute türkischsprachige Minderheiten.

Ein weiterer Gesichtspunkt, der bei der Bestimmung des Verkehrswertes des Türkischen berücksichtigt werden muß, ist seine nahe Verwandtschaft zu manchen der anderen Turksprachen. Türken und Aserbeidschaner können sich mühelos miteinander verständigen. Aber auch die Verständigung mit Turkmenen, Usbeken und Uiguren fällt Türken nach kurzer Eingewöhnung nicht schwer, so daß sich ihnen sprachlich ein Raum erschließt, der bis in den Westen der VR China nach Hsinkiang herüberreicht. Auch für Westeuropäer sind Türkischkenntnisse bis heute ein wichtiger Schlüssel für den Zugang zu anderen Turksprachen, da diese in westeuropäischen Sprachen weniger beschrieben und kaum mit Lehrmaterial versehen sind.

Gute türkische Sprachkenntnisse sind wichtig für jeden, der – aus beruflichen oder privaten Gründen – an einer intensiven Kommunikation mit in der Bundesrepublik ansässigen Menschen aus der Türkei interessiert ist; ebenso auch für jeden, der einen vertieften Zugang zur Türkei gewinnen möchte. Angesichts des erheblichen Sprachkontrasts zwischen dem Deutschen und dem Türkischen sind Türkischkenntnisse darüber hinaus nützlich für jeden Lehrer/Kursleiter, der Lernern mit türkischer Muttersprache Deutschkenntnisse oder Fachkenntnisse im Medium der deutschen Sprache zu vermitteln hat. Im wissenschaftlichen Bereich sind umfassende Türkischkenntnisse über die Turkologie hinaus wichtig für Islamisten und Iranisten und für alle, die sich mit der Geschichte Südosteuropas oder mit Geschichte und Gegenwart der Türkei bzw. Mittelasiens beschäftigen wollen. Sie sind nützlich bei der Bearbeitung vieler Fragen der Arbeitsmigration bzw. der Ausländerpädagogik. Von Interesse ist das Türkische darüber hinaus für Linguisten, da es ein relativ leicht zugängliches Exempel einer streng durchgeführten SOV-Sprache ist. Ein zunehmend breiteres Interesse an Türkischkenntnissen scheint andererseits dadurch motiviert, daß die Türkei immer mehr zum Reiseland für bundesdeutsche Urlauber wird.

3. Interessierter Lernerkreis

Die am Türkischunterricht interessierte Personengruppe ist keine Konstante. Waren bis Ende der 60er Jahre hauptsächlich Orientalisten und Sprachwissenschaftler am Türkischen interessiert, so hat sich der fragliche Personenkreis ab 1970 rasch ausgeweitet und ist bis heute bereits ausgesprochen differenziert. Er umfaßt neben Freunden, Bekannten und Ehepartnern in der Bundesrepublik Deutschland ansässiger Türken und Türkeitouristen insbesondere Menschen aus Berufsgruppen, für die Kommunikationsfähigkeit auch mit dem türkischsprachigen Bevölkerungsteil wichtig ist: Lehrer und Kursleiter, Sozialarbeiter, Sozialpädagogen und Diplompädagogen, Mitarbeiter von Gesundheitseinrichtungen und Beratungsstellen, Polizisten, Juristen sowie Betriebs- und Volkswirte. Für all diese Personengruppen wären jeweils berufsspezifische Türkischkurse erforderlich, die zwar ebenfalls eine allgemeine Kommunikationsfähigkeit auf Türkisch zum Ziel haben müssen, auf dem Weg zu diesem Ziel jedoch die berufsspezifischen Kommunikations- und Informationsbedürfnisse der jeweiligen Gruppe in den Vordergrund stellen. Solche Kurse werden stellenweise bereits für Lehrer/Kursleiter und für Mitarbeiter im Gesundheitswesen angeboten.

Interesse an Türkischunterricht haben jedoch nicht nur deutsche Erwachsene, sondern auch die in deutschsprachiger Umgebung aufwachsenden Kinder und Jugendlichen aus Migrantenfamilien aus der Türkei. Der an sie erteilte Türkischunterricht steht zwischen Mutter- und Fremdsprachenunterricht, da er den Muttersprachverlust vieler Teilnehmer und außerdem die Anwesenheit von Schülern nichttürkischer Muttersprache als Ausgangsbedingungen berücksichtigen muß. Formal nähert sich dieser "Unterricht in der Herkunftssprache" dem Fremdsprachenunterricht dort, wo Türkisch für Schüler aus der Türkei an die Stelle einer der Pflichtfremdsprachen treten kann. In Nordrhein-Westfalen kann Türkisch inzwischen an mehr als 80 Schulen in der Sekundarstufe I gewählt und an mehr als 30 Schulen als Grundkurs in der Sekundarstufe II bis ins Abitur durchgeführt werden. Angesichts dieser Aufwertung des Faches, aber auch angesichts des Verkehrswertes des Türkischen in der Bundesrepublik und des zunehmenden Interesses an der Türkei stellt sich die Frage, ob das Türkische nicht auch für deutsche Schüler in absehbarer Zeit in den Rang einer wählbaren Schulfremdsprache erhoben werden wird.

4. Lernmöglichkeiten in der Bundesrepublik Deutschland

Türkischunterricht wird heute hauptsächlich von folgenden Trägern betrieben: (1) für deutschsprachige Lerner von Universitäten und Pädagogischen Hochschulen, von Volkshochschulen und anderen Einrichtungen der Erwachsenenbildung, (2) für Schüler mit türkischer Staatsbürgerschaft von Schulen sowie in einem Teil der Bundesländer von den Generalkonsulaten der Türkei. Die Zielvorstellungen dieses Unterrichts unterscheiden sich nicht nur von Träger zu Träger, sondern auch entsprechend den unterschiedlichen Zusammenhängen, in die der Türkischunterricht eingebettet ist. Sie finden darüber hinaus ihre Grenzen an der durchweg unzureichenden personellen Ausstattung.

Türkischunterricht kommt an Hochschulen der Bundesrepublik in folgenden Zusammenhängen vor: (a) Turkologie: hier ist das Ziel, den Studierenden eine genaue Kenntnis der heutigen türkischen

Sprache sowie ihrer osmanischen Vorstufe zu vermitteln, ihnen hierdurch den Zugang zu Kultur und Geschichte der Türkei zu eröffnen und den Zugang zu anderen Turksprachen zu erleichtern, (b) Orientalistik/Islamkunde: hier soll den Studierenden die Möglichkeit gegeben werden, über Kenntnisse des Türkischen als einer Sprache des islamischen Raums ihren Zugang zu Kultur und Geschichte des islamischen Orients zu verbreitern, (c) Übersetzerstudium: die Studierenden sollen befähigt werden, Texte – auch schwierige Fachtexte – vom Türkischen ins Deutsche und umgekehrt zu übersetzen, (d) als Anteil des Studiums von Ausländerpädagogik bzw. Deutsch als Zweitsprache: die Studierenden sollen über die Kenntnis des Türkischen einen verbesserten Zugang zu Schülern aus der Türkei, ihren Sozialisationsbedingungen und ihrem Umfeld sowie ihren Lernschwierigkeiten im Deutsch- und Fachunterricht erwerben. Soweit die Türkischkurse für diesen Bereich spezifisch angelegt sind, schließen sie die Analyse des deutsch-türkischen Sprachkontrasts ein und betonen in der Landeskunde die Aspekte: Sozialisationsbedingungen, Bildungssystem und Migrationsbedingungen, (e) als spezifisches Angebot an Medizinstudenten: die Studierenden sollen die Fähigkeit erwerben, mit türkischen Patienten über ihren Gesundheitszustand, Krankheitssymptome, Krankengeschichte, Lebensbedingungen, Gesundheitsperspektive sowie Maßnahmen zu Gesunderhaltung adressatengerecht zu sprechen und sich aus türkischen Quellen über den Hintergrund von Erkrankungen und Gesundheitsverhalten türkischer Patienten zu informieren, (f) in sonstigen Zusammenhängen. Der Kursumfang, den die Teilnehmer in den Bereichen (a) bis (f) im Verlaufe ihres Studiums wahrnehmen können, schwankt zwischen 2 und 24 Wochenstunden. Die umfangreicheren Kurse finden sich in den Bereichen (a) Turkologie, (c) Übersetzerstudium sowie in einem Teil des Bereichs (d) Ausländerpädagogik/Deutsch als Zweitsprache. Selbst für die umfangreichsten Kurse muß eingeschätzt werden, daß sie die gesteckten Ziele bisher nur teilweise erreichen. Curricula oder allgemein anerkannte Zertifikate sind bisher nicht bekannt.

Die Volkshochschulen und sonstige Einrichtungen der Weiterbildung bieten Türkischkurse hauptsächlich in zwei Formen an: (a) als allgemeinen Sprachkurs ohne spezifische Ausrichtung, (b) als spezifischen Türkischkurs für Mitarbeiter aus dem Gesundheitsbereich ("Türkisch am Krankenbett"). Unspezifische Türkischkurse gibt es seit Jahren an vielen Volkshochschulen. Sie sind ihrem Inhalt nach ein Kompromiß aus dem Inhalt des Lehrwerks, den Neigungen und Kenntnissen der Kursleiter, den (unterschiedlichen) Interessen der Teilnehmer und der knappen Kurszeit. Im allgemeinen ergibt sich in diesen Kursen ein Konflikt zwischen dem Impetus der Teilnehmer, schnell "Türkisch sprechen" zu lernen, dem enormen grammatischen Sprachkontrast und dem weitgehenden Fehlen einer kommunikativ ausgerichteten Grammatikvermittlung für das Türkische. Die berufsspezifischen Kurse "Türkisch am Krankenbett" sind demgegenüber eine neuere Entwicklung. Ein erster Ansatz hierzu war im Oktober 1977 ein Wochenkurs "Türkisch im Kreißsaal", der von der VHS Bremen in Zusammenarbeit mit der Universität Bremen als Maßnahme des Bildungsurlaubs für Hebammen und Ärzte durchgeführt wurde. Ende 1980 begannen in Essen Kurse "Türkisch am Krankenbett", zunächst im dortigen Marienhospital, ab 1981 dann an der VHS und ab 1991 zusätzlich beim Lotte-Lemke-Bildungswerk der AWO Gelsenkirchen, jeweils in Zusammenarbeit mit der Universität. Diese Kurse sind langfristig angelegt und verbinden eine systematische Einführung ins Türkische mit einer besonderen Gewichtung der Verständigungsbedürfnisse im Gesundheitsbereich und mit Hintergrundinformationen über das Gesundheitsverhalten türkischer Patienten. Seit 1986 werden zusätzlich regelmäßig Wochenkurse als überregionale Angebote des Bildungsurlaubs durchgeführt. Die Publikation des in den Essener Kursen entwickelten Kursmaterials ermöglichte ab 1986 eine rasche Ausbreitung der Kurse. Ende 1992 bildete sich eine bundesweite AG "Türkisch am Krankenbett".

Ein weiteres Element, das zur Türkischausbildung deutscher Erwachsener beiträgt, sind Feriensprachkurse in der Türkei im Umfang von zwei bis vier Wochen Intensivunterricht. Solche Kurse werden seit Jahren in den Osterferien wie auch in den Sommerferien von Privatpersonen – oft türkischen Lehrern – organisiert. Inzwischen sind entsprechende Angebote türkischer Bildungsinstitutionen – insbesondere die des "Türkçe Öğretim Merkezi" (TÖMER) mit Sitz in Ankara – hinzugekommen.

Im Ergebnis all dieser Kursangebote haben Zehntausende von Deutschen Grundkenntnisse im Türkischen erworben, ein gewisser Teil von ihnen auch eine grundsätzliche Verständigungsfähigkeit. Deutsche, die das Türkische wirklich beherrschen, sind demgegenüber nach wie vor relativ selten.

Sehr groß ist dagegen die Zahl der Lerner, die alle ihnen zugänglichen Türkischangebote ausgeschöpft und bis zu einem gewissen Grad auch autodidaktisch weitergelernt haben, die nun aber kein dem von ihnen erreichten Sprachniveau angemessenes weiteres Kursangebot finden. Auf eine Verbesserung dieser Situation versucht die "Fachgruppe Türkisch als Fremdsprache (TaF)" hinzuwirken, die am 29.-30.1.1993 auf einer Tagung in Hamburg gegründet wurde.

5. Lernschwierigkeiten

Die Schwierigkeiten, die zu diesem Ergebnis beitragen, sind vielschichtig. Zum einen ist das Türkische für den unvorbereiteten deutschen Lerner ausgesprochen befremdlich. Es handelt sich beim Türkischen syntaktisch um eine SOV-Sprache im strengen Sinne, morphologisch um eine agglutinierende und lautlich um eine silbenzählende Sprache mit Vokalharmonie und mit schwächer entwickelten Silbenrändern. Das bedeutet u.a.: untergeordnete Sätze werden durchweg in die übergeordneten eingeschachtelt, anstelle von Nebensatzketten entstehen auf diese Weise komplexe Schachtelkonstruktionen; Attribute gehen ihren Bezugs-NPs voraus, auch Attributsketten stehen links von der NP; statt Präpositionen gibt es Postpositionen; an den Substantiven und Verben finden sich lange Ketten von Endungen, die Deutsche so weder zu bilden noch zu hören gewohnt sind, dafür fehlt ein Teil des für Deutsche gewohnten Strukturwortschatzes (im Deutschen 50% des laufenden Textes, im Türkischen nur 10%), betonte und unbetonte Silben werden ungefähr gleich lang und gleich präzise ausgesprochen – Deutsche haben demgegenüber die Tendenz, unbetonte Silben zu "vernuscheln". Die türkische Silbe verträgt an beiden Rändern selten mehr als einen Konsonanten; dadurch erscheint der lautliche Wortaufbau im Türkischen Deutschen unprägnant, häufig werden deshalb Wortstämme verwechselt. Auch die Vokalharmonie (Übertragung vokalischer Merkmale von Silbe zu Silbe) führt zu Verunsicherungen, besonders im Gebrauch der Endungen. Hinzu kommt, daß der türkische Wortschatz (in seinen türkischen, arabischen und persischen Bestandteilen) für Deutsche kaum einen Anknüpfungspunkt bietet; auch die europäischen (meist französischen) Fremdwörter im Türkischen sind graphisch so sehr verändert, daß sie von Deutschen nicht spontan wiedererkannt werden.

6. Türkisch – Didaktik und Lehrmittel

Zu diesen kontrastbedingten Schwierigkeiten kommen Mängel des Forschungsstandes, methodisch-didaktische Probleme und die unzureichenden Rahmenbedingungen der meisten Türkischkurse hinzu. Der Forschungsstand ist z.B. durch folgende Mängel gekennzeichnet. Es gibt keine systematischen Untersuchungen zur Häufigkeit von Wortschatz bzw. zur Häufigkeit grammatischer Erscheinungen, sowohl allgemein als auch bezogen auf Textsorten; Wörterbücher und Grammatiken machen keine Aussagen zu Betonung und Betonungsverschiebungen; der Wortbestand in den größeren zweisprachigen Wörterbüchern ist hoffnungslos veraltet, die Phraseologie des Türkischen ist nicht genügend erfaßt und beschrieben, viele Einzelfragen der Grammatik und Wortbildung sind ungeklärt bzw. in den gängigen Lehrwerken falsch dargestellt. Die Methode der Vermittlung hat sich noch nicht überall und nirgends sehr weit von einem Zustand entfernt, wo ein systematischer Durchgang durch die Grammatik und ein Training im Herübersetzen von Einzelsätzen im Mittelpunkt standen. Dies wird auch an den gängigen Lehrwerken deutlich. In unverhüllter Form findet sich das "klassische" Muster etwa bei Jansky, Rühl oder Spies-Emircan. Auch die moderneren Lehrwerke wie Wendt, Liebe-Harkort, Venter-Kurt und Tekinay bieten im Grunde nur einen einmaligen Durchgang durch die Grammatik, versetzt mit Texten und Gesprächen, wobei allerdings in die Progressionierung der Grammatikbereiche didaktische Gesichtspunkte eingeflossen sind, und die Eingangslektionen teilweise kleinschrittig vorgehen. Am weitesten entwickelt ist in dieser Hinsicht das Lehrwerk von Ersen-Rasch, das bis Lektion 13 kleinschrittig und mit den notwendigen Wiederholungen arbeitet. Allen Lehrwerken gemeinsam ist die Tendenz, die für Deutsche schwierigen Eigenschaften des Türkischen – etwa die Nebensatzbildung oder die komplexen Tempora – hinauszuschieben bis zu einem Zeitpunkt, wo ausreichende Übung im Rahmen des Kurses nicht mehr möglich ist. Auch werden im allgemeinen die Sprechfertigkeit und das Hörverstehen zu wenig geübt. Abhilfe schafft hier auch nicht der Kommunikationskurs von Hüttemann/Hüttemann, da er zu inhaltsarm und darüber hinaus stark fehlerhaft ist. Eine weitere durchgängige Schwäche der vorhandenen Lehrwerke ist ihre inhaltliche Ausgestaltung. Weder die Türkei noch das Leben der Zuwanderer aus der Türkei wird realistisch dargestellt. Das harmonistische Weltbild, das die Bücher verbreiten, ist gerade angesichts der tendenziell eher gesellschaftskritisch eingestellten Teilnehmerschaft von Türkischkursen für Deutsche ein unvertretbares Lernhindernis.

7. Türkischunterricht für türkische Schüler

Der für Schüler türkischer Staatsangehörigkeit angebotene Türkischunterricht gliedert sich in "Muttersprachlichen Ergänzungsunterricht" und "Unterricht in der Herkunftssprache" anstelle einer der üblichen Schulfremdsprachen. Muttersprachlicher Ergänzungsunterricht wird lediglich in den 5 Bundesländern Nordrhein-Westfalen, Hessen, Niedersachsen, Rheinland-Pfalz und Bayern von den öffentlichen Schulen angeboten, in den übrigen Bundesländern geht er von den Generalkonsulaten aus. Ziel dieses Unterrichts, der eine Mischung aus türkischem Muttersprach- und Sozialkundeunterricht ist, ist es, die mündliche und schriftliche Verständigungsfähigkeit in der Sprache des Herkunftslandes zu sichern und Informationen und Einstellungen zu Gesellschaft und Kultur des Herkunftslandes zu vermitteln. Es ist offensichtlich, daß dies allgemein formulierte Ziel auf unterschiedliche Weise interpretiert werden kann: sowohl im Sinne des Zugriffs der Behörden des Herkunftslandes auf seine bei uns ansässigen Staatsbürger als auch – eher lernerzentriert – im Sinne des Aufarbeitens der eigenen Sozialisationsbedingungen (Migrationsgeschichte der Familie, mehrsprachige Situation, Kultur- und Rollenkonflikte). Der Muttersprachliche Ergänzungsunterricht wird – bei Zustandekommen entsprechender Gruppen und Vorhandensein türkischer Lehrer – mit bis zu 5 Wochenstunden erteilt. Pflichtfach (mit der Möglichkeit der Befreiung) ist er lediglich in Hessen, wo auch die Note versetzungs- und abschlußrelevant ist.

Im Unterschied zum Muttersprachlichen Ergänzungsunterricht wird Türkisch anstelle einer schulischen Fremdsprache ausschließlich im Rahmen der öffentlichen Schulen unterrichtet. Hierbei sind zwei Fälle zu unterscheiden: Ersatz der ersten (und ggf. einzigen) Fremdsprache und Ersatz einer weiteren Fremdsprache. Die Möglichkeit, Türkisch anstelle von Englisch zu wählen, wird zumeist mit dem Hintergedanken eingeräumt, die türkischen Schüler seien teilweise so schwach, daß man ihnen eine Fremdsprache nicht zumuten könne. Das Abwählen des Englischen zugunsten der Muttersprache zieht in der Regel nach sich, daß den Schülern der Zugang zu Realschule und Gymnasium versperrt wird. Auch für die Berufslaufbahn ist ein Verzicht auf das Englische ausgesprochen bedenklich. Einen völlig anderen Charakter hat die in einigen Bundesländern eingeräumte Möglichkeit, Türkisch anstelle der zweiten Fremdsprache zu wählen. Diese Möglichkeit führt faktisch zu einer Aufwertung des Türkischen in der einzelnen Schule und in unserem Bildungssystem, besonders dann, wenn das Türkische gleichberechtigt in die Sekundarstufe II und bis ins Abitur hinein weitergeführt werden kann, wie in Nordrhein-Westfalen. Diese Regelung unterstützt das gleichberechtigte Zusammenleben von Menschen unterschiedlicher Herkunft, da sie den türkischen Schülern die Möglichkeit gibt, ihre besonderen Kenntnisse und Fähigkeiten zur Geltung zu bringen, ohne auf eine gleichberechtigte Schullaufbahn verzichten zu müssen. Sie erzwingt allerdings auch erhebliche Verbesserungen im Bereich von Curricula, Lehrmitteln und Lehrerfortbildung, da das Fach Türkisch als Abiturfach anderen Kriterien standhalten muß als der freiwillige Ergänzungsunterricht oder Türkisch als Alternative zum Hauptschulenglisch. Sollte sich das Schulfach Türkisch etablieren, so wird man auf die Dauer um eine wissenschaftliche Fundierung dieses Faches an deutschen Hochschulen nicht herumkommen, zumal wenn sich die Aufgabe stellt, den Lehrernachwuchs für dieses Fach aus der zweiten Generation hier ansässiger Türken heranzubilden.

Literatur

Auer, Peter/Fearns, James (1987), "Gesprochenes Türkisch für Fortgeschrittene. Ein Projektbericht", in: *Deutsch Lernen,* Jg. 12, H. 3, 44-57.

Bischof, Sybille (1985), "Arbeitskolloqium 'Türkisch' (Essen, 16.-18.5.85)", in: *Deutsch Lernen,* Jg. 10, H. 4, 61-75.

Deny, Jean (1959), "L'osmanli moderne et le Türk de Turquie", in: Jean Deny et al. (éd.), *Philologiae Turcicae Fundamenta I,* Wiesbaden, 182-239.

Ergül, Cemal/Olcay, Fatos (1991), *Türkçe. Ein Türkischkurs für Anfänger* (Lehrbuch, Arbeitsbuch und Tonkassette), Stuttgart/Dresden.

Ersen-Rasch, Margarete (1980), *Türkisch für Sie,* (Lehrbuch, Wortschatz-Schlüssel, Grammatik, Tonbänder), München.

Faust, Günther/Schneider-Gürkan, Ülkü (1984), "Deutsch-türkischer Tandem Sprachkurs: Ein Erfahrungsbericht", in: *Deutsch Lernen,* Jg. 9, H. 4, 67-70.

Finkensiep, Klaus-Peter/Öktem, Ayşe/Rehbein, Jochen (1983), "Kommunikationsfähigkeit in einer Herkunftssprache – Überlegungen zur Konzeption eines Sprachkurses", in: *Deutsch Lernen,* Jg. 8, H. 1, 31-41.

Foreign Service Institute (1966; 1968), *Turkish Basic Course,* (2 Bde. und 14 Tonbandkassetten), Units 1-30, Units 31-50, Washington DC.

Hengirmen, Mehmet/Koç, Nurettin (1982 ff.), *Türkçe Öğreniyoruz,* (Bde. I-III, Glossar, Tonbandkassetten), Ankara.

Liebe-Harkort, Klaus (1983), *Türkisch für Deutsche,* Frankfurt a.M.

Liebe-Harkort, Klaus (1988), *Übungsbuch Türkisch,* Frankfurt a.M.

Menk, Antje-Karin/Mönch-Bucak, Yayla/Reimers, Edith (1981), *Türkisch im Kreißsaal,* (Lehrbuch und Kassette), Königstein/Ts.

Meyer-Ingwersen, Johannes (1976), "Türkisch", in: *Studium Linguistik,* H. 2, 46-53.

Meyer-Ingwersen, Johannes (1992), "Landeskunde im Türkischunterricht? Ja, aber wie?" in: *Zeitschrift für Fremdsprachenforschung,* Bd. 3, H. 2, 80-90.

Meyer-Ingwersen, Johannes/Neumann, Rosemarie (1982), *Türkisch für Lehrer* I, München.

Neumann, Rosemarie/Yetimoğlu, Meral ((1986), *Türkisch am Krankenbett,* (Lehrbuch und 2 Kassetten), Berlin.

Oehler, Heinz (1983), *Grund- und Aufbauwortschatz Deutsch. Deutsch Türkisch,* München.

Pazarkaya, Inci/Pazarkaya, Yüksel (1993), *Ver elini Türkiye. Türkisch in 24 Lektionen* (Lehrbuch, Lösungsheft und Filmkassette), Köln.

Scheinhardt, Hartwig (1987), "Die Bedeutung des Türkischen in der Ausländerpädagogik – Systematisierte und kommentierte Bibliographie, Teil I", in: *Deutsch Lernen,* Jg. 12, H. 3, 58-85.

Tekinay, Alev (1985), *Günaydın, Einführung in die moderne türkische Sprache Teil 1,* (Lehrbuch, Schlüssel und Wörterverzeichnis), Wiesbaden.

Tezcan, Nuran (1988), *Elementarwortschatz Türkisch-Deutsch. Turkologie + Türkeikunde,* Bd. 1, Wiesbaden.

Wendt, Heinz F./Caner, Muammer (1980), *Langenscheidts Praktisches Lehrbuch Türkisch,* Berlin/München/Zürich.

Johannes Meyer-Ingwersen

B4 Typen des Fremdsprachenerwerbs

95. Die Dichotomie Lernen/Erwerben

1. Problemaufriß

Forschungsarbeiten zum Erwerb von Fremdsprachen außerhalb des Unterrichts lassen sich problemlos über zahlreiche Jahrzehnte zurückverfolgen. Im Zuge bestimmter linguistischer und lernpsychologischer Trends insbesondere in den fünfziger und sechziger Jahren erhielt diese Forschungsrichtung neuen Auftrieb. Bedingt durch den kontrastiv-linguistischen Ansatz sowie in seiner Folge durch den fehleranalytischen Ansatz rückten zwangsläufig Fragen nach der internen (mentalen) Gesetzmäßigkeit (fremd-)sprachlicher Produktionen stärker in den Mittelpunkt des Interesses. Dabei gab man sich in vielen Fällen nicht mehr nur allein mit der Beschreibung einer sprachlichen Oberfläche zufrieden, sondern versuchte – auf z.T. disparaten Wegen – von dieser Oberfläche Rückschlüsse auf mentale Verarbeitungsmechanismen zu ziehen. Wegweisend für diese Forschungsrichtung wurden jene Arbeiten, in denen man versuchte, sprachliche Fehler und in der Folgezeit sprachliche Äußerungen überhaupt als Indizien für kognitive Prozeduren zu interpretieren, die ihrerseits wiederum als grundlegend für sprachliche Tätigkeit insgesamt angesehen wurden. In zeitlicher Parallelität dazu wurde durch starke Migrationsbewegungen in Europa und in Nordamerika die praktische Relevanz dieser Forschungen offenkundig: Die in den sechziger und z.T. noch in den siebziger Jahren steigenden Zahlen ausländischer Arbeitnehmer brachten neben vielen anderen Problemen auch Sprachprobleme mit sich, deren Lösung man sich durch Forschungen der angesprochenen Art erhoffte.

Etwa zur selben Zeit, als das Interesse an außerunterrichtlichen Lernvorgängen wieder erstarkte, erlebte auch die wissenschaftliche Beschäftigung mit unterrichtlichem Lernen einen neuen Aufschwung. Ausgelöst durch beinahe die gleichen forschungsgeschichtlichen Ereignisse (linguistischer Strukturalismus, Behaviorismus, medientechnische Entwicklungen) belebte sich die Diskussion um Fremdsprachenvermittlungsmethoden. Dabei war nicht so sehr die Tatsache neu, daß man überhaupt über Methoden und unterrichtliche Vorgänge reflektierte, sondern daß man nunmehr bemüht war, die Reflexionen wissenschaftlich abzusichern. Betrachten wir die letzten drei oder vier Jahrzehnte fremdsprachenunterrichtlicher Forschung rückblickend, so stellen wir fest, daß Forschungsintensität und damit auch Innovationskraft seither nicht mehr nachgelassen haben. Die Diskussionen um alternative Methoden und neue Medien im Fremdsprachenunterricht sind nur zwei Belege aus jüngerer Zeit dafür.

Wir haben es also rückblickend mit zwei eng nebeneinander liegenden Forschungsfragen zu tun, die grundlegend für zwei Forschungsrichtungen geworden sind:
1. Nach welchen Prinzipien lernt man (Fremd-)Sprachen außerhalb des Unterrichts?
2. Nach welchen Prinzipien lernt man Fremdsprachen im Klassenzimmer?

Um die vielschichtigen Antwortmöglichkeiten auf diese Fragen soll es im folgenden aus der Sicht des Fremdsprachenunterrichts gehen.

2. Aktueller Erkenntnisstand

Die Dichotomie Lernen/Erwerben verdankt ihre Entstehung der begrifflichen Polarisierung beider Forschungsrichtungen: Danach bezeichnet Erwerben den 'außerunterrichtlichen', 'natürlichen', 'ungesteuerten' Vorgang der Aneignung einer fremden Sprache. Im Gegensatz dazu versteht man unter Lernen das 'unterrichtliche', 'gesteuerte', wenn man so will 'unnatürliche' Gegenstück dazu. Begrifflich geht die Unterscheidung insbesondere auf Krashen zurück, der unter *acquisition* den nicht durch unterrichtliche Maßnahmen geförderten, das Sprach- und vor allem Regelbewußtsein (*monitor*) ausschaltenden Aneignungsvorgang versteht. Demgegenüber ist *learning* durch gezielte Steuerungsmaßnahmen von 'außen' sowie durch mehr oder minder starken Monitoreinsatz gekennzeichnet (vgl. insbesondere Krashen 1982; 1985; Krashen/Terrell 1983). Krashen selbst gelangt zu dieser Dichotomisierung allerdings vor allem dadurch, daß er Erkenntnisse aus beiden Bereichen zusammenführt: Er berichtet von Beobachtungen, wonach Lernen zu erheblichen Teilen 'schwerfälliger' sei als Erwerben, andererseits Erwerben auch im Unterricht möglich sei, sofern man im Unterricht versuche, eine möglichst natürliche Lernumgebung zu schaffen. Dies sei vor allem dann möglich, wenn man für optimalen Input sorge, d.h., wenn man das Sprachmaterial, das in den Unterricht gelangt, so anordnet, daß der Lerner darin einen überwiegenden Teil als bekannt und beherrscht wiedererkennen (*comprehensible input*) und den neuen Anteil 'auf natürliche Weise' als Erkenntnisgewinn in den bestehenden Wissensvorrat einpassen könne. Darüber hinaus müssen affektive Barrieren soweit wie möglich abgebaut werden. Eine weitere wichtige Erkenntnis leitet Krashen aus den *morpheme order studies* von Dulay/Burt ab. Diesen Studien zufolge gibt es im Bereich des ungesteuerten Erwerbs von Fremdsprachen Passagen, die von allen (oder zumindest fast allen) Lernern in gleicher Weise (und das heißt auch: mit den gleichen fehlerhaften Strukturen) erworben werden. Krashen plädiert nun dafür, diese natürlichen Erwerbsfolgen für die Progression des Fremdsprachenunterrichts auszunützen. Dabei sollen also die Strukturen, die im außerunterrichtlichen Zweitsprachenerwerb zuerst erworben werden, auch im Unterricht zuerst angeboten werden; umgekehrt sollen die später erworbenen Strukturen auch erst später in den Unterricht eingebaut werden.

Während sich einerseits Krashen sowohl auf eigene Spracherwerbsuntersuchungen stützt, als auch über die Reflexion fremdsprachlichen Unterrichts zu seiner Sicht gelangt – in einer späteren Arbeit baut er (1985) um seine theoretischen Annahmen herum fremdsprachliche Curricula auf mit dem Ziel, die von ihm vertretene Theorie zum festen Bestandteil fremdsprachenunterrichtlicher Planung und Durchführung zu machen –, fanden andererseits unabhängig davon Versuche statt, Erkenntnisse aus dem Zweitsprachenerwerb auf den Fremdsprachenunterricht zu übertragen. Wo also Krashen gewissermaßen eine Synthese versucht, indem er beide Wirklichkeitsbereiche zusammenführt, wird in der anderen Richtung eine einseitige Ausweitung einer als verifiziert betrachteten Hypothese auf einen anderen Geltungsbereich vorgenommen. Auf der Grundlage empirischer Untersuchungen, aus denen man u.a. die Existenz relativ festgefügter Erwerbssequenzen sowie die Tatsache ableitet, daß Zweitsprachenerwerb ein Vorgang sei, der weitgehend unabhängig von externen Faktoren (lernerspezifische Merkmale, situative Bedingungen, motivationelle Faktoren etc.) ablaufe, wird der Schluß gezogen, daß diese Feststellungen wohl auch für den Fremdsprachenunterricht Geltung beanspruchen könnten (vgl. zu dieser Position vor allem Felix 1982). Mit dieser Hypothese machte man sich dann an die Analyse von Fremdsprachenunterricht. M.a.W.: Man analysierte nicht den Fremdsprachenunterricht um seiner selbst willen, sondern suchte in ihm nach bestimmten sprachlichen Erscheinungen, deren Auffinden als Belege für die eigene Hypothese gewertet wurde. Damit läßt sich diese Richtung in die Reihe derjenigen Forschungsarbeiten integrieren, in denen die Existenz sprachlicher Universalien allgemein, also in völliger Unabhängigkeit vom Unterricht, bejaht wird.

Beide Forschungsrichtungen – sowohl die von Krashen als auch die u.a. von Felix vertretene – unterscheiden sich von anderen Ansätzen zur Erforschung des Zweitsprachenerwerbs, in denen man zwar vergleichbare Untersuchungsmethoden wählte, aber z.B. zu dem Ergebnis kam, daß sehr wohl externe Faktoren den natürlichen Erwerb fremder Sprachen beeinflussen können (Clahsen/Meisel/Pienemann 1983) oder aber in denen erst gar nicht der Anspruch erhoben wurde, durch die Analyse natürlicher, außerunterrichtlicher Spracherwerbsdaten automatisch unmittelbar relevante Ergebnisse für den Fremdsprachenunterricht zu liefern.

Die Versuche, den Fremdsprachenunterricht 'von außen' durch anderwärtig gewonnene Daten zu be-(ver-)urteilen und im Gefolge zu verändern, blieben nicht unwidersprochen. Dies gilt sowohl für den Ansatz von Krashen (vgl. zur Kritik aus unterschiedlichen Richtungen z.B. Freudenstein 1986; Königs 1986; McLaughlin 1987; Schmitz 1986) als auch für den Ansatz von Felix (vgl. zur Kritik daran Bausch/Königs 1983; 1985; Hüllen 1984; Königs/Hopkins 1986 sowie die Beiträge aus z.T. unterschiedlicher fremdsprachendidaktischer Sicht in Bausch/Königs 1986). Die Hauptkritikpunkte waren dabei:
– die Vernachlässigung der den Fremdsprachenunterricht konstituierenden Faktoren; betrachtet man nämlich diese Faktoren als bestimmend für unterrichtliches Lernen, dann müssen lernersprachliche Äußerungen im Unterricht anders betrachtet werden als dieselben Äußerungen, außerhalb des Unterrichts produziert;
– die Beschränkung auf die sprachliche Oberfläche bei der Analyse lernersprachlicher Äußerungen;

- die Vernachlässigung der Tatsache, daß der Lern-/Erwerbsprozeß bei einer zweiten Sprache immer vor dem Hintergrund eines schon weitgehend angeeigneten Sprachsystems, nämlich dem der Muttersprache, erfolgt;
- die vorliegenden Ergebnisse aus dem Bereich der Fremdsprachendidaktik bzw. Sprachlehrforschung sprechen in erheblichen Teilen gegen die von der Zweitsprachenerwerbsforschung geäußerten Thesen;
- die (insbesondere bei Krashen z.T. gravierenden) Widersprüchlichkeiten im Rahmen der jeweiligen Theorie;
- die Verbrämung altbekannter unterrichtlicher Konstituenten durch neue Termini mit dem Anspruch, neue Weisheiten entdeckt zu haben (auch dieser Vorwurf gilt vor allem für Krashens Theorie);
- die Untersuchungsmethoden, bei denen nicht selten Erkenntnisse aus einem Forschungsbereich in einen anderen übertragen wurden und dort von Anbeginn als gültig postuliert wurden;
- die undifferenzierte Sichtweise von Fremdsprachenunterricht; den Fremdsprachenunterricht schlechthin gibt es nicht; er findet immer vor dem Hintergrund spezifischer Situationen statt. Von daher ist z.B. Fremdsprachenunterricht in den USA nicht mit dem in der Bundesrepublik gleichzusetzen.

Aus diesen Kritikpunkten leitet sich u.a. leicht die Erkenntnis ab, daß die Dichotomie Lernen/Erwerben stricto sensu nicht aufrechtzuerhalten ist. So ist unbestritten,
- daß z.B. der deutsche Schüler, der in der Schule Englisch lernt, in Teilen 'ungesteuertem' Erwerb außerhalb der Schule u.a. durch die Massenmedien ausgesetzt ist,
- daß z.B. der ausländische Schüler in deutschen Schulen die fremdsprachliche Umgebung permanent um sich hat, Lernen und Erwerben sich also komplett vermischen (dies ist wohl die spezifische Situation, die der Argumentation Krashens beständig zugrunde liegt und aus der er alle weiteren Schlüsse für Fremdsprachenunterricht allgemein ableitet),
- daß z.B. der bilinguale Schüler, der zweisprachig aufgewachsen ist, 'Fremd'sprachenunterricht in einer der beiden Sprachen anders erleben wird als seine nichtbilingualen Mitschüler,
- daß Fremdsprachenunterricht in mehrsprachigen Ländern eine andere Lernqualität impliziert als in monolingualen (vgl. dazu z.B. die – durchaus unterschiedlichen – Situationen in Belgien, der Schweiz oder Kanada; vgl. insbesondere für Kanada die auf diese besondere Situation abgestimmten *immersion programms*),
- daß z.B. die Anwendungsmöglichkeiten bestimmter Fremdsprachen außerhalb des Klassenzimmers sehr gering sein dürften, so daß sich von daher in extrem starkem Maß 'Lernen' ergeben wird (zu diesen Fällen dürften z.B. asiatische Sprachen für deutsche Schüler zählen),
- daß z.B. der Unterricht in Italienisch oder Spanisch als dritter Fremdsprache für einen deutschen Schüler durch den Unterricht in Französisch als (verwandter) zweiter Fremdsprache und durch die damit gemachten Lern-/Erwerbserfahrungen lernpsychologisch beeinflußt sein kann.

3. Perspektiven

Die wichtigste Perspektive dürfte in der Tatsache liegen, daß sich die Forschung um eine striktere Trennung unterschiedlicher Kontexte der Sprachaneignung bemüht. Dies ist zum erheblichen Teil bereits der Fall. Erinnert sei diesbezüglich nur an die umfangreichen Arbeiten zum Bereich 'Unterricht in Deutsch als Zweitsprache'. Hier wird ganz nachdrücklich darauf abgehoben, daß für diese Manifestation von Fremdsprachenunterricht besondere, den natürlichen Erwerb mitumfassende Erkenntnisse heranzuziehen sind (vgl. z.B. Barkowski 1982). Aber selbst an dieser Stelle, wo außerschulisches Erwerben und unterrichtliches Lernen mit etwa gleichem Gewicht aufeinandertreffen, zeigt sich deutlich das Ausmaß an, in dem außerunterrichtlich angewendete mentale Prozeduren durch den Unterricht und seine vielfältigen Bedingungen verändert werden (vgl. auch dazu z.B. Barkowski 1982 sowie Beispiele in dem Sammelband von Apeltauer 1987; vgl. dazu ferner empirische Ergebnisse in den Sammelbänden von Freed (1991) und Phillipson u.a. (1991) sowie in der Monographie von Larsen-Freeman/Long (1991), Kapitel 8). Unabhängig von Arbeiten der Zweitsprachenerwerbsforschung, aber durchaus mit ihnen im Einklang, haben sich für den Fremdsprachenuntrerricht in den vergangenen Jahren (mindestens) zwei neue Komponenten ergeben, die auch durch außerunterrichtlichen Zweitsprachenerwerb abgesichert werden könnten: Das ist zum einen der seit einigen Jahren vielerorts vertretene kommunikative Ansatz, in dem es darum geht,

Fremdsprachenkenntnisse nicht mehr überwiegend durch Regellernen, sondern durch möglichst authentisches regelgerechtes Handeln zu vermitteln. Allerdings wird dieser Ansatz in der Zwischenzeit stärker zurückgenommen; nicht zuletzt unter dem Einfluß von Forschungsarbeiten, in denen der positive Effekt unmittelbar lernbezogener Reflexionen betont wird (Stichworte sind hierbei u.a. 'autonomes Lernen', 'Strategievermittlung' und 'Lernen des Lernens'), gewinnen das Bewußtsein und die Bewußtmachung wieder mehr an Einfluß, wenn auch unter anderen methodisch-didaktischen Prämissen als früher (vgl. zu einem Überblick über diese Entwicklung Königs 1991). Zum anderen ist das die zunehmend stärker werdende Betonung, die dem Begriff 'Kultur' im Rahmen fremdsprachenunterrichtlicher Vermittlung zukommt und die darauf hinausläuft, Vermittlungskonzepte stärker dahingehend auszurichten, daß sie die Lerninhalte zielkulturell verankert darbietet.

Eine stärkere Übernahme von Ergebnissen aus außerunterrichtlichen Erwerbsvorgängen für den Unterricht zeichnet sich derzeit nicht ab. Dies hängt neben den o.a. Unvereinbarkeiten wohl vor allem damit zusammen, daß für den Bereich des Fremdsprachenunterrichts danach gestrebt wird, weitere Indikatoren zu ermitteln, die unterrichtliches Lernen letztlich ausmachen und die es von daher erlauben, Unterricht begründet zu planen und durchzuführen.

Literatur

Apeltauer, Ernst, Hrsg. (1987), *Gesteuerter Zweitspracherwerb. Voraussetzungen und Konsequenzen für den Unterricht*, München.
Barkowski, Hans (1982), *Kommunikative Grammatik und Deutschlernen mit ausländischen Arbeitern*, Königstein/Ts.
Bausch, K.-Richard/Königs, Frank G. (1983), "'Lernt' oder 'erwirbt' man Fremdsprachen im Unterricht? Zum Verhältnis von Sprachlehrforschung und Zweitsprachenerwerbsforschung", in: *Die Neueren Sprachen*, Jg. 82, H. 4, 308-336.
Bausch, K.-Richard/Königs, Frank G. (1985), "(Er-)Werben und (Er-)Lernen. Eine Antwort auf zwei Antworten", in: *Die Neueren Sprachen*, Jg. 84, H. 2, 218-233.
Bausch K.-Richard/Königs, Frank G., Hrsg. (1986), *Sprachlehrforschung in der Diskussion. Methodologische Überlegungen zur Erforschung des Fremdsprachenunterrichts*, Tübingen.
Clahsen, Harald/Meisel, Jürgen M./Pienemann, Manfred (1983), *Deutsch als Zweitsprache. Der Spracherwerb ausländischer Arbeiter*, Tübingen.

Felix, Sascha W. (1982), *Psycholinguistische Aspekte des Zweitsprachenerwerbs*, Tübingen.
Freed, Barbara F., ed. (1991), *Foreign Language Acquisition Research and the Classroom*, Lexington/Toronto.
Freudenstein, Reinhold (1986), "Sprachen lernen oder Sprachen erwerben? Anmerkungen zu Krashens 'Eintopf'-Methode bei der Fremdsprachenaneignung", in: *Zielsprache Englisch*, Jg. 16, H. 3, 1-8.
Hüllen, Werner (1984), "Streitbare Anmerkungen zu Sascha W. Felix' 'Psycholinguistische Aspekte des Zweitsprachenerwerbs'", in: *Studium Linguistik*, H. 15/4, 102-109.
Königs, Frank G. (1986), "Agieren-Reagieren-Integrieren. Theoretische Überlegungen zur Konstituierung und Aussagekraft von Unterrichtssprache", in: Bernd Voss (Hrsg.), *Unterrichtssprache im Fremdsprachenunterricht. Beiträge zur Theorie und Praxis einer berufsbezogenen Fachsprache des Fremdsprachenlehrers*, Bochum, 15-36.
Königs, Frank G. (1991), "Auf dem Weg zu einer neuen Ära des Fremdsprachenunterrichts? Gedanken zur 'postkommunikativen Phase' in der Fremdsprachendidaktik", in: *Taller de Letras*, Jg. 19, 21-42.
Königs, Frank G./Hopkins Edwin A. (1986), "Observations on Observing Learner Language. A Contribution to the Discussion about the Relationship between Second Language Acquisition Research and Foreign Language Teaching and Learning", in: *International Review of Applied Linguistics*, Jg. 24, H. 2, 89-121.
Krashen, Stephen D. (1982), *Principles and Practice in Second Language Acquisition*, Oxford.
Krashen, Stephen D. (1985), *The Input Hypothesis: Issues and Implications*, London/New York.
Krashen, Stephen D./Terrell, Tracy D. (1983), *The Natural Approach. Language Aquisition in the Classroom*, Oxford/San Francisco.
Larsen-Freeman, Diane/Long, Michael H. (1991), *An Introduction to Second Language Acquisition Research*, London/New York.
McLaughlin, Barry (1987), *Theories of Second-Language Learning*, London.
Phillipson, Robert/Kellerman, Eric/Selinker, Larry/Sharwood Smith, Mike/Swain, Merrill eds. (1991), *Foreign/Second Language Pedagogy Research. A Commemorative Volume for Claus Færch*, Clevedon.
Schmitz, Albert (1986), "Stephen Krashens Spracherwerbstheorien – Was bedeuten sie für den Unterricht?", in: *Zielsprache Englisch*, Jg. 16, H. 1, 13-22.

Frank G. Königs

96. Frühkindlicher Bilingualismus

1. Definition

Wenn gleichzeitig von Geburt an unter natürlichen Bedingungen zwei Muttersprachen erworben werden, wird dieser Spracherwerb "frühkindlicher Bilingualismus" genannt. Auch eine leichte Verspätung mit dem Beginn der zweiten Sprache bis in das 2. und 3. Lebensjahr gilt noch als "gleichzeitiger" Erwerb, denn die relative Verspätung wird in der Regel rasch aufgeholt. Die Voraussetzungen für doppelten Erstsprachenerwerb liegen dann vor, wenn es in der Umgebung des Kindes besondere soziale und sprachliche "Zwänge" gibt, die den Erwerb zweier Sprachen erfordern. Erwerbsalter, -bedingungen und -methode unterscheiden den frühkindlichen Bilingualismus grundsätzlich vom schulischen Fremdsprachenerwerb.

Die Form der entstehenden Zweisprachigkeit ist in Sprachgebrauch und Sprachbeherrschung sehr variabel. In zweisprachigen Umgebungen ist sie meist ausgeglichener als in einer vorherrschend einsprachigen Umgebung (z.B. Deutschland). Die Umgebungssprache (z.B. Deutsch) wird als Spiel- und später Schulsprache in dieser Situation häufig die starke Sprache des Kindes, die andere Sprache ist etwas schwächer, d.h., sie ist etwas weniger flüssig, der Wortschatz ist geringer, die Grammatik etwas weniger entwickelt. Fehler, speziell Interferenzen (auch in der Aussprache) und Sprachmischungen besonders in der schwachen Sprache, zeigen, daß sie nicht selten von der starken überlagert wird.

Das Verhältnis der schwachen zur starken Sprache verschiebt sich jedoch ständig auf einem dynamischen Kontinuum. Durch bestimmte Umstände (Reisen in das andere Land, soziale und affektive Faktoren insbesondere) kann eine Sprache übermächtig werden und die andere sich soweit abschwächen, daß sie verweigert wird. Zweisprachigkeit in der frühen Form ist kein fester Besitz.

Jedoch ist auch die schwache Sprache für das zweisprachige Kind keine Fremdsprache. Es fühlt sich in beiden Sprachen zu Hause, weil beide eine real erfahrene soziokulturelle und affektive Dimension haben. Seine Zweisprachigkeit ist Ausdruck seines Bikulturalismus, der am deutlichsten in den Funktionen des Sprachwechsels erkennbar ist. Der dabei beobachtbare Vorgang des Umschaltens erfaßt ja nicht nur die Sprachen, sondern auch Gestik, Mimik, ja, bis zu einem gewissen Grad, die ganze bikulturelle Persönlichkeit des Kindes.

In der Dimension des Bikulturalismus unterscheidet sich die frühkindliche Zweisprachigkeit deutlich von der schulischen Fremdsprachensituation.

In einer zweisprachigen Umgebung wird ein Kind nicht von alleine zweisprachig. Vier Voraussetzungen müssen für eine erfolgreiche Zweisprachigkeit erfüllt sein.

2. Funktionale Sprachtrennung und -benutzung

Kinder erwerben eine Sprache, weil sie sie sozial brauchen. Dementsprechend müssen im frühkindlichen Bilingualismus zwei Sprachen für das Kind funktional sein oder werden. Dies kann durch verschiedene Konstellationen von Sprachen und Situationen geschehen.

Um nur die wichtigsten zu nennen:
(a) die gemischtsprachige Familie, in der die Muttersprache von der Vatersprache verschieden ist,
(b) die meist durch Migration bedingte Situation, daß die Familiensprache verschieden ist von der Umgebungssprache,
(c) die durch besondere soziale Kontakte entstehende Situation, daß die Spielsprache verschieden ist von der Umgebungssprache,
(d) die Situation, daß die Kindergarten- und Schulsprache verschieden ist von der Familien- und/oder Umgebungssprache. Diese Situation führt jedoch nicht (mehr) zu frühkindlichem Bilingualismus, tritt aber häufig kombiniert mit Situation (a) und besonders (b) auf.

Entscheidend für die Funktionalität ist, daß die Sprachen nicht willkürlich benutzt und gewechselt werden, sondern jeweils bestimmten sozialen und affektiven Aufgaben und Zwecken zugeordnet sind und entsprechend umgeschaltet werden. Die Sprachen werden dafür direkt benutzt, es wird nicht übersetzt. Das zweisprachige Kind braucht also seine beiden Sprachen als Familiensprache, Spielsprache, Schulsprache, Muttersprache, Vatersprache ... in verschiedenen Verteilungen, um sozial zurechtzukommen. Gleichzeitig macht es durch die unterschiedlichen sprachlichen Zuordnungen verschiedene kulturelle Erfahrungen, wodurch ihm die Sprachen unmittelbar Zugang und Ausdruck zweier Kulturen werden. Die funktionale

Aufteilung der Sprachen schafft des weiteren ein transparentes und einfaches Regelsystem, nach dem das Kind die Sprachen auseinanderhält und wechselt; dies verhindert übermäßige Sprachmischungen und – im Extremfall – das Entstehen einer eigenen Mischsprache. Als besonders einfache und wirkungsvolle Ordnungen für die Zweisprachigkeitserziehung haben sich die Sprachverteilungen (a) und (b) erwiesen. In der sprachlichen Mischfamilie wächst das Kind nach der Regel *une personne – une langue* (Ronjat 1913) mit einer Mutter- und einer Vatersprache auf und übernimmt diese Verteilung problemlos, wenn sich die Eltern selbst einigermaßen konsequent daran halten. Besonders dem Elternteil, der der mächtigen Umgebungssprache standhalten muß und allein seine Sprache und Kultur gegenüber dem Kind vertritt, kommt dabei eine schwierige und zentrale Aufgabe zu. Ein bestimmtes Ausmaß an funktionalen Konflikten und Überschneidungen und daraus folgenden Sprachmischungen gehören darum in der gemischtsprachigen Familie natürlicherweise zum Alltag des zweisprachigen Kindes.

Für die Familie erweist sich Konstellation (b) häufig als einfacher, weil die Sprache innerhalb der Familie einheitlich ist und als Einheit auch besser der Umgebungssprache widersteht. Nicht selten entschließen sich darum auch gemischtsprachige Ehepartner bei der Geburt des Kindes für das Prinzip (b), (sofern die sprachlichen Voraussetzungen beiderseits dafür bestehen). Es sollte jedoch nicht übersehen werden, daß damit auch gravierende Nachteile verbunden sind: ein Elternteil verzichtet darauf, seine Sprache und Kultur dem Kind nahezubringen. Des weiteren erfolgt der doppelte Spracherwerb nicht simultan wie in Ordnung (a), sondern sukzessiv. Umgebungs- und Spielsprache können jedoch diesen Nachteil später ausgleichen.

Die funktionalen Ordnungen führen ganz automatisch auch zu bestimmten Gebrauchshäufigkeiten für die Sprachen, was wiederum Einfluß auf die Ausbildung der starken und schwachen Sprache hat. Die Gegebenheit oder auch die Wahl einer bestimmten Sprachordnung bestimmen also ganz entscheidend die Art der entstehenden Zweisprachigkeit.

Dem überaus größten Teil frühkindlichen Bilingualismus' liegen die Ordnungen (a) oder (b) zugrunde. Spätere Formen entstehen aus der Ordnung (c) oder (d), wenn Kinder bewußt in anderssprachige Kindergärten und/oder Schulen geschickt werden und dort – bis zu einem gewissen Grade – zweisprachig werden können. In der Qualität bleiben diese Formen jedoch meist hinter denen von (a) und (b) zurück.

Im schulischen Fremdsprachenunterricht wird in der Regel kein den Ordnungen (a) bis (d) vergleichbares Zweisprachigkeitsniveau erreicht. Die Hauptursache dafür liegt in der fehlenden Funktionalität der schulischen Fremdsprache. Wenn Lehrer und Schüler sie miteinander gebrauchen, gehorcht dieser Einsatz einer pädagogischen Absprache – die Funktion der Fremdsprache ist damit gewissermaßen nur fiktional, woraus sich ein Teil der gravierenden schulischen Motivationsprobleme ergibt, die im frühkindlichen Bilingualismus gänzlich unbekannt sind.

3. Positive Einstellungen zur Zweisprachigkeit

Positive oder auch negative Einstellungen zur Zweisprachigkeit spielen eine ganz wesentliche Rolle für das Gelingen oder auch Mißlingen der Zweisprachigkeitserziehung. Dabei ist zu unterscheiden zwischen einerseits Einstellungen der Eltern und der Umgebung zur Zweisprachigkeit des Kindes und andererseits den Einstellungen, die es selbst dazu entwickelt.

Seitens der Eltern und der Umgebung werden die Einstellungen vor allem von folgenden beiden Faktoren beeinflußt: Einmal wird die Zweisprachigkeit nach dem Sozialprestige der beteiligten Sprachen befürwortet oder abgelehnt. Zum anderen sind immer noch zahlreiche pädagogisch-psychologische Vorurteile über die Zweisprachigkeit generell für negative Einstellungen verantwortlich: danach soll das zweisprachige Kind durch das gleichzeitige Erlernen zweier Sprachen überfordert sein, es soll weder die eine noch die andere Sprache richtig lernen, es soll sprachlich verspätet, intelligenzmäßig zurück und in der Schule später benachteiligt sein, es soll ihm die Muttersprache und ethnische Identität fehlen.

Ein Teil der Vorurteile leitet sich daraus ab, daß Zweisprachige in beiden Sprachen meist nicht gleich stark sind und in der schwachen Sprache manchmal Probleme haben; diese Probleme werden auf die Zweisprachigkeit generell übertragen. Ein anderer Teil entspringt falschen Vorstellungen über die Beziehungen zwischen Sprache, Denken und Persönlichkeit. Zweisprachigkeit impliziert keinesfalls eine doppelte Weltsicht, gespaltene Persönlichkeit und fehlende ethnische Identität des

Kindes. Keines der oben genannten Vorurteile konnte wissenschaftlich in irgendeiner Form bestätigt werden (Hamers/Blanc 1985, 89 ff.). Sie bleiben dennoch mit großer Hartnäckigkeit besonders in einsprachigen Gesellschaften bestehen. Gehen Eltern und Umgebung jedoch mit solchen Ängsten und Vorurteilen an die Zweisprachigkeitserziehung, so erfüllen sich diese negativen Prophezeiungen von selbst. Auf der anderen Seite wirkt eine positive Einstellung zur Zweisprachigkeit stimulierend und führt zu positiven Ergebnissen.

Natürlich übernimmt ein zweisprachiges Kind negative Einstellungen seiner Umgebung und antwortet seinerseits mit der Verweigerung der Zweisprachigkeit. Aber ab ca. zwei Jahren, mit dem entstehenden Bewußtsein der eigenen Zweisprachigkeit, entwickelt es auch eine persönliche Einstellung dazu: In rein einsprachigen Umgebungen lehnen Kinder ihre Zweisprachigkeit manchmal aus sozialem Konformismus ab; sie wollen so sein wie andere einsprachige Kinder auch und verweigern die Zweisprachigkeit.

Im Gegensatz dazu kann in zweisprachigen Gebieten eine Sprachverweigerung aus ethnischen Konflikten heraus entstehen. In Südtirol zum Beispiel gehört man entweder zu den Deutschen oder Italienern, für den zweisprachigen, bikulturellen Südtiroler ist hier kein Platz. Ein negativ erlebter Bikulturalismus kann in solchen Fällen zu negativen Einstellungen gegenüber der eigenen Zweisprachigkeit führen (Egger 1985).

Während im frühkindlichen Bilingualismus diese Einstellungen ganz zentral sind und unmittelbare Folgen haben, sind sie im schulischen Fremdsprachenunterricht zum einen abstrakter und zum anderen unterschiedlich strukturiert. Eltern, Umgebung und Schüler finden es zwar in der Regel "gut", eine fremde Sprache in der Schule zu lernen, aber diese positive Einstellung bleibt relativ unverbindlich. Zum anderen wird sie des öfteren durch negative Einstellungen zur Schule allgemein oder speziell zu dieser oder jener Form des Sprachunterrichts unterlaufen. Verweigerungen einer Fremdsprache in der Schule sind darum meist anders motiviert als im frühkindlichen Bilingualismus, aber natürlich ebenso gravierend für den Lernerfolg.

4. Positives Sprachprestige

Für das Gelingen der Zweisprachigkeitserziehung ist das soziale Ansehen der beteiligten Sprachen ein ganz wesentlicher Faktor. Hat eine der beiden Sprachen ein geringeres Sozialprestige als die andere, so führt das fast zwangsläufig zu negativen Einstellungen zur Zweisprachigkeit und in der Folge häufig zur Verweigerung dieser Sprache.

Das Sozialprestige der Sprache kann durch sehr unterschiedliche Faktoren bestimmt werden. Jüngere Kinder messen den Wert der Sprache meist am Wert der Menschen, die in ihrer Umgebung diese Sprache sprechen. Leben diese Menschen in sozial abgewerteter Stellung, so überträgt sich deren Sozialstatus auf die Sprache. Minderheiten-, Einwanderer- und Gastarbeitersprachen haben besonders unter negativen sozialen Vorurteilen zu leiden. Abschätzige Urteile der Umgebung über diese Menschen lösen bei zweisprachigen Kindern meist die Sprachkrise aus. Im späteren Alter wird das Sozialprestige der Sprachen stärker durch ökonomische, politische und kulturelle Werte bestimmt. Die Faktoren "Nützlichkeit" und "Schönheit" bestimmen dann den Wert einer Sprache. Daraus ergibt sich, daß rein orale und/oder dialektale Sprachen ohne ökonomischen und politischen Hintergrund sich in Kombination mit einer europäischen Sprache z.B. in der Zweisprachigkeitserziehung schwer tun.

Fragen des Sprachprestiges sind im Fremdsprachenunterricht von untergeordneter Bedeutung, da allen Schulsprachen soziales Ansehen zukommt. Allenfalls gibt es seitens der Schüler leichte Abstufungen zwischen den Sprachen nach den Faktoren "Nützlichkeit" und "Schönheit" (das Englische z.B. gilt als nützlicher, das Französische als schöner).

5. Emotionale und sprachliche Zuwendung

Ohne ausreichende emotionale und sprachliche Zuwendung wird der Spracherwerb des Kindes sehr erschwert. Dies gilt auch für den Doppelspracherwerb. Beide Sprachen müssen emotional erlebt werden, wodurch das Kind auch besondere kulturspezifische Ausprägungen der Sprachen erfährt: es muß in beiden Sprachen getröstet, geliebt, ermahnt und bestraft werden. Dadurch werden beide Sprachen zu Muttersprachen. Gerade die Ordnung (a) und Aufteilung der Sprachen in Muttersprache und Vatersprache ist geeignet, dem Kind in beiden Sprachen intensive affektive Erlebnisse zu vermitteln. Hat ein Elternteil nicht genügend Zeit (oder Lust), seine Sprache mit dem Kind zu sprechen, oder gibt es gefühlsmäßig engere

Bindungen des Kindes zum einen oder anderen Elternteil, so spiegelt sich dies sehr rasch in der sprachlichen Entwicklung des Kindes wider: die geliebte Sprache wird die stärkere, die andere schwächt sich ab, ja, es kann bis zur Sprachverweigerung aus emotionalen Gründen kommen. Die affektive und sprachliche Zuwendung muß nicht unbedingt von den Eltern kommen. Die nähere Umgebung: Geschwister, Großeltern, Freunde können hier eine wichtige Rolle spielen. Die Spielsprache insbesondere gleicht bei Kindern häufig emotionale Mängel in anderen Bereichen aus.

Der schulische Fremdsprachenunterricht ist vom emotionalen Mangel ganz besonders betroffen: die Sprache wird in der Institution Schule auf ein intellektuelles Instrument reduziert und bleibt darum auch immer eine Fremdsprache. Im Vergleich zum frühen Bilingualismus zeigt der schulische Fremdsprachenunterricht in der emotionalen Zuwendung die größten Defizite.

6. Frühe Zweisprachigkeit und schulische Fremdsprache

Generell ist festzustellen, daß soziopsychische Faktoren im Bereich der frühen Zweisprachigkeit dominieren. Im schulischen Fremdprachenunterricht hingegen stehen sprachstrukturelle Probleme und deren didaktische "Steuerung" im Vordergrund. Im frühkindlichen Bilingualismus sind im Prinzip alle Sprachkombinationen gleich einfach: Japanisch/Deutsch; Englisch/Deutsch; Finnisch/Deutsch etc. Dies bedeutet, daß das Ausmaß der strukturellen Schwierigkeiten bestimmter Sprachen oder auch der Kontrastivität zwischen den Sprachen in der frühen Zweisprachigkeit eine ganz untergeordnete Rolle spielt. Wenn einige Sprachkombinationen sich in der Zweisprachigkeit schwerer tun, so sind dafür in der Regel die oben genannten soziopsychischen Faktoren verantwortlich. Im Fremdsprachenunterricht hingegen gelten Sprachen aus strukturellen Gründen als schwierig oder einfach. Dieser grundlegende Unterschied zwischen schulischem Fremdsprachenunterricht und frühkindlichem Bilingualismus läßt sich natürlich auf die völlig verschiedenartigen Erwerbsbedingungen zurückführen: Im frühkindlichen Bilingualismus erleben die Kinder ihre primäre Sozialisation in zwei Sprachen, diese Funktion kann die Schule keiner Fremdsprache geben.

7. Vorteile der Zweisprachigkeit

Sind die genannten wesentlichen Bedingungen und Voraussetzungen erfüllt, werden Kinder von alleine zwei- und mehrsprachig. Im Vergleich zum schulischen Fremdsprachenerwerb sind dabei besonders folgende Vorteile zu nennen:
1.) die Mühelosigkeit, mit der die Sprachen erworben werden. Hierbei ist allerdings zu akzeptieren, daß nicht alle Sprachen gleich stark sind;
2.) die Qualität, die erreicht wird. Besonders im phonetischen und idiomatischen Bereich wird ein sehr hohes Sprachniveau erreicht;
3.) die Verankerung der Sprachkompetenz in soziokulturellen und soziopsychischen Dimensionen. Beide Sprachen sind Muttersprachen;
4.) die Fähigkeit, von einer Sprache zur anderen schnell und richtig umschalten zu können;
5.) die frühe Entwicklung metasprachlicher und sprachkritischer Fähigkeiten, Einsicht in die Arbitrarität von Sprachen, frühe Reflexion über Sprachen und deren Abbild der Wirklichkeit;
6.) Interesse an weiteren unbekannten Sprachen und Kulturen, relative Leichtigkeit, mit der weitere Sprachen erlernt werden.

Literatur

Arnberg, Lenore (1987), *Raising Children Bilingually: The Pre-school years*, Clevedon.
Baker, Colin (1987), *Key Issues in Bilingualism and Bilingual Education*, Clevedon.
Celce-Murcia, Marianne (1988), *Family Immersion: A Case Study*, Clevedon.
Egger, Kurt (1985), *Zweisprachige Familien in Südtirol: Sprachgebrauch und Spracherziehung*, Innsbruck.
Felix, Sascha W. (1982), *Linguistische Untersuchungen zum natürlichen Zweitsprachenerwerb*, Tübingen.
Fthenakis, Wassilios E./Sonner, Adelheid u.a. (1985), *Bilingual-bikulturelle Entwicklung des Kindes. Ein Handbuch für Psychologen, Pädagogen und Linguisten*, München.
Graf, Peter (1987), *Frühe Zweisprachigkeit und Schule*, München.
Grosjean, François (1982), *Life with two Languages. An Introduction to Bilingualism*, Cambridge, Mass./London.
Hamers, Josiane F./Blanc, Michel (1985), *Bilingualité et Bilinguisme*, Brüssel.
Kielhöfer, Bernd/Jonekeit, Sylvie (1983), *Zweisprachige Kindererziehung*, 8. Aufl., 1993, Tübingen.
Kolde, Gottfried (1981), *Sprachkontakte in gemischtsprachigen Städten. Vergleichende Untersuchungen über Voraussetzungen und Formen sprachlicher Interaktion verschiedensprachiger Jugendlicher in*

den Schweizer Städten Biel/Bienne und Fribourg/Freiburg, Wiesbaden.
Lambert, Wallace E./Tucker, G. Richard (1972), *Bilingual Education of Children*, Rowley.
Leopold, Werner F. (1939-1950), *Speech Development of a Bilingual Child*, 4 Bde., Evanstan.
McLaughlin, Barry (1978), *Second-Language Acquisition in Childhood*, Hillsdale, N.J.
McLaughlin, Barry (1984/85), *Second Language Acquisition in Childhood*: Bd. 1: *Pre-school Children*, Bd. 2: *Schoolage Children*, Hillsdale, N.J.
Porsché, Donald C. (1983), *Die Zweisprachigkeit während des primären Spracherwerbs*, Tübingen.
Ronjat, Jules (1913), *Le développement du langage observé chez un enfant bilingue*, Paris.
Saunders, George (1982), *Bilingual Children: Guidance for the Family*, Clevedon.
Saunders, George (1988), *Bilingual Children: From Birth to Teens*, Clevedon.
Simoes, Antonio (1976), *The Bilingual Child. Research and Analysis of Existing Educational Themes*, New York.
Singleton, David M. (1989), *Language Acquisition: The Age Factor*, Clevedon.
Spolsky, Bernard/Cooper, Robert L., eds. (1978), *Case Studies in Bilingual Education*, Rowley.
Stölting, Wilfried (1980), *Die Zweisprachigkeit jugoslawischer Schüler in der Bundesrepublik Deutschland*, Wiesbaden.
Taeschner, Traute (1983), *The Sun is Feminine. A Study on Language Acquisition in Bilingual Children*, Berlin/Heidelberg.

Bernd Kielhöfer

97. Erwerb von Fremdsprachen im Vorschul- und Primarschulalter

1. Zur Geschichte des frühen Fremdsprachenbeginns

Die ersten Versuche mit Fremdsprachenlernen in der Grundschule werden kurz nach dem Ersten Weltkrieg in den USA durchgeführt und mit Gründung der *FLES*-Bewegung (= *Foreign Languages in Elementary Schools*) nachhaltig gefördert.

In den Jahren der Weimarer Republik stößt die Idee eines früher beginnenden Fremdsprachenlernens auch bei uns auf Resonanz: Die privaten Waldorfschulen führen 1920 Englisch/Französisch als Unterrichtsfächer ab der 1. Klasse ein. An staatlichen Grundschulen werden in der Zeit der Reformpädagogik punktuelle Versuche mit wahlweise Englisch oder Französisch ab 3. Klasse durchgeführt. In beiden Fällen wird der Fremdsprachen-Frühbeginn zugleich mit inhaltlich-methodischen Reformen verknüpft: Betonung des Mündlichen, Einbezug von musischen und phantasievollen Inhalten, Berücksichtigung der Spielfreude der Kinder etc.

Im Jahr 1933 finden beide Reformansätze ein jähes Ende. Während der staatliche Kultus bis heute keine bundeseinheitliche Regelung vereinbart hat, greifen die Freien Waldorfschulen bereits nach 1945 ihre Konzeption der gleichzeitigen Vertrautmachung mit Englisch und Französisch ab 1. Schuljahr wieder auf und halten an diesem Sprachenkonzept in ungebrochener Tradition fest.

Nach dem Zweiten Weltkrieg wird der Fremdsprachen-Frühbeginn, wiederum zunächst in den USA, durch Aktivitäten der *Modern Language Association* (*MLA* 1956) und durch Publikationen renommierter Wissenschaftler aus der Neurophysiologie (Penfield 1953; Penfield/Roberts 1959), der Pädagogik (Andersson 1960) und der empirischen Sprachforschung (Carroll 1960) neu belebt. In Europa wird der Fremdsprachen-Frühbeginn Mitte der 50er Jahre zunächst von Schweden mit dem Projekt "Englisch without a Book" aufgegriffen (Gorosch 1958).

Ab Anfang der 60er Jahre führen auch Frankreich und England Großprojekte zur Erprobung von Fremdsprachen-Frühbeginn durch (Gompf 1971). Durch Expertenkonferenzen der Unesco (Hamburg 1961, Berlin 1966) und durch die intensiven Bemühungen des Europarates in Form von Symposien, Aktionsprogrammen und Resolutionen werden "Foreign Languages in Primary Education" in der Folgezeit auch von anderen Ländern Europas aufgegriffen (Stern 1963; Gompf 1975b), und zwar mit entscheidenden sprachenpolitischen Konsequenzen. So führt die Oberste Schulbehörde von *Schweden* nach Abschluß des EPÅL-Projektes 1972 Englisch für alle Kinder ab Klasse 3 ein; *Finnland* und *Norwegen* führen wahlweise Englisch/Russisch ab Klasse 3 ein. *Österreich* erklärt 1978 Englisch ab 3. Schuljahr zum verpflichtenden Unterrichtsfach; im selben Jahr wird auch in *Ungarn* Englisch zum obligatorischen Fach der Grundschule, wenngleich vorerst ab Klasse 4. Seit dem Schuljahr 1992/93 ist das Erlernen von wahlweise Englisch, Deutsch oder Französisch auch in *Italien* für alle Grundschulkinder obligatorisch. *Spanien* hat seit 1993/94 wahlweise Englisch oder Französisch als verbindliches Unterrichtsfach ab

Klasse 3 eingeführt. In *Frankreich*, wo derzeit bereits mehr als 25 Prozent aller Grundschulen Fremdsprachenunterricht ab 3. Klasse anbieten (vorrangig Englisch oder Deutsch, aber auch Spanisch, Italienisch und Russisch), soll Fremdsprachenbeginn ab Klasse 3 1995/96 flächendeckend etabliert werden. In *Belgien, Luxemburg* und *Malta* gehört Fremdsprachenlernen bereits seit Jahrzehnten zum obligatorischen Lernangebot der Grundschule, spätestens ab Klasse 2.

Aufgrund der negativen Resultate einer Langzeituntersuchung der *Nuffield Foundation For Educational Research* (NFER) über Französisch ab 3. Schuljahr (Burstall et al. 1974) nimmt Großbritannien über mehr als ein Jahrzehnt Abstand von der geplanten Einführung des Fremdsprachenbeginns ab Klasse 3. Die gravierenden Defizite der *NFER*-Studie sind inzwischen international unstrittig (Gompf 1975a). Vor dem Hintergrund des *language-awareness*-Konzepts (Hawkins 1987) gewinnen die Befürworter des frühen Fremdsprachenbeginns auch hier in jüngster Zeit mehr und mehr Terrain zurück (Dobson 1993).

Seit Mitte der 50er Jahre begann der Fremdsprachenunterricht in der ehemaligen DDR ab Klasse 3. Mit zentraler Planung und Aufgabenstellung werden leistungsstarke Schüler ab Klasse 3 an ausgewählten Schulen in gesonderten Klassen zusammengeführt und erhalten sog. "erweiterten Russischunterricht". Mit hoher Wochenstundenzahl (anfänglich 5, später 4 Stunden pro Woche) und unter Verwendung des Lehrbuchs für den Russischunterricht des 5. Schuljahres erfolgt der Russischunterricht hier gemäß exakt fixierter Lernpensen und -ergebnisse, wird in Klasse 5 nahtlos fortgesetzt und mit dem Abitur in Klasse 10 abgeschlossen (Bahls 1992).

In starkem Gegensatz zu dieser zentral verordneten Vorgehensweise beginnen in den 60er Jahren in den alten Ländern der Bundesrepublik zahlreiche Fremdsprachen-Frühbeginnversuche, die – mit dem Charakter von Laborversuchen – fast ein Jahrzehnt lang ohne jegliche Absprache miteinander bzw. Kenntnis voneinander ablaufen (Gompf 1971). Der Vorteil dieser föderalistisch geprägten Vielfalt der Versuche besteht darin, daß sowohl der Zeitpunkt des Fremdsprachenbeginns und die Sprachwahl (Englisch/Französisch) als auch die mit der Vorverlegung verbundenen Ziele in voneinander unabhängigen Projekten untersucht werden:

Als erstes Land der Bundesrepublik richtet Hessen 1961 einen Schulversuch mit "Englisch ab 3. Schuljahr" ein, dem zahlreiche weitere Bundesländer folgen, teils mit Englisch in der Vorschule, teils in der 1. oder 2. Klasse (Reisener 1970) – in der Regel jedoch mit Englisch ab 3. Schuljahr.

Durch die Empfehlung der Kultusministerkonferenz im "Strukturplan für das deutsche Bildungswesen" von 1970, den Lernbereich "Fremdsprache" in Schulversuchen zu erproben und gegebenenfalls als neuen Lernbereich in das Curriculum der Grundschule ab Klasse 3 aufzunehmen, kommt es zu einer enormen Intensivierung in Theorie und Praxis. Abgesehen von den Ländern Rheinland-Pfalz, Bayern und Saarland, die sich über fast zwei Jahrzehnte mit einem Austauschprogramm von 40 Kindergärtnerinnen aus Frankreich begnügen, erarbeiten viele Bundesländer erste Lehrpläne und Handreichungen. Wichtige Merkmale sind:
– Förderung von Verständnis und Toleranz gegenüber Menschen anderer sprachlicher und kultureller Identität,
– Einbeziehung aller Kinder in der für die Grundschule ohnehin typischen heterogenen Zusammensetzung,
– Dominanz der Mündlichkeit,
– Verzicht auf Hausaufgaben, Tests und Noten im Zeugnis,
– Betonung grundschulgemäßer Inhalte und Formen der Vermittlung,
– Focussierung auf die Fremdsprache "Englisch" ab Klasse 3. Eine Ausnahme bildet Baden-Württemberg. Hier wird ab 1968 zunächst an einer Grundschule mit Französisch ab 3. Schuljahr begonnen; ab 1972/73 sind insgesamt 15 Grundschulen in Freiburg, Karlsruhe und Heidelberg beteiligt, die ab 1973 nach dem Lehrplan "Vorläufige Arbeitsanweisungen für den Französischunterricht an den Grundschulen des Landes Baden-Württemberg" arbeiten. Über mehr als ein Jahrzehnt bleibt es jedoch bei dieser geringen Anzahl von Grundschulen mit Früh-Französisch (vgl. 2.1).

Bedingt durch die enormen Probleme, die die Integration der Kinder ausländischer Arbeitnehmer den Grundschulen bereitet, setzte ab der zweiten Hälfte der 70er Jahre eine Entwicklung ein, die für eine Ausweitung der Versuche "Englisch ab dem 3. Schuljahr" und für das Ziel der allmählichen verbindlichen Einführung des Lernbereichs Fremdsprache ab Klasse 3 eine abträgliche Wirkung zeigt.

Hinzu kommt, daß die Mehrzahl der Kultusministerien die negativen Resultate der britischen

NFER-Studie unkritisch auf die eigenen Schulversuche überträgt und als Argument benutzt, die Reform Ende der 70er bzw. Anfang der 80er Jahre zu beenden. Angesichts der durchweg positiven Resonanz, die die Versuche bei Englischlehrkräften und Eltern erzielen – und nicht zuletzt wegen der positiven Resultate der wissenschaftlichen Langzeitstudie zum Englischunterricht in der Grundschule der Technischen Universität Braunschweig (Doyé/Lüttge 1977) – entschließen sich einige Kultusministerien, Fremdsprachenlernen ab Klasse 3 weiterhin zu dulden, wenngleich nunmehr außerhalb der Stundentafeln, in sogenannten "freiwilligen Arbeitsgemeinschaften".

Hessen ist das erste Bundesland, das ab 1969 seine punktuellen Einzelversuche koordiniert, 1972 auf eine gemeinsame didaktisch-methodische Basis stellt (1. Lehrplan) und die Funktionsstelle "Fachberater für Englischunterricht in der Grundschule" zur Leitung regionaler Arbeitsgemeinschaften schafft (Qualifizierung engagierter Lehrkräfte durch Fachkonferenzen und Sprachpraxiskurse in England). Ab 1975 nehmen 122 Grundschulen am Versuch teil, betreut durch 25 Fachberater und 14 Fremdsprachenassistentinnen aus England. Zum selben Zeitpunkt wird die Bildung sogenannter "Flächenversuche" begonnen, um die Weiterführung des Englischunterrichts der Grundschule in den weiterführenden Schulen zu erleichtern.

Als erstes Bundesland richtet Hessen 1970 neue Studiengänge für das Lehramt an Grundschulen (Studiengang "Englisch/Didaktik") bzw. Haupt- und Realschulen ("Englisch/Wahlfach mit Primarstufenbezug") ein, die Jahre später auch von der Universität Gießen und der Gesamthochschule Kassel übernommen werden. Gleichzeitig wird die wissenschaftliche Betreuung des hessischen Schulversuchs durch die Universität Frankfurt am Main sichergestellt. Im Zeitraum 1970-1988 kommt es daher zu einer für die Etablierung eines neuen Faches einzigartigen Verzahnung von Forschung und schulischer Praxis, zu einer *permanenten Curriculumentwicklung*.

Hessen ist das einzige Bundesland, das seinen Lehrplan von 1972 nach Erprobung auf breiter Basis in zweiter revidierter Fassung veröffentlicht und 1983/84 eine 3., maßgeblich erweiterte Version vorlegt, die die *kommunikative Progression* des Hessischen Konzepts klar umreißt; die verbindliche Einführung dieses "Rahmenrichtlinienentwurfs" scheitert 1985 am Veto des Landeselternbeirats. Seit 1992 hat Hessen für die Lernbereiche Englisch/Französisch zwei gesonderte "Handreichungen" veröffentlicht.

1989 beendet auch Hessen seinen Schulversuch "Englisch ab 3. Schuljahr"; im Gegensatz zu den anderen alten Bundesländern hält Hessen jedoch an der Regelung fest, den Lernbereich "Fremdsprache" *innerhalb* der Stundentafel und somit für alle Kinder anzubieten, 2 Stunden pro Woche (90 Minuten), nun aber mit der Option, sich wahlweise für Englisch oder Französisch zu entscheiden. Die didaktisch-methodische Konzeption des in Hessen etablierten Modells wird unten dargestellt (vgl. 2.4 und 3.).

2. Aktuelle Konzepte

Auch in den anderen alten Bundesländern gewinnt der Aspekt der Verlegung des Fremdsprachenbeginns in die Grundschule seit Mitte der 80er Jahre allmählich an Bedeutung – nicht zuletzt aus der Perspektive der sich eröffnenden Möglichkeiten und Aufgaben des gemeinsam zu errichtenden europäischen "Hauses". Die derzeit wichtigsten Modelle werden nachfolgend skizziert.

2.1 Lerne die Sprache des Nachbarn

Unter diesem Motto wird 1984 ein 5 Jahre umfassendes Projekt in Baden-Württemberg begonnen. Das maßgeblich aus EG-Mitteln finanzierte Vorhaben möchte deutsche und französische Kinder im grenznahen Raum in Arbeitsgemeinschaften (außerhalb der Stundentafel) mit Redemitteln ausstatten, die sie in acht- bis neunmaligem wechselseitigen Kontakt unmittelbar erproben können. Durch Gründung von Schul- und Städtepartnerschaften wird das Projekt wirksam gestützt und mit hoher Motivationskraft versehen. Eine Empfehlung bezüglich eines Minimalkataloges von Wortschatz und Redeabsichten wird nicht gegeben. Auch die Weiterführung der in der Grundschule erworbenen Französischkenntnisse in Klasse 5 wird mit Nachdruck abgelehnt (Pelz 1992).

Auf das Problem, das sich aus der Tatsache ergibt, daß in Baden-Württemberg Englisch als 1. Fremdsprache in der Sekundarstufe I einsetzt und eine Weiterführung somit nur in wenigen Fällen bzw. erst später möglich ist, verweist Sauer (1993). Gleichwohl besitzt dieses Modell Vorbildcharakter für eine bessere Verständigung zwischen Menschen verschiedener Nationalität in grenznahen Gebieten (Meyer 1992).

2.2 Begegnung mit Sprachen

In dem Modell "Begegnung mit Sprachen", das vor allem in Nordrhein-Westfalen angesiedelt ist, soll Kindern die Möglichkeit eröffnet werden, Elementen *verschiedener* Sprachen zu begegnen und diese kommunizierend zu erproben: englische Lernphasen werden gemischt mit französischen, niederländischen, türkischen, italienischen Liedern, Reimen, Rätseln etc., in der sprachpädagogischen Intention, Kinder für fremde Sprache zu sensibilisieren und interkulturelles Verstehen und Toleranz zu fördern. In sogenanntem "Gelegenheitsunterricht" kann die Begegnung mit Sprachen in allen Fächern erfolgen. Da vorrangig Haltungen, Einstellungen und Sprachbewußtsein ausgebildet werden sollen, werden kommunikativ-sprachpraktische Ziele eher beiläufig erreicht. Eine Weiterführung in der Sek. I wird strikt ausgeklammert (Bebermeier 1991). Auf die aus diesem Modell resultierenden Probleme, etwa im Hinblick auf dessen Effektivität oder Qualifizierung der Lehrkräfte etc., verweist mit Nachdruck Sauer (1993).

2.3 Spracharbeit Englisch/Französisch

Seit 1990/91 hat Rheinland-Pfalz ein auf 5 Jahre angelegtes Forschungsvorhaben unter dem o.g. Titel auf den Weg gebracht. In einem von der Universität Landau wissenschaftlich begleiteten Projekt wird an insgesamt 11 Grundschulen erprobt, inwieweit wahlweise Englisch/Französisch überall dort eingefügt werden kann, "wo dies vom Thema, von der Situation, vom Lernziel, von der Methode oder z.B. von den Medien her möglich und sinnvoll erscheint" (Helfrich 1991, 8).

Der rheinland-pfälzische Versuch hat die Zielvorstellung, daß die "Spracharbeit Englisch/Französisch" ausschließlich in der Hand des Klassenlehrers liegt, damit das Lernen der Fremdsprache in die bestehenden Fächer der Grundschule integrativ eingebettet wird und möglichst an jedem Schultag in kurzen Unterrichtssequenzen erfolgt. Insgesamt wird eine Unterrichtszeit von wöchentlich zwei Schulstunden (90 Minuten) angesetzt, von denen eine Stunde aus dem Bereich "Verfügungsstunden" und die zweite Stunde als zusätzliche Stunde zur bisherigen Stundentafel gegeben wird. Jedoch – und hier ist ein wesentlicher Unterschied zum Modell "Begegnung mit Sprachen" zu erkennen – ist diese Spracharbeit nicht der Beliebigkeit ausgeliefert, sondern sie orientiert sich an einem Rahmenlehrplan, der Themen, Redeabsichten und Redemittel vorgibt, es den Lehrkräften allerdings freistellt, wann sie diese realisieren. Hauptziele des integrativen Modells sind "Einstimmung auf eine andere Kultur und Sprache bei gleichzeitiger Vermittlung elementarer kommunikativer Fähigkeiten, Wecken des Interesses und der Freude am Umgang mit einer Fremdsprache, Ermutigung zu einer Weiterführung des Sprachenlernens und zu einem Erwerb weiterer Fremdsprachen in der Sekundarstufe und darüber hinaus" (Helfrich 1991, 10).

2.4 Das Hessische Modell

Sehr enge Berührungspunkte gibt es zwischen letztgenanntem Modell und dem Konzept des Fremdsprachenlernens "Englisch ab 3. Schuljahr", das über einen großen Zeitraum und auf sehr breiter Basis in Hessen entwickelt und erprobt wurde (vgl. 1.). Seit 1992/93 liegt die 4. veröffentlichte Fassung der "Handreichungen für Englisch" vor sowie die 1. Veröffentlichung der "Handreichungen für Französisch". Beides sind didaktisch-methodische Orientierungsrahmen, die den Lehrkräften sehr viel Freiraum lassen für klasseninterne Wünsche und Interessen bzw. spezielle Aktivitäten mit Projektcharakter (Theateraufführungen, Schulfeste, Begegnungen mit Kindern der Zielsprachen etc.).

In der seit 1993/94 gültigen Stundentafel ist der Lernbereich "Englisch/Französisch" mit 90 Minuten pro Woche als "Soll-Fach" aufgenommen, d.h., jede Schule entscheidet per "Schulkonferenz", ob der Lernbereich "Fremdsprache" ab Klasse 3 unterrichtet werden soll, welche Fremdsprache angeboten wird und in welcher zeitlichen Verteilung dies pro Woche erfolgt. Aufgrund der engen Vernetzung mit anderen Fächern wird Englisch/Französisch sowohl von Klassen- als auch Fachlehrern unterrichtet, vorausgesetzt, sie sind hierfür sprachlich und didaktisch-methodisch speziell vorbereitet. Im Gegensatz zu allen o.g. Konzepten erfolgt fremdsprachliches Lehren und Lernen auf einer umsichtigen *kommunikativen Progression*. Das heißt, unter Beachtung aller grundschulrelevanten Erfordernisse wird fremdsprachlich ergebnisorientiertes Lernen verwirklicht, nicht zuletzt mit der Intention, den traditionellen Fremdsprachenbeginn der Sekundarstufe I zu verändern (Fromm 1993). Für dieses Konzept liegen inzwischen neue Lehrmaterialien vor (Gompf/Fromm 1991; 1992).

3. Didaktische Aspekte des Fremdsprachenbeginns ab 3. Schuljahr

Seit Ende der 80er Jahre ist ein enormer Anstieg an Buchpublikationen über Fremdsprachenlernen in der Grundschule zu verzeichnen, der die allerorts einsetzenden Bemühungen dokumentiert, dem Fremdsprachenunterricht im Gesamtsystem staatlicher Schulen einen zeitgemäßen Stellenwert zu verschaffen und die Verlegung des traditionellen Fremdsprachenbeginns von der Sekundarstufe I in die Grundschule als Chance für einen grundlegenden Neubeginn zu nutzen (Gompf, 1990; Ermert, 1990; Maier 1991; Burk, 1992; Gompf, 1992; Piepho 1992; Doyé et al. 1993; Meyer/Kodron, 1993). Angesichts der Tatsache, daß der Freistaat Sachsen (Karbe 1992) und das Saarland den Lernbereich "Fremdsprache" seit 1992/93 als verbindlichen Bestandteil des Lehrplans ab 3. Schuljahr festgeschrieben haben, ist die Kultusministerkonferenz (KMK) der nunmehr 16 Bundesländer Deutschlands gefordert, unverzüglich einen bundesweiten Minimalkonsens sicherzustellen.

Auf der Basis einer Fülle von bundesländerübergreifenden Konferenzen, Symposien und Fachseminaren hat sich der 1989 im Hessischen Landtag zu Wiesbaden gegründete gemeinnützige Verein 'Kinder lernen europäische Sprachen e.V.' darum bemüht, konsensfähige Eckdaten der o.g. Konzepte für den Fremdsprachenbeginn ab 3. Schuljahr zu bestimmen. Sie werden im nachfolgenden skizziert.

3.1 Priorität des zielerreichenden Lernens

Über das dritte und vierte Schuljahr hinweg sind Lieder, Reime, Spiele und Dialogsequenzen mit festgelegten Fragen und Antworten Basis des gemeinsamen Einstiegs in die Fremdsprache. Der Erwerb dieser "Lernplateaus" ist allen Kindern möglich – selbst deutschen *tongue-tied kids* oder Kindern anderer Nationalität ohne Deutschkenntnisse. Voraussetzung ist allerdings, daß diese "Lernplataus" methodisch variationsreich eingeführt und geübt werden. Durch Verzicht auf Hausaufgaben, Tests und Zeugnisnoten wird das Lernklima der Grundschule als einziger Schulform, die nicht auf Selektion ausgerichtet ist, optimal ausgeschöpft.

3.2 Priorität ganzheitlichen Lernens

Für Kinder im Grundschulalter muß Fremdsprachenlernen – mehr als jemals später – in ganzheitliche Lernprozesse eingebettet sein, d.h. Sprachaufnahme und -anwendung müssen in anschaulichen, konkret erfahrbaren Kommunikationssituationen erfolgen, in die sich die Lerner unmittelbar als "sie selbst" einbringen können, mit ihren persönlichen Wahrnehmungsmöglichkeiten und ihren eigenen Vorstellungskräften.

Ausgangspunkt für Sprechanlässe sind Situationen aus der Erfahrungswelt der Kinder, Gegenstände aus ihrem Alltag, Bildmaterial zum Hantieren, Handpuppen, Dinge zum Basteln. Auch non-verbale Ausdrucksmittel wie Gestik, Mimik, Stimmführung und Körperbewegungen tragen zu ganzheitlichem Sprachenlernen bei.

Von besonderer Bedeutung ist ferner der gesamte sensorische Bereich: Redemittel werden z.B. mit auditiven Aufgaben gekoppelt, um die Lerner für spezifische Qualitäten der Stimmführung zu sensibilisieren bzw. sie anzuleiten, ihrerseits gezielt prosodische Mittel in Kommunikationsabläufen anzuwenden. Auch taktile Reize, die vor allem für "haptische" Lerner eine Hilfe sind, oder die Verknüpfung mit Wahrnehmungsformen wie "Schmecken" und "Riechen" sind für ganzheitliches Fremdsprachenlernen wesentlich.

Ganzheitlicher Spracherwerb impliziert schließlich auch die Berücksichtigung von Situationen, die eigene mentale Bilder und individuelle phantasievolle Projektionen erlauben, z.B. Figuren, die außerhalb der Alltagsnorm stehen, Märchen oder kleine Geschichten mit offenem Ende und Phantasiereisen (*phantasy journeys*).

3.3 Priorität der mündlichen Fertigkeiten

Das Sich-Einhören und Vertrautwerden mit der *gesprochenen* Sprache steht im Mittelpunkt beider Lernjahre der Grundschule. Im Vergleich zum Fremdsprachenbeginn ab 5. Schuljahr nimmt das "Hörverstehen" einen sehr viel breiteren Raum ein; es wird nicht als "passive" Fertigkeit, sondern als wichtige perzeptive Lernleistung erachtet, die von den Kindern ein hohes Maß an aktiver Aufmerksamkeit und Konzentration verlangt. In Phasen des Hörverstehens können sich zudem auch jene Kinder beteiligen, die im mündlich-produktiven Bereich (noch) Schwierigkeiten haben.

Der *produktiv mündliche Bereich* umfaßt als Basis das unmittelbar imitierende und reproduzierende Sprechen (Auswendiglernen), auf der das gelenkt-reproduktive Sprechen und das ungelenkt freie Sprechen erfolgen kann (Einbezug von Redemitteln, losgelöst von dem Kontext ihrer Einführung).

Als Mischform des mündlichen Fertigkeitsbereichs mit dem Schriftbereich bieten sich Hör-Lese-Verstehensaufgaben an.

Die sekundären Fertigkeiten "Lesen" und "Schreiben" bereiten im herkömmlichen Fremdsprachenbeginn der Sekundarstufe I nachgewiesenermaßen große Schwierigkeiten (Krohn 1981). Daher sind sie in dem zwei Jahre früher beginnenden Fremdsprachenunterricht der Grundschule mit noch größerer Behutsamkeit zu behandeln, d.h. mit marginalem Anteil zu berücksichtigen. Als Einstieg in Klasse 3 bietet sich die Bewußtmachung von bereits latent vorhandenen Fremdsprachenkenntnissen an, die aus Fernsehen, Hörfunk und dem Printbereich bekannt sind. In der 2. Hälfte des 3. Schuljahres können erste Bild-Lexik-Leseaufgaben hinzukommen, sofern diesen Aufgaben intensive mündliche Phasen vorangegangen sind.

Erst im 4. Schuljahr sollten die Kinder zu kleinen schriftlichen Leistungen motiviert werden, begrenzt auf Abschreibaufgaben (Lieder- und Reimtexte der Klasse 3) oder/und Einsetzen von Einzelwörtern/einzelnen Sätzen in Lückentexten nach Vorgabe.

Zahlreiche Untersuchungen im In- und Ausland haben erwiesen, daß durch die *zeitliche Entzerrung* der mündlichen und schriftlichen Fertigkeitsbereiche die gravierende Hürde vieler Kinder, zu erfolgreichen Lernerfahrungen im Bereich "Fremdsprache" zu gelangen, überwunden werden kann. Dieses Wissen muß seinen Niederschlag finden in der Konzeption für Fremdsprachenlernen ab dem 3. Schuljahr.

4. Ausblick auf die weitere Entwicklung

Im sogenannten "Hamburger Abkommen" ist das Erlernen einer Fremdsprache ab 5. Schuljahr für alle Schüler durch Beschluß der Kultusministerkonferenz im Jahre 1964 festgelegt. Der Grund für diese bildungspolitische Entscheidung lag in dem Bemühen, an den staatlichen Schulen der Bundesrepublik für Chancengleichheit in allen Erziehungs- und Bildungsangeboten Sorge zu tragen.

Im Hinblick auf die Lernerpopulation, um die es im "Hamburger Abkommen" letztlich ging – die Schüler der Hauptschule – muß heute jedoch festgestellt werden, daß die Mehrzahl der Bundesländer mit der Einführung von sogenannten "Entpflichtungsregelungen" die ursprüngliche Intention der Kultusministerkonferenz nachhaltig eingeschränkt hat. Angesichts dieses Sachverhaltes ist die Vorverlegung des Fremdsprachenunterrichts in die 3. Jahrgangsstufe der Grundschule weit mehr als ein didaktisch-methodisch veränderter Einstieg in diesen Lernbereich zu einem früheren Zeitpunkt: für diejenigen, die die erste Fremdsprache (meist Englisch) im 7. bzw. 8. Schuljahr aufgeben, ist Fremdsprachenunterricht in der Grundschule ein kompensatorisches Lernangebot, das die Intention des "Hamburger Abkommens" aufgreift und fortschreibt.

Damit der in der Grundschule begonnene Fremdsprachenerwerb für alle Schüler effektiv fortgeführt werden kann, ist die Kooperation zwischen Lehrkräften der Grundschule und der Sekundarstufe dringend geboten. Im Interesse der Kinder und ihrer Motivation ist für Ignoranz und Arroganz an dieser Stelle kein Platz. Nur eine verständnisvolle Zuammenarbeit, gegenseitige Hospitationen sowie schulstufenübergreifende Koordinationsveranstaltungen können die nach wie vor vorhandenen Barrieren abbauen.

In diesem Kontext ist auch der Bereitstellung stufenverbindlicher Curricula und Lehrwerke hohe Aufmerksamkeit zu schenken. Hessen hat auch hierbei den ersten Schritt getan und die Schuljahrgänge 3 bis 6 als eine zusammenhängende Phase elementaren Fremdsprachenerwerbs konzipiert.

Eine ebenso wichtige Aufgabe ist die Ausbildung von sprachpraktisch und grundschuldidaktisch qualifizierten Lehrkräften, da eine gute Beherrschung der Zielsprache und ein umfassendes didaktisch-methodisches Handlungsrepertoire unverzichtbare Voraussetzungen für eine erfolgreiche Reform des Fremdsprachenbeginns an der Basis sind. Einige Bundesländer (z.B. Niedersachsen, der Freistaat Thüringen und Sachsen) machen zur Zeit umfangreiche Anstrengungen, bereits im Dienst befindliche Lehrkräfte (3. Phase) in speziellen Kursen einzuarbeiten. Dies ist begrüßenswert, doch sollen alle Kultusministerien darüber hinaus dem Beispiel von Hessen, Rheinland-Pfalz, Bayern und Nordrhein-Westfalen folgen und umgehend spezielle Studiengänge für den Lernbereich "Fremdsprache" an ihren Universitäten bzw. Hochschulen einrichten.

Dies alles impliziert umfangreiche, weit in die Zukunft reichende Arbeitsbereitschaft von seiten aller Beteiligten. Sie wird nur dann erfolgreich sein, wenn an Stelle des Hervorkehrens konzeptioneller Unterschiede seitens der KMK möglichst rasch ein Minimalkonsens sichergestellt wird, der föderalen Besonderheiten Rechnung trägt und zugleich bundesweit gültige Weichen stellt, um unsere Kinder auf ihr Leben in der "Europäischen Union" mental und sprachlich optimal vorzubereiten.

Literatur

Andersson, Theodore (1960), "The optimum age for beginning the study of modern languages", in: *International Review of Education*, Jg. 6, 298-306.
Bahls, Gudrun (1992), "Vergangenheit und Gegenwart des Fremdsprachenunterrichts ab Klasse 3 in den neuen Bundesländern", in: Gundi Gompf (Hrsg.), *Fremdsprachenbeginn ab Klasse 3: Lernen für Europa*, Berlin, 11-17.
Bebermeier, Hans (1991), "Frühes Fremdsprachenlernen – Begegnung mit Fremdsprachen in der Grundschule", in: Karl Ermert (Hrsg.), *Loccumer Protokolle – Frühes Fremdsprachenlernen*, Rehburg-Loccum, 29-37.
Burk, Karlheinz, Hrsg. (1992), *Fremdsprachen und fremde Sprachen in der Grundschule*, Frankfurt a.M.
Burstall, Clare et al. (1974), *Primary French in the Balance*, Upton Park.
Carroll, John B. (1960), "Foreign languages for children: What research says", in: *National Elementary Principle*, 12-15.
Dobson, Pat (1993), "Fremdsprachenlernen in Schottlands Primarschulen", in: Edeltraud Meyer/Christoph Kodron (Hrsg.), *Jahrbuch '93: Fremdsprachenunterricht in den Privatschulen Europas*, Stuttgart, 96-107.
Doyé, Peter/Lüttge, Dieter (1977), *Untersuchungen zum Englischunterricht in der Grundschule*, Braunschweig.
Doyé, Peter et al. (1993), "Fremdsprachenerziehung in der Grundschule", in: *Zeitschrift für Fremdsprachenforschung*, Bd. 4, H. 1, 48-91.
Ermert, Karl, Hrsg. (1991), *Loccumer Protokolle – Frühes Fremdsprachenlernen*, Rehburg-Loccum.
Fromm, Renate (1993), *Handreichungen für den Übergang von 'Here we go' zu 'Learning English/Green Line, Red Line, Orange Line' in Klasse 5*, Stuttgart.
Gompf, Gundi (1971), *Englisch in der Grundschule*, Weinheim.
Gompf, Gundi (1975a), "Zum Schreiben des Sekretariats der Ständigen Konferenz der Kultusminister der Länder der Bundesrepublik Deutschland" (5.2.1975), in: Der Hessische Kultusminister (Hrsg.), *Bulletin Nr. 1727/75*, Wiesbaden.
Gompf, Gundi (1975b), *Englischunterricht auf der Primarstufe*, Weinheim.
Gompf, Gundi, Hrsg. (1990), *Jahrbuch '90*, Stuttgart.
Gompf, Gundi, Hrsg. (1992), *Fremdsprachenbeginn ab Klasse 3: Lernen für Europa*, Berlin.
Gompf, Gundi/Fromm, Renate (1991), *Here we go*, Teil 1, Stuttgart.
Gompf, Gundi/Fromm, Renate (1992), *Here we go*, Teil 2, Stuttgart.
Gorosch, Max (1958), "English without a book and without a teacher", in: *Modern språk*, Jg. 52, 369-372.
Hawkins, Eric (1987), *Awareness of Language. An Introduction*, Cambridge.
Helfrich, Heinz (1991), "Fremdsprachenunterricht in der Grundschule", in: *Rhein-Pfälzische Schulblätter*, 5-12.
Karbe, Ursula (1992), "Grundpositionen der Rahmenrichtlinien für Fremdsprachenlernen in den Klassen 3 und 4 der Grundschule im Bundesland Sachsen", in: Gundi Gompf (Hrsg.), *Fremdsprachenbeginn ab Klasse 3: Lernen für Europa*, Berlin, 51-61.
Krohn, Dieter (1981), *Lernvariablen und Versagen im Englischunterricht*, Paderborn.
Maier, Wolfgang (1991), *Fremdsprachen in der Grundschule*, Berlin/München.
Meyer, Edeltraud (1992), "Es muß nicht immer Englisch sein: Ein Plädoyer für Französisch in der Grundschule", in: Gundi Gompf (Hrsg.), *Fremdsprachenbeginn ab Klasse 3: Lernen für Europa*, Berlin, 62-68.
Meyer, Edeltraud/Kodron, Christoph, Hrsg. (1993), *Jahrbuch '93: Fremdsprachenunterricht in den Privatschulen Europas*, Stuttgart.
Pelz, Manfred (1992), "Französisch in der Grundschule – Begründung eines 'Begegnungskonzepts'", in: Gundi Gompf, (Hrsg.), *Fremdsprachenbeginn ab Klasse 3: Lernen für Europa*, Berlin, 78-86.
Penfield, Wilder (1953), "A consideration of the neurophysiological mechanism of speech and some educational consequences", in: Proceedings of the American Academy of Arts and Sciences, vol. 82, 199-214.
Penfield, Wilder/Roberts, Lamar (1959), *Speech and Brain Mechanisms*, London.
Piepho, Hans-Eberhard (1992), *Englisch in der Grundschule*, Bochum.
Reisener, Helmut (1970), "Darbietungs- und Übungsformen im Englischunterricht des 1. Schuljahres", in: *Englisch*, Jg. 5, 49-53.
Sauer, Helmut (1993), "Fremdsprachlicher Frühbeginn in der Diskussion – Skizze einer historischen Standortbestimmung", in: *Neusprachliche Mitteilungen*, Jg. 46, 85-94.
Stern, H.H., ed. (1963), *Foreign Language in Primary Education*, London.

Gundi Gompf / Ursula Karbe

98. Erwerb einer ersten Fremdsprache im Sekundarschulalter

1. Einleitung

Heute ist es eine Selbstverständlichkeit, daß fast jeder Bundesbürger in einem bestimmten Alter eine Fremdsprache – zumeist Englisch – in der Schule erlernt (zur Unterscheidung zwischen "Lernen" und "Erwerben" vgl. Art. 95). Man macht sich dabei nicht immer bewußt, daß diese Selbstverständlichkeit auf bildungspolitischen Entscheidungen beruht, die problematisierbar und prinzipiell revidierbar sind: Weder der Beginn der institutionalisierten Fremdsprachenunterweisung im 5. Schuljahr (zum Frühbeginn des Fremdsprachenunterrichts vgl. Art. 97), noch die Tatsache, daß so gut wie alle Schüler eine Fremdsprache lernen, noch die Tatsache, daß diese Fremdsprache zumeist Englisch ist, sind naturgegeben.

2. Adressatenkreis ("Fremdsprachen für alle")

In den alten Bundesländern war bis zum Beginn der 60er Jahre Fremdsprachenunterricht ein Privileg der Schüler von "weiterführenden Schulen", also Gymnasien und Realschulen; an den damaligen Volksschulen fand Fremdsprachenunterricht fast 20 Jahre lang nur auf freiwilliger Basis statt. Mit Beschluß der Ministerpräsidenten der Bundesländer vom 28.1.1964 wurde die Forderung "Fremdsprachenunterricht für alle" in die Tat umgesetzt. Englisch (im Saarland Französisch) wurde ordentliches Lehrfach auch an den neu gebildeten Hauptschulen. Für diese Entscheidung waren die Auffassung von Fremdsprachenkenntnissen als elementare Kulturtechniken sowie der Gedanke der Chancengleichheit und Durchlässigkeit des Bildungssystems ausschlaggebend (vgl. z.B. Sauer 1984; Walter 1985). Inzwischen sind jedoch schon wieder Gegentendenzen spürbar, nicht zuletzt aufgrund der Probleme, die der Unterricht in den sog. "Lerngruppen mit schwierigen Voraussetzungen" machte (s. z.B. Hellwig 1984). Die tieferen Ursachen für diese Lernprobleme sind vielfältiger Art. U.a. spielen eine Rolle: generell mangelnde Lernmotivation aufgrund düsterer Berufsaussichten für Hauptschulabsolventen, geringe kognitive Fähigkeiten, unrealistische, noch zu sehr an gymnasialen Lehrzielen orientierte Zielsetzungen des Unterrichts, mangelnder Einsatz hauptschulgemäßer Methoden, Vernachlässigung dieser Lerngruppen in der Fachdidaktik. Dennoch wird von Fremdsprachendidaktikern kein Grund gesehen, das Prinzip "Fremdsprachen für alle" grundsätzlich in Frage zu stellen (Sauer 1984).

3. Englisch als erste Fremdsprache

Für die überwiegende Mehrzahl der Schüler in der Bundesrepublik ist Englisch die 1. Fremdsprache. So erhielten 1990 in den alten Bundesländern insgesamt 580.021 Schüler der 5. Klassen Unterricht in Englisch als 1. Fremdsprache (gegenüber 19.822 in Französisch und 17.948 in Latein). Ein geringer Teil dieser Schüler dürfte allerdings bereits in der Grundschule in der einen oder anderen Weise Englischunterricht erhalten haben: 1990 nahmen – einschließlich der Schüler Freier Waldorfschulen – insgesamt 35.182 Grundschüler (Klassen 1 bis 4) am Englischunterricht teil.

Im einzelnen begannen an den Gymnasien der alten Bundesländer 152.369 Schüler in der 5. Klasse mit Englisch, 17.031 mit Latein, 8.610 mit Französisch und 32 mit Russisch; an schulartunabhängigen Orientierungsstufen begannen 109.281 Schüler mit Englisch, 1.018 mit Französisch und 767 mit Latein; an den Hauptschulen der alten Bundesländer begannen in der 5. Klasse 181.227 Schüler mit Englisch und 2.988 mit Französisch; an den Realschulen begannen 91.430 Schüler mit Englisch, 2.540 mit Französisch und 9 mit Latein, und an Integrierten Gesamtschulen erhielten in der 5. Klasse 40.937 Schüler Englischunterricht, 1.209 Französischunterricht und 30 Lateinunterricht. Für die neuen Bundesländer liegen noch keine verläßlichen Zahlen vor. (Statistisches Bundesamt).

Wenn auch die Vorrangstellung von Englisch als 1. Fremdsprache unangefochten ist, so stellen Schulen doch zunehmend Anträge auf Ausweitung ihres Sprachenfolgeangebots. Abgesehen davon, daß die 1. Fremdsprache in der Regel auch die mit der höchsten Gesamtstundenzahl, bezogen auf die Dauer der Schulzeit, ist, hat die Wahl einer Sprache als 1. Fremdsprache noch weitere Konsequenzen (vgl. auch Schröder 1992): Mit der 1. Fremdsprache treten Schüler erstmals aus den Selbstverständlichkeiten der Muttersprache heraus:

– Sie lernen, was in einer anderen Sprache alles anders sein kann: daß z.B. Kasusendungen oder Artikel keine Selbstverständlichkeiten sind, daß Wörter keine 1:1-Entsprechung in einer anderen Sprache haben müssen, daß Bedeutung auch z.B. durch Intonation ausgedrückt werden kann, und vieles mehr. Mit der 1. Fremdsprache werden damit gleichzeitig strukturelle Erwartungen über den Aufbau weiterer Fremdsprachen geschaffen.

– Sie lernen auch, wie man an das Lernen fremder Sprachen herangehen kann, wie weit man mit Zuhören, Nachsprechen, Nachdenken, Nachschlagen kommt – und wie weit nicht.

– Sie lernen, wie man sich helfen kann, wenn man etwas nicht verstehen oder nicht ausdrücken kann.

- Sie erfahren (erstmals bewußt), wie es ist, wenn man in einer Sprache nicht alles ausdrücken und verstehen kann, was man möchte.
- Sie erfahren aber auch, welch ein Erfolgserlebnis es ist, wenn man Texte in einer fremden Sprache verstehen und mit Sprechern dieser Sprache kommunizieren kann.
- Sie erfahren, wie langsam oder wie schnell man beim Sprachenlernen vorankommt bzw. wie mühsam oder wie leicht es ist, eine fremde Sprache zu erlernen.

Es scheint vernünftig anzunehmen, daß diese anhand einer bestimmten 1. Fremdsprache gewonnenen Erkenntnisse und Erfahrungen einen erheblichen Einfluß auf den Erwerb weiterer Fremdsprachen haben: auf Motivation, Einstellung zum Fremdsprachenlernen und den eigenen Fähigkeiten dazu überhaupt, auf Lern- und Kommunikationsstrategien. Nicht nur für Fremdsprachendidaktiker und Bildungsplaner, sondern auch für Eltern, die z.B. überlegen, ob sie ihr Kind beim Eintritt ins Gymnasium mit Englisch oder Latein beginnen lassen wollen, sind dies bedenkenswerte Gesichtspunkte.

4. Unterrichtliche Organisation

Auch das Fremdsprachenlernen in der Sekundarstufe ist in der Regel in den 45-Minuten-Rhythmus der Schulstunden gepreßt, obwohl sehr zweifelhaft ist, wie angemessen eine solche jeweils nur kurze, rigide begrenzte Unterweisungsdauer gerade dem Lerngegenstand "Sprache" ist. Spracherwerbsprozesse werden mit dem Gongschlag gestoppt, vielleicht gerade dann, wenn ein Schüler nahe daran ist, eine Regelmäßigkeit zu erkennen, wenn er Lust verspürt, gerade Gelerntes in neuen Kontexten anzuwenden, wenn er "gerade so richtig in der Sprache drin" ist, sich auf das Hören der fremden Laute eingestellt und das komplexe Gefüge seiner bisherigen fremdsprachlichen Fähigkeiten und Fertigkeiten aktiviert hat. Dies gilt besonders dann, wenn – wie in den Hauptschulen mancher Bundesländer – die Fremdsprache ab der 7. Klasse nur noch mit 2 Wochenstunden in den Stundentafeln vertreten ist. Ob man mit 2 x 45 Minuten Fremdsprache wöchentlich je zu einer gewissen Flüssigkeit in der Sprachverwendung gelangen kann, ist höchst zweifelhaft, vor allem dann, wenn man die geringe Zahl von Sprechgelegenheiten in einer normalen Schulklasse in Rechnung stellt. Bestimmte Methodenkonzepte, z.B. *Silent Way* und Suggestopädie, werden denn auch vorzugsweise innerhalb längerer zusammenhängender Lehr-Lernzeiträume realisiert.

Alternativen, die gelegentlich praktiziert werden, sind:
- Intensivkurse, die wegen schulorganisatorischer Schwierigkeiten aber zumeist nur in Institutionen außerhalb der Schule stattfinden können.
- Ergänzung der Fremdsprachenunterrichtsstunden durch Schüleraustauschprogramme, die ein längeres "Eintauchen" in die fremde Sprache ermöglichen.
- die Einrichtung bilingualer Schulzweige, an denen mehr oder weniger große Teile des Fachunterrichts in einer Fremdsprache durchgeführt werden und somit mehr – zusammenhängende – Zeit für den Gebrauch der Fremdsprache zur Verfügung gestellt wird, andererseits aber auch der "Inhaltsleere" des Fremdsprachenunterrichts begegnet und die Fremdsprache zu echter Kommunikation verwendet wird (vgl. Art. 75).

5. Forschungsstand

An der Erforschung des Fremdsprachenerwerbs im Sekundarschulalter sind mehrere Disziplinen beteiligt, allerdings ohne daß ihre Aktivitäten in der notwendigen Weise koordiniert wären. Primär sind es die Fremdsprachendidaktik und – seit der Einrichtung des Schwerpunktprogramms der Deutschen Forschungsgemeinschaft im Jahre 1973 (vgl. Koordinierungsgremium 1983) – die Sprachlehrforschung, die den schulisch gesteuerten Fremdsprachenerwerb zum primären Forschungsgegenstand haben (vgl. Art. 1 u. 2). Diese Forschung ist, vor allem im Bereich Sprachlehrforschung, zunehmend empirische Forschung, die sich allerdings immer noch mit erheblichen Widerständen sowohl von Schulbehörden als auch von Teilen der Lehrerschaft auseinanderzusetzen hat.

Mittelbar sind auch in je spezifischer Weise die Spracherwerbsforschung, die Angewandte Linguistik, die Psycholinguistik, die Psychologie und die Erziehungswissenschaft an der Erforschung des schulischen Fremdsprachenerwerbs beteiligt (vgl. Art. 4-10).

Die wissenschaftliche Erforschung des Fremdsprachenerwerbs bezieht sich zum überwiegenden Teil auf den Erwerb des Englischen als 1. Fremdsprache im Sekundarschulalter, wodurch dieser Typ des Spracherwerbs quasi zum Prototyp schulischen Fremdsprachenlernens geworden ist. Dabei besteht die Gefahr einer unüberlegten Übertragung von Forschungsergebnissen aus diesem Kontext auf andere Spracherwerbskontexte.

Die fremdsprachenunterrichtsorientierte Forschung der jüngeren Vergangenheit hat zum einen eine Verstärkung des Problembewußtseins und Einsichten in die Interdependenzen der verschiedensten internen und externen Bedingungsfaktoren des Fremdsprachenunterrichts erbracht. Hier ist vor allem die Sprachlehrforschung wegweisend gewesen. Zum anderen hat sie aber auch konkrete Ergebnisse aufzuweisen. Besonders zu nennen sind hier die Erforschung von Merkmalen der Unterrichtsinteraktion, die Differenzierung von Vorstellungen über den Einfluß der Muttersprache beim Fremdsprachenerwerb, eine Veränderung der Einstellung zu Fehlern beim Sprachenlernen (angeregt vor allem durch die Lernersprachforschung) sowie die Erforschung von Lern- und Kommunikationsstrategien oder auch die Entwicklung neuer, vor allem integrativer, Testverfahren. Dennoch bestehen noch erhebliche Forschungsdefizite: Ungeklärt bzw. widersprüchlich beantwortet sind z.B. noch die Fragen nach einer optimalen Gestaltung des fremdsprachlichen *Input*, nach dem Effekt von Korrekturen, nach dem Einfluß expliziter Regeln sowie der Wirksamkeit verschiedener Unterrichtsverfahren in Relation zu anderen Bedingungsfaktoren.

6. *Rückwirkungen auf die Erforschung anderer Spracherwerbstypen*

Spracherwerb kann sich in sehr unterschiedlichen Kontexten und unter sehr unterschiedlichen Bedingungen vollziehen (vgl. Art. 95). Eine der grundlegenden Fragen bei der Erforschung des Fremdsprachenerwerbs betrifft die Allgemeingültigkeit bzw. Erwerbssituationsgebundenheit von gewonnenen Erkenntnissen. Einzelne Forschungsrichtungen unterscheiden sich dahingehend, ob sie primär die Suche nach spracherwerblichen Universalien (s. z.B. Wode 1985) oder die Erforschung des Spracherwerbs in einem spezifischen, z.B. schulischen, Kontext betreiben (so z.B. in Bausch 1986) und dabei jeweils mehr oder weniger vorsichtig bei der Übertragung der gewonnenen Erkenntnisse auf andere Spracherwerbskontexte vorgehen. Solche Übertragungen sind dabei in der Vergangenheit vor allem in zwei Richtungen abgelaufen: Unter dem Entscheidungs- und Handlungsdruck, der für die Gestalter von schulischen Lehr-Lernprozessen gegeben ist, hat man versucht, Hilfestellungen für den schulisch gesteuerten Fremdsprachenerwerb von der Erforschung des "natürlichen" Zweitsprachenerwerbs zu erhalten (s. z.B. Bahns 1992; Cook 1992); zum andern sind Ergebnisse der Erforschung des schulischen Erwerbs einer 1. Fremdsprache (wie oben erwähnt, zumeist des Englischen) auf andere schulische Erwerbstypen übertragen worden, oft ohne die oben dargestellten Besonderheiten des Erwerbs einer 1. Fremdsprache zu berücksichtigen. Rückwirkungen der Erforschung des Erwerbs einer 1. Fremdsprache im Sekundarschulalter auf die Erforschung anderer Typen des Spracherwerbs sind aber auch in anderer Weise und in anderen Richtungen möglich, ohne daß eine Gleichsetzung von Spracherwerbsprozessen bzw. Lernstrategien postuliert werden müßte: So können z.B. methodische Anregungen für die Erhebung und Analyse sprachlicher Daten von der Erforschung des schulischen Erwerbs einer 1. Fremdsprache auch für die Untersuchung anderer Erwerbstypen gelten. Es sind aber auch Transfermöglichkeiten substantieller Art denkbar: So kann z.B. eine Überprüfung der Effekte metasprachlicher Erklärungen im Unterricht Hinweise auf genereller gültige Verarbeitungskategorien und -prozesse geben.

Darüberhinaus wird als "kombinierter Zweitsprachenerwerb" auch zunehmend die Interaktion von "natürlichem" und gesteuertem Spracherwerb selbst Forschungsobjekt werden müssen, da bei demselben Lerner "natürlicher" Spracherwerb und Fremdsprachenunterricht sowohl parallel als auch in zeitlichem Nacheinander erfolgen können (vgl. auch Art. 95). In dieser Forderung spiegelt sich nicht zuletzt die Erkenntnis, daß der Fremdsprachenerwerb mit dem Ende der Schulzeit nicht abgeschlossen sein kann und darf, sondern daß der Fremdsprachenunterricht auf ein lebenslanges Weiterlernen (vgl. Knapp 1980) vorbereiten muß. Dies kann z.B. geschehen, indem Strategien und Techniken vermittelt werden, die eine möglichst gute Ausnutzung von Situationen des außerschulischen Kontakts mit der Fremdsprache für den Spracherwerb ermöglichen. In diesem Sinne kann Unterricht nicht nur auf außerschulischem Spracherwerb aufbauen, sondern auch in ihn eingreifen.

Literatur

Bahns, Jens (1992), "Die do-Umschreibung als Lernproblem", in: *Englisch*, Jg. 27, H. 2, 41-46.

Bausch, K.-Richard (1986), "Sprachlehrforschung revisited", in: K.-Richard Bausch/Frank G. Königs (Hrsg.), *Sprachlehrforschung in der Diskussion. Methodologische Überlegungen zur Erforschung des Fremdsprachenunterrichts*, Tübingen, 11-35.
Cook, Vivian (1992), "Relating Second Language Acquisition Research to Language Teaching", in: *Die Neueren Sprachen*, Jg. 91, H. 2, 115-130.
Edmondson, Willis/House, Juliane (1993), *Einführung in die Sprachlehrforschung*, Tübingen/Basel.
Hellwig, Karlheinz (1984), "Beschreibung der Schüler und Lerngruppen mit schwierigen Voraussetzungen", in: Karlheinz Hellwig/Helmut Sauer (Hrsg.), *Englischunterricht für alle*, Paderborn, 24-30.
Knapp, Karlfried (1980), "Weiterlernen", in: *Linguistik und Didaktik*, Jg. 11, H. 43/44, 257-271.
Knapp-Potthoff, Annelie/Knapp, Karlfried (1982), *Fremdsprachenlernen und -lehren. Eine Einführung in die Didaktik der Fremdsprachen vom Standpunkt der Zweitsprachenerwerbsforschung*, Stuttgart.
Koordinierungsgremium im DFG-Schwerpunkt "Sprachlehrforschung", Hrsg. (1983), *Sprachlehr- und Sprachlernforschung: Begründung einer Disziplin*, Tübingen.
Maier, Wolfgang (1991), *Fremdsprachen in der Grundschule. Eine Einführung in die Didaktik und Methodik*, Berlin.
Sauer, Helmut (1984), "Zum Erziehungs- und Bildungsauftrag eines Englischunterrichts für alle", in: Karlheinz Hellwig/Helmut Sauer (Hrsg.), *Englischunterricht für alle*, Paderborn, 11-23.
Schröder, Konrad (1992), "Diversifizierter Fremdsprachenunterricht und Englisch als 1. Fremdsprache", in: *Die Neueren Sprachen*, Jg. 91, H. 4/5, 474-491.
Statistisches Bundesamt (1990), Fachserie 11, *Bildung und Kultur*, Reihe 1: *Allgemeines Schulwesen*, Stuttgart.
Walter, Gertrud (1985), "Englischunterricht an Hauptschulen – fachdidaktische und bildungspolitische Probleme", in: Jürgen Donnerstag/Annelie Knapp-Potthoff (Hrsg.), *Kongreßdokumentation der 10. Arbeitstagung der Fremdsprachendidaktiker*, Tübingen, 37-49.
Wode, Henning (1985), "Zweitsprachenerwerbsforschung im Rückblick", in: Ralf Eppeneder (Hrsg.), *Lernersprache. Thesen zum Erwerb einer Fremdsprache*, München, 7-66.

Annelie Knapp-Potthoff

99. Erwerb weiterer Fremdsprachen im Sekundarschulalter

1. Problemaufriß

Der Erwerb weiterer Fremdsprachen im Sekundarschulalter setzt voraus, daß die Schüler bereits Erfahrungen beim Lernen und Gebrauch mindestens einer ersten Fremdsprache gemacht haben und daß die Möglichkeit zur Wahl weiterer Fremdsprachen verbindlich geregelt ist.

Beide Konditionen werden in den alten sowie in den neuen Bundesländern für den Sekundarbereich aller Schulformen und -typen grundsätzlich erfüllt (vgl. Art. 18 und 19); dabei ist anzumerken, daß es sich bei der ersten Fremdsprache in der Regel um Englisch handelt (vgl. Art. 81) und daß bei den Schülern – bezüglich des Faktors 'Alter' – die damit verbundenen Lern-, Erwerbs- sowie Kommunikationserfahrungen zu einem guten Teil bereits in der Phase vor der Pubertät gemacht werden, dann über diese Periode hinaus fortdauern und mehrsprachig ausgelegt werden können (vgl. zur Bedeutung der klassischen Pubertätshypothese für den Zweit- bzw. Fremdspachenerwerb Bausch/Kasper 1979; Ellis 1986; McLaughlin 1987 sowie Art. 12).

Die skizzierte Situation mag auf den ersten Blick den Eindruck vermitteln, als handele es sich – vor allem, was die Fremdsprachenlernperspektive angeht – um ein homogenes Lernumfeld und damit um einen ebensolchen Lernvorgang; in Wirklichkeit ist hiermit jedoch ein extrem heterogenes, im Gesamtkontext des schulisch gesteuerten Fremdsprachenerwerbs sogar das problemreichste Lernfeld thematisiert.

Vor diesem Hintergrund konzentriert sich der folgende Beitrag auf die im Titel gemeinte Lernperspektive (vgl. zur Problematik "Lernen und Erwerben" Art. 95), ohne jedoch die Einbindung der Lehrperspektive aus dem Blick zu verlieren. Der hierfür vorgegebene Rahmen zwingt zur Konzentration auf das Wesentliche; deshalb wird nachfolgend exemplarisch einerseits vom "Normalfall" mit Englisch als erster Fremdsprache ausgegangen und andererseits das am weitesten differenzierte Fremdsprachenspektrum des allgemeinbildenden Gymnasiums (Sekundarstufen I und II) in den Blick genommen; dabei ist allerdings anzumerken, daß der hier zur Debatte stehende Lernbereich seit einigen Jahren – bedingt u.a. durch die (sprachen-)politischen Veränderungen in Mittel- und Osteuropa sowie durch die notwendig gewordene Neustrukturierung des Fremdsprachenunterrichts in Ostdeutschland – intensiven (schul-)sprachenpolitischen Diskussionen ausgesetzt ist, und zwar insbesondere mit Blick auf eine stärkere Diversifizierung und Flexibilisierung der anzubietenden Sprachenpalette und Sprachenabfolge (vgl. hierzu Christ 1991; Bausch 1992; Helle 1993; Bliesener 1994, erscheint).

2. Die wichtigsten Charakteristika

Die Spezifik des Lernens weiterer Fremdsprachen im Sekundarbereich läßt sich skizzenartig mit Hilfe der folgenden Aspekte umreißen:
- Das zur Debatte stehende Lernfeld eröffnet – insgesamt gesehen – dem einzelnen Schüler eine bemerkenswerte Flexibilität bezüglich individuell begründeter Sprachwahlentscheidungen, und zwar vor allem was den Zeitpunkt des Einsetzens und die Anzahl der Fremdsprachen angeht (so auf der Jahrgangsstufe 7 bezüglich einer zweiten Fremdsprache, auf der Jahrgangsstufe 9 bezüglich einer dritten Fremdsprache und auf der Jahrgangsstufe 11 – je nach der bis dahin absolvierten Schullaufbahn – bezüglich einer zweiten bzw. dritten bzw. vierten Fremdsprache). Eine derart vielseitige Flexibilität führt allerdings dazu, daß Fremdsprachenklassen bzw. -kurse, die dann jeweils im Gefolge derartiger Wahlentscheidungen zusammengestellt werden, intern durch eine ausgeprägte Heterogenität gekennzeichnet sind, und zwar insbesondere hervorgerufen
    - durch die Unterschiede bei der Anzahl der vom einzelnen Schüler gewählten Fremdsprachen,
    - durch die damit verbundenen Unterschiede was Quantität und Qualität des sog. individuellen Sprachbesitzes angeht (z.B. gesteuert durch die Wahl von verschiedenen Sprachtypen)
    - sowie durch die Unterschiede hinsichtlich Dauer bzw. Vielseitigkeit der jeweils gemachten Lern- und Kommunikationserfahrungen (z.B. verursacht durch die im Umfang z.T. erheblich abweichenden Stundentafeln).
Es ist evident, daß die skizzierte, letztendlich durch die Divergenzen in der mentalen Struktur der Lernenden bedingte Situation zwangsweise eine ganze Reihe von schwierigen, z.T. sogar äußerst komplexen Lehr- und Lernproblemen

nach sich zieht; betroffen sind von diesem Phänomen derzeit in ganz besonderem Maße die auf der Jahrgangsstufe 11 neu einsetzenden Fremdsprachen (vgl. hierzu im einzelnen die Beiträge in Christ 1985 sowie Bahr/Bausch/Kleppin/Königs/Tönshoff 1995, erscheint):
- Die Palette der Fremdsprachen, die im Fächerkanon des Sekundarbereichs angeboten wird, ist in einzelnen Sektoren keineswegs homogen ausgelegt; dies gilt insbesondere für die Wahl der zweiten Fremdsprache zu Beginn der Jahrgangsstufe 7, für die im Regelsystem bekanntlich noch immer die "falsche" Alternative zwischen der modernen, kommunikationsorientierten Fremdsprache Französisch und dem klassischen, historisierenden Fach Latein festgeschrieben ist (vgl. jedoch jetzt Bliesener 1994, erscheint). Eine derart divergierende und zugleich reduktionistische Wahlmöglichkeit läßt sich weder fachdidaktisch noch fachwissenschaftlich rechtfertigen (vgl. im einzelnen Art. 14).
- Bezogen auf das Alter der Lernenden ist hervorzuheben, daß das skizzierte Faktum in die entscheidende Phase der sog. kritischen Periode fällt (Bausch/Kasper 1979; Singleton 1989; Christ 1992); dies hat vor allem aus neuropsychologischer Sicht, und zwar im Umfeld der Diskussion über das Phänomen der kortikalen Lateralisation, zu diversen Vermutungen bzw. Thesen geführt, in denen das Fremdsprachenlernen von Kindern (vorpubertäre Lernphase) einerseits und von erwachsenen Lernern (postpubertäre Lernphase) andererseits kontrastierend gegenübergestellt wurde; dabei dienten als Leitkriterium die sich immer stärker ausbildenden kognitiven Fähigkeiten (vgl. als Überblick über die verschiedenen Positionen Art. 5 sowie Vogel 1991).
- In diesen Kontext gehören zusätzlich jene Aussagen, in denen behauptet wird, daß in der hier angesprochenen Periode u.U. sogar die entscheidenden Weichen für jedwedes spätere Fremdsprachenlernverhalten, und zwar insbesondere für den Bereich der Lernstrategien, gestellt werden (siehe hierzu im einzelnen den Gesamtüberblick bei McLaughlin 1987).

Obwohl die mit dieser Diskussion verbundenen Annahmen nach wie vor der soliden empirischen Überprüfung bedürfen und in jüngster Vergangenheit auch prinzipiell in Frage gestellt worden sind (vgl. z.B. den Überblick bei Larsen-Freeman/Long 1992), entspricht es mannigfacher Unterrichtserfahrung, daß Schüler – je nachdem, ob sie in Klasse 7 mit Latein oder Französisch begonnen haben – in ihrem Verhalten beim Lernen von sog. Folgefremdsprachen ab der Jahrgangsstufe 9 bzw. 11 nachhaltig beeinflußt werden. So gehört es z.B. zur alltäglichen Unterrichtsbeobachtung, daß Lernende, die als zweite Fremdsprache Latein gewählt haben, im Unterricht einer darauffolgenden Fremdsprache ein sehr viel ausgeprägteres sprachanalytisches und -vergleichendes sowie metasprachlich- und regelorientiertes Verhalten einbringen als etwa Schüler, die über die Wahl von Französisch im wesentlichen ihre Lern- und Kommunikationserfahrungen aus der ersten Fremdsprache (Englisch) bestätigt finden (vgl. hierzu Tönshoff 1990; Bahr et al. 1995, erscheint).

– Hinzu kommt, daß bei der Einrichtung von Grund- bzw. Leistungskursen auf der Jahrgangsstufe 11 bzw. 12 die Schüler – unabhängig davon, ob sie vorher Latein oder Französisch gelernt haben – in ein und denselben Fremdsprachenkurs zusammengeführt werden, und zwar in der Regel aus rein schulorganisatorischen, d.h. also fachfremden Gründen; die oben bereits angesprochene Heterogenität wird durch die hier skizzierte, wiederum lernerseitig bedingte Situation nicht unwesentlich verstärkt.

– Das Angebot an fremdsprachlichen Fächern im Sekundarbereich ist nicht konstant. In bestimmten Sektoren reagiert es z.B. auf wirtschafts- bzw. gesellschaftspolitische Entwicklungen; betroffen ist von dieser Tatsache insbesondere der Katalog der zu Beginn der gymnasialen Oberstufe neu einsetzenden Fremdsprachen:

So wird beispielsweise seit einigen Jahren an ausgewählten Schulen das herkömmliche und flächendeckende Angebot (Französisch, Italienisch, Russisch, Spanisch, in grenznahen Gebieten ergänzt durch Nachbarschaftssprachen wie z.B. Niederländisch in Niedersachsen und Nordrhein-Westfalen oder Polnisch in Frankfurt/Oder) durch Fächer wie Arabisch, Chinesisch bzw. Japanisch erweitert, d.h. also durch Fremdsprachen, deren Bedeutung z.B. für die außenwirtschaftlichen Beziehungen der Bundesrepublik Deutschland stetig zunimmt.

Auf den ersten Blick mag eine derartige Variabilität erneut den Eindruck der Heterogenität dieses Lernfeldes bestärken: Gleichwohl liegt in ihr eine beachtliche Chance: der Sekundarbereich hält nämlich – insgesamt gesehen – für das Lernen von modernen Fremdsprachen die Möglichkeit zur Ausbildung einer relativ breiten individuellen Mehrsprachigkeit offen (vgl. Art. 12); es ist deshalb nur konsequent, wenn unter diesem Aspekt die Angebotspalette möglichst differierende Sprachtypen umfaßt, die darüber hinaus – bezüglich ihres jeweiligen fremdartigen Kultur- und/oder transnationalen Kommunikationswertes – unterschiedliche Relevanz haben.

Welche Möglichkeiten dieser flexible Ansatz – wenngleich nicht in jeder einzelnen Schule – vom System her bietet, wird ganz besonders bei jenen Schülergruppen deutlich, die aus dem Katalog der auf der Jahrgangsstufe 11 neu einsetzenden Fremdsprachen eine dritte, d.h. also eine sog. Tertiärsprache nach individuellen Neigungen und Kriterien wählen; dabei treten Aspekte hervor, die nur für diesen Sektor spezifisch sind. Für den Bereich der eingangs herausgehobenen Lernperspektive handelt es sich vor allem um die folgenden Punkte (vgl. für Französisch die Beiträge in H. Christ 1985; für Spanisch I. Christ 1987 und für Italienisch und Spanisch jetzt Kleppin/Königs 1991 sowie im Detail Bahr et al. 1995, erscheint):

– Das schulische Lernen einer Tertiärsprache findet in der Regel zwischen 16 und 19 Jahren statt, d.h. in einem Alter, in dem man sprachentwicklungspsychologisch voll ausgebildete kognitive Fähigkeiten zugrunde legen kann, oder anders gesagt: die dritte Fremdsprache ist in der Regel die erste, die ausschließlich unter den besonderen Bedingungen des Erwachsenenalters gelernt wird;

– das Lernen einer Tertiärsprache wird in besonderem Maße von den sich addierenden und potenzierenden Kenntnissen und Erfahrungen beeinflußt, die die Schüler beim Erwerb der ersten und zweiten Fremdsprache gesammelt haben ("Sprachbesitzhypothese", vgl. Bausch 1993);

– die Wahl der dritten Fremdsprache ist in wesentlich stärkerem Maße von den persönlichen Neigungen der Schüler abhängig, als dies bei der ersten und zweiten Fremdsprache der Fall sein kann; d.h., die Schüler tragen aufgrund ihres Sprachbesitzes und Weltwissens altersspezifische Wünsche und Erwartungen an den Unterricht in einer dritten Fremdsprache heran; hierzu gehört u.a. das Bedürfnis, die Lehr- und Lernprozesse durchschauen sowie den Lernstoff systematisch erfassen zu können (vgl. ausführlicher Bausch 1993).

Ausgehend von den aufgeführten Spezifika läßt sich zusammenfassend feststellen:

Die Bezeichnung "Erwerb weiterer Fremdsprachen im Sekundarschulalter" umfaßt vor dem Hintergrund der ersten Fremdsprache ein äußerst komplexes Lernfeld; es läßt sich im wesentlichen mit Hilfe des Faktors 'Alter' in zwei konkrete Phasen und ein übergreifendes Prinzip untergliedern:
– das Lernen weiterer Fremdsprachen in der Phase der Pubertät,
– das Lernen weiterer Fremdsprachen mit voll ausgebildeten kognitiven Fähigkeiten,
– die Chance, im Laufe der gesamten Sekundarschullaufbahn eine differenzierte und vielseitige Mehrsprachigkeit erlangen zu können.

3. Zum aktuellen Erkenntnisstand

Der Bereich "Erwerb weiterer Fremdsprachen im Sekundarschulalter" ist bisher überwiegend aus sprachenpolitischer Sicht bearbeitet worden (siehe z.B. Christ 1991; für den Sektor der Tertiärsprachen Schröder 1979); eine herausragende Rolle spielte in diesen Publikationen die Frage nach einer angemessenen Sprachregelung in einem zukünftigen Europa; dies führte zu Konzepten der Diversifikation und der Vielsprachigkeit, die dann – gestützt durch eine Reihe von empirisch ermittelten Erkenntnissen über den gesellschaftlichen Fremdsprachenbedarf – z.B. in Form von Modellen insbesondere an den Sekundarbereich herangetragen wurden (vgl. hierzu jetzt die Beiträge in Bausch/ Christ/Krumm 1992; vgl. auch Art. 11).

Hinzu kommen seit einigen Jahren Untersuchungen zu sprachstrukturellen Interaktions-, vor allem Interferenzphänomenen bei mehrsprachigen Probandengruppen (vgl. insbesondere Hufeisen 1991 und 1993).

Schließlich liegen mehrere Arbeiten vor, die aus der Sicht individueller Erfahrungswerte bzw. aus der Perspektive einer deduktiv angelegten Unterrichtsplanung heraus Vorschläge für unterrichtsmethodisches Handeln skizzieren (vgl. hierzu exemplarisch die Beiträge in Christ 1985 oder aber von Gärtner/Müller 1990); dabei befassen sich diese Publikationen vorrangig mit Problemen des Lehrens einer dritten Fremdsprache. Mit anderen Worten: nach wie vor fehlen für das hier zur Debatte stehende Lernfeld Erkenntnisse aus systematisch angelegten, auf die Spezifik dieses Lehr- und Lernkontextes gerichteten Untersuchungen.

Hinzu kommt, daß das schulische Lernen von weiteren Fremdsprachen in der Vergangenheit im Schatten der beiden "großen" sog. Langzeitfremdsprachen Englisch und Französisch verblieben ist. Diese Tatsache konkretisiert sich bis heute in der verbreiteten Neigung, Forschungsergebnisse, Praxiswissen und vor allem unterrichtsmethodische sowie -inhaltliche Empfehlungen, die ausschließlich anhand von Englisch- und/oder Französischunterricht gewonnen worden sind, ungeprüft auf Lehr- und Lernkontexte weiterer Fremdsprachen zu transferieren. Ein Blick in die Lehrwerke und Lehrpläne, die derzeit z.B. für den Tertiärsprachenunterricht vorliegen, liefert hierfür zahlreiche augenfällige Belege. Hinzu kommt im übrigen, daß das angesprochene Transferprinzip nachhaltig durch Konzepte bestärkt wurde, die – ausgehend von bestimmten Positionen der Zweitsprachenerwerbsforschung (siehe z.B. Felix 1982) – mentale Mechanismen im Sinne von universalen Mustern propagierten, mit deren Hilfe sich jedweder Typus von Spracherwerb bzw. Fremdsprachenlernen (also auch das schulische Lernen von Fremdsprachen) auf ein und dieselbe Weise vollzöge. Allerdings hat in der jüngsten Vergangenheit eine Diskussion eingesetzt, die in gewissem Sinne die Umkehrung der zuletzt skizzierten Tendenzen verfolgt (vgl. Bausch/Heid 1992):
– zum einen wird dem Generalisierungsprinzip mit guten Gründen die Notwendigkeit einer lernerabgeleiteten Differenzierung des Gesamtbereichs "schulischer Fremdsprachenunterricht" entgegengehalten;
– zum anderen wird die systematische Erarbeitung von Spezifika des schulischen Fremdsprachenlernens, exemplifiziert anhand des Tertiärsprachenunterrichts, vorangetrieben, um auf solider empirischer Grundlage die oben genannte Universalitätsthese überprüfen (Bahr et al. 1995, erscheint) und dementsprechend spezifisch begründete Handlungsvorschläge für das Lehren von weiteren Fremdsprachen entwickeln zu können;
– drittens wird auf die Unzulänglichkeit der in der Zweitsprachenerwerbsforschung per definitionem angelegten Fokussierung auf die Erst- und eine (einzige) Zweitsprache hingewiesen, und zwar vor dem Hintergrund, daß das schulisch ausgelegte Fremdsprachenlernen nur dann angemessen erhellt werden kann, wenn ein für diese Belange zutreffendes Konzept der schulischen Ausbildung von individuellen Mehrsprachigkeiten eingebracht wird (Wandruszka 1986; vgl. auch Art. 12);

– und schließlich werden nach wie vor konzeptuelle bzw. prinzipielle Einwände vorgetragen, und zwar sowohl gegen den Versuch, Erkenntnisse, die beim außerschulischen Zweitsprachenerwerb gewonnen worden sind, ungeprüft auf das schulische Fremdsprachenlernen zu transferieren, als auch gegen die dabei zugrunde gelegten Untersuchungsdesigns (Digeser 1988).

4. Perspektiven

Auf der Grundlage der geschilderten Diskussion wird es in Zukunft vor allem darum gehen, die systematisch begründete Erforschung von Spezifika des Lehrens und Lernens weiterer Fremdsprachen im Sekundarschulalter differenziert weiterzuführen.

Vor diesem Hintergrund zeichnet es sich ab, daß nur auf diesem Wege ein begründeter Beitrag zur Entwicklung einer differenzierten und praxisrelevanten Theorie des Fremdsprachenunterrichts geleistet werden kann.

Akzeptiert man diese forschungsorientierte Perspektivierung, dann wird die Frage nach dem Funktionieren bzw. der Strukturierung des durch Unterricht gesteuerten Phänomens 'Mehrsprachigkeit von Sekundarschülern' mit seiner ganzen Komplexität, und d.h. nicht zuletzt auch mit seiner kontinuierlichen Instabilität, in den Brennpunkt der Erkenntnisinteressen treten müssen; dabei gilt, daß das Phänomen 'vielschichtige Mehrsprachigkeit' bereits längst zur alltäglichen Realität multikulturell zusammengesetzter Klassenverbände geworden ist (vgl. Art. 26).

Komplementär zu dieser systematisch angelegten Forschungsorientierung zeichnen sich bereits heute Perspektiven ab, die im wesentlichen ihre Begründung einerseits in der für die Europäische Union Realität gewordenen Niederlassungsfreiheit und andererseits in der Aufhebung der (Sprach-) Grenzen von Mittel- und Osteuropa finden. Für das Lehren und Lernen von weiteren Sprachen im Sekundarschulalter erlangen dabei zunehmend die folgenden Enwicklungen Relevanz:
– die Erweiterung des Kanons der zur Wahl stehenden Fremdsprachen, und zwar nicht nur im Bereich der gymnasialen Oberstufe, was mit Sicherheit eine Neubestimmung der Fächer Latein und Englisch nach sich ziehen wird;
– die Ausrichtung am realen Fremdsprachen- und Kommunikationsbedarf, und zwar vor allem in technologischen sowie wirtschaftlich-administrativen Sektoren, was allerdings keinesfalls zum Abbau der allgemeinbildenden Funktion des Fremdsprachenunterrichts, sondern vielmehr zu einer gesamthaften Stärkung des schulischen Fremdsprachenlernens führen wird, und zwar insbesondere auf der Grundlage einer zunehmenden Differenzierung der einzelnen Unterrichtsziele, -formen und -inhalte;
– die hieran gekoppelte Integration von fachsprachlich-orientierten Komponenten, verbunden mit einer gleichzeitigen Ausgliederung in modalitätenspezifische Fähigkeiten, wie z.B. Ausbildung von Lesefertigkeit für Fachliteratur sowie Schulung von speziellen sprachmittelnden Fähigkeiten;
– die Weiterführung der bereits eingeleiteten Überlegungen zu der Frage, ob es für den Bürger Europas weiterhin angemessen sein kann, daß die sog. Eingangsfremdsprache in der Regel zur Langzeitfremdsprache und damit mehr oder weniger automatisch zur "Ausgangsfremdsprache" (z.B. im Abitur) gemacht wird;
– und schließlich die weitere Konkretisierung der Konzepte, die das Primat der Schulfremdsprache Englisch in Frage stellen und z.B. einerseits alternative Sprachenfolgen entwerfen, jedoch andererseits die Position der Weltsprache Englisch im Sinne einer obligatorisch verankerten zweiten Schulfremdsprache festigen wollen (vgl. Bausch 1992).

Nimmt man – zusammenfassend gesprochen – die hier nur exemplarisch aufgelisteten Entwicklungen in den Blick, dann wird die Konvergenz mit jenen allgemeinpädagogischen Bestrebungen evident, die bereits seit längerem sog. Schulprofilbildungen zu entwerfen versuchen.

Literatur

Bahr, Andreas/Bausch, K.-Richard/Kleppin, Karin/Königs, Frank G./Tönshoff, Wolfgang (1995), *Forschungsgegenstand Tertiärsprachenunterricht. Ergebnisse und Perspektiven eines empirischen Projekts*, Bochum (erscheint).

Bausch, K.-Richard (1992), "Sprachenpolitisches Plädoyer für eine begründete Differenzierung von Mehrsprachigkeitsprofilen", in: K.-Richard Bausch/Herbert Christ/Hans-Jürgen Krumm (Hrsg.), *Fremdsprachenunterricht und Sprachenpolitik als Gegenstand der Forschung. Arbeitspapiere der 12. Frühjahrskonferenz zur Erforschung des Fremdsprachenunterrichts*, Bochum, 15-27.

Bausch, K.-Richard (1993), "Das Lernen und Lehren von Deutsch als Fremdsprache. Unterrichtsmethodische Tendenzen und Thesen aus der Sicht eines Sprachlehrforschers", in: *IDV-Rundbrief. Jubiläumsnummer*, 24-42.

Bausch, K.-Richard/Christ, Herbert/Krumm, Hans-Jürgen, Hrsg. (1992), *Fremdsprachenunterricht und Sprachenpolitik als Gegenstand der Forschung. Arbeitspapiere der 12. Frühjahrskonferenz zur Erforschung des Fremdsprachenunterrichts*, Bochum.

Bausch, K.-Richard/Heid, Manfred, Hrsg. (1992), *Das Lehren und Lernen von Deutsch als zweiter oder weiterer Fremdsprache: Spezifika, Probleme, Perspektiven*, Bochum.

Bausch, K.-Richard/Kasper, Gabriele (1979), "Der Zweitsprachenerwerb: Möglichkeiten und Grenzen der 'großen' Hypothesen", in: *Linguistische Berichte*, H. 64, 3-35.

Bliesener, Ulrich (1994), "Weiterentwicklung des Fremdsprachenunterrichts – eine Notwendigkeit. Aber wie?", in: *Neusprachliche Mitteilungen*, Jg. 47 (erscheint).

Christ, Herbert, Hrsg. (1985), *Französischunterricht mit jungen Erwachsenen. Beiträge zum auf der Klassenstufe 11 neu beginnenden Fremdsprachenunterricht*, Tübingen.

Christ, Herbert (1991), *Fremdsprachenunterricht für das Jahr 2000. Sprachenpolitische Betrachtungen zum Lehren und Lernen fremder Sprachen*, Tübingen.

Christ, Herbert (1992), "Das Lebensalter der Fremdsprachenlerner – ein übersehener Faktor?", in: *Praxis des neusprachlichen Unterrichts*, Jg. 39, H. 2, 115-120.

Christ, Ingeborg (1987), *Spanisch als neu einsetzende Fremdsprache ab Jahrgangsstufe 11. Eine Informationsschrift*, Düsseldorf/Nürnberg.

Digeser, Andreas (1988), "Hemmt explizites Sprachwissen das Fremdsprachenlernen?", in: *Praxis des neusprachlichen Unterrichts*, Jg. 35, H. 3, 227-238.

Ellis, Rod (1986), *Understanding Second Language Acquisition*, Oxford.

Felix, Sascha W. (1982), *Psycholinguistische Aspekte des Zweitsprachenerwerbs*, Tübingen.

Gärtner, Max/Müller, Barbara (1990), "Englisch und Französisch als dritte Fremdsprache", in: *Fremdsprachenunterricht*, Jg. 34/43, H. 6, 272-276.

Helle, Patrick (1993), *Fremdsprachenunterricht in der ehemaligen DDR und in den neuen Bundesländern unter besonderer Berücksichtigung des Spanischunterrichts*, Bochum.

Hufeisen, Britta (1991), *Englisch als erste und Deutsch als zweite Fremdsprache. Empirische Untersuchung zur fremdsprachlichen Interaktion*, Frankfurt a.M.

Hufeisen, Britta (1993), "L3-Spezifika", in: *GAL-Bulletin*, H. 19, 14-20.

Kleppin, Karin/Königs, Frank G. (1991), *Der Korrektur auf der Spur. Untersuchungen zum mündlichen Korrekturverhalten von Fremdsprachenlehrern*, Bochum.

Larsen-Freeman, Diane/Long, Michael H. (1992), *An Introduction to Second Language Acquisition Research*, New York.

McLaughlin, Barry (1987), *Theories of Second Language Learning*, London.

Schröder, Konrad, Hrsg. (1979), *Tertiärsprachen (= Die Neueren Sprachen)*, Jg. 78, H. 2.

Singleton, David (1989), *Language Acquisition: The Age Factor*, Philadelphia.

Tönshoff, Wolfgang (1990), *Bewußtmachung – Zeitverschwendung oder Lernhilfe?*, Bochum.

Vogel, Klaus (1991), "Lernen Kinder eine Fremdsprache anders als Erwachsene? Zur Frage des Einflusses des Alters auf den Zweitsprachenerwerb", in: *Die Neueren Sprachen*, Jg. 90, H. 5, 539-550.

Wandruszka, Mario (1986), "Wege zur Mehrsprachigkeit in unseren Schulen", in: Brigitte Narr/Hartwig Wittje (Hrsg.), *Spracherwerb und Mehrsprachigkeit/Language Acquisition and Multilingualism. Festschrift für Els Oksaar zum 60. Geburtstag*, Tübingen, 223-233.

Karl-Richard Bausch

100. Erwerb von Fremdsprachen im Erwachsenenalter

1. Definition und Problematik

"Erwerben" und "Lernen" werden in diesem Beitrag als nicht essentiell, sondern nur akzidentiell verschiedene Formen der Aneignung einer fremden Sprache aufgefaßt. Wo betont werden soll, daß diese Aneignung unter den Bedingungen einer (ungesteuerten) Auseinandersetzung mit einer zielsprachlichen Umgebung erfolgt, wird, im Sinne neuerer Lerntheorien (vgl. Art. 95), der Terminus "erwerben" benutzt. Das Wort "lernen" dagegen wird im traditionellen Sinne so gebraucht, daß es jede Art der Aneignung der Fremdsprache umfaßt.

Je nachdem, ob man eine eher "biologische" oder eine eher "sozialpsychologische" Position bezieht, versteht man unter "Erwachsenen" entweder Menschen nach der Pubertät, oder man setzt zwischen Kindern und Erwachsenen noch eine Kategorie "Jugendliche" (etwa 14-18 Jahre) an. Was den Fremdsprachenunterricht für Erwachsene in der Bundesrepublik Deutschland anbelangt, so schließt man die Jugendlichen hier in der Regel aus, während man in angelsächsischen Ländern oft Lehrmaterialien für die Stufe "14 +" findet, was Erwachsene mit einschließt.

Unter den Menschen, die Fremdsprachen lernen, sind heute zumindest genauso viele, wenn nicht gar mehr Erwachsene als Kinder. Für Theorie und Praxis ist Fremdsprachenlernen im Erwachsenenalter also kein Sonderfall (vgl. Art. 117). Deshalb muß sichergestellt sein, daß es nicht mit Hilfe von Negativdefinitionen beschrieben und erklärt wird (etwa durch Aufzeigen vermeintlicher Defizite gegenüber dem Spracherwerb von Kleinkindern), weil dadurch eine weitverbreitete Tendenz zur Abwertung des Fremdsprachenunterrichts für Erwachsene unterstützt würde, welcher bei manchen Bildungspolitikern, gelegentlich aber auch bei Lehrern/Fachdidaktikern ohnehin im Verdacht steht, nur zweite Wahl zu sein.

Forschungsgeschichtlich hat man sowohl "biologische" als auch "sozialpsychologische" Argumente in die Auseinandersetzung mit Fremdsprachenlernen im Erwachsenenalter eingebracht.

2. Die Adoleszenz-Maximum-Hypothese

Die weitverbreitete Meinung, daß Kinder Fremdsprachen leichter und besser lernen als Erwachsene, erschien früher auch im Licht der in der Altersforschung entwickelten "Adoleszenz-Maximum-Hypothese" (vgl. dazu Löwe 1973) plausibel. Diese besagt, daß die Intelligenz und die Lernfähigkeit bis zum Abschluß der Adoleszenz (also bis zum frühen Erwachsenenalter) zu- und vom 40. Lebensjahr an wieder abnehmen. Außerdem lassen im Alter Hör- und Sehvermögen ebenso wie die Leistung des Kurzzeitgedächtnisses nach, und motorische Fertigkeiten sind schwerer zu erwerben. In der Fremdsprachendidaktik bezog man sich auf diese Hypothese, wenn man das Lernverhalten und die Lernresultate Erwachsener erklären wollte. Die "Adoleszenz-Maximum-Hypothese" ist aber in der Altersforschung auf starke Kritik gestoßen. Löwe (1973) vor allem wies nach, daß es eher soziale Faktoren sind, die dazu führen, daß Kinder bei manchen Lernaufgaben Erwachsenen überlegen sind, denn Erwachsene sind oft nicht mehr in langfristige systematische Lernprozesse eingebunden. Sind sie hingegen in Beruf oder Freizeit mit Tätigkeiten befaßt, die ihre intellektuellen Fähigkeiten trainieren, so zeigen sie auch bei anderen Lernaufgaben bessere Resultate. Auch Tietgens (1967) betont, daß vor allem abstumpfende berufliche Tätigkeiten für schlechte Lernresultate in der Erwachsenenbildung verantwortlich gemacht werden müssen.

Spezielle Untersuchungen zur Entwicklung (mutter-)sprachlicher Fähigkeiten im Alter sprechen ebenfalls gegen die Richtigkeit der "Adoleszenz-Maximum-Hypothese", denn einen stärkeren Leistungsabfall konnte man dort nur in wenigen Teilbereichen beobachten, z.B. in einem Wortschatz-Klassifikationstest (Riegel 1968), und dies auch erst im hohen Alter. So gibt es heute auch an vielen Volkshochschulen Kurse für Senioren, in denen man unter Berücksichtigung der o.a. physiologischen Faktoren mit großem Erfolg Fremdsprachen vermittelt (vgl. Lütjen 1980).

3. Erwachsene lernen kognitiv

Auf dem Höhepunkt der Auseinandersetzung mit behavioristischen Lerntheorien argumentierte Ausubel (1964), daß Erwachsene aufgrund ihrer größeren kognitiven Fähigkeiten auch bessere Fremdsprachenlerner seien als Kinder. Diese Auffassung vertrat er als Konsequenz der vermuteten Überlegenheit kognitiven Lernens gegenüber behavioristischem Drill (vgl. Art. 8). Die Auseinandersetzung darum, welche der beiden damals konkurrierenden Theorien und welche der daraus abgeleiteten Lehrverfahren für Erwachsene die geeigneteren seien, wurde vor allem in dem schwedischen *GUME-Adult-Project* (von Elek/Oskarsson 1975) empirisch weiter verfolgt. Erwachsene, so fand man heraus, lernten lieber (und besser) nach einer "expliziten" Methode, bei der Grammatikregeln und kontrastive Vergleiche im Mittelpunkt standen. Bei Kindern hingegen beobachtete man, daß auch die "implizite" (streng audio-linguale) Methode zu guten Lernresultaten führte. Man zog daraus den Schluß, daß während der Pubertät ein Umbruch im Lernverhalten stattfindet; während Kinder eher assoziativ lernen, benutzen Erwachsene vorwiegend kognitiv-analytische Lernstrategien. Die Autoren des *GUME-Adult-Project* sehen darin allerdings keinen Nachteil, der zu schlechteren Lernresultaten führt (zumindest nicht in den Bereichen Struktur- und Wortschatzlernen); schlechtere Resultate als Kinder haben Erwachsene bei diesen Experimenten offenbar nur beim Hörverstehen gehabt.

4. Gibt es eine "kritische Periode" für den Fremdsprachenerwerb?

Während man im Rahmen des *GUME-Adult-Project* nur in diesem einen Teilbereich "Hörverstehen" eine Minderleistung Erwachsener ausdrücklich registrierte, setzten sich andere Lerntheoretiker intensiver mit den Unterschieden zwischen Kindern und Erwachsenen beim (Fremd-)Sprachenlernen auseinander. Auf der Basis gehirnphysiologischer Forschungen stellte Lenneberg (1967) die Hypothese auf, daß Sprachenlernen, auch das Lernen einer zweiten Sprache, durch biologische Faktoren determiniert sei. Zwischen dem 2. und dem 12. Lebensjahr gebe es eine *"critical period"*, während der Sprachen optimal gelernt werden; danach sei dies nur noch mit erheblichen Schwierigkeiten möglich; dies gelte vor allem für den Akzent (Lenneberg 1967, 176). Der Grund dafür sei in Hirnreifungsprozessen zu suchen, besonders im Verlust der Plastizität des Gehirns nach erfolgter Lateralisation der Gehirnfunktionen (z.B. der Sprachfunktion in der linken Hirnhälfte). Obgleich Lenneberg sich sehr vorsichtig vor allem auf die Aussprache bezieht, lassen andere Passagen seines Buches doch auch den Schluß zu, daß Erwachsene Fremdsprachen insgesamt schwerer und weniger erfolgreich lernen als Kinder.

Diese Hypothese ist mittlerweile mit recht widersprüchlichen Resultaten überprüft worden. In einem Sammelband von Krashen/Scarcella/Long (1982) sind zwei Gruppen von empirischen Arbeiten zusammengestellt. Die einen kommen zu dem Ergebnis, daß das Alter bei der Ankunft von Einwanderern (in den USA) der entscheidende Faktor dafür ist, wie akzentfrei diese Menschen Amerikanisch sprechen. Andere Faktoren, wie etwa die Länge des Aufenthalts in den USA, die Intensität der sprachlichen Kontakte mit Amerikanern usw., sehen diese Autoren als bedeutungslos für den Zweitspracherwerb an: weder die Aussprache noch die Fähigkeit des Hörverstehens, noch gar die grammatische Kompetenz dieser Einwanderer seien durch solche Faktoren nennenswert beeinflußt (vgl. vor allem Oyama 1976). Eine zweite Gruppe von Arbeiten kommt allerdings zu genau dem entgegengesetzten Ergebnis. Erwachsene seien zumindest im ersten Jahr des Zweitspracherwerbs sehr viel erfolgreicher als Kinder; sie sind nur unwesentlich schlechter als Jugendliche (Snow/Hoefnagel-Höhle 1978). Vor allem in streng kontrollierten Experimenten zeigte es sich auch, daß Erwachsene durchaus in der Lage sind, das Lautsystem einer fremden Sprache völlig akzentfrei zu lernen (Neufeld 1978).

Während die erste Gruppe von Autoren zumindest die Existenz einer *"sensitive period"* im Sinne Lennebergs als erwiesen ansieht (vor allem Oyama 1976) – wenngleich diese auch kein "Alles-oder-nichts-Phänomen" sei, da einige Erwachsene in der Versuchsgruppe doch die Fremdsprache mehr oder minder perfekt erworben hatten –, sieht die zweite Gruppe von Autoren Lennebergs "biologische" Position als widerlegt an, da man nicht eindeutig nachweisen kann, daß Erwachsene beim Zweitspracherwerb/Fremdsprachenlernen stets erfolgloser sind als Kinder.

Weiterhin stellt sich die Frage nach der Angemessenheit der gehirnphysiologischen Annahmen von Lenneberg. Krashen (1981) hat die Daten aus der Aphasieforschung, auf die Lenneberg seine Hypothesen stützt, neu gesichtet und festgestellt, daß sie von Lenneberg vermutlich nicht richtig interpretiert worden sind. So sei die Lateralisation der Sprachfunktion in der linken Hirnhälfte keineswegs erst mit der Pubertät abgeschlossen: man vermutet heute, daß dies bereits bis zum 5. Lebensjahr erfolgt ist, so daß die Pubertät keine natürliche Grenze in der gehirnphysiologischen Entwicklung darstellt. Walsh/Diller (1981) leiten aus der vorliegenden neurophysiologischen Literatur die Auffassung ab, daß die zunehmend dichtere Vernetzung des Gehirns ganz im Gegenteil Erwachsene zu erfolgreicherem Fremdsprachenlernen befähigt als Kinder und daß lediglich der Bereich der Aussprache eine Sonderstellung einnimmt. Sie vermuten, daß vor allem die makro-neuralen Verbindungen in der Zellstruktur des Gehirns für die Unterscheidung von Lauten wichtig sind (so wie es auch z.B. Zellen gibt, die auf die Wahrnehmung von Farbe, Bewegung, Konturen usw. spezialisiert sind). Diese elementaren Bestandteile der Hirnstruktur sind wenig flexibel, so daß sich Kinder wie Erwachsene ihrer auch später immer wieder automatisch bedienen, da ja die Lautstrukturen fremder Sprachen auch immer Ähnlichkeit mit der Muttersprache aufweisen. Man könne aber auch als Erwachsener noch Fremdsprachen akzentfrei lernen – richtige Instruktion vorausgesetzt. Es gebe folglich keine stichhaltigen neurophysiologischen Argumente für eine *"critical period"*. Einen Überblick über alle relevanten Forschungen zu dieser Frage gibt Singleton (1989), der zu der gleichen Auffassung gelangt.

5. Sozialpsychologische und biographische Faktoren

Schließt man sich dieser Auffassung an, so muß man auch die mangelnden Lernerfolge, die man bei Erwachsenen beobachtet, mit Hilfe anderer als "biologischer" Faktoren zu erklären versuchen. Es sind dies mit hoher Wahrscheinlichkeit biographische und sozialpsychologische Gründe, die bei Erwachsenen in anderer Weise virulent werden als bei Kindern. Die zitierten empirischen Arbeiten geben hier einen wichtigen Hinweis. Sie unterscheiden sich (außer in der Länge des Untersuchungszeitraums) vor allem darin, daß die Möglichkeit Erwachsener, die Zielsprache perfekt zu lernen, in Laborexperimenten nachgewiesen wurde. Hier aber sind, im Gegensatz zu den langjährigen Erwerbsprozessen, die von anderen Forschern untersucht wurden, sozialpsychologische Faktoren weniger bzw. in anderer Weise wirksam.

Die Wirkung affektiver und personaler Faktoren (Motivation und Einstellungen, Ethnozentrismus, Introvertiertheit/Extravertiertheit u.a.) auf den Lernerfolg generell ist relativ gut untersucht. Aus diesen Faktoren müßten nun allerdings diejenigen zu isolieren sein, die bei Erwachsenen anders wirken als bei Kindern. Interessante Ansätze zu einer solchen Differenzierung gibt es bei Schumann (1975), der vermutet, daß Kinder z.B. eher in der Lage sind, mit dem Kulturschock fertigzuwerden, den der Erwerb einer Fremdsprache in einem anderen Land mit sich bringt. Diese seien auch eher bereit, sich einem Gefühl der Unzulänglichkeit auszusetzen als Erwachsene, die oft fürchten, sich lächerlich zu machen oder gar ihre Identität preiszugeben, wenn sie fremde Sprechweisen nachahmen müssen (vgl. auch Bouton 1969). Die Pubertät spiele in dieser Hinsicht eine besondere Rolle, da sie einen Wandel in der Persönlichkeit mit sich bringt: Menschen werden auf dieser Altersstufe selbstkritischer und empfindlicher dafür, wie sie auf andere wirken. Der "Affektive Filter", wie Krashen (1981) die Gesamtheit der affektiven und personalen Faktoren nennt, die das Erlernen einer Fremdsprache fördern oder behindern können, verstärkt sich.

Somit wäre die Beobachtung, die schon der Lennebergschen Hypothese zugrunde liegt, daß nämlich (Fremd-)Sprachenlernen vor und nach der Pubertät unterschiedlich vor sich geht, zwar einerseits richtig, andererseits aber nicht (oder zumindest nicht ausschließlich) auf die kognitive Entwicklung zurückzuführen, sondern (zumindest ebenso stark) auf einen in diesem Alter eintretenden Wandel in der Persönlichkeit, der vielen Jugendlichen und Erwachsenen keinen spontanen, unbefangenen Zugriff auf die Zielsprache mehr gestattet. Eine neuere Untersuchung zu Lernschwierigkeiten Erwachsener im Anfangsunterricht Englisch (Quetz 1992) bestätigt die Annahme, daß vor allem affektive und personale Faktoren (Selbsteinschätzung, Extravertiertheit, Angst), daneben aber auch mangelnde Vertrautheit mit effektiven Lernstrategien den Lernerfolg Erwachsener beeinflussen.

6. Die Rolle des Faktors "Alter" in neueren Fremdsprachenlerntheorien

Es gibt nur wenige aktuelle Versuche, eine Fremdsprachenlerntheorie so zu entwerfen, daß sie gleichermaßen über Kinder wie über Erwachsene relevante Aussagen macht. Am rigorosesten geht dabei Felix (1982) vor. Seiner Meinung nach sind Erwachsene immer und grundsätzlich erfolglosere Fremdsprachenlerner als Kinder, weil sie nicht mehr in der Lage sind, beim Sprachenlernen die allgemein-kognitiven Fähigkeiten zu formalen Operationen, wie sie Piaget beschrieben hat, völlig auszuschließen (Felix 1982, 291). Diese Fähigkeiten, die erst mit der Pubertät voll entwickelt sind, verdrängen die Kindern bis dahin zur Verfügung stehende spezielle Spracherwerbsfähigkeit. Während Kinder neue sprachliche Daten intuitiv aufnehmen und verarbeiten, orientieren sich Erwachsene fast nur noch an grammatischen Regeln. Der Übergang zu dieser Lernweise ist laut Felix eine quasi biologisch determinierte Erscheinung. Er schließt dabei zwar nicht völlig aus, daß auch bei Erwachsenen Reste der speziellen Spracherwerbsfähigkeit erhalten sind und wohl gelegentlich auch reaktiviert werden können. Die Grundannahme, daß Erwachsene stets schlechtere Fremdsprachenlerner sind als Kinder, weil sie sich allgemein-kognitiver Lernweisen bedienen, ist aber ein Kernstück seiner Beweisführung für die Existenz zweier paralleler Fähigkeiten im menschlichen Hirn. Diese Position ist in mancherlei Hinsicht bedenklich. Zum einen drängt sich der Verdacht auf, daß Felix in dieser Frage einen Zirkelschluß vorbringt; zum anderen ist die empirische Evidenz dafür, daß Erwachsene immer die schlechteren Fremdsprachenlerner sind, keineswegs gesichert. Dazu kommt, daß Felix die kognitive Lernweise im Gegensatz zu anderen empirischen und theoretischen Arbeiten negativ bewertet. Das Forschungsparadigma, das sich abzeichnet, ist eindimensional: lernprozeß-externe (also z.B. sozialpsychologische) Faktoren sind in diesem Ansatz uninteressant, da die Hinwendung zum ineffektiven kognitiven Lernmodus nach der Pubertät zwangsläufig erfolgt. Für den Fremdsprachenunterricht ergeben sich aus diesem Ansatz keine sinnvollen Perspektiven: wäre er richtig, so würden sich alle Bemühungen um die Verbesserung didaktisch-methodischer Konzepte erübrigen.

In der *Monitor Theory* von Krashen (1981) hingegen wird "Alter" zu den personalen und affektiven Faktoren gezählt, die in ihrer Gesamtheit den "Affektiven Filter" bilden. Dieser entscheidet darüber, welche Daten aus der sprachlichen Umgebung eines Lernenden in die beiden "Verarbeitungsinstanzen", den unbewußt funktionierenden *Organizer* bzw. die bewußte Kontrollinstanz für die Sprachproduktion, den *Monitor*, aufgenommen werden. Je nachdem, welche der beiden Aneignungsweisen zum Tragen kommt, spricht Krashen von "Erwerben" bzw. von "Lernen", wobei ersteres stets der erfolgreichere Weg zur Sprachkompetenz sei. Aufgrund von Veränderungen im "Affektiven Filter" während der Pubertät neigen Erwachsene nach Krashens Meinung dazu, sich zu stark an grammatischen Regeln zu orientieren, ihre Sprachproduktion ständig kontrollieren zu wollen, kurzum, sich zu sehr des Monitors zu bedienen. Der "Affektive Filter" sei folglich in erster Linie dafür verantwortlich, daß Erwachsene in langfristigen Erwerbsprozessen schlechtere Leistungen aufweisen als Kinder. Andererseits sei aber gerade diese Fähigkeit zu formalen Operationen, zum bewußten, regelgeleiteten Lernen, auch der Grund dafür, daß in den ersten Monaten des Fremdsprachenlernens Erwachsene Kindern sogar überlegen sind (Krashen/Scarcella/Long 1982, 161), geht es doch hier noch um einfache grammatische Sachverhalte, die sich für einen kognitiven Zugriff gut eignen. Wenn man Erwachsene unter optimalen sozialpsychologischen Bedingungen eine Fremdsprache lernen läßt, seien sie aber durchaus auch noch in der Lage, ihre Erwerbsfähigkeit zu reaktivieren (Krashen/Scarcella/Long 1982, 220).

Die *"Monitor Theory"* Krashens hat gegenüber dem Ansatz von Felix den Vorzug, weniger deterministisch zu sein. Mit ihrer Hilfe kann man einerseits Unterschiede in den Lernresultaten von Kindern gegenüber Erwachsenen erklären, andererseits auch die beobachtete Varianz innerhalb der Gruppe der Erwachsenen verständlich machen. Die *"Monitor Theory"* ist aber nicht frei von inneren Widersprüchen; einer davon besteht darin, daß die empirisch belegte Überlegenheit Erwachsener zu Beginn der Fremdsprachenaneignung gerade durch diejenige Lernweise erklärt werden soll, die im Prinzip für Krashen die ineffektivere ist, nämlich das bewußte "Lernen". Schwer zu verstehen ist auch, daß dies möglich sein soll, obwohl doch gerade bei Erwachsenen der "Affektive Filter" nach Krashens Auffassung sehr viel stärker ist als bei Kindern. Dennoch bietet Krashens Ansatz, Lernweisen und affektive Faktoren in einem Modell aufeinander zu beziehen, interessante Perspektiven für die Sprachlehrforschung, weil dies ein multidimensionaler Zugriff ist, der keine generelle und unabwendbare Einschränkung der Lernfähigkeit Erwachsener postuliert.

Da aber auch bei Krashen die Metaphern von "Lernen" und "Erwerben" höchst problematisch sind (vgl. Art. 95), dürfte der plausibelste Ansatz zu einer Behandlung des Faktors "Alter" in einem Lernmodell immer noch der von Klein (1984) sein, obgleich er zunächst recht konventionell aussieht. Klein zeigt auf, daß alle Fremdsprachenlerner vor den gleichen Problemen stehen (Analyse, Synthese, Einbettung, Vergleich der neuen sprachlichen Daten) und sich zu ihrer Lösung ebenfalls gleicher Strategien bedienen. Altersbedingte Unterschiede im Lernresultat werden durchaus gesehen, nur werden sie zunächst als akzidentiell behandelt, da unser Wissen darüber, ob sie auf sozialpsychologische Faktoren oder auf verschiedene Lernweisen zurückzuführen sind, noch recht unvollkommen ist. Dieser Ansatz scheint wegen seiner Offenheit der zur Zeit vertretbarste zu sein, zumal er durch empirische Arbeiten im Bereich 'Deutsch als Zweitsprache/Fremdsprache' gestützt wird (vgl. Art. 80). Vor allem im 'Heidelberger Forschungsprojekt Pidgin-Deutsch' (1975) und im Projekt 'Zweitspracherwerb italienischer und spanischer Arbeiter' (Meisel 1975) hat man neben linguistischen auch sozialpsychologische und biographische Faktoren sehr sorgfältig untersucht.

7. Konsequenzen für den Fremdsprachenunterricht

Obgleich besondere Bedingungen biographischer und sozialpsychologischer Art die Lernerfolge Erwachsener behindern können und obgleich einige spezielle Probleme im Bereich der Aussprache das Erscheinungsbild der fremdsprachlichen Kompetenz Erwachsener trüben, kann man insgesamt doch davon ausgehen, daß Fremdsprachenunterricht für diese Zielgruppe ein uneingeschränkt sinnvolles Unterfangen ist. Man wird aber verstärkt den Bereich derjenigen Faktoren erforschen müssen, die im Verdacht stehen, Lernhindernisse zu sein. Dies betrifft natürlich nicht nur den Fremdsprachenunterricht für Erwachsene, wie ihn Institutionen der Erwachsenenbildung anbieten, sondern auch den Bereich Deutsch als Zweitsprache sowie alle anderen Kontexte, in denen eine Zweitsprache ungesteuert erworben wird. Auch hier wird neben der weiteren Erforschung spezieller spracherwerblicher Strategien diejenige von affektiven und personalen Faktoren wichtig sein, die den Lernerfolg von Erwachsenen (und von Kindern) beeinflussen. Nur von einem multidimensionalen Zugriff sind weitere Verbesserungen der Lern- oder Erwerbssituation vor allem auch Erwachsener zu erwarten.

Literatur

Ausubel, David (1964), "Adults versus children in second language learning", in: *Modern Language Journal*, Jg. 48, 420-424.

Bouton, Charles (1969), *Les mécanismes d'acquisition du français langue étrangère chez l'adulte*, Paris.

Felix, Sascha (1982), *Psycholinguistische Aspekte des Zweitsprachenerwerbs*, Tübingen.

Heidelberger Forschungsprojekt 'Pidgin-Deutsch' (1975), *Sprache und Kommunikation ausländischer Arbeiter: Analysen, Berichte, Materialien*, Kronberg.

Klein, Wolfgang (1984), *Zweitspracherwerb*, Königstein.

Krashen, Stephen (1981), *Second Language Acquisition and Second Language Learning*, Oxford.

Krashen, Stephen/Scarcella, Robin/Long, Michael, eds. (1982), *Child-Adult Differences in Second Language Acquisition*, Rowley, Mass.

Lenneberg, Eric (1967), *Biological Foundations of Language*, New York.

Löwe, Hans (1973), *Einführung in die Lernpsychologie des Erwachsenenalters*, Berlin (Ost).

Lütjen, Hans-Peter (1980), "Fremdsprachenlernen von Senioren am Beispiel von Fremdsprachenkursen an Volkshochschulen", in: *Unterrichtswissenschaft*, Jg. 8, 341-357.

Meisel, Jürgen M. (1975), "Der Erwerb des Deutschen durch ausländische Arbeiter. Untersuchungen am Beispiel von Arbeitern aus Italien, Spanien und Portugal", in: *Linguistische Berichte*, H. 38, 59-69.

Neufeld, Gerald (1978), "On the acquisition of prosodic and articulatory features in adult language learning", in: *Canadian Modern Language Review*, 163-194.

Oyama, Susan (1976), "A sensitive period for the acquisition of a nonnative phonological system", in: *Journal of Psycholinguistic Research*, Jg. 5, 261-285.

Quetz, Jürgen (1992), *Lernschwierigkeiten Erwachsener im Anfangsunterricht Englisch. Bericht über eine Umfrage bei Teilnehmerinnen und Teilnehmern an Englischkursen der Volkshochschule und eines Abendgymnasiums.* Augsburg, (I & I-Schriften, Bd. 59).

Riegel, Klaus (1968), "Untersuchungen sprachlicher Leistungen und ihrer Veränderungen", in: *Zeitschrift für experimentelle und angewandte Psychologie*, Jg. 15, 649-692.

Schumann, John (1975), "Affective factors and the problem of age in second language acquisition", in: *Language Learning*, Jg. 2, 209-235.

Singleton, David (1989), *Language Acquisition: The Age Factor*, Clevendon/Philadelphia.

Snow, Catherine/Hoefnagel-Höhle, Marian (1978), "The critical period for language acquisition: evidence from second language learning", in: *Child Development*, Jg. 49, 1114-1128.

Tietgens, Hans (1967), *Lernen mit Erwachsenen*, Braunschweig.

von Elek, Tibor/Oskarsson, Mats (1975), *Comparative Method Experiments in Foreign Language Teaching. The Final Report of the GUME/Adults Project*, Dept. of Educ. Research, Mölndal.

Walsh, Terence/Diller, Karl (1981), "Neurolinguistic considerations on the optimum age for second language learning", in: Karl Diller, ed. (1981), *Individual Differences and Universals in Language Learning Aptitude*, Rowley, Mass., 3-21.

Jürgen Quetz

C Erforschung einzelner Problembereiche des Fremdsprachenunterrichts: Forschungsmethoden und Forschungsertrag

101. Empirische Forschungsmethoden: Überblick

1. Problemaufriß

Forschungsmethoden sind sowohl Verfahren zur Gewinnung von Erkenntnissen über die Realität als auch Mittel zur Lösung von Problemen (z.B. im Rahmen der Sprachstandsdiagnostik). Während in Disziplinen wie Psychologie oder Soziologie die zentrale Bedeutung von Forschungsmethoden für das Erkenntnis- und Problemlösungspotential einer Wissenschaft schon lange erkannt worden ist, ist in den mit Fremdsprachenunterricht befaßten Disziplinen (vgl. die Art. 1-10) erst in jüngerer Zeit ein verstärktes Interesse an forschungsmethodologischen Fragen zu verzeichnen (vgl. z.B. Koordinierungsgremium im DFG-Schwerpunkt "Sprachlehrforschung" 1983; Bausch/Königs 1986; Arbeitsgruppe Fremdsprachenerwerb Bielefeld 1987; Færch/Kasper 1987; Brown 1988; Seliger/Shohamy 1989; Hatch/Lazaraton 1991; Kasper/Grotjahn 1991; Johnson 1992; Nunan 1992). Die folgende Darstellung beschränkt sich auf eine Diskussion empirisch-sozialwissenschaftlicher Forschungsmethoden, die auch in der aktuellen methodologischen Diskussion eine besonders wichtige Rolle spielen. Im engeren Sinne geisteswissenschaftliche Methoden, wie hermeneutische Verfahren in der Literaturdidaktik (vgl. Art. 9) oder sozialgeschichtliche Verfahren in der Landeskunde (vgl. Art. 10), werden nicht thematisiert (zu den geisteswissenschaftlichen Methoden vgl. z.B. Haft/Cordes 1984; Flick u.a. 1991).

Verglichen insbesondere mit naturwissenschaftlichen Gegenstandsbereichen weist der Gegenstandsbereich Fremdsprachenunterricht eine Reihe von spezifischen Merkmalen auf, die bei der Wahl bestimmter Forschungsmethoden zu berücksichtigen sind.

1. Fremdsprachenunterricht ist ein durch eine Vielzahl interdependenter Faktoren konstituierter mehrdimensionaler Wirklichkeitsbereich (Merkmal der Faktorenkomplexion). Diese Tatsache ist in allen Forschungsphasen (Konzeptualisierung, Deskription, Datenerhebung, statistische Analyse, Interpretation) zu berücksichtigen.

2. Fremdsprachenunterricht ist ein soziales, an bestimmte Institutionen (z.B. Schule) und politische Systeme gebundenes Phänomen, das durch explizite und implizite (gesellschaftlich-politische) Normen, wie z.B. Lehrziele oder allgemeine Wertvorstellungen, bedingt ist. Dieser Sachverhalt äußert sich u.a. in den subjektiven und impliziten 'Theorien' von Lehrern und Schülern. Diese 'Theorien' sind aufgrund ihrer potentiell handlungsregulativen Funktion von zentraler Bedeutung für die Erklärung von Unterricht (vgl. Grotjahn 1991).

3. Konkret ablaufender Fremdsprachenunterricht manifestiert sich auf zumindest drei Ebenen: (a) als in einem Zeitabschnitt beobachtbarer Prozeß; (b) als zu einem Zeitpunkt vorliegendes Resultat (Produkt) beobachtbarer Prozesse; (c) als beobachtbares Resultat nicht beobachtbarer, individueller, mentaler Prozesse. Lange Zeit hat man vor allem die Produkte (z.B. in Form von Fehlerdeskriptionen) sowie die beobachtbaren Prozesse (z.B. in Form von Interaktionenbeschreibungen) untersucht und die zugrundeliegenden mentalen Prozesse trotz ihrer zentralen Bedeutung für die Erklärung von beobachtbarem Verhalten kaum berücksichtigt.

4. Lehrer benötigen wissenschaftlich begründete Handlungsempfehlungen. Fremdsprachendidaktik oder Sprachlehrforschung verstehen sich deshalb auch als praxisorientierte Wissenschaften, deren Ziel es ist, über die Formulierung von begründeten Handlungsempfehlungen zu einer Verbesserung der Unterrichtspraxis beizutragen (vgl. Art. 1 und 2). Hierbei ist jedoch u.a. zu berücksichtigen, daß ein direkter Schluß von Sein auf Sollen, d.h. eine direkte Ableitung von Handlungsempfehlungen aus den Resultaten empirischer Forschung, nicht möglich ist und daß deshalb die genannten Disziplinen auch keine reinen Erfah-

rungswissenschaften, sondern eher sog. Handlungswissenschaften sind (vgl. Allwright 1988).

2. Wissenschaftstheoretisch-methodologische Hauptpositionen

Wissenschaftstheorie und Methodologie beschäftigen sich u.a. mit den Voraussetzungen und Methoden von Wissenschaft. Anhand des Stellenwertes von Theorie und Empirie im Forschungsprozeß lassen sich zwei grundlegende methodologische Positionen unterscheiden, wobei anzumerken ist, daß 'Empirie' in der genuin wissenschaftstheoretischen Literatur – im Gegensatz zum Sprachgebrauch nicht weniger Autoren z.B. aus der Sprachlehrforschung – (weitgehend) synonym mit 'Erfahrung' verwendet wird. Für einen reinen Empiristen ist eine fremdsprachenunterrichtliche Theorie – verstanden als System von Hypothesen (an der Realität überprüfbare Aussagen) – nichts anderes als eine induktive Verallgemeinerung der z.B. in Unterrichtsbeobachtungen gewonnenen Erfahrungen. In Abhebung von dieser inzwischen als widerlegt geltenden Position betonen Rationalisten den Primat der Theorie über die Erfahrung und argumentieren, daß Theorien mehr seien als Verallgemeinerungen von Beobachtungsdaten und daß es keine voraussetzungs- und theoriefreie Beobachtung (z.B. von Fremdsprachenunterricht) gäbe. Entsprechend wird die Empirie in erster Linie als eine Prüfungsinstanz für bereits bestehende Theorien (Hypothesen) angesehen. Eine unmittelbare Überprüfung von Hypothesen an der Realität ist allerdings gar nicht möglich, da sich uns die Realität stets in zumindest zweifacher Weise gebrochen präsentiert. Zum einen sehen wir die Realität im Lichte unserer Forschungshypothesen (Theorien), zum anderen auch entscheidend geprägt durch unsere Forschungsmethoden, die wiederum – zumindest im Idealfall – auf sog. Instrumententheorien beruhen, wie z.B. Theorien der Unterrichtsbeobachtung. So lassen sich z.B. die empirischen 'Belege' für die Eindimensionalität (und damit gegen eine fertigkeits- und komponentenspezifische Differenzierung) fremdsprachlicher Kompetenz weitgehend als Artefakt des verwendeten faktoranalytischen Modells sowie der jeweiligen Personen- und Variablenstichprobe erklären (vgl. Bachman 1990). Ähnlich können viele 'Befunde' zum Lehr- und Lernverhalten im Fremdsprachenunterricht als Artefakt der verwendeten Beobachtungsinstrumente gedeutet werden (vgl. Chaudron 1988).

Eine weitere Unterscheidung methodologischer Hauptpositionen ist anhand der mit der Erhebung von Daten verfolgten Ziele möglich. Es lassen sich zwei Hauptzielsetzungen unterscheiden: (a) die Exploration eines bestimmten Wirklichkeitsbereichs zwecks Hypothesenbildung; (b) die Sammlung von Information zur Überprüfung von Hypothesen (vgl. zum Folgenden Grotjahn 1987; 1991). Kennzeichnend für explorativ vorgehende Disziplinen ist, daß bei der Datenanalyse (z.B. von Sprachhandlungen) vor allem interpretative (hermeneutische) Verfahren verwendet werden. Auf eine nachfolgende statistische Analyse wird im Rahmen dieser als explorativ-interpretativ charakterisierbaren Methodologie meist verzichtet. Für die sog. analytisch-nomologische Methodologie (Beispiel: experimentelle Psychologie) spielt dagegen die Phase der Exploration zwecks Hypothesenbildung nur eine untergeordnete Rolle und ist sorgfältig zu trennen von der 'eigentlichen' Aufgabe der Erfahrungswissenschaften, nämlich der Prüfung von Gesetzeshypothesen (nomologische Hypothesen) mit dem Ziel der Theoriekonstruktion.

In enger Beziehung zur explorativ-interpretativen Methodologie steht die sog. Handlungsforschung (Aktionsforschung) (vgl. hierzu z.B. Nunan 1989 und Altrichter/Posch 1990). Nicht die Beschreibung und Erklärung der Realität sowie das technologische Verfügen über die Realität ist hier das Ziel, sondern eine gemeinsam mit den 'Erforschten' (Lehrern, Schülern) bereits in der Phase der explorativen Realitätserfassung eingeleitete (theoriegestützte) Veränderung der Realität mit meist praktisch-emanzipatorischem Erkenntnisinteresse. Gemessen an methodologischen Standards, wie Generalisierbarkeit der Ergebnisse, ist dieses Konzept sehr problematisch. Für Forschung, die auf eine von den Betroffenen akzeptierte, punktuelle Veränderung der Praxis abzielt, dürfte die Handlungsforschung jedoch eine bedenkenswerte Ergänzung der traditionellen empirischen Methodologie darstellen.

Anstelle der Unterscheidung zwischen explorativ-interpretativer und analytisch-nomologischer Forschung findet man immer häufiger das Gegensatzpaar qualitative vs. quantitative Forschung. Dieser Sprachgebrauch ist allerdings problematisch. Zum einen ist der Begriff 'qualitativ' in diesem Kontext zumindest doppeldeutig. Bezogen auf Begriffe und Daten bezeichnet 'qualitativ' einen bestimmten Begriffstyp bzw. das Skalenniveau der Daten. Allgemein gelten klassifikatorische Begriffe und damit auch nominalskalierte Daten (z.B. Typen von Lernstrategien) als 'qualitativ', metrische Begriffe bzw. mindestens intervallskalierte Daten (z.B. Pausenlänge in Sekunden) dagegen als 'quantitativ'. Zum anderen wird der Begriff 'qualitativ' in einem weit umfassenderen Sinne zur Kennzeichnung eines eigenständigen Forschungsparadigmas verwendet und deckt sich z.T. mit der als explorativ-interpretativ charakterisierten Position. Er bezieht sich dann häufig gleichzeitig auf die Art der Datenerhebung, der Theoriekonstruktion und der Datenanalyse sowie auf die jeweilige gesellschaftlich-philosophische Orientierung. Was genau unter 'qualitativ' zu verstehen ist, bleibt meist unklar und wird zudem auch von Vertretern 'qualitativer' Forschung kontrovers diskutiert (vgl. auch Nunan 1992).

3. Forschungsmethodologische Gütekriterien

Analytisch-nomologische Methodologie

Das Gütekriterium der Objektivität gilt als eines der wichtigsten Kriterien der analytisch-nomologischen Methodologie. Objektivität bedeutet u.a. Intersubjektivität der Methode, d.h. prinzipielle Nachvollziehbarkeit und Replizierbarkeit von Forschung. In direktem Zusammenhang hierzu steht das Kriterium der Reproduzierbarkeit von Forschungsergebnissen. Eng verwandt mit den genannten Kriterien sind die meßtheoretischen Kriterien der Reliabilität und Validität (vgl. hierzu die Art. 58 und 110), die auch als allgemeine forschungsmethodologische Gütekriterien verwendet werden. Validität (Gültigkeit) gilt als Maß der Übereinstimmung zwischen Forschungsergebnissen und untersuchtem Realitätsausschnitt. Notwendige, jedoch nicht hinreichende Voraussetzung für eine hohe Validität als zentrale Forderung empirischer Forschung ist eine hohe Reliabilität (Genauigkeit) des Datenerhebungs- bzw. Meßvorgangs. Ein weiteres Kriterium ist die Repräsentativität/Generalisierbarkeit der Resultate. Hiermit verbunden ist auch die Forderung nach Quantifizierung (im skalentheoretischen Sinne) und nach Verwendung statistischer Methoden. In sehr engem Zusammenhang mit den genannten Kriterien steht die Forderung nach Standardisierung der Untersuchungsmethode und Variablenkontrolle. Dies bedeutet u.a., daß die soziale Interaktion zwischen Forscher und Erforschtem als potentielle Störquelle (z.B. in Hinblick auf Validität und Reproduzierbarkeit) möglichst weitgehend zu eliminieren ist.

Die Anwendung der genannten Kriterien hat erhebliche Konsequenzen für die Forschungspraxis. So gilt z.B. bei den meisten Psychologen das Hypothesentesten mit Hilfe von möglichst weitgehend kontrollierten Experimenten als Königsweg empirischer Forschung; andere Forschungsansätze werden dann lediglich als Defizitärformen experimentellen Vorgehens angesehen (vgl. z.B. Cook 1986). Entsprechend wird in der traditionellen empirischen Sozialforschung z.B. bei Befragungen nach möglichst weitgehender Standardisierung und Kontrolle getrachtet. In nicht wenigen Fällen – so z.B. bei fremdsprachlichen Unterrichtsbeobachtungen mit Hilfe geschlossener Kategorien – wird über Standardisierung und Kontrolle zwar die Reliabilität und Reproduzierbarkeit erhöht, gleichzeitig jedoch Umfang und 'Tiefe' der erhaltenen Information drastisch eingeschränkt. Weiterhin führt das Streben nach Repräsentativität und die Verwendung statistischer Methoden häufig zur Vernachlässigung des Einzelfalls.

Explorativ-interpretative Methodologie

Objektivität, Reliabilität und insbesondere Validität sind auch für die meisten explorativ-interpretativ orientierten Forscher wichtige Standards. Sie erfahren allerdings eine partielle Uminterpretation (vgl. z.B. Kirk/Miller 1986; Mayring 1990 sowie Grotjahn 1991). So gilt nicht mehr oder nur sehr eingeschränkt das meßtheoretische Kriterium der Reliabilität sowie die Forderung nach Standardisierung und Variablenkontrolle, sondern vielmehr die Beachtung der Kriterien der Offenheit und Kommunikation als notwendige Bedingung für eine zufriedenstellende Validität. Als Konsequenz ist bei der Datenerhebung auf eine vorgängige Hypothesenbildung zu verzichten und die Untersuchung so zu gestalten, daß eine möglichst herrschaftsfreie Kommunikation zwischen Forscher und Erforschten gewährleistet ist. Entsprechend gewinnen auch offene und wenig strukturierte Forschungsformen, wie z.B. Tagebuchaufzeichnungen, teilnehmende Beobachtung oder ethnographisch-holistische Beschreibung der Unterrichtswirklichkeit, an Bedeutung (vgl. van Lier 1988; Allwright/Bailey 1991; Johnson 1992).

4. Perspektiven

In jüngerer Zeit mehren sich die Versuche zur Überwindung des unfruchtbaren Gegensatzes zwischen analytisch-nomologischer und explorativ-interpretativer Methodologie (z.B. Chaudron 1986; Arbeitsgruppe Fremdsprachenerwerb Bielefeld 1987; Grotjahn 1991). Häufig wird dabei allerdings eine Funktionstrennung vorgenommen: Aufgabe der explorativ-interpretativen Methodologie ist die umfassende Exploration und Deskription des Untersuchungsgegenstandes, Aufgabe der analytisch-nomologischen Methodologie die Überprüfung von Forschungshypothesen

Einen sehr weitgehenden Integrationsversuch stellt das "Forschungsprogramm Subjektive Theorien" dar (vgl. Groeben, u.a. 1988; Grotjahn 1991). Zentral für diesen Ansatz sind die Konzepte der kommunikativen und der explanativen Validierung (Handlungsvalidierung). Kommunikative Validierung als Kern einer interpretativen (hermeneutischen) Methodologie zielt darauf ab, die Validität von Interpretationen von Verhaltens- und Handlungsdaten (unter Einschluß von Sprache) über die Zustimmung der untersuchten Personen zu den vom Forscher vorgenommenen Interpretationen zu sichern. Entsprechend ist die Interpretation von z.B. Lehr- und Lernverhalten als Produkt bestimmter Strategien zunächst einmal anhand der Zustimmung der betreffenden Lehrer bzw. Lerner dialog-hermeneutisch zu validieren. Beispiele für die Anwendung dieser Strategie bei der Erforschung des Fremdsprachenunterrichts sind in Grotjahn (1991) aufgeführt. Zur Überprüfung, ob Beobachtungsdaten wirklich als das Produkt bestimmter Strategien (kausal) erklärt werden können (Kriterium der Realitätsadäquanz), bedarf es allerdings zusätzlich zur kommunikativen Validierung einer explanativen Validierung anhand von weiteren Beobachtungsdaten entsprechend der analytisch-nomologischen Methodologie. So kann untersucht werden, ob das Lehren bestimmter, von erfolgreichen Fremdsprachenlernern nach eigener Aussage zur Bewältigung von Kommunikationsproblemen verwendeter Strategien zu einer besseren Bewältigung dieser Kommunikationsprobleme auch bei weniger erfolgreichen Lernern führt. Trifft dies zu, ist dies ein Beleg für die Realitätsadäquanz und explanative Validität der vorgenommenen Interpretationen und damit der identifizierten Strategien. In der Forschungspraxis wird sowohl die kommunikative als auch die explanative Validität meist nicht hinreichend abgesichert. Dies gilt in nicht unerheblichem Maße z.B. für die in jüngster Zeit bei der Erforschung des Fremdsprachenunterrichts immer häufiger eingesetzten 'introspektiven' Methoden (vgl. Grotjahn 1987; 1991).

Da sich uns die Untersuchungsgegenstände nicht unmittelbar, sondern stets im Lichte von Theorien und geprägt durch die verwendeten Forschungsmethoden präsentieren, sollte Fremdsprachenunterricht verstärkt auf der Basis einer mehrfachen Triangulierungsstrategie untersucht werden. Bei der Methodentriangulierung sind unterschiedliche Methoden (z.B. Introspektion und Fremdbeobachtung) für die Untersuchung ein und desselben Gegenstandes zu verwenden. Bei der Datentriangulierung werden unterschiedliche Datenquellen (z.B. zu verschiedenen Zeitpunkten erhobene Daten) zur Überprüfung der Konsistenz der erhaltenen Informationen betrachtet. Bei der Untersuchertriangulierung erforschen mehrere unabhängige Untersucher den gleichen Untersuchungsgegenstand (z.B. Analyse eines Unterrichtsmitschnitts durch mehrere Auswerter). Bei der Theorietriangulierung wird schließlich ein und derselbe Datensatz auf der Basis unterschiedlicher theoretischer Ansätze interpretiert. Konvergieren die Ergebnisse, ist dies ein Beleg für ihre Validität. Im Fall von Divergenz ist zu prüfen, inwieweit bestimmte Resultate z.B. als Methodenartefakt anzusehen sind (vgl. Grotjahn 1987; 1991).

Insbesondere wenn Forschungsresultate prognostische Relevanz besitzen sollen, ist zur besseren Abschätzung des Risikos einer Fehlentscheidung die Verwendung von statistischen Verfahren unabdingbar. Auf das Fremdsprachenlernen bezogene Einführungen in die Statistik geben u.a. Brown (1988) und Hatch/Lazaraton (1991). Voraussetzung für die Verwendung statistischer Methoden ist allerdings eine adäquate Operationalisierung und Messung der Variablen – eine in der Praxis vielfach nicht genügend beachtete Bedingung. Weiterhin wäre es wünschenswert, wenn in Zukunft verstärkt statistische Methoden Anwendung fänden, die speziell für die Erfassung hochkomplexer Untersuchungsgegenstände entwickelt worden sind (vgl. hierzu z.B. Hartung/Elpelt 1989; Pedhazur/Schmelkin 1991). Um eine adäquate Verwendung komplexer statistischer Methoden zu gewährleisten, sollte allerdings entsprechende Forschung – im Sinne einer (integrativen) Interdisziplinarität – in Zusammenarbeit mit Methodenspezialisten erfolgen.

Literatur

Allwright, Dick (1988), *Observation in the Language Classroom*, London/New York.
Allwright, Dick/Bailey, Kathleen M. (1991), *Focus on the Language Classroom. An introduction to classroom research for language teachers*, Cambridge.
Altrichter, Herbert/Posch, Peter (1990), *Lehrer erforschen ihren Unterricht. Eine Einführung in die Methoden der Aktionsforschung*, Bad Heilbrunn.
Arbeitsgruppe Fremdsprachenerwerb Bielefeld (1987), "Welcher Typ von Forschung in der Fremdsprachendidaktik? Zum Verhältnis von qualitativer und quantitativer Forschung", in: Wolfgang Lörscher/Rainer Schulze (Hrsg.), *Perspectives on Language in Performance*, Tübingen, 943-975.
Bachman, Lyle F. (1990), *Fundamental Considerations in Language Testing*, Oxford.
Bausch, Karl-Richard/Königs, Frank G., Hrsg. (1986), *Sprachlehrforschung in der Diskussion. Methodologische Überlegungen zur Erforschung des Fremdsprachenunterrichts*, Tübingen.
Bredenkamp, Jürgen/Feger, Hubert, Hrsg. (1983), *Enzyklopädie der Psychologie. Serie I: Forschungsmethoden der Psychologie*, 4 Bde., Göttingen.
Brown, James D. (1988), *Understanding Research in Second Language Learning. A Teacher's Guide to Statistics and Research Design*, Cambridge.
Chaudron, Craig (1986), "The Interaction of Quantitative and Qualitative Approaches to Research: A View of the Second Language Classroom", in: *TESOL Quarterly*, Jg. 20, 709-717.
Chaudron, Craig (1988), *Second Language Classrooms. Research on Teaching and Learning*, Cambridge.
Cook, Vivian J., ed. (1986), *Experimental Approaches to Second Language Learning*, Oxford.
Færch, Claus/Kasper, Gabriele, eds. (1987), *Introspection in Second Language Research*, Clevedon.
Flick, Uwe u.a., Hrsg. (1991), *Handbuch Qualitative Sozialforschung*, München.
Groeben, Norbert/Wahl, Diethelm/Schlee, Jörg/Scheele, Brigitte (1988), *Forschungsprogramm Subjektive Theorien*, Tübingen.
Grotjahn, Rüdiger (1987), "On the methodological basis of introspective methods", in: Færch/Kasper (eds.), *Introspection in Second Language Research*, Clevedon, 54-81.
Grotjahn, Rüdiger (1991),"The Research Programme Subjective Theories: A New Approach in Second Language Research", in: *Studies in Second Language Acquisition*, Jg. 13, 187-214.
Grotjahn, Rüdiger (1993), "Qualitative vs. quantitative Fremdsprachenforschung: Eine klärungsbedürftige und unfruchtbare Dichotomie", in: Timm/Vollmer (Hrsg.), *Kontroversen in der Fremdsprachenforschung*, Bochum, 223-248.
Haft, Henning/Kordes, Hagen, Hrsg. (1984), *Enzyklopädie Erziehungswissenschaft. Bd. 2: Methoden der Erziehungs- und Bildungsforschung*, Stuttgart.
Hartung, Joachim/Elpelt, Bärbel (1989), *Multivariate Statistik*, 3. Aufl., München.
Hatch, Evelyn/Lazaraton, Anne (1991), *The Research Manual: Design and Statistics for Applied Linguistics*, New York.
Johnson, Donna M. (1992), *Approaches to Research in Second Language Learning*, New York.
Kasper, Gabriele/Grotjahn, Rüdiger, Hrsg. (1991), *Methods in Second Language Research* (= *Studies in Second Language Acquisition*, Jg. 13/2).
Keeves, John P., ed. (1988), *Educational Research, Methodology, and Measurement. An International Handbook*, Oxford.
Kirk, Jerome/Miller, Marc L. (1986), *Reliability and Validity in Qualitative Research*, London.
Koordinierungsgremium im DFG-Schwerpunkt "Sprachlehrforschung", Hrsg. (1983), *Sprachlehr- und Sprachlernforschung: Begründung einer Disziplin*, Tübingen.
Kromrey, Helmut (1991), *Empirische Sozialforschung*, 5. Aufl., Opladen.
Mayring, Philipp (1990), *Einführung in die qualitative Sozialforschung*, München.
Nunan, David (1989), *Understanding Language Classrooms*, London.
Nunan, David (1992), *Research Methods in Language Learning*, Cambridge.
Pedhazur, Elazar J./Schmelkin, Liora (1991), *Measurement, Design, and Analysis*, Hillsdale.
Roth, Erwin, Hrsg. (1993), *Sozialwissenschaftliche Forschung. Lehr- und Handbuch für Forschung und Praxis*, 3. Aufl., München.
Seliger, Herbert W./Shohamy, Elena (1989), *Second Language Research Methods*, Oxford.
van Lier, Leo (1988), *The Classroom and the Language Learner. Ethnography and Second Language Classroom Research*, London.

Rüdiger Grotjahn

102. Lehr- und Lernziele, Curriculumforschung

1. Problemstellung und Definition

Obwohl in der deutschen didaktischen Diskussion Lernziel- und Lerninhaltsprobleme immer eine Rolle gespielt hatten, gab es 1967 mit der Schrift Robinsohns eine Zuspitzung: Die Ziele und Inhalte eines die gesamte Schulzeit abdeckenden Curriculums sollten (neu) bestimmt werden. Dieser Text löste eine Fülle von Aktivitäten aus, sowohl auf seiten der Wissenschaft als auch auf seiten der Bildungsverwaltung. Ein erstes Resümee wurde mit einem dreibändigen Curriculum-Handbuch gezogen (Frey et al. 1975). Diese stürmische Entwicklung war möglich, da an völlig unterschiedlichen Orten und von völlig unterschiedlichen Standpunkten aus immer wieder die Fragen aufgeworfen wurden, die Robinsohn mit seinem Entwurf zu beantworten trachtete (vgl. u.a. die Beiträge in Achtenhagen/Meyer 1971 sowie die Bilanz bei Hameyer/Frey/Haft 1983 und Hameyer 1992a). Gegenwärtig ist wieder ein zunehmendes Interesse an curricularen Fragen zu beobachten – sicher ein Reflex auf die vielen ungelöst gebliebenen Probleme und auf die Auseinandersetzungen um eine generelle Neuordnung des Schulwesens: im Hinblick auf die deutsche und europäische Einigung und dabei insbesondere die Neuausrichtung und Anpassung der Lehrpläne und Lehrwerke, die allgemeine Schuldauer, die Abgrenzung/Verknüpfung von allgemeiner und beruflicher Bildung, die Neuordnung des Verhältnisses von Erstausbildung und Weiterbildung, die Bestandssicherung von Schulformen angesichts der demographischen Entwicklung u.a.m. (für den Fremdsprachenunterricht vgl. Bausch/Christ/Hüllen/Krumm 1985). Zwei neue Handbücher belegen die internationale Bedeutung der Curriculumproblematik (Lewy 1991; Jackson 1992).

Unter dem Begriff "Curriculumforschung" sei hier die pädagogische Forschung verstanden, die auf die Gewinnung, Beschreibung, praktische Umsetzung (Implementation, Dissemination) und Evaluation sowie auf die Begründung und Legitimation von Zielen und Inhalten bezogen ist. Dieser Definitionsvorschlag umfaßt eine Produkt- wie eine Prozeßbetrachtung, die sich primär auf drei große Bereiche konzentriert: Lehrpläne; Lernmaterial (in erster Linie *Lehrbücher* für die Hand des Schülers); Lernobjekte (Ziele und Inhalte in den Lehr-Lern-Prozessen) (vgl. Achtenhagen/Tramm 1983).

2. Curriculumforschung und Fachdidaktik

In der deutschsprachigen Diskussion setzte sich sehr bald die Einsicht durch, daß isolierte, zumeist instrumentell geprägte Verfahren der Curriculumforschung (z.B. an Taxonomisierungen ausgerichtet; für den Fremdsprachenunterricht vgl. Valette 1971) substantiell einen eher geringen Beitrag erbringen würden. Eine Bestätigung erfolgte, ungewollt, dadurch, daß fast sämtliche Lehrpläne in der Bundesrepublik Operationalisierungs- und Taxonomisierungsprozeduren unterworfen wurden, die jedoch so gut wie kaum zu einer qualitativen Verbesserung beigetragen haben. Grundlegende und hinreichend theoretisch abgesicherte Fortschritte lassen sich nur erreichen, wenn Modelle schulischen Lernens (vgl. Carroll 1975) oder – noch geeigneter – unterrichtsbezogene fachdidaktische Ansätze zugrunde gelegt werden (vgl. z.B. das Konzept "mittelfristiger Curriculumforschung": Achtenhagen/Wienold 1971). Diese Einsicht führte zu einer Reihe entsprechend konzipierter Entwürfe, wobei die Bandbreite der Fragestellungen, wie sie durch die gewählte Definition vorgezeichnet ist, ausgefüllt wurde (als Auswahl vgl. u.a. Piepho 1974; Pelz 1977). Was allerdings in diesen Arbeiten noch zu kurz kommt, ist eine stimmige Zuordnung der verschiedenen Ebenen, auf denen Lernziel- und Lerninhaltsprobleme auftreten. Daß hier ein Desiderat für auf den Fremdsprachenunterricht bezogene Forschung liegt, wird in vielen Beiträgen bei Bausch/Christ/Hüllen/Krumm 1985 deutlich (vgl. auch die sich z.T. widersprechenden Ausführungen bei Stern (1983, 36 ff. vs. 491 ff.).

Im folgenden sollen daher Bereiche genannt werden, die zur Lösung dieser Problematik aufeinander zu beziehen wären (vgl. Wienold/Achtenhagen/Oldenbürger/Rösner/Schluroff/van Buer 1985, Bd. 1, 350 ff.). Jede Arbeit im Bereich der Curriculumforschung/Fachdidaktik hat (1) ihren bildungspolitischen und schulorganisatorischen Kontext zu bedenken. Hierzu gehören beispielsweise Art und Umfang des angestrebten Lernerfolgs, Probleme der Sprachenfolge, die Auswahl der Pflichtfremdsprachen, die Selektionsfunktion von Sprache (z.B. in der Orientierungsstufe).

Vom Zustand der (2) didaktischen Handlungsempfehlungen hängen die Qualität (3) der Lehrpläne, (4) des Lernmaterials, aber auch (5) der Unterrichtstheorie und der Verhaltensweisen des Lehrers ab. Analysen für den Bereich des Englischunterrichts haben Achtenhagen/Wienold (1975, Bd. 1) und van Buer (1980) vorgelegt: Hier wird deutlich, daß die vorhandenen Handlungsempfehlungen nur bedingt eine Hilfe für die Erstellung und den Einsatz der Lehrpläne und des Lernmaterials bzw. für die Unterrichtsvorbereitung und -durchführung bieten.

Menck (1987) und Haft/Hopmann (1987) haben weitgehend die Ergebnisse von Haller (1970) zur Lehrplanarbeit repliziert: Danach werden Überlegungen der Curriculumtheorie kaum berücksichtigt. Angesichts der Tatsache, daß Christ (1985) seit 1945 ca. 1000 Lehrpläne zählt, die teilweise einen Umfang von ca. 200 Seiten annehmen können, bleibt die Frage, wie das Lernmaterial hiervon beeinflußt wird. Man muß hier wie auch für die Unterrichtstheorie der Lehrer annehmen: kaum oder eher negativ; allerdings liegen hierzu keine

Forschungsergebnisse vor. Gerade wenn man (6) die Subjektivität des Schülers betont, ist es für Prozesse der Curriculumforschung und -entwicklung wichtig, auch eine "Unterrichtstheorie" auf seiten der Schüler zu postulieren; diese lernen z.B., sich auf den jeweiligen Lehrer und seinen Unterricht, auf ihre Mitschüler wie auf Schule insgesamt einzustellen und Verhaltensweisen anderer bereits in ihren Erwartungen zu antizipieren (vgl. Art. 105 und 106). Die Chance des Schülers, sich inhaltlich im Fremdsprachenunterricht zu betätigen, ist weitgehend von den Lehrer- bzw. Schülererwartungen abhängig (vgl. hierzu van Buer/Achtenhagen/Oldenbürger 1986).

3. Lernziele und Lerninhalte im Lehrplan, im Lernmaterial und in den Lernobjekten

Sieht man Curriculumforschung und Fachdidaktik in einem Zusammenhang, so sind die Lernziele und Lerninhalte nach Möglichkeit so zu gewinnen, zu beschreiben und zu evaluieren, daß die jeweils auf der Lehrplan-, der Lernmaterial- und der Lernobjektebene erhaltenen Ergebnisse sinnvoll wechselseitig aufeinander bezogen werden können. Derartige Arbeiten stehen für den Fremdsprachenunterricht noch aus, wenngleich viele Autoren sie anmahnen (vgl. die Zusammenstellung von Argumenten in Bausch/Christ/Hüllen/Krumm 1985). Einen neuen Forschungsschub darf man im Zusammenhang mit der sog. kognitiven Wende in der pädagogisch-psychologischen Forschung erwarten (vgl. Oser/Dick/Patry 1992).

Die Gewinnung von Lernzielen und -inhalten ist weitgehend der Tradition, dem Zufall, den Einfällen, dem Durchsetzungsvermögen einzelner zuzuschreiben. Vorgehensweisen bei der Umsetzung von Lehrplanangaben in Lernmaterialien bzw. in Lernobjekte und bei der Beeinflussung der Lehrpläne durch Lernmaterial einerseits sowie die Rolle der Lehrerausbildung (besonders in der 2. Phase) oder die Einflußnahmen der Kultusverwaltung andererseits sind beispielhaft u.a. bei Menck (1987) beschrieben. Ein interessantes Experiment zur These, daß die Modelle der Lernziel- und -inhaltsgewinnung das Curriculum selbst beeinflussen, haben Frey/Frei/Langeheine (1987) durchgeführt, wobei diese These zugleich bestätigt wurde. Diese Untersuchung setzte die Entwicklung eines detaillierten und relativ aufwendigen Beschreibungsinstrumentariums voraus. Hier muß auch der entscheidende Punkt bei der Weiterentwicklung der Curriculumforschung gesehen werden. Ohne die Entwicklung valider und reliabler Beschreibungssysteme für Lernziele und Lerninhalte, die es zugleich gestatten, größere Datenmengen konsistent aufeinander zu beziehen, wird es kaum gelingen, die Steuerungsprozesse des Unterrichts analytisch angemessen zu erfassen und die Analyseergebnisse in konstruktive Vorschläge umzusetzen. Wie notwendig die Entwicklung solcher Beschreibungssysteme ist, zeigen methodologisch orientierte Arbeiten (z.B. Heidenreich/Heymann 1976) einerseits, Forschungsberichte andererseits: Bellack/Kliebard/Hyman/Smith (1966, 63; 68) führten eine Untersuchung zum Sprachverhalten im Unterricht durch; dabei versuchten sie, die Inhaltsdimension durch identisches Lernmaterial und ein Training zum Umgang mit diesem unter Kontrolle zu halten. Bei der Auswertung mußten sie feststellen, daß die Inhalte über die verschiedenen Klassen hinweg die größte Varianz unter allen erhobenen Variablen aufwiesen.

Daß es erfolgversprechend ist, Lernmaterial- und Lernobjektbeschreibungssysteme zu entwickeln, um die Neukonstruktion/Gewinnung von Lernzielen und -inhalten zu sichern und zu bereichern, ist im Rahmen eines Langzeitprojekts gezeigt worden. Achtenhagen/Wienold 1975 haben versucht, mit Hilfe des linguistischen Modells SYNTAKO die syntaktische Dimension von Lernmaterial (zunächst des Lehrbuchs *English for Today* 1) Satz für Satz zu beschreiben. Zugrunde lag die historisch unangefochtene und durch die Curriculumdebatte verstärkte These, daß Lehrbücher für die Hand des Schülers im Englischanfangsunterricht die Lehr- und Lernprozesse entscheidend beeinflussen und damit den Lernerfolg der Schüler mit determinieren. In der Operationalisierung dieser These ging es darum, (a) wie man Vor- und Nachteile von Lernmaterial möglichst lehrer- und unterrichtsunabhängig feststellen könnte; (b) wie sich Kriterien und darauf aufbauend didaktische Handlungsempfehlungen entwickeln ließen, mit deren Hilfe eine Lernmaterialverbesserung derart vorgenommen werden könnte, daß sie mit hoher Wahrscheinlichkeit eine Verminderung von Lernschwierigkeiten, und damit auch Fehlern, auf seiten der Schüler bedeutete. Die Beschreibung war Voraussetzung für die Evaluation und zugleich die Neukonstruktion auf der Lernmaterialebene (vgl. Achtenhagen 1991).

Die in dieser Untersuchung vorgeschlagene Strategie kann – und sollte – noch ausgebaut werden (auch im Hinblick auf andere Dimensionen von Unterricht und Sprache), indem z.B. der folgende Zusammenhang als curriculare Forschungsaufgabe definiert wird: Anforderungen an das Sprachverhalten in der Berufspraxis (Qualifikationen) – Umsetzung dieser Anforderungen in idealisierte Vorgaben (z.B. Umfang des Vokabulars, der Grammatik) – Aufbereitung dieser Vorgaben im Unterricht (sowohl stunden- als auch zeitablaufbezogen) - Lernerfolg der Schüler in Abhängigkeit von ihrem Vorwissen – Fähigkeit, diesen Lernerfolg in kommunikatives Handeln in der Berufspraxis umzusetzen (vgl. u.a. Meyer 1986).

4. Verknüpfung von Relevanzkriterien und Planungsebenen

Die Schwierigkeiten, Lernziele und -inhalte zu gewinnen, sind nicht als Ausfluß fehlender Phantasie zu werten; im Fremdsprachenunterricht mangelt es nicht an Vorschlägen, wohl aber an ihrer systematischen empirischen Überprüfung – und damit auch an ihrer Akzeptanz. Diese Problematik der akzeptierten Relevanz von Lernzielen und -inhalten, ihrer Begründung und Legitimation, hat schon immer im Zentrum der deutschen Curriculumdiskussion gestanden – mitunter auch die eigentlichen Forschungsprozesse überwuchert. Dabei haben sich die Schwerpunkte mehrfach verlagert. Robinsohns Entwurf (1967) war auf die Trias Lebenssituationen – Qualifikationen – Curriculumelemente konzentriert. Entscheidend war die Frage nach der Entwicklung von Qualifikationen, mit denen gegenwärtige wie zukünftige berufliche und private Situationen erfolgreich zu meistern wären. Anfang der 70er Jahre gab es dann unter dem Einfluß der Kritischen Theorie (Adorno; Habermas) eine Verschiebung, die insbesondere im Umkreis der sog. Hessischen Rahmenrichtlinien und der Gesamtschuldurchsetzung zum Ausdruck kam: Die Relevanzdebatte uferte aus bis hin zur Frage, wie denn die Lebenssituationen politisch umgestaltet werden müßten. Unter der Überschrift "kommunikative Kompetenz" griff diese Auseinandersetzung auch auf den Fremdsprachenunterricht über, der als Gesellschaftserziehung verstanden wurde (vgl. Piepho 1974). Diese Extremposition konnte allerdings nicht durchgehalten werden, wozu mehrere Punkte beitrugen: (a) Das für diese Gruppe zentrale Relevanzkriterium, Emanzipation, konnte nicht hinreichend positiv, sondern nur negativ ausgrenzend formuliert werden; es war nicht möglich, Alternativen inhaltlich akzeptabel zu begründen und der Zielsetzung gemäß auszuarbeiten. (b) Die mit diesem Ansatz verbundene Kritik an der Gesellschaft und ihrer Bildungsorganisation beeinträchtigte die Orientierungs- und Verhaltenssicherheit von betroffenen Ministerialbeamten, Lehrern, Schülern und Eltern. (c) Hinzu kamen unzutreffende Annahmen der Projektgruppen bezüglich der Schülerinteressen. – Einen Effekt hatte die Diskussion um die Hessischen Rahmenrichtlinien in Verbindung mit der allgemeinen Curriculumdebatte allerdings: Die Ministerialbürokratie (nicht nur in Hessen) nahm die Lehrplanarbeit auf einmal sehr viel ernster, als sie das zuvor getan hatte. Es wurden Curriculuminstitute oder größere Arbeitsgruppen eingerichtet. Aufgrund der Brisanz der Lehrplanveränderungen, wie man sie damals einschätzte, weitete man den Wirkungsbereich der Lehrpläne auch auf das Lernmaterial und die Handlungsmöglichkeiten des Lehrers, die Lernobjektarrangements, hin aus. Das Vehikel hierfür waren Taxonomierungs- und Operationalisierungsprozesse. Interessant war dabei, daß genau dieser Aspekt von allen Curriculumtheoretikern einhellig abgelehnt, ja von Robinsohn als Hauptkritikpunkt markiert worden war.

Als Lösung wird hier vorgeschlagen, daß zugleich mit einer theorieadäquat angewandten Operationalisierung und Taxonomisierung, die den Lehrern gute Hilfestellung leisten könnte, die Lernziele und -inhalte expliziten Begründungs- und Legitimationsverfahren unterworfen werden sollten. Will man beispielsweise das Konzept eines "handlungsorientierten Fremdsprachenunterrichts" (vgl. den theoretischen Hintergrund bei Aebli 1980) über eine schlagwortartige Verwendung hinausführen, dann ist es notwendig, die "Handlungsorientierung" in stimmiger Weise sowohl auf die Zielebene (die zu vermittelnden Qualifikationen) als auch auf die Makrosequenzen (die Lehrplanebene) und Mikrosequenzen (die Lehr-Lern-Prozesse) zu beziehen. Nur dann, wenn es gelingt, die Analyse und Konstruktion von den Qualifikationen bis in die Mikrosequenzen hinein zu kontrollieren und umgekehrt die in den Mikrosequenzen (über die Lernobjekte) zu vermittelnden Qualifikationen auch wieder auf Anforderungen in Lebenssituationen hin zu beziehen, ist die Stringenz des Ansatzes gewährleistet (vgl. Achtenhagen/John 1992; Tramm 1992).

5. Offene Probleme

Abschließend sollen einige Probleme aufgelistet werden, deren systematische Behandlung sehr viel mehr Platz erfordert hätte. (a) Mit dem Begriff "Curriculumforschung" wird eine Fülle von Aktivitäten verknüpft. Als Übersicht vgl. Hameyer/Frey/Haft (1983); Lewy (1991); Jackson (1992). Der Trend weist zur Zeit in die hier aufgewiesene Richtung, d.h. eine Verknüpfung von Curriculum- und Lehr-Lern-Forschung. (b) Die deutsche Einigung verlangt eine Anpassung der Lehrpläne; die Sprachenauswahl und -folge spielen dabei eine zentrale Rolle. (c) Im Zuge der europäischen Einigung kommen übergreifende Curriculumprobleme in den Blick (vgl. Hameyer 1992b; van den Akker 1988; van Bruggen 1989); dazu gehören auch die von der Europäischen Gemeinschaft ausgeschriebenen Fremdsprachenlernprogramme. Für neue Schulformen, z.B. die Kollegschule Nordrhein-Westfalen, gibt es neue Ansätze, innerhalb derer auch der Stellenwert des Fremdsprachenunterrichts für "allgemeine" und "berufliche Bildung" diskutiert wird (vgl. Blankertz 1986; Meyer 1986). (d) Wichtige Impulse kommen aus der Entwicklung neuer Kurse für das Arabisch-, Chinesisch-, Japanischlernen von Erwachsenen. (e) Alternative Methoden des Fremdsprachenunterrichts (vgl. Krumm 1991), wie Suggestopädie, sind zu prüfen. (f) Es werden umfassende methodische Ansätze vorgeschlagen, z.B. *Total Physical Response* (Asher), *Silent Way* (Gattegno), *Community Language Learning* (Curran), die erst noch systematisch verarbeitet werden müssen (vgl. die ausführliche Darstellung in Wienold/Achtenhagen et al. 1985, Bd.1, 233 ff.). (g) Schließlich gibt es bezogen auf die Kombination von Curriculumforschung und Lehr-Lern-Forschung eine Fülle von forschungsmethodologischen Überlegungen, die insbesondere für Evaluationszwecke zu berücksichtigen sind; denn ein enger Praxiskontakt wirft zwangsläufig Probleme der wechselseitigen Unabhängigkeit bzw. Abhängigkeit von Hypothesengenerierung und -formulierung und ihrer Prüfung auf.

Literatur

Achtenhagen, Frank (1991), *Gute Vorsätze und tatsächliches Verhalten: Über einige Schwierigkeiten des Lehrens und Lernens*, St. Gallen.

Achtenhagen, Frank/John, Ernst G., Hrsg. (1992), *Mehrdimensionale Lehr-Lern-Arrangements*, Wiesbaden.

Achtenhagen, Frank/Meyer, Hilbert L., Hrsg. (1971), *Curriculumrevision – Möglichkeiten und Grenzen*, München.

Achtenhagen, Frank/Wienold, Götz (1971), "Curriculumforschung und fremdsprachlicher Unterricht", in: Frank Achtenhagen/Hilbert L. Meyer (Hrsg.), *Curriculumrevision – Möglichkeiten und Grenzen*, München, 216-233.

Achtenhagen, Frank/Wienold, Götz (1975), *Lehren und Lernen im Fremdsprachenunterricht*, 2 Bde., München.

Achtenhagen, Frank/Tramm, Tade (1983), "Curriculumforschung aufgrund des Einsatzes neuerer empirischer Verfahren", in: Uwe Hameyer/Karl Frey/Henning Haft (Hrsg.), *Handbuch der Curriculumforschung*, Weinheim/Basel, 545-568.

Aebli, Hans (1980), *Denken: Das Ordnen des Tuns*, 2 Bde., Stuttgart.

Bausch, K.-Richard/Christ, Herbert/Hüllen, Werner/Krumm, Hans-Jürgen, Hrsg. (1985), *Forschungsgegenstand Richtlinien*, Tübingen.

Bellack, Arno/Kliebard, Herbert M./Hyman, Ronald T./Smith Jr., Frank L. (1966), *The Language of the Classroom*, New York.

Blankertz, Herwig, Hrsg. (1986), *Lernen und Kompetenzentwicklung in der Sekundarstufe II*, Soest.

Carroll, John B. (1975), *The Teaching of French as a Foreign Language in Eight Countries*, New York/Stockholm.

Christ, Herbert (1985), "Erforschung von Richtlinien als Aufgabe der Fremdsprachendidaktik", in: K.-Richard Bausch/Herbert Christ/Werner Hüllen/Hans-Jürgen Krumm (Hrsg.), *Forschungsgegenstand Richtlinien*, Tübingen, 38-44.

Frey, Karl et al., Hrsg. (1975), *Curriculum-Handbuch*, 3 Bde., München/Zürich.

Frey, Karl/Frei, Alfons/Langeheine, Rolf (1987), *Modelle der Curriculumentwicklung beeinflussen das Curriculum. Das erste Experiment zur 60 Jahre alten Hypothese*. Arbeitspapier des IPN Kiel, Kiel.

Haft, Henning/Hopmann, Stefan (1987), "Strukturen staatlicher Lehrplanarbeit", in: *Zeitschrift für Pädagogik*, Jg. 33, 381-399.

Haller, Hans-Dieter (1970), *Prozeß-Analyse der Lehrplanentwicklung in der BRD*. Forschungsbericht 10 des Zentrums I für Bildungsforschung, Konstanz.

Hameyer, Uwe (1992a), "Stand der Curriculumforschung – Bilanz eines Jahrzehnts", in: *Unterrichtswissenschaft*, Jg. 20, 209-232.

Hameyer, Uwe (1992b), "Funktionswandel von Lehrplänen", in: *Die Deutsche Schule*, Jg. 84.

Hameyer, Uwe/Frey, Karl/Haft, Henning, Hrsg. (1983), *Handbuch der Curriculumforschung*, Weinheim/Basel.

Heidenreich, Wolf-Dieter/Heymann, Hans-Werner (1976), "Lehr-Lern-Forschung. Neuere unterrichtswissenschaftliche Literatur im Spiegel eines neuen Forschungsansatzes", in: *Zeitschrift für Pädagogik*, Jg. 22, 227-251.

Jackson, Philip W., ed. (1992), *Handbook of Research on Curriculum*, New York et al.

Krumm, Hans-Jürgen (1991), "'Alternative Methoden' für den Fremdsprachenunterricht", in: *Unterrichtswissenschaft*, Jg. 19, 2-5.

Lewy, Ariel, ed. (1991), *The International Encyclopedia of Curriculum*, Oxford et al.
Menck, Peter (1987), "Lehrplanentwicklung nach Robinsohn", in: *Zeitschrift für Pädagogik*, Jg. 33, 363-380.
Meyer, Meinert A. (1986), *Shakespeare oder Fremdsprachenkorrespondenz? Zur Reform des Fremdsprachenunterrichts in der Sekundarstufe II*, Wetzlar.
Oser, Fritz/Dick, Andreas/Patry, Jean-Luc, eds. (1992), *Effective and Responsible Teaching – The New Synthesis*, San Francisco.
Pelz, Manfred (1977), *Pragmatik und Lernzielbestimmung im Fremdsprachenunterricht*, Heidelberg.
Piepho, Hans-Eberhard (1974), *Kommunikative Kompetenz als übergeordnetes Lernziel im Englischunterricht*, Dornberg-Frickhofen.
Robinsohn, Saul B. (1967), *Bildungsreform als Revision des Curriculum*, Neuwied.
Stern, H. H. (1983), *Fundamental Concepts of Language Teaching*, Oxford.
Tramm, Tade (1992), *Konzeption und theoretische Grundlagen einer evaluativ-konstruktiven Curriculumstrategie – Entwurf eines Forschungsprogramms unter der Perspektive des Lernhandelns*, Göttingen.
Valette, Rebecca (1971), "Evaluation of learning in a second language", in: Benjamin S. Bloom/J. Thomas Hastings/Georg F. Madaus (eds.), *Handbook on Formative and Summative Evaluation of Student Learning*, New York, 815-853.
van den Akker, J. (1988), "The teacher as learner in curriculum implementation", in: *Journal of Curriculum Studies*, Jg. 20, 47-55.
van Bruggen, Johan C. (1989), "Lehrplanarbeit in Westeuropa", in: *Bildung und Erziehung*, Jg. 42, 39-55.
van Buer, Jürgen (1980), *Implizite Individualisierungsstrategien in der unterrichtlichen Lehrer-Schüler-Interaktion – am Beispiel des Englischanfangsunterrichts*, Diss. phil., Göttingen.
van Buer, Jürgen/Achtenhagen, Frank/Oldenbürger, Hartmut-A. (1986), "Lehrerurteile über Schüler, Schülerselbstbild und interaktionelles Verhalten im Englischanfangsunterricht", in: *Zeitschrift für Pädagogik*, Jg. 32, 679-702.
Wienold, Götz/Achtenhagen, Frank/Oldenbürger, Hartmut-A./Rösner, Hannelore/Schluroff, Michael/van Buer, Jürgen (1985), *Lehrerverhalten und Lernmaterial in institutionalisierten Lehr-Lern-Prozessen – am Beispiel des Englischanfangsunterrichts*, 3 Bde. Berichte aus dem Seminar für Wirtschaftspädagogik der Georg-August-Universität, Göttingen.

Frank Achtenhagen

103. Der Fremdsprachenlerner

War die Erforschung des Fremdsprachenunterrichts bis Anfang der 70er Jahre primär didaktisch und methodisch orientiert und damit auf die Steuerungsmöglichkeiten fremdsprachlichen Lernens durch Unterricht ausgerichtet, so stand etwa ab diesem Zeitpunkt der Lerner im Mittelpunkt. Die Ursachen dieser Wende sind vielschichtig; sie kann jedoch wesentlich an dem Paradigmenwechsel vom Behaviourismus zum Kognitivismus festgemacht werden, der vor rund 30 Jahren in Psychologie und Linguistik einsetzte. Aus der aktuellen Forschungsperspektive läßt sich der Forschungsgegenstand 'Fremdsprachenlerner' in vier Problembereiche gliedern: (1) die Lernersprache, verstanden als die Gesamtheit des fremdsprachlichen Wissens, über das der Lerner zu einem gegebenen Zeitpunkt verfügt; (2) kognitive Verarbeitungsprozesse und Repräsentationen, die der Entwicklung und Anwendung der Lernersprache zugrunde liegen; (3) die Interaktion des Fremdsprachenlerners mit seiner sprachlichen Umgebung, insbesondere mit Gesprächspartnern innerhalb und außerhalb des Fremdsprachenunterrichts; (4) der Einfluß biologischer und sozial-affektiver Faktoren auf das Fremdsprachenlernen.

1. Lernersprache

Die Auffassung, das fremdsprachliche Wissen des Lerners als eigenständige Sprache zu betrachten, wurde im Zuge der kognitiven Wende in verschiedenen unabhängigen Entwürfen formuliert, von denen S. Pit Corders "The significance of learners' errors" (1967) und Larry Selinkers "Interlanguage" (1972) sich am perspektivenreichsten erwiesen im Hinblick auf langfristige, im wesentlichen noch gültige Forschungsstrategien (vgl. die historische Übersicht und Einschätzung der aktuellen Bedeutung des Lernersprachkonzepts für die Zweitsprachenerwerbsforschung bei Selinker 1992). Die Lernersprache ist zum einen durch Kriterien definiert, die sie als natürliche Sprache ausweisen, nämlich durch Systematizität und Variabilität. Gleichzeitig ist sie durch spezifische Merkmale gekennzeichnet, die ihrem Übergangscharakter entsprechen, nämlich durch ihre Dynamik, d.h. ihre Fähigkeit, sich durch zunehmende Komplexierung auf einem Entwicklungskontinuum qualitativ zu verändern, durch ihre Durchlässigkeit, d.h. ihre Fähigkeit, sich durch die Aufnahme systemexterner Regeln und Strategien zu reorganisieren, und durch ihre partielle Fossilisierung, d.h. die Veränderungsresistenz bestimmter zielsprachlich abweichender Regeln (vgl. Art. 56).

Wenn die ursprüngliche Lernersprachenkonzeption auch auf die Entwicklung und Beschaffenheit formalsprachlichen Wissens abhob, so ist eine umfassendere Form des Begriffs sowohl theoretisch angemessener als auch ergiebiger für die Planung von Fremdsprachenunterricht und das Testen fremdsprachlicher Fähigkeiten. Lernersprachliches Wissen wird daher besser als die Fähigkeit zur Kommunikation in der Fremdsprache verstanden. Ein neuerer Entwurf, die kommunikative Kompetenz von Fremdsprachenlernern zu modellieren, wurde von Bachman (1990) vorgelegt. Die sprachliche Komponente des Modells umfaßt zwei Hauptkomponenten: "organisatorische Kompetenz", die sich in grammatisches und textuelles Wissen gliedert, und "pragmatische Kompetenz", die illokutives und soziolinguistisches Wissen einschließt. In der Sprachverwendung interagiert die Sprachkompetenz mit dem nichtsprachlichen Weltwissen des Lerners: beide Komponenten werden in der "strategischen Kompetenz" und über "psychophysische Mechanismen" aktiviert. Im Unterschied zu früheren Modellen umfaßt Bachmans Konzept der strategischen Kompetenz nicht nur die Fähigkeit von Sprachbenutzern, Rezeptions- und Produktionsprobleme zu lösen, sondern schließt die Fähigkeit ein, sprachliche Äußerungen effektiv zu verarbeiten, zu planen und auszuführen.

2. Kognitive Repräsentation und Verarbeitung

Eine zentrale Kontroverse in der Zweitspracherwerbsforschung dreht sich um die kognitiven Prozesse, über die das Fremdsprachenlernen abläuft, und die Art der Repräsentationen, die dem Fremdsprachengebrauch zugrunde liegen. Die kognitionspsychologische Literatur und neuere Zweitspracherwerbsforschung legen nahe, daß neues sprachliches Material nur unter Aufmerksamkeitszuwendung aufgenommen wird. "Noticing" ist Schmidt (1990) zufolge die notwendige und hinreichende Bedingung für die ersten Stadien der Inputverarbeitung. Wahrnehmbarkeit von Input ist an eine Reihe von Bedingungen gebunden, wie Erwartbarkeit, Auftretenshäufigkeit und Wahrnehmungsauffälligkeit der neuen Information, Aufgabenerfordernisse sowie das aktuelle Stadium der Lernersprache (wobei nicht nur die bereits vorhandenen Wissensstrukturen, sondern auch ihr Automatisiertheitsgrad bestimmend sind). Diese Variablen sind teilweise direkter unterrichtlicher Steuerung zugänglich, in jedem Fall müssen sie berücksichtigt werden, um Inputaufnahme zu sichern. Im Unterschied zur Aufmerksamkeit ist die Lernabsicht zwar unter Umständen hilfreich, stellt aber keine notwendige Bedingung für die Aufnahme neuer Information dar. Besonders wichtig aus der Perspektive des Fremdsprachenunterrichts ist die Frage, welche Rolle implizitem im Unterschied zu explizitem sprachlichem Wissen zukommt, d.h. welche Rolle bewußte Einsicht in sprachliche Regularitäten beim Lernen und Verwenden der Fremdsprache spielt. Zwei Positionen werden hierzu vertreten. Die Auffassung, daß implizites und explizites Wissen getrennte Systeme ohne gegenseitige Durchlässigkeit darstellen, ist insbesondere von Krashen (z.B. 1981) geltend gemacht worden. Diese Position wird neuerdings aus neurologischer Sicht unterstützt (Paradis, im Druck). Aus kognitionspsychologischer Perspektive, die Sprachenlernen als Informationsverarbeitung begreift, wird zunehmende fremdsprachliche Fähigkeit dagegen als Entwicklung vom deklarativen, bewußt kontrollierten Regelwissen zu prozeduralem, automatisch verfügbarem Fertigkeitswissen verstanden (z.B. McLaughlin 1987). Ein zweidimensionales Modell fremdsprachlichen Wissens hat Bialystok (z.B. 1990) vorgelegt. Hiernach ist die Struktur des Sprachwissens unabhängig von ihrer Aktivierung konzipiert. Zunehmende Sprachbeherrschung wird als Entwicklung analysierten Wissens aus unanalysierten Fertigteilen und der zunehmenden Fähigkeit zur selektiven Aufmerksamkeitszuwendung oder -entziehung betrachtet (vgl. Hulstijn 1990 zur Kritik). Neuerdings haben neurologisch inspirierte konnektionistische Modelle, die Lernen als zunehmende Stärkung von Verbindungen zwischen Netzwerkknoten auffassen und symbolische Repräsentationen ablehnen, Eingang in die Zweitspracherwerbsforschung gefunden (z.B. Gasser 1990). Ein besonders interessanter Entwurf, der die Interaktion von Verarbeitungsmechanismen mit einzelsprachlicher Struktur berücksichtigt, ist Bates' und MacWhinneys Konkurrenzmodell (z.B. Bates/MacWhinney 1989).

3. Input und Interaktion

Legen die derzeitigen Theorien des Zweitspracherwerbs auch den Schwerpunkt auf die lernerinterne Organisation fremdsprachlicher Information, so leugnet doch keine, daß der Interaktion des Lerners mit seiner sprachlichen Umgebung eine gewisse Funktion im Lernprozeß zukommt (die dann allerdings sehr unterschiedlich eingeschätzt wird, Art. 104). Bereits 1967 traf Corder die wesentliche Unterscheidung zwischen dem Input, der verfügbaren fremdsprachlichen Information, und dem Intake, der Teilmenge des Inputs, die der Lerner aufnimmt und in sein lernersprachliches Wissen integriert. Der entscheidende Impetus, die Beschaffenheit des Inputs genauer zu untersuchen, ging jedoch von Krashens Input-Hypothese (z.B. 1985) aus, die verstehbaren Input zur einzigen Kausalvariablen beim Fremdsprachenlernen erklärt. Wenn auch die Input-Hypothese von anderen Forschern dahingehend modifiziert worden ist, daß dem "verstehbaren Output" eine ebenfalls unabdingbare Funktion beim Fremdsprachenlernen zugeschrieben wird (Swain 1985), so hat die Input-Hypothese doch zu umfassender Forschungstätigkeit geführt, die z.T. unmittelbare Konsequenzen für den Fremdsprachenunterricht erbracht hat. Die leitende Fragestellung der Inputforschung ist, wie Input mit optimalem Lernpotential strukturiert sein sollte, und welche Interaktionsformen am günstigsten für die Herstellung verstehbaren Inputs sind (vgl. die Beiträge in Gass/Madden 1985). Konsens ist hierbei, daß die "Interaktionsmodifikation", an der der Lerner aktiv beteiligt ist, zu besseren Lernresultaten führt als die von vornherein vereinfachte "Inputmodifikation". Zu den verständnisherstellenden Modifikationsstrategien zählen verschiedene Formen von Reparatur, die Hervorhebung wichtiger Information mit suprasegmentalen oder textstrukturierenden Mitteln, Frage-Antwort-Ketten und das Aufbrechen komplexer Äußerungen in kürzere, leichter verständliche Teilsequenzen. Für den Fremdsprachenunterricht sind Ergebnisse der Inputforschung zur Funktion von Gruppenarbeit und ihrer Interaktion mit verschiedenen Aufgabentypen von besonderem Interesse. Entgegen populärer Auffassung haben sich heterogene Lerngruppen als günstig erwiesen, weil sie den Teilnehmern mehr Bedeutungsaushandlung abverlangen. Der lernersprachliche Input, der bei lernerzentrierten Arbeitsformen unabdingbar ist, bringt erwiesenermaßen keine Lernachteile mit sich. Bei der Organisation von Paar- und Gruppenarbeit ist es wesentlich, daß die Aufgabenstellung zwei- oder mehrdirektionalen Informationsfluß erfordert und ein vorher festgesetztes Ziel erreicht werden muß (geschlossene Aufgaben) (Long 1990).

4. Lernerfaktoren

Die vierte Perspektive auf den Fremdsprachenlerner umfaßt die lernerinternen Faktoren, die potentiellen Einfluß auf die Beschaffenheit lernersprachlichen Wissens und die kognitiven und interaktiven Aneignungsprozesse nehmen. Da die in der Literatur diskutierten biologischen, affektiven, kognitiven und sozialen Faktoren in komplexer Weise interagieren, und Effekte intervenierender Variablen auch bei sorgfältig angelegten Untersuchungen kaum auszuschalten sind, ist es problematisch, eindeutige Kausalbeziehungen zwischen bestimmten Lernerfaktoren und lernersprachlichem Verhalten herzustellen. Unter diesem Vorbehalt sollen die folgenden Befunde verstanden werden (vgl. Ellis 1985; Skehan 1991; Larsen-Freeman/Long 1991 zur Übersicht).

Über den Einfluß des Alters auf das Fremdsprachenlernen herrscht Uneinigkeit in der Forschung (vgl. Art. 100). Während Long (1991) auf der Grundlage von rund 50 Untersuchungen die Schlußfolgerung zieht, daß eine kritische Periode, die bereits im vorpubertären Alter einsetzt, für den Erwerb jeder Form von Sprachwissen besteht, unterscheiden andere Forscher stärker nach den verschiedenen Teilsystemen sprachlichen Wissens. Aus neurophysiologischer Sicht muß zwischen dem formalsprachlichen Wissen einerseits und dem semantisch-pragmatischen Wissen andererseits unterschieden werden. Während die zerebrale Plastizität für den Erwerb von Phonologie und Morphosyntax mit zunehmendem Alter abnimmt, ist das semantisch-pragmatische Wissen in hinreichendem Ausmaß an nichtsprachliches deklaratives Wissen gebunden, das über verschiedene Kortexregionen verteilt ist und auch im Erwachsenenalter erfolgreich erworben werden kann (Paradis, im Druck). Beim Erwerb formalsprachlicher Wissenskomponenten (der "Sprachkompetenz" im Sinne von Chomsky) sind zwar auch Vorteile für erwachsene Lerner beobachtet worden; diese Vorteile beziehen sich aber auf die Erwerbsgeschwindigkeit und verkehren sich zugunsten jüngerer Lerner, wenn der abschließende Lernerfolg gemessen wird. Muttersprachliche Kompetenz im formalsprachlichen Wissen wird in der Regel nur von vorpubertären Lernern erreicht.

In der Diskussion um die Sprachfähigkeit ist die Frage vorherrschend, ob Fähigkeit zum Fremdsprachenlernen aus distinkten, unterschiedlich ausgeprägten Teilfähigkeiten (z.B. aus den vier Fertigkeiten und Teilkomponenten sprachlichen Wissens) besteht oder ob sie auf einen allgemeinen Sprachfähigkeitsfaktor zurückgeführt werden kann. Die konkurrierenden Hypothesen der Mehrdimensionalität und der Eindimensionalität werden ausführlich bei Vollmer (1982) erörtert, der Evidenz gegen die Eindimensionalitätsannahme erbringt. In der Folgeforschung zum *Bristol Language Projekt* stellte Skehan (1968) fest, daß Fremdsprachenleistung stärker mit Sprachfähigkeit in der Grundsprache als in der Fremdsprache korrelierte. Dieses Ergebnis legt Einflüsse des Lernkontextes auf die Sprachfähigkeit nahe. Für den Fremdsprachenunterricht ist ein mehrdimensionales Sprachfähigkeitskonzept ergiebiger, weil es die Möglichkeit bietet, auf die Stärken und Schwächen individueller Schüler oder Schülergruppen einzugehen. Eine Zwischenposition zur Ein- oder Mehrdimensionalität nimmt Cummins (z.B. 1984) ein, der statt einer Sprachfähigkeit, die für alle Sprachverwendungszusammenhänge gültig ist, zwei unterschiedliche Typen postuliert: eine basale interaktiv-kommunikative Fähigkeit, die eng an situative Kontexte gebunden ist, und eine kognitiv-akademische Sprachfähigkeit, die komplexe Mitteilungen ohne Kontextstütze erlaubt. Cummins Modell ist u.a. wegen seiner Nähe zu Bernsteins Kodetheorie kritisiert worden. Forschungsstrategisch ist der Frage der Ein- bzw. Mehrdimensionalität nur dadurch näher zu kommen, daß zunächst nicht nur von unterschiedlicher Fähigkeit in den Teilbereichen lernersprachlichen Wissens, sondern auch von deren differentieller Aktualisierung in verschiedenen Kommunikationsdomänen ausgegangen wird.

Die Motivation zum Fremdsprachenlernen wird häufig als ausschlaggebender Erfolgsfaktor angeführt. Unterschiedliche Typen von Motivation (extrinsische vs. intrinsische, instrumentelle vs. integrative) wirken differentiell je nach der subjektiven Funktion der Fremdsprache für den Lerner; die ehemals vertretene Annahme, bestimmte Motivationstypen führten per se zu besseren Lernergebnissen, konnte nicht aufrechterhalten werden. Die fremdsprachenunterrichtsbezogene Motivationsforschung ist, insbesondere unter dem Einfluß von Gardner (z.B. 1988), stark sozialpsychologisch ausgerichtet; die in der (Pädagogischen) Psychologie vertretene Attributionsforschung ist bislang wesentlich unberücksichtigt geblieben. Die Kausalitätshypothese, derzufolge Lernmotivation als unabhängige Variable auf das Fremdsprachenlernen einwirkt, ist von einer Reihe von Forschern in Zweifel gezogen worden. Sie machen geltend, daß der Lernerfolg selbst motivationsfördernden Einfluß haben kann, und daß Motivation und Lernerfolg daher besser in ihrer Wechselwirkung untersucht werden sollten (vgl. Crookes/Schmidt 1991 zur Diskussion der derzeitigen Forschungslage und einem Forschungsprogramm).

In etwas arbiträrer Façon werden eine Reihe weiterer affektiver Faktoren, die in engem Zusammenhang mit der globalen Herangehensweise des Lerners an das Fremdsprachenlernen stehen, unter dem Etikett 'Persönlichkeitsvariablen' zusammengefaßt. Hierzu zählen Selbstwertgefühl, Introversion vs. Extroversion, Angstbereitschaft, Risikobereitschaft, Sensibilität gegenüber Ablehnung, Empathie, Hemmung, und Ambiguitätstoleranz. Dazu treten eine Anzahl kognitiver Lernermerkmale, die den 'kognitiven Stil' des Lerners bestimmen. Sie schließen die Tendenz zur Feldabhängigkeit vs. Feldunabhängigkeit, Kategorienweite, Reflektiertheit vs. Impulsivität, Bevorzugung auditiver vs. visueller Informationsaufnahme und analytisches vs. holistisches Lernen ein. Aufgrund von Meßschwierigkeiten läßt sich der Einfluß bestimmter Variablen oder Variablenkomplexe häufig nicht genau bestimmen. Noch problematischer ist es, Kausalzusammenhänge zwischen Lernerfaktoren als unabhängigen Variablen und dem Lernweg, der Lerngeschwindigkeit und dem Lernerfolg als abhängigen Variablen herzustellen, wenn solche Zusammenhänge nicht bloß die globale Beherrschung der Fremdsprache, sondern spezifische Teilfähigkeiten betreffen sollen. Beim gegenwärtigen Forschungsstand ist es daher anzuraten, Fremdsprachenunterricht so zu gestalten, daß Lerner mit unterschiedlichen Merkmalsprofilen Gelegenheit finden, ihre bevorzugten Herangehensweisen an Lernaufgaben anzuwenden und alternative Lernstile zu erproben.

Literatur

Bachman, Lyle (1990), *Fundamental considerations of language testing*, Oxford.
Bates, Elizabeth/MacWhinney, Brian (1989), "Functionalism and the competition model", in: Brian

MacWhinney/Elizabeth Bates (eds.), *The cross-linguistic study of sentence processing*, Cambridge, 3-73.
Bialystok, Ellen (1990), *Communication strategies: A psycholinguistic analysis of second language use*, Oxford.
Corder, S. Pit (1967), "The significance of learners' errors", in: *International Review of Applied Linguistics*, Jg. 5, 161-169.
Crookes, Graham/Schmidt, Richard (1991), "Motivation: Reopening the research agenda", in: *Language Learning*, Jg. 41, 469-512.
Cummins, Jim (1984), "Wanted: A theoretical framework for relating language proficiency to academic achievement in bilingual students", in: Charlene Rivera (ed.), *Language proficiency and academic achievement*, Clevedon, 2-19.
Ellis, Rod (1985), *Understanding second language acquisition*, Oxford.
Gardner, Robert C. (1988), "The socio-educational model of second-language learning: Assumptions, findings, and issues", in: *Language Learning*, Jg. 38, 101-126.
Gass, Susan/Madden, Carolyn, eds. (1985), *Input in second language acquisition*, Rowley, Mass.
Gasser, Michael (1990), "Connectionism and universals in second language acquisition", in: *Studies in Second Language Acquisition*, Jg. 12, 179-199.
Hulstijn, Jan (1990), "A comparison between the information-processing and the analysis/control approaches to language learning", in: *Applied Linguistics*, Jg. 11, 30-45.
Krashen, Stephen D. (1981), *Second language acquisition and second language learning*, Oxford.
Krashen, Stephen D. (1985), *The input hypothesis*, Oxford.
Larsen-Freeman, Diane/Long, Michael H. (1991), *An introduction to second language acquisition research*, London.
Long, Michael H. (1990), "Task, group, and task-group interactions", in: S. Anivan (ed.), *Language teaching methodology for the Nineties*, Singapur, 31-50.
Long, Michael H. (1991), "Maturational constraints on language development", in: *Studies in Second Language Acquisition*, Jg. 12, 252-285.
McLaughlin, Barry (1987), *Theories of second language acquisition*, London.
Paradis, Michel (im Druck), "Neurolinguistic aspects of implicit and explicit memory: Implications for bilingualism", in: Nick Ellis (ed.), *Implicit and explicit language learning*.
Schmidt, Richard (1990), "The role of consciousness in second language learning", in: *Applied Linguistics*, Jg. 11, 17-46.
Selinker, Larry (1972), "Interlanguage", in: *International Review of Applied Linguistics*, Jg. 10, 209-231.
Selinker, Larry (1992), *Rediscovering interlanguage*, London.
Skehan, Peter (1991), "Individual differences in second language learning", in: *Studies in Second Language Acquisition*, Jg. 13, 275-298.
Swain, Merrill (1985), "Communicative competence: Some roles of comprehensible input and comprehensible output for its development", in: Susan Gass/Carolyn Madden (eds.), *Input in second language acquisition*, Rowley, Mass., 235-253.
Vollmer, Helmut J. (1982), *Spracherwerb und Sprachbeherrschung*, Tübingen.

Gabriele Kasper

104. Zwei- und Mehrsprachigkeit

1. Dimensionen von Mehrsprachigkeit

Die Tatsache, daß weit über die Hälfte der Weltbevölkerung mehrsprachig ist, legt es nahe, nicht die Einsprachigkeit, sondern die Mehrsprachigkeit als Normalzustand zu betrachten. In der Tat ist der sprachliche Alltag in fast allen Regionen der Welt gekennzeichnet durch mehrsprachige Individuen, mehrsprachige Gruppen und mehrsprachige Staaten. Wandruszka (1979) verwendet darüber hinaus den Begriff der "Mehrsprachigkeit in der Muttersprache", um damit der Fülle von regionalen, sozialen, kulturellen und anderen Varietäten Rechnung zu tragen, über die ein Sprecher gemeinhin verfügt. Den Menschen zeichnet somit nicht nur die Befähigung zur Sprache aus, sondern auch das Vermögen, mehrere Sprachen zu lernen.

Die Erscheinungsformen von Zwei- und Mehrsprachigkeit und die daraus ableitbaren Fragestellungen erweisen sich als so vielfältig, daß ihre Erforschung nur in Zusammenarbeit unterschiedlicher Disziplinen wie der Soziologie, Psychologie, Linguistik, Pädagogik u.a. sinnvoll ist. Selbst in den Überblicksdarstellungen, von denen an erster Stelle das Standardwerk von Weinreich (1953) zu nennen ist, gelingt es kaum, alle Aspekte in systematischer Weise zu erfassen.

Eine der geläufigsten Einteilungen ist diejenige in kollektive und individuelle Mehrsprachigkeit. Zur ersteren werden Phänomene des Sprachkontakts zwischen und innerhalb von Sprachgemeinschaften gezählt. Die mit vorwiegend linguistischen, soziologischen und soziolinguistischen Instrumentarien untersuchten Erscheinungen umfassen Bereiche wie die Sprachenmischung und die Mischsprachen, einschließlich der Pidgin- und Kreolsprachen, sprachliche und soziokulturelle Konflikte bei Minderheitengruppen und in Verbindung damit die Probleme von Sprachaufgabe (*language shift*) und Sprachbewahrung (*language maintenance*). Eine Reihe der hier angesiedelten Untersuchungen versteht sich ausdrücklich als Beitrag zur Sprachenpolitik und zur Sprachenplanung. Bei der Beschreibung von Sprachkontaktsituationen spielt der Begriff der Diglossie (Ferguson 1959) eine wichtige Rolle. Mit ihm wird innerhalb einer Sprachgemeinschaft die dauerhafte Koexistenz zweier Sprachen oder Sprachvarietäten bezeichnet, die in ihrer Verwendung funktional deutlich voneinander getrennt werden: die *"H(igh) variation"* ist die Sprache öffentlicher Anlässe und des schriftlichen Gebrauchs, während die *"L(ow) variation"* für nicht-offizielle Situationen reserviert wird. Eines der am häufigsten zitierten Beispiele ist die deutschsprachige Schweiz mit der Koexistenz von Hochdeutsch und Schwyzerdütsch.

Dem soziologischen Begriff der Diglossie wird insbesondere seit Fishman (1967) der psychologisch gemeinte Terminus der Zweisprachigkeit an die Seite gestellt, der sich auf den individuellen Benutzer zweier oder – bei Mehrsprachigkeit – mehrerer Sprachen bezieht. Die verschiedenen Kombinationsmöglichkeiten (±Diglossie, ±Zweisprachigkeit) erlauben eine – allerdings sehr schematische – Klassifizierung von Sprachgemeinschaften.

Die individuelle Zweisprachigkeit als psychologischer Problembereich kann nach höchst unterschiedlichen Gesichtspunkten differenziert werden. Für Hamers/Blanc (1983, 21-32) verdienen folgende Faktoren bei der empirischen Erforschung von Zweisprachigkeit besondere Aufmerksamkeit:
– die Art der Speicherung, d.h. die mentale Repräsentation der beteiligten Sprachen im zweisprachigen Individuum (z.B. zusammengesetzte oder koordinierte Zweisprachigkeit);
– der Grad der Beherrschung, über den der Sprecher in den einzelnen Sprachen verfügt (symmetrische oder asymmetrische Zweisprachigkeit). In der Regel besitzt eine der Sprachen eine gewisse Dominanz, oder sie wird nur in bestimmten Kommunikationsbereichen benutzt;
– das Alter, in dem die Sprachen erlernt werden, und die Reihenfolge ihres Erwerbs (gleichzeitig oder nacheinander) sowie die damit verbundenen Einflüsse auf die kognitive und soziale Entwicklung des Individuums;
– die gesellschaftlichen Funktionen, die den beteiligten Sprachen zugewiesen werden, und das Prestige, das der Sprecher selbst einer der Sprachen für seinen sozialen Aufstieg beimißt;
– die kulturelle Identität des Sprechers, d.h. das Ausmaß, in dem er sich nur einer Kultur oder zwei Kulturen (bikulturelle Zweisprachigkeit) zugehörig fühlt.

Für die Erforschung von Zwei- und Mehrsprachigkeit in Hinblick auf den Fremdsprachenunterricht besteht die grundsätzliche Schwierigkeit zu entscheiden, ob und in welchem Maße die in natürlichen Sprachkontaktsituationen gewonnenen Erkenntnisse Relevanz für die Steuerung der Entwicklung von Zwei- und Mehrsprachigkeit im unterrichtlichen Kontext beanspruchen können. Dies wirft die Frage nach der Möglichkeit einer einheitlichen Theorie für die unterschiedlichen Formen von Spracherwerb auf.

2. Theorien des Zweitsprachenerwerbs

Die gegenwärtig am häufigsten genannten Theorien (s. die Darstellungen bei Klein 1984; Ellis 1985; McLaughlin 1987) betreffen das Verhältnis von Erst- und Zweitsprachenerwerb sowie Gemeinsamkeiten und/oder Unterschiede zwischen Zweitsprachenerwerb in "natürlichen", d.h. nicht durch Unterricht gesteuerten, und in unterrichtsgesteuerten Erwerbskontexten.

Im Rahmen der "Kontrastivhypothese" wird der Erwerb einer Zweitsprache in starker Abhängigkeit von den Strukturen der bereits erworbenen Erstsprache gesehen. Damit gewinnen Begriffe wie "positiver Transfer" und "Interferenz" zentrale Bedeutung für die Beschreibung und Interpretation lernersprachlicher Äußerungen. Allerdings wird heute die Annahme, daß sich aus einem linguistischen Strukturvergleich der Erst- und Zweitsprache Voraussagen über das Lernerverhalten – also z.B. über Lernschwierigkeiten – ableiten lassen, kaum noch ernsthaft vertreten, wie überhaupt der prinzipiell behavioristische Ansatz, der die Kontrastivhypothese kennzeichnet, seit Beginn der 70er Jahre weitgehend von kognitiven Theorien verdrängt worden ist. Ihr Anliegen besteht darin, Aussagen über die den Spracherwerbsprozessen von Lernern zugrunde liegenden internen Mechanismen zu machen. Von größter Reichweite ist dabei zweifellos die Annahme universeller Spracherwerbsmechanismen, die entweder allgemein-kognitiv Strukturen und Entwicklungen des menschlichen Geistes widerspiegeln oder aber von spezifischen sprachlichen Universalien gesteuert werden (s. White 1989).

So verläuft etwa nach der "Identitätshypothese" der Erwerb einer Sprache als Erst- oder Zweitsprache "in wesentlichen Zügen" nach den gleichen Gesetzmäßigkeiten, d.h. bei Erst- und Zweitsprachenlernern derselben Sprache ähneln sich die Sequenzen, in denen einzelne Sprachstrukturen erworben werden. Hiermit läßt sich die Hypothese verknüpfen, daß sich Lerner mit jeweils unterschiedlicher Erstsprache die Strukturen einer bestimmten zweiten Sprache ebenfalls in einer sich ähnelnden, weil "natürlichen" Abfolge, aneignen.

Ein Konzept, das die Diskussion der psycholinguistisch orientierten Zweitsprachenerwerbsforschung beherrscht, ist das der *"Interlanguage"*, das seit seiner Formulierung von Selinker (1972) eine Fülle von theoretischen Modifizierungen erfahren hat (vgl. Selinker 1992). Nach der *"Interlanguage-*Hypothese" bildet der Lerner beim Erwerb einer zweiten Sprache ein ihm eigenes spezifisches Sprachsystem heraus, das einerseits unter Transfereinfluß der Erstsprache stehen, andererseits aber auch davon unabhängige Merkmale aufweisen kann. Der Erwerbsprozeß stellt sich dann als eine Reihe von Übergängen von einer in sich systematischen Lernervarietät zur nächsten dar.

Das Konzept der Lernervarietät findet sich daneben auch in der "Pidginisierungshypothese", die von Ähnlichkeiten zwischen der Herausbildung von Pidgin- und Kreolsprachen einerseits und von Lernervarietäten beim frühen ungesteuerten Zweitsprachenerwerb andererseits ausgeht. Im Rahmen dieses Ansatzes werden in der "Akkulturationshypothese" dem Grad der sozialen und psychologischen Distanz zwischen der Gruppe der Zweitsprachenlerner und derjenigen der Zielsprachensprecher die entscheidenden Einflüsse auf den Spracherwerbsprozeß zugeschrieben (Schumann 1978 und – in Erweiterung zum *"Nativization* Modell" unter stärkerer Einbeziehung kognitiver Dimensionen – Andersen 1981).

In Verbindung mit dem Fremdsprachenunterricht hat in jüngerer Zeit das *"Monitor* Modell" (auch: *"natural approach* Hypothese") besondere Aufmerksamkeit gefunden. Mit ihm hat Krashen (1981) die folgenreiche Unterscheidung zwischen *acquisition* (unbewußtem Spracherwerb) und *learning* (bewußtem Sprachlernen) formuliert (vgl. Art. 95). Spracherwerb beim Erwachsenen findet danach in natürlichen Kommunikationssituationen statt, bei denen die Aufmerksamkeit des Zweitsprachenlerners dem Inhalt der Interaktion, nicht den sprachlichen Formen, gilt. Im Gegensatz dazu vollzieht sich Sprachlernen über explizites Regelwissen, dessen Aktivierung bei konkreten Sprechanlässen von einer Kontrollinstanz des Lerners, dem Monitor, gesteuert wird, sofern dem Lerner während der Sprachproduktion genügend Zeit zur Sprachverarbeitung zur Verfügung steht. Nach Krashen handelt es sich bei Spracherwerb und Sprachlernen um zwei getrennte Vorgänge, so daß z.B. im Unterricht über Bewußtmachung Gelerntes nicht in Erworbenes überführt werden kann. Die Grundannahmen dieses Modells sind allerdings nicht unumstritten.

Weitere Teilaspekte des Zweitsprachenerwerbs, die für die Gestaltung von Fremdsprachenunterricht etwa von Ausländerkindern Relevanz besitzen können, werden in der "Interdependenztheorie" thematisiert, in der eine teilweise Abhängigkeit der erreichbaren Fremdsprachenkompetenz vom Niveau der Erstsprachenkompetenz des Lerners zum Zeitpunkt des ersten intensiven Kontaktes mit der Fremdsprache postuliert wird (Cummins 1979).

Einige der aufgeführten Theorien lassen an der Terminologie und an den Erklärungshypothesen erkennen, daß sie bis zu einem gewissen Grad Prinzipien und Erkenntnisse aus der kognitiven Psychologie auf den Zweitsprachenerwerb übertragen. In der "kognitiven Theorie" geschieht dies in systematischer Weise dadurch, daß die dem menschlichen Informationsverarbeitungssystem zugeschriebenen Strukturen und Prozesse den gesamten Erklärungshintergrund liefern. Die dort behandelten Fragestellungen beziehen sich u.a. auf die Organisation des sprachlichen Gedächtnisses, die Repräsentation sprachlichen Wissens (deklarativ vs. prozedural), Verarbeitungsstrategien von Lernern angesichts begrenzter Verarbeitungskapazitäten, Prozesse der Automatisierung usw.

3. Forschungsmethoden und -erträge

Die empirischen Untersuchungen zur Validierung der psycholinguistisch orientierten Zweitsprachenerwerbstheorien haben sich zunächst an den Methoden zur Erforschung des Erstsprachenerwerbs ausgerichtet. Die entsprechenden ersten umfangreichen Datensammlungen, mit denen die bis dahin vorherrschenden kontrastiven Analysen und Fehleranalysen mit ihren pädagogischen Zielsetzungen abgelöst wurden, stammen aus den späten 60er und frühen 70er Jahren und umfassen vornehmlich Äußerungen von kindlichen und jugendlichen Zweitsprachenlernern. Mehr noch als die Arbeiten zum Erstsprachenerwerb sind die Untersuchungen zum

Zweitsprachenerwerb, wie die oben skizzierten Theorien nahelegen, auf den Vergleich von Datenmaterial angewiesen. Zum einen müssen Daten aus verschiedenen Lernstadien eines Sprechers oder einer Sprechergruppe vorliegen, zum andern müssen aber auch Vergleiche zwischen den Daten von unterschiedlichen Spracherwerbstypen ermöglicht werden. Vergleichsdaten aus verschiedenen Lernstadien eines Sprechers liefern die Längsschnittstudien (*longitudinal studies*), in denen das Sprachverhalten von Zweitsprachenlernern über einen längeren Zeitraum in bestimmten Abständen beobachtet wird. Entsprechende Studien liegen vorzugsweise für den Zweitsprachenerwerb von Kindern vor, wobei sich angesichts des sehr aufwendigen Erhebungsverfahrens die Beschreibung und die Analyse der Daten jeweils nur auf wenige Probanden oder gar nur Einzelfälle beschränken. Das Problem der Generalisierbarkeit muß durch die Akkumulation sich gegenseitig bestätigender Interpretationen von Daten aus unterschiedlichen Fallstudien gelöst werden. Repräsentatives Beispiel für Längsschnittstudien sind die meisten Arbeiten des Kieler Projekts (Felix 1978; Wode 1981; 1988), in denen für den natürlichen Zweitsprachenerwerb bestimmter Strukturen wie Negation und Interrogation bei Kindern gleiche Entwicklungssequenzen und Verarbeitungsstrategien konstatiert werden. Nach der in diesem Projekt entwickelten integrierenden Perspektive werden andere Spracherwerbstypen wie etwa die Pidginisierung und, mit Einschränkungen, das Fremdsprachenlernen im Unterricht, von den gleichen Mechanismen gesteuert.

Bei den Querschnittuntersuchungen (*cross-sectional studies*) werden Daten von Zweitsprachenlernern mit unterschiedlichem Erwerbsstand einander gegenübergestellt. Aus den Vergleichen sollen sich Aussagen über die einzelnen Erwerbsstufen gewinnen lassen. Der bekannteste Typ dieser Untersuchungen bezieht sich auf die Abfolge des Erwerbs grammatischer Morpheme (*morpheme order studies*), zunächst bei Kindern, später auch bei Erwachsenen, und favorisiert die Hypothese von einer weitgehend invarianten Erwerbsfolge. Die Kritik an diesen Untersuchungen richtet sich zum einen gegen die weitgehende Beschränkung der analysierten Phänomene auf Morphologie und Syntax, die zudem häufig voneinander isoliert betrachtet werden, sowie gegen die notwendigerweise stark standardisierten und damit wenig natürlichen Erhebungsverfahren. Bei veränderten Erhebungsverfahren ergeben sich in den meisten dieser Untersuchungen auch veränderte Erwerbsfolgen.

Derartige Befunde deuten darauf hin, daß die erhobenen Daten in starkem Maße von der Art der jeweiligen Sprachaufgabe abhängen (spontan oder elizitiert; mündlich oder schriftlich; imitativ oder kreativ; produktiv oder rezeptiv usw.). Aber nicht nur die Art der Datenerhebung und die Aufgabenstellung haben ihre Auswirkungen. Insbesondere die in der Bundesrepublik entstandenen Arbeiten zum Erwerb von Deutsch als Zweitsprache durch Ausländer zeigen, daß etwa soziale und affektive Faktoren mit bestimmten Lernervarietäten korrelieren und letztlich den Spracherwerbsprozeß entscheidend mitbestimmen (s. die Übersichtsdarstellung bei Nicholas/Meisel 1983 zu dem Heidelberger Forschungsprojekt "Pidgin-Deutsch" und zu der ursprünglich in Wuppertal angesiedelten Forschungsgruppe "Zweitspracherwerb italienischer und spanischer Arbeiter" (ZISA)). Mit einer systematischen Beschreibung von Lernervarietäten wird dabei sowohl in Längs- wie auch Querschnittstudien versucht, bei Anerkennung individueller Unterschiede zwischen einzelnen Lernern eine Reihe von charakteristischen Lernstrategien zu identifizieren. Durch sie wird erklärbar, weshalb sich Spracherwerb nicht notwendigerweise linear vollzieht, sondern vielmehr über tentative Zwischenstufen verläuft, die bei isolierter Betrachtung gelegentlich den Eindruck von Umwegen oder sogar von Lernrückschritten erwecken.

Ein grundsätzliches Problem bei der Erforschung von Spracherwerbsprozessen besteht darin, daß sie der Beobachtung nicht direkt zugänglich sind, sondern aus dem Sprachverhalten der Lerner deduziert werden müssen. Die in den genannten Untersuchungen analysierten, überwiegend mündlichen Sprachproduktionen – zum Sprachverständnis gibt es vergleichsweise wenige Arbeiten – unterliegen jedoch selbst wieder bestimmten Entstehungsbedingungen, so daß etwa bei der Identifizierung von Lernstrategien stets auch Einflüsse von Produktions- oder Kommunikationsstrategien (s. Færch/Kasper 1983) in Rechnung gestellt werden müssen. Dies gilt am stärksten für die Interpretation solcher Daten, die in natürlichen oder nahezu natürlichen Sprechsituationen erhoben worden sind, wie z.B. in Interaktionen zwischen den Lernenden, in Interviews, bei Nacherzählungen, Bildbeschreibungen usw. Zur Ausschaltung solcher Einflüsse sind in manchen Untersuchungen aber auch Daten in stark kontrollierten Situationen, etwa unter Laborbedingungen und mit Einsatz elaborierter Meßtechniken wie Reaktionszeitmessungen, elizitiert worden. In der Regel haben sich dabei zwischen Muttersprachlern und diversen Gruppen von Zweitsprachenlernern signifikante Unterschiede in der Bearbeitungszeit bestimmter sprachlicher Testaufgaben ergeben.

In jüngerer Zeit werden den quantitativ ausgerichteten, auf kontrollierter Fremdbeobachtung beruhenden Erhebungs- und Analyseverfahren verstärkt Untersuchungen mit sogenannten introspektiven oder verbalen Daten an die Seite gestellt (vgl. Art. 101). Sie bestehen in Selbstaussagen von Lernern z.B. über ihre Lerngeschichte (Lernertagebücher) oder über ihre sprachlichen Produktionen. Bei letzteren werden die Gedanken der Lerner entweder während der Bewältigung der Sprachaufgabe, z.B. beim Übersetzen, in der Form des "Lauten Denkens" verbalisiert oder aber im Anschluß daran rekonstruiert. Über die Aussagekraft dieses unter dem Einfluß der kognitiven Psychologie reaktivierten Erhebungsverfahrens, mit dem Erkenntnisse über die mentalen Prozesse und handlungsleitenden Kognitionen der Lerner gewonnen werden sollen, gibt es gegensätzliche Meinungen. Zweifellos entziehen sich bestimmte Prozesse, wie etwa automatisch ablaufende Verarbeitungsprozesse, der Selbstbeobachtung durch die Lerner; die Arbeit mit verbalen Daten insgesamt kann aber als ein vielversprechendes Verfahren zur Formulierung neuer Forschungshypothesen angesehen werden (Krings 1986; Færch/Kasper 1987).

Andere Untersuchungen im Rahmen des qualitativen, explorativ-interpretatorischen Paradigmas beziehen den Lerner als Subjekt in den Forschungsprozeß mit ein und gewinnen einen Teil ihrer Daten aus den Interaktionen zwischen Forschenden und Untersuchten. In Gruppengesprächen und Interviews werden nicht so sehr kognitive Verarbeitungsprozesse thematisiert, sondern Einstellungen der Lernenden zur betreffenden Fremdsprache, die subjektive Bedeutung, die das Fremdsprachenlernen für den einzelnen hat, oder auch die unmittelbaren Auswirkungen der jeweiligen Sprachaufgabe auf das Lernerverhalten usw. (s. Grotjahn 1991). Wenngleich nicht geklärt ist, wie solche qualitativen Daten im einzelnen mit den quantitativen korrelieren, so wird auch der bisher eher strukturell-formal ausgerichtete Zweig der Zweitsprachenerwerbsforschung stärker als bisher versuchen müssen, die Umweltbezogenheit kognitiver Prozesse zu berücksichtigen. Dies impliziert eine Ausweitung auf bislang vernachlässigte Bereiche wie Semantik, Pragmatik und allgemeine Kommunikationsfähigkeit (vgl. etwa diesbezügliche Ansätze einer interaktionsorientierten Zweitsprachenerwerbsforschung im Projekt "Gastarbeiterkommunikation", Kutsch/Desgranges 1985).

Zudem stellt die Beschränkung fast aller vorliegenden Untersuchungen auf Phänomene der Zweisprachigkeit unter Ausklammerung der Mehrsprachigkeit eine gravierende Einengung des Forschungsbereichs dar. Arbeiten über Auswirkungen der Interaktion zwischen mehreren Sprachen "im Lerner" sowohl auf die Erwerbsprozesse wie auch auf Sprachproduktion und -verständnis dürften einzelnen Konzepten – wie etwa Transfer/Interferenz – und Modellen aus der Spracherwerbsforschung neue Impulse verleihen.

Literatur

Andersen, Roger W. (1981), "Two perspectives on pidginization as second language acquisition", in: Roger W. Andersen (ed.), *New Dimensions in Second Language Acquisition Research*, Rowley, Mass., 165-195.
Bausch, Karl-Richard/Kasper, Gabriele (1979), "Der Zweitsprachenerwerb: Möglichkeiten und Grenzen der 'großen Hypothesen'", in: *Linguistische Berichte*, H. 64, 3-35.
Cummins, Jim (1979), "Linguistic interdependence and the educational development of bilingual children", in: *Review of Educational Research*, Jg. 49, 222-251.
Ellis, Rod (1985), *Understanding Second Language Acquisition*, Oxford.
Færch, Claus/Kasper, Gabriele, eds. (1983), *Strategies in Interlanguage Communication*, London.
Færch, Claus/Kasper, Gabriele, eds. (1987), *Introspection in Second Language Research*, Clevedon.
Felix, Sascha (1978), *Linguistische Untersuchungen zum natürlichen Zweitsprachenerwerb*, München.
Ferguson, Charles A. (1959), "Diglossia", in: *Word*, Jg. 15, 325-340.
Fishman, Joshua A. (1967), "Bilingualism with and without diglossia: diglossia with and without bilingualism", in: *Journal of Social Issues*, Jg. 23/2, 29-38.
Flynn, Suzanne/O'Neil, Wayne, eds. (1988), *Linguistic Theory in Second Language Acquisition*, Dordrecht.
Gass, Susan M./Schachter, Jacquelyn, eds. (1989), *Linguistic Perspectives in Second Language Acquisition*, Cambridge.
Grotjahn, Rüdiger (1991), "The Research Programme Subjective Theories: A new approach in second language research", in: *Studies in Second Language Acquisition*, Jg. 13, 187-214.
Hamers, Josiane F./Blanc, Michel (1983), *Bilingualité et bilinguisme*, Bruxelles. Englische Ausgabe: *Bilinguality and Bilingualism*, Cambridge, 1989.

Klein, Wolfgang (1984), *Zweitspracherwerb. Eine Einführung*, Königstein/Ts.
Kraetschmer, Kurt (1986), "Current trends in neurolinguistic studies of bilingualism", in: *International Review of Applied Linguistics*, Jg. 24, 1-11.
Krashen, Stephen D. (1981), *Second Language Acquisition and Second Language Learning*, Oxford.
Krings, Hans P. (1986), *Was in den Köpfen von Übersetzern vorgeht. Eine empirische Untersuchung zur Struktur des Übersetzungsprozesses an fortgeschrittenen Französischlernern*, Tübingen.
Kutsch, Stefan/Desgranges, Ilka, Hrsg. (1985), *Zweitsprache Deutsch – ungesteuerter Erwerb*, Tübingen.
McLaughlin, Barry (1987), *Theories of Second Language Learning*, London.
Nicholas, Howard/Meisel, Jürgen M. (1983), "Second language acquisition: The state of the art", in: Sascha Felix/Henning Wode (Hrsg.), *Language Development at the Crossroads*, Tübingen.
Schumann, John H. (1978), *The Pidginization Process: A Model for Second Language Acquisition*, Rowley, Mass.
Selinker, Larry (1972), "Interlanguage", in: *International Review of Applied Linguistics*, Jg. 10, 209-231.
Selinker, Larry (1992), *Rediscovering Interlanguage*, London/New York.
Selinker, Larry/Lamendella, John T. (1978), "Two perspectives on fossilization in interlanguage learning", in: *Interlanguage Studies Bulletin*, Jg. 3, 143-191.
Wandruszka, Mario (1979), *Die Mehrsprachigkeit des Menschen*, München.
Weinreich, Uriel (1953), *Languages in Contact*, New York.
White, Lydia (1989), *Universal Grammar and Second Language Acquisition*, Amsterdam.
Wode, Henning (1981), *Learning a Second Language. I. An Integrated View of Language Acquisition*, Tübingen.
Wode, Henning (1988), *Einführung in die Psycholinguistik*, Ismaning.

Manfred Raupach

105. Der Fremdsprachenlehrer

1. Fremdsprachenlehrer im Blickpunkt der Forschung

Lehrer gelten nach wie vor als zentrale, vielfach sogar als die entscheidende Variable des Unterrichts. Untersuchungen zur Lehrerpersönlichkeit und zum Lehrverhalten nehmen in der allgemeinen Unterrichtsforschung entsprechend breiten Raum ein. Demgegenüber ist die Zahl der Arbeiten, die sich mit dem Fremdsprachenlehrer befassen, geringer: Die Betonung der Lernerorientierung (vgl. Art. 2) hat in der Forschungspraxis zu einer Dominanz von Untersuchungen zum Fremdsprachenlerner geführt. Der Fremdsprachenlehrer wird zwar als einer der externen Faktoren jeweils aufgeführt, steht aber als entscheidende Größe institutionalisierten Fremdsprachenlernens kaum im Zentrum größerer Untersuchungen.

Die vorhandenen Arbeiten konzentrieren sich überwiegend auf die Qualifikation, das Lehrverhalten und Aspekte der Aus- und Fortbildung. Der Fremdsprachenlehrer als Kollege, als Lernberater etc. taucht in der Forschung bislang ebenso wenig auf wie das Problem der Arbeitslosigkeit von ausgebildeten Fremdsprachenlehrern; eine empirische Studie, die hier erstmals eine differenzierte Analyse versucht, legt Christ (1990) für Fremdsprachenlehrer in der Weiterbildung vor.

In den letzten Jahren hat die Geschichte des Fremdsprachenlehrers ein verstärktes Interesse gefunden, so erarbeitet Schröder ein bio- und bibliographisches Lexikon der Fremdsprachenlehrer für die Zeit vom Ausgang des Mittelalters bis 1800 (Schröder 1987 ff.), Christ (1987) verfolgt die Entwicklung vom Sprachmeister zum heutigen professionell ausgebildeten Französischlehrer (vgl. auch Art. 120) und legt Lehrerportraits als Grundlage einer Berufsgeschichte des Fremdsprachenlehrers vor.

So ist die Forschungslage diffus: einerseits gibt es eine lange Tradition der Beschäftigung mit dem Fremdsprachenlehren in der Fremdsprachendidaktik (vgl. Art. 1), andererseits fehlt eine konsistente Forschung – dies gilt erst recht, wird nach dem Fremdsprachenlehrer im außerschulischen Bereich gefragt.

2. Forschungsstand

In seinem Buch über die wissenschaftlichen Grundlagen des Lehrens unterscheidet Gage (1979) zwei Forschungsparadigmen, das Prozeß-Produkt-Paradigma und das Paradigma der Klassenzimmer-Ökologie. Dem Prozeß-Produkt-Paradigma, bei dem der Effekt von Prozeßvariablen wie z.B. bestimmten Formen des Lehrverhaltens auf das Produkt, d.h. die Schülerleistungen, untersucht wird, sind durchweg die empirischen Untersuchungen zum Lehrverhalten bis zum Beginn der 70er Jahre zuzuordnen. Anknüpfen konnten empirische Arbeiten zum Fremdsprachenlehrer dabei vor allem an in den Vereinigten Staaten entstandene Ansätze zur Professionalisierung der Lehrerausbildung (*Microteaching*) und Unterrichtsforschung (*Interaction Analysis*), die insbesondere von Zifreund (1976) für den deutschsprachigen Raum zusammengeführt und weiterentwickelt wurden. Charakteristisch für beide Forschungsansätze ist die Verbindung von Unterrichtsforschung, die die Auswirkungen von Lehrverhalten (z.B. Lehrerfragen) auf Schülerverhalten zum Gegenstand hat, und Lehrerausbildung, in der mit systematischer Unterrichtsanalyse und Lehrtraining versucht wird, Lehrverhalten zu modifizieren. Die Unterrichtsanalyse dient dabei zugleich der Prüfung von Hypothesen über den Unterrichtsprozeß wie der Ermittlung von günstigen Lehrverhaltensweisen (*teaching skills*) und der Selbstkonfrontation im Rahmen eines Verhaltenstrainings. Die enge Bindung der Unterrichtsanalyse an Aus- und Fortbildungspraxis hat eine differenzierte Grundlagenforschung tw. erschwert (vgl. Allwright 1988), andererseits aber zu erprobten Verfahren des Lehrverhaltenstrainings geführt (vgl. Krumm 1973; Nehm 1976; Wallace 1991), die inzwischen in vielfach modifizierter Form Eingang in die schulpraktische Ausbildung von Fremdsprachenlehrern gefunden haben (vgl. Grucza u.a. 1993). Eine zentrale Frage der Untersuchung des Lehrverhaltens ist die nach empirischer Evidenz für 'gute Fremdsprachenlehrer': so haben Politzer/Weiss (1969) und Sanderson (1982) Merkmale von 'guten' Fremdsprachenlehrern untersucht, indem sie das Unterrichtsverhalten von durch Schülerleistungen, Lehrerbeurteilung u.ä. als 'gut' ausgewiesenen Lehrern über längere Zeit beobachteten und gemeinsame Merkmale der jeweiligen Lehrergruppe als Charakteristikum für gutes Lehrverhalten interpretierten. Beide Untersuchungen machen deutlich, daß ein gutes Klassenklima, ein flexibles Unterrichtsprogramm (kein starres Festhalten am Buch, Variation der Übungsaktivitäten), eine besondere Aktivierung der Lernenden und schließlich Selbstbewußtsein und gute Beherrschung der Zielsprache auf seiten der Lehrenden zu den Voraussetzungen für einen so definierten erfolgreichen Unterricht gehören. Mitchell (1988) untersucht die Lehrverhaltensweisen, die es den Lernenden erlauben, bereits im Unterricht kommunikativ zu handeln; Peck (1988) analysiert in einer Reihe von Fallstudien Textpräsentation, Grammatikvermittlung, Hörverstehenstraining u.a., um erfolgreiches Lehrverhalten darzustellen, wobei er wie Mitchell ein kommunikatives Unterrichtskonzept zugrunde legt. Umgekehrt kann Quetz (1976) in einer Untersuchung bei Erwachsenen deutlich machen, wie Lehrer die Kommunikationsbereitschaft ihrer Kursteilnehmer durch Festhalten am Lehrbuch und Verweigerung eines erfahrungsbezogenen Lernens einschränken. Deutlich wird bei diesen Untersuchungen, daß nicht ein bestimmtes Lehrverhalten für sich genommen 'gut' oder 'falsch' ist, daß vielmehr die Angemessenheit des Lehrverhaltens in einer jeweiligen Unterrichtsituation und mit einer spezifischen Teilnehmergruppe den Ausschlag gibt. Lehrertraining versteht sich heute daher eher als Training zur Erhöhung der Flexibilität und Sensibilität des Lehrers gegenüber Schülern denn als Einüben bestimmter Lehrtechniken.

Untersuchungen im Rahmen des Paradigmas der Klassenzimmer-Ökologie haben die subjektive Wahrnehmung des Unterrichtsgeschehens durch Lehrer und Schüler stärker ins Zentrum gerückt und – anknüpfend an amerikanische Untersuchungen zur Lehrer-Schüler-Interaktion ("Pygmalion-Effekt"; vgl. die Bestandsaufnahme dieser Arbeiten bei Brophy/Good 1974, dt. 1976) – die wechselseitige Entwicklung von Erwartungshaltungen der Schüler gegenüber dem Lehrer bzw. der Lehrer gegenüber den Schülern analysiert (vgl. auch Art. 106). Gemeint ist damit, daß die Wahrnehmung der Schüler durch die Lehrer auf das Lernverhalten zurückwirkt und umgekehrt, so daß sie sich in sich selbst erfüllender Prophezeiung so entwickeln, wie der Lehrer dies aufgrund unbewußter und oft falscher Erwartungen annimmt. So hat van Buer (1980) in seiner Untersuchung von Englisch-Anfangsunterricht gezeigt, wie Lehrer bestimmte Teilfertigkeiten des Englischunterrichts unterschiedlich interpretieren (z.B. gute schriftliche Arbeiten als Merkmal einer besonderen Sprachbegabung, gutes Lautbildungsvermögen als Merkmal von Fleiß). Diese Einschätzung führt dazu, daß die betreffenden Schüler vom Lehrer besonders gefördert werden und daher insgesamt ein höheres Leistungsniveau erreichen. Königs (1983, 368 ff) faßt eine ganze Reihe von Faktoren zusammen, die das Lehrerbewußtsein und das Lehrverhalten im Fremdsprachenunterricht in dieser Weise beeinflussen.

Interpretieren läßt sich diese Ausprägung von Lehrerhandeln im Rahmen denkpsychologischer Ansätze, die sich in jüngster Zeit mit den das Alltagshandeln von Lehrern bestimmenden Routinen und "subjektiven Theorien" beschäftigt haben. Der Zwang zum Handeln unter dem Druck des Unterrichtsalltags und ohne eine handlungsleitende 'Theorie guten Unterrichts' führt zur Ausprägung von Routinen sowie lehrereigener "subjektiver" Theorien, mit denen Lehrkräfte aufgrund ihrer Alltagserfahrungen das unterrichtliche Handeln strukturieren und legitimieren. Wagner hat in ihrer Untersuchung über "Bewußtseinskonflikte im Schulalltag" (1984) gezeigt, wie die Handlungsfähigkeit von Lehrern leidet, wenn Routinen und subjektive Theoriebildung nicht mehr funktionieren und "das Denken sich verknotet". Sie konstatiert bei Lehrern "imperative Kognitionen", d.h. die Lehrerausbildung, Richtlinien, vor allem aber die subjektiven Theorien führen dazu, daß Lehrer ihre Vorstellungen über Unterricht allmählich in Vorschriften wie "Ich muß" bzw. "Ich darf nicht" organisieren. Solche Imperative und die Angst, sie zu verletzen, entstehen vor allem bei dem Versuch, im Unterricht sozialen Lernzielen Geltung zu verschaffen, also gerade auch im Spannungsfeld zwischen traditionell grammatisch orientiertem und kommunikativem Sprachunterricht. So hat Zimmermann (1984) nachgewiesen, daß auch bei sog. kommunikativen Fremdsprachenlehrern die Grammatik eine dominante Stellung im Unterricht hat. Die audiolinguale und die pragmadidaktische Theorie haben versucht, den traditionellen Grammatikunterricht qualitativ zu verändern und quantitativ zu begrenzen. Dies haben die Lehrer "verbal und rational" akzeptiert, nicht aber "affektiv und real" angenommen. Aus diesem Widerspruch erklärt Zimmermann das widersprüchliche Lehrverhalten bezüglich der Grammatik. Die Trennung zwischen Motivation und Interessantheit einerseits und Lernwirksamkeit (verbunden mit Grammatik und Drill) andererseits gehört zu den relativ weit verbreiteten subjektiven Lehrer-Theorien. Hand in Hand mit solchen subjektiven Theorien über Unterricht geht die Routinisierung des Lehrverhaltens, die leicht zu Konflikten führt. Frage-Antwort-Rituale, Lehrerlob und Lehrertadel, aber auch die Darbietung des Fachinhaltes, z.B. bei induktivem oder deduktivem Vorgehen, bei der Aufgabenformulierung oder Gestaltung des Tafelbildes sind typische Bereiche für solche Routinen, denen – vielfach auch unbewußte – 'Lehrer-Theorien' zugrunde liegen, weshalb solche Verhaltensweisen gegenüber pädagogischen Neuerungen relativ stabil sind. Es genügt daher in der Lehrerausoder -fortbildung nicht, Lehrer mit neuen Erkenntnissen und neuem Lehrmaterial vertraut zu machen, Lehrerfortbildung muß vielmehr auf einen Abbau von Imperativen und falschen subjektiven Vorstellungen sowie eine Stabilisierung hilfreicher Unterrichtsroutinen hinarbeiten, d.h., sie muß die Möglichkeit eröffnen, das eigene Lehrverhalten zu reflektieren, eigene neue Lernerfahrungen zu machen und gemeinsam mit anderen zu experimentieren.

Sprachlehrforschung und Fremdsprachendidaktik haben diesen Forschungsansatz in den letzten Jahren durch Untersuchung einzelner Elemente des Lehrverhaltens im Fremdsprachenunterricht weitergeführt. So wurden u.a. die demotivierende Form und Funktion von Lehrerfragen, insbesondere aber die Fehlerkorrektur (vgl. u.a. Henrici/Herlemann 1986) untersucht; Kleppin/Königs (1991) arbeiten Muster des Korrekturverhaltens heraus. Durchweg plädieren die Autoren dafür, von einem eng gefaßten Fehlerbegriff auf das umfassendere Konzept der Reparatur von Fehlleistungen durch alle am Unterrichtsprozeß Beteiligten überzugehen; Kasper (1986) entwickelt hierfür eine Systematik, in der sie die Zuordnung der verschiedenen Reparaturstrategien zu den jeweiligen Unterrichtsaktivitäten deutlich macht.

Charakteristisch für die bis hierher skizzierte Forschung ist die Beschränkung auf einzelne Aspekte des Lehrverhaltens bzw. der Lehrer-Schüler-Interaktion. Größere Forschungsprojekte, die das Lehrverhalten im Kontext schulischer Lehr-Lern-Bedingungen sehen, fehlen. Eine Ausnahme bildet ein großes Projekt, in dem die Rolle des Lehrverhaltens (und des Lernmaterials) im Englisch-Anfangsunterricht untersucht wurde; der Abschlußbericht diskutiert, weit über das durchgeführte Projekt hinaus, grundsätzliche methodologische Fragen einer Untersuchung des Lehrverhaltens. Ein für die weitere Forschung zentrales Ergebnis liegt darin, daß die Untersuchung einzelner Unterrichtsstunden keine konsistenten und generalisierbaren Ergebnisse erbringt, daß Sprachlehrforschung daher vorwiegend als Langzeitforschung angelegt werden sollte (Wienold/Achtenhagen u.a. 1985).

Gegenüber diesen am Lehrverhalten im Unterrichtsprozeß orientierten Untersuchungen werden – bezogen auf den Fremdsprachenunterricht – zwei Bereiche in der Forschung kaum thematisiert, die in der Erziehungswissenschaft eine größere Rolle spielen: die Auseinandersetzung mit der Lehrerpersönlichkeit und Verfahren der Lehrerbeurteilung. Untersuchungen zur Lehrerpersönlichkeit standen lange Zeit im Mittelpunkt der erziehungswissenschaftlichen Forschung – dabei ging es vor allem darum festzustellen, ob es spezielle Eignungsmerkmale für den Lehrerberuf gibt, wie weit sich solche Persönlichkeitsmerkmale durch Aus- oder Fortbildung verändern lassen und wie sich eine durch betimmte Wertvorstellungen charakterisierte Lehrerpersönlichkeit auf die Entwicklung und das Lernverhalten von Schülern auswirke; als Bezugssysteme werden dabei die Rolle des Lehrers in der Gesellschaft (Erzieher oder 'nur Lehrer', die unterschiedlichen Rollen als Beamte, gegenüber Eltern, Schülern usw.) sowie die Realisierungsmöglichkeiten unter den Bedingungen der Institution Schule erörtert und vielfach aufgezeigt, in welch hohem Maße die institutionellen Bedingungen die Leistungsfähigkeit von Lehrern einschränken und festlegen (vgl. u.a. Gudjons/Reinert 1981; Stern 1983, insbesondere Kap. 4). Einstellungsuntersuchungen zeichnen ein eher konservatives Bild vom Lehrer, wobei insbesondere der Gymnasiallehrer gemeint ist; die Entwicklung 'progressiver' Einstellungen während der Ausbildung erweist sich bei Lehrern als wenig stabil und wird bei Eintritt in das Berufsfeld wieder revidiert (vgl. Koch 1972). Nur vereinzelt sind solche Fragen im Hinblick auf Fremdsprachenlehrer aufgegriffen worden; so hat Schiffler (1980) den Einfluß des "interaktiven Lehrstils" auf den Fremdsprachenunterricht analysiert; Boosch (1987) untersucht Zusammenhänge zwischen Persönlichkeitsmerkmalen und sprachlichen Leistungen zukünftiger Englischlehrer. In einer Untersuchung des Wertesystems von Englischlehrern zeigen Walmsley/Hart (vgl. Hart 1991) die Wertkonflikte zwischen Lehrern und Schülern, Anpassungstendenzen der Schüler an die Lehrer, die zu Verwirrungen bei Lehrern und Schülern führen. Hier trifft sich die an Persönlichkeitsfaktoren interessierte mit der skizzierten denkpsychologischen Forschung.

Die Lehrerbeurteilung spielt insbesondere in der 2. Phase der Lehrerausbildung eine wichtige Rolle; so hat die Erziehungswissenschaft Konzepte kritischer Unterrichts- und Lehrerbeurteilung entwickelt (vgl. Tilmann 1981). Vergleichbare Untersuchungen für die Fremdsprachenlehrerausbildung gibt es kaum (vgl. Krumm 1984), sieht man einmal von den Versuchen ab, die Beherrschung der Zielsprache, insbesondere auch der Unterrichtssprache bei Fremdsprachenlehrern zu verbessern und gezielter zu überprüfen (vgl. Voss 1986).

Stärker als im Schulbereich hat sich die Rolle des Lehrers im außerschulischen Fremdsprachenunterricht in Richtung auf die Funktion eines Lernberaters und 'Animateurs' gewandelt (vgl. Plüghan 1990); in der Erwachsenenbildung sind daher zahlreiche Projekte entstanden, die Materialien und Konzepte für die Aus- bzw. Fortbildung von Fremdsprachenlehrern entwickeln, Fortbildungsbedürfnisse erheben und entsprechende Angebote kritisch begleiten (vgl. u.a. Quetz/Raasch 1982 sowie insbesondere Christ 1990).

3. Perspektiven

Vergleicht man die Schwerpunkte der auf den Fremdsprachenlehrer bezogenen Forschung mit dem Qualifikationsprofil, das für die Ausübung aller beruflichen Funktionen erforderlich ist (vgl. Bludau u.a. 1978; Willems 1993), so wird deutlich, daß weite Bereiche der Lehrpraxis (z.B. die Rolle des Lehrers im Aussspracheunterricht, beim Schreibtraining u.ä., ebenso aber seine Funktionen gegenüber Kollegen und Eltern) bislang noch kaum Gegenstand systematischer Untersuchung geworden sind. So haben wir noch wenig Kenntnis darüber, ob und in welcher Hinsicht sich die Lehrfunktionen in einem vielfältiger gewordenen Wirkungsbereich, der Schule, Hochschule, Erwachsenenbildung, betrieblichen Fremdsprachenunterricht ebenso wie den Freizeitbereich umfaßt, unterscheiden und wie sich die Zunahme nebenberuflicher Fremdsprachenlehrer auf das berufliche Selbstbewußtsein und die Professionalität auswirken. Die Erarbeitung empirischer Grundlagen für die Aus- und Fortbildung von Fremdsprachenlehrern für ein so differenziertes Praxisfeld bleibt eine dringende Aufgabe der Forschung. Aber auch die Veränderungen innerhalb der herkömmlichen Bildungseinrichtungen, wie z.B. bilingualer Unterricht und früher Fremdsprachenunterricht, die Orientierung an den Lernenden, deren zunehmende Medienerfahrung, die zunehmende Mehrsprachigkeit unserer eigenen Gesellschaft erfordern eine Veränderung des Forschungsansatzes wie auch Konsequenzen für das Qualifikationsprofil von Lehrern, z.B. im Hinblick auf die Multinationalität der Klassen (Krumm 1992) oder die Nutzung und Aktivierung ihrer Mehrsprachigkeit (vgl. Bausch/Heid 1990).

Für die Sprachlehrforschung gewinnen dabei die Sichtweisen der beteiligten Lehrer und Schüler, ihre subjektiven Theorien und Situationsinterpretationen an Gewicht. Die Forschung ist auf ihre Auskünfte und Mitarbeit angewiesen, wenn sie verstehen will, was im Unterricht passiert. Durch die gemeinsame Analyse unterrichtlicher Lernprozesse gewinnt aber nicht nur die Wissenschaft an Praxisrelevanz. Voraussetzung dafür, das Fremdsprachenlehren an den Bedürfnissen der Lernenden zu orientieren, ist, daß nicht nur die Wissenschaftler, sondern auch die beteiligten Lehrer und Schüler mehr über die im Unterricht ablaufenden Prozesse wissen und erfahren. Dazu reicht die bloße Beobachtung des Unterrichts nicht aus, vielmehr müssen auch die subjektiven Interpretationen des Unterrichts einbezogen werden (vgl. Allwright/Bailey 1991). Selbstbeobachtung, Schulforschung und schulinterne Lehrerfortbildung gewinnen daher an Bedeutung; ihre Evaluation wird zu einer wichtigen Aufgabe der Sprachlehrforschung (vgl. Trim 1988; Bausch u.a. 1991).

Literatur

Allwright, Dick (1988), *Observation in the Language Classroom*, London/New York.
Allwright, Dick/Bailey, Kathleen M. (1991), *Focus on the Language Classroom*, Cambridge/New York/Port Chester.
Bausch, Karl-Richard/Heid, Manfred, Hrsg. (1990), *Das Lehren und Lernen von Deutsch als zweiter oder weiterer Fremdsprache: Spezifika, Probleme, Perspektiven*, Bochum.
Bausch, Karl-Richard/Christ, Herbert/Raasch, Albert (1991), *Fortbildung von Fremdsprachenlehrern*, Bochum/Gießen/Saarbrücken.
Bludau, Michael u.a. (1978), *Zur Ausbildung und Fortbildung von Fremdsprachenlehrern*, Berlin.
Boosch, Alwin (1987), "Lernerpersönlichkeit des zukünftigen Englischlehrers und Fremdsprachenerwerb", in: Sabine Börsch (Hrsg.), *Die Rolle der Psychologie in der Sprachlehrforschung*, Tübingen, 87-94.
Brophy, Jere E./Good, Thomas L. (1976), *Die Lehrer-Schüler-Interaktion* (engl. 1974), München.
Christ, Herbert (1983), "Zur Geschichte des Französischunterrichts und der Französischlehrer", in: Anneliese Mannzmann (Hrsg.), *Geschichte der Unterrichtsfächer I*, München, 94-117.
Christ, Herbert (1987), "Fremdsprachenlehrer im Portrait" in: Wolfgang Lörscher/Rainer Schulze (Hrsg.), *Perspectives on Language in Perfomance*, Vol. 2, Tübingen, 819-838.
Christ, Herbert (1990), *Der Fremdsprachenlehrer in der Weiterbildung*, Tübingen.
Gage, Nathaniel L. (1979), *Unterrichten – Kunst oder Wissenschaft?* (engl. 1978), München.
Grucza, Franciszek/Krumm, Hans-Jürgen/Grucza, Barbara (1993), *Beiträge zur wissenschaftlichen Fundierung der Ausbildung von Fremdsprachenlehrern*, Warschau.
Gudjons, Herbert/Reinert, Gerd-Bodo, Hrsg. (1981), *Lehrer ohne Maske?*, Königstein/Ts.

Hart, Hans-Ulrich (1991), *Wertsysteme von Englischlehrern*, Egelsbad.
Henrici, Gert/Herlemann, Brigitte (1986), *Mündliche Korrekturen im Fremdsprachenunterricht*, München.
Kasper, Gabriele (1986), "Repair in Foreign Language Teaching", in: Gabriele Kasper (ed.), *Learning, Teaching and Communication in the Foreign Language Classroom*, Aarhus, 23-42.
Kleppin, Karin/Königs, Frank G. (1991), *Der Korrektur auf der Spur. Untersuchungen zum mündlichen Korrekturverhalten von Fremdsprachenlehrern*, Bochum.
Koch, Jens-Jörg (1972), *Lehrer – Studium und Beruf*, Ulm.
Königs, Frank G. (1983), *Normenaspekte im Fremdsprachenunterricht*, Tübingen.
Krumm, Hans-Jürgen (1973), *Analyse und Training fremdsprachlichen Lehrverhaltens*, Weinheim.
Krumm, Hans-Jürgen (1984), "Zur Beurteilung des Lehrverhaltens von Fremdsprachenlehrern", in: Hans Ludwig Bauer (Hrsg.), *Unterrichtspraxis und theoretische Fundierung in Deutsch als Fremdsprache*, München, 9-23.
Krumm, Hans-Jürgen (1992), "'Grenzgänger' – vom Selbstverständnis und Profil des interkulturellen Lehrers", in: Gabriele Pommerin-Götze u.a. (Hrsg.), *Es geht auch anders! Leben und Lernen in der multikulturellen Gesellschaft*, Frankfurt a.M., 280-291.
Mitchell, Rosamond (1988), *Communicative Language Teaching in Practice*, London.
Nehm, Ulrich (1976), *Microteaching als Ausbildungs- und Forschungsverfahren der Fremdsprachendidaktik*, Kronberg/Ts.
Peck, Anthony (1988), *Language Teachers at Work*, New York/London.
Plüghan, Wolfgang (1990), *Einstufungsberatung in Englischkurse an Volkshochschulen*, Frankfurt a.M.
Politzer, Robert L./Weiss, Louis (1969), *The Successful Foreign-Language Teacher* (= Language and the Teacher No. 3), Philadelphia.
Quetz, Jürgen (1976), "Untersuchungen zum Einfluß eines Lehrbuches auf die kommunikative Struktur des Englischunterrichts", in: *Zielsprache Englisch*, Jg. 6, H. 1, 20-28.
Sanderson, David (1982), *Modern Language Teachers in Action*, York.
Schiffler, Ludger, (1980), *Interaktiver Fremdsprachenunterricht*, Stuttgart.
Schröder, Konrad (1987 ff.), *Biographisches und bibliographisches Lexikon der Fremdsprachenlehrer des deutschsprachigen Raumes. Spätmittelalter bis 1800*, Bde. 1-3, Augsburg.
Stern, H. H. (1983), *Fundamental Concepts of Language Teaching*, Oxford.
Tilmann, Heribert (1981), *Lehrerbeurteilung*, Heidelberg.
Trim, John, ed. (1988), *Consolidated Report on the programme of international workshops for trainers of teachers of modern languages 1984-87*, Strasbourg.
van Buer, Jürgen (1980), *Implizite Individualisierungsstrategien in der unterrichtlichen Lehrer-Schüler-Interaktion – am Beispiel des Englischanfangsunterrichts*, Diss., Göttingen.
Voss, Bernd, Hrsg. (1986), *Unterrichtssprache im Fremdsprachenunterricht*, Bochum.

Wagner, Angelika C. u.a. (1984), *Bewußtseinskonflikte im Schulalltag*, Weinheim.
Wallace, Michael J. (1991), *Training Foreign Language Teachers*, Cambridge.
Wienold, Götz/Achtenhagen, Frank u.a. (1985), *Lehrerverhalten und Lernmaterial in institutionalisierten Lehr-Lern-Prozessen – Am Beispiel des Englischanfangsunterrichts*, 3 Bde. (= Berichte des Seminars für Wirtschaftspädagogik Bde. 9-1 bis 9-3), Göttingen.
Willems, Gerard M. (ed.) (o.J.), *Attainment Targets for Foreign Language Education in Europe* (= ATEE Cahiers No. 5), Brüssel.
Zifreund, Walther, Hrsg. (1976), *Training des Lehrverhaltens und Interaktionsanalyse*, Weinheim.
Zimmermann, Günther (1984), *Erkundungen zur Praxis des Grammatikunterrichts*, Frankfurt am Main.

Hans-Jürgen Krumm

106. Interaktion

1. Begriffsklärungen

Interaktion bezeichnet die wechselseitige Beeinflussung von Individuen oder Gruppen. In pädagogischen Kontexten wird Interaktion oft mit Kommunikation gleichgesetzt, hier soll jedoch Interaktion als der umfassendere Begriff gelten, der die Grundlage für die mehr sprachlich und abstrakt verstandene Kommunikation darstellt. Interaktion muß nicht intendiert sein, während Intentionalität wesentlicher Kern menschlicher Kommunikation ist. Kommunikation kann dementsprechend erfolgreich bzw. erfolglos sein – für pädagogische Zwecke ein wichtiges Kriterium. Geeignete Kommunikation (und das Lernziel Kommunikative Kompetenz) zu erzielen, ist jedoch nur aufgrund geeigneter Interaktionsstrukturen (mittels Interaktionskompetenz) möglich. Aufgrund dieser Sachlage soll im folgenden nur auf kommunikative Aspekte der Interaktion eingegangen werden.

Ein weiterer Begriff, der in Abgrenzung zu Interaktion geklärt werden muß, ist "Diskurs". Unter Diskurs ist eine zielgerichtete sprachliche Interaktion zu verstehen. Interaktionsanalyse und Diskursanalyse werden insofern unterschieden, als letztere einen stärker linguistisch orientierten (weniger subjektiven) Ansatz darstellt, d.h. Diskursanalyse ist durch den Versuch gekennzeichnet, Analysekategorien direkt mit ihren sprachlichen Realisierungen zu verknüpfen.

Die Situation im Fremdsprachenunterricht ist bekanntlich insofern eine besondere, als hier die Fremdsprache eine eigentümliche Rolle spielt: sie ist sowohl Unterrichtsmedium als auch Unterrichtsgegenstand. Der Fremdsprachenunterricht stellt dementsprechend einen Interaktionsprozeß dar, in dem die Fremdsprache sich für den Lerner sowohl in sprachlichen Einheiten darbietet, welche eine spracherläuternde oder eine sprachübende Funktion haben können, als auch in inhaltlichen Einheiten, in denen Lernern Informationen über den Inhalt fremdsprachlicher Realisierungen vermittelt werden.

Trotz dieser besonderen Natur der Interaktion im Fremdsprachenunterricht stammen die meisten methodischen Ansätze (vgl. hierzu die Überblicke u.a. in Allwright 1988; Chaudron 1988; Ellis 1990; Henrici 1990; van Lier 1988; Edmondson/House 1993) zu ihrer Erforschung aus anderen Disziplinen, zumeist aus der Erziehungswissenschaft und der Psychologie. Sie lassen sich in zwei große Kategorien einteilen: Interaktions- / Diskursanalysen und anthropologisch-ethnographische Ansätze.

2. Interaktions- und Diskursanalysen

Das Verhalten von Lernern und Lehrern im Unterricht allgemein ist mindestens seit den Anfängen dieses Jahrhunderts systematisch beobachtet und beschrieben worden. Die meisten Beobachtungssysteme basierten auf quantitativer Beschreibung verbaler und/oder nichtverbaler Ereignisse im Unterricht sowie auf qualitativen Urteilen des Beobachters über Zweck und Erfolg dieser Ereignisse. Ausgehend von der Annahme, daß die unterschiedliche Dauer und Frequenz bestimmter Verhaltensweisen die Art und die Menge des Lernens im Unterricht beeinflussen, versuchten Beobachter, die relative Wirksamkeit unterschiedlicher Arten von Lehrer/Lernerinteraktionen zu bestimmen.

Bei Interaktionsanalysen wird ein bestimmtes Analyseinstrument verwendet, das in seinen Kategorien vor der Beobachtung festgelegt ist und mit dem das Lehrer-/Lerner-Verhalten in der Interaktion als Sequenz verschiedener aufeinander aufbauender und zusammenwirkender Schritte kodiert und analysiert wird. Zweck von Interaktionsanalysen ist es allgemein, Korrelationen zwischen Lernprozessen im Fremdsprachenunterricht, Lehrstrategien und unterrichtlichen Handlungsmustern zu entdecken.

Es gibt eine Vielzahl von Analysesystemen, die sich unterscheiden nach dem Zweck der Analyse, dem Medium, das für die Beobachtung verwendet wird, der Anzahl der verwendeten Kategorien, etc. Interpretationen aus den Daten können dann eher quantitativ oder qualitativ sein, zumeist eine Kombination aus beidem.

Viele für den Fremdsprachenunterricht entwickelte Beobachtungssysteme leiten sich von Flanders' (1970) *"System of Interaction Analysis"* (FIAC) ab, das in den 50er Jahren entstand und auf frühere Untersuchungen zum "sozialen Klima" zurückgeht, in denen die Überlegenheit sog. demokratischer Interaktionsstile gegenüber autoritären Vorgehensweisen bewiesen werden sollte. So ist Moskowitz' (1970) System FLINT (*Foreign Language Interaction System*) eine Adaptation für den Fremdsprachenunterricht, in dem alle Flanders-Kategorien übernommen und zusätzliche fremdsprachenunterrichtsspezifische Kategorien entwickelt wurden. Das System wurde zu Forschungszwecken und als Feedbackinstrument verwendet, mit Hilfe dessen Lehramtstudenten ihren Fremdsprachenunterricht durch "objektiven Feedback" über ihr Interaktionsverhalten analysieren und begründet verändern lernen sollen.

Weitere wichtige Analysesysteme sind Bellack et al. (1966) und dessen Modifizierung und Erweiterung in Fanselows (1977) System FOCUS (*Foci for Observing Communication Used in Settings*), in dem die Natur der Interaktion im Fremdsprachenunterricht mit Hilfe bestimmter "Foki" (z.B. der Interaktionsquelle oder des didaktischen Zwecks) erfaßt wird. Neben diesen bekanntesten Analysesystemen gibt es noch eine Vielzahl weiterer Systeme, die jeweils für spezifische Fremdsprachenunterrichtstypen erstellt wurden.

Ein Grund für die Entstehung immer neuer Analysesysteme mit vielfältig variierenden Kategorien mag darin liegen, daß die beiden Zielsetzungen der Interaktionsanalyse, nämlich 1. Grundlagenforschung zu betreiben und die dazu benötigten validierten Beobachtungstechniken zu erstellen und 2. Lehrverhaltenstraining zu ermöglichen, nur schwer vereinbar sind, und für jede Zielsetzung entstehen dann je spezifische Systeme. In der Lehrerausbildung dürfte es z.B. zur Sensibilisierung für eigenes Interaktionsverhalten nicht so wichtig sein, daß die Kategorien hochdifferenziert, valide und reliabel sind – so können sogar "hausgemachte Kategorien" sehr wohl den Zweck erfüllen, Anstöße zur Änderung von Interaktionsverhalten zu geben.

Zwei grundlegende Kritikpunkte an der o.g. Interaktionsanalyse sind: 1. methodologisch gesehen scheint es unsauber, didaktische Kategorien wie "Lehrerfrage", die zum Untersuchungsfeld selbst gehören, als Analysekategorien zu verwenden, da hierdurch die Ergebnisse oft im vorhinein determiniert werden (Krumm 1973); 2. es wird keine explizite Verbindung zwischen bestimmten Interaktionskategorien und den sprachlichen Formen ihrer Realisierungen hergestellt.

Durch ein differenziertes linguistisches Grundmodell haben Sinclair und Coulthard (1975) nun genau diese Verbindung zu erreichen versucht. Ihr Modell, das zur Untersuchung des Unterrichtsdiskurses allgemein dient, war wegweisend für den Ansatz der Diskursanalyse und wurde für viele andere Diskurstypen verwendet, da seine Kategorien durch größere linguistische Explizitheit im Prinzip diskurstypunabhängig sind (vgl. auch die deutsche Übersetzung und Ergänzung von Krumm 1977, die Fremdsprachenunterrichtsadaptation von Lörscher 1983 und die Weiterführung des Modells in Edmondson 1981).

Bis heute ist die Frage offen, ob die vielen Interaktions-/Diskursanalysesysteme (über 20 für den Fremdsprachenunterricht, über 200 für allgemeinen Unterricht) valide und reliabel sind: empirische Validierungen der gewählten Kategorien fehlen weitgehend; positiv an dieser Art Forschung ist jedoch, daß durch sie der vag-globale Begriff "Methode" durch eine insgesamt differenziertere Sichtweise ersetzt wurde.

Mit Interaktionsbeobachtungen kann natürlich nur nach außen demonstriertes Verhalten der Interaktionspartner erfaßt werden: Illokutionen, also intendierte Bedeutungen von Sprechakten werden dagegen oft nicht erkannt, und die Kulturgebundenheit von Beobachtungssystemen gerät allzu oft in Vergessenheit. Auch sollte bedacht werden, daß alle Beobachtungssysteme implizite Hypothesen über das Lehren und Lernen im Fremdsprachenunterricht enthalten, deren Richtigkeit in keiner Weise gesichert ist (Long 1980, 12). Ferner sind viele der Systeme, obwohl sie (theoretisch) in nicht wertender Weise eingesetzt werden sollen, kaum objektiver als die subjektiv-impressionistischen Kommentare zu Interaktionen im Fremdsprachenunterricht, die sie ja ersetzen sollten, denn die Subjektivität des Beobachters bleibt bestehen.

Letztlich gilt, daß Interaktions-/Diskursanalysen der oben geschilderten Art nicht ausreichen, um gültige Aussagen darüber zu machen, ob und was im Fremdsprachenunterricht tatsächlich gelernt wird: die Evaluationskriterien, die zur Erhellung des Lernerfolgs notwendig sind, ergeben sich nicht allein aus Interaktions-/Diskursanalysen.

3. Der anthropologisch-ethnographische Ansatz

Im Zuge solcher Kritik an der Beobachtung und Analyse von Interaktionsvorgängen haben anthropologisch-ethnographische Methoden seit Ende der 70er Jahre bei der Erforschung des Fremdsprachenunterrichts an Popularität gewonnen.

Mit einer sog. "Mikroethnographie" soll das Interaktionsgeschehen aus der Perspektive der Beteiligten gesehen werden. Hierzu werden Videoaufzeichnungen in großem Detail analysiert und kombiniert mit dem klassischen Methodenarsenal der Ethnographie: teilnehmende Beobachtung, Interviews und dem genauen Studium von Hintergrundsdokumenten.

Zur Überwindung der Beobachtersubjektivität ist die aus der Ethnomethodologie stammende "Triangulation" im Fremdsprachenunterricht verwendet worden; dies ist eine Art multipler Zugriff, bei dem sowohl Lehrern wie Lernern Interpretationen ihrer Unterrichtsinteraktionen entlockt werden, indem ihnen die Originalaufnahmen und die nachfolgenden Kommentare anderer Teilnehmer vorgespielt werden. Widersprüche in den Befunden des Beobachters und der am Interaktionsprozeß Beteiligten sollen so geklärt werden (vgl. z.B. Kramsch 1985).

Auch in der sog. "Konstitutiven Ethnographie" wird versucht, die durch Beobachtung erzielte Interaktionsanalyse des Forschers mit der Bedeutung, die die Interaktionspartner ihren Aktionen selbst zuschreiben, in Einklang zu bringen. Allwright (1980) in seiner Beschreibung des *Turn-Taking* Systems im Fremdsprachenunterricht ist ein gutes Beispiel einer solchen die Interaktionsteilnehmer gezielt miteinbeziehenden Methode. Neben *Turn-Taking* stehen Mechanismen der Themenkontrolle, Rollenverhältnisse zwischen Lehrer und Lernern sowie Strategien zur Gesichtswahrung (*Face-Saving*) im anthropologisch-ethnographischen Ansatz zur Erforschung der Interaktion im Fremdsprachenunterricht im Vordergrund des Interesses.

Häufig verwendet werden in diesem Ansatz auch all jene introspektiven Methoden, bei denen Lerner in irgendeiner Weise selbst kundtun, was in unterrichtlicher Interaktion in ihnen vorgeht. Dies kann per Fragebogen nach dem Unterricht geschehen, wobei die Lerner/Lehrer darüber reflektieren sollen, was in ihnen vorging, oder mittels Interviews oder einer Kombination von beiden. Weitere Möglichkeiten sind die direkte Befragung der Interaktionsteilnehmer während des Fremdsprachenunterrichts und die sog. "Tagebuchstudien", bei denen Lehrer und/oder Lerner sich persönliche Notizen über Vorgänge im Unterricht in Form eines Tagebuchs machen.

Anthropologisch-ethnographische Methoden haben zumindest drei Vorzüge: 1. Auch zu Lernern, die wenig oder gar nicht "äußerlich" an der Interaktion teilnehmen, kann Zugang gewonnen werden; 2. Bewußte kognitive Prozesse können (mehr oder weniger) erfaßt werden; 3. Die Untersuchungskategorien sind nicht vorher festgelegt, sondern werden erst im Prozeß der Untersuchung "entdeckt". Hypothesen werden generiert, nicht getestet, und da keine theoretische Vorstrukturierung des Forschungsobjekts vorgenommen und nichts von vornherein als selbstverständlich hingenommen wird, ist die Untersuchung vorurteilsfreier. Bei teilnehmender Beobachtung sind die gewonnenen Daten sicherlich auch "natürlicher" als bei einer Beobachtung durch Außenstehende.

Nachteile des anthropologischen Ansatzes sind die Subjektivität der Datengewinnung und Interpretation und die geringe Generalisierbarkeit der Ergebnisse.

Wünschenswert wäre ein Forschungskonzept, in dem eine Kombination verschiedener Forschungsmethoden versucht wird: Verfälschungen der Ergebnisse durch Vorurteile und Kurzsichtigkeiten einzelner Forscher könnten hierdurch verringert werden. Zumindest drei Perspektiven: die des Forschers, die des Fremdsprachenlehrers und die des Lerners sollten in jedem Falle berücksichtigt werden.

4. Unterrichtssprache und -interaktion als Input

In einer Forschungsrichtung jüngeren Datums wird die Lehrersprache als *Input* zum Lernen der Fremdsprache betrachtet (siehe den Sammelband Gass/Madden 1985; Larsen-Freeman/Long 1991 sowie die Kritik in White 1987 und Edmonson/House 1993). Sie wird ähnlich wie "*Motherese*" im Erstsprachenerwerb oder "*Foreigner Talk*" in der Zweitsprachenerwerbsforschung als eine Art spezielles Register untersucht, wobei entweder ihre sprachlichen oder ihre interaktiven Charakteristika im Vordergrund des Interesses stehen.

Sprachliche Aspekte der Lehrersprache im Fremdsprachenunterricht sind u.a. Vereinfachung, Wohlgeformtheit, Explizitheit, Redundanz, kurze, einfache und langsam gesprochene Sätze, unmarkierte Wortstellung, restringiertes Vokabular, wenig Pronomina, viele Fragen.

Der Einfluß dieser sprachlichen Charakteristika der Lehrersprache auf die Lernersprache ist vielfach untersucht worden, es konnte aber keine direkte Beziehung zwischen der Häufigkeit ihres Auftretens und deren Aneignung durch die Lerner hergestellt werden.

Im Zuge einer durch Krashens Lerntheorie initiierten theoretischen Neuorientierung hat sich das Interesse vieler Forscher in jüngster Zeit auf Interaktionsmuster im Fremdsprachenunterricht als die wesentlichen Inputfaktoren konzentriert.

Die interaktionelle Anpassung der Lehrersprache an vermutete Lernerbedürfnisse wird in diesem Forschungsparadigma als wichtiger angesehen als rein sprachliche Adaptierungen. Typische interaktionelle Anpassungen des Lehrers sind Expandierungen verschiedener Art, Selbst- und Fremdwiederholungen, anaphorische und kataphorische Verweisungen, (Bitten-um-) Erklärungen sowie Verständniskontrollen.

5. Besonders intensiv erforschte Aspekte der Fremdsprachenunterrichtsinteraktion

Obwohl Lernerfragen ihrer Natur nach besonders interessante Daten darstellen, da sie nicht künstlich elizitiert sind und (teilweise) Aufschluß über bewußte kognitive Prozesse und besondere Interessen und Probleme der Lerner geben können, sind Lehrerfragen bisher intensiver erforscht worden; viel Beachtung hat auch die Untersuchung von Fehlern gefunden, insbesondere ihre Rolle in der Lehrer-Schüler-Interaktion (vgl. zu beiden Art. 29 und 105). Hier soll nur auf zwei Bereiche verwiesen werden, die den Einfluß fremdsprachenunterrichtlicher Interaktion auf den Lernerfolg exemplarisch verdeutlichen sollen:

Organisatorische Unterrichtssprache: Die zur Unterrichtsorganisation verwendete Sprache ist zumeist die Lehrern und Lernern gemeinsame Muttersprache. Günstiger für den Erwerb von Interaktionskompetenz scheint jedoch die Verwendung der Fremdsprache zu organisatorischen Zwecken zu sein, da Lerner dann fremdsprachliche Interaktionen selbst initiieren können. Insgesamt ist eine gemeinschaftliche Handhabung der Unterrichtsorganisation durch Lehrer und Lerner ein nützliches Instrument zur Erweiterung von Lerngelegenheiten. Strategien zur (Mit-)organisation des Fremdsprachenunterrichts sollten Lernern daher unbedingt vermittelt werden (Allwright 1984).

Interaktionen der Lerner untereinander: In Interaktionen untereinander aktivieren Lerner Interaktionsskills, die sie in der Zielsprachen interaktion tatsächlich brauchen. Lerner sind in Gruppeninteraktionen aktiver an Aushandlungsprozessen zur Bedeutungsklärung beteiligt als im Frontalunterricht, und sie hören häufiger und besser verständliche fremdsprachliche Äußerungen. Naturgemäß kommt es in Interaktionen zwischen Lernern häufiger zu einem Zusammenbrechen der Interaktion als in Interaktionen, an denen Muttersprachler beteiligt sind: ein solcher Interaktionszusammenbruch aber forciert dann das zum Fremdsprachenerwerb nützliche Aushandeln zur Wiederherstellung von Bedeutungen. Dennoch ist vor einer übertriebenen Verwendung von Strategien zur Bedeutungsaushandlung im Fremdsprachenunterricht zu warnen, da die Interaktion dadurch unnatürlich wird (Aston 1986).

Die Probleme für den praktizierenden Lehrer sind bei Interaktionen der Lerner untereinander nicht unbeträchtlich, dennoch sollten Fremdsprachenlernern Strategien zum Meistern solcher Interaktionen explizit vermittelt werden. Hierbei gilt es besonders, die Defizite in der Beherrschung von Routineformeln und metakommunikativen Strategien auszugleichen, da Untersuchungen zum Interaktionsverhalten bei erwachsenen Fremdsprachenlernern (House 1983; Kramsch 1985) gerade in diesen beiden Bereichen starke Kompetenzmängel aufgezeigt haben. In beiden Untersuchungen wurden retrospektive Selbst- und Fremdbeobachtungen der Lerner miteinander verglichen, und es scheint, daß Reflexionen (insbesondere erwachsener Lerner) über eigenes Interaktionsverhalten und die dabei in und zwischen Lernern ablaufenden Prozesse ein vielversprechender, kognitiver Ansatz zur Diagnose von Interaktionsdefiziten und zur Erweiterung der Interaktionskompetenz von Fremdsprachenlernern sind (siehe hierzu auch House/Kasper 1981, die die Überlegenheit einer kognitiven Vermittlung von Interaktionskompetenz empirisch nachweisen, sowie Edmondson/House 1981, die daraus didaktische Konsequenzen ziehen). Die Bewußtmachung von natürlichen Interaktionsstrukturen und -normen ist in der unnatürlichen Umgebung des Fremdsprachenunterrichts von überragender Bedeutung.

Literatur

Allwright, Dick (1980), "Turns, Topics and Tasks: Patterns of Participation in Language Learning and Teaching", in: Diane Larsen-Freeman (ed.), *Discourse Analysis in Second Language Research*, Rowley, Mass.
Allwright, Dick (1984), "The Importance of Interaction in Classroom Language Learning", in: *Applied Linguistics*, Jg. 5, 156-171.
Allwright, Dick (1988), *Observation in the Language Classroom*, London.
Aston, Guy (1986), "Trouble-Shooting in Interactions with Learners: the more the merrier?", in: *Applied Linguistics*, Jg. 7, 128-143.
Bellack, Arno et al. (1966), *The Language of the Classroom*, New York. Deutsche Übersetzung (1974), *Die Sprache im Klassenzimmer*, Düsseldorf.
Chaudron, Craig (1988), *Second Language Classrooms. Research on Teaching and Learning*, London.
Edmondson, Willis (1981), *Spoken Discourse: A Model for Analysis*, London.
Edmondson, Willis/House, Juliane (1981), *Let's Talk and Talk About It. A Pedagogic Interactional Grammar of English*, München.
Edmondson, Willis/House, Juliane (1993), *Einführung in die Sprachlehrforschung*, Tübingen.
Ellis, Rod (1990), *Instructed Second Language Acquisition*, Oxford.
Fanselow, John (1977), "Beyond Rashomon-Conceptualizing and Describing the Teaching Act", in: *TESOL Quarterly*, Jg. 11, 17-39.
Flanders, Ned (1970), *Analysing Teaching Behavior*, Reading, Mass.
Gass, Susan/Madden, Carolyn, eds. (1985), *Input in Second Language Acquisition*, Rowley, Mass.
Henrici, Gert (1990), "'L2 Classroom Research'. Die Erforschung des gesteuerten Fremdsprachenerwerbs", in: Zeitschrift für Fremdsprachenforschung, Jg. 1, 21-61.
House, Juliane (1983), "Learning to Talk: Talking to Learn: Eine Untersuchung des Lernerverhaltens in zwei verschiedenen Diskurstypen", in: Manfred Heid (Hrsg.), *Kommunikation im Klassenzimmer und Fremdsprachenlernen*, Werkstattgespräch Goethe House New York, 1982, 158-178.
House, Juliane/Kasper, Gabriele (1981),"Zur Rolle der Kognition in Kommunikationskursen", in: *Die Neueren Sprachen*, Jg. 80, 42-55.
Kasper, Gabriele, ed. (1986), *Learning, Teaching and Communication in the Foreign Language Classroom*, Aarhus.
Kramsch, Claire (1985), "Classroom Interaction and Discourse Options", in: *Studies in Second Language Acquisition*, Jg. 17, 17-30.
Krumm, Hans-Jürgen (1973), *Analyse und Training fremdsprachlichen Lehrverhaltens*, Weinheim.
Larsen-Freeman, Diane/Long, Michael (1991), *An Introduction to Second Language Acquisition Research*, New York.
Lörscher, Wolfgang (1983), *Linguistische Beschreibung und Analyse von Fremdsprachenunterricht als Diskurs*, Tübingen.
Long, Michael (1980), "Inside the 'Black Box': Methodological Issues in Classroom Research on Language Learning", in: *Language Learning*, Jg. 30, 1-42.
Moskowitz, Gertrude (1970), *The Foreign Language Teacher Interacts*, Minneapolis.
Raabe, Horst (1986), "The Influence of L1 and L3 in the Foreign Language Claasroom: An Analysis of Learners' Questions", in: Gabriele Kasper (ed.), *Learning, Teaching and Communication in the Foreign Language Classroom*, Aarhus, 59-69.
Sinclair, John/Coulthard, Malcolm (1975), *Towards an Analysis of Discourse*, London. Übersetzung und deutsche Herausgabe: Krumm, Hans-Jürgen, Hrsg. (1977), *Analyse der Unterrichtssprache*, Heidelberg.
van Lier, Leo (1988), *The Classroom and the Language Learner*, London.
White, Lydia (1987), "Against Comprehensible Input: the Input Hypothesis and the Development of Second Language Competence", in: *Applied Linguistics*, Jg. 8, 95-110.

Juliane House

107. Unterrichtsmethoden

1. Definition und Orientierung

Unterrichtsmethoden werden verstanden als Lehrverfahren, mit denen die Fremdsprache und die mit ihr verknüpfte Kultur und Literatur den Lernenden vermittelt werden. Unterrichtsmethodisches Denken ist uralt. Es behandelt das Wie der Vermittlung, nicht unmittelbar das Was des Lehrgegenstandes. Die Unterrichtsmethoden werden durch Geschichtsepoche, Zeitgeist und Gesellschaft beeinflußt. Sie nehmen die jeweils neuen technologischen Ausstattungen auf, so daß heute die technischen Medien unverzichtbar geworden sind. Fachinterne Gründe sowie äußere Einflüsse und Zwänge bewirken eine ständige 'Optimierung' der Methoden (Müller 1979). Permanente Anpassung und Verbesserung der Vermittlungswege und das Ringen um eine optimale Methode setzen Phantasie und Einfallsreichtum der Lehrenden frei. Fremdsprachendidaktik und Sprachlehrforschung erhalten den Auftrag, die bestmöglichen methodischen Verfahren zu entwickeln.

Das Konzept einer einzigen optimalen Methode ist jedoch viel zu rigide, als daß es auf die große Variationsbreite der Fremdsprachenlerner und der unterschiedlichen Sprachlernziele Rücksicht nehmen könnte. Auch verändern sich die bildungspolitischen und technologischen Auffassungen der Zeit viel zu schnell, als daß Schulpraxis und Unterrichtsforschung damit Schritt halten könnten. Die Vermittlungswege sind derart differenziert, daß der Versuch ihrer Vereinheitlichung mißlingen muß. Überdies spielt die Persönlichkeit der Lehrenden eine so große Rolle, daß persönlichkeitsbezogene Unterrichtswege die jeweils besten für sie sein können (Alfes 1982).

Das weite Feld der Vermittlungswege läßt sich in drei Ebenen einteilen: Auf der obersten Ebene wird zwischen allgemeinen Unterrichtsansätzen und Zugängen (*approaches*) unterschieden. Auf der mittleren Ebene haben unterschiedliche Lehrkonzepte als sogenannte "Methoden" ihren Platz (z.B. Grammatik-Übersetzungs-Methode, gemäßigte direkte Methode, audio-linguale Methode, audio-visuelle Methode). Diese einzelnen Methoden überschneiden sich teilweise und können nicht streng voneinander unterschieden werden, da zwischen theoretischer Beschreibung der Methoden und praktischer Realisierung keine Deckungsgleichheit besteht. Dieselbe Methode kann zu verschiedener Unterrichtsrealität führen. Auf der dritten Ebene sind die einzelnen Unterrichtstechniken anzusiedeln, die in unterschiedlichen Unterrichtsansätzen und Methoden vorkommen und die für ausgewählte Teilziele in bestimmten Stundenphasen eingesetzt werden (Stern 1983).

2. Probleme und Instrumente der Methodikforschung

Es scheint auf der Hand zu liegen, durch Methodenvergleich unterschiedliche Ansätze zu bewerten und aus den vordergründig konkurrierenden Methoden die beste zu ermitteln. Das weit gefächerte Feld der Unterrichtspraxis würde eine umfangreiche Datenmenge zur Verfügung stellen. Moderne Dokumentations- und Analysetechniken einschließlich statistischer Verfahren würden eine wissenschaftliche Methodenevaluation und Komparatistik ermöglichen.

Dieses Bedürfnis nach wissenschaftlich überzeugenden und praktisch verwertbaren Methodenvergleichen ist jedoch kaum zu befriedigen. Die Experimente und Untersuchungen, die in dem hierfür günstigen Wissenschaftsklima der USA unternommen worden sind, haben wenig vertrauenserweckende Ergebnisse gezeigt: Die Vergleiche zwischen dem traditionell-grammatisierenden Ansatz auf der einen Seite und dem damals progressiven audio-lingualen Ansatz auf der anderen Seite erbrachten Ergebnisse, die wenig aussagten und von Praktikern intuitiv vorweggenommen wurden. Auch scheiterten sie teilweise daran, daß die jeweilige idealtypische Methode zwar formuliert und genau beschrieben, jedoch aufgrund des Einflusses des menschlichen Faktors und des Klassenzimmermilieus nicht adäquat in Unterrichtswirklichkeit umgesetzt werden konnte. Die Unterrichtsmethoden sind zu sehr durch institutionelle Einbettung und gesellschaftliche Handlungszusammenhänge eingeengt, als daß sie sich "in Reinheit" realisieren lassen könnten (vgl. Flechsig 1971).

Untersuchung, Prüfung und kritischer Vergleich der Unterrichtsmethoden hängen von brauchbaren Untersuchungsinstrumenten ab. Die heutige Unterrichtsforschung verfügt über geeignete Untersuchungsverfahren. Ein bewährtes Verfahren ist der Schulversuch oder – im kleineren Rahmen – das Unterrichtsexperiment, in denen bestimmte neue Methoden angewandt und ihre Effekte auf Schüler und Lernergebnis beobachtet werden. Die Wirksamkeit der Methode kann bei kleineren Schülerzahlen und kürzeren Zeitabschnitten natürlich in groben Zügen festgestellt werden. Die Feststellung der Lernergebnisse in einem längerfristigen und auf eine größere Population bezogenen Untersuchungsansatz kann durch ein erfahrenes Hospitations- und Beobachtunsgremium objektiviert werden. (So z.B. verwendeten dieses Verfahren die Schulbehörden in Nordrhein-Westfalen bei der Beurteilung der Leistungen im Englischunterricht der Gesamtschulen). Für Beobachtungen und Beurteilungen der unterrichtsmethodischen Wirksamkeit stehen ausgefeilte Beobachtungsraster zur Verfügung (vgl. Art. 106).

Die Unterrichtsforschung besitzt eine lange Geschichte. Die vor einem halben Jahrhundert verwandte Pädagogische Tatsachenforschung bezog sich auf empirisch feststellbare Handlung und Sprache im Klassenzimmer. Mit Beobachtungsbögen und Häufigkeitslisten hospitierten die "Unterrichtsbeobachter". Heute wird moderne Technik eingesetzt: Tonband- und Videokassette. Der "Diskurs" zwischen Lehrenden und Lernenden wird unter psychologischen und linguistischen Fragestellungen festgehalten und analysiert. Inhalt, Form und Häufigkeit der Handlungs- und Sprechakte werden ausgewertet und zu den vorherrschenden Unterrichtsmethoden in Beziehung gesetzt. So kann das Frage-Antwort-Verhalten die praktizierte Unterrrichtsmethode in ihrer Zielsetzung für die kommunikative Orientierung widerspiegeln. Die systematische Verwendung von Leistungsergebnissen in Form von Tests, Schulzensuren und Überprüfungen mündlicher Kompetenz ist im Zusammenhang mit den Instrumenten der Unterrichtsdokumentation ein kontinuierlich verbesserter Weg zur Evaluation von Unterrichtsmethoden.

Auf der anderen Seite muß jedoch deutlich gesehen werden, daß die Untersuchungsinstrumente ihre Grenzen haben. Nichts wäre gefährlicher, als den Untersuchungsinstrumenten und ihren Ergebnissen blindes Vertrauen entgegenzubringen. Erwähnt werden muß der Beobachtungseffekt: Die beobachteten oder die sich beobachtet wähnenden Schüler strengen sich vermehrt an. Die sich mit einer Unterrichtsmethode identifizierenden Lehrer schöpfen ihre Möglichkeiten besser aus als "Normal-Unterrichtende". Findet ein begrenztes Unterrichtsexperiment statt, kann der Persönlichkeitsfaktor stärker durchschlagen als der Methodenfaktor; denn die personalen Merkmale der mit einer bestimmten Unterrichtsmethode umgehenden Lehrer können einen größeren Einfluß auf den Lerneffekt ausüben als die medialen und verfahrenstechnischen Merkmale der eingesetzten Methode. Auch das Verhältnis von Persönlichkeits- und Methodenmerkmalen ist wichtig: Je passender Mensch und Methode sind, je besser sie aufeinander bezogen sind, desto größer ist die Methodenwirksamkeit.

Was die Treffsicherheit der Dokumentations- und Analyseverfahren angeht, besonders wenn diese mit statistischen Verfahren und unter Einsatz der elektronischen Datenverarbeitung vorgehen, ist festzustellen, daß ausgewählte und spezialisierte Fragestellungen und Untersuchungstechniken in der Regel nur Einzelaspekte verdeutlichen können. Das Ganze wird nicht sichtbar. Die Instrumente messen und bewerten nur das ihnen Zugängliche. Unterrichtsmethoden wirken sich aber auf das Ganze des Unterrichtsgeschehens aus.

Hinzu kommt die Schwierigkeit des großen Apparate-Aufwands bei Langzeit- und Längsschnittuntersuchungen. Die amerikanischen Methodenvergleiche (Scherer-Wertheimer; Pennsylvania Project; vgl. Flechsig 1971) waren Untersuchungen im Sinne von Faktorenvergleichen im Rahmen einer Bestandsaufnahme. Verbinden sich momenthafte Querschnittuntersuchungen mit aspekt-speziellen Forschungsinstrumenten, so mögen zwar Verfahrenstechniken und Ergebnistabellen auf den ersten Blick beeindrucken, doch bei kritischer Lektüre wird man feststellen können, daß das Systematische durch das Aspektuelle verdeckt wird und das Ganze nur durch vermutete Zusammenhänge hervortritt.

Die Untersuchungsinstrumente erfüllen trotz der in ihnen liegenden Gefahren dennoch ihren Zweck; sie ermöglichen eine Rückkoppelung zwischen tatsächlich praktizierten Unterrichtsmethoden und ihrer Erforschung. Der Dialog zwischen Schulpraktikern und Unterrichtsforschern verbessert sich durch relevante Forschungsaktivitäten, an denen auch Praktiker beteiligt werden. Die Einzelergebnisse der Methodenforschung, so isoliert sie auch für sich betrachtet sein mögen, bilden ein aussagekräftiges Mosaik, wenn sie richtig zusammengelegt werden. So setzt die Forschung Stein auf Stein und verbessert die wissenschaftlichen Grundlagen der Unterrichtsmethodik (Bausch u.a. 1986). Die Methodik, gleichsam das Bindeglied zwischen Schülern, Lehrern und Lernzielen, dient der Optimierung der Lernprozesse. Der Dialog zwischen Unterrichtsforschern und Unterrichtspraktikern ist fruchtbar für die Gestaltung von Lernsituationen. Es wird so verhindert, daß eine Unterrichtsmethode sich festfährt und erstarrt. Unterrichtsforschung ist notwendig, damit Methodendogmatismus vermieden wird und ein Methodenstreit mit falschen Fronten nicht aufkommt.

Die Zusammenarbeit zwischen Unterrichtsforschern und Unterrichtspraktikern sollte gewährleisten, daß die Ergebnisse der Forschung nicht nur in Projektpublikationen erscheinen oder nur Gremien und Behörden vorgelegt werden, sondern in die Schule zurückfließen und dort die Praxis befruchten. Die auf diese Weise bereicherte Praxis kann sich verändern, verbessern und sich befreien von subjektiv bestimmten Vermittlungswegen einzelner Lehrer und ihrer "heimlichen Methoden". Durch die Lehrer-Forscher-Kooperation wird der Institution Schule die Möglichkeit gegeben, aktuelle Probleme und zur Lösung drängende Fragestellungen an die Institution Wissenschaft weiterzugeben (Heuer 1979; vgl. auch Art. 105).

3. Unterrichtsmethoden und Erkenntnisse der Methodikforschung

Die Frage nach sicheren Forschungserträgen ist die Gretchenfrage jeder Disziplin. Wenn schon in den "exakten Wissenschaften" sich vieles als gar nicht so "exakt" herausstellt, Irrtum und Fortschritt dicht beieinander liegen und eine neuere Theorie, nur weil sie eine bessere Erklärungskraft besitzt, die ältere Theorie als die "falsche" ausweist, sollte besonders auch die Methodikforschung ihre Ergebnisse kritisch, systematisch und historisch betrachten. Die Unterrichtsmethoden wandeln sich, wie die Zeiten sich wandeln. Das einst mehrheitlich als richtig Erkannte wird später wieder verworfen.

Pendelschläge der pädagogischen Epochen beeinflussen die Methoden (Macht 1986; 1987; 1992). Es gab die Konversations- und Sprachmeister im 17. und 18. Jahrhundert, die Philo- und "Grammaticologen" des Neuhumanismus im 19. Jahrhundert, die neusprachlichen Reform- und Jugendbewegten der Jahrhundertwende, die Eklektiker der vermittelnden Methode zwischen den beiden Weltkriegen (sowohl Grammatik und Übersetzung des Neuhumanismus als auch Einsprachigkeit und Mündlichkeit der Reformer und Direkt-Methodiker). Auch haben einzelne Staaten und Länder ihre sprachunterrichtsmethodischen "Erfindungen", die Nordamerikaner ihre audio-linguale und die Franzosen ihre audio-visuelle Methode. Heute hat sich vieles vermischt. Und doch – oder gerade deswegen – gibt es einen internationalen *mainstream*, der mit folgenden Merkmalen umrissen werden kann: Gemäßigte Einsprachigkeit, stützende Grammatikalisierung, Situativierung und kommunikative Orientierung. Sobald verbindender Konsens zustande kommt, lösen sich Gegenkräfte wieder heraus, die häufig von begabten und "charismatischen" Methodikern in Form eines speziellen Unterrichtszugriffs systematisiert werden. Zu diesen umfassenden Lehrkonzepten gehören die kognitivistisch-verbalisierende "bilinguale Methode" (nach Dodson und Butzkamm; vgl. Butzkamm 1980) sowie alternative, den ganzen Menschen und sein Unbewußtes ansprechende Methoden wie *Suggestopädie* (nach Lozanov), *Counselling* (nach Curran), *Total Physical Response* (nach Asher, vgl. zu den alternativen Methoden u.a. Krashen 1982 und Art. 33).

Was sind in diesem Meer der Methoden die Erkenntnisse der Methodikforschung? Es soll dabei zwischen drei Gruppen von Erkenntnissen unterschieden werden: klare und sichere Erkenntnisse, mehrheitlich akzeptierte und umstrittene.

Zu den gesicherten Erkenntnissen gehört die große Rolle, die die Lehrerpersönlichkeit spielt, ganz gleich, welche Methode benutzt wird. Wichtig sind Kontaktfreude, Flexibilität, Methodenwechsel, Sprachbeherrschung (Heuer/Klippel 1987). Die Wirksamkeit der Methoden wird von der Individualität der Unterrichtenden stark beeinflußt. Weiter ist unbestritten, daß die Lernergebnisse sich verbessern, wenn möglichst "viel Sprache" (*language input*) situativ und authentisch den Lernenden angeboten wird, allerdings immer unter dem Vorbehalt der Verständlichkeit. Vor allem ist das Interesse der Schüler von überragender Bedeutung, wie auch immer es geweckt, erhalten und verstärkt wird.

Mehrheitlich akzeptierte Erkenntnisse gibt es zum Problem der Einsprachigkeit. Es wird das Prinzip des "direkten", einsprachigen Zugangs vertreten, direkt insofern, als die Fremdsprache Ziel, Gegenstand und Medium zugleich ist. Jedoch lassen die mentale Präsenz der Muttersprache und ihre sprachpsychologische Verflechtung unterhalb der neuerworbenen Zweitsprachenformen eine genau kalkulierte "Anzapfung" der Erstsprache als hilfreich erscheinen. Jedoch über das methodisch optimale Ausmaß des Muttersprachenbezuges gehen Erkenntnisse und Schulmeinungen auseinander.

Umstritten schließlich sind die Ergebnisse von Unterrichts- und Untersuchungsverfahren, die sich den heute attraktiv werdenden "alternativen" und "natürlichen" Methoden zuwenden, die *Superlearning* versprechen. Der Methodik-Trichter, der Fremdsprachen in die Köpfe der Lernenden gießt, ist ein ewiges Wunschbild. Jedoch zeigen die Versuche, daß die psychische Lernsituation durch ein stimulierendes Umfeld verbessert werden kann. Auch gruppenunterrichtliche Arbeitsformen erbringen sozial motivierende Lernerträge, werden aber als Fremdsprachengewinne unterschiedlich beurteilt. Die These der Spracherwerbsforschung, daß es bestimmte Entwicklungssequenzen beim Sprachenlernen gibt, gegen deren Natur man nicht ungestraft didaktisch und methodisch angehen darf (Dulay/Burt/Krashen 1982), ist für die Sprachlerntheorie anregend, wenn auch für den Fremdsprachenunterricht höchst problematisch.

Die als gesichert geltenden Erkenntnisse der Methodikforschung werden in Lehrplänen und Lehrwerken verankert. Lehrplankommissionen und Lehrbuchautoren verlassen sich auf den methodischen *mainstream* und erhoffen Mehrheiten für ihre Publikationen. Sie bilden das Bindeglied zwischen Forschung und Schule. Zwar nivelliert die Vermittlung an eine größere Öffentlichkeit die Speerspitzen der Forschung, doch verhindert sie auch forschungsimmanente Spezialisierungen und Sonderwege.

Die Erkenntisse zur genaueren Bestimmung unterrichtsmethodischer Maßnahmen beruhen auf dem Wissen, daß gute Methoden immer im Zusammenhang mit kulturellen und gesellschaftlichen Werten stehen. So unterschieden sich früher die favorisierten Unterrichtsmethoden in der Bundesrepublik Deutschland von denen in der DDR (Buchbinder/Strauß 1986). Die Methodik ist abhängig von Zeit und Raum. Diese relativierenden Gesichtspunkte müssen vorgebracht werden, damit die Wirksamkeit von Unterrichtsmethoden objektiv dargestellt werden kann. Die Untersuchungsergebnisse der Forschung und die Unterrichtserfahrungen der Schulpraxis erlauben mehrere Aussagen zur Fremdsprachenmethodik als Handlungskonzept:

1. Methodensouveränität entwickelt sich zwischen explizit gemachten theoretischen Annahmen und kritisch reflektierter Erfahrung. Dabei ist jeder Methodendogmatismus ebenso zu vermeiden wie das permissive Prinzip "*Anything goes*". Optimierung im Methodischen ist ständige Anpassung an die Lernenden und ihre Bedürfnisse, an die Unterrichtsziele und ihre Gegenstände, an die vorhandenen Materialien, Medien und Technologien. Wachsamkeit und Offenheit ermöglichen eine erstrebenswerte plurale Methodik und verhindern eine autoritative "Mono-Methodik". Das weite Feld methodischer Maßnahmen ist eklektisch und zugleich zielstrebig zu begehen. Experimente und Innovationen sind wichtig. Vielseitigkeit ist der beste Schutz gegen vergeblichen Streit um "richtige Methoden".

2. Von großer Bedeutung für das Theorie-Praxis-Verhältnis ist die objektive Beschreibung der praktizierten Methode. Reflexion kann nur gelingen, wenn die Beschreibungssprache verbindlich ist und auf einem Sockel terminologischer Gemeinsamkeit beruht. Unbedingt zu erreichen ist die Kongruenz zwischen Unterrichtstätigkeit und Kategorisierung. Tatsächlich praktizierte Unterrichtsmethoden können nur erkannt und damit möglicherweise verändert werden, wenn sie sich auf jene unterrichtstheoretischen Begriffe und Termini beziehen, denen sie qua Praxis auch entsprechen. Wenn die Korrespondenz von Unterrichtsrealität und Unterrichtsbeschreibung nicht erreicht wird, ergibt sich die Selbsttäuschung der Unterrichtenden, die glauben, sie würden Methode A anwenden, während sie in Wirklichkeit nach Methode B unterrichten. Die Methodikforschung dient der aufklärenden Bewußtmachung und verhindert eine unbewußt und "naiv" praktizierte Methode.

3. Auf der Theorieebene schließlich baut die Methodikforschung einen differenzierten Fundus an Konzepten und Termini auf. Wissenschaftliche Abwägung und Skepsis verhindern eine übereilte, ungeprüfte Anwendung neuer Theoreme in der Praxis. Damit trägt die Methodikforschung dazu bei, daß Begriffe wie "kognitiv" und "bilingual" differenziert benutzt werden. Simplifizierungen erwecken den Anschein der grundsätzlichen Widersprüchlichkeit von Dichotomien wie "einsprachig" und "nicht-einsprachig", "kognitiv" und "nicht-kognitiv". Der Gegensatz von Kognitivismus und Behaviorismus (Assoziationismus, Konnektionismus) ist nur im trivialen Verständnis eine binäre Position. Wenn dieser Gegensatz unreflektiert auf Unterrichtsmethoden angewandt wird, ergeben sich problematische Zusammenhänge (kognitiv = Grammatik, Übersetzen; nicht-kognitiv = *Pattern Practice*, Nachsprechen).

4. Aufgabe und Ausblick

Die unterrichtsmethodischen Problembereiche müssen durch Forschung offengehalten werden, damit keine einseitigen Festlegungen und Festschreibungen (Lehrpläne, Lehrwerke) entstehen können. Die Unterrichtsmittel und Unterrichtsschritte müssen auf die Unterrichtsziele hin flexibel und undogmatisch angewandt werden.

Auf der anderen Seite gilt es, die Grenzen der Wirksamkeit der Methodikforschung zu erkennen. Die Einflußgrößen der Institutionen Schule und Schulverwaltung schlagen stärker auf die Praxis durch als komplexe Forschungsergebnisse. Auch besteht die Gefahr, daß die Forschung nur Teile des Unterrichtsfeldes analysiert und ihre Aussagen für das Ganze nur kluge Verallgemeinerungen sein können.

Die wachsende Differenzierung und Individualisierung der Unterrichtsmethoden führt die Individualität der Lehrenden und ihre persönlichkeitspsychologischen Merkmale in den Zusammenhang von Schulpraxis und Wissenschaft (Heuer/Klippel 1987). Da der Fremdsprachenunterricht ein Langzeitunternehmen ist, müssen die langfristigen Auswirkungen der stärker werdenden Individualisierung der Unterrichtsgestaltung systematisch erforscht werden.

Literatur

Alfes, Leonhard (1982), "Der Lehrer als Motivationsfaktor – 'whatever the method used' ", in: *Englisch*, Jg. 17, 22-27.
Bausch, Karl-Richard/Christ, Herbert/Hüllen, Werner/Krumm, Hans-Jürgen, Hrsg. (1986), *Lehrperspektive, Methodik und Methoden*, Tübingen.
Börsch, Manfred (1991), *Variable Lernwege. Ein Lehrbuch der Unterrichtsmethoden*, Paderborn.
Buchbinder, V.A./Strauß, Wolfgang H. (1986), *Grundlagen der Methodik des Fremdsprachenunterrichts*, Leipzig.
Butzkamm, Wolfgang (1980), *Praxis und Theorie der bilingualen Methode*, Heidelberg.
Dulay, Heidi/Burt, Marina/Krashen, Stephen (1982), *Language Two*, New York/Oxford.
Flechsig, Karl-Heinz (1971), "Forschung im Bereich des Fremdsprachenunterrichts", in: *Handbuch der Unterrichtsforschung*, Bd. 3, Weinheim, 3153-3276.
Heuer, Helmut (1979), *Grundwissen der englischen Fachdidaktik*, Heidelberg.
Heuer, Helmut/Klippel, Friederike (1987), *Englischmethodik*, Berlin.
Krashen, Stephen (1982), *Principles and Practice in Second Language Acquisition*, Oxford.
Macht, Konrad (1986; 1987; 1992), *Methodengeschichte des Englischunterrichts*, Bd. 1 (1800-1880), Bd. 2 (1880-1960), Bd. 3 (1960-1985), Augsburg.
Müller, Richard M. (1979), "Das Wissenschaftsverständnis der Fremdsprachendidaktik", in: Helmut Heuer/Hartmut Kleineidam/Edzard Obendiek/Helmut Sauer (Hrsg.), *Dortmunder Diskussionen zur Fremdsprachendidaktik*, Dortmund, 132-148.
Stern, H.H. (1983), *Fundamental Concepts of Language Teaching*, Oxford.
Stern, H.H. (1992), *"Issues and Options in Language Teaching"*, in: Patrick Allen/Birgit Harley (eds.), Oxford.

Helmut Heuer

108. Sozialformen

1. Begriffsklärung

Der Begriff "Sozialformen" entstand im Rahmen der didaktischen Analysen der Berliner Schule und wird seither bei der Beschreibung von Unterricht verwendet: Sozialformen variieren das Verhältnis zwischen dem Lernen von etwas und dem Lernen mit anderen (Schulz 1970, 32; vgl. auch Art. 34 ff.).

In der pädagogischen Literatur versteht man unter Sozialformen die soziale Organisation des Lehr- und Lernprozesses, also die Art der Gruppierung von Lehrern und Schülern im Hinblick auf das zu erreichende Lernziel. Sozialformen regeln die Beziehungsstruktur des Unterrichts. Sie werden von äußeren (institutionellen, materiellen, personellen und situativen Gegebenheiten) und inneren Faktoren (Aufbau, Kommunikations- und Handlungsstruktur des Unterrichts) bestimmt.

Der Begriff "Sozialformen" hat sich nicht allgemein durchgesetzt und wird auch nicht einheitlich verwendet. Neben Bezeichnungen wie "soziale Organisationsformen" und "Kooperationsformen" (Klingberg 1978, 345 ff.) existieren mehrdeutige Begriffe wie "Unterrichtsformen" bzw. "Unterrichtsmethoden" (Winkel 1981). Sozialformen im engeren Sinn umfassen Klassenunterricht, Gruppenunterricht, Partnerarbeit sowie Einzelarbeit.

Der Begriff "Großgruppenunterricht" wird in der Literatur unterschiedlich verwendet. Ist er für manche Autoren ein Synonym für Klassenunterricht, sehen ihn andere als Zwischenform zwischen Kleingruppenunterricht und frontalem Unterrichtsarrangement, wobei der Lehrer seine dominierende Position aufgibt und die vermehrte Interaktion in der Praxis anstrebt. "Großgruppenunterricht" wird auch als Bezeichnung für das gleichzeitige Unterrichten von mehreren Großgruppen ohne räumliche Trennung (vgl. Prior 1985, 149 f.) verwendet. Diese Formen ebenso wie das "Kreisgespräch" (Schulz 1970, 33) oder der "Abteilungsunterricht", d.h. das gleichzeitige Unterrichten der Klasse in verschiedenen Abteilungen mit verschiedenen Arbeitsformen (Klingberg 1978, 346), sind einer der vier genannten Sozialformen zuzuordnen. Projektunterricht, Spiele, Kooperatives Lernen u.a. gelten nicht als weitere Sozialformen, in ihrer Durchführung haben sie aber unmittelbare Auswirkungen auf die Wahl der Sozialform und werden daher zu Recht im Zusammenhang mit dieser aufgeführt.

Fremdsprachenunterricht ist vielfach als defizitär im Hinblick auf die sozial-emotionalen und persönlichen Komponenten charakterisiert worden. Daher gab es verschiedentlich Versuche, Entschulungskonzepte auf den Fremdsprachenunterricht zu übertragen und damit die Sozialformen des Unterrichts grundsätzlich neu zu bestimmen (vgl. Kaufmann 1977; Dietrich 1979a).

2. Forschungsstand

Begründungen für den wechselnden Einsatz unterschiedlicher Sozialformen im Fremdsprachenunterricht wurden aus Ergebnissen der psychologischen und soziologischen Gruppenforschung abgeleitet (Schwerdtfeger 1977). Die Schlußfolgerungen daraus blieben aber eher allgemein: Nicht eine dominierende Sozialform ist zu wählen, sondern Einzelarbeit, Partnerarbeit und Gruppenunterricht sind als wichtige Bestandteile des Fremdsprachenunterrichts zu sehen und in sinnvollem Wechsel einzusetzen. Dabei soll bei der Entscheidung für eine bestimmte Sozialform neben sozialen Lernzielen v.a. die Förderung verschiedener sprachlicher Fertigkeiten und Teilkompetenzen im Vordergrund stehen. Der didaktische Erfolg einzelner Sozialformen wird wesentlich durch die in ihnen realisierten Aktionsformen und Handlungsmuster mitbestimmt (vgl. Art. 34).

Die Frage nach der Wahl der richtigen Sozialform wird seit der Reformpädagogik diskutiert. Vergleichende Untersuchungen der Voraussetzungen und Wirkungen von Einzel-, Zweier- und Gruppenarbeit als Ergänzung zum Frontalunterricht wurden schon sehr früh unternommen, bis heute ist es aber nicht gelungen, die Überlegenheit einer Sozialform gegenüber einer anderen eindeutig empirisch nachzuweisen. Der Unterrichtserfolg hängt nur zu einem geringen Teil davon ab, welche Sozialform gewählt wurde, dazu ist das Zusammenspiel der vielen weiteren Variablen, die den Lernerfolg beeinflussen, zu komplex und noch weithin unbekannt. Empirische Untersuchungen und Vergleiche über den Erfolg einzelner Sozialformen müssen diesem Umstand Rechnung tragen.

In der empirischen Unterrichtsforschung sind zwei Hauptrichtungen zu beobachten: Eine Richtung widmet sich der Analyse des Ist-Standes. Die Mehrzahl dieser – primär deskriptiven – empirischen Arbeiten in der Fremdsprachendidaktik ist diesem Typ zuzuordnen. Hier wird versucht, Korrelationen zwischen Lernbedingungen, Lernsubjekten und Lernerfolg herzustellen. Diesem Untersuchungstyp zuzurechnen sind z.B. die Beschreibung des Methodenrepertoires von Lehrern (vgl. Hage et al. 1985) oder Schifflers Untersuchung zum Erziehungsstil und zur Sozialform bei 29 Lehrern im Fremdsprachenunterricht (1985), Umfragen über die Beliebtheit einzelner Sozialformen bei Schülern (z.B Aschersleben 1986, 115) oder Diskursanalysen von Unterricht (vgl. Lörscher 1983). Diese Untersuchungen machen durchweg die "methodische Monostruktur" von Unterricht deutlich, für den Lehrerdominanz und große Gleichförmigkeit auch in den 80er Jahren noch charakteristisch sind (vgl. Hage et.al. 1985, 147 ff.). Zugleich wird immer wieder die Bedeutung äußerer (schulorganisatorischer und bildungstheoretischer) Faktoren für die Realisierung kommunikationsorientierter Sozialformen hervorgehoben.

Die andere Richtung empirischer Unterrichtsforschung prüft experimentell die Auswirkungen bestimmter Variablen auf den Lernerfolg. Der Unterrichtsprozeß wird durch die Veränderung von Variablen modifiziert, die große Zahl von veränderlichen, nicht kontrollierbaren Faktoren kann das Untersuchungsergebnis jedoch erheblich beeinflussen. Eine Arbeit, die auf einen Vergleich zweier Lerngruppen verzichtet und dafür eine genaue Analyse der Korrelation zwischen Lehrzielen und der untersuchten Methode vornimmt, ist z.B. die Untersuchung von Martin (1985), der zum Aufbau der linguistischen, metasprachlichen und didaktischen Kompetenzen die Lehrfunktionen im Französischunterricht schrittweise auf die Schüler überträgt. Dies trägt zu einem Abbau des Frontalunterrichts bei. Inwieweit sich die Ergebnisse solcher Studien auch auf andere Klassen und Lehrerpersönlichkeiten übertragen lassen, bleibt allerdings offen.

Viele empirische Untersuchungen konzentrieren sich auf die Erforschung und Rechtfertigung des Gruppenunterrichts, Frontalunterricht und Einzelarbeit hingegen werden in der Forschung eher vernachlässigt. Empirische Untersuchungen über den Einsatz von Sozialformen im Fremdsprachenunterricht finden sich relativ wenig. Das mag unter anderem damit zusammenhängen, daß lange Zeit die Meinung dominierte, die fremde, dem Lernenden unbekannte Sprache könne ohne Anwesenheit des Lehrers, der über diese Sprache verfügt und Fehler sofort korrigieren kann, nicht erfolgreich gelernt werden. Nur im Frontalunterricht könne die Fremdsprache unverfälscht weitergegeben werden. Erst die Lernerorientierung führte dazu, daß der Frontalunterricht in seiner traditionellen Form (in der Realität ebenso wie als Forschungsobjekt) an Attraktivität verlor, ebenso der individualisierte Einzelunterricht, stattdessen konzentrieren sich die empirischen Untersuchungen auf die Erforschung und Rechtfertigung des Gruppen- und Partnerunterrichts. Neuere Ansätze in der Sprachlehrforschung benutzen Produkt- und Prozeßdaten aus verschiedenen Sozialformen (Gruppen- oder Partnerunterricht) als Quelle, um Hypothesen bezüglich des Fremdsprachenlernens durch zusätzliche Datentypen zu untermauern (z.B. Legenhausen 1993; Haarstrup 1987).

3. Frontalunterricht/Klassenunterricht

Für diese Sozialform, bei der der Lehrende mit der gesamten Lerngruppe interagiert und die Arbeits-, Interaktions- und Kommunikationsprozesse in der Klasse steuert und kontrolliert, gibt es mehrere Bezeichnungen. Die mit negativen Konnotationen belastete Bezeichnung "Frontalunterricht" wird in der Literatur auch durch "Klassenunterricht", "Großgruppenunterricht", "lehrerzentrierter Unterricht" u.a. ersetzt. Während der Frontalunterricht in der Praxis eindeutig vorherrscht, wird er von Pädagogen meist recht kritisch eingeschätzt. Schon die Vorwürfe der Reformpädagogen galten der mangelnden Eigenständigkeit der Schüler, der Mißachtung individueller Unterschiede und der Vernachlässigung sozialerzieherischer Ziele im Frontalunterricht (Aschersleben 1986). Dennoch konnte die Wirkungslosigkeit dieser Sozialform bisher nicht bewiesen werden. Kritik am Frontalunterricht pauschaliert zwar häufig, denn die genannten Nachteile müssen nicht unbedingt auf einmal auftreten, sie ist in vielen Fällen aber auch berechtigt, denn der Frontalunterricht kann Passivität und Unselbständigkeit der Schüler fördern. Das wird insbesondere in Studien deutlich, die die Sozialformen nur indirekt thematisieren und wo das Lehrerverhalten (Interaktion im Klassenraum, Lehrerfrage, Körpersprache des Lehrers) im Mittelpunkt steht (vgl. Art. 105 und 106).

Der Frontalunterricht verfügt zwar prinzipiell über eine außerordentliche Variationsbreite, in der Praxis ist er aber meist nur mit einer sehr einseitigen Auswahl von Handlungsmustern verbunden. Doch immer mehr Lehrer bemühen sich um schülerfreundliche und aktivierende Methoden, mit deren Hilfe der Frontalunterricht ansprechend gestaltet werden kann. Stimulusvariation, klare Gliederung, der Einsatz visueller Stützen, ein abwechslungsreiches Methodenrepertoire, Variation in Tonfall und Gestik, Blickkontakt und einfache lebendige Kommunikation des Lehrers haben eine positive Wirkung. Zwar sind die Ergebnisse bei Leistungstests im Durchschnitt nicht einheitlich besser, sehr wohl aber bei Messungen der Zufriedenheit (Gage/Berliner 1986, 479-489; zu Klassenführung und Lehrerqualitäten vgl. Einsiedler 1981, 150-53). In vielen Fällen bietet der Frontalunterricht auch eine soziale Verstärkung und emotionale Sicherheit über die eigenen Fähigkeiten. In diesem Sinne ist auch die von Aschersleben geforderte Neubegründung des Frontalunterrichts zu verstehen. Aschersleben stellt Klassenunterricht als Sozialform wie als Aktivitätsform in einem Kontinuum dar. Er unterscheidet Lehrervortrag, darstellenden Unterricht, fragend-entwickelnden Unterricht, Lehrgespräch und Schülervortrag (vgl. Aschersleben 1986). Bestimmend für die einzelnen Varianten ist der jeweilige Anteil an Lehrer- bzw. Schüleraktivität.

Im Fremdsprachenunterricht eignet sich der Frontalunterricht v.a. für Sprachrezeption, Erklärung neuer Strukturen, Fehlerkorrektur und Leistungsüberprüfung, er kann aber auch auf den produktiven Gebrauch von Sprache vorbereiten (Schwerdtfeger 1980). Fremdsprachliche Interaktionsprozesse sowie die Berücksichtigung individueller Unterschiede sind in diesem Rahmen aber nur sehr beschränkt möglich. Vor allem Schüler, die sehr starker bzw. sehr geringer Lenkung durch den Lehrer bedürfen, sind in einem frontalen Unterrichtsarrangement benachteiligt (vgl. dazu genauer Schwerdtfeger 1980).

Die Reformpädagogik legte der Organisationsform der Schulklasse zwei Ideen zugrunde: einerseits die Forderung nach Selbsttätigkeit und produktiver Arbeit des Kindes, andererseits das Streben nach einer sozialpädagogischen Organisation der Schulklasse sowie die Auflockerung durch freie Gruppenarbeit und Arbeitskollektive (Prior 1985, 145). Bis heute ist die Verwirklichung einer Großgruppendidaktik in diesem Sinne nicht gelungen, vielmehr wird der Klassenunterricht von den Befürwortern des Kleingruppenunterrichts als solcher verworfen. Auf eine Kombination von Groß- und Kleingruppenunterricht zielt die Freinet-Pädagogik, die für die Auswertung und Veröffentlichung von Ergebnissen der Kleingruppen- und Einzelarbeit eine Phase der „Sozialisierung der Ergebnisse" vorsieht, in der die Bestätigung durch die Klasse ein wesentlicher Faktor ist (vgl. Dietrich 1979b).

Der wechselnde Einsatz von Gruppen-, Partner- und Einzelarbeit bietet außerdem die Möglichkeit, das asymmetrische, vorwiegend monodirektionale Kommunikationsverhältnis zwischen Lehrer und Schülern aufzuheben. Lörscher (1983) vergleicht in seiner Diskursanalyse von traditionellem Englischunterricht die Äußerungsanteile von Lehrer und Schülern: Von der Gesamtmenge aller Äußerungen machen die der Schüler etwa 25%, Äußerungen des Lehrers hingegen etwa 75% aus (1:3-Verhältnis). Äußerungen des Lehrers sind fast ausnahmslos informierende sowie initiierende, Äußerungen der Schüler hingegen erfüllen replizierende bzw. reaktive Funktionen und sind dadurch abhängig von denen des Lehrers. Eine Möglichkeit zum Abbau dieses einseitigen Kommunikationsverhältnisses bietet das Konzept von Martin (1985): Mit der gegenseitigen Vermittlung des Stoffs durch die Schüler gelingt fast eine Umkehr des 1:3 Verhältnisses zwischen Lehrer- und Schülerkommunikation.

4. Gruppenunterricht

Gruppenunterricht bedeutet eine zeitweilige Teilung der Klasse in mehrere arbeitsfähige Kleingruppen zur Bearbeitung bestimmter Aufgaben. Hauptziel ist die Förderung der Interaktions- und Kooperationsfähigkeit der Lernenden. Höhere Aktivierung, intensivere Beteiligung, größere Interaktionschancen, bessere Motivation, Selbständigkeit und bessere Leistungen von Kursteilnehmern zählen zu den erwarteten Effekten.

Anders als beim Frontalunterricht, dessen Praxis kaum theoretisch begründet werden kann, gibt es für den Gruppenunterricht eine Fülle von psychologischen, sozialisationstheoretischen und politischen Rahmentheorien. Die systematische Erforschung der Gruppe rückte um die Jahrhundertwende in das Blickfeld wissenschaftlicher Reflexion. Impulse kamen von pädagogischer, soziologischer, psychologischer, medizinischer und philosophischer Seite. Es entstanden im wesentlichen drei Gruppenkonzepte, nämlich das gruppentherapeutische, das gruppendynamische und das gruppenpädagogische Konzept (Meyer 1984). Im Bereich der Didaktik wird heute von einem gruppenpädagogischen Konzept ausgegangen, das durch gruppendynamische und gruppentherapeutische Elemente ergänzt wird. Gruppenpädagogische Theorien werden recht selten am Lehren und Lernen von Fremdsprachen exemplifiziert, auch die wissenschaftliche Erforschung der praktischen Umsetzung von Gruppenunterricht in der Fremdsprachendidaktik wird vernachlässigt. Dennoch ist der Gruppenunterricht in der Fachdiskussion eine attraktive, fast einheitlich befürwortete Sozialform. Trotz dieser generellen Zustimmung scheint sich unter den Lehrern „Zuneigung" aus verschiedenen Gründen nicht unbedingt einzustellen. Die von Lehrern am häufigsten genannten Gegenargumente sind zu große Klassen und ungünstige Sitzordnungen, Mangel an geeignetem Material sowie Probleme mit Motivation und Disziplin und größerer Zeitaufwand.

Ein verbreitetes Argument gegen Gruppenarbeit im Fremdsprachenunterricht bezieht sich auf den Umstand, daß die Lerner die Zielsprache nicht ausreichend beherrschen und daher einerseits zuviel an sprachlich nicht korrektem Input aufnehmen, und andererseits oft in die Muttersprache ausweichen können. Die "kommunikative Wende" in der Fremdsprachendidaktik stellte neue Anforderungen an die Gruppenpädagogik. Bisher diente der Gruppenunterricht nur zur Festigung sprachlichen Wissens. Nun wird er zur Aneignung einer Sprache über soziale Lernerfahrungen im kommunikativen Gefüge der Kleingruppe eingesetzt. Abel (1985) geht in ihrer Studie von der Hypothese aus, daß die Kommunikation der Lernenden und das Gruppenklima durch die schülerzentrierte Sozialform des Gruppenunterrichts verbessert werden können. Schon durch die freiere Atmosphäre des Gruppengesprächs werde eine "aktive Gestaltung" der Fremdsprache erreicht. Die Schüler experimentieren mit verschiedenen Ausdrucksweisen, vermehrt auch mit metasprachlichen Äußerungen, die Kommunikation in den Gruppen nähert sich der außerunterrichtlichen Kommunikation an, es kommt aber auch zu mehr Fehlern als üblich, möglicherweise durch Absinken des Monitorgebrauchs, da die Kontrolle durch den Lehrer wegfällt. Die sprachlichen Mittel der Lerner dafür sind allerdings sehr begrenzt. Im Unterricht sollten also die zur Gesprächsführung notwendigen verbalen Taktiken vermittelt werden, um dem Lerner die Durchführung bestimmter Sprechakte (Aufforderungen, Bitten, Vorwürfe, Widerspruch u.ä.) zur Durchsetzung der eigenen Interessen sowohl in der

Gruppe als auch in „ungeschützter Kommunikation" zu ermöglichen (Schwerdtfeger 1977). Aber auch in einer Gruppe kann eine Person steuernde und strukturierende Funktionen übernehmen, häufig neigen sprachlich leistugsfähigere Schüler zur Dominanz.

Der Gruppenunterricht ermöglicht eine Differenzierung der Schüler (vgl. Art. 38). Dadurch erhalten auch schwächere Schüler Erfolgschancen, leistungsstärkere Schüler können individuell gefördert werden; eine schwedische Untersuchung kann diesen Effekt für lernschwache Englischschüler belegen (Dahlgren et al. 1985). Voraussetzung für Differenzierung ist eine angemessene Gruppenzusammensetzung. Wie sehr der Lehrer bei der Gruppenbildung eingreifen soll, ist umstritten (vgl. Schwerdtfeger 1977; Schiffler 1985). Bei der Gruppenbildung kann auf persönliche Elemente aber auch auf das Leistungsniveau der Schüler eingegangen werden. Stabile individuelle Unterschiede (wie allgemeine Fähigkeiten und Interessen) können auf diese Weise zwar berücksichtigt werden, andere momentane individuelle Unterschiede (Aufmerksamkeit, Verständnis des eben präsentierten Sachverhalts) können aber zu jedem Zeitpunkt auftreten.

Untersuchungen zu den Vor- und Nachteile einer leistungsdifferenzierenden Gruppierung zeigen keine Überlegenheit der leistungsdifferenzierenden Gruppierung gegenüber leistungsheterogenen Gruppen hinsichtlich der Entwicklung sprachlicher Fähigkeiten (Eriksson 1993). Lehrer bevorzugen aber häufig leistungsdifferenzierte Gruppen als Ausgleich zu ihrem sonst sehr lehrerzentrierten, wenig individualisierten Unterricht. Okoń (1981) vertritt die These, daß die abwechselnde Verwendung des differenzierten und des einheitlichen Gruppenunterrichts einer Alleinverwendung der einheitlichen oder der differenzierenden Gruppenarbeit überlegen ist.

Besonders bei gemeinsamen produzierenden und reproduzierenden Aktivitäten (z.B. gemeinsame Textproduktion) werden in Gruppen meist bessere Resultate erzielt als von einzelnen Schülern. Legenhausen (1993) illustriert, wie sich aus Kleingruppeninteraktionen, deren Zielsetzung die gemeinsame Textproduktion ist, Hinweise auf lernersprachliches Verhalten und Wissen ergeben (lexikalische Suchstrategien und Vermeidungsverhalten), das anderweitig nur schwer beobachtbar bzw. zugänglich ist. Diese prozessualen Interaktionsdaten zeigen, daß durch detaillierte thematische Vorplanungen durch die Schüler der zielsprachliche Anteil konkreter Satzvorschläge erhöht werden kann.

5. Partnerarbeit

Die Bezeichnung "Partnerarbeit" statt Paar- oder Zweierarbeit entstammt der Partnerschaftsdiskussion der 50er Jahre (Prior 1985). Von pädagogischer Seite wird Partnerarbeit oft in engem Zusammenhang mit Gruppenarbeit genannt, aus soziologischer Perspektive unterscheidet sich das Paar aber wesentlich von der Konstellation einer Gruppe. Für die meisten Soziologen besteht eine Gruppe aus mindestens drei Mitgliedern. In ihrer Sozialdynamik zeigen Paare und Gruppen einige wichtige Unterschiede (vgl. Art. 34; Prior 1985). Dem Paar fehlt die "Überpersönlichkeit" der Gruppe, direkte unmittelbare Kommunikation der beiden Partner ermöglicht intensive Zusammenarbeit.

Partnerarbeit meint nicht nur das gemeinsame Üben von Banknachbarn im Klassenverband, auch andere Formen fallen unter diese Bezeichnung. So beschreibt Steinig (1985) sogenannte "Zweierschaften", in denen altersheterogene Partner miteinander in der Fremdsprache kommunizieren und Aufgaben lösen.

Partnerarbeit als Datenerhebungsverfahren beschreibt Haarstrup (1987). Durch die introspektive Methode des *pair thinking aloud* werden lexikalische Inferenzprozesse elizitiert, Lernende werden stimuliert, alle ihre bewußten Denkprozesse zu verbalisieren. Es zeigte sich dabei, daß sozio-psychologische Variablen (Gruppendynamik, Motivation, Geschlechtsunterschiede) mit kognitiven Variablen interferieren und den Prozeß der Lösungsfindung erheblich beeinflussen können.

Die Partnerarbeit ist jedoch nicht nur ein Element zur Erweiterung des Klassenunterrichts. In den letzten Jahren wurde auch eine Reihe anderer, größtenteils außerunterrichtlicher, partnerschaftlicher Formen des Sprachenlernens entwickelt. Von diesen hat vor allem das Tandemprinzip – nach ersten Ansätzen in den siebziger Jahren – in den achtziger Jahren schnelle Verbreitung gefunden. Bei dieser Form des Sprachenlernens im Austausch bringen Vertreter zweier Sprachen einander ihre Muttersprache bei, dabei ist jeder Partner abwechselnd Lehrer und Lerner. Die Rahmenbedingungen für diese leicht gelenkte Form des Sprachenlernens werden meist von Organisatoren und Moderatoren geschaffen. Dem Anspruch nach soll die Tandemphase von den Partnern selbst organisiert und strukturiert werden, Steinmüller (1991, 16) weist aber darauf hin, daß Planung und Anregungen, z.T. auch Kontrolle der Partner sehr förderlich und oft notwendig sind. Die einzelnen Tandemprojekte zeigen eine Fülle unterschiedlicher Organisationsformen, Arbeitsweisen, Schwerpunkte (z.B. Fachsprache) und Zielgruppen. Zum Tandem-Lernen existieren bislang vorwiegend Praxisberichte. Erste systematische Studien greifen Einzelaspekte heraus wie z.B. das Korrekturverhalten: das freiwillige Lehr-/Lernverhältnis erlaubt zu korrigieren, ohne die informelle Kommunikationssituation zu bedrohen (*contrat didactique*, vgl. Kap. 6). Verständnisschwierigkeiten können hier auch für die Erweiterung fremdsprachlicher Kenntnisse genutzt werden (Rost-Roth 1991). Daß die Erzählleistung von Sprechern mit unvollständiger Kompetenz in der Fremdsprache wesentlich vom Verhalten des (muttersprachlichen) Gesprächspartners abhängt, demonstriert Apfelbaum (1993) am Beispiel von Erzählstrukturen im Tandem. Probleme bei der Produktion von Texten können hier nicht nur im sprachlichen Bereich, sondern auch im semisprachlichen, die Realisierung der Erzählstruktur betreffenden Bereich beobachtet werden.

6. Die Einzelarbeit

Einzelarbeit ist die Sozialform, bei der sich Lernende selbständig mit Aufgaben auseinandersetzen (vgl. auch Art. 37). Dabei dominiert der Sachbezug, der Lernende hat die Möglichkeit, die Aufgabe nach seinen eigenen Fähigkeiten und Lernstrategien intensiv zu bearbeiten. Die Einzelarbeit verfügt über eine beachtliche Variationsbreite. Einzelarbeit des Schülers im Klassenverband ist damit ebenso gemeint wie die Arbeit im Sprachlabor oder das Durchlaufen von festgelegten Übungsprogrammen.

Im traditionellen Unterricht ist Einzelarbeit eng gekoppelt an den Frontalunterricht und wird meist nur kurzfristig und zur Bearbeitung von eng umgrenzten Aufgaben eingesetzt. Dabei dient die Einzelarbeit als Mittel der Leistungskontrolle, zum Einüben neuen Stoffes sowie für rezeptive Lernphasen. Zu den Vorteilen der Einzelarbeit im Klassenverband zählt die Tatsache, daß für die Durchführung kaum zusätzliches Lernmaterial oder eine Umorganisierung der Klasse notwendig ist. Daneben bietet die Einzelarbeit die Möglichkeit zur Individualisierung des Lernens. Sowohl Anforderungsniveau als auch Aufgabenmenge können individuell vorgegeben bzw. gewählt werden.

Prominente Beispiele für Formen individualisierten Lernens sind etwa der *Programmierte Unterricht* und Formen des *Kontrakt-Lernens*. Der *Programmierte Unterricht* ist eine Verknüpfung der Sozialform der Einzelarbeit mit technischen Medien (programmiertes Lehrbuch, Computer) auf der theoretischen Grundlage des Behaviorismus, der Kybernetik und der Informatik. Er soll eine aktive Beteiligung am Lernprozeß, vermehrte Rückmeldung und die Berücksichtigung individueller Unterschiede bieten, wobei heute insbesondere Computer eine interaktive Form des programmierten Sprachenlernens erlauben (vgl. Art. 71). Bei den meisten dieser Lernprogramme ist der Lernende vorwiegend Rezipient und trägt wenig Verantwortung für seinen eigenen Lernprozeß, es handelt sich um stark lehrer- bzw. materialzentrierte Arbeitsformen.

Einzelarbeit sollte aber dem Lerner auch die Möglichkeit bieten, Verantwortung für den eigenen Lernprozeß zu tragen. *Selbstbestimmtes Lernen* als Alternative zum *Programmierten Lernen* fordert vom Lernenden, daß dieser Material, Aufgaben und Ziele selbst bestimmt, um Eigenes zu produzieren. So kann man die Schüler beispielsweise selbst ihre Aufgaben wählen lassen, in der Aufgabenstellung können verschiedene Grade von Strukturierung und Aktivitätsanregung enthalten sein. Die Eigenständigkeit und Transferfähigkeit scheint bei leistungsfähigen und wißbegierigen Schülern durch selbstbestimmte Strukturierung gefördert zu werden, bei weniger aktiven Schülern zeigt sich allerdings kaum ein Einfluß (Einsiedler 1981). Die benötigten Arbeitstechniken und Lernstrategien sollten vorher trainiert werden. Die Verhaltensverträge der Freinet-Pädagogik ebenso wie die individualisierte Freiarbeit von Montessori sowie die Forderung Hugo Gaudigs nach "Selbständigkeit durch Selbsttätigkeit" sind frühe und bis heute modellhafte Versuche einer Konkretisierung selbstbestimmten Lernens, wie es unter dem Stichwort "autonomes Lernens" in den letzten beiden Jahrzehnten auch in den Sprachenprojekten des Europarats (vgl. Holec 1988) entwickelt wurde. In der Schule bedarf autonomes Lernens einer Koordination und "vertraglichen" Vereinbarung zwischen Lehrer und Schüler, gerade auch, um schwächere Schüler einzubinden. Solche Lernkontrakte legen in der Regel den Arbeitszeitraum und die

Zielsetzung als Vereinbarung zwischen Lehrer und Schüler fest, lassen diesem aber hinsichtlich eines Arbeitsplanes und der gewählten Wege freie Hand. Eriksson/Miliander (1991) zeigen in einer schwedischen Studie zum Englischunterricht detailliert, daß solche Lernformen auch im Rahmen des Regelschulsystems möglich sind (vgl. auch Eriksson 1993). Diese Art des individualisierten Fremdsprachenunterrichts wurde in Fortbildungskursen für Lehrer eingeführt und dann von den Lehrern im Unterricht praktiziert. Die Kurse wurden beobachtet, ihre Effekte wurden durch Lehrerfragebögen, Interviews und Unterrichtsbeobachtungen ausgewertet. Der Lehrer wird durch diese Form des Unterrichts nicht überflüssig, seine Aufgabe ist es, dem Schüler zu helfen, die Rolle eines selbständigen, autonomen Lerners zu übernehmen.

Literatur

Abel, Brigitte (1985), *Kommunikation im fremdsprachlichen Unterricht*, Frankfurt a.M.
Apfelbaum, Birgit (1993), *Erzählen im Tandem*, Tübingen.
Aschersleben, Karl (1986), *Moderner Frontalunterricht*, Frankfurt a.M.
Dahlgren, Lars-Owe et al. (1985), *Gruppera mera?*, Stockholm.
Dietrich, Ingrid (1979a), *Kommunikation und Mitbestimmung im Fremdsprachenunterricht*, 2. Aufl., Königstein/Ts.
Dietrich, Ingrid (1979b), "Freinet-Pädagogik und Fremdsprachenunterricht", in: *Englisch-Amerikanische Studien*, Jg. 1, H. 4, 542-563.
Einsiedler, Wolfgang (1981), *Lehrmethoden, Probleme und Ergebnisse der Lehrmethodenforschung*, München/Wien/Baltimore.
Eriksson, Rigmor (1993), *Teaching Language Learning*, Göteborg.
Eriksson, Rigmor/Miliander, June (1991), *Lärarstyrd elevplanerad engelska*, Karlstad.
Gage, Nathaniel/Berliner, David (1986), *Pädagogische Psychologie*, 4. Aufl., Weinheim/Basel.
Haarstrup, Kirsten (1987), "Using thinking aloud and retrospection to uncover learner's lexical inferencing procedures", in: Claus Færch/Gabriele Kasper (eds.), *Introspection in Second Language Research*, Clevedon, 197-212.
Hage, Klaus et al. (1985), *Das Methodenrepertoire von Lehrern*, Opladen.
Holec, Henri (1988), *Autonomy and self-directed learning: present fields of application*, Strasbourg.
Kaufmann, Franz (1977), "Lernen in Freiheit – im Fremdsprachenunterricht", in: *Praxis des neusprachlichen Unterrichts*, Jg. 24, H. 3, 227-236.
Klingberg, Lothar (1978), *Einführung in die allgemeine Didaktik*, 4. Aufl., Berlin.
Legenhausen, Lienhard (1993), "Textproduktion in Kleingruppen: Zum Problem der Datenerhebung in der L2-Forschung", in: *Die Neueren Sprachen*, Jg. 92, H. 3, 215-227.
Lörscher, Wolfgang (1983), *Linguistische Beschreibung und Analyse von Fremdsprachenunterricht als Diskurs*, Tübingen.
Martin, Jean-Pol (1985), *Zum Aufbau didaktischer Teilkompetenzen beim Schüler*, Tübingen.
Meyer, Ernst (1984), *Gruppenkonzepte*, Ehrenwirth.
Meyer, Hilbert (1987), *Unterrichtsmethoden*, Bd. 1 u. 2, Frankfurt a.M.
Okoń, Wincenty (1981), "Polnische Forschungen zur Gruppenarbeit", in: Karlheinz Wöhler (Hrsg.), *Gruppenunterricht. Idee, Wirklichkeit, Perspektive*, Hannover, 194-205.
Prior, Harm (1985), "Sozialformen des Unterrichts" in: Gunter Otto/Wolfgang Schulz (Hrsg.), *Enzyklopädie Erziehungswissenschaft*, Bd.4, 143-159.
Rost-Roth, Martina (1991), "Interkulturell und interlingual bedingte Verständnisschwierigkeiten als Chance für den Lernprozeß im Tandem" in: Tandem e.V. Berlin (Hrsg.) *TANDEM - Sprachen lernen im interkulturellen Austausch*, Frankfurt a.M., 31-44.
Schiffler, Ludger (1985), *Interaktiver Fremdsprachenunterricht*, 2. Aufl., Stuttgart.
Schulz, Wolfgang (1970), "Unterricht – Analyse und Planung", in: Paul Heimann/Gunter Otto/Wolfgang Schulz (Hrsg.), *Unterricht – Ananlyse und Planung*, 5. Aufl., Hannover, 13-47.
Schwerdtfeger, Inge (1977), *Gruppenarbeit im Fremdsprachenunterricht*, 2. Aufl., Stuttgart.
Schwerdtfeger, Inge (1980), "Sozialformen im kommunikativen Fremdsprachenunterricht", in: *Der fremdsprachliche Unterricht*, Jg.14, H. 53, 8-21.
Steinig, Wolfgang (1985), *Schüler machen Fremdsprachenunterricht*, Tübingen.
Steinmüller, Ulrich (1991), "Sprachunterricht und Interkulturelle Erziehung: das Tandem-Prinzip", in: Tandem e.V. Berlin (Hrsg.), *TANDEM – Sprachen lernen im interkulturellen Austausch*, Frankfurt a.M., 9-18.
Winkel, Rainer (1981), "Die 17 Unterrichtsmethoden", in: *Westermanns Pädagogische Beiträge*, Jg. 33, H. 1, 20-24.

Nadja Kerschhofer

109. Arbeits- und Übungsformen

1. Einleitung

Der Stellenwert von Arbeits- und Übungsformen als ein Kernstück des Fremdsprachenunterrichts ist wegen ihrer zentralen Funktion im Lernprozeß unumstritten. Umso mehr wundert es, daß der bisherige fachspezifische Ertrag von schulempirischer Forschung zu diesem Problembereich äußerst gering ist, in Sonderheit dann, wenn man über exemplarische Einzeluntersuchungen hinaus den strengen Maßstab begründeter Handlungsempfehlungen für die Unterrichtspraxis anlegt. Zwar findet man bei der Durchsicht von Fachzeitschriften eine erdrückende Fülle von Beiträgen mit Titeln wie "Vorschläge zum ...", "Probleme der ...", "Arbeit mit ...", doch selbst, wenn im Titel die Adjektive "kontrolliert" oder "systematisch" erscheinen, bezieht sich das durchweg darauf, wie man im Unterricht arbeiten und üben sollte oder könnte, nicht darauf, wie man es, unter welchen Bedingungen und mit welchen Ergebnissen getan hat.

Hingegen liegen fachunspezifisch zu den übergeordneten Kategorien der Unterrichtswissenschaft eine Reihe von Untersuchungen vor, wie sie z.B. Krumm (1985) in einem Übersichtsartikel zum Komplex "Aufgaben im Unterricht" referiert. Auch dabei wird manches Forschungsdesiderat aufgezeigt, so z.B. die Tatsache, daß die individuellen Lernvoraussetzungen von Schülern bei der Zuweisung von Übungsaufgaben nicht ausreichend berücksichtigt werden.

Als Erklärung für die unbefriedigende Forschungslage bietet sich zunächst die elementare Einsicht an, daß Unterricht in unserem Schulsystem, auch im übertragenen Sinne, hinter verschlossenen Türen stattfindet, durchaus im Gegensatz zu angloamerikanischen Gebräuchen. Krohn (1982) berichtet vom Ergebnis einer Befragung empirisch arbeitender Fachdidaktiker. Danach ist es das am häufigsten benannte Problem, Zugang zu geeigneten Stichproben in der Schulwirklichkeit zu finden. Selbstkonzeptprobleme von Lehrern, Übersensibilität in puncto Datenschutz bei den Eltern und langwierige Antragsverfahren bei den Schulaufsichtsbehörden potenzieren sich in ihren Schwierigkeiten. Müller (1979) empfiehlt als einen Ausweg den "leichter zugänglichen Bereich des Nachhilfeunterrichts", aus dem auch einige der nachfolgend aufgeführten Untersuchungen stammen. Ergebnisse von "*classroom research*", die berichtet werden, sollten vor dem Hintergrund der skizzierten Schwierigkeiten gesehen werden.

2. *Semantisierung*

Ohne an dieser Stelle die Diskussion der Vor- oder Nachteile bilingualer Semantisierung aufnehmen zu wollen, soll illustriert werden, in welcher Weise eine exakte Dokumentation des Lehr- und Lerngesprächs letztlich notwendige, wenn auch ungeheuer zeitaufwendige Grundlage für das Erstellen von Datenmaterial ist, aus dem Hypothesen zum Fremdsprachenerwerb überhaupt erst gewonnen werden können.

Wenn z.B. Forschung im Unterricht durch Videoaufnahmen dokumentiert und Ausschnitte daraus in der Transkription vorgestellt werden, so ist anschaulich und explizit nachvollziehbar, in welcher Weise eine Semantisierungsübung wie die "*Sandwich*-Technik" (Butzkamm/Eschbach 1985, 134) im Detail eingesetzt wird. So kann der damit nicht vertraute Lehrer sie besser einschätzen als in der bloßen Deskription. "*Sandwich*-Technik" heißt hier, daß in der Semantisierungsphase der Lehrer zwischen die erstmals von ihm geäußerte, für die Schüler noch unbekannte fremdsprachliche Phrase und deren Wiederholung, deutlich davon abgesetzt, mit zurückgenommener Stimme eine bedeutungsäquivalente muttersprachliche Übertragung dieser Phrase zum Zweck der Bedeutungsklärung quasi "einschiebt".

Noch weitaus authentischer wird Unterricht zugänglich, wenn die Auswertung solcher Mitschnitte nicht nur in einer Veröffentlichung publiziert wird, sondern der Autor, in Ergänzung dazu, ein kommentiertes Videoband sowie zusätzlich schriftliche Wortprotokolle auf Anforderung zugänglich macht (s. Hinweis in Butzkamm 1985, 321). Auf solche Weise wird das "Mitlesverfahren", bei dem Schüler den gesprochenen Text in Ausschnitten als von der Methode beabsichtigte Semantisierungshilfe lesen, als Forschungsfrage umfassend dokumentiert, und die in der Veröffentlichung berichteten Effizienzstudien (Butzkamm 1985, 316 f.) können gezielter beurteilt werden.

3. *Wortschatz*

Der uralten Frage, ob Vokabeln besser in isolierten Wortschatzlisten gelernt und behalten werden (vgl. Art. 44), widmet sich ein "*State of the art*" – Artikel neueren Datums (Carter 1987). Die dort referierten Untersuchungen zeigen, daß speziell für Anfänger und speziell für den Abruf in der Sprachproduktion das Lernen anhand von Paarlisten mit muttersprachlicher Übersetzung effektiver ist. Fortgeschrittene Lerner jedoch, deren Leistungsniveau durch Wortschatztests mit kontextgebundenen *Items* und durch Verständnistests vorher erfaßt worden war, profitieren mehr durch Lernen von Vokabeln im Kontext. Eine kritische Frage läßt der bisherige Forschungsertrag jedoch offen – zu welchem Zeitpunkt nämlich der Übergang von der einen zur anderen Form vorgenommen werden sollte. Für die Entscheidung, ab wann seine Lerner zu den "Fortgeschrittenen" gehören, ist hier wieder der erfahrene Lehrer mit seiner Kenntnis des Lernstands seiner Gruppe gefragt.

Daß auch dieser Lehrer Forschungsbeiträge aus dem Unterrichtsalltag heraus erbringen kann, zeigt Weis (1986) in seiner Untersuchung zur langfristigen Verfügbarkeit von Wortschatz. Er legt dazu eine der ganz seltenen Langzeitstudien in der empirischen Schulforschung vor. In deren Verlauf vermittelte er in einem Leistungskurs der Sekundarstufe II 129 lexikalische Einheiten in einem Zeitraum von vier Wochen. Danach wurden diese über einen Zeitraum von elf Monaten bewußt nicht mehr "umgewälzt", wobei auch keiner der in diesem Zeitraum behandelten Themenkreise in direkter thematischer Beziehung zur ursprünglichen Unterrichtsreihe stand. Bei erneuter Überprüfung nach Ablauf der elf Monate zeigte sich, daß produktiv noch ca. 20 %, rezeptiv noch knapp 40 % der ursprünglich neu gelernten Einheiten verfügbar waren. Erstaunliche Ergebnisse zeitigte dann ein Reaktivierungsversuch eines Teils des Wortschatzes durch einen Test und die darauf folgende oberflächliche Besprechung. Wenn selbst langfristig vergessenes Material in diesem Versuch ohne große Mühe reaktiviert werden konnte, so meint der Autor abschließend, dann sei dieser Einsatz der gezielten Reaktivierung sowohl lohnend wie für jeden Lehrer zumutbar.

4. Grammatik

Zur Praxis des Grammatikunterrichts hat Zimmermann (1984) eine breite Explorationsstudie vorgelegt, die beweist, wie viele Hypothesen in der Faktorenkomplexion von Unterricht allein zu einem Problemkreis aus wieviel unterschiedlichen Perspektiven als Ausgangspunkt weiterer Forschung formuliert werden können.

Speziell zum Thema "Übungen" ergab sich z.B. augrund des Lehrerfragebogens, daß diejenigen Lehrer, die "teilweise" die Übungen zur Grammatik nicht übernehmen (immerhin 36 %), dies in den Lehrerinterviews wie folgt begründen: Die Übungen seien häufig nicht ausreichend situativ und/oder kommunikativ angelegt; sie seien nicht ausreichend lerngruppenspezifisch; es fehlten überhaupt Übungen für die Anwendungsphase; sie seien häufig schematisch bis eintönig konstruiert; persönliche Auffassungen und Interessen der Schüler könnten nicht einbezogen werden.

Die meisten dieser Punkte waren auch in einem Forschungsprojekt zum remedialen (= lückenschließenden) Lehren evident geworden und wurden deshalb in den im Rahmen der im Projekt erarbeiteten Übungsmaterialien zu Grammatikproblemen des 1. und 2. Lernjahres Englisch berücksichtigt (Schmid-Schönbein 1988). Diese Materialien, die in ihrer Effizienz über das Außenkriterium "verbesserte Schulnote" evaluiert wurden, sind Übungssammlungen zu jeweils einem besonders fehlerträchtigen Grammatikbereich und all seinen Randproblemen. Nach einer Bewußtmachung des Problems durch eine kurze Selbstdiagnose des Schülers folgt die Bewußtmachung der Regularität mit den notwendigen Differenzierungen (z.B. die Konsequenzen beim Gebrauch von *who* in der Subjekt- und Objektfrage). Hier folgt der Erläuterungstext den Prinzipien, die auch Wißner-Kurzawa in ihrer Untersuchung als erfolgreich feststellen konnte: personen-/lernerbezogene "schülernahe" Diktion und syntaktisch einfache, eher umgangssprachliche Formulierungen (Wißner-Kurzawa 1986).

Auf diese Bewußtmachung hin schließt sich zunächst eine isolierte, dann eine kontextbezogene Übung an, die kommunikationsorientiert ist. (*Oh what a party! .....is going to clean up all this mess?*) Danach werden die "Randprobleme" der Regularität behandelt, z.B. in diesem Fall eine Reihe von Kollokationen mit *HAVE* als Vollverb. Nach zunächst wieder isolierter Übung der "Randprobleme" schließt ein solches Arbeitsmaterial mit einer Fülle von erweiterten Übungen, möglichst mit spielerischem Charakter und graphischen Auflockerungen (Beispiel in Schmid-Schönbein 1988).

5. Kommunikative Übungen

Die Fachliteratur zu diesem Thema spiegelt den mittlerweile erreichten Konsens darüber wider, daß die Dichotomie von linguistischer und kommunikativer Progression eher artifizieller Natur gewesen ist. Die Einübung sprachlichen Materials im engeren Sinne ist stets eine Vorleistung für Kommunikation, wobei für deren Umsetzung im Gespräch speziell die Aspekte "Gegenseitigkeit" und "Abwechslung der Sprecher" hervorgehoben werden (vgl. Art. 46 und 52).

Daß hier ein allzu dominierender Lehrer mit dem "Heimvorteil", die Kommunikationssprache zu beherrschen, das Prinzip des *"turntaking"* nicht immer ausreichend verwirklicht, wird häufig bei

Unterrichtsbeobachtungen, aber auch in den Äußerungen selbstkritischer Lehrer evident. Lörscher hat zehn aufgezeichnete Englischstunden verschiedener Schultypen analysiert und stellt aufgrund seiner Untersuchung von Konversationsstrukturen im fremdsprachlichen Unterricht die kühne Behauptung auf, die vorherrschenden Strukturen, bestimmt von Lehrerdominanz und Mangel an kommunikativen Redemitteln wie -techniken bei den Schülern, verhinderten geradezu das Erreichen kommunikativer Kompetenz (Lörscher 1986, 14). Zweifellos muß hier gefragt werden, wieweit diese Aussage generalisiert werden darf, selbst, wenn man die eingangs skizzierten Schwierigkeiten, überhaupt Unterricht aufnehmen zu können, und den Aufwand der Analyse berücksichtigt.

Daß beide Forderungen, Unterricht auch aus der Sicht des Lernenden zu gestalten und Kommunikationsformen einzuüben, verbunden werden können, haben Black/Butzkamm 1977 mit ihrer Veröffentlichung "Klassengespräche" gezeigt. Darin wird in Modelldialogen der Schulalltag thematisiert und ebenso dargelegt, wie der Ausgangstext nicht nur dialogisch von den Schülern erarbeitet, sondern auch modifiziert und schließlich eigenständig in Partner- oder Gruppenarbeit präsentiert wird. Eine ausführliche, kommentierte Dokumentation der Schülerarbeit zu einem Ausgangstext mit transkribierten Videoaufnahmen verschiedener Unterrichtsstunden ist in der Veröffentlichung wiedergegeben (Black/Butzkamm 1977, 22-42).

6. Rechtschreibung

Wiewohl das Schlußlicht der vier klassischen zu erlernenden Fertigkeiten im Fremdsprachenunterricht, haben Schreiben und Rechtschreibung wieder eine Aufwertung erfahren, und zwar sowohl mit Blick auf den komplexen Lernprozeß (Geisler 1987, 366) wie auch auf die sprachsegmentierende Lernhilfe und das Konzentrationstraining (Brockhaus 1987, 89).

Im Forschungsprojekt "Remediales Lehren" wurde besonders deutlich, daß sog. "Versager" ihre Noten noch zusätzlich durch mangelhaftes Schriftbild minderten. In einem ersten Ansatz wurde die Effizienz gezielten *Flashcard*-Trainings an vier Schülern mit der "*multiple–baseline*"-Methode überprüft. Dabei wird zunächst eine "Grundkurve" erhoben, in der der "Ist-Zustand" ohne jede zusätzliche Maßnahme festgestellt wird, und dann, zeitlich versetzt, mit den remedialen (= lückenschließenden) Maßnahmen bei den einzelnen Schülern begonnen (Einzelheiten dazu in Schmid-Schönbein 1983). Verändert sich die Grundkurve jedesmal bei Einsatz der remedialen Maßnahme, so gilt deren Wirksamkeit als nachgewiesen.

Im Rahmen dieser Untersuchung, die sich über zwölf Wochen hinzog und deren Effekt sich auch nach einem weiteren Re-Test zwei Monate später als stabil erwies, wurde über die Dauer einer Lehrwerkeinheit in 19 aufeinanderfolgenden Schulstunden mit einem detaillierten Beobachtungsbogen erfaßt, wieviel Prozent der Unterrichtszeit mit Schreiben in irgendeiner Übungsform verbracht wurde. Für die Erhebung ergab sich, daß dies bei einem sehr kommunikativ orientierten Unterricht (mit allen seinen Vorzügen!) nur 5,6% der Unterrichtszeit waren. Der Erwerb des Schriftbildes bzw. die dazu notwendige Übung wurde somit in die Hausarbeit verlagert, die in der untersuchten Klasse durchschnittlich 22,5 Minuten pro Unterrichtsstunde einnahm. Als Lehrerstrategie wäre das zu akzeptieren gewesen, wenn die schriftlichen Hausaufgaben regelmäßig auf Korrektheit überprüft und mit entsprechendem Feedback versehen worden wären.

Da für eine Teilgruppe von Schülern des Anfangsunterrichts der Erwerb der englischen Rechtschreibung stets problematisch ist, lag es nahe zu überprüfen, ob nicht binnendifferenzierend dieses Training, speziell im Hinblick auf individuelle Lerndefizite des einzelnen Schülers, durch Arbeit am Computer mit entsprechender Lern*software* wahrgenommen werden könnte. Diese wurde, im Unterschied zu bisher existierender *Software*, technologisch so entwickelt, daß durch ein authentisches *native speaker*-Klangbild der Übungsdialoge gezielt die feste Assoziation von Phonem- und Graphemkette geübt werden konnte. In einer Pilotstudie mit 18 im Englischen rechtschreibschwachen Schülern wurden die folgenden Ergebnisse erzielt: Alle 18 Schüler erreichten einen durch Pre- und Posttestverfahren dokumentierten hochsignifikanten Lernzuwachs, arbeiteten ihre Lerndefizite selbständig auf, zeigten hohe Motivation und beherrschten ab der dritten Übungseinheit sicher das neue Medium. Die Struktur des Programms sowie die Arbeit zweier elfjähriger Schülerinnen ist in einem Videoschnitt dokumentiert und kommentiert, der bei der Autorin angefordert werden kann (Hinweis dazu in Schmid-Schönbein 1987).

Literatur

Black, Colin/Butzkamm, Wolfgang (1977), *Klassengespräche – Kommunikativer Englischunterricht*, Heidelberg.
Brockhaus, Wilhelm (1987), "Das Schreiben im Englischunterricht", in: *Neusprachliche Mitteilungen*, Jg. 40, 86-92.
Butzkamm, Wolfgang (1985), "The use of the printed word in teaching beginners", in: *International Review of Applied Linguistics*, Vol. 23, 315-322.
Butzkamm, Wolfgang/ Eschbach, Stefan (1985), "Prinzip der Einsprachigkeit / Rolle der Muttersprache", in: Jürgen Donnerstag/Annelie Knapp-Potthoff (Hrsg.), *Kongreßdokumentation der 10. Arbeitstagung der Fremdsprachendidaktiker*, Tübingen, 133-142.
Carter, Ronald (1987), "Vocabulary and second foreign language teaching", in: *Language Teaching*, Vol. 20, 3-16.
Geisler, Wilhelm (1987), *Die anglistische Fachdidaktik als Unterrichtswissenschaft*, Frankfurt a.M.
Krohn, Dieter (1982), "Die Praxis empirischer Forschung in der Fremdsprachendidaktik", in: Claus Gnutzmann et al. (Hrsg.), *Kongreßdokumentation der 9. Arbeitstagung der Fremdsprachendidaktiker*, Tübingen, 74-81.
Krumm, Volker (1985), "Anmerkungen zur Rolle der Aufgaben in Didaktik, Unterricht und Unterrichtsforschung", in: *Unterrichtswissenschaft*, Jg. 13, 102-115.
Lörscher, Wolfgang (1986), "Conversational structures in the foreign language classroom", in: Gabriele Kasper (ed.), *Learning, Teaching and Communication in the Foreign Language Classroom*, Aarhus, 11-22.
Müller, Richard-Matthias (1979), "Das Wissenschaftsverständnis der Fremdsprachendidaktik", in: Helmut Heuer et al. (Hrsg.), *Dortmunder Diskussionen zur Fremdsprachendidaktik*, Dortmund, 132-148.
Schmid-Schönbein, Gisela (1983), "How many teims' must spelling be taught ...?", in: *World Language English*, Vol. 2, 28-33.
Schmid-Schönbein, Gisela (1987), "Computereinsatz als eine Form der Binnendifferenzierung im Englischunterricht", in: Hartmut Melenk et al. (Hrsg.), *11. Fremdsprachendidaktiker-Kongreß*, Tübingen, 572-578.
Schmid-Schönbein, Gisela (1988), *Für Englisch unbegabt? – Förderstrategien bei versagenden Englischlernern. Ergebnisse empirischer Untersuchungen*, Bochum.
Weis, Dieter (1986), "Untersuchungen zur langfristigen Verfügbarkeit von Wortschatz im Leistungsfach Englisch", in: *Neusprachliche Mitteilungen*, Jg. 39, 174-180.
Wißner-Kurzawa, Elke (1986), *Zur Optimierung von grammatikalischen Instruktionstexten*, Frankfurt a.M.
Zimmermann, Günther (1984), *Erkundungen zur Praxis des Grammatikunterrichts*, Frankfurt a.M.

Gisela Schmid-Schönbein

110. Leistungsmessung

Verfahren der Leistungsmessung haben im Rahmen der Fremdsprachendidaktik eine wichtige Aufgabe und sind interdisziplinär angelegt. Aus der Linguistik kommen Theorien und Erkenntnisse über die Sprache und den Spracherwerbsprozeß, die als Grundlage für die Testentwicklung dienen. Die Psychometrie liefert die statistisch-mathematischen Verfahren, die zur Testanalyse und Qualitätskontrolle benötigt werden. Schließlich begründen didaktische Überlegungen Notwendigkeit, Häufigkeit, Typ und Inhalt von Meßverfahren im Unterrichtsprozeß. Forschungsaktivitäten im Sprachtestbereich enthalten immer alle drei Komponenten, stellen aber mal den einen, mal den anderen Aspekt in den Vordergrund.

1. Leistungsmessung und Angewandte Linguistik

In den letzten fünfzehn Jahren bildete die Frage nach der Struktur von Fremdsprachenkompetenz ein zentrales Problem für die Sprachdiagnostik. Traditionell unterschied die Didaktik die vier Fertigkeiten Hören, Sprechen, Lesen, Schreiben sowie die Teilbereiche Grammatik, Wortschatz, Phonologie usw. (Lado 1961). Die traditionellen psychometrischen Sprachtestverfahren versuchten, diese Elemente einzeln in Subtests zu fassen. Die Ergebnisse von empirischen Untersuchungen zeigten jedoch, daß alle Subtests so hoch miteinander korrelierten, daß es nahe lag, Sprache als ganzheitliches Konstrukt aufzufassen. Hatten Oller/Hinofotis (1980) ursprünglich zwei sich gegenseitig ausschließende Hypothesen (unitary vs. divisible competence) aufgestellt, so hat sich gezeigt, daß eine Annäherung der extremen Standpunkte am fruchtbarsten ist. Neuerdings wird versucht, diesen Ansatz zu erweitern und Modelle von kommunikativer Kompetenz unter Einbeziehung von soziolinguistischer und pragmatischer Kompetenz zu untersuchen (vgl. z.B. die Beiträge in Palmer u.a. 1981).

Aus dieser Dimensionalitätskontroverse sind neue ganzheitliche Testverfahren auf der Grundlage des Kompetenzbegriffs entstanden. Beim Diktat eines unbekannten Textes, so macht Oller (1971) geltend, muß der Proband eine gehörte Lautsequenz segmentieren und verarbeiten, um einen verständlichen Text zu produzieren. Bei den Tests mit informationstheoretischem Ansatz (*Cloze-*

Tests (Oller 1973), C-Tests (Klein-Braley/Raatz 1985), *Cloze-Elide*-Tests (Manning 1986)) muß der Proband seine Kompetenz dadurch demonstrieren, daß er einen beschädigten Text wiederherstellt. Beim *Noise*-Test (Gradman/Spolsky 1977) wird ein diktierter Text mit Rauschen überlegt. Hunderte von empirischen Studien haben sich mit diesen Testtechniken auseinandergesetzt, die umso interessanter sind, weil sie einerseits nicht an eine bestimmte Sprache gebunden sind, andererseits auch bei Kindern eingesetzt werden können, die ihre Muttersprache lernen. Gleichzeitig warnen die Testforscher aber davor, Tests unkritisch und ohne Absicherung aus der Forschung in die Praxis zu übernehmen (vgl. Alderson 1983; 1991; Grotjahn 1986; Klein-Braley 1981; Stevenson 1981).

2. *Leistungsmessung und Psychometrie*

Auch für die Methodendiskussion war die Kontroverse um die Dimensionen der Kompetenz fruchtbar: mußte man doch geeignete Verfahren finden, um die Frage anhand von Daten zu untersuchen. Lag es zunächst nahe, die Faktorenanalyse einzusetzen, konnte von Carroll (1983) und Raatz (1982) gezeigt werden, daß diese Methode gravierende Schwächen hat. So schlug Raatz (1985) die Anwendung des CLA-Modells, eine Erweiterung des Rasch-Modells (s. Bachman 1990) vor, um die Dimensionalität von Testbatterien zu untersuchen. Anhand dieser Modelle kann man bestimmen, ob Testteile oder Testaufgaben auf der gleichen Dimension liegen. Außerdem kann man die absolute Schwierigkeit der Aufgaben bzw. Testteile bestimmen. Wie bei der klassischen Aufgabenanalyse ist es möglich, nicht passende Elemente zu entfernen.

War man früher zufrieden, für bestimmte Tests empirische Gültigkeit zu erzielen, indem man hohe Korrelationen mit anderen Kriterien ermittelte, so rückte in den siebziger Jahren die Konstruktvalidität von Testverfahren, d.h. die Übereinstimmung mit der zugrundeliegenden Theorie, in den Mittelpunkt. Um diesen Aspekt von Testgültigkeit zu untersuchen, sind die *Multitrait-Multimethod* Matrix (z.B. Bachman/Palmer 1981; Klein-Braley 1981; Stevenson 1981) sowie die *Confirmatory Factor Analysis* (z.B. Bachman 1982) populär geworden. In beiden Fällen wird nicht ein einzelner Test untersucht, sondern eine Anzahl von Tests, wobei einzelne sich ähnlich, andere sehr verschieden sind. Vorhersagen über die zu erwartende Datenstruktur werden aus theoretischen Überlegungen abgeleitet. Eine Übereinstimmung zwischen Vorhersage und empirischem Befund unterstützt die zugrundeliegende Theorie. Der Einsatz von solchen und anderen anspruchsvolleren Verfahren kann tiefere Einblicke in die mentalen Prozesse gestatten, die bei der Sprachverarbeitung ablaufen.

3. *Leistungsmessung und Didaktik*

Eine der wichtigsten und reizvollsten Aufgaben für den Sprachdiagnostiker ist die Umwandlung von didaktischen Erkenntnissen in brauchbare Testaufgaben, die dann dem Praktiker verfügbar gemacht werden können. Aber gerade in der Bundesrepublik ist die Einbeziehung von Erkenntnissen aus der Sprachtestforschung in den Unterricht nicht ohne weiteres möglich (vgl. Art. 58). Dies liegt sicher nicht zuletzt daran, daß in der Bundesrepublik nationale Prüfverfahren (mit Ausnahme des Tests für Medizinische Studiengänge) nicht üblich sind und daß standardisierte Tests kaum verwendet werden. Auch dort, wo es wirklich nötig wäre, absolut fair zu prüfen, z.B. im Abitur, sind die Bestimmungen zur Durchführung der Prüfungen, die von den Kultusministerien erlassen werden, offensichtlich nicht ausreichend, wie Legenhausen (1975) eindrucksvoll dokumentiert hat. Ein weiteres Problem liegt in der mangelnden Ausbildung in diesem Bereich: Veranstaltungen zu Fragen der Leistungsmessung werden angehenden Fremdsprachenlehrern in den Hochschulen kaum jemals angeboten. Somit können neue Erkenntnisse nur schleppend in die Schulen kommen. Dies ist dann besonders gravierend, wenn Lernziele und Methoden des Fremdsprachenunterrichts sich aufgrund neuer didaktischer Erkenntnisse ändern, dem Lehrer aber keine geeigneten Prüfverfahren zur Verfügung gestellt werden. So gilt heute z.B. das Primat des Mündlichen in den Schulen, aber in den Noten finden vorwiegend schriftliche Leistungen ihren Niederschlag. Dabei gibt es eine Vielzahl von Möglichkeiten, mündliche Tests unter kontrollierten Bedingungen durchzuführen. Diese Bedingungen sind auch im Klassenzimmer herstellbar (vgl. Hughes 1989). Eine Möglichkeit, Lehrer über neuere Entwicklungen im Bereich der Leistungsmessung zu informieren, läge sicherlich in der Einbeziehung dieser Thematik in Fortbildungsveranstaltungen.

In einigen Ländern ist ein Dialog zwischen den Testspezialisten und den Praktikern leichter zu erzielen. Eine Kooperation scheint dann besonders effektiv zu sein, wenn es nationale Testinstitute gibt, oder wenn bestimmte Spezialistengruppen für diesen Bereich offiziell zuständig sind. In Holland ist z.B. CITO, das Zentrale Institut für Testentwicklung, für alle Schultests verantwortlich. Die Sprachtests, die 50% der Note in der Abschlußprüfung in den Fremdsprachen ausmachen, werden im Auftrage des Eziehungsministeriums von CITO-Wissenschaftlern unter fortwährender Kontrolle eines Lehrergremiums entwickelt. Neue Aufgabentypen und Ansätze werden ständig im kleinen Maßstab erprobt. Die andere Hälfte der Abschlußnote bestimmt der Fachlehrer. Auffallende Unterschiede zwischen beiden Teilnoten werden untersucht. So tragen beide Beteiligten zu einem gerechteren Urteil über den Schüler bei. Ferner entwickelt CITO Tests, die Lehrer freiwillig einsetzen können, wenn sie für ihren Unterricht geeignet sind. Damit werden die langwierige Arbeit der Testentwicklung und die Umsetzung neuerer didaktischer Erkenntnisse in Tests von hauptberuflichen Mitarbeitern geleistet und die Lehrer vor Ort entlastet. Durch ständige Konsultationen wird aber sichergestellt, daß die Entwicklung nicht an der Schule vorbeiläuft.

In Schweden arbeitet eine Gruppe von Testspezialisten an der Universität Göteborg. Auch dort werden in Konsultationen mit Lehrern Sprachtests entwickelt, die von allen schwedischen Schülern der 8. Klasse bearbeitet werden. Die Ergebnisse dieser Tests werden dazu benutzt, die Noten der Lehrer, die sich ähnlich wie in der Bundesrepublik an einem klasseninternen Maßstab orientieren, zu standardisieren. Wenn die Klasse insgesamt besser als der nationale Durchschnitt abschneidet, werden die Noten aller Schüler um einen entsprechenden Wert angehoben (vgl. z.B. Lindblad 1985).

In Israel hat ACROLT, ein Zusammenschluß von Testwissenschaftlern an den Universitäten und Forschungseinrichtungen des Landes, neue mündliche Testformen entwickelt und erprobt, die jetzt auch Bestandteil des Bagruts, der israelischen Abiturprüfung, geworden sind (vgl. z.B. Shohamy et al. 1985). In England setzten sich Lehrer und Wissenschaftler, die mit den alten Examensmodalitäten unzufrieden waren, zusammen, um neue funktionelle Prüfungstechniken zu entwickeln. Diese wurden von den halbamtlichen Examination Boards übernommen (vgl. z.B. Hughes 1989; Weir 1990). Die Gefahren der von solchen Insitutionen entwickelten Testinstrumente liegen auf der Hand:

ohne den ständigen Austausch mit allen am Unterrichtsprozeß Beteiligten können Schultests eine lähmende Wirkung auf die Schulpraxis ausüben, weil allzuoft nur das unterrichtet wird, was im Test verlangt wird. Im günstigsten Fall aber könnte eine solche Zusammenarbeit zwischen Sprachtestexperten in Testinstituten und Schulpraktikern eine Dynamik entwickeln, die ständig neue Impulse aufnimmt und erprobt, Bewährtes pflegt und weiterentwickelt und Überholtes verwirft.

4. Sprachzertifikate

Jahr für Jahr unterziehen sich Hunderttausende Sprachenlerner formellen Testverfahren, um ihren erreichten Kenntnisstand in einer Fremdsprache mittels eines anerkannten Zertifikats nachzuweisen. So dokumentiert z.B. der Erwerb eines Volkshochschulzertifikats, daß der Lerner über einen spezifizierten Wortschatz und ein Strukturenrepertoire in der jeweiligen Fremdsprache verfügt, und daß er in der Lage ist, Alltagssituationen kommunikativ-adäquat zu bewältigen.

'Proficiency Tests' (Leistungsniveautests, auch Qualifikationstests) existieren für eine Reihe von Sprachen. Sie werden in der Regel von halbamtlichen Stellen wie dem Volkshochschulverband oder den nationalen Testinstituten betreut. Das Ablegen von solchen Tests, im allgemeinen gebührenpflichtig, dient meistens einem konkreten Zweck: Studierende, die Auslandssemester in einem englischsprachigen Land absolvieren wollen, müssen in der Regel ihre ausreichenden Sprachkenntnisse durch befriedigendes Abschneiden in bestimmten Testverfahren nachweisen. Auch in der Berufswelt wird das befriedigende Ergebnis in einem solchen quasi-amtlichen Prüfungsverfahren als Nachweis über ausreichende Sprachkenntnisse angesehen.

Solche Tests haben ihre eigenen theoretischen Probleme, denn ihnen muß eine adäquate Definition des Konstrukts "Beherrschung der Sprache X auf Niveau Y" zugrundeliegen. Gleichzeitig muß es möglich sein, sie bei großen Probandengruppen einzusetzen, und sie müssen von Termin zu Termin gleichwertig sein, obwohl ständig neue Aufgaben eingesetzt werden müssen (Testsicherheit). Eine ständige Qualitätskontrolle und wissenschaftliche Begleitung ist unabdingbar. In der Vergangenheit führten diese Rahmenbedingungen häufig zu Tests, die ausschließlich aus multiple-choice Aufgaben bestanden (z.B. *Test of English as a Foreign*

Language). Der Grund dafür dürfte wohl sein, daß diese Aufgaben durch Computer ausgewertet werden können, was auch eine eingehende statistische Analyse erleichtert. Aufgrund des Umdenkprozesses in der Fremdsprachendidaktik nehmen die Testbetreuer zunehmend kommunikativere und produktivere Testaufgaben wie Kurzaufsatz, *Cloze*-Varianten und mündliche Verfahren auf. Bei solchen offenen Aufgaben ist allerdings der Auswertungsaufwand größer, und zur Absicherung der erstrebten Gleichbehandlung aller Probanden (um Objektivität und Zuverlässigkeit zu gewährleisten) ist ständiges *Scorer-Training* notwendig, was die Verfahren für den Probanden verteuert.

5. Leistungsmessung und Computer

Zum Handwerkszeug des modernen Sprachdiagnostikers gehört der Computer, schon allein wegen der notwendigen teststatistischen Analysen. Geeignete *Software* kann auch mathematisch weniger Versierten den Umgang mit der Teststatistik erleichtern, und es ist zu erwarten, daß solche Software auch für Mikrocomputer in nächster Zeit verfügbar sein wird.

Obwohl man prinzipiell jeden Papier-Bleistift-Test computergerecht aufbereiten kann, so gilt heute das adaptive Testen im Zusammenhang mit *Item-Banks* als besonders zukunftsträchtig. Beim adaptiven Test müssen alle Aufgaben mittels Rasch-Analyse auf eine absolute Schwierigkeitsskala gebracht werden. Dann wird es möglich, für jeden Probanden einen eigenen Test zusammenzustellen. Das Verfahren ist ganz einfach. Zunächst bearbeitet der Proband eine mittelschwere Aufgabe. Wird sie richtig gelöst, bekommt er eine schwierigere Aufgabe vorgelegt, wird sie falsch gelöst, eine einfachere. Das Verfahren wiederholt sich solange, bis das richtige Niveau gefunden worden ist. Der Computer sucht die Aufgaben aus der Item-Bank aus, hat aber soviele Aufgaben vorrätig, daß niemals zwei Probanden die gleiche Aufgabenreihe vorgelegt bekommen. Solche adaptiven Testverfahren können für eine Vielzahl von Zwecken, vor allem auch zur Lernerselbstkontrolle eingesetzt werden. Sie sind in der Regel ökonomischer als normale Testverfahren, weil der Proband weniger Aufgaben bearbeiten muß (vgl. die Beiträge in Stansfield 1986). Das Problem der Testkonstruktion an sich – die Auswahl der theoretischen Grundlage, Itemtypen, Itemgewichtung usw. – löst die neue Technologie natürlich nicht.

International und national werden viele Forschungsvorhaben im Bereich der Leistungsmessung durchgeführt. Die rege Aktivität dokumentierte sich in der Lang-Clifford Bibliographie (1980), die für die Jahre 1966 bis 1979 international fast 2000 Titel nachweist. Problematischer allerdings ist die Umsetzung der Forschungsergebnisse in die Praxis. Das gilt insbesondere für die Bundesrepublik Deutschland, wo weder Schulen noch Hochschulen bislang in größerem Umfang objektivierte Verfahren zur Leistungsmessung im Fremdsprachenunterricht einsetzen.

Literatur

Alderson, Charles J. (1983), "The Cloze Procedure and Proficiency in English as a Second Language" in: John W. Jr. Oller, ed., 205-217.
Alderson, Charles J. (1991), *Language testing in the 1990s. The communicative legacy*, London.
Bachman, Lyle F. (1982), "The Construct Validation of some Components of Communicative Proficiency", in: *TESOL Quarterly*, Jg. 16, 449-465.
Bachman, Lyle F. (1990), *Fundamental considerations in language testing*, Oxford.
Bachman, Lyle F./Palmer, Adrian S. (1981), "A Multitrait-multimethod Investigation into the Construct Validity of six Tests of Speaking and Reading", in: Adrian S. Palmer et al., eds., 149-165.
Carroll, John B. (1983), "Psychometric Theory and Language Testing", in: John W. Oller Jr. (ed.), 80-107.
Gradman, Harold/Spolsky, Bernard (1977), "Toward the Measurement of Functional Proficiency: Contextualization of the Noise Test", in: *TESOL Quarterly*, Jg. 11, 51-57.
Grotjahn, Rüdiger (1987), "Test Validation and Cognitive Psychology: Some Methodological Considerations", in: *Language Testing*, Jg. 3, H. 2, 159-185.
Hughes, Arthur (1989), *Testing for language teachers*, Cambridge.
Klein-Braley, Christine (1981), *Empirical Investigations of Cloze Tests*, Duisburg.
Klein-Braley, Christine/Raatz, Ulrich Hrsg. (1985), C-Tests in der Praxis. (= Fremdsprache und Hochschule), H. 13/14.
Kohonen, Viljo/Pitkänen, Antti J., eds. (1985), *Language Testing in School. AFinLa Yearbook 1985*, Tampere.
Kohonen, Viljo/von Essen, Hilkka/Klein-Braley, Christine, eds. (1985), *Practice and Problems in Language Testing 8*, Tampere.
Lado, Robert (1961), *Language Testing*, London.
Lang, Dale L./Clifford, Ray T. (1980), *Testing in Foreign Languages, ESL, and Bilingual Education 1966-1979: a Select, Annotated ERIC Bibliography*, Arlington, Va.
Legenhausen, Lienhard (1975), *Fehleranalyse und Fehlerbewertung: Untersuchungen an englischen Reifeprüfungsnacherzählungen*, Bielefeld.
Lindblad, Torsten (1985), "On the Whys and Hows of Language Testing", in: Viljo Kohonen/Antti J. Pitkänen (eds.), 109-116.

Manning, Winton H. (1986), "Using Technology to Assess Second Language Proficiency through Cloze-Elide Tests", in: Charles Stansfield (ed.), 147-166.
Oller, John W. Jr. (1971), "Dictation as a Device for Testing Foreign Language Proficiency", in: *English Language Teaching Journal*, Jg. 25, 254-259.
Oller, John W. Jr. (1973), "Cloze Tests of Second Language Proficiency and what they Measure", in: *Language Learning*, Jg. 23, 105-108.
Oller, John W. Jr., ed. (1983), *Issues in Language Testing Research*, Rowley, Mass.
Oller, John W. Jr./Hinofotis, Frances B. (1980), "Two Mutually Exclusive Hypotheses about Second Language Ability: Indivisible or Partially Divisible Competence", in: John W. Oller Jr./Kyle Perkins (eds.), *Research in Language Testing*, Rowley, Mass., 13-23.
Palmer, Adrian S./Groot, Peter J.M./Trosper, George A., eds. (1981), *The Construct Validation of Tests of Communicative Competence*, Washington D.C.
Raatz, Ulrich (1982), "Language Theory and Factor Analysis", in: Madeline Lutjeharms/Terry Culhane (eds.), *Practice and Problems in Language Testing III*, Brüssel, 30-56.
Raatz, Ulrich (1985), "Investigating Dimensionality of Language tests – a New Solution of an Old Problem", in: Viljo Kohonen/Hilkka von Essen et al. (eds.), 123-136.
Shohamy, Elana/Reves, Thea/Bejarano, Jael (1985), "From Testing Research to Educational Policy: Introducing a New Comprehensive Test of Oral Proficiency", in: Viljo Kohonen/Antti J. Pitkänen (eds.), 133-144.
Stansfield, Charles, ed. (1986), *Technology and Language Testing*, Washington.
Stevenson, Douglas K. (1981), "Beyond Faith and Face Validity: the Multitrait-multimethod Matrix and the Convergent and Discriminant Validity of Oral Proficiency Tests", in: Adrian S. Palmer et al. (eds.), 37-61.
Weir, Cyril (1990), *Communicative language testing*, New York.

Christine Klein-Braley

111. Unterrichtsmittel und Medien

1. Allgemeines

Die fachdidaktische theoriebezogene Diskussion sowie die konzeptionellen Beschaffenheiten von Unterrichtsmitteln und Medien haben dazu beigetragen, daß Begriffe wie Hilfsmittel, Anschauungsmittel, Arbeitsmittel, Lehr- und Lernmittel wegen der in ihnen liegenden einseitigen Schwerpunktbildungen nur noch selten verwendet werden. Der feststellbare begriffliche Wandel markiert zugleich auch ein verändertes und sich weiterhin veränderndes Verständnis von den Funktionen gegenwärtiger Unterrichtsmittel und Medien. Während einst Aufgabe und Leistung der Hilfsmittel im Sinne von Auflockerung, *enrichment*, Belohnung gesehen wurden oder vorrangig in der Steuerung von Schülerverhalten liegen sollten, sind heute Unterrichtsmittel und Medien integrierte und integrierende Bestandteile unterrichtlicher Konzepte und Praktiken und fungieren als didaktische Mittler, indem sie Teile des Fremdsprachenunterrichts inhaltlich und methodisch übernehmen. Eine solche Einbindung in die Unterrichtsplanung und den Unterrichtsverlauf setzt beim Lehrer ein detailliertes und differenzierendes Wissen in bezug auf die Besonderheiten einzelner Unterrichtsmittel und Medien voraus und schließt die grundsätzliche Bereitschaft zu ihrer Verwendung ein (vgl. Art. 62ff.). Eine konstruktive Skepsis gegenüber vorhandenen Unterrichtsmitteln und Medien bietet zudem Anlässe, Schüler an ihrer Beherrschung, Veränderung und Konzipierung zu beteiligen.

Seit der Ablösung des Lehrbuchs durch das Lehrwerk (vgl. Art. 63) sind zahlreiche Unterrichtsmittel und Medien nicht nur auf das jeweilige Lehrwerk bezogen oder Bestandteil eines Medienverbundes, sondern ihre Merkmale spiegeln auch die Beziehungen zu fremdsprachendidaktischen Theorien und Ableitungen aus Erfahrungen wieder. Die Profilierung der Fremdsprachendidaktik – und der in ihr vorhandenen Mediendidaktik – zu einer eigenständigen wissenschaftlichen Disziplin im Spannungsfeld zwischen Fachwissenschaft und Gesellschaftswissenschaften hat einen Nachvollzug gängiger Forschungsmethoden mit sich gebracht. Durch hermeneutische, empirische und ideologiekritische Verfahren (Klafki 1971) wurde verdeutlicht, daß die auf den Fremdsprachenunterricht bezogene Mediendidaktik nicht nur in bestimmte Entwicklungsphasen einzuteilen ist, sondern in wechselseitiger Abhängigkeit die fremdsprachendidaktische Theoriebildung gefördert und von ihr profitiert hat.

2. Stationen der fremdsprachlichen Mediendidaktik

Die im Zuge der ersten neusprachlichen Reformbewegung am Ende des 19. Jahrhunderts konzipierten neuen Lehrbücher sollten dazu beitragen, daß die neuen Unterrichtsziele Einsprachigkeit, mündlicher Sprachgebrauch und analytisch-induktive Entdeckung sprachlicher Gesetzmäßigkeiten erreichbar wurden. Zahlreiche Wandbilder (auch Städtebilder von Paris und London) wurden zu Bildbeschreibungen, dialogischen Sprechübungen und Konversation eingesetzt, kulturkundliche Abbildungen, Glasphotographien und Zeitungen ermöglichten einen realitätsbezogenen Fremdsprachenunterricht. Während die Impulse zu diesen Neuerungen zunächst von sprachwissenschaftlichen (speziell phonetischen) Reflexionen ausgingen, dominierte im Verlauf praktischer Unterrichtsarbeit die pädagogische und psychologische Grundlegung. In bezug auf die Psychologie des Spracherwerbs wurden insbesondere Assoziationstheorien aufgestellt, aber auch eine Einteilung der Schüler nach auditiv, visuell oder audiovisuell veranlagten Lerntypen wurde theoretisch entwickelt. Pädagogische Setzungen hingegen wurden oft aus zeitgenössischem pädagogischen Allgemeingut (das z.T. vorwissenschaftlich und normativ war) oder aus angenommener persönlicher pädagogischer Begabung abgeleitet. Angesichts der großen Zahl experimentierfreudiger Lehrer sowie entsprechender Erfahrungsberichte und methodischer Handlungsanweisungen zeigten sich zuweilen roher Empirismus und verfrühte Dogmatisierungen, so daß Anhänger traditioneller Unterrichtsverfahren sich in ihrer kritischen Haltung bestätigt fühlten.

Die Verwendung von Phonograph und Grammophon zu Beginn des 20. Jahrhunderts wurde von zahlreichen sprachwissenschaftlichen Forschungen begleitet. Die "Sprechmaschine" wurde zunächst nur zu Forschungszwecken in eigens eingerichteten Laboratorien verwendet, um die zuvor theoretisch erörterte Artikulation und Intonation experimentell zu erfassen. Eine kurze intensive Phase des engagierten praktischen Einsatzes der "Sprechmaschine" und unzähliger Schallplatten für Hörübungen und Darbietung literarischer Texte im Fremdsprachenunterricht brachte wichtige Erkenntnisse in bezug auf die Vorteile des neuen Hilfsmittels: Die Schüler hören unterschiedliche Originalsprecher, die dargebotene authentische Intonation ist mustergültig, die sprachlichen Darbietungen sind bei gleichbleibender Qualität beliebig oft wiederholbar, die "Sprechmaschine" erlaubt eine vom Stundenplan unabhängige Selbstunterweisung der Schüler (Reko 1912, 122f.). – Während der kulturkundlichen Bewegung bedeutete die Verbindung des Fremdsprachenunterrichts mit der offiziell verkündeten arbeitsunterrichtlichen Ausgestaltung zwar ein hohes Maß an Eigentätigkeit der Schüler, jedoch hatte dies kaum Folgen für eine Weiterentwicklung im Bereich der Lehr- und Lernmittel. Die z.T. kompromißlose und dogmatisierende Propagierung der "auditiven Methode" führte dennoch zu der elementaren didaktisch-methodischen Einsicht, daß die Verwendung des Grammophons im Fremdsprachenunterricht nur dann sinnvoll ist, wenn eine organische Eingliederung in den Unterrichtsverlauf erfolgt. So sollte einer Überschätzung und einer unsystematischen oder nur zufälligen Nutzung entgegengewirkt werden.

Linguistische (Strukturalismus, Kontextualismus), lernpsychologische (Behaviorismus) und technologische Entwicklungen nach 1945 haben dazu beigetragen, daß Unterrichtsmittel und Medien nicht nur feste Bestandteile von fremdsprachlichen Lehrwerken wurden, sondern auch lehrwerkunabhänig (z.B. in Form von Sprachlabormaterialien, Wandbildern, Schulfernsehen) auf den zunehmend kommerzialisierten Markt gelangten. Die audiolinguale und audiovisuelle Konzeption des Fremdsprachenunterrichts mit besonderer Förderung der Fertigkeiten Hörverstehen und Sprechen erforderten einen intensiven didaktisch reflektierten Medieneinsatz. Lernprozesse wurden detailliert vorausgeplant und gesteuert, das Schülerverhalten wurde weitgehend manipuliert, wodurch eine Steigerung der Effektivität des Fremdsprachenunterrichts erreicht werden sollte. Medieneuphorie führte teilweise zu Medienüberfrachtung des Unterrichts, und manch eine vermeintliche Neuerung ließ naive Fortschrittsgläubigkeit erkennen, zumal die historische Dimension einiger Fragestellungen und Antworten nicht beachtet wurde.

3. Erforschung von Medienwirkungen

Empirische Forschungen, die oft als wissenschaftlich begleitete Unterrichtsversuche durchgeführt wurden, befaßten sich u.a. mit der Effektivität des Fremdsprachenunterrichts mit Unterstützung durch das Sprachlabor, dem Sprachtraining durch audiovisuelle Kurse, der Wirkung des (Schul-) Fernsehens auf den Spracherwerbsprozeß.

Die Wirksamkeit des Sprachlabors wurde insbesondere nach zwei umfangreichen Experimenten ausführlich dokumentiert. Hierbei zeigte sich verallgemeinernd und als Bestätigung von Eingangshypothesen (Olechowski 1973), daß der gelegentliche, auf einen längeren Zeitraum verteilte Einsatz des Sprachlabors im Fremdsprachenunterricht mehr Lernzuwachs bringt als ein Unterricht ohne Labor. Ein Vergleich unterschiedlicher Laborsysteme belegte zudem, daß Schulkinder bereits mit einem Hör-Sprech-Labor zusätzliche Lernerfolge erzielen, während erwachsene Lerner die besseren Ergebnisse im Hör-Sprech-Aufnahme-Labor erreichen. – Umfangreicher und anspruchsvoller in der Zielsetzung als dieser Versuch wurde eine Studie angelegt, die eine Langzeituntersuchung (die sog. 'York study', 1967-1970) im Anfangsunterricht Deutsch in England erfaßt (Green 1972). Da keine künstliche Experiment-Situation konstruiert wurde, sondern die alltägliche schulische Praxis Grundlage der wissenschaftlichen Begleitung war, konnten drei Parallelklassen (zwei Klassen mit einer wöchentlichen Laborstunde bei unterschiedlichem Kursmaterial, eine Klasse ohne Laborunterricht) verglichen werden. Der Schulversuch verfolgte ohne hypothetische Setzungen drei Ziele: Untersuchung des Beitrags des Sprachlabors zur Schülerleistung im Fremdsprachenunterricht; Vergleich von Schülerleistungen beim Einsatz unterschiedlichen Kursmaterials; Bewertung potentieller Voraussetzungen des Fremdsprachenlernens. Die Interpretation der Untersuchungsergebnisse verdeutlicht, daß die Unterschiede in der sprachlichen Performanz der Schüler in den drei Gruppen unbedeutend sind. Offensichtlich brachte das Sprachlabor keine größeren Erfolge als der Gebrauch eines einzelnen Tonbandgerätes im Klassenzimmer. Folglich müßten experimentell Wege gesucht werden, die einen spezifizierten und ökonomischen Einsatz des Sprachlabors aufzeigen.

Während mit dem audiovisuellen Lehrwerk *Passport to English* praktische Erfahrungen im englischen Anfangsunterricht gesammelt wurden, erwies sich die empirische Untersuchung mit dem audiovisuellen Kurs *Voix et Images de France* als richtungsweisend (Schiffler 1973, 114 ff.). Es sollte untersucht werden, ob ein audiovisuelles Lehrwerk einem audiolingualen überlegen ist, und ob mit einem entsprechend ausgebildeten Lehrer überdurchschnittliche Ergebnisse in einem audiovisuellen Unterricht erzielt werden können. Der Versuch in zwei gymnasialen Parallelklassen (von denen eine mit dem eingeführten Lehrwerk *Etudes Françaises* als Kontrollgruppe geführt wurde) in ca. 160 Unterrichtsstunden zeigte: Der audiovisuelle Unterricht bringt Vorteile in den Bereichen mündliche und schriftliche Grammatik, Sprachreaktion, Hörunterscheidungsvermögen, Aussprache und Intonation sowie Sinnverständnis. Nachteile sind feststellbar im Bereich des freien schriftlichen Ausdrucks und beim freien mündlichen Sprachgebrauch.

Das Saarbrücker Projekt "Hörverstehen im fernsehunterstützten Fremdsprachenunterricht (Französisch)" (Bufe/Deichsel/Dethloff 1984) trägt als besondere Merkmale, daß in diesem Schulversuch französische Original-Fernsehsendungen (also nicht didaktisierte und progressionsorientierte) in ihrer Beschaffenheit und Wirksamkeit untersucht wurden, und daß sich die Forschungsgruppe aus Vertretern der Bereiche Linguistik, Psychologie, Sprachlehrforschung und Filmsemiotik zusammensetzte, so daß Interdisziplinarität die Erkenntnismöglichkeiten steigerte. Besondere Aufmerksamkeit der Experimentatoren galt den Textschwierigkeitsfaktoren Sprechgeschwindigkeit und Wortschatz. Im Ergebnis zeigte sich u.a., daß die Fernsehsendungen bei dominant deskriptiven Texten Verstehensleistungen begünstigen, ebenso bei narrativen Texten das Globalverständnis. Auch auf der Ebene von Textdetails wird das Hörverstehen verbessert, wenn nach verschiedenen Redundanzstufen einteilbare Bild-Text-Relationen vorliegen. Folglich konnten in dem Projekt Ansätze geliefert werden zur Kategorisierung dieser Relationen unter dem Gesichtspunkt der Redundanz. Da außerdem auch das Hörsehverstehen der Lerner reflektiert wurde, konnte die Anwendung der Projektbefunde bei der Konstruktion von Video-Unterrichtsmaterialien angestrebt werden, so daß Grundlagen zur Schaffung einer Fernsehmethodik vorbereitet wurden. – Die erkannten Langzeiteffekte Lernzuwachs und längerfristiges Behalten, die durch den Einsatz des Fernsehens begünstigt wurden, und der Nebeneffekt der Motivationssteigerung stehen sicherlich in Beziehung zu den Annahmen, die auch bei Schulversuchen mit Schulfernsehsendungen zugrunde gelegt werden. In diesen als Modellversuche (z.B. Erdmenger/Schindler 1984) dokumentierten oder als Erfahrungsberichte vorgelegten Erprobungen (z.B. der Serie *Challenges* 1987; Edelhoff/Funk/Neuner 1981) wird zunächst das öffentliche Schulfernsehen als ernstzunehmender Anbieter akzeptiert, und die Sendungen werden in ein didaktisches und methodisches Konzept im Sinne eines Medienverbundes integriert. Hierbei ist die Erkenntnis wichtig, daß Schulfernsehen trotz seiner Beiträge zum Sprachenlernen und zur landeskundlichen Unterweisung ein nur gelegentlich einzusetzendes Medium ist, das nur dann seine lernfördernde Funktion hat, wenn es in Einklang gebracht wird mit den jeweils geltenden und durchsetzbaren didaktischen Theorien.

4. Aktualitäten und Perspektiven

Die Ergebnisse groß angelegter Versuche und individueller Erprobungen sollten die Überlegenheit eines mediengestützten Fremdsprachenunterrichts gegenüber den verbreiteten Buch-Tafel-Kreide-Verfahren nachweisen. Letztlich setzte sich die Erkenntnis durch, daß Medien die Lernerfolge im Fremdsprachenunterricht durchaus steigern helfen, wobei dies allerdings nicht unabdingbar so sein muß (Freudenstein 1986, 28), zumal ein lebendiger, abwechslungsreicher Unterricht mit einfachen (und auch preiswerteren) Mitteln auch zu zweifellos respektablen Ergebnissen führt. Immerhin ist es in jener Zeit möglich geworden, Aufgaben und Leistungen von Unterrichtsmitteln und Medien im Fremdsprachenunterricht genauer und differenzierter zu beschreiben (vgl. Art. 62), wobei jedoch spätere Erkenntnisse aus pragmalinguistischen und handlungstheoretischen Erwägungen wichtige Ergänzungen erforderlich machten.

Die gesellschaftstheoretisch und linguistisch begründeten Lernziele Emanzipation und Kommunikation und die Erfahrungen der sechziger und siebziger Jahre haben durch ihren Einfluß auf die methodische Gestaltung von Fremdsprachenunterricht auch das Verständnis für die Bedeutsamkeit der Unterrichtsmittel und Medien in spezifischer Weise geprägt. Während die theoretisch orientierten Diskussionen um inhaltsbezogene und/oder sprachbezogene Progression, um Kognition und/oder Imitation von linguistischen und lernpsychologischen Voraussetzungen ausgingen, war die Reflexion über den Medieneinsatz im Fremdsprachenunterricht nun mehr als zuvor beeinflußt von allgemeinen pädagogischen Erkenntnissen und Annahmen (z.T. abgeleitet aus der sog. Handlungs- oder Interaktionsforschung), und zwar insbesondere in Verbindung mit den Begriffen Handlungskompetenz, Schülerorientierung und Selbstverwirklichung. Nach einer theoretischen Aufarbeitung des *functional notional syllabus* und der Fundierung des Lernziels Kommunikation entstanden neue Lehrwerke, die – vorwiegend durch die in ihnen verwirklichten Textinhalte und Übungstypologien – die Schüler beim Aufbau der Fähigkeit zu absichtsvollem sprachlichen Handeln unterstützen sollen. Lehrbüchern und Medien fällt nun nicht mehr die Aufgabe zu, zielgerichtete Erwerbsprozesse zu steuern, sondern mit ihrer Hilfe sollen Lernsituationen geschaffen werden, die die Kommunikation und Interaktion der Schüler untereinander und mit ihrer Umwelt vorbereiten und unterstützen (Krumm 1974, 35). Folglich müssen die personalen Faktoren von Schülern und Lehrern in weit höherem Maße als zuvor respektiert werden (Freudenstein 1986, 29). Eine Begünstigung symmetrischer Verhältnisse (Lehrer und Schüler als Partner) im Fremdsprachenunterricht wird auch durch das gemeinsame Beherrschen der Medien erreicht. Dies bedeutet, daß Medienpädagogik (im Sinne von Medienerziehung und Medienkunde) und Mediendidaktik (fachbezogenes Lehren und Lernen durch Medien) miteinander zu verknüpfen sind. Dabei gelten folgende Leitlinien: Einordnung der Medienarbeit in übergreifende didaktische Zusammenhänge; funktional-integrative Medienverwendung, die vom Lehrer unter Würdigung erkundeter Schülerinteressen geplant und gestaltet wird; Schülerorientierung mit der Ermöglichung von Gruppen-, Partner- und Einzelarbeit; flexibler und variabler Medieneinsatz, der sich an den Medienspezifika und den unterrichtlichen Gegebenheiten ausrichtet (Groene/Jung/Schilder 1983, 20). Der eigenverantwortliche Umgang mit Medien im Fremdsprachenunterricht erfolgt im Sinne medienpädagogischer Erziehung, und die zu erwerbende Handlungskompetenz verbindet sich mit der kommunikativen Kompetenz in ihrem ursprünglichen Sinn. Durch das gezielte Experiment mit Medien, das die Eigentätigkeit unter Einbeziehung der emotional-affektiven Komponente fördert, wird zugleich eine Verselbständigung gegenüber der Angebotsmenge der Medienhersteller erzielt. Indem Lehrer und Schüler gemeinsam erfahren, was man mit Medien tun kann, tragen sie dazu bei, daß Anwenderwünsche die Schaffung von Medien beeinflussen können und daß nicht umgekehrt angebotene Medien eine apathische Konsumhaltung aufkommen lassen (Schilder 1983, 59). Sobald Schüler entdecken, in welcher Weise Medien die fremde Sprache vermitteln helfen, entwickeln sie ein Bewußtsein für die Gestaltungs- und Ausdrucksmöglichkeiten der Sprache, womit die kognitive Lernebene eine neue Dimension gewinnt. Schüler gelangen selbständig entdeckend und beobachtend zu Ergebnissen, die ihnen den Gebrauch der Fremdsprache künftig erleichtern. So ist es konsequent, im Fremdsprachenunterricht zu überprüfen, inwieweit auch neue Medien (Video und Computer) Handlungspartner sein können (Erdmenger 1989). Daß bei einem so gewichteten Unterricht das mechanistische Befolgen des Lehrbuchs gelegentlich zu ersetzen ist durch abwechslungsvolle und vielseitige Arbeit an einem sinnvollen Ganzen, ist nur scheinbar eine aktuelle Forderung, denn sie wurde bereits zur Zeit der arbeitsunterrichtlichen Gestaltung des Fremdsprachenunterrichts erhoben (Krüper 1926, 412).

5. Ausblick

Forschungsergebnisse, Erfahrungsberichte und die Fülle der theoriebezogenen mediendidaktischen Fachliteratur können nicht darüber hinwegtäuschen, daß Unterrichtsmittel und Medien im Alltag des Fremdsprachenunterrichts oft keinen oder nur zufälligen Platz haben (vgl. Art. 62). Die Gründe für die Medienabstinenz vieler Lehrer und Schulen sind äußerst zahlreich und vielfältig. So muß eine Voraussetzung für einen künftigen sinnvollen Medieneinsatz die Erfassung der Ursachen gegenwärtigen Medienverzichts sein (Freudenstein 1990). Wenn hier die empirische Unterrichtsforschung zu Ergebnissen gelangt, müssen diese zu inhaltlichen und organisatorischen Veränderungen bisheriger Lehrerausbildung (in beiden Phasen) und Lehrerfortbildung führen (Schilder 1980, 341 f.; Freudenstein 1986, 31 f.). Daneben muß es in verstärktem Maße wieder möglich werden, daß praktische Erprobungen auf wissenschaftlicher Grundlage, die in Kooperation von Schule, Hochschule, Lehrwerkverlagen und ministeriellen Instanzen zu erfolgen haben, als Langzeituntersuchungen angelegt und durchgeführt werden. Eine entsprechende praxisorientierte Forschung muß folgende Arbeitsgebiete vorrangig berücksichtigen:
a) Medienauswahl, Medienverwendung und Medienwirkung bei landeskundlicher Unterweisung;
b) Bereitstellung und Didaktisierung von authentischem Material, z.T. aus dem Bereich der Massenmedien; c) Einordnung, Begrenzung oder auch Ausschließung der sog. "neuen Medien" wie Bildschirmtext, Satellitenfernsehen und Computer. Insbesondere angesichts der neuesten technischen Möglichkeiten muß aufgrund früherer Erfahrungen gesehen werden, daß nicht jede technische Neuerung zwangsläufig zu einer Begünstigung der Lehr-, Lern- und Arbeitsprozesse im Fremdsprachenunterricht führt. Je mehr Unterrichtsmittel und Medien zur Verfügung stehen, umso gezielter und rationaler muß die didaktische Reflexion erfolgen mit dem Ergebnis, daß Funktionen und Leistungen von Medien im Fremdsprachenunterricht konkrete und unverwechselbare Konturen haben und ihre Beziehung zum Schulalltag sichtbar bleibt.

Literatur

Bufe, Wolfgang/Deichsel, Ingo/Dethloff, Uwe, Hrsg. (1984), *Fernsehen und Fremdsprachenlernen*, Tübingen.
Edelhoff, Christoph/Funk, Hermann/Neuner, Gerhard (1981), "'Challenges': Theorie und Praxis des Unterrichts im Medienverbund", in: *Englisch-Amerikanische Studien*, Jg. 3, 187-198.
Erdmenger, Manfred/Schindler, Ulrich (1984), *Schulfernsehen im Englischunterricht: Bericht über den niedersächsischen Modellversuch "Hauptschulenglisch im Medienverbund"*, Paderborn.
Erdmenger, Manfred (1989), "Neue Medien: Video und Computer als Handlungs-'Partner'?", in: Gerhard Bach/Johannes-Peter Timm (Hrsg.), *Englischunterricht. Grundlagen und Methoden einer handlungsorientierten Unterrichtspraxis*, Tübingen, 128-160.
Freudenstein, Reinhold (1986), "Über Medioten und Mediatoren. Zum Medieneinsatz im Fremdsprachenunterricht am Ende der achtziger Jahre", in: Rolf Ehnert/Hans-Eberhard Piepho (Hrsg.), *Fremdsprachen lernen mit Medien*, München, 24-34.
Freudenstein, Reinhold (1990), "Medien im Fremdsprachenunterricht. Wozu sie dienen und warum sie nicht genutzt werden", in: *Praxis des neusprachlichen Unterrichts*, Jg. 37, 115-124.
Green, Peter S. (1972), "A Study of the Effectiveness of the Language Laboratory in School", in: *International Review of Applied Linguistics in Language Teaching*, Jg. 10, 283-292.
Groene, Horst/Jung, Udo O.H./Schilder, Hanno, Hrsg. (1983), *Medienpraxis für den Englischunterricht*, Paderborn.
Klafki, Wolfgang (1971), "Erziehungswissenschaft als kritisch-konstruktive Theorie: Hermeneutik – Empirie – Ideologiekritik", in: *Zeitschrift für Pädagogik*, Jg. 17, 351-385.
Krüper, Adolf (1926), "Formen und Grenzen des Arbeitsunterrichts in den neuen Sprachen", in: *Die Neueren Sprachen*, Jg. 34, 410-421.
Krumm, Hans-Jürgen (1974), "Fremdsprachenunterricht: Der Unterrichtsprozeß als Kommunikationssituation", in: *Unterrichtswissenschaft*, Jg. 4, 30-38.
Olechowski, Richard (1973), *Das Sprachlabor. Theorie – Methode – Effektivität*, 2. Aufl., Wien.
Reinfried, Marcus (1992), *Das Bild im Fremdsprachenunterricht. Eine Geschichte der visuellen Medien am Beispiel des Französischunterrichts*, Tübingen.
Reko, Viktor A. (1912), "Die Sprechmaschine im Dienste des Unterrichts", in: *Zeitschrift für französischen und englischen Unterricht*, Jg. 11, 115-123.

Schiffler, Ludger (1973), *Einführung in den audio-visuellen Fremdsprachenunterricht*, Heidelberg.
Schilder, Hanno (1977), *Medien im neusprachlichen Unterricht seit 1880*, Kronberg/Ts.
Schilder, Hanno (1980), "Stationen der neusprachlichen Mediendidaktik seit 1945. Versuch einer Ortsbestimmung", in: *Die Neueren Sprachen*, Jg. 79, 330-348.
Schilder, Hanno (1983), "Über das Arbeiten mit Tonband/Kassette in einem schülerzentrierten Englischunterricht", in: Horst Groene/Udo O.H. Jung/Hanno Schilder (Hrsg.), *Medienpraxis für den Englischunterricht*, Paderborn, 55-72.

Hanno Schilder

112. Sprachliches Curriculum

1. Curricula im Rückblick

Die Notwendigkeit, ein Curriculum für den Fremdsprachenunterricht festzulegen und zu begründen, entsteht aus der Tatsache, daß die Menge dessen, was von einer Fremdsprache gelernt werden kann, bei weitem die Möglichkeiten überschreitet, die der Unterricht in seiner Bindung an die Schulsituation und an ein bestimmtes Zeitmaß hat. Ausführungen zum sprachlichen Curriculum präsentieren sich deshalb immer als Begründungen, warum eine bestimmte Auswahl an sprachlichen Strukturen stattfinden soll. Als Entscheidungskriterien gelten dabei traditionell die angenommenen Lernmöglichkeiten der Schüler innerhalb eines gesetzten Zeitrahmens und die globale Zielvorstellung für den Fremdsprachenunterricht (Edmondson/House 1993, 278-307).

So bedeutet z.B. die Festlegung auf Kommunikationsfähigkeit in alltäglichen Situationen, wie sie als Unterrichtsziel seit der Viëtorschen Reform in der einen oder anderen Formulierung angetroffen wird, eine Vorentscheidung für die Auswahl sprachlicher Strukturen. Dasselbe bewirkt, wenn auch in tendenziell anderer Richtung, etwa die Unterscheidung zwischen Bildungs- und Gebrauchssprache als Gegenstand des Fremdsprachenunterrichts, wie sie eine Zeitlang üblich war (Bohlen 1953). Die Berücksichtigung der Lernmöglichkeiten von Schülern innerhalb eines gegebenen Zeitraums schlägt sich z.B. in Zahlenangaben für lexematische Einheiten (Wörter) nieder, kehrt aber auch in der Bevorzugung sprachlicher Strukturen nach kontrastiven Gesichtspunkten wieder, wie sie zur Zeit der behavioristisch orientierten Kontrastivhypothese angetroffen werden kann (schon Bornemann 1966, Bd. 2, 69). Schließlich werden Lernvorgänge auch dann berücksichtigt, wenn das sprachliche Curriculum im Sinne einer Progression ausgewählt und angeordnet wird, etwa indem man eine "Anschauungsstufe", "Textstufe" und "Lektürestufe" unterscheidet und die sprachlichen Strukturen hierfür jeweils entsprechend auswählt (Leisinger 1966).

Die Zusammenhänge zwischen den Lernmöglichkeiten und dem Unterrichtsziel auf der einen und dem sprachlichen Curriculum für den Fremdsprachenunterricht auf der anderen Seite sind zwar seit langem bekannt und werden in umfassenden Darstellungen auch regelmäßig erwähnt; es wurden jedoch lange Zeit kaum präzise Herleitungen und Begründungen gesucht. Man begnügte sich mit Formulierungen wie "Sprech- und Lesestoff" (Walter 1900, 91), "Ausdrücke des täglichen Lebens" (Münch 1910, 140), "praktische(r) Sprachgebrauch" (Bornemann 1966, Bd. 2, 37) und nahm offensichtlich an, daß sich daraus die notwendige Auswahl der Sprachstrukturen eindeutig ergäbe. Im Fall des Wortschatzes fand eine gewisse Objektivierung statt, als man dessen Auswahl auf die statistisch ermittelte Häufigkeit des Lexemgebrauchs gründete (West 1953; Haase 1960). Zusätzlich zu *frequency* wurden Gesichtspunkte wie *availability, coverage* und *teachability* als Auswahlkriterien verwandt (Mackey 1965; Færch et al. 1984). Die so ermittelten Gebrauchswortschätze haben die Auswahl und Begründung sprachlicher Curricula sehr gefördert. Diese Förderung trifft vor allem auf die Definition sog. sprachlicher Minima, z.B. das *Français fondamental*, zu (Hüllen et al. 1977).

Bei all dem ist zu bedenken, daß die Festlegung und Begründung eines sprachlichen Curriculums für den Fremdsprachenunterricht immer schon unterschiedlich verfahren ist, je nachdem welche Strukturebene infrage steht. Mit der in den gängigen Schulfremdsprachen fast allgemein erhobenen Forderung nach möglichst korrekter Standardaussprache werden im phonetisch/phonologischen Bereich z.B. überhaupt keine Auswahlen zugelassen. Es gibt nur selten einen Hinweis, daß man vielleicht auf die Normaussprache schwieriger Konsonanten (etwa im Englischen) oder Vokale (etwa im Französischen) verzichten könne.

Im Bereich der Lexis (Wortschatz) wird dagegen immer schon Begrenzung gefordert. Hier entsteht zudem mit der Unterscheidung zwischen aktiven und passiven Wortkenntnissen eine qualitative Differenz, die durch weitere Unterteilungen, wie die in einen akustisch-passiven und einen visuell-passiven Wortschatz noch weiter verfeinert wurde (Bornemann 1966, Bd. 2, 47).

Die Begrenzung des grammatischen Curriculums ist in der Regel mit dem – unterschiedlich formulierten – Hinweis verbunden, daß Grammatik nicht um ihrer selbst willen, sondern zum Aufbau einer generativen Sprachkompetenz zu lehren sei. Solche Hinweise sind in der wissenschaftlichen Literatur der letzten 100 Jahre Gemeinplätze. Dieses funktionale Konzept führt zur Auswahl eines Kernbereichs syntaktischer Strukturen, bei der zumeist traditionelle Inhalte der Schulgrammatik fortgeschrieben werden. Erst jüngeren Datums sind Bemühungen, eine didaktische Grammatik für fremde Sprachen zu schaffen, in denen nicht nur eine Auswahl im Hinblick auf die Lernbedürfnisse und Lernfähigkeiten von Schülern stattfindet, sondern auch eine terminologische Fassung und systematische Anordnung, die solchen Bedürfnissen und Fähigkeiten entgegenkommen (Bausch 1979; Hüllen 1992). Noch jüngeren Datums sind Bemühungen, didaktische Grammatiken auf umfangreiche computergestützte Untersuchungen zur Gebrauchsfrequenz von grammatischen Strukturen zu basieren (Mindt 1992).

Im stilistischen, idiomatischen und rhetorischen Bereich hat es zwar viele Einzelvorschläge, aber keine kontinuierliche Arbeit an einem Curriculum gegeben.

2. Curriculum und Kommunikation

Die vom Europarat seit 1971 für alle europäischen Sprachen geförderte Erarbeitung eines *Threshold Level/Niveau seuil* (etc.) versuchte, das Minimum an sprachlichen Mitteln zu definieren, das Erwachsene (also z.B. Touristen) in alltäglichen Situationen und aus nichtberuflichen Kommunikationsanlässen in einem fremden Sprachland benötigen würden (van Ek 1977). Damit wurde nicht nur im Hinblick auf die Zielgruppe und die Sprechanlässe curriculares Neuland betreten; das große Projekt stellte auch insofern eine Neuerung dar, als es keine Auswahl auf den bisher gängigen sprachlichen Strukturebenen zu treffen suchte, sondern von funktional beschriebenen Inhaltskategorien (sog. Notionen) ausging und ihnen passende Ausdrücke (sog. Exponenten) zuordnete. Die Gültigkeit dieses Verfahrens ist zwar aus linguistischen Gründen bezweifelt worden; es war jedoch insgesamt für die Curriculumarbeit sehr erfolgreich, wie man z.B. am Aufbau von Lehrwerken – auch solchen, die nicht mit dem Projekt des Europarates verknüpft sind – sehen kann. Ein so zusammenkommendes Curriculum nimmt z.B. in den Volkshochschul-Zertifikatsbroschüren, in denen das Projekt des Europarats seinen konkreten Niederschlag findet, die Form einer nach situativen Kategorien geordneten Liste von Ausdrücken (meist als Sätze oder Satzteile formuliert) an, wodurch unvermeidbar ein Übergewicht an stereotypen Ausdrucksformen entsteht. Das einzelne Wort und die grammatische Form werden in gewisser Weise von ihrer bisher herausragenden Stelle im Curriculum verdrängt.

Die Initiatoren des Europarat-Projektes wollten eine allgemeine Kommunikationsfähigkeit dadurch sichern, daß für typische Situationen vorhersehbare und häufig vorkommende sprachliche Äußerungen gelehrt würden. Für die allgemeine Kommunikationsfähigkeit setzte sich der soziolinguistische Begriff 'kommunikative Kompetenz' durch, der bald zum Generalkonzept für Fremdsprachenunterricht überhaupt wurde (Piepho 1974; Hüllen 1976).

Mit der Vorhersehbarkeit von Sprachmitteln bediente man sich – trotz der anderen Neuerungen – eines recht traditionellen Kriteriums für die Auswahl curricularer Bestandteile. Man hatte ja immer schon argumentiert, daß im Unterricht zu lehren sei, was bei später anzunehmenden Kommunikationsfällen aller Voraussicht nach gebraucht werden würde. Der Gedanke, daß Kommunikation sich gerade durch ihre nicht vorhersehbaren Elemente auszeichnet, hat eine vergleichsweise geringe Rolle gespielt. Im Besitz der kommunikativen Kompetenz sein, heißt aber vor allem, wissenswerte, wenn auch für einen der Kommunikationspartner zunächst noch unbekannte Informationen angemessen und verständlich vermitteln und verstehen zu können. Sie bezeichnet also die Fähigkeit, sich gerade nicht in vorhersehbaren, sondern in neuen und damit unvorhersehbaren Situationen zu bewähren. Dem müßten als Elemente eines sprachlichen Curriculums andere als die bisher üblichen, nämlich eher kreative Verfahren im Umgang mit der fremden Sprache entsprechen. Nun darf man natürlich nicht verkennen, daß es elementare Stadien der Verständigung gibt, in denen es in der Tat mehr um stereotypes Verhalten als um freien Sprachgebrauch geht. Fremdsprachenkenntnisse werden tatsächlich auch häufig zur Bewältigung gerade solcher Situationen benötigt. Andererseits gehört es zur Lebenserfahrung, daß selbst die scheinbar ganz eindeutige Situation Überraschungen präsentieren kann und daß die sprachliche Bewährung erst an dieser Stelle wirklich beginnt. Fremdsprachenunterricht (in allen der vielen möglichen Institutionen) darf seine Curricula deshalb nicht auf die gängigen, sich wiederholenden Elemente der fremden Sprache begrenzen.

Dem Begriff 'Kommunikation' angemessener ist es, wenn im Fremdsprachenunterricht durch immer wieder neue Kontexte und Sprech-/Schreibanlässe Strategien entwickelt werden, die dazu angetan sind, über Verständnisprobleme und unerwartete Kommunikationssituationen, für die kein Curriculum vorgesorgt hat, hinwegzuhelfen (Færch/Kasper 1983). Der Unterricht sollte deshalb von möglichst vielen, variablen, natürlichen und interessanten Kontexten dominiert sein, aber nicht von einem bis ins einzelne vorformulierten Curriculum. Über allem steht die Forderung nach authentischer Sprachverwendung, wobei Authentizität nicht nur durch den *native speaker* als Autor, sondern auch durch den Anlaß und den Kontext der Sprachverwendung bestimmt wird (Beile 1986).

Aus der wünschenswerten Offenheit fremdsprachlicher Curricula ergibt sich, daß deren dauernde Revision ins Auge zu fassen ist. Sie sollte einerseits durch jeweils neue Kenntnisse über den Fremdsprachenerwerb in Schulen stimuliert werden, andererseits jedoch auch äußere Impulse, wie neue linguistische Einsichten oder gesellschaftliche Entwicklungen, aufnehmen.

Eine wichtige Anregung ergibt sich aus den jüngeren Forschungen zur Konversationsanalyse (Henne/Rehbock 1982), die Möglichkeiten anbieten, den Aufbau einer dialogischen Kompetenz im Fremdsprachenunterricht zielstrebig zu verfolgen (Hüllen 1986). Weiterhin legt die Internationalisierung des Berufs- und Wissenschaftslebens es nahe, neben der auf der Sekundarstufe II bisher üblicherweise gelehrten und benutzten Allgemein- und Literatursprache nunmehr auch berufsbezogene Sprachverwendung zu pflegen. Schließlich zwingt das neue Lehrziel 'transnationale/interkulturelle Kompetenz' zu bestimmten curricularen Konsequenzen.

3. Dialogische Kompetenz

Bestimmte Eigenschaften von Äußerungen lassen sich nicht durch grammatische Regeln und nur ungenügend durch stilistische Normen, sondern am besten durch die Position erklären, die eine Äußerung in einem Dialog einnimmt. So ist für Einleitungen z.B. charakteristisch, daß sich die Partner zunächst begrüßen, generelle Bemerkungen (häufig klischeehafter Natur) über generelle Themen austauschen, sodann die gegenseitige Bereitschaft zu einem thematisch gebundenen Gespräch erkunden bzw. aushandeln und schließlich mit diesem Gespräch beginnen. Liegt dieses Thema bereits vorweg fest, so steuert man schneller, aber durchaus nicht immer gradlinig darauf zu. Für Dialogschlüsse ist es dagegen charakteristisch, daß zunächst Begründungen angeführt werden, die das Ende des Redeaustausches nicht als dessen Abbruch erscheinen lassen. An deren Vorbringen schließen sich häufig wieder generelle Bemerkungen an, die gelegentlich bis zur Aufnahme eines neuen Dialogthemas fortentwickelt werden. Schließlich wird der Dialogschluß durch Abschiedsformeln vollzogen. Die Reihenfolge dieser Gesprächsschritte liegt fest und läßt sich kaum verändern.

Charakteristisch für solche Dialogeinleitungen und -schlüsse ist eine variable Mischung aus ritualisierter und freier Sprache, je nachdem wann wer mit wem über welches Thema spricht. Es gibt zwar für fast alle Dialogteile feststehende Wendungen, aber sie werden nur unter bestimmten Bedingungen herangezogen und können sich in ihr Gegenteil verkehren, wenn man diese Bedingungen nicht beachtet. Hierbei spielen zudem kulturspezifische Routinen eine bedeutsame Rolle.

Die Gesprächsmitte ist dadurch gekennzeichnet, daß das Rederecht zwischen den Beteiligten in einer Weise wechselt, die die Übergänge nicht als unangenehm erscheinen läßt. Dies gilt besonders dann, wenn ein Kommunikationspartner Redeansprüche stellt, die der andere ihm nicht direkt (z.B. durch eine Frage) zugebilligt hat. Strukturelle Untersuchungen zeigen, daß dialogische Redewechsel sich nach einem – wenn auch nur vage zu definierenden – System vollziehen, das neben sozialen und situativen auch grammatische Determinanten hat.

Die Regeln, die hier zu beachten sind, gehören im weitesten Sinne in den Bereich sprachlicher Höflichkeit (Schulze 1985). Ihre Verletzung führt weniger zu inhaltlichen Mißverständnissen als zu einer gestörten Beziehung zwischen den Gesprächspartnern. Der Pflege dieser Beziehung dienen auch sog. *gambits*, in denen ein Redner seine eigenen Feststellungen unterstreicht oder abschwächt, vorweg um Verständnis bittet oder nachträglich seine Überzeugungen betont. Höflichkeit besteht eben nicht nur aus der Kenntnis artiger Floskeln des Dankes oder der Entschuldigung, sie ist die zur dialogischen Kompetenz gehörende Fähigkeit, die eigene Rede für den Kommunikationspartner akzeptabel und verträglich zu machen (Edmondson/House 1981).

All dies ist bisher kaum Gegenstand curricularer Beschreibung für den Fremdsprachenunterricht geworden (vgl. aber Færch et al. 1984, 60-76; Speight 1986). Daß man sein Augenmerk darauf richte, ist auch deshalb wichtig, weil die Klassensituation selten Anlässe zu wirklichen Dialogen gibt. Das Unterrichtsgespräch ist fast immer über den Lehrer formalisiert, Gesprächseröffnungen und -abschlüsse sind, wie auch die Themenstellungen, in aller Regel von außen bestimmt (Lörscher 1983). Ein natürlicher Sprecherwechsel findet selten statt. Dadurch kann der Fremdsprachenschüler keine dialogische Kompetenz in der fremden Sprache aufbauen und sich kaum in den unvorhersehbaren Situationen der spontanen Rede bewähren.

4. Fachsprachliche Kompetenz

Schüler kommen in ihren Unterrichtsfächern mit vielen Sachbereichen zusammen, die die Grundlage für berufsspezifische Handlungen bilden. Dabei benutzen sie auch Fachtexte, in denen sich Experten an Nichtexperten wenden. Das gilt besonders für die naturwissenschaftlichen Fächer, für die später auch Fremdsprachenkenntnisse am interessantesten sein dürften. Es erscheint deshalb empfehlenswert und auch möglich, sich im Fremdsprachenunterricht gelegentlich mit der diesen Fächern eigenen Fachsprache zu befassen. Dabei sollte es vor allem um jene intellektuellen Operationen gehen, die für die wissenschaftliche und die darauf aufbauende berufliche Arbeit gleichermaßen typisch sind. Hierzu zählen z. B. das präzise Beschreiben eines Gegenstandes, eines Prozesses oder einer Tätigkeit; das Berichten über Sinneswahrnehmungen oder Fakten; das Umschreiben und Definieren von Begriffen, welches sich in der Regel im Zusammenhang mit Vergleichen und mit Schlußfolgerungen vollzieht. Ein fachsprachlich orientierter Fremdsprachenunterricht sollte sich auf die sprachliche Begleitung solcher Operationen konzentrieren (Beier/Möhn 1983).

Lexikalisch sind Fachsprachen von streng definierten Wortschätzen dominiert, die sich zu ganzen Terminologiesystemen vereinigen können. Gerade hier zeigt sich, daß es wenig Sinn hat, in einem berufsorientierten Fremdsprachenunterricht Fachsprachen *per se* in das Curriculum aufzunehmen; denn einerseits sammeln die Schüler dadurch zumeist totes Wissen an, andererseits ändern sich die Terminologien ständig und werden auch in der Berufspraxis schnell obsolet. Sinn macht solcher Fremdsprachenunterricht aber nur, wenn man am Beispiel eines Terminologiesystems die Prinzipien der Terminologisierung von Sprachen lehrt. Es erleichtert im übrigen den Erwerb von Fachtermini, da sie in vielen indoeuropäischen Sprachen Kognaten sind.

Der Vorschlag einer curricularen Erweiterung des Fremdsprachenunterrichts an allgemeinbildenden Schulen durch berufsorientierten Unterricht, der sich an anderen Unterrichtsfächern orientiert, macht sich phasenweise die Methode zweisprachiger Gymnasien zunutze (vgl. Art. 75), ohne daß man dabei allerdings unter den Druck des Erwerbs von Tatsachenkenntnissen in der fremden Sprache geriete. In Berufsschulen gestaltet sich das Problem ohnehin einfacher, insofern hier eine Berufsausbildung selbst schon stattfindet, die als Themenrahmen für den Fremdsprachenunterricht dienen kann. Aber selbst hier wären Schüler darauf vorzubereiten, daß Terminologien sich ändern und daß ihre Fremdsprachenkenntnisse auch dazu dienen, diese Veränderungen nachzuvollziehen.

Es sei schlußendlich darauf hingewiesen, daß auch der Fremdsprachenunterricht selbst eine Fachsprache hat, die z.B. durch einsprachige Erklärungs- und Paraphrasierungstechniken, durch die grammatische Terminologie (Raasch 1988) und durch die Aspekte der Lehrer-Schüler-Interaktion bestimmt ist. Sie sollte im Ausbildungscurriculum von Fremdsprachenlehrern nicht vergessen werden (Bludau et al. 1978).

5. Interkulturelle Kompetenz

In der Folge gewünschter (wenn auch nicht immer realistischer) politischer Entwicklungen in Europa wird 'interkulturelle Kompetenz' definiert als Fähigkeit, sowohl eigene als auch fremde Kultur- und Sprachdeterminanten zu erkennen, zu benutzen und kommunikativ zu überbrücken (Rampillon 1989; Buttjes 1989). Dieses Globalziel entkleidet die landeskundlichen Elemente des Fremdsprachenunterrichts gänzlich ihres ursprünglichen nationalen Charakters und öffnet sie der Verständigung aller mit allen über die bestehenden Sprachgrenzen hinweg. Anknüpfungen an ältere Konzepte der Völkerversöhnung und -verständigung (Spitzer 1946; Bohlen 1957; Lütkens et al. 1959) oder noch ältere einer europäischen Kulturkunde (z.B. Schücking 1915; Bäumer 1926) bieten sich sachlich zwar an, werden aber in der Diskussion nicht vollzogen.

Die curricularen Voraussetzungen zur Erlangung dieses Ziels liegen u.a. in einer bewußtmachenden Behandlung des kulturell und politisch besonders sensiblen Wortschatzes in der fremden und in der eigenen Sprache, jedoch auch in einer Betonung der Gemeinsamkeiten europäischer Sprachen. Lehnwort- und Fremdwortgut tritt z.B. in ein neues Interesse und sollte in Lehrbüchern erscheinen (vgl. bereits *Étapes* 1989). Es gehört zu der besprochenen dialogischen Kompetenz, daß Diskurstechniken gelehrt werden müssen, mit deren Hilfe die Bedeutungen dieser Wortschätze ermittelt und argumentativ miteinander verglichen werden können.

Eine besondere Dimension erhält 'interkulturelle Kompetenz', wenn sie sich einer dritten Sprache bedient. In diese Funktion dürften das Englische besonders häufig, aber auch andere Verkehrssprachen immer wieder geraten. Das Problem der bewußten Semantisierung durch Diskussion sensibler Wortschätze und Konzepte in anderen als den benutzten Sprachen erfährt hier eine besondere Komplexierung, die es notwendig macht, das Verhältnis von Nationalsprache und Nationalkultur neu zu durchdenken (Hüllen 1992).

Revisionen des fremdsprachlichen Curriculums tragen immer ein innovatives Element in sich, insofern sie Unterrichtsinhalte und/oder Unterrichtsformen in die Klassen hineintragen, zu denen noch keine Erfahrungen vorliegen. Für die Erfolge curricularer Erneuerungen gibt es deshalb keine Garantien. Sie beruhen in aller Regel auf Soll-Vorstellungen, die sich aus einem gewissen Unbehagen an der Beobachtung der Ist-Verhältnisse herleiten.

Literatur

Bäumer, Gertrud (1926), *Europäische Kulturpolitik*, Berlin.
Bausch, Karl-Richard, Hrsg. (1979), *Beiträge zur Didaktischen Grammatik*, Königstein/Ts.
Beier, Rudolf/Möhn, Dieter (1983), "Merkmale fachsprachlicher Übungen", in: *Jahrbuch Deutsch als Fremdsprache*, 194-229.
Beile, Werner (1986), "Authentizität als fremdsprachendidaktischer Begriff", in: Rolf Ehnert/Hans-Eberhard Piepho (Hrsg.), *Fremdsprachenlernen mit Medien. Festschrift für Helm von Faber zum 70. Geburtstag*, München, 145-162.
Bludau, Michael et al. (1978), *Zur Ausbildung und Fortbildung von Fremdsprachenlehrern*, Berlin.
Bohlen, Rudolf (1953), *Methodik des neusprachlichen Unterrichts*, Heidelberg.
Bohlen, Rudolf (1957), *Moderner Humanismus*, Heidelberg.
Bornemann, Richard (1965-66), *Der Englischunterricht*, 2 Bde., 2. Aufl., Hannover.
Buttjes, Dieter (1989), "Lernziel Kulturkompetenz", in: Gerhard Bach/Johannes-Peter Timm (Hrsg.), *Englischunterricht. Grundlagen und Methoden einer handlungsorientierten Unterrichtspraxis*, Tübingen, 68-101.
Edmondson, Willis/House, Juliane (1981), *Let's Talk and Talk About It*, München.
Edmondson, Willis/House, Juliane (1993), *Einführung in die Sprachlehrforschung*, Tübingen.
Étapes 1. Französisch für Gymnasien (1989 u.ö.), Berlin.
Færch, Claus et al. (1984), *Learner Language and Language Learning*, Copenhagen.
Færch, Claus/Kasper, Gabriele (1983), "Plans and Strategies in Foreign Language Communication", in: Claus Færch/Gabriele Kasper (eds.), *Strategies in Interlanguage Communication*, London, 20-60.
Haase, Alfred (1960), "Wertigkeitsstufen als Grundlage für eine systematische Wortschatzarbeit und den praktischen Erfolg des Fremdsprachenunterrichts", in: *Die Neueren Sprachen*, Jg. 59, 278-293.
Henne, Helmut/Rehbock, Helmut (1982), *Einführung in die Gesprächsanalyse*, 2. Aufl., Berlin.
Hüllen, Werner (1976), *Linguistik und Englischunterricht 2*, Heidelberg.
Hüllen, Werner (1986), "New Aspects of Foreign Language Learning and Teaching from Conversational Analysis", in: Dieter Kastovsky/Alexander Szwedek (eds.), *Linguistics across Historical and Geographical Boundaries*, Vol. 2: *Descriptive, Contrastive and Applied Linguistics*, Berlin, 1219-1232.
Hüllen, Werner (1992), "Identifikationssprachen und Kommunikationssprachen", in: *Zeitschrift für germanistische Linguistik*, Jg. 20, 298-317.
Hüllen, Werner et al., Hrsg. (1977), *Sprachminima und Abschlußprofile*, Frankfurt a.M.
Leisinger, Fritz (1966), *Elemente des neusprachlichen Unterrichts*, Stuttgart.
Lörscher, Wolfgang (1983), *Beschreibung und Analyse von Fremdsprachenunterricht als Diskurs*, Tübingen.
Lütkens, Charlotte et al. (1959), *Das Bild vom Ausland*, München.
Mackey, William F. (1965), *Language Teaching Analysis*, London.
Mindt, Dieter (1992), *Zeitbezug im Englischen. Eine didaktische Grammatik des englischen Futur*, Tübingen.
Münch, Wilhelm (1910), *Didaktik und Methodik des französischen Unterrichts*, 3. Aufl., München.

Piepho, Hans-Eberhard (1974), *Kommunikative Kompetenz als übergeordnetes Lernziel im Englischunterricht*, Dornburg-Frickhofen.
Raasch, Albert, Hrsg. (1988), *Grammatische Fachausdrücke für den Sprachunterricht*, Stuttgart.
Rampillon, Ute (1989), "Englisch lernen – wozu? Zur Entwicklung interkultureller Gesprächskompetenz im Englischunterricht der Sekundarstufe I", in: *Neusprachliche Mitteilungen*, Jg. 42, 7-11.
Schücking, Levin L. (1915), "Der neusprachliche Unterricht und der Krieg", in: Werner Hüllen (Hrsg.), *Didaktik des Englischunterrichts*, Darmstadt 1979, 82-91.
Schulze, Rainer (1985), *Höflichkeit im Englischen*, Tübingen.
Speight, Stephen (1986), *Basic Conversation. Strategies, Situations, Dialogues*, Stuttgart.
Spitzer, Leo (1946), "Das Eigene und das Fremde", in: *Die Wandlung*, Jg. 1, 576-594.
van Ek, Jan A. (1977), *The Threshold Level for modern language learning in schools*, London.
Walter, Max (1900), *Englisch nach dem Frankfurter Reformplan*, Marburg.
West, Michael (1953), *A General Service List of English Words*, London.

Werner Hüllen

113. Landeskundliches Curriculum

1. Didaktische Forschung in der Landeskunde

Didaktische Forschung in der Landeskunde bezieht sich auf die Frage, welche Inhalte mit dem Prozeß des Sprachlernens kombiniert werden sollen. Sie kann folgende Bereiche betreffen:
– die gesellschaftswissenschaftlichen Grundlagen: die Erschließung historischer, soziologischer, ökonomischer Informationen über die Länder, auf deren Sprache sich der Unterricht bezieht;
– die Didaktik im engeren Sinne: die Aufbereitung landeskundlicher Materialien zu Unterrichtszwecken, die Planung von Unterrichtssequenzen unter Berücksichtigung allgemeiner pädagogischer Konzepte, die Korrektur dieser Planung auf Grund von Unterrichtserfahrung;
– die empirische Unterrichtsforschung: die Untersuchung, welche landeskundlichen Kenntnisse zu Beginn des Unterrichts vorhanden sind, wie der Kenntniserwerb verläuft und durch welche Faktoren er gesteuert wird.

Der thematische Rahmen der Landeskunde ist sehr breit; er umfaßt die Institutionen der Gesellschaft, die Geschichte und Geografie des Landes oder der Länder, die Kultur, das Alltagsleben, die gesellschaftlichen Konflikte usw. – eine Fülle von Themen, die systematisch zu erfassen nahezu unmöglich ist (vgl. Art. 10).

Der Schwerpunkt der Forschung liegt auf dem Gebiet der Didaktik im engeren Sinne und betrifft die Frage, welche Inhalte auf welche Weise vermittelt werden sollen. Die wissenschaftliche Anerkennung dieser Arbeit ist umstritten, insofern die Didaktik der Landeskunde von keiner entsprechenden Fachwissenschaft (einer "Landeswissenschaft") gestützt wird, insofern sie eine eklektische Disziplin ist (die von den Gesellschaftswissenschaften, der Pädagogik, der Fremdsprachendidaktik abhängig ist) und insofern ihre Entscheidungen weitgehend auf Erwägungen der Plausibilität beruhen und methodisch nicht streng abgesichert sind.

Daß eine empirische Unterrichtsforschung für die Landeskunde noch aussteht, ist darin begründet, daß das landeskundliche Curriculum selbst noch nicht hinreichend abgesichert ist, außerdem darin, daß der Erwerb von Inhalten, Bewertungen, Einstellungen schwerer erfaßbar ist als der Erwerb formaler Kompetenzen.

2. Ziele des Landeskundeunterrichts

Die Zieldiskussion ist ein wesentliches Element der Didaktik der Landeskunde. Die normative Komponente ist hier direkt angesprochen: Ziele sind nicht empirisch erforschbar, sondern sind Setzungen, Entscheidungen. Die Forderung der Wissenschaftlichkeit ist nur als die Forderung zu verstehen, daß dieser Entscheidungsprozeß rational durchschaubar sein muß.

Als oberstes Ziel des Landeskundeunterrichts wird heute allgemein die Befähigung der Lernenden zur transnationalen Kommunikation angesehen. Die Wortschöpfung "transnational" (statt "international") soll darauf hindeuten, daß nationale Grenzen wahrgenommen und überwunden werden müssen, um eine bestimmte Qualität von Kommunikation zu erreichen (Stuttgarter Thesen 1982).

Das Globalziel der transnationalen Kommunikation hat eine kognitive und eine affektive Komponente: Der Lernende soll einerseits Kenntnisse der fremden Gesellschaft und ihrer Sprache erwerben. Andererseits impliziert transnationale Kommunikation auch Völkerverständigung; sie ist mit dem Ziel der Sicherung des Friedens und der Vermeidung von Kriegen verbunden.

Beide Komponenten sind nicht ohne Spannung zueinander. Es ist nicht gesagt, daß die genaue Kenntnis einer fremden Gesellschaft diese liebenswerter erscheinen läßt. Es ist auch kaum zu vermeiden, daß eigene Interessen und Wertungen die Darstellung des anderen Landes positiv oder negativ beeinflussen (wobei die eigenen Normen dem Verständnis des anderen Landes auch im Wege stehen können).

Des ungeachtet ist es sicher plausibel, von einer intensiven Vermittlung von Landeskunde tendenziell eine positive affektive Wirkung zu erwarten: Völkerverständigung wird am besten durch gegenseitige Kenntnis gefördert; Feindseligkeit hingegen wird oft von Unkenntnis und Unverständnis begleitet.

3. Rahmenbedingungen des Landeskundeunterrichts

Es ist nicht einfach zu entscheiden, wann und unter welchen Bedingungen das Globalziel der transnationalen Kommunikationsfähigkeit als erreicht gelten kann. In jedem Falle müssen einige Rahmenbedingungen bei der Konkretisierung dieses Ziels bedacht werden. Die Hauptarbeit didaktischer Forschung liegt auf diesem Gebiet: der Verarbeitung der Erfahrungen bei dem Versuch, das Globalziel zu erreichen. Vor allem handelt es sich um Beschränkungen: Die Vorstellung, über welches Wissen ein idealer Kenner eines Landes verfügen müßte, ist einfach zu konstruieren; das unter normalen Bedingungen Erreichbare ist wesentlich bescheidener.

– Da der Landeskunde-Unterricht mit dem Sprachunterricht verbunden ist, muß berücksichtigt werden, daß die Lerner nur über ein begrenztes sprachliches Inventar verfügen. Die Texte müssen leicht verständlich sein, und man braucht viel Zeit, um wenige Texte im Unterricht zu besprechen. (Die Integration von Landeskunde und Sprachunterricht ist oft diskutiert worden, vgl. Christ 1979; auch Melde 1987).
– Die Lerner wissen manchmal wenig oder nichts von dem Land, dessen Sprache sie lernen; die Kenntnisse müssen vom Stande Null an aufgebaut werden. Das Gebiet der Landeskunde aber ist ungeheuer komplex. Es umfaßt die ganze Geschichte, Politik und Kultur eines Landes. Deshalb ist auch das Wissen, das am Ende erreicht werden kann, lückenhaft und undifferenziert.
– Die Landeskunde ist auf die jeweilige Gegenwart bezogen. Ihr Gegenstand ist eine Gesellschaft in ihrer aktuellen Entwicklung; diese entzieht sich einer endgültigen Darstellung und bedarf der ständigen Beobachtung. Viele Texte und Dokumente veralten schnell und müssen durch neue ersetzt werden.
– Die Lerner haben eine bestimmte Lebenserfahrung und ein bestimmtes Alltagswissen. Der Unterricht muß daran anknüpfen und Themen herausgreifen, bei denen die Lerner eigene Erfahrungen besitzen und die sie besonders interessieren.
– Bezugspunkt sind dabei das Alltagswissen, die Lebensgewohnheiten, Einstellungen und Wertorientierungen, über die ein Individuum im anderen Land verfügt. Einige Grundlinien davon müssen im Unterricht vermittelt werden.
– Zum Alltagswissen der Lerner gehören u.a. Stereotypen (d.h. stark vereinfachende, generalisierende, oft auch bewertende Urteile) über das andere Land und seine Bewohner. Solche Stereotypen auszubilden ist sicher kein Ziel des Unterrichts. Wohl aber müssen die elementaren Typisierungen, die ohnehin vorhanden sind, beim Aufbau landeskundlichen Wissens berücksichtigt werden (Firges/Melenk 1982).
– In Stereotypen sind die Unterschiede zwischen den Kulturen überakzentuiert. Der interkulturelle Vergleich muß über die scharfe Kontrastierung hinausgehen und eine differenziertere Betrachtung anstreben (Firges/Melenk 1985).
– Die zunehmende Internationalisierung der Kultur und der Lebensformen macht es ohnehin sehr schwierig, ein Land für sich allein zu betrachten. Die Industrialisierung, die Entwicklung der Medien, der Massentourismus, der Feminismus, die Arbeitslosigkeit und vieles andere sind Beispiele für Entwicklungen, die nicht für ein Land spezifisch sind, sondern sich gleichzeitig in vielen Ländern vollziehen.

4. Die Landeskunde-Diskussion der 70er Jahre

In der Bundesrepublik gibt es seit Ende der 60er Jahre eine intensive Diskussion über die Landeskunde. Sie bezieht sich vor allem auf die Schulfächer Englisch und Französisch sowie auf das Fach Deutsch als Fremdsprache.

Vorläufer der heutigen Landeskunde ist die Kulturkunde, die schon seit Beginn des Jahrhunderts und verstärkt in den 20er Jahren eingeführt wurde und die bis heute aus den deutschen Lehrplänen und Lehrbüchern nicht ganz verschwunden ist. Der Ansatz dieser Kulturkunde ist, die jeweilige Gesellschaft als historische und kulturelle Einheit darzustellen und große Sprachdenkmäler als Beispiele auszuwählen. Diese Zielsetzung ist sicher auch heute noch gültig. Allerdings glaubt man heute nicht mehr, daß der jeweilige Nationalcharakter als große geistige Einheit so einfach darstellbar wäre, wie es die Schriftsteller, Historiker, Politiker der Vergangenheit getan haben. Deren Schriften haben nur noch den historischen Wert zu zeigen, welche Vorstellungen früher das Zusammenleben der Völker geleitet haben (Kramer 1976; Hinrichs/Kolboom und Jehn, beide in: Nerlich 1977).

Ein wichtiger Anstoß für die Landeskundediskussion der 70er Jahre ist die Unterscheidung von Reboullet und Debyser zwischen System, Manifestation und Faktum (diverse Beiträge in: Olbert 1977) und die Aufforderung, den Bereich der Manifestationen in den Mittelpunkt zu stellen. Das Gesellschaftssystem (die Verfassung, die Institutionen) einerseits ist zwar klar strukturiert, aber abstrakt und unanschaulich; es ist schwer zu vermitteln. Die Fakten und Ereignisse andererseits sind zwar konkret, aber nur individuell; sie reichen nicht über den Augenblick hinaus, in dem sie geschehen.

Die Ebene der Manifestationen nun verbindet beides miteinander. Manifestationen sind die Ereignisse, in denen das Leben der Institutionen besonders anschaulich wird und in denen zugleich Erfahrungen von Individuen mit dem System thematisiert werden. Solche Manifestationen sind z.B. historische Momente, etwa Hitlers Machtergreifung am 30. Januar 1933. Aber es sind auch exemplarische Fälle jeder Art – Justizfälle, Reportagen usw., die Licht- und Schattenseiten eines Systems ans Tageslicht bringen (siehe die verschiedenen Beiträge von Christ 1979 und in: Baumgratz/Picht 1978).

Ein Hauptthema der Landeskunde-Diskussion der 70er Jahre war dann der Versuch, diesen Ansatz mit der sozialwissenschaftlichen Arbeitsweise zu verbinden und mit systematischen Fragestellungen Ernst zu machen. Man versuchte, über die Manifestationen die Ebene des Gesellschaftssystems zu erreichen. (Nebenbei ging es um die Frage, ob sich die Landeskunde in den Neuphilologien als dritte Teildisziplin neben Literaturwissenschaft und Linguistik würde durchsetzen können: Höhne/Kolboom 1983).

Für den schulischen Landeskunde-Unterricht war diese Orientierung an den Sozialwissenschaften oft eine Überforderung, weil die Voraussetzungen für eine selbständige Urteilsbildung viel zu umfangreich sind, als daß sie unter den Bedingungen des Fremdsprachenunterrichts erreicht werden könnten. Möglich ist allenfalls eine sozialwissenschaftliche Propädeutik auf elementarer Ebene. Sehr wohl aber hat sich die Einsicht durchgesetzt, gesellschaftspolitische Themen müßten verstärkt im Fremdsprachenunterricht behandelt werden (Baumgratz/Picht 1978; Höhne/Kolboom 1983).

Bis zu diesem Punkt ist die Diskussion um den Stellenwert der Sozialwissenschaften in der Didaktik der Landeskunde geführt worden. Sie hat seit Beginn der 80er Jahre nachgelassen, wohl weil inzwischen ein grundsätzlicher Konsens erreicht ist, daß der Anteil der Sozialwissenschaften unbestritten, ihre Leistungsfähigkeit aber eingeschränkt ist. Fortschritte sind nur noch bei der Ausarbeitung der einzelnen Themen zu erreichen; insofern verlagert sich der Schwerpunkt landeskundlicher Forschung von den allgemeinen Konzepten zu konkreten einzelnen Projekten.

Man kann die Diskussion zusammenfassen als ein Bündel von Forderungen: Es sollen Themen und Materialien (Texte usw.) gefunden werden,
– die sowohl die individuelle wie die gesellschaftliche Perspektive enthalten,
– deren Bearbeitung auf sprachlich einfache Texte beschränkt werden kann,
– die an die Erfahrungswelt der Schüler anknüpfen,
– die einen Zugang zur Arbeitsweise der Sozialwissenschaften eröffnen,
– die auf das Globalziel der transnationalen Kommunikation hinführen, usw.

5. Landeskunde im Curriculum der Sekundarstufe I

Das Ziel, außer der Fremdsprache auch landeskundliche Kenntnisse zu vermitteln, gilt von Anfang an. Davon ist man aber zur Zeit noch weit entfernt. Die heutigen Lehrbücher enthalten nur unspezifische Alltagssituationen, die das Kolorit des jeweiligen Landes zu treffen versuchen, und sie verwenden einige Realien (z.B. die Monumente von London oder Paris) als symbolische Erkennungszeichen. Hindernis für ein progressives Landeskunde-Curriculum ist die Tabuisierung der

Muttersprache in den Fremdsprachenlehrwerken. Erst wenn diese Barriere beseitigt ist, werden die Verlage Lehrbücher herstellen können, die von der ersten Lektion an schrittweise die landeskundlichen Kenntnisse aufbauen.

Bisher gibt es dazu erst einige Ansätze, noch kein zusammenhängendes Curriculum. Stereotypen können als elementare Formen des landeskundlichen Wissens eingesetzt werden. Während in den alten Lehrbüchern das Selbstbild des anderen Landes durch einprägsame Geschichten und Bilder aufgebaut wurde, muß nach heutiger Auffassung eine Vielzahl konkurrierender, einander widersprechender Bilder an die Stelle des einheitlichen Bildes treten, und es muß auch die Fremdsicht berücksichtigt werden.

Schon jetzt ist der Schüleraustausch eine Situation, für die die Integration von Landeskunde und Spracherwerb gut ausgearbeitet ist. Zur Vorbereitung ist es notwendig, den Schülern sowohl die nötigen Kommunikationsmittel an die Hand zu geben, wie auch, ihnen eine Einführung in die lokalen und regionalen Verhältnisse zu geben. Der Aufenthalt selbst kann dazu genutzt werden, Erkundungsprojekte zur regionalen Geschichte und zu wichtigen Lebensbereichen (der Arbeitswelt, dem Wohnen und den Dienstleistungen) durchzuführen.

6. Landeskunde im Curriculum der Sekundarstufe II

In der Sekundarstufe II (bzw. nach Abschluß des Lehrbuchs) haben landeskundliche Themen ein größeres Gewicht als in der Sekundarstufe I. Es fehlt aber von dorther die tragfähige Basis, auf der man aufbauen könnte.

Primäres Ziel ist in vielen Fällen, daß die Schüler Originaltexte eines bestimmten Schwierigkeitsgrades bewältigen, daß sie sich mit einer bestimmten Textsorte (z.B. mit Reden, Reportagen, Interviews usw.) vertraut machen und bestimmte Aufgaben der Textbearbeitung erledigen. Das landeskundliche Wissen, das dabei zustande kommt, ist oft zufällig und lückenhaft. Pressetexte sind für sprachliche Ziele sehr beliebt. Als authentische Texte haben sie den Charakter von echten Quellen der Information: Sie vereinfachen und strukturieren; sie knüpfen bei konkreten Erfahrungen, Ereignissen, Skandalen an und stellen Bezüge zu den allgemeineren Hintergründen her. Andererseits sind Pressetexte stark an die aktuelle Situation gebunden. Sie streben weder Vollständigkeit noch Objekivität an und sind oft nicht ohne ein beträchtliches Vorwissen erschließbar, das dem ausländischen Leser fehlt. Der landeskundliche Unterricht muß durch Texte anderer Herkunft ergänzt werden: durch Quellentexte, durch Ausschnitte oder Zusammenfassungen aus der Fachliteratur der landeskundlichen Bezugswissenschaften (Baumgratz/Menyesch/Uterwedde 1978). Außerdem wird es immer wieder notwendig sein, daß Texte zum Zwecke der Exposition eines landeskundlichen Themas eigens verfaßt werden. Das ist bisher unüblich; die meisten Lehrpläne verlangen, daß nur authentische Texte verwendet werden. Aber die Ökonomie der Wissensvermittlung erfordert, daß auch lehrbuchartige zusammenhängende Texte eingesetzt werden. Auch literarische Texte können als landeskundliche Dokumente eingesetzt werden. Schriftsteller sind oft die Chronisten oder die Kritiker ihrer Zeit. Sie veranschaulichen gesellschaftliche Strukturen in individuellen Schicksalen und liefern Analysen, die nicht auf den Augenblick begrenzt sind.

Seit die Landeskunde sich fest im Fremdsprachenunterricht der Sekundarstufe II verankert hat, hat sich ein bestimmter Kanon von Themen herausgebildet. Solche Themen sind etwa die bilateralen Beziehungen, die Landeshauptstadt, eine Region. Diese Themen haben untereinander keinen systematischen Zusammenhang. Sie werden ausgewählt, weil sie als exemplarisch gelten und weil die Erfahrung gezeigt hat, daß die oben genannten Forderungen für die Themen erfüllbar sind. Andere Themen haben sich nicht durchgesetzt (z.B. die Jugendarbeitslosigkeit) oder haben sich erledigt. Um die Anerkennung weiterer Themen (z.B. Dritte Welt) wird noch gerungen (Kramer/Kuckuk u.a. in: Melenk u.a. 1987).

Eine fundierte landeskundliche Erklärung ist selten möglich ohne die Integration historischer Bezüge. Die heutigen Gegebenheiten sind der Ausgangspunkt der Betrachtung; sie sind das zu Erklärende. Ihre Beschreibung allein reicht nicht aus; es geht immer darum, sie in Zusammenhänge einzuordnen, ihre Probleme und Widersprüche wahrzunehmen und aufzuhellen. Es ist in der Regel die plausibelste Erklärung, wenn man eine auffällige Erscheinung der Gegenwart von den Bedingungen ihrer Entstehung her erschließt; und dies ist auch die Erklärung, die der unverwechselbaren Eigenart, der Individualität des Phänomens am nächsten kommt.

Die didaktische Forschung in der Landeskunde richtet sich derzeit in erster Linie auf die Ausarbeitung einzelner Themen und Projekte. Der allgemeine Rahmen der Landeskunde im Fremdsprachenunterricht ist weitgehend festgelegt. Es besteht Einigkeit darüber, welche Ziele mit Hilfe welcher Verfahren verfolgt werden sollen. Aber dieser Rahmen ist durchaus noch nicht gefüllt. Die Frage, wie systematisch landeskundliche Kenntnisse auf einem bestimmten Niveau des Spracherwerbs sein können und welches Maß an gedanklicher Durchdringung bei den einzelnen Themen geleistet werden kann, ist nur durch konkrete didaktische Arbeit in den einzelnen Fächern zu entscheiden.

Literatur

Baumgratz, Gisela/Picht, Robert, Hrsg. (1978), *Perspektiven der Frankreichkunde II*, Tübingen.
Baumgratz, Gisela/Menyesch, Dieter/Uterwedde, Henrik (1978), *Landeskunde mit Pressetexten I/II*, Tübingen.
Christ, Herbert (1979), "Landeskunde im Rahmen des Fremdsprachenunterrichts", in: Wilfried Kleine (Hrsg.), *Perspektiven des Fremdsprachenunterrichts in der Bundesrepublik*, Frankfurt a.M., 74-83.
Erdmenger, Manfred/Istel, Hans-Wolf (1973), *Didaktik der Landeskunde*, München.
Firges, Jean/Melenk, Hartmut (1982), "Landeskunde als Alltagswissen", in: *Praxis des neusprachlichen Unterrichts*, Jg. 29, H. 2, 1-9.
Firges, Jean/Melenk, Hartmut (1985), "Landeskunde: Stereotypen – schädlich – unvermeidlich – nützlich?" in: Jürgen Donnerstag/Annelie Knapp-Potthoff, (Hrsg.), *Kongreßdokumentation der 10. Arbeitstagung der Fremdsprachendidaktiker*, Tübingen, 97-114.
Höhne, Roland/Kolboom, Ingo, Hrsg. (1983), *Von der Landeskunde zur Landeswissenschaft*, Rheinfelden.
Kramer, Jürgen, Hrsg. (1976), *Bestandsaufnahme Fremdsprachenunterricht*, Stuttgart.
Melde, Wilma (1987), *Zur Integration von Landeskunde und Kommunikation im Fremdsprachenunterricht*, Tübingen.
Melenk, Hartmut/Firges, Jean/Nold, Günter/Strauch, Reinhard/Zeh, Dieter, Hrsg. (1987), *12. Fremdsprachendidaktiker-Kongreß. Region, Drama, Politik, Spracherwerb*, Tübingen.
Nerlich, Michael, Hrsg. (1977), *Kritik der Frankreichforschung*, Berlin.
Olbert, Jürgen, Hrsg. (1977), *Gesammelte Aufsätze zur Frankreichkunde*, Frankfurt a.M.
Picht, Robert, Hrsg. (1974), *Perspektiven der Frankreichkunde*, Tübingen.
Picht, Robert/Kummer, Manfred, Hrsg. (1973), *Curriculare Fragen einer sozialwissenschaftlich orientierten Landeskunde*, Bielefeld.
Raasch, Albert/Hüllen, Werner/Zapp, Franz-Josef, Hrsg. (1983), *Beiträge zur Landeskunde im Fremdsprachenunterricht*, Frankfurt a.M.

Stuttgarter Thesen zur Rolle der Landeskunde im Französischunterricht (1982), in: Robert Bosch Stiftung GmbH/Deutsch-Französisches Institut (Hrsg.), *Fremdsprachenunterricht und Internationale Beziehungen*, Stuttgart.

Jean Firges / Hartmut Melenk

114. Literarisches Curriculum

1. Grundlagen und Ziele

Die Frage nach Zielen, Inhalten und Methoden des Literaturunterrichts ist abhängig von dem Begründungszusammenhang, innerhalb dessen man literarische Texte im fremdsprachlichen Unterricht sieht. So muß etwa einer Didaktik, der es ausschließlich um operationalisierbare Lernziele, kalkulierbaren Lernfortschritt und meßbaren Lernerfolg geht, Literatur schlechthin suspekt erscheinen. In einem solchen Konzept finden die schwer überprüfbaren Wirkungen des Literarischen kaum noch Platz. Auch von sozialwissenschaftlicher Seite her läßt sich Literaturunterricht problematisieren. So liefern bestimmte gesellschaftswissenschaftliche und ideologiekritische Fragestellungen den Gegnern einer didaktischen Verwendung von Literatur zusätzliche Argumente. Lassen sich literarische Wertungen und Kanones insgesamt als spätbürgerliche Konstrukte entlarven, dann wird jedenfalls ein auf das Wertkriterium gegründetes Curriculum nicht mehr zu rechtfertigen sein. Die Unterscheidung von Hoch- und Trivialliteratur erweist sich dann "einem traditionellen, idealistischen Bildungsbegriff zugehörig, der elitär-mittelständisch ist" (Dahrendorf 1970, 38), die Funktion von Literatur wird als quasi narkotisch gesehen, und dem Unterricht wird lediglich die Aufgabe zuerkannt, den Lernenden zur freien Verfügung über unterschiedliche Konsumzonen des literarischen Marktes zu befähigen. Unter diesem Aspekt ließe sich mit Recht fragen, ob die Einübung in unterschiedliche literarische Konsumgewohnheiten nicht dem muttersprachlichen Unterricht vorbehalten bleiben müßte. Allerdings wird hierbei der literarische Text um eine entscheidende Dimension verkürzt, nämlich die des Sinns, den es im Lesevorgang sei es zu ermitteln, sei es zu konstituieren gilt. Literarische Werke können als "Sinnentwürfe" aufgefaßt werden, "die den Wahrnehmungs- und Motivationshorizont des Verstehenden vertiefen und erweitern können" (Bredella 1976, 116). Indem der literarische Text nicht bruchlose Darstellungen faktischer Zusammenhänge, sondern mannigfache Perspektivierungen, Standortwechsel, Schnitte usw. vollzieht, stellt er dem Leser "Leerstellen" (Iser 1971 passim) zur Verfügung, durch die der Rezipient zu eigener, schöpferischer Mittätigkeit im Leseakt aufgerufen wird (vgl. die Art. 9 und 25).

Für den Literaturunterricht bedeutet die Auffassung vom Lesen als schöpferischer Leistung des Lesenden die Möglichkeit, individuelle Erfahrungen und Entwürfe in das Unterrichtsgeschehen einzubringen. Jeder aktiv vollzogene Verstehensvorgang enthält in sich die Chance zum Austausch, zum Dialog. Vorrangiges Ziel literarischen Unterrichts ist es mithin, literarisches Verstehen zu lehren und die durch die unterschiedlichen Verstehensvorgänge angelegten Anlässe zum Dialog für das Erlernen der Fremdsprache nutzbar zu machen. In der Offenheit, Mehrdimensionalität und "Sperrigkeit" literarischer Texte liegt deren wesentlicher Vorzug gegenüber dem primär sachbezogenen, referentiellen Text. Hier gründet auch der Unterschied zum Trivialtext, der alle Verstehensschwierigkeiten zu umgehen und den kollektiven Erwartungen der Rezipienten möglichst ohne Rest zu genügen sucht (daß es ein breites Übergangsfeld zwischen Kunst und Kitsch gibt, sei dabei unterstellt).

Zwingend ergibt sich hier die Frage nach der Bedeutung der sprachlichen Form bei der unterrichtlichen Erschließung literarischer Texte. Mit Recht wird vor einer Überbetonung der formalen Seite gewarnt, da durch sie nicht die Freude an der Auseinandersetzung mit dem Text gesteigert, sondern oft nur Demotivierung erreicht wird (Weber 1977). Andererseits kann die schulische Beschäftigung mit Literatur von der Form nicht einfach absehen, sind es doch in hohem Maße auch formale Befunde, die den im engeren Sinn literarischen Text vom Trivialtext und vom Sachtext unterscheiden. Indem man ein Gespür für die Machart von Texten bei den Lernenden entwickelt, kann man sie allmählich zu sachgerechten Werturteilen befähigen, ihnen Wertungskompetenz vermitteln und ihnen so Hilfen für eine reflektierte Teilnahme am literarischen Leben an die Hand geben. Ferner darf nicht verkannt werden, daß ein vertieftes Verstehen von Literatur und ein begründetes Sprechen über sie die sprachlich-strukturale Erscheinungsform des Werks zur unerläßlichen Bedingung hat.

Verstehen heißt im gegebenen Zusammenhang immer auch, die unterschiedlichen Beleuchtungen, Abschattungen und Akzentuierungen von Bedeutungsfeldern, Handlungssträngen usw. erkennen. Wer meint, lediglich über den "Inhalt" diskutieren zu können, läßt sich auf den Text gar nicht erst ein und verfehlt den Lesevorgang als ästhetischen Akt (Bredella 1991). Freilich wird das Gewicht, das man der Erörterung formaler Aspekte beimißt, in hohem Maß durch gattungsspezifische Überlegungen mitbedingt sein.

Vor dem Hintergrund eigener Leseerfahrung läßt sich so literarisch-ästhetische Wahrnehmung auch dort vermitteln, wo Zugänge schwierig sind. Dabei sind unterschiedliche Verstehensmöglichkeiten zur Geltung zu bringen und sie einander diskursiv gegenüberzustellen. Zugleich gilt es jedoch stets, auf die Beachtung des schlichten Wortlautes zu dringen und Sinnzuschreibungen hintanzuhalten, die durch den Text nicht zu belegen sind. Da die Offenheit des literarischen Textes immer nur eine relative sein kann und Verstehen sich in der Dialektik von Lenkung durch den Text und Freiheit der Deutung vollzieht, muß verhindert werden, daß das Gespräch über den Text in subjektive Beliebigkeit mündet.

Kritisch muß auch ein vereinfachender Umgang mit dem Begriff des "Fiktionalen" beurteilt werden. Im Gefolge der eingangs erwähnten Auseinandersetzung mit dem Literaturbegriff und mit der unterrichtlichen Verwendung von Literatur wurde es zu Beginn der 70er Jahre Mode, nicht mehr von "literarischen", sondern von "fiktionalen" Texten zu sprechen. Der Wirklichkeitsbezug von Sachtexten wurde scharf gegenüber einem postulierten nur innertextlichen Verweisungscharakter literarischer Texte abgegrenzt, was nicht selten mit deren Abqualifizierung im Kontext des Fremdsprachenunterrichts einherging: Von der behaupteten Irrealität literarischer Referenz schloß man auf deren Irrelevanz. Tatsächlich wird jedoch die monofunktionale Festlegung literarischer Äußerungen auf das Merkmal der Fiktionalität der Komplexität des Literarischen nicht gerecht. Eine Dichotomisierung aller Textvorkommen unter dem Gesichtspunkt ihres angenommenen Realitätsbezugs stößt sowohl auf erkenntnistheoretische (Kuna 1982) als auch auf praktisch-klassifikatorische Schwierigkeiten (Rück 1978, 46-51). Sinnvoller dürfte es sein, mit Jakobson (1972) von einer virtuellen Plurifunktionalität der Texte auszugehen, was eine Differenzierung nach Dominanzen ermöglicht und

Fiktionalität lediglich als *eine* Komponente literarischer Textkonstitution erscheinen läßt.

2. Inhalte/Curriculum

Der angedeutete Reflexionsstand über die Bedingungen literarischer Kommunikation hat zu zahlreichen Bemühungen um eine wissenschaftlich-didaktische Neuorientierung des Literaturunterrichts geführt. Einerseits soll die Theorie der Textrezeption zu einer neuen Praxis des Verstehens im Unterricht führen (z.B. Bredella 1985), andererseits der Versuch unternommen werden, Literatur aus ihrer Isolierung zu lösen, das gesellschaftliche Umfeld des literarischen Phänomens mit heranzuziehen und den konkreten Leser wie auch den Autor (zum Beispiel mittels Interview, vgl. Glaap 1983) in die unterrichtliche Behandlung der Werke einzubeziehen. Um eine Überwindung der Kluft zwischen Textrezeption und Textproduktion bemühen sich unter anderem Knauth (1986) und Mummert (1987).

Inhaltlich-curriculare Entscheidungen sind heute in diesem Bereich sehr viel schwerer zu treffen als zu einer Zeit, da Literatur als gesellschaftlich sanktionierter Wert nicht in Frage stand und bestimmte Literaturkenntnisse zum Fundament bürgerlicher Bildung gehörten. Noch bis in die fünfziger Jahre war der Kanon dessen, was ein Abiturient gelesen haben sollte, durch breiten Konsens abgesichert. Heute tritt hingegen in starkem Maß der Prozeßcharakter von Literatur und von deren schulischer Vermittlung in den Vordergrund. Festlegungen auf lange Sicht und auf breiter Basis erscheinen kaum noch möglich, vielmehr wird für einen "offenen Kanon" plädiert (Glaap 1982). Auf einen Minimalkonsens sollte dabei nicht verzichtet werden. Lektürelisten sollten nach "(relativ wenigen) 'verbindlichen Werken' und (zahlreichen) Optionen" aufgefächert sein (Seeber 1982, 39). Kriterien für die Zusammenstellung solcher Listen können neben einer – von Zeit zu Zeit neu zu bewertenden – Repräsentativität der zu lesenden Werke deren möglicher Adressatenbezug sowie ihre Vereinbarkeit mit den übergreifenden Lernzielen des fremdsprachlichen Unterrichts sein. Zu welchem Zeitpunkt die Beschäftigung mit Literatur im Fremdsprachenlernprozeß einsetzen sollte, ist eine pauschal nicht zu beantwortende Frage. Die Antwort hängt wesentlich von dem Literaturbegriff ab, den man zugrundelegt. Vielfach beziehen sich literaturdidaktische Überlegungen ausschließlich auf die Oberstufe des Gymnasiums (so etwa die Beiträge in Mainusch (1979) und Hunfeld (1982)), wobei "Literatur" hier die etablierten Genera meint. Es erscheint jedoch sinnvoll, Grundformen literarischer Kommunikation mitzureflektieren und so den Rahmen einer zu entwerfenden Literaturdidaktik wesentlich weiter zu spannen, als dies zur Zeit auf weite Strecken geschieht.

Als "elementare Literatur" (Hellwig 1987) ist das volkstümliche Schrifttum (Märchen, Volkslied, *nursery rhyme* und dergleichen) anzusehen. Hier liegt ein didaktisch erst ansatzweise genutztes Potential. Auch moderne Textsorten wie Song, Chanson, Witz und Sketch lassen sich bereits auf niedrigem oder mittlerem Lernniveau einsetzen. Elementare Formen des Erzählens bieten *comics, fumetti, bandes dessinées*. Ebenfalls geeignet für eine literarische Präpädeutik erscheinen manche Formen experimenteller Lyrik, da sie poetische Verfahrensweisen durchschaubar und bereits für weniger Fortgeschrittene diskutierbar machen. Jacques Préverts Gedichte, die in der Oberstufe heute in beachtlichem Maße Verwendung finden, können zum Teil bereits in früheren Phasen des Spracherwerbs mit Erfolg eingesetzt werden. Schließlich bieten elementare Formen des Literarischen auch Schülern der Haupt- und Realschule (bzw. der B- und C-Kurse von Gesamtschulen) die Möglichkeit, die Fremdsprache in anderen als nur zweckgerichteten Verwendungszusammenhängen kennenzulernen und des in ihnen enthaltenen motivationellen Potentials teilhaftig zu werden.

Erweiterungsfähig ist der Literaturbegriff auch hinsichtlich des Angebots der Massenmedien. Hörspiele (Groene 1980), Filme (Heinrichs 1985), Chansons (Fricke 1980), Sketche können auf Ton- bzw. Videokassette aufgezeichnet und so in den Unterricht eingebracht werden. Ideal ist die Verbindung von Dramenlektüre und Fernsehwiedergabe des betreffenden Stückes oder von Chanson- oder Songbesprechung zu einem Zeitpunkt, wenn die entsprechende Gruppe/der entsprechende Sänger im Rundfunk, im Fernsehen oder persönlich am Ort der Schule auftritt. Auf diese Weise werden unmittelbare Beziehungen zum kulturellen Leben des fremden Landes hergestellt. Vielfach kann von dergleichen literarischen Formen her auch zur Reflexion über aktuelle Ereignisse (politischer, gesellschaftlicher Art) angeregt werden, so daß sich eine enge Verbindung zwischen landeskundlichen Themen und deren literarischer Umsetzung ergibt. Allerdings muß gesehen werden, daß viele dieser

Darbietungen hohe Ansprüche an das Hörverstehen stellen und daher eher für den Oberstufenunterricht geeignet sein dürften.

Unter interkulturellem Aspekt stellt sich die Frage, ob in Texten aus fremden Kulturen lediglich "Fremdheitserfahrung" nicht aber Fremdverstehen angestrebt werden soll (Hunfeld 1991), da jeder Verstehensversuch die Gefahr ungerechtfertigter Anverwandlungen in sich bergen würde. Im Gegensatz dazu vertritt Bredella (1991) die Auffassung, daß potentielles Verstehen nicht ausgeblendet werden dürfe, da in ihm die Möglichkeit zur Klärung und Differenzierung eigener Sichtweisen angelegt ist.

3. Methoden der Literaturvermittlung

Die wichtigste Form der unterrichtlichen Vermittlung von Literatur ist das Interpretationsgespräch. Indem die Lernenden sich mit dem Werk diskursiv auseinandersetzen, entdecken sie Zugänge, wo sie ihnen zunächst verwehrt schienen, korrigieren sie Fehleinschätzungen, die durch den Wortlaut oder die Struktur widerlegt werden, modifizieren sie einseitige Gewichtungen, erwerben sie ästhetische Erfahrung.

Da das Interpretationsgespräch sich in aller Regel in der Fremdsprache vollzieht, bietet es gute Möglichkeiten zur Schulung des mündlichen Ausdrucksvermögens und für die Erweiterung der Kenntnisse in der Zielsprache. Diese Chance wird jedoch nur dann voll genutzt, wenn die Lernenden angehalten werden, sich die für die Interpretation erforderlichen Wörter, Kollokationen und Strukturen systematisch anzueignen, z.B. durch geordnete Visualisierung (Tafel, Tageslichtprojektor) und Übertragung in ein spezielles Merkheft. Mit der mündlichen Ausdrucksschulung sollte eine ebensolche im schriftlichen Bereich einhergehen. Diese kann durch entsprechende Aufgabenstellung (Herausarbeiten inhaltlicher oder formaler Aspekte durch den einzelnen oder in der Gruppe, Stundenprotokolle, schriftliche Stellungnahmen) erzielt werden.

Realiter leidet das Interpretationsgespräch häufig an einer übergroßen Dominanz des Lehrers. Rezeptionsästhetische Positionen, die mit Begriffen wie "Polyfunktionalität literarischer Texte" oder "Kreativität des Lesevorgangs" umschrieben werden können, werden in der Unterrichtswirklichkeit oft nicht oder nicht hinreichend zur Kenntnis genommen. Wie empirische Untersuchungen zu belegen scheinen, steht Interpretation auch heute noch in der Gefahr, auf vorgefertigte Lehrerdeutungen hin verengt und durch deduzierende Frage-Antwortschemata ihres schöpferischen Potentials beraubt zu werden (vgl. Brütting 1986). Demgegenüber erscheint es erforderlich, den Lernenden in "Spontanphasen" (Werlich 1986) freie Interpretationsspielräume anzubieten und sich auch bei der Erarbeitung von Sinngehalten und Strukturen sowie bei der Ergebnissicherung flexibel zu verhalten.

Seit einiger Zeit sind alternative Bemühungen zur praktischen Überwindung eines einseitig lehrergesteuerten Unterrichts im Gange, die zunehmend Beachtung finden. So plädiert bereits Arnold für "selbständige Texterarbeitung", "sozialdifferenzierende Arbeitsformen" und "Kooperation" bei der Planung und Durchführung der Besprechung literarischer Werke (Arnold 1977). In anderen Ansätzen wird mit besonderer Betonung des Spielcharakters von Literatur nach Wegen gesucht, um aus der aktiven Sinnerschließung Anreize für selbständige literarische Sprachproduktionen zu gewinnen. Sind literarische Texte "in vollem Sinne als Sprachspiele anzusehen" (Grabes 1981, 31), so liegt es nahe, das Spiel mit gedanklichen und emotiven Inhalten in eigene Spielerfindung zu transponieren.

Für solche Übungsformen sind kurze Textsorten besonders geeignet, insbesondere, wenn sie in sinnfälliger Weise aus dem Spiel mit Sprache ihre Motivation beziehen. Dies trifft etwa zu für Limericks und andere Reimspiele sowie für zahlreiche experimentelle Gedichte. Hellwig (1987) präsentiert von Schülern gestaltete Lyrik im Englischunterricht. Zuweilen kommt der spielerische Ansatz bereits im Titel der Veröffentlichung zum Ausdruck (vgl. u.a. Knauth 1986; Mummert 1987). Die Beschäftigung mit dem literarischen Werk wird entmystifiziert, sie wird zur "literarischen Kommunikation", die als zweiseitig begriffen, das heißt hier: in den aktiven Einsatz "literarischer Verfahrensweisen" überführt wird (Kloepfer/Melenk 1978).

Um bei den Lernenden die Kluft zwischen kreativem Wollen und sprachlichem Können zu überbrücken, kann es erforderlich sein, für die Textproduktion Basismaterialien in Form von thematischen Vokabularien oder Redemittellisten zur Verfügung zu stellen (Vorschläge dazu bei Rück 1986). Auf diese Weise werden Lernende in die Lage versetzt, vorgegebene Textexemplare zu modifizieren und schließlich auch in ihrer Tiefenstruktur zu verändern. In ihrer Gesamtheit ist die "neue Didaktik des literarischen Textes" (vgl. Benamou 1971) auf Entdeckung und Eigentätigkeit gerichtet. Fruchtbare Ansätze bietet in dieser Hinsicht unter anderem auch die in Einzelfällen bereits realisierte didaktische Mitwirkung anerkannter Schriftsteller wie Eugène Ionesco, denen es gelingt, banalen Lernsituationen eine literarische Dimension zu verleihen (Ionesco 1985) und literarische Impulse für den systematischen Sprachlernprozeß fruchtbar zu machen.

Literatur

Arnold, Werner (1977), *Fachdidaktik Französisch*, 2. Aufl., Stuttgart.
Benamou, Michel (1971), *Pour une nouvelle pédagogie du texte littéraire*, Paris.
Bredella, Lothar (1976), *Einführung in die Literaturdidaktik*, Stuttgart u.a.
Bredella, Lothar (1985), "Literarische Texte im Fremdsprachenunterricht – Gründe und Methoden", in: *Literarische Texte im kommunikativen Fremdsprachenunterricht*, New Yorker Werkheft, München, 352-393.
Bredella, Lothar (1991), "Ästhetisches Lesen als Lernziel des Fremdsprachenunterrichts?", in: Karl-Richard Bausch/Herbert Christ/Hans-Jürgen Krumm (Hrsg.), *Texte im Fremdsprachenunterricht als Forschungsgegenstand. Arbeitspapiere der 11. Frühjahrskonferenz zur Erforschung des Fremdsprachenunterrichts*, Bochum, 37-44.
Brütting, Richard (1986), *Literaturdidaktische Kommunikationsforschung. Jacques Prévert als Schulautor*, Paderborn u.a.
Dahrendorf, Malte (1970), "Voraussetzungen und Umrisse einer gegenwartsbezogenen literarischen Erziehung", in: Alfred Clemens Baumgärtner/Malte Dahrendorf (Hrsg.), *Wozu Literatur in der Schule?*, Braunschweig, 27-50.
Fricke, Dietmar (1980), "Modell-Analysen zeitgenössischer Chansons im Französischunterricht, ausgeführt am Beispiel ‹Parole féminine›", in: *Die Neueren Sprachen*, Jg. 79, H. 3, 270-292.
Fricke, Dietmar/Glaap, Albert-Reiner, Hrsg. (1990), *Literatur im Fremdsprachenunterricht – Fremdsprache im Literaturunterricht*, Frankfurt a.M.
Glaap, Albert-Reiner (1982), "Für einen 'offenen Kanon'. Zeitgenössische englische Dramen als Schullektüren, Identifikationsangebote und Gesprächsanlässe", in: Hans Hunfeld, Hrsg. (1982), 178-190.
Glaap, Albert-Reiner (1983), "Kurzdramen und kurze Dramen zeitgenössischer Autoren. Vorschläge für Grund- und Leistungskurse im Englischunterricht", in: *Die Neueren Sprachen*, Jg. 82, H. 2, 151-169.

Grabes, Herbert (1981), *Fiktion-Imitation-Ästhetik: Studienmaterial Englisch*, Tübingen.
Groene, Horst, Hrsg. (1980), *Das Hörspiel im Englischunterricht. Theorie und Praxis*, Paderborn.
Heinrichs, Volkhard (1985), "Littérature et cinéma dans l'enseignement du français langue étrangère au second cycle", in: *Die Neueren Sprachen*, Jg. 84, H. 1, 53-72.
Hellwig, Karlheinz (1987), "Von Schülern gestaltete Lyrik im Englischunterricht", in: *Der fremdsprachliche Unterricht*, Jg. 21, 4-9.
Hunfeld, Hans, Hrsg. (1982), *Literaturwissenschaft – Literaturdidaktik – Literaturunterricht: Englisch. II. Eichstätter Kolloquium zum Fremdsprachenunterricht 1981*, Königstein/Ts.
Hunfeld, Hans (1991), "Zur Normalität des Fremden", in: *Der fremdsprachliche Unterricht/Englisch*, Jg. 25, 50-52.
Ionesco, Eugène (1985), *Exercices de conversation et de diction françaises pour étudiants américains*, Frankfurt a.M.
Iser, Wolfgang (1971), *Die Appellstruktur der Texte: Unbestimmtheit als Wirkungsbedingung literarischer Prosa*, 2. Aufl., Konstanz.
Jakobson, Roman (1972), "Linguistik und Poetik", in: Jens Ihwe (Hrsg.), *Literaturwissenschaft und Linguistik*, Bd. 1, Frankfurt a.M., 99-135.
Kloepfer, Rolf/Melenk, Hartmut (1978), "Literarische Kommunikation und literarische Verfahrensweisen im Fremdsprachenunterricht", in: *Neusprachliche Mitteilungen*, Jg. 31, 20-32.
Knauth, Karl Alfons (1986), *Literaturlabor. La Muse au point*, Rheinbach-Merzbach.
Kuna, Franz (1982), "Die Fiktion von der Fiktion: Die Konsequenzen für den Literaturunterricht", in: Hans Hunfeld, Hrsg. (1982), 3-17.
Mainusch, Herbert, Hrsg. (1979), *Literatur im Unterricht*, München.
Mummert, Ingrid (1987), *Literamour. Gedichte und Geschichten im Französischunterricht*, München.
Rück, Heribert (1978), *Textlinguistik und Französischunterricht*, Dortmund.
Rück, Heribert (1986), *Redemittel des Französischen. Materialien und Unterrichtsvorschläge*, Stuttgart.
Rück, Heribert (1989), *Unterrichtsideen Französisch. Textanalyse und Textproduktion*, Stuttgart.
Schrey, Helmut (1973), *Grundzüge einer Literaturdidaktik des Englischen*, Ratingen.
Seeber, Hans-Ulrich (1982), "Legitimation, Kanonbildung, Verwissenschaftlichung. Thesen zum Literaturunterricht aus literaturwissenschaftlicher Perspektive", in: Hans Hunfeld, Hrsg. (1982), 35-45.
Weber, Hans (1977), "Sprechhandlungen im Literaturunterricht", in: *Kongreßdokumentation der 7. Arbeitstagung der Fremdsprachendidaktiker, Gießen 1976*, Limburg, 230-232.
Werlich, Egon (1986), *Praktische Methodik des Fremdsprachenunterrichts mit authentischen Texten*, Bielefeld.

Heribert Rück

D Fremdsprachenunterricht als Institution

115. Fremdsprachenunterricht an Schulen

1. Problemaufriß

"Das gesamte Schulwesen steht unter der Aufsicht des Staates." (Grundgesetz Artikel 7). Wenn Schule insgesamt staatlich geregelt ist, dann ist der Fremdsprachenunterricht allgemein und speziell betroffen, indem er z.B. in besondere Schulformen eingebunden und auf eine bestimmte Anzahl von Unterrichtsstunden festgelegt wird, indem einzelne Sprachen zu Schulfremdsprachen bestimmt werden und ihre Abfolge in der Schullaufbahn der Schüler vorgeschrieben wird oder auch inhaltliche und methodische Festlegungen durch staatliche Richtlinien erfolgen. Die Regelungen für den Fremdsprachenunterricht sind ein spezieller Teil der allgemeinen Schulgesetzgebung, und insofern steht der Fremdsprachenunterricht im größeren schulgeschichtlichen, schulfachgeschichtlichen, bildungs- und fachpolitischen Rahmen.

Dokumente staatlicher Regelungen sind Schulordnungen, Unterrichtsordnungen, Richtlinien, Lehrpläne, Lehrbuchzulassungen, Stundentafeln, Lektürekanones, Bestimmungen über Sprachenfolge, Prüfungsordnungen, Erlasse über bestimmte Schulfremdsprachen sowie Ausbildungsordnungen für Sprachlehrer.

Die staatlichen Regelungen bewirken die Konstitution von Schulfächern, die Garantie ihres Bestandes, die Begründung ihres Standards und die Garantie einer bestimmten Qualität von Unterricht. Sie haben im einzelnen Festlegungen der Ziele und Inhalte von Unterricht, von Leistungsnormen, von Prinzipien des Unterrichtens sowie von Prüfungsformen zum Gegenstand. Sie beziehen sich auf die zeitliche Ausdehnung von Fremdsprachenunterricht (Zahl der Stunden, Dauer der Lehrgänge), auf Klassen- und Gruppengrößen, auf die Abschlüsse und die daraus erwachsenden Berechtigungen, aber auch auf die Ausbildung der Lehrkräfte und deren Dienstverpflichtungen.

Staatliche Regelungen und die damit verbundene Institutionalisierung von Fremdsprachenunterricht bedeuten Kontinuität, Stabilität sowie auch Ansehen von Schulfächern; sie bedeuten Schaffung und Erhaltung eines Raumes, in dem diese sich entwickeln und entfalten können. Sie bedeuten aber gleichzeitig Bindung, Normierung, Festlegung und bringen daher unter Umständen Einschränkungen individueller Erwartungen und Wünsche und hemmen oder verhindern zuweilen sogar Entwicklungen. So kann im institutionalisierten Rahmen des Fremdsprachenunterrichts nicht jede Fremdsprache in jeder Schulkarriere, in jedem Alter und an jedem Ort angeboten werden. Festlegungen im Hinblick auf das Gesamtprofil der Ausbildung an einer Schulform haben Auswirkungen auf den Stellenwert eines jeden Faches, auch die Fremdsprachen. Schließlich ist aber auch zu beobachten, daß Möglichkeiten, die durch die staatlichen Regelungen geboten sind, aus welchen Gründen immer – Modeströmungen, Trends, Traditionen – nicht oder nur ganz allmählich wahrgenommen werden.

Staatliche Regelungen des Schulwesens schaffen ein Spannungsgefüge, das auch die Geschichte des Fremdsprachenunterrichts kennzeichnet: Der Fremdsprachenunterricht wird seit dem 18. Jahrhundert im Rahmen der allgemeinen Ordnungen des Schulwesens staatlich geregelt. Alte Schulordnungen, Richtlinien und Stundentafeln sind wichtige Quellentexte (Christ/Rang 1985). Im 19. Jahrhundert war es vor allem das Angebot und Nicht-Angebot des Fremdsprachenunterrichts, durch das sich die Schulformen unterschieden. Während die Gymnasien vorzüglich die Alten Sprachen pflegten und sich nur sehr zögernd dem Unterricht in modernen Fremdsprachen öffneten, waren die Bürgerschulen und Realschulen die Anstalten, die gerade im Unterricht in modernen Fremdsprachen ihren Schwerpunkt sahen. Die Volksschulen und die gewerblichen Schulen unterrichteten dagegen Fremdsprachen nur in Ausnahmefällen. Der Fremdsprachenunterricht für alle (und damit in allen Schulformen) ist eine Errungenschaft der Zeit nach dem 2. Weltkrieg. Bis dahin war er eine Domäne der Realschulen und der Gymnasien.

Das öffentliche Interesse konzentrierte sich zunächst auf die Wahl der ersten Fremdsprache. Die Besatzungsmächte förderten in ihren Zonen jeweils die eigene Sprache: in der sowjetischen Besatzungszone das Russische, in der französischen Besatzungszone das Französische und in den britischen und amerikanischen Besatzungszonen das Englische. In Groß-Berlin standen – bis zur Zweiteilung der Stadt – die drei Sprachen der Besatzungsmächte zur Wahl (Christ 1980, 65-66).

Nach der Zweiteilung Deutschlands im Jahre 1949 entwickelte sich der Fremdsprachenunterricht im westlichen und im östlichen Teil unterschiedlich. In der Bundesrepublik Deutschland empfanden die Landesregierungen – unterstützt durch einen Teil der öffentlichen Meinung – das Bedürfnis, das Angebot in der ersten Fremdsprache zu vereinheitlichen. Im Düsseldorfer Abkommen der Ministerpräsidenten vom 17.2.1955 (Christ/Liebe 1981, 166-168) wurde grundsätzlich das Englische an die erste Stelle gesetzt. Das noch heute maßgebliche Hamburger Abkommen von 1964 setzte diese Politik fort; allerdings wurde es wegen zahlreicher Proteste gegen eine einseitige sprachenpolitische Festlegung im Jahre 1971 teilweise revidiert: Wenigstens im Gymnasium kann seither von Klasse 5 an außer Latein prinzipiell jede moderne Fremdsprache unterrichtet werden, womit eine einseitige programmatische Festlegung auf das Englische für diese Schulform beseitigt worden ist. In der Praxis blieb es jedoch unter dem Gebot der Einheitlichkeit und Durchlässigkeit des Schulwesens bei der Bevorzugung des Englischen; nur das Französische hat als konkurrierende erste Fremdsprache in den letzten Jahren Fortschritte gemacht (vgl. Art. 99).

Ein zweiter Brennpunkt der Diskussion in der Bundesrepublik nach 1945 war das Bemühen, jedem Bürger Unterricht in einer Fremdsprache zu vermitteln. Schon in einem Beschluß der Kultusminister vom 20.4.1949 war fremdsprachlicher Unterricht an Volksschulen empfohlen worden. Am 18.12.1964 erklärten die Kultusminister, als Antwort auf das Hamburger Abkommen der Ministerpräsidenten, alles Erforderliche tun zu wollen, um Fremdsprachenunterricht an Hauptschulen einzurichten. Am 3.7.1969 schließlich wurde in den "Empfehlungen zur Hauptschule" der Unterricht in einer Fremdsprache als obligatorisch erklärt. (Christ/Liebe 1981, 166 ff.).

Eine weitere den Fremdsprachenunterricht stark betreffende Maßnahme war die Durchführung der Reform der gymnasialen Oberstufe. Sie wurde in der sogenannten Bonner Vereinbarung der Kultusminister vom 7.7.1972 beschlossen, nachdem jahrelange Diskussionen über die Zeitgemäßheit des Bildungswesens voraufgegangen waren. Durch diesen Reformbeschluß verlor der Fremdsprachenunterricht in den Klassenstufen 12 und 13 weitgehend seinen obligatorischen Charakter, und er wurde durch ein differenziertes, individuellen Neigungen und Begabungen entsprechendes Angebot im Fremdsprachenunterricht ersetzt. Ohne Frage hat die Reform der gymnasialen Oberstufe zu einer größeren Diversifizierung des Angebots an Fremdsprachen beigetragen, zugleich aber dem Französischen, in manchen Fällen auch dem Englischen, Einbußen gebracht.

Im Gebiet der ehemaligen Deutschen Demokratischen Republik lassen sich drei Phasen der Sprachenpolitik unterscheiden (Böhme 1991):

1. Phase: 1946-1949 – Obligatorischer Fremdsprachenunterricht für alle Kinder der neuen achtjährigen Grundschule von Klasse 5 an mit dem Fremdsprachenangebot Russisch, Englisch, Französisch zur Wahl.

2. Phase: 1949 ff. – Abbau der Pluralität zugunsten des Russischen als 1. Fremdsprache von Klasse 5 bis Klasse 10, bei der Möglichkeit der Wahl einer 2. Fremdsprache von Klasse 7 an (meistens Englisch, seltener Französisch); daneben an einigen Spezialschulen erweitertes Fremdsprachenangebot von Klasse 3 an.

3. Phase: 1990 ff. (nach einer Übergangszeit) – Prinzip der Pluralität gemäß Hamburger Abkommen mit der prinzipiellen Entscheidungsmöglichkeit für eine der obligatorischen Sprachen Englisch, Französisch, Russisch von Klasse 5 an und einer zweiten obligatorischen Fremdsprache ab Klasse 7 in den zum Abitur führenden Schulen. Im gleichen Maße, wie das Russische an Attraktivität verlor, gewann die englische Sprache an Bedeutung als erste Fremdsprache. Der Wahl weiterer Sprachen sind enge personale Grenzen gesetzt.

2. Bestandsaufnahme

Der Fremdsprachenunterricht in den Schulen der Bundesrepublik Deutschland ist durch das "Hamburger Abkommen zwischen den Ländern der Bundesrepublik Deutschland zur Vereinheitlichung auf dem Gebiet des Schulwesens" vom 28.10.1964 (zuletzt in der Fassung vom 14.10. 1971) geregelt. Dieses Abkommen der Ministerpräsidenten der Länder ist allerdings nur ein Rahmenabkommen, das durch Gesetze und Verordnungen der in kulturellen Angelegenheiten souveränen Bundesländer konkretisiert werden muß (Christ/Liebe 1981, 170-172; die länderspezifischen Verfügungen bis zum Ende des Jahres 1979 im gleichen Band, 181-315). Auch nach der Wiedervereinigung Deutschlands ist es Grundlage der Schullaufbahn im föderativen Staat.

Die wichtigsten derzeit gültigen Bestimmungen auf der Grundlage des Abkommens der Ministerpräsidenten sind die folgenden:

Eine gemeinsame Regelung der Länder für den Fremdsprachenunterricht in Grundschulen besteht nicht. An öffentlichen Grundschulen wird in den meisten Bundesländern ein freiwilliges Angebot in Fremdsprachen ab Klasse 3 gemacht (vgl. Art. 17 und 98). An Freien Waldorfschulen werden von Klasse 1 an grundsätzlich Fremdsprachen unterrichtet.

In den Schulformen der Sekundarstufe I (Klassen 5-10) ist eine Fremdsprache für alle Schüler ab Klasse 5 verpflichtend. In den Hauptschulen ist dies in der Regel Englisch, im Saarland in der Regel Französisch, in den neuen Bundesländern auch Russisch. Auch in der Realschule ist laut Hamburger Abkommen die erste Fremdsprache in der Regel Englisch, im Saarland wiederum in der Regel Französisch, in den neuen Bundesländern auch Russisch. Die entsprechende Formulierung für das Gymnasium sieht im Hamburger Abkommen "eine lebende Fremdsprache oder Latein" vor. Es können also andere Fremdsprachen als Englisch, Französisch oder Russisch ab Klasse 5 angeboten werden; tatsächlich ist ein solches abweichendes Angebot jedoch selten. Da für die Gesamtschulen im Hamburger Abkommen eine Festlegung nicht erfolgt ist, können die Länder hier die im Prinzip offenen Bestimmungen für die Gymnasien ausschöpfen. Sonderregelungen gibt es für den muttersprachlichen Unterricht von Kindern ausländischer Arbeitnehmer sowie für den Unterricht von Umsiedlerkindern in den Herkunftssprachen (vgl. Art. 16. Für die spezifischen Regelungen der bilingualen Bildungsgänge vgl. Art. 75).

Eine zweite Fremdsprache ist lediglich für das Gymnasium verpflichtend; sie beginnt mit der Klasse 7. Die Gesamtschulen und Realschulen können eine zweite Fremdsprache als Wahlfach anbieten. – An der Hauptschule ist eine zweite Fremdsprache nicht vorgesehen. Einige Hauptschulen machen ein fakultatives Angebot (Arbeitsgemeinschaft).

Eine dritte Fremdsprache kann im Gymnasium entweder in Klasse 9 oder in Jahrgangsstufe 11 angeboten werden. In Baden-Württemberg, Bayern und im Saarland ist die dritte Fremdsprache ab Klasse 9 Pflichtfremdsprache in bestimmten Schultypen des Gymnasiums (z.B. im neusprachlichen und im altsprachlichen Gymnasium). In den anderen Bundesländern ist sie entweder Wahlpflicht- oder Wahlfach. Wo in Gesamtschulen eine dritte Fremdsprache angeboten wird, ist sie ebenfalls Wahlpflicht- oder Wahlfach.

Hinsichtlich der Auswahl der dritten Fremdsprache ist im Hamburger Abkommen keine Festlegung erfolgt. Die einzige nähere Bestimmung betrifft das Altgriechische als charakteristisches Fach des altsprachlichen Gymnasiums. Bei der dritten Fremdsprache besteht also die Möglichkeit, auch Sprachen anzubieten, die im traditionellen Kanon des deutschen Gymnasiums nicht zu finden sind, so Arabisch, Chinesisch, Dänisch, Italienisch, Japanisch, Niederländisch, Polnisch, Portugiesisch, Russisch, Schwedisch, Spanisch und Tschechisch. Eine entsprechende Möglichkeit besteht auch, wenn in der Jahrgangsstufe 11 neu einsetzende Fremdsprachen angeboten werden.

Zu den Schulformen der Sekundarstufe II gehören gymnasiale Oberstufen (das sind Oberstufen von allgemeinbildenden oder beruflichen Gymnasien und von Gesamtschulen sowie die Kollegschule Nordrhein-Westfalen, die zur Allgemeinen Hochschulreife führen) und berufliche Schulen. Die gymnasiale Oberstufe umfaßt in den alten Bundesländern, Berlin und Brandenburg die Jahrgangsstufen 11 bis 13, in den Ländern Mecklenburg-Vorpommern, Thüringen, Sachsen und Sachsen-Anhalt die Klassen 11 und 12. Gemeinsames Strukturprinzip ist die auch für die Fremdsprachen gültige Unterscheidung zwischen dreistündigen Grundkursen und fünf- bis sechsstündigen Leistungskursen.

Derzeit müssen die Schüler in den beiden letzten Jahrgängen mindestens zwei aufeinander aufbauende Halbjahres-Grundkurse in einer aus der Sekundarstufe I fortgeführten Fremdsprache belegen; sie können jedoch über die Pflichtbelegung hinaus im Rahmen ihrer sonstigen Bindungen mehrere Fremdsprachenkurse in allen vier Halbjahren belegen. Auf diese Weise ist es ihnen unter Umständen möglich, zwei Leistungskurse und einen Grundkurs in modernen Fremdsprachen zu wählen. Derartige Wahlentscheidungen sind jedoch selten. Selbst die Belegung von zwei Leistungskursen in modernen Fremdsprachen (die grundsätzlich möglich ist und die dem Umfang nach ungefähr dem Standard entspricht, den bis zu den siebziger Jahren das neusprachliche Gymnasium bot) ist statistisch höchst selten. Etwa 2% der Schüler, die die gymnasiale Oberstufe besuchen, machen davon Gebrauch.

Wenngleich Abendgymnasien und Kollegs zur Erlangung der Hochschulreife als Institutionen des zweiten Bildungsweges nicht zum Bereich der Sekundarstufe II gehören, müssen sie hier gleichwohl erwähnt werden: Sie bereiten junge Erwachsene auf das Abitur vor und bilden sie daher in zwei Fremdsprachen aus (unter welchen sich auch Latein befinden kann). Im großen und ganzen erfolgt die Arbeit in diesen Bildungsgängen analog zu der in der gymnasialen Oberstufe.

Der Fremdsprachenunterricht in den beruflichen Schulen hat in den letzten Jahren erheblich zugenommen; allerdings wird keineswegs in allen Klassen Fremdsprachenunterricht erteilt. Eine starke Stellung hat der Fremdsprachenunterricht in Höheren Berufsfachschulen der Fachrichtung Wirtschaft, wo in der Regel zwei Fremdsprachen unterrichtet werden. Auch in Klassen für das Bankgewerbe sowie für das Sekretariat werden Fremdsprachen unterrichtet. – In der Fachoberschule wird eine Pflichtfremdsprache gelehrt; eine zweite Fremdsprache kann als Wahlfach belegt werden.

Konkretisiert werden die Regelungen des Sprachenangebots und der Sprachenfolge in den einzelnen Schulformen durch Stundentafeln. Ohne Zweifel haben Stundentafeln eine stark steuernde Wirkung auf den Unterricht; sie sollen zwar den Unterricht nur quantitativ bestimmen; aber diese quantitative Bestimmung hat Rückwirkungen auf die Qualität des Unterrichts. So sind Stundentafeln historisch betrachtet ein Ausweis für die Bedeutung, die dem Fremdsprachenunterricht zuerkannt wird. Auch im internationalen Vergleich gewinnt man durch sie Einblick in die Wertschätzung von Fremdsprachen in einzelnen Gesellschaften. In der Bundesrepublik Deutschland haben sich in den siebziger Jahren die Stundentafeln für den Fremdsprachenunterricht erheblich verändert. Dies ist zum einen darauf zurückzuführen, daß damals in der Hauptschule Fremdsprachenunterricht flächendeckend eingeführt worden ist, so daß er nunmehr auch in den Stundentafeln dieser Schulform seinen festen Platz hat. Andererseits ist die Tendenz unverkennbar, die Stundentafeln der verschiedenen Schulformen aneinander anzupassen, um die Durchlässigkeit zu erhöhen. Daher ist der Fremdsprachenunterricht im Gymnasium – wo er traditionell eine starke Stellung hatte – nicht unerheblich beschnitten worden. Bei einem Vergleich der Stundentafeln über einige Jahrzehnte ist jedoch nicht zu vergessen, daß nach der Reform der gymnasialen Oberstufe strenggenommen nur noch die Stundentafeln der Klassen 5 bis 10 oder evtl. bis zur Klasse 11 miteinander verglichen werden können. Die Jahrgangsstufen 12 und 13 verfügen seit der Einführung der gymnasialen Oberstufe über keine festen Stundentafeln mehr. – Über den Stand der Stundentafeln in den Ländern der alten Bundesrepublik unterrichten Beiträge von Dieter Herold (1983, 1984 und 1991). Die historische Entwicklung der Stundentafeln ist in Christ/Rang 1985, Band 7 dokumentiert. Über die Entwicklung der Stundentafeln in der DDR informiert *Fremdsprachenunterricht* (1984-1986).

Die qualitative Regelung des Fremdsprachenunterrichts erfolgt in Richtlinien und Lehrplänen. Richtlinien und Lehrpläne wollen orientieren und Lehr- und Lernprozesse steuern, aber sie wollen auch Freiräume für Lehrkräfte und ihre Schüler schaffen und gewährleisten. Entsprechend ist auch hier wie bei den übrigen staatlichen Regelungen ein Spannungsverhältnis gegeben: Die Intention von Richtlinien und Lehrplänen ist es, ein bestimmtes Niveau zu garantieren und zu einem hinsichtlich Zielen, Inhalten und Methoden gleichwertigen Unterricht beizutragen, der vergleichbare Leistungsanforderungen stellt sowie Raum zur Gestaltung läßt. Richtlinien und Lehrpläne erlegen aber auch Bindungen auf und normieren, Lehrpläne enger und detaillierter, Richtlinien gemäß ihrer Definition auf einer abstrakteren Ebene. Durch ständige Revision soll die Aufnahme von Anregungen und Entwicklungen aus der Praxis ermöglicht werden. Aber zum einen erfolgt die Revision in der Regel zeitlich nach den Veränderungen in der Wirklichkeit, zum andern wird die ständige Revision weder von den Lehrkräften selbst noch von den Schülern und deren Eltern befürwortet. Handreichungen zu Teilfragen können hier helfen, um vor Erstarrung zu schützen.

Am stärksten reglementierend wirken Prüfungsordnungen, die in der Regel langlebig sind und sich vom Ende her auf die Art des Unterrichts, die Auswahl der Gegenstände und die Verfahrensweisen auswirken. Anspruchshöhe und Aufgaben der Abiturprüfung werden bundesweit durch "Einheitliche Prüfungsanforderungen in der Abiturprüfung"

(EPA) (Ständige Konferenz der Kultusminister der Länder 1981 und 1989) geregelt, nach denen sich die Abiturbestimmungen der Länder richten müssen. Für andere Abschlüsse fehlen bisher bundeseinheitliche Maßstäbe. Einzelne Länder haben jedoch Prüfungsbestimmungen für Fachoberschulen, Höhere Berufsfachschulen und für Realschulen entwickelt. "Einheitliche Prüfungsanforderungen in der Abiturprüfung" liegen bisher für die Fremdsprachen Englisch, Französisch, Latein, Altgriechisch, Italienisch, Russisch und Spanisch vor: länderspezifische Abituranforderungen im Sinne der EPA gibt es für Dänisch, Hebräisch, Japanisch, Lettisch, Litauisch. Neugriechisch, Niederländisch, Polnisch, Portugiesisch, Rumänisch, Sorbisch, Türkisch und Ungarisch. Es bleibt abzuwarten, welche Wirkungen die zukünftigen Anforderungen des zusammenwachsenden Europa auf das Prüfungswesen haben werden.

In den Abiturprüfungsordnungen sind für die Fremdsprachen schriftliche und mündliche Prüfungen vorgesehen; Schüler der Leistungskurse müssen sich in jedem Fall einer schriftlichen Prüfung unterziehen. Wer einen Grundkurs belegt, kann sich schriftlich oder mündlich prüfen lassen.

3. Perspektiven

Die Veränderungen in Deutschland und in Europa verlangen eine Weiterentwicklung des schulischen Fremdsprachenunterrichts und seiner Bedingungen auf verschiedenen Ebenen:

Die Voraussetzungen für einen Fremdsprachenunterricht, der einem mehrsprachigen Europa gemäß ist, sind in organisatorischer, personeller und inhaltlicher Hinsicht zu gewährleisten. In diesem Sinne sind die Stundentafeln der Sekundarstufe I zu überdenken sowie vor allem die Belegungsverpflichtungen in der gymnasialen Oberstufe und in den beruflichen Schulen zu überprüfen und den Notwendigkeiten einer angemessenen fremdsprachlichen Bildung entsprechend zu gestalten.

Des weiteren ist es notwendig, daß die finanziellen Mittel für eine ausreichende personelle Versorgung des Fremdsprachenunterrichts bereitgestellt werden. Hier ist an eine ausreichende zahlenmäßige Ausstattung insbesondere für die bisher weniger unterrichteten Sprachen zu denken wie auch an die Qualifizierung der Lehrkräfte für neue Aufgaben z.B. in Grundschulen und in bilingualen Bildungsgängen.

Auch die Inhalte und Prüfungsformen sind im Hinblick auf die Anforderungen eines mehrsprachigen Europa zu überdenken. Überlegungen des Europarats zur Formulierung von Zielen für unterschiedliche Fremdsprachenbedürfnisse und unterschiedliche Anspruchniveaus werden den schulischen Fremdsprachenunterricht langfristig berühren; entsprechend sind Planungen im Zertifikatswesen auf europäischer und internationaler Ebene in schulischer Perspektive zu reflektieren.

Im Sinn der Förderung des Fremdsprachenlernens ist schließlich auch die Information von Schülern, Eltern und der Öffentlichkeit insgesamt über die Bedeutung des Fremdsprachenlernens für das berufliche Fortkommen in einem neuen Europa zu verstärken, denn die Verbesserung des fremdsprachlichen Angebots an Schulen bedarf auch einer reflektierten Wahrnehmung dieses Angebots durch die Zielgruppen. Vor diesem Hintergrund stellen sich den staatlichen Institutionen in der Zukunft folgende Aufgaben:

- Überprüfung der Dauer der sprachlichen Bildungsgänge (sind 9 oder noch mehr Jahre Unterricht in einer ersten Fremdsprache notwendig, oder sollten nicht lieber mehrere Fremdsprachen in kürzeren Lehrgängen gelernt werden?)
- Förderung des frühen Kontaktes mit Fremdsprachen/des frühen Fremdsprachenlernens in der Grundschule
- Förderung des Lernens von zwei Fremdsprachen in Hauptschulen und von drei (modernen) Fremdsprachen in Realschulen, Gesamtschulen und Gymnasien
- Verstärkung des fremdsprachlichen Lernens in beruflichen Bildungsgängen
- Erprobung von Fremdsprachenunterricht mit spezifischer Zielsetzung (z.B. praxis- bzw. anwendungsbezogener Fremdsprachenunterricht, Fremdsprachenunterricht in sogenannten Kompaktkursen usw.)
- Förderung bilingualer Bildungsgänge
- Reflexion der Inhalte des Fremdsprachenunterrichts und Verstärkung der europäischen Dimension im Unterricht
- Förderung der Motivation der Schüler und Schülerinnen durch Information und Anregung zu außerschulischer Arbeit (z.B. durch Unterstützung von Sprachenwettbewerben und Anregung zu projektorientierten Begegnungen mit Partnern)
- Erneuerung der Aus-, Fort- und Weiterbildung der Lehrkräfte für die Anforderungen an den Sprachunterricht der Zukunft.

Literatur

Bausch, Karl-Richard u.a. (1985), *Forschungsgegenstand Richtlinien*, Tübingen.
Böhme, Günter (1991), "Russischunterricht in der DDR – wie weiter?", in: Albert Raasch u.a. (Hrsg.), *Fremdsprachendidaktik der (ehemaligen) DDR: Die Öffnung*, Saarbrücken, 37-47.
Christ, Herbert (1980), *Fremdsprachenunterricht und Sprachenpolitik*, Stuttgart.
Christ, Herbert/Liebe, Elisabeth (1981), *Fremdsprachenunterricht in amtlichen Verlautbarungen*, Augsburg.
Christ, Herbert/Müllner, Klaus (1985), *Richtlinien für den Unterricht in den neueren Fremdsprachen in den Schulen der Bundesrepublik Deutschland 1945 bis 1984. Eine systematische Bibliographie*, Tübingen.
Christ, Herbert/Rang, Hans-Joachim, Hrsg. (1985), *Fremdsprachenunterricht unter staatlicher Verwaltung 1700 bis 1945*, 7 Bde., Tübingen.
Fremdsprachenunterricht (1984-1986), "Chronik des Fremdsprachenunterrichts in der DDR", I – 1984, 437-451, II – 1984, 578-580, III – 1985, 583-585, IV – 1986, 68-70, V – 1986, 261-263, VI – 1986, 358-360 (zusammengestellt von Marion Röske).
Herold, Dieter (1983), "Stundentafeln Fremdsprachen an Hauptschulen", in: *Neusprachliche Mitteilungen*, Jg. 36, 182.
Herold, Dieter (1984), "Stundentafeln Fremdsprachen an Realschulen", in: *Neusprachliche Mitteilungen*, Jg. 37, 58-59.
Herold, Dieter (1984), "Die Stundentafeln des Gymnasiums", in: *Neusprachliche Mitteilungen*, Jg. 37, 130-132.
Herold, Dieter (1991), "Stundentafeln in den neusprachlichen Fächern", in: *Neusprachliche Mitteilungen*, Jg. 44, 168-172.
Schröder, Konrad, Hrsg. (1982), *Lehrplan und Prüfungsordnung (= Die Neueren Sprachen)*, Jg. 81, H. 1.
Sebbel, Erna, Hrsg. (1976), *Die Reform der gymnasialen Oberstufe in Nordrhein-Westfalen*, Hannover.
Ständige Konferenz der Kultusminister der Länder, Hrsg. (1981), *Einheitliche Prüfungsanforderungen in der Abiturprüfung Englisch*, Neuwied.
(Die entsprechenden Veröffentlichungen für Französisch, Italienisch, Russisch und Spanisch erschienen in den Jahren 1981 und 1982; überarbeitete Fassungen 1989.)
Ständige Konferenz der Kultusminister der Länder, Hrsg., (1990), *Zur Situation des Französischunterrichts in der Bundesrepublik Deutschland*, Bonn (weitere Berichte ebenda zum Chinesischunterricht (1990), Dänischunterricht (1988), Italienischunterricht (1987), Japanischunterricht (1988), Niederländischunterricht (1990), Polnischunterricht (1991), Portugiesischunterricht (1989), Russischunterricht (1989) und zum Spanischunterricht (1987).
Zapp, Franz-Josef/Schröder, Konrad (1983), *Deutsche Lehrpläne für den Fremdsprachenunterricht 1900 bis 1970. Ein Lesebuch*, Augsburg.

Ingeborg Christ

116. Fremdsprachenunterricht an Hochschulen

1. Die Situation vor 1970

Die sprachpraktische Unterweisung in den modernen Fremdsprachen Englisch, Französisch, Spanisch, Italienisch und Russisch sowie weiteren 'kleinen' Sprachen (vgl. dazu die fachspezifischen Einträge) gehörte von jeher zum Ausbildungsspektrum der neuphilologischen Fächer, galt jedoch bis etwa Ende der 60er Jahre eher als 'notwendiges Übel' eines ansonsten allgemeinbildenden philologischen Studiums. Diese sehr negative Einschätzung der Sprachpraxis läßt sich belegen anhand einer Reihe von offensichtlichen Defiziten und Unzulänglichkeiten.

So fehlte in den Ausbildungsplänen der meisten Hochschulen eine klare Lernzieldefinition hinsichtlich Umfang und Grad der Sprachbeherrschung, die in der Regel gemäß den Richtlinien der Kultusministerien von künftigen Fremdsprachenlehrern erwartet wurde. Formuliert war lediglich das Globalziel, nämlich, die Studierenden in die Lage zu versetzen, mit literarischen Texten 'umgehen', d.h., sie verstehen, schriftlich interpretieren und gegebenenfalls übersetzen zu können. Die Schulung der mündlichen Sprachfertigkeiten wurde mit Ausnahme phonetischer Kurse und sporadischer Leseübungen stark vernachlässigt. Hörverstehens- und Sprechfertigkeitsübungen gehörten nicht zum Übungskanon. Gelegentliche Konversationsübungen konnten eine deutlich konzipierte und strukturierte mündliche Sprachausbildung nicht ersetzen.

Hinzu kam, daß Vorlesungen und Seminare in der Regel nicht in der Fremdsprache abgehalten wurden – einige landeskundliche Vorlesungen von Lektoren ausgenommen –, und die mündliche Examensprüfung in der Regel auf deutsch und nur in unwesentlichen Teilen in der Fremdsprache stattfand. Hingegen wurde auf das schriftliche Examen in Form von Hin- und Herübersetzung sowie der Abfassung eines literarischen (später auch sprachwissenschaftlichen) Essays in den Übungen vorbereitet (vgl. Schumann 1973, 164).

Die Lerninhalte der sprachpraktischen Übungen waren ebenfalls traditionellerweise stark literarisch orientiert. Das galt sowohl für die Auswahl der Übersetzungstexte als auch für den interpretativen Essay, in welchem in der Regel eine Textstelle, ein Werk oder ein Autor neben allgemeinen Themen wie 'Werbung', 'Sitten und Gebräuche', 'Institutionen' etc. abgehandelt wurde. Insgesamt läßt sich somit bereits durch die prüfungsrelevante Lernzielsetzung und die Lerninhalte feststellen, daß die Studierenden in den Kursen weder angemessen auf die Beherrschung der Fremdsprache als Kommunikationsmittel noch auf ihren künftigen Beruf als Fremdsprachenlehrer mit einer geläufigen Verwendung der Fremdsprache als Unterrichtssprache vorbereitet wurden.

Bei den Lernformen überwog der frontale Gruppenunterricht als Streukurs, einmal wöchentlich zweistündig durchgeführt. Intensivkurse (etwa 20 Std. wöchentlich), halbintensive Kurse (etwa 8 Std. wöchentlich) oder die individualisierten Unterrichtsformen (Einzelunterricht, programmierte Selbstinstruktion) kamen nur in seltenen Ausnahmefällen vor und wurden eigentlich nur in den Nicht-Schulsprachenfächern angeboten (vgl. Sprissler/Weinrich 1972).

Ein entscheidender Mangel des Fremdsprachenunterrichts an den Hochschulen vor 1970 bestand darin, daß er weder in den Gesamtlehrplan integriert war, noch von Professoren oder Dozenten durchgeführt wurde. In der Regel oblag die Sprachpraxis den *native speakers* als Rotationslektoren, deren zumeist einzige Qualifikation darin bestand, die Zielsprache als Muttersprache zu sprechen, die jedoch auf die Vermittlung einer Fremdsprache weder theoretisch noch praktisch vorbereitet waren, sondern in dem kurzfristigen, etwa 2-3jährigen Aufenthalt in Deutschland vornehmlich die Möglichkeit wahrnahmen, ihre germanistischen Studien zu vervollständigen und den Sprachunterricht nur nebenbei erteilten.

Das in den Kursen verwendete Lehrmaterial war von unterschiedlicher Qualität. Nur für wenige Phonetikübungen und einige Grammatikkurse standen bundesweit eingeführte Übungsbücher vor allem in Englisch und Französisch zur Verfügung. Ansonsten war die Auswahl der Texte weitgehend den Lektoren überlassen.

Bei allen Lehrmaterialien war zu beobachten, daß sie weder für die Zielgruppe konzipiert noch kontrastiv zur Muttersprache der Lerner angelegt waren, zwei Prinzipien, die später für die Erstellung von Grund- und Aufbaukursen bedeutsam werden sollten.

2. Reformvorschläge

Diese offenkundig unzureichende sprachpraktische Ausbildung der künftigen Fremdprachenlehrer und die mangelnde Berufsbezogenheit des Studiums veranlaßte eine Reihe namhafter Wissenschaftler zur Entwicklung von Reformvorschlägen sowie der Ausarbeitung von Modellen und institutionellen Änderungen (Krumm 1973, 25-31). Dabei haben die Forderungen des Wissenschaftsrates von 1970 sowie die Gründung von Sprachzentren und Fremdspracheninstituten den Fremdsprachenunterricht am nachhaltigsten beeinflußt. Entscheidend verstärkt wurden die Reformbestrebungen durch einen erheblichen Anstieg der Fremdsprachenlehrerstudenten einerseits (Seminar für Sprachlehrforschung 1986, 2) und den Ausbau der neueren Sprachwissenschaften mit z.T. deutlich 'angewandter' Orientierung andererseits. Die Prozesse des Spracherwerbs und der Sprachlernung waren nicht länger nebensächliches Abfallprodukt der literarischen Bildung, sondern gerieten immer stärker in den Mittelpunkt der Ausbildungsinteressen der Studierenden. Verstärkt wurde diese Entwicklung ferner durch die Förderung einer Reihe von Forschungsprojekten (vgl. auch Art. 20).

Diese Reformansätze hatten für den Fremdsprachenunterricht unmittelbare Folgen, und zwar sowohl in quantitativer Hinsicht – bis zu 50% der gesamten Fremdsprachenlehrerausbildung sollte aus sprachpraktischen Kursen bestehen (Krumm 1973, 27) – als auch qualitativer. Neben neuen Lehrmaterialien und dem Einsatz der Sprachlabors in den Sprachzentren wurde der Fremdsprachenunterricht stärker als bisher differenziert in Anfänger und Fortgeschrittenenübungen mit zum Teil 4-5 Niveaustufen (Anfänger ohne Kenntnisse, Remedial-, Grund-, Aufbau-, Examensstufe), wobei zunehmend vor Studienbeginn Einstufungstests üblich wurden, durch die möglichst homogene Lerngruppen geschaffen werden sollten (Laitenberger 1974). Ferner wurden nunmehr auch die kommunikationsrelevanten Fertigkeiten Hören und Sprechen systematisch gelehrt und trainiert. Die Realisierung der Reformansätze konnte nur durch entsprechend qualifiziertes Personal gelingen. Gleichwohl wurden nur wenige erfahrene Lektoren in Dauerstellen übernommen. Erst seit wenigen Jahren gilt für neu einzustellende Lehrkräfte eine qualifizierte Sprachlehrausbildung oder ein Examen in Angewandter Linguistik oder Fremdsprachendidaktik als Anstellungsvoraussetzung.

3. Gegenwärtiger Stand

Der Fremdsprachenunterricht hat in den letzten Jahren eine erhebliche Aufwertung erfahren. Lehramtsstudierende mit ungewissen Berufschancen sind an einer fundierten Sprachausbildung mehr denn je interessiert, ermöglichen gute Fremdsprachenkenntnisse ja noch am ehesten eine Arbeitsmöglichkeit außerhalb der Schule.

Ferner kann eine deutliche Verschiebung der Lernzielschwerpunkte von rezeptiven zu produktiven Fertigkeiten beobachtet werden. Hörverstehens- und Leseübungen sowie Sprechfertigkeitstests mit einer deutlichen Tendenz zur objektiveren Leistungsmessung werden an allen Hochschulen angeboten. Medien werden verstärkt im Fremdsprachenunterricht eingesetzt, und zwar sowohl in Phonetik- und Intonationskursen (Sprachlabor) als auch als Sprechauslöser (Videos) sowie neuerdings bei Grammatikübungen (Computer). Gleichwohl darf der Medieneinsatz nicht überbewertet werden, denn da sich die Prüfungspraxis im Examen in den letzten 20 Jahren nicht wesentlich geändert hat – nach wie vor werden Übersetzungen und Essays verlangt und die mündliche Prüfung nur in der Fremdsprache stellt die Ausnahme dar – so sind auch die examensvorbereitenden Kurstypen, allerdings mit ganz erheblich veränderten Inhalten und Zielsetzungen, immer noch sehr häufig. Zwar liegen Vorschläge zur Entkoppelung von fachwissenschaftlichem Examen und der Sprachbeherrschung vor, werden aber nur an wenigen Hochschulen praktiziert. (Dausendschön/Voss 1981).

Entscheidende Impulse gehen derzeit von neuen fachsprachlich orientierten Kursen im Rahmen neuer Studiengänge oder Studiengangsteile aus. Während früher der Fremdsprachenunterricht fast ausschließlich auf das Lehramt ausgerichtet war, so sind heute das Magister-Studium, mit stark umkämpften sprachpraktischen Anteilen, daneben aber auch Diplomstudiengänge, Wahlpflichtkombinationen in Sozial- und Wirtschaftswissenschaften sowie Naturwissenschaften mit eindeutig berufsorientierter fachsprachlicher Ausrichtung hinzugekommen. Die ehemals unverbindlichen Kurse für 'Hörer aller Fakultäten' sind teilweise in Studiengänge integriert, sei es als Brückenkurse, Nebenfächer oder Zusatzstudiengänge. Allerdings muß auch betont werden, daß es für diese mannigfachen Bestrebungen der Hochschulen, ihr Angebot auszuweiten und berufsbezogener zu gestalten, keinen bundeseinheitlichen Rahmen gibt. Der Wert der Sprachzertifikate kann von den potentiellen Abnehmern in Industrie und Wirtschaft nur unzureichend eingeschätzt werden. Andererseits liegen Umfrageergebnisse vor, die einen erheblichen Bedarf an Fremdsprachenkenntnissen von Hochschulabsolventen erkennen lassen. Die fachsprachliche Fremdsprachenausbildung wird somit zunehmen (Nehm u.a. 1985).

4. Perspektiven

Die Hochschulen werden in Zukunft erhebliche Anstrengungen unternehmen müssen, wenn ihre sprachpraktische Ausbildung den veränderten gesellschaftlichen Anforderungen entsprechen soll. So muß der sprachpraktische Anteil im Lehramtsstudium noch stärker auf den künftigen Beruf hin ausgerichtet werden, was z.B. die Aufnahme der Unterrichtssprache als Lernziel, die verstärkte Beschäftigung mit den Medien, eine gezielte Lehrmaterialentwicklung und -erprobung im Sinne des forschenden Lernens zur Folge haben könnte. Auch die zeitweilig verfolgten Versuche, das Studium enger mit der zweiten Phase der Lehrerausbildung zu verzahnen, sollten wieder aufgenommen werden. Sie könnten zu einer erheblichen Ausweitung von unterrichtsbezogenen Forschungsaktivitäten führen, wie sie in Ostdeutschland vor der 'Wende' an der Tagesordnung waren (vgl. Brandt 1991).

Weiterhin muß auf die quantitative Ausweitung der Sprachpraxis nunmehr die inhaltliche Evaluierung der Sprachlehrveranstaltungen folgen, wobei die Bedürfnisse der Lerner, bezogen auf ihr künftiges Berufsbild, berücksichtigt werden sollten. Dabei gilt es allerdings zu bedenken, daß die Sprachpraxis auch für das wissenschaftliche Studium der Literatur, Linguistik und Landeskunde der jeweiligen Fächer vorbereiten soll. An die Stelle der früher eher monovalenten Ausbildungsstruktur für ein Fach und ein Berufsziel muß somit Polyvalenz treten (vgl. Preuss 1983).

Vielfältiger und facettenreicher sollte auch der Methodenreichtum genutzt werden, und zwar sowohl in der Forschung als auch in der Lehre. Methodenexperimente sollten angeregt und angemessen gefördert werden. Erforderlich ist dabei allerdings die gesetzlich garantierte Mitwirkung der 'Sprachlehrer' an der Forschung. Solange der Sprachunterricht eine 'bloße Dienstleistung' der Lektoren ohne Forschungsrelevanz bleibt, wird sich an dem derzeitigen Zustand wenig ändern.

Da es derzeit ernsthafte Vorschläge gibt, das Studium einer Fremdsprache für alle Studierenden obligatorisch zu machen, wird in den kommenden Jahren mit Sicherheit die fachsprachliche Ausbildung im Fremdsprachenunterricht zunehmen. Die verantwortlichen Institute sollten sich auf diesen Bedarf rechtzeitig einstellen und gemeinsam mit den interessierten Abnehmern in Wirtschaft und Industrie berufsbezogene Curricula entwickeln und erproben. Ferner sollten Projekte, die ein z.B. bundesweit akzeptiertes System von Niveaustufen (UNICERT) vorsehen, weiter vorangetrieben werden (Klein-Braley/Voss 1992).

Fremdsprachenkenntnisse sollten künftighin nicht nur in lehrergeführten Kursen, Intensivveranstaltungen oder Projekten erworben werden können, sondern auch mit autonomen, selbstinstruierenden Programmen und Materialien in speziell dafür ausgestatteten Mediotheken z.B. der Sprachzentren. Erste Versuche in dieser Richtung sind verheißungsvoll und sollten verstärkt fortgesetzt werden. Voraussetzung hierfür ist jedoch eine möglichst umfangreiche und detaillierte Analyse der Bedürfnisse sowie eine geeignete Materialentwicklung mit entsprechender Leistungskontrolle (Nehm/Vogel 1986).

Da bekanntermaßen ein mindestens sechsmonatiges Auslandsstudium die Fremdsprachenkenntnisse am nachhaltigsten fördert und vertieft, sollte der Auslandsaufenthalt zumindest für künftige Fremdsprachenlehrer verpflichtend gemacht werden. Die hierfür erforderlichen gesetzlichen Grundlagen müßten geschaffen werden. Darüber hinaus sind die Hochschulen aufgefordert, alle Möglichkeiten zur Ausweitung der Mobilität der Studierenden durch Partnerschaften, gemeinsame Curricula mit ausländischen Hochschulen oder Austauschprogramme zu nutzen.

Literatur

Addison, Anthony/Vogel, Klaus, Hrsg. (1985), *Fremdsprachenausbildung an der Universität*, Bochum.
Börsch, Sabine/Krumm, Hans-Jürgen (1984), *Fremdsprachenunterricht an der Hochschule. Bericht über ein Forschungsprojekt zur Evaluation von Sprachlehrveranstaltungen am zentralen Fremdspracheninstitut der Universität Hamburg*, Darmstadt.
Brandt, Berthold (1991), "Zur Situation der Fremdsprachenforschung und ihrer zukünftigen Entwicklung in den neuen Bundesländern", in: *Zeitschrift für Fremdsprachenforschung*, Bd. 2, H. 2, 16-29.
Dausendschön, Ulrich/Voss, Bernd, Hrsg. (1981), *Zur Überprüfung der sprachpraktischen Leistung der Fremdsprachenlehrer, AKS-Arbeitspapier Nr. 8*, Bochum.
Klein-Braley, Christine/Voss, Bernd (1992), "Rahmenordnung für ein institutsübergreifendes Hochschul-Fremdsprachenzertifikat (UNICERT), in: *Fremdsprachen und Hochschule*, H. 35, 104-107.
Koordinierungsgremium im DFG – Schwerpunkt 'Sprachlehrforschung', Hrsg. (1983), *Sprachlehr- und Sprachlernforschung: Begründung einer Disziplin*, Tübingen.
Krumm, Hans-Jürgen (1973), *Analyse und Training fremdsprachlichen Lehrverhaltens*, Weinheim.
Laitenberger, Heide (1974), "Sprachausbildung", in: Helmut Reisener (Hrsg.), *Fremdsprachen in Unterricht und Studium*, München, 31-67.
Nehm, Ulrich/Sprengel, Konrad/Clearingstelle des Arbeitskreises der Sprachzentren, Sprachlehrinstitute und Fremdspracheninstitute (AKS), Hrsg. (1985), *Berufsorientierte Sprachausbildung an der Hochschule*, Bochum.
Nehm, Ulrich/Vogel, Klaus, Hrsg. (1986), *Autonomes Lernen und Fremdsprachenerwerb.* (= *Fremdsprachen und Hochschule*, H. 17), Bochum.
Preuss, Harald (1983), "Erfolg, Mißerfolg und Abbruch in Sprachkursen. Ergebnisse aus dem Modellversuch 'Fremdsprachenorientierte Studieneingangsphase' an der Freien Universität Berlin", in: *AKS-Rundbrief*, Nr. 8, 1-12.
Schumann, Adelheid (1973), "Zur Entwicklung eines abgestuften Sprachlehrprogramms Französisch an der Universität", in: *Neusprachliche Mitteilungen*, Jg. 26, 161-167.
Seminar für Sprachlehrforschung der Ruhr-Universität Bochum, Hrsg. (1986), *Probleme und Perspektiven der Sprachlehrforschung. Bochumer Beiträge zum Fremdsprachenunterricht in Forschung und Lehre*, Frankfurt a.M.
Sprissler, Manfred/Weinrich, Harald, Hrsg. (1972), *Fremdsprachenunterricht in Intensivkursen*, Stuttgart.
Voss, Bernd, Hrsg. (1986), *Unterrichtssprache im Fremdsprachenunterricht*, Bochum.
Wissenschaftsrat (1970), *Empfehlungen zur Struktur und zum Aufbau des Bildungswesens im Hochschulbereich nach 1970*, Bd. 2, Bonn.

Heiner Pürschel

117. Fremdsprachenunterricht in der Erwachsenenbildung

Der Fremdsprachenbedarf wächst in vielen Lebensbereichen. Das ist seit langem bekannt, bleibt aber ziemlich folgenlos für die Lehrpläne der Schulen. Erwachsene hingegen beweisen, daß sie die neuen Bedürfnisse erkannt haben. Fast jeder zweite erwachsene Bundesbürger war schon vor "Europa '93" bereit, Fremdsprachenkenntnisse zu erwerben oder zu vervollkommnen (Bundesminister für Bildung und Wissenschaft 1980). Die Kenntnis anderer Sprachen ist "wesentlich zum Bestandteil beruflicher Qualifikationen geworden, die die individuellen Berufschancen verbessern und den Betrieben bessere Entwicklungsmöglichkeiten im Außenhandel eröffnen." (Klause in Kramer/Weiß 1992) Eine Orientierungshilfe über fremdsprachliche Aus- und Fortbildungsmöglichkeiten im allgemeinen und berufsbezogenen Bereich bietet die Aktion Bildungsinformation mit einer 231 Seiten umfassenden Broschüre (1991). Sie enthält Anschriften, Preise, Gütekriterien, Ratschläge und eine umfangreiche Marktübersicht zum Fremdsprachenlernen für Beruf und Freizeit.

1. Gewerkschaftliche Einrichtungen

Der Anteil des Fremdsprachenunterrichts einschließlich Fortbildungslehrgänge mit Fremdsprachenunterricht am Gesamtvolumen der Lehrgangsaktivitäten (berufliche und allgemeine Bildung) der Deutsche Angestellten-Gewerkschaft-Bildungseinrichtungen (DAG) lag in den letzten Jahren bei etwa 2%, wobei tendenziell der berufsbezogene Fremdsprachenunterricht (Wirtschaftsenglisch, Handelskorrespondenz Englisch, Französisch) und vor allem die berufliche Fortbildung mit Fremdsprachenunterricht (Fremdsprachenkaufmann/frau, Fremdsprachenkorrespondent/in, Fremdsprachliche/r Wirtschaftsassistent/in) höhere Zuwachsraten aufweisen. Insgesamt bieten 26 DAG-Bildungseinrichtungen, meist in größeren Städten, Fremdsprachenkurse an, einige von ihnen auf Landesebene auch als Bildungsurlaubsseminare. In den Berufsfortbildungseinrichtungen des Deutschen Gewerkschaftsbundes (DGB) spielen fremdsprachliche Aktivitäten nach Auskunft des Berufsfortbildungswerkes im DGB eine so untergeordnete Rolle, daß sie hier keiner Erwähnung bedürfen.

2. Private Einrichtungen

Die breite Palette privater Sprachschulen wird immer wieder in den Anzeigenspalten der Tagespresse dokumentiert. Neben den in vielen Städten vertretenen, oft internationalen Ketten angehörenden Schulen gibt es eine zunehmende Zahl kleiner und kleinster. Manche heben sich bewußt von den großen ab, setzen auf ein alternatives Erscheinungsbild oder auf alternative Methoden. Viele Privatschulen wenden sich vorzugsweise an Einzellerner, an Kleinstgruppen, an Firmen, bieten intensive Trainingsprogramme auf Maß zu oft hohen Preisen (s. Dröll 1994).

3. Fernstudienlehrgänge

Fernunterricht ermöglicht zeitlich flexibles und ortsunabhängiges Lernen. 1992 boten 14 private Veranstalter in 27 Sprachen Lehrgänge an, die von der staatlichen Zentralstelle für den Fernunterricht aufgrund des Fernunterrichtsschutzgesetzes zugelassen waren (ZFU 1994). Die Teilnehmerzahlen sind steigend (1983: 12.691, 1992: 19.525). Nach Auskunft der Zentralstelle wenden sich die Fernstudienlehrgänge in der Regel an Erwachsene, die berufstätig sind und die erworbenen Sprachkenntnisse im Beruf verwenden können. Darüber hinaus gibt es Fremdsprachenlehrgänge, die auf Berufstätigkeiten vorbereiten, bei denen die fremdsprachliche Tätigkeit im Vordergrund steht. Lehrgänge, die lediglich einer Zusatzausbildung dienen, dauern in der Regel ca. ein Jahr. Sie sind in verschiedene Stufen für Anfänger und Fortgeschrittene aufgeteilt. Übersetzerlehrgänge dauern drei bis vier Jahre. Lerndauer und Lernniveaus sind aber meist nicht eindeutig definiert. Viele Lehrgänge für bei uns seltener gelernte Sprachen wurden nicht für den deutschen Markt produziert, sondern sind zweisprachig mit Englisch als Ausgangssprache angelegt. Fast alle Lehrgänge sind mit Tonkassetten versehen, aber nicht immer wird Gelegenheit zur eigenen Sprachproduktion gegeben. Neben schriftlichen Studienanleitungen bieten Fernlehrinstitute im Rahmen einer individuellen schriftlichen, telefonischen oder auch persönlichen Betreuung der Lernenden jedoch zunehmend nicht nur an, eingesandte schriftliche Kontrollaufgaben zu korrigieren und kommentieren, sondern auch besprochene Kassetten. Trotzdem dürfte es ein spezifisches Problem von Fernunterricht bleiben, wie es insbesondere im Anfängerunterricht gelingen kann, ohne das Sprechen miteinander eine angemessene Sprachkompetenz zu vermitteln. Diesem Problem tragen auch die vom Deutschen Fernschulverband aufgrund von mehr als 30 sozialwissenschaftlichen Studien zusammengetragenen "11 Gründe für die Nutzung von Fernunterrichtsangeboten" nicht Rechnung. Ein Teil der Fernlehrgänge bereitet auf anerkannte Abschlußprüfungen, staatliche oder öffentlich-rechtliche Prüfungen vor. Diese Prüfungen sind Externenprüfungen, d.h. das Fernlehrinstitut ist nicht die Prüfungsstelle. Wird keine dieser Prüfungen abgelegt, stellt das Institut Zeugnisse oder Urkunden über abgelegte interne Prüfungen aus oder Teilnahmebescheinigungen, die bestätigen, daß der Lehrgang vollständig absolviert und die Kontrollaufgaben gelöst worden sind. Entscheidungshilfen zur Lernmöglichkeit Fernunterricht geben Broschüren des Deutschen Fernschulverbandes e.V., der Staatlichen Zentralstelle für Fernunterricht (ZFU) und des Bundesinstituts für Berufsbildung (BIBB).

4. Betriebliche Einrichtungen

Etwa fünfzig Großunternehmen, die firmeninternen Sprachunterricht durchführen, haben sich in einem Erfahrungsaustauschring (ERFA-Wirtschaft) zusammengeschlossen. ERFA vertritt jedoch nicht alle Unternehmen, die firmeninternen Unterricht betreiben. Der Unterricht wendet sich an Firmenangehörige, die am Arbeitsplatz bzw. bei Auslandseinsätzen Fremdsprachenkenntnisse benötigen. Die Lernziele sind immer eindeutig nach dem aktuellen Bedarf der Firma festgelegt. Sie können sowohl langfristiger, allgemeiner Natur sein als auch auf minimale und sehr kurzfristige fremdsprachliche Notwendigkeiten beschränkt bleiben (z.B. ein Lesekurs Kyrillisch in 5 Stunden). Eine besondere Aufgabe ist die Vermittlung von fachspezifischen Sprachkenntnissen, ausgehend von Mittelstufen- bis Fortgeschrittenenkenntnissen (Verhandlungssprache, Vortragssprache, Rhetorik, Spezifikationen, Bedienungshandbücher, Verfahrensbeschreibungen, Berichte abfassen). Den vielfältigen und oft schnell wechselnden Lernzielen entspricht die Vielfalt der verwendeten Lehrmaterialien, oft aus ausländischen Verlagen, selbstentwickelt, durch Realien aus den Firmen ergänzt. Auch Kursintensität und Teilnehmerzahl hängen stark vom jeweiligen Lernziel ab. Aus Rationalisierungsgründen besteht bei gleichbleibendem Gesamtumfang der Maßnahmen eine Tendenz weg von extensiven (Anfänger)kursen hin zu zielgerichteten Spezialkursen. Probleme, die regelmäßig auf den zweimal jährlichen Treffen der ERFA-Mitglieder angesprochen werden, sind: geeignete Lehrmaterialien zu finden bzw. selbst zu erstellen; geeignete Lehrer zu finden, die erwachsenengerechten und praxisnahen Unterricht erteilen können; methodisch-didaktische Ansätze zum Unterrichten von Personen zu finden, die in ihrem Beruf etabliert sind und das Erlernen von Fremdsprachen als Nebensache ansehen. Schließlich sei an dieser Stelle auf die zunehmende Rolle der Industrie- und Handelskammern für die sprachliche Weiterbildung hingewiesen, ein deutliches Indiz für die wachsende Bedeutung von Fremdsprachen bei der Karriereplanung. 1988 nahmen 5.432 Lernende an IHK-Sprachkursen teil, 1992 waren es 7.107. Die Zahl der Teilnehmenden an IHK-Sprachprüfungen – sie erstrecken sich auf zwanzig Sprachen und sechs unterschiedliche Prüfungen – ist von 1982 bis 1992 erheblich gestiegen (von 4.683 auf 7.107, während sie im Zeitraum von 1976 bis 1981 fast konstant war (ca. 3.000 bis 3.500).

5. Öffentliche Einrichtungen

Einen begrenzten Beitrag zum Fremdsprachenunterricht in der Erwachsenenbildung leisten die staatlichen ausländischen Kulturinstitute. Zu nennen sind hier zwei englische *(British Council)*, 24 französische *(Institut Français)* und sieben italienische *(Istituti italiani di Cultura)*.

Das Bundessprachenamt in Hürth bei Köln ist aus dem Übersetzerdienst der Bundeswehr (1956) und der Sprachenschule der Bundeswehr (1959) hervorgegangen. Zu den Aufgaben dieses Amtes gehören Sprachunterricht für das Personal der Bundesressorts sowie gemäß besonderer Vereinbarung auch für das Personal der Länder- und Kommunalverwaltungen, Deutschkurse für Ausländer im Rahmen der Ausbildungs- und Ausrüstungshilfe, Terminologiearbeit und Übersetzertätigkeit. Über 500 Lerner können im Bundessprachenamt gleichzeitig bei internatsmäßiger Unterbringung in folgenden Sprachen unterrichtet werden: Englisch, Französisch, Spanisch, Portugiesisch, Italienisch, Russisch, Tschechisch, Polnisch und Deutsch (für Ausländer). Über 30.000 Lerner haben seit 1959 Sprachlehrgänge unterschiedlicher Dauer (drei- bis viermonatige Vollehrgänge, sechswöchige Kurzlehrgänge und Sonderlehrgänge) durchlaufen. Ziel der Sprachausbildung ist es,

Soldaten und Angehörigen des öffentlichen Dienstes verwendungsbezogene Kommunikationsfertigkeiten zu vermitteln.

Den wohl größten Anteil am Fremdsprachenunterricht an Institutionen der Erwachsenenbildung in der Bundesrepublik Deutschland haben die fast 1.100 Volkshochschulen (VHS) mit ihren rund 4.200 Arbeitsstellen. Sprachkurse machen im Bundesdurchschnitt etwa ein Drittel des gesamten VHS-Kursangebotes aus. In manchen Orten liegt der Anteil sogar weit darüber. Kurse in Deutsch als Fremdsprache, Englisch, Französisch, Italienisch, Russisch und Spanisch gehören zum Angebot fast aller Volkshochschulen. In größeren Einrichtungen kommen etwa zwanzig weitere Sprachen hinzu. Infolge unterschiedlicher gesetzlicher Grundlagen für die VHS-Arbeit in jedem Bundesland und der weitreichenden Autonomie jeder einzelnen Volkshochschule lassen sich jedoch nur mit großer Vorsicht allgemeingültige Aussagen über den VHS-Sprachunterricht machen. Sicher ist, daß sich die Volkshochschulen als eine öffentliche, jedermann zugängliche Einrichtung seit der Einführung der VHS-Sprachenzertifikate im Jahre 1968 zu einem ernstzunehmenden Anbieter sprachlicher Weiterbildung entwickeln. Sie veranstalten mehr Sprachkurse in mehr Sprachen an mehr Orten und zu mehr Zeiten als jede andere Einrichtung der Weiterbildung. Als Teil des öffentlichen Bildungswesens sind sie in ganz besonderer Weise dem Anspruch weiter Bevölkerungskreise auf das Erlernen von Fremdsprachen verpflichtet. Die Entwicklung soll mit nur wenigen Zahlen belegt werden.

	durchgeführte Kurse	durchgeführte Unterrichtsstunden	Belegungen
1963	16.500	?	306.000
1974	52.569	1.576.770	938.478
1986	112.705	3.652.720	1.509.520
1992	140.723	5.528.000	1.747.200

Von den für 1992 genannten Zahlen entfallen auf die seit 1991 in der Statistik auch ausgewiesenen fünf ostdeutschen Bundeländer:

8.325	369.801	103.813

Anhand der "Statistischen Mitteilungen" (Pädagogische Arbeitsstelle 1963 ff.) läßt sich eine zunehmende sprachliche Differenzierung nachvollziehen. Erst ab 1968 wird zwischen Fremdsprachen und Muttersprache Deutsch unterschieden. Ab 1970 werden getrennt ausgewiesen: Englisch, Französisch, Deutsch als Fremdsprache, andere Fremdsprachen, Deutsch als Muttersprache. Seit 1971 kommen Italienisch, Russisch und Spanisch hinzu. Seit 1987 werden fünfzehn weitere Sprachen erfaßt. Im Laufe der Jahre fallen Veränderungen der Anteile bestimmter Sprachen auf, hier bezogen auf die Zahl der durchgeführten Kurse:

	1974	1980	1986
Deutsch als Fremdsprache	8,3 %	7,6 %	8,5 %
Englisch	44,6 %	43,5 %	37,7 %
Französisch	21,7 %	23,6 %	21,7 %
Italienisch	5,0 %	6,4 %	9,9 %
Russisch	3,7 %	1,9 %	1,7 %
Spanisch	6,5 %	7,7 %	9,5 %
andere Sprachen (ohne Deutsch Muttersprache)	4,2 %	6,1 %	7,7 %

Bezüglich der Anteile einzelner Sprachen bestehen zwischen den westdeutschen und den ostdeutschen Bundesländern deutliche Unterschiede. Hier die Zahlen für 1992.

	D	D-Ost	D-West
Deutsch Fremdsprache	10,2%	6,5%	10,5%
Englisch	39,4%	72,0%	37,4%
Französisch	18,0%	11,6%	18,4%
Italienisch	9,7%	0,8%	10,3%
Russisch	2,5%	0,8%	2,6%
Spanisch	8,8%	2,0%	9,2%
andere Sprachen (ohne Deutsch Muttersprache)	7,9%	7,1%	7,9%

Am Beispiel des Bundeslandes Hessen liefert die folgende Aufstellung einen differenzierten Überblick des VHS-Sprachkursangebotes in zwei aufeinanderfolgenden Jahren. Leider liegt ein derartiger Überblick nicht für das ganze Bundesgebiet vor. Trotz geographisch bedingter Unterschiede kann diesem Beispiel aus einem Bundesland bezüglich der Struktur eines vielfältigen Sprachangebotes aber durchaus exemplarischer Wert beigemessen werden.

Sprachunterricht an den Volkshochschulen in Hessen 1992/93

Sprache	Kurse 1992	Rang	Kurse 1993	Rang	Unterrichtsstunden 1992	Rang	Unterrichtsstunden 1993	Rang	Belegungen 1992	Rang	Belegungen 1993	Rang
Arabisch	58	12	64	12	2.401	12	2.386	12	684	12	768	12
Aramäisch	3	26	–	–	180	25	–	–	28	27	–	–
Chinesisch	25	18	27	17	955	17	1.066	17	225	18	252	18
Dänisch	26	17	40	16	844	18	1.238	16	266	17	424	16
Deutsch (Fremdsprache)	1.996	3	2.124	2	187.800	1	203.383	1	31.590	2	33.609	2
Deutsch (Muttersprache)	429	6	434	6	19.546	6	21.019	6	4.909	6	4.802	6
Englisch	4.700	1	4.586	1	163.627	2	159.905	2	58.009	1	56.558	1
Esperanto	1	30	1	27	20	30	20	29	8	30	8	29
Finnisch	6	25	10	24	169	26	379	25	53	25	94	25
Französisch	2.252	2	2.096	3	73.090	3	67.084	3	24.598	3	23.063	3
Griechisch, Alt-	3	27	6	25	144	27	176	27	27	28	55	26
Griechisch, Neu-	119	8	107	8	3.899	8	3.374	9	1.234	8	1.158	8
Hebräisch, Neu-	20	19	24	18	790	19	914	19	189	20	226	19
Hindi	–	–	1	27	–	–	30	28	–	–	12	28
Italienisch	1.243	4	1.171	5	41.633	5	38.440	5	13.968	4	13.034	5
Japanisch	42	14	41	15	1.795	13	1.631	14	471	14	485	15
Koreanisch	3	28	3	26	130	28	180	26	32	26	34	27
Latein	20	20	22	19	733	20	635	22	214	19	195	21
Niederländisch	44	13	46	14	1.429	14	1.399	15	496	13	561	13
Norwegisch	12	23	16	22	428	23	574	23	145	22	169	22
Persisch	11	24	18	20	419	24	764	20	137	24	211	20
Polnisch	28	16	28	17	969	16	941	18	303	16	309	17
Portugiesisch	77	11	74	11	2.960	11	2.643	11	788	11	802	11
Russisch	286	7	264	7	9.550	7	8.892	7	2.954	7	2.709	7
Schwedisch	96	10	90	10	3.033	10	2.906	10	1.018	10	947	10
Serbokroatisch	13	22	16	22	547	21	665	21	142	23	167	23
Spanisch	1.201	5	1.197	4	42.493	4	41.697	4	13.928	5	14.207	4
Suaheli/Kishwahli	2	29	–	–	120	29	–	–	16	29	–	–
Tschechisch	16	21	14	23	461	22	411	24	181	21	161	24
Türkisch	99	9	95	9	3.882	9	3.443	8	1.050	9	1.045	9
Ungarisch	36	15	51	13	1.046	15	1.774	13	403	15	503	14
Insgesamt	12.867		12.666		565.093		567.969		158.066		156.568	

Die VHS-Kurse wenden sich an Erwachsene und Heranwachsende. Schüler werden von Volkshochschulen, die sich ihrer eigentlichen Aufgaben bewußt sind, meist dann ausgeschlossen, wenn VHS-Unterricht als Nachhilfe zu schulischem Fremdsprachenunterricht besucht werden soll. Anders wird die Situation dann bewertet, wenn es sich um Sprachen handelt, die in der Schule nicht erlernt werden können. Einige Zahlen aus dem Jahre 1992 zur Altersstruktur der in VHS-Fremdsprachenkursen Lernenden:

	D	D-Ost	D-West
unter 18 Jahren	7,0 %	7,3%	3,3%
18 bis unter 25 Jahre	15,6 %	23,3%	15,1%
25 bis unter 35 Jahre	32,4 %	29,8%	32,6%
35 bis unter 50 Jahre	28,6 %	27,9%	28,7%
50 bis unter 65 Jahre	14,8 %	10,0%	15,1%
65 Jahre und mehr	5,0 %	1,7%	5,2%

Knapp die Hälfte der Lerner ist also zwischen 18 und 35 Jahren. Dies führt zur Frage nach den Motiven für das Fremdsprachenlernen, der an anderer Stelle dieses Handbuchs nachgegangen wird (vgl. Art. 21).

VHS-Sprachunterricht wird von Fachkräften – meist auf Honorarbasis – erteilt, die in Fortbildungsseminaren eigens für das Lehren und Lernen mit Erwachsenen geschult werden. Weder die Tatsache, daß die eigene Muttersprache unterrichtet wird – was sehr oft der Fall ist – noch der Nachweis eines philologischen Studiums, das meist verlangt wird, kann allein als ausreichende Qualifikation angesehen werden.

Die Fortbildung ausländischer und deutscher Lehrer für Deutsch als Fremdsprache ist das Ziel auch von Projekten z.B. beim Deutschen Institut für Fernstudien an der Universität Tübingen, beim Goethe-Institut München und an der Gesamthochschule Kassel.

Schon seit langem ist die Volkshochschule keine Abendschule mehr. Betrug der Anteil an Tageskursen (Beginn bis 17 Uhr) im Jahre 1977 nur 9%, so nehmen sie in den ostdeutschen Bundesländern mit 10,3% auch noch 1992 einen geringen Anteil ein. In den westdeutschen Bundesländern waren dagegen 1992 fast 30% aller Sprachkurse keine Abendkurse mehr. Einer weiteren Ausdehnung von Tageskursen stehen vor allem räumliche Engpässe entgegen. Im gleichen Zeitraum (1977 bis 1992) sind die Lerngruppen kleiner geworden: von durchschnittlich 16,3 zu 12,4 Belegungen je Kurs. Die Zahl der wöchentlichen Unterrichtsstunden schwankt zwischen zwei (meist in einem Block von 90 Minuten) und vierzig, die Gesamtdauer eines Kurses zwischen einer und dreißig Wochen. Einwöchige Intensivkurse werden in einigen Bundesländern auch im Rahmen von Bildungsurlaub durchgeführt. Formale Zugangsvoraussetzungen bestehen für den Besuch von VHS-Sprachkursen in aller Regel nicht. Ausnahmen gibt es bei bestimmten berufsbezogenen Kursen. Die zur Einstufung in den geeigneten Kurs evtl. vorhandenen (fremdsprachlichen) Vorkenntnisse werden in zunehmenden Maße durch ein Beratungsgespräch und einen Test ermittelt. Eine entscheidende qualitative Wende hat der VHS-Fremdsprachenunterricht durch die Einführung der VHS-Sprachenzertifikate erfahren. Mit den VHS-Zertifikaten Deutsch (2 Stufen), Englisch (3 Stufen), Französisch (2 Stufen), Italienisch, Niederländisch, Russisch und Spanisch (2 Stufen) bieten die Volkshochschulen als einzige Weiterbildungseinrichtung einen institutseigenen, aber zugleich an umfassend definierten Lernzielen ausgerichteten und Grundsätzen objektivierter Leistungsmessung verpflichteten Nachweis praktischer Sprachbeherrschung an. Die Prüfungen zu den Sprachzertifikaten, von Anfang an und schon vor den Sprachenprojekten des Europarats (*Threshold level* etc.) in internationaler Zusammenarbeit mit den Volkshochschul-Verbänden in Österreich und der Schweiz entwickelt, werden inzwischen von Erwachsenenbildungseinrichtungen in 13 europäischen Ländern im freiwilligen Zusammenschluß der Internationalen Zertifikatskonferenz nach einheitlichen Richtlinien abgenommen. Aufgabenstellung und Korrektur erfolgen zentral durch die Prüfungszentrale des Deutschen Volkshochschul-Verbandes. Bis Ende 1992 haben insgesamt 270.778 Personen an einer VHS-Zertifikatsprüfung für Deutsch, Englisch, Französisch, Italienisch, Niederländisch, Russisch oder Spanisch teilgenommen, davon 115.485 an der gemeinsam mit dem Goethe-Institut entwickelten Prüfung zum Zertifikat Deutsch als Fremdsprache. Bei den in der 'International Certificate Conference' zusammengeschlossenen Partnerorganisationen des Deutschen Volkshochschul-Verbandes im Ausland – die stärksten sind die 'Chambres de Commerce et d'Industrie' – haben die VHS-Zertifikate den Namen 'ICC Certificates' erhalten. Volkshochschulen nehmen außerdem renommierte Sprachenprüfungen anderer Einrichtungen ab: die Prüfungen zu den *Cambridge Certificates in English* und die zentrale Mittelstufenprüfung des Goethe-Instituts in München.

6. Deutschunterricht für Ausländer

In den Volkshochschulen hat sich der Unterricht Deutsch als Fremdsprache sowohl quantitativ als auch qualitativ besonders stark entwickelt: von 1.814 Kursen im Jahre 1970 auf 14.387, d.h. 10,2% aller Fremdsprachenkurse mit 229.469 Belegungen im Jahre 1992. Der Anteil der Unterrichtsstunden betrug gar 27,3%, was auf die Intensität dieser Kurse und das vitale Bedürfnis vieler Lerner schließen läßt, sich möglichst schnell die Sprache ihres Aufenthaltslandes anzueignen. In den ostdeutschen Bundesländern ist der Anteil zwar noch sehr viel geringer, von 1991 auf 1992 jedoch sprunghaft gestiegen: 541 (239) Kurse = 6,5% (3,2%); 6.667 (3.446) Belegungen = 6,4% (3,5%). Als Anbieter intensiver Deutschkurse sind dann 16 Goethe-Institute zu nennen. 1991 verzeichneten sie etwa 28.000 Belegungen. Viele der Lerner sind ausländische Studenten. In den Deutschkursen der Carl Duisberg Centren werden über einen Zeitraum von mehreren Monaten erwachsene Ausländer unterrichtet, die sich auf einen zeitlich begrenzten, beruflich akzentuierten Aus- und Fortbildungsaufenthalt in der Bundesrepublik Deutschland vorbereiten.

Von 1975 bis einschließlich 1992 hat die Bundesregierung insgesamt 330,3 Millionen DM zur Förderung von im Auftrag des Sprachverbands Deutsch für ausländische Arbeitnehmer durchgeführte Deutschkurse aufgewandt. 1992 wurden in etwa 460 Trägereinrichtungen rund 6.200 Kurse mit 81.300 Teilnehmenden gefördert. Zu den Trägergruppen zählen: Arbeiterwohlfahrt, ausländische Organisationen, betriebliche und überbetriebliche Aus- und Fortbildungsstätten, Bildungswerke der Gewerkschaften, kirchliche Träger, Initiativgruppen, Internationaler Bund für Sozialarbeit/ Jugendsozialwerk (an zweiter Stelle), Sprachschulen/Fachschulen, Volkshochschulen und kommunale Einrichtungen (an erster Stelle) (vgl. auch die Art. 79 und 80).

7. Ausblick

Wir müssen davon ausgehen, daß Schule und Hochschule allein den wachsenden Fremdsprachenbedarf unserer Gesellschaft nicht werden befriedigen können. Die politisch Verantwortlichen sind daher aufgerufen, die Voraussetzungen dafür zu schaffen, daß feierliche Deklarationen europäischer Gremien und internationaler Konferenzen zur Schaffung von Mehrsprachigkeit von der öffentlichen Weiterbildung auf breiter Basis in die Praxis umgesetzt werden können. Die Anbieter von Fremdsprachenunterricht für Erwachsene – die öffentlichen wie privaten – sollten Formen der Kooperation entwickeln, so daß sie den vielfältigen Bedürfnissen unterschiedlicher Lerner gerecht werden. Fremdsprachenunterricht in Institutionen der Erwachsenenbildung hat Zukunft, aus kulturellen, aus politischen, aus sozialen, aus wirtschaftlichen und aus humanistischen Gründen.

Literatur

Aktion Bildungsinformation, Hrsg. (1991), *Fremdsprachen Lernen in Deutschland. Alles Wissenswerte über die bundesweite Fremdsprachenaus- und fortbildung im allgemeinen und berufsbezogenen Bereich*, 7. Aufl., Stuttgart.

Borbein, Volker, Hrsg. (1982), *Fremdsprachen in der Weiterbildung. Schwerpunkt Französisch – Tendenzen und Aspekte*, München.

Bundesminister für Bildung und Wissenschaft, Hrsg. (1980), *Berichtssystem Weiterbildungsverhalten. Zusammenfassung wichtiger Ergebnisse*, Bonn. (In dreijährigem Abstand von Infratest Sozialforschung fortgeschrieben, zuletzt 1991 (fünfte Befragung)).

Christ, Herbert/Schwarze, Angela (1985), *Fremdsprachenunterricht in der Wirtschaft. Bestandsaufnahme und Perspektiven*, Tübingen.

Dröll, Hajo (1994), *Der Sprachschulmarkt in Frankfurt am Main. Eine empirische Untersuchung des Bildungs- und Förderungswerkes der Gewerkschaft Erziehung und Wissenschaft*, Frankfurt a.M.

Halm, Wolfgang (1981), "Die institutionellen Voraussetzungen des Französischunterrichts in der Erwachsenenbildung", in: *Französisch als Zielsprache. Handbuch des Französischunterrichts unter besonderer Berücksichtigung der Weiterbildung*, München, 39-62.

Hessische Fachbereichskonferenz Sprachen (1990), *Sprachen für die Eine Welt. Sprachliche Weiterbildung an den Volkshochschulen in Hessen, Hessischer Volkshochschulverband*, Frankfurt a.M.

Informationszentrum für Fremdsprachenforschung der Philipps-Universität Marburg, Hrsg. (1973), *Bibliographie Moderner Fremdsprachenunterricht. Spezialbibliographie 1: Fremdsprachenunterricht in der Weiterbildung*, Marburg/München.

Kilian, Volker (1984), *Englischunterricht an Volkshochschulen. Zur Geschichte der Diskussion um die Ziele des Englischunterrichts an Volkshochschulen in der Bundesrepublik Deutschland*, Frankfurt a.M.

Kramer, Wolfgang/Weiß, Reinhold (1992), *Fremdsprachen in der Wirtschaft*, Köln.

Pädagogische Arbeitsstelle des Deutschen Volkshochschul-Verbandes, Hrsg. (1963 ff.), *Statistische Mitteilungen*, Frankfurt a.M.

Quetz, Jürgen/Bolton, Sibylle/Lauerbach, Gerda (1981), *Fremdspachen für Erwachsene. Eine Einführung in die Didaktik und Methodik des Fremdsprachenunterrichts in der Erwachsenenbildung*, Bielefeld.

Raasch, Albert/Heinzmann, Ursula, Hrsg. (1984), *Fremdsprachen für Erwachsene. Spezialbibliographie 5*, München.

Raasch, Albert/Burkhardt, Livia/Sick, Christine, Hrsg. (1989), *Fremdsprachen für Erwachsene – Bibliographische Hinweise*, Saarbrücken.

Schröder, Konrad, Hrsg. (1984), Außerschulisches Fremdsprachenlernen und Fremdsprachenbedarf. Themenheft von (= *Die Neueren Sprachen*), Jg. 83, H. 1.

Tietgens, Hans (1982), "Das Konzept des Zertifikatsprogramms", in: *Zielsprache Französisch*, Jg. 14, 11-18.

ZFU = Staatliche Zentralstelle für Fernunterricht/ BIBB = Bundesinstitut für Berufsbildung, Hrsg. (1994), *Ratgeber für den Fernunterricht mit amtlichem Verzeichnis aller zugelassenen Fernlehrgänge*, Köln/Berlin (jährliche Neuauflage).

Heinz Reiske

118. Mittlerorganisationen für den Deutschunterricht im Ausland

1. Die auswärtige Kulturpolitik der Bundesrepublik Deutschland

Die Auswärtige Kulturpolitik, als "dritte Dimension" der Außenpolitik (neben der Politik und der Wirtschaft), hat die Aufgabe, die internationalen Kulturbeziehungen der Bundesrepublik Deutschland zu fördern. Im Vordergrund der Auswärtigen Kulturpolitik stand nach dem Ende des Zweiten Weltkrieges eine vorsichtige Selbstdarstellung der deutschen Kultur, denn nach den unseligen Erfahrungen mit der nationalsozialistischen Kulturpropaganda galt es, die guten Seiten Deutschlands zu zeigen und das Vertrauen der anderen Völker zurückzugewinnen. 1970 erfolgte durch die *Leitsätze für die auswärtige Kulturpolitik* eine entscheidende Umorientierung, die bis heute die Kulturbeziehungen der Bundesrepublik Deutschland mit dem Ausland bestimmt. Die durch diese Leitsätze initiierte "Enquête-Kommission Auswärtige Kulturpolitik des Deutschen Bundestages" formulierte in ihrem Bericht an den Deutschen Bundestag (1975) zwei grundlegende Begriffe, nämlich den "erweiterten Kulturbegriff" und das "Prinzip der Partnerschaft": kulturelle Außenpolitik sollte nicht mehr einseitige Selbstdarstellung deutscher Kultur im Ausland sein, sondern dem Austausch und der Begegnung der Kulturen dienen, indem sie die ganze Spannweite der kulturellen und gesellschaftlichen Lebenswirklichkeit der Bundesrepublik Deutschland vermittelt.

Zwischen allen im Bundestag vertretenen Parteien besteht seitdem ein Grundkonsens über die Auswärtige Kulturpolitik, selbst wenn jede Regierung ihre jeweils eigenen Akzente gesetzt hat (z.B. im Anschluß an die *Leitsätze* 1970 Betonung der gesellschaftspolitischen Komponente; stärkere Sprachförderung in den 80er Jahren). Zuständig für die Konzeption, Planung, politische Führung und Kontrolle der Programme der Auswärtigen Kulturpolitik ist die 1951 eingerichtete Kulturabteilung des Auswärtigen Amts (AA).

2. Förderung der deutschen Sprache als Fremdsprache im Ausland

Ein wesentlicher Bestandteil der Auswärtigen Kulturpolitik sind Maßnahmen zur Förderung der deutschen Sprache im Ausland. Die Sprachpolitik ist sogar als der eigentliche Ursprung der auswärtigen Kulturpolitik anzusehen. Lange bevor eine eigene Kulturabteilung im Auswärtigen Amt gegründet wurde (1919), wurden bereits im Kaiserreich wichtige Entscheidungen getroffen, die die Verbreitung der deutschen Sprache in der Welt betrafen, so u.a. 1878 die Einrichtung eines Schulfonds für die Förderung deutscher Auslandsschulen. Im Zeitalter des Imperialismus wurden diese oder ähnliche Maßnahmen zur Verbreitung der Nationalsprache im Ausland, nicht nur im Deutschen Reich, mit der Notwendigkeit begründet, im Wettbewerb der europäischen Nationen um politische und wirtschaftliche Macht in der Welt mithalten zu müssen. Über europäische Sprachen wurde koloniale Herrschaft aufgebaut und gesichert. In der politischen Diskussion wird heutzutage daher bevorzugt von Förderung der deutschen Sprache im Ausland gesprochen, da dem Begriff der "Sprachförderung" weniger der Geruch von Sprachimperialismus anhaftet als dem objektiv gesehen eigentlich korrekten Ausdruck "Sprachverbreitung" (Ammon 1991).

Für die Notwendigkeit staatlicher Förderung der deutschen Sprache im Ausland werden im wesentlichen folgende Gründe genannt (Witte 1988): Wenn immer es eine nennenswerte Nachfrage nach Deutsch in der Welt gebe, sei die Bundesrepublik Deutschland als bei weitem größter deutschsprachiger Staat verpflichtet, durch ein entsprechendes Angebot zu antworten; aus wirtschaftlichen und politischen Gründen müsse sie eine aktive Sprachpolitik betreiben; da Sprache auch Inhalte und Wertvorstellungen transportiere, werde durch sie ein Bild von Deutschland in Vergangenheit und Gegenwart vermittelt und somit im Sinne einer geistig-kulturellen Zielsetzung der deutsche Beitrag zur Weltkultur verdeutlicht; die deutsche Sprachpolitik fördere die Verständigung der Völker und trage somit zur Lösung von Konflikten und zum Aufbau einer weltweiten Friedensordnung bei.

Untersucht man die Äußerungen zur Sprachförderungspolitik, lassen sich im Laufe der Geschichte der Bundesrepublik Deutschland unschwer zwei eher gegensätzliche Grundeinstellungen erkennen (Arnold 1980). Von den einen wird zwar gesehen, daß Sprache sich nicht von Inhalten und Normen trennen läßt, aber vor allem als Kommunikationsmittel Träger von Informationen und somit ein Mittel der Verständigung ist. Entsprechend gering bewerten z.B. die *Leitsätze zur auswärtigen Kulturpolitik* (Auswärtiges Amt 1970) die Notwendigkeit, die deutsche Sprache im Ausland zu fördern. Die deutsche Sprache sei Träger, nicht Ziel staatlichen Wirkens im Ausland. In vielen Teilen der Welt genüge es für die Ziele des Kulturaustausches, sich der jeweils gebräuchlichsten Sprache als Kommunikationsmittel zu bedienen.

Im Gegensatz dazu wird Sprache von anderen als Träger von kulturellen Werten definiert. Ausländer, die die deutsche Sprache lernen, werden dadurch auch kulturell geprägt. Der Bericht der Bundesregierung über *Die Stellung der deutschen Sprache in der Welt* (Auswärtiges Amt 1985) betont diesen Aspekt sehr stark. Sprache wird dort vor allem als Ausdruck des Denkens definiert. Sprachkenntnisse seien somit eine notwendige Voraussetzung für vertieften Zugang zu anderen Kulturen. Den Beitrag, den die deutsche Kultur in Literatur, Philosophie, Naturwissenschaft, Technik und auf vielen anderen Gebieten geleistet habe, sollten daher möglichst viele Menschen anderer Länder in deutscher Sprache kennenlernen können.

Diese Position geht einher mit der Ansicht, daß über die reine Bedarfsdeckung hinaus, die noch im *Bericht der Enquête-Kommission* (1975) im Vordergrund stand, durch verstärkte Anstrengungen Nachfrage und somit zusätzlicher Bedarf geschaffen werden sollte. Mit dem Ziel der Bedarfsweckung (*Die deutsche Sprache in der Welt* (Dt. Bundestag 1986)) wurden u.a. umfangreiche Sondermittel zur Durchführung einer aufwendigen Werbekampagne für vermehrtes Deutschlernen zur Verfügung gestellt. Gründe für die verstärkte Förderung der deutschen Sprache im Ausland sind vor allem in der Diskrepanz zwischen der seit dem Zweiten Weltkrieg ständig gewachsenen politischen und wirtschaftlichen Macht der Bundesrepublik einerseits und der Stagnation der deutschen Sprache (wenn nicht gar Rückgang im Vergleich zu anderen Sprachen) im Ausland andererseits zu sehen.

Der finanzielle Aufwand für Sprachförderung ist im Verlauf der Geschichte der Bundesrepublik Deutschland ziemlich kontinuierlich gewachsen. Inzwischen entfallen weit über die Hälfte der Gesamtausgaben der Kulturabteilung des AA auf den "Förderungsbereich deutsche Sprache". Eindeutig lassen sich bestimmte regionale Schwerpunkte erkennen: Zu West- und Südeuropa, Nordamerika, Lateinamerika, Südafrika und Japan kommen neuerdings Mittel- und Osteuropa hinzu. Gründe für eine bevorzugte Förderung der deutschen Sprache in diesen Regionen sind vor allem intensive (oder verstärkt angestrebte) Wirtschaftsbeziehungen, geographische Nähe zu Deutschland, enge politische Beziehungen und/oder das Vorhandensein deutschsprachiger Minderheiten.

3. Mittlerorganisationen

Im Rahmen der Auswärtigen Kulturpolitik ist die Sprach-, Kultur- und Medienarbeit sowie Hochschul- und Wissenschaftsförderung der Bundesrepublik Deutschland im Ausland etwa einem Dutzend institutionell geförderten Mittlerorganisationen sowie einer Vielzahl privater Vereinigungen oder Verbänden übertragen (vgl. Übersichten in Arnold 1980; Auswärtiges Amt 1988; Goethe-Institut 1993). Als nichtstaatliche Einrichtungen (unterschiedlichster Rechtsform) werden sie zur Wahrnehmung der ihnen übertragenen Aufgaben von der öffentlichen Hand bezuschußt.

Viele dieser Organisationen entstanden in der Weimarer Republik. Die Akzeptanz der Auswärtigen Kulturpolitik sollte im Ausland verbessert werden; man wollte das Mißtrauen des Auslands vermeiden, Deutschland verfolge mittels kultureller Aktivitäten politische Ziele. Ähnliche Organisationen waren in anderen Ländern z.T. schon wesentlich früher entstanden (1889: Dante Alighieri Gesellschaft, 1893: Alliance Française, sowie 1935: British Council). Sie sollten Mittler sein sowohl zwischen dem In- und Ausland als auch zwischen dem Staat und der vom Staat unabhängigen freien Kulturszene. Bei der Verwaltung und Durchführung der Kulturarbeit im Ausland konnten die Mittlerorganisationen unbürokratischer arbeiten und somit beweglicher und entscheidungsfähiger sein als staatliche Behörden (Arnold 1980).

In der NS-Zeit verloren alle privaten Organisationen ihre frühere Autonomie; die Kulturabteilung des AA wurde als "Kulturpolitische Abteilung" in den Dienst der nationalsozialistischen Propaganda gestellt; ein besonderes Sprachenreferat wurde eingerichtet, um die Verbreitung von Deutsch insbesondere in den Wohngebieten deutschsprachiger Minderheiten voranzutreiben.

Nach dem Zweiten Weltkrieg erfolgten die Neugründungen der schon in der Weimarer Republik gegründeten privaten Mittlerorganisationen. Bewußt wurde an die damaligen Erfahrungen angeknüpft, um das durch die jüngste Geschichte verschlechterte Deutschlandbild in der Welt zu verbessern. In Zukunft sollten politische Parteien und Tagespolitik keinen unmittelbaren Einfluß auf die deutsche Kulturarbeit im allgemeinen und auf die

Förderung der deutschen Sprache im Ausland im besonderen haben.

3.1 Goethe-Institut (GI)

Das GI ist aus der "Praktischen Abteilung" der 1925 eingerichteten Deutschen Akademie hervorgegangen und wurde 1932 anläßlich des 100. Todestages seines Namensgebers gegründet. 1951 wurde es als eingetragener Verein in München wiedergegründet mit dem Ziel, Fortbildungskurse für ausländische Deutschlehrer in der Bundesrepublik Deutschland durchzuführen. Sein vollständiger Name, *Goethe-Institut zur Pflege der deutschen Sprache im Ausland und zur Förderung der internationalen kulturellen Zusammenarbeit e.V.*, macht seine doppelte Aufgabenstellung deutlich: Es fördert zum einen die kulturelle Zusammenarbeit mit dem Ausland, indem es im Ausland Kulturveranstaltungen durchführt und Informationen über die Bundesrepublik Deutschland vermittelt; zum anderen ermöglicht es das Erlernen der deutschen Sprache durch Sprachkurse im In- und Ausland und arbeitet im Rahmen seiner "Pädagogischen Verbindungsarbeit" in den verschiedenen Ländern der Welt mit Personen und Institutionen zusammen, die sich mit der Förderung der deutschen Sprache befassen. Zur Durchführung der genannten Aufgaben unterhält das GI Kulturinstitute im Ausland, für deren Errichtung oder Schließung die Zustimmung des AA erforderlich ist. Neben der Arbeit im Ausland erteilt das GI an z.Zt. 16 Instituten in der Bunderepublik Deutschland Deutschunterricht (etwa 30.000 Kursteilnehmer pro Jahr), der nicht mit öffentlichen Mitteln subventioniert wird. Durch seine 157 Kulturinstitute in 76 Ländern (Stand: 1994) ist das GI die einzige Mittlerorganisation, die weltweit die ihm im Rahmen der Auswärtigen Kulturpolitik übertragenen Aufgaben durch eine mehr oder weniger gut ausgebaute Infrastruktur direkt vor Ort ausführen kann.

Die Sprachkurse des GI im Ausland richten sich vor allem an Erwachsene (1993 ca. 160.000 Kursteilnehmer). Neben Normal- und Intensivkursen finden Sonderkurse zur Vorbereitung auf Zertifikate und Diplome statt, sowie Spezialkurse für bestimmte Zielgruppen (z.B. Wirtschaftsdeutsch); fertigkeitsorientierte Kurse vermitteln Lesestrategien zum Erschließen deutscher Fachtexte und fördern Dolmetsch- und Übersetzungstechniken u.v.a.m. Diese Kurse erlauben es gleichzeitig, Erfahrungen für die Pädagogische Verbindungsarbeit zu gewinnen, Lehrmaterialien für bestimmte Zielgruppen zu entwickeln und zu erproben, sowie Unterrichtsdemonstrationen für die Deutschlehreraus- und -fortbildung durchzuführen. Die deutschen Kulturinstitute sind außerdem Prüfungszentren für die Abnahme der folgenden Prüfungen: Zertifikat Deutsch als Fremdsprache (in Zusammenarbeit mit dem Deutschen Volkshochschulverband), Zentrale Mittel- bzw. Oberstufenprüfung des GI, Diplom Wirtschaftsdeutsch (in Zusammenarbeit mit dem Deutschen Industrie- und Handelstag und der Carl-Duisberg-Gesellschaft) sowie das Kleine und Große Deutsche Sprachdiplom (im Auftrag der Universität München), weltweit insgesamt über 40.000 Prüfungen pro Jahr.

In Ländern mit einem gut ausgebauten Deutschlernangebot in den einheimischen Bildungseinrichtungen beschränkt sich der Eigenunterricht an den Kulturinstituten in der Regel bewußt auf ein Minimum; um mit den vorhandenen finanziellen und personellen Ressourcen eine möglichst große Breitenwirkung zu erreichen, gibt das GI nämlich der Förderung des einheimischen Deutschunterrichts durch seine Pädagogische Verbindungsarbeit den Vorrang. Es organisiert zusammen mit Partnern (Vertretern von einheimischen Schulbehörden und Deutschlehrerverbänden) Fortbildungsveranstaltungen der verschiedensten Art, vor allem zu methodisch/didaktischen und landeskundlichen Themen für alle, die in Schule und Hochschule sowie in der Erwachsenenbildung Deutsch unterrichten oder die in der Ausbildung zum Deutschlehrer stehen. Fachbibliotheken an Hochschulen und anderen Institutionen, die Deutschlehrer ausbilden bzw. Deutsch unterrichten, stellt es Lehrmittelspenden und Fachliteratur zum Thema "Deutsch als Fremdsprache" zur Verfügung. Besondere Bedeutung kommt der partnerschaftlichen Zusammenarbeit mit den Entscheidungsträgern in Bildungseinrichtungen und Erziehungsbehörden bei der Aufgabe zu, Aufbau und Organisation von Deutschunterricht zu fördern sowie Lehrpläne und Lehrmaterialien zu entwickeln. In vielen Ländern arbeitet das GI dabei mit den vermittelten Vertretern der anderen Mittlerorganisationen zusammen, insbesondere mit den Lektoren des *Deutschen Akademischen Austauschdienstes* und den Fachberatern der *Zentralstelle für das Auslandsschulwesen*.

In der Bundesrepublik Deutschland organisiert das GI Ausbildungslehrgänge und Forbildungsseminare von zweiwöchiger bis mehrmonatiger

Dauer (jährlich ca. 2.000 Stipendiaten) zu den für den Deutschunterricht im Ausland relevanten Themen. Für den Besuch von intensiven Deutschkursen an seinen Instituten im Inland vergibt es jährlich etwa 1.200 Stipendien an kulturelle Multiplikatoren aus dem Ausland. Fachleute aus dem Bildungsbereich können zu dreiwöchigen Informationsreisen nach Deutschland eingeladen werden. Jeweils zu Goethes Todestag verleiht das GI an ausländische Persönlichkeiten, die sich um die deutsche Sprache und Kultur verdient gemacht haben, die Goethe-Medaille.

In seiner Spracharbeit im Ausland wird das GI entscheidend unterstützt durch eine eigene Abteilung für "Forschung und Entwicklung" in München. Hier werden curriculare Konzeptionen in Materialien für die Lehreraus- und -fortbildung umgesetzt, ausländische Lehrbuchautoren beraten, landeskundliche Materialien sowie Medienprogramme für den Deutschunterricht entwickelt. Für Radio und Fernsehen werden in Zusammenarbeit mit *Inter Nationes* und deutschen Rundfunkanstalten Sprachkurse produziert. Die gesamte Spracharbeit des GI – von der Konzeption bis zu konkreten Großprojekten – wird fachlich begleitet durch seinen Beirat "Deutsch als Fremdsprache", der sich aus Vertretern der einschlägigen Fachgebiete (Deutsch als Fremdsprache, Sprachlehrforschung) zusammensetzt.

3.2 *Deutscher Akademischer Austauschdienst (DAAD)*

Der DAAD, ein eingetragener Verein mit Sitz in Bonn, ist eine gemeinnützige Einrichtung der in der Hochschulrektorenkonferenz vertretenen Hochschulen und deren Studentenschaften zur Förderung der internationalen Beziehungen im Hochschulbereich, insbesondere durch den Austausch von Studenten und Wissenschaftlern. Er wurde erstmals 1925 und 1950 erneut gegründet. Seine Mittel erhält er vornehmlich vom AA, aber auch von den Bundesministerien für Bildung und Wissenschaft sowie für Wirtschaftliche Zusammenarbeit; weitere Zuwendungen für besondere Programme kommen u.a. von der EU. Seine Schwerpunktaufgaben sind: die Vergabe von Stipendien zur Förderung der Aus- und Fortbildung oder von Forschungsarbeiten im Hochschulbereich an ausländische und deutsche Studenten, Praktikanten, jüngere Wissenschaftler und Hochschullehrer, die Vermittlung und Förderung deutscher wissenschaftlicher Lehrkräfte aller Fachrichtungen zu Dozenturen an ausländischen Hochschulen, die Information über Studien- und Forschungsmöglichkeiten im In- und Ausland. In der Durchführung seiner zahlreichen Programme wird er unterstützt durch seine 11 Außenstellen im Ausland (Stand: 1994).

Von besonderer Bedeutung für die Förderung der deutschen Sprache im Ausland sind die Lektoren für deutsche Sprache, Literatur und Landeskunde, die der DAAD zu Langzeitdozenturen an ausländische Hochschulen vermittelt (1993 insgesamt 535 in mehr als 70 Ländern, davon über zwei Drittel allein in Europa). Über die Einrichtung eines Lektorats an einer bestimmten Hochschule wird nach Abklärung von Prioritäten aus kulturpolitischer Sicht in der jährlichen Lektoratsplanung mit dem AA entschieden.

3.3 *Inter Nationes (IN)*

IN wurde 1952 als privater Verein mit Sitz in Bonn gegründet. Seine Aufgabe ist es, Informationen aus Kultur, Gesellschaft, Wirtschaft und Politik der Bundesrepublik Deutschland im Ausland zu verbreiten. Instrumente hierfür sind u.a. Broschüren über kulturelle Ereignisse und Persönlichkeiten aus Geschichte und Gegenwart (u.a. "Kulturchronik") oder Dokumentarfilme über das kulturelle Leben in der Bundesrepublik Deutschland, die IN selbst produziert (tw. auch ankauft). Eine wichtige Rolle bei der aktuellen Information spielen deutschsprachige Bücher, Zeitschriften und Zeitungen, mit denen IN die deutschen Kulturinstitute und andere Multiplikatoren, z.B. Germanisten sowie DAAD-Lektoren, versorgt. Außerdem fördert IN die Übersetzung deutscher Literatur (Belletristik, Sachbücher, wissenschaftliche Publikationen) in andere Sprachen und organisiert Informationsreisen ausländischer Publizisten, Politiker, Verwaltungsfachleute und Vertreter kultureller Berufe in die Bundesrepublik Deutschland.

Besonders wichtig für die Sprachförderung sind die audiovisuellen landeskundlichen Informationsmaterialien (Dias, Overhead-Folien, Ton- und Videokassetten, gedruckte Materialien), die den Lehrkräften in Schule und Hochschule für den von ihnen erteilten Deutschunterricht kostenlos zur Verfügung gestellt werden. Dazu gehören auch Dokumentar- und Spielfilme, mit denen Filmdepots (meistens an Kulturinstituten des GI eingerichtet) versorgt werden und die u.a. auch von Schulen und

Hochschulen ausgeliehen werden können. Eine große Verbreitung finden Radio- und Fernsehsprachkurse zum Erlernen der deutschen Sprache im Ausland, die in Zusammenarbeit mit dem GI und den öffentlichen Rundfunkanstalten produziert und von IN im Ausland vertrieben werden.

3.4 Sonstige Mittlerorganisationen

Einige Mittlerorganisationen sind nur in Teilen oder in sehr geringem Umfange mit Maßnahmen zur Förderung der deutschen Sprache im Ausland befaßt:

Die *Deutsche Auslandsgesellschaft* (gegründet 1949; eingetragener Verein, Lübeck) fördert schwerpunktmäßig den Deutschunterricht in den nordeuropäischen Ländern, indem sie Fortbildungskurse und Studienreisen für ausländische Deutschlehrer sowie Studienaufenthalte für Deutschstudierende und Schüleraustausch organisiert.

Zu den auslandsbezogenen Aufgaben der *Deutschen Forschungsgemeinschaft* (gegründet 1920, wiedergegründet 1949; eingetragener Verein, Bonn) gehören u.a. Spenden wissenschaftlicher Literatur an ausländische Universitäten.

Das *Institut für Auslandsbeziehungen* (gegründet 1917; Anstalt des öffentlichen Rechts, Stuttgart) organisiert und produziert Kunst- und Dokumentarausstellungen für das Ausland und bietet u.a. deutschlandkundliche Informationsprogramme für ausländische Germanisten und Deutschlehrer, vornehmlich aus Nordamerika sowie Mittel- und Osteuropa, in der Bundesrepublik Deutschland (tw. auch im Ausland) an.

3.5 Staatliche Institutionen mit Aufgaben der Sprachförderung im Ausland

Einige Einrichtungen müssen im Kontext der Förderung der deutschen Sprache im Ausland genannt werden, die zwar z.T. mit ähnlichen oder gar denselben Aufgaben wie die oben aufgeführten Mittlerorganisationen befaßt sind, aber staatliche Institutionen sind.

Die *Zentralstelle für das Auslandsschulwesen* (ZfA) wurde 1968 als Abteilung des Bundesverwaltungsamts in Köln zur Entlastung des Schulreferats im AA gegründet. Der Fachaufsicht des AA unterstellt, war sie ursprünglich ausschließlich zuständig für die Durchführung von Maßnahmen, die sich aus der Förderung von "deutschen Schulen" im Ausland und von Europa-Schulen ergeben. Ihre Aufgaben in diesem Zusammenhang sind: die Vermittlung von Lehrkräften und ihre Vorbereitung für den Auslandsschuldienst sowie die Fortbildung von vermittelten Lehrern und Ortslehrkräften an Auslandsschulen, die Versorgung dieser Schulen mit Lehrmaterialien, und die Erarbeitung und zentrale Korrektur der Prüfungsaufgaben für das Deutsche Sprachdiplom der Kultusministerkonferenz.

Im Laufe der Zeit wurden ihre Aufgaben auf die Förderung des fremdsprachlichen Deutschunterrichts an Schulen im Ausland ausgeweitet. Daraus haben sich neue Arbeitsschwerpunkte ergeben: die fachliche Betreuung erstreckt sich nunmehr auch auf den fremdsprachlichen Deutschunterricht an "deutschen Schulen" im Ausland, in Sprachkursen und an ausländischen Schulen sowie die Versorgung von deutschen Schulen und Schulen in Entwicklungsländern mit Lehrmaterialien für fremdsprachlichen Deutschunterricht. Dazu gehört auch die Koordination und methodisch-didaktische Betreuung von Lehrbuchprojekten für Deutsche Schulen im Ausland und für staatliche Schulen im frankophonen Afrika. Als ein wichtiges Mittel zur schülergerechten Information über die Bundesrepublik Deutschland hat sich das "Jugendmagazin" erwiesen, das von der ZfA pädagogisch betreut wird. Neuerdings vermittelt die ZfA im Rahmen von Sonderprogrammen auch Programmlehrkräfte an private und öffentliche Schulen sowie Lehrerausbildungsstätten im Ausland (Schwerpunkt Mittel- und Osteuropa, GUS, Türkei, Lateinamerika).

Die pädagogischen Aufgaben im Ausland werden von etwa 100 Fachberatern für Deutsch wahrgenommen, die z.T. an ein Kulturinstitut des GI angebunden, z.T. an ausländische Bildungsbehörden oder Aus- und Fortbildungsstätten vermittelt sind. Sie sind mit von Land zu Land sehr unterschiedlichen Aufgaben befaßt ("Fachberatung ..." 1991): sie sind in der Lehrerausbildung tätig (z.B. Brasilien, Indonesien); sie wirken mit bei Curriculumfragen und bei Lehrbuchprojekten (u.a. Westafrika); sie betreuen Sprachassistenten (Großbritannien) und Programmlehrkräfte (u.a. in Regionen mit deutschen Minderheiten in der GUS, in Polen und Ungarn); im Rahmen der Lehrerfortbildung beraten sie schwerpunktmäßig einzelne Deutschlehrer.

Der *Pädagogische Austauschdienst* (gegründet 1951 in Bonn) ist eine Abteilung des Sekretariats der Ständigen Konferenz der Kultusminister der Länder. Seine Aufgabe ist die Förderung des Austauschs mit anderen Ländern im schulischen Bereich. Im einzelnen organisiert er Lehreraustausch sowie Studienaufenthalte und Hospitationen von Lehrern. Er vermittelt Studenten von Fremdsprachenstudiengängen während des Studiums für ein Schuljahr als Assistenten für deutsche Sprache an eine Schule des Landes, dessen Sprache sie studieren. Außerdem ist er befaßt mit der Vermittlung von Schulpartnerschaften und Brieffreundschaften sowie mit der Koordinierung des deutsch-amerikanischen Schüleraustauschs.

Einen Status besonderer Art hat das *Deutsch-französische Jugendwerk/Office Franco-Allemand pour la Jeunesse* (Sitz: Bad Honnef/Paris). Es wurde 1963 durch den Vertrag über die Zusammenarbeit zwischen der Bundesrepublik Deutschland und Frankreich als autonome binationale Organisation gegründet. Sein Haushalt wird je zur Hälfte aus Beiträgen der deutschen und französischen Regierung finanziert. Zur Förderung von Deutsch in Frankreich, bietet es Fortbildungsprogramme für französische Deutschlehrer im außerschulischen Bereich an, fördert Deutsch in Abendkursen in Frankreich (insbesondere im Rahmen von Städtepartnerschaften) und vergibt Stipendien für den Besuch von Intensivsprachkursen in der Bundesrepublik Deutschland.

4. Ständige Arbeitsgruppe Deutsch als Fremdsprache (StADaF)

Zur Koordinierung der wichtigsten mit Sprachförderungsmaßnahmen im Ausland befaßten Mittlerorganisationen, nämlich dem GI, dem DAAD und der ZfA, wurde 1976 die *Ständige Arbeitsgruppe Deutsch als Fremdsprache* (StADaF) eingerichtet, in der das AA durch das Grundsatzreferat der Kulturabteilung vertreten war. 1983 wurde zusätzlich IN Mitglied der StADaF; 1988 wurde dem jeweiligen Leiter des neu eingerichteten Referats 605 "Deutsche Sprache" die Vertretung des AA in dieser Arbeitsgruppe übertragen.

Literatur

Ammon, Ulrich (1991), *Die internationale Stellung der deutschen Sprache*, Berlin.
Arnold, Hans (1976), *Kulturexport als Politik? Aspekte deutscher auswärtiger Kulturpolitik*, Tübingen/Basel.
Arnold, Hans (1980), *Auswärtige Kulturpolitik – Ein Überblick aus deutscher Sicht*, München/Wien.
Auswärtiges Amt (1970), *Leitsätze für die auswärtige Kulturpolitik*, u.a. in: Hans Arnold, Hrsg. (1976).
Auswärtiges Amt (1985), *Die Stellung der deutschen Sprache in der Welt: Bericht der Bundesregierung*, Bonn.
Auswärtiges Amt (1988), *Auswärtige Kulturpolitik 1984 – 1986*, Bonn.
Bericht der Enquête-Kommission Auswärtige Kulturpolitik des Deutschen Bundestags (1975), u.a. auszugsweise in: Hans Arnold, Hrsg. (1976).
Deutscher Akademischer Austauschdienst (1992), *Jahresbericht 1991*, Bonn.
Deutscher Bundestag, Referat Öffentlichkeitsrbeit, Hrsg. (1986), *Die deutsche Sprache in der Welt*, Bonn.
Goethe-Institut (1992), *Jahrbuch 1991/92*, München.
Goethe-Institut, Hrsg. (1993), *Fremdsprache Deutsch: Sondernummer 1993*, München.
Inter Nationes (1992), *Tätigkeitsbericht 1991*, Bonn.
Witte, Barthold C. (1988), *Dialog über Grenzen: Beiträge zur auswärtigen Kulturpolitik*, Pfullingen.
Zentralstelle für das Auslandsschulwesen (1991), "Fachberatung weltweit: Daten und Fakten", in: *Begegnung*, Jg. 1, Bonn.

Hans-W. Blaasch

119. Übersetzer- und Dolmetscher-Institute

1. Ausbildungsziele

Übersetzen und Dolmetschen sind seit Ende des Zweiten Weltkriegs neue Kulturtechniken geworden. Die explosionsartige Entwicklung des Übersetzungs- und Dolmetschwesens ist vor allem dem Umstand zuzuschreiben, daß neben die Bibelübersetzung (Nida 1964) und die literarische Übersetzung, die beiden traditionellen Textbereiche der Übersetzung, die fachsprachliche Übersetzung und das Dolmetschen von Fachkonferenzen getreten sind: Sie sind heute – nach der Einführung des europäischen Binnenmarkts und der Öffnung der Grenzen im Osten – eine wesentliche Vorbedingung für das reibungslose Funktionieren des Informationsaustauschs auf wissenschaftlichem, technischem, wirtschaftlichem, soziokulturellem und militärischem Gebiet geworden (Kapp 1984).

Die Bedeutung des Übersetzens und Dolmetschens als internationales Kommunikationsmedium hat berufspraktisch und didaktisch erhebliche Auswirkungen gehabt:

Man hat in den letzten vier Jahrzehnten im nationalen und im internationalen Bereich den zielstrebigen Auf- und Ausbau von Sprachendiensten,

Terminologiebüros und Dokumentationszentralen beobachten können. Alle internationalen Organisationen, sodann die einzelstaatlichen Ministerien und sonstigen Dienststellen mit grenzüberschreitenden Aufgaben und nicht zuletzt die import-/exportintensiven Großbetriebe der Wirtschaft und Industrie verfügen heute neben freiberuflichen Kräften über einen Bestand an festangestellten Übersetzern und Dolmetschern.

Zur Deckung des Bedarfs an qualifizierten Übersetzern und Dolmetschern ist eine Fülle von teils akademischen, teils nichtakademischen Ausbildungsstätten ins Leben gerufen worden. In der Bundesrepublik gehören dazu die acht Hochschulinstitute für Übersetzen und Dolmetschen, Humboldt Universität Berlin (seit 1887), Heidelberg (seit 1930), Mainz-Germersheim (seit 1947), Saarbrücken (seit 1948), Leipzig (seit 1957), Köln (seit 1971), Hildesheim (nur Übersetzen; seit 1978), Flensburg (nur Übersetzen; seit 1988), mit einer Gesamtzahl von etwa 8.400 Studierenden (Eingangsvoraussetzung: (Fach-)Abitur). Viele Universitätsinstitute in Westeuropa und auf dem amerikanischen Kontinent sind seit 1963 in einem internationalen Dachverband, der CIUTI (*Conférence Internationale d'Instituts Universitaires de Traducteurs et d'Interprètes*), zusammengeschlossen. Gemäß einer CIUTI-Vereinbarung haben alle Studierenden der CIUTI-Institute die Möglichkeit, im Rahmen der jeweils vorhandenen Lehrkapazität an einem anderen CIUTI-Institut zu studieren und sich diese Studienzeiten auf die Gesamtstudienzeit anrechnen zu lassen.

Die Aufgabe der CIUTI-Institute besteht darin, in spezifischen Studiengängen mit je nach Studienziel – Übersetzen oder Dolmetschen – unterschiedlichen Studienschwerpunkten für die verschiedenen Arbeitgeber im nationalen und im internationalen Bereich Spitzenkräfte auszubilden. Diese müssen in der Lage sein, Texte aus den verschiedensten Fachgebieten funktionsgerecht aus einer oder aus mehreren Fremdsprachen in ihre Muttersprache und umgekehrt zu übersetzen oder zu dolmetschen.

Bei der Organisation ihrer Studiengänge lassen sich die deutschen Ausbildungsinstitute von zwei Überlegungen leiten:
1. Der von der Berufspraxis vorwiegend gesuchte Typ des Absolventen ist in mindestens zwei Fremdsprachen und (mindestens) einem nichtsprachlichen Sachfach (Ergänzungsfach, z.B. Technik, Wirtschaftswissenschaften, Jura) ausgewiesen.
2. Angesichts des überall wachsenden Potentials an Mitarbeitern mit passiven Fremdsprachenkenntnissen (Lesekenntnissen) konzentrieren sich die in den einzelnen Sprachendiensten und Übersetzungsbüros anfallenden Aufträge auf schwierige Fachtexte. Eine Ausbildung in literarischem Übersetzen bieten die genannten Institute nicht an (auf diesem Gebiet ist neuerdings die Universität Düsseldorf tätig; Ansätze dazu jetzt u.a. auch in Göttingen, München und in Saarbrücken).

Die curriculare Hauptaufgabe der Institute für Übersetzen und Dolmetschen ist die didaktisch und methodisch effiziente Planung und Durchführung des Übersetzungs- und Dolmetschunterrichts (Königs 1987). Dieser steht – im Gegensatz zu den Übersetzungsübungen an höheren Schulen und in den universitären Einzelphilologien – nicht in einer philologisch-literarisch-hermeneutischen Tradition, sondern hat als zentrales Lernziel die Ausbildung zum textadäquaten Fachübersetzen. Auf dieses Lernziel sind alle Studienkomponenten – grundsprachliches Training, gesteuerter Zweit- und Drittsprachenerwerb, (vergleichende) Landeskunde, Übersetzungswissenschaft, ein nichtsprachliches Ergänzungsfach und auch Terminologielehre und Sprachdatenverarbeitung – integrativ bezogen.

Dieses komplexe Lernziel ist in der hochschulinternen und der hochschulexternen Öffentlichkeit nur dann durchsetzbar, wenn es gelingt, den prinzipiellen Unterschied zwischen philologischem, ausgangstextnahem Übersetzen einerseits und kommunikativem, auftragsorientiertem Übersetzen (Holz-Mänttäri 1984) andererseits plausibel zu machen.

2. Ausbildungsschwerpunkte

Im Rahmen einer Bestandsaufnahme stellt sich für die Ausbildungsinstitute die Frage, was ein Übersetzer oder Dolmetscher können muß, um die ihm zugewiesenen Aufgaben inhaltlich zuverlässig, terminologisch korrekt, stilistisch akzeptabel und in dem jeweils vom innerbetrieblichen Kommunikationsfluß diktierten Arbeitstempo bewältigen zu können (Krollmann 1987). Dabei ist zu bedenken, daß die Ausbildungsinstitute nicht arbeitgeberspezifisch ausbilden können, sondern sich bei der Organisation ihrer Studiengänge für Diplomübersetzer und Diplomdolmetscher an der nur mühsam definierbaren Durchschnittsmenge und an Durchschnittsnormen aller sprachmittlerischen Dienstleistungsfunktionen orientieren müssen.

Damit ist eine Ausbildungssituation angedeutet, die auf die bisher nicht eindeutig beantwortbare Frage hinausläuft, welche Möglichkeiten die Ausbildungsinstitute für die Meßbarkeit der Fachkompetenz auf dem Gebiet des Übersetzens und Dolmetschens haben, ob es eine objektive Lernzielbeschreibung und Lernzielkontrolle gibt und wie man die Entwicklung eines didaktischen Begriffs- und Methodeninstrumentariums vorantreiben kann (Wilss/Thome 1984; Rose 1987). Die Ausbildungsinstitute müssen die Antwort auf die Frage nach den beruflichen Mindestqualifikationen vor allem deswegen schuldig bleiben, weil es eine homogene Fachkompetenz als einheitlichen Leistungsnachweis für die Tätigkeit des Übersetzens und Dolmetschens nicht gibt, sondern weil man hier verschiedene texttyp- und richtungspezifische Kompetenzbereiche ansetzen muß. So muß man etwa auf dem Gebiet der texttypspezifischen Kompetenz unterscheiden zwischen der Übersetzung von Fachtexten, literarischen Texten, Bibeltexten, werbesprachlichen Texten, Kinderbüchern und Filmsynchronisationen (Reiß 1976; 1978). Dazu kommt auf dem Gebiet der richtungstypischen Kompetenz die Unterscheidung zwischen Übersetzen aus der Grundsprache in die Fremdsprache und umgekehrt.

Durch ihren übereinzelsprachlichen Charakter heben sich die übersetzerische und die dolmetschspezifischen Fertigkeiten deutlich von den vier traditionellen einzelsprachlichen Fertigkeiten, Hörverständnis, Sprechfertigkeit, Leseverständnis und Schreibfertigkeit, ab. Sie sind gleichsam Superfertigkeiten, die, wenn das Übersetzer/Dolmetscherverhalten optimal ist, eine Verbindung von Kreativität und Routine darstellen (Wilss 1992).

Um seine Tätigkeit erfolgreich und ökonomisch ausüben zu können, braucht der Übersetzer und der Dolmetscher eine präzise Praxisvorstellung, die auf drei Säulen, dem pragmatischen Wissen, Sachverhaltswissen und dem prozessualen Wissen, ruht (Wilss 1988). Unter pragmatischem Wissen ist zu verstehen, daß der Übersetzer/Dolmetscher seinen Auftrag kennt, d.h., daß er weiß, für wen er mit welchen Zielvorgaben oder Zielvorstellungen arbeitet. Unter Sachverhaltswissen (Wissen daß) ist zu verstehen, daß der Übersetzer und der Dolmetscher über in seinem Gedächtnis gespeicherte Wissens- und Erfahrungsvorräte verfügt, die er im Laufe seiner Ausbildung und seiner beruflichen Tätigkeit aufgebaut hat. Unter prozessualem Wissen (Wissen wie) ist zu verstehen, daß der Übersetzer und der Dolmetscher wissen muß, auf welche textuellen Konfigurationen er welche Übersetzungs-/Dolmetschmethoden und -techniken anwenden muß.

Die Unterscheidung zwischen den drei Wissensbereichen ist für die Ausbildungsinstitute didaktisch relevant. Je mehr Auftragsinformationen der Übersetzer/Dolmetscher hat, desto sicherer ist sein methodisches Vorgehen. Je besser das Sachverhaltswissen in Form von grundsprachlichen, fremdsprachlichen und außersprachlichen Kenntnissen (unter Einschluß des kulturspezifischen Wissens; Hönig/Kußmaul 1991; Reiß/Vermeer 1984) ist, desto geringer ist vermutlich – jedenfalls in vielen Fällen – der erforderliche Aufwand an prozessualem Wissen. Daraus den Schluß zu ziehen, daß man bei der Ausbildung von Übersetzern und Dolmetschern den Schwerpunkt auf die Vermittlung von sprachlichem und außersprachlichem Sachverhaltswissen legen sollte, wäre allerdings ein gravierender Irrtum, genauso wie es umgekehrt ein Trugschluß wäre anzunehmen, man könne ohne ausreichende Sachverhaltsbasis gleich mit dem Übersetzungsunterricht beginnen. Hier spricht das sogenannte BDÜ-Memorandum (Bundesverband der Dolmetscher und Übersetzer 1986) eine deutliche Sprache. Deshalb gehört eine umfassende Schulung in den Grund- und Fremdsprachen unter Einschluß (vergleichenden) landeskundlichen Wissens zu den Voraussetzungen für eine effiziente, auf vier bis fünf Jahre berechnete Übersetzer- und Dolmetscherausbildung. Derzeit besteht das Studium für Diplomübersetzer und Diplomdolmetscher aus zwei aufeinander aufbauenden Studienabschnitten, einem viersemestrigen Grundstudium und einem viersemestrigen Hauptstudium. Im Grundstudium, das mit der Vorprüfung abgeschlossen wird, ist das Lehrangebot für zukünftige Diplomübersetzer und Diplomdolmetscher identisch; danach gabeln sich die Studiengänge und weisen dann unterschiedliche Schwerpunkte, je nach Studienziel, auf (sog. Y-Modell). Prinzipiell ist das Grundstudium "generalistisch", auf Durchlässigkeit hin angelegt; es soll bis zur Vorprüfung einen wechselseitigen Übergang in einen anderen Studiengang ohne großen Zeitverlust ermöglichen.

Das grundsprachliche, fremdsprachliche, landeskundliche und übersetzungsunterrichtliche Lehrangebot wird ergänzt durch übersetzungswissenschaftliche Lehrveranstaltungen. Diese sind methodischen Lernzielen gewidmet; sie dienen dazu, den Denk- und Formulierungsprozeß beim Übersetzen und Dolmetschen analytisch zu erhellen und ihn als interlingualen Synchronisationsprozeß verständlich zu machen (Nida/Taber 1969; Kühlwein u.a. 1981; Koller 1992). Mit Hilfe solcher Lehrveranstaltungen soll den Studierenden bewußtgemacht werden, daß Übersetzen und Dolmetschen ein kognitiv gesteuerter Reproduktionsprozeß ist, der von einem ausgangssprachlichen Text zu einem funktional möglichst äquivalenten zielsprachlichen Text hinüberführt und das inhaltliche, pragmatische und stilistische Verständnis der Textvorlage voraussetzt. Durch die detaillierte Arbeit an einem breitem Spektrum von Texten mit stilistisch und fachlich wachsendem Schwierigkeitsgrad sollen die Studierenden begreifen, daß verschiedene Textinhalte und Textformen nicht nur verschiedene übersetzungsmethodische Ansätze, sondern auch verschiedene Qualitätsmaßstäbe, Adressatenspezifizierungen und übersetzungskritische Normvorstellungen erfordern und daß die eigene Textrecherche oft eine unabdingbare Voraussetzung für effiziente berufspraktische Arbeit ist.

Den Abschluß des Gesamtstudiums bildet die Hauptprüfung von Diplomübersetzern und Diplomdolmetschern. In ihr sollen die Studierenden nachweisen, daß sie über fundierte Kenntnisse und Fertigkeiten (einschließlich einer effizienten Recherchierfertigkeit) im Übersetzen oder Dolmetschen gemeinsprachlicher und fachsprachlicher Texte verfügen und damit in der Lage sind, in einer immer schwieriger und anspruchsvoller werdenden Berufspraxis Fuß zu fassen und sich durch qualitativ und quantitativ überzeugende, termingerechte Leistungen durchzusetzen.

3. Neue Ausbildungsperspektiven

Die traditionellen Studienkomponenten in der Ausbildung von Übersetzern und Dolmetschern sind in der einschlägigen Literatur oft und ausführlich beschrieben worden. Dies gilt nicht – jedenfalls nicht in demselben Maße – für neue curriculare Entwicklungen, die in die Ausbildungskonzeption aufgenommen werden müssen, weil sich der Arbeitsmarkt für Übersetzer und Dolmetscher in einem strukturellen Wandel befindet. Dieser Wandel manifestiert sich vor allem auf zwei Gebieten:

1. der Terminologielehre/Terminologiearbeit
2. der Sprachdatenverarbeitung.

Terminologielehre/Terminologiearbeit: Täglich erfinden Fachleute auf der ganzen Welt Hunderte neuer Termini für die Bezeichnung neuer wissenschaftlicher und technologischer Sachverhalte und Produkte. Die formale (morphologische), semantische, begriffliche und klassifikatorische Aufarbeitung dieser Bezeichnungsflut ist ein zentrales Lehr- und Forschungsgebiet für Institute, die Übersetzer und Dolmetscher ausbilden. Die Studierenden dieser Ausbildungsinstitute müssen mit lexikologischen, lexikographischen und terminologischen Arbeitsmethoden (einschließlich des Aufbaus von terminologischen Datenbanken) vertraut gemacht werden und wissen, wie man Terminologierecherchen betreibt. In diesem Rahmen muß den Studierenden auch Gelegenheit geboten werden, sich auf der Basis der nationalen und internationalen Grundsatznormen (DIN, ISO usw.) mit den verschiedenen Aspekten der Begriffssystematik, der fachsprachlichen Bezeichnungsproblematik, der Terminologieordnung, der Verwendung und Aktualisierung von Terminologie, der terminologischen Phraseologie usw. auseinanderzusetzen (Schmitz 1993). Sie müssen außerdem den kritischen Umgang mit Fachwörterbüchern, mit fachsprachlichen Glossaren und mit fachsprachlichen Thesauri lernen; und sie müssen wissen, wie man methodisch vorzugehen hat, wenn die Aufgabe gestellt wird (und dies ist in der Berufspraxis tagtäglich der Fall), eigene Fachglossare zu erstellen und erworbenes terminologisches Wissen auf Personal Computer zu transportieren und dort abrufbereit zu halten (Arntz/Picht 1989).

Lehre und Forschung auf dem Terminologiegebiet weisen derzeit zwei sich wechselseitig befruchtende Schwerpunkte, nämlich Terminologielehre und praktische Terminologiearbeit, auf. Die Terminologielehre hat es mit den folgenden Themenbereichen zu tun:
– lexikalische, syntaktische und pragmatische Beschreibung des Sachverhalts Fachsprache(n);
– Abgrenzung von Fachsprache und Gemeinsprache (Einwirkung der Gemeinsprache auf die Fachsprache(n) und umgekehrt);
– Untersuchung der kommunikativen und kognitiven Funktion des Fachterminus;
– Differenzierung zwischen notwendigem und überflüssigem Fachwort;
– einsprachige, zweisprachige und mehrsprachige

Terminologie unter besonderer Berücksichtigung von computergesteuerten Verfahrensweisen für die Speicherung und den benutzerfreundlichen Abruf von Fachterminologie im Rahmen von thematisch begrenzten Fachgebieten (*domains*);
- Zusammenarbeit mit den Vertretern der Forschung auf dem Gebiet der Künstlichen Intelligenz im Bereich von Expertensystemen.

Die praktische Terminologiearbeit befaßt sich mit der systematischen Erarbeitung von Begriffssystemen für definierte Fachgebiete in Zusammenarbeit zwischen Fachgebietsvertretern und Terminologen (oder terminologisch geschulten Übersetzern und Dolmetschern). Im einzelnen gehören dazu:
- Optimierung und Rationalisierung der Fachkommunikation;
- Entwicklung von wissensbasierten, vernetzbaren Begriffssystemen;
- Entwicklung von sprachen(paar)unabhängigen Klassifikationsschemata;
- Entwicklung und Verwaltung (Systempflege) terminologischer Datenbanken.

Sprachdatenverarbeitung: In ein paar Jahren gehört der Bildschirmarbeitsplatz im Bereich des Übersetzens zur Standardausrüstung des Übersetzers, zumindest des Fachübersetzers.

Dies bedeutet, daß in der Ausbildung von Übersetzern und Dolmetschern die Unterweisung im Umgang mit dem Computer Pflichtfach werden muß. Dabei geht es nicht so sehr darum, daß der Übersetzer lernt, wie man *Software* herstellt (die *Software*-Herstellung ist heute weitgehend kommerzialisiert), aber er muß lernen, in Beziehungsgefügen, Strukturen und Systemen zu denken und das erworbene Wissen in methodisch reflektierter Weise an seinem Arbeitsplatz einzusetzen. Die Ausbildungsinstitute müssen sich vor Augen halten, daß Übersetzen und Dolmetschen ein klassischer Informationsberuf ist, in welchem heute ohne computertechnologische Kenntnisse kaum mehr jemand reussiert.

Literatur

Arntz, Reiner/Picht, Heribert (1989), *Einführung in die Terminologiearbeit*, Hildesheim/Zürich/New York.
Bundesverband der Dolmetscher und Übersetzer, Hrsg. (1986), "BDÜ-Memorandum", in: *Mitteilungsblatt für Dolmetscher und Übersetzer*, H. 5, 1-8.
Holz-Mänttäri, Justa (1984), *Translatorisches Handeln. Theorie und Methode*, Helsinki.
Hönig, Hans/Kußmaul, Paul (1991), *Strategie der Übersetzung*, 3. Aufl., Tübingen.
Kapp, Volker, Hrsg. (1984), *Übersetzer und Dolmetscher. Theoretische Grundlagen, Ausbildung, Berufspraxis*, 2. Aufl., Heidelberg.
Königs, Frank G., Hrsg. (1987), *Übersetzen lehren und lernen mit Büchern. Möglichkeiten und Grenzen der Erstellung und des Einsatzes von Übersetzungslehrbüchern*, Bochum.
Koller, Werner (1992), *Einführung in die Übersetzungswissenschaft*, 4. Aufl., Heidelberg.
Krollmann, Friedrich (1987), "Dolmetscher/Dolmetscherin – Übersetzer/Übersetzerin (Universitäts- und Fachhochschulbereich)", in: Bundesanstalt für Arbeit, (Hrsg.), *Blätter zur Berufskunde*, Bd. 3, 7. Aufl., Nürnberg.
Kühlwein, Wolfgang/Thome, Gisela/Wilss, Wolfram, Hrsg. (1981), *Kontrastive Linguistik und Übersetzungswissenschaft*, München.
Nida, Eugene A. (1964), *Toward a Science of Translating*, Leiden.
Nida, Eugene A./Taber, Charles R. (1969), *The Theory and Practice of Translation*, Leiden.
Reiß, Katharina (1976), *Texttyp und Übersetzungsmethode. Der operative Text*, Kronberg/Ts.
Reiß, Katharina (1978), *Möglichkeiten und Grenzen der Übersetzungskritik*, 2. Aufl., München.
Reiß, Katharina/Vermeer, Hans J. (1984), *Grundlagen einer allgemeinen Translationstheorie*, Tübingen.
Rose, Marilyn G., ed. (1987), *Translation Excellence: Assessment, Achievement, Maintenance* (= American Translation Association Scholarly Monograph Series, Vol. 1), Binghamton.
Schmitz, Klaus-Dirk, Hrsg. (1993), *Terminology and Knowledge Engineering*, Frankfurt a.M.
Wilss, Wolfram (1988), *Kognition und Übersetzen. Zu Theorie und Praxis der menschlichen und maschinellen Übersetzung*, Tübingen.
Wilss, Wolfram (1992), *Übersetzungsfertigkeit. Annäherungen an einen komplexen übersetzungspraktischen Begriff*, Tübingen.
Wilss, Wolfram/Thome, Gisela, Hrsg. (1984), *Die Theorie des Übersetzens und ihr Aufschlußwert für die Übersetzungs- und Dolmetschdidaktik*, Tübingen.

Wolfram Wilss

120. Fremdsprachenlehrer-Ausbildung an Hochschulen

1. Die Geschichte der Fremdsprachenlehrerausbildung

Die heutige dreiphasige Ausbildung der Fremdsprachenlehrer für Schulen (1. Phase: Universität oder Hochschule; 2. Phase: Studienseminar; 3. Phase: Lehrerfortbildung und Lehrerweiterbildung) blickt – was den deutschsprachigen Raum angeht – auf eine fast 200jährige Geschichte zurück, allerdings eine Geschichte mit Brüchen:

Mit der Verstaatlichung des Schulwesens seit dem Ende des 18. Jahrhunderts, die ihren Grund zum einen in der Aufhebung katholischer Lehrorden (z.B. der Jesuiten) und zum anderen in der umfassenden territorialen Neuordnung nach den Revolutionskriegen, dem napoleonischen Zeitalter und der Restauration durch den Wiener Kongreß hatte, ergab sich ein Regelungsbedürfnis hinsichtlich der Lehrerausbildung; der bis dahin traditionelle Lehrer der neueren Sprachen, der Sprachmeister – zumeist ein autodidaktisch gebildeter Muttersprachler –, erschien in einem Zeitalter, das aus allgemein-pädagogischen Gründen den wissenschaftlich gebildeten Fremdsprachenlehrer verlangte, nicht mehr ausreichend.

In etwa zur gleichen Zeit brachten Bayern (1809/1811) und Preußen (1810) die ersten Verordnungen über Lehramtsprüfungen heraus, die allerdings noch kein spezifisches Lehramt für die neueren Sprachen vorsahen.

In den 30er Jahren des 19. Jahrhunderts erschienen dann im Königreich Hannover (1831), in Kurhessen (1834) und in Braunschweig (1839) die ersten Lehramts-Prüfungsordnungen, die ausdrücklich Lehrbefähigungen für die neueren Sprachen – und das hieß damals noch ausschließlich Französisch und Englisch – enthielten (Haenicke 1980).

Schließlich nahm die seminaristische Ausbildung, das heißt also die 2. Phase der Lehrerausbildung, in den 60er Jahren des 19. Jahrhunderts ihren Anfang, um dann allerdings erst in der Zeit nach dem Zweiten Weltkrieg zu einem festen Bestandteil der Ausbildung aller Fremdsprachenlehrer aller Schulformen zu werden.

Die zitierten Prüfungsordnungen waren in der Regel für Lehrer an Gymnasien und nur zum Teil für Lehrer an Realanstalten bestimmt. Die ersten Lehrbefähigungen für Fremdsprachenunterricht an Volksschulen wurden in dem Augenblick erforderlich, als in einzelnen Städten (so z.B. in Hamburg und Bremen) Unterricht in fremden Sprachen auch an Volksschulen eingeführt wurde. Fachprüfungen in den neueren Sprachen wurden für alle Schulformen allerdings erst nach dem Zweiten Weltkrieg obligatorisch.

Die Ausbildung der Fremdsprachenlehrer an den Hochschulen setzte bereits zu einer Zeit ein, als sich die Neuphilologie noch nicht als universitäre Disziplin institutionalisiert hatte; es war vielmehr so, daß gerade die Fremdsprachenlehrerausbildung zur Begründung von neuphilologischen (und dann später von differenzierten romanischen, anglistischen und slavischen) Seminaren hinführte. Folglich diente die universitäre neuphilologische Lehre primär der Ausbildung von Fremdsprachenlehrern. Dies hat sich erst mit dem Ende der 70er Jahre unseres Jahrhunderts angesichts der sich ausweitenden Institutionalisierung von Diplom- und Magisterstudiengängen, die auf andere Berufsfelder als das Lehramt vorbereiten, in beachtenswertem Umfang geändert.

Die bedeutendste Folge aus der Verschmelzung der Lehrerausbildung mit den neuphilologischen Seminaren war die konsequente Philologisierung der Studieninhalte. Sprachgeschichte, Kenntnis älterer Sprachstufen und ihrer überlieferten Texte, Beschäftigung mit Quellen und editorischen Problemen, und bezüglich der neueren Sprachstufen die Auseinandersetzung fast ausschließlich mit der jeweiligen Literatur wurden über Jahrzehnte hinweg zu standardisierten Gegenständen der universitären Lehre für zukünftige Fremdsprachenlehrer. Die Inhalte des Studiums in der 1. Phase entsprachen somit dem jeweils in den neuphilologischen Wissenschaften erreichten Erkenntnisstand.

Erst mit dem Beginn der 70er Jahre unseres Jahrhunderts – bedingt durch eine Reihe bildungs- und hochschulpolitischer Entwicklungen (Wissenschaftsrat 1970) – wurde der Ruf nach einer stärkeren Professionalisierung, nach der Integration von berufs- bzw. unterrichtsbezogenen Inhalten in die 1. Ausbildungsphase unüberhörbar (Krumm 1973; Reisener 1974; Bludau u.a. 1978). Verstärkt wurde dieses Verlangen einerseits durch die zunehmende Kritik an den überkommenen Studieninhalten der Neuphilologien, andererseits durch ein immer stärker werdendes Interesse an einer genuinen wissenschaftlichen Begründung des Wirklichkeitsbereichs "Lehren und Lernen von Fremdsprachen" und schließlich durch linguistische Theorien, die vor allem sprachhistorische Studienanteile spürbar zurückdrängten; zeitweise konnte man sogar den Eindruck gewinnen, daß die moderne Linguistik zu einer Art Leitdisziplin für die Ausbildung von Fremdsprachenlehrern werden sollte (Weinrich 1969).

Gerade der zuletzt erwähnte Trend verstärkte die bereits angesprochene, auf das Tätigkeitsfeld von Fremdsprachenlehrern ausgerichtete Diskussion (Bausch/Königs/Kogelheide 1986); unterstützt wurde diese Entwicklung im übrigen durch ministerielle Verordnungen fast aller Bundesländer, mit denen die Integration der Pädagogischen Hochschulen in die Universitäten vollzogen wurde.

Das Resultat dieser Auseinandersetzungen war schließlich, daß die 1. Phase der Fremdsprachenlehrerausbildung tatsächlich mit Studienkomponenten fachdidaktischer, berufsorientierter und schulpraktischer Prägung angereichert worden ist; dabei bildete im Rahmen dieser Neuorientierung der Bereich der sprachpraktischen Ausbildung einen zusätzlichen Schwerpunkt; denn in den traditionellen Studienkonzepten war diese Komponente auf Übersetzungen und Essays begrenzt gewesen. So war es vor allem das Verdienst des Wissenschaftsrats (1970), vor dem Hintergrund eines veränderten gesellschaftlichen Bedarfs an fremdsprachlichen Fähigkeiten und Fertigkeiten eine breitere und bessere sprachpraktische Ausbildung von Fremdsprachenlehrern einzuklagen, die sich dann in den Folgejahren, vor allem an den neugegründeten Sprachenzentren und Zentralen Fremdspracheninstituten, in unterschiedlicher Form etabliert hat (vgl. hierzu exemplarisch Krumm 1973; Zentrales Fremdspracheninstitut der Ruhr-Universität Bochum 1976; Grotjahn/Brammerts/Wülfrath 1983; Geiger/Johnson 1984; Biesel/Fehn/Möhle 1985; Grucza u.a. 1993).

Die erwähnten Studieninhalte sind um den Bereich "Landeswissenschaften" zu ergänzen, die unter wechselnden Bezeichnungen (z.B. Kulturkunde, Landeskunde, Wesenskunde) von Anfang an Gegenstand der Fremdsprachenlehrerausbildung gewesen sind. Sie etablierten sich zunächst im Kontext der Philologien als allgemeine Geistes- und Kulturgeschichte. In den 20er Jahren dieses Jahrhunderts gewannen sie durch das Konzept einer aus der Gestaltpsychologie entlehnten allgemeinen Kulturmorphologie besonderes Gewicht. Allerdings führte dann ihre Verstrickung in nationalsozialistische Vorstellungen zu einer Abwertung landeswissenschaftlicher Studien nach dem Zweiten Weltkrieg, die bis heute nicht gänzlich überwunden ist. Zwar ist unumstritten, daß der künftige Fremdsprachenlehrer einen soliden landeswissenschaftlichen Kenntnisstand haben muß; es ist jedoch an zahlreichen Hochschulen noch immer ungeklärt, wie die Studienangebote in diesem Bereich strukturiert werden sollen; oftmals bleibt die Zusammenstellung der Veranstaltungsinhalte dem reinen Zufall überlassen.

Die 2. Phase der Fremdsprachenlehrerausbildung hat für das Gymnasium inzwischen eine mehr als hundertjährige Tradition. Ursprünglich als Meisterlehre in enger Anbindung an eine Ausbildungsschule angelehnt, hat sie sich seit der Verselbständigung der Studienseminare in den 20er Jahren unseres Jahrhunderts zu einer eigenständigen Phase der Lehrerausbildung entwickelt. Hierzu hat vor allem die Trennung der allgemeinpädagogischen (einschließlich der psychologischen, soziologischen und schulrechtlichen) Lehrveranstaltungen von den fachdidaktischen sowie schulpraktischen Ausbildungskomponenten entscheidend beigetragen.

Die Ausbildung der Fremdsprachenlehrer an den Hochschulen der ehemaligen DDR nahm eine wesentlich andere Entwicklung an als die in der westlichen Bundesrepublik: Sie war charakterisiert durch Einheitlichkeit, Einphasigkeit und Dominanz der Russischlehrerausbildung.

Die Universitäten und Pädagogischen Hochschulen bildeten zu Diplomlehrern aus, einem Lehrertyp, der sowohl eine Lehrbefähigung für die Polytechnische Oberschule (POS, Klasse 1-10) wie für die Erweiterte Oberschule (EOS, Klasse 11-12) und für die Erwachsenenbildung (z.B. für Volkshochschulen oder Betriebsakademien) erhielt. Diplomlehrer wurden im Grundstudium gemeinsam mit Übersetzern und Dolmetschern ausgebildet und erst im Hauptstudium spezifisch auf die Tätigkeit als Fremdsprachenlehrer vorbereitet. In dieses Hauptstudium waren schulpraktische Studien integriert, die ein Referendariat überflüssig machen sollten.

Für Fremdsprachenlehrer war das Fach Russisch verbindlich (vgl. Art. 124). Es war nicht möglich, Englisch, Französisch, Polnisch, Spanisch oder Tschechisch zu studieren, ohne Russisch zu belegen. Das Russische war zudem immer das erste Studienfach; ein Studienjahr in der Sowjetunion war obligatorisch. Dieser Sachverhalt führte unweigerlich dazu, daß die Lehrausbildung in den anderen Sprachen in den Hintergrund gedrängt wurde. Dies betraf auch die Wissenschaftsbereiche, die mit der Fremdsprachenlehrerausbildung befaßt waren, die Literaturwissenschaften und Sprachwissenschaften außerhalb der Slawistik und die Fachdidaktiken westlicher Sprachen.

Nach 1989 ist in den Ländern der ehemaligen DDR die zweiphasige und nach Schulformen gegliederte Fremdsprachenlehrerausbildung überall eingeführt worden.

2. Der gegenwärtige Stand der Fremdsprachenlehrerausbildung

Die grundständige Ausbildung von Fremdsprachenlehrern findet in der Bundesrepublik Deutschland derzeit an 64 Hochschulstandorten (Universitäten, Gesamthochschulen, Technischen Universitäten und Pädagogischen Hochschulen) statt. Die Zahl der Seminare für die 2. Phase ist mit ca. 300 wesentlich höher, und dies, obwohl in den alten Bundesländern seit Mitte der 80er Jahre zahlreiche Seminare geschlossen worden sind. Der Grund dafür war die rückläufige Nachfrage nach Lehramtsstudiengängen, die ihrerseits durch die Einstellungspraxis der öffentlichen Hand verursacht war. Zwischen 1982 und 1992 wurden nur noch wenige Fremdsprachenlehrer in den Schulen neu eingestellt, obwohl sie z.B. in bisher weniger unterrichteten Sprachen (wie Italienisch oder Spanisch) dringend gebraucht worden wären.

Die minimale Einstellungsquote für Fremdsprachenlehrer führt zwangsläufig dazu, daß der natürliche Regenerierungsrhythmus, das heißt die geistige und physische Erneuerung der Kollegien an den Schulen, nachhaltig gestört wird. Diese bereits spürbare Situation müßte – wenn sie denn bestehen bleibt – bewirken, daß die 3. Phase, das heißt also die Phase der Fort- und Weiterbildung (vgl. Art. 121), in gewissem Sinne Kompensationsfunktion übernimmt; Tatsache ist allerdings, daß die hierfür zuständigen Schulverwaltungsinstanzen dieser Perspektive bisher kaum ernsthaft nähergetreten sind, obwohl zwischenzeitlich ausgebaute und strukturierte Vorschläge für Maßnahmen zur Fortbildung von Fremdsprachenlehrern vorliegen (Bausch/Christ/Raasch 1987).

Die breite Ausdehnung des Fremdsprachenunterrichts im außerschulischen Bereich (Volkshochschulen, betriebliche Erwachsenenbildung, private Sprachenschulen) und der sich ausweitende Einsatz von sog. alternativen Vermittlungskonzepten (wie z.B. Suggestopädie, *Total-Physical-Response-Method*) in diesen Institutionen hat einzelne Universitäten dazu geführt, ihre Studienangebote auf den Bedarf dieser Bereiche hin umzustellen bzw. auszuweiten, und zwar in Form von sog. grundständigen Ausbildungsgängen (mit den Abschlüssen des Diploms, des Magisters oder der Promotion) oder aber auch in Form von Aufbaubzw. Zusatzstudien (vgl. hierzu die Bestandsaufnahme bei Quetz/Raasch 1982 und die Bedarfsanalyse bei Christ 1990).

Die etablierte Ausbildung von Fremdsprachenlehrern für Schulen war – wie dargestellt – durch die Diskussionen in den 70er Jahren auf eine stärkere Professionalisierung ausgerichtet worden. Die relative Chancenlosigkeit der Lehramtsstudenten hat einzelne Universitäten dazu geführt, sog. Zusatzstudien bzw. -bausteine in ihr Lehrgebot aufzunehmen, um die Studierenden, allerdings ohne das Professionalisierungsprinzip anzutasten, über eine Art Begleitstudium (in der Regel im Umfang von 2-3 Semestern) beruflich mobiler werden zu lassen (vgl. Bosenius 1992); hierher gehören z.B. Zusatzangebote wie "Informatik", "Sprachmittlung (Übersetzen und Dolmetschen)", "Deutsch als Zweitsprache/Ausländerpädagogik", "*Areal Studies*/Regionalstudien", "Literarisches Übersetzen".

In den neuen Bundesländern sind universitäre Lehrgänge für die Zusatzqualifikation von Russischlehrern (und zum Teil auch von Fachlehrern anderer Disziplinen) eingerichtet worden mit dem Ziel, eine Lehrbefähigung z.B. für Englisch oder Französisch zu verleihen, um der momentanen Nachfrage in den Schulen der neuen Bundesländer zu entsprechen. In einigen Fällen finden diese Lehrgänge in Zusammenarbeit mit ausländischen – z.B. französischen – Universitäten statt. In Berlin und Brandenburg sind außerdem Studiengänge eingerichtet worden, durch die erfahrenen Diplomlehrern die Lehrbefähigung für das 13. Schuljahr (und damit für die gymnasiale Oberstufe in Berlin und Brandenburg) verliehen werden soll.

Die Fremdsprachenlehrerausbildung hat mit diesen Ausweitungen völlig neue, in ihrer bisherigen Geschichte nicht vertretene Dimensionen erhalten, deren Konsequenzen noch nicht kalkulierbar sind.

3. Perspektiven

Die institutionalisierte Fremdsprachenlehrerausbildung befindet sich derzeit in einer prekären Lage:

Der an zahlreichen Orten feststellbare Abbau von Ausbildungsmöglichkeiten droht, die Kontinuität einer wissenschaftlichen Berufsausbildung zu unterbrechen und in der (nicht allzu fernen) Zukunft zu Schwierigkeiten des Wiederanknüpfens zu führen, die bereits heute absehbar sind. Man kann die Pflege einer wissenschaftlichen Disziplin nicht einfach einschränken oder gar einstellen, weil mangelnde Berufsaussichten dies nahelegen; man kann nicht ganze Generationen professionalisiert ausgebildeter Lehrer von der Ausübung ihres Berufes kurzerhand ausschließen, zumal verläßliche Statistiken sowohl über den gegenwärtigen als auch insbesondere über den zukünftigen Bedarf an Fremdsprachenlehrern gänzlich fehlen.

Hinzu kommt, daß die Bedürfnisse an Fremdsprachen seitens der Lernenden in Schule und Erwachsenenbildung einem kontinuierlichen und komplexen Veränderungsprozeß ausgesetzt sind. Die Öffnung des Ostens und damit des mittel- und osteuropäischen Sprachraums wird diese Entwicklung weiter verstärken (vgl. Bausch/Christ/Krumm 1990).

Natürlich kann für die Fortentwicklung der Fremdsprachenlehrerausbildung die Tradition nur ein Kriterium unter anderen sein; weitere Aspekte müssen insbesondere aus einer sorgfältigen Beobachtung des Fremdsprachenbedarfs in Wissenschaft und Berufspraxis gewonnen werden. Da diese Beobachtung, wie man weiß, diffizil ist und zu schwer deutbaren Ergebnissen führt, sollte die Tradition der Fremdsprachenlehrerausbildung nicht leichtfertig unterbrochen werden, und zwar weder in der 1. noch in der 2. Phase.

Literatur

Addison, Anthony/Vogel, Klaus, Hrsg. (1985), *Fremdsprachenausbildung an der Universität* (= Fremdsprachen in Lehre und Forschung Bd. 1), Bochum.

Bausch, Karl-Richard/Christ, Herbert/Krumm, Hans-Jürgen, Hrsg. (1990), *Die Ausbildung von Fremdsprachenlehrern: Gegenstand der Forschung*, Bochum.

Bausch, Karl-Richard/Christ, Herbert/Raasch, Albert (1987), *Fortbildung von Fremdsprachenlehrern*, Bochum.

Bausch, Karl-Richard/Königs, Frank G./Kogelheide, Rainer (1986), "Sprachlehrforschung – Entwicklung einer Institution und konzeptuelle Skizze der Disziplin", in: Seminar für Sprachlehrforschung der Ruhr-Universität Bochum (Hrsg.), *Probleme und Perspektiven der Sprachlehrforschung*, Frankfurt a.M., 1-22.

Biesel, Marie-Antoinette/Fehn, Isolde/Möhle, Dorothea (1985), *Französisch für Lehrstudenten*, 2 Bde., Heidelberg.

Bludau, Michael/Christ, Herbert/Hüllen, Werner/Raasch, Albert/Zapp, Franz-Josef (1978), *Zur Ausbildung und Fortbildung von Fremdsprachenlehrern*, Berlin.

Bosenius, Petra (1992), *Fremdsprachenstudium und Fremdsprachenberuf*, Münster/New York.

Christ, Herbert (1990), *Der Fremdsprachenlehrer in der Weiterbildung*, Tübingen.

Falk, Rüdiger (1985), "Berufsbilder für Fremdsprachenlehrer in der privaten Wirtschaft", in: *Die Neueren Sprachen*, Jg. 84, H. 5, 556-565.

Geiger, Annamaria/Johnson, Sandra (1984), *English for Language Teaching*, 2 Bde., Heidelberg.

Grotjahn, Rüdiger/Brammerts, Helmut/Wülfrath, Brigitte (1983), *Grundkurs Fremdsprachenunterricht als Wissenschaft*, Bochum.

Grucza, Franciszek/Krumm, Hans-Jürgen/Grucza, Barbara (1993), *Beiträge zur wissenschaftlichen Fundierung der Ausbildung von Fremdsprachenlehrern*, Warschau.

Haenicke, Gunta (1980), "Zur Geschichte der neueren Sprachen in den Prüfungsordnungen für das Höhere Lehramt", in: *Die Neueren Sprachen*, Jg. 79, H. 2, 187-197.

Krumm, Hans-Jürgen (1973), *Analyse und Training fremdsprachlichen Lehrverhaltens*, Weinheim.

Nehm, Ulrich (1976), *Microteaching als Ausbildungs- und Forschungsverfahren in der Fremdsprachendidaktik*, Kronberg.

Quetz, Jürgen/Raasch, Albert, Hrsg. (1982), *Fremdsprachenlehrer für die Erwachsenenbildung*, Braunschweig.

Reisener, Helmut, Hrsg. (1974), *Fremdsprachen in Unterricht und Studium*, München.

Walter, Gertrud/Schröder, Konrad, Hrsg. (1979), *Fachdidaktisches Studium in der Lehrerausbildung: Englisch*, München.

Weinrich, Harald (1969), "Überlegungen zu einem Studienmodell der Linguistik", in: Jürgen Kolbe (Hrsg.), *Ansichten einer künftigen Germanistik*, München, 208-218.

Wissenschaftsrat (1970), *Empfehlungen zur Struktur und zum Ausbau des Bildungswesens im Hochschulbereich nach 1970*, 3 Bde., o.O.

Zentrales Fremdsprachinstitut der Ruhr-Universität Bochum, Hrsg. (1975), *Beiträge und Materialien zur Ausbildung von Fremdsprachenlehrern*, 2 Bde., Bochum.

Karlhans Wernher von Bhück

121. Fort- und Weiterbildung von Fremdsprachenlehrern

1. Definition und Aufgabe der Fort- und Weiterbildung

Während die Ausbildungsphase die fachliche und die vermittlungswissenschaftliche Grundlage für die Tätigkeit des Fremdsprachenlehrers vermitteln soll, ist es die Aufgabe der Fort- und Weiterbildung, diese Grundlage zu pflegen, sie auszubauen und sie dort, wo es aufgrund der Weiterentwicklung der Fächer und der Gesellschaft nötig wird, zu revidieren, zu verbreitern oder ihr auch ganz neue Grundlagen anzugliedern.

Es wird für den Fremdsprachenlehrer nicht nur einen Bedarf und ein Bedürfnis geben, seine sprachlichen Fertigkeiten durch Fort- und Weiterbildung zu konsolidieren und sie an neue soziokulturelle Gegebenheiten anzupassen, sondern er wird sich gegebenenfalls über die Ausbildungsinhalte hinaus mit neuen, für seine unterrichtliche Tätigkeit als relevant erkannten Inhalten zu befassen haben, wie etwa psycholinguistische Einsichten, neue technische Entwicklungen, inhaltliche und methodologische Innovationen im Bereich des interkulturellen Lernens oder auch angewandt-linguistische Erkenntnisse z.B. auf dem Gebiet der Diskursanalyse.

Daß eine eingangs genossene Ausbildung nicht für ein lebenslanges Fremdsprachenlehren hinreicht, erscheint zwar allgemein plausibel, führt aber dennoch nicht zu flächendeckenden, die Gesamtheit der Lehrenden berücksichtigenden Angeboten durch die einschlägigen Institutionen und auch nicht zu einer generellen, selbstverständlichen Akzeptanz bei den Fremdsprachenlehrern; daraus ergeben sich Probleme hinsichtlich der Gestaltung wie auch in bezug auf den fakultativen bzw. obligatorischen Status entsprechender Angebote. Wenn Schaden von den Schülern abgewendet werden soll, dann kann nur in der Übernahme der vollen Verantwortlichkeit zur aktiven Teilnahme an Fort- und Weiterbildung durch die Lehrenden selbst eine angemessene Lösung der Probleme liegen, nicht in einer generellen administrativen Verpflichtung.

Fremdsprachenlehrer werden ihre Eigenverantwortung mit umso größerer Effizienz in die Tat umsetzen, je mehr sie in Planung und Gestaltung der Fort- und Weiterbildung einbezogen werden; Mitarbeit in Fort- und Weiterbildung ist aber nicht nur ein Recht, zu dessen Realisierung viele Institutionen in allen Bundesländern unterhalten werden, sondern auch eine Pflicht eines jeden Lehrers, da dessen Erkenntnis- und Fertigkeitsniveau die Voraussetzungen für Entscheidungen über berufliche und soziale Chancen seiner Schülerinnen und Schüler bilden.

2. Gegenstände der Fort- und Weiterbildung

Die Gegenstände der Fort- und Weiterbildung ergeben sich aus den Teilkompetenzen, deren Beherrschung vom Unterrichtenden zu erwarten ist.

An erster Stelle findet sich natürlich die Sprachpraxis in den verschiedenen Fertigkeitsbereichen unter Einschluß der Diskurskompetenz und unter besonderer Berücksichtigung der Fähigkeit, Sprache nach Progressionsniveaus zu differenzieren. Auf der Grundlage hinreichender Einsichten in Spracherwerbsvorgänge und in sprachliche Strukturen ist dann die Fähigkeit zu Planung, Durchführung und Evaluierung von Unterricht zu entwickeln, wobei landeskundliche/interkulturelle sowie text- und literaturwissenschaftliche Inhalte in die Sprachvermittlung integriert sind. Die wissenschaftliche Befassung mit modernen Medien einschließlich Kabelfernsehen, Video und Computer ist ebenso unerläßlich wie der Einblick in die neueren methodologischen Erkenntnisse und die Entwicklung eines angemessenen Verständnisses von Leistungsmessung.

Die Fähigkeit des Lehrers, sprachenpolitisch zu reflektieren und zu handeln, ist nicht nur Korrelat der genannten Kompetenzen, sondern Voraussetzung für die angemessene Einschätzung des Status von Fremdsprachen in der Gesellschaft und damit auch der mit Fremdsprachen befaßten Institutionen. Schließlich ist für die Entwicklung des Sprachunterrichts von besonderer Bedeutung, daß der Lehrer ein angemessenes Rollenverständnis für sich (in der Unterrichtssituation) und für seine soziale Gruppe (in der Gesellschaft der Zukunft) zu reflektieren versteht.

Alle genannten Bereiche sind zunehmend wichtige Gegenstände der Fort- und Weiterbildung, nicht nur, weil die Forschungen der letzten Jahre auf vielen Gebieten besonders ergiebig gewesen sind, sondern weil ein Paradigmenwechsel in Richtung auf einen interdisziplinären Zugriff zu diesen Gegenständen stattgefunden hat, der aufzuarbeiten und in die Praxis zu übertragen ist.

Die genannten Teilkompetenzen sind von einer Kommission des Fachverbandes Moderne Fremdsprachen (vgl. Art. 122) grundlegend aufgearbeitet und als Aus- und Fortbildungscurriculum vorgelegt worden (Bludau u.a. 1978). Hier wird die Fort- und Weiterbildungsphase als dritter Abschnitt (nach Studium und der zweiten Phase am Studienseminar) mit Vorschlägen zu seiner Ausgestaltung in den beruflichen Werdegang des Fremdsprachenlehrers integriert.

Die Notwendigkeit, der Weiterentwicklung des Arbeitsfeldes durch Fort- und Weiterbildung angemessen Rechnung zu tragen, ergibt sich umso schärfer, als aufgrund der Stellensituation für Lehrer über eine lange Reihe von Jahren keine jüngeren Lehrkräfte in den Schuldienst hineinwachsen; dadurch sind die direkten Verbindungen zwischen den drei Phasen des Lehrercurriculums abgerissen, Implementation von Innovatorischem ist also ganz auf Fort- und Weiterbildung angewiesen.

Der Fort- und Weiterbildung von Fremdsprachenlehrern in der Erwachsenenbildung kommt eine besondere Bedeutung dadurch zu, daß es für die Gruppe von Lehrenden im Bereich der Fremdsprachen nur an wenigen Universitäten und Hochschulen eine gezielte Ausbildung gibt (vgl. hierzu Art. 21). Ein Überblick über die Ausbildungsmöglichkeiten findet sich in Quetz/Raasch 1982; dort wird die Bedeutung der Fort- und Weiterbildung für den Bereich "Fremdsprachenlernen bei Erwachsenen" detailliert thematisiert.

3. Angebote im Bereich Fort- und Weiterbildung

Die Angebote an Fort- und Weiterbildungsveranstaltungen für Fremdsprachenlehrer sind hinsichtlich ihrer Didaktik, ihrer Gestaltung und ihres Umfangs sehr unterschiedlich. Darüber geben die einschlägigen Programme Auskunft, die von den jeweiligen Institutionen veröffentlicht werden.

Die unterschiedlichen Strukturen sollen an Beispielen aufgezeigt werden:
– In einigen Bundesländern ist eine zentrale Einrichtung für die Lehrerfort- und weiterbildung zuständig, z.B. in Bremen (Wissenschaftliches Institut für Schulpraxis, WIS), in Hamburg (Institut für Lehrerfortbildung), in Hessen (Hessisches Institut für Lehrerfortbildung, HILf, Hauptstelle Reinhardswaldschule in Fuldatal/Kassel, mit Zweig- und Außenstellen), in Niedersachsen (Niedersächsisches Landesinstitut für Lehrerfort-, -weiterbildung und Unterrichtsforschung, NLI), in Schleswig-Holstein (Landesinstitut Schleswig-Holstein für Praxis und Theorie der Schule, IPTS).
– In anderen Ländern bestehen neben zentralen Einrichtungen auch regionale und lokale Institutionen, z.B. in Bayern (Akademie für Lehrerfortbildung, Dillingen a.d. Donau; lokal: Pädagogisches Institut, Schulreferat der Landeshauptstadt München), in Nordrhein-Westfalen (zentral: Landesinstitut für Schule und Weiterbildung, Soest; regional: die Regierungspräsidien, Referate 45; lokal: Pädagogisches Institut der Landeshauptstadt Düsseldorf, Städtisches Institut für lokale Lehrerfortbildung und wissenschaftliche Projektarbeit).
– In wiederum anderen Ländern finden sich neben staatlichen Institutionen auch Formen institutioneller regionaler Kooperation, z.B. in Baden-Württemberg (Staatliche Akademien für Lehrerfortbildung Calw, Comburg, Donaueschingen, daneben: Pädagogische Hochschule und Oberschulamt Freiburg; Institut für Weiterbildung, Pädagogische Hochschule Freiburg).
– Staatliche und kirchliche Institutionen existieren nebeneinander, z.B. in Rheinland-Pfalz (Staatliches Institut für Lehrerfort- und -weiterbildung des Landes Rheinland-Pfalz, SIL, in Speyer; Institut für Lehrerfort- und -weiterbildung, ILF, in Mainz; Erziehungswissenschaftliches Fort- und Weiterbildungsinstitut der Evangelischen Kirchen in Rheinland-Pfalz, EFWI, in Landau; Pädagogisches Zentrum des Landes Rheinland-Pfalz in Bad Kreuznach), im Saarland (Landesinstitut für Pädagogik und Medien, LPM; Institut für Lehrerfort- und -weiterbildung, ILF, Evangelische Kirchen im Saarland, EKiS).
– Überregional arbeiten das Deutsche Institut für Fernstudien an der Universität Tübingen, die Landes-, Kreis- und Stadtbildstellen sowie das Pädagogische Zentrum Berlin.

Veranstaltungen zur Fort- und Weiterbildung von Fremdsprachenlehrern in der Erwachsenenbildung werden von den jeweiligen Institutionen, also z.B. betriebsintern, sprachschulenintern, verbandsintern wie etwa durch den Erfa-Ring Wirtschaft (Erfahrungsaustauschring Fremdsprachenausbildung Wirtschaft) durchgeführt (vgl. u.a. den Beitrag von Freudenstein in Quetz/Raasch 1982). Im Bereich der Volkshochschulen als dem größten Träger öffentlicher Erwachsenenbildung werden diese Aufgaben getragen von den einzelnen Volkshochschulen und/oder den Landesverbänden der Volkshochschulen, teilweise in Zusammenarbeit mit den ausländischen Kulturinstituten bzw. ausländischen Partnerorganisationen wie z.B. dem CAVILAM (*Centre Audio-Visuel de Langues Modernes*. Vichy, Frankreich) oder *The English Language Centre* (Hove/Brighton). Unterstützt werden Fortbildungsmaßnahmen für Französischkursleiter durch das Deutsch-Französische Jugendwerk (DFJW), Bad Honnef. Modelle der Fortbildung wurden z.B. von Dany (1978), Bricaud (1991) und von der *International Certificate Conference* (ICC) erstellt.

Weitere Fortbildungsmaßnahmen werden regelmäßig u.a. angeboten vom Sprachinstitut Tübingen, von der *Direction des Relations Internationales à la Direction de l'Enseignement de la Chambre de Commerce et d'Industrie de Paris*, von den Instituten des *British Council*, den *Instituts Français* u.a. Einen regelmäßigen Überblick über sprachliche und kulturelle Fortbildungsmöglichkeiten im Ausland vermittelt die jährlich erscheinende Broschüre "Sprachstudienaufenthalte und Studienaufenthalte in 25 Ländern", herausgegeben vom Hessischen Volkshochschulverband in Zusammenarbeit mit den Volkshochschul-Landesverbänden in Baden-Württemberg, Berlin, Niedersachsen und Nordrhein-Westfalen.

Fortbildung in Form eines Kontaktstudiums bieten die Universität Mainz (Kontaktstelle für wissenschaftliche Weiterbildung) und die Volkshochschule Mainz in Kooperation mit den Volkshochschulen Bingen, Ingelheim, Wiesbaden und der Kreisvolkshochschule Mainz-Bingen an. Weitere Fortbildungsangebote enthalten die Programme der Tagungen und Kongresse, die der Fachverband Moderne Fremdsprachen (FMF) regelmäßig organisiert, und zwar entweder auf der Ebene der FMF-Landesverbände oder auf den alle zwei Jahre stattfindenden Bundeskongressen.

Zu nennen sind ferner die regelmäßigen Veröffentlichungsorgane, die speziell dem "Fremdsprachenunterricht in der Erwachsenenbildung" gewidmet sind: Zielsprache Deutsch, Zielsprache Englisch, Zielsprache Französisch, Zielsprache Russisch.

4. Konzepte der Lehrerfort-/weiterbildung

Im Auftrag des Fachverbands Moderne Fremdsprachen hat eine Kommission (s. Bausch/Christ/Raasch 1987) Konzepte, Materialien und Thesen zur Fortbildung von Fremdsprachenlehrern zusammengestellt und veröffentlicht. Die dort formulierten Thesen lassen folgende Schlüsse auf die derzeitige Situation zu:

Trotz vieler Bemühungen ist die Situation der Fortbildung der Fremdsprachenlehrer unbefriedigend; diese Tatsache in das allgemeine Bewußtsein zu heben, ist mehr als dringlich. Wenn die zuständigen Stellen und Institutionen auch die Notwendigkeit zur Diskussion und Neuorientierung sehen, so gibt es bisher keine hinreichende republikweite Gesamtplanung oder auch nur Koordinierung (abgesehen von Kontakten und Diskussionsmöglichkeiten z.B. durch den Deutschen Verein zur Förderung der Lehrerfortbildung und Lehrerweiterbildung). Wenn die finanziellen und personellen Mittel schon nicht ausreichen, den derzeitigen tatsächlichen Fortbildungsbedarf zu decken, so erlauben sie schon gar nicht, das oben angedeutete Anwachsen des Bedarfs aufzufangen. Dabei ist es offensichtlich so, daß der Bereich der Fremdsprachen trotz großer fachspezifischer Bedürfnisse erheblich zurücktreten muß zugunsten anderer Fachbereiche.

Fortbildung ist eine Bringeschuld und eine Holschuld zugleich: Wenn der einzelne Fremdsprachenlehrer nicht die Verpflichtung zur Fortbildung realisiert, dann wird der Fremdsprachenunterricht seinen Aufgaben in der heutigen Gesellschaft nicht gerecht; die Berufung auf eine einmal durchlaufene Ausbildung ist nicht gerechtfertigt. Die aktive und kontinuierliche Mitarbeit der Lehrkräfte ist ebenso gefordert wie das bedürfnisgerechte, zielgruppenorientierte Fortbildungsangebot der zuständigen Institutionen. Dabei ließe sich die Zusammenarbeit verschiedenster Institutionen einschließlich der Verbände, der ausländischen Kulturinstitute usw. auf verschiedenen Ebenen noch erheblich, sowohl quantitativ wie qualitativ, ausbauen.

Zur Gestaltung von Lehrerfort- und -weiterbildung gibt es zahlreiche Konzepte und Veröffentlichungen (vgl. u.a. Bausch/Christ/Raasch 1987, fortgeschrieben in Bausch/Christ/Raasch 1991). Für den Bereich der Fremdsprachen werden hier die folgenden als Beispiele genannt: Edelhoff (1983), Edelhoff/Fischer (1986), Hessisches Institut für Lehrerfortbildung (1980), Krumm (1986) und Müller (1986).

Internationale Modelle werden diskutiert u.a. in Baumgratz/Stephan (1987), *Centre for Information on Language Training and Research* (1976), in verschiedenen Veröffentlichungen des *Conseil de la coopération culturelle, Conseil de l'Europe* (zuletzt 1987) sowie für Deutsch als Fremdsprache bei Krumm (1986). Zunehmende Bedeutung kommt den Fortbildungsmaßnahmen zu, die vom Lingua-Programm der EU gefördert werden.

5. Mitarbeiterfortbildung in der Erwachsenenbildung

Ein umfassendes Planungskonzept zur Mitarbeiterfortbildung im Fachbereich "Sprachen" wurde von einer Arbeitsgruppe von Hauptamtlichen Pädagogischen Mitarbeitern in Niedersachsen erarbeitet und vom Landesverband der Volkshochschulen Niedersachsens e.V. in seinem Rundschreiben 3/1987 veröffentlicht. Es enthält u.a. eine Auflistung der möglichen Themen (differenziert nach Fach-, Handlungs- und/oder Beziehungskompetenzen), einen Überblick über empfohlene Seminartypen, die eine angemessene Qualifizierung gewährleisten, sowie ein Schema für die Programmplanung.

Ein Konzept für die sinnvolle Verbindung von Auslands- und Inlandsmaßnahmen im Bereich Französisch wurde zwischen dem Deutsch-Französischen Jugendwerk (DFJW), dem Projekt "Französisch" der Volkshochschulen und französischen Partnerinstitutionen verabredet (s. Dany 1978 und Bricaud 1991). Zwei Prinzipien bilden seitdem die Grundlage für diese deutsch-französischen Programmangebote: 1) Im Ausland werden diejenigen Veranstaltungstypen und -inhalte angeboten, die dort besser als im Inland durchgeführt werden können; insbesondere eignen sich für den Auslandsaufenthalt die Kurse zur sprachlichen und landeskundlichen Fortbildung. 2) Voraussetzung für die Teilnahme an Auslandsprogrammen ist die vorherige Teilnahme an einschlägigen Inlandsveranstaltungen.

Diese Strukturierung ist Grundlage der Fortbildungsprogramme, die u.a. jährlich in Vichy/Frankreich angeboten werden (vgl. die Ankündigungen in Zielsprache Französisch).

Literatur

A.P.L.V., éd. (1991), "Se former pour demain", in: *Les Langues, Modernes*, Jg. 85, H. 3 (= Schwerpunktthema).

AUPELF/British Council/Goethe Institut, Hrsg. (1987), *Aus- und Fortbildung von Fremdsprachenlehrern. Probleme und Modellvorschläge*, Paris.

Baumgratz, Gisela/Stephan, Rüdiger, Hrsg. (1987), *Fremdsprachenlernen als Beitrag zur internationalen Verständigung. Inhaltliche und organisatorische Perspektiven der Lehrerfortbildung in Europa*, München.

Bausch, Karl-Richard/Christ, Herbert/Raasch, Albert (1987), *Fortbildung von Fremdsprachenlehrern. Konzepte – Materialien – Thesen*, Bochum/Gießen/Saarbrücken.

Bausch, Karl-Richard/Christ, Herbert/Raasch, Albert (1991), *Fortbildung von Fremdsprachenlehrern*, Bochum/Gießen/Saarbrücken.

Bricaud, Bernadette (1991), "La formation des enseignants de français des Universités Populaires", in: *Zielsprache Französisch*, Jg. 23, H. 4, 229-234.

Buttaroni, Susanna/Knapp, Alfred (1988), *Sprachenwachstum. Anleitungen und sprachpsychologischer Hintergrund für Unterrichtende*, Wien.

Centre for Information on Language Teaching and Research (CILT) (1976), *The continuing training of modern language teachers: the first year and after*, London.

Christ, Herbert (1990), *Der Fremdsprachenlehrer in der Weiterbildung. Eine empirische Untersuchung*, Tübingen.

Conseil de la Coopération Culturelle, Conseil de l'Europe, Projet no. 12 (fortlaufend): *Apprentissage et enseignement des langues vivantes aux fins de communication.* (Rapports; Rapport de l'atelier 13: 1987).

Dany, Max (1978), "La formation en France des professeurs d'universités populaires allemandes", in: *Zielsprache Französisch*, Jg. 10, H. 4, 164-172.

Edelhoff, Christoph (1983), "Putting the Communicative Curriculum into Practice: The Organisation of Teacher Inservice Education and Training in Hesse, Germany", in: James E. Alatis/Hans H. Stern/Peter Stevens, (eds.), *Gurt 83, Applied Linguistics and the Preparation of Second Language Teachers: Towards a Rationale*, Washington D.C, 152-167.

Edelhoff, Christoph/Fischer, Dietlind (1986), *Strukturen und Bedingungen der Lehrerfortbildung in der Bundesrepublik Deutschland und in Europa, unter besonderer Berücksichtigung der Fortbildung für Lehrer lebender Fremdsprachen und der beziehungsorientierten fremdsprachlichen Landeskunde. Studie für die Robert-Bosch-Stiftung*, Stuttgart/Münster/Grebenstein.

Hessisches Institut für Lehrerfortbildung, Hrsg. (1980), "Fortbildung in neuen Sprachen", in: *Arbeitsbericht 1980*, Fuldatal, 11-26.

Johannes-Gutenberg-Universität Mainz, Kontaktstelle für wissenschaftliche Weiterbildung (fortlaufend), *Berichte und Beiträge zur wissenschaftlichen Weiterbildung*, Mainz.

Krumm, Hans-Jürgen, Hrsg. (1986), *Lehrerfortbildung im Bereich Deutsch als Fremdsprache*, München.

Landesverband der Volkshochschulen Niedersachsens (1987), *Fachbereich Sprachen, Mitarbeiterfortbildung, Planungskonzept*, Rundschreiben 3-1987, Hannover.

Müller, Tilbert (1986), *Regionales und schulinternes Projekt Englisch Hauptschule. Ein Modell schulinterner Lehrerfortbildung*, SIL-Speyer.

Quetz, Jürgen/Raasch, Albert (1982), *Fremdsprachenlehrer für die Erwachsenenbildung. Aus- und Fortbildung von neben- und hauptberuflichen Mitarbeitern*, Braunschweig.
Raasch, Albert/Heinzmann, Ursula (1984), *Fremdsprachenunterricht für Erwachsene. Spezialbibliographie 5*. Universität des Saarlandes, Saarbrücken, und Informationszentrum für Fremdsprachenforschung (IFS), Universität Marburg, München.
Raasch, Albert/Burkhardt, Livia/Sick, Christine (1989), *Fremdsprachen für Erwachsene – Bibliographische Hinweise*, Saarbrücken.
Schmidt, Arno (1979), *Didaktik der Lehrerfortbildung I – lerntheoretische Grundlagen, Modelle und Möglichkeiten*, Hannover.
Schmidt, Arno (1980), *Didaktik der Lehrerfortbildung II – Kursgestaltung und Evaluation*, Hannover.
Zimmermann, Günther (1990), *Grammatik im Fremdsprachenunterricht der Erwachsenenbildung. Ergebnisse empirischer Untersuchungen*, Ismaning.

Albert Raasch

122. Fachverbände für Fremdsprachenlehrer

1. Entwicklung und Zielsetzung

Fremdsprachenlehrerverbände entstanden auf nationaler Ebene um die Jahrhundertwende. Älteste Vereinigung dürfte der 1880 gegründete Verein für Neuere Sprachen zu Hannover sein, der anläßlich des 1. Neuphilologentages 1886 seinen Namen in Allgemeiner Deutscher Neuphilologen-Verband (ADNV) änderte. 1892 wurde die *Modern Language Association* in England gegründet, 1903 folgte die *Société des Professeurs de Langues Vivantes de l'Enseignement Public* in Frankreich, seit 1911 *Association des Professeurs de Langues Vivantes de l'Enseignement Public* (APLV).

Entscheidend für ihre Gründung dürfte einmal die zunehmende Bedeutung des modernen Fremdsprachenunterrichts an den weiterführenden Schulen gewesen sein, zum anderen die damit einhergehende breitere universitäre Ausbildung, die zu einem eigenständigen akademischen Berufsbild führte, das um seine Anerkennung in der Öffentlichkeit kämpfte, insbesondere in der Auseinandersetzung mit den Altphilologen. Gemeinsam ist diesen Verbänden, daß sie als Nothilfeorganisationen der Neuphilologen an Universitäten und Höheren Schulen gegründet wurden mit der Zielsetzung
– als Fortbildungsforum für die Mitglieder zu dienen,
– der Öffentlichkeit und insbesondere der Schulverwaltung die Bedeutung des Unterrichts in modernen Fremdsprachen ins Bewußtsein zu rufen,
– die Methodik und Didaktik des Unterrichts weiterzuentwickeln,
– den Kontakt mit ausländischen Kollegen zu institutionalisieren.

Im Vordergrund der damaligen Verbandsarbeit standen die in den Höheren Schulen gelehrten Fremdsprachen, in Deutschland Englisch und Französisch, daneben im Sinne der traditionellen Romanischen Philologie Spanisch und Italienisch. Zum Umschlagplatz für den Erfahrungsaustausch und für methodische Reformen wurden die nationalen und seit 1900 auch die internationalen Kongresse. Allein der Allgemeine Deutsche Philologen-Verband veranstaltete von 1880 bis 1914 insgesamt 16 Allgemeine Deutsche Neuphilologentage, an denen regelmäßig Vertreter des Auslandes teilnahmen. Dieser internationale Kontakt führte 1904 in Köln zur Gründung des *Bureau International de Renseignements à l'usage des Professeurs de Langues Vivantes*, aus dem 1931 als Dachverband der nationalen Fremdsprachenlehrer die *Fédération Internationale de Professeurs de Langues Vivantes* (FIPLV) hervorging.

Die beiden Weltkriege unterbrachen die Arbeiten der jeweiligen Verbände nur kurzfristig; auch die internationalen Kontakte konnten schnell wieder aufgebaut werden. So führte der Allgemeine Deutsche Neuphilologen-Verband, obwohl er 1937 aufgelöst und als Reichssachgebiet Neuere Sprachen in den Nationalsozialistischen Lehrerbund eingegliedert worden war, bereits 1947 in Iserlohn mit aktiver Unterstützung der britischen Militärregierung den ersten Neuphilologentag der Nachkriegszeit durch. Insgesamt behielten die wieder aktiv werdenden nationalen Verbände weitgehend die traditionelle Struktur mit ihren Aufgabenfeldern bei, wobei die Neuphilologie als Bezugswissenschaft auch im Verbandsnamen häufig ihren Ausdruck fand, z.B. Verband der Österreichischen Neuphilologen oder *Polskie Towarzystwo Neofilologiczne*. Einen neuen Weg sollte die DDR mit der Gründung des Komitees für den Sprachunterricht beschreiten, dessen Sektionen, z.B. Deutsch als Fremdsprache, der Lehre bestimmter Fremdsprachen zugeordnet wurden.

2. Sprachenvielfalt: multilinguale und unilinguale Verbände

Wesentliche Änderungen für die dem traditionellen Wissenschaftsverständnis der Neuphilologie verpflichteten Fremdsprachenlehrerverbände ergaben sich aus den in den sechziger Jahren beginnenden Schulreformen. Fremdsprachenunterricht wurde, häufig im Rahmen eines geänderten Schulaufbaus, zum Pflichtfach aller Schüler, wodurch in der Regel Englisch eine gewaltige Ausdehnung erfuhr, während der bisherige vielfältige Fremdsprachenunterricht an den Höheren Schulen z.T. drastisch eingeschränkt wurde, was weitgehend zu Lasten des Französischen, Deutschen und Spanischen ging. Dieser Entwicklung stellten sich die nationalen Verbände in unterschiedlicher Weise. Der Allgemeine Deutsche Neuphilologen-Verband änderte 1972 seinen Namen in Fachverband Moderne Fremdsprachen (FMF), um sowohl die Lehrer aller Schulformen, die Fremdsprachen auf wissenschaftlicher Grundlage unterrichten, anzusprechen als auch die Vertreter der Fachdidaktik und der Sprachlehr- und Lernforschung an den Hochschulen. Bereits vorher wurden schrittweise Vorstandsreferenten für einzelne Schulfremdsprachen berufen, um die Interessen einer bestimmten Sprache und der sie unterrichtenden Lehrer in der sprachenpolitischen Diskussion, bei Fortbildungsveranstaltungen und in Verbandsveröffentlichungen angemessen zu vertreten. Für die französische *Association des Professeurs de Langues Vivantes de l'Enseignement Public* ergab sich u.a. die Notwendigkeit, zur Sicherung ihres sprachenpolitischen Einflusses die traditionelle Beschränkung auf Mitglieder aus dem staatlichen Schulwesen aufzulockern und auch Vertreter des *Enseignement libre* aufzunehmen. Außerdem führten die im Vorstand der *Association des Professeurs de Langues Vivantes de l'Enseignement Public* eingerichteten "commissions" für einzelne Schulfremdsprachen entsprechende "*Journées d'Etudes*" durch, die sich gezielt an den Bedürfnissen des Lehrers einer bestimmten Sprache ausrichteten. Da aber trotz dieser Änderung viele Lehrer in ihrem nationalen Verband nicht mehr die notwendige Unterstützung für ihre Sprache zu finden glaubten, wurden entsprechende unilinguale Vereinigungen gegründet, hinter denen in der Regel internationale und von der Kulturpolitik der jeweiligen Regierungen unterstützte Verbände standen. In der Bundesrepublik Deutschland sind dies, mit dem internationalen Dachverband, dem sie zugeordnet sind:

Bundesverband der Lehrkräfte der russischen Sprache und MAPRYAL,
Vereinigung der Französischlehrer und *Fédération Internationale des Professeurs de Français* (FIPF)
Fachgruppe Deutsch als Fremdsprache im FMF und der Internationale Deutschlehrerverband (IDV),
Deutscher Spanischlehrerverband (DSV) im FMF und *Asociación Europea de Profesores de Español* (AEPE),
Fachverband Italienisch in Wissenschaft und Unterricht sowie *Associazione Internationale dei Professori di Italiano* (APIPI),
Fachverband Niederländisch (FN) im FMF, ohne unilingualen Dachverband.

Für das Englische entstanden internationale Verbände, die im deutschen Sprachraum Einzelmitglieder haben:
International Association of Teachers of English as a Foreign Language (IATEFL) mit Sitz in Großbritannien,
Teachers of English to Speakers of Other Languages (TESOL), mit Sitz in den USA.

In etwa parallel zu den Schulreformen vollzogen sich auch in den Bezugswissenschaften der Fremdsprachenlehrer wesentliche Neuerungen und Erweiterungen, die u.a. zur Gründung der *Association Internationale de Linguistique Appliquée* (AILA) mit ihren nationalen Verbänden, z.B. der Gesellschaft für Angewandte Linguistik (GAL), führten. In diesen Bereich gehört auch die *Association Internationale pour la Recherche et la Diffusion des Méthodes Audio-Visuelles et Structuro-Globales* (AIMAV) mit Sitz in Brüssel.

Allerdings fanden diese Verbände in den Ländern, die einen mitgliederstarken Fremdsprachenlehrerverband aufwiesen, bei den Vertretern der Schule nur einen begrenzten Widerhall.

Die neu entstandenen unilingualen Verbände bereicherten wesentlich die Diskussion um einen vielfältigen Fremdsprachenunterricht. Da sie aber ausschließlich zugunsten einer bestimmten Sprache argumentieren, erschweren sie die Erarbeitung eines ausgewogenen Schulfremdsprachenkonzeptes, dem sich die traditionellen Verbände aufgrund der unterschiedlichen Lehrbefähigungen ihrer Mitglieder verpflichtet fühlen. Hinzu kommt, daß nach Anfangserfolgen die Forderungen der unilingualen Verbände sich gegenseitig blockieren und dadurch ihr Einfluß auf die bildungspolitische Diskussion an

Bedeutung verliert. Einige unilinguale Verbände haben sich deshalb im Rahmen des bestehenden nationalen Fremdsprachenlehrerverbandes konstituiert wie der Deutsche Spanischlehrerverband, die Fachgruppe Deutsch als Fremdsprache oder der Fachverband Niederländisch, deren Vorsitzende dem Bundesvorstand des Fachverbandes Moderne Fremdsprachen als Referenten der jeweiligen Fremdsprache angehören. Eine ähnliche Entwicklung ist auch in anderen Ländern zu beobachten, z.B. in den USA mit der Konstituierung des *American Council on the Teaching of Foreign Languages* (ACTFL) oder in Großbritannien mit dem *Joint Council of Language Associations* (JCLA) oder der *British Association for Language Teaching* (BALT). Allerdings konnte dadurch nicht immer die Gefahr der Zersplitterung von Verbandsinteressen gebannt werden; so löste sich die britische MLA nach 99 Jahren ihres Bestehens auf, um durch dieses Beispiel die Gründung eines einzigen, alle Interessen abdeckenden Sprachenverbandes 1990 zu ermöglichen: die Association for Language Learning (ALL).

Wie die Entwicklung in den damaligen sozialistischen Ländern verläuft, läßt sich z.Z. erst grob abschätzen. An die Stelle der früheren Komitees oder Zirkel mit wenigen Mitgliedern dürften neue, politisch unabhängige Verbände treten, deren Arbeit allerdings vorerst durch die großen wirtschaftlichen Schwierigkeiten eingeschränkt wird.

3. Schwerpunkte der Verbandstätigkeit

In der Bundesrepublik Deutschland vertritt der Fachverband Moderne Fremdsprachen, dem insgesamt rund 6.500 Mitglieder (1992) angehören, aufgrund seiner Zuständigkeit für alle Schulfremdsprachen das breiteste bildungspolitische Programm. Es wird deshalb exemplarisch für die Tätigkeitsfelder der genannten Fachverbände geschildert. Seine Umsetzung in die Praxis erfolgt auf Bundesebene durch die

– Bundeskongresse, die in zweijährigem Rhythmus stattfinden,
– Verbandszeitschrift Neusprachliche Mitteilungen aus Wissenschaft und Praxis,
– Herausgabe der Kongressdokumentation,
– Veröffentlichung einer Schriftenreihe als konkrete Hilfe für den Fremdsprachenlehrer,

und auf Landesebene durch die
– jährlichen Regionaltagungen der Landesverbände,
– Mitteilungsblätter, die schwerpunktmäßig die Entwicklung im jeweiligen Bundesland berücksichtigen.

Ziel dieser sich schwerpunktmäßig an die Fremdsprachenlehrer richtenden Tätigkeiten ist es, unter Ausnutzung aller Freiräume, die ein unabhängiger und nur von seinen Mitgliedern getragener multilingualer Verband besitzt, durch die ständige Auseinandersetzung mit der Theorie und der Praxis des Fremdsprachenunterrichts eine laufende Verbesserung seiner Qualität und Effizienz anzustreben. Daneben kommt der Einschätzung vielfältiger und guter Fremdsprachenkenntnisse in der Öffentlichkeit große Bedeutung zu, zumal die organisatorischen Rahmenbedingungen des Unterrichts wie Wochenstundenzahlen oder Größe der Lerngruppen sehr stark mit dieser Einschätzung korrelieren. Da der Fachverband Moderne Fremdsprachen (FMF) mit unterschiedlichen Strategien auf diese Sachverhalte Einfluß auszuüben versucht, ist er seinem Selbstverständnis nach sowohl Interessenverband als auch Fachverband. Aus diesem Selbstverständnis heraus ergeben sich für das gesellschaftspolitische Vorfeld der Verbandsarbeit folgende Schwerpunkte:

Eine verständliche Darstellung der Aufgaben des Fremdsprachenlehrers wird die Öffentlichkeit über die Bedeutung seines Tuns unterrichten.

Die gesellschaftliche und volkswirtschaftliche Bedeutung von Fremdsprachenkenntnissen, die einen breiten und qualifizierten Unterricht in vielen Sprachen erfordert, wird möglichst einsichtig begründet.

Die fast unübersehbar gewordenen Zielvorgaben für den Fremdsprachenunterricht werden, auch unter Berücksichtigung der organisatorischen Rahmenbedingungen, diskutiert und kritisch überprüft.

Eine enge Zusammenarbeit zwischen Vertretern der Hochschulen, der Studienseminare und der Schulen, die sich gemeinsam um die Förderung des Unterrichts in modernen Fremdsprachen und um seine Erforschung bemühen, wird angestrebt.

Der ständige und möglichst enge Kontakt mit den Kultusministerien und Schulbehörden, die für die Rahmenbedingungen des Unterrichts in erster Linie zuständig sind, hat zum Ziel, möglichst viele vom Fachverband Moderne Fremdsprachen erarbeitete Vorschläge in die Praxis umzusetzen.

Literatur

FIPLV (1980), Fédération Internationale des Professeurs de Langues Vivantes o. O. (Zürich), o. J.
FIPLV, Fédération Internationale des Professeurs de Langues Vivantes (1985), *Improving Foreign Language Teaching. The Role of the Language Teachers Associations*, Zürich.
Rodé, Adolf (1980), "Fremdsprachenpolitik im Landesverband. Probleme und Erfahrungen im Saarland", in: *Neusprachliche Mitteilungen*, Jg. 33, 19-25.
Schröder, Konrad/Finkenstaedt, Thomas (1977), *Reallexikon der englischen Fachdidaktik*, s. v. "Institutionen und Verbände", Darmstadt, 99-105.
Schröder, Konrad (1992), "Difficile est satiram non scribere – Es fällt schwer, die Satire nicht zu schreiben", in: *Neusprachliche Mitteilungen*, Jg. 45, 208-209.
Zapp, Franz Josef (1972), "Fachverband Moderne Fremdsprachen FMF", in: *Neusprachliche Mitteilungen*, Jg. 25, 65.
Zapp, Franz Josef (1980), "Geschichte des neusprachlichen Unterrichts im Spiegelbild des Fachverbandes der Fremdsprachenlehrer: 1880-1980", in: *Neusprachliche Mitteilungen*, Jg. 33, 2-17.
Zapp, Franz Josef (1987), "Elemente eines Aktionsprogrammes für den FMF", in: *Neusprachliche Mitteilungen*, Jg. 40, 209-210.

Franz Josef Zapp

E   Geschichte des Fremdsprachenunterrichts

123. Geschichte des Fremdsprachenunterrichts bis 1945

1. Forschungsstand

Das wissenschaftliche Interesse an der Geschichte des Fremdsprachenunterrichts in Deutschland ist seit dem Ende der 60er Jahre größer geworden. Dies belegen mehrere Neuerscheinungen insbesondere zur Geschichte des Englisch- und Französischunterrichts, wobei für diese und die altsprachlichen Fächer gilt, daß vor und nach der Jahrhundertwende bereits bedeutende Vorarbeiten geleistet wurden (vgl. Schröder/Weller 1980). Noch wenig erforscht hingegen ist die nicht unerhebliche hiesige Tradition des Unterrichts im Spanischen, Italienischen und der slawischen Sprachen. Doch auch für die Hauptsprachen Englisch und Französisch und den altsprachlichen Unterricht gilt, daß noch erhebliche Lücken zu verzeichnen sind. So mangelt es insbesondere an Untersuchungen zu wichtigen zeitlichen Etappen, an regionalen Studien, Biographien zu bedeutenden Fremdsprachendidaktikern (Lehberger 1988; Schröder 1987; 1989; Strauß 1990) sowie an Studien, die sich der mühsamen Arbeit empirischer Unterrichtsgeschichtsschreibung annehmen. Eine weitere Aufgabe wird es in Zukunft sein, die Geschichte des Fremdsprachenunterrichts noch stärker in die sozialhistorisch ausgerichtete Schulgeschichtsschreibung einzubetten. Recht befriedigend ist hingegen inzwischen unsere Kenntnis der Methodikgeschichte insbesondere der neusprachlichen Fächer (Howatt 1984; Macht 1986; 1987; 1992; Apelt 1991).

2. Zur institutionellen Entwicklung des Fremdsprachenunterrichts

Mittelalter: Schulischer Fremdsprachenunterricht auf deutschsprachigem Boden – davon ist in diesem Beitrag vorrangig die Rede – beginnt im Mittelalter mit der systematischen Unterweisung im Lateinischen.

793 beauftragt Karl der Große Alkuin aus York, Klöster und Bischöfe zur Gründung von Schulen zu veranlassen; denn für ein neu aufzubauendes Bildungswesen kommt nach dem Zusammenbruch der staatlichen und städtischen Ordnung im Gefolge der Auflösung des Römischen Reiches nur die Kirche in Frage. Alleiniges Kommunikationsmittel in den kirchlichen Schulen ist Latein, dies gilt auch für die im Spätmittelalter in den aufblühenden Städten entstehenden Stadtschulen und Universitäten. Latein ist internationale Bildungssprache und *lingua franca*. Die Pflege des Griechischen, das ebenfalls zur spätantiken Bildungstradition gehört, verkümmert, da, anders als für das Lateinische, kein praktisches Bedürfnis besteht (Matthiessen 1983).

Obwohl es Hinweise auch auf schulischen Unterricht in den neueren Sprachen am Ausgang des Mittelalters gibt (zur Zeit der Hanse etwa, als Handelsinteressen dies nötig machten), sind nachweisbare Belege in der Literatur dafür bislang nicht erbracht worden.

Vom 16. zum 18. Jahrhundert: Im Zeitalter des Humanismus und der Reformation gewinnt das Griechische, bei weiterer Vorherrschaft des Lateins, an Bedeutung. Mit dem neuerwachten Interesse der Humanisten an der römischen Literatur geht parallel ein Interesse an den von den Römern geschätzten griechischen Autoren einher. An der von der Laienbruderschaft vom "Gemeinsamen Leben" gegründeten norddeutschen Schule wird bereits am Ende des 15. Jahrhunderts Griechisch unterrichtet. Auch an den auf Luthers und Melanchthons Anregung nach der Reformation in den protestantischen Landesteilen wieder neugegründeten christlichen Schulen wird Griechisch angeboten. Im wesentlichen sind diese neuen Schulen jedoch wieder Lateinschulen.

Seit der 2. Hälfte des 16. Jahrhunderts beginnt die Geschichte des schulischen Unterrichts in den neueren Sprachen. (Für Belege in dieser und späteren Epochen vgl. Schröder 1980 ff.) Bedingt durch die Entstehung von Nationalstaaten gewinnen die Landessprachen an Bedeutung. So fordern Wolfgang Ratichius (1571-1635) und Johann Amos Comenius (1592-1670), die Muttersprache in den Mittelpunkt zu stellen, der Unterricht in den neueren und dann erst der alten Sprachen solle sich anschließen. Die Flüchtlingsströme im Zeitalter der Reformation und der Religionskriege, der Emanzipationsprozeß der französischen Sprache, die Kontaktsuche protestantischer Reichsstädte zu Frankreich bewirken, daß Französisch als erste bedeutende lebende Fremdsprache gelehrt wird. Die politische, wirtschaftliche und kulturelle Bedeutung Frankreichs macht das Französische im 17. und 18. Jahrhundert zur *lingua franca* Europas (Schröder 1980). Bereits 1554 wird in Frankfurt ein französischer Schulmeister eingestellt, diesem Beispiel folgen weitere Städte und Universitäten sowie 1589 das Collegium Illustre in Tübingen, eine der frühesten Ritterakademien und Ausbildungsstätten für angehende Staatsdiener. Neben Französisch wird hier auch Italienisch gelehrt. Auch an Bürgerschulen und Gymnasien breitet sich Französisch aus: Erste Nachweise gibt es für Köln (1602), Essen (1603), Wesel (1608), Neuss, Soest (1610) und Ulm (1613), wo wahlweise auch Italienisch angeboten wird.

Eine besondere Bedeutung für die Ausbreitung des neueren Fremdsprachenunterrichts im 17. Jahrhundert (nach Paulsen "Das Zeitalter der französisch-höfischen Bildung") erlangen die säkularen Ritterakademien, an denen die adlige Jugend für ihre weltlichen Aufgaben vorbereitet werden soll (Aehle 1938). Gegründet werden sie, weil der Adel mit den traditionellen Bildungsinhalten und den wenig pragmatischen Erziehungszielen des tradierten Bildungswesens sich unzufrieden zeigt. Auf dem Lehrplan der Ritterakademien stehen neben "praktischen" Fächern wie u.a. Geographie, Technologie oder Fechten auch neuere Sprachen, primär Französisch, aber auch Italienisch und Spanisch sowie später Englisch. Am Ende des 18. Jahrhunderts ist Französisch überall in Deutschland in der Regel gymnasiales Unterrichtsfach.

Der Englischunterricht an Schulen gewinnt eine gewisse Bedeutung etwa ab 1750 (erste Nennung 1687 in der Ritterakademie zu Wolfenbüttel), doch bleibt die Unterrichtung in diesem Fach vereinzelt und gelangt erst ein Jahrhundert später zum Durchbruch.

Das 19. Jahrhundert: Mit der Humboldt-Süvernschen Reform, die mit einer Vereinheitlichung der gymnasialen Bildung als Vorbereitung für die Universität im Zeichen des Neuhumanismus durchgeführt wird, erhalten die alten Sprachen eine überragende Bedeutung, der Französischunterricht wird in der nach-napoleonischen Ära aus "vaterländischer" Gesinnung aus den städtischen Schulen verdrängt. Im Lehrplan von 1816 ist Latein mit 76, Griechisch mit 50, in dem von 1837 Latein sogar mit 86 Schulzeitwochenstunden verankert. Neusprachlicher Unterricht wird vor allem an den privaten und städtischen Real- und höheren Bürgerschulen, Lehranstalten für Schüler, die keinen "gelehrten" Beruf anstreben, unterrichtet (v. Walter 1982).

1859 und 1882 kommt es zu einer Neuorganisation des staatlichen Realschulwesens in Preußen. 1859 wird Englisch nach Latein und Französisch zur dritten Fremdsprache, 1882 wird Englisch auch zum Unterrichtsfach der neuen lateinlosen Oberrealschule. Die Gleichstellung der Abschlüsse von Realschulen und Gymnasien kann erst 1900 erreicht werden. Die Auseinandersetzung um eine pragmatisch-realistische Bildung, die vorrangig immer auch eine Auseinandersetzung um die für das Bürgertum aus wirtschaftlichen Gründen wichtigen neueren Sprachen gewesen ist, wird damit auf eine neue Basis gestellt. Das Scheitern der 48er Revolution hat über Jahrzehnte ein neues Bildungsideal zwar verzögern, letztlich aber nicht verhindern können. Im Unterricht der neuen Sprachen bleibt Französisch auch im 19. Jahrhundert dem Englischen gegenüber weiter dominierend.

Der Aufschwung der neueren Sprachen in der zweiten Hälfte des 19. Jahrhunderts läßt sich auch in der parallel dazu verlaufenden Verankerung der neueren Philologien an den Universitäten ablesen. Hier kommt es in den 60er Jahren zunächst zur Gründung von Professuren, die Französisch und Englisch gleichzeitig vertreten, in den 70er Jahren werden dann auch rein anglistische Lehrstühle eingerichtet (Christmann 1985; Finkenstaedt 1983; zur Vorgeschichte auch Schröder 1969). Die erste fachwissenschaftliche Zeitschrift, das "Archiv für das Studium der neueren Sprachen", wird bereits 1846 gegründet, weitere neuphilologische Zeitschriften folgen in der zweiten Hälfte des Jahrhunderts.

Erste Hälfte des 20. Jahrhunderts: Mit der schnellen Ausbreitung der Höheren Realschulen und der damit verbundenen Ausweitung des neusprachlichen Unterrichts – seit 1900 kann Englisch als dritte obligatorische Fremdsprache anstelle des Französischen auch an Humanistischen Gymnasien gewählt werden – beginnt die Auseinandersetzung um die neusprachliche Sprachenfolge. Seit 1923 ist in Bayern, Braunschweig und Hamburg, wo es bereits seit 1870 Englisch an Volksschulen als Pflichtfach gibt (Lehberger 1990), die erste Fremdsprache Englisch, weitere Länder schließen sich im Laufe der 20er Jahre an. Auch in Preußen wird zu Beginn der 30er Jahre bereits in ca. 40% aller höheren Schulen Englisch als erste Fremdsprache unterrichtet.

In den 20er Jahren muß der Französischunterricht sich auch gegen Bestrebungen einer Ausweitung des Spanischunterrichts an höheren Schulen erwehren. In Bremen und Hamburg gibt es an einzelnen Anstalten bereits seit 1817 bzw. 1851 Spanischunterricht. In den 20er Jahren breitet der Spanischunterricht sich als freiwilliges bzw. Wahlpflichtfach vor allem in den Hansestädten, Groß-Berlin, Sachsen und der Rheinprovinz aus. Im gesamten Reich wird Spanisch an 262 Schulen unterrichtet (Haack 1937).

Um dem von vielen kritisierten "Sprachenwirrwarr" an den höheren Schulen ein Ende zu setzen, entschließt sich Preußen im Jahre 1931, einheitlich Französisch als erste Fremdsprache festzusetzen. Andere Länder des Reiches folgen dieser Entscheidung.

Die Nationalsozialisten setzen diesen Entschluß jedoch aus und verwirklichen 1937/38 die erste reichseinheitliche Sprachenfolge an deutschen höheren Schulen. Erst- und Hauptfremdsprache wird Englisch, es folgt als zweite Fremdsprache Latein. Französisch wird in den Wahlbereich abgedrängt und kann durch Spanisch oder Italienisch ersetzt werden. Auch in der Mittelschule und der ab 1942 nach österreichischem Vorbild eingerichteten Hauptschule, ein neuer Schultyp mittlerer Bildung, wird Englisch einheitlich erste Fremdsprache. An den nur noch als Ausnahme gewährten altsprachlichen Gymnasien gilt als Sprachenfolge Latein, Griechisch, Englisch.

Hintergrund dieser Prioritätsetzung des Englischunterrichts sind die außenpolitischen (Bündnisstreben mit England) und wirtschaftlich expansionistischen Ziele des NS-Staates. Während des Krieges wird der neusprachliche Unterricht zugunsten wehrpolitisch relevanter Fächer eingeschränkt (Lehberger 1986).

3. Wechselnde Ziele des Fremdsprachenunterrichts am Beispiel der Geschichte der neueren Sprachen

Bis zum Ende des 18. Jahrhunderts ist der Unterricht in den neueren Sprachen utilitaristisch (Beherrschung der Fremdsprache in Wort und Schrift) ausgerichtet und wird vorrangig von ausländischen Sprachmeistern erteilt. Die bereits zahlreichen Lehrbücher aus der vorneuhumanistischen Ära weisen kommunikative Musterdialoge auf, die an relevante Sprechintentionen angebunden sind.

Im Zeitalter des Neuhumanismus müssen die neueren Sprachen, um ihre Existenz zu sichern, sich dem herrschenden Zeitgeist einer "zweckfreien" Allgemeinbildung anpassen und ihre kommunikative Ausrichtung aufgeben. Es werden die formal bildende Kraft der neusprachlichen Grammatiken und die geistesbildende Wirkung der Klassikerlektüre (im Englischunterricht vor allem Shakespeare) betont, um die Auseinandersetzung mit den altsprachlichen Fächern bestehen zu können, die sich ihrerseits längst von dem humanistischen Bildungsideal Humboldts entfernt haben und in historisch-grammatischer Bildung erstarrt sind. Wie im altsprachlichen Unterricht wird auch in den neueren Sprachen im Methodischen die Grammatik-Übersetzungsmethode dominierend, die Fremdsprache wird im Unterricht kaum gesprochen (zur Methodengeschichte des 19. und 20. Jahrhunderts vgl. Apelt 1991; Macht 1986; 1987; 1992).

Spätestens mit dem Erscheinen von Viëtors Streitschrift "Der Sprachunterricht muß umkehren" im Jahre 1882 setzt eine breite Diskussion um eine neusprachliche Reform ein. Die wichtigste Forderung Viëtors ist, daß der Fremdsprachenunterricht wieder zum Sprachkönnen anstelle des vorher vermittelten Sprachwissens führen müsse. Seine wichtigsten Folgerungen daraus: Berücksichtigung der Phonetik im Unterricht, Zurückdrängen der Grammatik, keine Übersetzungen, dafür das Lehren der fremden Sprache durch die fremde Sprache (direkte Methode). In der Unterrichtspraxis setzt sich die Reformforderung allerdings nur an wenigen Schulen durch (Rülcker 1969). Der gesellschaftliche Hintergrund dieser Reformbestrebungen ist die mit der Reichsgründung zunehmende wirtschaftliche Entwicklung des deutschen Reiches, die die Kenntnis der Sprachen der wichtigsten Handelsrivalen als unabdingbar im Kampf um eine Großmachtstellung erscheinen läßt. Als Reflex auf die wirtschaftlichen Gegebenheiten ist auch die 1898 von Gustav Wendt geforderte Realienkunde für den Fremdsprachenunterricht zu sehen, d.h. die inhaltliche Ausrichtung auf die tatsächlichen Gegebenheiten Englands und Frankreichs.

Die heftig geführte Diskussion um die direkte Methode und die Realienkunde wird mit Beginn des Ersten Weltkrieges von der Frage zurückgedrängt, ob die "Feindessprachen" überhaupt an deutschen Schulen gelehrt werden sollen. Mit der "Denkschrift" des preußischen Kultusministeriums von 1917 setzt sich jedoch die Meinung durch, daß nur ein verbesserter Fremdsprachenunterricht eine erfolgreiche Auseinandersetzung mit den Rivalen gewährleisten könne.

Nach Ende des Ersten Weltkrieges wird nicht zuletzt der realienkundlichen Ausrichtung des Fremdsprachenunterrichts mangelnde Kenntnisvermittlung über die Kriegsgegner angelastet. Zugleich wird gefordert, in Zukunft auch im Fremdsprachenunterricht eine Erziehung zum Deutschtum anzustreben. Dieser Gedanke, über das "Fremde", das "Eigene" besser erkennen und schätzen zu lernen, steht auch im Mittelpunkt der Kulturkunde und findet in den Preußischen, von dem Ministerialrat Hans Richert herausgegebenen Richtlinien von 1925 (vgl. Christ/Rang 1985) seinen Niederschlag. Ziel des Unterrichts ist es, anhand literarischer Werke in synthetisierender Gesamtschau das Wesen des fremden Volkes, das "Engländer- bzw. Franzosentum" deutlich zu machen. Die Forderung, die Folie des Fremden zur Abgrenzung und höheren Wertschätzung des eigenen Deutschtums zu nutzen, bleibt allerdings nicht unwidersprochen (Litt 1926; Schücking 1927). In der Diskussion finden sich auch Vertreter wie Karl Ehrke, die eine kulturkundliche Ausrichtung im Sinne einer an "europäischem Gemeinsinn" orientierten Erziehung fordern. Bedenkt man die demokratie- und republikfeindliche Haltung weiter Teile der deutschen Philologenschaft in den Weimarer Jahren (zur Analyse dieser Haltung vgl. Apelt 1967), so verwundert es allerdings nicht, daß dies eher eine Außenseiterposition bleibt.

Unmittelbar nach der "Machtübernahme" der Nationalsozialisten bemühen sich führende neuphilologische Vertreter, die nationalistisch verengte Kulturkunde "rassentheoretisch" zu fundieren und den Wert des Fremdsprachenunterrichts für die propagierte "nationalpolitische" Erziehung aufzuweisen. Für den Englischunterricht wird im Grundsatz diese Argumentation von den Reichsrichtlinien von 1938 übernommen, in der thematischen Konkretisierung bleiben sie aber noch hinter den auf die NS-Ideologie in ihrer ganzen Breite bezogenen Themenvorschlägen der Neuphilologen zurück. Dazu setzen die Reichsrichtlinien mit dem Ziel fremdsprachlicher Gesprächsfertigkeit hohe sprachliche Anforderungen. Die Spracharbeit und ihre Methodik stehen auch im Zentrum der Lehrpläne des Englischunterrichts für die Mittel- (1940) und Hauptschulen (1942). Ausgearbeitete Lehrpläne für die Fächer Französisch, Spanisch und Italienisch werden nicht erstellt. Neue Lehrbücher erscheinen sukzessive erst ab 1937/38, ihr ideologischer Gehalt ist unterschiedlich zu werten. Während einige Lehrbücher sich in ihrer Politisierung auf die Hervorhebung der politischen Vorbildfunktion englischer Geschichte und Charakterzüge (Empire, Nationalstolz, Opferbereitschaft) "beschränken", finden sich in anderen Lehrbüchern die direkte Propagierung nationalsozialistischer Politik und Ideologie (Kolonial- und Gebietsansprüche, Rassenideologie).

Ist in den Reichsrichtlinien von 1938 ein positives Englandbild festgelegt – England als "arisches" Brudervolk mit großen geschichtlichen Leistungen (*Empire*) –, so wird mit Kriegsbeginn eine Anpassung des Fremdsprachenunterrichts an die nationalsozialistische Kriegspropaganda erwartet. Eine entsprechende Angleichung der neuen Lehrbücher bleibt allerdings aus. Wie für andere Phasen in der Geschichte des Fremdsprachenunterrichts, so gilt selbst für die Zeit des Nationalsozialismus, daß eine völlige Gleichsetzung von theoretischen Zielsetzungen und der Unterrichtspraxis nicht vorgenommen werden kann (Lehberger 1986).

Literatur

Aehle, Wilhelm (1938), *Die Anfänge des Unterrichts in der englischen Sprache, besonders auf den Ritterakademien*, Hamburg.

Apelt, Walter (1967), *Die kulturkundliche Bewegung im Unterricht der neueren Sprachen in Deutschland in den Jahren 1886 bis 1945. Ein Irrweg deutscher Philologen*, Berlin (Ost).

Apelt, Walter (1991), *Lehren und Lernen fremder Sprachen. Grundorientierungen und Methoden in historischer Sicht*, Berlin.

Busch, Wolfgang (1983), "Russisch, ein junges Unterrichtsfach mit alter Tradition", in: Anneliese Mannzmann (Hrsg.), *Geschichte der Unterrichtsfächer*, Bd. 1, München, 118-142.

Christ, Herbert (1983), "Zur Geschichte des Französischunterrichts und der Französischlehrer", in: Anneliese Mannzmann (Hrsg.), *Geschichte der Unterrichtsfächer*, Bd. 1, München, 94-117.

Christ, Herbert/Rang, Hans-Joachim (1985), *Fremdsprachenunterricht unter staatlicher Verwaltung 1700 bis 1945. Eine Dokumentation amtlicher Richtlinien und Veränderungen*, Bd. 1-6, Tübingen.

Christmann, Hans Helmut (1985), *Romanistik und Anglistik an der deutschen Universität im 19. Jahrhundert*, Wiesbaden.

Finkenstaedt, Thomas (1983), *Kleine Geschichte der Anglistik*, Darmstadt.

Haack, Gustav (1937), "Hamburg und die Entwicklung des spanischen Unterrichts an den höheren Schulen Deutschlands", in: Harm Meier (Hrsg.), *Ibero-Amerika und die Hansestädte*, Hamburg, 69-92.

Howatt, Anthony P. (1984), *A History of English Language Teaching*, Oxford.

Lehberger, Reiner (1986), *Englischunterricht im Nationalsozialismus*, Tübingen.

Lehberger, Reiner (1988), *Philipp Aronstein 1862-1942. Dokumente und Bilder aus dem Leben eines deutschjüdischen Neuphilologen*, Hamburg.

Lehberger, Reiner (1990), *"Collect all the English Inscriptions you can find in our city". Die Geschichte des Englischunterrichts an Hamburger Volksschulen 1870 bis 1945*, Augsburg/Hamburg.

Litt, Theodor (1926), "Gedanken zum 'kulturkundlichen' Unterrichtsprinzip", in: *Die Erziehung*, Jg. 1, 38-57, 99-112.

Macht, Konrad (1986; 1987; 1992), *Methodengeschichte des Englischunterrichts*. Bd. 1: 1800-1880; Bd. 2: 1880-1960; Bd. 3: 1960-1985, Augsburg.

Mannzmann, Anneliese, Hrsg., (1983), *Geschichte der Unterrichtsfächer*, Bd. 1, München.

Matthiessen, Kjeld (1983), "Altsprachlicher Unterricht in Deutschland", in: Joachim Gruber/Friedrich Maier (Hrsg.), *Alte Sprachen 1*, München, 11-42.

Mugdan, Joachim/Paprotté, Wolf (1983), "Zur Geschichte des Faches Englisch als Exempel für eine moderne Fremdsprache", in: A. Mannzmann, (Hrsg.), *Geschichte der Unterrichtsfächer*, Bd. 1, München, 65-93.

Paulsen, Friedrich (1919-1921), *Geschichte des gelehrten Unterrichts auf den deutschen Schulen und Universitäten vom Ausgang des Mittelalters bis zur Gegenwart*, 2 Bde., 3. Aufl., Berlin/Leipzig.

Raddatz, Volker (1977), *Englandkunde im Wandel deutscher Erziehungsziele 1886-1945*, Kronberg.

Raddatz, Volker (1989), *Fremdsprachliche Landeskunde in Unterricht und Forschung. Eine Bilanz seit 1945*, Augsburg.

Reinfried, Marcus (1992), *Das Bild im Fremdsprachenunterricht. Eine Geschichte der visuellen Medien am Beispiel des Französischunterrichts*, Tübingen.

Rülcker, Tobias (1969), *Der Neusprachenunterricht an höheren Schulen. Zur Geschichte und Kritik seiner Didaktik und Methodik*, Frankfurt a.M.

Sauer, Helmut (1968), *Fremdsprachen in der Volksschule*, Hannover.

Schilder, Hanno (1977), *Medien im neusprachlichen Unterricht seit 1880*, Kronberg.

Schücking, Levin (1927), "Die Kulturkunde und die Universität", in: *Die Neueren Sprachen*, Jg. 35, 1-16.

Strauß, Wolfgang H., Hrsg. (1990), *Von Lungershausen bis Kirchner. Persönlichkeitsbilder Jenaer Fremdsprachenlehrer*, Jena.

Schröder, Konrad (1969), *Die Entwicklung des englischen Unterrichts an den deutschsprachigen Universitäten bis zum Jahre 1850. Mit einer Analyse zur Verbreitung und Stellung des Englischen als Schulfach an den deutschen höheren Schulen im Zeitalter des Neuhumanismus*, Ratingen.

Schröder, Konrad (1980; 1982; 1983; 1985), *Linguarum Recentium Annales. Der Unterricht in den modernen europäischen Sprachen im deutschsprachigen Raum*, Bde. 1-4, Augsburg.

Schröder, Konrad (1987; 1989), *Biographisches und bibliographisches Lexikon der Fremdsprachenlehrer des deutschsprachigen Raumes, Spätmittelalter bis 1800*, Bd. 1 (A-C), Bd. 2 (D-H), Augsburg.

Schröder, Konrad/Weller, Franz-Rudolf (1980), "Bibliographie zur Geschichtsschreibung im Bereich des Fremdsprachenunterrichts und der fremdsprachlichen Philologien", in: *Die Neueren Sprachen*, Jg. 79, 221-232.

von Walter, Anton (1982), *Zur Geschichte des Englischunterrichts an höheren Schulen. Die Entwicklung bis 1900 vornehmlich in Preußen*, Augsburg.

Reiner Lehberger

124. Geschichte des Fremdsprachenunterrichts seit 1945

1. Die Jahre der Besatzung

Es darf nicht verwundern, daß die Wiederaufnahme des Fremdsprachenunterrichts nach dem Nationalsozialismus und den Wirren des Kriegsendes zunächst mehr von dem Wunsch gekennzeichnet war, Altes fortzuführen als Neues zu beginnen. Die Lehrer, die Schulverwaltungsbeamten, die Lehrbuchautoren, die Wissenschaftler, die 1945 und in den Folgejahren aktiv waren, hatten zum größeren Teil bereits im sog. Dritten Reich und in der Weimarer Republik, einige wenige auch schon im Kaiserreich, gewirkt (Münch 1952; 1973). Ihre Versuche, sich auf die neuen Bedingungen des Schulwesens einzustellen, trugen nicht wenige Züge des Alten. Die allgemeine Forderung, das Niveau des neusprachlichen Unterrichts, wie es in den zwanziger Jahren erreicht worden war, wiederzuerlangen, wurde mit alten Leitbegriffen vorgetragen. Dazu gehörten vor allem die "philosophische Durchdringung des Lehrstoffes als eine echte Schulung des Geistes" und die "Kulturkunde". Sie wurden als spezifische Aufgaben des gymnasialen neusprachlichen Unterrichts herausgestellt, der sich damit von solchem Unterricht in anderen Schulformen deutlich abheben sollte. Auch die ersten Richtlinien griffen auf frühere Vorbilder, vor allem auf die Preußischen Richtlinien von 1925, zurück. Eine intensive Auseinandersetzung mit den ideologischen und pädagogischen Verwerfungen der zwölf Jahre der Diktatur blieb – durchaus im Einklang mit einem großen Teil der öffentlichen Meinung – zunächst aus.

Obwohl sich dadurch – in der Begrifflichkeit der französischen Sozialgeschichte – die "Geschichte der langen Dauer" über die konkrete "Ereignisgeschichte" legte, ist natürlich nicht zu bestreiten, daß das Ende des Zweiten Weltkriegs für den Unterricht in den neueren Fremdsprachen in Schule, Hochschule und Weiterbildung auch die Anfänge von Neuem brachte. Zum ersten Mal seit 1814 war das gesamte Territorium Deutschlands von fremden Mächten auf unbestimmte Zeit militärisch besetzt. Für die deutsche Bevölkerung wurde damit die Kenntnis fremder Sprachen und namentlich der offiziellen Sprachen der Besatzungsmächte ein existentielles Bedürfnis. Dennoch wurde die ältere Kontroverse wieder aufgenommen, ob die Schule überhaupt gehalten sei, praktische Sprachkenntnisse zu vermitteln, oder ob sie sich nicht auf die "Bildungssprache" beschränken solle (Hüllen 1960).

Die Besatzungsmächte verfolgten gemeinsam das Ziel der *reéducation* des deutschen Volkes. Daher hatten sie ein großes Interesse an der Reform der Bildung und Ausbildung der Jugend. In einem Erlaß des Alliierten Kontrollrats vom 25.6.1947 ist die generelle Leitlinie festgehalten: "Die Lehrpläne sollen im Dienste des Verständnisses und der Achtung für andere Völker stehen; darum ist dem Studium der modernen Sprachen ohne Vorurteil gegen irgendeine von ihnen Aufmerksamkeit zuzuwenden." (zitiert nach: Christ/Liebe 1981, 165)

Die Realisierungen dieser politischen Leitlinie unterschieden sich indessen erheblich. In den vier Sektoren Berlins wurde mit den Übergangslehrplänen von 1945 für die fünften Klassen aller Schulformen der Unterricht in einer Fremdsprache verbindlich gemacht, und zwar wahlweise in Englisch, Französisch oder Russisch (Harks-Hanke 1981).

In der sowjetisch besetzten Zone wurde zunächst eine vergleichbare Politik verfolgt: Alle Schüler der fünften Klasse sollten von Herbst 1945 an eine neuere Fremdsprache lernen. Es wurde zunächst die Sprache unterrichtet, für die Fachlehrer zur Verfügung standen, nämlich Englisch oder Französisch oder Russisch. Da die Besatzungsmacht jedoch den Russischunterricht besonders fördern wollte, wurden Lehrkräfte in Kurzlehrgängen herangebildet. Schon im Schuljahr 1948/49 erhielten 80% der Schüler der Klassen 5 bis 12 Russischunterricht (Röske 1984, 437-441).

Die französische Besatzungsmacht pflegte vor allem das Französische als erste Fremdsprache. So wurde im Saarland, das seit 1946 dem französischen Wirtschaftsgebiet angegliedert war, von 1947 an für alle ab der zweiten Klasse Französischunterricht erteilt (Raasch et al. 1990). In den anderen Ländern der französischen Besatzungszone setzte es sich nach zunächst unterschiedlichen Regelungen durch, daß ab 1948 Französisch als erste Fremdsprache, wahlweise auch an Volksschulen, von der fünften Klasse an, unterrichtet wurde.

In der amerikanischen und der britischen Zone wurde insofern ähnlich verfahren, als hier Englisch die erste Fremdsprache war. Dennoch ergab sich daraus eine andere Situation, denn diese Regelung setzte de facto die 1937 von den Nationalsozialisten verfügte Einführung des Englischen als erste Fremdsprache an allen Oberschulen und Mittelschulen fort (vgl. Art. 123). In den Volksschulen wurden nur "Begabte" zum Fremdsprachenunterricht zugelassen. Während im östlichen Deutschland der obligatorische Fremdsprachenunterricht für alle unmittelbar nach 1945 eingeführt wurde, sollte er im westlichen Deutschland noch zwanzig Jahre auf sich warten lassen.

Bei allen Divergenzen ist nach 1945 eine gewisse Ausweitung des Fremdsprachenunterrichts in den Schulen zu konstatieren. Dies gilt auch für die Weiterbildung. Die wieder entstehenden Volkshochschulen, in denen vor dem Zweiten Weltkrieg nur in sehr bescheidenem Umfang Fremdsprachen unterrichtet worden waren, holten dies nunmehr nach und entwickelten sich neben privaten Sprachenschulen zu bedeutenden Anbietern in diesem Bereich.

2. Der Fremdsprachenunterricht im geteilten Deutschland

a) Die Bundesrepublik Deutschland

Die Bundesrepublik Deutschland ist ein föderaler Staat, in dem die Kulturhoheit und damit die Lenkung der Schulsprachenpolitik bei den Ländern liegt (vgl. Art. 115). Die Kultusminister beschließen jedoch wichtige Fragen einvernehmlich. Zu diesem Zweck haben sie bereits 1948, also vor Konstituierung der Bundesrepublik Deutschland, die Ständige Konferenz der Kultusminister (KMK) begründet. Die wichtigsten Regelungen sind in zwei Abkommen der Ministerpräsidenten der Länder – dem Düsseldorfer Abkommen von 1955 und dem Hamburger Abkommen von 1964, zuletzt in der Fassung von 1971 (Christ/Liebe 1981) – sowie in den Beschlüssen der KMK festgehalten. Die konkrete Ausgestaltung des Fremdsprachenunterrichts ist jedoch Sache der einzelnen Länder. Sie haben in Richtlinien und Rahmenlehrplänen, Verordnungen bezüglich der Abschlüsse, Prüfungen, Versetzungen und Hochschulzugänge, der Lehramtsstudiengänge und der Zulassung von Lehrbüchern alles festgehalten, was den Fremdsprachenunterricht in öffentlicher Verwantwortung ordnen soll. Zahl und Umfang dieser Verordnungen sind sehr groß. Zwischen 1945 und 1984 sind z.B. über 500 Richtlinien und Rahmenlehrpläne allein für die neueren Fremdsprachen erschienen (Christ/Müllner 1985).

Das Düsseldorfer Abkommen von 1955 begründete die dominante Stellung des Englischen, das in allen Ländern der Bundesrepublik "in der Regel" als erste Fremdsprache zu lehren war. Zu dieser Regelung wurden vier Argumente angeführt: 1. die Fortführung der seit 1937 geltenden Sprachenfolge; 2. die aktuelle politische Lage (Westdeutschland war als Folge des sog. kalten Krieges in das transatlantische Lager integriert worden); 3. die Einheitlichkeit des Schulwesens in Westdeutschland angesichts der politischen Spaltung des Landes und 4. die (vermeintlich) leichtere Zugänglichkeit des Englischen für deutsche Lerner. Das Düsseldorfer Abkommen legte auch die Stundentafeln für das neusprachliche, das naturwissenschaftliche und das humanistische Gymnasium fest und leitete damit einen, wenn auch kurzen, Zeitraum ein, in dem die Geltung der neueren Fremdsprachen im gymnasialen Bereich auf ihrem Höhepunkt während der Nachkriegsentwicklung stand. Erste Rückschläge ergaben sich bereits 1960 in der Saarbrücker Rahmenvereinbarung, als für die Klassen 12 und 13 im altsprachlichen und für die Klassen 13 im naturwissenschaftlichen Gymnasium auf Unterricht in den neueren Fremdsprachen verzichtet wurde.

Das Hamburger Abkommen von 1964 machte den Unterricht in einer Fremdsprache, in der Regel Englisch, für alle Schüler obligatorisch und brachte damit eine Ausweitung des Unterrichts auf der Mittelstufe. Zugleich schrieb es die Schulformen für die Klassenstufen 5 bis 13 fest. Während in Hauptschulen eine Fremdsprache ab Klasse 5 obligatorisch unterrichtet wird, bietet die Realschule neben dieser ab Klasse 7 eine zweite fakultative Fremdsprache, in der Regel Französisch, an. Zum Lehrplan der damals nach Typen (altsprachlich, neusprachlich, naturwissenschaftlich) untergliederten Gymnasien gehören eine erste obligatorische neuere Fremdsprache ab Klasse 5 und eine zweite ab Klasse 7, an deren Stelle jedoch auch, je nach Schultyp, Latein treten kann. In sprachlich orientierten Gymnasien wird ab Klasse 9 oder Klasse 11 eine weitere moderne Fremdsprache oder aber Altgriechisch oder Latein gelehrt.

Zum Lehrplan der Gesamtschule, die sich in den sechziger Jahren zunächst als politisch motivierter Schulversuch etablierte, inzwischen aber in vielen Bundesländern eine der Regelschulformen ist, gehören neben der obligatorischen ersten Fremdsprache weitere (fakultative) Fremdsprachen nach dem Vorbild von Realschule und Gymnasium. Im beruflichen Schulwesen werden nur in einzelnen Schultypen Fremdsprachen unterrichtet, z.B. in den traditionellen Höheren Handelsschulen, heute Höhere Berufsfachschulen genannt. Der Fremdsprachenunterricht in Grundschulen ist im hier besprochenen Zeitraum über das Stadium des Experimentierens nicht hinausgekommen, wobei dem seit 1961 in Berlin unternommenen Versuch eine gewisse überregionale Bedeutung zukam (Doyé 1966). Eine Ausnahme machen die privaten Waldorf-Schulen, in denen Fremdsprachen von der ersten Klasse ab unterrichtet werden.

Die Reform der gymnasialen Oberstufe markiert einen deutlichen Einschnitt in der jüngeren Geschichte des Fremdsprachenunterrichts. Die Oberstufenschüler belegen innerhalb bestimmter Grenzen nach eigener Wahl fremdsprachliche Grund- oder Leistungskurse, geben auch, wieder innerhalb bestimmter Grenzen, Fremdsprachenunterricht auf oder beginnen neuen. Sie widmen sich in vielen Fällen solche Sprachen, für die es in Deutschland keine oder nur geringe Unterrichtstraditionen gibt, wie etwa Dänisch, Italienisch, Niederländisch oder Arabisch, Chinesisch und Japanisch.

Für die Volkshochschulen beginnt in den sechziger Jahren die auch international bedeutsame Entwicklung der Sprachenzertifikate, zunächst für Englisch und Französisch, dann für acht weitere

Sprachen. Die Volkshochschulen vermehren schon seit den fünfziger Jahren die Zahl der angebotenen Fremdsprachen kontinuierlich (vgl. Art. 117).

Der organisatorischen Entwicklung des Fremdsprachenunterrichts seit 1945 unterliegt natürlich eine konzeptuelle Entwicklung. Ein kontinuitätsstiftendes Moment war zunächst die Tradition der Lehrbuchproduktion. Es wurden zwar neue Lehrwerke verfaßt, aber sehr rasch etablierten sich veränderte Auflagen von Lehrwerken aus der Vorkriegszeit, sei es, weil alte Verlagshäuser nach dem Fortfall der Liizensierung durch die Alliierten ihre Arbeit wieder aufnahmen, sei es, weil neue Verlage alte Rechte aufkauften und verwerteten (für ein Englischlehrwerk vgl. Macht 1987; für ein Französischlehrwerk vgl. Bode 1980). Die weiter geführten wie auch die neu entstehenden Lehrwerke beruhen auf der sog. vermittelnden Methode. Diese galt seit den zwanziger Jahren und wurde von einflußreichen Didaktikern nach 1945 stabilisiert (Bohlen 1952; Leisinger 1949 und 1966; Münch 1953), von denen einige (z.B. Bohlen und Münch) bereits vor dem Krieg gewirkt hatten.

In den fünfziger Jahren begannen dann, zunächst durchaus vor dem Hintergrund dieser vermittelnden Methode, die Debatten, die die Konzeption des Fremdsprachenunterrichts allmählich verändern sollten (vgl. Art. 31). Den Anfang machte eine Kontroverse über das Prinzip der Einsprachigkeit. Sie fand eine Plattform insbesondere in der 1954 gegründeten Zeitschrift *Praxis des Neusprachlichen Unterrichts*. Die Diskussion konzentrierte sich auf die Einführung neuer Vokabeln, auf die Textarbeit, die Rolle der Übersetzung und die Formen der Überprüfung. Die weite Verbreitung der Nacherzählung als Übungs- und Überprüfungsform – über Jahre hinweg die einzige offiziell anerkannte Abituraufgabe – war eines der wesentlichen Ergebnisse dieser Debatte. Die Formen der Grammatikvermittlung blieben kontrovers.

Neue Impulse kamen aus den sich ändernden Verfahren der Sprachbeschreibung. Die Ergebnisse der Sprachwissenschaft wurden auf den Grammatikunterricht bezogen (Beilhardt 1968), die Wortschatzauswahl wurde für den Fremdsprachenunterricht mit Hilfe neuer Häufigkeitsuntersuchungen zur gesprochenen und geschriebenen Sprache diskutiert (z.B. Gougenheim et al. 1956). Mit der Kenntnisnahme der neuen sprachwissenschaftlichen Methoden ging eine intensive Beschäftigung mit lernpsychologischen Fragen einher, die durch die Einführung neuer Unterrichtsmittel, besonders des Sprachlabors, gefördert wurde.

Die Lehrbuchproduktion spiegelt diese Entwicklung in vielen Facetten wider. Die der vermittelnden Methode verpflichteten Werke erhielten Konkurrenz durch solche, die dem audio-lingualen Ansatz folgten. In den siebziger Jahren erschienen zusätzlich audio-visuell orientierte Lehrwerke (Macht 1990). Ihre Neuerungen lassen sich in vier Feststellungen zusammenfassen: 1. Einsprachigkeit, schon in den zwanziger Jahren prinzipiell anerkannt, setzte sich in einer "aufgeklärten" Form, zumindest in der Theorie, allgemein durch (Butzkamm 1973); 2. Satzstrukturen, nicht einzelne Wörter, sind die elementaren Lerneinheiten; 3. Übungsprozesse sind auf der Ebene dieser Strukturen (*patterns*) zu organisieren, und 4. die Lehrer als bis dahin einzige und privilegierte Vermittler der Fremdsprache werden durch Medien ergänzt, ja streckenweise sogar ersetzt.

In den siebziger Jahren wurden diese methodischen und mediendidaktischen Grundsätze einer strengen Kritik unterzogen. Mit der Theorie der kommunikativen Kompetenz wandte man sich gegen einen allzu medien- und lehrerzentrierten Unterricht und forderte die Anerkennung der Autonomie des Lerners. Die Vermittlung der fremden Sprache sollte vom Sprechakt und den Redeabsichten innerhalb des Sprachgebrauchs, nicht von der Sprachstruktur ausgehen. Dabei wurde vor allem die Berechtigung eines planvollen Grammatikunterrichts in Zweifel gezogen. Die Theorie wurde linguistisch, aber auch politisch innerhalb dieser beiden Aspekte durchaus kontrovers begründet (Piepho 1974; Hüllen 1979). Sie war Anlaß einer lebhaften Debatte um den Fremdsprachenunterricht. Sie hat mit den beginnenden achtziger Jahren in der Praxis zu einer neuen vermittelnden Methode geführt, der freilich eine kohärente Begründung bisher fehlt. In den Lehrwerken schlägt sich diese Methode darin nieder, daß die (nicht aufgegebene) grammatische Progression seitdem stets mit einer geordneten Reihe von Redesituationen und Redeabsichten kombiniert wird.

Die Landeskunde im Fremdsprachenunterricht ist insofern ein historischer Einzelfall, als sie, nach anfänglichem Zögern, seit etwa 1960 kontinuierlich diskutiert wird, aber zu keiner nennenswerten Kontroverse geführt hat. Sie war zunächst durch die Hypothek des Nationalsozialismus und der Weimarer Zeit so belastet, daß selbst der Name strittig war. Von den ersten Entwürfen (etwa Hüllen 1960) an spiegeln sich in den vielen Beiträgen, vor dem Hintergrund jeweils aktuell diskutierter wissenschaftlicher und gesellschaftswissenschaftlicher Konzepte, die Bemühungen, dem Fremdsprachenunterricht politische Inhalte und Zielsetzungen zu geben, die der zeitgenössischen politischen Kultur entsprechen. Auch dies kehrt in den Inhalten der Lehrwerke recht getreu wieder. Einen theoretischen Neuansatz in diesem Sinne stellen die sog. "Stuttgarter Thesen" dar (Robert-Bosch-Stiftung/Deutsch-Französisches Institut 1982), der von der praktischen Entwicklung neuer Lehrmaterialien und von umfangreichen Lehrerfortbildungsmaßnahmen begleitet war und sich nicht nur auf den Französischunterricht in Deutschland und den Deutschunterricht in Frankreich, sondern auch auf den Unterricht in anderen Fremdsprachen fruchtbar ausgewirkt hat.

Die historische Entwicklung der didaktischen Theorie, die dem praktischen Fremdsprachenunterricht zugrunde liegt, hat auch einen institutionellen Aspekt. Lange Zeit hindurch ist das Bestreben offenkundig, die Eigenheiten des gymnasialen Fremdsprachenunterrichts gegenüber dem Fremdsprachenunterricht anderer Schulformen abzuheben und notfalls zu verteidigen. Dies wird z.B. am sog. Bohlen-Brief und der darauf folgenden Kontroverse deutlich (Zapp 1980). Die Konzeption des Fremdsprachenunterrichts an Volks- bzw. Hauptschulen und in der Erwachsenenbildung ist als eine bewußte Emanzipation von der gymnasialen Tradition zu verstehen. Äußere Zeichen dafür sind die Begründung eigener Fachzeitschriften für beide Bereiche: z.B. *Englisch* (seit 1966) für Volks- bzw. Hauptschulen, oder *Englisch an Volkshochschulen*, später *Zielsprache Englisch* (seit 1961) und *Französisch an Volkshochschulen*, später *Zielsprache Französisch* (seit 1969), denen *Zielsprache Spanisch* und *Zielsprache Russisch* folgten. Mit der Umwandlung der älteren Pädagogischen Akademien, die sich als "Lehrerbildner-Institutionen" verstanden, zu Wissenschaftlichen Hochschulen mit akademischen Ansprüchen und Standards, entstanden im Laufe der sechziger Jahre neue Orte der fremdsprachendidaktischen Forschung und Lehre. Sie waren zwar primär der Ausbildung von Hauptschullehrern zugewandt, ließen diese Eingrenzung aber schnell hinter sich und begannen, angesichts des beinahe totalen Ausfalls fremdsprachendidaktischer Forschung und Lehre an den Universitäten, auch die wissenschaftliche Ausbildung der Gymnasiallehrer zu beeinflussen. Die Ausrichtung der Theorie auf schulformspezifischen Fremdsprachenunterricht ist in den folgenden Jahren dann mehr und mehr verloren gegangen. Dazu hat zum einen die Tatsache beigetragen, daß die Pädagogischen Hochschulen in den meisten Bundesländern in die Universitäten integriert wurden, nicht zuletzt aber auch die Internationalisierung des wissenschaftlichen Diskurses, in dem die deutschen Schulformen ohnehin nicht abbildbar sind.

b) Die Deutsche Demokratische Republik (DDR)

Die Entwicklung des Fremdsprachenunterrichts nach 1945 vollzog sich in der DDR unter gänzlich anderen gesellschaftlichen und politischen Bedingungen als in der Bundesrepublik. Sie wurde unter der Leitung der Parteigremien vom Ministerium für Volksbildung zentral gesteuert, das sich dabei vor allem der politisch ebenfalls völlig festgelegten Akademie der Pädagogischen Wissenschaften bediente. Vorbild war sowohl konzeptuell als auch organisatorisch die UdSSR (Brandt 1991).

Der Fremdsprachenunterricht fand in einer einheitlichen Schule – zunächst der achtjährigen Grundschule mit nachfolgender vierjähriger Oberschule, ab 1982 der Zehnjahresschule (Polytechnische Oberschule) mit zweijähriger Abiturstufe (Erweiterte Oberschule) – statt und kannte aus Gründen der politischen Ideologie grundsätzlich keine Differenzierung. Er wurde allerdings, im Gegensatz zu den Verhältnissen in der Bundesrepublik, in den Hochschulen fortgesetzt. An allen Universitäten und Hochschulen wurden umfangreiche Fremdsprachen-Sektionen eingerichtet, in denen Studierende aller Fächer ihre Fremdsprachenkenntnisse zu erweitern und neue Fremdsprachenkenntnisse zu erwerben verpflichtet waren. Nach einer kurzen Übergangszeit wurde ab 1948 ausschließlich das Russische gelehrt, ab 1957 fakultativ als zweite Fremdsprache, im allgemeinen unter ungünstigen äußeren Bedingungen (Apelt 1991), auch das Englische und Französische. Bezeichnenderweise trug die einzige fremdsprachendidaktische Zeitschrift der DDR, gegründet 1948, den Namen *Russischunterricht* und nahm erst 1957 den Namen *Fremdsprachenunterricht* an.

Das rigorose System des einheitlichen Unterrichts für alle wurde im Fremdsprachenunterricht freilich mit der Zeit aufgegeben. Schon 1952 wurde an wenigen Schulen erweiterter Russischunterricht, beginnend mit Klasse 3, angeboten. 1960 wurden Lehrpläne für die Klassen 9 in den Fächern Polnisch und Tschechisch erlassen. 1967 wurden Vorbereitungsklassen der Stufe 9 für die Erweiterte Oberschule geschaffen, in denen die Möglichkeit geboten wurde, eine dritte Fremdsprache, z.B. Latein oder Spanisch, fakultativ zu lernen. In den achtziger Jahren wurde erweiterter Fremdsprachenunterricht im Englischen und Französischen in den Klassen 11 und 12 ermöglicht.

Dem Russischunterricht fiel die politische und gesellschaftliche Aufgabe zu, zum "sozialistischen Internationalismus" zu erziehen (Böhme 1986). Er sollte die Freundschaft zur Sowjetunion und zu deren Völkern entwickeln helfen; über ihn sollte die Jugend der DDR den Anschluß an den Erkenntnis- und Entwicklungsstand der als fortschrittlich und mustergültig betrachteten Sowjetunion finden. Wegen dieser zentralen Aufgabe des Bildungswesens beschäftigten sich das Zentralkomitee und die Parteitage der SED immer wieder damit.

Die Einführung des Russischunterrichts für alle stellte Schulen, Pädagogische Hochschulen, Universitäten und die Bildungsverwaltungen der DDR viele Jahre lang vor erhebliche Probleme. Die *Chronik des Fremdsprachenunterrichts in der DDR* (Röske 1984 ff.) berichtet von den kontinuierlichen Bemühungen um eine solide Erstausbildung, um Fort- und Weiterbildung von Russischlehrern, von der Einrichtung von Fernstudiengängen und Zirkeln von Russischlehrern, der Entwicklung von Lehrmaterialien – Büchern, Tonbändern, Diaserien und Rundfunkprogrammen, die mangels Devisen und ideologisch begründeter Scheu nicht im Ausland besorgt werden konnten. Die *Chronik* wiederholt auch ständig Appelle, die Leistungen in diesem Unterricht zu steigern.

Nach sowjetischem Vorbild wurde eine "Unterrichtsmethodik" als Ausbildungsdisziplin für Fremdsprachenlehrer entwickelt. Sie beruhte dogmatisch auf der zunächst als Dissertation veröffentlichten *Methodik des Russischunterrichts in der deutschen demokratischen Schule* von Otto Hermenau (1955) und anderen Publikationen des Autors, die unkritisch auf die Methodiken anderer Fremdsprachen übertragen wurden. Die aus der sowjetischen psychologischen Theoriebildung übernommene Definition des Sprachgebrauchs als "Tätigkeit" und eine gewisse Bevorzugung formaler Lehrverfahren, die der reich morphologisierten russischen Sprache angemessen sind, sind bis zum Ende für die Fremdsprachenmethodik der DDR insgesamt charakteristisch geblieben. Die Vertreter der Englischmethodik (und der Methodiken anderer Fremdsprachen) hatten keine Chance, sich in den üblichen Autorenkollektiven dagegen durchzusetzen (Lademann 1993).

Diese Unterrichtsmethodik spielte als Wissenschaftsdisziplin und als Lehrgegenstand für die Ausbildung der Fremdsprachenlehrer und damit auch für den Fremdsprachenunterricht in der DDR eine wichtige Rolle (vgl. Art. 3). Sie war, wie man aus den Titeln der recht zahlreichen, aber selten veröffentlichten Dissertationen A oder der Habilitationsschriften, den Dissertationen B, entnehmen konnte, anders als die Fremdsprachendidaktik in der Bundesrepublik, stark auf die Lösung praktischer Unterrichtsprobleme ausgerichtet (s. hierzu *Zeitschrift für Fremdsprachenforschung* 1992, 1, 1992, 2, 1993, 2). Grundsatzfragen konnten in dem zentralistisch gesteuerten Ausbildungssystem nicht diskutiert werden. Immerhin ist es gelungen, in dem funktional-kommunikativen Ansatz der Halleschen und Potsdamer Schule ein geschlossenes methodisches Konzept zu entwickeln, in dem westeuropäische Einflüsse unverkennbar sind. Unbehelligt von den Leitungsinstanzen konnten sich an einzelnen Universitäten begrenzt jedoch auch partikulare Forschungsinteressen entwickeln (Lademann 1993). Ihre Publikation erfolgte freilich häufig in schwer zugänglicher, nur regional verbreiteter Literatur.

Die Ausbildung der Fremdsprachenlehrer war durch Studienordnungen thematisch bis in die Lehrveranstaltungen hinein festgelegt (Hüllen 1991). Dabei wurde großer Wert auf eine kontinuierliche Verschränkung von Theorie und Praxis gelegt. Studenten des Russischen verbrachten ein Semester in der Sowjetunion, Studenten des Englischen oder Französischen konnten im Normalfall die Länder ihrer Studiensprachen nicht besuchen.

Auch Lehrpläne und Lehrwerke entstanden in der DDR in zentraler Steuerung. Für die ersteren zeichnete zunächst die *Deutsche Zentralverwaltung für Volksbildung* in Berlin, nach der Gründung der DDR das *Ministerium für Volksbildung* verantwortlich. Letztere entstanden unter Aufsicht des *Deutschen Pädagogischen Zentralinstituts* (DPZI) und seit 1970 der *Akademie der Pädagogischen Wissenschaften der DDR*. Lehrwerke wurden, von einigen Ausnahmen abgesehen, von dem schon 1945 gegründeten Verlag Volk & Wissen betreut.

Als Anreiz für die Lerner und als Prüfungsinstrument in Schulen, Volkshochschulen und Hochschulen/Universitäten wurden die sog. Sprachkundigen-Prüfungen entwickelt, mit deren Bestehen man für das berufliche Fortkommen förderliche Fremdsprachenkenntnisse auf verschiedenen Niveaustufen nachweisen konnte.

3. Fremdsprachenunterricht nach der Vereinigung

Die Verantwortung für die Schulen, Hochschulen und Volkshochschulen ist nach der sog. Wende in der ehemaligen DDR auf die neuen Bundesländer übergegangen. Dort sind überall Kultur- und Wissenschaftsministerien gebildet worden, die Mitglieder der Kultusministerkonferenz (KMK) geworden sind.

An die Stelle des Einheitsschulwesens der DDR ist in allen neuen Bundesländern ein allerdings unterschiedlich gegliedertes Schulwesen getreten. Außer Brandenburg haben alle neuen Bundesländer an der zwölfjährigen Schulzeit festgehalten. Brandenburg hat sich – in Analogie zu Berlin – für eine dreizehnjährige Schulzeit bis zum Abitur entschlossen.

In den neuen Bundesländern ist die Verpflichtung, Russisch als erste Fremdsprache zu lernen, gefallen. Der nunmehr fakultative Unterricht hat dort seither große Einbußen erlitten. Zugleich ist ein Überangebot an Russischlehrern entstanden und ein großer Mangel an Englisch- und Französischlehrern, dem man mit regional unterschiedlich organisierten Weiterbildungsmaßnahmen zu begegnen versucht. In den alten Bundesländern hat der Russischunterricht mit den politischen Veränderungen in Westeuropa eine neue Qualität und neue Chancen erhalten. Es ist aber noch nicht absehbar, ob sich dadurch dauerhafte Veränderungen in der Praxis des Fremdsprachenunterrichts an den Schulen ergeben.

In allen Bundesländern sind Anstrengungen festzustellen, den Fremdsprachenunterricht in den Grundschulen (in der Regel ab der dritten Klasse) verpflichtend einzuführen. Man kann dabei auf die Erfahrungen der Schulversuche in den alten Bundesländern während der sechziger Jahre wie auch auf die Erfahrungen mit dem erweiterten Russischunterricht der ehemaligen DDR zurückgreifen. Wie dieser Unterricht gestaltet werden soll, ist derzeit kontrovers. Zur Debatte stehen ein vorgezogener Fremdsprachenunterricht nach dem Beispiel des früheren erweiterten Russischunterrichts oder aber von kindlicher Spracharbeit nach den Modellen "Lerne die Sprache des Nachbarn" in Baden-Württemberg bzw. "Begegnungssprache" in Nordrhein-Westfalen (vgl. Art. 97).

Die Volkshochschulen in den neuen Bundesländern ersetzen nunmehr die alte Sprachkundigen-Prüfung durch das in den alten Ländern erprobte Zertifikatssystem. An manchen Orten bedient man sich auch der Prüfungsverfahren privater Anbieter.

Der Fremdsprachenunterricht an den Hochschulen und Universitäten der neuen Bundesländer hat erhebliche Einbußen erlitten. Programme der Fremdsprachen-Sektionen sind allenthalben drastisch gekürzt worden. An einigen Orten ist es gelungen, Übergangsregelungen für die Jahre zu etablieren, in denen noch Studierende des Englischen und Französischen zu erwarten sind, deren schulisch vermittelte Fremdsprachenkenntnisse für ein philologisches Studium nicht ausreichen. In den alten Bundesländern hat man es bisher versäumt, von den DDR-Erfahrungen mit Fremdsprachenunterricht in den Hochschulen und Universitäten zu profitieren.

Studien und Prüfungsordnungen zur Regelung der Fremdsprachenlehrerausbildung werden mit charakteristischen Unterschieden von Land zu Land erarbeitet. Dabei wurde die bisherige einphasige Ausbildung überall durch die in den alten Bundesländern übliche zweiphasige ersetzt. Eine Diskussion über die Vorzüge der einen oder der anderen Regelung ist zwar an mehreren Stellen geführt worden, blieb aber ohne praktische Konsequenzen.

Die Richtlinien für den Unterricht in den neueren Fremdsprachen finden sich derzeit überall im Stadium der Überarbeitung.

Literatur

Apelt, Walter (1991), "Historische Skizze zum Englischunterricht in der ehemaligen DDR (1949-1989): Grundlagen, Organisationsformen, Ergebnisse", in: Thomas Finkenstaedt/Konrad Schröder (Hrsg.), *Zu Grundfragen des Fremdsprachenunterrichts und seiner Didaktik in aktueller und historischer Sicht,* Augsburg, 64-72.

Beilhardt, Karl, Hrsg. (1968), "Neue Wege der Grammatik". (= *Der fremdsprachliche Unterricht,* Jg. 64, H. 6).

Bode, Hans (1980), *Die Textinhalte in den Grundschen Französischlehrbüchern. Eine fachdidaktische Untersuchung von Lesestoffen französischer Sprachlehrbücher für höhere Schulen in Deutschland zwischen 1913 und 1969,* Frankfurt a.M.

Böhme, Günter (1986), "Vierzig Jahre Russischunterricht an den Schulen unseres Landes", in: *Fremdsprachenunterricht,* 465-471 und 575-583.

Bohlen, Adolf (1952), *Methodik des neusprachlichen Unterrichts,* 1930, wieder aufgelegt 1952, 5. Aufl. 1966, Heidelberg.

Brandt, Bertolt (1991), "Zur Situation der Fremdsprachenforschung und ihrer zukünftigen Bedeutung in den neuen Bundesländern", in: *Zeitschrift für Fremdsprachenforschung,* Bd. 2, H. 2, 16-29.

Butzkamm, Wolfgang (1973), *Aufgeklärte Einsprachigkeit*, Heidelberg.
Christ, Herbert/Liebe, Elisabeth (1981), *Fremdsprachenunterricht in amtlichen Verlautbarungen*, Augsburg.
Christ, Herbert/Müllner, Klaus (1985), *Richtlinien für den Unterricht in den neueren Fremdsprachen in den Schulen der Bundesrepublik Deutschland 1945 bis 1984. Eine systematische Bibliographie*, Tübingen.
Doyé, Peter (1966), *Frühbeginn des Englischunterrichts. Ein Berliner Schulversuch in der 3. Klasse*, Berlin/Bielefeld.
Gougenheim, Georges et al. (1956), *L'élaboration du français élémentaire*, Paris. (1964 wieder veröffentlicht unter dem Titel "L'élaboration du français fondamental").
Harks-Hanke, Ingrid (1981), *Die Aufnahme des fremdsprachlichen Unterrichts in die allgemeinen Lehrpläne der westdeutschen und der Berliner Volksschulen 1945 bis 1948*, Diss., Berlin.
Helle, Patrick (1993), *Fremdsprachenunterricht in der ehemaligen DDR und in den neuen Bundesländern unter besonderer Berücksichtigung des Spanischunterrichts*, Bochum.
Hermenau, Otto (1955), *Methodik des Russischunterrichts in der deutschen demokratischen Schule. Erster Teil. Die Grundlagen der Methodik des Russischunterrichts in der Grundschule*, Berlin.
Hermenau, Otto (1963), *Die Entwicklung der Sprachbeherrschung im Russischunterricht. Zweiter Teil der Methodik des Russischunterrichts in der allgemeinbildenden Oberschule*, Berlin.
Hüllen, Werner (1960), "Sprachunterricht – Sachunterricht – Literaturunterricht", in: *Die Neueren Sprachen*, Jg. 59, 579-588.
Hüllen, Werner (1979), "Die Bedeutung von Syntax, Semantik und Pragmatik für den Fremdsprachenunterricht", in: Gerhard Neuner (Hrsg.), *Pragmatische Didaktik des Englischunterrichts*, Paderborn, 61-88.
Hüllen, Werner (1991), "Honi soit qui mal y pense. Fremdsprachenforschung in Deutschland", in: *Zeitschrift für Fremdsprachenforschung*, Bd. 2, H. 2, 4-15.
Lademann, Norbert (1993), "Didaktik des Englischen und Englischunterricht in den ostdeutschen Bundesländern", in: *Zeitschrift für Fremdsprachenforschung*, Bd. 4, H. 1, 91-109.

Leisinger, Fritz (1949), *Der elementare Fremdsprachenunterricht*, Stuttgart.
Leisinger, Fritz (1966), *Elemente des neusprachlichen Unterrichts*, Stuttgart.
Macht, Konrad (1987, 1990, 1992), *Methodengeschichte des Englischunterrichts, Bd. 2: 1880-1960, Bd. 3: 1960-1985*, Augsburg.
Münch, Rudolf (1953), *Prinzipien und Praxis des englischen Unterrichts an deutschen Schulen*, Berlin/Köln.
Münch, Rudolf (1973), "Beiträge zur Geschichte des Verbandes", in: *Neusprachliche Mitteilungen*, Jg. 26, 2-6, Wiederabdruck aus: *Mitteilungsblatt des Allgemeinen Deutschen Neuphilologenverbandes* 1952, H. 4.
Piepho, Hans-Eberhard (1974), *Kommunikative Kompetenz als übergeordnetes Lernziel im Englischunterricht*, Dornburg-Frickhofen.
Raasch, Albert et al. (1990), *Rückblicke. Französischunterricht an der Saar*, Saarbrücken.
Robert-Bosch-Stiftung/Deutsch-Französisches Institut, Hrsg. (1982), *Fremdsprachenunterricht und Internationale Beziehungen. Stuttgarter Thesen zur Landeskunde im Französischunterricht*, Gerlingen.
Röske, Marion (1984-1986), "Chronik des Fremdsprachenunterrichts in der DDR I-VI", in: *Fremdsprachenunterricht* 1984, 437-451, 578-580; 1985, 583-585; 1986, 68-70, 261-263, 358-362.
Röske, Marion (1989), *Untersuchung zu Zielen, Organisationsformen, methodischen Verfahren und Mitteln des Englischunterrichts der allgemeinbildenden Schulen der DDR (1949-1965)*, Diss. A, Potsdam.
Zapp, Franz-Josef (1980), "Geschichte des neusprachlichen Unterrichts im Spiegelbild des Fachverbands der Fremdsprachenlehrer: 1880-1980", in: *Neusprachliche Mitteilungen*, Jg. 33, 2-6.
Zeitschrift für Fremdsprachenforschung: "Dissertationen und Habilitationsschriften in den neuen Bundesländern." Teil 1: 1992, Bd. 3, H. 1, 116-117 (Französisch), Teil 2: 1992, Bd. 3, H. 2, 108-116 (Englisch), Teil 3: 1993, Bd. 3, H. 2, 91-104 (Deutsch als Fremdsprache).

Herbert Christ / Werner Hüllen

Adressen der Autoren

Abel, Dr. Brigitte
Mentor Verlag Dr. Ramdohr KG
Postfach 40 11 20
D – 80711 München

Achtenhagen, Prof. Dr. Frank
Seminar für Wirtschaftspädagogik
Georg-August-Universität Göttingen
Platz der Göttinger Sieben 5
D – 37073 Göttingen

Arnold, Prof. Dr. Werner
Im Brühl 37
D – 72144 Dußlingen

Barkowski, Prof. Dr. Hans
Wissenschaftliche Einrichtung
für Soziologie der Erziehung
Institut für Interkulturelle Erziehung
Freie Universität Berlin
Habelschwerdter Allee 45
D – 14195 Berlin

Barrera-Vidal, Prof. Dr. Alberto
Faculté de Philosophie et Lettres
Université
3, Place Cockerill
B – 4000 Liège 1

Baumann, Dr. Klaus-Dieter
Fachsprachenzentrum
Universität Leipzig
Augustusplatz 9
D – 04109 Leipzig

Bausch, Prof. Dr. Karl-Richard
Seminar für Sprachlehrforschung
Ruhr-Universität Bochum
D – 44780 Bochum

Beile, Prof. Dr. Werner
Fachbereich 4: Sprach- und Literatur-
wissenschaften
Bergische Universität – Gesamthochschule
Wuppertal
D – 42097 Wuppertal

Bhück, Dr. Karlhans Wernher von
Privatgelehrter
Kirchstr. 41
D – 88131 Lindau/Bad Schachen

Biesterfeldt, PD Dr. Hans Hinrich
Seminar für Orientalistik und Indologie
Ruhr-Universität Bochum
D – 44780 Bochum

Blaasch, Dr. Hans Werner
Abteilung Spracharbeit Ausland
Goethe-Institut
Helene-Weber-Allee 1
D – 80637 München

Bleyhl, Prof. Dr. Werner
Pädagogische Hochschule Ludwigsburg
Reuteallee 46
D – 71634 Ludwigsburg

Bliesener, Prof. Dr. Ulrich
Niedersächsisches Kultusministerium
Postfach 161
D – 30001 Hannover

Bodenstein, Dr. Eckhard
Sankt-Petri-Schule
Larslejsstræde 5
DK – 1451 København K

Börner, Prof. Dr. Wolfgang
Zentrales Fremdsprachinstitut
Universität Hamburg
Von-Melle-Park 5
D – 20146 Hamburg

Bonnekamp, Prof. Dr. Udo
Schwalbenstr. 13
D – 47441 Moers

Bredella, Prof. Dr. Lothar
Institut für Didaktik der Englischen Sprache
und Literatur
Justus-Liebig-Universität Gießen
Otto-Behaghel-Str. 10
D – 35394 Gießen

Buttjes, Prof. Dr. Dieter
Auf dem Königsberg 4
D – 58097 Hagen

Butzkamm, Prof. Dr. Wolfgang
Seminar für Englische Sprache und ihre Didaktik
Rheinisch-Westfälische Technische Hochschule Aachen
Wüllnerstr. 5-7
D – 52062 Aachen

Christ, Prof. Dr. Herbert
Institut für Didaktik der Französischen Sprache und Literatur
Justus-Liebig-Universität Gießen
Karl-Glöckner-Str. 21
D – 35394 Gießen

Christ, Dr. Ingeborg
Kultusministerium Nordrhein-Westfalen
Völklinger Str. 49
D – 40221 Düsseldorf

Denninghaus, Prof. Dr. Friedhelm
Seminar für Sprachlehrforschung
Ruhr-Universität Bochum
D – 44780 Bochum

Dietrich, Prof. Dr. Ingrid
Fachbereich 1
Pädagogische Hochschule Heidelberg
Keplerstr. 87
D – 69120 Heidelberg

Dittmar, Prof. Dr. Norbert
Fachbereich Germanistik
Freie Universität Berlin
Habelschwerdter Allee 45
D – 14195 Berlin

Doyé, Prof. Peter
Seminar für Englische und Französische Sprache und deren Didaktik
Technische Universität Braunschweig
Bültenweg 74/75
D – 38106 Braunschweig

Düwell, Prof. Dr. Henning
Seminar für Romanische Philologie
Georg-August-Universität Göttingen
Humboldtallee 19
D – 37073 Göttingen

Edmondson, Prof. Dr. Willis J.
Zentrales Fremdspracheninstitut
Universität Hamburg
Von-Melle-Park 5
D – 20146 Hamburg

Faßke, Prof. Dr. Helmut
Sorbisches Institut e.V.
Dwórniščowa 6/Bahnhofstr. 6
D – 02625 Budyšin/Bautzen

Firges, Prof. Dr. Jean
Pädagogische Hochschule Ludwigsburg
Reuteallee 46
D – 71634 Ludwigsburg

Freudenstein, Prof. Dr. Reinhold
Informationszentrum für Fremdsprachenforschung
Philipps-Universität Marburg
Hans-Meerwein-Str., Lahnberge
D – 35032 Marburg

Friedemann, Hans-Jürgen
Berlitz Sprachschule
Ständehausstr. 2-3
D – 30159 Hannover

Glaap, Prof. Dr. Albert-Reiner
Anglistisches Institut
Universität Düsseldorf
Universitätsstr. 1
D – 40225 Düsseldorf

Glinz, Prof. Dr. Hans
Buckstr. 29
CH – 8820 Wädenswil

Götze, Prof. Dr. Lutz
Fachrichtung 8.1: Germanistik
Deutsch als Fremdsprache
Universität des Saarlandes
D – 66123 Saarbrücken

Gogolin, Prof. Dr. Ingrid
Fachbereich Erziehungswissenschaft
Universität Hamburg
Von-Melle-Park 8
D – 20146 Hamburg

Gompf, Prof. Dr. Gundi
Institut für England- und Amerikastudien
Professur für Didaktik der Englischen Sprache
und Literatur
Johann-Wolfgang-Goethe-Universität Frankfurt
Kettenhofweg 139
D – 60325 Frankfurt am Main

Grotjahn, Dr. Rüdiger
Seminar für Sprachlehrforschung
Ruhr-Universität Bochum
D – 44780 Bochum

Grucza, Prof. Dr. Franciszek
Institut für Angewandte Linguistik
Uniwersytet Warszawski
ul. Browarna 8/10
PL – 00311 Warszawa

Hausmann, Prof. Dr. Franz Josef
Lehrstuhl für Angewandte Sprachwissenschaft
Universität Erlangen-Nürnberg
Glückstr. 5
D – 91054 Erlangen

Heuer, Prof. Dr. Helmut
Fachbereich 15: Institut für Anglistik und
Amerikanistik
Universität Dortmund
D – 44221 Dortmund

House, Prof. Dr. Juliane
Zentrales Fremdspracheninstitut
Universität Hamburg
Von-Melle-Park 5
D – 20146 Hamburg

Hüllen, Prof. Dr. Werner
Fachbereich 3
Universität – Gesamthochschule Essen
D – 45117 Essen

Jung, Dr. Udo O.H.
Sprachenzentrum
Universität Bayreuth
D – 95440 Bayreuth

Karbe, Dr. Ursula
Zschampertaue 4
D – 04207 Leipzig

Kasper, Prof. Dr. Gabriele
Department of English as a
Second Language
University of Hawai'i at Manoa
1890 East-West Road
USA – Honolulu, HI 96822

Kerschhofer, Nadja
Institut für Germanistik
Deutsch als Fremdsprache
Universität Wien
Dr. Karl-Lueger-Ring 1
A – 1010 Wien

Kielhöfer, Prof. Dr. Bernd
Fachbereich Neuere Fremdsprachliche
Philologien, WE 2
Freie Universität Berlin
Habelschwerdter Allee 45
D – 14195 Berlin

Klein-Braley, Dr. Christine
Fachbereich 3
Gerhard-Mercator-Universität
Gesamthochschule Duisburg
Lotharstr. 65
D – 47057 Duisburg

Kleppin, Dr. Karin
Seminar für Sprachlehrforschung
Ruhr-Universität Bochum
D – 44780 Bochum

Knapp, Prof. Dr. Karlfried
Institut für Anglistik und Amerikanistik
Universität Erfurt
Nordhäuser Str. 63
D – 99089 Erfurt

Knapp-Potthoff, Dr. Annelie
Hein-Görgen-Str. 1
D – 52066 Aachen

Königs, PD Dr. Frank G.
Seminar für Sprachlehrforschung
Ruhr-Universität Bochum
D – 44780 Bochum

Krings, Dr. Hans Peter
Institut für Angewandte Sprachwissenschaft
Universität Hildesheim
Marienburger Platz 22
D – 31141 Hildesheim

Krumm, Prof. Dr. Hans-Jürgen
Institut für Germanistik
Deutsch als Fremdsprache
Universität Wien
Dr. Karl-Lueger-Ring 1
A – 1010 Wien

Lehberger, Prof. Dr. Reiner
Fachbereich Erziehungswissenschaft
Universität Hamburg
Von-Melle-Park 8
D – 20146 Hamburg

Lehmann, Prof. Dr. Volkmar
Slavisches Seminar
Universität Hamburg
Von-Melle-Park 6
D – 20146 Hamburg

List, Prof. Dr. Gudula
Seminar für Heilpädagogische Psychologie
und Psychiatrie
Universität Köln
Richard-Wagner-Str. 39
D – 50674 Köln

Lübke, Diethard, StD
Staatliches Studienseminar Meppen
Nagelshof 79
D – 49716 Meppen

Macht, Prof. Dr. Konrad
Philosophische Fakultät 2
Universität Augsburg
Universitätsstr. 10
D – 86135 Augsburg

Mäsch, Nando, LRSD
Regierungspräsident Köln
Zeughausstr. 2-10
D – 50667 Köln

Martyniuk, Waldemar
Institut für Angewandte Linguistik
Uniwersytet Warszawski
ul. Browarna 8/10
PL – 00311 Warszawa

Melenk, Prof. Dr. Hartmut
Pädagogische Hochschule Ludwigsburg
Reuteallee 46
D – 71634 Ludwigsburg

Meyer, Prof. Dr. Meinert A.
Fachbereich Erziehungswissenschaft
Institut für Pädagogik
Martin-Luther-Universität Halle-Wittenberg
Brandbergweg 23
D – 06120 Halle (Saale)

Meyer-Ingwersen, Dr. Johannes
Fachbereich 3
Universität – Gesamthochschule Essen
D – 45117 Essen

Müller, Dr. Helmut
Wengen 8
D – 86911 Diessen/Ammersee

Neumann, Prof. Dr. Ursula
Fachbereich Erziehungswissenschaft
Universität Hamburg
Von-Melle-Park 8
D – 20146 Hamburg

Neuner, Prof. Dr. Gerhard
Fachbereich 9: Germanistik
Deutsch als Fremdsprache
Gesamthochschule – Universität Kassel
Georg-Forster-Str. 3
D – 34127 Kassel

Nissen, Dr. Rudolf
Staatliches Studienseminar für die Lehrämter
an Hamburger Schulen
Abteilung 2: Gymnasien und Gesamtschulen
Hohe Weide 16
D – 20259 Hamburg

Pauels, Prof. Dr. Wolfgang
Englisches Seminar
Universität Bonn
Postfach 22 20
D – 53012 Bonn

Picht, Prof. Dr. Robert
Deutsch-Französisches Institut
Asperger Str. 34
D – 71634 Ludwigsburg

Piepho, Prof. Hans-Eberhard
Lörenskogstr. 5
D – 85748 Garching

Pommerin, Prof. Dr. Gabriele
Erziehungswissenschaftliche Fakultät
Didaktik des Deutschen als Zweitsprache
Universität Erlangen-Nürnberg
Regensburger Str. 160
D – 90478 Nürnberg

Pürschel, Prof. Dr. Heiner
Fachbereich 3
Gerhard-Mercator-Universität
Gesamthochschule Duisburg
Lotharstr. 65
D – 47057 Duisburg

Quetz, Prof. Dr. Jürgen
Institut für England- und Amerikastudien
Johann-Wolfgang-Goethe-Universität Frankfurt
Kettenhofweg 130
D – 60325 Frankfurt am Main

Raabe, Dr. Horst
Seminar für Sprachlehrforschung
Ruhr-Universität Bochum
D – 44780 Bochum

Raasch, Prof. Dr. Albert
Fachrichtung 8.2: Romanistisches Institut
Universität des Saarlandes
D – 66123 Saarbrücken

Rampillon, Ute, RSD'
Staatliches Institut für Lehrerfort-
und -weiterbildung (SIL)
Haus Boppard/Mainzer Str. 46
D – 56154 Boppard

Raupach, Prof. Dr. Manfred
Fachbereich 8: Anglistik/Romanistik
Gesamthochschule – Universität Kassel
Georg-Forster-Str. 3
D – 34127 Kassel

Rautenhaus, Prof. Dr. Heike
Fachbereich 11
Universität Oldenburg
Ammerländer Heerstr. 114-118
D – 26111 Oldenburg

Reif, Leopold
Berlitz Hauptverwaltung
Kaiserstr. 66
D – 60329 Frankfurt am Main

Reiske, Dr. Heinz
Institut der Hessischen Volkshochschulen
Winterbachstr. 38
D – 60320 Frankfurt am Main

Rück, Prof. Dr. Heribert
Institut für Romanistik
Universität Koblenz-Landau
Pestalozzistr. 1
D – 76829 Landau

Rüschoff, Prof. Dr. Bernd
Technologiegestütztes Sprachlernen
Fach Englisch – Sprachlaborzentrum (SLZ)
Pädagogische Hochschule Karlsruhe
Postfach 49 60
D – 76032 Karlsruhe

Sauer, Prof. Dr. Helmut
Fachbereich 15: Institut für Anglistik und
Amerikanistik
Universität Dortmund
D – 44221 Dortmund

Scherfer, Prof. Dr. Peter
Fachbereich 4: Sprach- und Literaturwissen-
schaften
Bergische Universität – Gesamthochschule
Wuppertal
D – 42097 Wuppertal

Schilder, Dr. Hanno
Fachbereich 3
Gerhard-Mercator-Universität
Gesamthochschule Duisburg
Lotharstr. 65
D – 47057 Duisburg

Schlegel, Prof. Dr. Hans
Fachbereich Slawistik
Universität Potsdam
Postfach 60 15 53
D – 14415 Potsdam

Schmid-Schönbein, Prof. Dr. Gisela
Fachbereich 2: Anglistik
Universität Koblenz-Landau
D – 56075 Koblenz

Schönpflug, Dr. Ute
Fachbereich Erziehungs- und Unterrichts-
wissenschaften
Institut für allgemeine und vergleichende
Erziehungswissenschaft
Freie Universität Berlin
Fabeckstr. 13
D – 14195 Berlin

Schröder, Prof. Dr. Konrad
Lehrstuhl für Didaktik des Englischen
Universität Augsburg
Universitätsstr. 10
D – 86135 Augsburg

Schumann, Dr. Adelheid
Oberstufen-Kolleg an der Universität Bielefeld
Universitätsstr. 1
D – 33615 Bielefeld

Schwerdtfeger, Prof. Dr. Inge Christine
Seminar für Sprachlehrforschung
Ruhr-Universität Bochum
D – 44780 Bochum

Scotti-Rosin, PD Dr. Michael
Fachbereich Philologie 3
Johannes-Gutenberg-Universität Mainz
Welderweg 18
D – 55128 Mainz

Speight, Dr. Stephen
Fachbereich 15: Institut für Anglistik und
Amerikanistik
Universität Dortmund
D – 44221 Dortmund

Spillner, Prof. Dr. Bernd
Fachbereich 3
Gerhard-Mercator-Universität
Gesamthochschule Duisburg
Lotharstr. 65
D – 47057 Duisburg

Stiefenhöfer, Dr. Helmut
Interdisziplinäres Zentrum für Hochschul-
didaktik
Universität Bielefeld
Universitätsstr. 1
D – 33615 Bielefeld

Stölting-Richert, Prof. Dr. Wilfried
Fachbereich 11
Universität Oldenburg
Ammerländer Heerstr. 114-118
D – 26111 Oldenburg

Sudhölter, Jürgen, RD
Osterrath-Realschule
Burgweg 19
D – 33378 Rheda-Wiedenbrück

Thürmann, Dr. Eike
Landesinstitut für Schule und Weiterbildung
Paradieser Weg 64
D – 59494 Soest

Tönshoff, Dr. Wolfgang
Instytut Kultury i informacji
naukowo-technicznej republiki
federalnej niemiec
Goethe-Institut Warschau
Pl. Defilad 1
PL – 00-901 Warszawa PKiN, Xp.

Vogel, Dr. Klaus
Sprachlehrzentrum
Georg-August-Universität Göttingen
Weender Landstr. 2
D – 37073 Göttingen

Vollmer, PD Dr. Helmut J.
Fachbereich Sprach- und Literaturwissenschaft
Universität Osnabrück
Postfach 44 69
D – 49034 Osnabrück

Walter, Prof. Dr. Gertrud
Lehrstuhl für Didaktik der Englischen Sprache
und Literatur
Universität Erlangen-Nürnberg
Regensburger Str. 160
D – 90478 Nürnberg

Weirath, Angela, StD'
Studienseminar für das Lehramt
für die Sekundarstufe II
Gelsenkirchen II
Herforder Str. 7
D – 45892 Gelsenkirchen

Weller, Dr. Franz-Rudolf
Am Mühlenacker 41
D – 50259 Pulheim

Wienold, Prof. Dr. Götz
Dokkyo University
1-1 Gakuen-cho
Soka-shi, saitama-ken 340
Japan

Wilss, Prof. Dr. Wolfram
Fachrichtung 8.6: Institut für Übersetzen
und Dolmetschen
Universität des Saarlandes
D – 66123 Saarbrücken

Winters-Ohle, Dr. Elmar
Fachbereich 15: Institut für Anglistik und
Amerikanistik
Universität Dortmund
D – 44221 Dortmund

Wißner-Kurzawa, Dr. Elke
Hauptstr. 2
D – 87778 Stetten

Zapp, Dr. Franz Josef
Josef-Effner-Gymnasium
Erich-Ollenhauer-Str. 12
D – 85221 Dachau

Zimmermann, Prof. Dr. Günther
Seminar für Englische und Französische Sprache
und deren Didaktik
Technische Universität Braunschweig
Bültenweg 74
D – 38106 Braunschweig

Register

Das nachfolgende Register versteht sich als Begriffs- und nicht als Wortregister. Die halbfett gedruckten Zahlen verweisen auf die jeweils einschlägigen Beiträge insgesamt, die übrigen Einträge beziehen sich lediglich auf einzelne Seiten.
Aufgenommen wurden grundsätzlich nur Begriffe, die für das Lehren und Lernen fremder Sprachen und deren Erforschung von Bedeutung sind.
Bei der Benutzung des Registers ist zusätzlich zu berücksichtigen, daß – dort, wo es die Sache nahelegt – einzelne Begriffe vorsichtig vereinheitlicht und zusammengefaßt wurden; dies gilt z.B. für den Eintrag "Medien".
Vor dem Hintergrund der Tatsache, daß sich das vorliegende Handbuch auf den eigenständigen Wirklichkeitsbereich des Lehrens und Lernens fremder Sprachen bezieht, konnten Explizierungen wie "für den Fremdsprachenunterricht" oder "im Fremdsprachenunterricht" durchgehend entfallen.
Dieses Verfahren wurde auch bei der Nennung von konkreten Fremdsprachen beibehalten; folglich verweisen Begriffe wie z.B. "Italienisch" oder "Spanisch" immer auch auf "Italienischunterricht" bzw. "Spanischunterricht".

A

Abendgymnasium 526
Acquisition 428
Adoleszenz-Maximum-Hypothese 452
Affektive Faktoren 469
Affektiver Filter 455
Afrikaans 388
Akkulturationshypothese 472
Alliance Française 539
Alltagskultur 69-70
Alte Sprachen **91-95**, 182-183
Alter 84-85, 446-449, **451-456**, 468, 535
Altsprachlicher Unterricht **91-95**
Angewandte Linguistik (s. auch Applied Linguistics, Linguistique appliquée) 2-3, 8, **24-31**
Anthologien **301-308**
Aphasieforschung 33
Applied Linguistics 14-16, 19
Arabisch **343-346**
Arbeitsform(en) **223-226**, 255-258, 310-311, 316-317, 319, **495-499**
Assimil-Kurse 189
Association Internationale de Linguistique Appliquée (AILA) 15, 18, 26, 557
Ausbildung von Fremdsprachenlehrern 2, 11, 119-122, 160, 172-174, 402, 416, 529, **548-551**
Auslandsgermanistik 359-360
Auslandsschulen 359
Aussprache 226-228, 453
Ausspracheübungen **226-228**
Authentizität 315, 510

Autonomes Lernen (s. auch Selbstlernen) 241, 260, **308-311**, 494-495

B

Begegnungssprache(n) 107, 111, 439
Behaviorismus/Behaviourismus 184, 488
Bikulturalismus 432
Bildung 46-50, 94, 105, 107-109
Bildungspolitik 108, 557
Bilingualer Bildungsgang **338-342**, 444
Bilingualismus (s. auch Zweisprachigkeit) 39-40, 43, **81-87**, 364, **432-436**
Biliterarycies 84
British Council 539
Bundeswettbewerb Fremdsprachen 116
Bureau pour l'Enseignement de la Langue et de la Civilisation françaises à l'étranger (BELC) 196

C

C-Test 500
Carl-Duisberg-Centren (CDC) 356
Centraal Instituut voor Toetsontwikkeling (CITO) 501
Centre de Recherche et d'Etude pour la Diffusion du Français (CREDIF) 18, 185
Chinesisch **347-350**
Cloze-Test 499-500
Community Language Learning 196, 199, **216-219**

Computer 321-323, 325, 498, 502, 507
Computer Assisted Language Learning (CALL) 321-323
Critical period s. Kritische Periode
Curriculum 4, 81, 86, **282-285**, **461-466**
  landeskundliches **142-149**, **513-517**
  literarisches **149-156**, 517-521
  sprachliches **135-142**, **508-513**
Curriculumentwicklung **135-142**
Curriculumforschung **461-466**

D

Dänisch **351-355**, 404
DDR 400, 402, 569-571
Deutsch als Fremdsprache **355-360**, 534, 536
Deutsch als Zweitsprache **95-99**, **360-365**, 473, 537
Deutsch-Französisches Jugendwerk (DFJW) 543, 555
Deutsche Auslandsgesellschaft 542
Deutscher Akademischer Austauschdienst (DAAD) 356, 360, 541
Deutscher Volkshochschul-Verband e.V. (DVV) 357
Dialekt 41, 343-345
Dialoge 254
Didactique/Didactologie des langues 17-19
Differenzhypothese 157
Differenzierung 208, **211-213**

Diglossie 39-40, 343, 471
Diktat 499
Diskursanalyse 207, 253, 480-481
Diversifizierung 116-117, 214
Dolmetschen **325-332**, **543-547**
Dossier 303, 306-307
Drama 154-155
Düsseldorfer Abkommen 524, 567

E

Eingangssprache s. Fremdsprache, erste
Einsprachigkeit 184, **188-194**, 204-205, 229, 487, 568
Einzelunterricht **209-211**
Englisch 49-50, **365-369**, 439, 443, 534, 562, 566-567
Entwicklungspsychologie 35-37
Ergänzungsunterricht 102
Erstsprache s. Muttersprache
Erstsprachenunterricht s. Muttersprachenunterricht
Erstspracherwerb 55-56
Erstspracherwerbsforschung 55-56
Erwachsene **124-129**, 170, 362, 451-452
Erwachsenenbildung (s. auch Erziehungswissenschaft) 2, **124-129**, **451-456**, **532-537**
Erwerben 271, **428-431**, 451, 455, 472
Erziehungswissenschaft 8, **45-52**
Ethnographie der Kommunikation 40
Ethnographische Methoden 482
Europa, mehrsprachiges 160
Europarat 160, 555
Evaluation s. Leistungsmessung

F

Fachsprache(n) **332-338**, 355, 511, 546-547
Fachsprachendidaktik **332-338**
Fachsprachenforschung 332-334, 359
Fachverbände 554, **556-559**
Fehler **268-272**
Fehleranalyse 28-29, 263-264, 269
Fehlerbewertung 269
Fehlerkorrektur 11, **268-272**
Fernsehen 130, 132-133, 505-506
Fernsehsprachkurse 130
Fernunterricht 532-533
Fertigkeiten 136-137, 152-153, 328-329, 528-530
Fiktionalität 58-60, 518
Film **318-320**
Folie/Folientheorie 564
Forschungsmethoden 4, 9-11, **457-461**, 485-487
Forschungsparadigma 10
Fort- und Weiterbildung von Fremdsprachenlehrern 11, **552-556**
Fossilisierung 467
Frankophonie 369-370
Französisch 49, **369-374**, 439, 443, 534, 562-563, 566-567
Freinet-Pädagogik 199
Fremdperspektive 70, 359
Fremdsprache(n)
  erste 110-112, 365-366, 392, 399, **442-446**, 524-525, 563
  weitere 110-111, 392, **446-451**, 525
Fremdsprachenausbildung **118-124**
Fremdsprachendidaktik **1-7**, 8-9, 13, 15, 142, 144-148, 180-187
Fremdsprachenforschung 11
Fremdsprachenlehrer 117, **171-180**, **475-480**, 528, **548-559**
Fremdsprachenlerner 11, **166-171**, **175-180**, **466-470**
Fremdsprachenmethodik 16-17
Frontalunterricht **204-206**, 207, 491-492
Frühbeginn **104-109**, 436-442
Frühjahrskonferenz zur Erforschung des Fremdsprachenunterrichts 12
Fundamentalsprache 111-112

G

Gambits 510
Ganzschrift 302-303, 305-306
Gastarbeiterdeutsch 361-362
Gattungen 153-155
Gedächtnis 52, 54-55
Geschichte des Fremdsprachenunterrichts 1-4, 118-120, 143-144, 166-167, 172-173, 523-524, 548, **561-572**
Glottodidaktik 19-20
Goethe-Institut 356-358, 360, 363, 540-541
Grammatik 188, 190, **298-301**, 509
Grammatikübungen **232-235**, 497
Griechisch 47-49, **384-388**, 561
Grundschule s. Primarstufe
Grundwortschatz 297
Gruppenarbeit/-unterricht 201-202, **206-208**, 468, 492-493
Gültigkeit s. Validierung/Validität
Gütekriterien 274

H

Halbsprachigkeit 414
Hamburger Abkommen 110, 167, 441, 524-525, 567
Handlungsorientierung 10, 98
Hausaufgaben 235, **258-260**
Hemisphäre(n) 33-35
Herder-Institut 4, 356
Herkunftssprache **99-104**
Hermeneutik 65
Hochschule(n) **118-124**, 393, 407, 526, **528-531**, **548-551**
Homburger Empfehlungen 111
Hörverstehen 162, 217, 227-228, **244-246**, 279, 315-317, 440, 505
Humanistic Approach 199

I

Identitätshypothese 471-472, 498, 499
Individualarbeit 219
Individualisierung **211-213**, 258-259
Infantilisierung 196-197
Innerbetrieblicher Fremdsprachenunterricht 531
Input-Hypothese 467-468, 487
Institut für Auslandsbeziehungen 542
Intake 468
Integration 101-103
Intensivunterricht **213-216**
Inter Nationes (IN) 541-542
Interaktion **175-180**, 468, **480-484**
Interaktionsanalyse 480-481
Interferenz 209, 327-328, 471
Interkulturalität **156-161**
Interkulturelle Erziehung 107-109, 156, 158-159
Interkulturelle Kommunikation 11, 142, 145, **156-161**, 508, 510
Interkulturelles Lernen 71-72, 85-86, 144, 147-148, **156-161**
Interlanguage (s. auch Lernersprache) 268-269, 472
Internationaler Deutschlehrerverband (IDV) 357
Interpretation 59-64
Introspektive Daten 10, 474, 482
Italienisch **374-379**, 534

J

Japanisch 379-383

K

Klassenarbeit 274-275, 284-285
Klassenkorrespondenz 256-257
Klassenreise 256-257
Klassenzeitung 257
Kleingruppenunterricht **209-211**
Koblenzer Erklärung 111
Kognitionspsychologie 31-33
Kognitive Prozesse 467
Kognitive Theorie(n) 471
Kognitivismus 488
Kommunikation 144-146, 148, 175, 179, 188-189, 191-193, 406, 480, 513
  nonverbale 206
Kommunikationsfähigkeit 70-71, 236, 283, 474, 508-509, 513
Kommunikationsstrategien (s. auch Strategien) 178, 240-241, 243
Kommunikative Kompetenz (s. auch Kompetenz(en)) 145-146, 161-163, 176, 186, 333-337, 464, 467, 498, 499, 509, 511, 568
Kommunikativer Ansatz 186, 430-431
Kompaktkurse 214
Kompetenz(en) 161-163, 275, 467-468, 499, 509-512
Konditionieren 53
Kontaktschwelle Deutsch als Fremdsprache 358
Kontrastive Analyse 263-264
Kontrastivhypothese 471
Konversationsübungen **252-255**
Korrektur(en) **268-272**
Kreativität 196, 238
Kreolisch 395
Kritische Periode 452-453, 468
Kroatisch **408-412**
Kultur(en) 66-73
Kulturkunde 143-144, 515
Kulturpolitik 538
Kulturwissenschaften **66-73**
Kultusministerkonferenz s. Ständige Konferenz der Kultusminister (KMK)
Kunstsprache(n) 76
Kurdisch 422
Kurzgeschichte 154-155

L

Landeskunde **66-73, 142-149**, 163-164, 513-517, 568-569
Landeskunde-Didaktik **142-149**
Landeswissenschaften **66-73**, 549
Language awareness s. Sprachbewußtheit
Latein 47-49, **91-95**, 561
Lateralisierung 195, 453
Lautierkurs 228
Lehr- und Lerntraditionen 77-78
Lehramt 548
Lehrerpersönlichkeit 487
Lehrersprache 482-483
Lehrerverbände s. Fachverbände
Lehrervortrag 204
Lehrinhalte (s. auch Lerninhalte) 135-140
Lehrmaterialien (s. auch Lehrwerk(e)) **292-295**, 345-346, 463
Lehrpläne **135-142**, 293, 326, 353-354, 359, 382, 462, 526
Lehrverhalten 475-476
Lehrwerkanalyse 293-294
Lehrwerk(e) (s. auch Lehrmaterialien) **292-295**, 326, 348, 353-354, 359, 362, 369, 373, 376-377, 380, 383, 386-387, 463, 503, 506, 568
Lehrwerkforschung 294
Lehrziele (s. auch Lernziele) 135-138, 156, **161-166, 461-466**
Leistungsbewertung 269
Leistungsmessung (s. auch Test) 5, 136-137, **273-288**, 327, 329, 359, **499-503**
Lektüren **301-308**
Lernaufgaben 285
Lernen 52-58, 241, 260, 271, 363, **428-431**, 451-452, 455, 472
Lernen für Europa 86
Lernerbedürfnisse 77, 259
Lernerdispositionen 259
Lernerfaktoren 468-469
Lernerfolg 167-169
Lernerorientierung 9-10, 170, 259
Lernerpersönlichkeit 167-168, 170, 361-363
Lernersprache (s. auch Interlanguage) 78, 169, 264, 266, 466-467
Lernersprachenanalyse **263-267**
Lernerstrategien (s. auch Lernstrategien, Strategien) **240-243**
Lernertypen 169-170
Lernervarietäten (s. auch Varietät(en)) 42-44
Lerninhalte 135-140, 463
Lernkontext(e) 124-126
Lernkontrolle (s. auch Leistungsmessung) 273, 276

Lernmotivation s. Motivation
Lernpsychologie **52-58**
Lernstrategien (s. auch Lernerstrategien, Strategien) 169, 259-260, 447
Lerntechniken **261-263**
Lerntheorie(n) **52-58**, 185, 452
Lernwörterbuch 297
Lernziele (s. auch Lehrziele) 135-138, **161-166**, 176, 303-309, 315, **461-466**, 533
Lesebücher **301-308**
Lesekompetenz 152, 155
Leseprozeß 247
Leseverstehen 152, 162, **246-248**, 279, 441, 518, 520
Lingua franca 47-50, 76
Linguistik 8, 18, **24-45**
Linguistique appliquée 17-19
Literatur 58-66, 301-302, 305-306, 519-520
Literaturdidaktik 59, 61-62, 64-66, **149-156**
Literaturunterricht **149-156**, 517
Literaturwissenschaft **58-66**
Longitudinalstudien 473

M

Massenmedien **129-134**
Medien 4-5, **129-134**, 226, 288-291, 301-308, 312-325, 503-508
Medienpädagogik 324
Mehrheitsgesellschaft 99-101
Mehrsprachigkeit 34, **81-87**, 104-106, 160, **470-475**
Memorieren 229-230
Methode(n) 16-17, 51, 136-137, 139, **180-188**, 293, 359, 402, 419, **484-489**, 563
  alternative **194-200**, 215, **216-220**
  audiolinguale 183-185, 215
  audiovisuelle 185, 189
  bilinguale 189
  direkte 183-184, 209
  Grammatik-Übersetzungs- 182-185, 563
  holistische 194
  kognitive 185-186
  kommunikative 186
  qualitative 225
  vermittelnde 184-185
Méthodologie des langues vivantes 17-19
Migranten 96, 100, 103
Migration 95, 160
Minderheit, dänische 351-352
Minderheitensprache(n) 413-414, 422-423
Mittlerorganisationen **538-543**

Monitor-Theorie/-Modell 428, 454-455, 472
Motivation 125, 127, 168-169, 433, 444, 469
Multikulturalität s. Interkulturalität
Multimedia 318
Muttersprache 97, 188-191, 392
Muttersprachenunterricht **87-91**, 97, 102-103, 409, 415
Muttersprachlicher Ergänzungsunterricht 426

N

Nachbarschaftssprache(n) (s. auch Begegnungssprache(n)) 438
Natural Approach 219
Near nativeness 50-51
Neu-Griechisch **384-388**
Neue Technologien **320-323**
Neuphilologie 8, **118-124**
Neuropsychologie 33-35
Niederländisch **388-391**
Norwegisch 351
Nuffield Foundation For Educational Research (NFER) 437

O

Objektivität 274, 286, 459
Offenes Curriculum 140
Otto-Benecke-Stiftung 356

P

Paarassoziationslernen 229
Pädagogik s. Erziehungswissenschaft
Pädagogischer Austauschdienst (PAD) 542-543
Partnerarbeit 201-202, **206-208**, 468, 493-494
Pattern drill (s. auch Übung(en)) 183-184
Persönlichkeitsvariablen 469
Pidginisierungshypothese 472
Polnisch **392-395**
Portugiesisch **395-399**
Pragmalinguistik s. Linguistik
Primarstufe **104-109, 436-442**
Progression 151, 194, 199, 236
Projektunterricht **255-258**
Prüfung s. Leistungsmessung
Prüfung zum Nachweis deutscher Sprachkenntnisse (PNDS) 357
Prüfungsordnung 282, 526
Psycholinguistik **31-38**

R

Reader s. Dossier
Rechtschreibung 498
Reform der gymnasialen Oberstufe 113-115, 524, 567
Reformbewegung 143, 563
Regionalisierung 358
Reliabilität (s. auch Zuverlässigkeit) 274, 459
Remediales Lehren 497
Repräsentativität 459
Richtlinien 283-284, 373
Robert Bosch Stiftung GmbH 71, 157
Rollenspiele 196, 237, 254, 257
Roman 154
Rundfunksprachkurse 130-132
Russisch **399-404**, 534, 566, 569-571

S

Sachunterricht, bilingualer **338-341**
Schreibaufgabe(n) 249-250
Schreiben 2, 152-153, 162, **249-252**, 279-280, 295-296, 441, 498
Schreibwörterbuch 296
Schrift 381-382
Schriftsprache 343-345
Schule **523-528**
Schulfunk 314-315
Schulsprachen/Schulfremdsprachen 91-92, **523-528**
Schulsprachenpolitik s. Sprachenpolitik
Schwedisch 351, **404-408**
Sekundarstufe I **109-112, 442-451**
Sekundarstufe II **112-118**, 441, **442-451**, 525
Selbstkorrektur 268, 270
Selbstlernen (s. auch Autonomes Lernen) **308-311**, 322
Selbstlernmaterialien **308-311**
Semantisierung 189, 327, 329, 496
Sensitive period s. Kritische Periode
Serbisch **408-412**
Serbokroatisch **408-412**
Silent Way 196-197, 199, 218-219
Simulation(en) 237, 254, 257
Sorbisch **412-417**
Soziales Lernen 201-204
Sozialform(en) **201-204**, 205-209, **216-220, 489-495**
Soziolinguistik **38-45**

Spanisch 397-398, **417-421**, 534, 563
Spiele (s. auch Rollenspiele) 220-222, 257
Sprachbegegnung 106-108
Sprachbesitz 9, 87-88, 448
Sprachbewußtheit 106, 108
Sprachenangebot 104-107, 115
Sprachenbedarf 77, 79-80
Sprachenfolge 110-111, 465, 563
Sprachenpolitik (s. auch Sprachpolitik) **75-81**, 370, 557
Sprachenrat Saar 127
Sprachenzentren 9, 119-121
Spracherwerb (s. auch Zweitsprache, Zweitsprach(en)erwerb) 7, 10, 31, 35-37, 471-472
Spracherwerbstypen 445
Sprachfähigkeit 83, 469
Sprachgemeinschaften 39-42
Sprachlabor 215, **314-317**, 504-505
Sprachlehrforschung 3, **7-13**, 15, 20-22, 47, 50, 119-121, 444
Sprachlernspiele **220-223**
Sprachpolitik (s. auch Sprachenpolitik) 75, 538
Sprachpsychologie **31-38**
Sprachreisen 214
Sprachsensibilität s. Sprachbewußtheit
Sprachsoziologie (s. auch Soziolinguistik) 39-40
Sprachspiele **220-223**
Sprachverband Deutsch für ausländische Arbeitnehmer e.V. 96, 357, 361, 363
Sprachwechsel 413, 432
Sprachwissenschaft s. Linguistik
Sprechen 162, 217, 226, 279-280, 315-317, 401-402
Sprechtätigkeitstheorie 21-22
Standardaussprache 508
Ständige Konferenz der Kultusminister (KMK) 358, 527-528, 567
Stereotypen 514, 516
Strategien (s. auch Lernerstrategien, Lernstrategien, Kommunikationsstrategien) 88, 240-241, 309-310, 316
Strukturalismus 61-63, 184
Strukturübungen 191
Studienfahrten 254
Studienreform 119-123
Studentafel 526
Subjektive Theorie(n) 457, 476-477
Suggestopädie/Superlearning 189, 194-199, 218-219

T

Terminologie 546-547
Tertiärsprache 11, 116, 306-307, 448
Test (s. auch Leistungsmessung) 28-29, **273-287, 499-503**
Textarbeit 287, 303-306
Textaufgaben 284
Textdidaktik **301-308**
Texte **58-66**, 148, 304, 333-336, 516
   literarische **58-66, 149-156**
Textsammlung(en) **301-308**
Textsorten 304-305
Threshold Level 509
Total Physical Response 195-197, 199
Transfer 236, 471
Triangulation 460, 482
Türkisch **421-427**

U

Übersetzen 182-183, 295, **325-332, 543-547**
Übung(en)
   Aussprache- **226-228**
   Einsetz- 184
   Ergänzungs- 184
   Formations- 234
   Grammatik- **232-235**
   Hörverstehens- **244-246**
   im Projektunterricht **255, 258**
   kommunikative **236-238**, 497-498
   Komplementations- 234
   Konversations- **252-255**
   kreative **238-240**
   Leseverstehens- **246-248**
   Nachsprech- 228
   Schreib- **249-252**
   Semantisierungs- 245, 496
   Sprech- 228
   Struktur- 191
   Substitutions- 234
   Textstrukturierungs- 245-246
   Transfer- 234
   Transformations- 234
   Wortschatz- **229-232**
   Zuordnungs- 233
Übungsform(en) **223-226**, 228, 231, 310-311, 316-317, 319, **495-499**
Übungstyp 224, 229-230
Übungstypologie 223-224, 233
Universität(en) s. Hochschule(n)
Unterricht, mediengestützter **323-325**
Unterrichtsanalyse 476
Unterrichtsmethode(n) (s. auch Methode(n)) **484-489**
Unterrichtsmittel (s. auch Medien) **288-291, 503-508**
Unterrichtssprache s. Lehrersprache

V

Validierung/Validität 274-275, 284-285, 459-460, 500
Varietät(en) **38-45**, 98, 367, 405-406, 417, 419, 472
Verband der Schweizerischen Volkshochschulen 357
Vergessen 54-55
Verkehrssprache 111
Verstehen (s. auch Hörverstehen, Leseverstehen) 64-66, 152
Video **318-320**
Vokabellernen 229-231
Volkshochschul-Zertifikat(e) 125-126, 354, 373, 382-383, 421, 509, 536, 540
Volkshochschule(n) (VHS) 115-116, 125-128, 373, 376-377, 384, 393, 407, 424, 534, 567
Vorbereitungsklasse(n) 96-98
Vorschule **104-109, 436-442**

W

Waldorfschule(n) 436
Weiterbildung von Fremdsprachenlehrern s. Fort- und Weiterbildung von Fremdsprachenlehrern
Wissen
   deklaratives 472
   pragmatisches 545
   prozedurales/prozessurales 472, 545
   sprachliches 467, 472
Wissenschaftskonzepte **13-23**
Wissenschaftsrat 119-122
Wissenschaftssprache 355
Wörterbücher **295-297**
Wortschatz 230, 496-497, 508, 512
Wortschatzübungen **229-232**

Z

Zensurengebung (s. auch Leistungsmessung, Test) 284
Zentralstelle für das Auslandsschulwesen 356, 359, 542
Zertifikat Deutsch als Fremdsprache s. Volkshochschul-Zertifikat(e)
Zertifikate (s. auch Volkshochschul-Zertifikat(e)) 123, 501-502, 540
Zuverlässigkeit (s. auch Reliabilität) 274, 284, 286
Zweisprachigkeit (s. auch Bilingualismus) 39-40, 43, **81-87**, 95, 97-98, 106, 108, **470-475**
Zweisprachigkeitserziehung 433-434
Zweitsprache 98, 360, 365
Zweitsprach(en)didaktik 361
Zweitsprach(en)erwerb (s. auch Spracherwerb) 56-57, 217, 360-362, 429-430, 471-472
Zweitsprach(en)erwerbsforschung 3, 10, 56-57, 271, 361, 472-474
Zweitsprach(en)unterricht 75, **95-99**